前　言

随着汽车工业的飞速发展，上市新车型越来越多。俗话说：未雨绸缪。为了应对突发状况，总会事先做好预案。就汽车而言，它在出厂前，设计师们会针对可能发生的紧急状况做出相应方案，如电子部分的优先级、机械部分的应急方案等。

汽车维修人员不仅要修车，还要为客户提供救援服务。在待救援车辆蓄电池没电的情况下，如何将车门打开，如何释放 P 挡，如何释放驻车制动，如何应急启动等，此书做了详细的介绍，可以说一册在手，救援不愁。我们希望此书成为汽车救援工具书。

概括地说，本书具有以下三个特点：

（1）车型新。本书汇集 2018—2020 年的新车型，包括上汽大众途昂、一汽大众探影、一汽大众探歌、一汽奥迪 A6L C8、新款奔驰 S 级（W222）、新款奔驰 C 级（W205）、新款奔驰 E 级（W213）、宝马 G20 和 G28、2020 年路虎发现神行、捷豹 E-PACE、2020 年沃尔沃 S90、凯迪拉克 XT6、玛萨拉蒂吉博力、保时捷卡宴 Cayenne（9YA）、2020 年宾利添越、特斯拉 MODEL 3、法拉利 California T。

（2）车型全。本书包括 20 多个车系，近百种车型，几乎包括市面上所有常见车型，是常备工具书。

（3）实用性强。书中列出了紧急进出车辆、应急点火、变速器应急驻车释放、驻车制动器应急释放等内容，实用性强，查找方便。

本书由陈志军、李连俊主编。参与编写的有饶军、张彦青、浩铭、董玉江、李国锋、江海荣、陈安庆、谢勇、林骁、林智峰、朱清云、魏大光、艾明、付建、艾玉华、刘殊访、徐东静、黄志强、李海港、刘芳、李令昌、李红敏、李彩侠、徐爱侠、李贵荣、胡秀寒、李园园、刘金、李秀梅、徐畅、孙宗旺、鲁晶、梁维波、张丽、许锋、梁楠等。

在编写过程中，编者花费了大量的时间、精力，虽然在编写时对每个数据都进行了仔细检查，但由于水平有限，书中不当之处在所难免，欢迎广大读者对本书内容提出宝贵意见。

编者

目　录

第 1 章　上汽大众车系

一、手动闭锁或开启驾驶员侧车门，驾驶员侧车门在无线遥控钥匙或中控门锁失灵的时候，手动开锁或上锁

适用车型：所有配备无钥匙进入系统的上汽大众车辆。

（1）拉起开门把手（如图 1–1 中 1 所示），将无线遥控钥匙的钥匙头从下面插入盖罩的开口内（如图 1–2 箭头所示）。

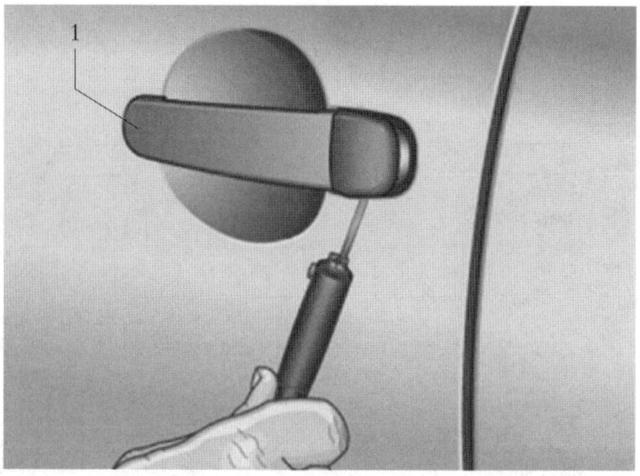

1.开门把手

图 1–1

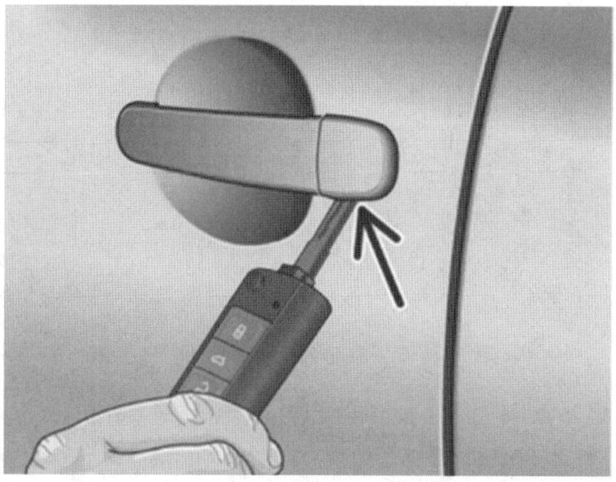

图 1–2

（2）转动钥匙，以便松开罩盖并取下盖罩。

（3）钥匙孔完全暴露出来，将钥匙插入锁孔，拧动钥匙将驾驶员侧车门手动上锁或解锁。

二、手动将副驾驶员侧车门和后车门上锁，适合副驾驶员侧车门或后车门无法闭锁的时候，手动将副驾驶员侧车门和两个后门单独上锁

适用车型：上汽大众途昂、辉昂、帕萨特等。

（1）打开副驾驶员侧车门或一扇后车门，副驾驶员侧车门应急上锁装置（由橡胶密封件遮盖）如图 1–3 所示，后车门应急上锁装置及车门钥匙如图 1–4 所示。

（2）取下车门端面处的黑色橡胶密封件，如图 1–3 所示。

（3）翻出折叠钥匙头。

（4）将钥匙头插入开口，然后顺时针旋转一次钥匙头，如图 1–4 所示。

（5）拔出钥匙，并重新固定橡胶密封件。

（6）将车门完全关闭。

（7）检查该车门是否上锁。

（8）在其他门上进行同样的操作。注意：如果拉动相应车门内把手一次，可从车内重新将副驾驶员侧车门和后车门解锁。再次拉动车门开启把手即可打开车门。

图 1–3

图 1–4

三、行李箱应急打开

1. 适用车型：上汽大众辉昂。

（1）蓄电池电量过低或门锁装置损坏时，可以从汽车内将行李箱盖开锁。

（2）用一只手向上抬起后排座椅（中央扶手处）约 15mm。

（3）另一只手深入缝隙中探到应急解锁拉环。

（4）用力拉拉环解锁行李箱盖。行李箱应急解锁如图 1–5 所示。

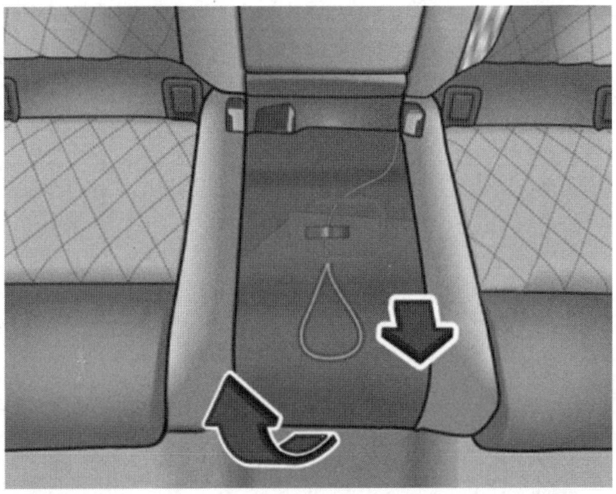

图 1–5

2. 适用车型：上汽大众帕萨特、途昂、途观 L 等。

（1）当汽车蓄电池放电或关闭装置损坏时，可能会应急解锁行李箱盖。

（2）必要时向前翻转后排长条座椅的座椅靠背。

（3）取出行李件，以便能从车内够到行李箱盖。

（4）翻出钥匙头。

（5）将钥匙头插入行李箱盖中的开口，如图 1–6 所示。

（6）沿箭头方向按压解锁拨杆，解锁行李箱盖。

注意：上汽大众途昂、途观 L 等越野车辆省略（2）（3）步骤。

图 1–6

四、更换遥控钥匙电池及遥控钥匙同步调整

1. 更换电池

适用车型：除上汽大众辉昂以外。

（1）翻开汽车钥匙头。

（2）用一个合适的器具（例如硬币）沿箭头方向拆下汽车钥匙后侧的盖板，如图 1–7 所示。

（3）用一个合适的扁平器具从电池盒里撬出电池，如图 1–8 所示。

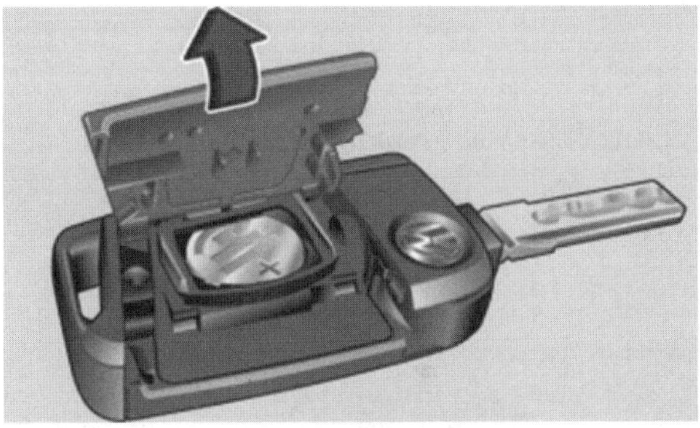

图 1–7

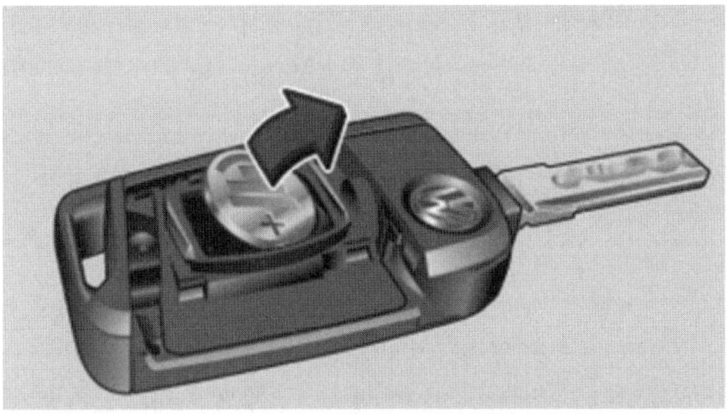

图 1–8

（4）安放新电池，然后沿图 1–8 中箭头相反方向将其推入电池盒内。

（5）安装电池盖板，然后沿图 1–7 中箭头相反方向将其扣到汽车钥匙上，直至其卡定。

2. 更换遥控电池

适合车型：上汽大众辉昂。

（1）取出机械钥匙：按压钥匙背面按钮（如图 1–9 中 A 所示），沿箭头方向拉出机械钥匙。

（2）按下电池架上的解锁按键（如图 1–10 中 B 所示），同时沿箭头方向从遥控钥匙中取出电池架。

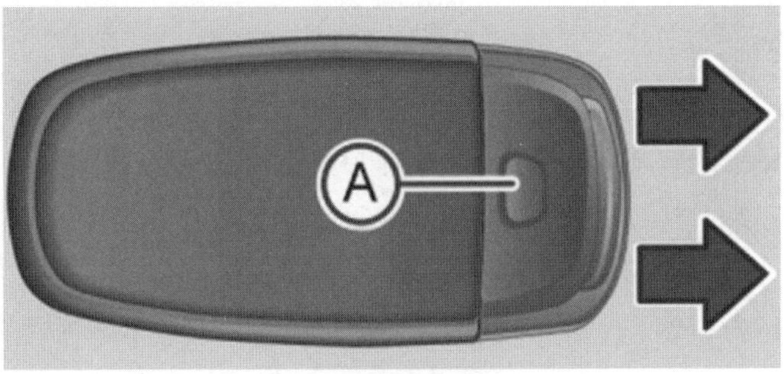

A. 背面按钮

图 1–9

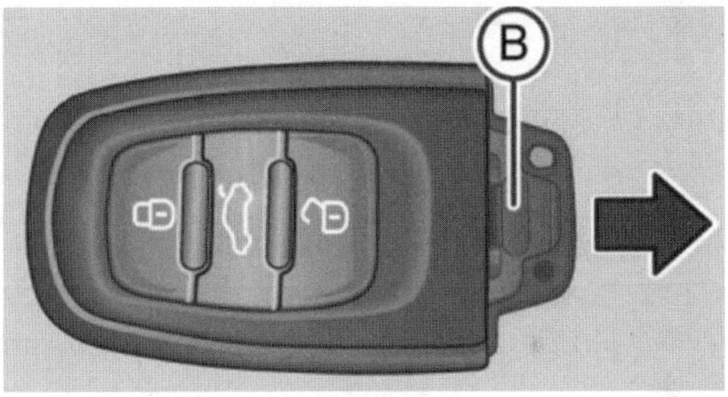

B. 解锁按键

图 1–10

（3）安放新电池，然后沿图 1–10 中箭头相反方向将其推入遥控钥匙。

（4）放入机械钥匙。

3. 遥控钥匙同步

适应车型：上汽大众所有车型。

如果经常在作用范围之外按压按键解锁，则汽车可能无法再用遥控钥匙解锁或锁止。在这种情况下必须按如下方式重新对遥控钥匙进行同步处理。

（1）翻开汽车钥匙头。

（2）拆下驾驶员侧车门拉手盖罩。

（3）按压遥控钥匙上的解锁按键。

（4）在 1min 内用钥匙头将汽车解锁。

（5）用遥控钥匙打开点火开关。同步处理完成。

（6）安装好驾驶员侧车门拉手盖罩。

五、更换挡风窗玻璃刮水器刮水片

适应车型：上汽大众所有车型。

1. 更换挡风窗玻璃刮水器刮水片

（1）短时打开点火开关并重新关闭。

（2）将挡风窗玻璃刮水器拨杆向下拨至点动刮水位置。使刮水器处于保养位置，如图 1–11 所示。

（3）翻转刮水器臂，使其离开玻璃。翻转过程中不能抓住刮水片。

（4）按住分离按钮（如图 1–12 中 1 所示），同时沿箭头方向拉出刮水片。

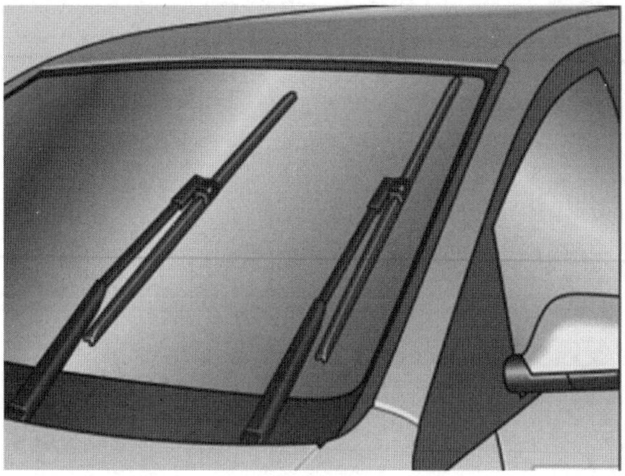

图 1–11

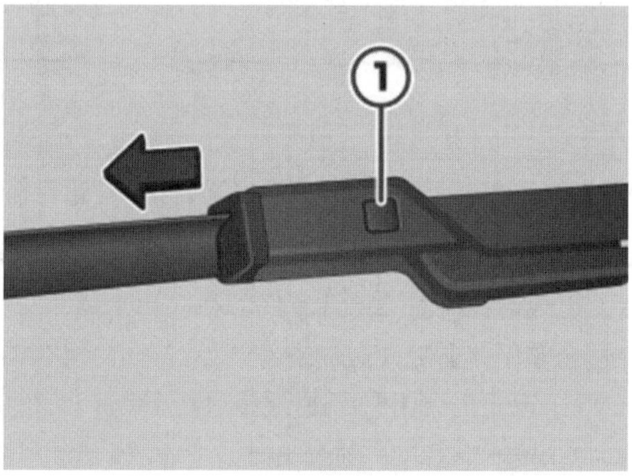

1.分离按钮

图 1–12

（5）将规格和长度均相同的新刮水片插到刮水器臂上，压入卡定。

（6）将刮水器臂推回到挡风窗玻璃上，打开点火开关并操纵刮水器拨杆时，刮水器臂自动返回其初始位置。若刮水片损坏，刮水不畅，则应及时更换；如脏污而刮水不畅，则应及时清洗。

2. 挡风窗玻璃刮水器刮水片警告

（1）除非在维护位置，不得将刮水器臂抬离挡风窗玻璃，否则，可能损坏发动机舱盖漆面或刮水器臂。

（2）破损或脏污的刮水器可能刮伤挡风窗玻璃。

（3）不得用燃油、指甲油清除剂、油漆稀释剂或类似材料清洗车窗，因上述材料可能损坏刮水片。

（4）清除挡风窗玻璃表面灰尘时，请勿使用干抹布或掸子直接擦拭挡风窗玻璃，因为表面灰尘中含有大量细小沙粒，上述的擦车过程中会在玻璃上留下划痕。

（5）建议采用水流冲洗或使用挡风窗玻璃洗涤功能清洗挡风窗表面，避免挡风窗表面的灰尘中的沙粒损坏刮水片及玻璃。

（6）关好发动机舱盖后刮水器臂方可移动至维护位置。

六、随车工具

适应车型：上汽大众所有车型。

（1）备胎和随车工具在后备箱行李箱垫下面，如图 1–13 所示。

（2）取出随车工具。

（3）打开行李箱盖后，将行李箱垫提起并固定于行李箱上方。

（4）随车工具嵌置于行李箱地毯下方的泡沫块中。

（5）随车工具如图 1–14 所示。

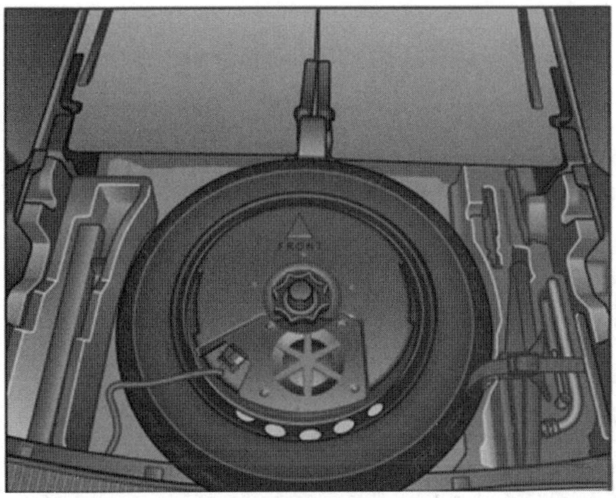

图 1-13

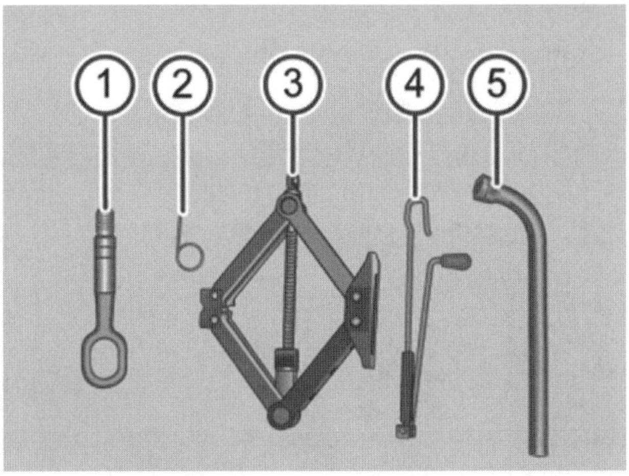

1.牵引环　2.用于拔出车轮螺栓封盖的钢丝钩　3.千斤顶　4.千斤顶摇把　5.车轮扳手

图 1-14

七、更换轮胎

1. 安全要领

（1）在轮胎失压时要尽可能与车流保持安全距离，将汽车停到平坦而坚实的地面上。

（2）接通电子驻车制动器。

（3）自动变速器：将换挡杆置于位置 P。

（4）关闭发动机，然后将汽车钥匙从点火开关中取出。

（5）请所有乘员下车并到安全地带，例如到公路护栏后面。

（6）如果必要，用合适的物品卡住斜对角的车轮。

（7）在带挂车行驶时：将挂车从牵引车上脱开，然后按规定停车。

（8）在行李箱已装载时：取出行李件。

（9）从行李箱中取出备用车轮和随车工具。

（10）拆下车轮盖板。

2. 拆卸轮胎

（1）拔下车轮螺栓的盖罩。

①从随车工具中取出钢丝钩。

②将钢丝钩穿过开口插入盖罩内，如图 1-15 和图 1-16 所示。

图 1-15

图 1-16

③然后沿箭头方向将其拔下。

④用此钢丝钩将所有其他盖罩拔下来。

（2）拧松车轮螺栓。

①将车轮扳手套到车轮螺栓上，然后推到限位处，如图 1–17 和图 1–18 所示。

图 1–17

图 1–18

②握住车轮扳手的末端，将车轮螺栓逆时针方向转动。切记：拧松车轮螺栓时只能使用本车随车的车轮扳手。只要本车还没有用千斤顶举升起来，就只能将车轮螺栓拧松约一圈。如果某个车轮螺栓无法拧松，可以小心地用脚踩在车轮扳手的端部向下压，同时要固定住汽车，并确保可靠静止。

3. 举升车辆

汽车千斤顶只允许放置在支撑点（车身上的标记）处，如图 1–19 所示。在每个车轮旁都有相应的支撑点。安全注意事项：为了自身安全和乘员安全，要按顺序遵照以下事项。

图 1–19

（1）举升汽车必须选择平坦而坚实的地面。

（2）挂入某一挡位或将换挡杆置于位置 P。

（3）固定或用合适的物品卡住与待更换车轮成对角的车轮。例如，如要更换左后车轮，则卡住右前车轮。

（4）将千斤顶摇把末端钩入汽车千斤顶丝杆轴上的孔内，保证两者可靠链接。

（5）找到汽车千斤顶的支撑点（标记位于车身上）。

（6）摇高汽车千斤顶，直到还能将其放到汽车支撑点下为止。

（7）检查千斤顶底座的整个平面是否牢靠地贴在地面上。

（8）调准汽车千斤顶，同时继续摇高千斤顶卡爪，直到卡爪抓住汽车下面的棱边，如图 1–20 和图 1–21

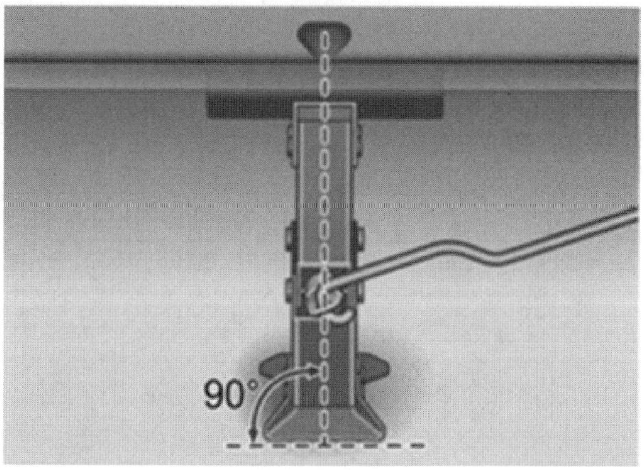

图 1–20

所示。

（9）继续摇高汽车千斤顶，直到汽车车轮刚好离开路面。

4. 取下车轮

（1）将车轮螺栓完全拧出，并放在干净的垫子上。

（2）取下车轮，并将该车轮放入行李箱中。

5. 安装应急车轮

（1）放上应急车轮。

（2）拧上所有的车轮螺栓。

（3）用汽车千斤顶放下汽车。

（4）用车轮扳手拧紧车轮螺栓。请勿依次拧紧螺栓，而是要以对角的形式交替地逐步拧紧。

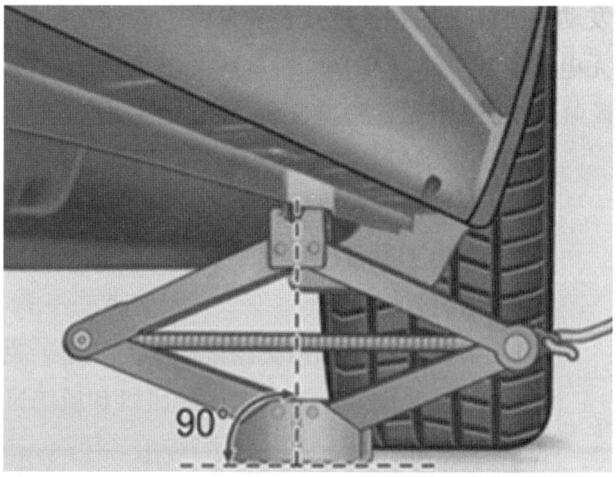

图 1–21

（5）必要时安装盖罩、车轮中心装饰罩或全封闭式车轮装饰罩。更换车轮时如发现车轮螺栓已锈蚀或难以拧动，则检查拧紧力矩前必须更换这些螺栓和清洁轮毂的螺纹线。

八、应急启动和关闭

1. 应急启动发动机

遥控钥匙内电池电量较少或耗尽时，无法正常启动发动机，需要应急启动。步骤如下：将钥匙靠近如图 1–22 所示位置，同时按下启动按钮，即可应急启动发动机。

2. 应急关闭发动机

如果发动机无法通过短促按下启动按钮进行关闭，则必须执行应急关闭。步骤如下：在 1s 内连续按两下启动按钮，或按住启动按钮超过 1s，则应急关闭发动机。

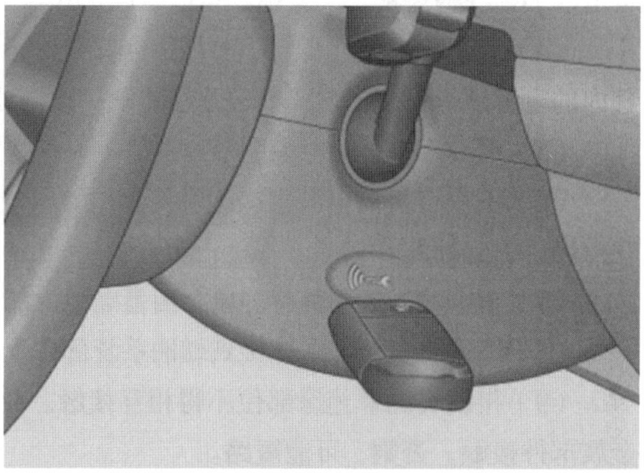

图 1–22

九、用跨接电缆启动发动机

若因蓄电池放完电无法启动发动机，则可通过跨接电缆连接另一辆汽车的蓄电池启动发动机。用于连接的跨接电缆的横截面积必须足够大。

1. 连接跨接电缆

（1）关闭两车点火开关。

（2）将红色电缆的一端连接到无电蓄电池 A 的正极上。

（3）将红色电缆的另一端连接到供电蓄电池 B 的正极上。

（4）将黑色电缆的一端连接到供电蓄电池 B 的负极上。

（5）将黑色电缆的另一端连接到无电蓄电池汽车

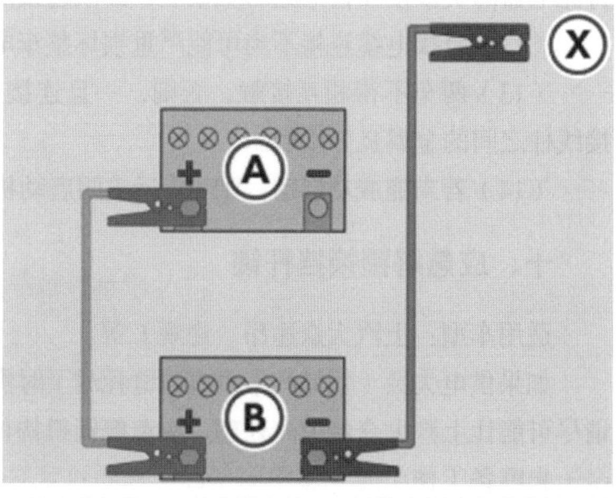

A.无电蓄电池　B.供电蓄电池　X.跨接电缆应该首先接正极接线柱，后接负极接线柱

图 1–23

（2）安装前部牵引环。

①从行李箱随车工具中取出牵引环和车轮扳手。

②按压盖板的左侧区域，如图 1–26 中箭头所示，松开盖板的卡扣。

③将牵引环朝箭头方向拧入螺纹孔内，直到限位处，如图 1–27 所示。

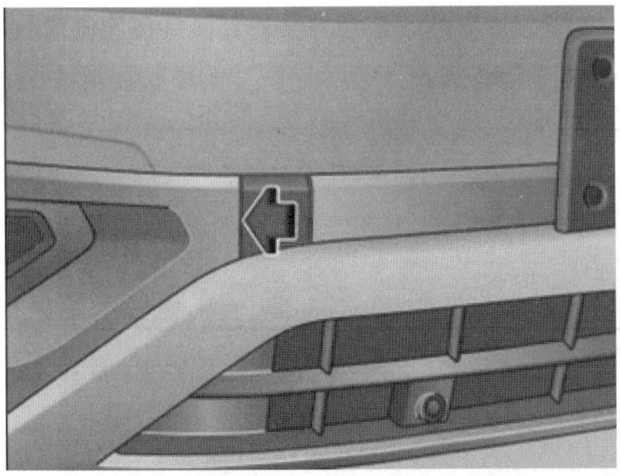

图 1–26

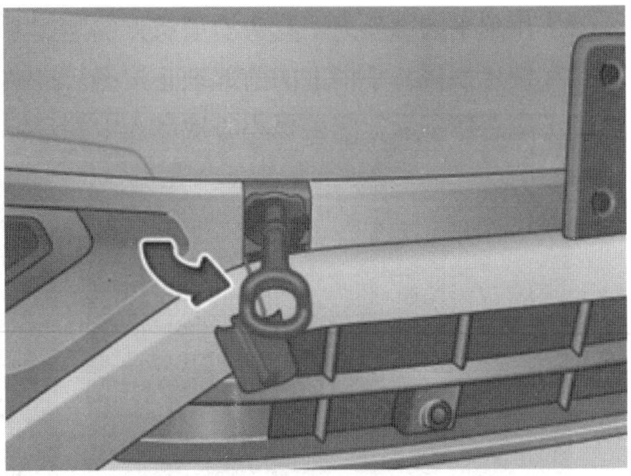

图 1–27

④用车轮扳手作为杠杆进一步拧紧牵引环。

⑤牵引过程结束后，逆箭头方向拧出牵引环，然后重新安装盖板。

⑥必要时清洁牵引环和车轮扳手，然后将其放回随车工具中。牵引环必须始终充分和牢固地拧入支座中，否则，牵引环在牵引启动或牵引时可能从支座中扯断。

（3）安装后部牵引环。

安装后部牵引环（出厂时不带牵引装置的汽车）。

① 从行李箱随车工具中取出牵引环和车轮扳手。

②拆下盖板并将其挂在汽车上，如图 1–28 所示。

③将牵引环朝箭头方向拧入螺纹孔内，直到限位处。

④用车轮扳手作为杠杆进一步拧紧牵引环，如图 1–29 所示。

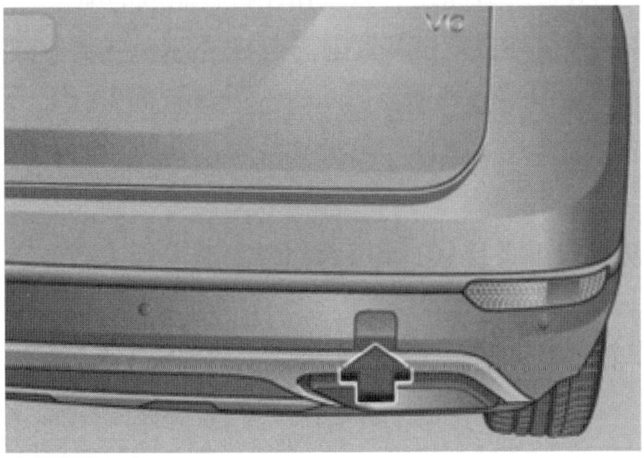

图 1–28

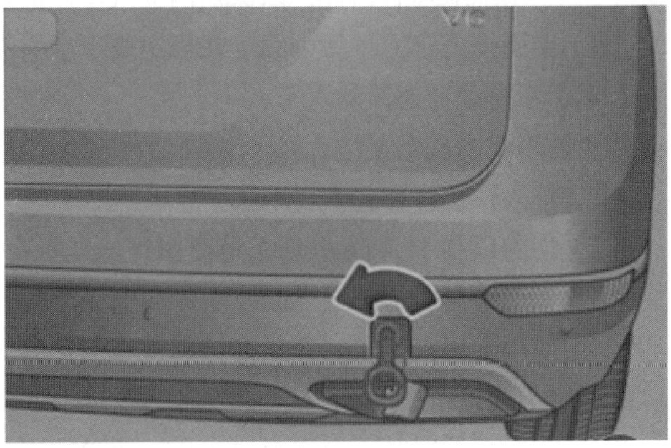

图 1–29

⑤牵引过程结束后，逆箭头方向拧出牵引环，然后重新安装盖板。

⑥必要时清洁牵引环和车轮扳手，然后将其放回随车工具中。

（4）注意事项。因技术原因，不得牵引启动蓄电池无电汽车。牵引作业，尤其用牵引绳进行牵引需具备一定的经验，两车驾驶员应熟悉牵引流程和相关技术要求，无经验的驾驶员切勿试图进行牵引。牵引时应避免牵引力过大或猛烈牵引，在不平路面上牵引时牵引连接点将过载，甚至损坏。牵引时被牵引车的点火开关必须处于打开状态，从而使方向盘处于自由状态，并可关闭电子驻车制动器，转向信号灯、喇叭、挡风窗玻璃刮水器和清洗器均可使用。本车被牵引时即使点火开关和危险警报灯均处于打开状态，仍可使用转向信号灯指示方向。按需指示的方向拨转向信号灯操纵杆即可打开转向信号灯，转向信号灯工作时危险警报灯停止闪烁，一旦转向信号灯操纵杆返回初始位置，危险警报灯立即自动开始闪烁。发动机运转时制动助力器起作用，因此，制动时必须用比正常情况大得多的力量踏制动踏板。发动机运转时助力转向机构起作用，因此，转向时必须用比正常情况大得多的力量转动方向盘。

（5）被牵引车的驾驶员。

①打开危险警报灯，但应遵守当地相关法规。

②将换挡杆挂入空挡或将变速杆移入挡位 N。

③牵引绳必须始终处于绷紧状态。

（6）牵引车的驾驶员。

①打开危险警报灯，但应遵守当地相关法规。

②慢慢起步行驶，直至牵引绳绷紧，再小心加速行驶。

③起步时必须轻缓啮合离合器；自动变速器汽车应慢慢踏下加速踏板。

④切记，牵引时被牵引车的制动助力器和助力转向机构不工作，因此，应提前制动，但应轻踏制动踏板。

第 2 章　一汽大众车系

一、宝来 MQB 车系应急救援指南

1. 牵引配备自动变速器的轿车

（1）打开点火开关。

（2）将变速器杆移至位置 N。

（3）牵引车速不得超过 30km/h。

（4）牵引距离不得超过 50km。

（5）如果救援车牵引轿车，则必须将轿车前轮抬离地面。

2. 遇到以下情况时不可以牵引车辆，而应使用专用运输车或挂车运输车辆

（1）轿车发生故障，变速器内没有润滑油。

（2）轿车蓄电池无电，转向系统处于锁止状态，并且无法分离电子驻车制动器和电子转向柱锁时。

（3）牵引距离已经达到 50km（仅适用于装备自动变速器车辆）。

（4）发生事故后，无法确定车辆转向系统功能是否正常等因素。

3. 安装前部牵引环

（1）从行李箱中的随车工具盒内取出牵引环，按压盖板的左侧区域，松开盖板卡扣，如图 2–1 所示。

图 2–1

（2）打开盖板，并让其悬挂在轿车上。

（3）将牵引环逆时针拧入螺纹孔，安装牢固可靠，如图 2–2 所示。

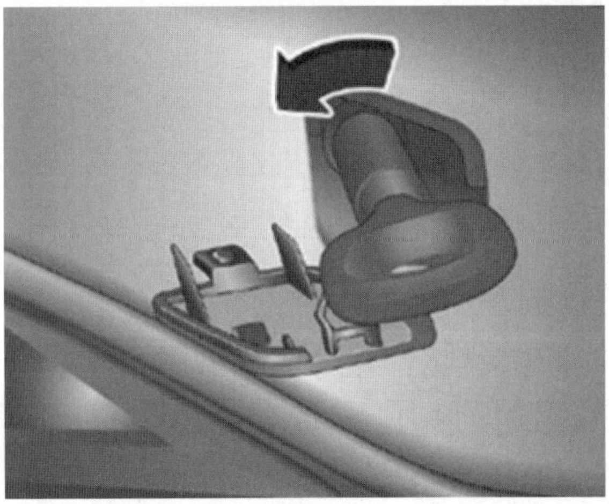

图 2–2

（4）完成牵引后将牵引环顺时针旋出。

（5）将盖板的上部定位凸舌送入保险杠上的开口中，然后将下部定位凸舌小心地插入开口下部定位槽，按压盖板下部区域，直至定位凸舌卡在保险杠中。

（6）清洁牵引环，放回行李箱的随车工具箱内。

4. 应急打开车门

如遇车辆蓄电池无电、遥控失效、电子车门锁失效等故障，则需要应急打开车门，方法如下。

（1）将应急钥匙头取出。

（2）将钥匙头自下方插入驾驶员侧车门拉手上的盖板开口内，如图 2–3 所示。

（3）拉动驾驶员侧车门拉手，小心地将盖罩由下向上抬起。

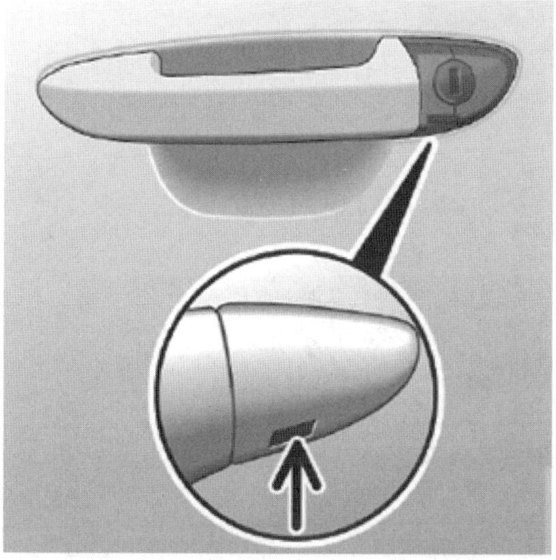
图 2-3

（4）将应急钥匙插入锁芯中，开启轿车车门；必要时，同时稍稍拉动驾驶员侧车门拉手。

（5）将应急钥匙装入轿车钥匙中。

5. 应急闭锁车门

驾驶员侧车门可以使用应急钥匙插入驾驶员侧车门的锁芯闭锁。前排乘客侧和后排车门手动闭锁方法如下。

（1）打开相应的车门，从车门端面上拆下橡胶盖，密封盖上有一个锁形符号，如图 2-4 所示。

（2）翻开轿车钥匙头。

（3）将应急钥匙插入圆孔后的槽内，顺时针拧钥匙头（右侧车门），即可闭锁车门；左侧车门则为逆时针拧钥匙头，如图 2-5 所示。

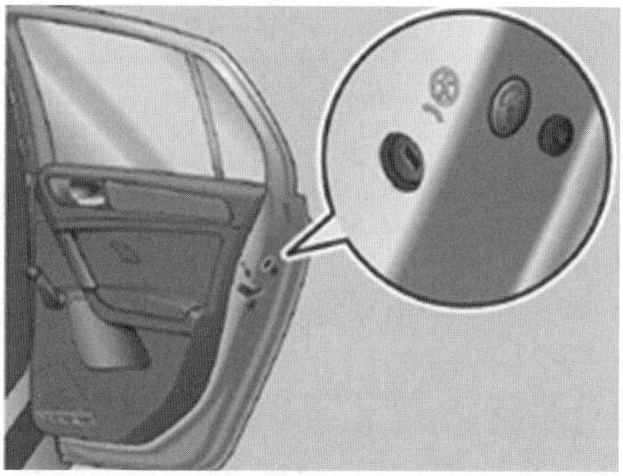
图 2-4

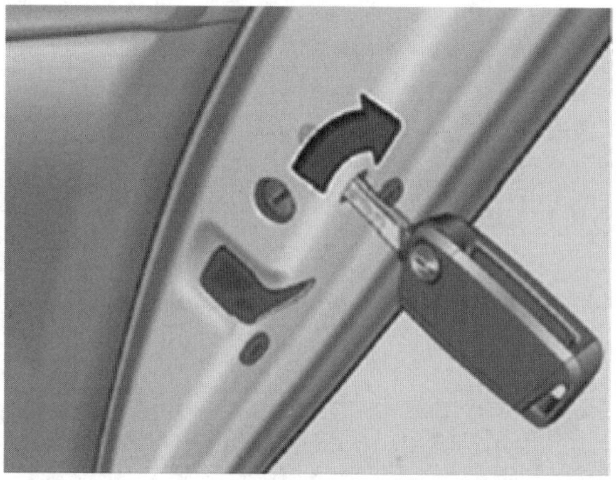
图 2-5

（4）装上密封胶盖，检查车门是否确实已闭锁。

6. 手动开启尾门锁

（1）必要时，将后排座椅靠背前折。

（2）取出行李箱内的物品，以便在车内能够到行李箱盖。

（3）沿箭头方向取下行李箱盖内衬上的圆形盖板，如图 2-6 所示。

（4）将钥匙头插入行李箱盖的槽口中，并沿箭头方向按压解锁拨杆，行李箱盖解锁，如图 2-7 所示。

图 2-6

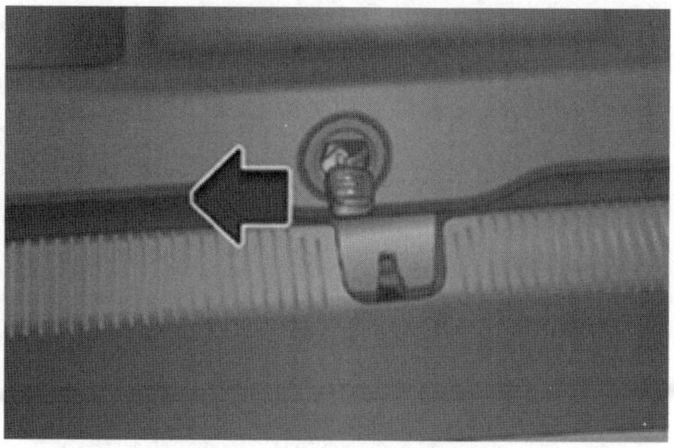
图 2-7

7. 应急启动功能

针对一键启动车辆，如车辆钥匙电池无电、外界有电磁干扰或无钥匙启动功能失效时，可以使用应急启动，方法如下。

（1）踩下制动踏板并踩住。

（2）按压启动 / 停机按钮后立即将轿车钥匙置于转向柱右侧，如图 2-8 和图 2-9 所示。

图 2-8

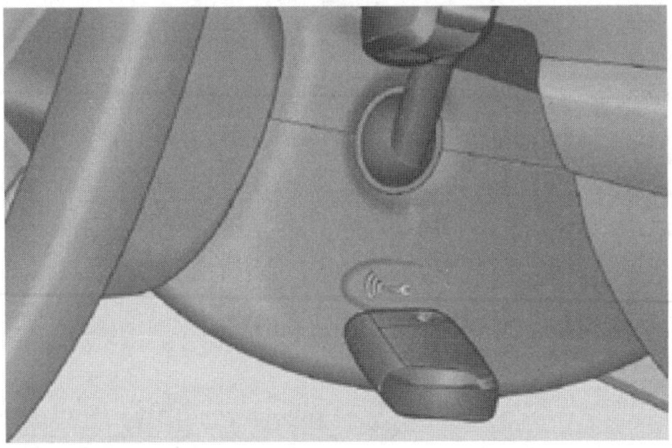

图 2-9

（3）点火开关自动打开，启动发动机。

8. 跨接启动

（1）如两车蓄电池跨接时，两车不得相互接触；跨接电缆线夹与接线柱之间接触良好。

（2）连接电缆线必须按图 2-10 和图 2-11 中所示 A-B-C-D 的顺序连接跨接电缆。

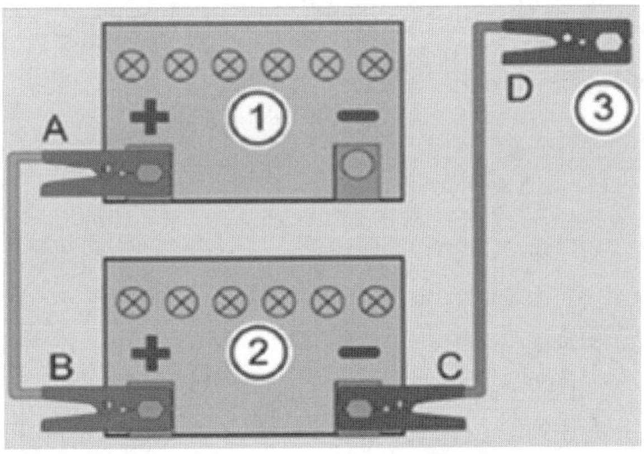

不带发动机自动启停系统的供电轿车跨接启动时的跨接电缆连接方法：无电蓄电池①和供电蓄电池②

图 2-10

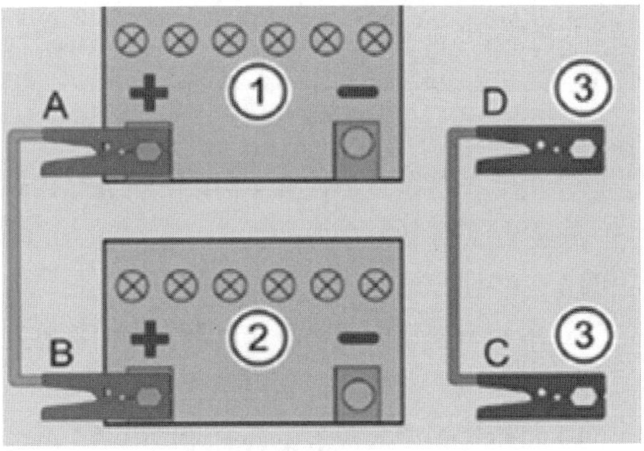

带发动机自动启停系统的供电轿车跨接启动时的跨接电缆连接方法：无电蓄电池①和供电蓄电池②

图 2-11

（3）将红色跨接电缆线连接蓄电池正极。

（4）黑色线连接负极跨接启动点（接地点）。

（5）连接好电缆线后，启动发动机，发动机启动运转平稳后，拆下跨接电缆线。

（6）拆下电缆线必须按图 2-10 和图 2-11 中所示 D-C-B-A 的顺序。

9. 手动开启变速器选挡杆锁

（1）手动开启变速器选挡杆锁时，打开电子驻车制动器。如电子驻车制动器不能稳住车辆，则必须采取其他措施，防止车辆移动。关闭点火开关。

（2）拆下换挡槽板的盖板：将选挡杆防尘罩周围的盖板及其上连接的导线小心地上拉，如图 2-12

所示；继续上拉盖板，将其翻置于选挡杆上。

（3）手动开启选挡杆锁。

①沿箭头方向按压解锁拨杆并保持在该位置，如图 2-13 所示。

②按住选挡杆上的锁止按钮，将选挡杆移至位置 N。

③装复盖板，操作时注意导线正确就位。

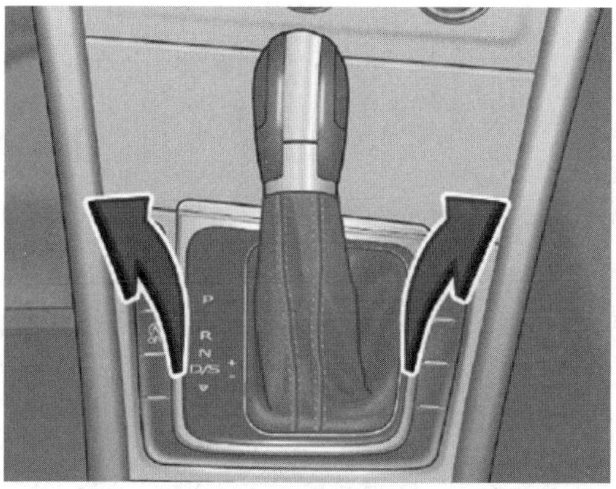

图 2-12

图 2-13

二、高尔夫 A6 车系应急救援指南

1. 牵引配备自动变速器的轿车

（1）打开点火开关。

（2）将变速器杆移至位置 N。

（3）牵引车速不得超过 50km/h。

（4）牵引距离不得超过 50km。

（5）如果救援车牵引轿车，则必须将轿车前轮抬离地面。

2. 遇到以下情况时不可以牵引车辆，而应使用专用运输车或挂车运输车辆

（1）轿车发生故障，变速器内没有润滑油。

（2）牵引距离已经达到 50km（仅适用于装备自动变速器车辆）。

（3）发生事故后，无法确定车辆转向系统功能是否正常等因素。

3. 安装前部牵引环

（1）从行李箱中的随车工具盒内取出牵引环。

（2）用螺丝刀撬开盖板，让其挂在车上，如图 2-14 所示。

（3）将牵引环逆时针拧入螺纹孔，安装牢固可靠。

（4）完成牵引后将牵引环顺时针旋出。

（5）将盖板安装在保险杠上。

（6）清洁牵引环，放回行李箱的随车工具箱内。

4. 安装后部牵引环

（1）从行李箱中的随车工具盒内取出牵引环。

（2）用螺丝刀撬开盖板，让其挂在车上，如图

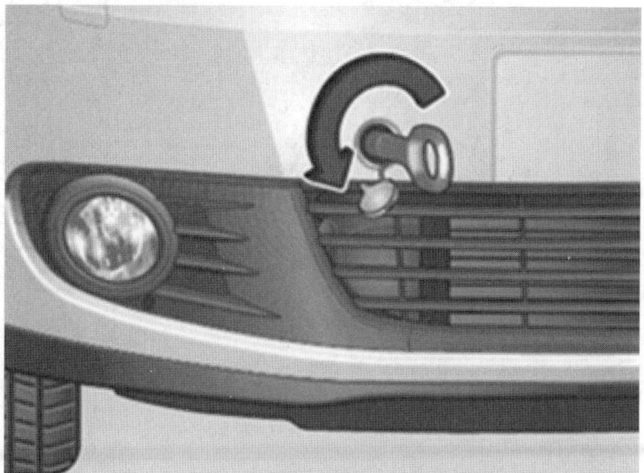

图 2-14

2–15 所示。

（3）将牵引环逆时针拧入螺纹孔，安装牢固可靠。

（4）完成牵引后将牵引环顺时针旋出。

（5）将盖板安装在保险杠上。

（6）清洁牵引坏，放回行李箱的随车工具箱内。

5. 应急打开车门

如遇车辆蓄电池无电、遥控失效、电子车门锁失效等故障，则需要应急打开车门，方法如下。

（1）翻折出遥控钥匙上的钥匙头。

（2）沿图 2–16 所示箭头方向将钥匙头自下方插入驾驶员侧车门拉手盖板开口内。

（3）撬开盖板。

（4）将钥匙头插入锁芯，闭锁或开启车门锁。

（5）一旦手动闭锁驾驶员侧车门锁，所有车门锁均被闭锁；而手动开启驾驶员侧车门锁时仅开启驾驶员侧车门。

6. 应急闭锁车门

（1）打开车门。

（2）翻折出遥控钥匙上的钥匙头。位于右后车门端面用橡胶密封件盖住的应急车门闭锁机构如图 2–17 所示。

（3）将钥匙头水平插入开口，左后车门逆时针旋转钥匙头，右侧车门顺时针旋转钥匙头，如图 2–18 所示。

（4）关闭车门。

（5）检查并确认车门是否已闭锁。

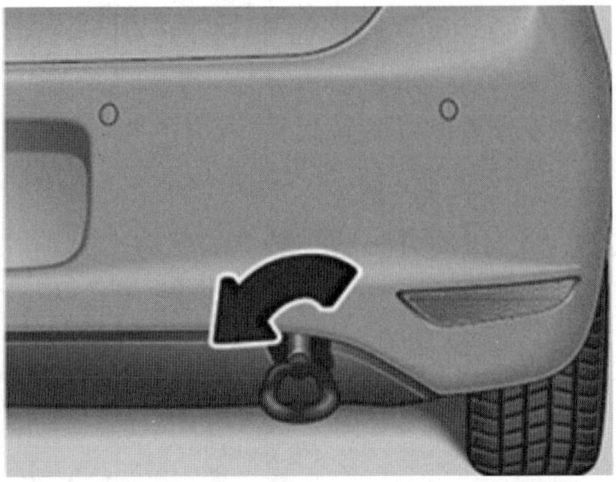

图 2–15

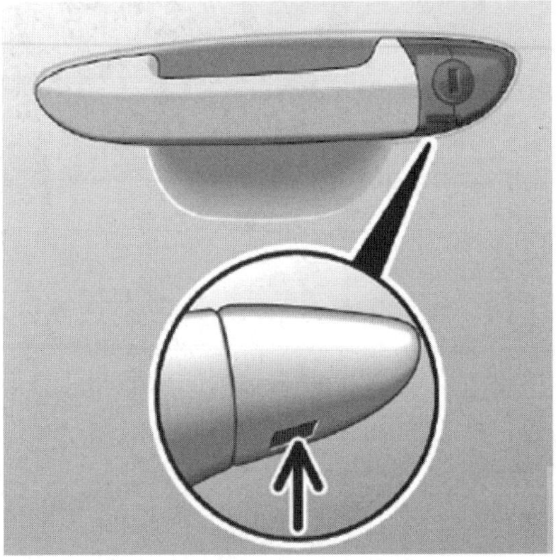

图 2–16

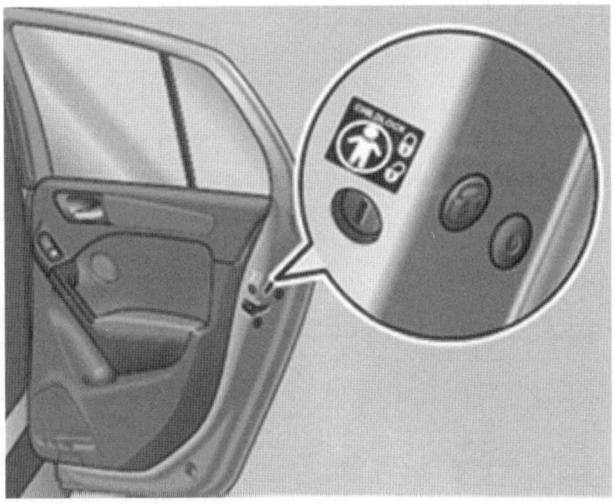

图 2–17

图 2–18

（6）按上述相同操作流程闭锁其他车门锁。

7. 手动打开行李箱盖

如蓄电池电量不足或闭锁系统存在故障，则可手动打开行李箱盖。

（1）前折后排座椅靠背。

（2）翻折出遥控钥匙上的钥匙头。

（3）将钥匙头插入图 2–19 所示开口。

（4）沿图 2–19 所示箭头方向推分离杆即可开启行李箱盖锁。

8. 跨接启动

（1）如两车蓄电池跨接时，两车不得相互接触；跨接电缆线夹与接线柱之间接触良好。

（2）连接电缆线必须按图 2–20 和图 2–21 中所示 A–B–C–D 的顺序连接跨接电缆。

（3）将红色跨接电缆线连接蓄电池正极。

（4）黑色线连接负极跨接启动点（接地点）。

（5）连接好电缆线后，启动发动机，发动机启动运转平稳后，拆下跨接电缆线。

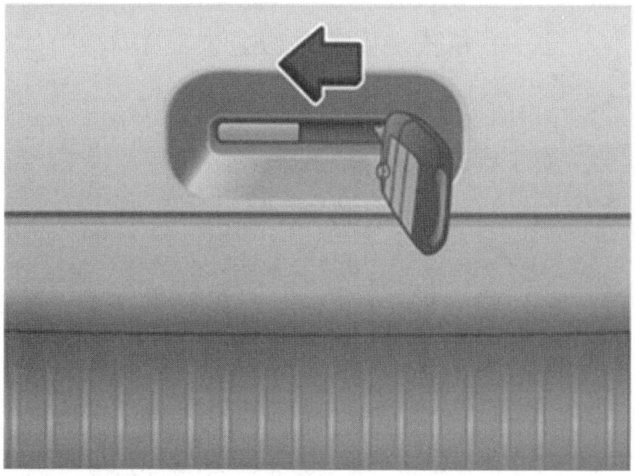

图 2–19

（6）拆下电缆线必须按图 2–20 和图 2–21 中所示 D–C–B–A 的顺序。

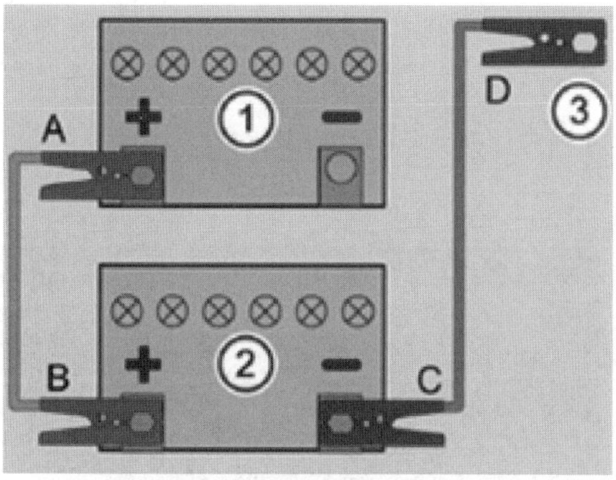

不带发动机自动启停系统的供电轿车跨接启动时的跨接电缆连接方法：无电蓄电池①和供电蓄电池②

图 2–20

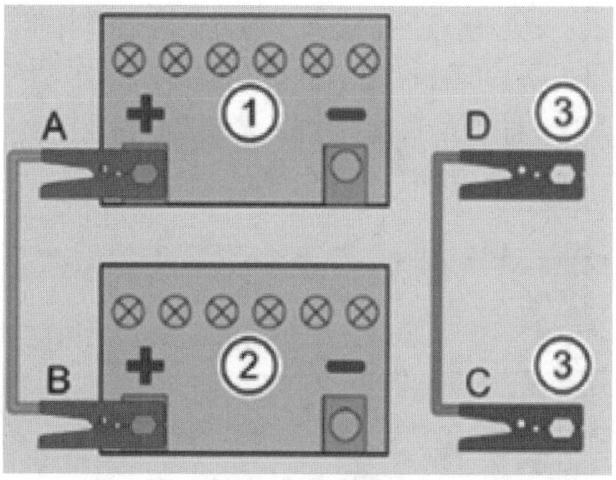

带发动机自动启停系统的供电轿车跨接启动时的跨接电缆连接方法：无电蓄电池①和供电蓄电池②

图 2–21

9. 手动开启变速器选挡杆锁

（1）手动开启变速器选挡杆锁时，注意防止开启后车辆移动，做好防范措施；关闭点火开关。

（2）拆下换挡槽板的盖板：将选挡杆防尘罩周围的盖板及其上连接的导线小心地上拉，如图 2–22 所示；继续上拉盖板，将其翻置于选挡杆上。

（3）手动开启选挡杆锁。

①沿箭头方向用螺丝刀按压分离杆，如图 2–23 所示。

②并将分离杆保持在压下位置；按住选挡杆上的锁止按钮，将选挡杆移至位置 N。

③装复盖板，操作时注意导线正确就位。

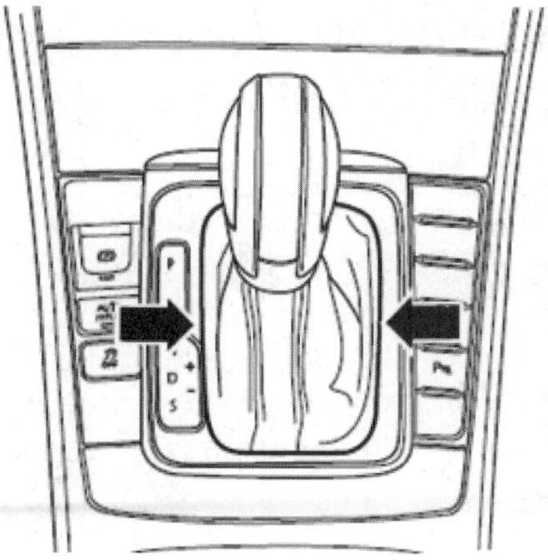

图 2–22

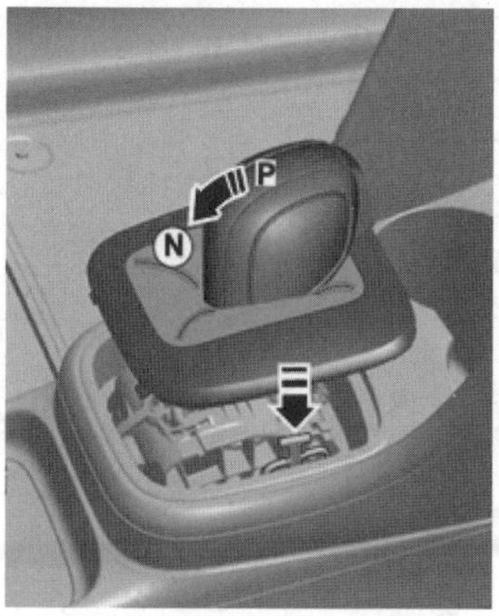

图 2–23

三、高尔夫 A7 车系应急救援指南

1. 牵引配备自动变速器的轿车

（1）打开点火开关。

（2）将变速器杆移至位置 N。

（3）牵引车速不得超过 50km/h。

（4）牵引距离不得超过 50km。

（5）如果救援车牵引轿车，则必须将轿车前轮抬离地面。

2. 遇到以下情况时不可以牵引车辆，而应使用专用运输车或挂车运输车辆

（1）轿车发生故障，变速器内没有润滑油。

（2）轿车蓄电池无电，转向系统处于锁止状态，并且无法分离电子驻车制动器和电子转向柱锁时。

（3）牵引距离已经达到 50km（仅适用于装备自动变速器车辆）。

（4）发生事故后，无法确定车辆转向系统功能是否正常等因素。

3. 安装前部牵引环

（1）从行李箱中的随车工具盒内取出牵引环，按压盖板的左侧区域，松开盖板卡扣，如图 2–24 所示。

（2）打开盖板并让其悬挂在轿车上。

（3）将牵引环逆时针拧入螺纹孔，安装牢固可靠，如图 2–25 所示。

（4）完成牵引后将牵引环顺时针旋出。

图 2–24

图 2–25

（5）将盖板的上部定位凸舌送入保险杠上的开口中，然后将下部定位凸舌小心地插入开口下部定位槽，按压盖板下部区域，直至定位凸舌卡在保险杠中。

（6）清洁牵引环，放回行李箱的随车工具箱内。

4. 安装后部牵引环

（1）从行李箱中的随车工具盒内取出牵引环，小心地沿箭头方向按压盖板，可能需要用较大的力，如图 2–26 所示。

（2）打开盖板，并让其悬挂在轿车上。

（3）将牵引环逆时针拧入螺纹孔，安装牢固可靠，如图 2–27 所示。

（4）完成牵引后将牵引环顺时针旋出。

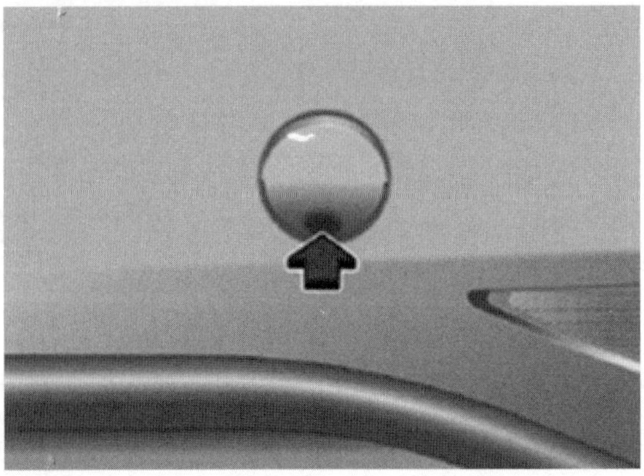

图 2–26

（5）盖板的上部定位凸舌送入保险杠上的开口中，然后将下部定位凸舌小心地插入开口下部定位槽并卡止。

（6）清洁牵引环，放回行李箱的随车工具箱内。

5. 应急打开车门

如遇车辆蓄电池无电、遥控失效、电子车门锁失效等故障，则需要应急打开车门，方法如下。

（1）将应急钥匙头取出。

（2）将钥匙头自下方插入驾驶员侧车门拉手上的盖板开口内，如图 2–28 所示。

（3）拉动驾驶员车门拉手，小心地将盖罩由下向上抬起。

（4）将应急钥匙插入锁芯中，开启轿车车门；必要时，同时稍稍拉动驾驶员侧车门拉手。

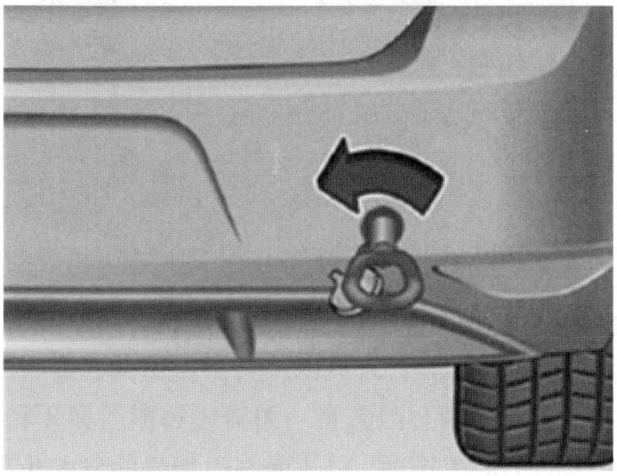

图 2–27

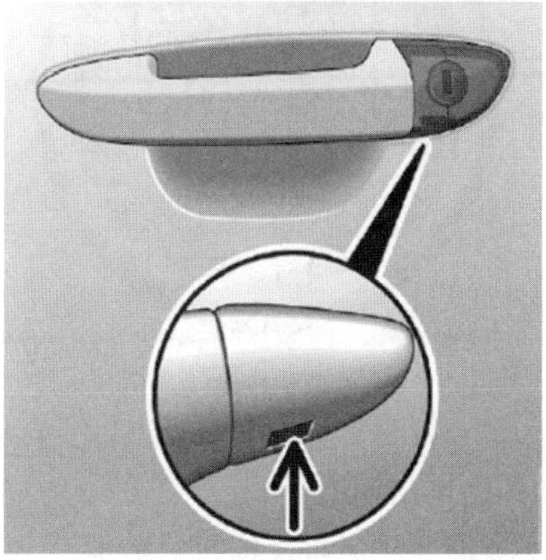

图 2–28

（5）将应急钥匙装入轿车钥匙中。

6. 应急闭锁车门

驾驶员侧车门可以使用应急钥匙插入驾驶员侧车门的锁芯闭锁。前排乘客侧和后排车门手动闭锁方法如下。

（1）打开相应的车门，从车门端面上拆下橡胶盖，密封盖上有一个锁形符号，如图 2–29 所示。

（2）翻开轿车钥匙头。

（3）将应急钥匙插入圆孔后的槽内，顺时针拧钥匙头（右侧车门），即可闭锁车门，如图 2–30 所示；左侧车门则为逆时针拧钥匙头。

（4）装上密封胶盖，检查车门是否确实已闭锁。

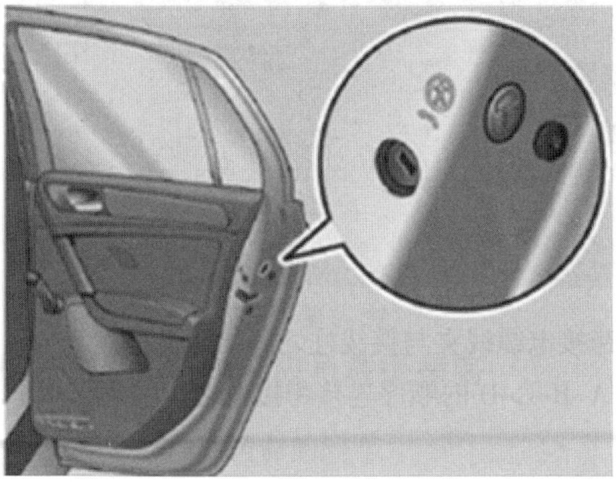

图 2–29

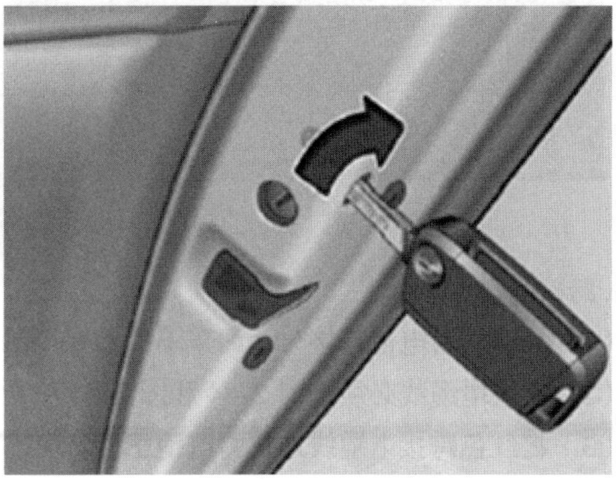

图 2–30

（2）将变速器杆移至位置 N。

（3）牵引车速不得超过 50km/h。

（4）牵引距离不得超过 50km。

（5）如果救援车牵引轿车，则必须将轿车前轮抬离地面。

2. 遇到以下情况时不可以牵引车辆，而应使用专用运输车或挂车运输车辆

（1）轿车发生故障，变速器内没有润滑油。

（2）轿车蓄电池无电，转向系统处于锁止状态，并且无法分离电子驻车制动器和电子转向柱锁时。

（3）牵引距离已经达到 50km（仅适用于装备自动变速器车辆）。

（4）发生事故后，无法确定车辆转向系统功能是否正常等因素。

3. 安装前部牵引环

（1）从行李箱中的随车工具盒内取出牵引环，沿箭头方向按压盖板下部区域，松开护盖卡扣，如图 2–39 所示。

（2）打开护盖并让其悬挂在轿车上。

（3）将牵引环逆时针拧入螺纹孔，安装牢固可靠，如图 2–40 所示。

（4）完成牵引后将牵引环顺时针旋出。

（5）将护盖的卡扣插入保险杠上的开口内，然后护盖上端，直至卡定在保险杠中。

（6）清洁牵引环，放回行李箱的随车工具箱内。

图 2–39

图 2–40

4. 安装后部牵引环

（1）从行李箱中的随车工具盒内取出牵引环，沿箭头方向按压盖板下部，如图 2–41 所示。

（2）打开盖板并让其悬挂在轿车上。

（3）将牵引环逆时针拧入螺纹孔，安装牢固可靠，如图 2–42 所示。

（4）完成牵引后将牵引环顺时针旋出。

（5）将护盖的卡扣插入保险杠上的开口内，然后护盖上端，直至卡定在保险杠中。

（6）清洁牵引环，放回行李箱的随车工具箱内。

图 2–41

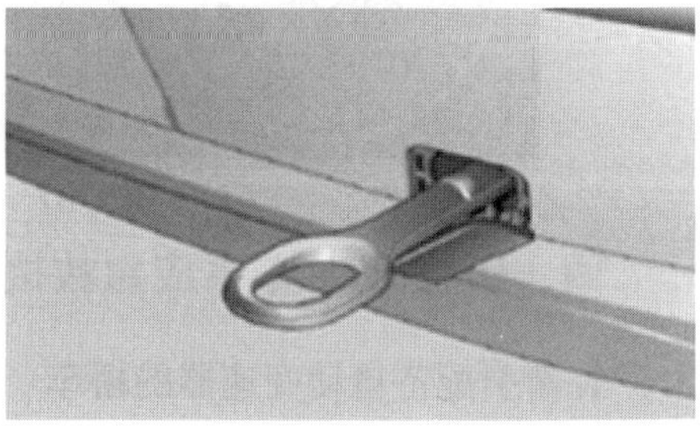

图 2–42

5. 应急打开车门

如遇车辆蓄电池无电、遥控失效、电子车门锁失效等故

障，则需要应急打开车门，方法如下。

（1）将应急钥匙从轿车钥匙中取出。

（2）将钥匙头自下方插入驾驶员侧车门拉手上的盖板开口内，如图 2–43 所示。

（3）拉动驾驶员侧车门拉手，小心地将盖罩由下向上抬起。

（4）将应急钥匙插入锁芯中，开启轿车车门；必要时，同时稍稍拉动驾驶员侧车门拉手。

（5）将应急钥匙装入轿车钥匙中。

6. 应急闭锁车门

驾驶员侧车门可以使用应急钥匙插入驾驶员侧车门的锁芯闭锁。前排乘客侧和后排车门手动闭锁方法如下。

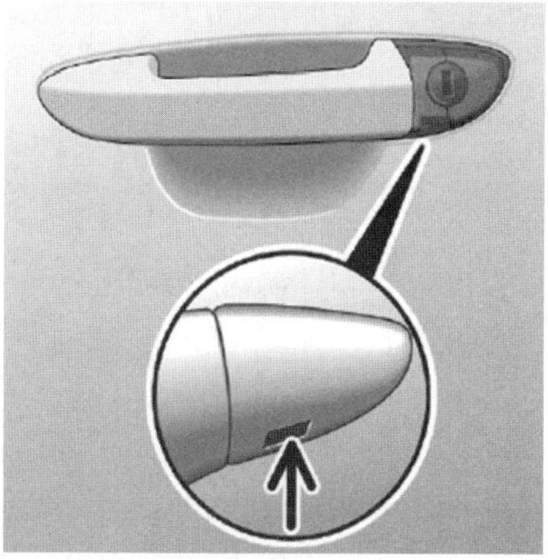

图 2–43

（1）打开相应的车门，从车门端面上拆下橡胶盖，密封盖上有一个锁形符号，如图 2–44 所示。

（2）将应急钥匙从钥匙中取出。

（3）将应急钥匙垂直插入槽内，向车外方向旋转应急钥匙，闭锁车门锁，如图 2–45 所示。

图 2–44

图 2–45

（4）装上橡胶密封盖，关好车门。

（5）检查车门是否已经闭锁。

7. 应急启动功能

如车辆钥匙电池无电、外界有电磁干扰或无钥匙启动功能失效时，可以使用钥匙插入点火开关内启动，方法如图 2–46 所示。

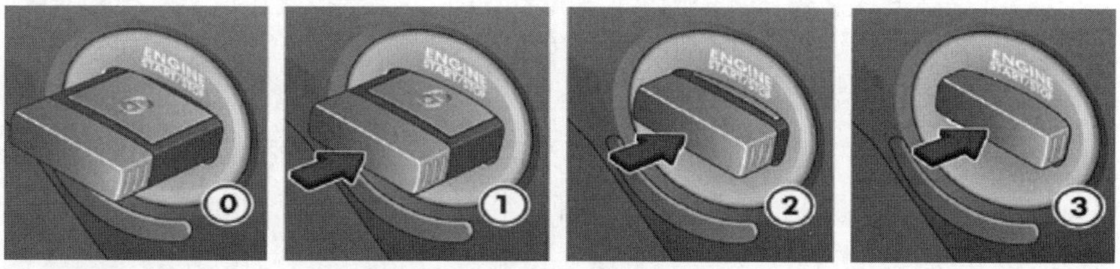

轿车钥匙 ⇒

轿车钥匙未插入点火开关：转向柱锁处于激活状态，锁止方向盘

⓪ 关闭点火开关及所有用电器，转向柱锁处于激活状态，锁止方向盘

① 关闭点火开关，但转向柱锁分离，此时可从点火开关内拔出轿车钥匙

② 打开点火开关，此时可从点火开关内拔出轿车钥匙

③ 启动发动机。发动机启动后轿车钥匙仍保持在该位置

将轿车钥匙完全推入点火开关即可拔出钥匙。松开轿车钥匙即可关闭发动机，钥匙弹出至位置①

图 2–46

8. 手动开启行李箱盖锁

当轿车蓄电池过度放电时，或当开关机构损坏，可能需要手动开启行李箱盖。

（1）必要时，将后排座椅靠背前折。

（2）取出行李箱内的物品，以便在车内能够到行李箱盖。

（3）沿箭头方向取下行李箱盖内衬上的圆形盖板，如图 2–47 所示。

（4）沿箭头方向推分离杆，如图 2–48 所示，行李箱随即解锁。

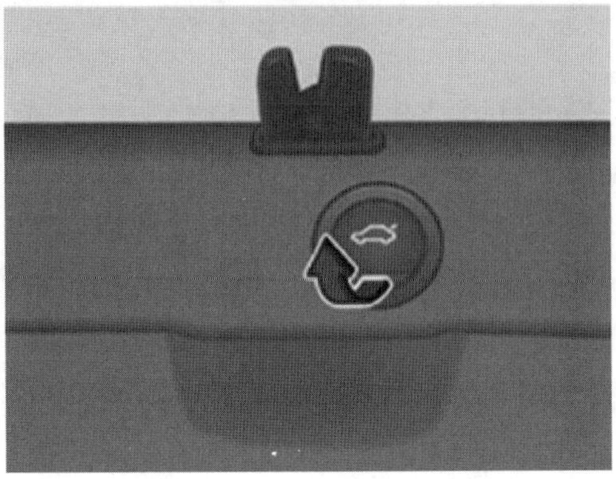

图 2–47

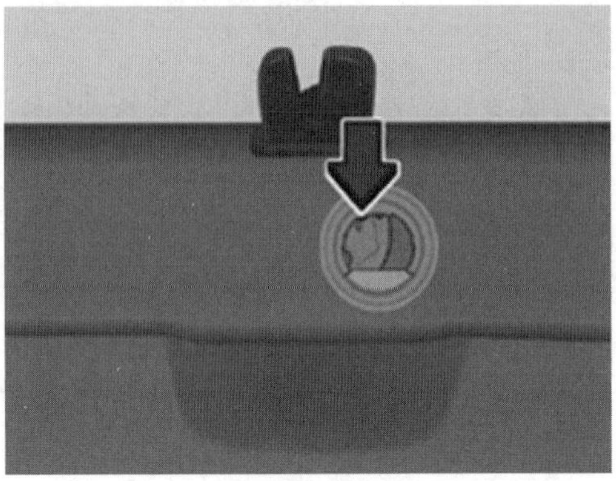

图 2–48

9. 跨接启动

（1）如两车蓄电池跨接时，两车不得相互接触；跨接电缆线夹与接线柱之间接触良好。

（2）连接电缆线必须按图 2–49 和图 2–50 中所示 A–B–C–D 的顺序连接跨接电缆。

（3）将红色跨接电缆线连接蓄电池正极。

（4）黑色线连接负极跨接启动点（接地点）。

（5）连接好电缆线后，启动发动机，发动机启动运转平稳后，拆下跨接电缆线。

（6）拆下电缆线必须按图 2–49 和图 2–50 中所示 D–C–B–A 的顺序。

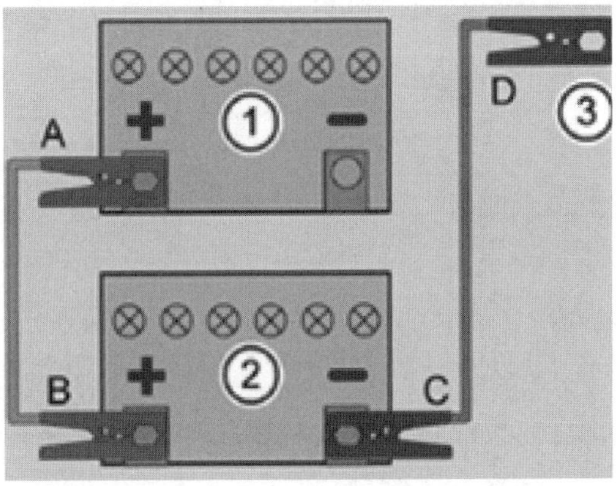

不带发动机自动启停系统的供电轿车跨接启动时的跨接电缆连接方法：无电蓄电池①和供电蓄电池②

图 2–49

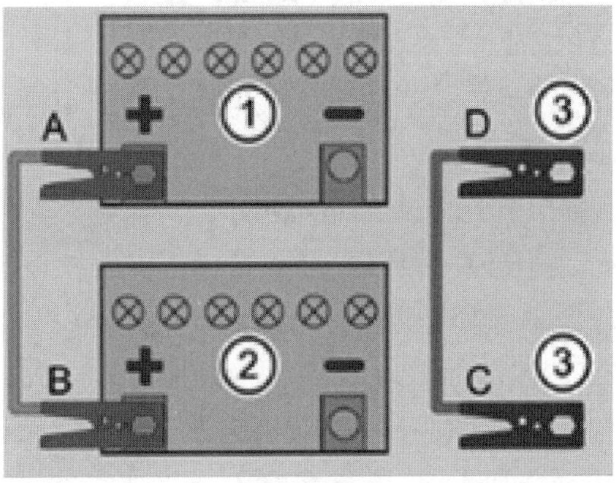

带发动机自动启停系统的供电轿车跨接启动时的跨接电缆连接方法：无电蓄电池①和供电蓄电池②

图 2–50

10. 手动开启变速器选挡杆锁

（1）手动开启变速器选挡杆锁时，注意防止开启后车辆移动，做好防范措施；关闭点火开关。

（2）拆下换挡槽板的盖板：将选挡杆防尘罩周围的盖板及其上连接的导线小心地上拉；继续上拉盖板，将其翻置于选挡杆上。

（3）手动开启选挡杆锁。

①沿箭头方向用螺丝刀按压分离杆，如图 2–51 所示。

②将分离杆保持在压下位置；按住选挡杆上的锁止按钮，如图 2–52 所示，将选挡杆移至位置 N。

③装复盖板，操作时注意导线正确就位。

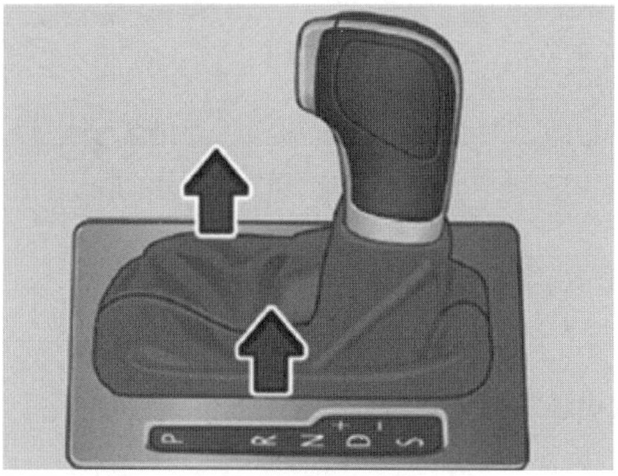

图 2-51

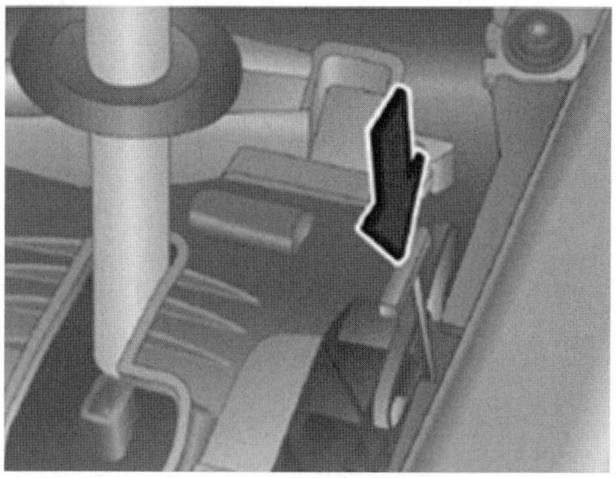

图 2-52

五、迈腾 B8 车系应急救援指南

1. 牵引配备自动变速器的轿车

（1）打开点火开关。

（2）将变速器杆移至位置 N。

（3）牵引车速不得超过 50km/h。

（4）牵引距离不得超过 50km。

（5）如果救援车牵引轿车，则必须将轿车前轮抬离地面。

2. 遇到以下情况时不可以牵引车辆，而应使用专用运输车或挂车运输车辆

（1）轿车发生故障，变速器内没有润滑油。

（2）轿车蓄电池无电，转向系统处于锁止状态，并且无法分离电子驻车制动器和电子转向柱锁时。

（3）牵引距离已经达到 50km（仅适用于装备自动变速器车辆）。

（4）发生事故后，无法确定车辆转向系统功能是否正常等因素。

3. 安装前部牵引环

（1）从行李箱中的随车工具盒内取出牵引环，按压盖板下部区域，松开盖板卡扣，如图 2-53 所示。

（2）打开盖板并让其悬挂在轿车上。

（3）将牵引环逆时针拧入螺纹孔，安装牢固可靠，如图 2-54 所示。

（4）完成牵引后将牵引环顺时针旋出。

（5）将盖板的上部定位凸舌送入保险杠上的开口中，然后将下部定位凸舌小心地插入开口下部定位槽，按压盖板下部区域，直至定位凸舌卡在保险杠中。

图 2-53

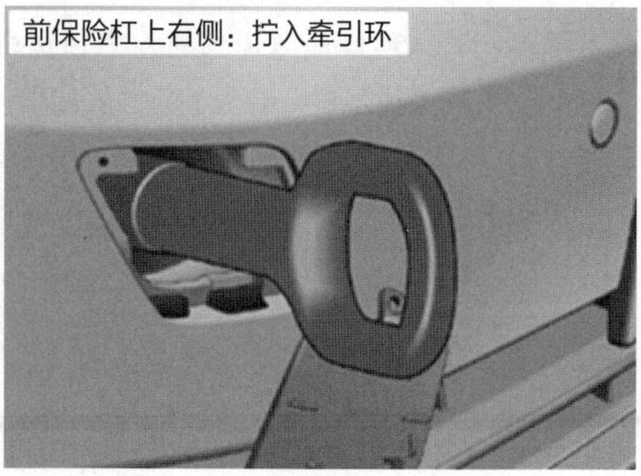

图 2-54

（6）清洁牵引环，放回行李箱的随车工具箱内。

4. 安装后部牵引环

（1）从行李箱中的随车工具盒内取出牵引环，小心地沿箭头方向按压盖板，可能需要用较大的力，如图 2–55 所示。

（2）打开盖板，并让其悬挂在轿车上。

（3）将牵引环逆时针拧入螺纹孔，安装牢固可靠，如图 2–56 所示。

（4）完成牵引后将牵引环顺时针旋出。

（5）将盖板的上部定位凸舌送入保险杠上的开口中，然后将下部定位凸舌小心地插入开口下部定位槽并卡止。

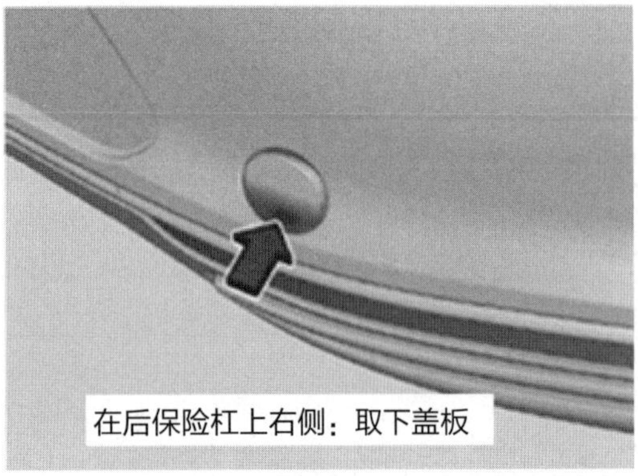

图 2–55

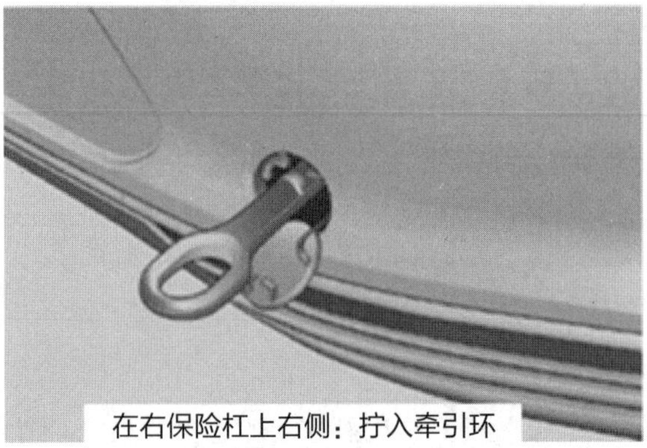

图 2–56

（6）清洁牵引环，放回行李箱的随车工具箱内。

5. 应急打开车门

如遇车辆蓄电池无电、遥控失效、电子车门锁失效等故障，则需要应急打开车门，方法如下。

（1）将应急钥匙头取出。

（2）将钥匙头自下方插入驾驶员侧车门拉手上的盖板开口内，如图 2–57 所示。

（3）拉动驾驶员侧车门拉手，小心地将盖罩由下向上抬起。

（4）将应急钥匙插入锁芯中，开启轿车车门；必要时，同时稍稍拉动驾驶员侧车门拉手。

（5）将应急钥匙装入轿车钥匙中。

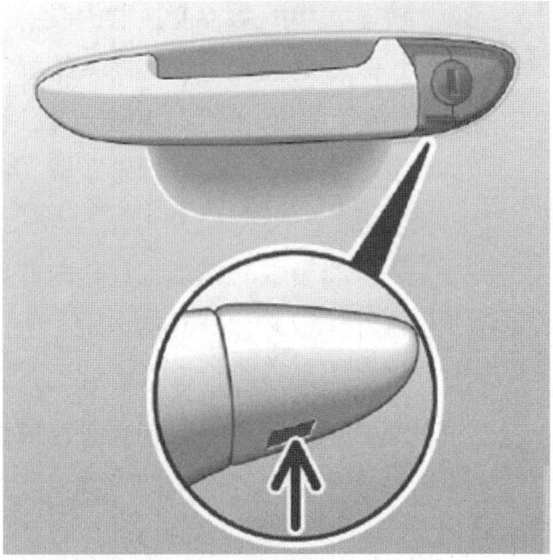

图 2–57

6. 应急闭锁车门

驾驶员侧车门可以使用应急钥匙插入驾驶员侧车门的锁芯闭锁。前排乘客侧和后排车门手动闭锁方法如下。

（1）打开相应的车门，从车门端面上拆下橡胶盖，密封盖上有一个锁形符号，如图 2–58 所示。

（2）将应急钥匙从钥匙中取出。

（3）将应急钥匙插入垂直槽口中，如图 2–59 所示，顺时针拧钥匙头（右侧车门），即可闭锁车门；左侧车门则为逆时针拧钥匙头。

（4）装上密封胶盖，检查车门是否确实已闭锁。

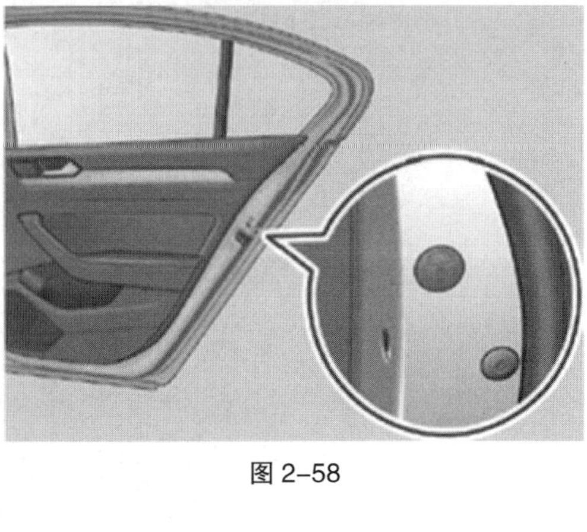

图 2–58

7. 手动开启行李箱盖锁

当轿车蓄电池过度放电时，或当开关机构损坏，可能需要手动开启行李箱盖。

（1）必要时，将后排座椅靠背前折。

（2）取出行李箱内的物品，以便在车内能够到行李箱盖。

（3）沿箭头方向取下行李箱盖内衬上的圆形盖板，如图 2-60 所示。

（4）沿箭头方向按压解锁拨杆，行李箱随即解锁，如图 2-61 所示。

图 2-59

图 2-60

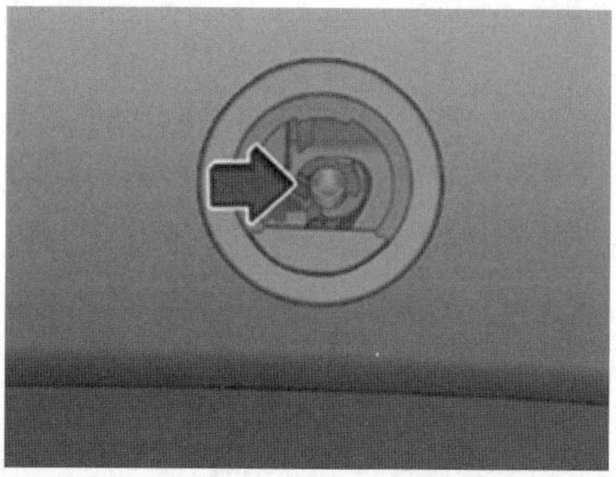

图 2-61

8. 应急启动功能

如车辆钥匙电池无电、外界有电磁干扰或无钥匙启动功能失效时，可以使用应急启动，方法如下。

（1）踩下制动踏板并踩住。

（2）按压启动 / 停机按钮后立即将轿车钥匙置于转向柱右侧，如图 2-62 所示。

（3）点火开关自动打开，启动发动机。

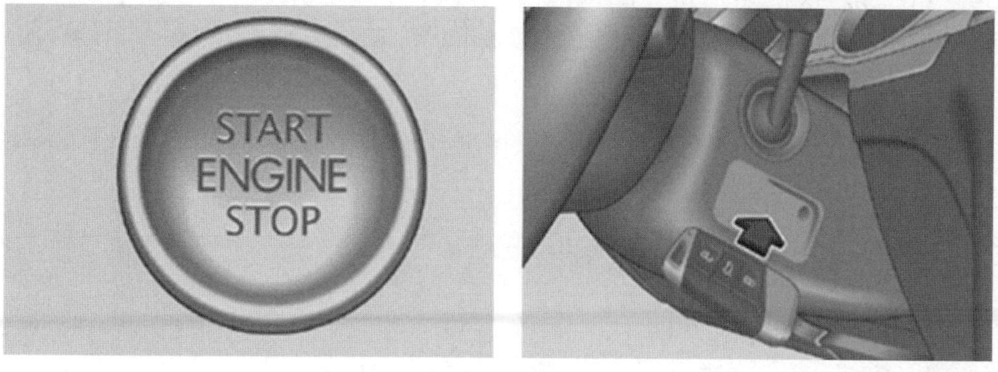

图 2-62

9. 跨接启动

（1）如两车蓄电池跨接时，两车不得相互接触；跨接电缆线夹与接线柱之间接触良好。

（2）连接电缆线必须按图 2-63 中所示 A-B-C-D 的顺序连接跨接电缆。

（3）将红色跨接电缆线连接蓄电池正极。

（4）黑色线连接负极跨接启动点（接地点），如图 2-64 所示。

（5）连接好电缆线后，启动发动机，发动机启动运转平稳后，拆下跨接电缆线。

（6）拆下电缆线必须按图 2-63 中所示 D-C-B-A 的顺序。

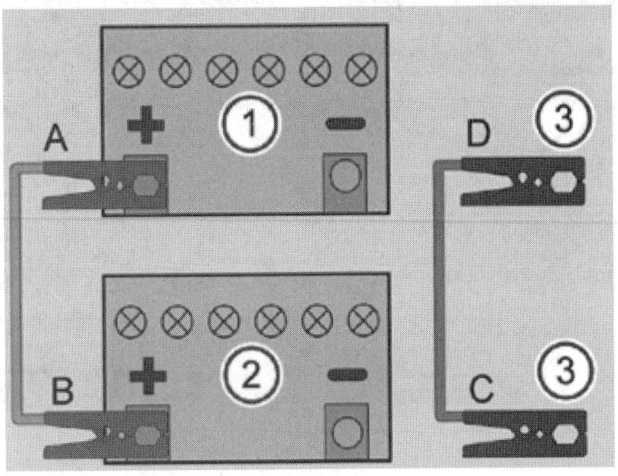

图 2-63

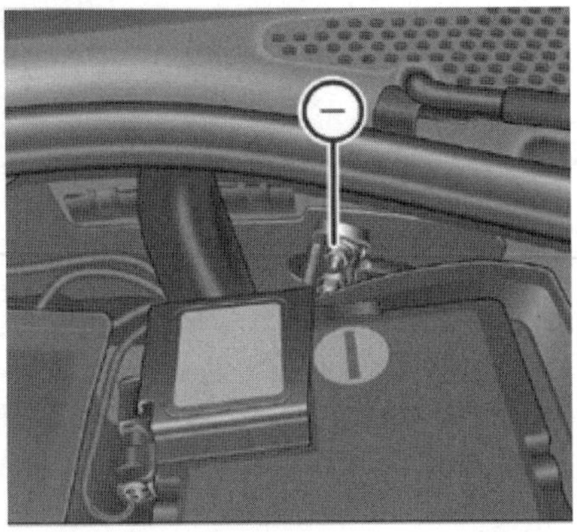

图 2-64

10. 手动开启变速器选挡杆锁

（1）手动开启变速器选挡杆锁时，注意防止开启后车辆移动，做好防范措施；关闭点火开关。

（2）拆下换挡槽板的盖板：将选挡杆防尘罩周围的盖板及其上连接的导线小心地上拉，如图 2-65 所示；继续上拉盖板，将其翻置于选挡杆上。

（3）手动开启选挡杆锁。

①沿箭头方向用螺丝刀按压分离杆，如图 2-66 所示。

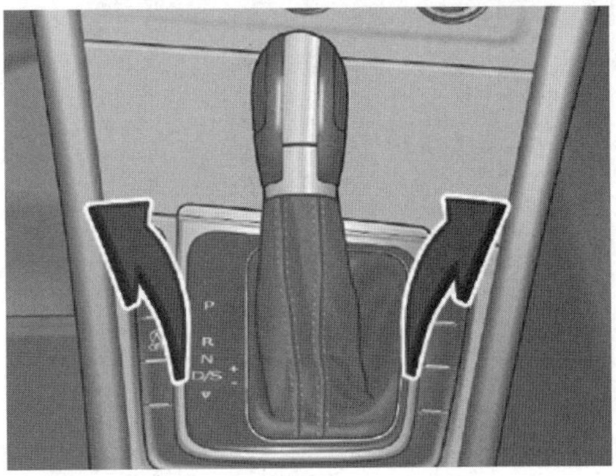

图 2-65

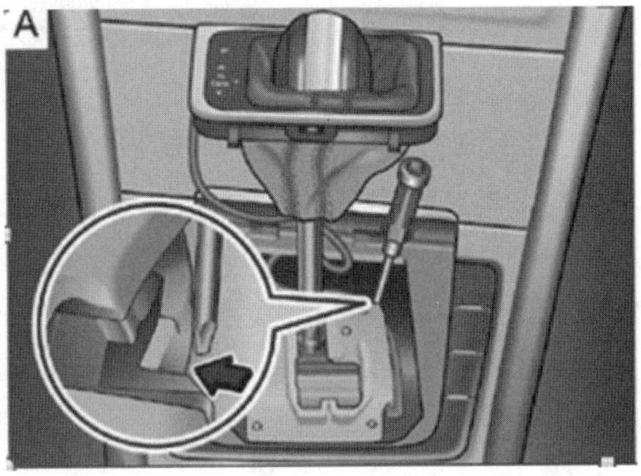

图 2-66

②将分离杆保持在压下位置，如图 2-67 所示；按住选挡杆上的锁止按钮，将选挡杆移至位置 N。

③装复盖板，操作时注意导线正确就位。

六、一汽大众 CCFB 车系应急救援指南

1. 牵引配备手动 / 自动变速器的轿车

（1）打开点火开关。

（2）将变速器杆移至位置 N。

（3）牵引车速不得超过 30km/h。

（4）牵引距离不得超过 50km。

（5）如果救援车牵引轿车，则必须将轿车前轮抬离地面。

2. 遇到以下情况时不可以牵引车辆，而应使用专用运输车或挂车运输车辆

（1）轿车发生故障，变速器受损或变速器内没有润滑油。

（2）轿车蓄电池无电，转向系统处于锁止状态，并且无法分离电子驻车制动器和电子转向柱锁时。

（3）牵引距离已经达到 50km（仅适用于装备自动变速器车辆）。

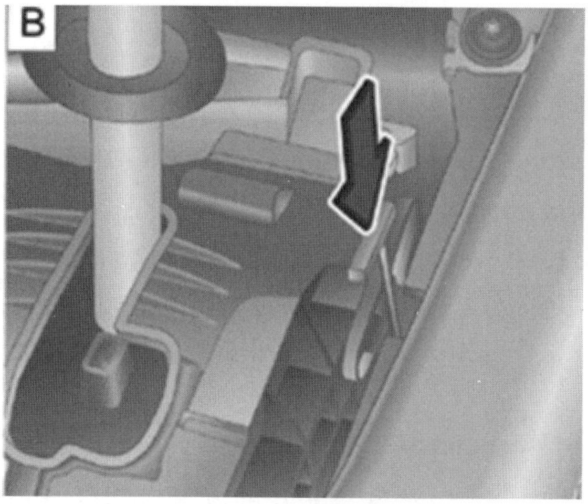

图 2–67

（4）发生事故后，无法确定车辆转向系统功能是否正常等因素。

3. 安装前部牵引环

（1）从行李箱中的随车工具盒内取出牵引环。

（2）将一把平口螺丝刀从下方插入盖板缝隙，并沿箭头方向从卡止件中撬出盖板，如图 2–68 所示。

（3）向前取下盖板并放好。

（4）将牵引环逆时针拧入螺纹孔，安装牢固可靠，如图 2–69 所示。

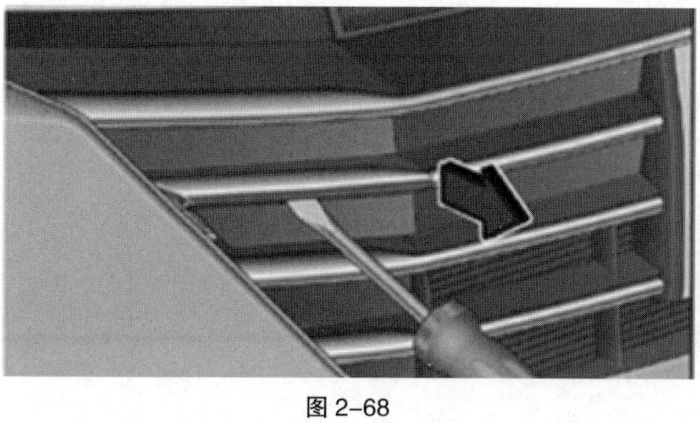

图 2–68

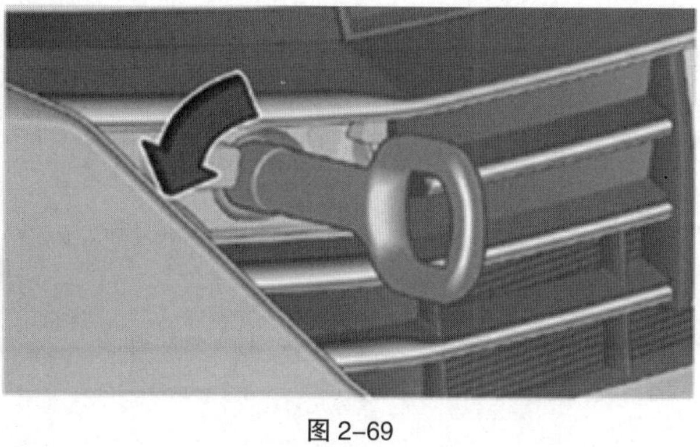

图 2–69

（5）完成牵引后将牵引环顺时针旋出。

（6）安装盖板，将盖板的上部锁止凸耳装入保险杠的开口中。按压盖板的下部区域，直到下部定位凸缘在保险杠中卡止。

（7）清洁牵引环，放回行李箱的随车工具箱内。

4. 安装后部牵引环

（1）从行李箱中的随车工具盒内取出牵引环，沿箭头方向按压盖板的侧面区域，松开盖板的卡止件，如图 2–70 所示。

（2）打开盖板，并让其悬挂在轿车上。

（3）将牵引环逆时针拧入螺纹孔，安装牢固可靠，如图 2–71 所示。

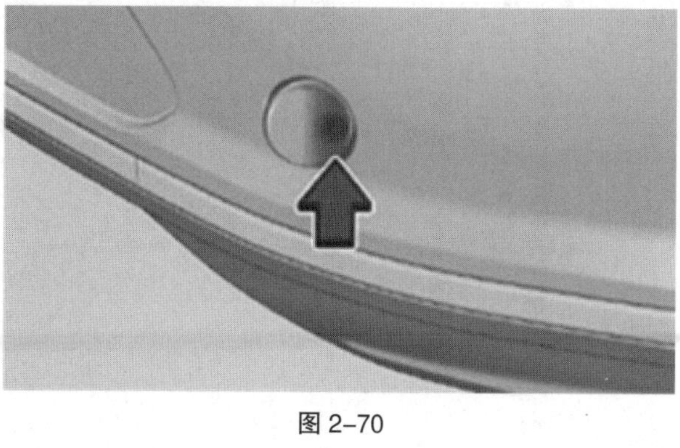

图 2–70

（4）完成牵引后将牵引环顺时针旋出。

（5）将盖板装入相应的卡槽，直至其卡定。

（6）清洁牵引环，放回行李箱的随车工具箱内。

5. 应急打开车门

如遇车辆蓄电池无电、遥控失效、电子车门锁失效等故障，则需要应急打开车门，方法如下。

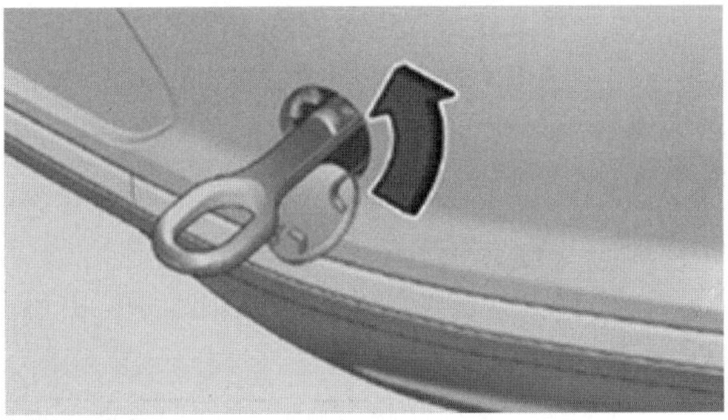

图 2–71

（1）外拉车门拉手，直至取下盖罩。

（2）将钥匙头从下方插入驾驶员侧车门拉手的凹槽。

（3）食指放在钥匙头下方。

（4）用车辆钥匙沿箭头方向撬起盖罩，如图 2–72 所示。

（5）将钥匙插入锁芯中，解锁或闭锁车辆，如图 2–73 所示。

（6）外拉开车门拉手，并重新安装盖罩。

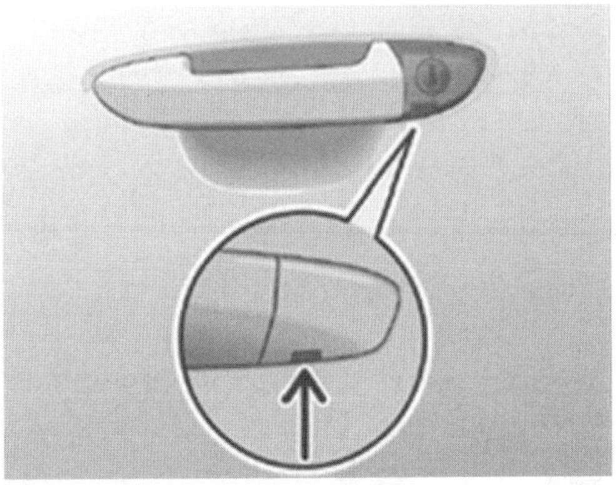

图 2–72

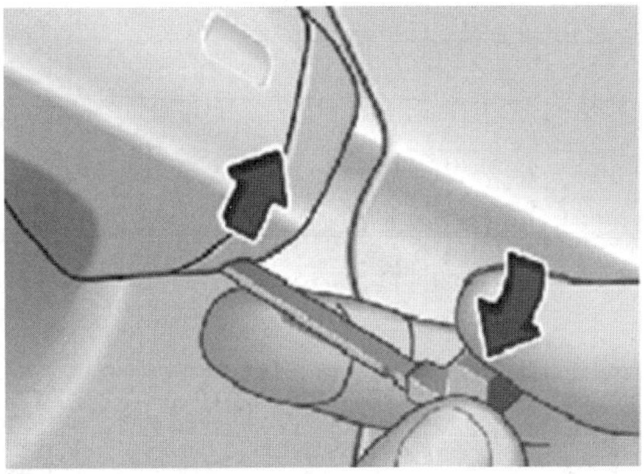

图 2–73

6. 应急闭锁车门

驾驶员侧车门可以使用钥匙插入驾驶员侧车门的锁芯闭锁。前排乘客侧和后排车门手动闭锁，方法如下。

（1）打开相应的车门，从车门端面上拆下橡胶盖，密封盖上有一个锁形符号，如图 2–74 所示。

（2）将应急钥匙从钥匙中取出。

（3）将应急钥匙插入垂直槽口中，如图 2–75 所示，顺时针拧钥匙头（右侧车门），即可闭锁车门；左侧车门则为逆时针拧钥匙头。

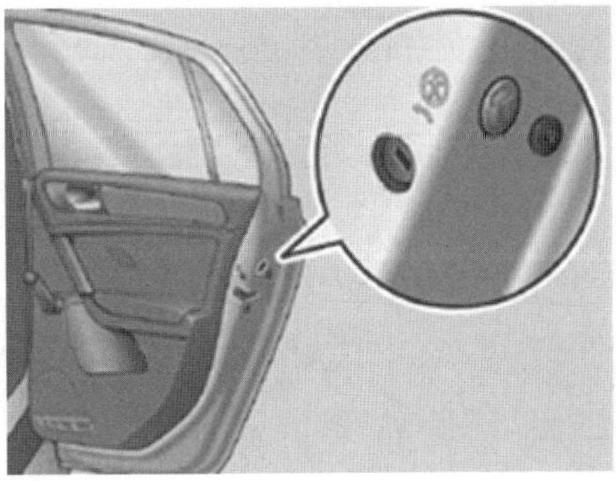

图 2–74

图 2–75

（4）装上密封胶盖，检查车门是否确实已闭锁。

7. 应急启动功能

如车辆钥匙电池无电、外界有电磁干扰或无钥匙启动功能失效时，可以使用应急启动，方法如下。

（1）踩下制动踏板并踩住。

（2）按压启动 / 停机按钮后立即将轿车钥匙置于转向柱右侧，如图 2-76 所示。

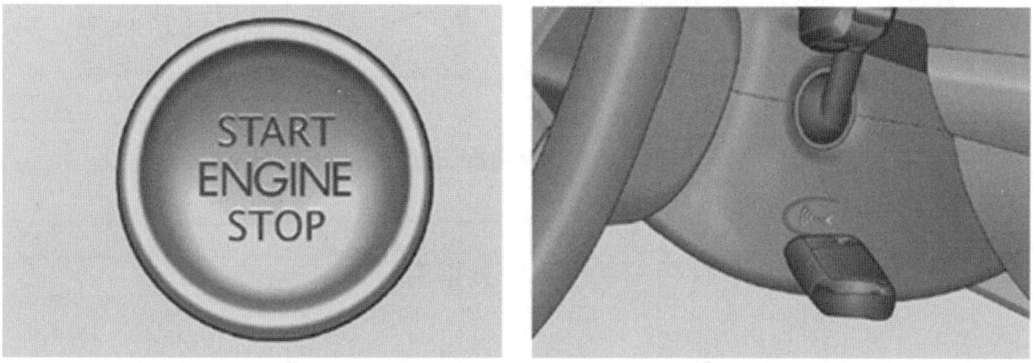

图 2-76

（3）点火开关自动打开，启动发动机。

8. 跨接启动

（1）如两车蓄电池跨接时，两车不得相互接触；跨接电缆线夹与接线柱之间接触良好。

（2）连接电缆线必须按图 2-77 中所示 A-B-C-D 的顺序连接跨接电缆。

（3）将红色跨接电缆线连接蓄电池正极。

（4）黑色线连接负极跨接启动点（接地点），如图 2-78 所示。

（5）连接好电缆线后，启动发动机，发动机启动运转平稳后，拆下跨接电缆线。

（6）拆下电缆线必须按图 2-77 中所示 D-C-B-A 的顺序。

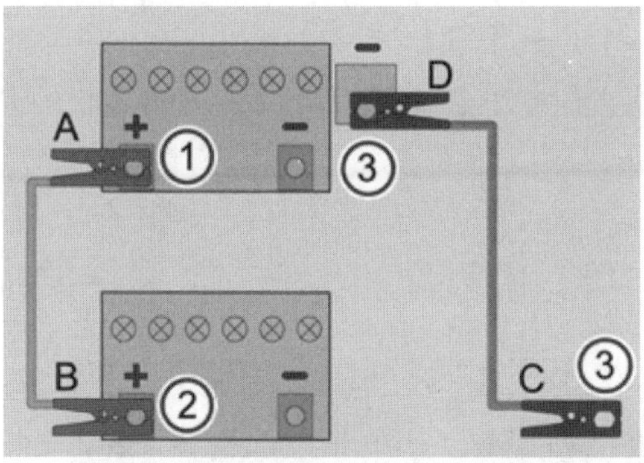

图 2-77

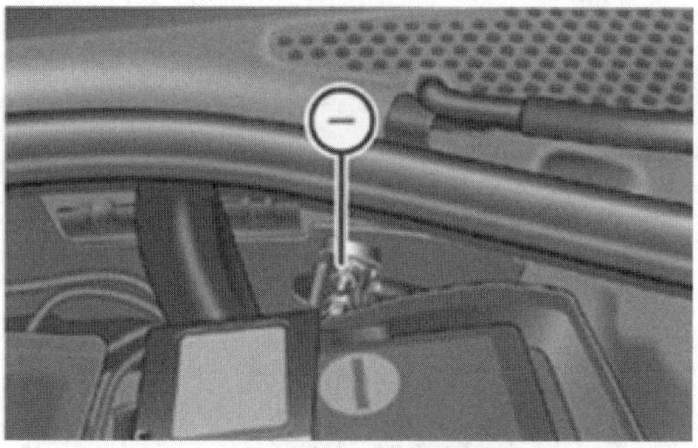

图 2-78

9. 手动开启变速器选挡杆锁

（1）手动开启变速器选挡杆锁时，打开电子驻车制动器，如电子驻车制动器不能稳住车辆，则必须采取其他措施，防止车辆移动。关闭点火开关。

（2）拆下换挡槽板的盖板：将选挡杆防尘罩周围的盖板及其上连接的导线小心地上拉，如图 2-79 所示；继续上拉盖板，将其翻置于选挡杆上。

（3）手动开启选挡杆锁。

①用螺丝刀工具头插入解锁拨杆槽口，沿箭头方向略微转动解锁拨杆，如图 2-80 所示。

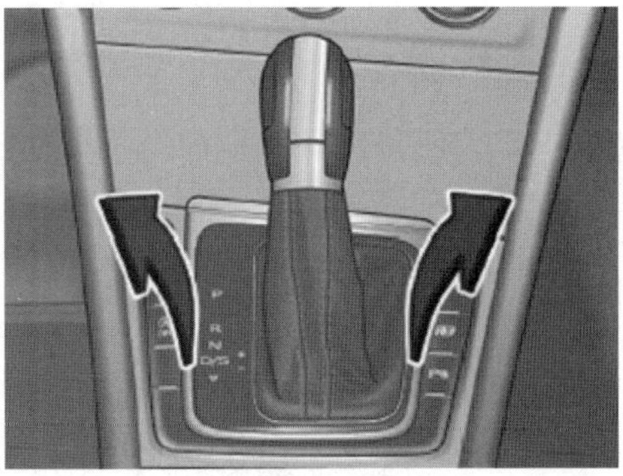

图 2–79

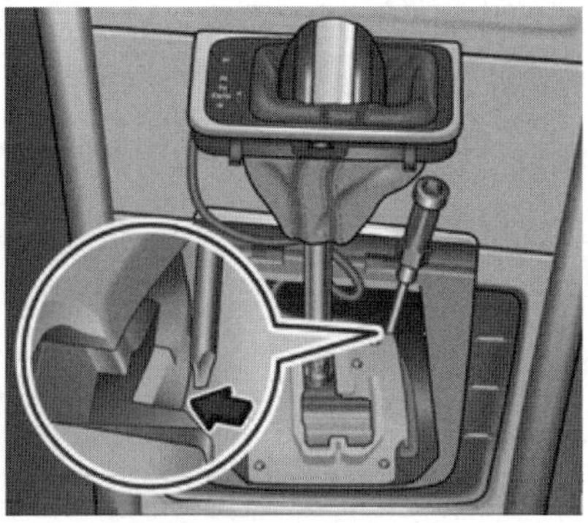

图 2–80

②将分离杆保持在压下位置；按住选挡杆上的锁止按钮，将选挡杆移至位置 N。

③装复盖板，操作时注意导线正确就位。

七、一汽大众探影、探歌、探岳车系应急救援指南

1. 牵引配备手动 / 自动变速器的轿车

（1）打开点火开关。

（2）将变速器杆移至位置 N。

（3）牵引车速不得超过 30km/h。

（4）牵引距离不得超过 50km。

（5）如果救援车牵引轿车，则必须将轿车前轮抬离地面。

2. 遇到以下情况时不可以牵引车辆，而应使用专用运输车或挂车运输车辆

（1）轿车发生故障，变速器受损或变速器内没有润滑油。

（2）轿车蓄电池无电，转向系统处于锁止状态，并且无法分离电子驻车制动器和电子转向柱锁时。

（3）牵引距离已经达到 50km（仅适用于装备自动变速器车辆）。

（4）发生事故后，无法确定车辆转向系统功能是否正常等因素。

3. 安装前部牵引环

（1）从行李箱中的随车工具盒内取出牵引环，沿箭头方向按压盖板的左侧区域，松开盖板的卡止件，如图 2–81 所示。

（2）取出盖板，并让其悬挂在轿车上。

（3）将牵引环逆时针拧入螺纹孔，安装牢固可靠，如图 2–82 所示。

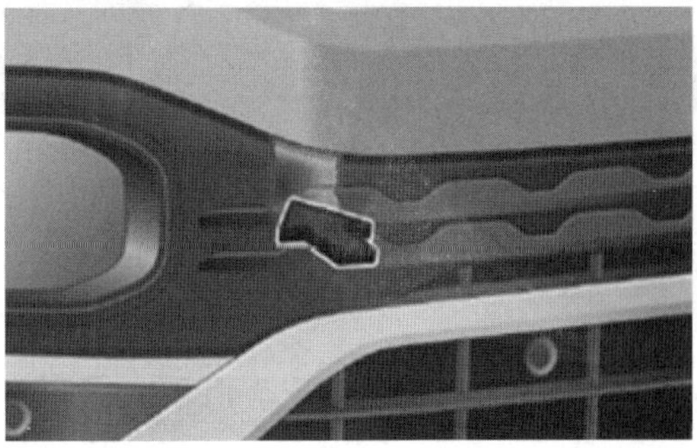

图 2–81

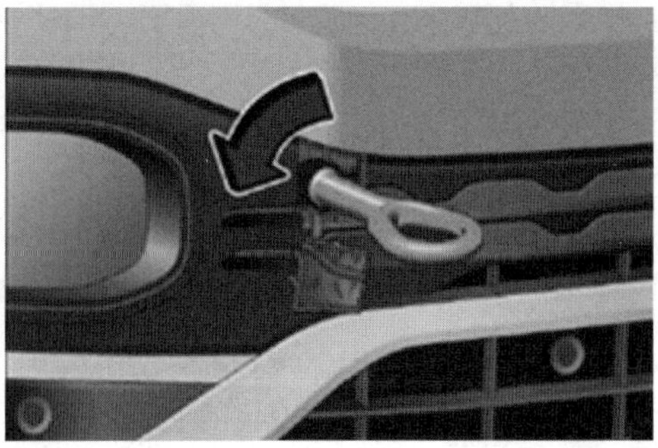

图 2–82

（4）完成牵引后将牵引环顺时针旋出。

（5）将盖板装入相应的卡槽，直至其卡定。

（6）清洁牵引环，放回行李箱的随车工具箱内。

4. 安装后部牵引环

（1）从行李箱中的随车工具盒内取出牵引环，沿箭头方向按压盖板的上部区域，松开盖板的卡止件，如图 2–83 所示。

（2）打开盖板，并让其悬挂在轿车上。

（3）将牵引环逆时针拧入螺纹孔，安装牢固可靠，如图 2–84 所示。

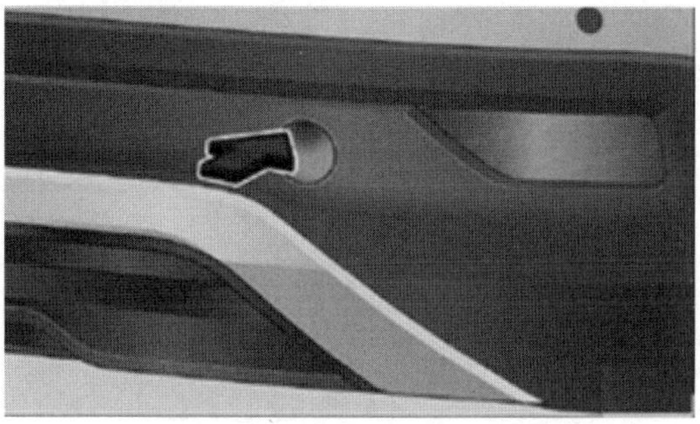

图 2–83

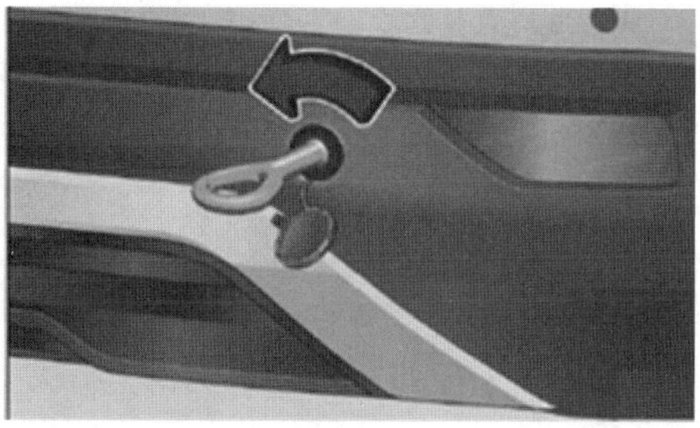

图 2–84

（4）完成牵引后将牵引环顺时针旋出。

（5）将盖板装入相应的卡槽，直至其卡定。

（6）清洁牵引环，放回行李箱的随车工具箱内。

5. 应急打开车门

如遇车辆蓄电池无电、遥控失效、电子车门锁失效等故障，则需要应急打开车门，方法如下。

（1）外拉车门拉手，直至取下盖罩，如图 2–85 所示。

（2）将钥匙头从下方插入驾驶员侧车门拉手的凹槽。

（3）食指放在钥匙头下方。

（4）用车辆钥匙沿箭头方向撬起盖罩，如图 2–86 所示。

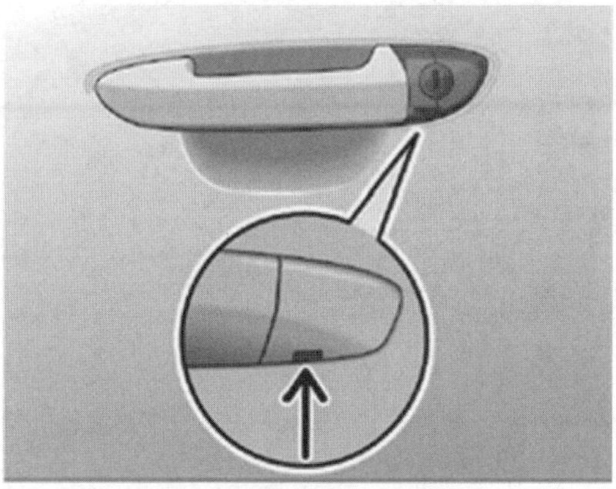

图 2–85

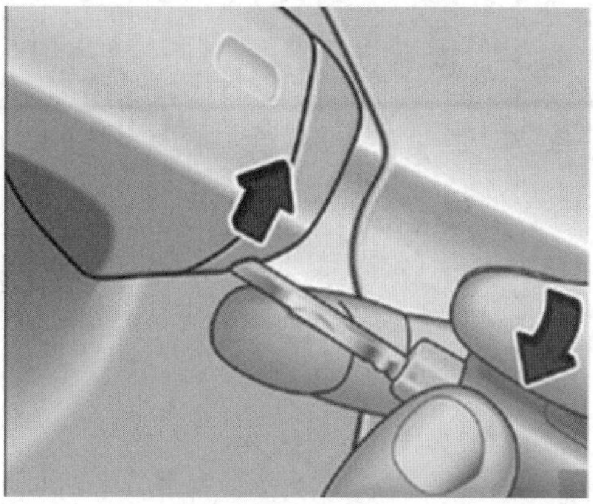

图 2–86

（5）将钥匙插入锁芯中，解锁或闭锁车辆。

（6）外拉开车门拉手并重新安装盖罩。

6. 应急闭锁车门

驾驶员侧车门可以使用钥匙插入驾驶员侧车门的锁芯闭锁。前排乘客侧和后排车门手动闭锁，方法如下。

（1）打开相应的车门，从车门端面拆下橡胶盖，密封盖上有一个锁形符号，如图 2–87 所示。

（2）将应急钥匙从钥匙中取出。

（3）将应急钥匙插入垂直槽口中，如图 2–88 所示，顺时针拧钥匙头（右侧车门），即可闭锁车门；左侧车门则为逆时针拧钥匙头。

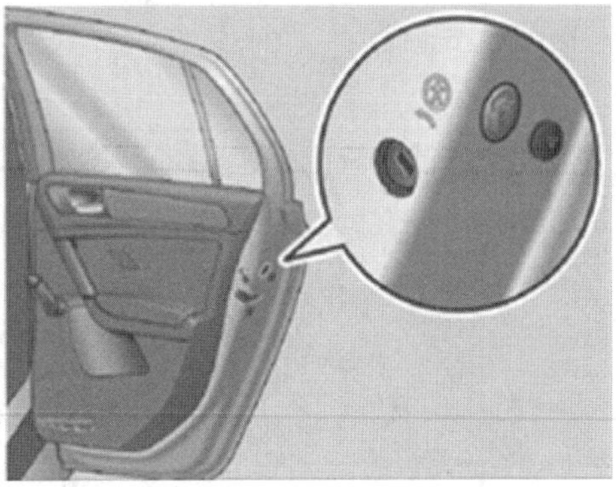

图 2–87

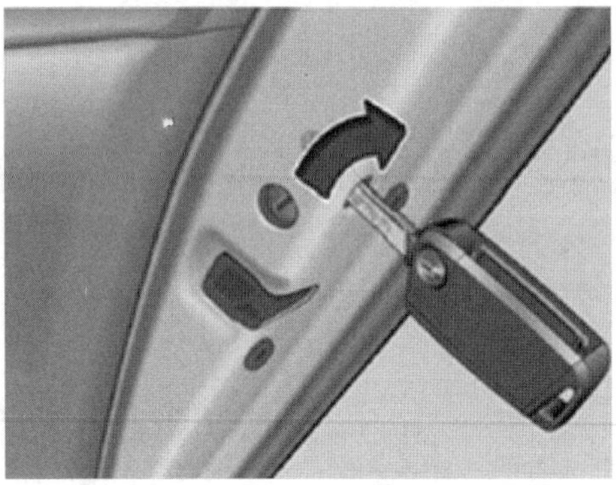

图 2–88

（4）装上密封胶盖，检查车门是否确实已闭锁。

7. 手动解锁尾门（探歌、探岳）

（1）必要时，将后排座椅靠背前折。

（2）取出行李箱内的物品，以便在车内能够到尾门。

（3）沿图 2–89 所示箭头方向将三角警示牌固定支架的螺钉拧 90°。

（4）打开三角警示牌固定支架，取出三角警示牌。

（5）将钥匙头插入尾门锁上的圆形槽口内，如图 2–90 所示，并沿箭头方向推动解锁拨杆，同时将尾门向外推，直至其打开。

图 2–89

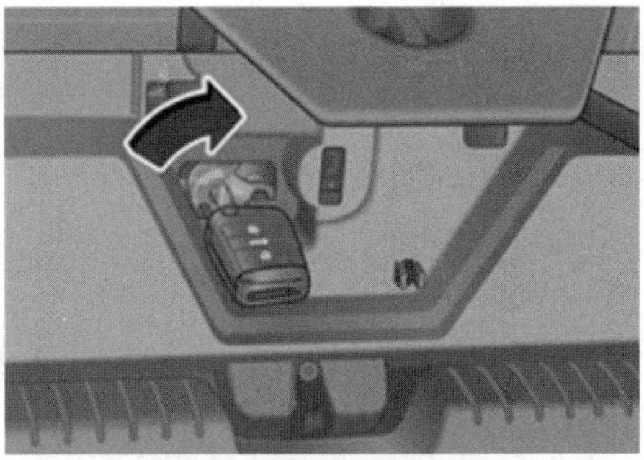

图 2–90

8. 手动解锁尾门（探影）

（1）必要时，将后排座椅靠背前折。

（2）取出行李箱内的物品，以便在车内能够到尾门。

（3）将钥匙头插入尾门锁上的槽口内，并沿图 2–91 箭头方向推动解锁拨杆，同时将尾门向外推，直至其打开。

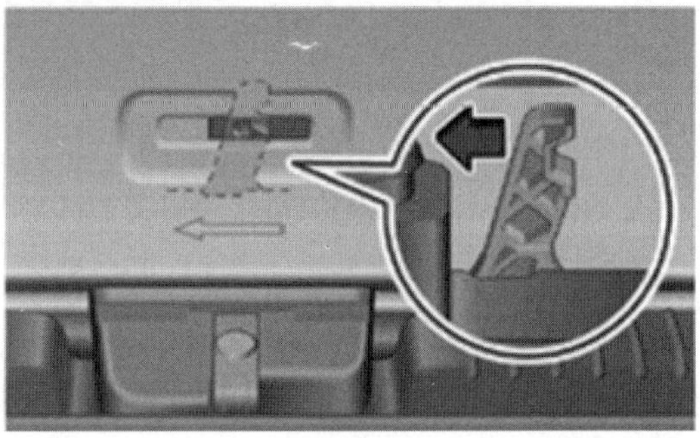

图 2–91

9. 应急启动功能

如车辆钥匙电池无电、外界有电磁干扰或无钥匙启动功能失效时，可以使用应急启动，方法如下。

（1）踩下制动踏板并踩住。

（2）按压启动 / 停机按钮后立即将轿车钥匙置于转向柱右侧，如图 2–92 所示。

（3）点火开关自动打开，启动发动机。

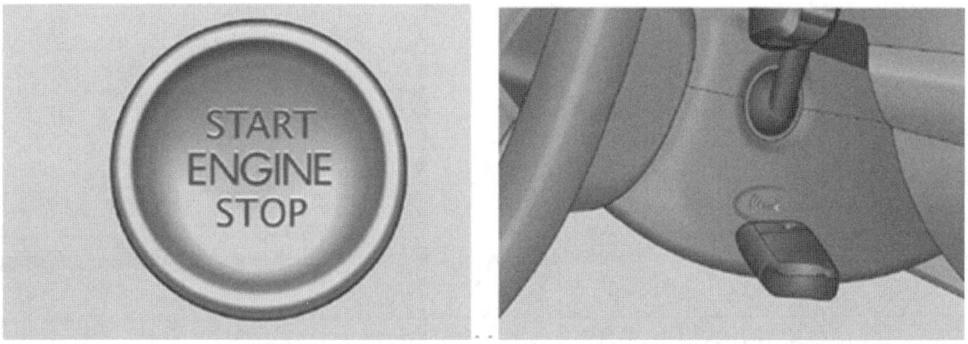

图 2–92

10. 跨接启动

（1）如两车蓄电池跨接时，两车不得相互接触；跨接电缆线夹与接线柱之间接触良好。

（2）连接电缆线必须按图 2–93 中所示 A–B–C–D 的顺序连接跨接电缆。

（3）将红色跨接电缆线连接蓄电池正极。

（4）黑色线连接负极跨接启动点（接地点），如图 2–94 所示。

（5）连接好电缆线后，启动发动机，发动机启动运转平稳后，拆下跨接电缆线。

（6）拆下电缆线必须按图 2–93 中所示 D–C–B–A 的顺序。

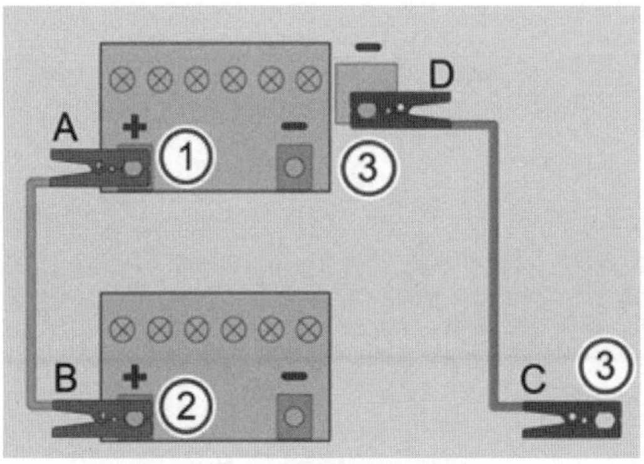

图 2–93

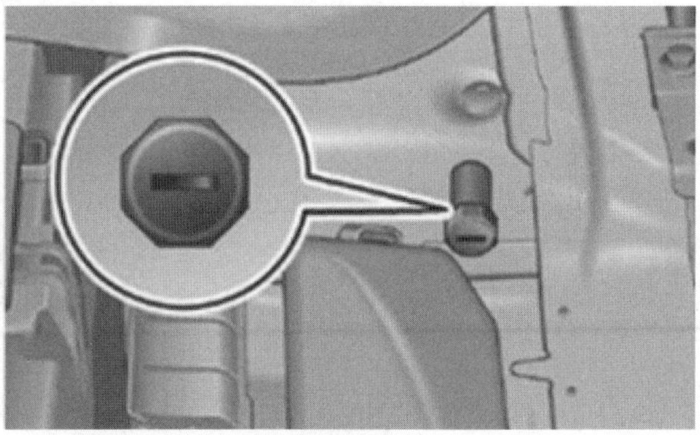

图 2–94

11. 手动开启变速器选挡杆锁

（1）手动开启变速器选挡杆锁时，注意防止开启后车辆移动，做好防范措施；关闭点火开关。

（2）拆下换挡槽板的盖板：将选挡杆防尘罩周围的盖板及其上连接的导线小心地上拉，如图 2–95 所示；继续上拉盖板，将其翻置于

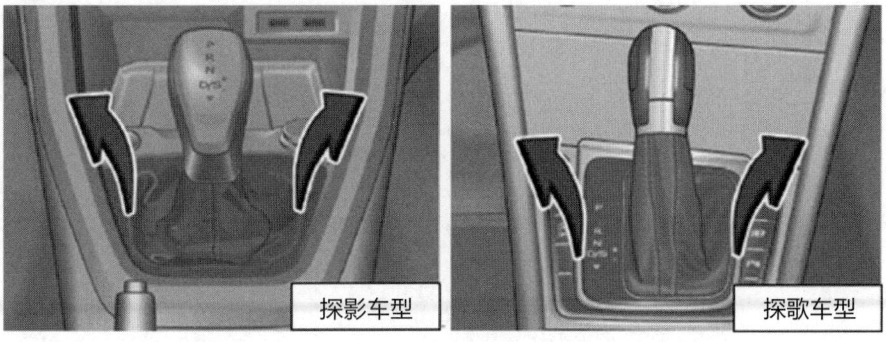

图 2–95

选挡杆上。

手动开启选挡杆锁：

①用螺丝刀工具头插入解锁拨杆槽口，沿箭头方向略微转动解锁拨杆，如图 2-96 所示。

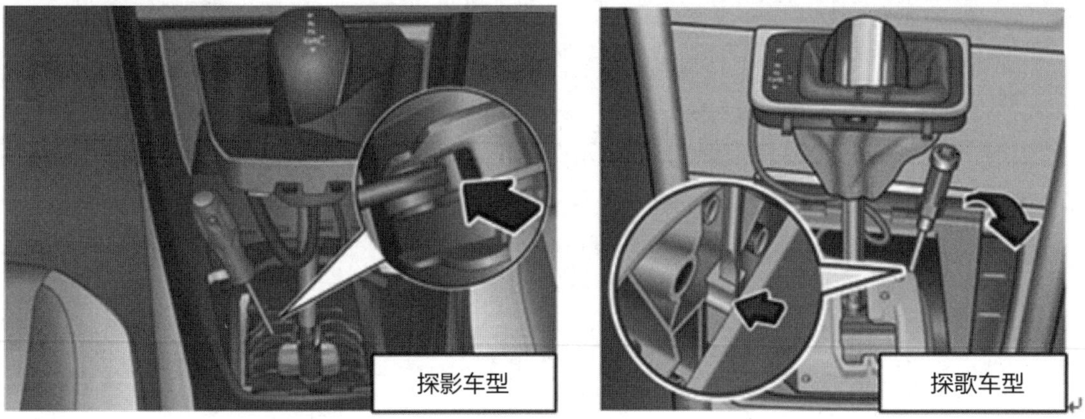

图 2-96

②并将分离杆保持在压下位置；按住选挡杆上的锁止按钮，将选挡杆移至位置 N。

③装复盖板，操作时注意导线正确就位。

第 3 章　奥迪车系

一、一汽奥迪 A6L C8 应急操作

（一）奥迪 A6L C8/A4L B9

1. 应急将挡位从 P 挡中解除

（1）从前部饮料罐中取出下部衬垫（奥迪 B9 为横置水杯架，应急解锁装置在右侧杯托底部），如图 3–1 所示。

（2）将应急解锁工具从后备箱随车工具中取出。

（3）将解锁工具插入应急开锁定位座。

（4）将解锁工具旋转 90°，如图 3–2 中箭头 A 所示，同时向下按压，如图 3–2 中箭头 B 所示，直至其卡止。

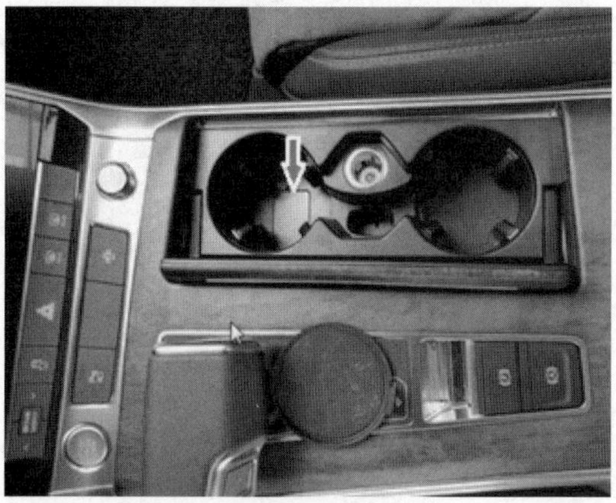

图 3–1

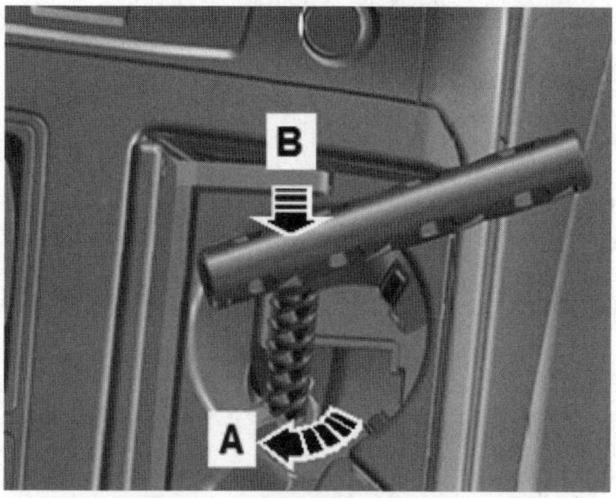

图 3–2

（5）此时驻车锁已解除。

2. 撤销解锁

（1）将解锁工具拉出至拔出锁止位置（约 5mm），然后把控着转回到转动极限位置，然后取出解锁工具。

（2）切勿仅逆时针方向转动解锁工具，因为这样会损坏换挡操纵机构和解锁工具。

（3）解锁工具取出后，仪表必须显示挡位为“P”。

（二）应急打开行李箱（后备箱）

（1）取下后座儿童座椅固定装置盖板，如图 3–3 所示。

图 3–3

（2）将后座坐垫向上拉，使后座坐垫从固定座里拉出，如图 3–4 所示。

（3）找到行李箱解锁红色拉环，并去除绑带，如图 3–5 所示。

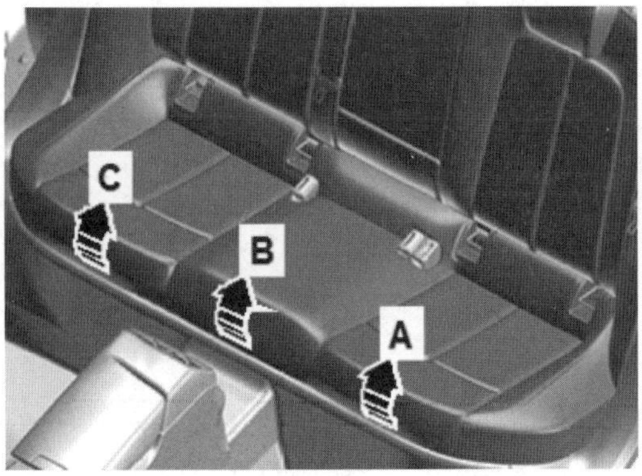

图 3-4

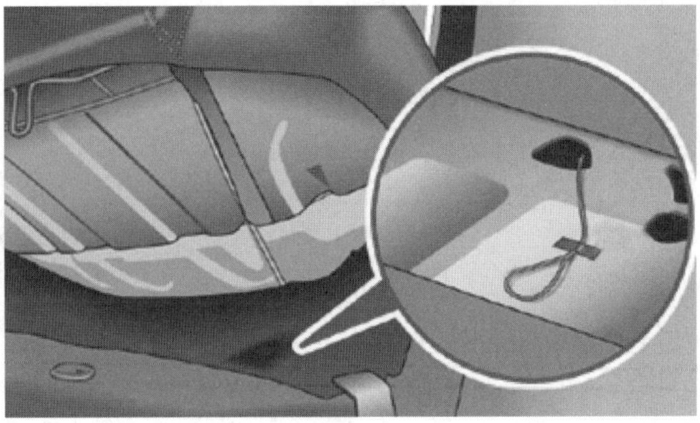

图 3-5

（4）均匀用力拉开行李箱盖锁止机构（必要是另外一人按压行李箱盖配合）。

（5）解锁完成后将后座坐垫重新安装到位。

（三）油箱盖应急解锁

（1）打开行李箱右侧饰板盖，露出应急解锁拉线，如图 3-6 和图 3-7 所示。

图 3-6

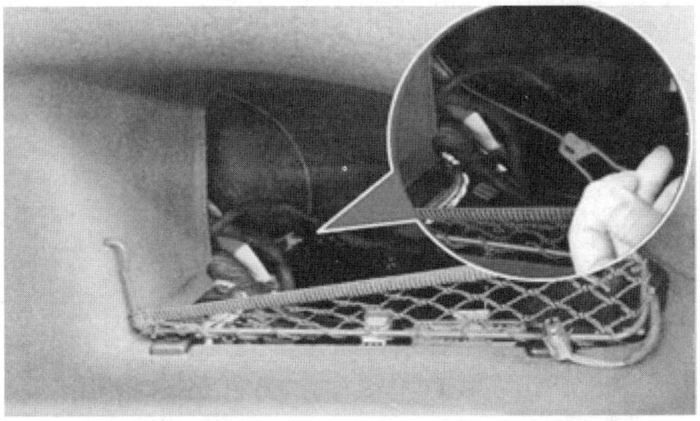

图 3-7

（2）用手拉住解锁环，当感觉到有明显阻力时按压油箱盖即可解锁。

（3）注意拉力过大可能导致尼龙绳断裂，操作时最好双人配合。

（四）应急关闭天窗玻璃

（1）拆下车内前部顶灯照明模块，如图 3-8 所示。

（2）找到位于天窗驱动电机上的应急打开内六角座，如图 3-9 所示。

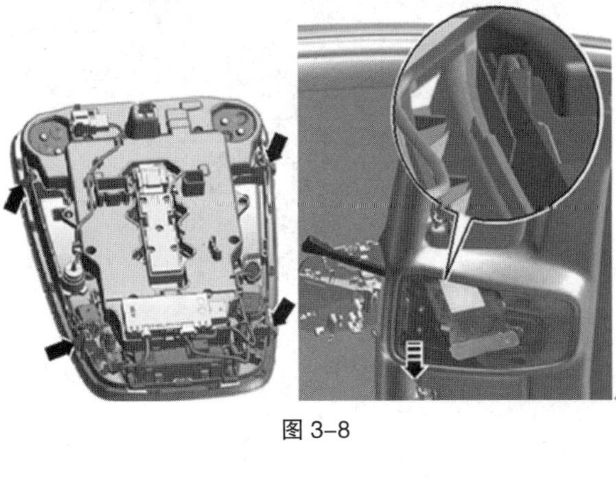

图 3-8

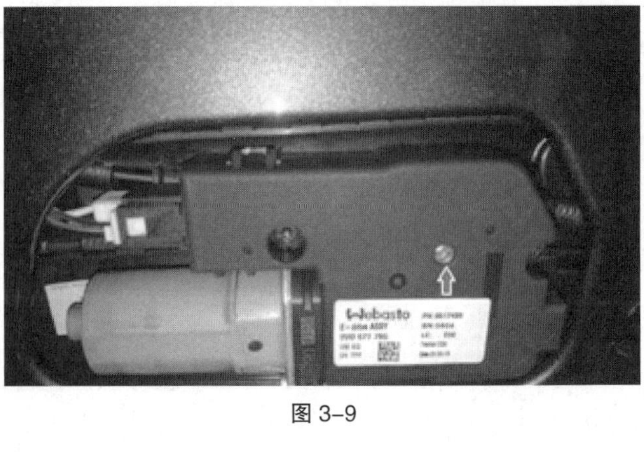

图 3-9

（3）使用一个内六角扳手可以手动打开或关闭天窗玻璃盖板，如图 3-10 所示。

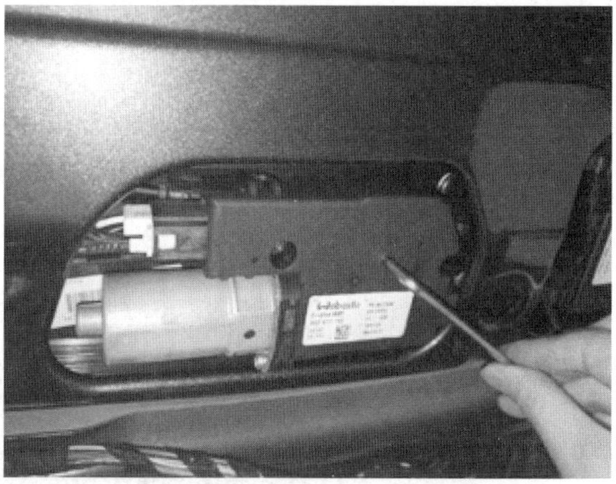

图 3-10

（五）用应急钥匙打开左前门

（1）从遥控器中取出应急钥匙，如图 3-11 所示。

（2）找到位于左前门把手锁孔装饰盖，如图 3-12 所示。

（3）将应急钥匙插入应急解锁孔装饰盖板的维修孔中，并向上将装饰盖撬下，如图 3-13 所示。

（4）将应急钥匙插入解锁孔内，转动钥匙向上解锁，转动钥匙向下上锁，如图 3-14 所示。

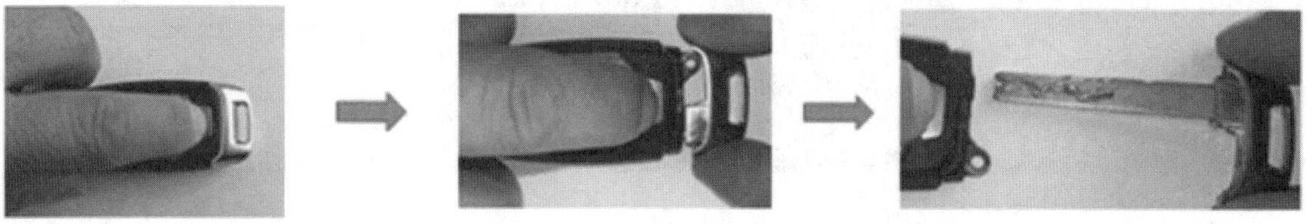

图 3-11

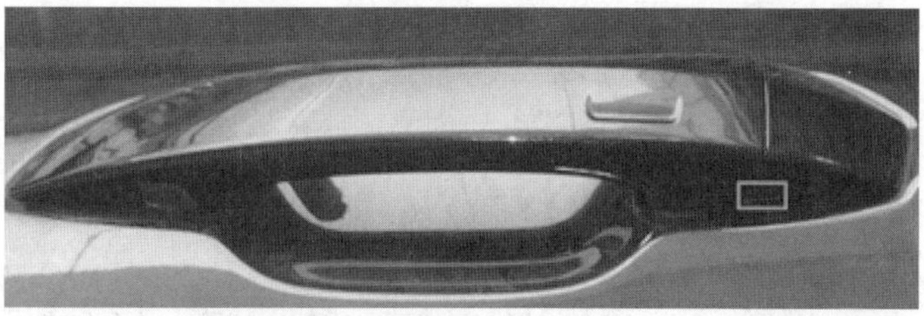

图 3-12

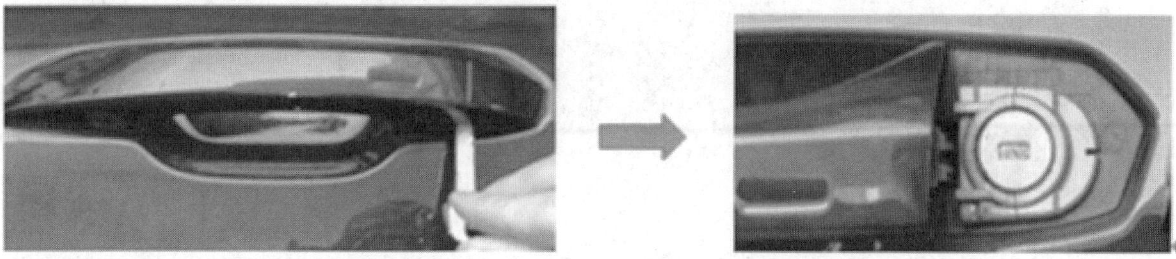

图 3-13

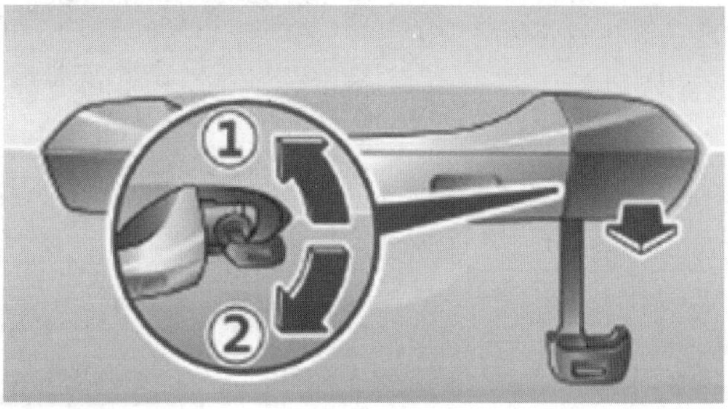

1.解锁　2.上锁

图 3-14

二、一汽奥迪 Q5L 应急操作

（一）应急打开行李箱盖（后排座椅可折叠的车型都是同样方法）

（1）首先在后排座椅靠背上找到两侧解锁机构，将座椅靠背向前折叠，如图 3-15 所示。

（2）找到位于行李箱盖和行李箱底板处的应急开锁盖板，如图 3-16 所示。

图 3-15

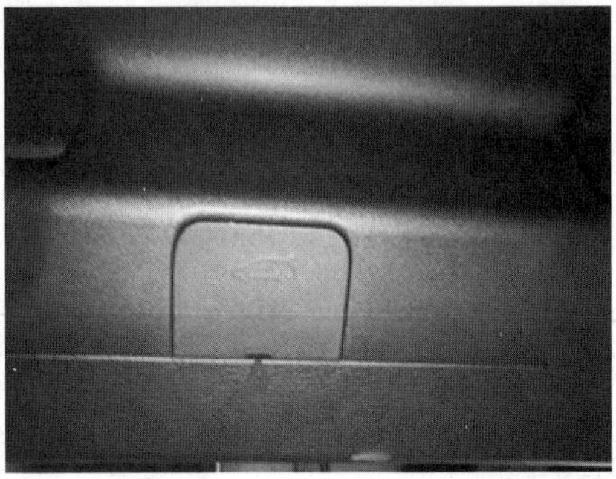

图 3-16

（3）用应急钥匙打开解锁盖板，如图 3-17 所示。

（4）用钥匙向右向上拨动，即可打开行李箱盖，如图 3-18 所示。

图 3-17

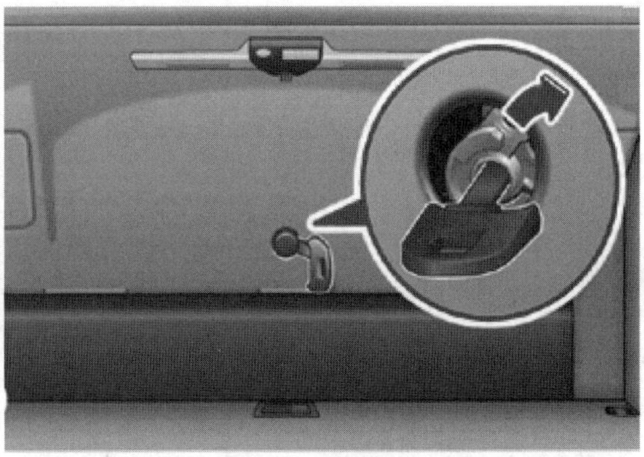

图 3-18

（二）一汽大众 Q5L/Q7 NF/Q8 应急解除驻车挡 P

（1）去除驾驶员脚坑地毯，找到应急解锁盖板，如图 3-19 所示。

（2）打开盖板，将应急解锁工具插入。

（3）将解锁工具旋转 90°，如图 3-20 中箭头②所示，同时向下按压，如图 3-20 中箭头①所示，直至其卡止。

（4）此时驻车锁已解除。

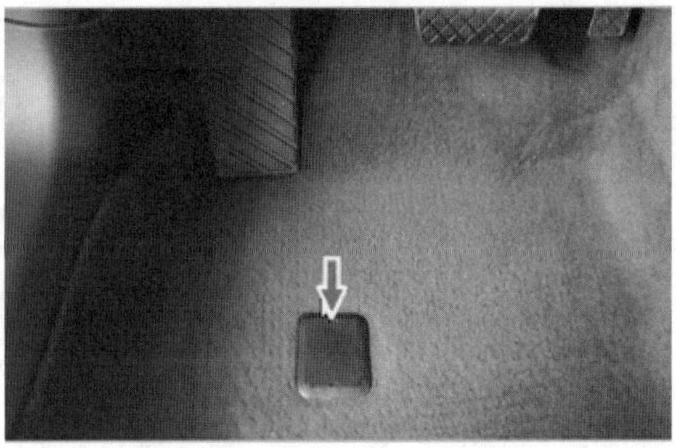

图 3-19

撤销解锁：

（1）将解锁工具拉出至拔出锁止位置（约 5mm），然后把控着转回到转动极限位置，然后取出解锁工具。

（2）切勿仅逆时针方向转动解锁工具，因为这样会损坏换挡操纵机构和解锁工具。

（3）解锁工具取出后，仪表必须显示挡位为“P”。

（三）一汽奥迪 Q5L 应急打开油箱盖

（1）打开行李箱盖。

（2）找到行李箱内右侧装饰盖板并打开，如图 3-21 所示。

（3）找到油箱盖应急解锁拉环，如图 3-22 所示。

（4）拉住拉绳直至有明显阻力，此时按压油箱盖即可。

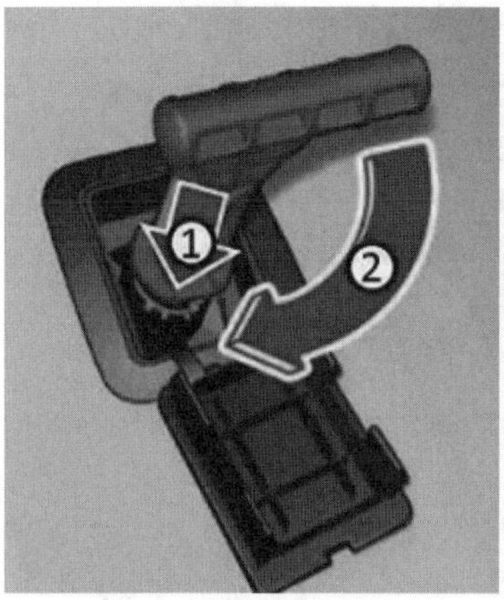

图 3-20

图 3-21

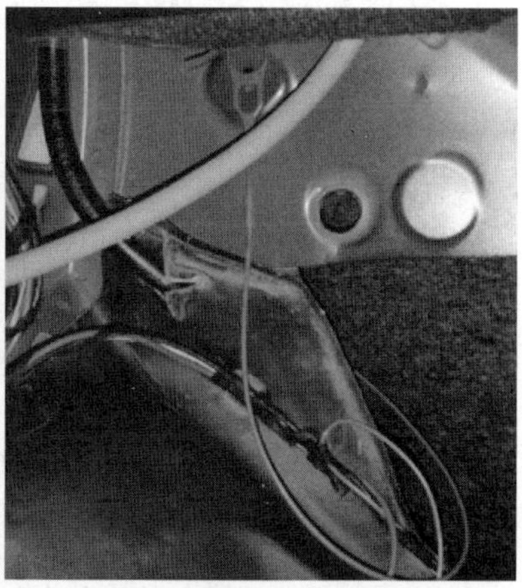
图 3-22

三、奥迪 A8L 应急操作

（一）奥迪 A8L D5 应急解除 P 挡驻车锁

（1）去除驾驶员脚坑地毯，找到应急解锁盖板，如图 3-23 所示。

（2）打开盖板，将应急解锁工具插入，如图 3-24 所示。

（3）将解锁工具旋转 140°，如图 3-25 中箭头②所示，同时向下按压，如图 3-25 中箭头①所示，直至其卡止。

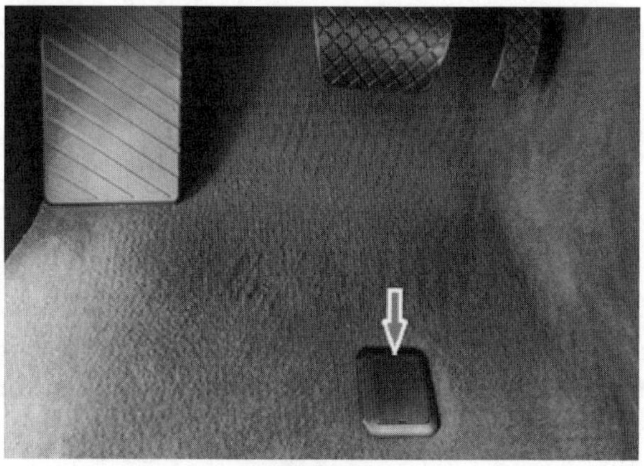
图 3-23

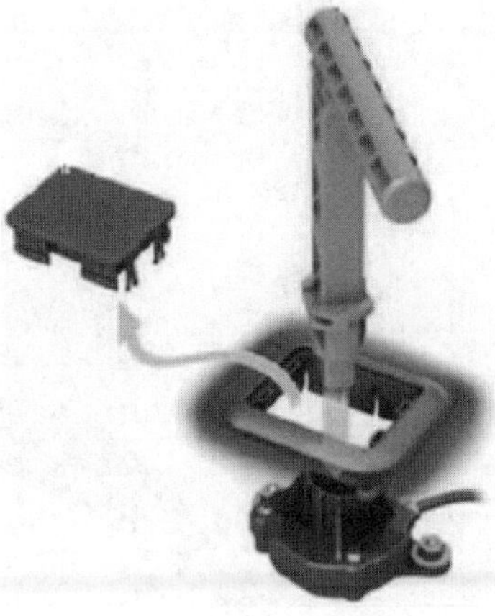
图 3-24

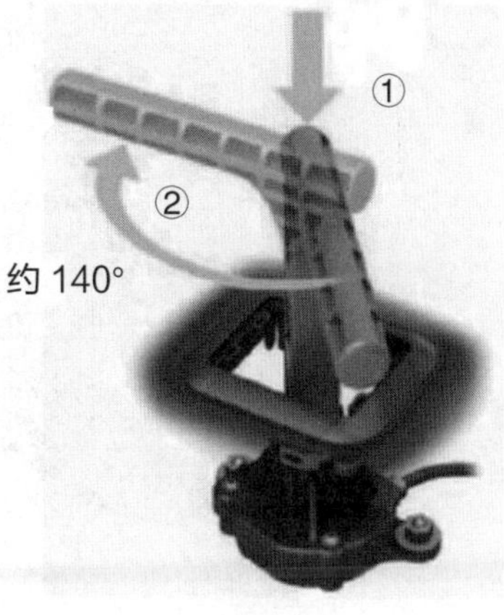

图 3-25

（4）此时驻车锁已解除。

（二）奥迪 A8L D4 应急打开油箱盖

（1）打开行李箱盖。

（2）拆下行李箱右侧储物盒装饰盖板，如图 3–26 所示。

（3）拉住拉绳直至有明显阻力，如图 3–27 所示，此时按压油箱盖板就可打开油箱盖。

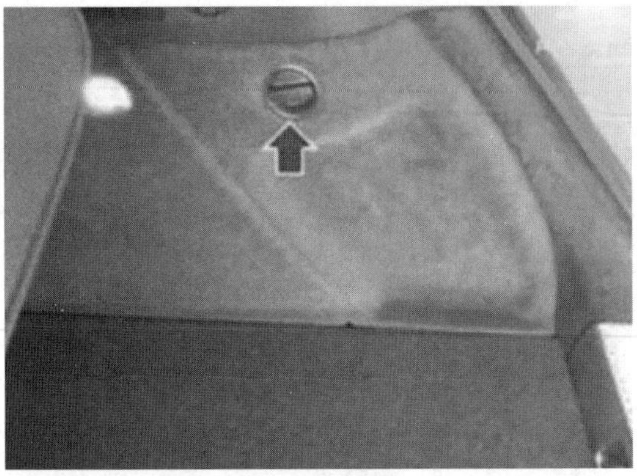

图 3–26

图 3–27

（三）奥迪 A8L D4 应急解除 P 挡驻车锁

（1）去除驾驶员侧脚垫。

（2）用螺丝刀将应急解锁机构盖板撬出，如图 3–28 中 1 所示。

（3）握住带子沿如图 3–29 中箭头方向拉，直到开锁拨杆卡入。

（4）为避免损坏应急开锁机构的部件，应将开锁拨杆的上部重新翻回，如图 3–30 所示。

撤销解锁：

（1）重新翻起开锁拨杆上部件。

（2）操纵解锁杆，将开锁拨杆压回初始位置，如图 3–31 中箭头所示，直至听到卡住声。

（3）安装盖板。

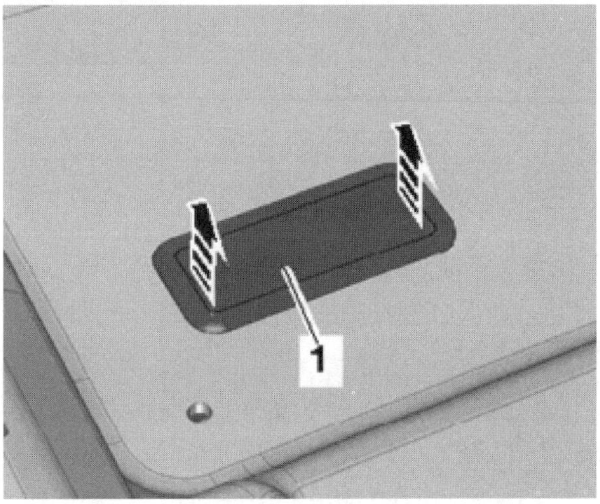

1.应急解锁机构盖饭

图 3–28

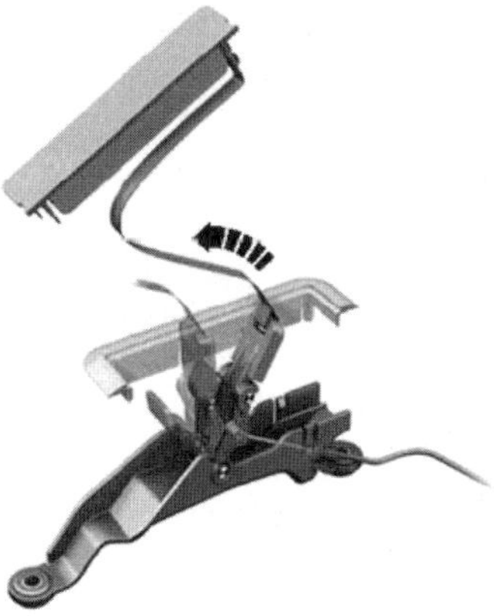

图 3–29

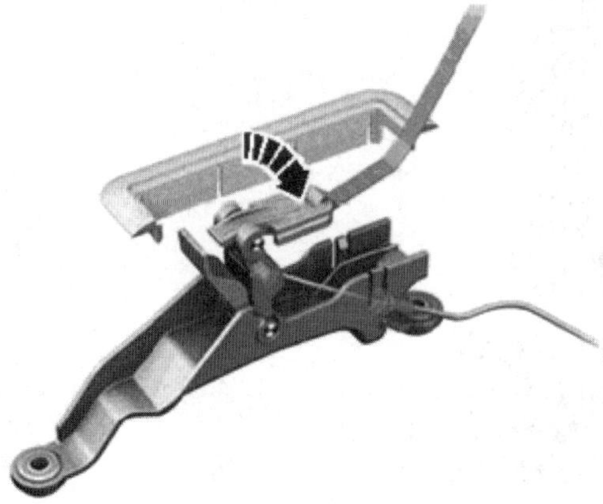

图 3–30

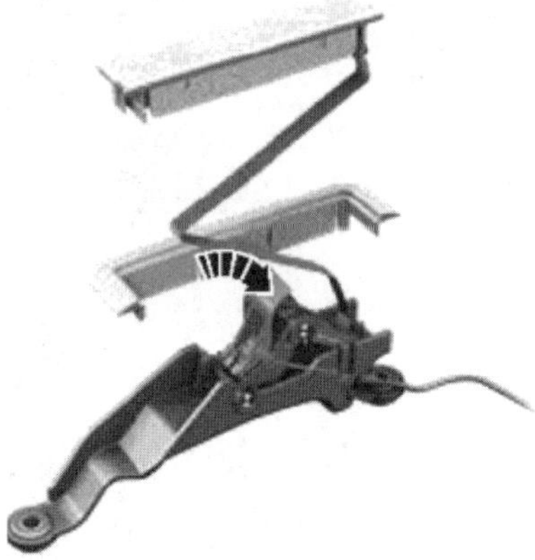

图 3–31

四、奥迪 Q 7NF（4M）应急操作

奥迪 Q7 NF（4M）应急打开油箱盖：

（1）打开行李箱盖。

（2）用应急钥匙撬开饰板行李箱照明灯，如图 3–32 所示。

（3）从灯上面拉住拉绳直至有明显阻力，如图 3–33 所示，此时按压油箱盖板就可打开油箱盖。

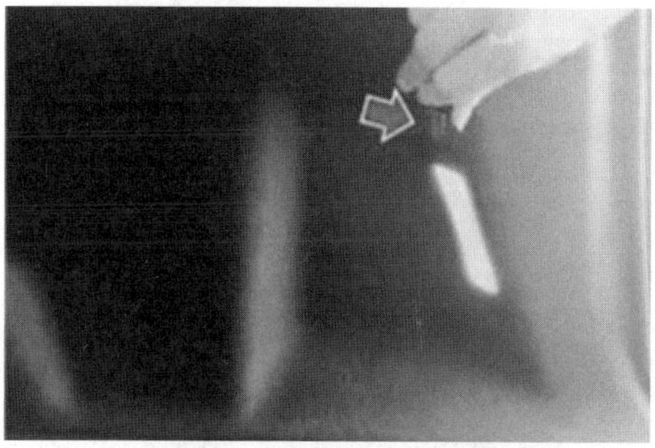

图 3–32

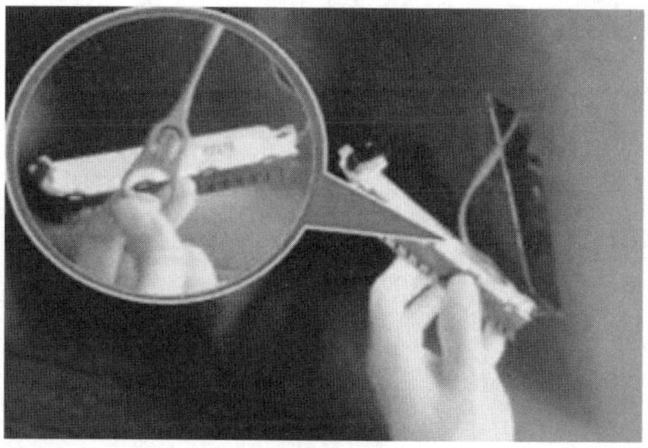

图 3–33

五、一汽奥迪 Q3 应急操作

（一）一汽奥迪 Q3 应急打开油箱盖

（1）打开行李箱盖。

（2）拆下行李箱右侧装饰盖板，如图 3–34 所示。

（3）从保险丝盒内取出应急拉索，如图 3–35 所示，拉住拉索直至有明显阻力，此时按压油箱盖板就可打开油箱盖。

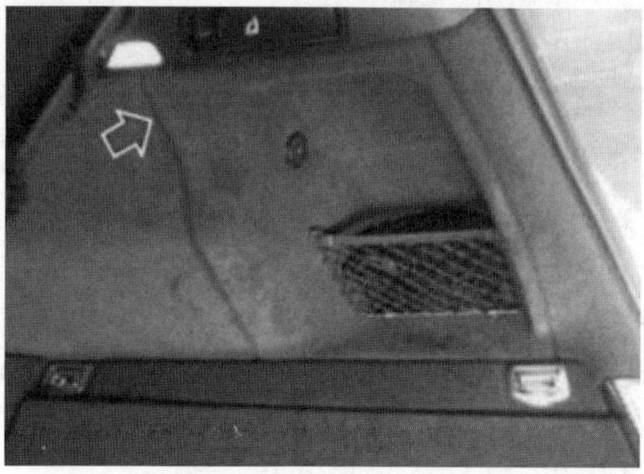

图 3–34

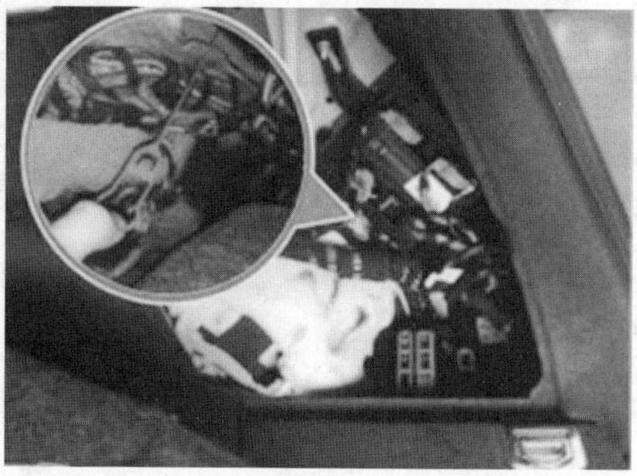

图 3–35

（二）奥迪 A1/ 一汽奥迪 Q3 应急解除 P 挡驻车锁

（1）在两侧用手指或拆卸楔 3409 脱开选挡杆密封套向上拉出护套，如图 3–36 所示。

（2）用螺丝刀或销钉解锁选挡杆锁电磁铁 N110，如图 3–37 中箭头所示，同时通过按压按钮将选挡杆从位置 P 移出。

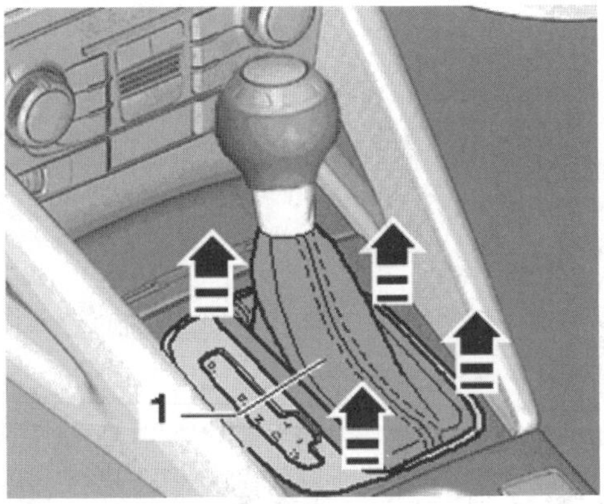

图 3-36

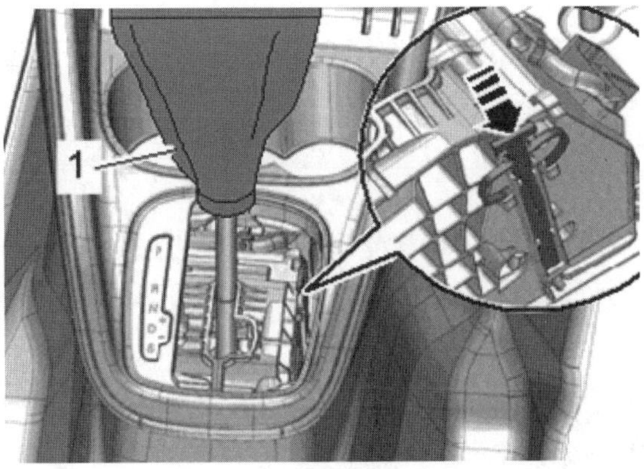

图 3-37

六、一汽奥迪 A4L B9 应急操作

（一）一汽奥迪 A4L B9 应急解除 P 挡驻车锁

（1）从中控台内的饮料罐托架中取出饰板。

（2）将松脱工具插入应急解锁定位座，如图 3-38 中 1 所示。

（3）松脱工具垂直于行驶方向。

（4)将松脱工具旋转 90°，如图 3-38 中箭头 A 所示，同时向下按压，如图 3-38 中箭头 B 所示，直至其卡止。

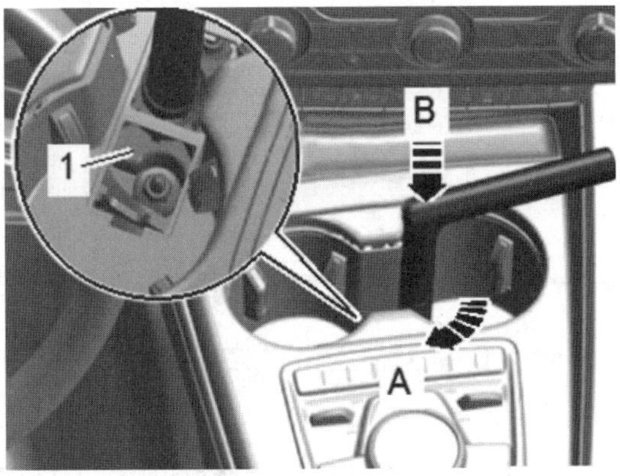

1.应急解锁定位座

图 3-38

（二）一汽奥迪 A4L B9 应急打开油箱盖

（1）打开行李箱盖。

（2）拆下行李箱右侧装饰盖板，如图 3-39 所示。

（3）拉住拉绳直至有明显阻力，此时按压油箱盖即可，如图 3-40 所示。

图 3-39

图 3-40

七、一汽奥迪 A6L C7 应急操作

（一）一汽奥迪 A6L C7/ 奥迪 A7 应急打开油箱盖

（1）打开行李箱盖。

（2）拆下行李箱右侧装饰盖板，如图 3-41 所示。

（3）从蓄电池后侧取出应急拉索，如图 3-42 所示，拉住拉索直至有明显阻力，此时按压油箱盖板

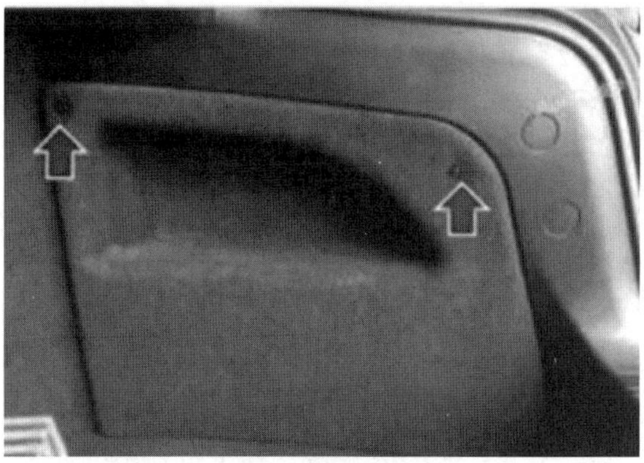

图 3-41

图 3-42

就可打开油箱盖。

（二）一汽奥迪 A6L C7 应急解除 P 挡驻车锁

（1）取出前部烟灰缸内芯。

（2）用螺丝刀撬出烟灰缸壳体 / 杂物箱的盖罩，如图 3-43 中 1 和箭头所示。

（3）通过烟灰缸壳体的中间开口，用随车工具中的螺丝刀小心地按压选挡杆锁电磁铁 N110 上的圆柱体，如图 3-44 中箭头所示。

（4）按住锁止按键的同时将选挡杆从位置 P 移出。

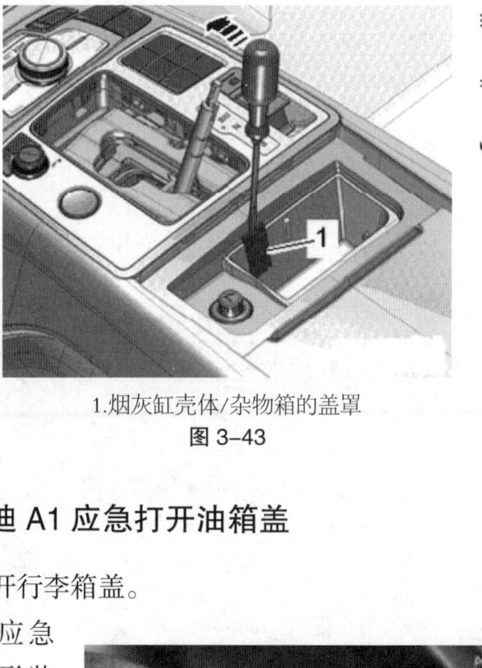

1.烟灰缸壳体/杂物箱的盖罩

图 3-43

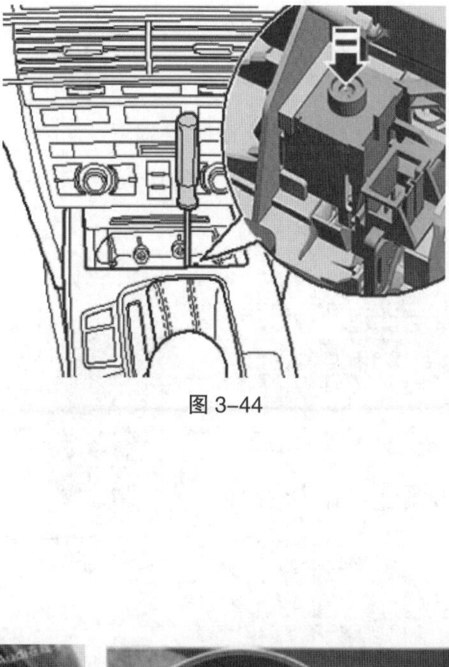

图 3-44

八、奥迪 A1 应急打开油箱盖

（1）打开行李箱盖。

（2）用应急钥匙打开圆形装饰盖板，如图 3-45 所示。

（3）拉住拉绳直至有明显阻力，此时按压油箱盖即可，如图 3-46 所示。

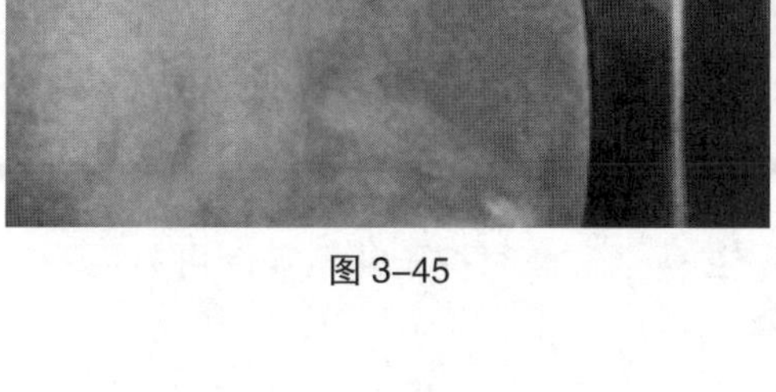

图 3-45

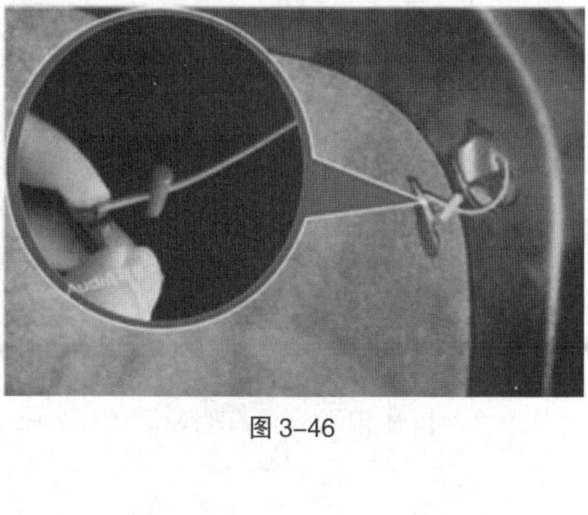

图 3-46

九、一汽奥迪 Q5/ 一汽奥迪 A4L B8/ 奥迪 A5 应急操作

（一）一汽奥迪 A4L B8/ 奥迪 A5 油箱盖应急打开

（1）打开行李箱盖。

（2）拆下行李箱右侧装饰盖板，如图 3-47 所示。

（3）从装饰板内向前、向上的方向找到应急拉索，如图 3-48 所示；拉住拉绳直至有明显阻力，此时按压油箱盖即可。

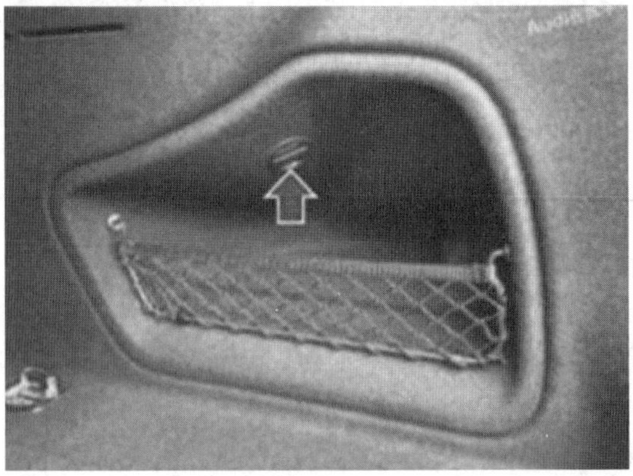

图 3-47

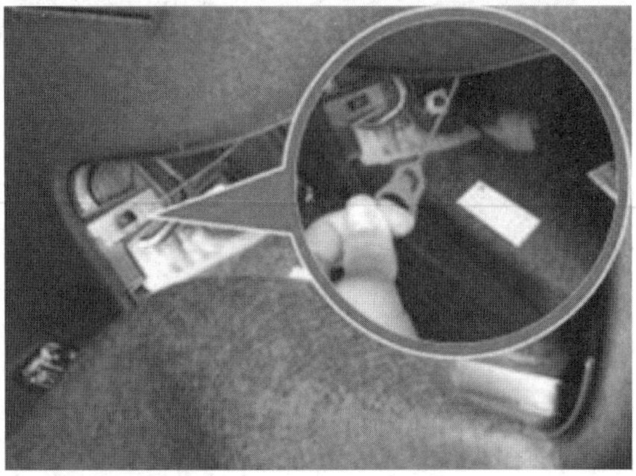

图 3-48

（二）一汽奥迪 Q5/ 一汽奥迪 A4L B8 应急解除 P 挡驻车锁

（1）取出前部烟灰缸内芯。

（2）用螺丝刀将烟灰缸外壳盖罩撬下，如图 3-49 所示。

（3）将螺丝刀插入烟灰缸外壳的中间开口，小心地压入选挡杆锁电磁铁 N110 上的锁芯中，如图 3-50 所示。

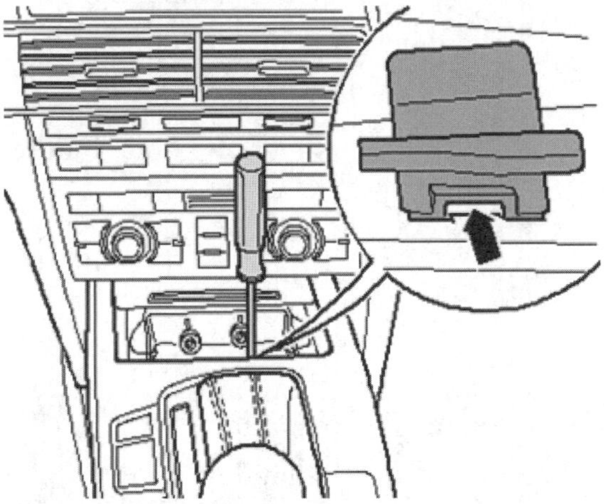

图 3-49

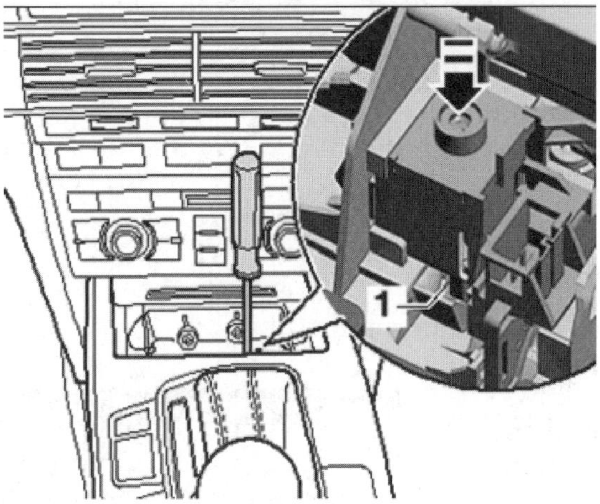

图 3-50

（4）按下选挡杆的锁止按钮，将选挡杆从位置 P 移出。

（三）一汽奥迪 Q5 油箱盖应急打开

（1）打开行李箱盖。

（2）拆下行李箱右侧装饰盖板，如图 3-51 所示。

（3）拉住拉绳直至有明显阻力，如图 3-52 所示，此时按压油箱盖即可。

图 3-51

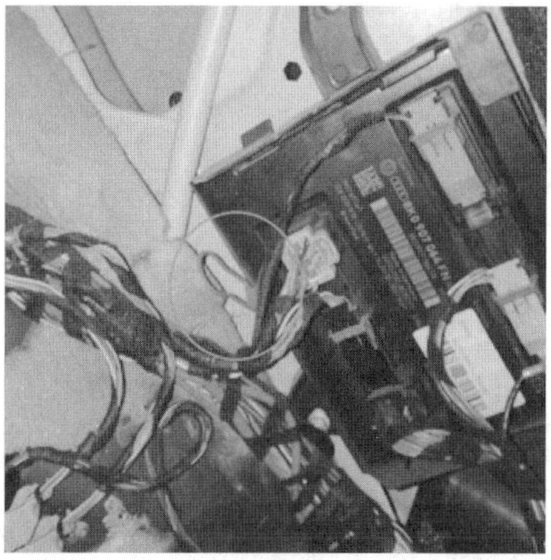

图 3-52

十、一汽奥迪 A3 应急操作

（一）一汽奥迪 A3 应急打开油箱盖

（1）打开行李箱盖。

（2）找到行李箱内右侧装饰盖板并打开，如图 3-53 所示。

（3）找到油箱盖应急解锁拉环，如图 3-54 所示。

图 3-53

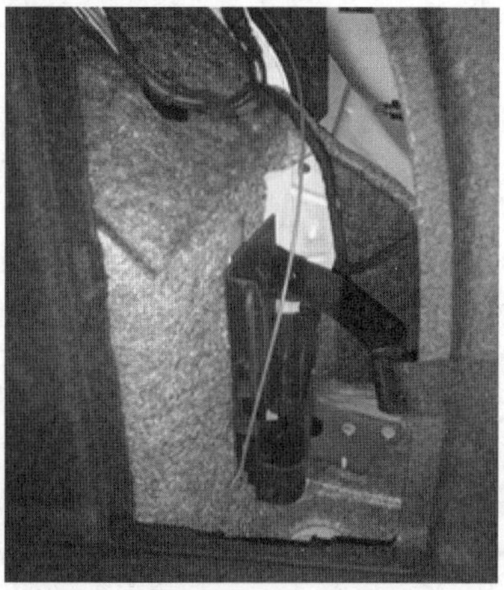

图 3-54

（4）拉住拉绳直至有明显阻力，此时按压油箱盖即可。

（二）一汽奥迪 A3 应急解除 P 挡

（1）用楔子 T10383/1 在两侧脱开选挡杆防尘套，如图 3-55 中箭头所示，然后向上卷起。

（2）用螺丝刀（如图 3-56 中 1 所示）将选挡杆

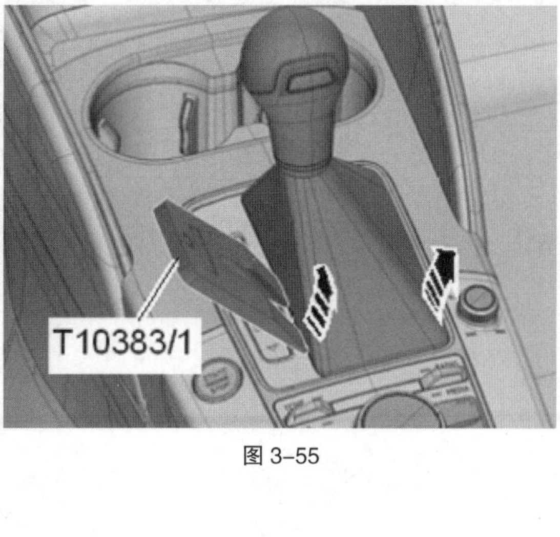

图 3-55

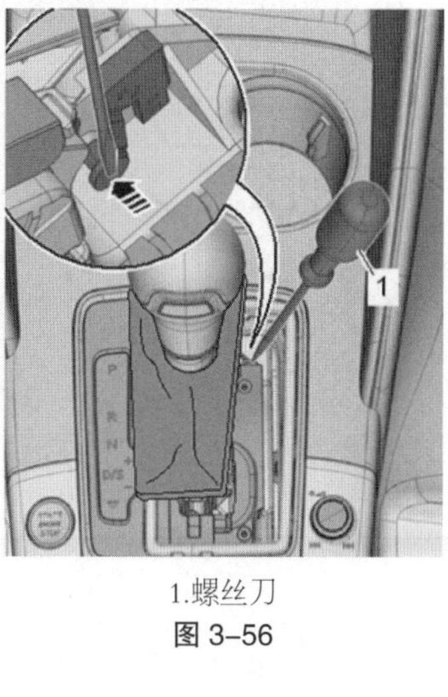

1.螺丝刀

图 3-56

锁电磁铁沿箭头方向松开，然后保持在这个位置不动。

（3）在电磁铁释放后按下选挡杆手柄上的按钮，将选挡杆从 P 位置移出。

十一、奥迪 Q2L 应急操作

（一）奥迪 Q2L 应急解除 P 挡驻车锁

（1）用楔子 T10383/1 在两侧脱开选挡杆防尘套向上拉出，如图 3–57 所示。

（2）用螺丝刀（如图 3–58 中 1 所示）将开锁杆（如图 3–58 中 2 所示）沿箭头方向向后推并将其定在该位置上。

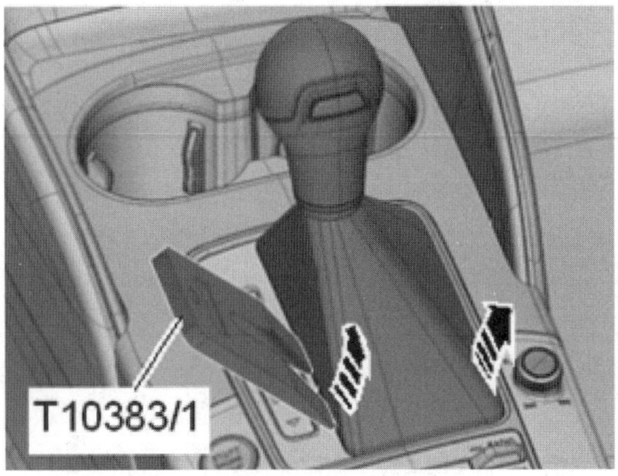

图 3–57

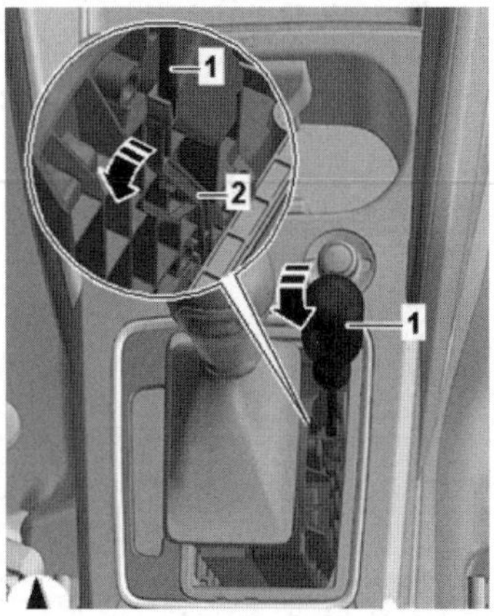

1.螺丝刀　2.开锁扦

图 3–58

（3）电磁铁释放后按下选挡杆手柄上的按钮，将选挡杆从 P 位置移出。

（二）奥迪 Q2L 应急打开油箱盖

（1）打开行李箱盖。

（2）将行李箱底部装饰板向上取出，如图 3–59 所示。

（3）在行李箱右侧找到油箱盖应急拉索装饰盖板，如图 3–60 所示。

（4）拉住拉绳直至有明显阻力，如图 3–61 所示，此时按压油箱盖即可。

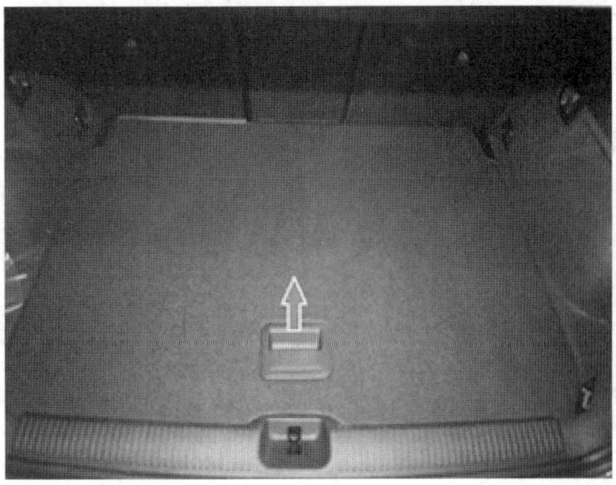

图 3–59

图 3–60

图 3–61

十二、奥迪 Q8 应急打开油箱盖

（1）打开行李箱盖，如图 3–62 所示。

（2）在行李箱右侧照明灯下方找到油箱盖应急拉索，如图 3–63 所示。

（3）拉住拉绳直至有明显阻力，此时按压油箱盖即可。

图 3–62

图 3–63

第 4 章　奔驰车系

一、拖车与运输车辆

梅赛德斯奔驰建议车辆发生故障时最好不要采用牵引的方式，而是用其他车辆运载本车，因为牵引不当会造成车辆损坏，如图 4–1 所示。

图 4–1

如果车辆的自动变速器损坏，必须采用运输车或挂车运输。采用牵引的方式拖行车辆时，首先必须遵守相关国家的法规要求。

此外，需注意以下事项：

（1）仅可在前后轴都着地的情况下牵引车辆，不能只吊起前轴 / 后轴牵引车辆，特别是对于全时四轮驱动（4MATIC）车辆，否则会导致传动系统部件损坏。

（2）最多可牵引车辆行驶 50km。牵引速度切勿超过 50km/h。如果拖行距离超过 50km，必须将整个车辆升起进行运输。

（3）在下列情况下，与安全相关的功能受到限制或不再可用。

①发动机未运转。

②制动系统或动力转向有故障。

③电源或车辆电气系统有故障。

随后牵引车辆时，需要更大的力进行转向和制动。存在事故风险。在这些情况下，请使用坚硬牵引杆。牵引前，确保转向装置可以自由移动。

（4）如果方向盘锁被锁止，则车辆无法转向，存在事故风险。使用牵引缆绳或牵引杆牵引车辆时务必开启点火开关。

（5）如果限距控制系统增强版（DISTRONICPLUS）或防溜车功能（HOLD）启用，则在某些情况下，车辆会自动制动。在以下或类似情况下，请停用限距控制系统增强版（DISTRONIC PLUS）或防溜车功能（HOLD），以防止车辆损坏。

①牵引车辆时。

②在洗车装置中时。

（6）确保电子驻车制动已解除。如果电子驻车制动器有故障，只有个别车型有紧急手动解锁驻车制动器的装置（比如 S 级 221 车型），其他车型就需要联系奔驰服务中心修理和处理。

（7）仅可将牵引缆绳或牵引杆固定到拖车环上，否则可能损坏车辆。

（8）使用牵引缆绳牵引时，请遵守以下几点。

①固定两辆车同侧的牵引缆绳。

②确保牵引缆绳不超出法定的长度。可使用一块白布（30 cm × 30 cm）等物品在牵引缆绳中央进行

标记，提醒其他道路使用者车辆正被牵引。

③牵引缆绳只能固定到拖车环上。

④行驶时请注意牵引车的制动灯。务必保持适当车距，以免牵引缆绳松垂。

⑤切勿使用钢缆或链条牵引车辆，否则可能损坏车辆。

（9）切勿使用拖车环进行救援，否则可能会损坏车辆。如果不确定，请使用起重机救援车辆。

（10）牵引车辆时，缓慢平稳地起步。如果牵引力过大，可能会损坏车辆。

（11）将自动变速器切换至 N 挡，且牵引期间请勿开启驾驶员侧车门或前排乘客侧车门。否则，自动变速器可能会切换至 P 挡，从而可能损坏变速器。

（12）当牵引另一辆车时，其重量不可超过本车的最大允许总质量。

（13）牵引车辆时，自动变速器必须处于 N 挡。如果自动变速器无法切换至 N 挡，则应使用运输车或挂车运送车辆。

（14）蓄电池必须连接且电量充足。否则，将：

①无法将点火开关中的钥匙旋转至位置 2；

②无法解除电子驻车制动；

③无法将自动变速器切换至 N 挡。

（15）牵引车辆之前，应停用自动锁止功能。否则，在推动或牵引车辆时，有可能被锁在车外。

（16）牵引车辆之前，应停用防拖车保护功能。

（17）对于配备差速锁的车辆：确保差速锁处于自动模式。牵引时，不得开启差速锁。否则，可能会损坏变速器。

1. 安装拖车环的步骤

旋入式拖车环的支架位于保险杠内，具体位于前后保险杠的护盖下面，如图 4–2 所示。从车用工具套件 / 储物盘中取出拖车环。从开口处取下护盖。沿顺时针方向将拖车环拧至止动位并拧紧。

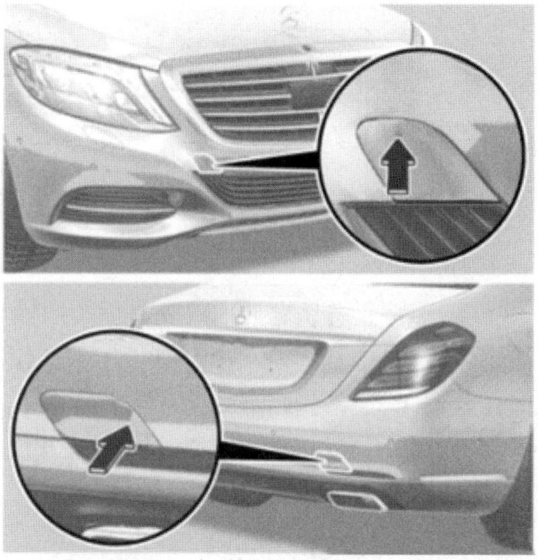

图 4–2

2. 运输车辆时需要注意以下几点

（1）车辆运输应仅由专业救援公司进行。

（2）如已装载车辆进行运输，则车辆的前后轴必须静止且位于同一辆运输车上。请勿将车辆置于运输车的连接点上，如图 4–3 所示。否则，可能会损坏传动系统。

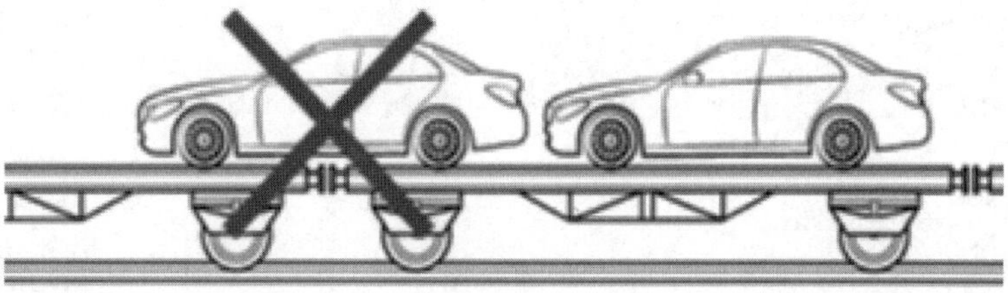

图 4–3

（3）只能通过车轮固定车辆。请勿通过车轴或转向系统部件等部件固定车辆。否则，可能会损坏车辆。

（4）如果要运输车辆，可使用拖车环将车辆拖到拖车或运输车上。将点火开关中的钥匙旋转至位置 2。将自动变速器切换至 N 挡。

3. 一旦车辆装载完成

施加电子驻车制动固定车辆，以防溜车。将自动变速器切换至P挡。将点火开关中的钥匙旋转至位置0，然后取下。固定车辆（仅可通过车轮固定车辆）。

二、紧急进出车辆

（1）如果使用钥匙或无钥匙启动（KEYLESS GO）功能无法锁止或解锁车辆，请使用紧急钥匙。从钥匙中取出紧急钥匙。对于第五代钥匙，沿箭头方向拨动解锁卡子 [如图 4–4（a）中 1 所示]，同时从钥匙上取下紧急钥匙 [如图 4–4（a）中 2 所示]。对于第六代钥匙，按下释放按钮 [如图 4–4（b）中 1 所示]，完全取下紧急钥匙 [如图 4–4（b）中 2 所示]。

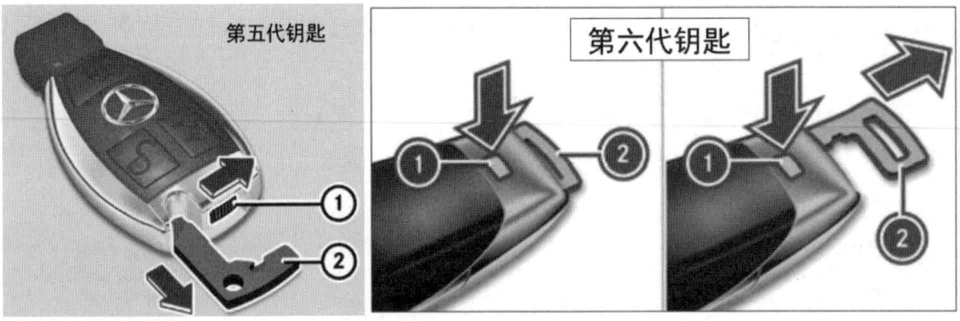

（a）　　　　（b）

1.解锁卡子　2.紧急钥匙

图 4–4

（2）将紧急钥匙插入驾驶员侧车门锁至止动位，如图 4–5 所示。

（3）对于某些新车型需要先用紧急钥匙拆下驾驶员侧车门锁上的保护盖，如图 4–6 所示。将紧急钥匙从下向上插入保护盖下面的槽（如图 4–6 中 1 所示）中，拉住车门拉手，尽可能直地将紧急钥匙上的保护盖从车辆上拉开，直至其松开，松开车门拉手。

图 4–5

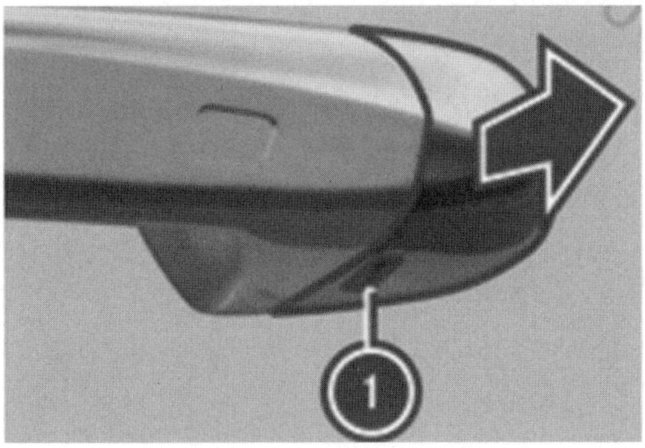

1.槽

图 4–6

（4）沿逆时针方向转动紧急钥匙至位置（如图 4–7 中 1 所示），并将其保持在此位置。锁钮弹起，车门解锁。转回紧急钥匙并将其取下。将紧急钥匙插入钥匙中。

（5）如果使用紧急钥匙解锁并开启驾驶员侧车门，将触发防盗警报系统（ATA）。此时可以采用以下三种方法，使用钥匙解除警报。

①按下钥匙上的解锁或上锁按钮。

②从点火开关中取下启动 / 停止按钮，将钥匙插入点火开关。

③对于采用第六代钥匙的新车型，需要将钥匙放入中控台上有应急启动钥匙标记的位置，按下启动/停止按钮，在紧急操作模式下启动发动机。

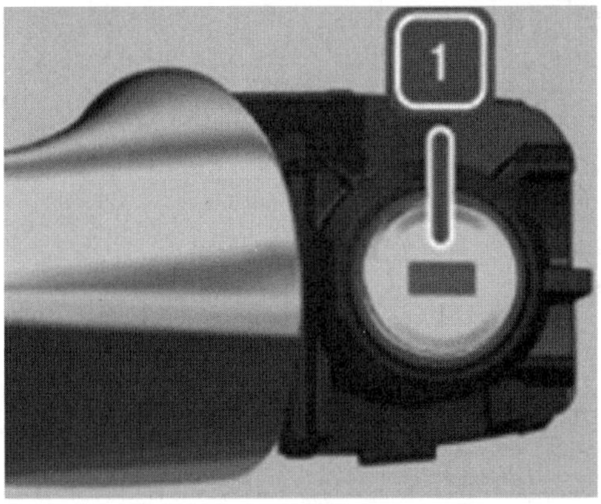

1.位置

图 4–7

三、应急点火

对于采用无钥匙启动（KEYLESS GO）系统，使用启动/停止按钮无法启动发动机，组合仪表上显示信息“钥匙检测不到”，而且确认钥匙位于车内，则可能是存在强大的无线电波干扰或者钥匙电池电量耗尽或即将耗尽。可以采用以下方法进行应急点火。

（1）对于采用第六代钥匙之前的车型，可以从点火开关（如图 4–8 中 2 所示）中取下启动/停止按钮（如图 4–8 中 1 所示），将钥匙插入点火开关，拧到位置（如图 4–9 中 3 所示），正常启动车辆。

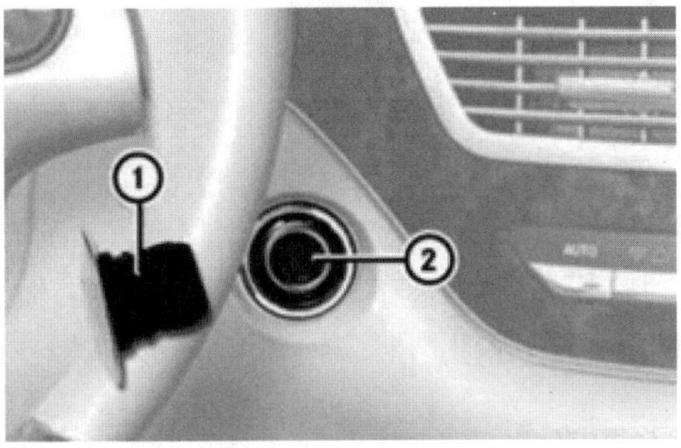

1.启动/停止按钮　2.点火开关

图 4–8

3.位置

图 4–9

（2）对于采用第六代钥匙的新车型，启动/停止按钮是无法拔出的，需要将钥匙（如图 4–10 中 1 所示）放入中控台上有应急启动钥匙标记（如图 4–10 中 3）的位置（如图 4–10 中 2），要确保标记位置处无其他物品，之后按下启动/停止按钮，在紧急操作模式下启动车辆（如启动发动机，需同时踩下制动踏板）。

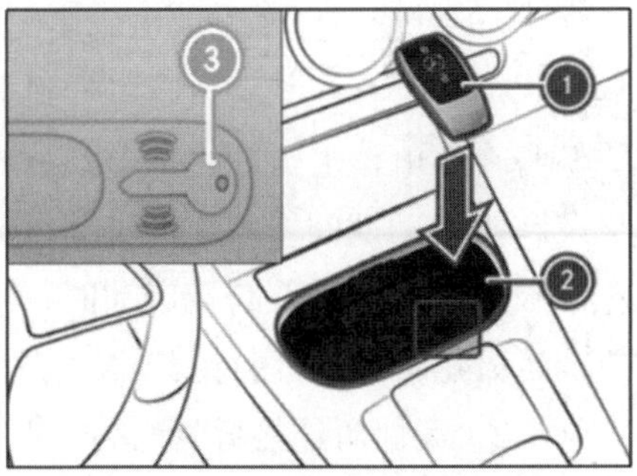

1.钥匙　2.标记位置　3.应急启动钥匙标记

图 4–10

四、变速器应急驻车释放（解除 P 挡）

奔驰车系常见车型中只有老款的 C 级、GLK 级和 G 级车采用排挡，其余大多数车型均采用怀挡（也叫直接选挡，DIRECT SELECT）。

（1）对于采用排挡的车型，在发生电气故障时，可以手动松开换挡杆锁，将其移出 P 挡。例如想要拖车时，具体方法如下：用力踩下驻车制动器，向左按压换挡杆护罩（如图 4–11 中 1 所示），将其向上取下。按住释放按钮（如图 4–11 中 2 所示），同时将换挡杆移出 P 挡。

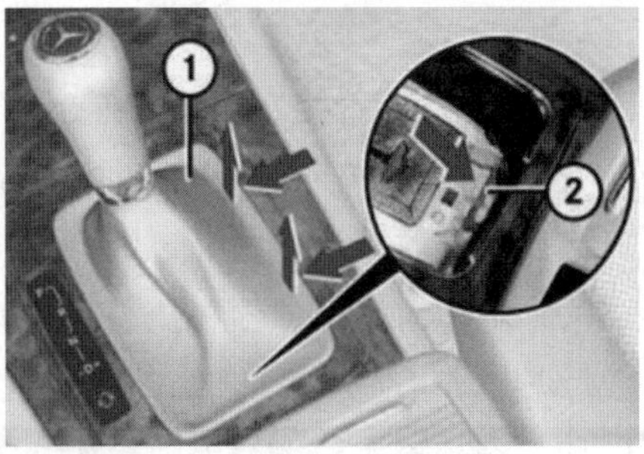

1.换挡杆护罩　2.释放按钮

图 4–11

（2）对于采用怀挡的车型，当电气系统损坏时，比如蓄电池出现故障，电压过低时，自动变速器将自动锁止在 P 挡。如需将自动变速器移出 P 挡，必须采用与跨接启动供电相同的方法为车辆电气系统供电。

五、驻车制动器应急释放

奔驰车系电子驻车制动器（EFB）共有两种类型。

（1）老款S级（W221）车型。电子驻车制动器（EFB）由集成在电子驻车制动器控制单元（A13）中的电机通过电缆操作后轴驻车制动器。如果因为系统故障或蓄电池电量不足等原因导致电子驻车制动系统（EPB）无法得到释放，则可以按照以下方式紧急解锁驻车制动器。注意：如果手动松开电子驻车制动器，车辆可能自行滑动；确保无人站在车辆前方或后方。将换挡杆移至位置 P 并用车用工具套件中的车轮三角楔固定车辆。手动电子驻车制动器装置位于加油口盖板下方的加油口盖旁。开启加油口盖板（如图 4–12 中 1 所示），取下保险盖（如图 4–12 中 3 所示），将车用工具套件中的解锁工具（如图 4–12 中 2 所示）顺时针拧入解锁拉线 2 到 3 圈，沿箭头方向拉动解锁工具（如图 4–12 中 2 所示）。电子驻车制动器松开。

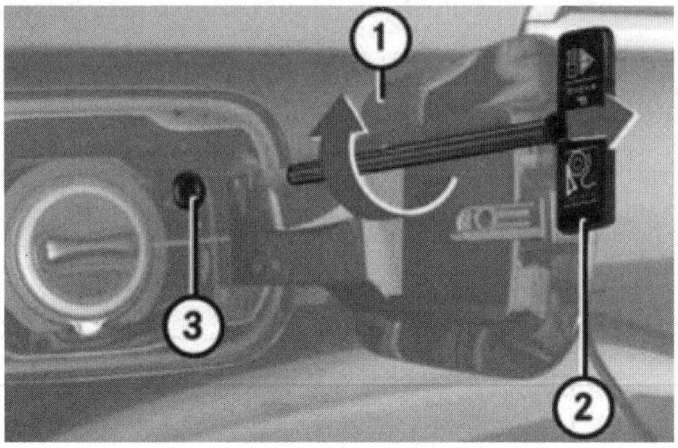

1.加油口盖板　2.解锁工具　3.保险盖

图 4–12

（2）新款 S 级（222）、新款 C 级（205）、新款 E 级（213）等车型。电控车辆稳定行驶系统（ESP）控制单元或电子驻车制动器控制单元促动左侧电子驻车制动器促动电机和右侧电动驻车制动器促动电机。如果电子驻车制动器有故障，需要联系奔驰服务中心进行维修和处理。

六、跨接启动

1. 跨接启动需要注意事项

（1）仅使用位于发动机舱内的由一个正极接线柱和一个接地点组成的跨接启动连接点。蓄电池酸液具有腐蚀性，存在伤害风险。应避免皮肤、眼睛或衣物接触蓄电池酸液。切勿吸入任何蓄电池气体。不要俯身在蓄电池上方。将蓄电池放到儿童接触不到的地方。立即使用清水冲洗蓄电池酸液并就医。在充电及跨接启动期间，爆炸性气体可能逸出蓄电池，存在爆炸风险。特别应避免点火、使用明火、产生火花和吸烟。在充电及跨接启动时，应确保通风良好。在充电过程中，蓄电池会产生氢气。如果发生短路或产生火花，氢气可能被点燃，存在爆炸风险。

（2）确保所连接蓄电池的正极接线柱没有接触车辆部件。

（3）切勿在蓄电池上放置金属物品或工具。

（4）连接和断开蓄电池时，请务必遵守蓄电池接线柱的特定顺序。

（5）在跨接启动时，应确保极性相同的蓄电池接线柱已连接。

（6）进行跨接启动时，务必遵守连接和断开跨接导线的特定顺序。

（7）切勿在发动机运转时连接或断开蓄电池接线柱。电量耗尽的蓄电池可能在温度低于冰点时冻结。跨接启动车辆或蓄电池充电时，气体可能从蓄电池逸出，存在爆炸风险。在充电或跨接启动前，应为冻结的蓄电池解冻。应避免重复和长时间尝试启动。否则，尚未燃烧的燃油可能损坏催化转换器。在温度较低时，如果指示灯 / 警告灯未亮起，极可能表明电量耗尽的蓄电池已被冻结。在这种情况下，切勿跨接启动车辆，也不得为蓄电池充电。解冻的蓄电池的使用寿命可能会缩短，启动特性可能会受到影响，特别是在温度较低时。请到具有资质的专业服务中心检查解冻的蓄电池。

（8）切勿使用快速充电装置启动车辆。如果车辆的蓄电池电量已耗尽，则可使用跨接导线连接另一辆车的蓄电池或使用另一蓄电池来跨接启动本车发动机。请遵守以下几点。

①并非所有车辆的蓄电池都可使用。如果另一辆车的蓄电池不可用，则使用另一块蓄电池或跨接启动装置跨接启动车辆。

②只能在发动机和排气系统处于冷态时跨接启动车辆。

③如果蓄电池冻结，切勿启动发动机。需首先解冻蓄电池。

④只能使用额定电压为 12V 的蓄电池进行跨接启动。

⑤只能使用具有足够横截面和绝缘接线柱夹的跨接导线。

⑥如果蓄电池电量完全耗尽，在尝试启动前，将此蓄电池与用于跨接启动的蓄电池连接几分钟，这样可为电量耗尽的蓄电池充入少许电量。

⑦确保两车互不接触。

（9）请确保。

①跨接导线未被损坏。

②跨接导线连接至蓄电池时，切勿使接线柱夹的非绝缘零件接触其他金属零件。

③跨接导线不可与发动机运转时活动的零部件（如 V 形皮带轮或风扇）接触。

2. 跨接启动的具体步骤

不同车型的跨接启动连接点（正极接线柱和接地点）位置不同，以下为新款 S 级（W222）。

（1）施加电子驻车制动固定车辆。

（2）将变速器切换至 P 挡。

（3）确保点火开关已关闭。仪表盘上的所有指示灯均须熄灭。使用钥匙时，将点火开关中的钥匙旋转至位置 0，然后取下。

（4）关闭所有电气设备，例如后车窗加热、照明等。

（5）开启发动机罩。

（6）标识另一车辆的已充电蓄电池或类似的跨接启动设备。沿箭头方向滑动正极接线柱（如图 4–13 中 3）的护盖（如图 4–13 中 7）。

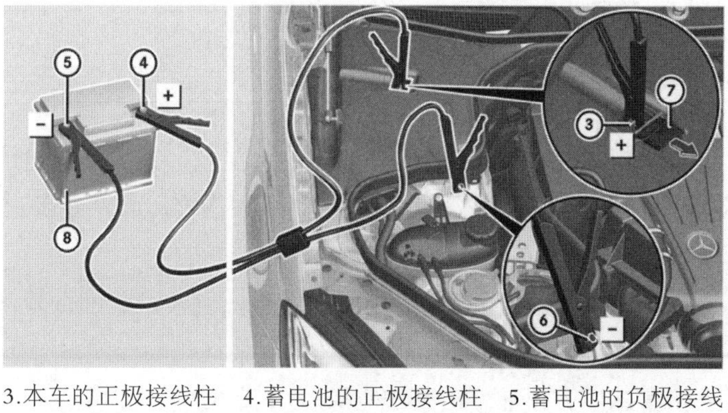

3.本车的正极接线柱　4.蓄电池的正极接线柱　5.蓄电池的负极接线柱　6.接地点　7.护盖　8.蓄电池

图 4–13

（7）使用跨接导线将本车的正极接线柱（如图 4–13 中 3）连接至供电蓄电池的正极接线柱（如图 4–13 中 4）。务必先从本车的正极接线柱开始操作。

（8）启动供电车辆的发动机并使其怠速运转。

（9）使用跨接导线连接供电蓄电池的负极接线柱（如图 4–13 中 5）和本车接地点（如图 4–13 中 6），首先将跨接导线连接至供电蓄电池。

（10）启动发动机。

（11）断开跨接导线连接之前，先让发动机运转几分钟。

（12）首先从接地点（如图 4–13 中 6）和负极接线柱（如图 4–13 中 5）上拆下跨接导线，然后从正极接线柱夹（如图 4–13 中 3）和正极接线柱（如图 4–13 中 4）上拆下跨接导线，每次都要先从本车的连接点开始操作。

（13）拆下跨接导线后，关闭正极接线柱夹（如图 4–13 中 3）的护盖（如图 4–13 中 7）。

3. 奔驰常见车型跨接启动（搭电）连接点（正极接线柱和接地点）位置图

（1）A 级、B 级和 GLA 级车搭电位置如图 4–14 所示。

（2）C 级、E 级、S 级和 GLC 级车搭电位置如图 4–15 所示。

（3）GLE 级、GL 级和 R 级车搭电位置如图 4–16 所示。

图 4–14

图 4–15

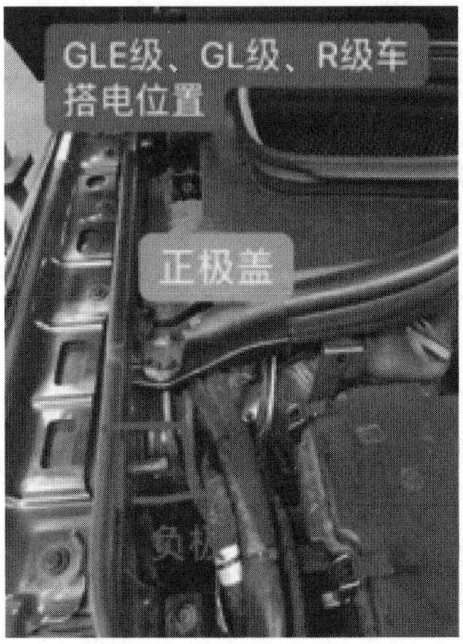

图 4–16

七、保险丝盒位置

1. 重要安全注意事项

（1）如果操作或桥接有故障的保险丝，或者使用电流值较高的保险丝进行更换，则电缆可能过载。这样可能会导致火灾，从而存在事故和伤害风险。请务必使用电流值适当的全新专用保险丝更换有故障的保险丝。

（2）必须使用额定值相同的保险丝更换熔断的保险丝。该保险丝可以通过颜色和保险丝额定值加以识别。保险丝额定值和类型可以从一张打印的保险丝分配表中查到。不同车型打印并叠放的保险丝分配表位置不同，比如新款 S 级（W222）车型位于行李箱内的保险丝盒中。

（3）如果新更换的保险丝再次熔断，需要到奔驰服务中心查找原因并修复。

（4）只能使用经奔驰认可允许用于奔驰车辆的保险丝，且其额定电流必须符合相应电气设备的要求。否则，可能会损坏部件或系统。

（5）车上的保险丝用于切断有故障的电路。如果保险丝熔断，则电路上的所有部件及其功能都将停止运作。

（6）确保盒盖开启时不要让湿气进入保险丝盒。关闭盒盖时，请确保其正确地置于保险丝盒上。否则，湿气或污垢会影响保险丝的使用。

（7）从老款 GLE 级（X166）车型和老款 B 级（W246）车型开始，新车型开始使用带镀银触点的新型保险丝，可以通过顶部保险丝额定功率旁边附加的“s”来对此进行识别（如图 4–17 所示）；这些保险丝的优点在于耐高温；带镀银触点的保险丝和带黄铜触点的保险丝均可使用，但传统的带黄铜触点的保险丝必须用同样的带黄铜触点的保险丝更换；新的带镀银触点的保险丝（带附加的“s”）必须用带镀银触点的保险丝更换，保险丝和保险丝插口的材料必须相同，不允许混合材料配对，否则将发生触点电化学腐蚀，导致保险丝过早发生故障。

图 4–17

2. 更换保险丝前需要先进行以下步骤

（1）固定车辆，以防溜车。

（2）关闭所有电气设备。

（3）确保点火开关已关闭或将点火开关中的钥匙取下。

（4）仪表盘上的所有指示灯均须熄灭。

3. 不同奔驰车型的保险丝盒的数量和位置不同

（1）以新款 S 级（W222）车型为例，保险丝位于以下各种保险丝盒中：仪表板上驾驶员侧的保险丝盒 K40/6，如图 4–18 所示。

前排乘客脚部位置的保险丝盒 F1/3（A 柱下部），如图 4–19 所示。

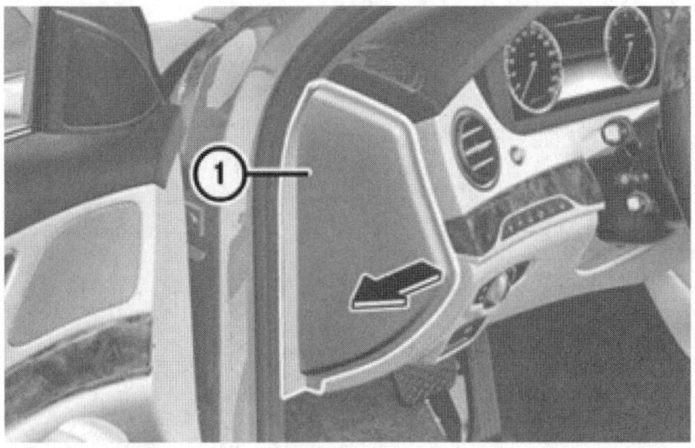

1.保险丝盒K40/6

图 4–18

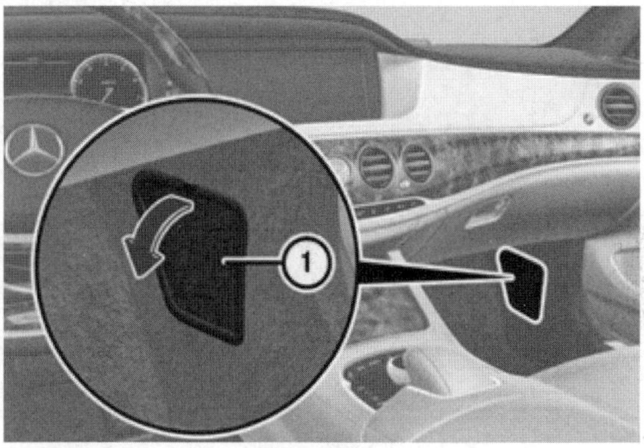

1.保险丝盒F1/3

图 4–19

从行驶方向看，位于车辆发动机舱内左侧的保险丝盒 K40/8，如图 4–20 所示。

从行驶方向看，位于车辆行李箱内右侧的保险丝盒 K40/5（包含保险丝分配表），如图 4–21 所示。

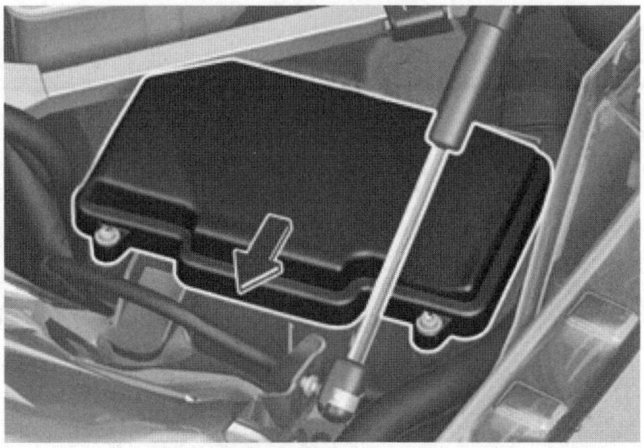
图 4–20

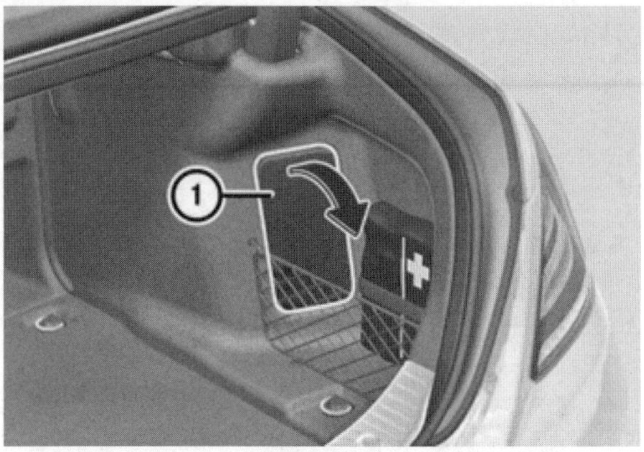

1.保险丝盒K40/5

图 4–21

（2）以新款 E 级（213）车型为例，保险丝位于以下各种保险丝盒中：仪表板上驾驶员侧的保险丝盒 K40/6，如图 4–22 所示。

前排乘客脚部位置的保险丝盒 F1/3（A 柱下部），如图 4–23 所示。

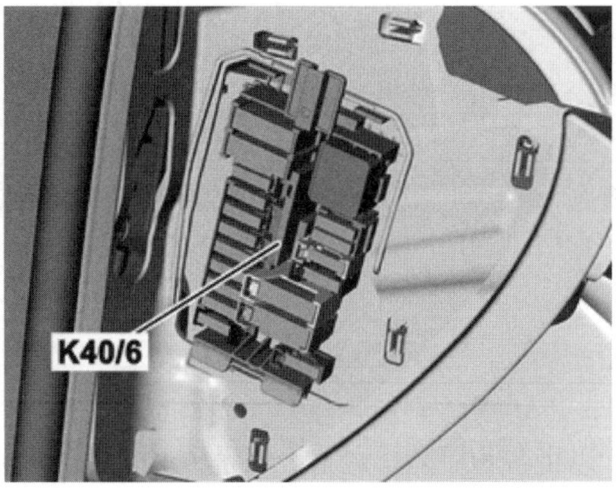

图 4-22

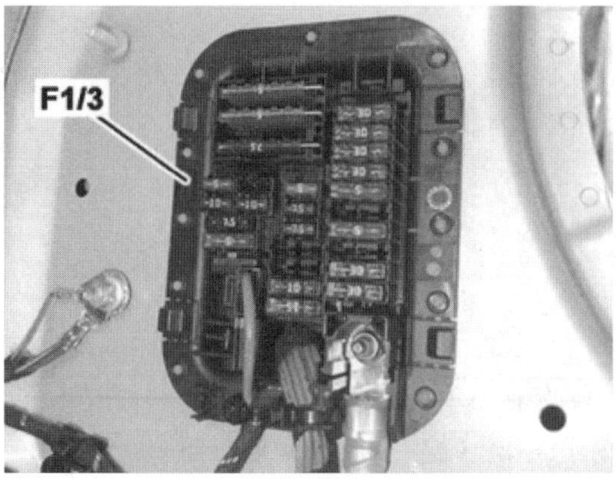

图 4-23

从行驶方向看，位于车辆发动机舱内左侧的保险丝盒 K40/8，如图 4-24 所示。

位于车辆行李箱内的保险丝盒 K40/5（包含保险丝分配表），如图 4-25 所示。

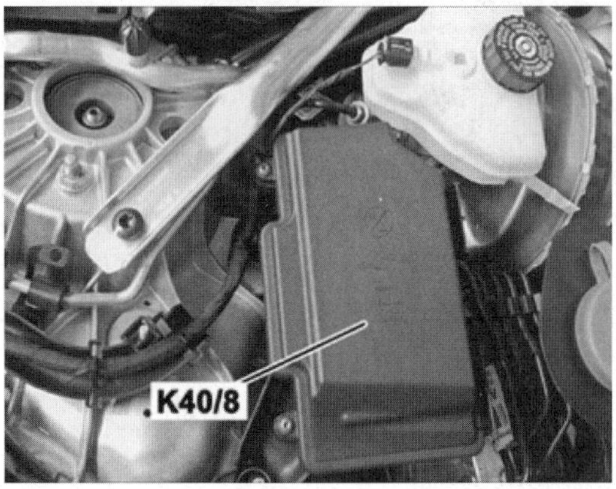

图 4-24

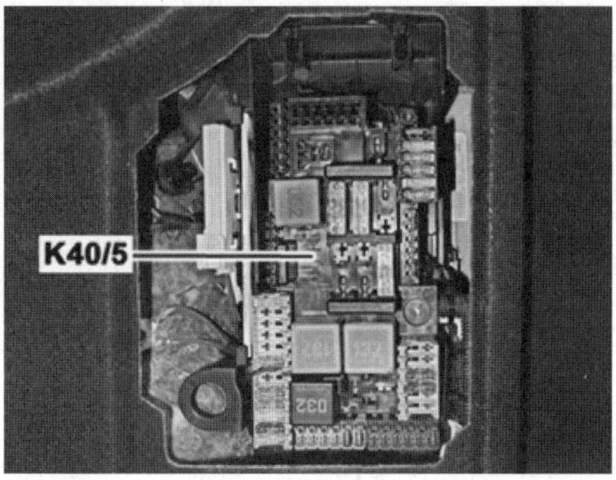

图 4-25

（3）以新款 C 级（205）、GLC 级（253）车型为例，保险丝位于以下各种保险丝盒中：仪表板上驾驶员侧的保险丝盒 K40/6，如图 4-26 所示。

前排乘客脚部位置的保险丝盒 F1/3（A 柱下部），如图 4-27 所示。

图 4-26

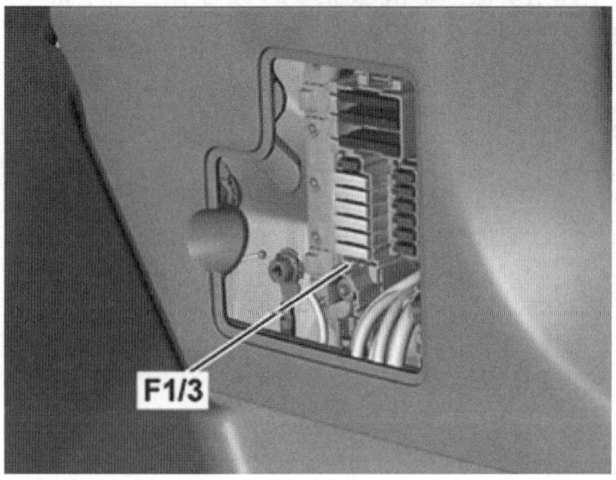

图 4-27

从行驶方向看，位于车辆发动机舱内左侧的保险丝盒 K40/8，如图 4-28 所示。

位于车辆行李箱内的保险丝盒 K40/5（包含保险丝分配表），如图 4-29 所示。

图 4–28

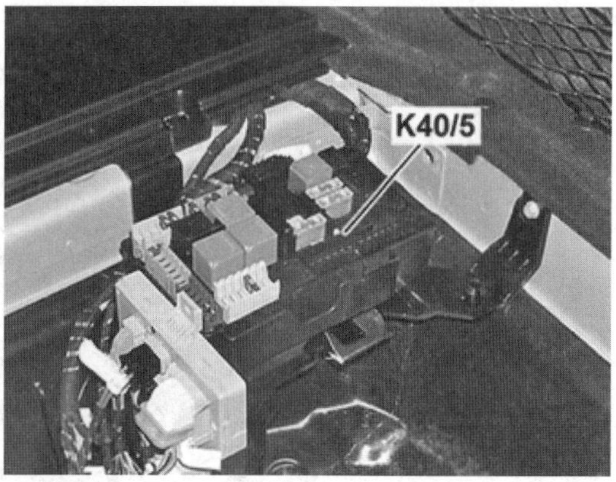

图 4–29

（4）以新款 A 级（177）、B 级 /GLB 级（247）、CLA 级（118）车型为例，保险丝位于以下各种保险丝盒中：前排乘客脚部位置的保险丝盒（脚坑，地毯下面）F152/4，如图 4–30 所示。

从行驶方向看，位于车辆发动机舱内左侧的保险丝盒 F152/3（包含保险丝分配表），如图 4–31 所示。

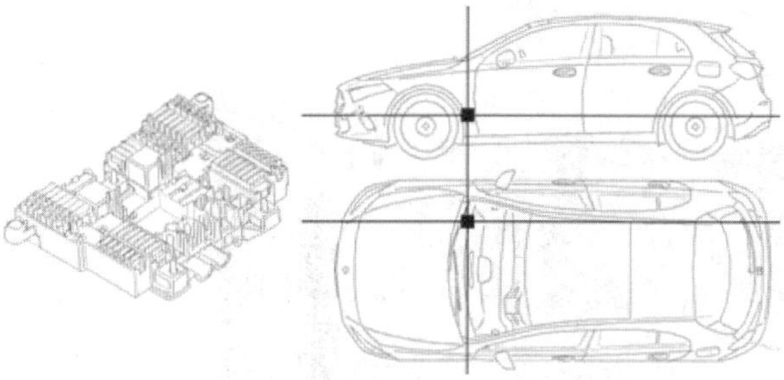

图 4–30

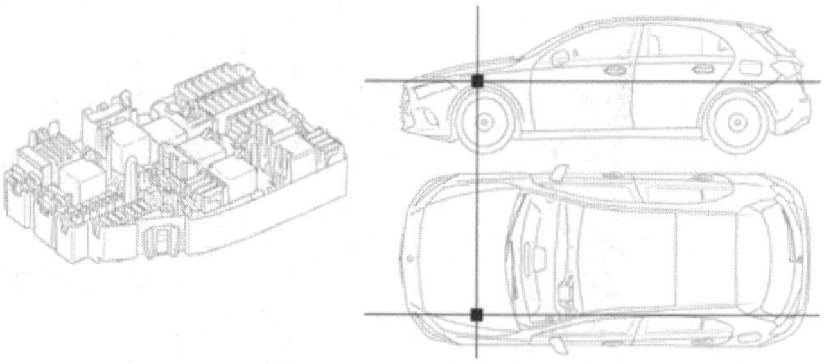

图 4–31

位于车辆行李箱内的保险丝盒 F152/2，如图 4–32 所示。

（5）以新款 GLE 级 /GLS 级（167）车型为例，保险丝位于以下各种保险丝盒中：仪表板上驾驶员侧的保险丝盒 F152/1，如图 4–33 所示。

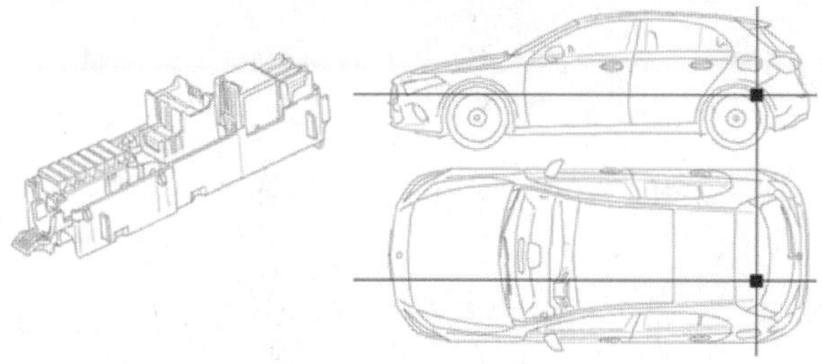

图 4–32

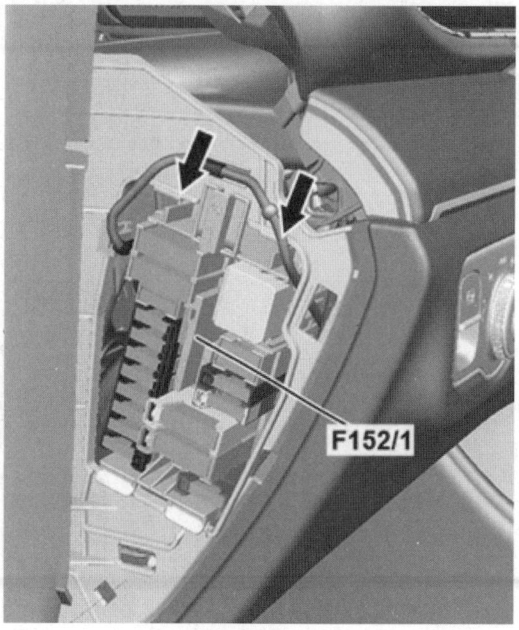

图 4–33

前排乘客脚部位置的保险丝盒（A 柱下部）F151/1，如图 4–34 所示。

从行驶方向看，位于车辆发动机舱内左侧的保险丝盒 F152/3，如图 4–35 所示。

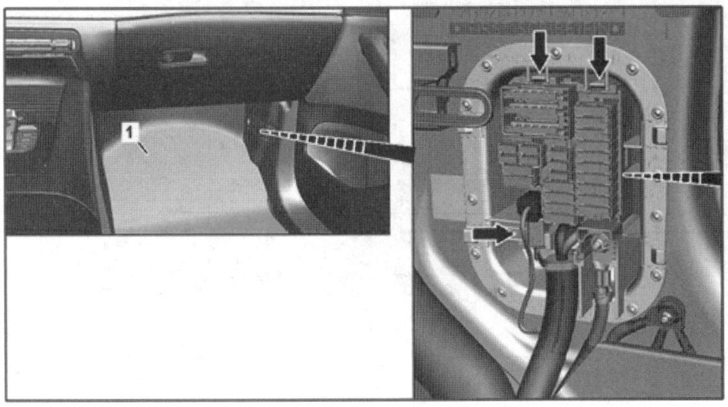

1.保险丝盒F151/1

图 4–34

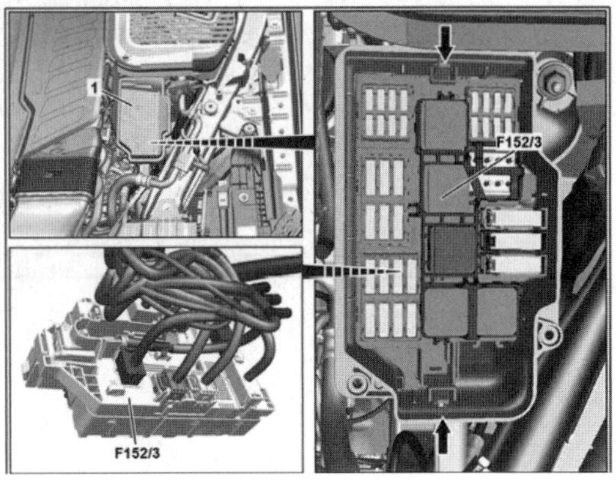

1.保险丝盒F152/3

图 4–35

从行驶方向看，位于后座区右侧的保险丝盒 F152/2，如图 4–36 所示。

位于驾驶员座椅下面地板覆盖层下面的启动机蓄电池上的保险丝盒 F150/1，如图 4–37 所示。

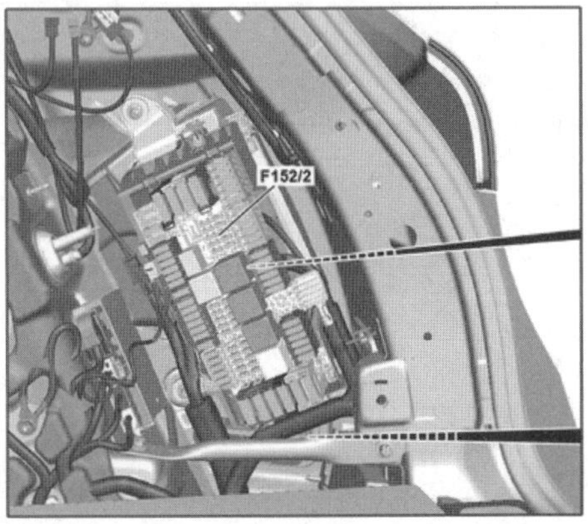

图 4–36

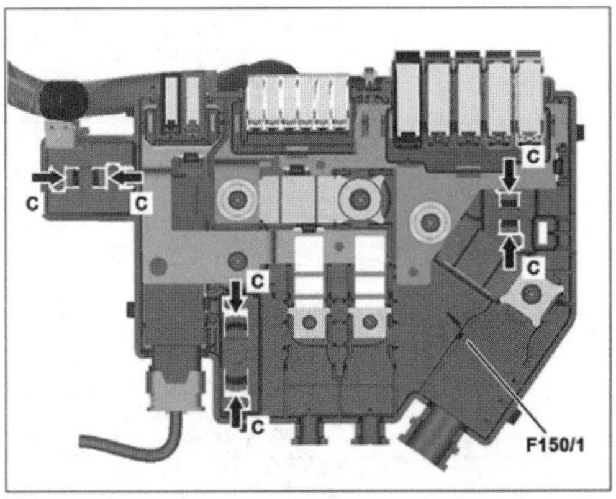

图 4–37

八、加油口盖板紧急解锁

奔驰不同车型的紧急解锁方法不同。

（1）对于老款 C 级（204）和 GLK 级车型紧急解锁装置位于行李箱内右侧保险丝盒后面，拉动释放索（如图 4–38 中 1 所示），就可以手动紧急解锁加油口盖板。

（2）对于老款 A 级（176）和 GLA 级（156）车型，需要先分开左后翼子板内衬板（车轮内衬），

1.释放索

图 4–38

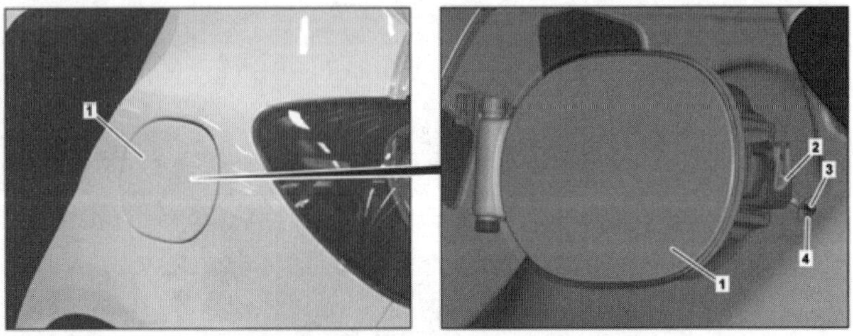

1.加油口盖板　2.分离杆　3.螺丝刀　4.通道

图 4–39

之后用螺丝刀（如图 4–39 中 3 所示）通过通道（如图 4–39 中 4 所示）促动分离杆（如图 4–39 中 2 所示），从而手动紧急解锁加油口盖板（如图 4–39 中 1）所示。

（3）对于老款 B 级（246）和老款 CLA 级（117）车型，需要先打开行李箱盖或掀开式尾门，打开左侧行李箱中的储物箱（如图 4–40 中 5 所示），用手向前伸入左侧行李箱中的储物箱（如图 4–40 中 6 所示），并促动释放杆（如图 4–40 中 2 箭头所示），从而手动紧急解锁加油口盖板。

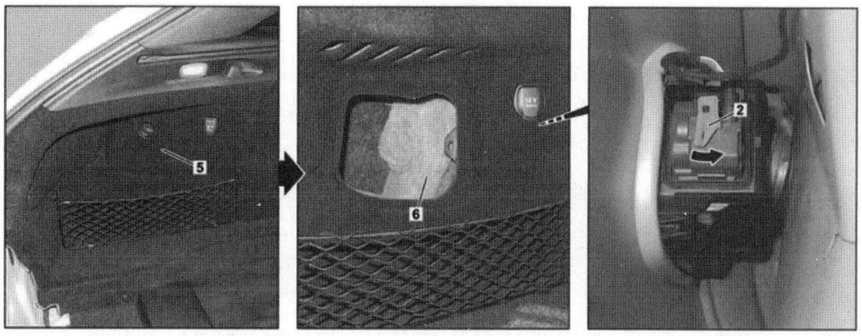

2.释放杆　5.6.储物箱

图 4–40

（4）对于新款 C 级（205）、新款 S 级（222）和 GLC 级（253）车型，松开右后翼子板中的翼子板内衬（如图 4–41 中 2 所示），沿箭头方向转动加油口盖中央锁止系统促动器（M14/10）上的操作杆（如图 4–41 中 1 所示），从而手动紧急解锁加油口盖板。

1.操作杆　2.翼子板内衬

图 4–41

（5）对新款 A 级（177）、新款 B 级 /GLB 级（247）、新款 CLA 级（118）和新款 GLE 级（167）车型，在行李箱中拆下侧面饰件，扒开隔音块（如图 4–42 中 1 所示），直到手可以进入油箱加注凹槽区域内外侧壁之间的空腔中，摸索感觉找到加油口盖中央锁止系统促动器（M14/10），按压 M14/10 上的软键（如图 4–42 中 2 所示），从而手动紧急解锁加油口盖板。

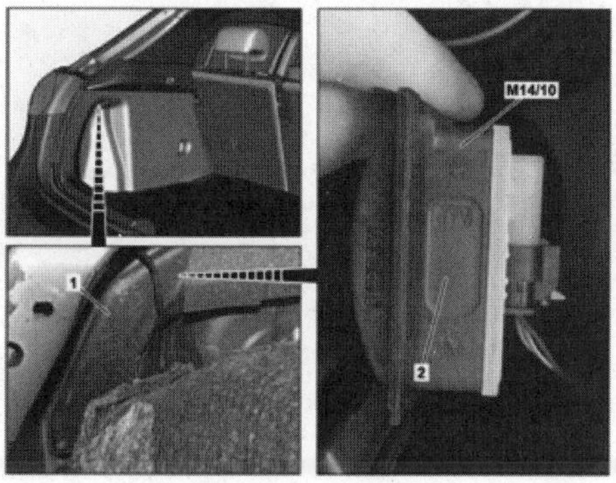

1.隔音块　2.软键

图 4–42

第 5 章　宝马车系

一、宝马 1 系、2 系、3 系、4 系应急操作方法

（一）应急 P 挡解锁和撤销解锁

1 系两厢版在售车型 F20 和 F21，2 系在售三厢版 F22 和 F23，3 系刚停产的 F30、F31 和 F35，在售的 4 系 F32 和 F36。以上车型不包含 B 系列发动机。使用 B 系列发动机的 P 挡解锁，和新款 3 系代码（G20 和 G28 一样），下面会讲到。

1.P 挡解锁分为机械方式和电子方式

（1）如果启动机无法运转或蓄电池电量不足导致启动机无法运转，采用机械方式解挡。人需要钻到车下面，拆卸变速器下面的护板，之后顺时针拧紧内六角螺栓，如图 5–1 所示。

（2）撤销解挡也比较简单，反方向旋转螺栓即可。

（3）只要可以听见启动机均匀转动，但发动机未运转，就可以采用电子解挡。具体步骤如下。

①踩下制动踏板，并且在整个过程期间保持踩住。

②按下启动 / 停止按钮。启动机转动约 20 s。

③按下解除连锁按钮（如图 5–2 中 1 所示），并在整个解除连锁期间按住。

④将选挡杆移动到位置 N 至少 4s。分别根据车辆输出一声声音信号或一条文本信息。

⑤将选挡杆重新移到原位置。

⑥再次快速地将选挡杆移到位置 N 并重新返回原位置。

⑦松开解除连锁按钮。选挡杆上的指示器显示 N。

⑧车辆现在可以滑行。

⑨变速器锁解锁大约 15min。车辆每一次感应到车轮旋转，变速器锁的解锁时间就延长约 15min。精确的解锁时长取决于蓄电池的充电状态。

图 5–1

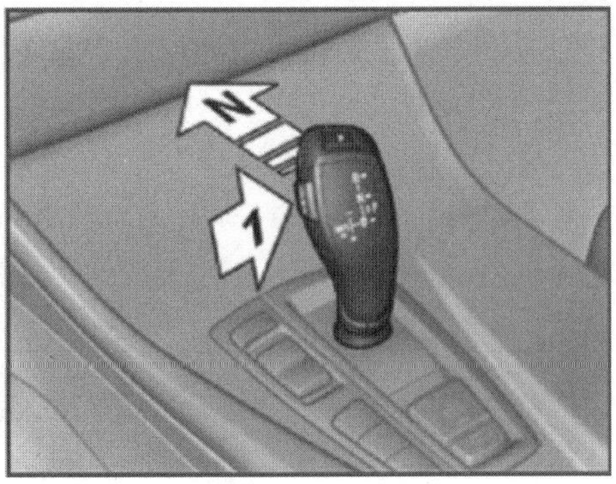

1.连锁按钮

图 5–2

2. 电子连锁变速器锁

（1）按下启动 / 停止按钮。

（2）变速器锁已重新连锁。

3. 以上车型如果采用 B 系列发动机，机械解挡方式如下

（1）如果启动机无法运转或蓄电池电量不足导致启动机无法运转，采用机械方式解挡。人需要钻到车下面，拆卸变速器下面的护板。之后，将专用工具 2 355 850（如图 5–3 中 3 所示）装入并拉入操纵杆（如图 5–3 中 1 所示）。将专用工具 2 355 850（如图 5–3 中 2 所示）插入操纵杆（如图 5–3 中 1 所示）和挡块之间，以便解锁变速器。

（2）撤销解锁比较简单，先用专用工具 2 355 850（如图 5–3 中 3 所示）拉动操纵杆，之后抽出专用工具 2 355 850（如图 5–3 中 2 所示）。

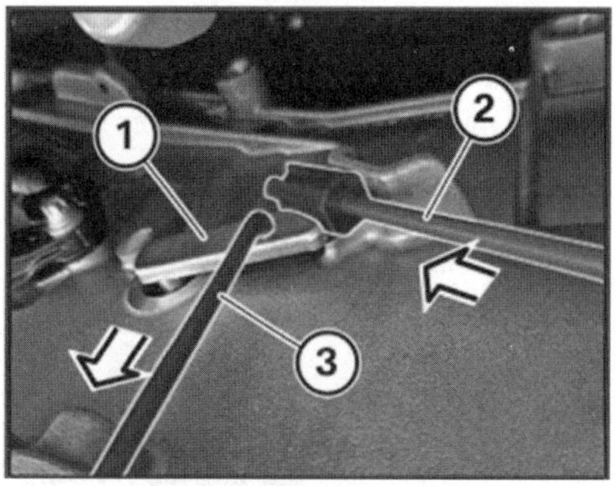

1.操纵杆　2.3.专用工具2 355 850

图 5–3

4. 电子解挡方式与上面介绍的一样

5. 2012 年之前生产的 3 系 E90 或采用 N46 发动机的 1 系 E87 和 E88

由于是 6 速自动变速器，自动变速器解锁方式不同。首先取下防尘套（如图 5–4 所示），从随车工具中取出螺丝起子，并按下红色销子（如图 5–5 所示），同时将换挡杆移动至想要的选挡杆位置。

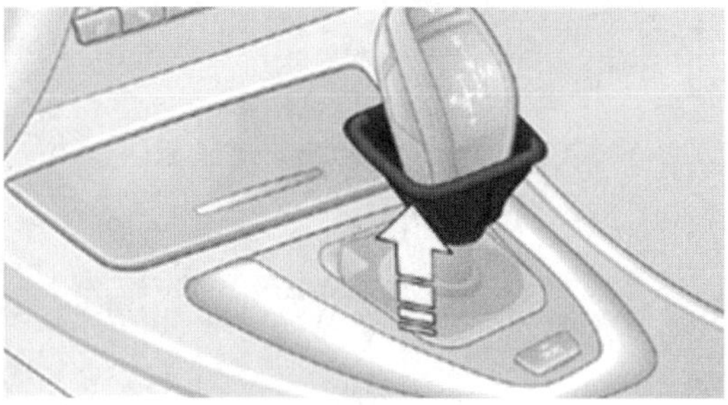

图 5–4

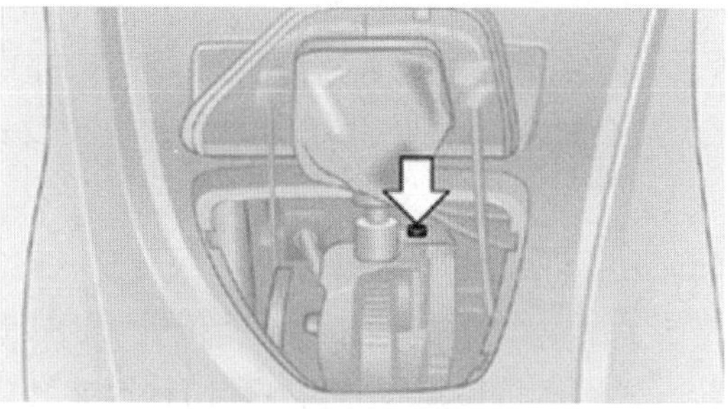

图 5–5

（二）应急搭电桩头位置

应急搭电桩头位置如图 5–6 所示。

（三）应急打开油箱盖

针对车型：1 系两厢版在售车型 F20 和 F21；2 系在售三厢版 F22 和 F23；3 系刚停产的 F30、F31 和 F35；在售的 4 系 F32 和 F36。

打开后备箱，拆卸右后饰板，在蓄电池的上方，即可看到一个绿色的圆圈（如图 5–7 所示），上面标记有加油的符号。拉动这根塑料绳即可。注意，不要特别用力拉。

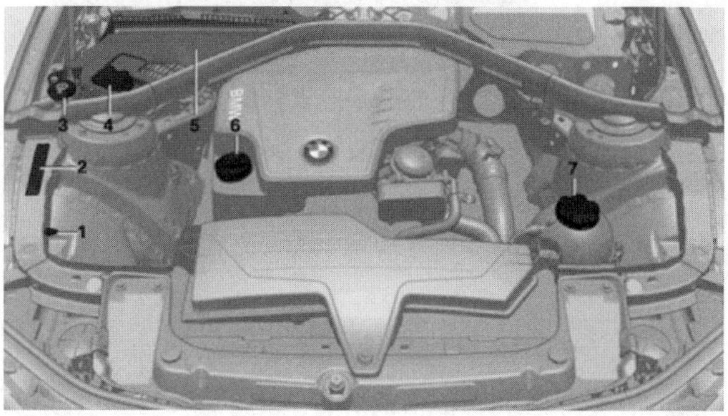

1.启动辅助装置，负极　2.底盘号码　3.清洗液储液罐　4.启动辅助装置，正极　5.发动机室保险盒　6.加油管接头　7.冷却液储液罐

图 5–6

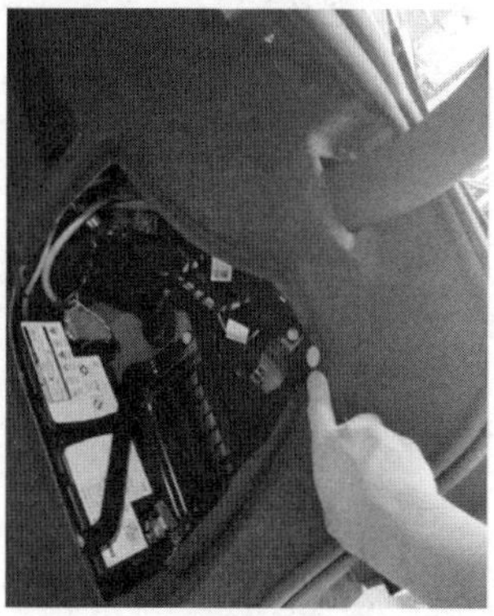

图 5–7

（四）应急打开或关闭天窗

针对车型：1 系两厢版在售车型 F20 和 F21；2 系在售三厢版 F22 和 F23；3 系刚停产的 F30、F31 和 F35；在售的 4 系 F32 和 F36。

方法如下说明：

（1）借助塑料楔小心地撬开盖板，然后用双手将盖板向下拔出，如图 5-8 所示。

（2）借助平头螺丝起子沿箭头方向尽可能向内侧按压锁止凸，以解锁，如图 5-9 所示。拆下操作设备，并挂在接线上。

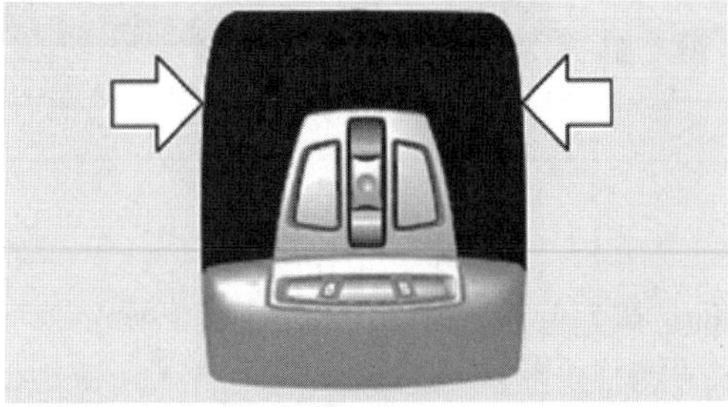

图 5-8

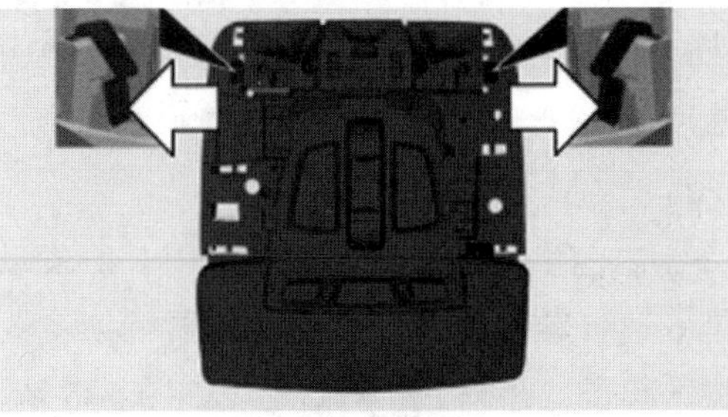

图 5-9

（3）将内六角扳手插入规定的驱动单元开口中，如图 5-10 所示。通过旋转内六角扳手将玻璃天窗移动到所需方向。

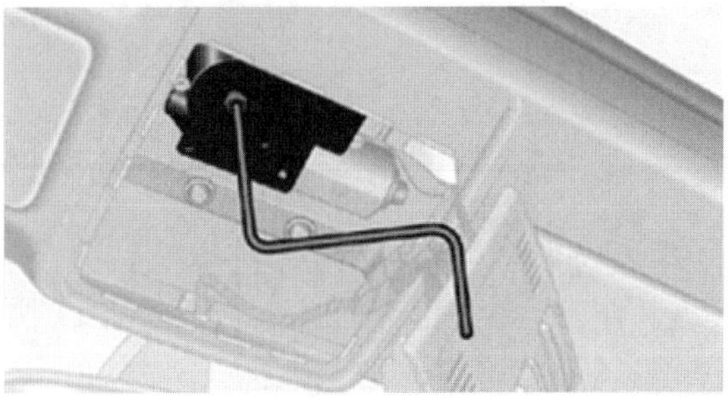

图 5-10

（五）应急打开左前门

如图 5-11 所示，首先按压大拇指位置解锁按钮，取出机械钥匙。之后把机械钥匙插入左前门锁销旋转即可，如图 5-12 所示。

图 5-11

图 5-12

（六）应急启动发动机

当遥控钥匙没电或其他原因无法识别遥控钥匙时，把遥控钥匙紧贴方向盘右侧紧急启动位置，即可启动发动机，如图 5-13 所示。图 5-13 中为了展示方向盘应急启动位置，特意将遥控钥匙拿开了一段距离，实际情况是要紧贴着。

（七）应急打开后备箱盖

这几款车型应急打开后备箱盖比较烦琐，需要对这个后备箱锁块有一定了解的基础上操纵，否则很容易损坏锁块。

（1）先通过应急等方式打开车门，翻倒后排座椅靠背。

（2）从后排钻到后备箱，尽量拆卸锁块附近的饰板，经验丰富的不拆也可以。

（3）用小一字起子从应急解锁位置插入，用力顶一下即可。为了演示方便，我们在打开位置演示，如图 5–14 所示。

二、宝马 5 系应急操作方法

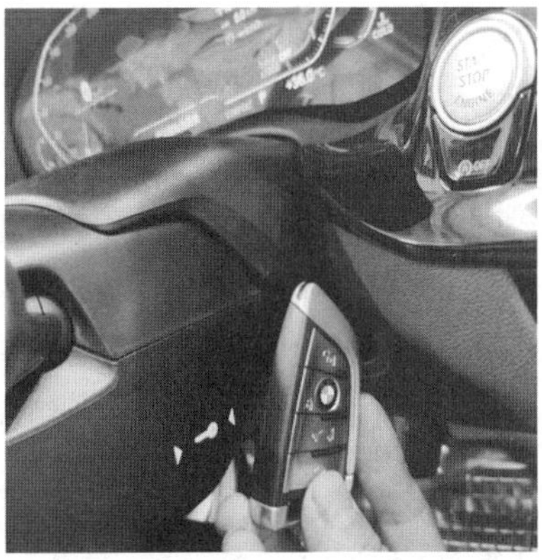

图 5–13

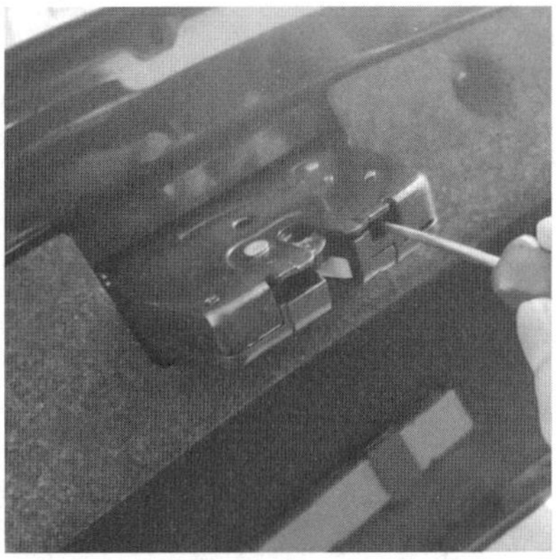

图 5–14

主要介绍正在销售的新 5 系 G30 和 G38（采用 48 和 B58 发动机）及上一代 5 系 F10 和 F18（采用 N52、N20 和 N55 发动机）。

（一）应急 P 挡解锁和撤销解锁

G30 和 G38 P 挡机械解锁方式与采用 B48 的 3 系宝马方法相同，在之前已经介绍，这里不再赘述。

G30 和 G38 P 挡电子解锁方式跟之前的车型都不一样，如下将详细介绍。

（1）首先打开点火开关，操纵制动踏板杆，并在整个过程期间持续操纵，如图 5–15 所示。

（2）操作启动 / 关闭按钮，并在整个过程期间持续操作，如图 5–16 所示。

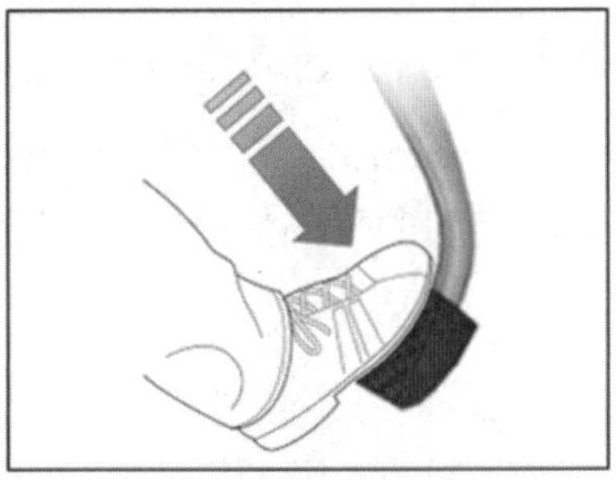

图 5–15

图 5–16

（3）操作电子选挡杆上的解锁按钮，如图 5–17 所示。

（4）按住解锁按钮，选挡杆移动到空挡并保持在此位置，直到空挡亮起。

（5）注意组合仪表中的检查控制信息，如图 5–18 所示。一旦在变速器中挂入了空挡 N 挡位，就会出现消息。

F10 和 F18 机械和电子解 P 挡方式如同之前介绍的采用 N20 的 3 系 F35，这里不再赘述。

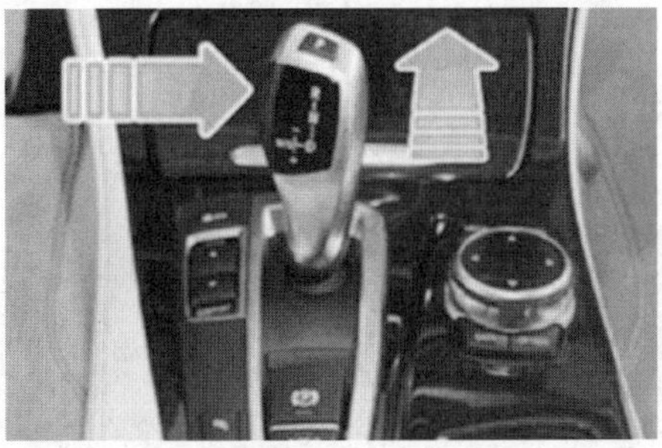

图 5–17

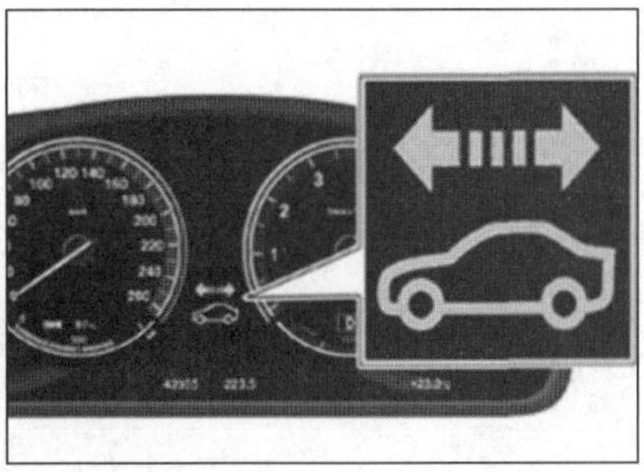

图 5–18

（二）5 系应急打开后备箱

G30 和 G38 通过应急拉线的方式打开后备箱比较烦琐，并且会损坏一些饰板，这里我们介绍一种比较简单的方式，在车身网管模块位置通过电路图找到后备箱锁块的电机导线，直接用 12V 蓄电池供电即可。

F10 和 F18 应急打开后备箱的方式，如同之前介绍的讲到的 3 系 F35，这里不再赘述。

（三）应急释放手刹

G30、G38、F10、F18 这些车都采用了电子手刹，左后和右后各有一个电机控制。

（1）首先拆卸电机固定螺栓并取下电机总成，如图 5-19 所示。

（2）用扳手开口度为 7° 的内六角扳手沿顺时针方向反向旋转制动钳丝杆，如图 5-20 所示。一直反向旋转，直到车轮可以自由旋转。两边同样的操纵方法。注意：丝杆不允许旋转到极限位置。达到极限位置时会出现故障码，导致系统停止。如果出现这种情况，接着删除故障码存储器的故障记忆。

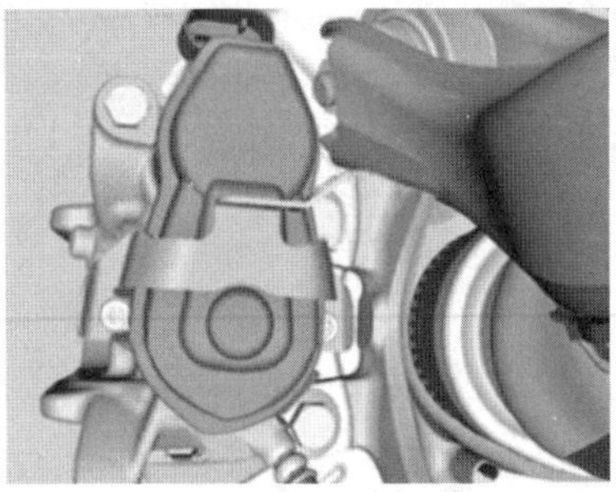

图 5-19

图 5-20

（四）应急打开油箱盖

F10 和 F18 应急打开油箱盖的方式如同之前介绍的 F35，这里不再赘述。G30 和 G38 应急打开油箱盖的方式是一种全新的方法，下面将详细介绍。如果没有拉线时，必须在伺服电机损坏时紧急解锁油箱盖。将专用工具 2 444 847 推入油箱盖（如图 5-21 中 1 所示）和侧围之间的间隙。将带有搭扣的胶带（如图 5-22 中 1 所示）粘贴在侧围和燃油箱盖（如图 5-22 中 2 所示）上，以防止油箱盖反弹损伤车身油漆。用手动泵（如图 5-22 中 4 所示）给气垫（如图 5-22 中 3 所示）充气，直到燃油箱盖（如图 5-22 中 2 所示）弹开。视情况修理损坏的部件。

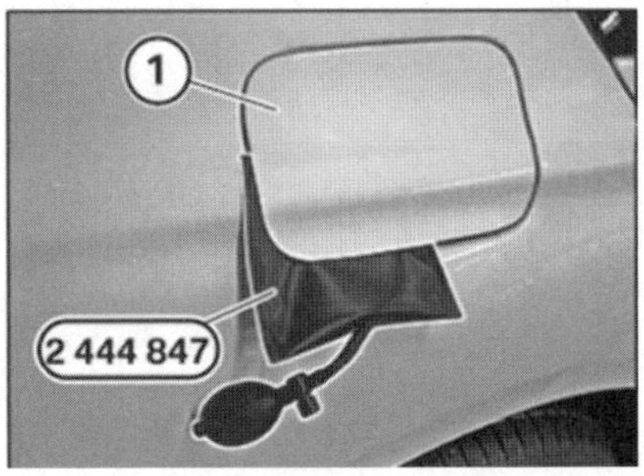

1.专用工具2 444 847

图 5-21

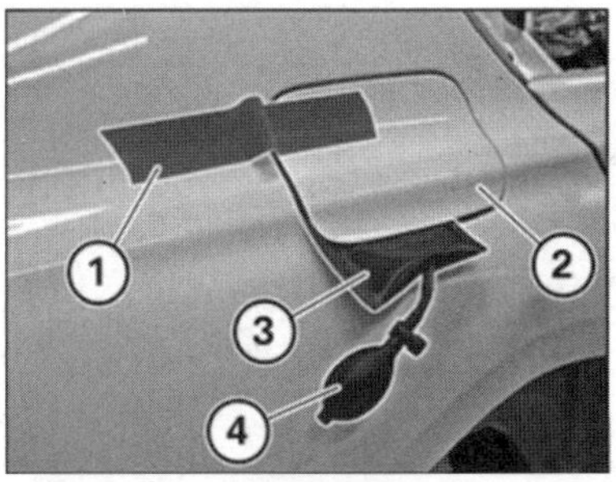

1.带有搭扣的胶带　2.燃油箱盖　3.气垫　4.手动泵

图 5-22

（五）应急打开左前门

F18 和 F10 应急打开左前门方式如同之前介绍的 3 系 F35。G30 和 G38 应急打开左前门的方法不一样，下面将介绍。

（1）应急打开左前门之前先取下刀锋钥匙上机械钥匙，如图 5-23 所示。

（2）拔出机械锁孔前面的装饰盖，如图 5-24 所示。

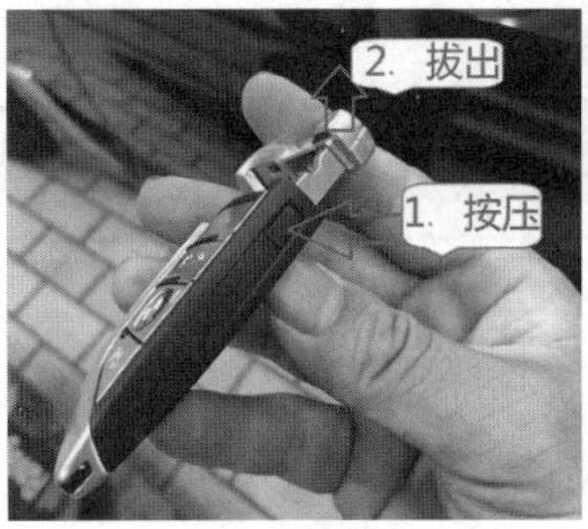

图 5-23

图 5-24

（3）将机械钥匙插入左前门锁孔，旋转即可，如图 5–25 所示。

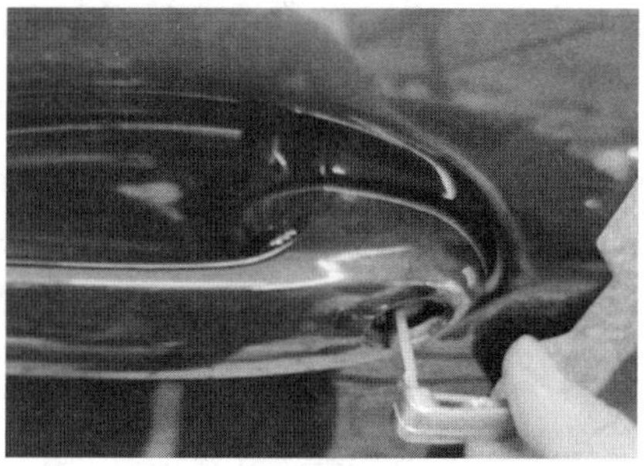

图 5–25

（六）应急启动发动机

G30、G38、F10、F18 应急启动发动机的方式如同之前介绍的 3 系 F35。

三、7 系应急解锁

本节主要介绍在售车型 G12 和上一代车型 F02。

（一）应急 P 挡解锁和撤销解锁

G12 的 P 挡应急解锁的电子解锁和机械解锁，都如同之前介绍的新款 5 系 G38。F02 的 P 挡解锁分两种：第一种是 F02 刚上市时使用的 6 速变速器解锁方式；第二种是 F02 中期改款使用的 8 速变速器解锁方式。

1. F02 刚上市时 6 速解锁方式

（1）将饮料杯架（如图 5–26 中 1）和饮料杯架底板上的橡胶垫（如图 5–26 中 2）向上取出。

（2）拆下盖板（如图 5–27 中 1 所示）。

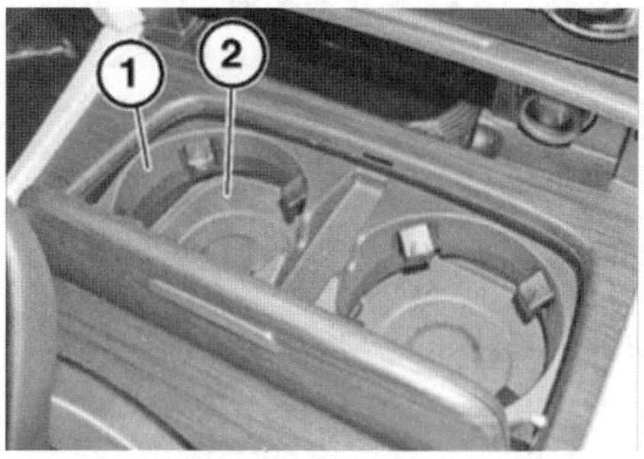

1.饮料杯架　2.橡胶垫

图 5–26

1.盖板

图 5–27

（3）将松脱工具（如图 5–28 中 1）插入开口。

（4）将松脱工具顺时针旋转至极限位置，然后向下按压。

（5）变速器锁已解除连锁。

（6）变速器锁连锁。

①沿箭头方向拉出松脱工具，如图 5–29 所示。

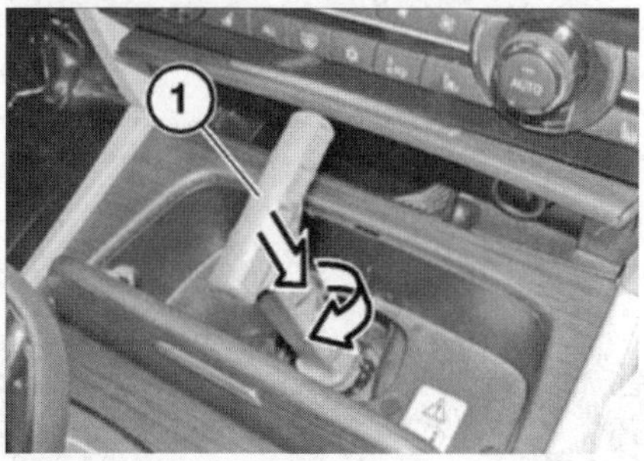

1.松脱工具

图 5–28

图 5–29

②变速器锁已连锁。

2. F02 中期改款之后的 P 挡解锁方式

这种方式跟 F35 采用 N20 发动机解锁方式一致，这里不再赘述。

（二）应急打开后备箱盖

G12 应急打开后备箱盖的方式如同之前介绍的 G38。F02 应急打开后备箱的方式将在下面详细介绍。

（1）先应急或其他方式打开车门。

（2）拆卸后排座椅的坐垫和靠背。

（3）在后备箱盖上能看到一个拉手，拉动即可，如图 5–30 所示。

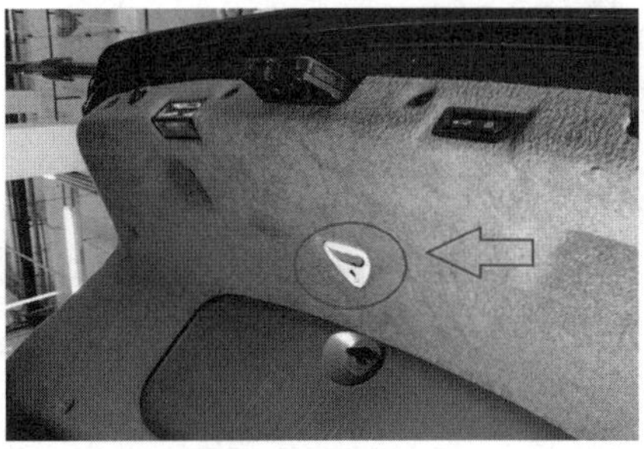

图 5–30

（三）应急释放手刹

G12 电子手刹释放的方式如同之前介绍的 G38，请参考。F02 电子手刹的释放方式，跟之前车型不一样，下面将详细介绍。

（1）将松脱工具或螺丝起子从随车工具中拿出，如图 5–31 所示。

（2）将行李箱底板向上翻起，如图 5–32 所示。

（3）取出行李箱中的底板饰件，为此使用松脱工具或螺丝起子松开螺栓，如图 5–33 中箭头所示。

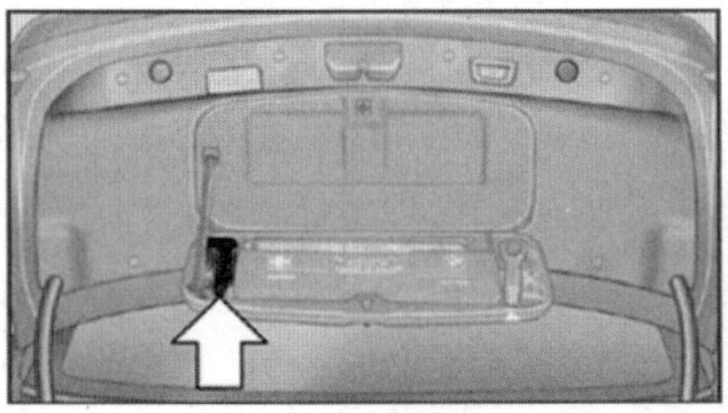

图 5–31

图 5–32

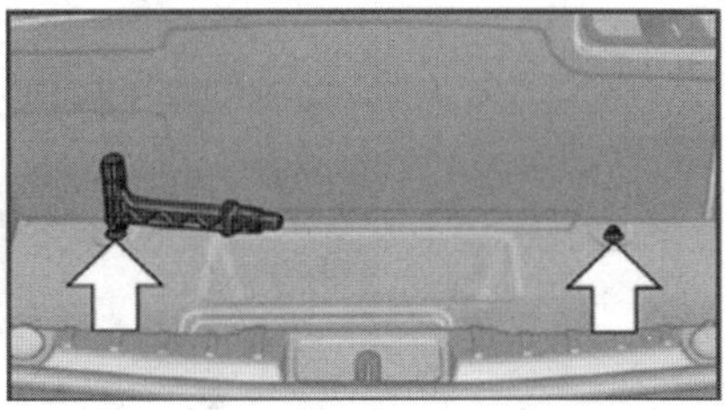

图 5–33

（4）将松脱工具插到解锁点，如图 5–34 中箭头所示，或者将螺丝起子穿过搭扣。

（5）克服阻力将松脱工具或螺丝起子用力向上拉动，直到感觉到明显的阻力上升，并且可以清楚听到驻车制动器解锁，如图 5–35 所示。

请人排除故障：

如果驻车制动器由于故障而手动松开，则只能由专业人员重新恢复运行。请 BMW 售后服务排除故障。

图 5–34

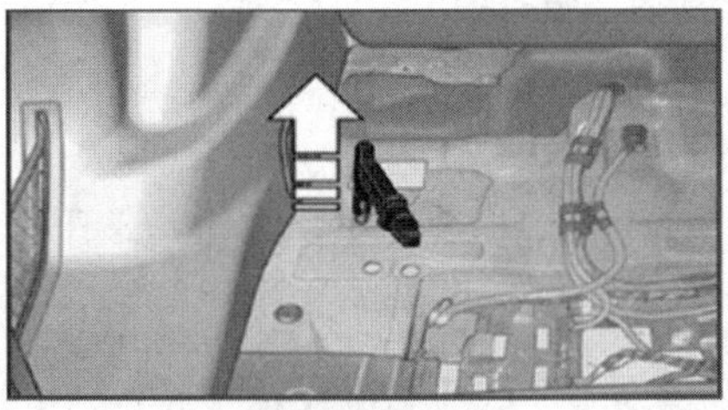

图 5–35

仅在断电后试运行：

仅当驻车制动器由于断电而手动解锁时，才能重新恢复运行。否则，无法确保驻车制动器的功能。

断电后：

手动解锁后，驻车制动器的实际状态可能与指示灯显示的状态不一致。接通点火开关。踩下制动器时或者变速器 P 位置挂入时操作驻车制动器，如图 5–36 所示。试运行可能持续几秒钟。可能出现的噪声属于正常现象。

图 5–36

（四）应急打开油箱盖

F02 车型应急打开油箱盖方式如下：在电气损坏时，可以紧急解锁燃油箱加油盖。将行李箱盖中的绿色按钮向右拧，如图 5–37 所示。

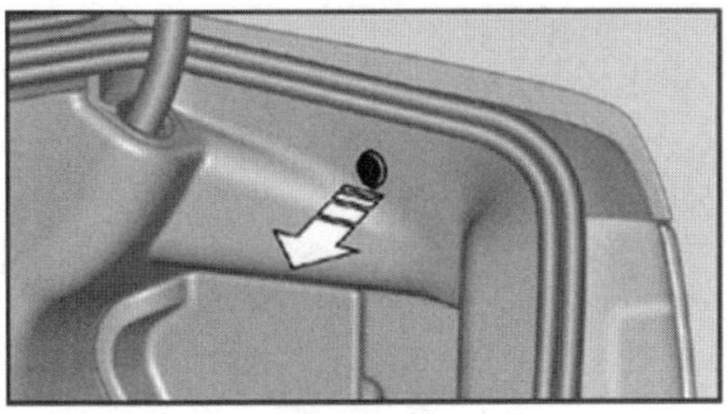

图 5-37

G12 应急打开油箱盖的方式如同之前介绍的 G38。

（五）应急打开左前门

G12 应急打开左前门如同之前介绍的 G38。F02 应急打开左前门的方式如同之前介绍的 F35。

（六）应急启动发动机

应急启动发动机的方式如同之前介绍的 F35。

四、宝马 M 车系应急操作方法

现在市面上能看到的 M 车型，普遍采用双离合变速器。这里我们以 M3（车型代码 E90）为例，来具体说明 P 挡解锁的方法。

（1）取下防尘套，如图 5-38 所示。

（2）从随车工具（行李箱）中取出内六角扳手，将其插入开口（如图 5-39 中 1 所示）。向箭头方向（如图 5-39 中 2）旋转大约 90° 至电阻器，并取下内六角扳手。变速器解锁。

恢复的方法也比较简单，按下按钮（如图 5-40 中箭头所示），驻车锁止器连锁。

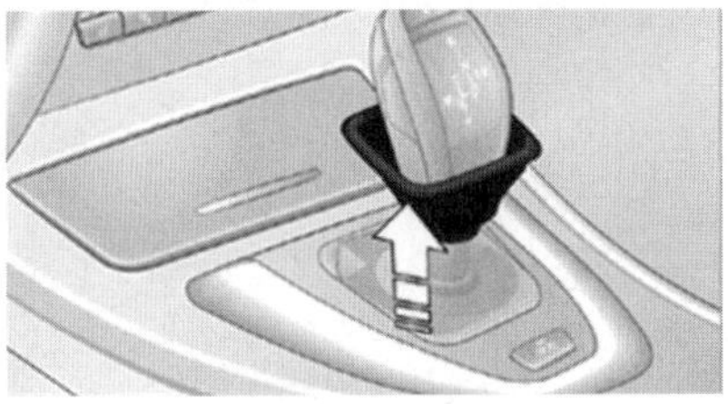

图 5-38

1.开口　2.箭头方向

图 5-39

图 5-40

五、宝马 X1 、X2 应急操作方法

第一代 X1 车型代码 E84，目前正在销售的是第二代 X1 车型代码 F49， X2 是刚上市的新车，目前是第一代，车型代码 F39。下面的介绍为了方便说明，我们使用车型代码 E84、F49、F39 介绍。

（一）应急 P 挡解锁和撤销解锁

1. E84 中期改款之前的 P 挡解锁方式

（1）取下选挡杆防尘套。

（2）从随车工具中取出螺丝起子，并按下红色杆，如图 5-41 所示。同时将换挡杆移动至想要的选挡杆位置。

2. E84 中期改款之后的 P 挡解锁方式

不管是电子解锁还是机械解锁，都如同之前介绍的采用 N20 的 3 系 F35。

3. F49、F39 及 2 系旅行版 P 挡机械解锁方式

首先拆卸换挡杆饰板，之后按压黄的解挡按钮，如图 5-42 和 5-43 所示。

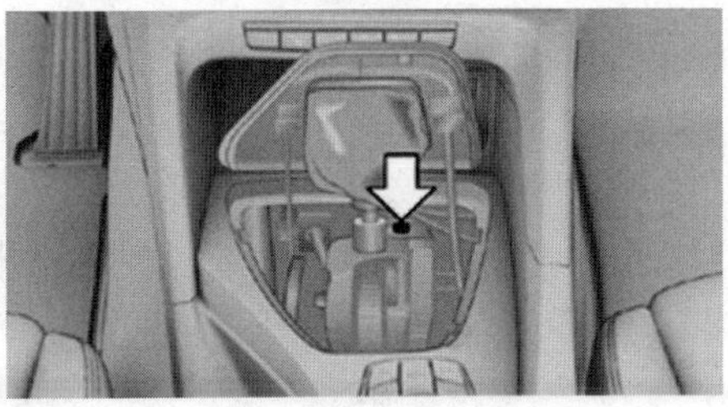

图 5-41

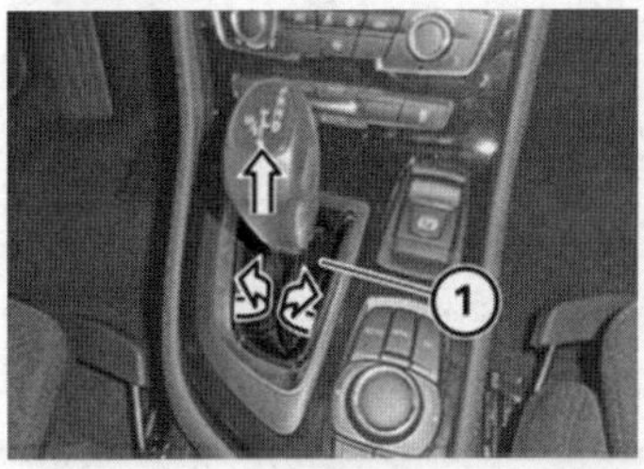

1.解挡按钮

图 5-42

1.解挡按钮

图 5-43

（二）应急开后备箱

（1）E84 应急打开后备箱的方式比较简单，首先通过应急或其他方式打开车门，由于是越野车，后排座椅靠背和车顶之间还有距离，人爬到后备箱后，找到拉手，用力拉即可，如图 5-44 所示。

（2）F39 和 F49 目前没有应急拉线，所以建议采用之前介绍的新 5 系 G38 的方式，应急打开后备箱。

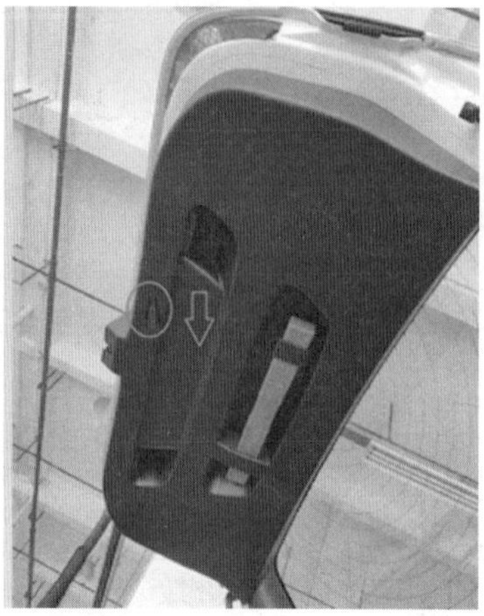

图 5-44

六、宝马 X3、X4 应急操作方法

（一）应急 P 挡解锁和撤销解锁

请参考 5 系 F18 的 P 挡解锁方式。

（二）应急释放手刹

请参考 5 系 F18 的应急方式。

（三）应急启动发动机

请参考 5 系 F18 的应急方式。

七、宝马 X5、X6 应急操作方法

由于 X5 和 X6 应急方式一样，所以这里我们以 X5 为例介绍。目前市场上能看到的 X5 主要有 3 款，G05、F15 和 E70。G05 是目前正在销售的车型。F15 是比 G05 早一款的车型。E70 是比 F15 早一款的车型，由于保有量大，所以我们也做详细介绍。

（一）应急 P 挡解锁和撤销解锁

E70 中期改款之前的 P 挡解锁方式，请参考刚上市的 7 系 F02。E70 中期改款之后的 P 挡解锁方式，请参考 5 系 F18。F15 的 P 挡解锁方式，请参考 5 系 F18。G05 的 P 挡解锁方式，请参考 5 系 G38。

（二）应急开后备箱

E70 应急开后备箱的方式比较简单，也是打开车门后，人爬到后备箱，后备箱盖分为上下两部分，在下部分找到应急拉线的盖子，撬开盖子，用力拉即可，如图 5-45 所示。

图 5-45

F15 应急打开后备箱的方式与 E70 类似，只是拉线位置不同，如图 5-46 所示。

G05 后背箱盖打开方式就比较烦琐了，打开车门，人爬到后备箱之后，找到锁块位置，需要拆卸锁块周围的饰板，由于是在后备箱关闭的情况下拆卸，所以要提前跟客户沟通好，饰板有拆坏的可能。露出完整的左后锁块之后，可以看到锁块上有个类六角形状的孔，用类六角工具旋转即可，如图 5-47 所示。

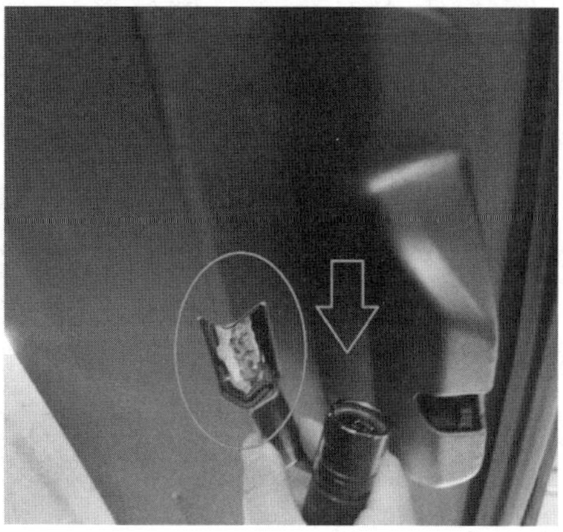

图 5-46

图 5-47

（三）应急释放电子手刹

1. E70 应急释放电子手刹方式

紧急解锁工具位于行李箱中底板垫下面。解除驻车制动器连锁时，需要该工具。根据装备不同，该工具为 T 形握柄（图像）或螺丝起子，如图 5–48 所示。

2. 紧急解锁

翻开行李箱左侧盖板，拆除急救箱和警告用三角标志。将紧急解锁工具嵌入脱钩或搭扣，与阻力方向相反用力向上拉，可以听到驻车制动器解锁的声音。

3. F15 应急释放电子手刹方式

（1）打开左侧行李箱饰件盖板。取出急救箱和警告用三角标志，如图 5–49 所示。

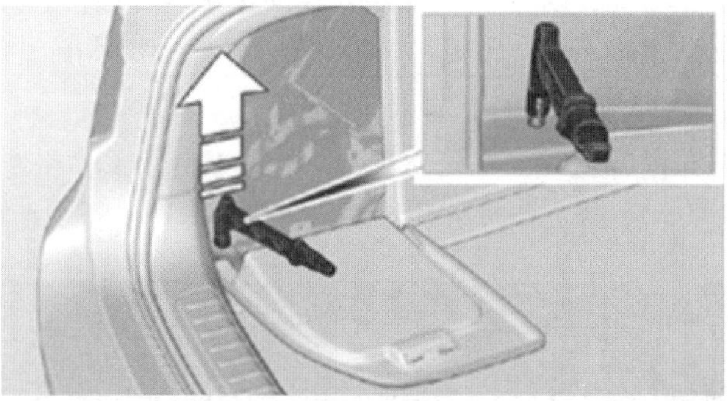

图 5–48

图 5–49

（2）将随车工具中的螺丝起子穿入紧急操作装置的搭扣（如图 5–50 中 1 所示）。克服机械阻力，沿箭头方向用力向上拉螺丝起子，直至感觉到明显的阻力上升并清楚听到驻车制动器解除连锁的声音。

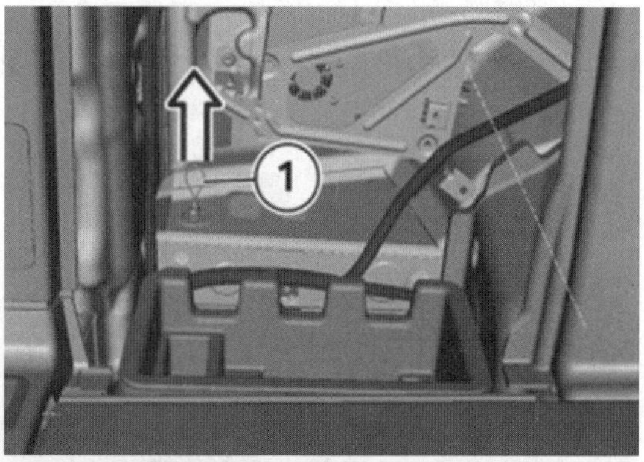

1.搭扣

图 5–50

八、插电混合动力汽车 PHEV 的应急操纵

（一）应急拔下高压充电插座

当充好电，解锁车辆之后高压充电插头无法从车上拔下时，可以在车上找到应急拉线。对于 X1 的 PHEV，如图 5–51 所示，拉动绿色拉线即可。

对于 5 系或 7 系 PHEV，拉动白色拉线即可，如图 5–52 所示。

（二）应急打开油箱盖

图 5–51

图 5–52

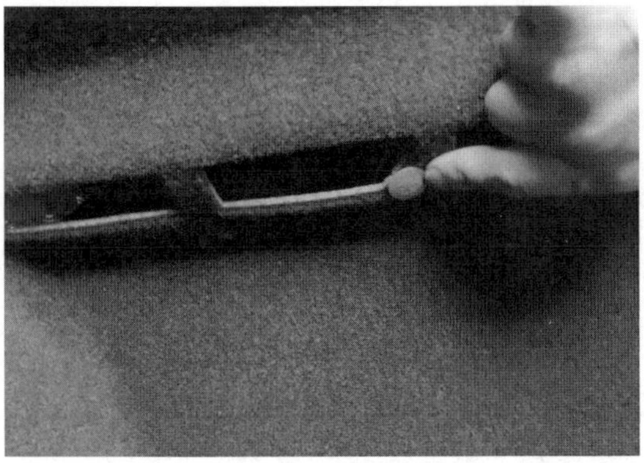

图 5-53

当 PHEV 车辆按下左前门上的加油按钮，再按压油箱盖依然打不开油箱盖，有应急拉线的，拉动应急拉线即可。应急拉线是绿色的，上面有加油的符号，如图 5-53 所示。

如果车辆没有应急拉线，就需要参考 5 系 G38 应急打开油箱盖的方式了。

九、硬顶敞篷应急关闭

我们以在售车型 4 系敞篷为例，来介绍硬顶敞篷的应急关闭。

注意：紧急关闭始终要在助手帮助下进行。只能在点火开关关闭的情况下手动移动折叠式软顶，液压阀有损坏危险。每次都必须在左侧和右侧均匀施加作用力，否则拉杆会弯折。车顶模块的所有操作都必须与两个人一起进行。有卡住危险。

（1）手动打开左右侧耦合锁：旋转通向车厢内部的液压缸（如图 5-54 中 1 所示）。将专用工具 54 0 161 安装到柱塞杆上。

（2）将专用工具 54 0 161 向上倾斜。耦合锁（如图 5-55 中 1）跳到止点。然后拉开耦合锁（如图 5-55 中 1）。手动打开折叠式软顶盖罩。

（3）将专用工具 54 0 240 夹到液压缸（如图 5-56 中 1 所示）上。注意：专用工具的开口必须指向车尾。

（4）松开左右底板：松开底板的螺栓，如图 5-57 中 1 所示。提示：注意底板下方的垫圈。记录数目和位置。

（5）通过紧急解除连锁装置打开后行李箱盖，如图 5-58 所示。

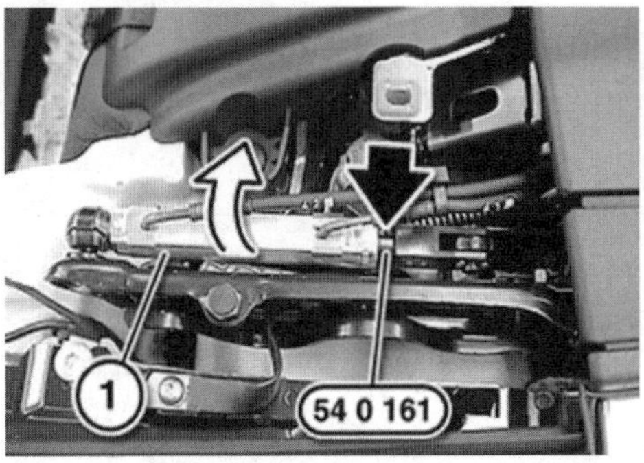

1.液压缸

图 5-54

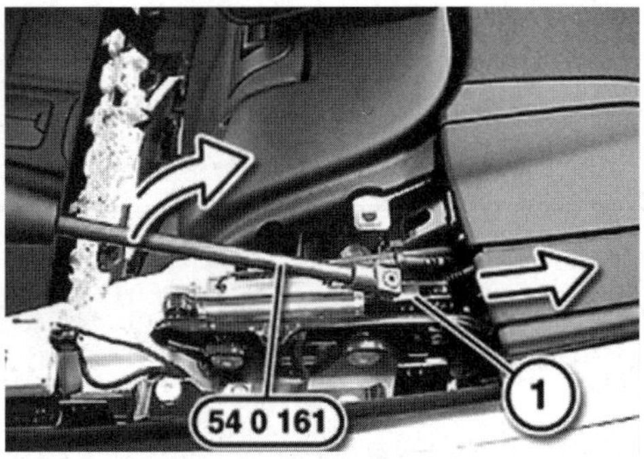

1.耦合锁

图 5-55

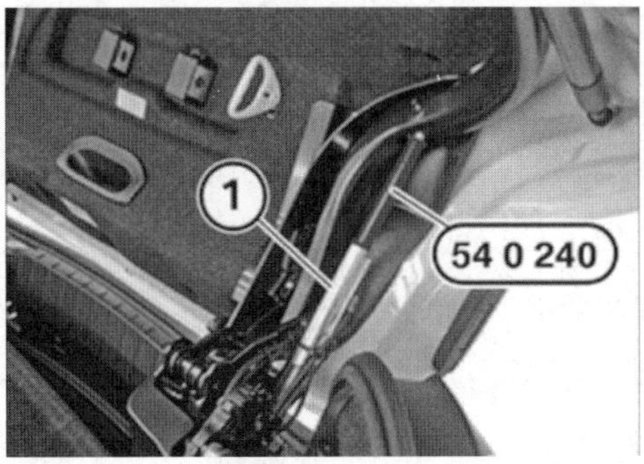

1.液压缸

图 5-56

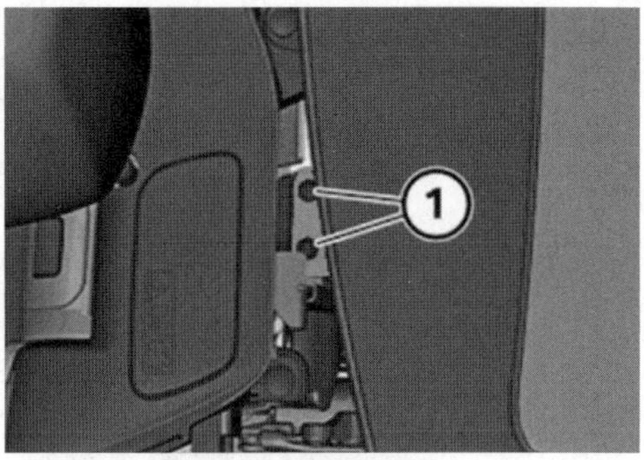

1.螺栓

图 5-57

（6）将液压系统解除压力：拔出控制单元，如图 5-59 中 1 所示。用内六角扳手（扳手开口度 4°）松开液压单元上的单向阀四圈。提示：单向阀位于塑料漏斗下方。

（7）拆卸右侧支承管饰件：松开夹子，如图 5-60 中 1 所示。沿箭头方向抽出饰件，如图 5-60 中 2 所示。

（8）松开右侧液压缸：松开左右螺栓，如图 5-61 中 1 所示。

图 5-58

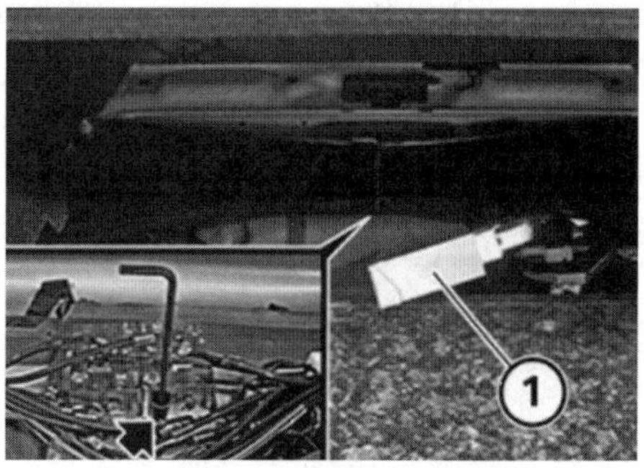

1.控制单元
图 5-59

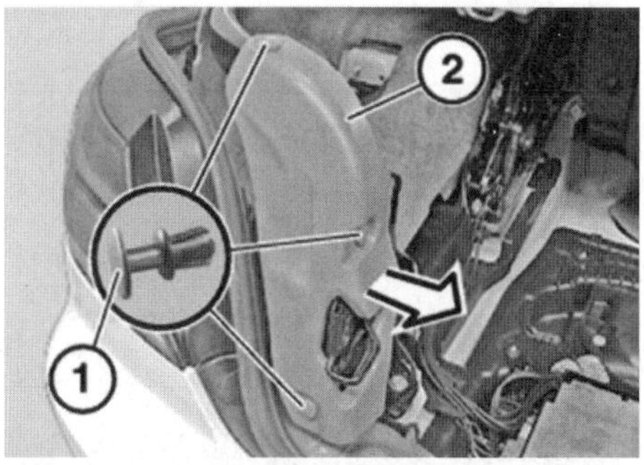

1.夹子　2.饰件
图 5-60

1.螺栓
图 5-61

（9）轻轻抬起防松夹（如图 5-62 中 1 所示），从球头（如图 5-62 中 2）上取下液压缸（如图 5-62 中 3 所示）。将专用工具 54 0 240 从液压缸上移除，并用合适的夹具支撑车尾模块。松脱导线支架（如图 5-62 中 4 所示）。将配有电线束和液压管路的液压缸（如图 5-62 中 3）抽出。

（10）松开左右支架：松开螺栓（如图 5-63 中 1 所示）。用螺丝起子将支架（如图 5-63 中 2）向外和向后按压。必须将支架（如图 5-63 中 2）从防扭转装置（如图 5-63 中 3）和轴（如图 5-63 中 4）上取下。提示：工作步骤在左侧比右侧容易进行。

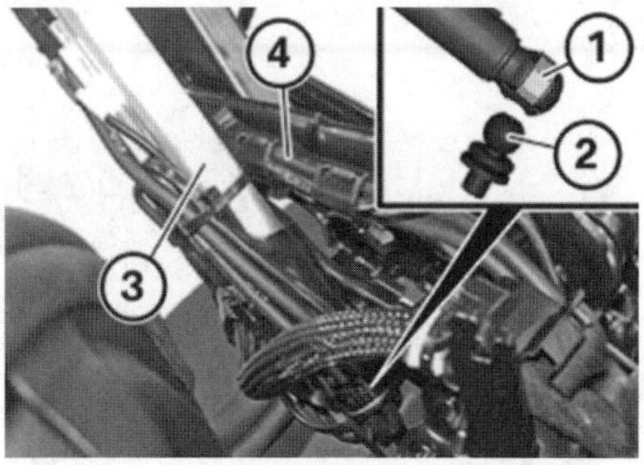

1.防松夹　2.球头　3.液压缸　4.导线支架
图 5-62

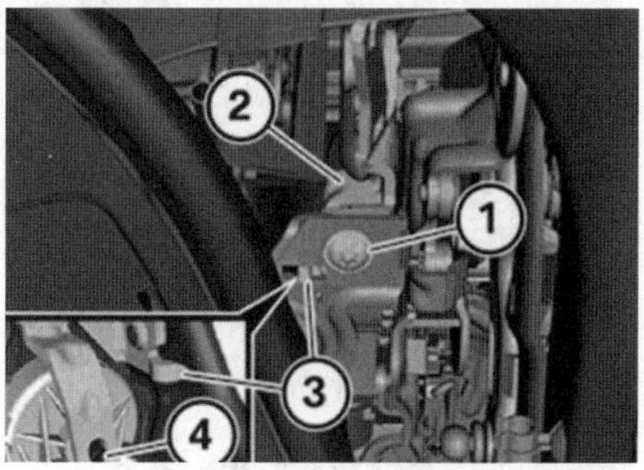

1.螺栓　2.支架　3.防扭转装置　4.轴
图 5-63

（11）取下左右支架：略微抬起车顶壳，并从锁止件（如图 5-64 中 2 所示）中抽出支架（如图 5-64 中 1 所示）。提示：工作步骤在左侧比右侧容易进行。

（12）移除车尾模块支架，并将车尾模块在打开位置按住，如图 5-65 所示。注意：注意车顶壳的重量，均匀地举起车顶壳。

1.支架　2.锁止件

图 5-64

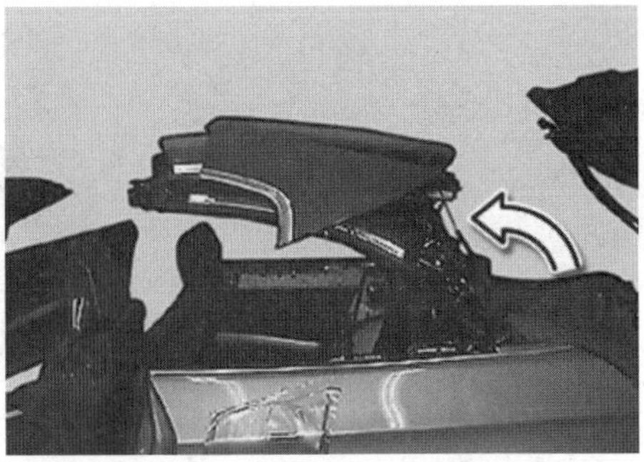

图 5-65

（13）拆下左右饰件：行李箱盖板向上翻。松开夹子（如图 5-66 中 1 所示）。沿箭头方向拆下饰件（如图 5-66 中 2 所示）。

（14）装入左右锁止板：将闭锁片（如图 5-67 中 1 所示）装入支架（如图 5-67 中 2）和轴（如图 5-67 中 3 所示）中。

（15）最大限度地向内推防扭转装置（如图 5-68 中 2 所示）。插上螺栓（如图 5-68 中 1 所示）并固定，直至闭锁片刚好能移动。

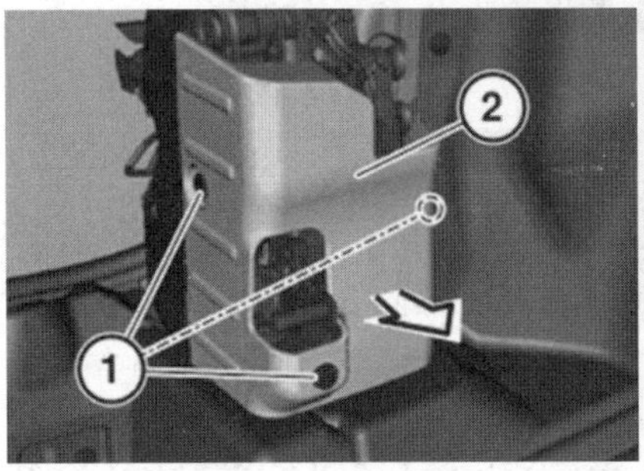

1.夹子　2.饰件

图 5-66

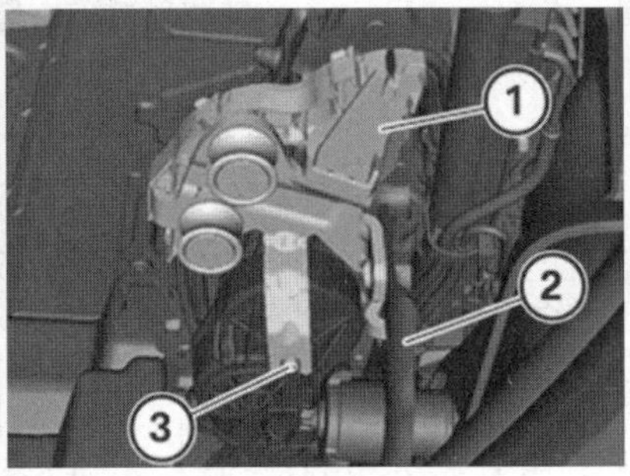

1.闭锁片　2.支架　3.轴

图 5-67

1.螺栓　2.防扭转装置

图 5-68

（16）将左右侧的专用工具 54 0 240 从液压缸（如图 5-69 中 1 所示）移除，此时要固定车尾模块。

（17）手动关闭后行李箱盖和车尾模块（如图 5-70 中 1 所示）。

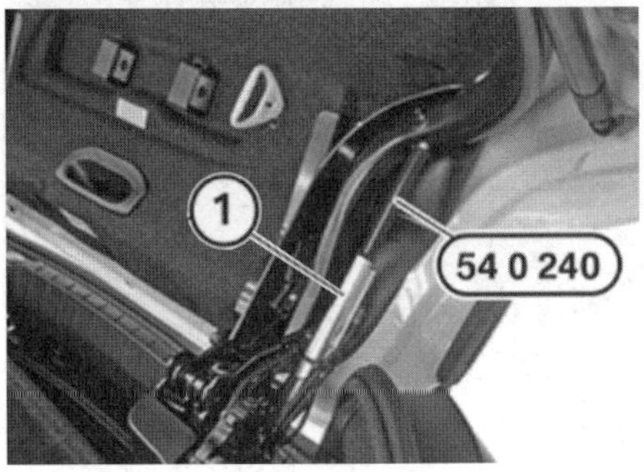

1.液压缸

图 5-69

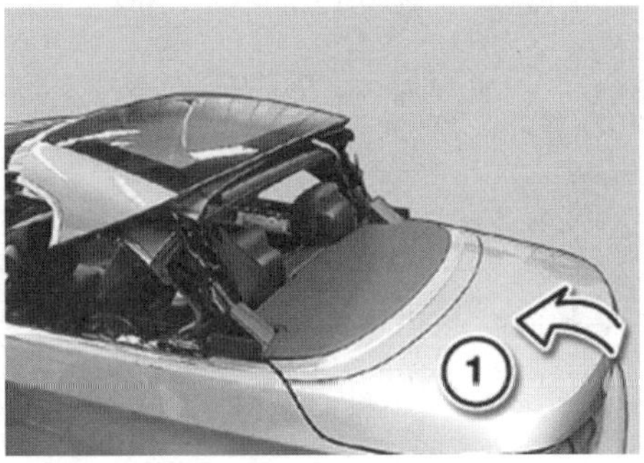

1.车尾模块

图 5-70

（18）均匀地展开车顶壳，如图 5-71 所示。

（19）松脱饰盖。将专用工具 54 0 163 连同 13 5 250 一起装上，如图 5-72 所示。冲出销。

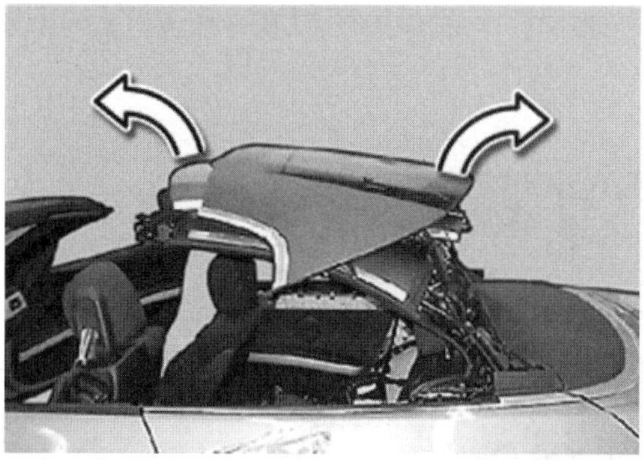

图 5–71

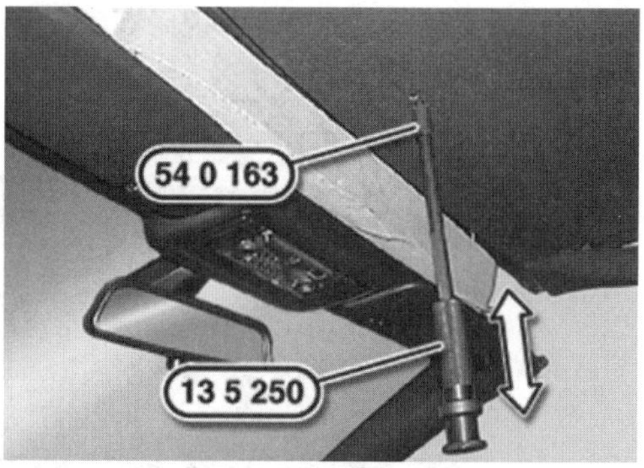

图 5–72

（20）逆时针旋转销子，以打开锁止件，如图 5–73 所示。

（21）将车顶壳和折叠式软顶盖罩向下压到左右两侧标记的区域处，如图 5–74 所示。

图 5–73

图 5–74

（22）沿顺时针方向旋转销子，以关闭锁止件，如图 5–75 所示。注意：有损坏危险，锁止件关闭后重新降下销子。如有必要，反向旋转销子若干度。装上饰盖。

（23）用内六角扳手（扳手开口度为 4°）关闭液压机组上的单向阀。提示：单向阀位于塑料漏斗下方，如图 5–76 所示。

图 5–75

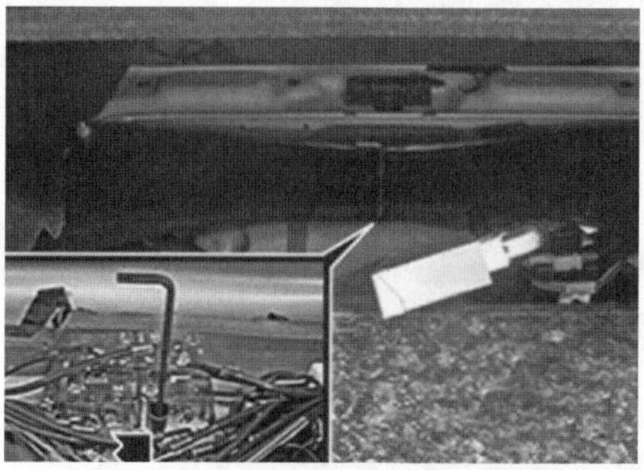

图 5–76

十、宝马 IX3

宝马 IX3 电动变速器紧急解锁方法如下：

为了紧急解锁电动驻车锁止器，必须在车辆中连续操作启动 / 停止按钮 3 次（PAD 模式），如图 5–77

所示。在组合仪表 KOMBI 中，会出现一条提示“PAD 模式激活”。之后，可以在踩住制动踏板的情况下，将行驶挡从 P（驻车）挡挂入 N（空）挡。

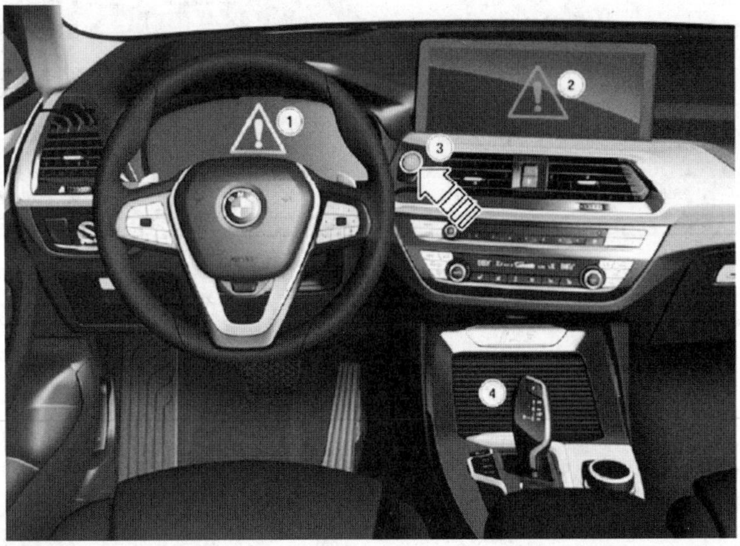

1.组合仪表中的提示文字　2.CID中的提示文字　3.激活PAD模式　4.选择行驶挡 N

图 5–77

第 6 章　路虎车系

一、路虎神行者 2

1. 拖车与运输车辆

拖行车辆时，需注意以下事项。

（1）需插上钥匙，否则会锁死方向。

（2）四轮着地，两轮着地会损坏车辆。

（3）N 挡拖车。

（4）最高拖车速度 80km/h。

（5）最大拖车里程 80km。

（6）如果发动机能运行，启动发动机，否则会转向费力且制动距离可能增长。

（7）如果是拖车运输，请用 N 挡。

位于车辆前部和后部的牵引孔眼是只为道路施救而设计的，如果将它们用于任何其他目的，则可能会造成车辆损坏和人员严重受伤。牵引孔眼并不能用于固定在运输过程中的车辆。孔眼的位置如图 6–1 所示，前部牵引孔眼安装在前扰流板中央的可拆卸盖后方，拆卸时，松开 2 个将罩盖固定至前扰流板的紧固件，降低盖罩的顶部并拉动以将其拆下。将罩盖存放在安全的地方。车辆后部的牵引孔眼用于向后牵引车辆或者牵引其他车辆，对于安装了运动时尚组件的车辆，要接触到后牵引孔眼需通过后保险杠上的可拆卸面板。使用合适的工具，转动保险杠下的紧固件以松开面板，然后将其拆下。

运输车辆时可用系紧孔系紧，不能用作牵引。系紧孔安装在车辆的底部，前部 1 个，后部 2 个。不要将系紧钩或固定件固定到车辆的其他部件上，如图 6–2 所示。

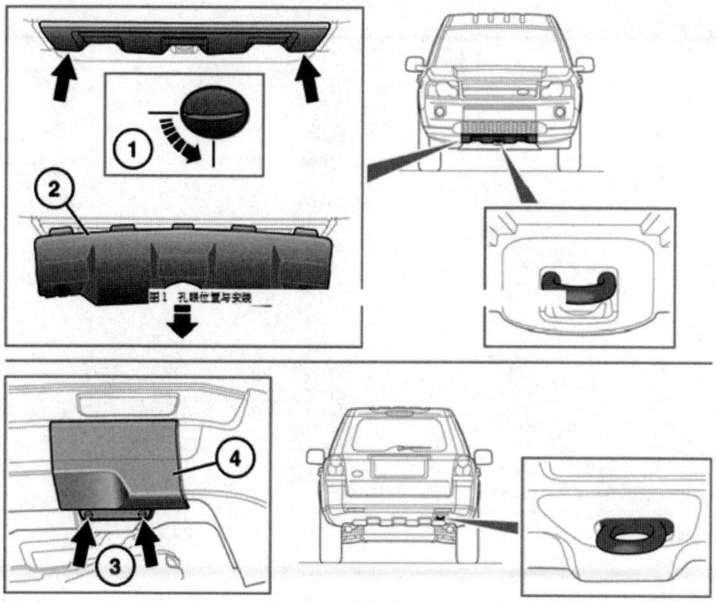

图 6–1

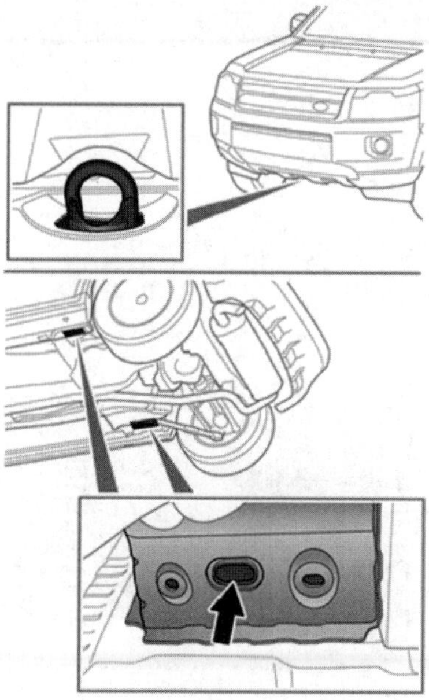

图 6–2

2. 紧急进出车辆

如果遥控门锁系统无法工作，如车辆无电、遥控钥匙无电或电子门锁系统有故障，则可以使用遥控器的紧急钥匙片开启左前侧车门。如果使用紧急钥匙片解锁车辆且安全系统处于启用状态时，当打开车门时会触发报警声。要停止报警，将遥控器安装到启动控制单元。要重新安装车门锁盖，用力将锁盖退回原处直到其卡入位。确保三个定位凸耳均卡止入位。应急开启左前车门的方法如图 6–3 所示，按照如下步骤，开启左前车门。

（1）将紧急钥匙片（如图 6–3 中 1 所示）插入车门把手盖（如图 6–3 中 3 所示）底部的插槽内。

（2）轻轻地向上撬动钥匙片。

（3）小心转动钥匙片，撬出固定卡扣盖。

（4）转动左前车门锁内的紧急钥匙片以解锁车门。

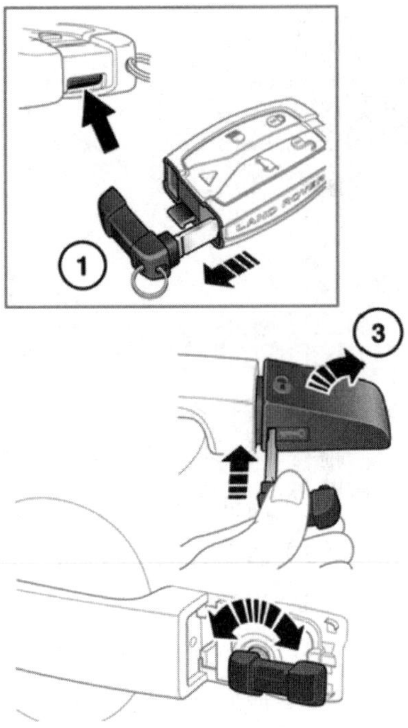

1.紧急钥匙片　3.车门把手盖

图 6–3

3. 应急点火

如图 6–4 所示，将遥控器推入启动控制单元（如图 6–4 中 1 所示）中时，通过按下启动 / 停止按钮（如图 6–4 中 2 所示）来打开（未踩下制动踏板可接通点火；如果同时踩制动踏板，则可启动发动机）和关闭点火系统。接通点火无须遥控器内部电池供电。当发动机正常工作时，车辆会给遥控器内的锂电池充电。

4. 变速器应急驻车释放（解除 P 挡）

如果因为系统故障或蓄电池电量不足的故障导致无法从 P 挡位置移出换挡杆，如图 6–5 所示，请按照以下方式释放换挡杆。

（1）拆下换挡旋钮并从中央控制台（如图 6–5 中 1）上松开换挡杆内饰板。

（2）举起换挡杆内饰板，使其远离中央控制台。

（3）使用手指举起换挡杆总成前部的黄色凸耳。将凸耳保持在此位置的同时将换挡杆移至空挡。

（4）重新将换挡杆内饰板安装到控制台并将换挡旋钮安放入位。

5. 跨接启动

推荐的充电和跨接启动的位置及连接方法如图 6–6 所示。

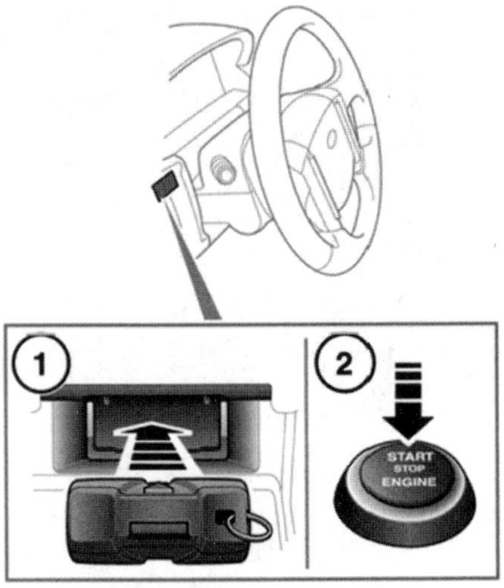

1.启动控制单元　2.启动/停止按钮

图 6–4

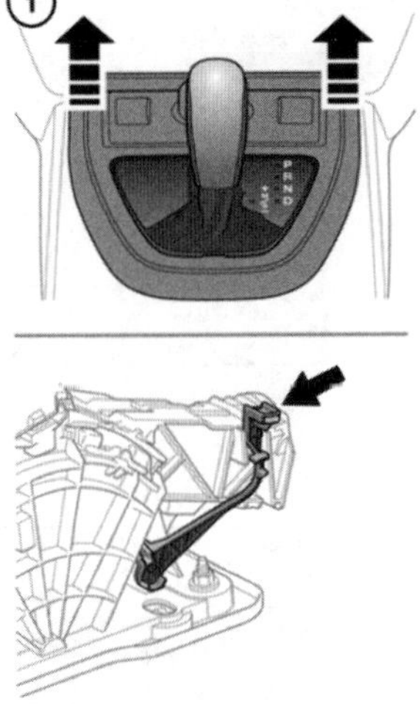

1.中央控制台

图 6–5

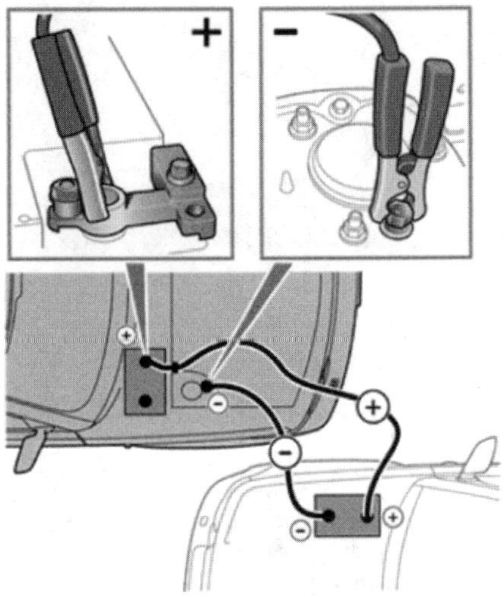

图 6–6

6. 保险丝盒位置

路虎神行者 2 有 3 个保险丝盒，分别位于发动机舱左侧、驾驶舱右侧手套箱后下部和后行李箱地板下左侧，如图 6–7 所示。

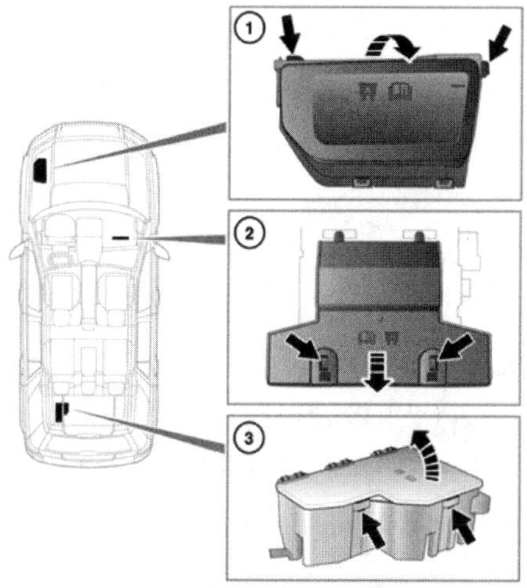

1.发动机舱保险丝盒（通过按下锁片拆下塑料盖） 2.乘客车厢保险丝盒（安装在手套箱后面） 3.行李箱保险丝盒（位于行李箱地板下面）

图 6–7

二、路虎发现 3 和 4

1. 拖车与运输车辆

拖行车辆时，需注意以下事项。

（1）对于发现 3，需插上钥匙，否则会锁死方向。

（2）四轮着地，两轮着地会损坏车辆。

（3）N 挡拖车。

（4）最高拖车速度 80km/h。

（5）最大拖车里程 80km。

（6）如果发动机能运行，启动发动机，否则会转向费力且制动距离可能增长。

（7）如果是拖车运输，请用 N 挡。

位于车辆前部和后部的牵引孔眼是只为道路施救而设计的。如果将它们用于任何其他目的，则可能会造成车辆损坏和人员严重受伤，牵引孔眼并不能用于固定在运输过程中的车辆。前牵引孔眼安装在前扰流板中央的可拆卸盖后方，如图 6–8 所示。拆卸时，松开 4 个将罩盖固定至前扰流板的紧固件，降低罩盖的顶部并拉动以将其拆下，将罩盖存放在安全的地方。在车辆后部的牵引孔眼用于向后牵引车辆或者牵引其他车辆，如图 6–9 所示。拆卸时，松开用于固定盖的两个紧固件，旋转盖以便松开顶部的挂钩，然后拉动盖将其拆下。将盖存放在安全位置。

当在拖车上装载车辆时，如果车辆电子系统可以工作，则必须将空气悬架设置到进入高度。在将车辆固定到拖车上之前必须完成这项工作。系紧孔只能用于系紧，不能用作牵引。如图 6–10 所示，两对系紧孔安装在车辆的底部，前部和后部各有一对。不要将系紧钩或固定件固定到车辆的其他部件上。

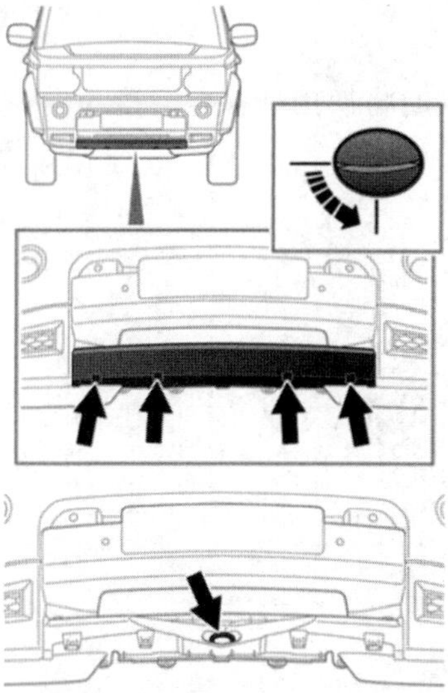

图 6–8

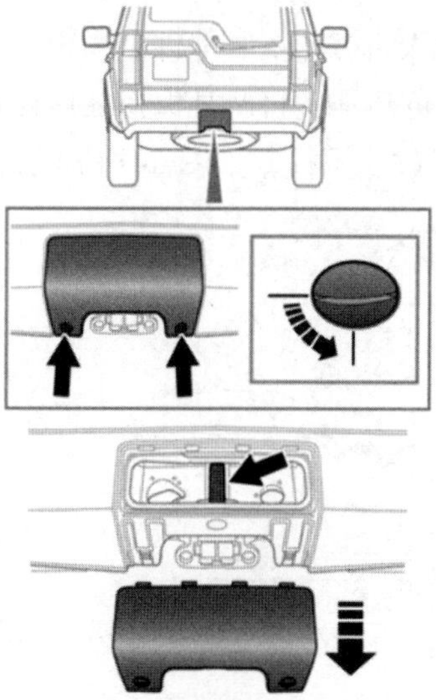

图 6–9

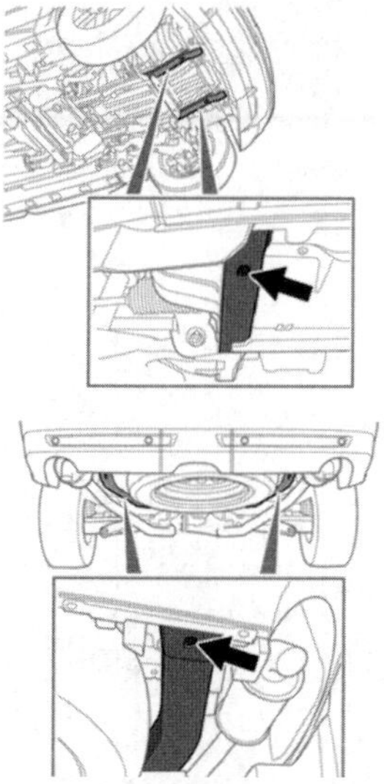

图 6–10

2. 紧急进出车辆

如果遥控门锁系统无法工作，如车辆无电、遥控钥匙无电或电子门锁系统有故障，则可以使用智能钥匙的紧急钥匙片开启左前侧车门。如果使用紧急钥匙片解锁车辆且安全系统处于启用状态时，当打开车门时会触发报警声。要停止报警，应按下智能钥匙上的解锁按钮或在智能钥匙位于车辆内时按下发动机启动 / 停止按钮。应急开启左前车门的方法如图 6–11 所示，按照如下步骤，开启左前车门。

（1）将紧急钥匙片（如图 6–11 中 1）插入车门把手盖（如图 6–11 中 3）底部的插槽内。

（2）轻轻地向上撬动钥匙片。

（3）小心转动钥匙片，撬出固定卡扣盖。

（4）转动左前车门锁内的紧急钥匙片以解锁车门。

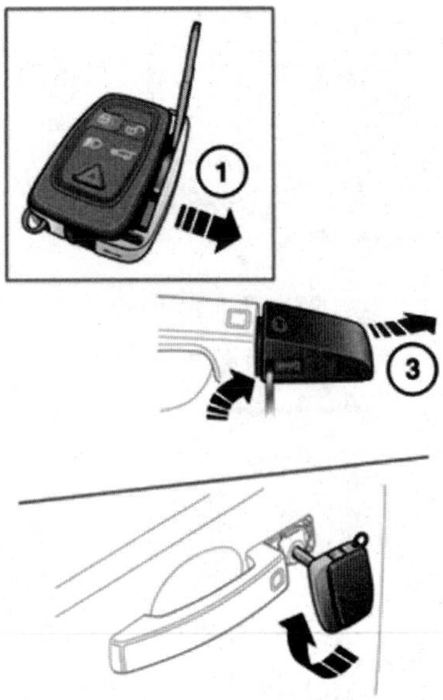

1.紧急钥匙片　3.车门把手盖

图 6–11　应急开启左前车门

3. 应急点火

路虎发现 4 采用无钥匙启动系统，在按下启动 / 停止按钮时，如果车辆不能检测到智能钥匙，则组合仪表上将会显示信息“SMART KEY NOT FOUND REFER TO HANDBOOK”（智能钥匙未找到——请参考手册）。这可能是因为钥匙无电、外界有电磁干扰或车辆无钥匙启动系统故障。如果发生这种情况，请将智能钥匙顶住转向柱外侧的护板下面，按钮朝下，如图 6–12 所示。此时按下启动 / 停止按钮可以接通点火或启动车辆（如启动车辆，需同时踩下制动踏板）。

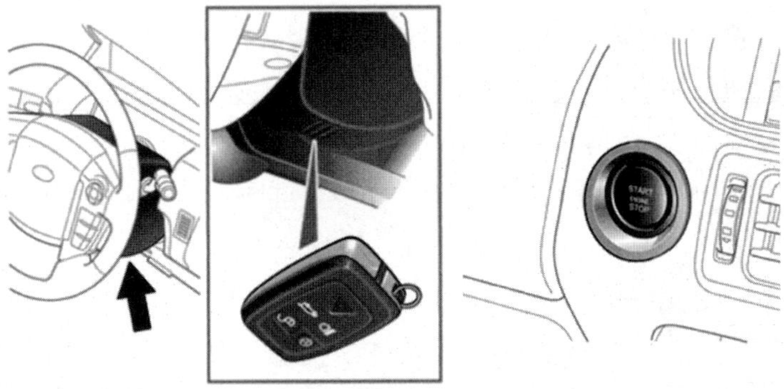

图 6–12

4. 变速器应急驻车释放（解除 P 挡）

如果因为系统故障或蓄电池电量不足的故障导致无法从 P 挡位置移出换挡杆，对于发现 3，请按照以下方式释放换挡杆，如图 6–13 所示。

（1）拆下储物托架衬垫，然后从储物托架底部拆下面板。

（2）举起换挡杆总成后部的黄色凸耳。将凸耳保持在此位置的同时将换挡杆移至空挡 N。

对于发现 4，请按照以下方式释放换挡杆，如图 6–14 所示。

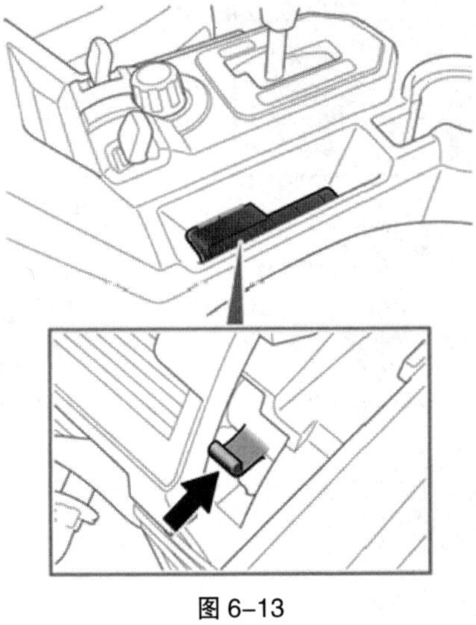

图 6–13

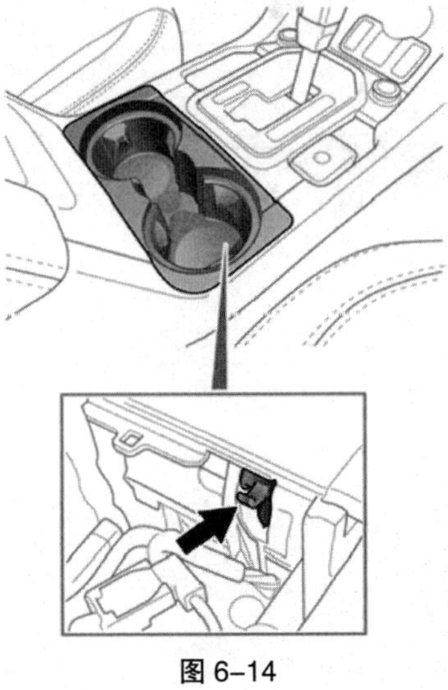

图 6–14

（1）拆下两个地板控制台杯架衬垫，然后从地板控制台上拆下杯架装饰件。

（2）举起换挡杆总成后部的黄色凸耳，将凸耳保持在此位置的同时将换挡杆移至空挡 N。

5. 驻车制动器应急释放

如果因为系统故障或蓄电池电量不足等原因导致电子驻车制动系统（EPB）无法得到释放，对于发现 3，如图 6–15 所示，则请按照以下方式操作紧急释放拉线来分离驻车制动器。

（1）确保有合适的轮挡用于防止车辆移动。

（2）拆下储物托架衬垫，然后从储物托架底部拆下面板。

（3）找到电子驻车制动器释放拉线端部的拉环，拉起拉线，操作释放拉线所需的载荷约为 200N，可听到“咔嗒”的响声，驻车制动器被释放。

对于发现 4，如图 6–16 所示，则请按照以下方式操作紧急释放拉线来分离驻车制动器。

（1）确保有合适的轮挡用于防止车辆移动。

（2）拆下两个地板控制台杯架衬垫，然后从地板控制台上拆下杯架装饰。

（3）找到电子驻车制动器释放拉线端部的拉环，拉起拉线，操作释放拉线所需的载荷约为 200N，可听到“咔嗒”的响声，驻车制动器被释放。当驻车制动器再次工作时，会使其自动重新接合。

6. 跨接启动

推荐的充电和跨接启动的位置及连接方法如图 6–17 所示。

7. 保险丝盒位置

路虎发现有 2 个保险丝盒，分别位于发动机舱左侧、驾驶舱右侧手套箱后下部，如图 6–18 所示。

三、路虎揽胜（L322）

1. 拖车与运输车辆

拖行车辆时，需注意以下事项。

（1）四轮着地，两轮着地会损坏车辆。

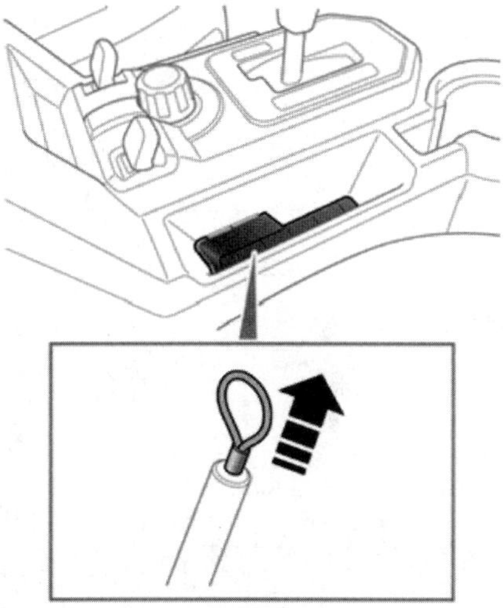

图 6–15

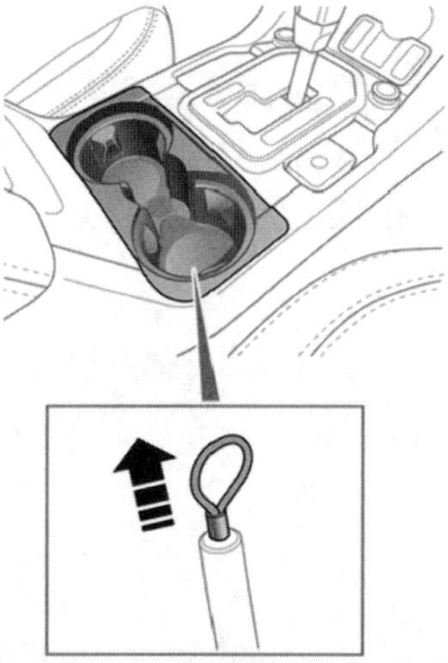

图 6–16

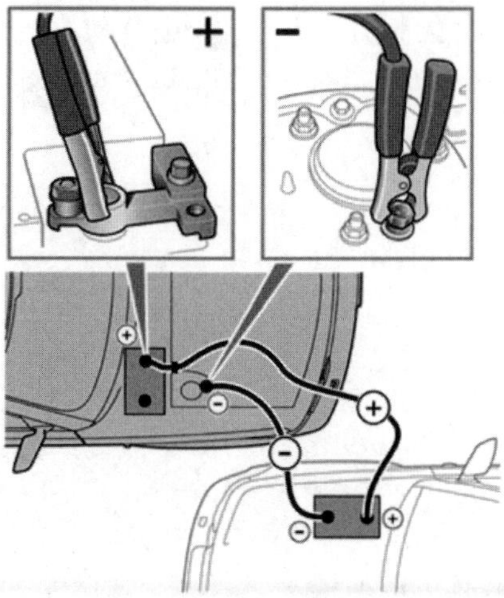

图 6–17

1.发动机舱保险丝盒　2.驾驶舱右侧

图 6–18

（2）N 挡拖车。

（3）最高拖车速度 50km/h。

（4）最大拖车里程 50km。

（5）分动器在 H 位。

（6）如果发动机能运行，启动发动机，否则会造成转向费力且制动距离可能增长。

（7）如果是拖车运输，请用 N 挡。

位于车辆前部和后部的牵引孔眼是只为道路施救而设计的，如果将它们用于任何其他目的，则可能会造成车辆损坏和人员严重受伤。牵引孔眼并不能用于固定在运输过程中的车辆。前部牵引孔眼安装在前扰流板中央的可拆卸盖后方，如图 6–19 所示。拆卸时，松开 4 个将罩盖固定至前扰流板的紧固件。降低罩盖的顶部并拉动以将其拆下。将罩盖存放在安全的地方。安装时，将盖定位在前扰流板上，然后拧紧 4 个紧固件。在车辆后部的牵引孔眼用于向后牵引车辆或者牵引其他车辆。

当在拖车上装载车辆时，如果车辆电子系统可以工作，则必须将空气悬架设置到进入高度。在将车辆固定到拖车上之前必须完成这项工作。系紧孔只能用于系紧，不能用作牵引。如图 6–20 所示，有两对系紧孔安装在车辆的底部，前部和后部各有一对。不要将系紧钩或固定件固定到车辆的其他部件上。

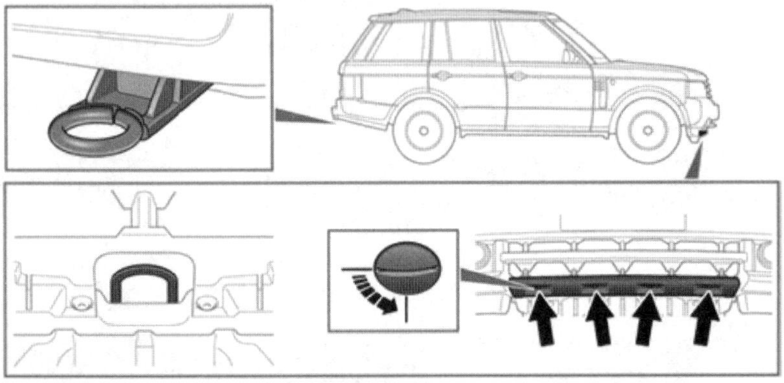
图 6–19

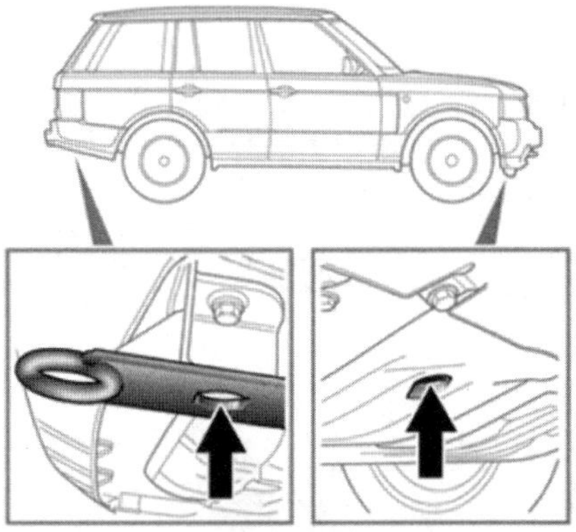
图 6–20

2. 紧急进出车辆

如果遥控门锁系统无法工作，如车辆无电、遥控钥匙无电或电子门锁系统有故障，则可以使用智能钥匙的紧急钥匙片开启左前侧车门。如果使用紧急钥匙片解锁车辆且安全系统处于启用状态时，当打开车门时会触发报警声。要停止报警，应按下智能钥匙上的解锁按钮或在智能钥匙位于车辆内时按下发动机启动 / 停止按钮。应急开启左前车门的方法如图 6–21 所示，按照如下步骤，开启左前车门。

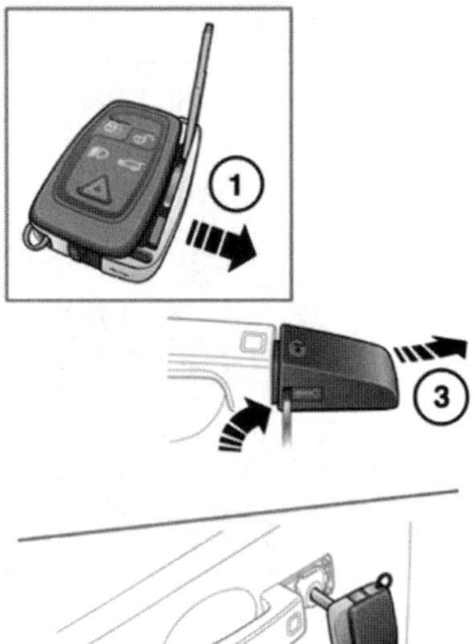

1.紧急钥匙片　3.车门把手盖
图 6–21

（1）将紧急钥匙片（如图 6–21 中 1）插入车门把手盖（如图 6–21 中 3）底部的插槽内。

（2）轻轻地向上撬动钥匙片。

（3）小心转动钥匙片，撬出固定卡扣盖。

（4）转动左前车门锁内的紧急钥匙片以解锁车门。

3. 应急点火

路虎揽胜采用无钥匙启动系统，当智能钥匙位于车内时，可以通过按下启动 / 停止按钮开启和关闭点火系统。在按下启动 / 停止按钮时，如果车辆不能检测到智能钥匙，则组合仪表上将会显示信息“SMART KEY NOT FOUND REFER TO HANDBOOK”（智能钥匙未找到——请参考手册）。这可能是因为钥匙无电、外界有电磁干扰或车辆无钥匙启动系统故障。如果发生这种情况，请将智能钥匙顶住转仪表台下护板左侧下面，按钮朝下，如图 6–22 所示。此时按下启动 / 停止按钮可以接通点火或启动车辆（如启动车辆，需同时踩下制动踏板）。

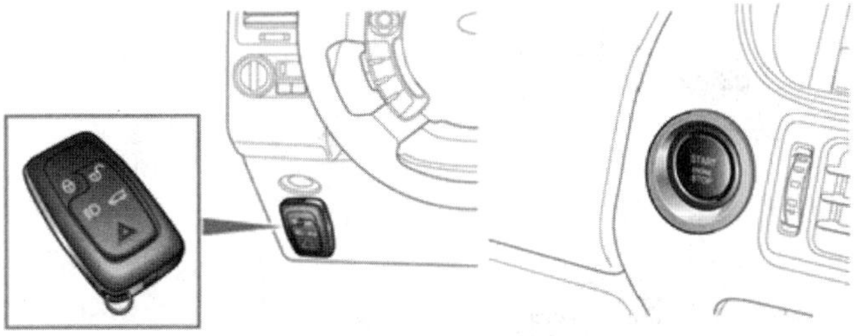

图 6–22

4. 变速器应急驻车释放（解除 P 挡）

如果因为系统故障或蓄电池电量不足的故障导致无法从 P 挡位置移出换挡杆，请按照以下方式释放换挡杆，如图 6–23 所示。

（1）松开用于将防护罩固定到换挡杆内饰板上的 4 个卡扣。

（2）从内饰板上抬起防护罩。

（3）使用平头螺丝刀撬起驻车挡锁杆，然后按下换挡杆释放按钮并将换挡杆移至空挡位置。

（4）将防护罩重新安装到内饰板上，然后接合 4 个卡扣。

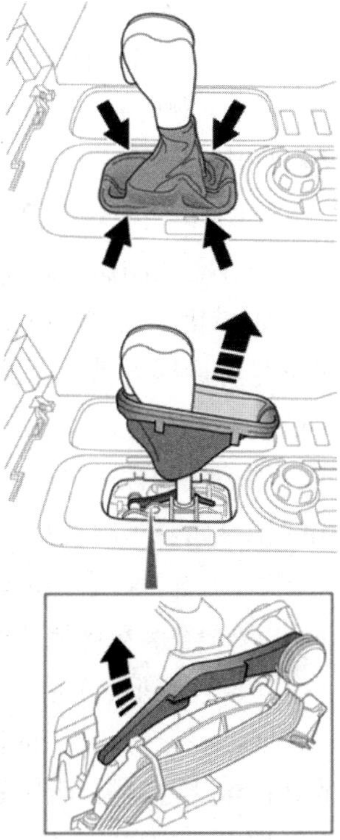

图 6–23

路虎揽胜从 2011 年款之后搭载 8HP70 的自动变速器，采用了电子换挡手柄，如图 6–24 所示。在对车辆施救时，必须要启动驻车挡紧急释放（EPR）机构。EPR 可防止变速器自动选择 P 挡，从而确保变速器保持在 N 挡。使用双杯架下方的紧邻变速器选择器的杆可以启动 EPR。启用 EPR 前，选择变速器上的 P 挡、施加驻车制动器并关闭点火开关。如图 6–24 所示，打开双杯架盖，然后拆下杯架嵌件。使用平头螺丝刀或类似工具拆下检修面板。以下步骤如图 6–25 所示。

（1）逆时针转动锁止装置 90°。

（2）施加脚制动器。

（3）使用束带向上拉 EPR 杆，直到其闩在垂直位置。

EPR 启用时，变速器挡位处在 P 挡，当挡位指示灯和信息中心显示的挡位 N 都闪烁（如果点火开关开启），表明 EPR 已启用。

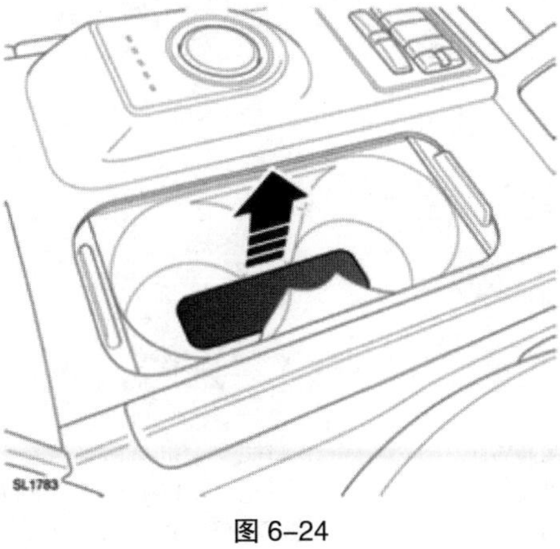

图 6–24

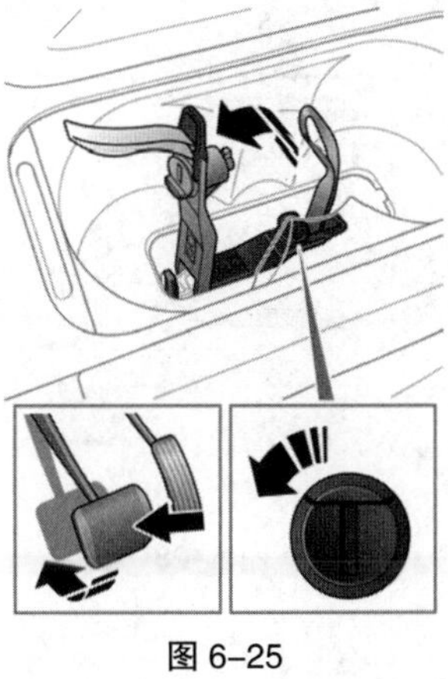

图 6–25

车辆运输完成后，应取消 EPR，使驻车设定可以重新结合，如图 6–26 所示。

（1）使用平头螺丝刀，释放闩锁（标有箭头）。

（2）将 EPR 杆恢复至水平位置。

（3）顺时针转动锁止装置 90° 进行固定。

（4）安装检修面板和杯架嵌件。

5. 驻车制动器应急释放

如果因为系统故障或蓄电池电量不足等原因导致电子驻车制动系统（EPB）无法得到释放，如图 6–27 所示，则请按照以下方式操作紧急释放拉线来分离驻车制动器。

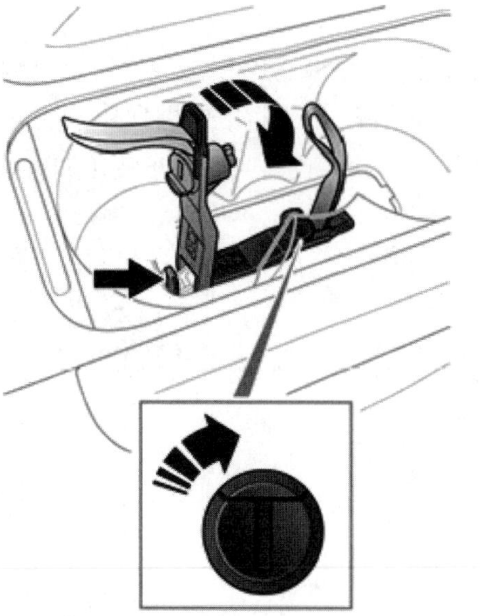

图 6–26

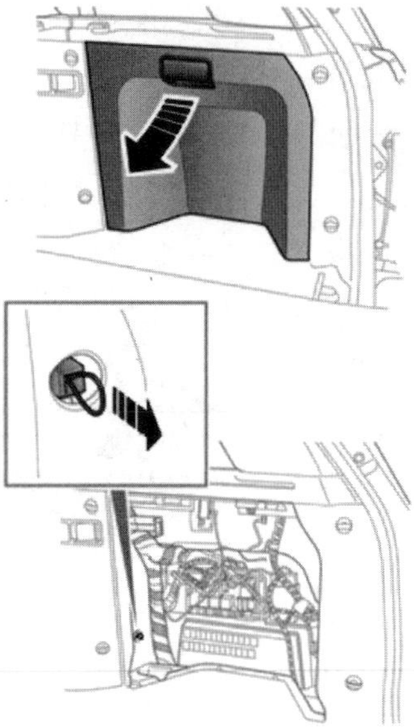

图 6–27

（1）确保有合适的轮挡用于防止车辆移动。

（2）在装载区域（后行李箱）的右侧，拆下检修舱口盖。

（3）找到紧急释放拉线的拉环。

（4）将一根合适的杆或螺丝刀穿过拉环，然后拉动拉环以释放电子驻车制动器。操作释放拉线所需的载荷约为 200N，可听到“咔嗒”的响声，驻车制动器被释放。当驻车制动器再次工作时，会使其自动重新接合。

6. 跨接启动

推荐的充电和跨接启动的位置及连接方法如图 6–28 所示。

7. 保险丝盒位置

根据不同配置，路虎揽胜有多个保险丝盒，2010 年款以前的车辆，保险丝盒位置如图 6–29 所示，2010 年款及以后的车辆，保险丝盒位置如图 6–30 所示。

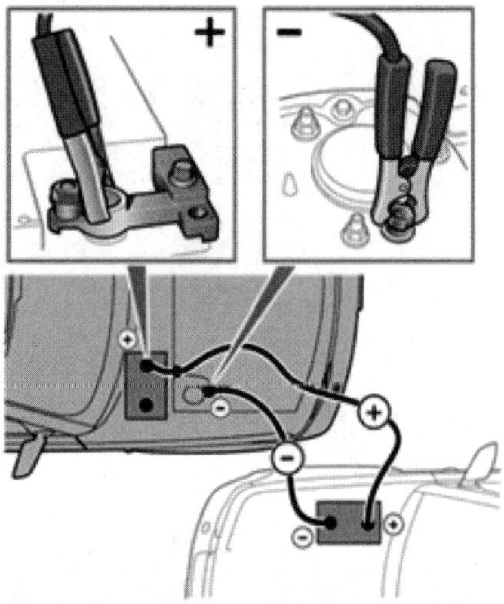

图 6–28

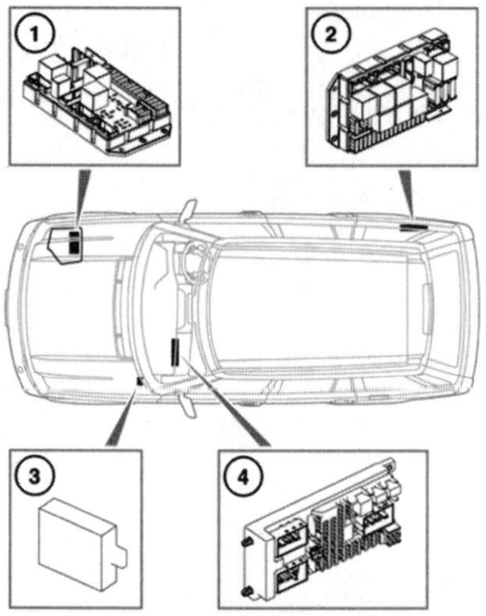

1.发动机舱保险丝盒　2.后储物空间保险丝盒　3.乘客车厢保险丝盒　4.辅助保险丝盒（仅限于柴油发动机）

图 6–29

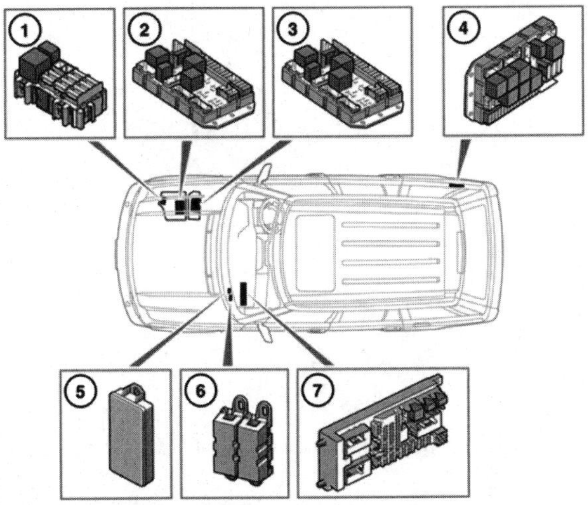

1.辅助保险丝盒（仅限于柴油发动机） 2.发动机舱保险丝盒（柴油发动机） 3.发动机舱保险丝盒（汽油发动机） 4.后储物空间保险丝盒 5.蓄电池保险丝盒 6.蓄电池保险丝盒2 7.乘客车厢保险丝盒

图 6–30

四、路虎揽胜运动（L322）

1. 拖车与运输车辆

拖行车辆时，需注意以下事项。

（1）四轮着地，两轮着地会损坏车辆。

（2）N 挡拖车。

（3）最高拖车速度 80km/h。

（4）最大拖车里程 80km。

（5）如果发动机能运行，启动发动机，否则会转向费力且制动距离可能增长。

（6）如果是拖车运输，请用 N 挡。

位于车辆前部和后部的牵引孔眼是只为道路施救而设计的，如果将它们用于任何其他目的，则可能会造成车辆损坏和人员严重受伤。牵引孔眼并不能用于固定在运输过程中的车辆。前部牵引孔眼安装在前扰流板中央的可拆卸盖后方，如图 6–31 所示。拆卸时，松开 4 个将罩盖固定至前扰流板的紧固件，降低罩盖的顶部并拉动以将其拆下，将罩盖存放在安全的地方。在车辆后部的牵引孔眼用于向后牵引车辆或者牵引其他车辆，如图 6–32 所示，拆卸时，松开用于固定盖的两个紧固件，旋转盖以便松开顶部的挂钩，然后拉动盖将其拆下，将盖存放在安全位置。

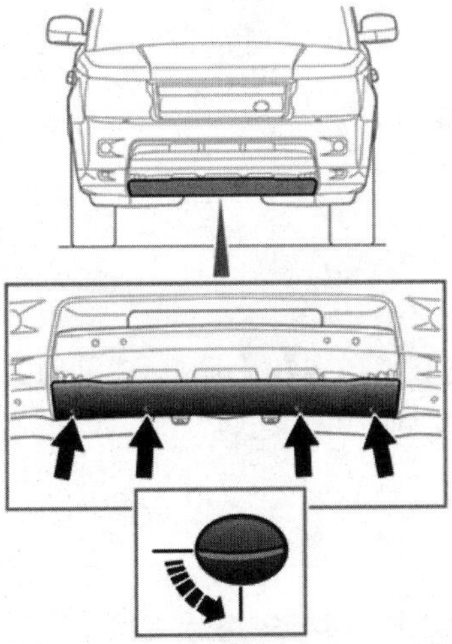

图 6–31

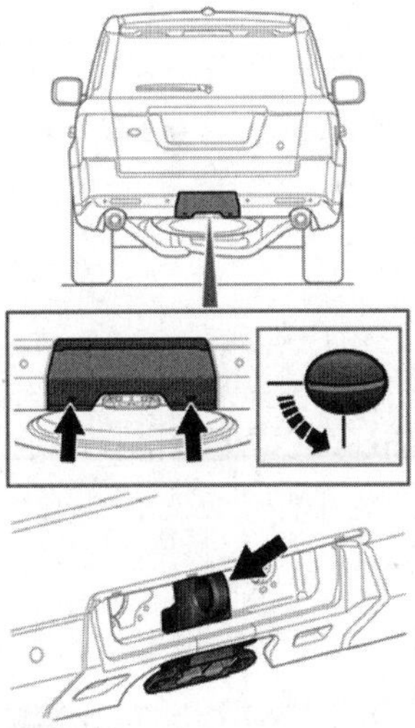

图 6–32

当在拖车上装载车辆时，如果车辆电子系统可以工作，则必须将空气悬架设置到进入高度。在将车辆固定到拖车上之前必须完成这项工作。系紧孔只能用于系紧，不能用作牵引。如图 6–33 所示，有两对系紧孔安装在车辆的底部，前部和后部各有一对。不要将系紧钩或固定件固定到车辆的其他部件上。

2. 紧急进出车辆

如果遥控门锁系统无法工作，如车辆无电、遥控钥匙无电或电子门锁系统有故障，则可以使用智能钥匙的紧急钥匙片开启左前侧车门。如果使用紧急钥匙片解锁车辆且安全系统处于启用状态时，当打开车门时会触发报警声。要停止报警，应按下智能钥匙上的解锁按钮或在智能钥匙位于车辆内时按下发动机启动 / 停止按钮。应急开启左前车门的方法如图 6–34 所示，按照如下步骤，开启左前车门。

（1）将紧急钥匙片（如图 6–34 中 1）插入车门把手盖（如图 6–34 中 3）底部的插槽内。

（2）轻轻地向上撬动钥匙片。

（3）小心转动钥匙片，撬出固定卡扣盖。

（4）转动左前车门锁内的紧急钥匙片以解锁车门。

3. 应急点火

路虎揽胜运动采用无钥匙启动系统，在按下启动 / 停止按钮时，如果车辆不能检测到智能钥匙，则组合仪表上将会显示信息“SMART KEY NOT FOUND REFER TO HANDBOOK”（智能钥匙未找到——请参考手册）。这可能是因为钥匙无电、外界有电磁干扰或车辆无钥匙启动系统故障。如果发生这种情况，请将智能钥匙顶住转向柱外侧的护板下面，按钮朝下，如图 6–35 所示。此时按下启动 / 停止按钮可以接通点火或启动车辆（如启动车辆，需同时踩下制动踏板）。

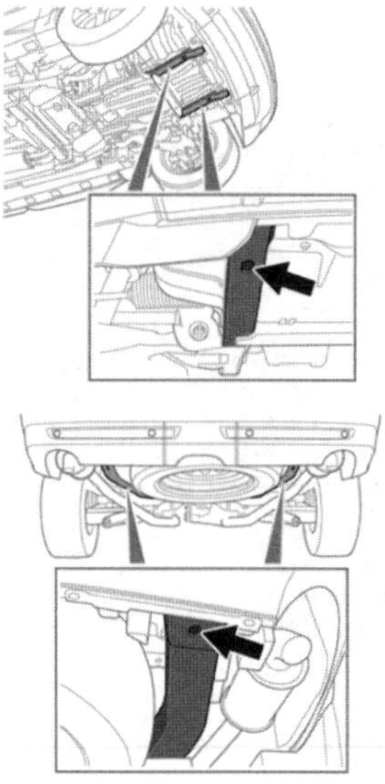

图 6–33

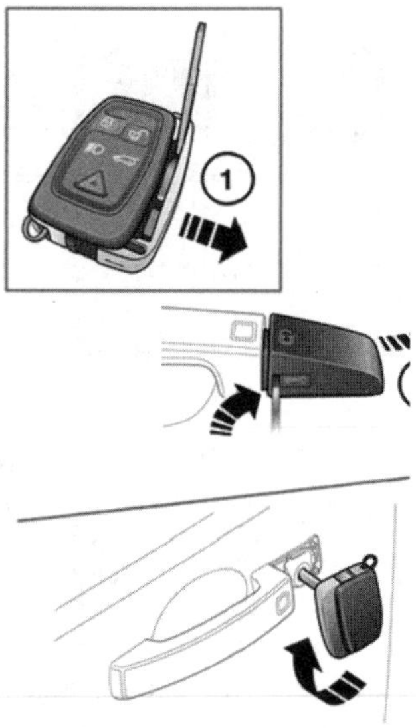

1.紧急钥匙片　3.车门把手盖

图 6–34

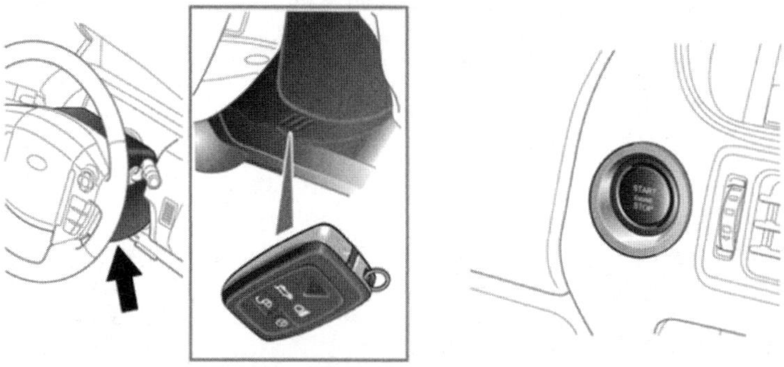

图 6–35

4. 变速器应急驻车释放（解除 P 挡）

如果因为系统故障或蓄电池电量不足的故障导致无法从 P 挡位置移出换挡杆，掀起换挡手柄下护套，用细螺丝刀向图 6–36 中箭头所示的小孔中向下压，同时将换挡杆移至空挡 N。

5. 驻车制动器应急释放

如果因为系统故障或蓄电池电量不足等原因导致电子驻车制动系统（EPB）无法得到释放，如图 6–37 所示，则请按照以下方式操作紧急释放拉线来分离驻车制动器。

（1）确保有合适的轮挡用于防止车辆移动。

（2）拆下两个中央控制台杯架脚垫，然后从中央控制台组件的底部拆下圆形面板。

（3）找到电子驻车制

图 6–36

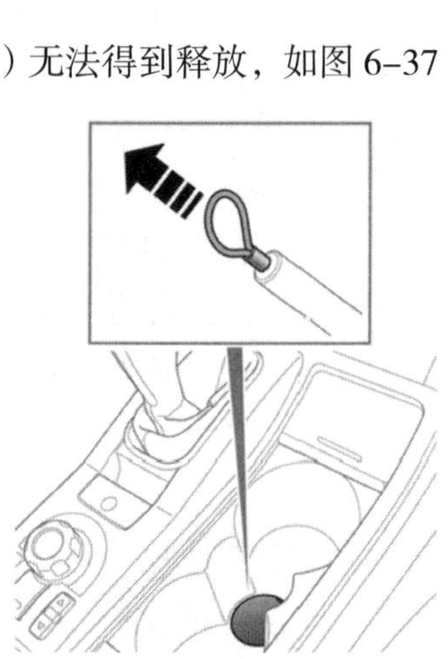

图 6–37

动器释放拉线端部的拉环，拉起拉线，操作释放拉线所需的载荷约为 200N，可听到“咔嗒”的响声，驻车制动器被释放。当驻车制动器再次工作时，会使其自动重新接合。

6. 跨接启动

推荐的充电和跨接启动的位置及连接方法如图 6–38 所示。

7. 保险丝盒位置

路虎揽胜运动有 2 个保险丝盒，分别位于发动机舱左侧、驾驶舱右侧手套箱后下部，如图 6–39 所示。

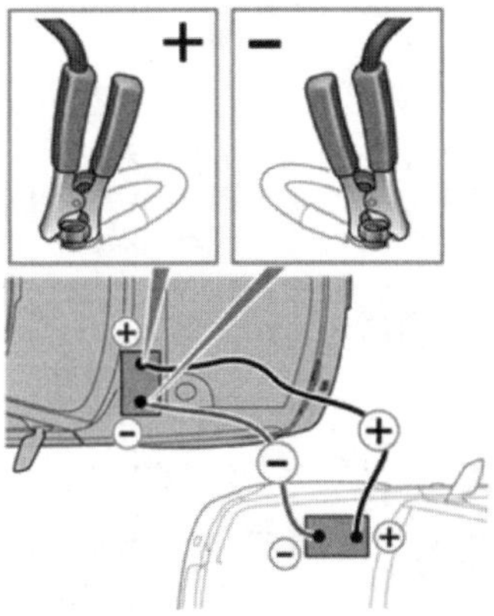

图 6–38

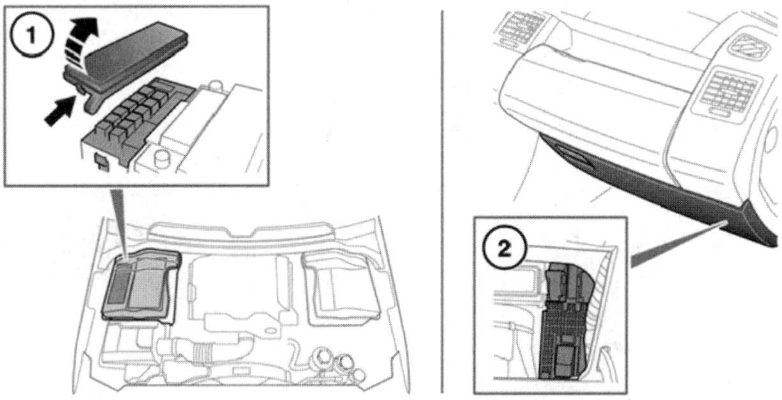

1.发动机舱保险丝盒 2.驾驶舱右侧保险丝盒

图 6–39

五、2018—2019 年路虎极光

1. 运输车辆

在驾驶或牵引车辆时要分外小心。否则，可能会导致人员死亡或严重受伤。仅使用系绑点或车轮上的固定环。不允许使用车身或悬架上的固定环，因为悬架调整将导致固定带松开。车辆不得在四轮全部着地的情况下被牵引，也不得在前轮或后轮悬起的情况下被施救，否则可能会导致变速器严重损坏。建议使用专用运输车或拖车对车辆进行施救或运输。

2. 前牵引孔

警告：车辆前面的牵引孔眼仅用于路上施救，如果将其用于任何其他目的，则可能导致车辆受损和人员严重伤害。牵引孔眼位于保险杠中的一个面板的后面，如图 6–40 所示。要检修牵引孔眼：使用硬币或合适的工具松开两个螺钉。从保险杠上拉下此面板。此面板的装配程序与拆除程序相反。小心：在越野行驶之前，拆下牵引孔眼盖，以避免损坏或丢失。警告：在拆卸牵引设备时要分外小心。车辆可能会移动，这会导致严重伤害。

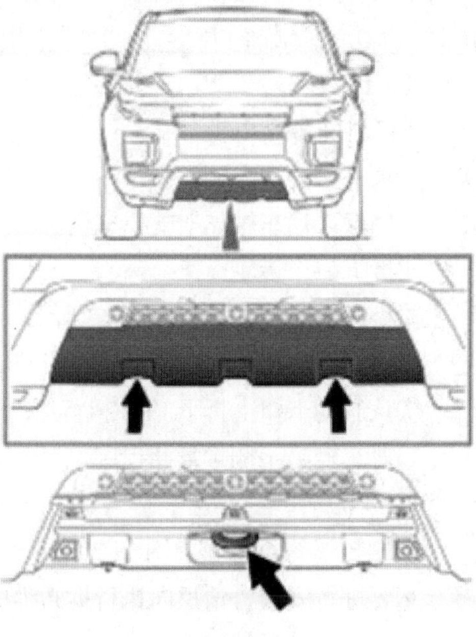

图 6–40

3. 后牵引孔

警告：车辆后部的牵引孔眼仅用于路上施救，如果将其用于任何其他目的，则可能导致车辆受损和人员严重伤害。牵引孔眼位于保险杠中的一个面板的后面。要检修牵引孔眼：使用硬币或合适的工具松开螺钉。从保险杠上拉下此面板，如图 6–41 所示。此面板的装配程序与拆除程序相反。注意：此面板的设计可能因车辆规格不同而有所不同。小心：在越

野行驶之前，拆下牵引孔眼盖，以避免损坏或丢失。警告：在拆卸牵引设备时要分外小心。车辆可能会移动，这会导致严重伤害。

4. 应急解锁车门

（1）取得紧急钥匙：滑动打开侧盖进行释放，然后取下，如图 6–42 所示。

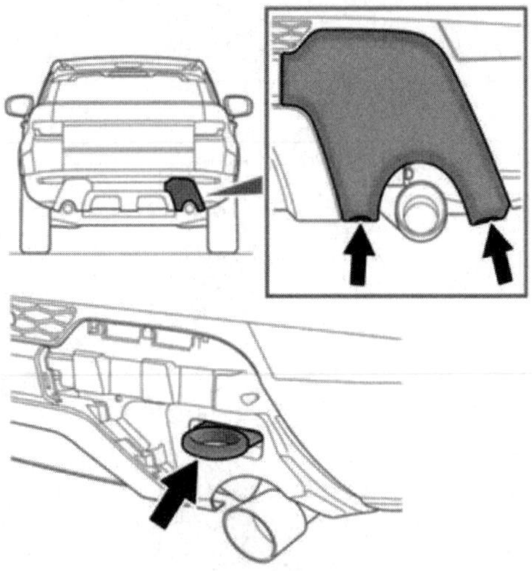

图 6–41

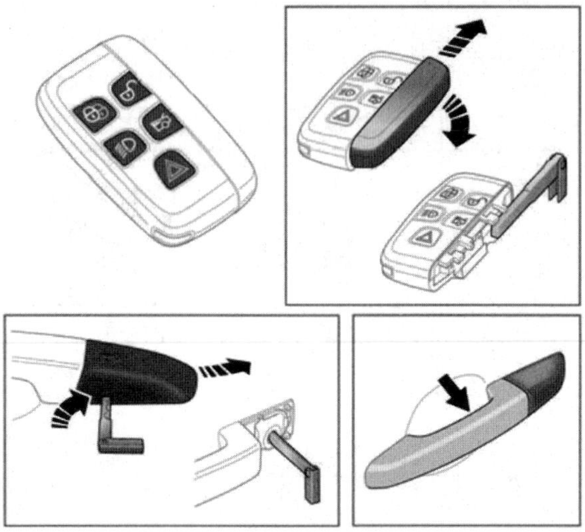

图 6–42

（2）应急钥匙片：取下并展开。

（3）车门锁盖：如果智能钥匙无法打开车辆，请将钥匙片插入驾驶员侧门锁盖基部的槽孔中。在锁盖的顶部轻微下压，然后轻轻地向上撬动钥匙片。小心地朝上旋转车门锁盖，以撬开固定凸耳的盖板。

（4）车门锁定：将钥匙片插入露出的车锁中并旋转以操作车锁。报警将持续鸣响，直至正确放置智能钥匙以解除报警。注意：更换车门锁盖时，先找到顶部的固定凸耳。然后向下和向内推动锁盖，以便找到单个的底部凸耳。凸耳卡入到锁定位置。检查盖板是否牢固。不牢固的盖板可能会在车辆行驶时脱落。

5. 电子驻车制动释放

电子驻车制动系统（EPB）释放用楔块固定车轮，在执行下列步骤之前确保所有人员都离开车辆。如果由于某种原因，比如系统故障或蓄电池耗尽，电子驻车制动（EPB）无法释放，则操作紧急释放程序。按照如下方式释放 EPB。

（1）停用。

①断开车辆蓄电池。

②顶升并支撑车辆。

③确保采用车轴支架支撑车辆。

④拆下一个后轮。

⑤松开电气接头，如图 6–43 所示。

⑥拆下并弃用将 EPB 执行器固定至制动卡钳的两个螺栓，如图 6–44 所示。扭矩：11N · m。

⑦从制动卡钳上拆下 EPB 执行器，如图 6–45 所示。弃用 O 形密封圈。

⑧对车辆另一侧重复此程序。

（2）激活。

①安装新的 O 形密封圈。

②要进行安装，请反向执行拆卸程序。

③用诊断工具校准 EPB。

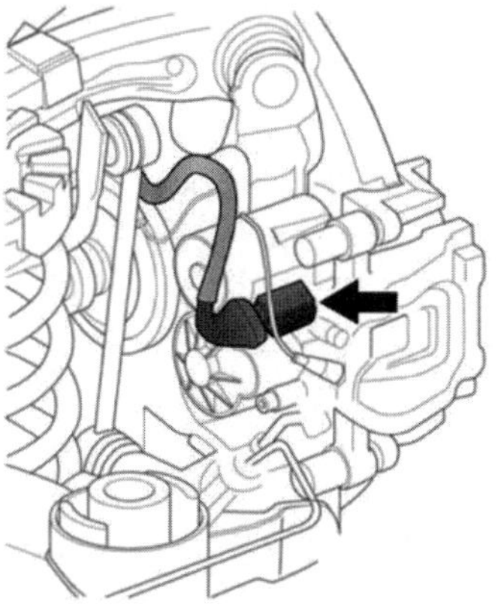
图 6–43

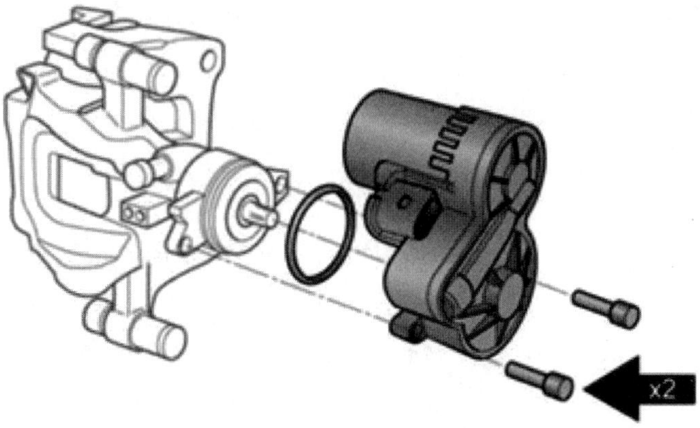

图 6–44

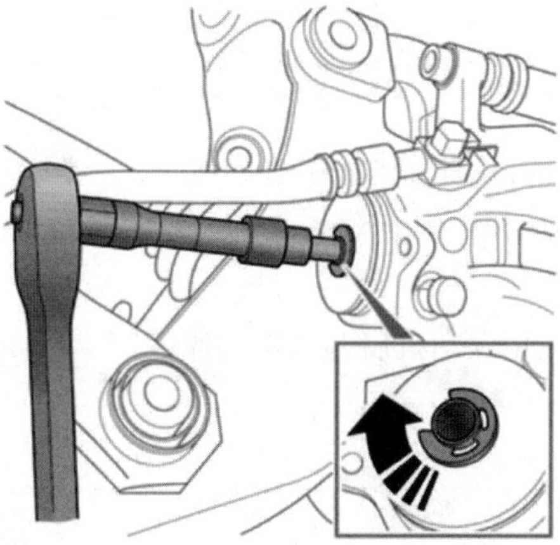
图 6–45

6. 变速器驻车释放

确保车辆用车轮楔块固定。应用电子驻车辅助系统（EPB），或让另一个人用力踩住制动踏板。否则，可能会造成车辆意外移动，导致人员严重受伤甚至死亡。施救车辆之前，如果未能将自动变速器从驻车挡 P 释放，可能会导致自动变速器严重损坏。车辆施救完成后，确保将自动变速器返回到 P 挡并重新安装发动机装饰罩。如果配备了自动变速器的车辆需要进行施救，则务必激活变速器驻车释放系统。这会将自动变速器锁定在空挡 N，防止自动变速器自动选 P 挡。启用变速器驻车释放系统后，自动挡位选择杆保持在 P 挡，但自动挡位选择杆指示灯和仪表盘都将闪烁显示 N。变速器驻车释放装置由发动机舱中的空气滤清器下方的控制杆启用，如图 6–46 所示。

要启用变速器驻车释放机构。

（1）松开空气滤清器排气管上的卡夹。

（2）松开接线线束卡夹。

（3）断开电气接头。

（4）松开螺栓。

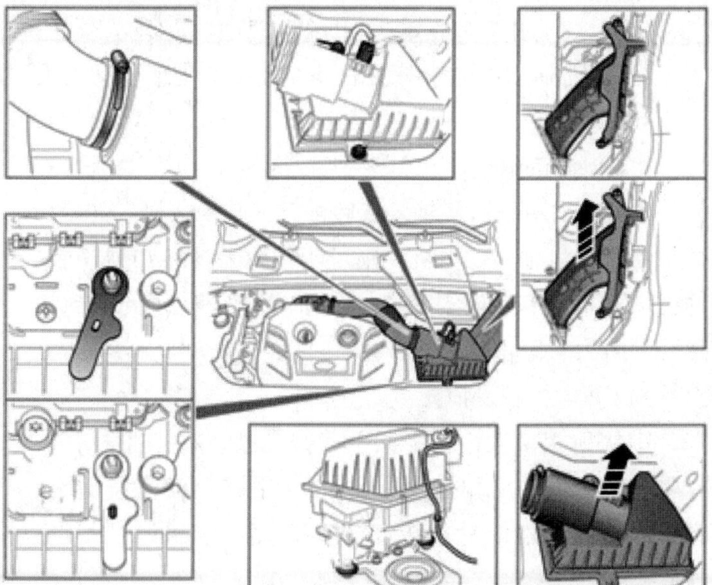
图 6–46

（5）逆时针旋转 2 个卡夹，向上拉动以将其拆卸。

（6）松开夹扣。

（7）卸下空气滤清器进气管。

（8）在空气滤清器总成上向上施加压力。

（9）松开接线线束卡夹。

（10）从两个定位索环上松开空气滤清器总成，然后卸下空气滤清器总成。注意：将空气滤清器存放到合适的位置。

（11）逆时针旋转驻车释放杆，直至其处于前进位置。

（12）将直径为 5mm 的合适工具（内六角扳手、钻头等）穿过孔插入驻车释放杆中，然后将工具定位到变速器壳体中。注意：确保工具完全接合到变速器壳体中。工具位置不正确可能会对车辆造成损坏，并可能导致车辆返回到驻车挡 P 位置。

（13）完成车辆运输时，需要禁用变速器驻车释放机构。要停用变速器驻车释放装置，请反向执行以上步骤。

7. 应急启动

如果出现以下情况，则可以使用发动机启动备份程序来解除报警和启动发动机。

（1）用应急钥匙片解锁车门。

（2）车辆未检测到智能钥匙。

如果信息中心显示以下消息，则可以使用发动机启动备份程序：智能钥匙不能识别，将其重新定位或将其按图 6–47 所示位置放置并按下启动按钮。

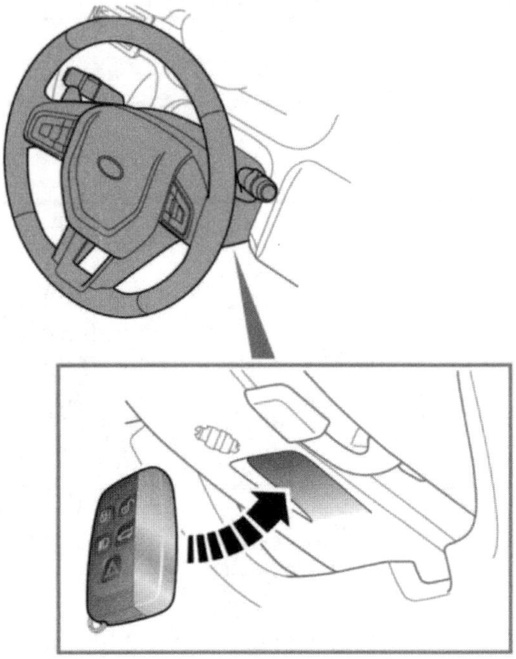

图 6–47

要解除报警和启动发动机。

（1）将智能钥匙平靠转向柱的下侧放置，使按钮朝下。注意：转向柱上有帮助确定正确位置的标记。

（2）将智能钥匙保持在正确位置的同时，用力踩下制动踏板。

（3）按下并释放发动机 START/STOP（启动 / 停止）按钮。一旦发动机启动后，在安全条件允许的情况下松开制动踏板。如果无法识别智能钥匙或发动机无法启动，请咨询经销商 / 授权维修厂。

8. 顶棚

（1）锁定顶棚。

请确保先拆下电机轴，然后再尝试转动电机。如果试图使用电机轴转动电机，则可能导致工具和 / 或电机轴损坏。将工具旋入电机轴时须小心。请以顺时针旋转，感受到阻力时停止旋转。若尝试过度拧紧，可能会导致工具和 / 或电机轴受损。

①从顶棚顶轨饰件中卸下检修孔塞。将 L 形杆工具带螺钉螺纹的一端插入电机轴，如图 6–48 所示。要完全接合，请顺时针旋转直至感受到阻力为止，无须拧紧。

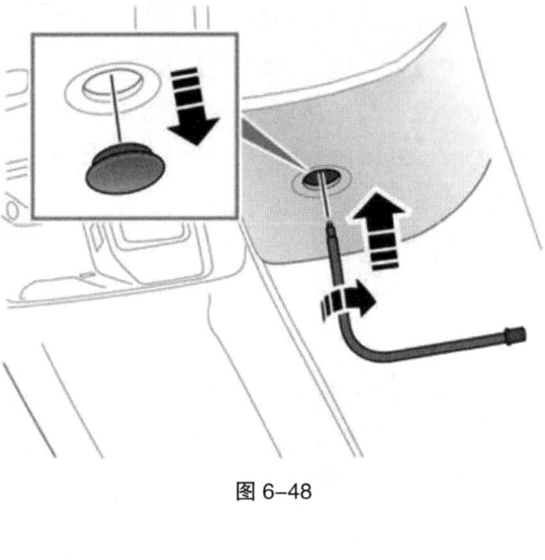

图 6–48

②拉动工具以卸下电机轴。注意：需要用力向下拉，

如图 6–49 所示。注意：从工具中拆下电机轴并存放在车辆中。

③向下对活动顶棚前部的每个前插销施加外部压力。将 L 形杆工具较大的锯齿状备用端推入电机，逆时针转动一整圈，如图 6–50 所示。卸下工具并更换检修孔塞。注意：不要损坏活动顶棚或任何其他车辆部件。

④将工具收回至存储位置。注意：在经销商 / 授权维修厂进行维修前，切勿尝试操作活动顶棚。

（2）手动关闭顶棚。

如果车辆系统未从完全打开位置关闭活动顶棚，则应执行手动关闭程序。

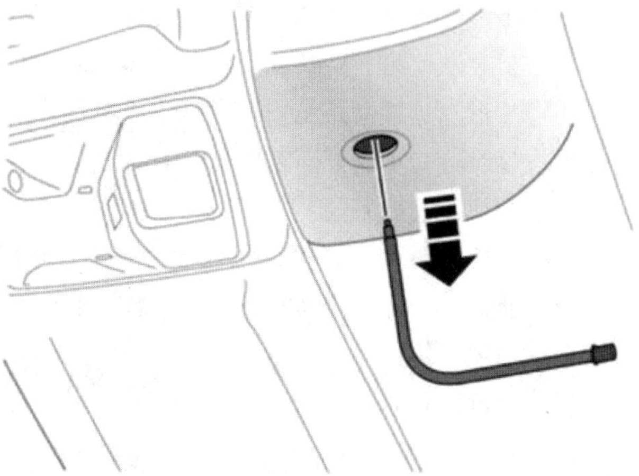

图 6–49

① 确保挂入驻车挡 P，电子驻车制动（EPB）已应用，并且关闭点火开关。

②取用工具，如图 6–51 所示。

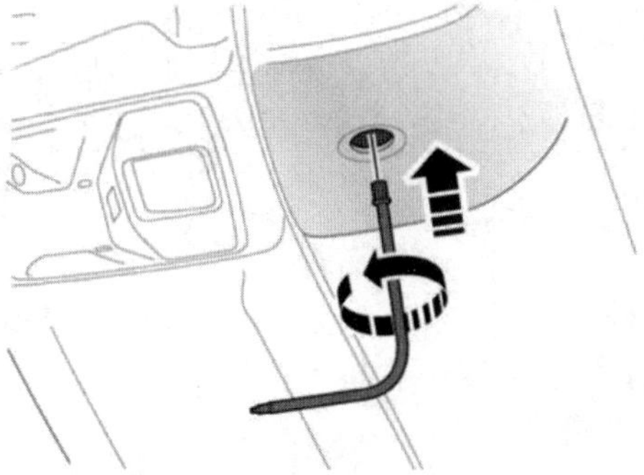

图 6–50

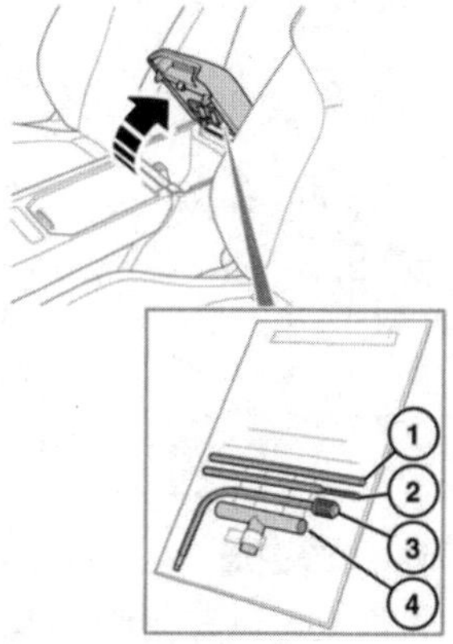

1.艾伦内六角扳手工具　2.平头工具　3.L形杆　4.T形杆

图 6–51

③工具箱位于储物箱盖下侧的皮夹中。注意：将 T 形杆用作平头工具和艾伦内六角扳手工具的手柄。将平头工具或艾伦内六角扳手工具的合适末端插入提供的槽中，确保其保持固定。

（3）释放和关闭顶棚。

①将 T 形杆连接到艾伦内六角扳手工具的合适末端，如图 6–52 所示。

②如图 6–53 所示，将艾伦内六角扳手工具插入装饰板中的空隙内。逆时针旋转释放螺钉 7 圈以释放下锁机构。

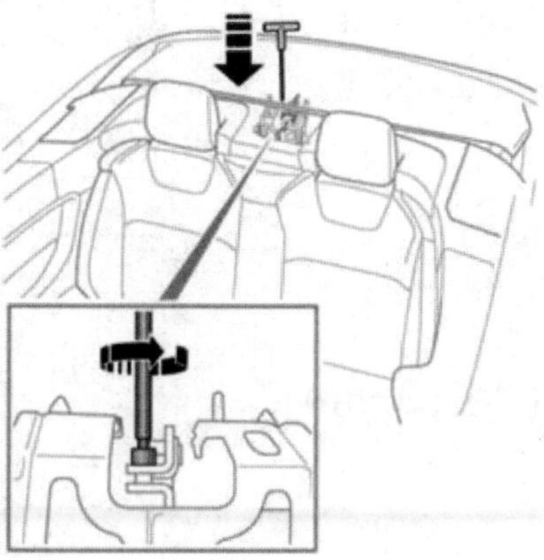

图 6–52

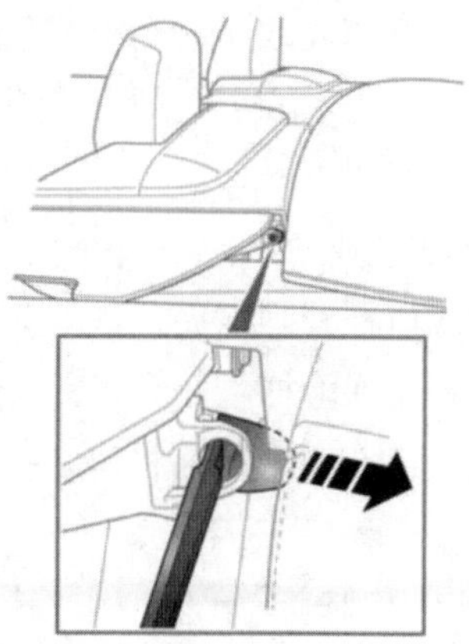

图 6–53

③将T形杆连接到平头工具的合适末端。使面板处于关闭位置，使用平头工具轻轻撬开控制杆球形支座。在车辆另一侧重复以上步骤。

④将T形杆连接到艾伦内六角扳手工具的合适末端，如图6–54所示。提升面板。使用内六角扳手拧松并拆下螺栓。在车辆另一侧重复以上步骤。

⑤小心地将顶棚升高至关闭位置，如图6–55所示。需要逐渐增加力度来到达完全关闭位置。注意：确保将顶棚的前插销与顶棚顶轨插锁对齐。要确保活动顶棚已完全关闭，请从外部对每个前插销施加向下压力。插销位于活动顶棚的前部。注意：不要损坏活动顶棚或任何其他车辆部件。

9. 保险丝盒位置

保险丝盒位置如图6–56所示。

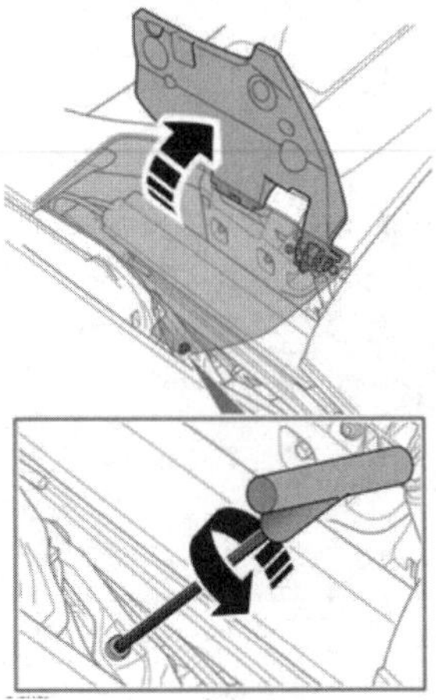

图6–54

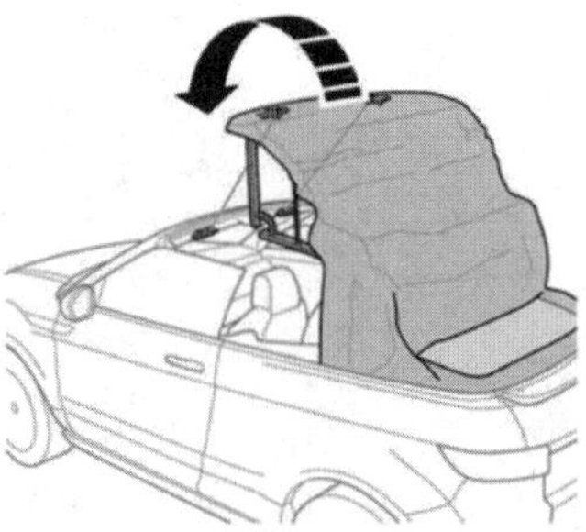

图6–55

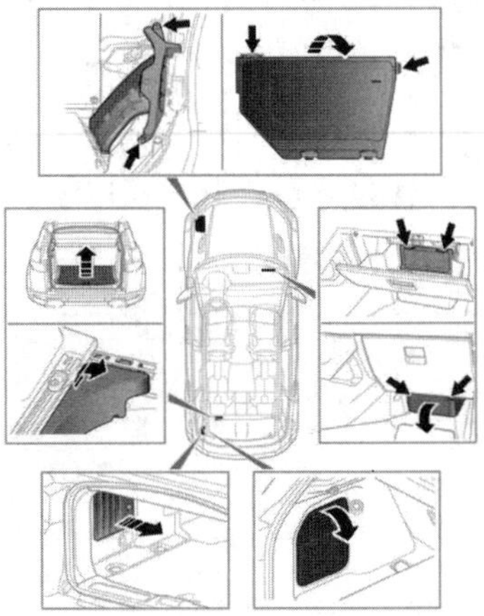

图6–56

六、2020年路虎极光（L551）

1. 施救方法

警告：确保车辆的施救和/或运输由合适的有资质的人员执行，并确保正确固定好车辆。不具备资质的人员执行救援和/或运输可能会造成人员严重受伤或死亡。小心：施救机构必须在施救开始前激活变速器驻车释放功能。未能激活变速器驻车释放可能会导致变速器严重损坏。小心：车辆不得在四轮全部着地的情况下被牵引，也不得在前轮或后轮悬起的情况下被施救。否则，可能会导致变速器严重损坏。施救和/或运输车辆的方法是使用专用运输车或拖车。

2. 前牵引孔

警告：车辆前面的牵引孔眼仅用于路上施救，如果将牵引孔眼用于任何其他目的，可能导致车辆受损或严重人身伤害。警告：在驾驶或牵引车辆时要分外小心。否则，可能会导致人员死亡或严重受伤。

（1）要检修牵引孔眼。

①按下下部边缘以松开固定夹，如图6–57所示。取出检修盖。此盖通过其系带固定至保险杠上，可将其松开以安全存放。

②穿过保险杠找到牵引孔眼。将牵引孔眼逆时针完全拧入牵引点，直到拧紧。

（2）要重新安装检修盖。

①确保正确定位系带。将吊耳对齐保险杠中的凹槽。

图6–57

②轻轻按压顶部边缘，使固定夹扣合。

3. 后牵引孔

警告：车辆后部的牵引孔眼仅用于路上施救。如果将后牵引孔眼用于任何其他用途，可能会导致车辆受损，并可能造成人员受重伤。警告：在驾驶或牵引车辆时要分外小心。否则，可能会导致人员死亡或严重受伤。必须将牵引孔眼拧入牵引点中，牵引点位于后保险杠右侧面板的后面，牵引孔眼位于载货区地板盖板之下。

（1）要检修牵引孔眼。

①按压顶部边缘以松开固定夹，从而弹出检修盖，如图 6–58 所示。盖板通过系带固定在保险杠上，但可以释放以便安全存放。

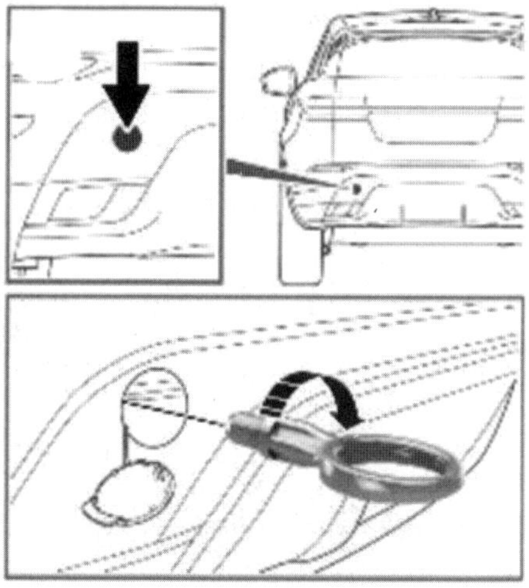

图 6–58

②穿过保险杠找到牵引孔眼，然后将牵引孔眼逆时针完全拧入牵引点，直到拧紧。

（2）要重新安装检修盖。

①确保正确定位系带。将吊耳对齐保险杠中的凹槽。

②轻轻按压底部边缘，使固定卡夹扣合。警告：在拆卸牵引设备时要分外小心。车辆可能会移动，这会导致人员严重受伤。

4. 变速器驻车释放

警告：确保车辆用车轮楔块固定。 应用电子驻车制动（EPB）或用力踩下制动踏板。此流程需要两个人来完成。否则，可能会造成车辆意外移动，进而可能导致人员严重受伤甚至死亡。小心：施救机构必须在施救开始前激活变速器驻车释放功能。未能激活变速器驻车释放功能可能会导致变速器严重损坏。施救车辆时，必须激活变速器驻车释放机构。激活变速器驻车释放机构将变速器锁定在空挡 N，防止变速器自动选择驻车挡 P。在完成车辆运输时，确保停用变速器驻车释放机构。

七、2020 年路虎新极光（L551）PHEV 车型

1. 部件位置

2020 年路虎新极光（L551）PHEV 车型部件位置如图 6–59 所示，图例解释如图 6–60 所示。

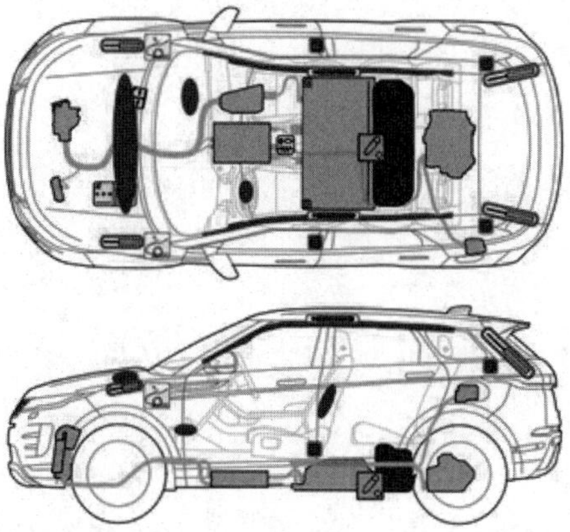

图 6–59

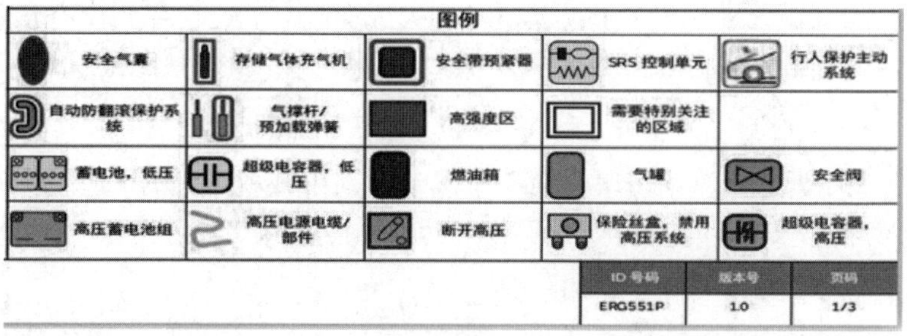

图 6–60

2. 标识 / 识别

可通过车辆上安装的以下标牌识别所有路虎新极光 PHEV 车型，如图 6–61 所示。

3. 系统概述

如图 6–62 所示。

图 6–61

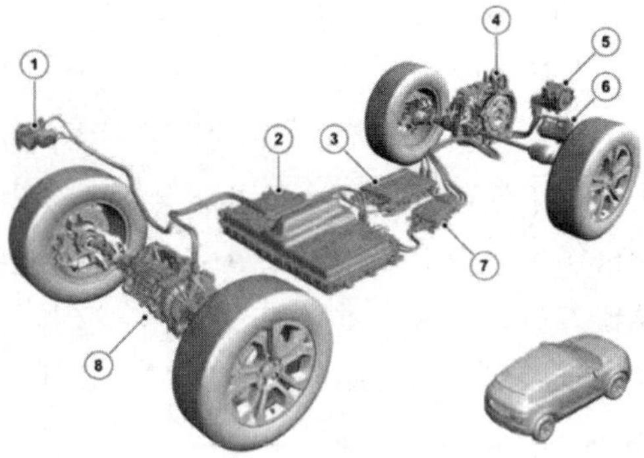

1.充电端口　2.PHEV蓄电池　3.高压接线盒　4.HV内部加热器　5.BISG　6.A/C压缩机　7.HV逆变器　8.电子后轴驱动

图 6–62

4. 禁止直接接触危险 / 安全法规

在从高压蓄电池拆下主断开装置（MSD）时，必须穿戴 0 级个人防护设备（PPE）。

5. 从高压蓄电池底部拆下 MSD 检修面板

如图 6–63 所示。

6. 从高压蓄电池拆下 MSD 的 4 步流程

如图 6–64 所示。

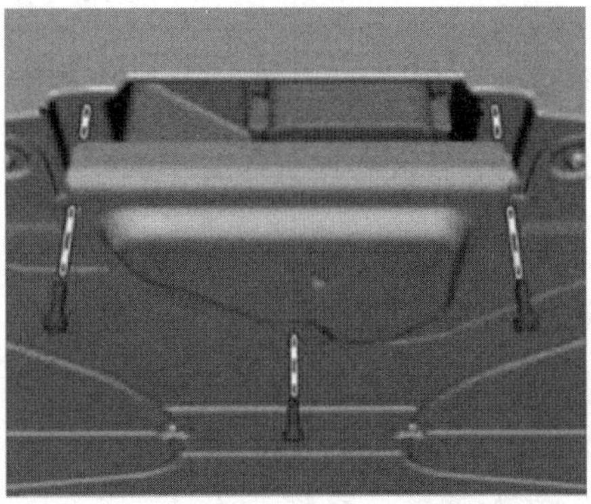

图 6–63

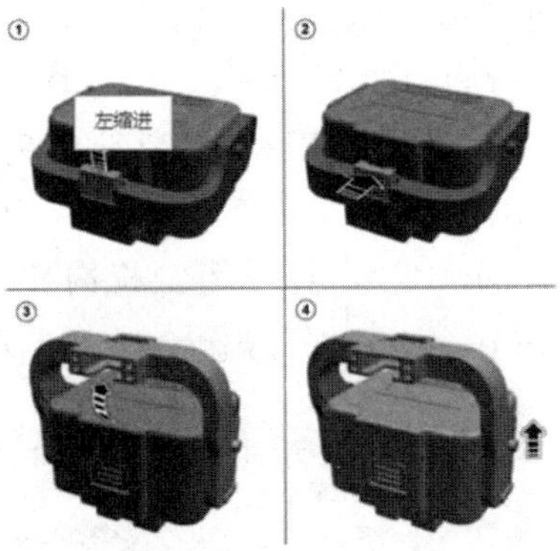

图 6–64

7. 如发生火灾

如果车辆起火的火势较小且未涉及高压（HV）系统，可按正常灭火方法处理。

如果 PHEV 蓄电池起火或遇到高温，会释放出有毒蒸气。此类蒸气包括硫酸、碳氧化物、镍、锂、铜和钴。急救人员必须穿戴全套 PPE 和呼吸面具做好自我保护。

如果 HV 系统中的 PHEV 蓄电池或部件起火或遇到高温，必须将 HV 系统视为不安全，因此必须穿戴充足的 PPE 并避免与车辆发生任何接触。

必须用大量水处置起火或遭遇高温的区域，切勿尝试在水供应不足的情况下对 HV 系统灭火。HV 系统自带冷却液，通常是乙二醇基冷却液。如果此系统受损，则橙色冷却液会从蓄电池或周围部件泄漏出来。

应使用红外摄像头监测 PHEV 蓄电池的温度。

八、2018—2019 年路虎发现神行

1. 施救方法

警告：确保车辆的施救和 / 或运输由合适的有资质的人员执行，并确保正确固定好车辆。不具备资质的人员，执行救援和 / 或运输可能会造成人员严重受伤或死亡。小心：施救机构必须在施救开始前激活变速器驻车释放功能。未能激活变速器驻车释放功能可能会导致变速器严重损坏。小心：车辆不得在四轮全部着地的情况下被牵引，也不得在前轮或后轮悬起的情况下被施救。否则，可能会导致变速器严重损坏。施救和 / 或运输车辆的方法是使用专用运输车或拖车。

2. 前牵引孔眼

警告：车辆前面的牵引孔眼仅用于路上施救。 如果将牵引孔眼用于任何其他目的，可能导致车辆受损或严重人身伤害。警告：在驾驶或牵引车辆时要分外小心。否则，可能会导致人员死亡或严重受伤。小心：在越野行驶之前，拆下前牵引眼孔盖以避免损坏或丢失。在上路行驶之前必须更换盖子。

牵引孔眼位于前保险杠中的一个面板的后面。要检修牵引孔眼。

（1）使用硬币或合适的工具松开两个螺钉，如图 6–65 所示。

（2）从保险杠上拉下此面板，以露出牵引孔眼（如图 6–65 中 3 所示）。此面板的装配程序与拆除程序相反。注意：安装面板时，请确保中央凸舌（如图 6–65 中 2 所示）和顶部边缘卡夹已接合到保险杠槽中。小心：在越野行驶之前，拆下牵引孔眼盖，以避免损坏或丢失。警告：在拆卸牵引设备时要分外小心。车辆可能会移动，这会导致人员严重受伤。

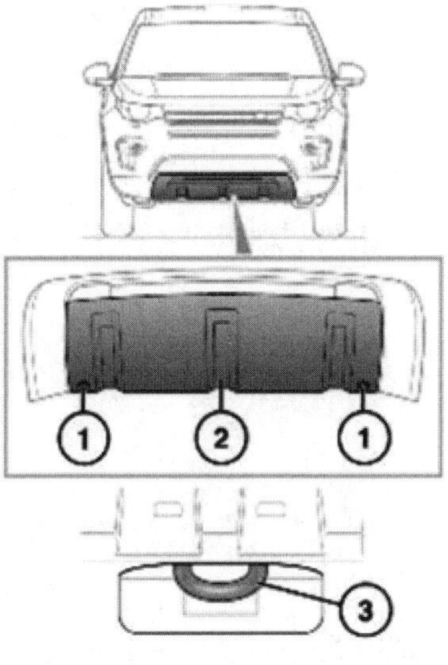

1.螺钉　2.中央凸舌　3.牵引孔眼

图 6–65

3. 后牵引孔眼

警告：车辆后部的牵引孔眼仅用于路上施救。如果将前牵引孔眼用于任何其他目的，可能导致车辆受损或严重人身伤害。警告：在驾驶或牵引车辆时要分外小心。否则，可能会导致人员死亡或严重受伤。必须将牵引孔眼拧入牵引点中，牵引点位于后保险杠右侧面板的后面，牵引孔眼位于载货区地板盖板之下。

（1）按下下边缘以松开固定夹，从而弹出检修盖板，如图 6–66 所示。盖板通过系带固定在保险杠上，但可以释放以便安全存放。

（2）穿过保险杆找到牵引孔眼，将牵引孔眼顺时针完全拧入牵引点，直到紧固为止。要重新安装检修盖板，请确保系带已正确定位。将吊耳对齐保险杠中的凹槽。轻轻按压另一侧边缘，使固定夹扣合。警告：在拆卸牵引设备时要分外小心。车辆可能会移动，这会导致人员严重受伤。

配备动态保险杠盖板的车辆。

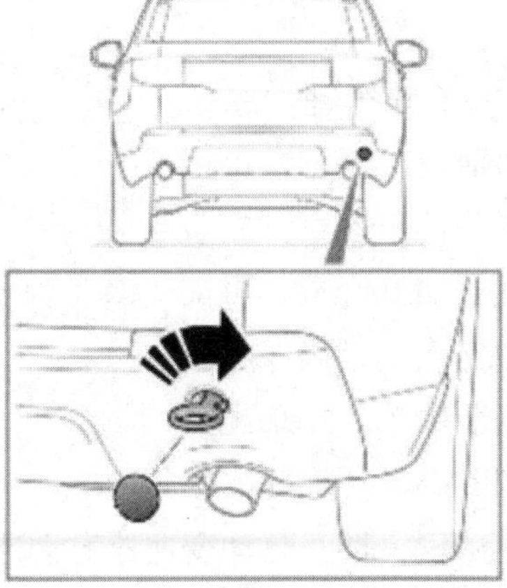

图 6–66

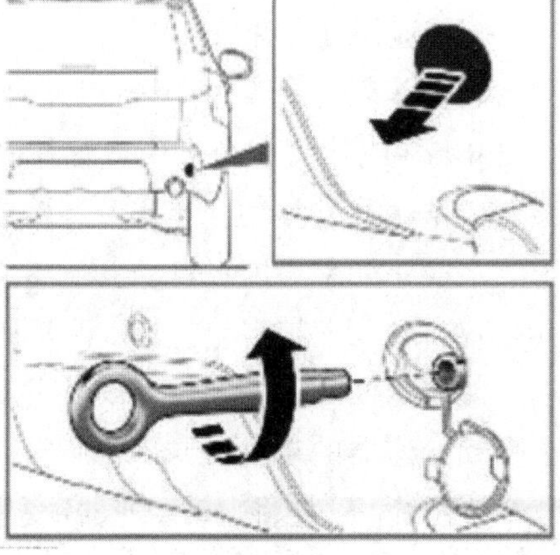

图 6–67

（1）取出检修盖，如图 6–67 所示。盖板通过系带固定在保险杠上。

（2）穿过保险杆找到牵引孔眼，将牵引孔眼顺时针完全拧入牵引点，直到紧固为止。饰板的装配程序与拆卸程序相反。警告：在拆卸牵引设备时要分外小心。车辆可能会移动，这会导致人员严重受伤。

4. 电子驻车制动释放

电子驻车制动系统（EPB）释放用楔块固定车轮，在执行下列步骤之前确保所有人员都离开车辆。如果由于某种原因，比如系统故障或蓄电池耗尽，电子驻车制动（EPB）无法释放，则操作紧急释放程序。按照如下方式释放 EPB。

（1）停用。

①断开车辆蓄电池。

②顶升并支撑车辆。

③确保采用车轴支架支撑车辆。

④拆下一个后轮。

⑤松开电气接头，如图 6–68 所示。

⑥拆下并弃用将 EPB 执行器固定至制动卡钳的两个螺栓，如图 6–69 所示。扭矩：11N · m。

⑦从制动卡钳上拆下 EPB 执行器，如图 6–70 所示。弃用 O 形密封圈。

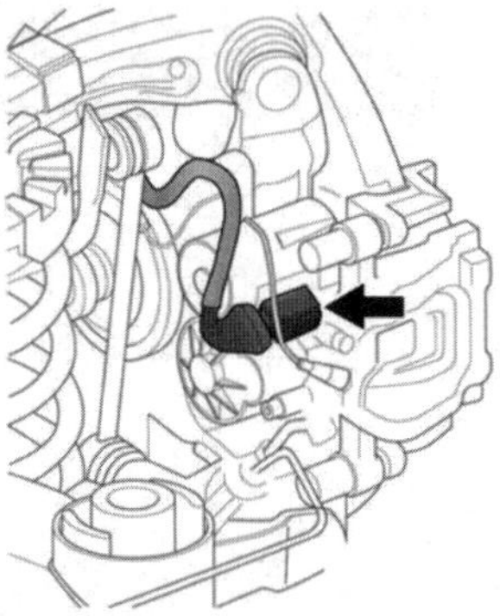

图 6–68

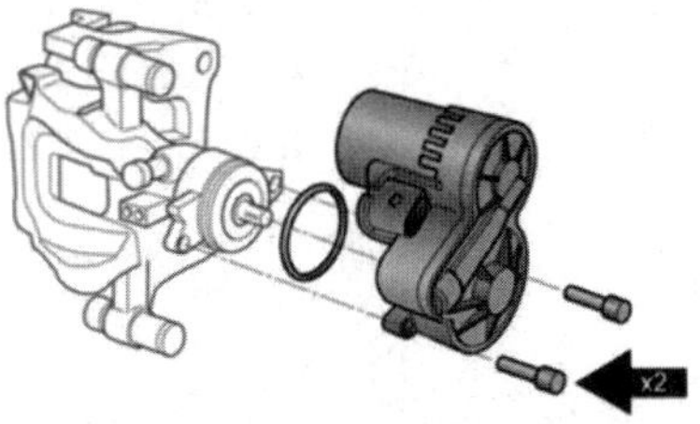

图 6–69

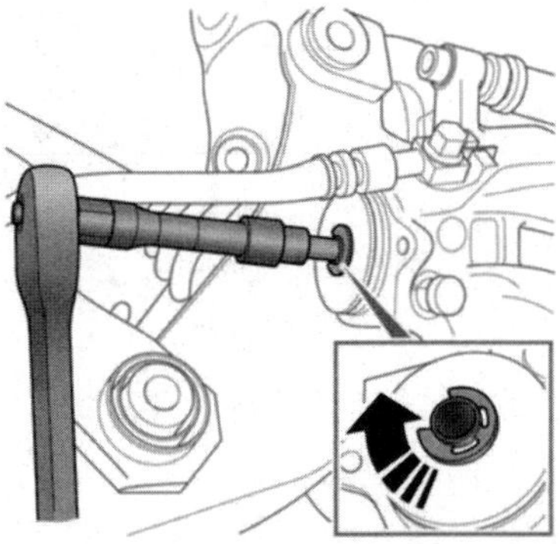

图 6–70

⑧对车辆另一侧重复此程序。

（2）激活。

①安装新的 O 形密封圈。

②要进行安装，请反向执行拆卸程序。

③用诊断工具校准 EPB。

5. 变速器驻车释放

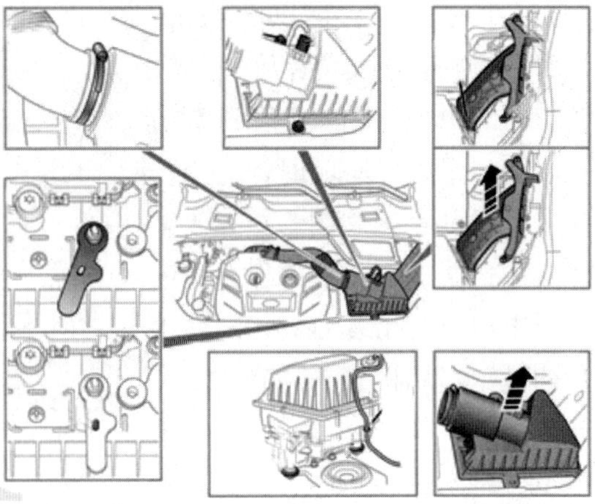

图 6–71

确保车辆用车轮楔块固定。应用电子驻车辅助系统（EPB），或让另一个人用力踩住制动踏板。否则，可能会造成车辆意外移动，导致人员严重受伤甚至死亡。施救车辆之前，如果未能将自动变速器从驻车挡 P 释放，可能会导致自动变速器严重损坏。车辆施救完成后，确保将自动变速器返回到 P 挡并重新安装发动机装饰罩。如果配备了自动变速器的车辆需要进行施救，则务必激活变速器驻车释放系统。这会将自动变速器锁定在空挡 N，防止自动变速器自动选 P 挡。启用变速器驻车释放系统后，自动挡位选择杆保持在 P 挡，但自动挡位选择杆指示灯和仪表盘都将闪烁显示 N。变速器驻车释放装置由发动机舱中的空气滤清器下方的控制杆启用，如图 6–71 所示。

要启用变速器驻车释放机构。

（1）松开空气滤清器排气管上的卡夹。

（2）松开接线线束卡夹。

（3）断开电气接头。

（4）松开螺栓。

（5）逆时针旋转 2 个卡夹，向上拉动以将其拆卸。

（6）松开夹扣。

（7）卸下空气滤清器进气管。

（8）在空气滤清器总成上向上施加压力。

（9）松开接线线束卡夹。

（10）从两个定位索环上松开空气滤清器总成，然后卸下空气滤清器总成。注意：将空气滤清器存放到合适的位置。

（11）逆时针旋转驻车释放杆，直至其处于前进位置。

（12）将直径为 5mm 的合适工具（内六角扳手、钻头等）穿过孔插入驻车释放杆中，然后将工具定位到变速器壳体中。注意：确保工具完全接合到变速器壳体中。工具位置不正确可能会对车辆造成损坏，并可能导致车辆返回到驻车挡 P 位置。

（13）完成车辆运输时，需要禁用变速器驻车释放机构。要停用变速器驻车释放装置，请反向执行以上步骤。

6. 保险丝盒的位置

保险丝盒的位置如图 6–72 所示。

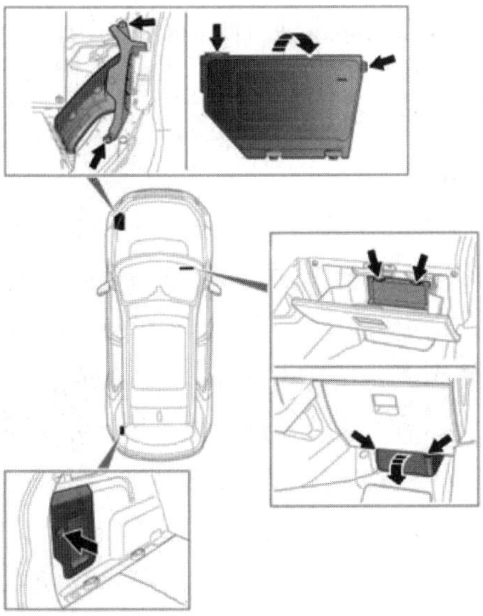

图 6–72

九、2020 年发现神行

1. 施救方法

警告：确保车辆的施救和 / 或运输由合适的有资质的人员执行，并确保正确固定好车辆。不具备资质的人员执行救援和 / 或运输可能会造成人员严重受伤或死亡。小心：施救机构必须在施救开始前激活变速器驻车释放功能。未能激活变速器驻车释放功能可能会导致变速器严重损坏。小心：车辆不得在四轮全部着地的情况下被牵引，也不得在前轮或后轮悬起的情况下被施救。否则，可能会导致变速器严重损坏。施救和 / 或运输车辆的方法是使用专用运输车或拖车。

2. 前牵引孔眼

警告：车辆前面的牵引孔眼仅用于路上施救。如果将牵引孔眼用于任何其他目的，可能导致车辆受损或严重人身伤害。警告：在驾驶或牵引车辆时要分外小心。否则，可能会导致人员死亡或严重受伤。警告：在拆卸牵引设备时要分外小心。车辆可能会移动，这会导致人员严重受伤。

（1）要检修牵引孔眼。

①按压外侧边缘以松开固定夹，从而弹出检修盖，如图 6–73 所示。此盖通过其系带固定至保险杠上，可将其松开以安全存放。

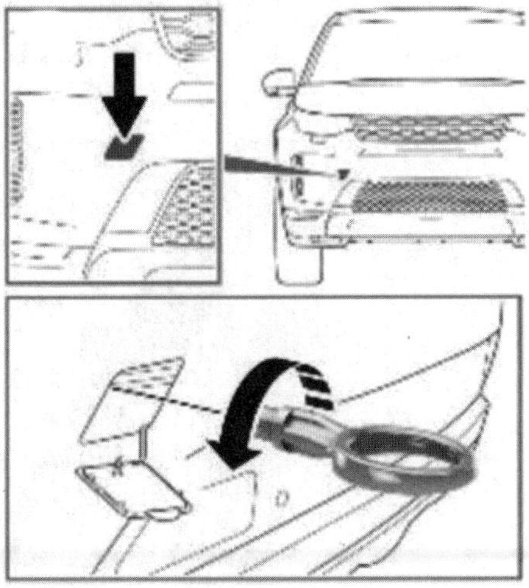

图 6–73

②穿过保险杠找到牵引孔眼。将牵引孔眼逆时针完全拧入牵引点，直到拧紧。

（2）要重新安装检修盖。

①确保正确定位系带。将吊耳对齐保险杠中的凹槽。

②轻轻按压内侧边缘，使固定夹扣合。

2. 后牵引孔眼

警告：车辆后部的牵引孔眼仅用于路上施救。如果将前牵引孔眼用于任何其他目的，可能导致车辆受损或严重人身伤害。警告：在驾驶或牵引车辆时要分外小心。否则，可能会导致人员死亡或严重受伤。必须将牵引孔眼拧入牵引点中，牵引点位于后保险杠右侧面板的后面。牵引孔眼位于载货区地板盖板之下。

（1）按下下边缘以松开固定夹，从而弹出检修盖板，如图 6–74 所示。盖板通过系带固定在保险杠上，但可以释放以便安全存放。

（2）穿过保险杆找到牵引孔眼，将牵引孔眼顺时针完全拧入牵引点，直到紧固为止。要重新安装检修盖板，请确保系带已正确定位。将吊耳对齐保险杠中的凹槽。轻轻按压另一侧边缘，使固定夹扣合。警告：在拆卸牵引设备时要分外小心。车辆可能会移动，这会导致人员严重受伤。

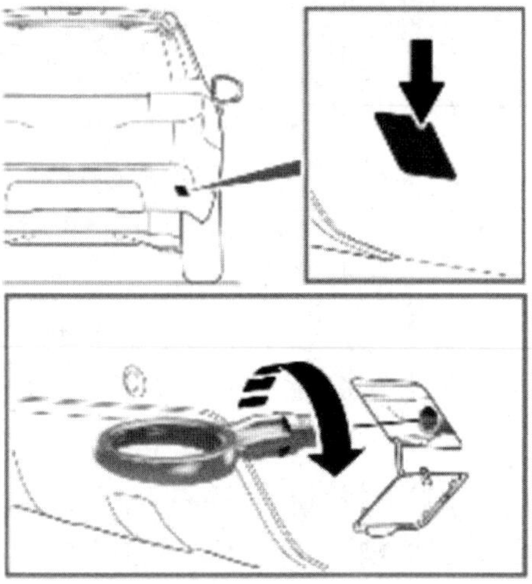

图 6–74

3. 自动变速器紧急驻车挡释放

（1）专用工具。

驻车释放锁定工具 JLR–307–704，如图 6–75 所示。

（2）检查。

警告：用楔块固定车轮，在执行下列步骤之前确保所有人员都离开车辆。小心：在完成以下程序之前，必须将点火开关设置到“关闭”位置。注意：本程序的插图中包括某些差异，具体取决于车辆规格，但基本信息始终是正确的。

以下步骤适用于所有车辆。

① 拆下空气滤清器壳体。

②以下步骤适用于配备 1.5L 汽油发动机的车辆。

a. 将专用工具安装到紧急驻车释放（EPR）轴上，如图 6–76 所示。专用工具：JLR–307–704。

图 6–75

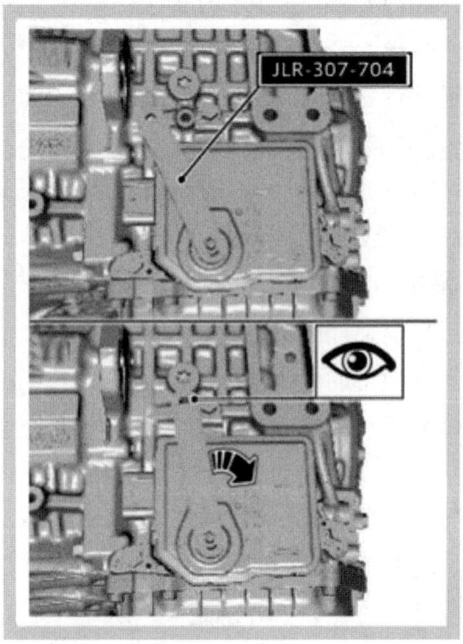

图 6–76

b. 使用专用工具顺时针转动 EPR 轴。

c. 将专用工具中的孔与变速器壳体中的孔对齐。

d. 如图 6–77 所示，插入合适的工具，将 EPR 轴锁定在空挡位置。

③以下步骤适用于配备 2.0L 发动机的车辆。

a. 逆时针转动 EPR 轴臂，直至臂中的孔与变速器壳体中的孔对齐，如图 6–78 所示。

图 6–77

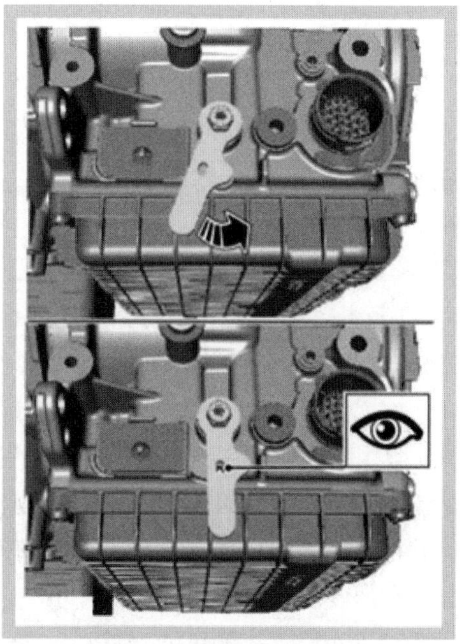

图 6–78

b. 如图 6–79 所示，插入合适的工具，将 EPR 轴锁定在空挡位置。

图 6–79

（3）调整。

警告：用楔子固定车轮，并在执行下列步骤之前确保所有人员都远离车辆。小心：在完成以下程序之前，必须将点火开关设置到“关闭”位置。

①以下步骤适用于配备 2.0L 发动机的车辆。

拆下工具，让 EPR 轴返回到驻车挡位置。

②以下步骤适用于配备 1.5L 汽油发动机的车辆。

a. 拆下工具，让 EPR 轴返回到驻车挡位置。

b. 从 EPR 轴拆下专用工具。专用工具：JLR–307–704。

③以下步骤适用于所有车辆。

安装空气滤清器壳体。

④小心：确保 EPR 轴和换挡机构处于驻车挡位置，然后将点火开关设置到“打开”位置。确保换挡机构位于驻车挡位置。

十、2018—2020 年路虎揽胜星脉

1. 前牵引孔眼

警告：在驾驶或牵引车辆时要分外小心。否则，可能会导致人员死亡或严重受伤。警告：在拆卸牵

引设备时要分外小心。车辆可能会移动，这会导致严重伤害。小心：在越野行驶之前，拆下前牵引点盖板以避免损坏或丢失。行驶车辆之前必须更换盖板。

前牵引点位于前保险杠下部一个可拆卸盖子的后面。

要拆下盖子。

（1）用一个硬币或类似物件将各个紧固件依次逆时针旋转 90° 以释放盖子下缘，如图 6–80 所示。

（2）从盖子的后下边缘向前拉盖子，以松开盖子顶部边缘上的凸耳。

要重新安装盖子。

（1）向上送入盖子，确保顶部边缘的凸耳已嵌入车身面板的孔中。

（2）将每个紧固件顺时针旋转 90° ，以将盖子固定到位。

2. 后牵引孔眼

警告：车辆后部的牵引孔眼仅用于路上施救。如果将其用于任何其他目的，则可能导致车辆受损和人员严重受伤。警告：在驾驶或牵引车辆时要分外小心。 否则，可能会导致人员死亡或严重受伤。警告：在拆卸牵引设备时要分外小心。车辆可能会移动，这会导致人员严重受伤。后牵引孔眼位于载货区地板面板下面。后牵引点位于后保险杠中的小检修面板的后面。

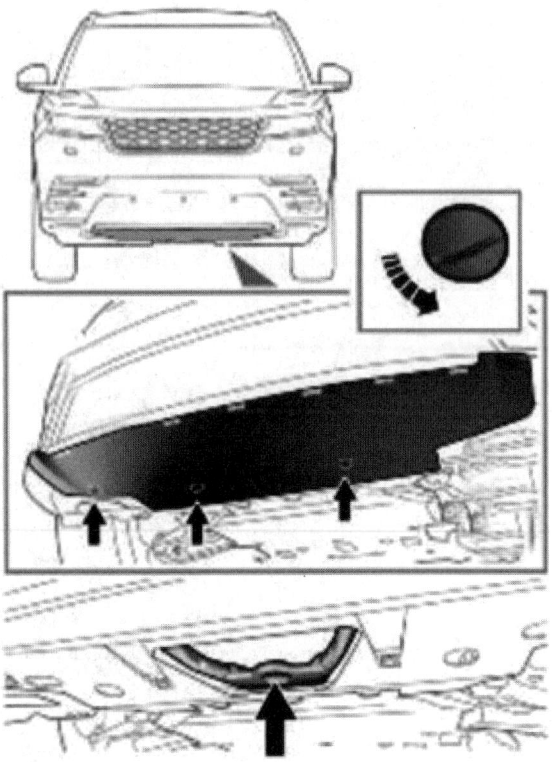

图 6–80

（1）安装牵引孔眼。

①按下后保险杠检修面板的下边缘，以松开固定卡夹。拆下盖板，如图 6–81 所示。注意：记录检修盖的方位，以便重新安装。

②在后保险杠上找到牵引点。将牵引孔眼逆时针完全拧入牵引点，直到拧紧。注意：将车轮撑杆穿过牵引孔眼，将它作为杆来帮助转动牵引孔眼，直到完全拧紧。要重新安装检修面板，将吊耳对齐保险杠中的凹槽。轻轻按压另一侧边缘，使固定夹扣合。

（2）固定牵引孔眼。

警告：在驾驶或牵引车辆时要分外小心。否则，可能会导致人员死亡或严重受伤。警告：在拆卸牵引设备时要分外小心。车辆可能会移动，这会导致严重伤害。

（3）配备牵引杆的车辆的后牵引孔眼位于后保险杠下部的可拆卸盖子后面。

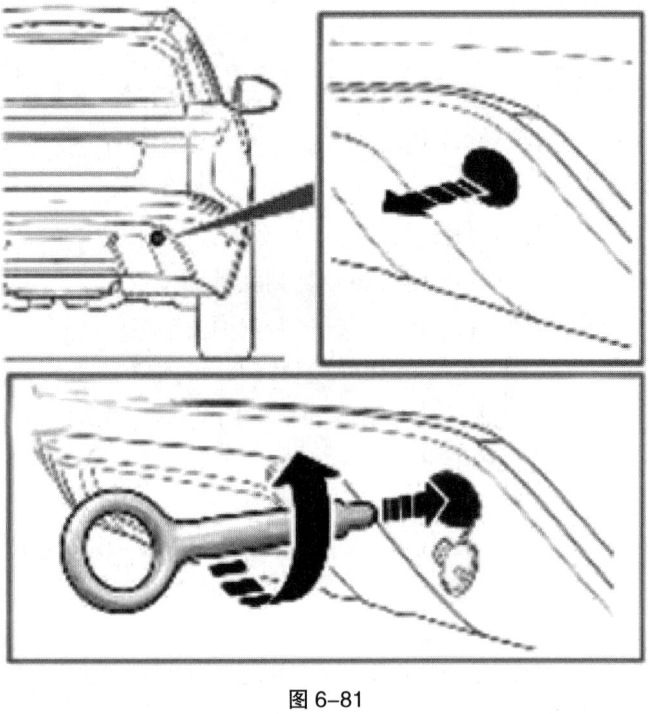

图 6–81

要拆下盖子。

① 用一个硬币或类似物件将两个紧固件依次逆时针旋转 90° ，以释放盖子下缘。

②从盖子的后下边缘向前拉盖子，以松开盖子顶部边缘上的凸耳。

要重新安装盖子。

① 向上送入盖子，确保顶部边缘的凸耳已嵌入车身面板的孔中。

②将每个紧固件顺时针旋转 90°，以将盖子固定到位。

3. 车门解锁

（1）取得紧急钥匙：滑动打开侧盖进行释放，然后取下，如图 6–82 所示。

（2）应急钥匙片：取下并展开。

（3）免钥匙解锁：按下可解锁和解除车辆警报。所有已解锁的车门把手会展开。把手处于展开位置表示车门已解锁。注意：把手缩回到齐平位置表示车门已锁闭或车速高于 8km/h。

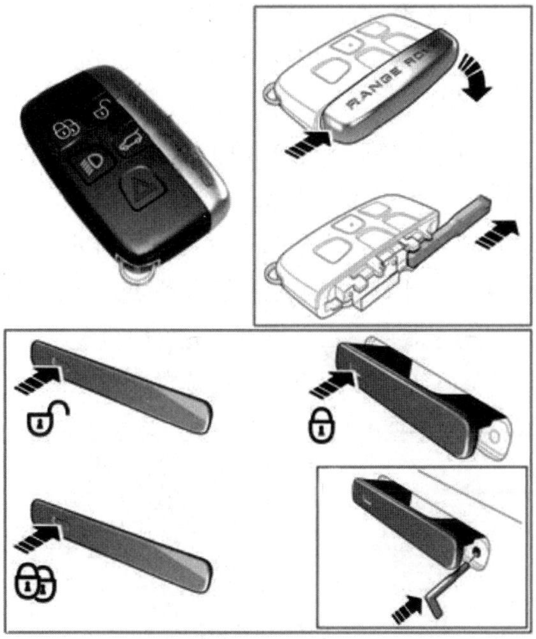

图 6–82

4. 电子驻车制动释放

（1）停用。

①断开车辆蓄电池。

②顶升并支撑车辆。确保采用车轴支架支撑车辆。

③拆下一个后轮。

④松开电气接头，如图 6–83 所示。

⑤拆下并弃用将 EPB 执行器固定至制动卡钳的两个螺栓，如图 6–84 所示。扭矩：8N · m。

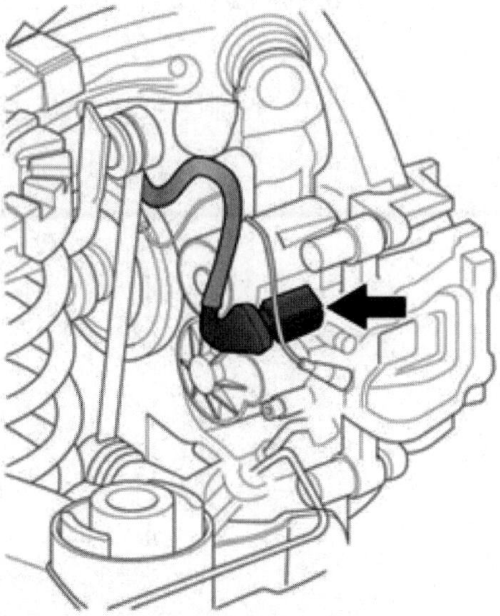
图 6–83

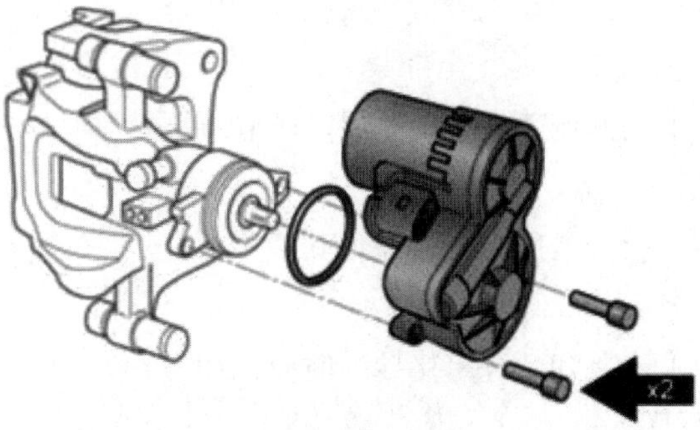

图 6–84

⑥从制动卡钳上拆下 EPB 执行器，如图 6–85 所示。弃用 O 形密封圈。

⑦对车辆另一侧重复此程序。

（2）激活。

（1）安装新的 O 形密封圈。

（2）要进行安装，请反向执行拆卸程序。

（3）用诊断工具校准 EPB。

5. 变速器驻车释放

确保车辆用车轮楔块固定。应用电子驻车辅助系统（EPB），或让另一个人用力踩住制动踏板。否则，可能会造成车辆意外移动，导致人员严重受伤甚至死亡。施救车辆之前，如果未能将自动变速器从驻车挡 P 释放，可能会导致自动变速器严重损坏。车辆施救完成后，确保将自动变速器返回到 P 挡并重新安装发动机罩。如果配备了自动变速器的车辆需要进行施救，则务必激活变速器驻车释放系统。这会将自动变速器锁定在空挡 N，防止自动变速器自动选择 P 挡。启用变速器驻车释放系统后，自动挡位选择杆保持在 P 挡，但自动挡位选择杆指示灯和仪表盘都将闪烁显示 N。变速器驻车释放杆位于发动机上，如图 6–86 所示。

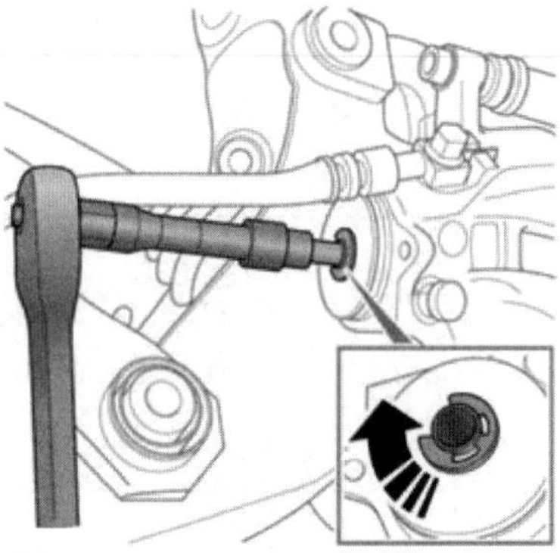

图 6–85

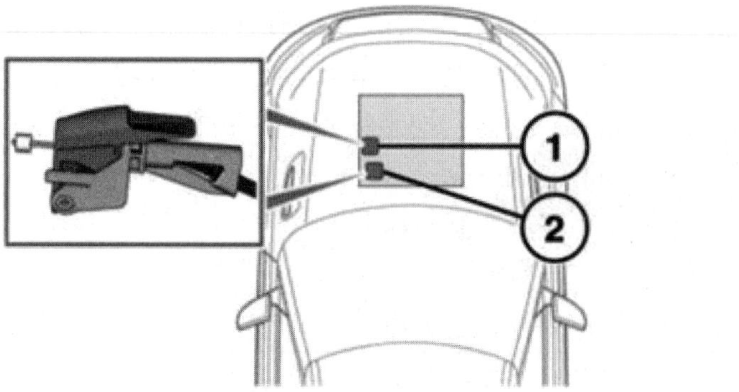

1.除3.0L柴油机以外的所有发动机　2.仅限3.0L柴油机

图 6–86

要将自动变速器从 P 挡释放。

（1）缓缓拉起释放杆，约 90° 至竖直位置，如图 6–87 所示。切勿对该把手用力过猛，并且切勿将把手拉起超过 90° 。这两者任何一个动作都可能会损坏变速器驻车释放系统。

（2）固定锁销啮合，以将把手保持在竖直位置。注意：固定锁销啮合时，可能会听到一声“咔嗒”声。接合也可能会通过把手感觉到。

6. 连接跨接线启动

（1）打开发动机舱盖并查找发动机舱前保险丝盒。

（2）松开位于发动机舱保险丝盒端部的增压端子盖。

（3）松开增压端子盖并将其置于一旁。

（4）连接和断开跨接导线时应该使用以下程序。

①将正极（红色）跨接导线的一端连接到施救车辆的正极增压端子，如图 6–88 所示。

②将正极（红色）跨接导线的另一端连接到无法启动的车辆的正极增压点

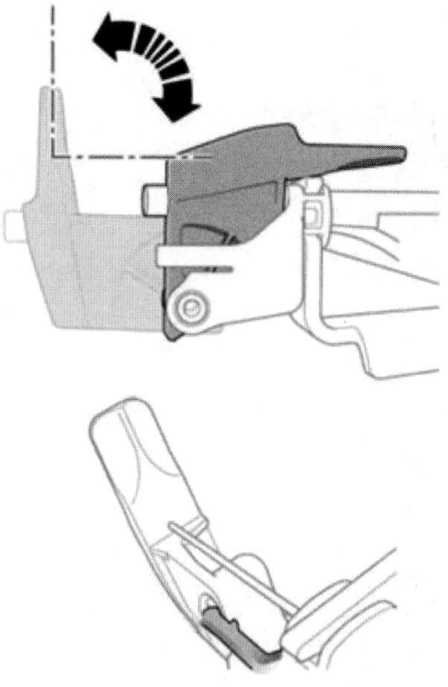

图 6–87

图 6–88

端子。

③将负极（黑色）跨接导线的一端连接到施救车辆的负极增压端子。

④将负极（黑色）跨接导线的另一端连接至无法启动的车辆的负极增压点端子。注意：检查确保所有电缆远离所有运动元件，且全部四个连接处都很稳固。

⑤启动施救车辆的发动机。让它怠速运转数分钟。

⑥启动故障车辆的发动机。注意：在拆除跨接导线之前，不得给先前无法启动车辆上的任何电路通电。

⑦让两车怠速运转数分钟。

⑧关闭施救车辆。

⑨从无法启动的车辆上断开负极（黑色）跨接导线。

⑩从施救车辆上断开负极（黑色）跨接导线。

⑪从无法启动的车辆上断开正极（红色）跨接导线。

⑫从施救车辆上断开正极（红色）跨接导线。

（5）重新安装正极增压点端子检修盖并关闭发动机盖。

连接启动辅助装置。

如要使用启动辅助装置或辅助蓄电池来启动车辆，请遵循下列给出的说明。

（1）将启动辅助装置的正极（红色）跨接导线连接至车辆的正极（+）增压点端子。

（2）将负极（黑色）电缆连接到车辆的负极（–）增压点端子。

（3）打开启动辅助装置。

（4）启动发动机。让发动机处于怠速状态。

（5）从车辆的负极（–）增压点端子上断开负极（黑色）跨接导线。

（6）关闭启动辅助装置。

（7）将正极（红色）跨接导线与车辆的正极（+）升压点端子断开。

7. 保险丝盒位置

拆下保险丝盒盖时，小心保护保险丝盒免受潮气。尽快重新盖上保险丝盒盖。车辆中安装了 5 个保险丝盒，如图 6–89 所示。每个保险丝盒包含用于保护不同电路组的保险丝。

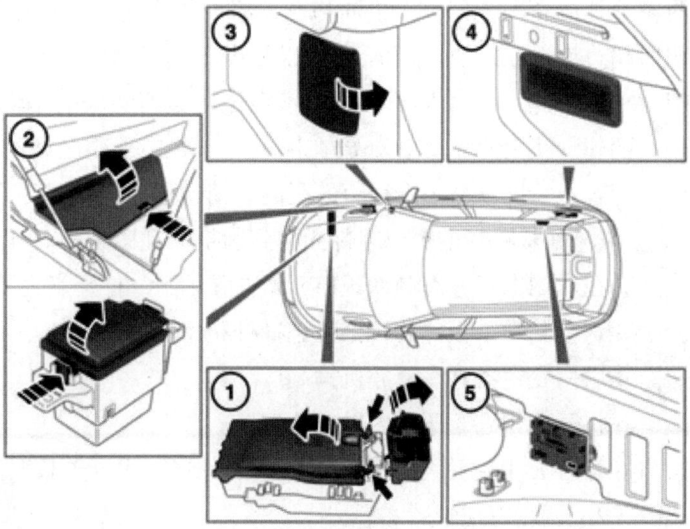

1.发动机舱前保险丝盒　2.发动机舱后保险丝盒　3.乘客舱保险丝盒　4.载货区上部保险丝盒　5.载货区下部保险丝盒

图 6–89

（1）要检修发动机舱前保险丝盒中的保险丝。

①将正极增压端子盖板置于一边。

②按住保险丝盒盖固定夹，同时抬起盖子。

（2）要检修发动机舱后保险丝盒中的保险丝。

①轻轻推回并按住后固定夹。

②按住固定夹的同时抬起盖子以将其松开，然后向前拉动以拆下。

（3）乘客舱保险丝盒位于右侧 A 柱底部装饰板的后面。要检修乘客舱保险丝盒中的保险丝。

①使用合适的工具松开装饰板的后边缘。

②松开后，拉动装饰板以拆下。

十一、2018—2020 年路虎发现

1. 施救方法

警告：确保车辆的施救和 / 或运输由合适的有资质的人员执行，并确保正确固定好车辆。不具备资质的人员执行救援和 / 或运输可能会造成人员严重受伤或死亡。小心：施救机构必须在施救开始前激活变速器驻车释放功能。未能激活变速器驻车释放功能可能会导致变速器严重损坏。小心：车辆不得在四轮全部着地的情况下被牵引，也不得在前轮或后轮悬起的情况下被施救，这样可能会导致变速器严重损坏。施救和 / 或运输车辆的方法是使用专用运输车或拖车。

（1）四轮牵引车辆。

警告：施救机构必须在牵引开始前启用变速器驻车释放机构。警告：如果选择了空挡 N，然后关闭了发动机，则变速器在 10min 后会自动选择驻车挡 P。此时，如果在牵引车辆时未启用变速器驻车释放机构，则会严重损坏变速器，同时还会危及人身安全。警告：若在牵引过程中不能使用发动机，则将不能向制动系统提供电动助力。动力辅助不足会导致停车时所用的力量大幅增加，并会大大增加停车距离。警告：如果要断开车辆蓄电池，则必须先解锁转向柱。在蓄电池断开的情况下，无法解锁转向柱。如果转向柱在牵引时锁定，可能会导致人员严重受伤甚至死亡。警告：在施救之前，请始终确保解锁转向柱。未能做到这一点可能会导致人员严重受伤甚至死亡。小心：仅可在四轮着地情况下向前牵引车辆。若在只有两轮着地的情况下以倒车方向拖车，将导致变速器严重损坏。小心：切勿牵引车辆超过 50km。牵引车速切勿超过 50km/h。超过此距离或以更高车速牵引将导致变速器严重损坏。小心：若变速器无法设置为空挡 N 或后部电子差速器无法位于锁定位置，切勿牵引车辆。否则，可能会导致车辆受损。车辆被施救时所有四轮应离开地面，比如放在拖车上。如果采用正确的方法不能施救车辆，在紧急情况下，车辆可以在四轮着地情况下被牵引很短的距离。请遵循以下指导原则。必须认真执行以下程序以防损坏车辆。

① 将施救车辆的牵引附件固定到前拖车孔眼上。

②在应用电子驻车制动（EPB）的情况下，打开点火开关。确保解锁转向锁。

③踩下制动踏板并旋转挡位选择杆至空挡（N）。

④启用变速器驻车释放机构。

⑤将智能钥匙置于车内的安全位置。

⑥释放 EPB 之后再牵引车辆。小心：将点火开关长时间保持在开启位置可耗尽蓄电池电量。

（2）四轮着地牵引之后。

①启用电子驻车制动。

②打开点火开关并踩下制动踏板。

③旋转挡位选择杆至驻车挡 P。

④禁用变速器驻车释放机构。

⑤关闭点火开关，然后从车中取出智能钥匙。

⑥从前牵引孔眼上拆下施救车辆的牵引附件。装回舱盖。警告：在拆卸牵引设备时要分外小心。车辆可能会移动，可能会造成严重伤害或死亡。

（3）运输车辆。

确保车辆的施救或运输由有资质的人员执行，运输时确保车辆的正确固定。不得在前轮或后轮悬起的情况下施救车辆。当情况需要时，两轮驱动（2WD）车型可以例外。施救机构必须在施救开始前启用变速器驻车释放功能。未能激活变速器驻车释放功能可能会导致变速器严重损坏。在车辆施救过程中，

点火钥匙必须一直留在车内且点火开关必须打开，这是为了确保解锁转向柱。车辆不得在四轮全部着地的情况下被牵引，也不得在前轮或后轮悬起的情况下被施救，这样可能会导致变速器严重损坏。注意：如果要断开车辆蓄电池，则必须先解锁转向柱。蓄电池断开的情况下，转向柱无法解锁。注意：对于配备 InControl 智能驭领保障的车辆，确保告知车主使用 Land Rover InControl 智能驭领远程遥控手机客户端或通过 InControl 智能驭领主页将车辆设置为运输模式。运输模式可防止车辆在运输时发出被盗车辆跟踪警报。在驾驶或牵引车辆时要分外小心。否则，可能会导致人员死亡或严重受伤。仅使用系绑点或车轮上的固定环。不允许使用车身或悬架上的固定环，因为悬架调整将导致固定带松开。车辆不得在四轮全部着地的情况下被牵引，也不得在前轮或后轮悬起的情况下被施救。否则，可能会导致变速器严重损坏。建议使用专用运输车或拖车对车辆进行施救或运输。

2. 前牵引孔

警告：前牵引孔眼仅用于路上施救。如果将此牵引孔眼用于任何其他用途，可能会导致车辆受损，并且可能造成人员受重伤或死亡。警告：在驾驶或牵引车辆时要分外小心。否则，可能会导致人员死亡或严重受伤。小心：在越野行驶之前，拆下前牵引眼孔盖以避免损坏或丢失。行驶车辆之前必须更换盖板。前牵引点位于前保险杠中一个可拆卸盖板的后面。

（1）要拆下盖子。

①用一个硬币或类似工具将各个紧固件逆时针旋转 90°，如图 6–90 所示。

②拉动盖板的后下部边缘，以松开盖板顶部边缘上的 2 个下部卡舌和 8 个凸耳。

（2）要重新安装盖子。

①向上送入盖板。请确保将顶部边缘的 8 个凸耳和底部边缘的 2 个卡舌卡入与保险杠的孔中。

②将每个紧固件顺时针旋转 90°，以将盖子固定到位。

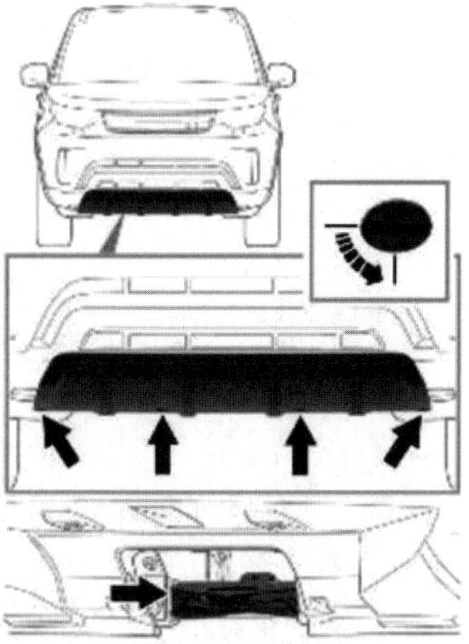

图 6–90

3. 后牵引孔

警告：车辆后部的牵引孔眼仅用于路上施救。如果将其用于任何其他目的，则可能导致车辆受损和人员严重伤害。警告：在驾驶或牵引车辆时要分外小心。否则，可能会导致人员死亡或严重受伤。小心：在越野行驶之前，拆下后牵引眼孔盖以避免损坏或丢失。注意：后牵引孔眼可在需要时牵引其他车辆。注意：在拆下前记下牵引孔眼盖板的安装位置。后牵引孔眼位于后保险杠盖板的后面，如图 6–91 所示。

（1）要拆下盖子。

①用一个合适的硬币或类似物件将 4 个紧固件逆时针旋转 90°，

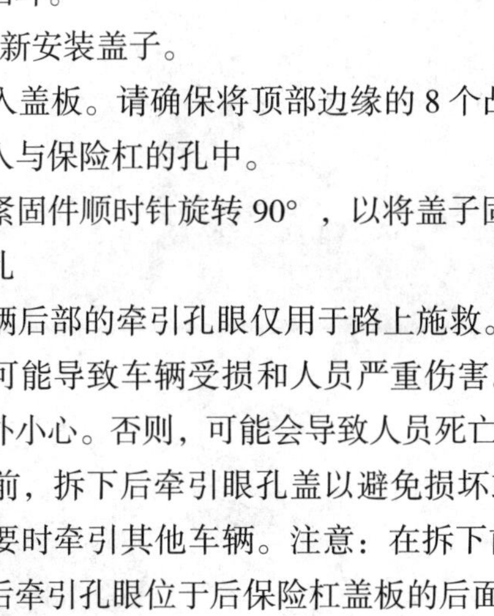

图 6–91

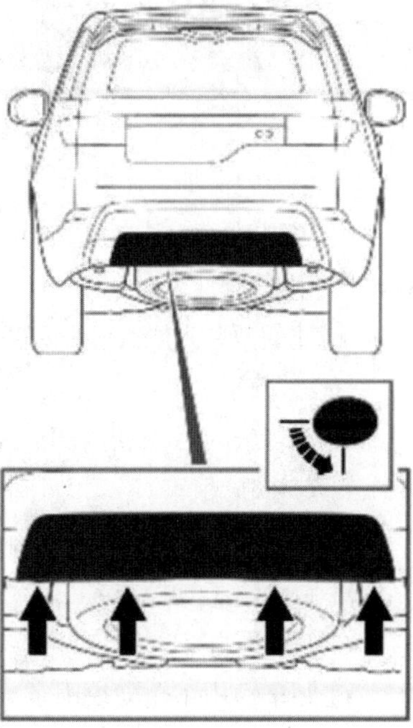

图 6–92

如图 6–92 所示。

②松开 8 个上部卡舌。

（2）要安装盖子。

①确保所有卡夹都正确对齐。

②将紧固件顺时针转动 1/4 圈。

4. 转向柱解锁

小心：在车辆施救过程中，智能钥匙必须一直留在车内且点火开关必须打开，以确保解锁转向柱。否则，可能会损坏车辆。

5. 电子驻车制动释放

电子驻车制动系统（EPB）释放用楔块固定车轮，在执行下列步骤之前确保所有人员都离开车辆。如果由于某种原因，比如系统故障或蓄电池耗尽，电子驻车制动（EPB）无法释放，则操作紧急释放程序。按照如下方式释放。

（1）停用。

①断开车辆蓄电池。

②抬起并支撑车辆。

③确保采用车轴支架支撑车辆。

④拆下一个后轮。

⑤松开电气接头，如图 6–93 所示。

⑥拆下并弃用将 EPB 执行器固定至制动卡钳的两个螺栓，如图 6–94 所示。扭矩：11N · m。

图 6–93

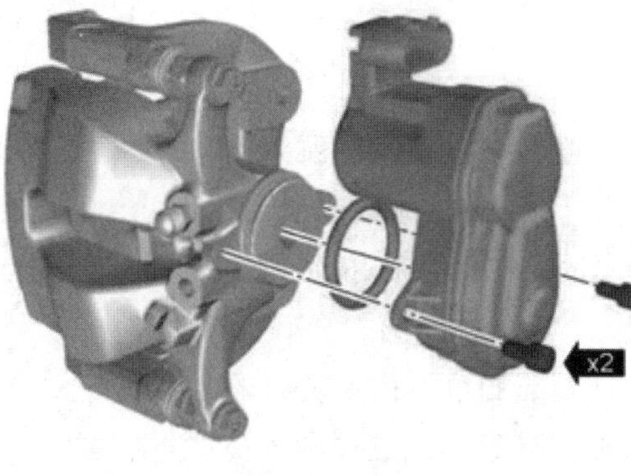

图 6–94

⑦从制动卡钳上拆下 EPB 执行器，如图 6–95 所示。丢弃 O 形密封圈。

⑧对车辆另一侧重复此程序。

（2）激活。

①安装新的 O 形密封圈。

②安装新螺栓。

③要重新安装，请反向执行拆卸程序。

④用诊断工具校准 EPB。

6. 变速器驻车释放

确保车辆用车轮楔块固定。应用电子驻车辅助系统（EPB），或让另一个人用力踩住制动踏板。否则，可能会造成车辆意外

图 6–95

移动，导致人员严重受伤甚至死亡。施救车辆之前，如果未能将自动变速器从驻车挡 P 释放，可能会导致自动变速器严重损坏。车辆施救完成后，确保将自动变速器返回到 P 挡并重新安装发动机罩。如果配备了自动变速器的车辆需要进行施救，则务必激活变速器驻车释放系统，这会将自动变速器锁定在空挡 N，防止自动变速器自动选择 P 挡。启用变速器驻车释放系统后，自动挡位选择杆保持在 P 挡，但自动挡位选择杆指示灯和仪表盘都将闪烁显示 N。变速器驻车释放杆位于发动机上，如图 6–96 所示。

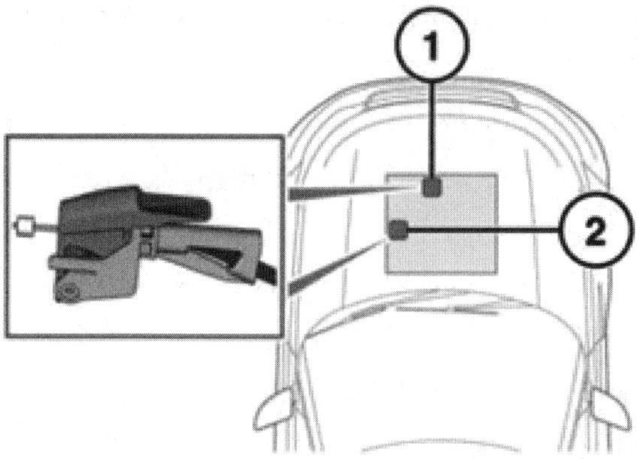

1.仅限3.0L柴油机　2.除3.0L柴油机以外的所有发动机

图 6–96

（1）要将自动变速器从 P 挡释放。

①缓缓拉起释放杆，约 90° 至竖直位置，如图 6–97 所示。切勿对该把手用力过猛，并且切勿将把手拉起超过 90° 。这两者任何一个动作都可能会损坏变速器驻车释放系统。

②固定锁销啮合，以将把手保持在竖直位置。注意：固定锁销啮合时，可能会听到一声“咔嗒”声。接合也可能会通过把手感觉到。

（2）要将自动变速器返回至 P 挡。

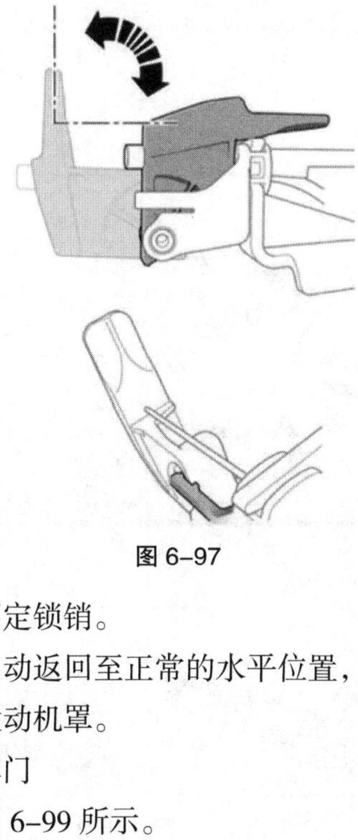

图 6–97

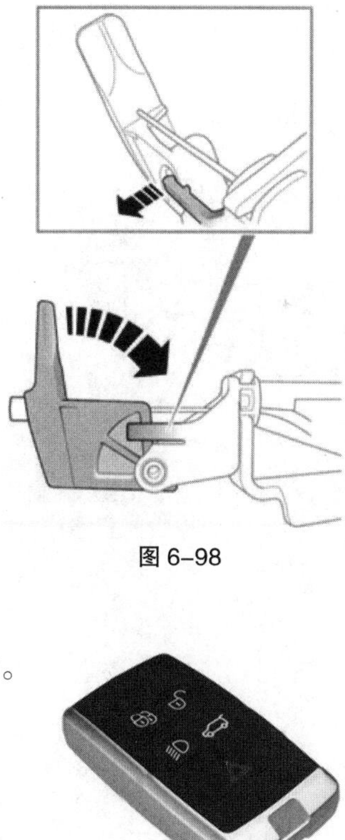

图 6–98

①轻轻松开固定锁销。

②释放杆将自动返回至正常的水平位置，如图 6–98 所示。

③重新安装发动机罩。

7. 应急解锁车门

应急解锁如图 6–99 所示。

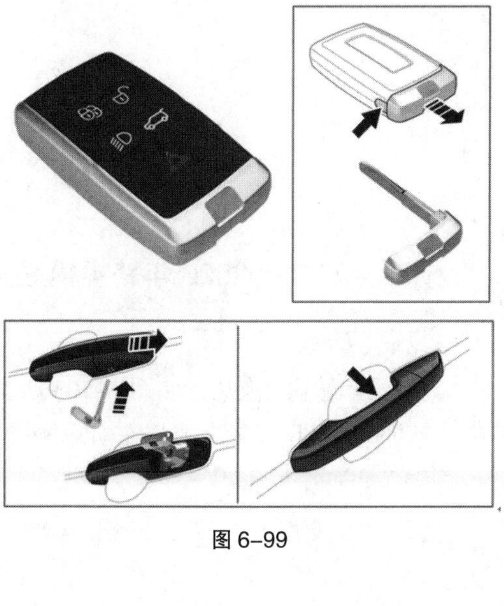

图 6–99

8. 跨接启动

在蓄电池或增压端子上或其附近作业前，请取下所有金属珠宝饰物。切勿让金属物品或车辆部件接触蓄电池或增压端子。金属物品可能会引起火花或短路，从而可能导致爆炸发生。不要让蓄电池接线柱或端子接触到皮肤。蓄电池接线柱和端子含有有毒的铅和铅化合物。务必在处理蓄电池后彻底洗手。切勿将任何蓄电池暴露于明火或火花，因为蓄电池会产生爆炸性可燃气体。切勿将跨接导线连接至车辆蓄电池的任何端子。否则，可能会引起火花，从而导致爆炸，也会导致充电系统损坏。切勿用冷冻蓄电池跨接启动、充电或试图启动车辆。否则，会导致爆炸，发动机的旋转元件可能会导致重伤。在发动机的旋转元件附近开展工作时，请加倍小心。在尝试启动车辆之前，确保已应用电子驻车制动或以适当的方式楔住车轮。确保选择了驻车挡 P。在蓄电池区域工作时，必须佩戴合适的护目用具。蓄电池酸液可能会对眼睛造成严重伤害。在正常使用过程中，蓄电池释放易爆气体足以引发严重爆炸并导致重伤。切勿让火星和明火靠近蓄电池。确保在施救车辆和无法启动车辆之间，除跨接导线外，再无任何实体接触。确保任何蓄电池或启动辅助装置是 12V 装置。在操作任何电气设备前，先断开跨接导线。注意：在将跨接导线连接到无法启动的车辆的增压点端子之前，确保施救车辆增压点连接正确。另外，请确保所有电气设备均已关闭。

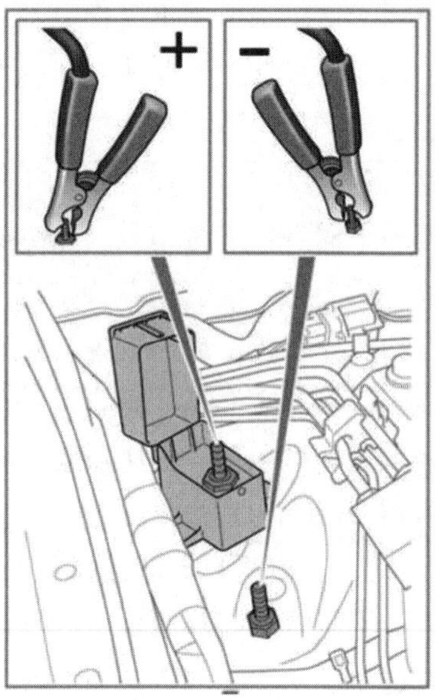

图 6-100

连接跨接导线。

（1）将正极（红色）跨接导线一端连接至施救车辆的正极（+）增压点端子，如图 6-100 所示。

（2）将正极（红色）跨接导线的另一端连接至无法启动的车辆的正极（+）增压点端子，如图 6-101 所示。

9. 保险丝盒位置

保险丝盒位置如图 6-102 所示。

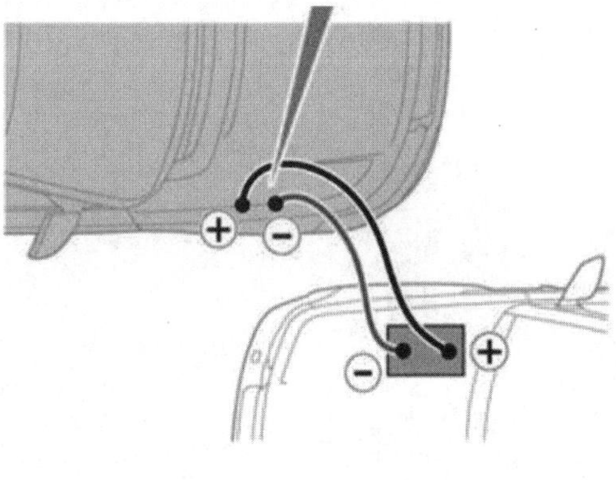

图 6-101

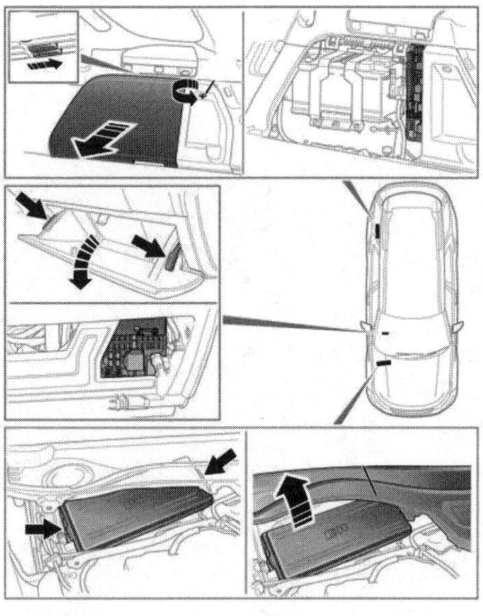
图 6-102

十二、2018—2020 年路虎揽胜（L405）

1. 施救方法

（1）运输车或拖车，如图 6-103 所示。

建议使用专用运输车或拖车对车辆进行施救或运输，如图 6-104 所示。

（2）直杆全轮牵引。

如果无法使用推荐的方法施救车辆，在紧急情况下，车辆可以短距离全轮牵引。除非有必要，例如

图 6–103

图 6–104

在紧急情况下，否则切勿全轮牵引。切勿牵引车辆超过 50 km。牵引车速切勿超过 50 km/h。超过此距离或以更高车速牵引将导致变速器严重损坏。

（3）前轮或后轮悬起的情况下牵引，如图 6–105 所示。

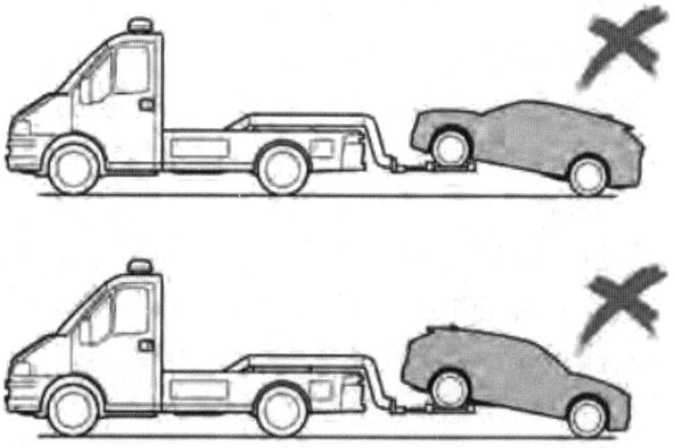

图 6–105

警告：确保车辆的施救和 / 或运输由合适的有资质的人员执行，并确保正确固定好车辆。不具备资质的人员执行救援和 / 或运输可能会造成严重伤害或死亡。小心：施救机构必须在施救开始前激活变速器驻车释放功能，未能激活变速器驻车功能释放可能会导致变速器严重损坏。小心：车辆不得在四轮全部着地的情况下被牵引，也不得在前轮或后轮悬起的情况下被施救。否则，可能会导致变速器严重损坏。施救和 / 或运输车辆的方法是使用专用运输车或拖车。

（4）四轮牵引车辆。

警告：施救机构必须在牵引开始前启用变速器驻车释放机构。警告：如果选择了空挡 N，然后关闭了发动机，则变速器在 10min 后会自动选择驻车挡 P。此时，如果在牵引车辆时未启用变速器驻车释放机构，则会严重损坏变速器，同时还会危及人身安全。警告：若在牵引过程中不能使用发动机，则将不能向制动系统提供电动助力。动力辅助不足会导致停车时所用的力量大幅增加，并会大大增加停车距离。警告：如果要断开车辆蓄电池，则必须先解锁转向柱。在蓄电池断开的情况下，无法解锁转向柱。如果转向柱在牵引时锁定，可能会导致严重伤害甚至死亡。警告：在施救之前，请始终确保解锁转向柱。未能做到这一点可能会导致人员严重受伤甚至死亡。小心：仅可在四轮着地情况下向前牵引车辆。若在只有两轮着地的情况下以倒车方向拖车，将导致变速器严重损坏。小心：切勿牵引车辆超过 50km。牵引车速切勿超过 50km/h。超过此距离或以更高车速牵引将导致变速器严重损坏。小心：若变速器无法设置为空挡 N 或后部电子差速器无法位于锁定位置，切勿牵引车辆。这样做可能会导致车辆受损。车辆被施救时所有四轮应离开地面，比如放在拖车上。如果采用正确的方法不能施救车辆，在紧急情况下，车辆可以在四轮着地情况下被牵引很短的距离。请遵循以下指导原则。必须认真执行以下程序以防损坏车辆。

①将施救车辆的牵引附件固定到前拖车孔眼上。

②在应用电子驻车制动（EPB）的情况下，打开点火开关。确保解锁转向锁。

③踩下制动踏板并旋转挡位选择杆至空挡 N。

④启用变速器驻车释放机构。

⑤将智能钥匙置于车内的安全位置。

⑥释放 EPB 之后再牵引车辆。小心：将点火开关长时间保持在开启位置可耗尽蓄电池电量。

（5）四轮着地牵引之后。

①启用电子驻车制动。

②打开点火开关并踩下制动踏板。

③旋转挡位选择杆至驻车挡 P。

④禁用变速器驻车释放机构。

⑤关闭点火开关，然后从车中取出智能钥匙。

⑥从前牵引孔眼上拆下施救车辆的牵引附件。装回舱盖。警告：在拆卸牵引设备时要分外小心。车辆可能会移动，可能会造成严重伤害或死亡。

2. 前牵引孔

警告：前牵引孔眼仅用于路上施救。如果将此牵引孔眼用于任何其他用途，可能会导致车辆受损，并且可能造成人员受重伤或死亡。小心：在越野行驶之前，拆下前牵引孔眼盖以避免损坏或丢失。行驶车辆之前必须更换盖板。小心：在驾驶车辆之前，确保正确安装盖板。如果盖板安装不正确，可能会从车辆上脱落并可能会受损。注意：在拆下前记下盖板的安装位置。前牵引点位于前保险杠中一个可拆卸盖板的后面。

（1）要拆下盖子。

①用一个硬币或类似物件将 4 个紧固件依次逆时针旋转 90° 以释放下缘，如图 6–106 所示。

②从一端开始，将盖板从下缘向前拉动，以松开盖板顶部边缘的中央卡舌和 6 个卡夹。

（2）要重新安装盖子。

①定位盖板，确保顶部边缘的中央卡舌和 6 个卡夹卡在保险杠的孔中。

②要固定盖板，将 4 个紧固件顺时针转动 90°。

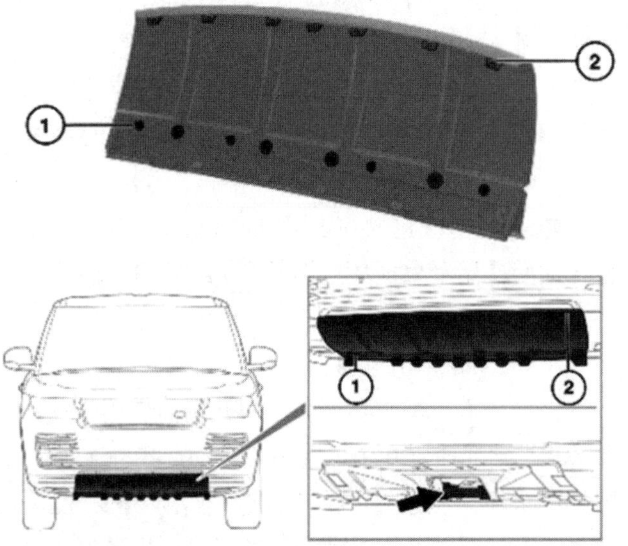

图 6–106

3. 后牵引孔

警告：后面的牵引孔眼仅用于路上施救。如果将此牵引孔眼用于任何其他用途，可能会导致车辆受损，并且可能造成人员受重伤或死亡。警告：切勿使用牵引球来施救车辆。如此操作可能会导致重伤或死亡。小心：在越野行驶之前，拆下后牵引孔眼盖以避免损坏或丢失。在上路行驶之前必须更换盖子。注意：后牵引孔眼可在需要时牵引其他车辆。注意：在拆下前记下盖板的安装位置。后牵引点位于后保险杠下部一个可拆卸盖板的后面。

（1）要拆下盖子。

①用一个硬币或类似物件将 3 个紧固件依次逆时针旋转 90° 以释放下缘，如图 6–107 所示。

②转动盖子以松开两侧卡舌。

③松开顶部的 6 个卡舌。

（2）要重新安装盖子。

①将盖子放置到位，确保顶部边缘的 6 个卡舌卡在保险杠上。

②将 2 个侧面卡舌放置到位。

③将 3 个紧固件顺时针旋转 90° 以固定盖子。

4. 应急解锁车门

按下释放按钮并拉动，取出机械钥匙，如图 6–108 所示。如果智能钥匙不能打开车辆，则将钥匙片插入驾驶员侧车门锁盖基部的槽孔中，然后向上轻轻撬动钥匙片。小心地朝上旋转车门锁盖，将盖从固定卡夹中撬开。将钥匙片插入露出的车锁中并旋转以操作车锁。报警将继续一直作响，直至智能钥匙放置正确。注意：当更换车门锁盖时，在推动锁盖就位之前，先将顶部固定卡夹固定。

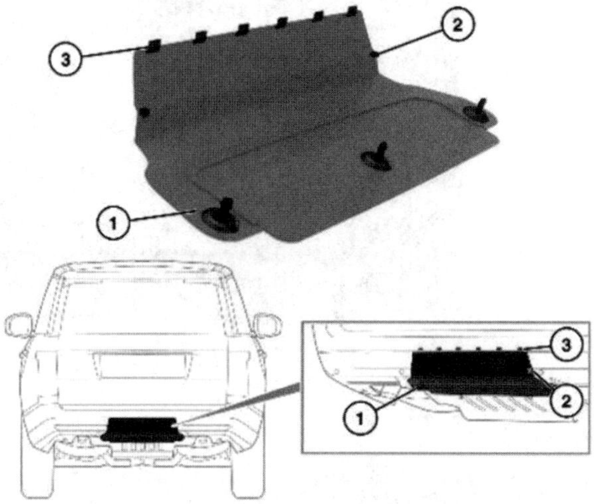

图 6–107

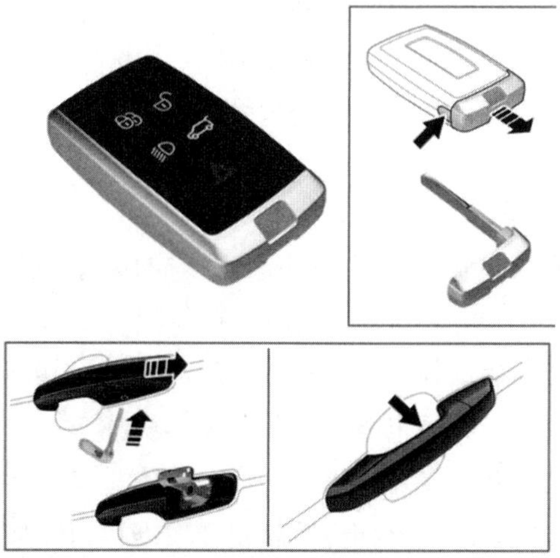

图 6–108

5. 转向柱解锁

小心：车辆施救过程中，智能钥匙必须一直留在车内。点火开关必须打开，以确保解锁转向柱。否则，可能会损坏车辆。

6. 电子驻车制动释放

用楔块固定车轮，在执行下列步骤之前确保所有人员都离开车辆。如果由于某种原因，比如系统故障或蓄电池耗尽，电子驻车制动（EPB）无法释放，则操作紧急释放程序。按照如下方式释放 EPB。

（1）停用。

①断开车辆蓄电池。

②抬起并支撑车辆。

③确保采用车轴支架支撑车辆。

④拆下一个后轮。

⑤松开电气接头，如图 6–109 所示。

⑥拆下并弃用将 EPB 执行器固定至制动卡钳的两个螺栓，如图 6–110 所示。扭矩：11N · m。

图 6–109

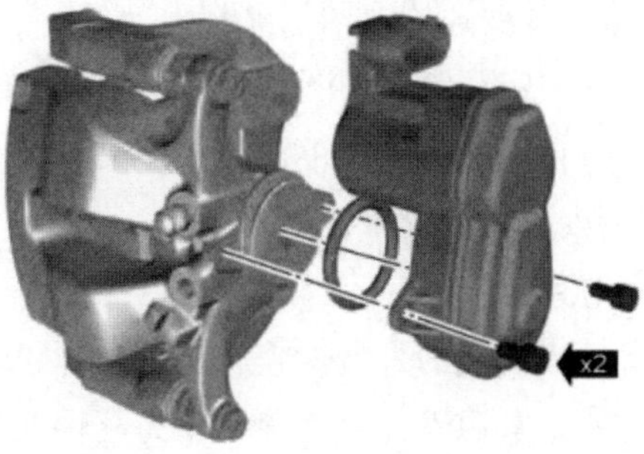

图 6–110

⑦从制动卡钳上拆下 EPB 执行器，如图 6–111 所示。丢弃 O 形密封圈。

⑧对车辆另一侧重复此程序。

（2）激活。

①安装新的 O 形密封圈。

②安装新螺栓。

③要重新安装，请反向执行拆卸程序。

④用诊断工具校准 EPB。

7. 变速器驻车释放

确保车辆用车轮楔块固定。应用电子驻车辅助系统（EPB），或让另一个人用力踩住制动踏板。否则，可能会造成车辆意外移动，导致人员严重受伤甚至死亡。施救车辆之前，如果未能将自动变速器从驻车挡 P 释放，可能会导致自动变速器严重损坏。车辆施救完成后，确保将自动变速器返回到 P 挡并重新安装发动机罩。如果配备了自动变速器的车辆需要进行施救，则务必激活变速器驻车释放系统，这样做会将自动变速器锁定在空挡 N，并防止自动变速器自动选择 P。当从车辆前方观察时，变速器驻车释放杆位于发动机右侧。需要拆下发动机装饰罩以便检修。启用变速器驻车释放系统后，自动挡位选择杆保持在 P 挡，但自动挡位选择杆指示灯和仪表盘都将闪烁显示 N。变速器驻车释放杆位于发动机上的以下位置，如图 6–112 所示。

图 6–111

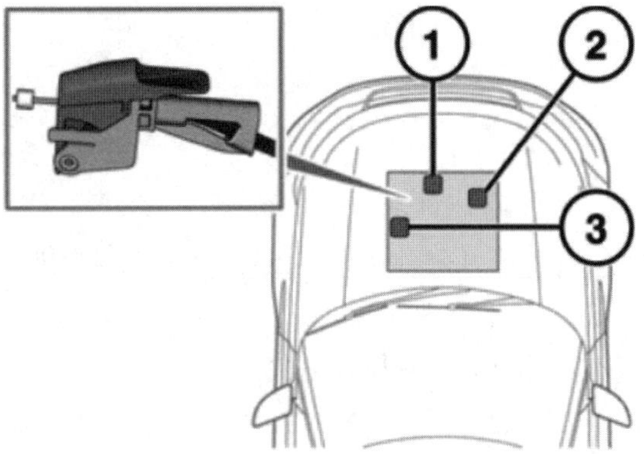

1.仅限3.0L柴油发动机V6　2.4.4L柴油发动机和3.0L直列6缸汽油发动机　3.所有其他发动机

图 6–112

变速器驻车释放杆工作。

（1）要将自动变速器从 P 挡释放。

①缓缓拉起释放杆，约 90° 至竖直位置，如图 6–113 所示。切勿对该把手用力过猛，并且切勿将把手拉起超过 90° 。这两者任何一个动作都可能会损坏变速器驻车释放系统。

②固定锁销啮合，以将把手保持在竖直位置。注意：固定锁销啮合时，可能会听到一声“咔嗒”声。接合也可能会通过把手感觉到。

（2）要将自动变速器返回至 P 挡。

①轻轻松开固定锁销，如图 6–114 所示。

②释放杆将自动返回至其正常的水平位置。

（3）重新安装发动机罩。

8. 车辆充电系统

应由具有适当资质的人员检查和认可电源，然后再连接充电电缆。如果电源不适合为混合动力车辆充电，则有可能严重损毁。如果该装置有任何损坏，切勿使用充电电缆。如果明显损坏，请联系经销商 / 授权维修厂。切勿使

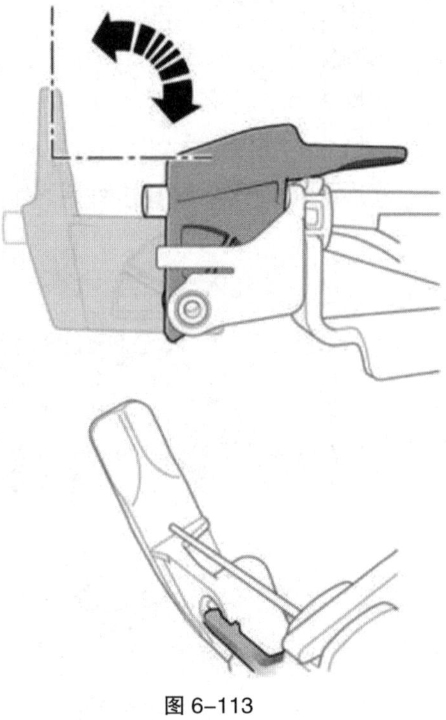

图 6–113

用延长导线或多重插座来延长充电电缆的使用范围。否则，可能会严重损毁延长电缆。在境外旅行时，切勿使用转换插头连接充电电缆。否则，可能会严重损毁转换插头。注意：车辆仅支持交流充电。在某些情况下，车辆可能不会充电。

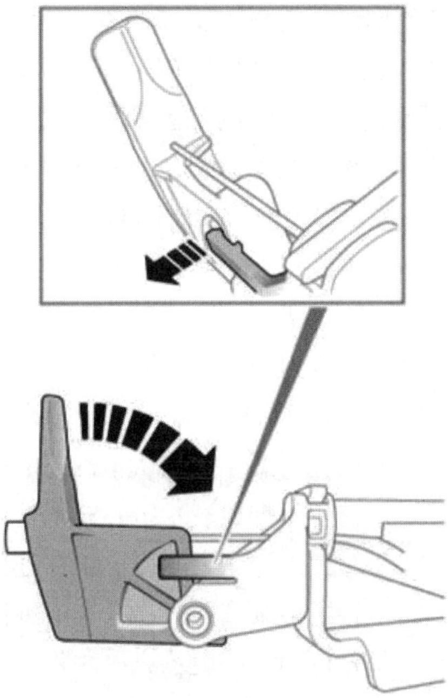

图 6–114

充电故障可通过下列方式发现：

通过仪表盘与触摸屏中的消息；

通过充电端口指示灯；

通过充电电缆指示灯。

充电故障可能由以下原因导致：

车辆蓄电池故障；

高压冷却系统故障；

车辆供电出现故障。

（1）充电端口位置。

充电端口位于前保险杠格栅后面。在车辆解锁时，按下格栅的右上角，以便接触到充电端口，如图 6–115 所示。将盖打开后放在一旁，以便接触到充电端口，如图 6–116 所示。

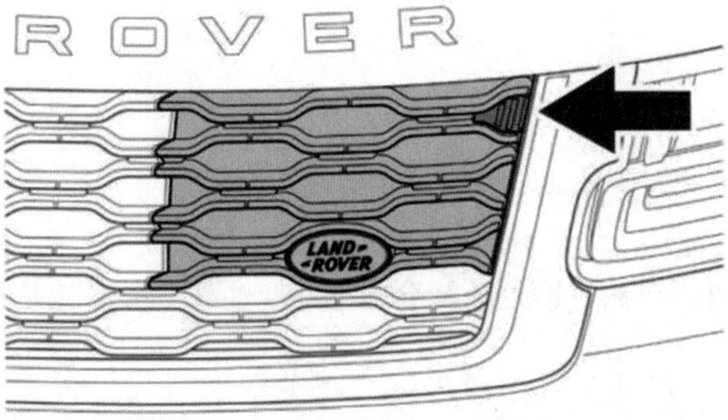

图 6–115

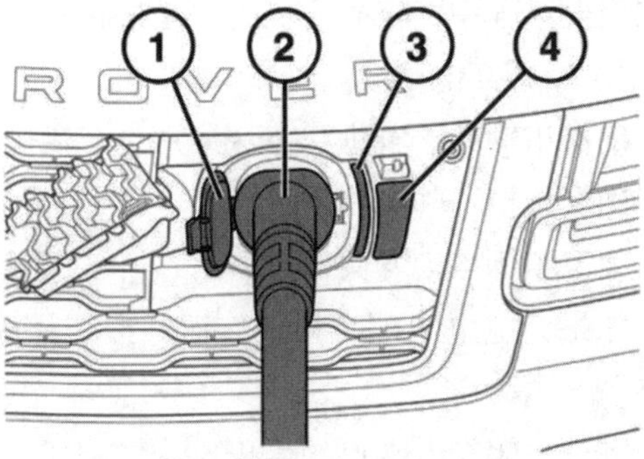

1.充电端口盖　2.充电电缆　3.充电端口LED
4.充电端口指示灯标签

图 6–116

（2）连接充电电缆。

在为插入式混合动力电动汽车（PHEV）充电时，请始终确保充电电缆完全展开。如果未能完全展开充电电缆，可能会导致电缆过热。当使用公共充电站时，确保为车辆选择正确的充电电缆。充电电缆应带有与车辆的充电端口相匹配的接头，提供交流充电。注意：确保交流充电电缆符合标准 GB/T20234.2。

将充电电缆连接至车辆。

① 解锁车辆。

②确保选择了驻车挡 P。

③确保车辆点火开关已关闭。

④将家用接头插入电源。注意：务必先将充电电缆连接到电源，然后连接到车辆。

⑤打开充电端口并取下盖子。

⑥将充电电缆连接至充电端口。连接后，将充电电缆锁定到位。一旦锁定，切勿尝试从充电端口拔出电缆。否则，将会损坏电缆锁定装置。如果需要紧急断开连接，请按下智能钥匙上的解锁按钮。在 60s 之后，电缆锁定装置重新接合。

如果符合以上所列的①~⑥项条件，充电流程自动启动。如果已设置定时充电事件，充电过程可能会延迟。注意：如果在充电过程中供电中断，充电过程中止。车辆每隔 5min 检查一次电源是否恢复。当电源恢复后，充电过程自动恢复。注意：供电中断可能会影响车辆在开始行程之前完全充电的能力。注意：车辆在连接充电电缆时无法启动。

（3）充电端口指示灯。

充电端口任一侧的系列 LED 可通知用户充电状态，如图 6–117 所示。连接充电电缆之前，LED 呈白色点亮，以帮助在黑暗中连接电缆。

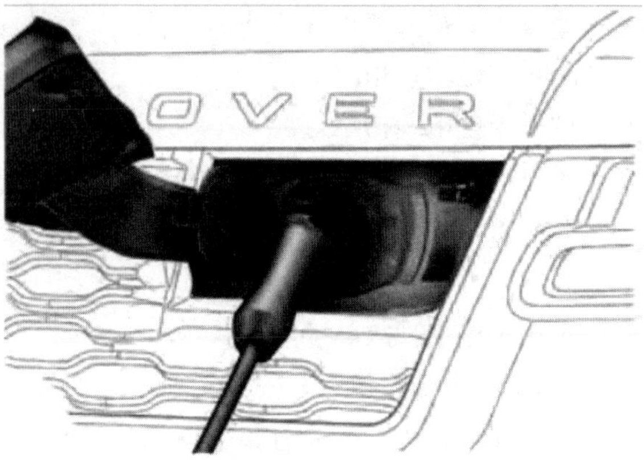

图 6–117

LED 还会：

呈白色闪烁，以确认车辆充电过程已经初始化；

呈蓝色闪烁，表示定时充电过程已设置；

呈绿色闪烁，表示充电正在进行；

呈绿色持续亮起以指明充电过程已完成；

呈红色闪烁，表示充电故障。

充电状态也可通过以下方式查看：

通过电动车触摸屏菜单；

通过仪表盘。

在充电过程中，仪表盘显示一系列指示灯。

（4）断开充电电缆。

①确保车辆处于解锁状态。注意：车辆可以使用智能钥匙或免匙进入系统解锁。

②确保选择了驻车挡 P。

③确保车辆点火开关已关闭。

④如果充电电缆配有释放按钮：按下释放按钮，并从车辆上断开充电电缆。注意：务必先从车辆上断开充电电缆。

⑤完全关闭充电端口的盖板。

⑥从电源上拔下家用接头。注意：这仅适用于家用充电电缆。当锁定时，切勿试图将电缆从充电端口拉出。否则，将会损坏电缆锁定装置。如果需要紧急断开连接，请按下智能钥匙上的解锁按钮。在 60s 之后，电缆锁定装置重新接合。

（5）充电电缆紧急释放。

保持手臂和衣服远离传动皮带、皮带轮和风扇。某些风扇在发动机停机后可能会继续运行或开始运行。注意：仅当尝试从车辆断开充电电缆所有其他方法失败时，执行以下程序。如果无法定期释放充电电缆，请与经销商 / 授权维修厂联系。

要在紧急情况下释放充电电缆，请执行以下操作。

①打开发动机舱盖。

②找到检修孔。

③向上拉动红色环以松开电缆，如图 6–118 所示。

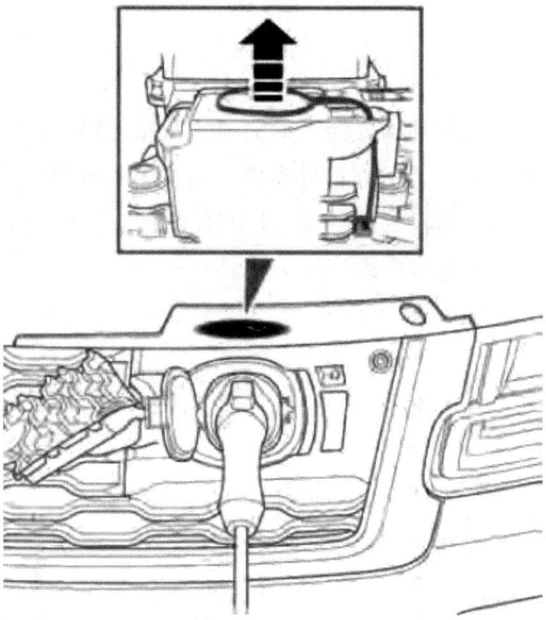

图 6–118

（6）混合动力安全。

切勿拆解、卸下或更换高压部件、电缆或接头。擅自接触高压系统可能会引起严重烧伤或电击，从而导致严重伤害或死亡。混合动力系统不具有任何可维修零件。为了便于识别，高压电缆和接头为橙色。如果需要保养或维修，请务必咨询经销商 / 授权维修厂。否则，可能会影响车辆的保修。混合动力系统由盖板和护罩隔离并保护。

结果是：

车辆中的该系统被隔离；

该系统得到保护，使其免受环境的影响；

防止不具备资格的人员接触。

车辆监控混合动力系统的完好性。如果检测到混合动力系统故障，仪表盘将会显示一条相关警告消息，还可能会点亮报警灯。

9. 发动机应急启动

如果发生以下情况，应使用发动机启动备份功能来解除报警和启动发动机：

用应急钥匙片解锁车门；

车辆未检测到智能钥匙。

仅当信息中心显示信息智能钥匙未识别，将其重新定位或将其按图 6-119 所示位置放置并按下启动按钮时，才可以使用发动机启动备份功能。

图 6-119

要执行发动机启动备份程序。

（1）将智能钥匙平靠着转向柱侧面放置。注意：转向柱上有帮助确定正确位置的标记。

（2）将智能钥匙保持在正确位置的同时，用力踩下制动踏板。

（3）按下并释放发动机 START/STOP（启动 / 停止）按钮。一旦发动机启动后，在安全条件允许的情况下松开制动踏板。如果无法识别智能钥匙或发动机无法启动，请咨询经销商 / 授权维修厂。

10. 连接跨接导线

在蓄电池或增压端子上或其附近作业前，请取下所有金属珠宝饰物。切勿让金属物品或车辆部件接触蓄电池或增压端子。金属物品可能会引起火花或短路，从而可能导致爆炸发生。不要让蓄电池接线柱或端子接触到皮肤。蓄电池接线柱和端子含有有毒的铅和铅化合物。务必在处理蓄电池后彻底洗手。切勿将任何蓄电池暴露于明火或火花，因为蓄电池会产生爆炸性可燃气体。切勿将跨接导线连接至车辆蓄电池的任何端子。否则，可能会引起火花，从而导致爆炸，也会导致充电系统损坏。切勿用冷冻蓄电池跨接启动、充电或试图启动车辆。否则，会导致爆炸。发动机的旋转元件可能会导致人员重伤，在发动机的旋转元件附近开展工作时，请加倍小心。在尝试启动车辆之前，确保已应用电子驻车制动或以适当的方式楔住车轮。确保选择了驻车挡 P。在蓄电池区域工作时，必须佩戴合适的护目用具，蓄电池酸液可能会对眼睛造成严重伤害。在正常使用过程中，蓄电池释放易爆气体足以引发严重爆炸并导致重伤，切勿让火星和明火靠近蓄电池。确保在施救车辆和无法启动车辆之间，除跨接导线外，再无任何实体接触。确保任何蓄电池或启动辅助装置是 12 V 装置。在操作任何电气设备前，先断开跨接导线。注意：在将跨接导线连接到无法启动的车辆的增压点端子之前，确保施救车辆增压点连接正确。另外，请确保所有电气设备均已关闭。

连接跨接导线。

（1）将正极（红色）跨接导线一端连接至施救车辆的正极（+）增压点端子，如图 6–120 所示。

（2）将正极（红色）跨接导线的另一端连接至无法启动的车辆的正极（+）增压点端子，如图 6–121 所示。

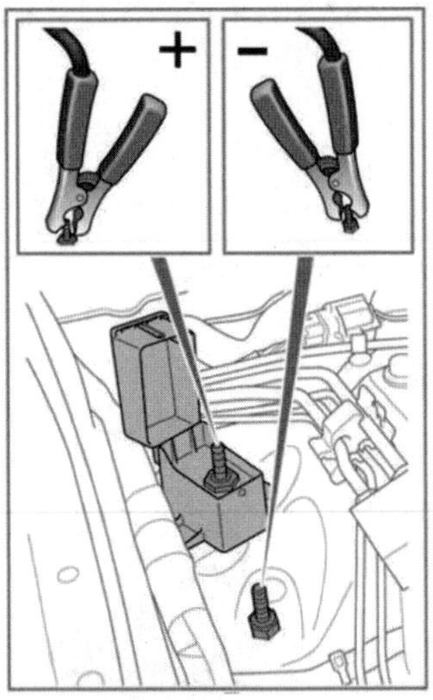

图 6–120

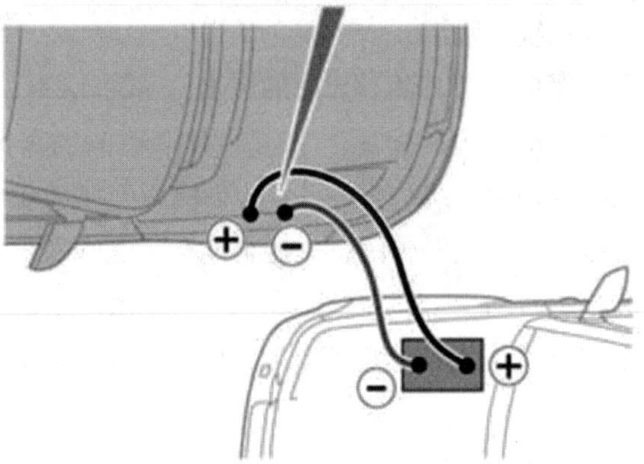

图 6–121

11. 保险丝盒位置

保险丝盒位置如图 6–122 所示。

保险丝盒暴露时，请小心操作防止其受潮。请尽早重新安装检修面板。

（1）要检修载货区保险丝盒，请打开尾门。抓住面板顶部并用力猛拉，拆除右侧检修面板。注意：混合动力车辆具有额外的保险丝盒，位于载货区保险丝盒附近。此保险丝盒内含的保险丝只应由授权经销商 / 维修厂检查或更换。重新安装检修面板时，在将该面板完全推回原位之前，确保 3 个固定销对准其相应的孔。

（2）载货区保险丝盒：位于保险丝盒下方槽内的标签表明电路受到保护，以及保险丝的位置。

（3）要检修乘客舱保险丝盒，请打开杂物箱。按下各端的支撑杆顶部，并将杂物箱降低至脚坑内。保险丝检修板前部的标签标明了受保护的电路和保险丝位置。卸下面板，以便够到保险丝。

（4）要检修发动机舱保险丝盒，请拆下发动机舱盖板。

（5）上抬翼片挡风玻璃面板至足以卸下保险丝盒盖。

（6）通过松开各端的卡夹，拆下保险丝盒盖板。盖内侧的一个标签标明了受保护电路和保险丝位置。

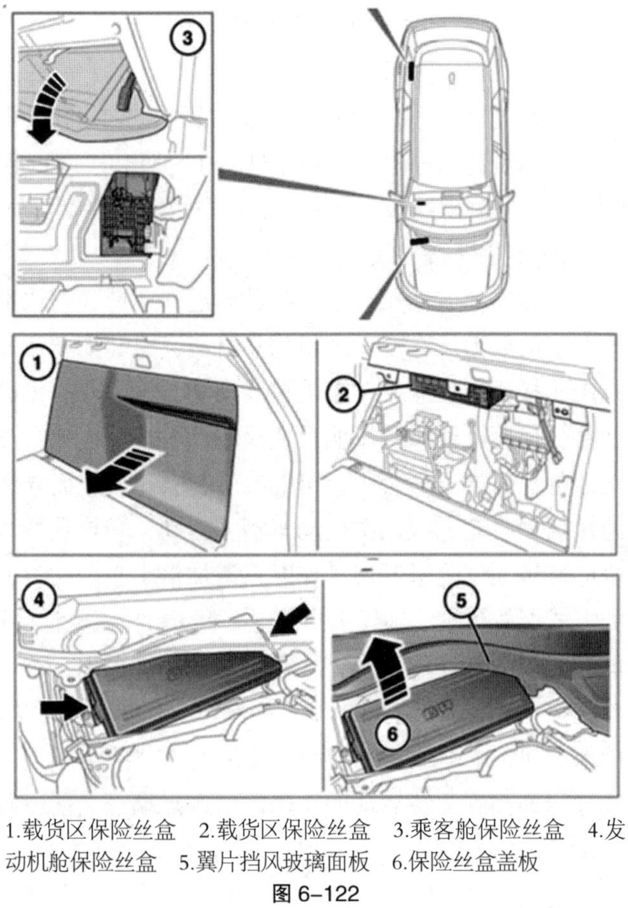

1.载货区保险丝盒　2.载货区保险丝盒　3.乘客舱保险丝盒　4.发动机舱保险丝盒　5.翼片挡风玻璃面板　6.保险丝盒盖板

图 6–122

十三、2018—2020 年路虎揽胜运动（L494）

1. 施救方法

（1）运输车或拖车，如图 6–123 所示。

建议使用专用运输车或拖车对车辆进行施救或运输，如图 6–124 所示。

图 6–123

图 6–124

（2）直杆全轮牵引。

如果无法使用推荐的方法施救车辆，在紧急情况下，车辆可以短距离全轮牵引。除非有必要，例如在紧急情况下，否则切勿全轮牵引。切勿牵引车辆超过 50 km。牵引车速切勿超过 50 km/h。超过此距离或以更高车速牵引将导致变速器严重损坏。

（3）前轮或后轮悬起的情况下牵引，如图 6–125 所示。

警告：确保车辆的施救和 / 或运输由合适的有资质的人员执行，并确保正确固定好车辆。不具备资质的人员执行救援和 / 或运输可能会造成人员严重受伤或死亡。小心：施救机构必须在施救开始前激活变速器驻车释放功能。未能激活变速器驻车释放可能会导致变速器严重损坏。小心：车辆不得在四轮全部着地的情况下被牵引，也不得在前轮或后轮悬起的情况下被施救。否则，可能会导致变速器严重损坏。施救和 / 或运输车辆的方法是使用专用运输车或拖车。

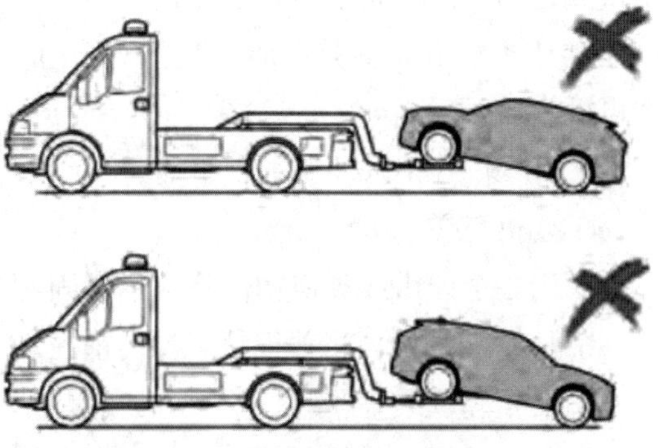

图 6–125

（4）四轮牵引车辆。

警告：施救机构必须在牵引开始前启用变速器驻车释放机构。警告：如果选择了空挡 N，然后关闭了发动机，则变速器在 10min 后会自动选择驻车挡 P。此时，如果在牵引车辆时未启用变速器驻车释放机构，则会严重损坏变速器，同时还会危及人身安全。警告：若在牵引过程中不能使用发动机，则将不能向制动系统提供电动助力。动力辅助不足会导致停车时所用的力量大幅增加，并会大大增加停车距离。警告：如果要断开车辆蓄电池，则必须先解锁转向柱。在蓄电池断开的情况下，无法解锁转向柱。如果转向柱在牵引时锁定，可能会导致人员严重受伤甚至死亡。警告：在施救之前，请始终确保解锁转向柱。未能做到这一点可能会导致人员严重受伤甚至死亡。小心：仅可在四轮着地情况下向前牵引车辆。若在只有两轮着地的情况下以倒车方向拖车，将导致变速器严重损坏。小心：切勿牵引车辆超过 50km。牵引车速切勿超过 50km/h。超过此距离或以更高车速牵引将导致变速器严重损坏。小心：若变速器无法设置为空挡 N 或后部电子差速器无法位于锁定位置，切勿牵引车辆。否则，可能会导致车辆受损。车辆被施救时所有四轮应离开地面，比如放在拖车上。如果采用正确的方法不能施救车辆，在紧急情况下，车辆可以在四轮着地情况下被牵引很短的距离。请遵循以下指导原则。必须认真执行以下程序以防损坏车辆。

①将施救车辆的牵引附件固定到前拖车孔眼上。

②在应用电子驻车制动（EPB）的情况下，打开点火开关。确保解锁转向锁。

③踩下制动踏板并旋转挡位选择杆至空挡 N。

④启用变速器驻车释放机构。

⑤将智能钥匙置于车内的安全位置。

⑥释放 EPB 之后再牵引车辆。小心：将点火开关长时间保持在开启位置可耗尽蓄电池电量。

（5）四轮着地牵引之后。

①启用电子驻车制动。

②打开点火开关并踩下制动踏板。

③旋转挡位选择杆至驻车挡 P。

④禁用变速器驻车释放机构。

⑤关闭点火开关，然后从车中取出智能钥匙。

⑥从前牵引孔眼上拆下施救车辆的牵引附件。装回舱盖。警告：在拆卸牵引设备时要分外小心。车辆可能会移动，可能会造成人员严重受伤或死亡。

2. 前牵引孔

警告：前牵引孔眼仅用于路上施救。如果将此牵引孔眼用于任何其他用途，可能会导致车辆受损，并且可能造成人员受重伤或死亡。小心：在越野行驶之前，拆下前牵引孔眼盖以避免损坏或丢失。 在上路行驶之前，必须先重新安装盖板。小心：在驾驶车辆之前，确保正确安装盖板。 如果盖板安装不正确，可能会从车辆上脱落并可能会受损。注意：在拆下前记下盖板的安装位置。前牵引孔眼位于前保险杠中的可拆卸盖子后面。

（1）除 SVR 以外的所有车辆。

①要拆下盖子。

a. 用一个硬币或类似物件将 4 个紧固件逆时针旋转 90° ，以释放下缘，如图 6–126 所示。

b. 从一端开始，将盖板从下缘向前拉动，以松开盖板顶部边缘的定位卡舌和卡夹。

②要重新安装盖子。

a. 定位盖板，确保顶部边缘的 3 个卡舌和 4 个卡夹卡在保险杠的孔中。

b. 用一个硬币或类似物件将 4 个紧固件顺时针旋转 90° ，以紧固盖板。

（2）SVR 车辆。

①要拆下盖子。

a. 用一个硬币或类似物件将 6 个紧固件依次逆时针旋转 90° ，以释放下沿，如图 6–127 所示。

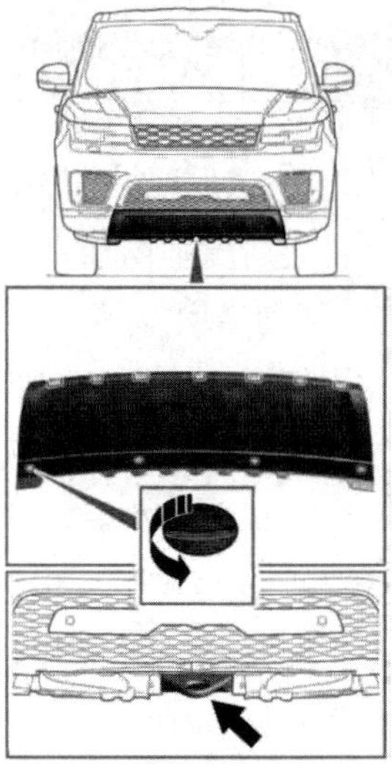

图 6–126

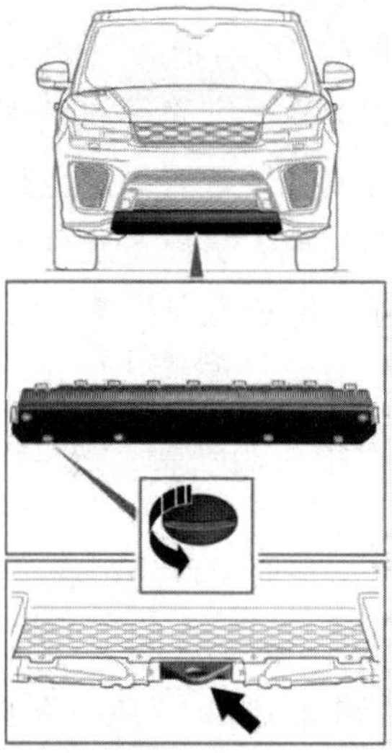

图 6–127

b. 从一端开始，拉动盖板的后下部边缘，以松开两侧定位卡舌。

c. 松开盖板的顶部边缘上的 3 个定位卡舌和 6 个卡夹。

②要重新安装盖子。

a. 定位盖板，确保顶部边缘的 3 个卡舌和 6 个卡夹卡在保险杠的孔中。

b. 对齐两个侧面定位卡舌。

c. 用一个硬币或类似物件将 6 个紧固件顺时针旋转 90° ，以紧固盖板。

3. 后牵引孔

警告：车辆后部的牵引孔眼仅用于路上施救，如果将其用于任何其他目的，则可能导致车辆受损和人员严重受伤。警告：切勿使用牵引球来施救车辆。否则，可能会导致人员受重伤或死亡。小心：在越野行驶之前，拆下后牵引孔眼盖以避免损坏或丢失。在上路行驶之前必须重新安装盖板。注意：后牵引孔眼可在需要时牵引其他车辆。注意：在拆下前记下盖板的安装位置。注意：根据车辆规格的不同，牵引孔眼盖的设计可能与图示中的盖有所不同。后牵引点位于后保险杠下部一个可拆卸盖板的后面。牵引孔眼放置在工具箱中，位于载货区的地板下方。将拖车挂钩逆时针拧入其固定位置，直到固定好。

（1）除 SVR 以外的所有车辆。

要拆下盖子。

①用一个合适的硬币或类似物件将两个紧固件逆时针旋转 90° ，如图 6–128 所示。

②向后拉动下边缘以松开中间卡舌。

③松开 11 个上部卡舌。

④要重新安装盖板，请按照拆卸过程相反的顺序执行操作。

（2）SVR 车辆。

要拆下盖子。

①用一个硬币或类似物件将两个紧固件逆时针旋转 90° 以释放下边缘，如图 6–129 所示。

②向后拉动下边缘以松开中间卡舌。

③向后转动下边缘，并松开 5 个上部卡舌。

④要重新安装盖板，请按照拆卸过程相反的顺序执行操作。

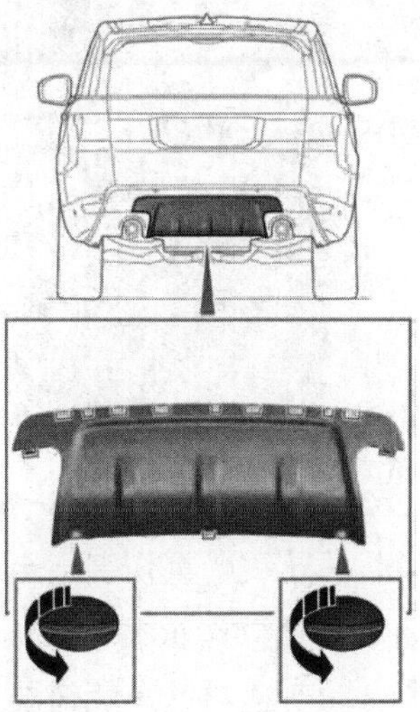

图 6–128

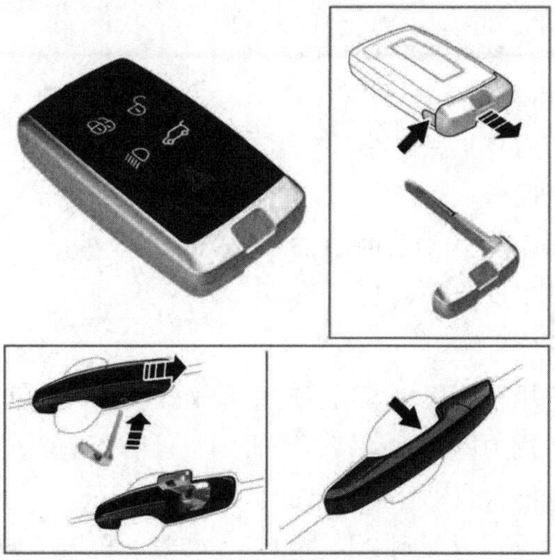

图 6–129

4. 车门应急解锁

按下释放按钮并拉动，取出机械钥匙。如果智能钥匙不能打开车辆，则将钥匙片插入驾驶员侧车门锁盖基部的槽孔中，然后向上轻轻撬动钥匙片。小心地朝上旋转车门锁盖，将盖从固定卡夹中撬开，如图 6-129 所示。将钥匙片插入露出的车锁中并旋转以操作车锁。报警将继续一直作响，直至智能钥匙放置正确。注意：当更换车门锁盖时，在推动锁盖就位之前，先将顶部固定卡夹固定。

5. 电子驻车制动系统（EPB）释放

用楔块固定车轮，在执行下列步骤之前确保所有人员都离开车辆。如果由于某种原因，比如系统故障或蓄电池耗尽，电子驻车制动（EPB）无法释放，则操作紧急释放程序。按照如下方式释放 EPB。

（1）停用。

①断开车辆蓄电池。

②抬起并支撑车辆。

③确保采用车轴支架支撑车辆。

④拆下一个后轮。

⑤松开电气接头，如图 6-130 所示。

⑥拆下并弃用将 EPB 执行器固定至制动卡钳的两个螺栓，如图 6-131 所示。扭矩：11N · m。

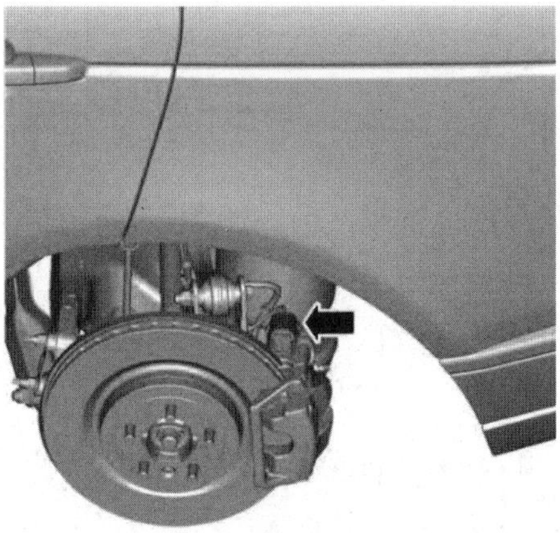

图 6-130

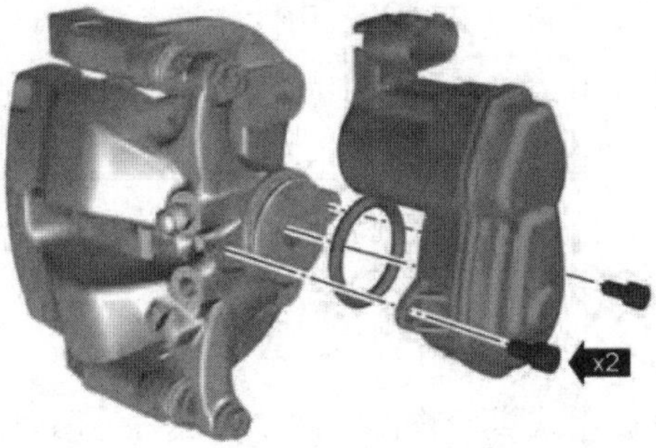

图 6-131

⑦从制动卡钳上拆下 EPB 执行器，如图 6-132 所示。丢弃 O 形密封圈。

⑧对车辆另一侧重复此程序。

（2）激活。

①安装新的 O 形密封圈。

②安装新螺栓。

③要重新安装，请反向执行拆卸程序。

④用诊断工具校准 EPB。

6. 变速器应急解锁

图 6-132

确保车辆用车轮楔块固定。应用电子驻车辅助系统（EPB），或让另一个人用力踩住制动踏板。否则，可能会造成车辆意外移动，导致严重伤害甚至死亡。施救车辆之前，如果未能将自动变速器从驻车挡（P）释放，可能会导致自动变速器严重损坏。车辆施救完成后，确保将自动变速器返回到 P 挡并重新安装发动机罩。如果配备了自动变速器的车辆需要进行施救，则务必激活变速器驻车释放系统。这样做会将自动变速器锁定在空挡 N，并防止自动变速器自动选择 P。当从车辆前方观察时，变速器驻车释放杆位于发动机右侧。需要拆下发动机装饰罩以便检修。启用变速器驻车释放系统后，自动挡位选择杆保持在 P 挡，但自动挡位选择杆指示灯和仪表盘都将闪烁显示 N。

变速器驻车释放杆位于发动机上的位置，如图6–133所示。

（1）要将自动变速器从P挡释放。

①缓缓拉起释放杆，约90°至竖直位置，如图6–134所示。切勿对该把手用力过猛，并且切勿将把手拉起超过90°，这两者任何一个动作都可能会损坏变速器驻车释放系统。

②固定锁销啮合，以将把手保持在竖直位置。注意：固定锁销啮合时，可能会听到“咔嗒”声。接合也可能会通过把手感觉到。

（2）要将自动变速器返回至P挡。

①轻轻松开固定锁销，如图6–135所示。

②释放杆将自动返回至其正常的水平位置。

（3）重新安装发动机罩。

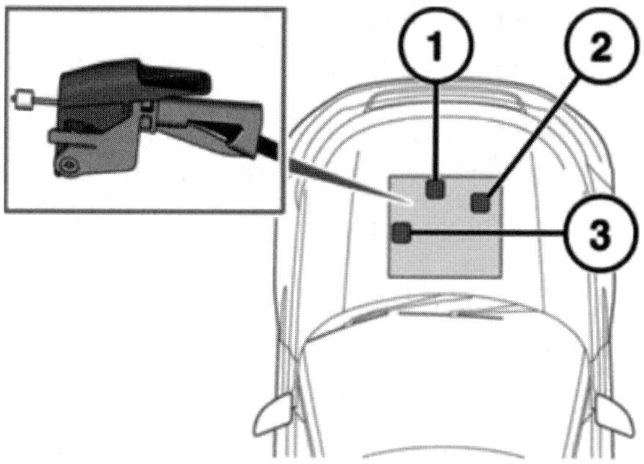

1.仅限3.0L柴油发动机V6　2. 4.4L柴油发动机和3.0L直列6缸汽油发动机　3.所有其他发动机

图6–133

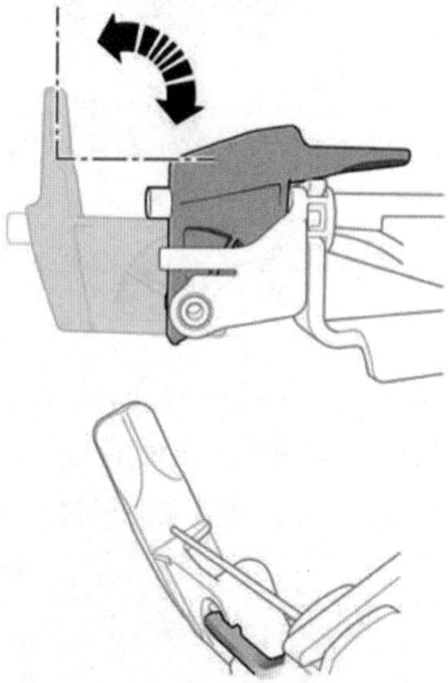

图6–134

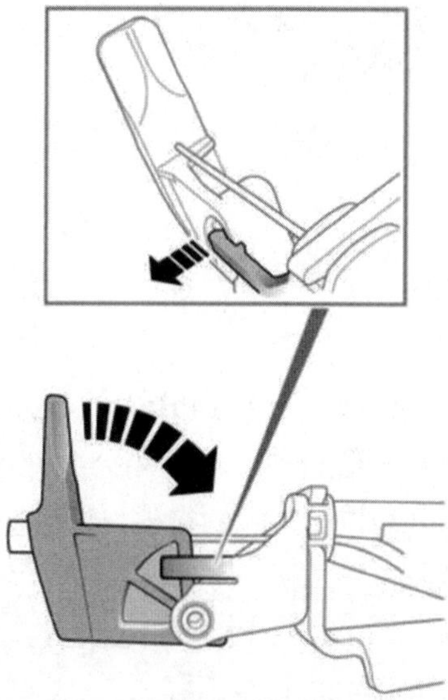

图6–135

7. 车辆充电简介

家庭充电电缆随车辆一起供应。家庭充电电缆在不使用时应存放在携带包中。当车辆行驶时，确保携带包系带固定在行李锚固点上。家庭充电电缆仅应在公共充电电缆和充电站不可用时使用。在可能的情况下应尽量使用公共充电电缆连接到充电站。高压系统不具有任何可维修零件，切勿拆解、卸下或更换高压部件、电缆或接头。擅自接触高压系统可能会引起严重烧伤或电击，从而导致严重伤害或死亡。为了便于识别，高压电缆和接头为橙色。如果需要保养或维修，请务必咨询经销商 / 授权维修厂。仅将充电电缆连接到正确安装的插座上，该插座符合国家 / 地区法律和标准并经过具备资质的技师检查。如果家用电源不适合为混合动力汽车充电，可能会对财产和充电电缆造成严重损坏。如果该装置有任何损坏，切勿使用充电电缆。如果明显损坏，请联系经销商 / 授权维修厂。切勿使用延长导线或多重插座来延长充电电缆的使用范围。否则，可能会严重损毁延长电缆。在境外旅行时，切勿使用转换插头连接充电电缆。否则，可能会严重损毁转换插头。注意：车辆仅支持交流充电。

在某些情况下，车辆可能不会充电。充电故障可通过下列方式发现：

通过仪表盘和触摸屏中的信息；

通过充电端口指示灯；

通过充电电缆指示灯。

充电故障可能由以下原因导致：

车辆蓄电池故障；

高压冷却系统故障；

车辆供电出现故障。

（1）充电端口位置。

充电端口位于前保险杠格栅后面。在车辆已解锁的情况下，拉动格栅的右上角（如图 6–136 所示的位置）以便接触到充电端口。将盖打开后放在一旁，以便接触到充电端口，如图 6–137 所示。

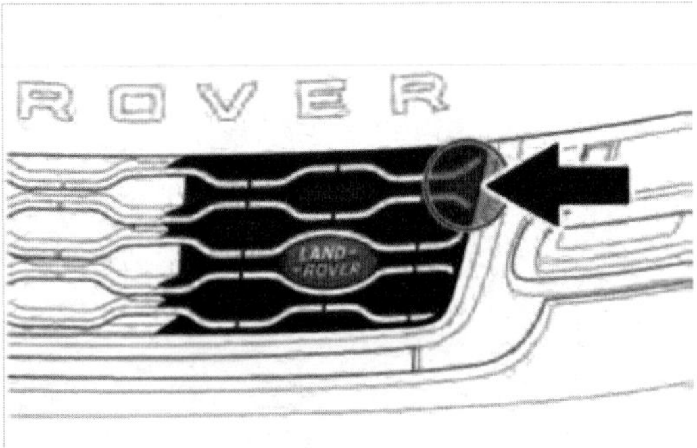

图 6–136

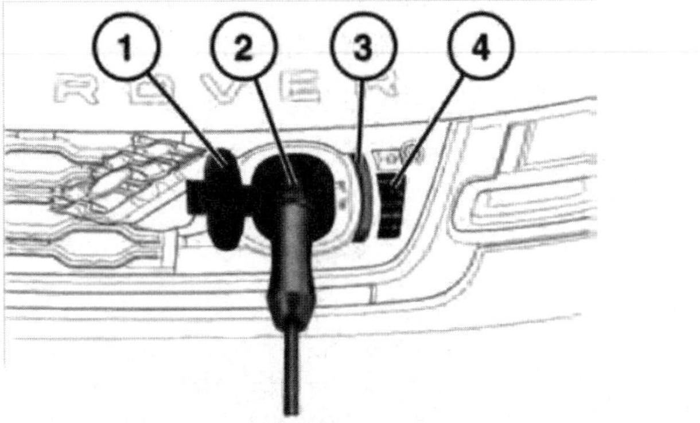

1.充电端口盖　2.充电电缆　3.充电端口LED　4.充电端口指示灯标签

图 6–137

（2）连接充电电缆。

在为插入式混合动力汽车（PHEV）充电时，请始终确保充电电缆完全展开。如果未能完全展开充电电缆，可能会导致电缆过热。当使用公共充电站时，确保为您的车辆选择正确的充电电缆。充电电缆应带有与车辆的充电端口相匹配的接头，提供交流充电。注意：确保交流充电电缆符合标准 GB/T20234.2。

将充电电缆连接至车辆。

①解锁车辆。

②确保选择了驻车挡 P。

③确保车辆点火开关已关闭。

④将家用接头插入电源。

注意：务必先将充电电缆连接到电源，然后连接到车辆。

⑤打开充电端口并取下盖子。

⑥将充电电缆连接至充电端口。

连接后，将充电电缆锁定到位。一旦锁定，切勿尝试从充电端口拔出电缆。否则，将会损坏电缆锁定装置。如果需要紧急断开连接，请按下智能钥匙上的解锁按钮。在 60 s 之后，电缆锁定装置重新接合。如果符合以上所列的①～⑥条件，充电流程自动启动。如果已设置定时充电事件，充电过程可能会延迟。注意：如果在充电过程中供电中断，充电过程中止。车辆每隔 5 min 检查一次电源是否恢复。当电源恢复后，充电过程自动恢复。注意：供电中断可能会影响车辆在开始行程之前完全充电的能力。注意：车辆在连接充电电缆时无法启动。

（3）充电端口指示灯。

充电端口任一侧的系列 LED 可通知用户充电状态，如图 6–138 所示。连接充电电缆之前，LED 呈白色点亮，以帮助在黑暗中连接电缆。

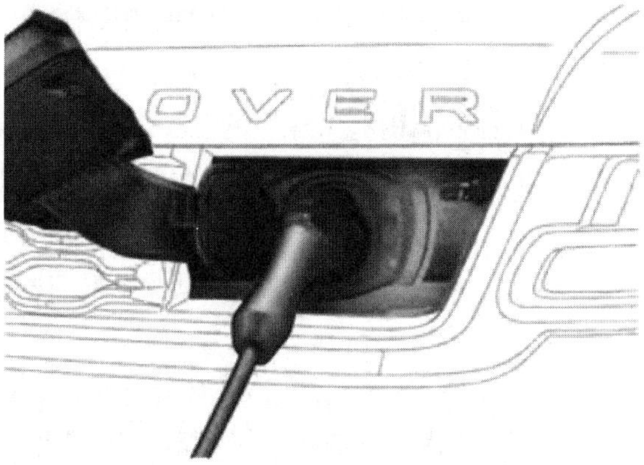

图 6–138

LED 还会：

呈白色闪烁，以确认车辆充电过程已经初始化；

呈蓝色闪烁，表示定时充电过程已设置；

呈绿色闪烁，表示充电正在进行；

呈绿色持续亮起以指明充电过程已完成；

呈红色闪烁，表示充电故障。

充电状态也可通过以下方式查看：

通过我的电动车触摸屏菜单；

通过仪表盘。

在充电过程中，仪表盘显示一系列指示灯。指示灯告知用户充电状态。

（4）断开充电电缆。

①确保车辆处于解锁状态。注意：车辆可以使用智能钥匙或免钥匙进入系统解锁。

②确保选择了驻车挡 P。

③确保车辆点火开关已关闭。

④如果充电电缆配有释放按钮：按下释放按钮，并从车辆上断开充电电缆。注意：务必先从车辆上断开充电电缆。

⑤完全关闭充电端口的盖板。

⑥从电源上拔下家用接头。注意：这仅适用于家用充电电缆。当锁定时，切勿试图将电缆从充电端口拉出。否则，将会损坏电缆锁定装置。如果需要紧急断开连接，请按下智能钥匙上的解锁按钮。在 60s 之后，电缆锁定装置重新接合。

（5）充电电缆紧急释放。

保持手臂和衣服远离传动皮带、皮带轮和风扇。某些风扇在发动机停机后可能会继续运行或开始运行。如果未能做到这一点，在发生事故时可能会导致严重伤害或死亡。注意：仅当尝试从车辆断开充电电缆所有其他方法失败时，执行以下程序。如果无法定期释放充电电缆，请与经销商 / 授权维修厂联系。

要在紧急情况下释放充电电缆，请执行以下操作。

①打开发动机舱盖。

②找到检修孔。

③向上拉动红色环以松开电缆，如图 6–139 所示。

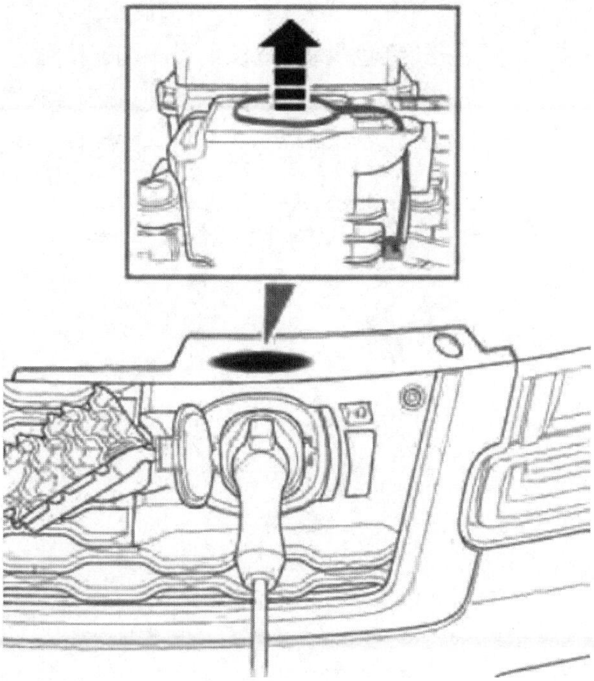
图 6–139

8. 发动机应急启动

如果发生以下情况，应使用发动机应急启动功能来解除报警和启动发动机：

用应急机械钥匙解锁车门；

车辆未检测到智能钥匙。

仅当仪表盘显示以下信息时才可以使用发动机应急启动功能：智能钥匙未识别。将其重新定位或将其按图示位置放置并按下“启动”按钮。

要执行发动机应急启动程序。

（1）将智能钥匙平靠着转向柱侧面放置，如图 6–140 所示。注意：转向柱上有帮助确定正确位置的标记。

（2）将智能钥匙保持在正确位置的同时，用力踩下制动踏板。

（3）按下并释放发动机 START/STOP（启动 / 停止）按钮。一旦发动机启动后，在安全条件允许的情况下松开制动踏板。如果无法识别智能钥匙或发动机无法启动，请咨询经销商 / 授权维修厂。

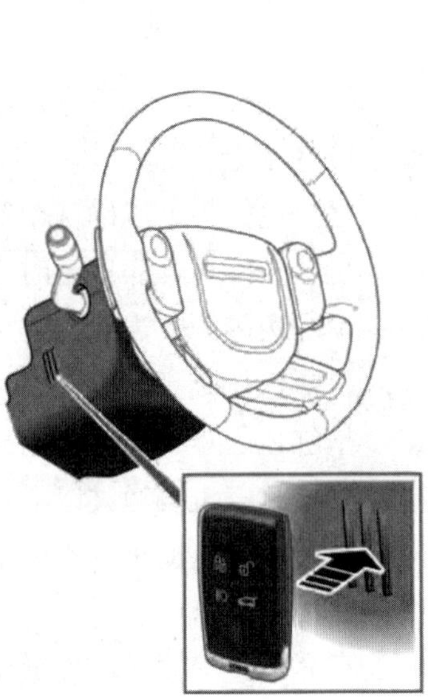

图 6–140

9. 应急跨线启动

在蓄电池或增压端子上或其附近作业前，请取下所有金属珠宝饰物。切勿让金属物品或车辆部件接触蓄电池或增压端子。金属物品可能会引起火花或短路，从而可能导致爆炸发生。不要让蓄电池接线柱或端子接触到皮肤。蓄电池接线柱和端子含有有毒的铅和铅化合物。务必在处理蓄电池后彻底洗手。切勿将任何蓄电池暴露于明火或火花，因为蓄电池会产生爆炸性可燃气体。切勿将跨接导线连接至车辆蓄电池的任何端子。这样可能会引起火花，从而导致爆炸。这样做也会导致充电系统损坏。切勿在蓄电池冻结的情况下进行跨接启动（助推启动）、充电或尝试启动车辆。否则，会导致爆炸。发动机的旋转元件可能会导致重伤。在发动机的旋转元件附近开展工作时，请加倍小心。在尝试启动车辆之前，确保已应用电子驻车制动或以适当的方式楔住车轮。确保选择了驻车挡 P。未能做到这一点可能会导致严重伤害甚至死亡。在蓄电池区域工作时，必须佩戴合适的护目用具。蓄电池酸液可能会对眼睛造成严重伤害。在正常使用过程中，蓄电池释放易爆气体足以引发严重爆炸并导致重伤。切勿让火星和明火靠近蓄电池。确保在施救车辆和无法启动车辆之间，除跨接导线外，再无任何实体接触。否则，可能会导致车辆损坏。确保任何蓄电池或启动辅助装置是 12 V 装置。未经许可的设备可能会导致车辆损坏。在操作任何电气设备前，先断开跨接导线。否则，可能会导致车辆损坏。注意：在将跨接导线连接到无法启动的车辆的增压点端子之前，确保施救车辆增压点连接正确。另外，请确保所有电气设备均已关闭。

（1）连接跨接导线。

①将正极（红色）跨接导线一端连接至施救车辆的正极（+）增压点端子。

②将正极（红色）跨接导线的另一端连接至无法启动的车辆的正极（+）增压点端子，如图 6–141 所示。

③将负极（黑色）跨接导线一端连接到建议的施救车辆负极（–）增压点端子。

④将负极（黑色）跨接导线的另一端连接至无法启动的车辆的负极（–）增压点端子，如图 6–142 所示。

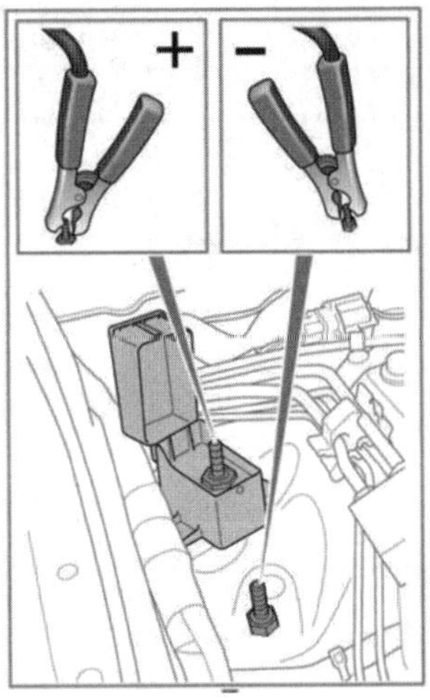

图 6–141

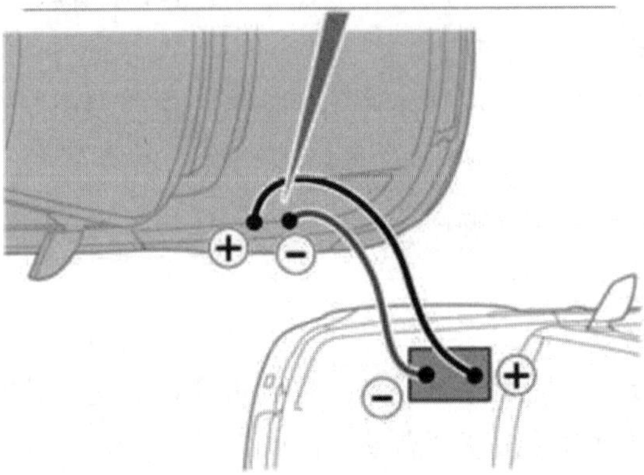

图 6–142

注意：检查以确保所有电缆远离所有运动部件。确保所有 4 个连接都很牢固。

⑤启动施救车辆的发动机。让发动机以怠速运转几分钟。

⑥启动先前无法启动车辆上的发动机。注意：在拆除跨接导线之前，不要给无法启动车辆上的任何电路通电。

⑦让两辆车怠速运转 2min。

⑧关闭施救车辆。

⑨从先前无法启动的车辆上断开负极（黑色）跨接导线。

⑩从施救车辆上断开负极（黑色）跨接导线。

⑪ 从先前无法启动的车辆上断开正极（红色）跨接导线。

⑫ 从施救车辆上断开正极（红色）跨接导线。

（2）连接启动辅助装置。

要使用启动辅助装置或辅助蓄电池启动车辆，请执行以下操作。

①将正极（红色）跨接导线连接到车辆的正极（+）增压点端子。

②将负极（黑色）跨接导线连接到车辆的负极（–）增压点端子。

③打开启动辅助装置。

④启动发动机。让发动机处于怠速状态。

⑤将负极（黑色）跨接导线从车辆的增压点端子上断开。

⑥关闭启动辅助装置。

⑦将正极（红色）跨接导线从车辆的增压点端子上断开。

10. 保险丝盒位置

保险丝盒位置如图 6–143 所示。

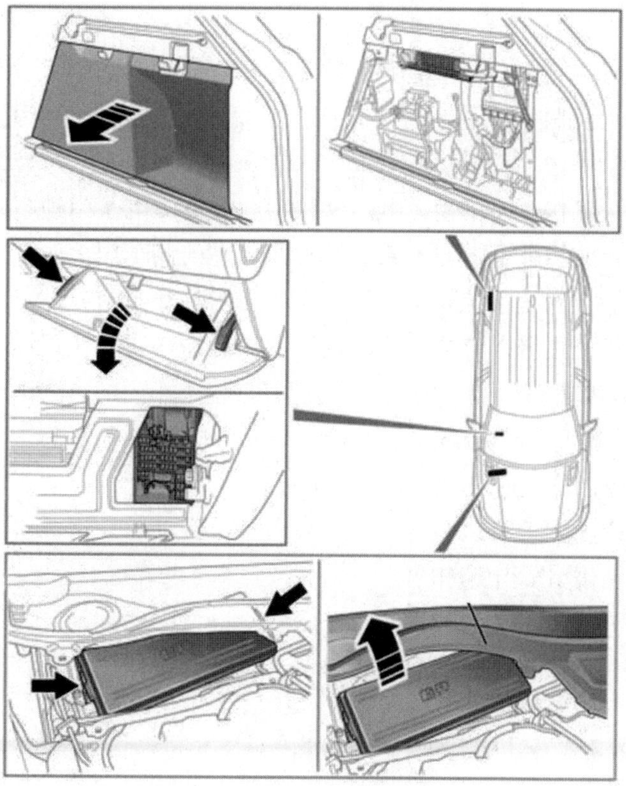

图 6–143

第 7 章　捷豹车系

一、捷豹 XJ

本章主要介绍了 2010 至 2013 年款的捷豹车系的应急救援方法和注意事项，对于 2010 年款之前但社会保有量较大的车型也有介绍。下面介绍的是 2010 年款之后的捷豹 XJ 轿车应急救援指南。

1. 运输车辆

运输车辆的推荐方法是在专用的运输车或拖车上进行运输。仅使用车轮系紧带和轮挡，不允许捆绑车身或悬架，这是因为空气悬架调节时会导致系紧带松弛。当在拖车或车辆平板运输车上运输车辆时，必须施加驻车制动器、使用轮挡固定车辆并启用紧急驻车释放（应急解除 P 挡）系统（EPR），以确保变速器仍保持在 N 挡而不会自动选择 P 挡。位于车辆前部和后部的牵引孔眼是只为道路施救和作为系紧点而设计的。如果将它们用于任何其他目的，则可能会造成车辆损坏和严重伤害。前部牵引孔眼（拉钩）包含在工具套件内，位于行李箱底板下部。安装孔眼方法如图 7–1 所示。

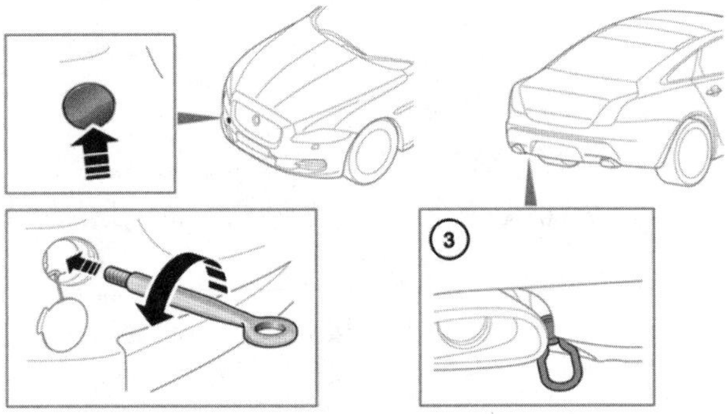

3.牵引孔眼

图 7–1

（1）拆下前保险杠上的护盖。

（2）通过保险杠找到牵引孔眼，并将牵引孔眼沿逆时针方向拧入其固定位置，直到固定牢固。

（3）在车辆后部的牵引孔眼（如图 7–1 中 3）用于向后牵引车辆或者牵引其他车辆。

2. 紧急进出车辆

如果电子门锁系统无法工作，如车辆无电、遥控钥匙无电或电子门锁系统有故障，则可以使用智能钥匙里带的紧急钥匙片开启左前侧车门。如果使用紧急钥匙片解锁车辆且安全系统处于启用状态时，当打开车门或行李箱时会触发报警声。要停止报警，应按下智能钥匙上的解锁按钮或在智能钥匙位于车辆内时按下发动机启动 / 停止按钮。应急开启左前车门的方法如图 7–2 所示，按照如下步骤，开启左前车门。

（1）将紧急钥匙片插入车门把手盖底部的插槽内。

（2）轻轻地向上撬动钥匙片。

（3）小心转动钥匙片，撬出固定卡扣盖。

（4）转动左前车门锁内的紧急钥匙片以解锁车门。

要重新安装车门锁盖，用力将盖退回原处直到其卡入位。确保三个定位凸耳均卡止入位。

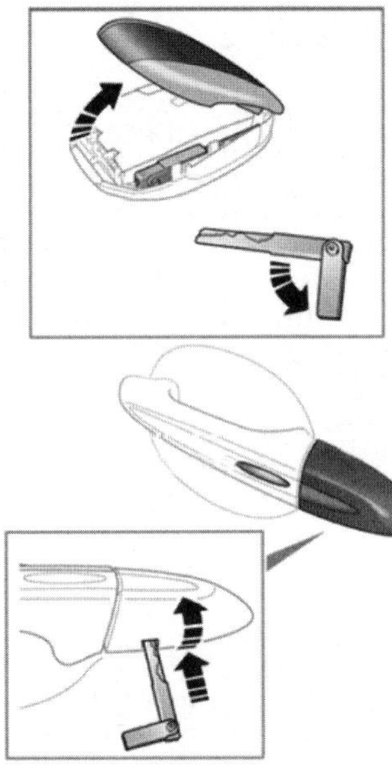
图 7–2

3. 打开行李箱

捷豹 XJ 行李箱没有外部机械钥匙锁芯或把手，只有一个电子按钮开关。

如果车辆蓄电池电量耗尽，则可以通过将 12V 电源连接至发动机舱保险丝盒来开启行李箱，这也需要先进入车辆，拉开机盖。如图 7–3 所示，打开发动机盖并拆下发动机盖和保险丝盒盖，将电源电缆连接至合适的 12V 电源上。方法如下：

（1）将电源正极电缆夹钳连接至 100 A midi 保险丝后端。

（2）将电源负极电缆夹钳连接至底盘右支腿前部的接地柱上。

（3）按下遥控器上的行李箱释放按钮。

注意：在此种供电情况下，不要尝试启动车辆。如需跨接启动，参见后面的说明。在行李箱盖的背面有一个机械拉索，如图 7–4 所示，如果试图通过这个拉索应急打开行李箱，要先进入车辆，拆下后座位靠垫，再拆下一些电气部件，才可能通过一个硬杆拉动这个拉索，不容易操作。如果行李箱放置有物品，会阻挡这一操作。

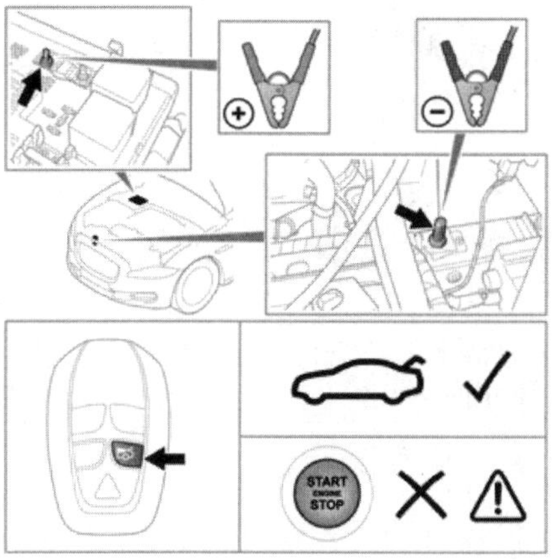

图 7–3

图 7–4

4. 应急启动

当智能钥匙位于车内时，可以通过按下启动 / 停止按钮开启和关闭点火系统。如果车辆没有探测到智能钥匙，则按下启动 / 停止按钮时会显示信息 Smart Key Not Found—Refer to Handbook（智能钥匙未找到——请参考手册）。这可能是因为钥匙无电、外界有电磁干扰或车辆无钥匙启动系统故障，如果出现这种情况，则使智能钥匙靠近辅助开关组件，位置如图 7–5 所示，按下启动 / 停止按钮即可接通点火或启动车辆。

5. 变速器应急驻车释放（解除 P 挡）

捷豹采用了 JaguarDrive 换挡杆（电子换挡手柄），如图 7–6 所示。关闭发动机前，应先选择 P 挡。如果在选择了 R（倒车）、D（行驶）或 S（运动）挡的情况下，将发动机关闭，换挡杆将自动选择 P 挡。如果在选择了 N 挡的情况下关闭发动机，系统将会等待 10 min，然后才会选择 P 挡。这一程序只是为了让车辆通过洗车程序，不应将其用于车辆施救目的。为避免变速器自动选择 P 挡（如用于车辆救助目的），

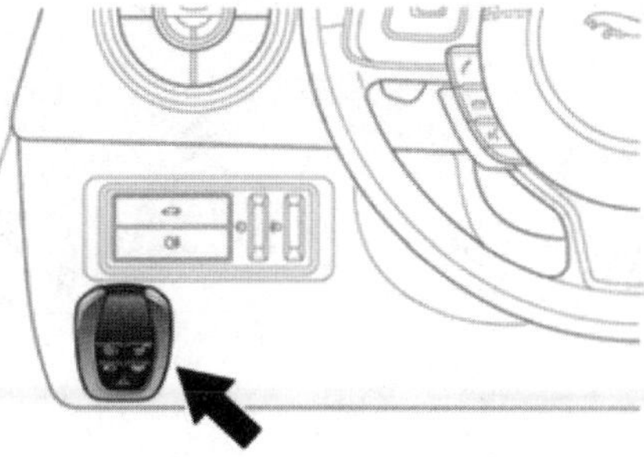
图 7–5

图 7–6

有必要激活紧急驻车释放功能 EPR（紧急驻车释放系统）。在救援车辆时，EPR 防止变速器自动选择 P 挡，确保变速器仍处于空挡 N。EPR 通过位于扶手箱内饰板下的拉杆操作，如图 7–7 所示。启用 EPR 前，选择 P 挡，施加驻车制动器，并关闭点火开关。

（1）打开扶手箱盖。

（2）拆下内饰板。

（3）逆时针转动锁止装置 90°。

（4）施加脚制动器。

（5）使用束带向上拉 EPR 杆，直到其拴在垂直位置。

EPR 启用时，电子换挡杆处在 P 挡，挡位指示灯和信息中心显示的挡位 N 都会闪烁（如果点火开关开启），以表明 EPR 已启用。车辆运输完成后，应取消 EPR，使驻车设定可以重新接合，如图 7–8 所示。

（1）使用平头螺丝刀，释放闩锁（标有箭头）。

（2）将 EPR 杆恢复至水平位置。

（3）顺时针转动锁止装置 90° 进行固定。

（4）重新放回内饰板并关闭扶手箱盖。

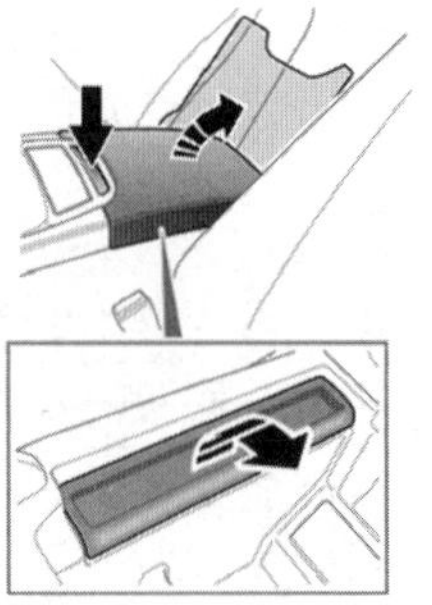

（a）打开扶手箱盖拆下内饰板

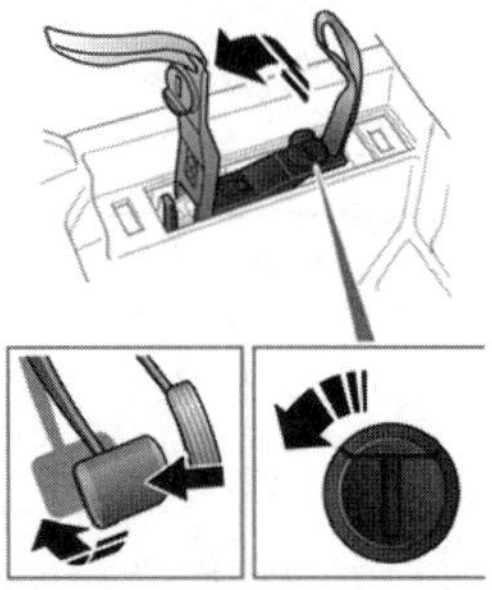

（b）拉动EPR杆以解除P挡

图 7–7

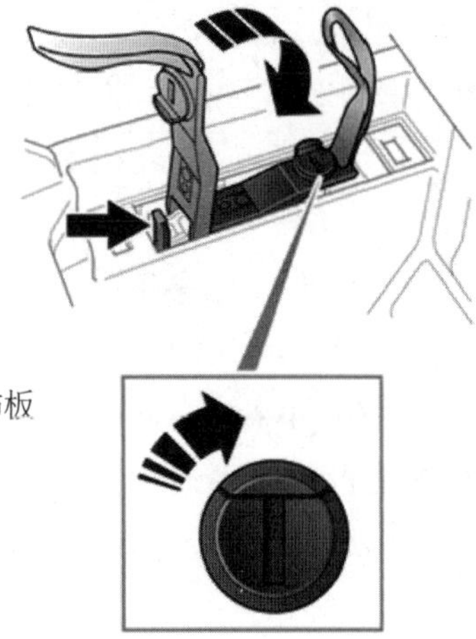

图 7–8

6. 电子驻车制动器释放

如果由于系统故障等原因造成电子驻车辅助系统（EPB）未释放，则通过以下步骤来释放驻车制动器钢索的紧度。

（1）确保有合适的轮挡用于防止车辆移动。

（2）拆下行李箱右侧的内饰板。

（3）按照图 7–9 中所示的顺序，从 EPB 模块上断开两个连接器。如果没有按照正确的顺序断开连接器，则 EPB 模块可能会存储故障诊断码。

（4）如图 7–10 所示，将专用工具 206–082 和 206–082–01 连接至 EPB 模块线束的连接器上。

（5）按下专用工具 206–082 上的开关以释放驻车制动器钢索的张紧度（可以听到“咔嗒”声）。

（6）断开专用工具 206–082 和 206–082–01。注意：电子驻车辅助系统再次可以操作时需要进行校准，方法是重新连接 EPB 模块连接

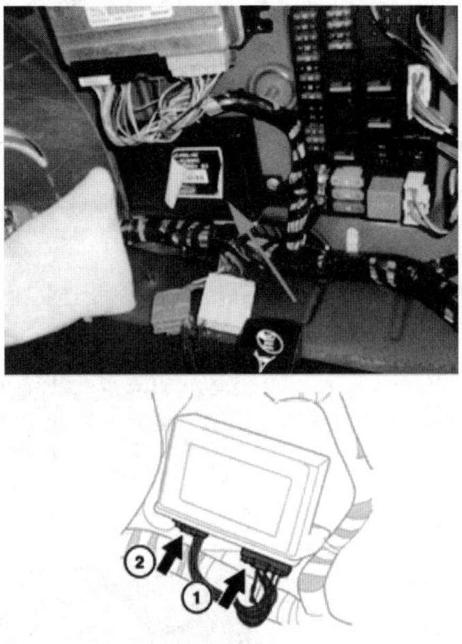

1.2.顺序

图 7–9

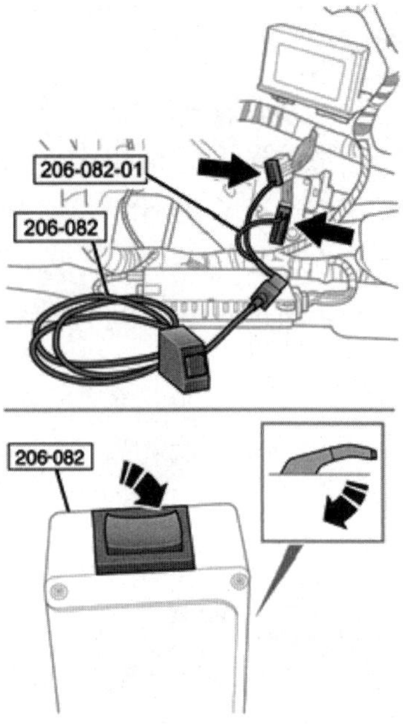

图 7–10

器（按照与断开相反的顺序），打开点火开关，施加脚制动器，然后施加驻车制动器。

7. 跨接启动

蓄电池位于行李箱内，跨接启动的连接如图 7–11 所示。

8. 保险丝盒位置

2010 年款捷豹 XJ 工有 3 个保险丝盒，分别位于发动机舱、后座靠背中间和行李箱右后侧，如图 7–12 所示。

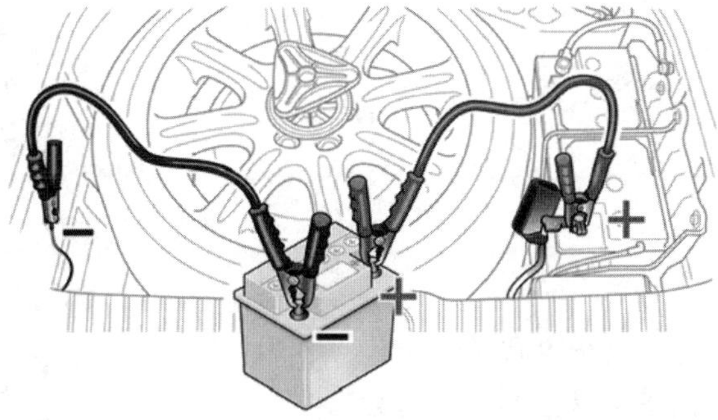

图 7–11

图 7–12

二、捷豹 XF

1. 运输车辆

运输车辆的推荐方法是在专用的运输车或拖车上进行运输，如图 7–13 所示。当在拖车或车辆平板运输车上运输车辆时，必须施加驻车制动器、使用轮挡固定车辆并启用紧急驻车释放（应急解除 P 挡）系统（EPR），以确保变速器仍保持在 N 挡而不会自动选择 P 挡。位于车辆前部和后部的牵引孔眼是只为道路施救和作为系紧点而设计的。如果将它们用于任何其他目的，则可能会造成车辆损坏和严重伤害。前部牵引孔眼包含在工具套件内，位于行李箱底板下部，安装孔眼方法如图 7–14 所示。

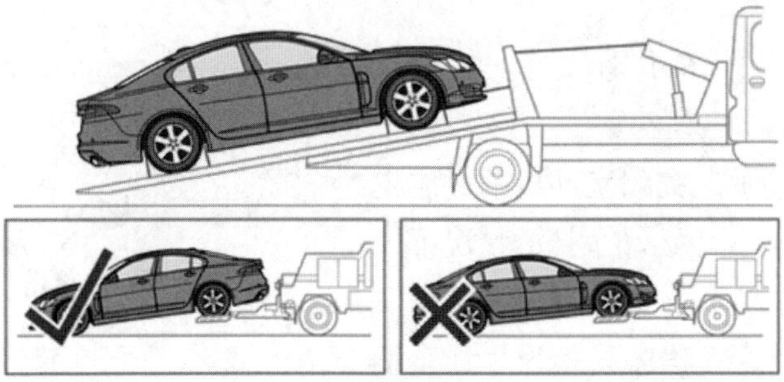

图 7–13

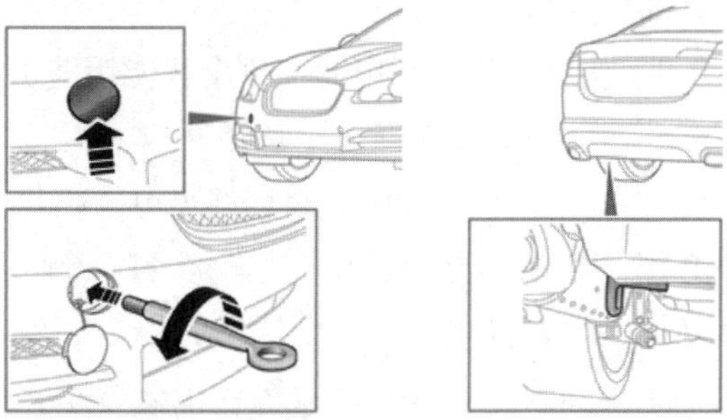

图 7–14

（1）按压前保险杠的牵引孔眼罩的下边缘以将其打开，然后从缝隙中拉出，使牵引孔眼罩吊在其固定带上。

（2）通过保险杠找到牵引孔眼，并将牵引孔眼沿逆时针方向拧入其固定位置，直到固定牢固。

（3）在车辆后部的牵引孔眼用于向后牵引车辆或者牵引其他车辆。

2. 紧急进出车辆

如果电子门锁系统无法工作，如车辆无电、遥控钥匙无电或电子门锁系统有故障，则可以使用智能钥匙里带的紧急钥匙片开启左前侧车门和行李箱。如果使用紧急钥匙片解锁车辆且安全系统处于启用状态时，当打开车门或行李箱时会触发报警声。要停止报警，应按下智能钥匙上的解锁按钮或将智能钥匙插入启动机控制单元。如果智能钥匙不可用，可以通过按下发动机启动/停止按钮来停止报警。应急开启左前车门的方法如图 7-15 所示，按照如下步骤，开启左前车门。

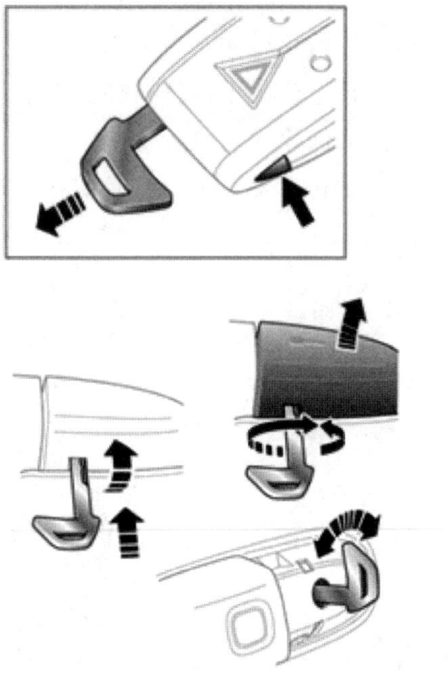

图 7-15

（1）将紧急钥匙片插入车门把手盖底部的插槽内。

（2）轻轻地向上撬动钥匙片。

（3）小心转动钥匙片，撬出固定卡扣盖。

（4）转动左前车门锁内的紧急钥匙片以解锁车门。

3. 应急启动

当智能钥匙位于车内时，可以通过按下启动/停止按钮开启和关闭点火系统。如果车辆没有探测到智能钥匙，则按下启动/停止按钮时会显示信息 Smart Key Not Found—Refer to Handbook（智能钥匙未找到——请参考手册）。这可能是因为钥匙无电、外界有电磁干扰或车辆无钥匙启动系统故障。如果出现这种情况，则将智能钥匙安装到位于转向柱左侧的仪表控制台下护板上的吸槽中，位置如图 7-16 所示，按下启动/停止按钮即可接通点火或启动车辆。要从启动机控制单元上拔出智能钥匙：

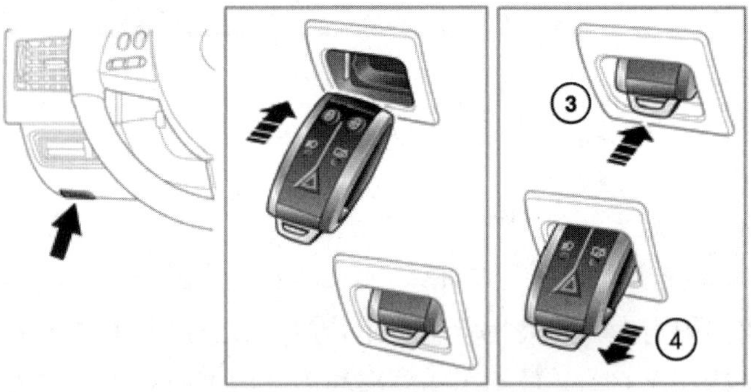

3.按下智能钥匙并释放　4.拔出智能钥匙

图 7-16

（1）确保车辆静止时，换挡杆处于 P 挡并且点火开关关闭。

（2）按下智能钥匙并释放（如图 7-16 中 3），智能钥匙会部分弹出。

（3）从启动机控制单元上拔出智能钥匙（如图 7-16 中 4）。

5. 变速器应急驻车释放（解除 P 挡）

捷豹采用了 JaguarDrive 换挡杆（电子换挡手柄），关闭发动机前，应先选择 P 挡。如果在选择了 R（倒车）、D（行驶）或 S（运动）挡的情况下，将发动机关闭，换挡杆将自动选择 P 挡。如果在选择了 N 挡的情况下关闭发动机，系统将会等待 10min，然后才会选择 P 挡。这一程序只是为了让车辆通过洗车程序，不应将其用于车辆施救目的。为避免变速器自动选择 P 挡（如用于车辆救助目的），有必要激活紧急驻车释放功能 EPR（紧急驻车释放系统）。救援车辆时，EPR 防止变速器自动选择 P 挡，确保变速器仍处于空挡 N。EPR 通过位于扶手箱内饰板下的拉杆操作，如图 7-17 所示。启用 EPR 前，选择 P 挡，施加驻车制动器，并关闭点火开关。

（1）打开双杯架盖。

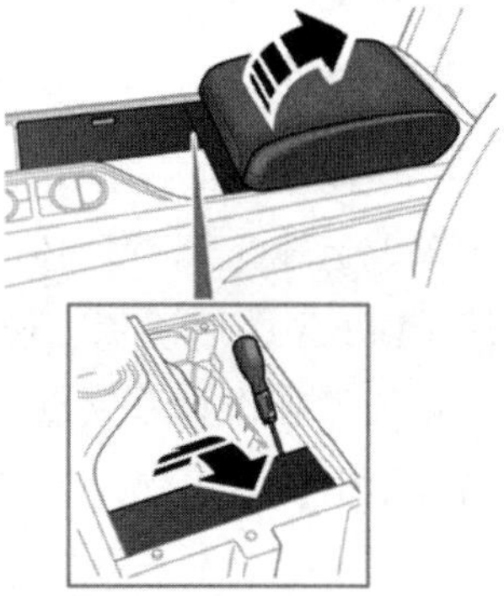

（a）打开扶手箱盖拆下内饰板

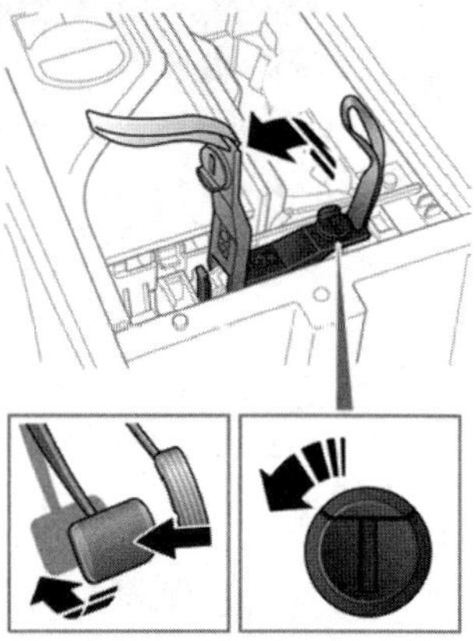

（b）拉动EPR杆以解除挡

图 7-17

（2）打开扶手箱盖。

（3）使用平头螺丝刀或类似工具，向上撬动内饰板以将其释放。拆下内饰板。

（4）使锁止装置逆时针方向转动 90° 。

（5）施加脚制动器。

（6）用束带向上拉 EPR 杆，直到其拴在垂直位置。

EPR 启用时，捷豹驾驶挡位处在 P 挡，挡位指示灯和信息中心显示的挡位 N 都会闪烁（如果点火开关开启），以表明 EPR 已启用。车辆运输完成后，应取消 EPR，使驻车设定可以重新接合，如图 7-18 所示。

（1）使用平头螺丝刀，释放闩锁（标有箭头）。

（2）将 EPR 杆恢复至水平位置。

（3）顺时针转动锁止装置 90° 进行固定。

（4）重新放回内饰板并关闭扶手箱和双杯架盖。

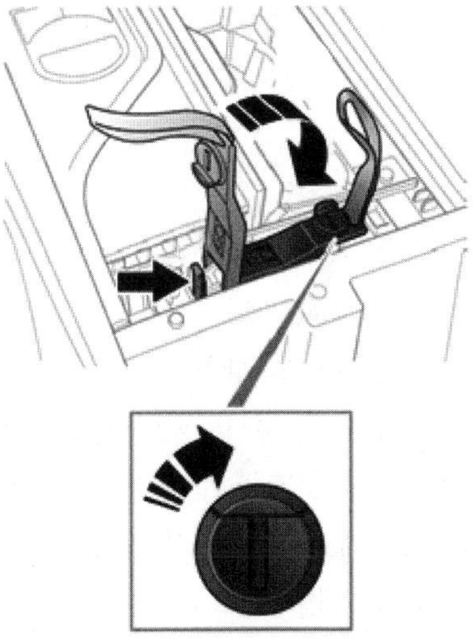

图 7-18

6. 电子驻车制动器释放

如果由于系统故障等原因造成电子驻车制动系统（EPB）未释放，则通过以下步骤来释放驻车制动器钢索的紧度。

（1）确保有合适的轮挡用于防止车辆移动。

（2）拆下行李箱右侧的内饰板。

（3）按照图 7-19 中所示的顺序，从 EPB 模块上断开两个连接器。如果没有按照正确的顺序断开连接器，则 EPB 模块可能会存储故障诊断码。

（4）如图 7-20 所示，将专用工具 206-082 和 206-082-01 连接至 EPB 模块线束连接器上。

（5）按下专用工具 206-082 上的开关以释放驻车制动器钢索的张紧度（可以听到“咔嗒”声）。

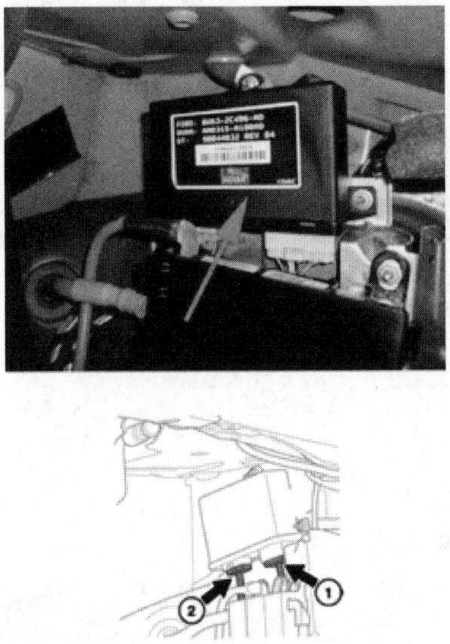

1.2. 顺序

图 7-19

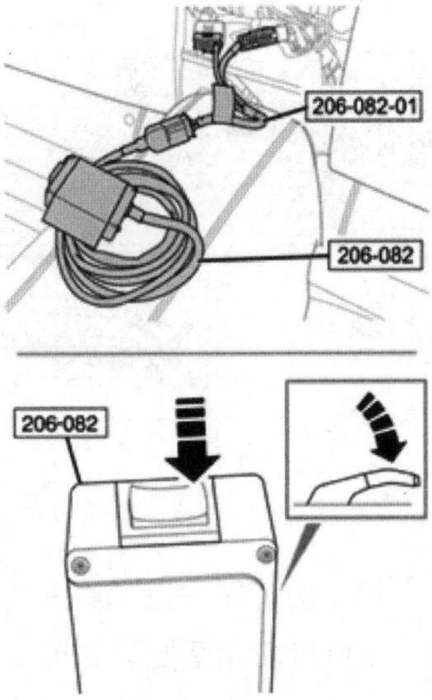

图 7-20

（6）断开专用工具 206-082 和 206-082-01。电子驻车辅助系统再次可以操作时需要进行校准，方法是重新连接 EPB 模块连接器（按照与断开相反的顺序），打开点火开关，施加脚制动器，然后施加驻车制动器。

7. 保险丝盒位置

根据配置不同，2010 年款捷豹 XF 有多个保险丝盒，分别位于发动机舱、乘客舱和行李箱右后侧，如图 7–21 所示。

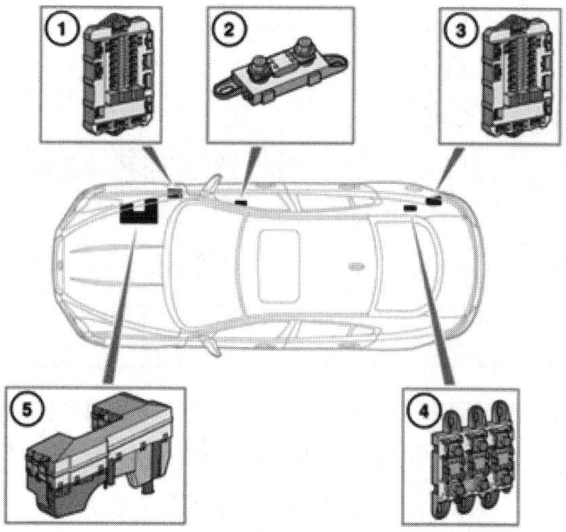
1.乘客车厢保险丝盒 2.辅助电加热器大电流保险丝 3.行李箱保险丝盒 4.蓄电池接线 5.发动机舱保险丝盒

图 7–21

三、捷豹 XK

1. 运输车辆

运输车辆如图 7–22 所示。当车辆在拖车上或车辆平板运输车上运输时，必须施加驻车制动器、使用轮挡固定车辆并且使变速器处于空挡，必须操作紧急驻车释放（EPR）杆以确保变速器始终处在空挡。必须将车辆牢牢地系紧在运输车或拖车上。在前轮和轮胎上使用束带固定车辆，以便于运输。位于车辆前部和后部的牵引孔眼是只为道路施救而设计的，如果将它们用于任何其他目的，则可能会造成车辆损坏和人员严重受伤。牵引孔眼并不能用于固定在运输过程中的车辆。前部牵引孔眼包含在工具套件内，位于行李箱底板下部，安装孔眼方法如 7–23 所示。

（1）按压前保险杠的牵引孔眼罩的顶部以将其打开，然后从缝隙中拉出，使牵引孔眼罩吊在其固定带上。

（2）通过保险杠找到牵引孔眼，并将牵引孔眼（左侧螺钉）沿逆时针方向拧入其固定位置，直到固定牢固。

（3）后牵引点（如图 7–23 中所示）位于车辆至废气消音器的中心。当在笔直的水平路面上以尽可能短的距离向后牵引车辆时或将车辆放在施救车辆上时，只能使用该牵引点。在将孔眼安装到后牵引点上时，请不要让身体接触到炙热的排气管。

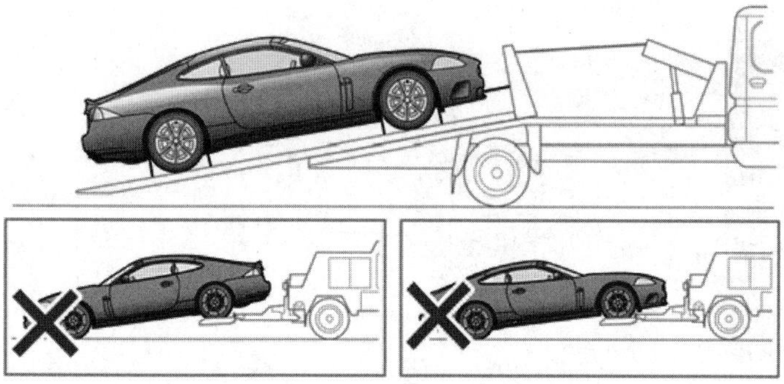
图 7–22

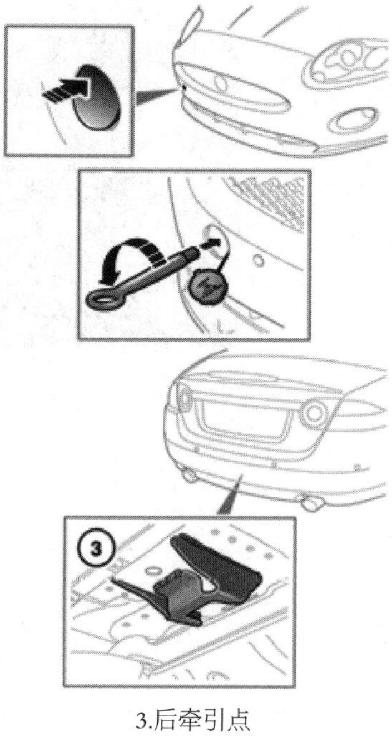
3.后牵引点

图 7–23

2. 紧急进出车辆

如果电子门锁系统无法工作，如车辆无电、遥控钥匙无电或电子门锁系统有故障，则可以使用智能钥匙里带的紧急钥匙片开启左前侧车门和行李箱。如果使用紧急钥匙片解锁车辆且安全系统处于启用状态时，当打开车门或行李箱时会触发报警声。要停止报警，应按下智能钥匙上的解锁按钮或将智能钥匙插入启动机控制单元。如果智能钥匙不可用，可以通过按下发动机启动 / 停止按钮来停止报警。应急开启左前车门的方法如图 7–24 所示，按照如下步骤，开启左前车门。

（1）将紧急钥匙片插入车门把手盖底部的插槽内。

（2）轻轻地向上撬动钥匙片。

（3）小心转动钥匙片，撬出固定卡扣盖。

（4）转动左前车门锁内的紧急钥匙片以解锁车门。

要重新安装车门锁盖，用力将盖退回原处直到其卡入位。确保 3 个定位凸耳均卡止入位。

3. 应急启动

如果车辆没有探测到智能钥匙，则按下启动 / 停止按钮时会显示信息“SMART KEY NOT FOUND, PLEASE INSERT IN SLOT”（智能钥匙未找到——请插入插槽）。这可能是因为钥匙无电、外界有电磁干扰或车辆无钥匙启动系统故障，如果发生这种情况，则将智能钥匙安装到启动机控制单元上并使紧急钥匙释放按钮朝上，按下启动 / 停止按钮即可接通点火或启动车辆。如图 7–25 所示，启动机控制单元位于中央控制台储物箱，滑动盖下面。要从启动机控制单元上拔出智能钥匙：

（1）确保车辆静止时，换挡杆处于 P 挡并且点火开关关闭。

（2）按下智能钥匙（如图 7–25 中 4 所示）并释放，智能钥匙会部分弹出。

（3）从启动机控制单元上拔出智能钥匙（如图 7–25 中 5 所示）。

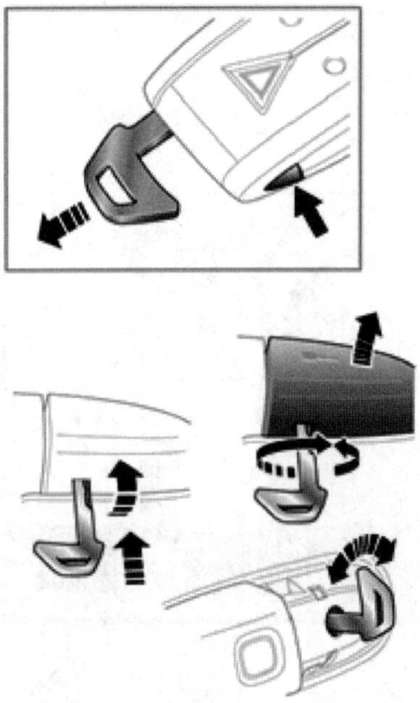

图 7–24

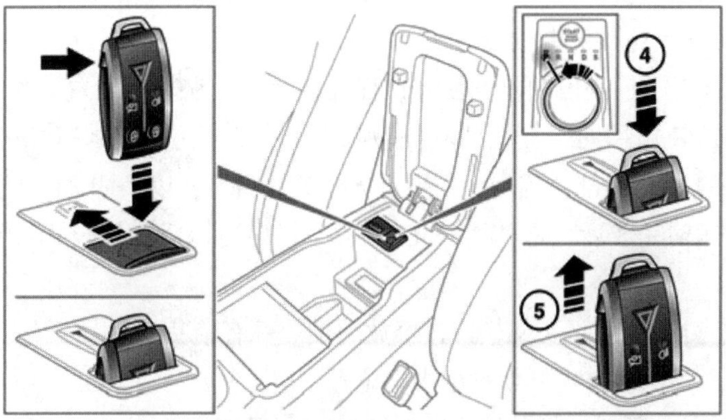

4.按下智能钥匙　5.拔出智能钥匙

图 7–25

4. 变速器应急驻车释放（解除 P 挡）

捷豹采用了 JaguarDrive 换挡杆(电子换挡手柄),关闭发动机前,应先选择 P 挡。如果在选择了 R(倒车)、D（行驶）或 S（运动）挡的情况下，将发动机关闭，换挡杆将自动选择 P 挡。如果在选择了 N 挡的情况下关闭发动机，系统将会等待 10min，然后才会选择 P 挡。这一程序只是为了让车辆通过洗车程序，不应将其用于车辆施救目的。为避免变速器自动选择 P 挡（如用于车辆救助目的），有必要激活紧急驻车释放功能 EPR（紧急驻车释放系统）。救援车辆时，EPR（紧急驻车释放系统）可以防止变速器自动选择 P 挡，从而确保变速器始终处在空挡 N。EPR 通过位于扶手箱内杯架下的拉杆操控。启用 EPR 前，选择 P 挡，施加驻车制动器，并关闭点火开关。如图 7–26 所示，按如下步骤操作 EPR。

（1）打开扶手箱盖。

（2）拆下双杯架。

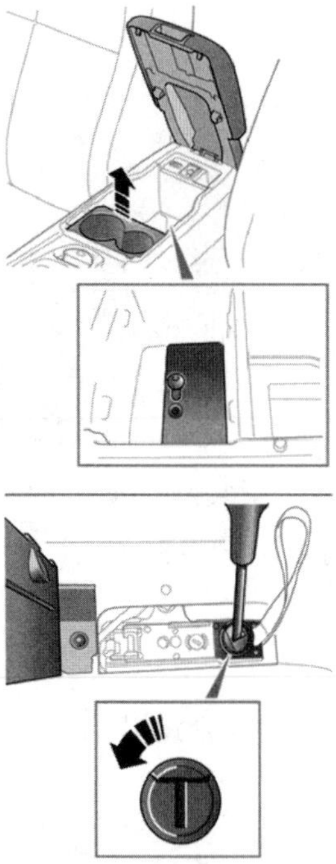

（a）打开扶手箱盖拆下内饰板

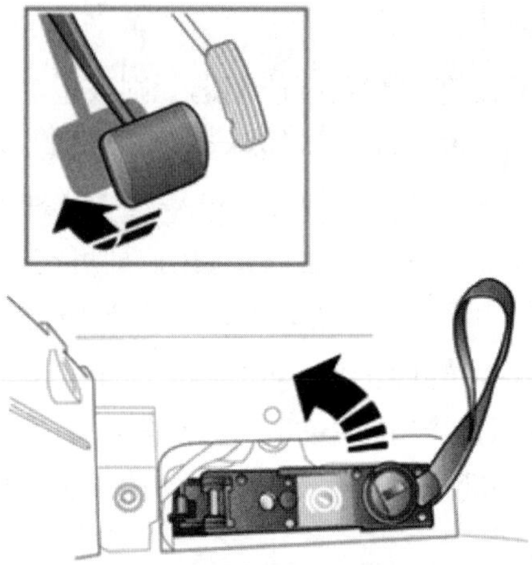

（b）拉动EPR杆以解除P挡

图 7–26

（3）拆下固定内饰板的螺钉。

（4）提起内饰板的右侧边缘以将其打开。

（5）逆时针转动锁止装置 90° 。

（6）施加脚制动器。

（7）使用束带向上拉 EPR 杆，直到其拴在垂直位置。

EPR 启用时，捷豹驾驶挡位处在 P 挡，挡位指示灯和信息中心显示的挡位 N 都会闪烁（如果点火开关开启），以表明 EPR 已启用。车辆运输完成后，应取消 EPR，使驻车设定可以重新接合，如图 7–27 所示。

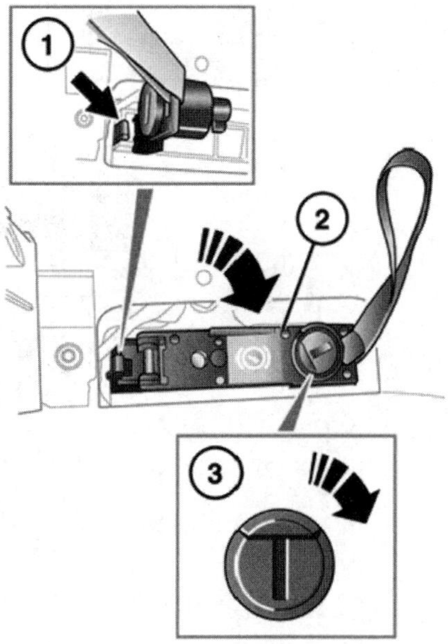

图 7–27

（1）使用平头螺丝刀，释放闩锁（标有箭头）。

（2）将 EPR 杆恢复至水平位置。

（3）顺时针转动锁止装置 90° 进行固定。

（4）降低内饰板并使用螺钉紧固。

（5）安装杯架。

（6）关闭扶手箱盖。

5. 电子驻车制动器释放

如果由于系统故障等原因造成电子驻车制动系统（EPB）未释放，则使用以下步骤来释放驻车制动器钢索的紧度。

（1）确保有合适的轮挡用于防止车辆移动。

（2）拆下后座椅中央部分。

（3）按照图 7–28 中所示的顺序，从 EPB 模块上断开两个连接器。如果没有按照正确的顺序断开连接器，则 EPB 模块可能会存储故障诊断码。

（4）将专用工具 206–082 和 206–082–01 连接至 EPB 模块线束的连接器上，如图 7–29 所示。

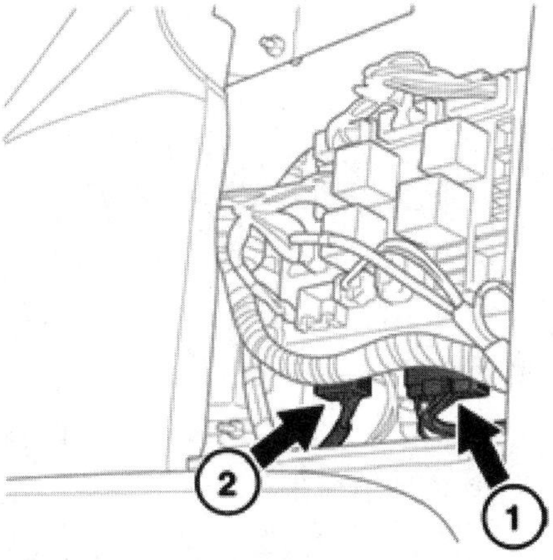

1.2. 顺序

图 7–28

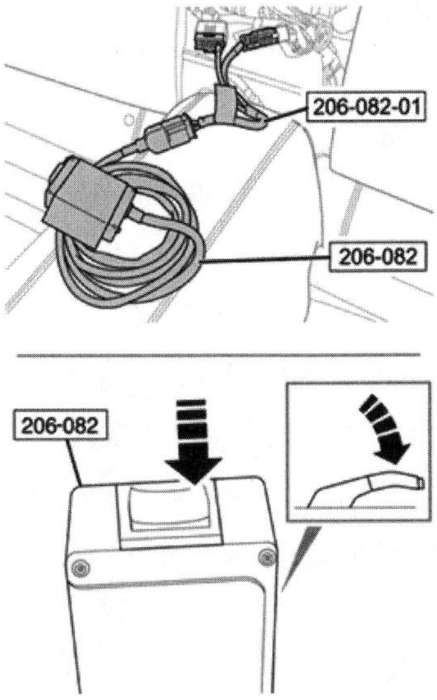

图 7–29

（5）按下专用工具 206–082 上的开关以释放驻车制动器钢索的张紧度（可以听到“咔嗒”声）。

（6）断开专用工具 206–082 和 206–082–01。

电子驻车辅助系统再次可以操作时需要进行校准，方法是重新连接 EPB 模块连接器（按照与断开相反的顺序），打开点火开关，施加脚制动器，然后施加驻车制动器。

6. 跨接启动

捷豹 XK 蓄电池在行李箱内，靠近后排座椅后面，有一块装饰板盖着。在行李箱内左后侧，有一个专门为充电和跨接启动而设的接线柱，位置及连接方法如图 7–30 所示。拆下左侧行李箱内饰板盖，以接触到车辆蓄电池正极（+）遥控充电接线柱，并从接线柱上拆下保护盖帽。提起行李箱底板露出备用轮胎。从车辆蓄电池遥控充电接线柱的负极（–）接线柱上拆下保护盖帽。

7. 保险丝盒位置

捷豹 XK 有 3 个保险丝盒，分别位于发动机舱左后角、驾驶舱左侧 A 柱旁和后排座椅中部后侧，如图 7–31 所示。

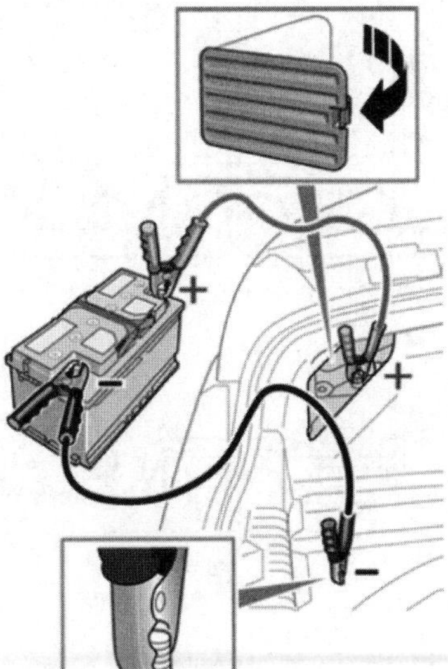

图 7–30

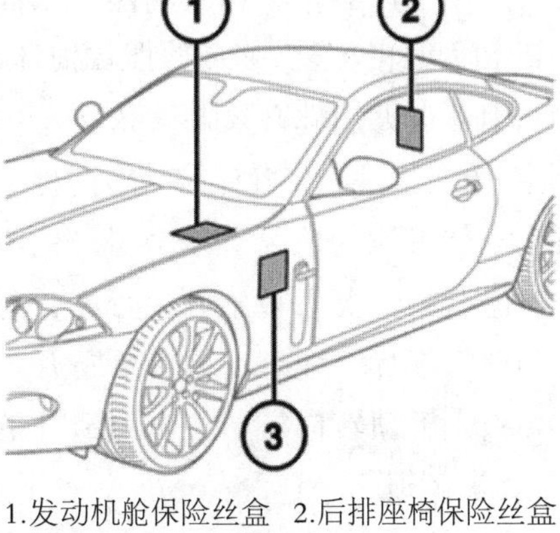

1.发动机舱保险丝盒　2.后排座椅保险丝盒
3.驾驶舱左侧A柱旁保险丝盒

图 7–31

四、2018—2020 年 XF 和 XFL（X260）

1. 运输车辆

在驾驶或牵引车辆时要分外小心。否则，可能会导致人员死亡或严重受伤。仅使用系绑点或车轮上的固定环。不允许使用车身或悬架上的固定环，因为悬架调整将导致固定带松开。车辆不得在四轮全部着地的情况下被牵引，也不得在前轮或后轮悬起的情况下被施救。否则，可能会导致变速器严重损坏。建议使用专用运输车或拖车对车辆进行施救或运输。为了避免今后发生任何争议，对车辆施救之前，检查内部和外部的损坏情况。对于发现的任何损坏进行记录，并相应地告知车主或驾驶员。即使轻微的损坏，进行维修的话也可能会非常昂贵，所以确保您仔细地检查了车辆的所有区域。

（1）车辆施救准备。

驾驶车辆或操作控制按钮之前，戴上干净的手套，并为座椅和地板铺上合适的保护罩。

（2）施救方法。

①运输车或拖车，如图 7–32 所示。

建议使用专用运输车或拖车对车辆进行施救或运输。

②直杆全轮牵引，如图 7–33 所示。

图 7–32

图 7–33

如果无法使用推荐的方法施救车辆，在紧急情况下，车辆可以短距离全轮牵引。除非有必要，例如在紧急情况下，否则切勿全轮牵引。切勿牵引车辆超过 50km。牵引车速切勿超过 50km/h。超过此距离或以更高车速牵引将导致变速器严重损坏。

③在前轮或后轮悬起的情况下牵引。

确保车辆的施救或运输由有资质的人员执行，运输时确保车辆的正确固定。切勿在前轮或后轮悬起的情况下施救车辆。如果情况需要，对于两轮驱动（2WD）车型可以例外，如图 7–34 所示。施救机构必须在施救开始前启用变速器驻车释放功能。未能激活变速器驻车释放可能会导致变速器严重损坏。在车辆施救过程中，点火钥匙必须一直留在车内且点火开关必须打开，这是为了确保解锁转向柱。车辆不得在四轮全部着地的情况下被牵引，也不得在前轮或后轮悬起的情况下被施救。否则，可能会导致变速器严重损坏。注意：如果要断开车辆蓄电池，则必须先解锁转向柱。蓄电池断开的情况下，转向柱无法解锁。

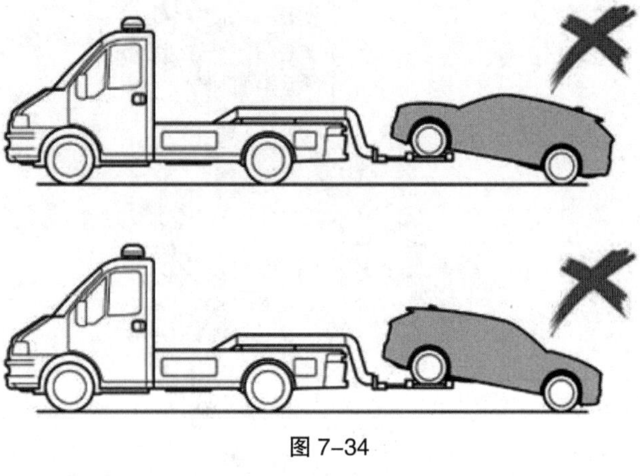

图 7–34

2. 前拖车孔眼

车辆前面和后面的拖车点仅用于路面施救。如果将其用于任何其他目的，则可能导致车辆受损和人员严重伤害。在驾驶或牵引车辆时要分外小心。否则，可能会导致人员死亡或严重受伤。牵引孔眼是车辆工具箱的一部分，位于行李箱地板下。前牵引点位于前保险杠中的一个小检修板的后面。

安装牵引孔眼：

（1）按下前保险杠检修面板的下边缘，以松开固定卡夹。拆下盖子，如图 7–35 所示。注意：记录检修盖的方位，以便重新安装。

（2）通过前保险杠找到牵引点。将牵引孔眼逆时针完全拧入牵引点，直到拧紧。注意：将车轮撑杆穿过牵引孔眼，将它作为杆来帮助转动牵引孔眼，直到完全拧紧。要重新安装检修面板，将吊耳对齐保险杠中的凹槽。轻轻按压另一侧边缘，使固定夹扣合。

3. 后拖车孔眼

安装牵引孔眼：

（1）按下后保险杠检修面板的下边缘，以松开固定卡夹，拆下盖子，如图 7–36 所示。注意：记录检修盖的方位，以便重新安装。

图 7–35

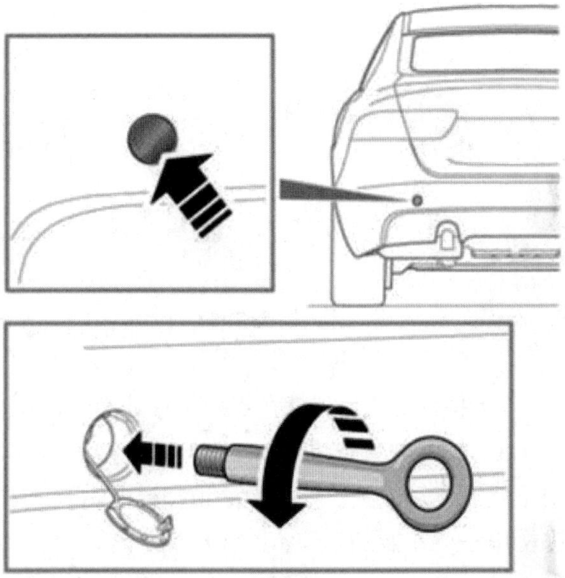

图 7–36

（2）在后保险杠上找到牵引点。将牵引孔眼逆时针完全拧入牵引点，直到拧紧。注意：将车轮撑杆穿过牵引孔眼，将它作为杆来帮助转动牵引孔眼，直到完全拧紧。要重新安装检修面板，将吊耳对齐保险杠中的凹槽。轻轻按压另一侧边缘，使固定夹扣合。在拆卸牵引设备时要分外小心。车辆可能会移动，这会导致人员严重受伤。

4. 解锁车辆

（1）滑动打开侧盖进行释放，然后取下，如图 7–37 所示。

（2）应急钥匙片取下并展开。

（3）车门锁盖：如果智能钥匙无法打开车辆，请将钥匙片插入驾驶员侧门锁盖基部的槽孔中。在锁盖的顶部轻微下压，然后轻轻地向上撬动钥匙片。小心地朝上旋转车门锁盖，将锁盖从固定凸耳中撬开。

（4）车门锁定：将钥匙片插入露出的车锁中并旋转以操作车锁。警报将响起，直至智能钥匙放置正确。注意：更换车门锁盖时，先找到顶部的固定凸耳，然后向下和向内推动锁盖，以便找到单个的底部凸耳。凸耳卡入到锁定位置。检查盖板是否牢固。不牢固的盖板可能会在车辆行驶时脱落。（提示：有些中国市场不可用）

5. 发动机应急启动

仅当信息中心显示信息智能钥匙未识别，将其重新定位或将其按图 7–38 所示位置放置并按下启动按钮时，才可以使用发动机启动备份程序。

要执行发动机启动备份程序：

（1）将智能钥匙平放在紧靠转向柱一侧，使按钮朝外，如图 7–38 所示。注意：转向柱上有帮助确定正确位置的标记。

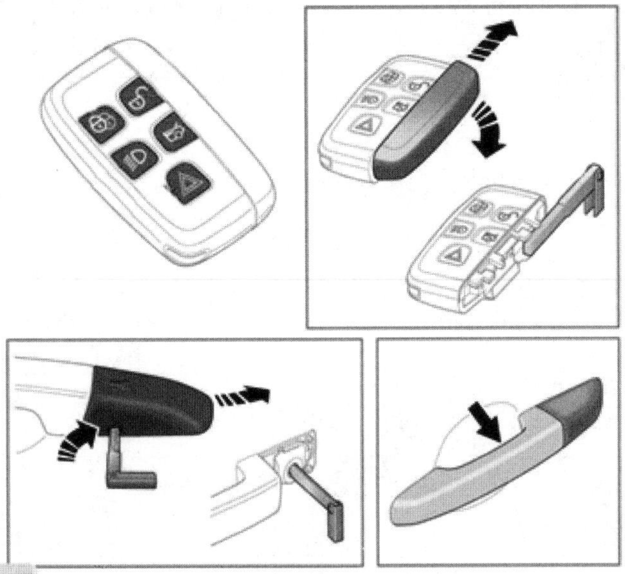

图 7–37

图 7–38

（2）将智能钥匙保持在正确位置的同时，用力踩下制动踏板。

（3）按下并释放发动机 START/STOP（启动 / 停止）按钮。一旦发动机启动后，在安全条件允许的情况下松开制动踏板。如果无法识别智能钥匙或发动机无法启动，请咨询经销商 / 授权维修厂。

6. 电子驻车制动系统（EPB）释放

用楔块固定车轮，在执行下列步骤之前确保所有人员都离开车辆。如果由于某种原因，比如系统故障或蓄电池耗尽，电子驻车制动（EPB）无法释放，则操作紧急释放程序。按照如下方式释放 EPB。

（1）停用。

①断开车辆蓄电池。

②顶升并支撑车辆。

③确保采用车轴支架支撑车辆。

④拆下一个后轮。

⑤松开电气接头，如图 7–39 所示。

⑥拆下并弃用将 EPB 执行器固定至制动卡钳的两个螺栓，如图 7–40 所示。扭矩：8N · m。

⑦从制动卡钳上拆下 EPB 执行器，如图 7–41 所示。弃用 O 形密封圈。

⑧对车辆另一侧重复此程序。

（2）激活。

①安装新的 O 形密封圈。

②要进行安装，请反向执行拆卸程序。

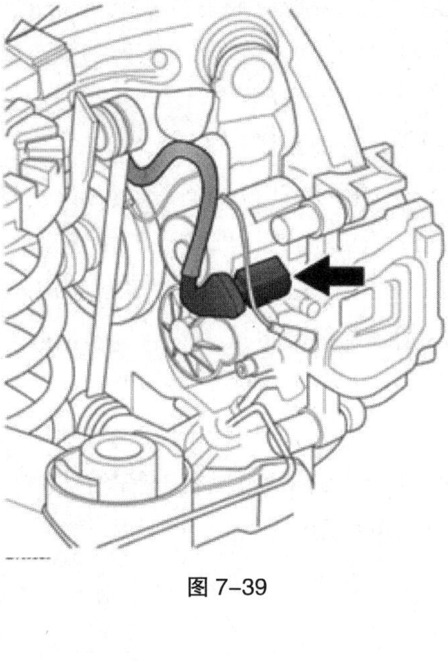

图 7–39

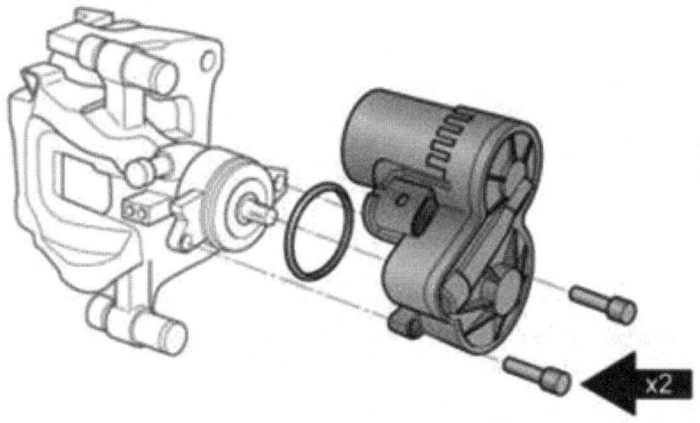

图 7–40

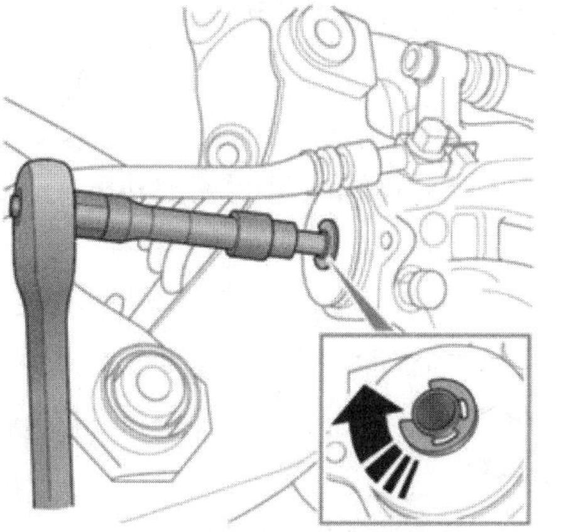

图 7–41

③用诊断工具校准 EPB。

7. 变速器驻车释放

确保车辆用车轮楔块固定。应用电子驻车辅助系统（EPB），或让另一个人用力踩住制动踏板。否则，可能会造成车辆意外移动，导致人员严重受伤甚至死亡。施救车辆之前，如果未能将自动变速器从驻车挡 P 释放，可能会导致自动变速器严重损坏。车辆施救完成后，确保将自动变速器返回到 P 挡并重新安装发动机罩。如果配备了自动变速器的车辆需要进行施救，则务必激活变速器驻车释放系统，这会将自动变速器锁定在空挡 N，防止自动变速器自动选择 P 挡。启用变速器驻车释放系统后，自动挡位选择杆保持在 P 挡，但自动挡位选择杆指示灯和仪表盘都将闪烁显示 N。变速器驻车释放杆位于发动机上，如图 7–42 所示。

变速器驻车释放杆工作。

（1）要将自动变速器从 P 挡释放。

① 缓缓拉起释放杆，约 90° 至竖直位置，如图 7–43 所示。切勿对该把手用力过猛，并且切勿将把手拉起超过 90° 。这两者任何一个动作都可能会损坏变速器驻车释放系统。

②固定锁销啮合，以将把手保持在竖直位置。注意：固定锁销啮合时，可能会听到“咔嗒”声。接

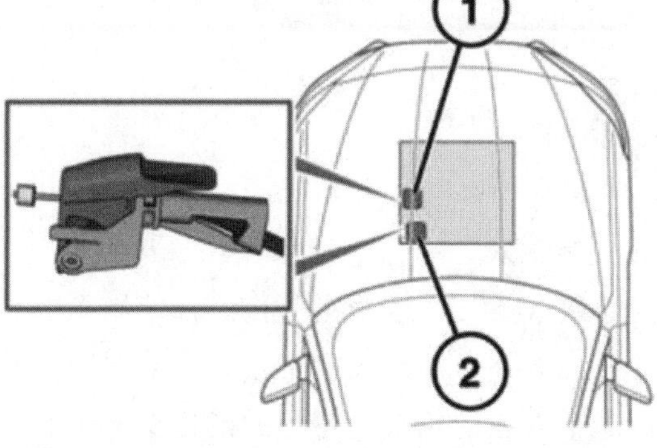

1.除3.0L柴油机以外的所有发动机 2.仅限3.0L柴油机

图 7–42

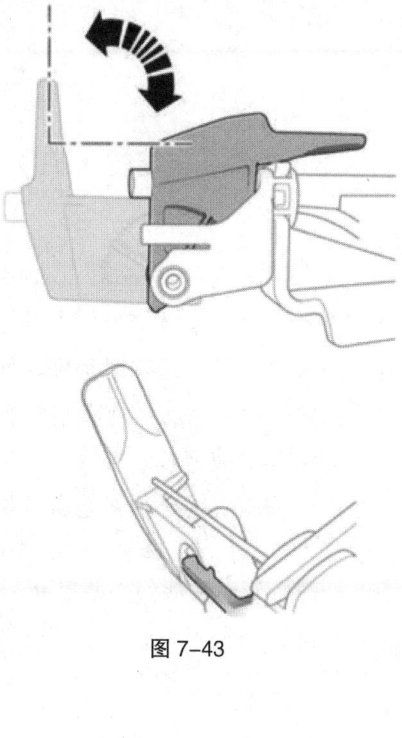

图 7–43

合也可能会通过把手感觉到。

（2）要将自动变速器返回至 P 挡。

①轻轻松开固定锁销。

②释放杆将自动返回至其正常的水平位置，如图 7-44 所示。

（3）重新安装发动机罩。

8. 保险丝盒位置

拆下保险丝盒盖时，小心保护保险丝盒不要受潮。尽快重新盖上保险丝盒盖。否则，可能会导致车辆损坏。车辆中安装了 5 个不同的保险丝盒，如图 7-45 所示。每个保险丝盒中包含的保险丝保护不同的电路组。

（1）发动机舱前保险丝盒。

提起正极增压端子盖板。按住保险丝盒盖的固定夹。提起以打开保险丝盒盖。

（2）发动机舱后保险丝盒。

拆下发动机舱盖板。要完成这点，需轻轻按住固定卡夹，然后抬起以释放并拉动，可将其拆下。

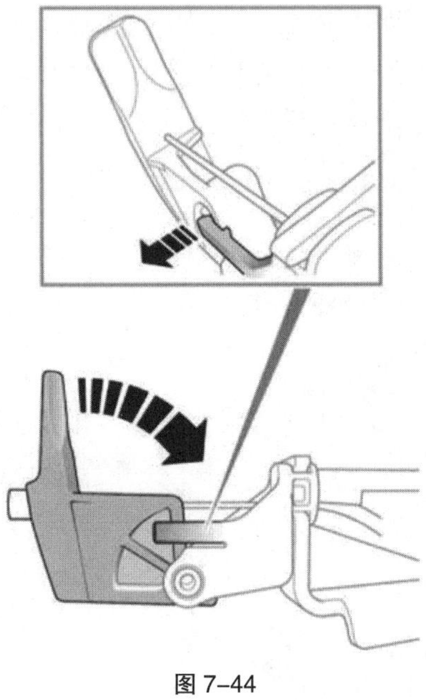

图 7-44

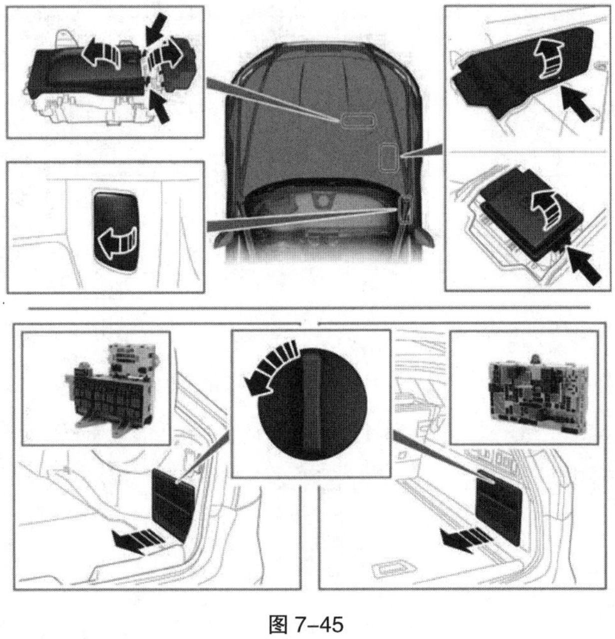

图 7-45

五、2018—2020 年捷豹 XJ（X351）

1. 运输车辆

在驾驶或牵引车辆时要分外小心。否则，可能会导致人员死亡或严重受伤。仅使用系绑点或车轮上的固定环。不允许使用车身或悬架上的固定环，因为悬架调整将导致固定带松开。确保车辆的施救或运输由有资质的人员执行，运输时确保车辆的正确固定。不得在前轮或后轮悬起的情况下施救车辆。当情况需要时，两轮驱动（2WD）车型可以例外。车辆不得在四轮全部着地的情况下被牵引，也不得在前轮或后轮悬起的情况下被施救。否则，可能会导致变速器严重损坏。建议使用专用运输车或拖车对车辆进行施救或运输。施救机构必须在施救开始前启用变速器驻车释放功能。未能激活变速器驻车释放可能会导致变速器严重损坏。在车辆施救过程中，点火钥匙必须一直留在车内且点火开关必须打开。这是为了确保解锁转向柱。车辆不得在四轮全部着地的情况下被牵引，也不得在前轮或后轮悬起的情况下被施救。这样可能会导致变速器严重损坏。注意：如果要断开车辆蓄电池，则必须先解锁转向柱。蓄电池断开的情况下，转向柱无法解锁。注意：对于配备 InControl 智能驭领保障的车辆，确保告知车主将车辆设置为运输模式，可使用 Jaguar InControl 智能驭领远程遥控手机客户端或通过 InControl 智能驭领主页操作。运输模式可防止车辆在运输时发出被盗车辆跟踪警报。

2. 前牵引孔眼

车辆前面的牵引点仅用于道路施救，如果将其用于任何其他目的，则可能导致车辆受损和人员严重受伤。在驾驶或牵引车辆时要分外小心。否则，可能会导致人员死亡或严重受伤。牵引孔眼是车辆工具箱的一部分，位于行李箱地板下。前牵引点位于前保险杠中的一个小检修板的后面。

安装牵引孔眼：

（1）按下前保险杠检修面板的下边缘，以松开固定卡夹。拆下盖板，如图 7-46 所示。注意：记录检修盖的方位，以便重新安装。

（2）通过前保险杠找到牵引点。将牵引孔眼逆时针完全拧入牵引点，直到拧紧。注意：将车轮撑杆穿过牵引孔眼，将它作为杆来帮助转动牵引孔眼，直到完全拧紧。要重新安装检修面板，将吊耳对齐保险杠中的凹槽。轻轻按压另一侧边缘，使固定夹扣合。在拆卸牵引设备时要分外小心。车辆可能会移动，这会导致人员严重受伤。

3. 解锁车辆

（1）滑动并拆卸盖板以露出紧急钥匙，如图 7-47 所示。

图 7-46

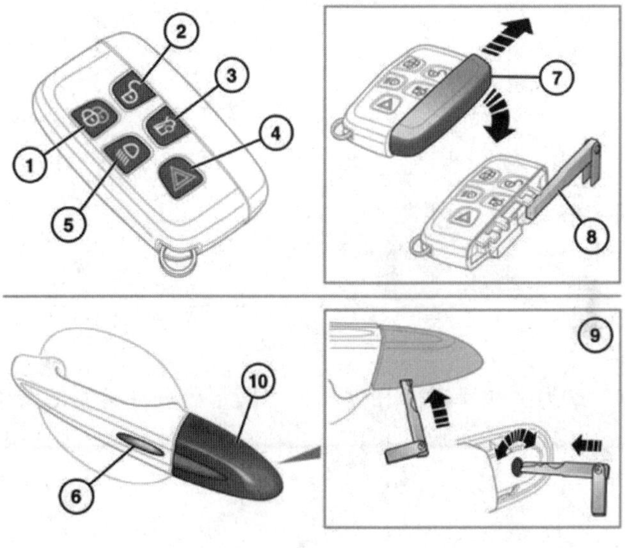

图 7-47

（2）滑动钥匙已取下，然后展开把手。

（3）如果智能钥匙或免钥匙进入系统不工作，要在紧急情况下解锁或锁闭车门：将紧急钥匙片插入车门锁盖中的插槽内。小心地转动钥匙片，将盖板从固定卡夹上撬下。将钥匙片插入露出的锁内，进行操作。确保所有车门均已关闭，然后向车头方向转动钥匙片并松开。执行此操作将会锁定所有车门，但不会启用报警。向车尾方向转动钥匙片，然后松开以解锁车门。如果安全防盗系统已解除报警，所有车门和车尾箱解锁。注意：如果在启用了安全防盗系统的情况下用紧急钥匙片给车辆解锁，则在解锁一个车门时，报警器会发出报警声。如要关停报警，可按下智能钥匙上的解锁按钮，或在智能钥匙位于车内的情况下按下发动机的 START/STOP（启动 / 停止）按钮。

4. 应急启动

如果发生以下情况，应使用发动机启动备份功能来解除报警和启动发动机：

用应急钥匙片解锁车门；

车辆未检测到智能钥匙。

仅当信息中心显示信息智能钥匙未识别，将其重新定位或将其按图 7–48 所示位置放置并按下启动按钮时，才可以使用发动机启动备份功能。

（1）将智能钥匙平靠着仪表板下侧放置。

（2）将智能钥匙保持在正确位置的同时，用力踩下制动踏板。

5. 电子驻车制动系统（EPB）释放

用楔块固定车轮，在执行下列步骤之前确保所有人员都离开车辆。如果由于某种原因，比如系统故障或蓄电池耗尽，电子驻车制动（EPB）无法释放，则操作紧急释放程序。按照如下方式释放 EPB。

（1）停用。

①断开车辆蓄电池。

②抬起并支撑车辆。

③确保采用车轴支架支撑车辆。

④拆下一个后轮。

⑤松开电气接头，如图 7–49 所示。

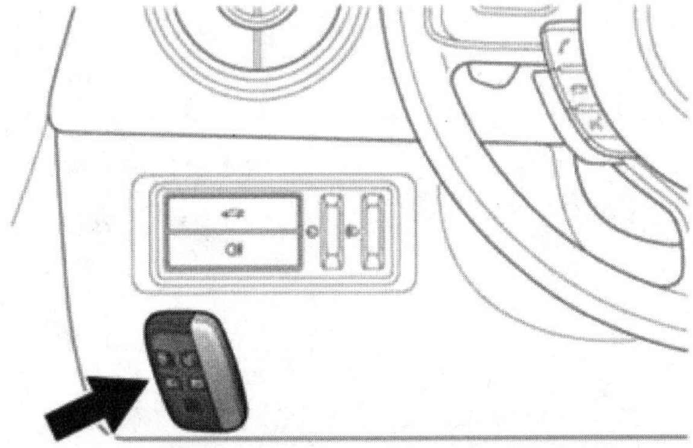

图 7–48

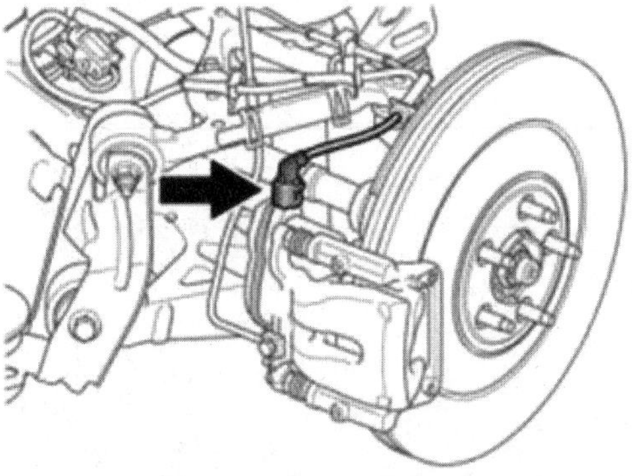

图 7–49

⑥拆下并弃用将 EPB 执行器固定至制动卡钳的两个螺栓，如图 7–50 所示。扭矩：8N · m。

⑦从制动卡钳上拆下 EPB 执行器，如图 7–51 所示。丢弃 O 形密封圈。

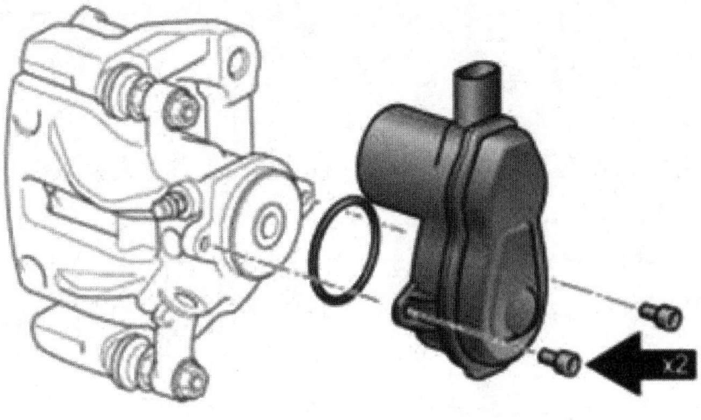

图 7–50

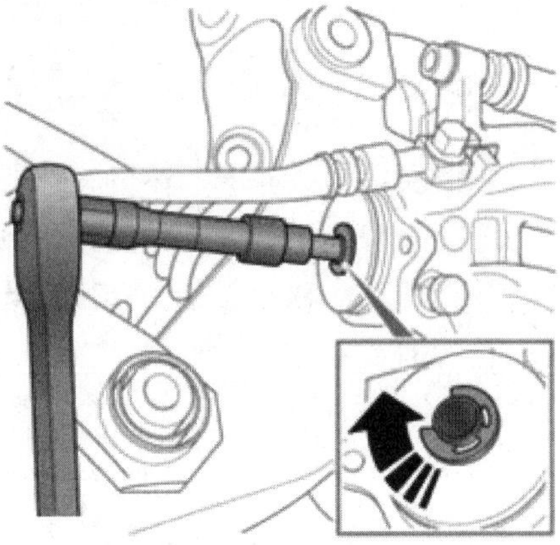

图 7–51

⑧对车辆另一侧重复此程序。

（2）激活。

①安装新的 O 形密封圈。安装新螺栓。

②要重新安装，请反向执行拆卸程序。

③用诊断工具校准 EPB。

6. 变速器驻车释放

确保车辆用车轮楔块固定。应用电子驻车辅助系统（EPB），或让另一个人用力踩住制动踏板。否则，可能会造成车辆意外移动，导致人员严重受伤甚至死亡。施救车辆之前，如果未能将自动变速器从驻车挡 P 释放，可能会导致自动变速器严重损坏。车辆施救完成后，请务必将自动变速器返回至 P 挡，并重新安装装饰板或发动机装饰罩。如果配备了自动变速器的车辆需要进行施救，则务必激活变速器驻车释放系统，这会将自动变速器锁定在空挡 N，防止自动变速器自动选择 P 挡。施救车辆时，可能需要手动将变速器从驻车挡 P 位置释放到空挡 N 位置。四轮驱动（AWD）车辆：当从车辆前方观察时，变速器驻车释放杆位于发动机右侧。需要拆下发动机装饰罩以便检修。后轮驱动（RWD）车辆：变速器驻车释放杆位于储物箱内。

（1）变速器驻车释放杆操作：AWD 车辆。

①要从驻车挡 P 释放自动变速器。

a. 缓缓拉起释放杆，约 90° 至竖直位置，如图 7–52 所示。切勿对把手用力过猛，切勿拉动把手超过 90°，因为这样做可能会损坏变速器驻车释放系统。

b. 固定锁销将啮合，以便将把手保持在垂直位置。注意：当固定锁销啮合时，可能会听到“咔嗒”声。也可能会通过把手感觉到啮合。

②要将自动变速器返回至 P 挡。

a. 轻轻松开固定锁销，如图 7–53 所示。

b. 杆将自动返回至其正常水平位置。

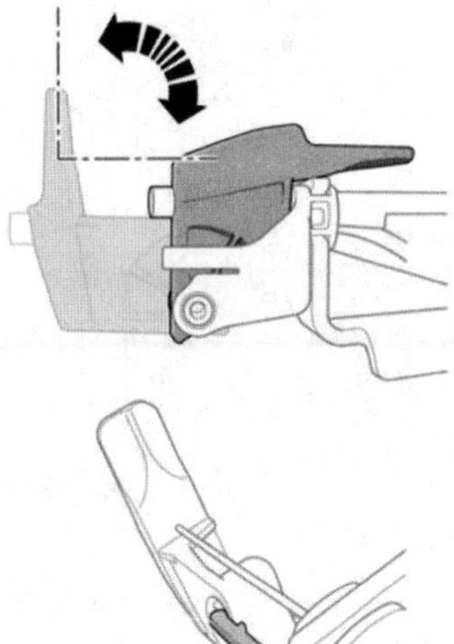

图 7–52

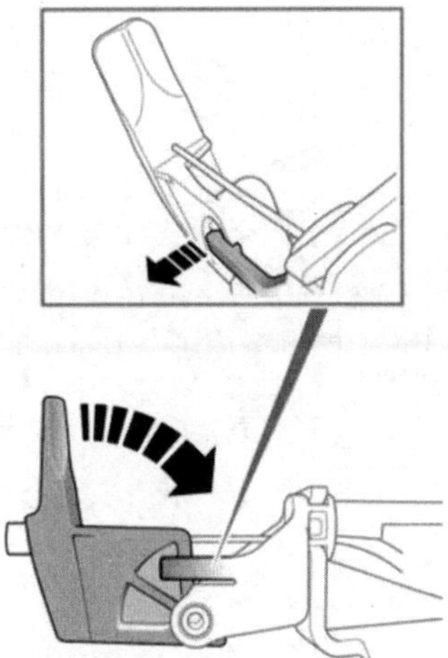

图 7–53

③重新安装发动机罩。

（2）变速器驻车释放杆操作：RWD 车辆。

抬起储物箱盖。拆下左侧装饰板以接触变速器驻车释放锁定装置，如图 7–54 所示。

①要从驻车挡 P 释放自动变速器。

a. 抬起束带。

b. 逆时针旋转变速器驻车释放锁定装置 90°。

c. 拉动操纵杆，直到其锁定在竖直位置。

d. 锁扣会将操作杆保持在此位置。

②要重新接合变速器驻车锁。

a. 拉住操纵杆上的束带（如图 7–54 中 1 所示），然后松开锁扣（如图 7–54 中 4 所示）。

b. 操纵杆返回至水平位置。

c. 顺时针旋转变速器驻车释放锁定装置（如图 7–54 中 2 所示）90° 。

d. 安装装饰板并关闭储物箱。

7. 跨接启动

（1）打开发动机舱盖并拆下发动机舱盖下面的盖板。连接跨接导线。

①将正极（红色）跨接导线的一端连接到施救车辆的正极增压端子上。

②拆下正极接线端子盖（如图 7–55 中 A 所示），并将正极跨接导线的另一端连接到正极增压点端子（如图 7–55 中 B 所示）。

③将负极（黑色）跨接导线的一端连接到施救车辆的负极增压端子上。

④将负极跨接导线的另一端连接至负极增压点端子（如图 7–55 中 C 所示）。检查确保所有电缆远离所有运动部件，且全部 4 个连接处都很稳固。

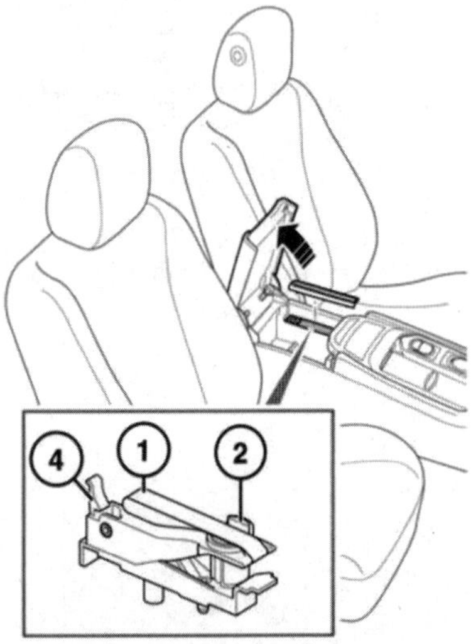

1.操纵杆上的束带　2.变速器驻车释放锁定装置　4.锁扣

图 7–54

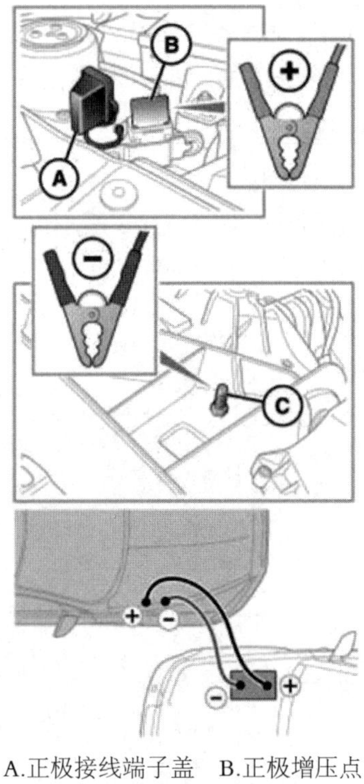

A.正极接线端子盖　B.正极增压点端子　C.负极增压点端子

图 7–55

⑤启动施救车辆的发动机并让其怠速运转几分钟。

⑥启动无法启动车辆的发动机。注意：如果需要反复尝试启动不能启动的车辆，在尝试启动之间让施救车辆怠速数分钟。注意：在拆除跨接导线之前，不得给先前无法启动车辆上的任何电路通电。

⑦让两车怠速运转数分钟。

⑧关闭施救车辆。

⑨从无法启动的车辆上断开负极（黑色）跨接导线。

⑩从施救车辆上断开负极（黑色）跨接导线。

⑪从无法启动的车辆上断开正极（红色）跨接导线。

⑫从施救车辆上断开正极（红色）跨接导线。

⑬重新安装正极增压点端子盖板、发动机舱盖板，并合上发动机舱盖。

（2）连接启动辅助装置。

如要使用启动辅助装置或辅助蓄电池来启动车辆，请遵循下列给出的说明。

①将启动辅助装置的正极（红色）跨接导线连接至车辆的正极（+）增压点端子。

②将负极（黑色）电缆连接到车辆的负极（–）增压点端子。

③打开启动辅助装置。

④启动发动机。让发动机处于怠速状态。

⑤从车辆的负极（–）增压点端子上断开负极（黑色）跨接导线。

⑥关闭启动辅助装置。

⑦将正极（红色）跨接导线与车辆的正极（+）升压点端子断开。

8. 保险丝盒位置

拆下保险丝盒盖时，小心保护保险丝盒免受潮气。尽快重新盖上保险丝盒盖。车辆中安装了 4 个独立的保险丝盒。每个保险丝盒包含保护不同电路组的保险丝。

（1）发动机舱保险丝盒。

①松开 4 个螺旋扣并卸下发动机盖以接触保险丝盒，如图 7–56 中 1A 所示。

②拆下保险丝盒盖，如图 7–56 中 1B 所示。

（2）行李箱保险丝盒，如图 7–56 中 2 所示。

（3）乘客舱保险丝盒。

通过中央扶手后面的盖板可接触到保险丝盒，如图 7–56 中 3 所示。

（4）辅助行李箱保险丝盒。

要接触保险丝盒，请抬起行李箱地板装饰板，如图 7–56 中 4 所示。

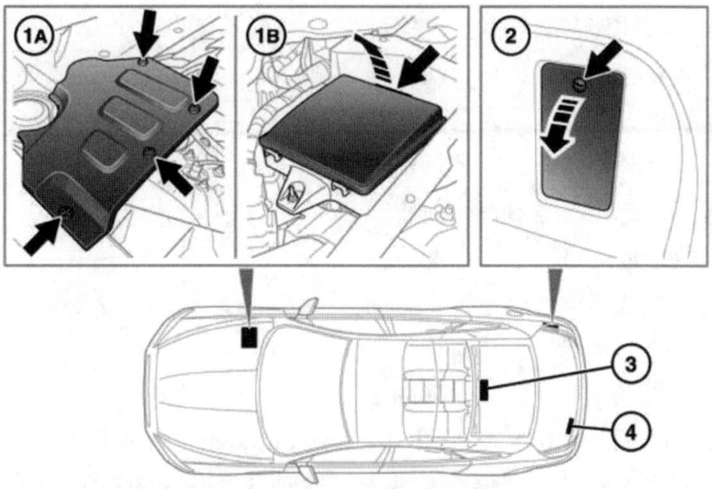

1A.松开4个螺旋扣并卸下发动机盖以接触保险丝盒　1B.拆下保险丝盒盖　2.行李箱保险丝盒　3.中央扶手后面的盖板　4.行李箱地板装饰板

图 7–56

六、2018—2020 年捷豹 XE（X760）

1. 车辆施救

（1）车辆检查流程。

为了避免今后发生任何争议，对车辆施救之前，检查内部和外部的损坏情况。对于发现的任何损坏进行记录，并相应地告知车主或驾驶员。即使轻微的损坏，进行维修的话也可能会非常昂贵，所以确保已经仔细地检查了车辆的所有区域。

（2）车辆施救准备。

驾驶车辆或操作控制按钮之前，戴上干净的手套，并为座椅和地板铺上合适的保护罩。

（3）施救方法。

①运输车或拖车。

建议使用专用运输车或拖车对车辆进行施救或运输，如图 7–57 所示。

②直杆全轮牵引。

如果无法使用推荐的方法施救车辆，在紧急情况下，车辆可以短距离全轮牵引，如图 7–58 所示。除非有必要，例如在紧急情况下，否则切勿全轮牵引。切勿牵引车辆超过 50km。牵引车速切勿超过 50km/h。超过此距离或以更高车速牵引将导致变速器严重损坏。

图 7–57

图 7–58

③在前轮或后轮悬起的情况下牵引。

切勿在前轮或后轮悬起的情况下施救车辆，如图 7–59 所示。如果情况需要，对于两轮驱动（2WD）车型可以例外。

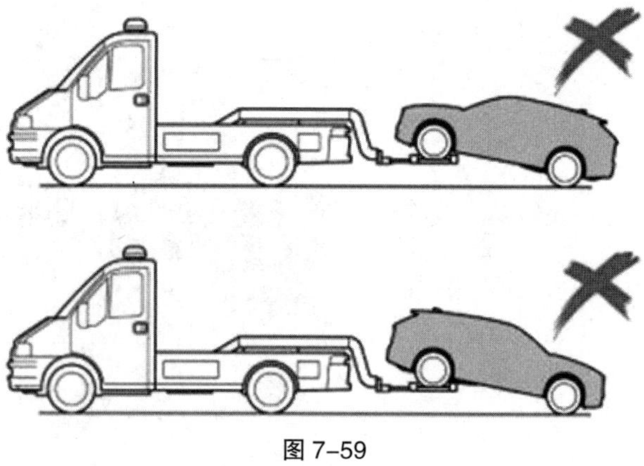

图 7–59

确保车辆的施救或运输由有资质的人员执行，运输时确保车辆的正确固定。施救机构必须在施救开始前启用变速器驻车释放功能。未能激活变速器驻车释放功能可能会导致变速器严重损坏。在车辆施救过程中，点火钥匙必须一直留在车内且点火开关必须打开，这是为了确保解锁转向柱。车辆不得在四轮全部着地的情况下被牵引，也不得在前轮或后轮悬起的情况下被施救，这样可能会导致变速器严重损坏。注意：如果要断开车辆蓄电池，则必须先解锁转向柱。蓄电池断开的情况下，转向柱无法解锁。注意：对于配备 InControl 智能驭领保障的车辆，确保告知车主将车辆设置为运输模式，可使用 Jaguar InControl 智能驭领远程遥控手机客户端或通过 InControl 智能驭领主页操作。运输模式可防止车辆在运输时发出被盗车辆跟踪警报。

2. 前牵引孔眼

车辆前面和后面的拖车点仅用于路面施救。如果将其用于任何其他目的，则可能导致车辆受损和人员严重受伤。在驾驶或牵引车辆时要分外小心。否则，可能会导致人员死亡或严重受伤。牵引孔眼是车辆工具箱的一部分，位于行李箱地板下。前牵引点位于前保险杠中的一个小检修板的后面。

安装牵引孔眼：

（1）按下前保险杠检修面板的下边缘，以松开固定卡夹。拆下盖子，如图 7–60 所示。注意：记录检修盖的方位，以便重新安装。

（2）通过前保险杠找到牵引点。将牵引孔眼逆时针完全拧入牵引点，直到拧紧。注意：将车轮撑杆穿过牵引孔眼，将它作为杆来帮助转动牵引孔眼，直到完全拧紧。要重新安装检修面板，将吊耳对齐保险杠中的凹槽。轻轻按压另一侧边缘，使固定夹扣合。

（3）在拆卸牵引设备时要分外小心。车辆可能会移动，这会导致人员严重受伤。后牵引点位于后保险杠中的小检修面板的后面。

图 7–60

3. 后牵引孔眼

安装牵引孔眼：

（1）按下后保险杠检修面板的下边缘，以松开固定卡夹，如图 7–61 所示。拆下盖子。注意：记录检修盖的方位，以便重新安装。

（2）在后保险杠上找到牵引点。将牵引孔眼逆时针完全拧入牵引点，直到拧紧。注意：将车轮撑杆穿过牵引孔眼，将它作为杆来帮助转动牵引孔眼，直到完全拧紧。要重新安装检修面板，将吊耳对齐保险杠中的凹槽。轻轻按压另一侧边缘，使固定夹扣合。在拆卸牵引设备时要分外小心。车辆可能会移动，这会导致人员严重受伤。

4. 电子驻车制动系统（EPB）释放

用楔块固定车轮，在执行下列步骤之前确保所有人员都离开车辆。如果由于某种原因，比如系统故障或蓄电池耗尽，电子驻车制动（EPB）无法释放，则操作紧急释放程序。按照如下方式释放 EPB。

（1）停用。

①断开车辆蓄电池。

②顶升并支撑车辆。

③确保采用车轴支架支撑车辆。

④拆下一个后轮。

⑤松开电气部件接头，如图 7–62 所示。

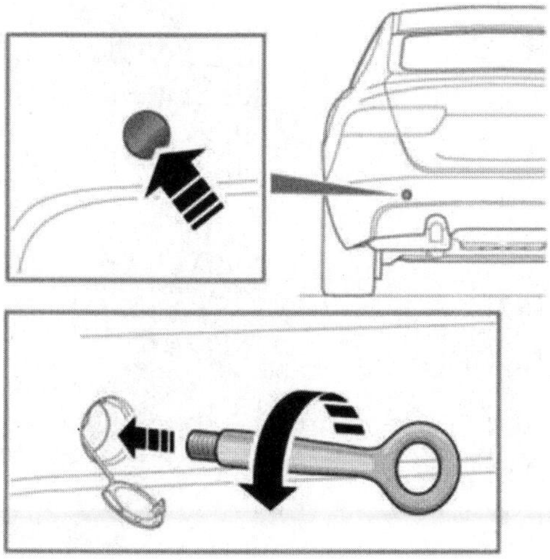

图 7–61

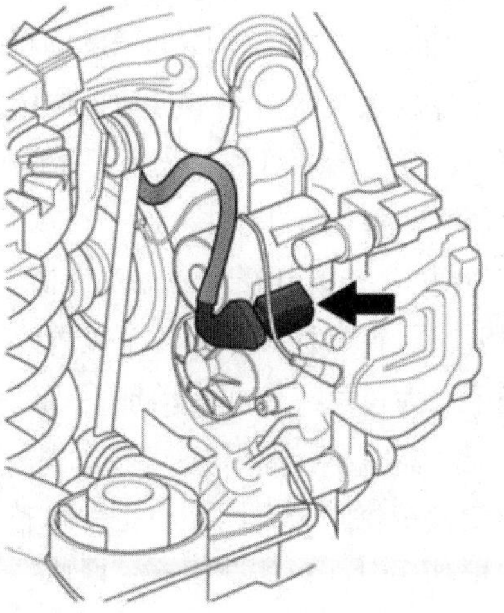

图 7–62

⑥拆下并弃用将 EPB 执行器固定至制动卡钳的两个螺栓，如图 7–63 所示。扭矩：8N · m。

⑦从制动卡钳上拆下 EPB 执行器，如图 7–64 所示。弃用 O 形密封圈。

⑧对车辆另一侧重复此程序。

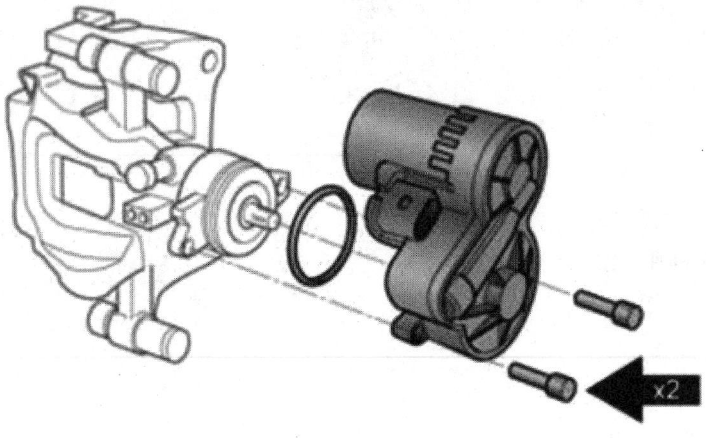

图 7–63

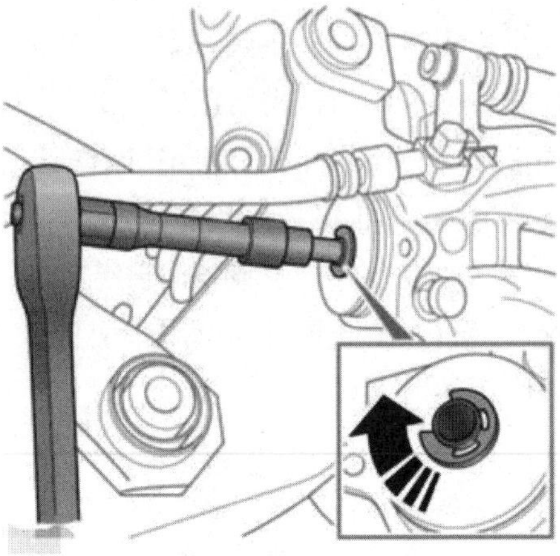

图 7–64

（2）激活。

①安装新的 O 形密封圈。

②要进行安装，请反向执行拆卸程序。

③用诊断工具校准 EPB。

5. 变速器驻车释放

确保车辆用车轮楔块固定，应用电子驻车辅助系统（EPB），或让另一人用力踩住制动踏板。否则，可能会造成车辆意外移动，导致严重人员严重受伤甚至死亡。在对车辆施救之前未能从驻车挡 P 释放自动变速器，可能会严重损坏自动变速器。车辆施救完成后，请务必将自动变速器返回至驻车挡 P 并重新安装发动机装饰罩。如果配备了自动变速器的车辆需要进行施救，则务必激活变速器驻车释放系统，这样做会将自动变速器锁定在空挡 N，并防止自动变速器自动选择 P 挡。变速器驻车释放系统位于发动机右侧，需要拆下发动机装饰罩以便检修。如果配备了自动变速器的车辆需要进行施救，则务必激活变速器驻车释放系统，这样做会将自动变速器锁定在 N 挡，并防止自动变速器自动选择 P 挡。变速器驻车释放系统位于发动机右侧，需要拆下发动机装饰罩以便检修。当变速器驻车释放系统激活时，自动挡位选择杆将保持在 P 挡，但自动挡位选择杆指示灯和仪表盘都将闪烁显示 N。

变速器驻车释放杆工作：

（1）要从驻车挡 P 释放自动变速器。

①缓缓拉起释放杆，约 90° 至竖直位置，如图 7–65 所示。切勿对把手用力过猛，切勿拉动把手超过 90° ，因为这样做可能会损坏变速器驻车释放系统。

②固定锁销将啮合，以便将把手保持在垂直位置。注意：当固定锁销啮合时，可能会听到“咔嗒”声。也可能会通过把手感觉到啮合。

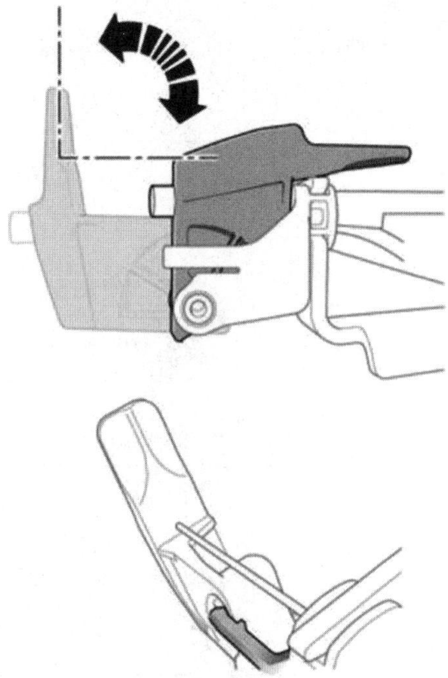

图 7–65

（2）要将自动变速器返回至 P 挡。

①轻轻松开固定锁销，如图 7–66 所示。

②杆将自动返回至其正常水平位置。

（3）重新安装发动机罩。

6. 解锁车辆

（1）滑动打开侧盖进行释放，然后取下，如图 7–67 所示。

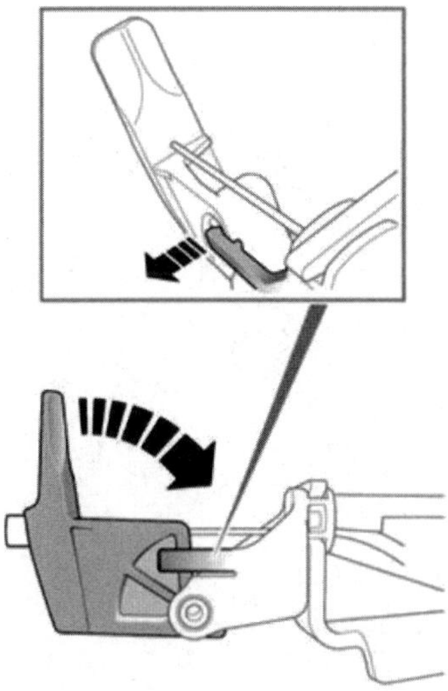

图 7–66

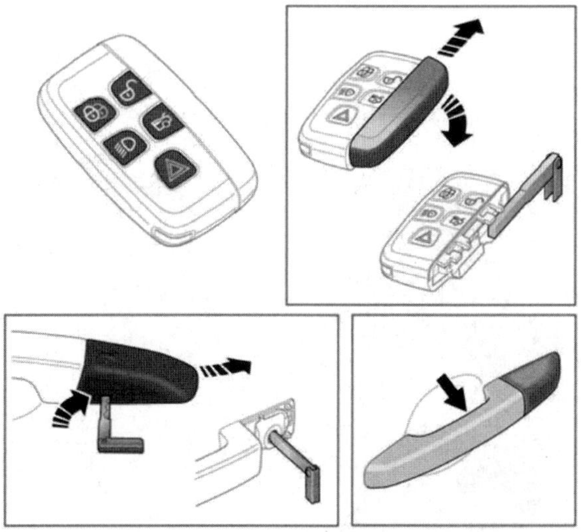

图 7–67

（2）取下并展开。

（3）如果智能钥匙无法打开车辆，请将钥匙片插入驾驶员门锁盖基部的槽孔中。在锁盖的顶部轻微下压，然后轻轻地向上撬动钥匙片。小心地朝上旋转车门锁盖，将锁盖从固定凸耳中撬开。

（4）将钥匙片插入露出的车锁中并旋转以操作车锁。警报将响起，直至智能钥匙放置正确。要解除警报。注意：更换车门锁盖时，先找到顶部的固定凸耳。然后向下和向内推动锁盖，以便找到单个的底部凸耳。凸耳卡入到锁定位置。检查盖板是否牢固。不牢固的盖板可能会在车辆行驶时脱落。（提示：某些中国市场不可用）

7. 发动机应急启动

如果出现以下情况之一，则发动机启动备份程序可用来解除警报并启动发动机：

用应急钥匙片解锁车门；

车辆未检测到智能钥匙。

仅当信息中心显示信息智能钥匙未识别，将其重新定位或将其按图 7–68 所示位置放置并按下启动按钮时，才可以使用发动机启动备份程序。

要执行发动机启动备份程序：

（1）将智能钥匙平放在紧靠转向柱一侧，使按钮朝外。注意：转向柱上有帮助确定正确位置的标记。

（2）将智能钥匙保持在正确位置的同时，用力踩下制动踏板。

（3）按下并释放发动机 START/STOP（启动 / 停止）按钮。一旦发动机启动后，在安全条件允许的情况下松开制动踏板。如果无法识别智能钥匙或发动机无法启动，请咨询经销商 / 授权维修厂。

8. 跨接启动

注意：在将跨接导线连接到无法启动的车辆的增压端子之前，确保施救车辆增压连接正确。另外，请确保所有电气设备均已关闭。

（1）打开发动机舱盖并查找发动机舱保险丝盒。

①松开增压端子盖。

②松开增压端子盖并将其置于一旁。

（2）连接和断开跨接导线时应该使用以下程序。

①将正极（红色）跨接导线的一端连接到施救车辆的正极增压端子，如图 7-69 所示。注意：关于建议的增压端子位置。

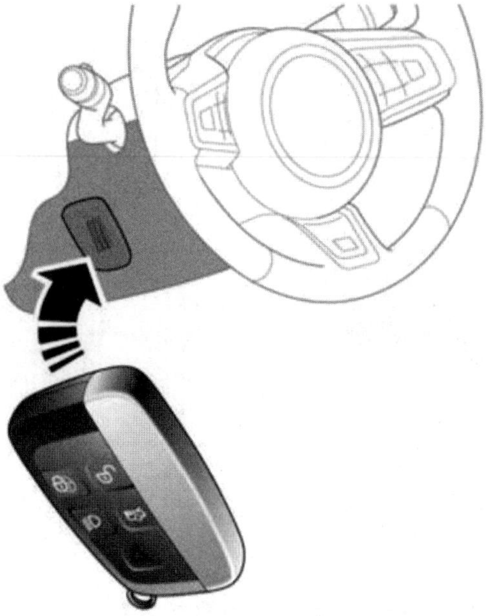

图 7-68

图 7-69

②将正极（红色）跨接导线的另一端连接至无法启动的车辆的正极增压端子。

③将负极（黑色）跨接导线的一端连接到施救车辆的负极增压端子。注意：关于建议的增压端子位置。

④将负极（黑色）跨接导线的另一端连接至无法启动的车辆的负极增压端子。注意：检查确保所有电缆远离所有运动元件，且全部 4 个连接处都很稳固。

⑤启动施救车辆的发动机。让它怠速运转数分钟。

⑥启动无法启动车辆的发动机。注意：在拆除跨接导线之前，不得给先前无法启动车辆上的任何电路通电。

⑦让两车怠速运转数分钟。

⑧关闭施救车辆。

⑨从无法启动的车辆上断开负极（黑色）跨接导线。

⑩从施救车辆上断开负极（黑色）跨接导线。

⑪从无法启动的车辆上断开正极（红色）跨接导线。

⑫从施救车辆上断开正极（红色）跨接导线。

⑬将检修盖重新安装至正极增压端子。关闭发动机舱盖。

（2）连接启动辅助装置。

如要使用启动辅助装置或辅助蓄电池来启动车辆，请遵循下列给出的说明。

①将启动辅助装置的正极（红色）跨接导线连接至车辆的正极（+）增压端子。

②将负极（黑色）电缆连接到车辆的负极（–）增压端子。

③打开启动辅助装置。

④启动发动机。让发动机处于怠速状态。

⑤从车辆的负极（–）增压端子上断开负极（黑色）跨接导线。

⑥关闭启动辅助装置。

⑦将正极（红色）跨接导线与车辆的正极（+）增压端子断开。

9. 保险丝盒位置

拆下保险丝盒盖时，小心保护保险丝盒免受潮气。尽快重新盖上保险丝盒盖。车辆中安装了 5 个不同的保险丝盒。每个保险丝盒包含分别用于保护不同电路组的保险丝。

（1）发动机舱前保险丝盒。

提起正极增压端子盖板。按住保险丝盒盖固定夹，然后打开盖子，如图 7–70 中 1 所示。

（2）发动机舱后保险丝盒。

通过轻轻按住固定夹，然后提起释放并拉动以拆下发动机盖下面护盖，如图 7–70 中 2 所示。按住保险丝盒盖固定卡夹，提起以打开盖板，然后拉动以将其拆下。

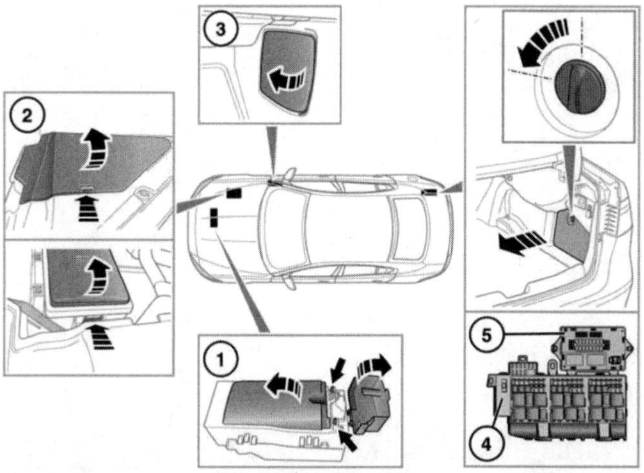

1.发动机舱前保险丝盒　2.发动机舱后保险丝盒　3.乘客舱保险丝盒　4.行李箱下保险丝盒　5.行李箱上保险丝盒

图 7–70

（3）乘客舱保险丝盒。

乘客舱保险丝盒位于右侧 A 柱上，在仪表板之下。使用合适的工具拆除卡夹并松开面板后缘，然后拉动将其拆下。注意：标记面板的方位以便重新安装。

（4）行李箱下保险丝盒。

拆下右侧行李箱检修面板。要这样做，请将固定卡夹逆时针转动 90° 以释放面板，如图 7–70 中 4 所示。注意：此保险丝盒还具有备用保险丝和车辆保险丝拆卸工具。

（5）行李箱上保险丝盒。

拆下右侧行李箱检修面板。要这样做，请将固定卡夹逆时针转动 90° 以释放面板，如图 7–70 中 5 所示。

七、2018—2020 年捷豹 F–PACE

1. 车辆施救

（1）车辆检查流程。

为了避免今后发生任何争议，对车辆施救之前，检查内部和外部的损坏情况。对于发现的任何损坏进行记录，并相应地告知车主或驾驶员。即使轻微的损坏，进行维修的话也可能会非常昂贵，所以确保仔细地检查了车辆的所有区域。

（2）车辆施救准备。

驾驶车辆或操作控制按钮之前，戴上干净的手套，并为座椅和地板铺上合适的保护罩。

（3）施救方法。

①运输车或拖车。

建议使用专用运输车或拖车对车辆进行施救或运输，如图 7–71 所示。

②直杆全轮牵引。

如果无法使用推荐的方法施救车辆，在紧急情况下，车辆可以短距离全轮牵引，如图 7–72 所示。除非有必要，例如在紧急情况下，否则切勿全轮牵引。切勿牵引车辆超过 50km。牵引车速切勿超过 50 km/h。超过此距离或以更高车速牵引将导致变速器严重损坏。

图 7–71

图 7–72

③在前轮或后轮悬起的情况下牵引。

切勿在前轮或后轮悬起的情况下施救车辆，如图 7–73 所示。如果情况需要，对于两轮驱动（2WD）车型可以例外。

确保车辆的施救或运输由有资质的人员执行，运输时确保车辆的正确固定。施救机构必须在施救开始前启用变速器驻车释放功能。未能激活变速器驻车释放可能会导致变速器严重损坏。在车辆施救过程中，点火钥匙必须一直留在车内且点火开关必须打开。这是为了确保解锁转向柱。车辆不得在四轮全部着地的情况下被牵引，也不得在前轮或后轮悬起的情况下被施救，这样可能会导致变速器严重损坏。注意：如果要断开车辆蓄电池，则必须先解锁转向柱。蓄电池断开的情况下，转向柱无法解锁。

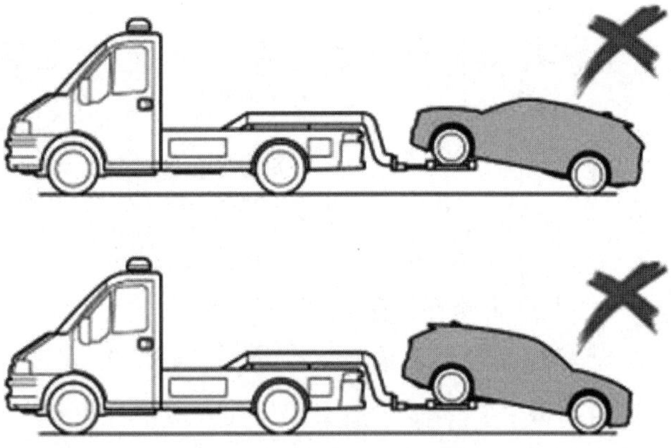

图 7–73

2. 前牵引点

车辆前面和后面的拖车点仅用于路面施救。如果将其用于任何其他目的，则可能导致车辆受损和人员严重伤害。在驾驶或牵引车辆时要分外小心。否则，可能会导致人员死亡或严重受伤。牵引孔眼是车辆工具箱的一部分，位于行李箱地板下。前牵引点位于前保险杠中的一个小检修板的后面。

安装牵引孔眼：

（1）按下前保险杠检修面板的下边缘，以松开固定卡夹，如图 7–74 所示。拆下盖子。注意：记录检修盖的方位，以便重新安装。

（2）通过前保险杠找到牵引点。将牵引孔眼逆时针完全拧入牵引点，直到拧紧。注意：将车轮撑杆穿过牵引孔眼，将它作为杆来帮助转动牵引孔眼，直到完全拧紧。要重新安装检修面板，将吊耳对齐保险杠中的凹槽。轻轻按压另一侧边缘，使固定夹扣合。在拆卸牵引设备时要分外小心。车辆可能会移动，这会导致人员严重受伤。后牵引点位于后保险杠中的小检修面板的后面。

3. 后牵引点

（1）安装牵引孔眼。

①按下后保险杠检修面板的下边缘，以松开固定卡夹，如图 7–75 所示。拆下盖子。注意：记录检修盖的方位，以便重新安装。

图 7–74

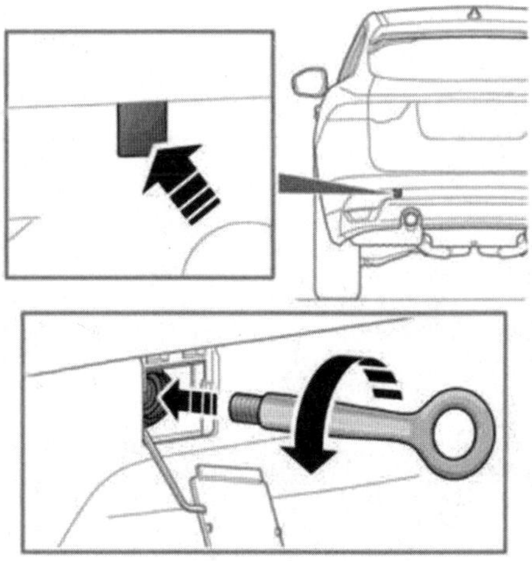

图 7–75

②在后保险杠上找到牵引点。将牵引孔眼逆时针完全拧入牵引点，直到拧紧。注意：将车轮撑杆穿过牵引孔眼，将它作为杆来帮助转动牵引孔眼，直到完全拧紧。要重新安装检修面板，将吊耳对齐保险杠中的凹槽。轻轻按压另一侧边缘，使固定夹扣合。在拆卸牵引设备时要分外小心。车辆可能会移动，这会导致人员严重受伤。

（2）仅限四轮驱动（AWD）车辆。

对于 AWD 车辆，越野牵引点也位于前下保险杠中的可拆卸盖板后面，如图 7–76 所示。

要拆下盖子：

① 用一个硬币或类似物件将各个紧固件依次逆时针旋转 90° ，以释放盖子下缘。

②从盖子的后下边缘向前拉盖子，以松开盖子顶部边缘上的凸耳。

要重新安装盖子：

① 向上送入盖子，确保顶部边缘的凸耳已嵌入车身面板的孔中。

②将每个紧固件顺时针旋转 90° ，以将盖子固定到位。

图 7–76

4. 电子驻车制动系统（EPB）释放

用楔块固定车轮，在执行下列步骤之前确保所有人员都离开车辆。如果由于某种原因，比如系统故障或蓄电池电耗尽，电子驻车制动（EPB）无法释放，则操作紧急释放程序。按照如下方式释放 EPB。

（1）停用。

①断开车辆蓄电池。

②顶升并支撑车辆。

③确保采用车轴支架支撑车辆。

④拆下一个后轮。

⑤松开电气部件接头，如图 7–77 所示。

⑥拆下并弃用将 EPB 执行器固定至制动卡钳的两个螺栓，如图 7–78 所示。扭矩：8N · m。

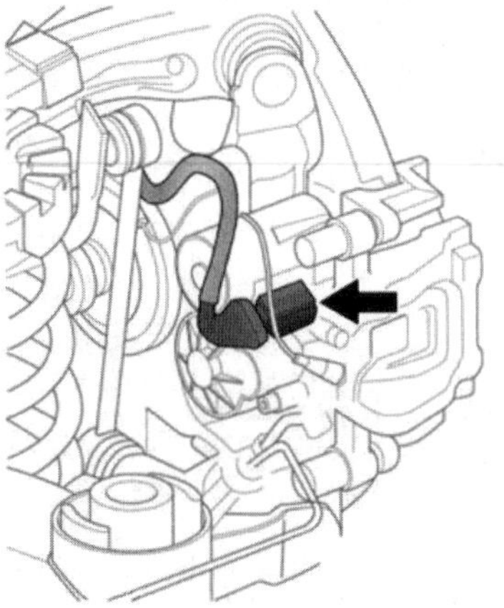

图 7–77

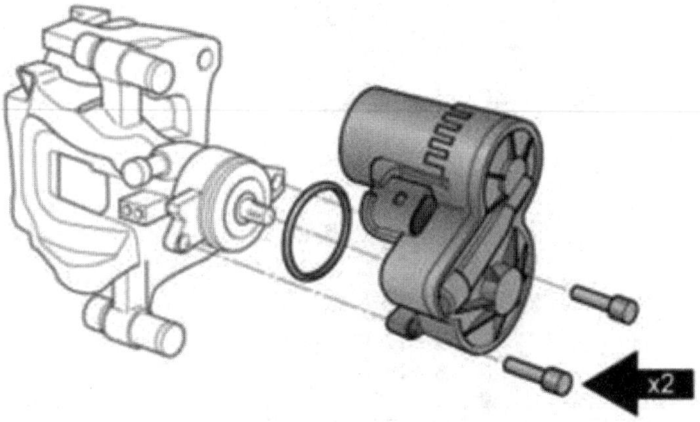

图 7–78

⑦从制动卡钳上拆下 EPB 执行器，如图 7–79 所示。弃用 O 形密封圈。

⑧对车辆另一侧重复此程序。

（2）激活。

①安装新的 O 形密封圈。

②要进行安装，请反向执行拆卸程序。

③工具校准 EPB。

5. 变速器驻车释放

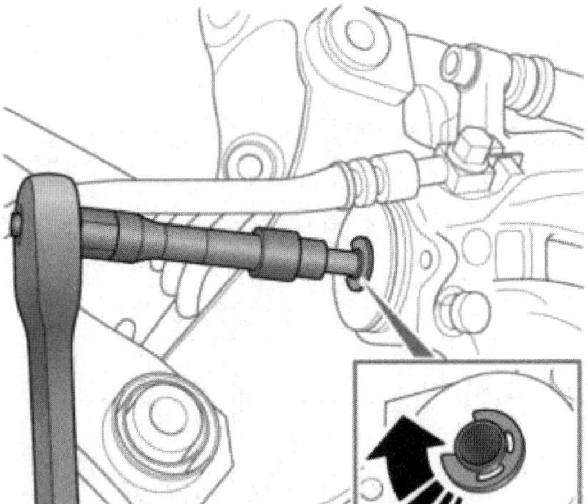

图 7–79

确保车辆用车轮楔块固定。应用电子驻车辅助系统（EPB），或让另一个人用力踩住制动踏板。否则，可能会造成车辆意外移动，导致人员严重受伤甚至死亡。施救车辆之前，如果未能将自动变速器从驻车挡 P 释放，可能会导致自动变速器严重损坏。车辆施救完成后，确保将自动变速器返回到 P 挡并重新安装发动机罩。如果配备了自动变速器的车辆需要进行施救，则务必激活变速器驻车释放系统，这会将自动变速器锁定在空挡 N，防止自动变速器自动选择 P 挡。启用变速器驻车释放系统后，自动挡位选择杆保持在 P 挡，但自动挡位选择杆指示灯和仪表盘都将闪烁显示 N。变速器驻车释放杆位于发动机上，如图 7–80 所示。

变速器驻车释放杆工作：

（1）要将自动变速器从 P 挡释放。

①缓缓拉起释放杆，约 90° 至竖直位置，如图 7–81 所示。切勿对该把手用力过猛，并且切勿将把手

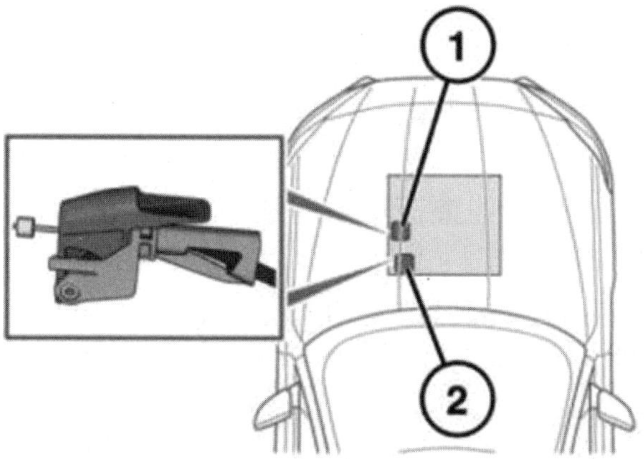

1.除3.0L柴油机以外的所有发动机　2.仅限3.0L柴油机

图 7–80

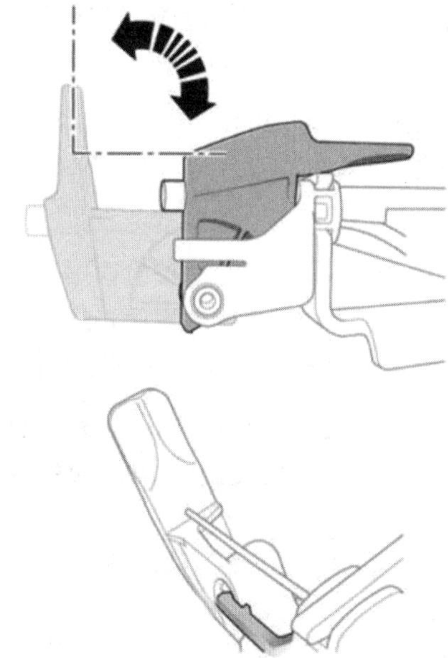

图 7–81

拉起超过 90° 。这两者任何一个动作都可能会损坏变速器驻车释放系统。

②固定锁销啮合，以将把手保持在竖直位置。注意：固定锁销啮合时，可能会听到“咔嗒”声。接合也可能会通过把手感觉到。

（2）要将自动变速器返回至 P 挡。

①轻轻松开固定锁销。

②释放杆将自动返回至其正常的水平位置，如图 7–82 所示。

③重新安装发动机罩。

6. 解锁车辆

（1）滑动打开侧盖进行释放，然后取下，如图 7–83 所示。

（2）取下并展开应急钥匙片。

（3）如果智能钥匙无法打开车辆，请将钥匙片插入驾驶员侧门锁盖基部的槽孔中。在锁盖的顶部轻微下压，然后轻轻地向上撬动钥匙片。小心地朝上旋转车门锁盖，将锁盖从固定凸耳中撬开。

（4）将钥匙片插入露出的车锁中并旋转以操作车锁。警报将响起，直至智能钥匙放置正确。要解除

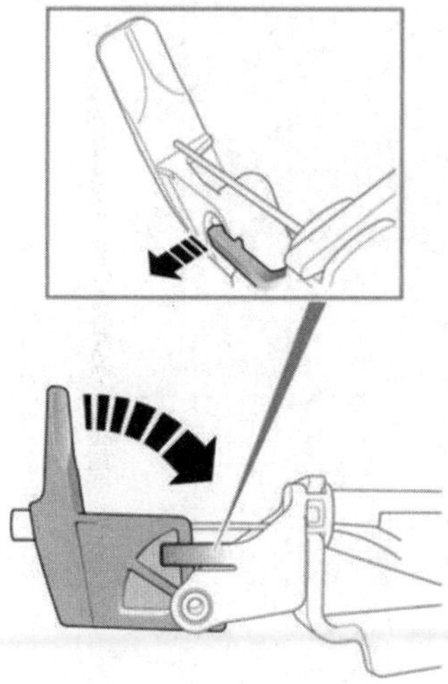

图 7–82

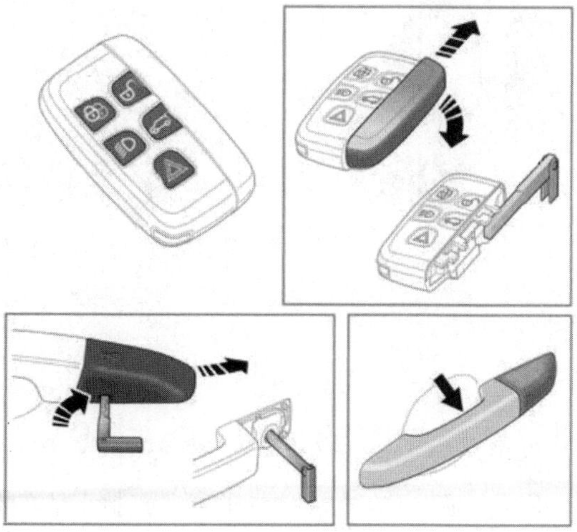

图 7–83

警报。注意：更换车门锁盖时，先找到顶部的固定凸耳。然后向下和向内推动锁盖，以便找到单个的底部凸耳。凸耳卡入到锁定位置。检查盖板是否牢固。不牢固的盖板可能会在车辆行驶时脱落。（提示：某些车型中国市场不可用。）

8. 发动机应急启动

仅当信息中心显示信息智能钥匙未识别将其重新定位或将其按图 7–84 所示位置放置并按下启动按钮时，才可以使用发动机启动备份程序。

要执行发动机启动备份程序：

（1）将智能钥匙平放在紧靠转向柱一侧，使按钮朝外。注意：转向柱上有帮助确定正确位置的标记。

（2）将智能钥匙保持在正确位置的同时，用力踩下制动踏板。

（3）按下并释放发动机 START/STOP（启动 / 停止）按钮。

（4）一旦发动机启动后，在安全条件允许的情况下松开制动踏板。如果无法识别智能钥匙或发动机无法启动，请咨询经销商 / 授权维修厂。

9. 跨接启动

在操作任何电气设备前，先断开跨接导线。注意：在将跨接导线连接到无法启动的车辆的增压点端子之前，确保施救车辆增压点连接正确。另外，请确保所有电气设备均已关闭。

（1）打开发动机舱盖并找到发动机舱内的前保险丝盒。

①松开位于保险丝盒端部的增压端子盖。

②松开增压端子盖。将此盖置于一边。

（2）连接和断开跨接导线时应该使用以下程序。

①将正极（红色）跨接导线的一端连接到施救车辆的正极增压端子，如图 7–85 所示。

图 7–84

图 7–85

②将正极（红色）跨接导线的另一端连接到正极增压端子。

③将负极（黑色）跨接导线的一端连接到施救车辆的负极增压端子。

④将负极（黑色）跨接导线的另一端连接至负极增压端子。注意：检查确保所有电缆远离所有运

动元件，且全部 4 个连接处都很稳固。

⑤启动施救车辆的发动机。让发动机以怠速运转几分钟。

⑥启动无法启动车辆的发动机。注意：在拆除跨接导线之前，不得给先前无法启动车辆上的任何电路通电。

⑦让两车怠速运转数分钟。

⑧关闭施救车辆。

⑨从无法启动的车辆上断开负极（黑色）跨接导线。

⑩从施救车辆上断开负极（黑色）跨接导线。

⑪从无法启动的车辆上断开正极（红色）跨接导线。

⑫从施救车辆上断开正极（红色）跨接导线。

⑬重新安装正极增压端子。关闭发动机舱盖。

（3）连接启动辅助装置。

如要使用启动辅助装置或辅助蓄电池来启动车辆，请遵循下列给出的说明。

①将启动辅助装置的正极（红色）跨接导线连接至车辆的正极（+）增压端子。

②将负极（黑色）电缆连接到车辆的负极（–）增压端子。

③打开启动辅助装置。

④启动发动机。让发动机处于怠速状态。

⑤从车辆的负极（–）增压端子上断开负极（黑色）跨接导线。

⑥关闭启动辅助装置。

⑦将正极（红色）跨接导线与车辆的正极（+）增压端子断开。

10. 保险丝盒位置

拆下保险丝盒盖时，小心保护保险丝盒免受潮气。尽快重新盖上保险丝盒盖。车辆中安装了 5 个不同的保险丝盒。每个保险丝盒中包含的保险丝保护不同的电路组。

（1）发动机舱前保险丝盒。

提起正极增压端子盖板。按住保险丝盒盖的固定夹。提起以打开保险丝盒盖，如图 7–86 中 1 所示。

（2）发动机舱后保险丝盒。

拆下发动机舱盖板。要完成这点，需轻轻按住固定卡夹，然后抬起以释放并拉动，可将其拆下。按住保险丝盒盖的固定卡夹。提起以打开盒盖，拉动将其拆下，如图 7–86 中 2 所示。

（3）位于仪表板下方右侧 A 柱上的乘客舱保险丝盒。

使用合适的工具松开并释放面板后缘。拉动以将其拆下，如图 7–86 中 3 所示。注意：标记面板的方位以便重新安装。

（4）行李箱上保险丝盒。

拆下右侧行李箱检修面板。为此，拉动检修面板的后边缘，如图 7–86 中 4 所示。注意：行李箱上保险丝盒还具有含有备用保险丝和车辆保险丝拆除工具。

（5）行李箱下保险丝盒。

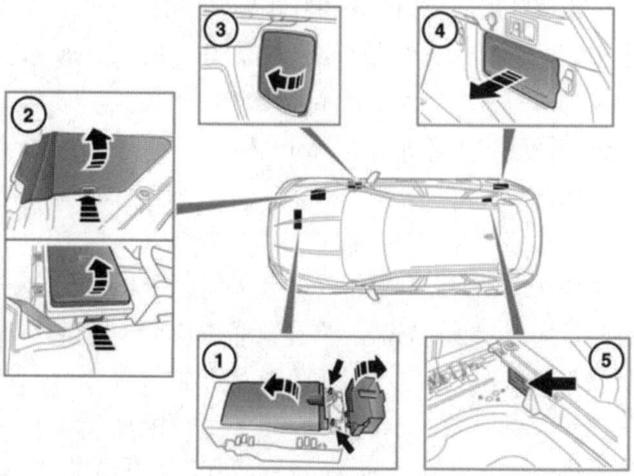

1.发动机舱前保险丝盒　2.发动机舱后保险丝盒　3.乘客舱保险丝盒　4.行李箱上保险丝盒　5.行李箱下保险丝盒

图 7–86

拆下行李箱地板面板和备胎工具套件，如图 7-86 中 5 所示。

八、2018—2019 年捷豹 F-TYPE（X152）

1. 车辆施救

（1）车辆检查流程。

为了避免今后发生任何争议，对车辆施救之前，检查内部和外部的损坏情况。对于发现的任何损坏进行记录，并相应地告知车主或驾驶员。即使轻微的损坏，进行维修的话也可能会非常昂贵，所以确保您仔细地检查了车辆的所有区域。

（2）车辆施救准备。

驾驶车辆或操作控制按钮之前，戴上干净的手套，并为座椅和地板铺上合适的保护罩。

（3）施救方法。

①运输车或拖车。

建议使用专用运输车或拖车对车辆进行施救或运输，如图 7-87 所示。

②直杆全轮牵引。

如果无法使用推荐的方法施救车辆，在紧急情况下，车辆可以短距离全轮牵引，如图 7-88 所示。除非有必要，例如在紧急情况下，否则切勿全轮牵引。切勿牵引车辆超过 50km。牵引车速切勿超过 50km/h。超过此距离或以更高车速牵引将导致变速器严重损坏。

图 7-87

图 7-88

③在前轮或后轮悬起的情况下牵引。

确保车辆的施救或运输由有资质的人员执行，运输时确保车辆的正确固定。切勿在前轮或后轮悬起的情况下施救车辆，如图 7-89 所示。如果情况需要，对于两轮驱动（2WD）车型可以例外。施救机构必须在施救开始前启用变速器驻车释放功能。未能激活变速器驻车释放可能会导致变速器严重损坏。在车辆施救过程中，点火钥匙必须一直留在车内且点火开关必须打开，这是为了确保解锁转向柱。车辆不得在四轮全部着地的情况下被牵引，也不得在前轮或后轮悬起的情况下被施救。否则，可能会导致变速器严重损坏。注意：如果要断开车辆蓄电池，则必须先解锁转向柱。蓄电池断开的情况下，转向柱无法解锁。注意：对于配备 InControl 智能驭领保障的车辆，确保告知车主将车辆设置为运输模式，可使用 Jaguar InControl 智能驭领远程遥控手机客户端或通过 InControl 智能驭领主页操作。运输模式可防止车辆在运输时发出被盗车辆跟踪警报。

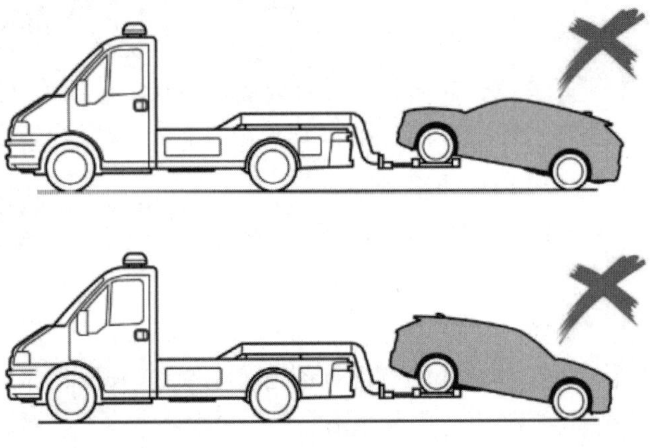

图 7-89

（4）运输车辆。

在驾驶或牵引车辆时要分外小心。否则，可能会导致人员死亡或严重受伤。仅使用系绑点或车轮上的固定环。不允许使用车身或悬架上的固定环，因为悬架调整将导致固定带松开。车辆不得在四轮全部着地的情况下被牵引，也不得在前轮或后轮悬起的情况下被施救。否则，可能会导致变速器严重损坏。建议使用专用运输车或拖车对车辆进行施救或运输。

2. 牵引点

车辆前面的牵引点仅用于道路施救。如果将其用于任何其他目的，则可能导致车辆受损和人员严重伤害。在驾驶或牵引车辆时要分外小心。否则，可能会导致人员死亡或严重受伤。根据车辆规格，前牵引孔眼位于行李箱内，具体情况如下：

对于配备备胎的车辆，牵引孔眼位于车辆工具箱中；

对于未配备备胎的敞篷车辆，牵引孔眼位于轮胎维修套件中；

对于未配备备胎的跑车，牵引孔眼位于车辆蓄电池旁边。要找到牵引孔眼，请拆下位于载货区左侧的蓄电池盖板。

前牵引点位于前保险杠中的一个小检修板的后面。安装牵引孔眼：

（1）按下前保险杠检修面板的下边缘，以松开固定卡夹，如图 7–90 所示。拆下盖子。注意：记录检修盖的方位，以便重新安装。

（2）通过前保险杠找到牵引点。将牵引孔眼逆时针完全拧入牵引点，直到拧紧。注意：将车轮撑杆穿过牵引孔眼，将它作为杆来帮助转动牵引孔眼，直到完全拧紧。要重新安装检修面板，将吊耳对齐保险杠中的凹槽。轻轻按压另一侧边缘，使固定夹扣合。在拆卸牵引设备时要分外小心。车辆可能会移动，这会导致人员严重受伤。

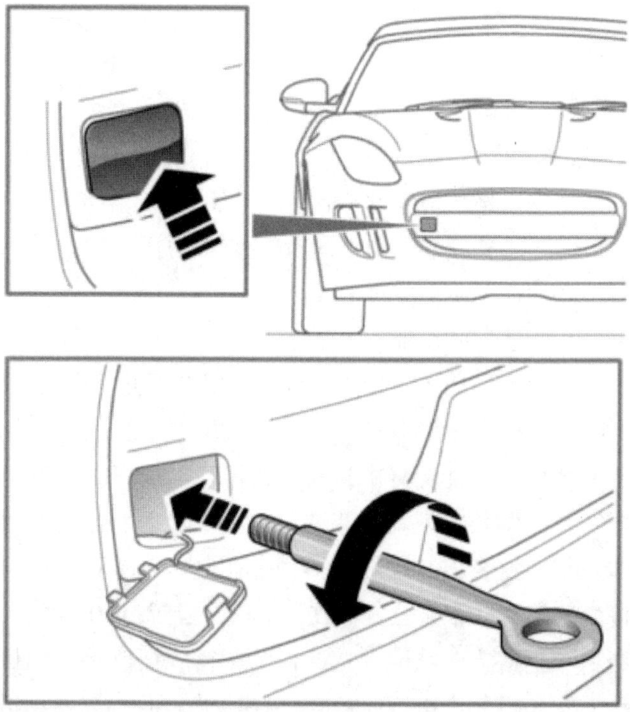

图 7–90

3. 电子驻车制动系统（EPB）释放

用楔块固定车轮，在执行下列步骤之前确保所有人员都离开车辆。如果由于某种原因，比如系统故障或蓄电池耗尽，电子驻车制动（EPB）无法释放，则操作紧急释放程序。按照如下方式释放 EPB。

（1）停用。

①断开车辆蓄电池。

②顶升并支撑车辆。

③确保采用车轴支架支撑车辆。

④拆下一个后轮。

⑤松开电气接头，如图 7–91 所示。

⑥拆下并弃用将 EPB 执行器固定至制动卡钳

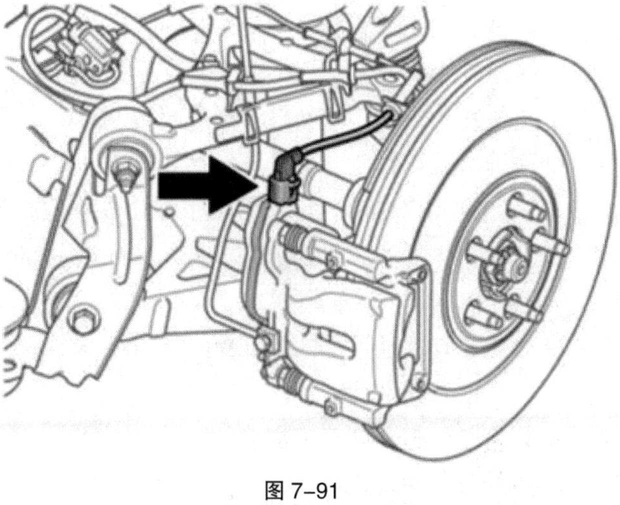

图 7–91

的两个螺栓，如图 7–92 所示。扭矩：8N · m。

⑦从制动卡钳上拆下 EPB 执行器，如图 7–93 所示。弃用 O 形密封圈。

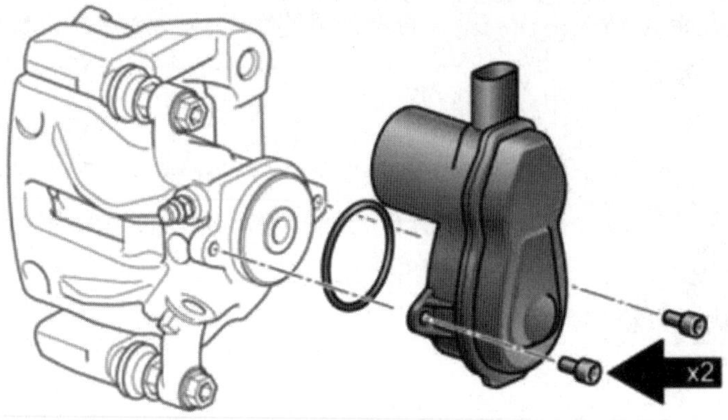

图 7–92

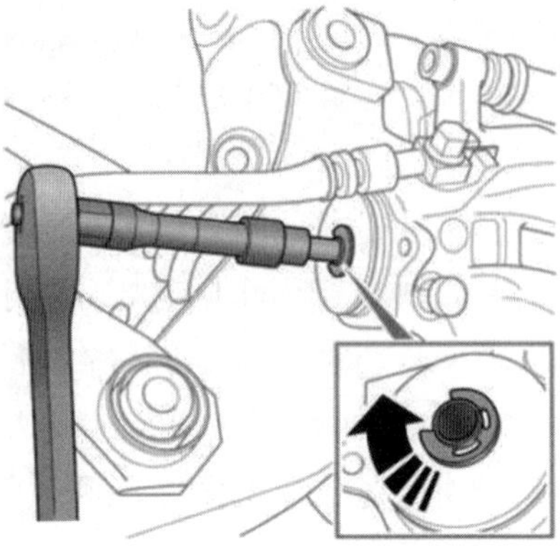

图 7–93

⑧对车辆另一侧重复此程序。

（2）激活。

①安装新的 O 形密封圈。

②要重新安装，请反向执行拆卸程序。

③用诊断工具校准 EPB。

4. 变速器驻车释放

确保车辆用车轮楔块固定。应用电子驻车辅助系统（EPB），或让另一个人用力踩住制动踏板。否则可能会造成车辆意外移动，导致人员严重受伤甚至死亡。施救车辆之前，如果未能将自动变速器从驻车挡 P 释放，可能会导致自动变速器严重损坏。车辆施救完成后，请务必将自动变速器返回至 P 挡，并重新安装装饰板或发动机装饰罩。如果配备了自动变速器的车辆需要进行施救，则务必激活变速器驻车释放系统，这会将自动变速器锁定在空挡 N，防止自动变速器自动选择 P 挡。施救车辆时，可能需要手动将变速器从驻车 P 位置释放到空挡 N 位置。2.0L 汽油发动机车辆：当从车辆前方观察时，变速器驻车释放杆位于发动机右侧。需要拆下发动机装饰罩以便检修。3.0L 和 5.0L 汽油发动机车辆：变速器驻车释放杆位于储物箱内。

（1）变速器驻车释放杆操作：2.0L 汽油发动机车辆。

①要从驻车挡 P 释放自动变速器。

a. 缓缓拉起释放杆，约 90° 至竖直位置，如图 7–94 所示。切勿对把手用力过猛，切勿拉动把手超过 90° ，因为这样做可能会损坏变速器驻车释放系统。

b. 固定锁销将啮合，以便将把手保持在垂直位置。注意：当固定锁销啮合时，可能会听到“咔嗒”声。也可能会通过把手感觉到啮合。

②要将自动变速器返回至 P 挡。

a. 轻轻松开固定锁销。

b. 杆将自动返回至其正常水平位置。

③重新安装发动机罩。

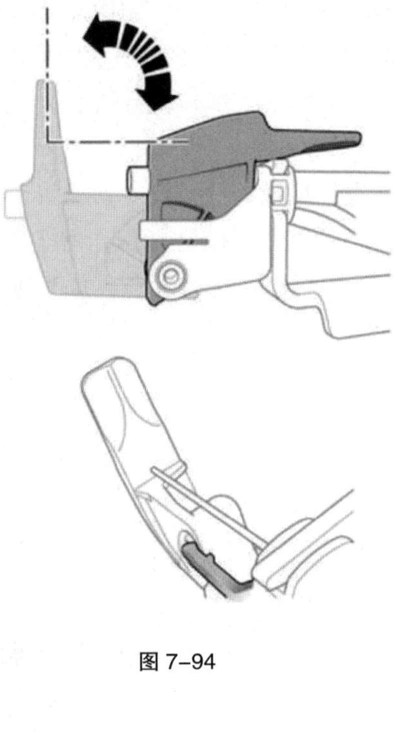

图 7–94

（2）变速器驻车释放杆操作：3.0L 和 5.0L 汽油发动机车辆。

①要从驻车挡 P 释放自动变速器。

a. 卸下左侧装饰板，如图 7–95 所示。

b. 逆时针旋转变速器驻车释放锁定装置 90°。

c. 拉动操纵杆，直到其锁定在竖直位置。

②要重新接合变速器驻车锁。

a. 拉住操纵杆上的束带（如图 7–95 中 4 所示），然后释放锁扣（如图 7–95 中 5 所示）。

b. 操纵杆返回至水平位置。

c. 顺时针旋转变速器驻车释放锁定装置 90°。

d. 安装装饰板并关闭储物箱。

5. 解锁车辆

（1）滑动打开侧盖进行释放，然后取下紧急钥匙，如图 7–96 所示。

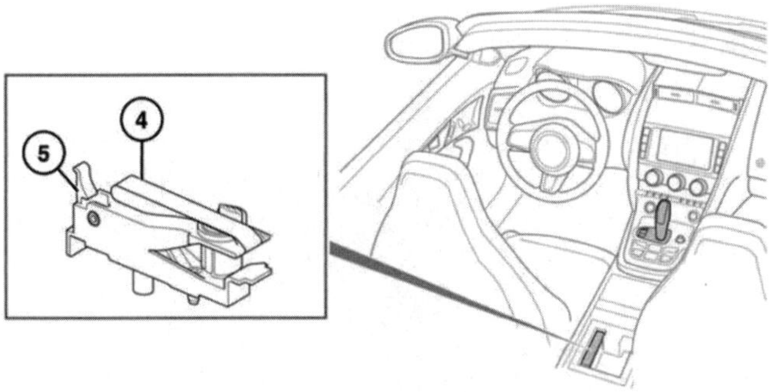

4.束带　5.锁扣

图 7–95

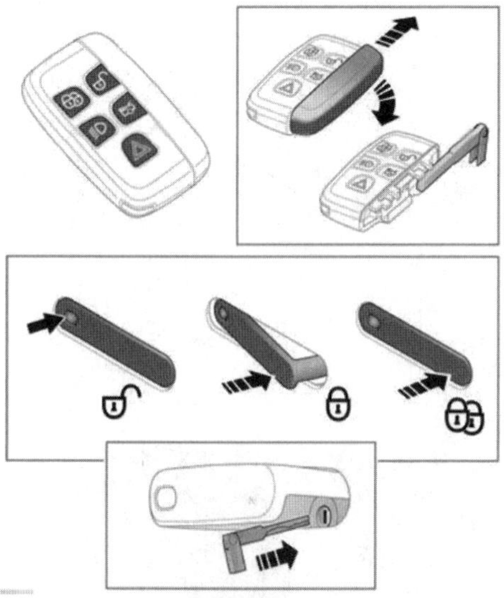

图 7–96

（2）取下并展开应急钥匙片。

（3）如果智能钥匙和智能免匙进入不能打开车辆，将钥匙片插入驾驶员侧车门把手后面的槽中。拉住把手以便检修。要解锁，请向车辆前部方向转动钥匙片然后松开。注意：报警会持续作响，直至智能钥匙解锁按钮已按下或智能钥匙已正确放置在车内。请向车辆后部方向转动钥匙片然后松开，锁定车辆。注意：这会锁闭所有车门，但不会启用报警。注意：更换智能钥匙仅可从经销商 / 授权维修厂处获取。经销商 / 授权维修厂会要求提供身份和车主证明。如果智能钥匙丢失或被盗，请立即通知您的经销商 / 授权维修厂。

6. 发动机应急启动

如果出现以下情况之一，则发动机启动备份程序可用来解除警报并启动发动机：

用应急钥匙片解锁车门；

车辆未检测到智能钥匙。

当仪表盘显示信息智能钥匙未识别，将其重新定位或将其按图 7–97 所示位置放置并按下启动按钮时，可以使用发动机启动备份程序。

（1）将智能钥匙平靠仪表板的下侧放置，让有按钮的一面朝外。注意：仪表板中有一个小凹陷，可以帮助确定正确的位置。

（2）将智能钥匙保持在正确位置的同时，用力踩下制动踏板。

（3）按下并释放发动机 START/STOP（启动 / 停止）按钮。一旦发动机启动后，在安全条件允许的情况下松开制动踏板。

（4）如果无法识别智能钥匙或发动机无法启动，请咨询经销商 / 授权维修厂。

7. 跨接启动

操作蓄电池时，务必佩戴合适的防护眼镜。切勿断开已放电的蓄电池。切勿将跨接导线连接至车辆蓄电池的任何接线端子。确保施救车辆和不能启动车辆的车身未接触。确保两个蓄电池电压均为 12V，跨接导线有绝缘线夹并且支持使用 12V 的蓄电池。注意：连接跨接导线之前，请确保禁用和施救车辆上的所有电气设备已关闭。

（1）将正极跨接导线（红色）连接到建议的施救车辆正极增压接线端。

（2）在故障车辆上，松开检修盖。拆下正极增压端子盖板。将正极跨接导线（红色）的另一端连接到正极增压接线端，如图 7-98 所示。

（3）将负极跨接导线（黑色）连接到施救车辆上建议的负极增压接线端。

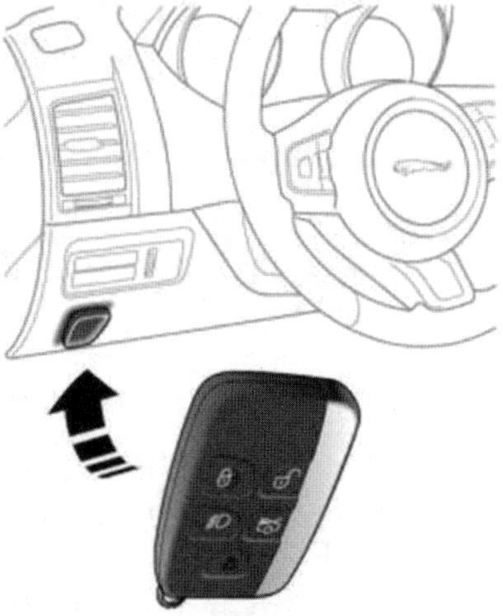

图 7-97

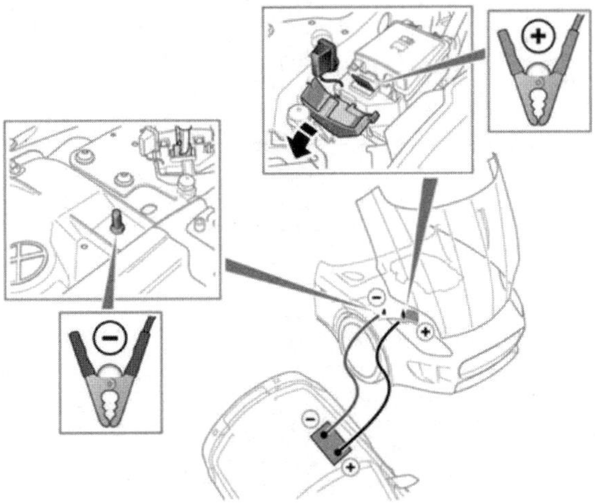

图 7-98

8. 保险丝盒

拆下保险丝盒盖时，小心保护保险丝盒免受潮气。尽快重新盖上保险丝盒盖。可通过以下方式检修保险丝。

（1）发动机舱左侧保险丝盒。

拆下左侧发动机舱盖板，如图 7-99 中 1 所示。按下卡夹以拆下保险丝盒盖。

（2）发动机舱右侧保险丝盒。

打开侧盖。按下两个卡夹以松开保险丝盒盖，如图 7-99 中 2 所示。

（3）乘客舱保险丝盒。

松开左侧 A 柱上的检修面板，如图 7-99 中 3 所示。注意：乘客舱保险丝盒包含备用保

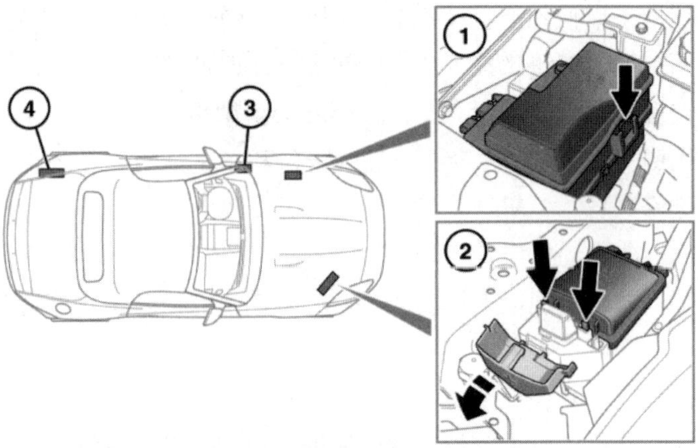

1.拆下左侧发动机舱盖板　2.按下两个卡夹以松开保险丝盒盖　3.检修面板　4.左侧行李箱盖板

图 7-99

险丝和保险丝拆卸工具。

（4）行李箱保险丝盒。

拆下左侧行李箱盖板，如图 7–99 中 4 所示。

九、2018—2020 年捷豹 E–PACE

1. 车辆施救

（1）车辆检查流程。

为了避免今后发生任何争议，对车辆施救之前，检查内部和外部的损坏情况。对于发现的任何损坏进行记录，并相应地告知车主或驾驶员。即使轻微的损坏，进行维修的话也可能会非常昂贵，所以确保您仔细地检查了车辆的所有区域。

（2）车辆施救准备。

驾驶车辆或操作控制按钮之前，戴上干净的手套，并为座椅和地板铺上合适的保护罩。

（3）施救方法。

①运输车或拖车。

建议使用专用运输车或拖车对车辆进行施救或运输，如图 7–100 所示。

②直杆全轮牵引。

如果无法使用推荐的方法施救车辆，在紧急情况下，车辆可以短距离全轮牵引，如图 7–101 所示。除非有必要，例如在紧急情况下，否则切勿全轮牵引。切勿牵引车辆超过 50km。牵引车速切勿超过 50km/h。超过此距离或以更高车速牵引将导致变速器严重损坏。

图 7–100

图 7–101

③在前轮或后轮悬起的情况下牵引。

切勿在前轮或后轮悬起的情况下施救车辆，如图 7–102 所示。如果情况需要，对于两轮驱动（2WD）车型可以例外。

确保车辆的施救或运输由有资质的人员执行，运输时确保车辆的正确固定。施救机构必须在施救开始前启用变速器驻车释放功能。未能激活变速器驻车释放功能可能会导致变速器严重损坏。在车辆施救过程中，点火钥匙必须一直留在车内且点火开关必须打开。这是为了确保解锁转向柱。车辆不得在四轮全部着地的情况下被牵引，也不得在前轮或后轮悬起的情况下被施救。否则，可能会导致变速器严重损坏。注意：如果要断开车辆蓄电池，则必须先解锁转向柱。蓄电池断开的情况下，转向柱无法解锁。

2. 前牵引点

车辆前面和后面的拖车点仅用于路面施救。如果将其用于任何其他目的，则可能导致车辆受损和人员严重受伤。在驾驶或牵引车辆时要分外小心。否则，可能会导致人员死亡或严重受伤。前牵引点位于前保险杠下一个可移动的护罩下面。

拆下盖子：

（1）用一枚硬币或类似的物件将各个紧固件逆时针旋转 90°，以松开盖子的下缘，如图 7–103 所示。

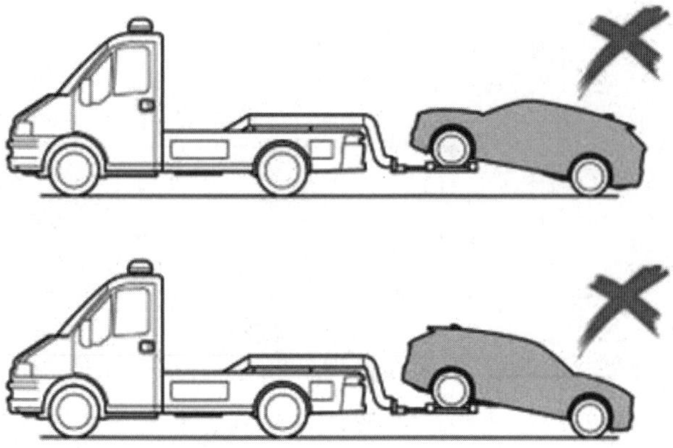

图 7–102

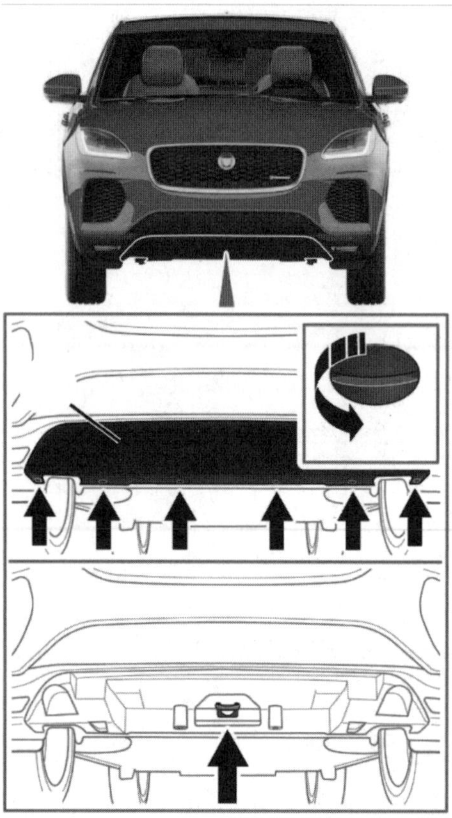

图 7–103

（2）从盖子的后下边缘向前拉盖子，以松开盖子顶部边缘上的凸耳。

（3）要重新安装盖子，提供盖子并确保顶部边缘的凸耳与面板上的孔接合。顺时针旋转每个紧固件 90°，以确保盖子到位。

3. 后牵引点

拆卸牵引装置时要格外小心。车辆可能移动，这可能导致严重的伤害或死亡。后牵引点位于后备箱的地板面板下，如图 7–104 所示。

安装后牵引孔眼：

（1）按右边缘的后保险杠的进入面板释放安全夹。拆下护罩。

（2）逆时针方向将拖眼完全旋入拖点，直到固定。

（3）要重新安装进入面板，请将凸耳对准保险杠的凹槽。轻轻按对边以接合固定夹。

4. 应急解锁车辆

应急解锁车辆，如图 7–105 所示。

图 7–104

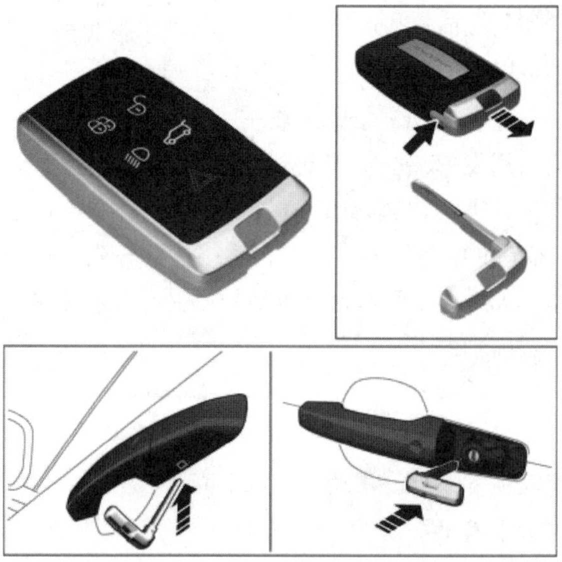

图 7–105

5. 发动机应急启动

仅当信息中心显示信息智能钥匙未识别将其重新定位或将其按图 7–106 所示位置放置并按下启动按钮时，才可以使用发动机启动备份程序。

要执行发动机启动备份程序：

（1）将智能钥匙平放在紧靠转向柱一侧，使按钮朝外。注意：转向柱上有帮助确定正确位置的标记。

（2）将智能钥匙保持在正确位置的同时，自动变速器车型用力踩下制动踏板，手动变速器车型踩下离合器踏板。

（3）按下并释放发动机 START/STOP（启动 / 停止）按钮。

（4）一旦发动机启动后，在安全条件允许的情况下自动变速器车型松开制动踏板，手动变速器车型松开离合器踏板。如果无法识别智能钥匙或发动机无法启动，请咨询经销商 / 授权维修厂。

图 7–106

6. 电子驻车制动系统（EPB）释放

用楔块固定车轮，在执行下列步骤之前确保所有人员都离开车辆。如果由于某种原因，比如系统故障或蓄电池耗尽，电子驻车制动（EPB）无法释放，则操作紧急释放程序。按照如下方式释放 EPB。

（1）停用。

①断开车辆蓄电池。

②顶升并支撑车辆。

③确保采用车轴支架支撑车辆。

④拆下一个后轮。

⑤松开电气部件接头，如图 7–107 所示。

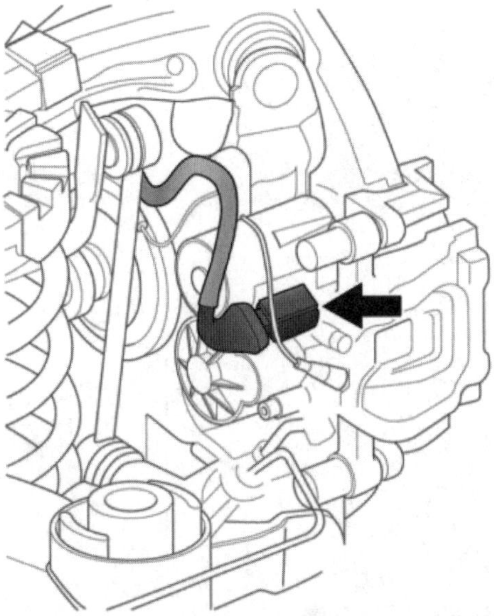

图 7–107

⑥拆下并弃用将 EPB 执行器固定至制动卡钳的两个螺栓，如图 7–108 所示。扭矩：8N · m。

⑦从制动卡钳上拆下 EPB 执行器，如图 7–109 所示。弃用 O 形密封圈。

⑧对车辆另一侧重复此程序。

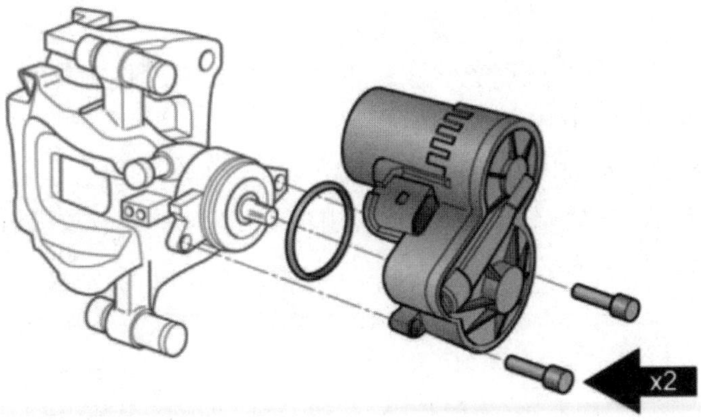

图 7–108

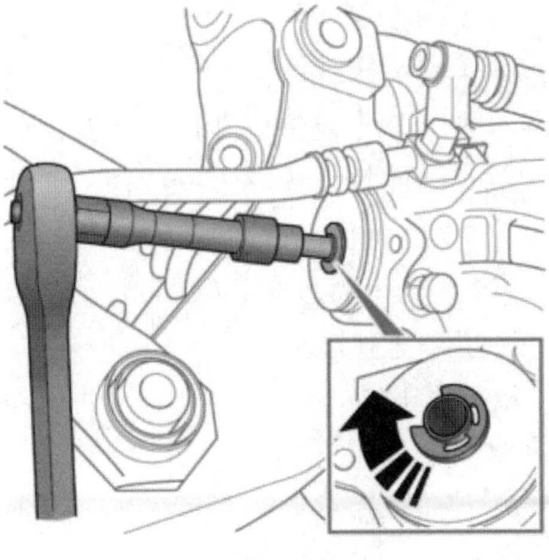

图 7–109

（2）激活。

①安装新的 O 形密封圈。

②要进行安装，请反向执行拆卸程序。

③工具校准 EPB。

7. 变速器驻车释放

确保车辆用车轮楔块固定。应用电子驻车辅助系统（EPB），或让另一个人用力踩住制动踏板。否则，可能会造成车辆意外移动，导致严重伤害甚至死亡。施救车辆之前，如果未能将自动变速器从驻车挡P释放，可能会导致自动变速器严重损坏。车辆施救完成后，确保将自动变速器返回到 P 挡并重新安装发动机罩。如果配备了自动变速器的车辆需要进行施救，则务必激活变速器驻车释放系统，这会将自动变速器锁定在空挡 N，防止自动变速器自动选择 P 挡。启用变速器驻车释放系统后，自动挡位选择杆保持在 P 挡，但自动挡位选择杆指示灯和仪表盘都将闪烁显示 N。自动变速器驻车释放系统是由一个操纵杆激活，在发动机舱空气滤清器下面，如图 7–110 所示。

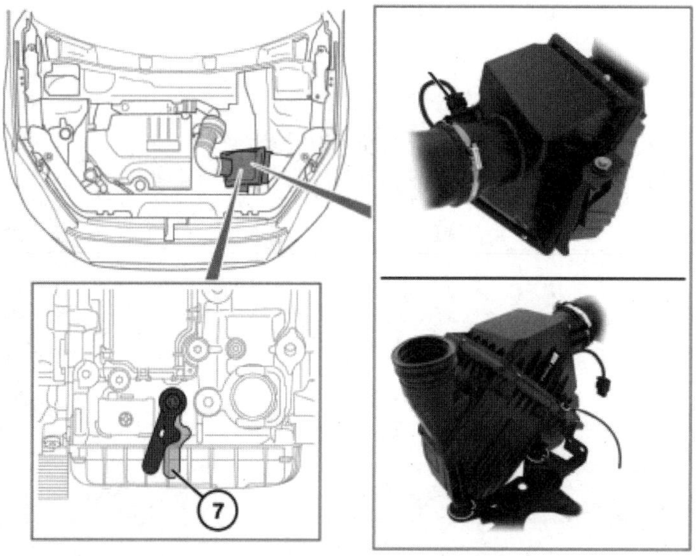

7.位置

图 7–110

激活自动变速器驻车释放系统：

（1）松开空气滤清器出口管上的夹子。

（2）断开电气接头。

（3）拧下螺栓。

（4）松开线束夹。

（5）从两个定位垫圈中释放空气滤清器总成，并拆卸空气滤清器总成。把空气滤清器放到合适的地方。

（6）逆时针旋转驻车释放杆，直到它处于如图 7–110 中 7 所示位置。

（7）将直径为 5mm 的合适工具穿过驻车释放杆上的孔中，并将工具固定在自动变速器壳体上。

（8）当车辆运输完成后，自动变速器驻车释放机构将需要停用。要停用自动变速器驻车释放机构，请反向执行上述步骤。

8. 跨接启动

跨接启动如图 7–111 所示。

9. 保险丝盒

松开位于保险丝盒末端的增压端子盖，如图 7–112 所示。松开增压端子盖。把盖子放在一边。

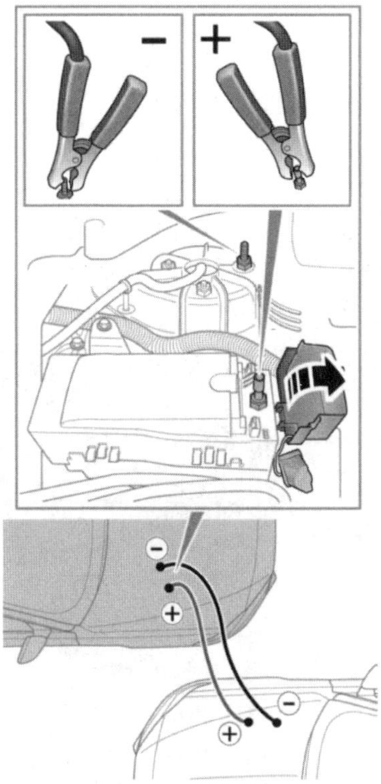

图 7-111

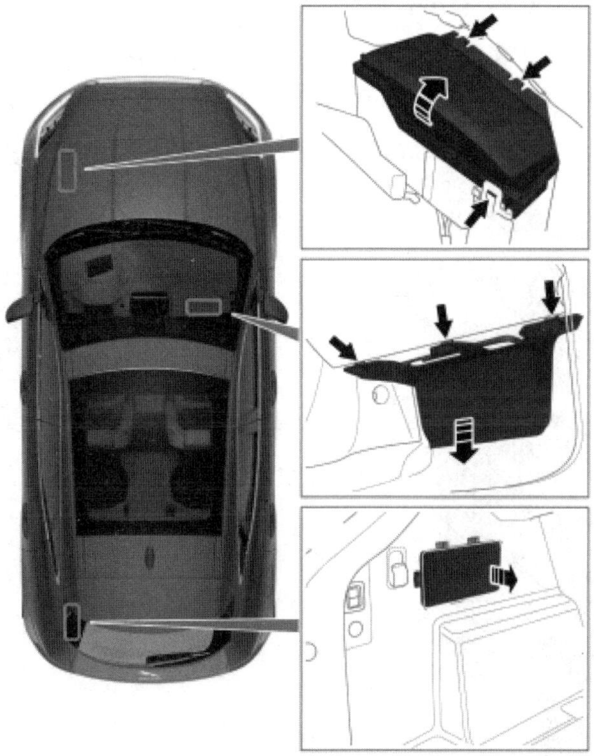

图 7-112

十、2019—2020 年捷豹 I-PACE 纯电动汽车

I-PACE 是捷豹第一款中型高性能 SUV 纯电动汽车（BEV）。I-PACE 由两个驱动电机驱动，一个电机驱动前轴，一个电机驱动后轴。这些驱动电机能够从静止状态提供瞬时扭矩（从 0 加速到 100 km/h 只需 4.5 s），从而提供跑车级性能，同时实现排气管零排放。下面介绍 I-PACE 道路救援指南。

1. 运输车或拖车

建议使用专用运输车或拖车对车辆进行施救或运输，如图 7-113 所示。不得在四轮全部着地，前轮或后轮悬起的情况下牵引车辆。否则，可能会导致车辆严重受损。在将车辆移到运输车或拖车上时，请遵守以下各点。

图 7-113

（1）如有可能，打开车辆的电气系统并选择空挡 N。

（2）启用变速器驻车释放机构。

（3）释放电子驻车制动器（EPB）。

极其缓慢地移动车辆，且移动距离不要超过 500m。

2. 电子驻车制动系统（EPB）释放

如果由于某种原因，比如系统故障或蓄电池电耗尽，电子驻车制动（EPB）可能无法释放。如需移动车辆，要执行紧急释放程序。注意：用楔块固定车轮，在执行下列步骤之前确保所有人员都离开车辆。按照如下方式释放 EPB。

（1）停用（执行 EPB 紧急释放程序）。

①抬起并支撑车辆。

②拆下后轮和轮胎总成。

③如图 7-114 所示，断开电子驻车制动（EPB）电气接头。

④如图 7-115 所示，逆时针转动右卡钳枢轴，以将后制动卡钳设定到维护位置。

⑤如图 7-115 所示，顺时针转动左卡钳枢轴，以将后制动卡钳设定到维护位置。

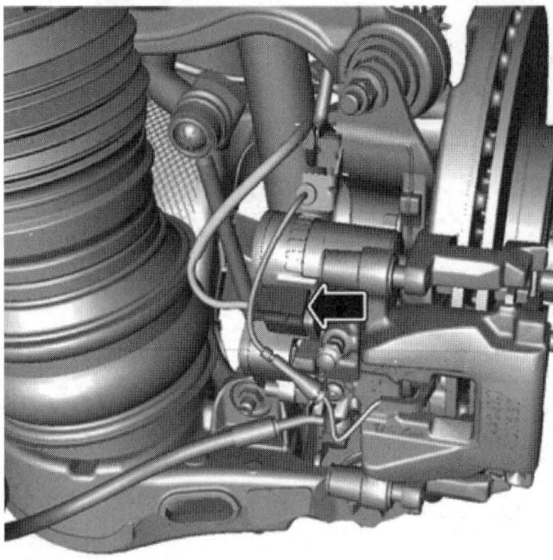

图 7-114

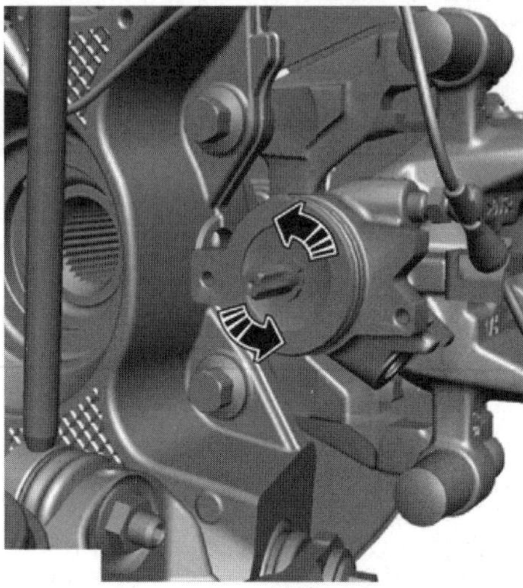

图 7-115

（2）激活（恢复 EPB）。

①安装新的 O 形密封圈。

②安装电子驻车制动（EPB）执行器。

③安装两个新螺栓。扭矩：8N・m。

④连接 EPB 电气部件接头。

⑤使用诊断设备校准 EPB。

⑥安装后轮和轮胎总成。注意：要使用启动辅助装置、跨接导线和芯棒等其他方法，则可能不需要执行此程序。

3. 变速器驻车释放

施救车辆之前，如果未能将车辆从驻车挡 P 释放，可能会导致车辆严重损坏。激活驻车挡 P 释放系统会将车辆锁定在空挡 N，防止自动选择 P 挡。注意：确保车辆用车轮楔块固定。应用电子驻车辅助系统（EPB），或让另一个人用力踩住制动踏板。否则，可能会造成车辆意外移动，导致人员严重受伤甚至死亡。启用驻车释放系统后，挡位选择杆指示灯和仪表盘都将闪烁显示 N。如图 7-116 所示，驻车释放杆位于发动机舱盖板下面，在前行李箱后部附近。

图 7-116

（1）如图 7-117 所示，要将自动变速器从 P 挡释放。

① 确保使用车轮楔块等合适的方法适当地固定好车辆。

②缓缓拉起释放杆，约 90° 至竖直位置。切勿对该把手用力过猛，并且切勿将把手拉起超过 90°。

图 7–117

这两者任何一个动作都可能会损坏驻车释放系统。

③固定锁销啮合，以将把手保持在竖直位置。注意：固定锁销啮合时，可能会听到一声“咔嗒”声。接合也可能会通过把手感觉到。

（2）车辆施救完成后，确保将自车辆返回到 P 挡。要将自动变速器返回至 P 挡。

①轻轻松开固定锁销。

②释放杆将自动返回至其正常的水平位置。

4. 应急启动

如遥控器无电或车辆电气故障，可启动备份程序（应急启动），以解除警报并启动电机。如图 7–118 所示，用应急钥匙片解锁车门，然后按下点火按钮，如果车辆未检测到智能钥匙，当仪表盘显示消息智能钥匙未识别时，将钥匙按图示位置放置，并按下启动按钮时，可以使用启动备份功能，接通点火。按以下步骤执行启动备份程序。

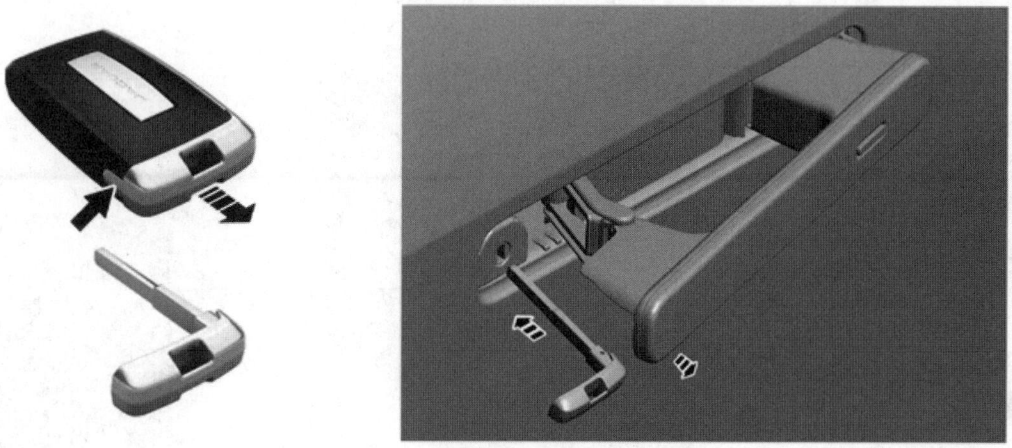

图 7–118

（1）如图 7–119 所示，将智能钥匙平靠着转向柱下侧放置。注意：转向柱上有帮助确定正确位置的标记。

（2）将智能钥匙保持在正确位置的同时，用力踩下制动踏板。

（3）按下仪表板上的 START/STOP（启动 / 停止）按钮然后释放。

（4）一旦电机启动后，在安全条件允许的情况下松开制动踏板。

5. 应急打开发动机盖

图 7-119

捷豹I-PACE 可以电动开启发动机舱盖，当车辆解锁时，可以通过遥控器和车内按钮电动打开发动机舱盖。在没有电源的情况下打开发动机舱盖的步骤如下。

（1）如图 7-120 所示，逆时针转动右前搁脚空间中的盖子以将其拆下。

（2）拉动紧急释放绳。

（3）升起位于发动机舱盖中心位置下方的发动机舱盖安全钩。抬起发动机舱盖。

6. 连接跨接电源导线

如果车辆低压蓄电池电量不足，可按图 7-121 所示，连接和断开跨接导线。

7. 更换保险丝

如图 7-122 所示，保险丝盒的位置如下。

（1）发动机舱盖下保险丝盒，如图 7-122 中 1 所示。

（2）发动机舱盖下保险丝盒，如图 7-122 中 2 所示。

（3）高压保险丝盒。注意：此保险丝盒只能由授权经销商 / 维修厂进行检修。

（4）乘客舱保险丝盒。

（5）载货区保险丝盒。拆下盖住载货区右侧的面板。检修板后部的标签给出了保护电路和保险丝位置。乘客舱保险丝盒位于后排坐垫下面，要检修乘客舱保险丝盒，按以下步骤。

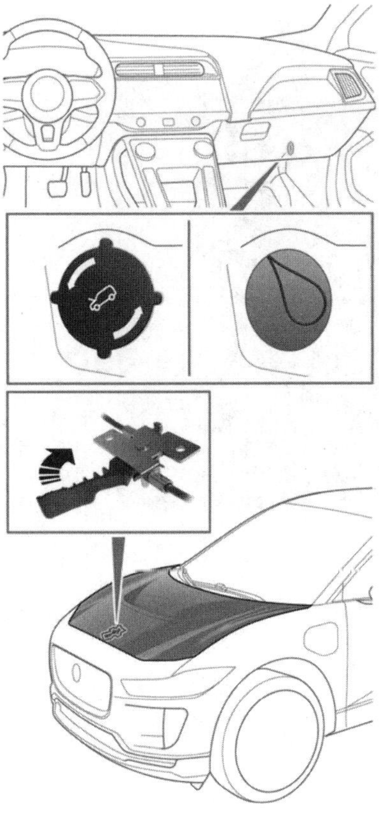

图 7-120

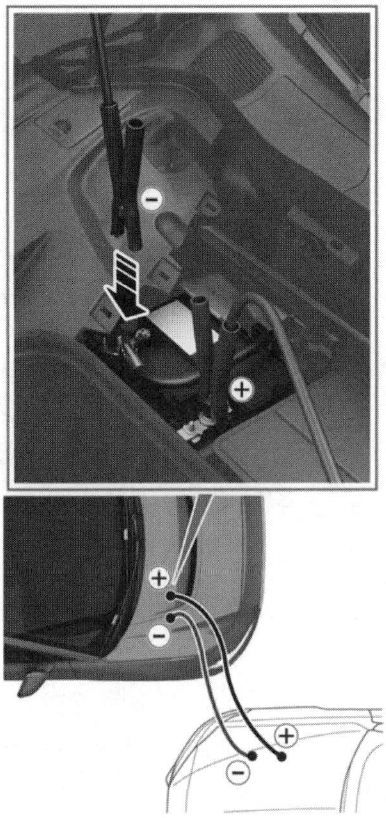

图 7-121

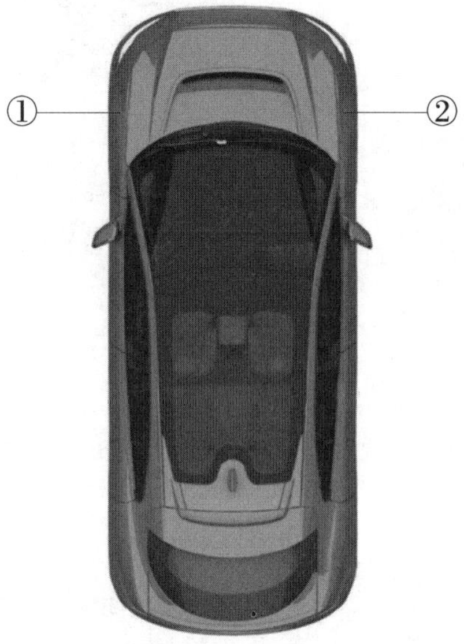

1.2 保险丝盒

图 7-122

①如图 7–123 所示，确保将坐垫移离座椅底座中的固定点。

②如图 7–124 所示，从第二排座椅底座的前边缘向上拉坐垫。切勿从背面向上提起坐垫，因为这样会露出电路电缆。触摸暴露的电路可能会导致人员受伤或死亡。

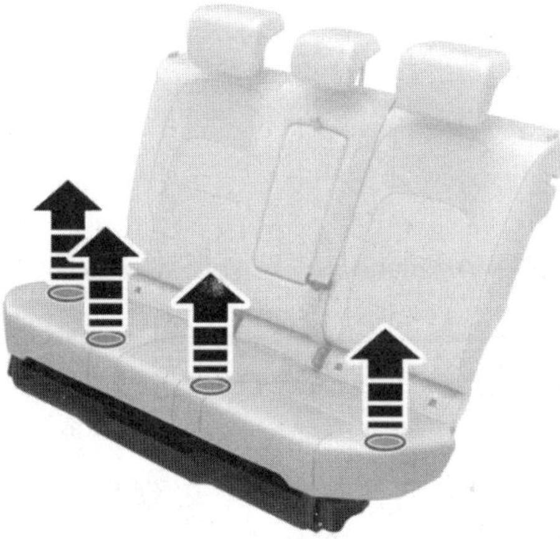

图 7–123

图 7–124

③在提起坐垫后，如图 7–125 所示，拆下盖板，即可检修保险丝。

④在更换保险丝之前，请务必先关闭电气系统和受影响的电路。否则，可能会导致车辆损坏。更换时必须安装认可的同等级、同类型或是规格匹配的保险丝。使用错误的保险丝可能导致车辆电气系统损坏并引发火灾。如图 7–126 所示，使用保险丝拆卸工具拆下保险丝，检查保险丝内的导线是否熔断。如果保险丝已熔断，需要进行更换。

⑤如果更换的保险丝在安装后熔断，则应由经销商 / 授权维修厂检查此系统。否则，可能会造成车辆进一步损坏。

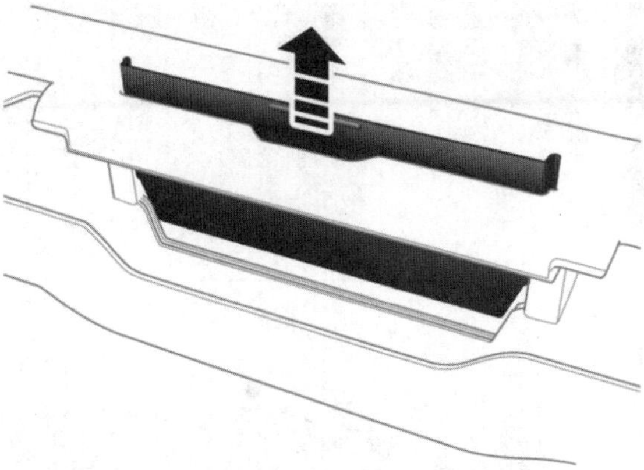

图 7–125

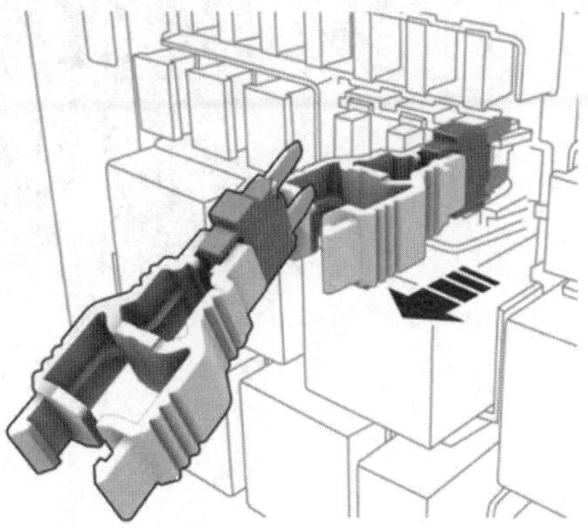

图 7–126

第 8 章　沃尔沃车系

一、2020 年沃尔沃 S60 Twin Engine 车型

1. 牵引

牵引时，一辆车使用牵引绳牵引另一辆车。不允许牵引 Twin Engine，否则会损坏电动机。相反，运输车辆时必须将其抬起，使全部车轮置于救援车平台上，任何一对车轮均不得与路面接触。牵引其他车辆时拖行一辆车的耗能十分严重，使用 Constant AWD 驾驶模式。这样可对混合动力蓄电池充电，同时提高车辆的驾驶特性和抓地能力。在开始牵引前，了解清楚法律规定的牵引速度最高上限是多少。跨接启动不允许牵引启动电动机，否则会损坏电动机。若启动机蓄电池耗空且发动机无法发动，请使用应急蓄电池。重要信息：尝试拖曳启动车辆可能会导致电驱动电机和催化转化器损坏。

安装和拆卸拖车环：

如果车辆需要牵引其他车辆，使用拖车环。将拖车环旋入后保险杠右侧盖子后面的螺纹插孔内。注意：如果车辆配备牵引杆，则无拖车环后部安装支架。

（1）安装拖车环。

①在行李箱地板下方的泡沫块中取出拖车环，如图 8-1 所示。

②拆下盖子，向外折叠相对一侧 / 角落时用手指按压标记，如图 8-2 所示。盖子围绕其中心线旋转，随后即可拆下。

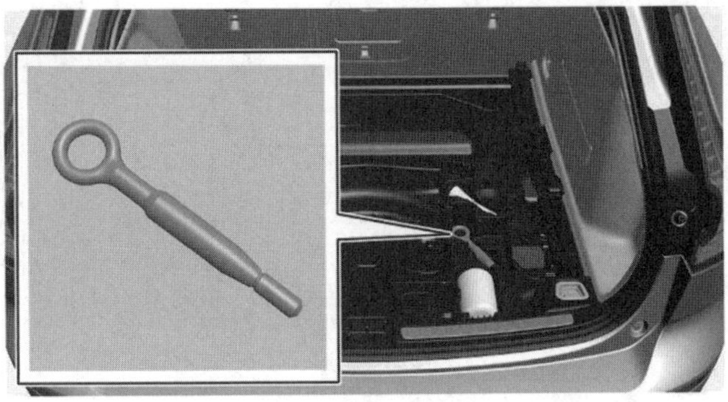

图 8-1

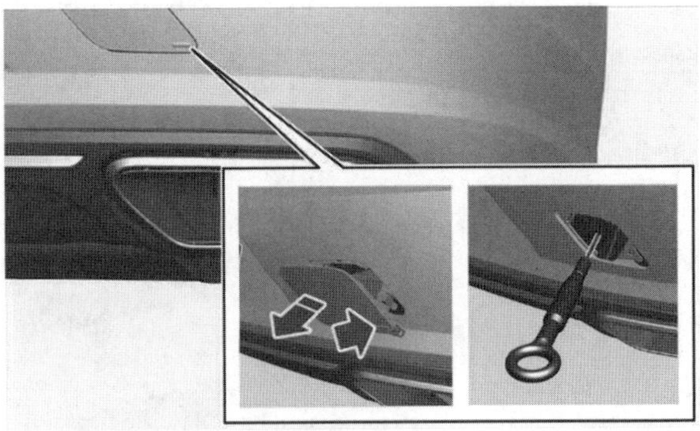

图 8-2

③拧入拖车环，直到其到达端部止动位置，如图 8-3 所示。将拖车环牢牢旋紧。例如，用车轮螺栓扳手作杠杆旋入。

④重要信息：务必将拖车环牢牢地旋入位，直到旋至止动位。

（2）拆卸拖车环。

使用完毕后将拖车环旋松并取下，然后将其放回泡沫块中的相应位置。把盖子重新安装到保险杠上，

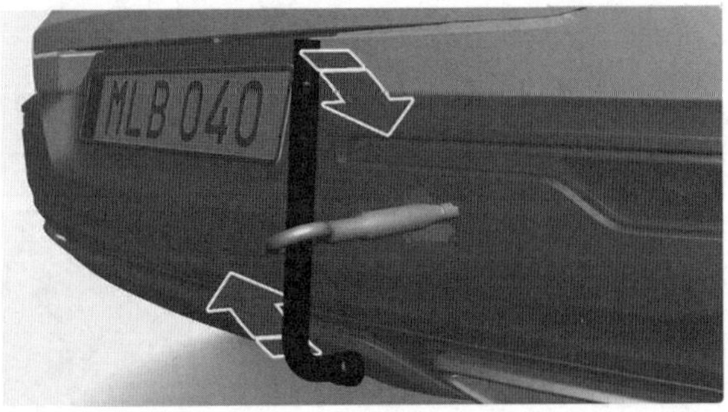

图 8-3

结束安装。

（3）Recovery（救援）。

可通过救援车牵引故障车辆实施救援。如果需要拖救支持，请呼叫救援服务。拖车环可用于将车辆拖到带有平台的救援车上。注意：配备 Twin Engine 的车辆运输时必须始终保持抬起，所有车轮均需停在救援车辆的平台上。车辆的位置和离地间隙决定是否可将其拖到平台上。如果救援车斜坡板的坡度过陡或者车辆下方的离地间隙不足，则将车辆拖上救援车就会损坏车辆。应使用救援车辆的提升装置举升车辆。警告：将车拖到救援车平板上时，救援车后面不得有任何人 / 物体。

2. 自动驻车制动器启用设置

选择是否在车辆关闭时自动启用驻车制动器，要更改设置。

（1）在中央显示屏的顶部视图中触按设置。

（2）按下 My Car 电子手刹与悬架可选择或取消该功能自动启动电子手刹。

3. 应急解锁

使用可拆卸钥匙片锁止和解锁。除此之外，可拆卸钥匙片还可以用于从车外解锁汽车。例如，遥控钥匙电池的电量耗尽时。

（1）解锁。

①将左侧的前车门把手拉出至其末端位置，使锁芯变得可见，如图 8–4 所示。

②将钥匙插入锁芯。

③顺时针旋转 45°，以使钥匙片指向正后方。

④将钥匙向回旋转 45° 至起始位置。将钥匙从锁芯取出并松开把手，使把手后部再次紧贴汽车。

⑤拉出把手。车门打开。将按照相同的方式执行锁止，但需逆时针旋转 45°，而不是步骤③中的顺时针旋转。

（2）关闭警报器并启动车辆。

注意：当车门已使用钥匙片解锁并打开后，警报器就会触发。杯架内的备用读取器。按照以下说明解除警报。

① 将遥控钥匙置于中央扶手控制台杯架底部的备用读取器内的钥匙符号上，如图 8–5 所示。

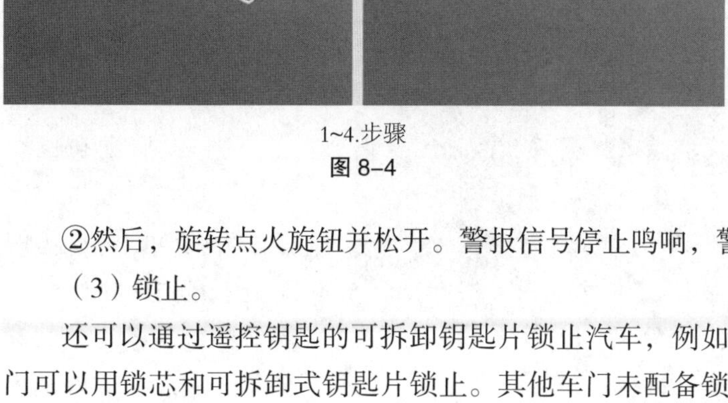

1~4.步骤

图 8–4

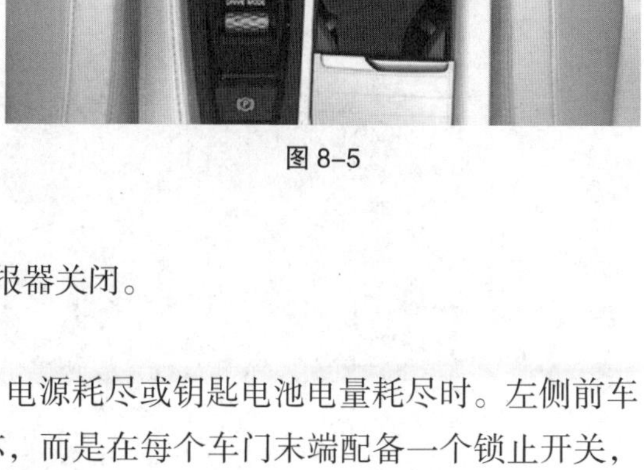

图 8–5

②然后，旋转点火旋钮并松开。警报信号停止鸣响，警报器关闭。

（3）锁止。

还可以通过遥控钥匙的可拆卸钥匙片锁止汽车，例如，电源耗尽或钥匙电池电量耗尽时。左侧前车门可以用锁芯和可拆卸式钥匙片锁止。其他车门未配备锁芯，而是在每个车门末端配备一个锁止开关，必须使用钥匙片将其按下，然后机械锁止 / 封锁以防其被从外面开启。但是，仍然可以从车内打开车门。手动锁止车门。不得与儿童安全锁混淆。从遥控钥匙上拆下可拆卸钥匙片。将钥匙片插入锁复位孔并向内按压钥匙到底，约 12mm。车门既可以从车外打开，也可以从车内打开，如图 8–6 中 A 所示。车门被挡住，不能从车外打开。要返回至位置 A，车门内拉手必须开启，如图 8–6 中 B 所示。车门可用遥控钥匙上的解锁按钮，或驾驶员车门上的中央锁止按钮解锁。注意：一扇车门的锁复位功能仅可锁住该车门，而不可同时锁住所有车门。在手动或电动儿童安全锁启用的情况下，后车门手动锁闭后，从外部或内部都无法打开。以这种方式锁闭的后车门只能使用遥控钥匙、中控锁按钮或通过 Volvo On Call（随车管家）解锁。

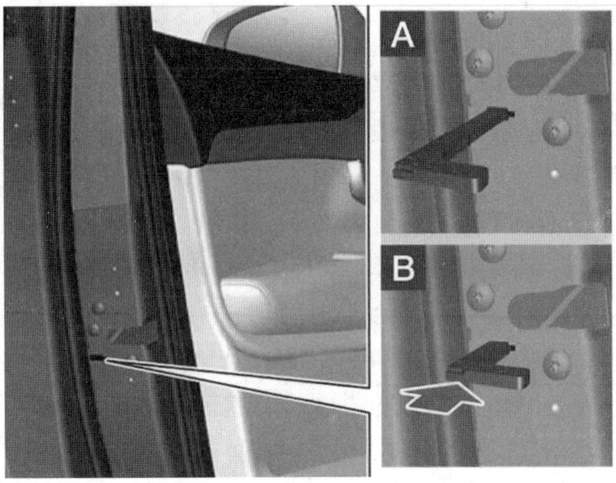

A.B.位置

图 8–6

4. 跨接启动

通过另一个蓄电池跨接启动。如果蓄电池没电，汽车可使用来自另一个蓄电池的电流发动。跨接启动自己车辆的充电点。重要信息：车辆的充电端仅用于跨接启动车辆本身。充电端不用于跨接启动另一部车辆。使用充电端跨接启动另一部车辆，可能会导致保险丝熔断，这意味着充电端将停止工作。保险丝熔断时，12V 蓄电池保险丝故障需要维修显示在驾驶员显示屏上。建议联系沃尔沃授权维修中心。当跨接启动车辆时，建议通过下列步骤以避免短路或其他损坏。

（1）将汽车的电气系统设置在点火位置 0。

（2）检查应急蓄电池是否有 12V 的电压。

（3）如果应急蓄电池安装在另一辆车上，关闭该辆车的发动机并且确保两辆车没有相互接触。

（4）将来自红色跨接线的一个夹子连接至应急蓄电池的正极端子，如图 8–7 中 1 所示。重要信息：小心连接启动电缆，避免与发动机室中的其他部件发生短路。

（5）打开正极跨接启动点的盖子，如图 8–7 中 2 所示。

（6）将红色跨接线的另一个夹子连接至汽车的正极跨接启动点，如图 8–7 中 2 所示。

（7）将来自黑色跨接线的一个夹子连接至应急蓄电池的负极端子，如图 8–7 中 3 所示。

（8）将黑色跨接线的另一个夹子连接至汽车的负极跨接启动点，如图 8–7 中 4 所示。

（9）请确认跨接线的夹子牢牢固定，只有这样在启动期间才不会有火花产生。

1.正极端子　2.正极跨接启动点　3.负极端子　4.负极跨接启动点

图 8–7

（10）启动“救援车”的发动机，让发动机以稍高于怠速（1500r/min）的转速运转几分钟。

（11）启动自己车辆的发动机。如果启动尝试失败，则将充电时间延长至 10min，然后重新进行启动尝试。注意：正常情况下启动发动机时，优先启动车辆的电机，汽油发动机保持关闭。这意味着，在顺时针转动启动旋钮之后，电动机已“启动”并且车辆准备好行驶。启动机通过驾驶员信息显示屏指示灯熄灭及其预设主题点亮指示。重要信息：尝试启动时切勿接触电缆与车辆之间的连接点，这可能有形成火花的危险。

（12）以相反的顺序取下跨接线，先取下黑色跨接线，然后取下红色跨接线。请确认黑色跨接线的夹子都没有接触到车辆正极跨接启动点 / 外接蓄电池的正极端子或连接至红色跨接线的夹子。

①蓄电池会产生易燃易爆的氢氧气体。如果跨接引线未能正确连接，则会产生电火花，这会引起蓄电池的爆炸。

②不要将跨接导线连接至任何燃油系统部件或任何运动部件。请注意高温发动机零件。

③蓄电池内含有硫酸，这会导致严重烧伤。

④如果眼睛、皮肤或衣服上溅到硫酸，请用大量清水冲洗。如果有酸溅入眼睛，请立即就医。

⑤蓄电池附近严禁吸烟。注意：如果混合动力蓄电池已放电，则车辆将无法启动。

二、2019 年沃尔沃 S60L Twin Engine 车型

1. 拖车环

（1）将拖车环旋入保险杠右后侧盖子后面的螺纹插孔内。取出位于行李箱左侧面板后面的拖车环，如图 8-8 所示。

（2）拖车环连接点的盖子有两种款式可选用，也必须用不同的方式打开：用硬币或类似的工具插入凹口内，朝外转动来打开这个有凹口的款式。然后把盖子完全转出并拆下。第二种款式沿着一边或者在一个角上有一个标记：用一个手指按这个标记，同时用一个硬币或者类似工具折出对面 / 对角，此盖围绕其轴心转动，然后就可以拆下。将拖车环一直转到其凸缘处。将拖车环稳固地转入，例如使用一个车轮扳手，如图 8-9 所示。使用后，请转开拖车环并将其放回原位。

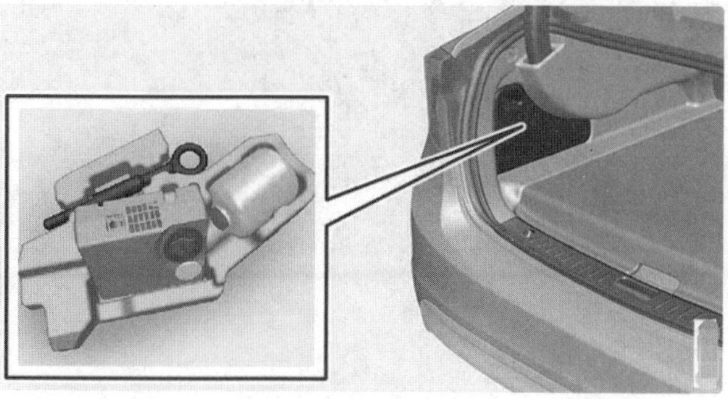

图 8-8

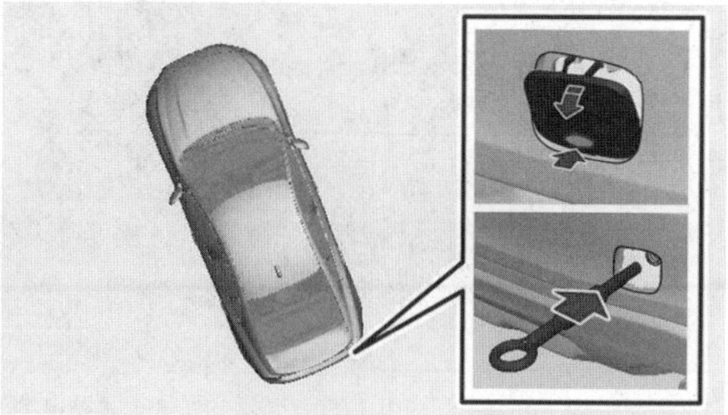

图 8-9

（3）把盖子重新安装到保险杠上，结束安装。

（4）可使用拖车环将车拖到平板救援车上。车辆位置和离地间隙决定是否可进行该操作。如果救援车辆的坡台斜面过陡或车辆下方的离地间隙不足，在尝试使用拖车环将其上拉时可能会损坏车辆。必要时，使用救援车辆的提升装置升起车辆。警告：将车拖到救援车平板上时，救援车后面不得有任何人 / 物体。

2. 牵引

禁止牵引 S60L Twin Engine 车辆。移动车辆时，必须提升车辆使所有车轮位于救援车平板上进行。牵引其他车辆时牵引另一辆车的耗能十分严重，使用驾驶模式 AWD，这样可对混合动力蓄电池充电，同时提高车辆的驾驶特性和抓地能力。跨接启动请勿以拖车方式来启动车辆发动机。如果启动机蓄电池电量耗尽且发动机无法发动，请使用救援蓄电池。重要信息：尝试拖曳启动车辆可能会导致电驱动电机和催化转化器损坏。

3. 应急解锁

解锁车门：钥匙蓄电池电量耗尽时，如果中央锁止无法使用激活，可使用。如果无法用遥控钥匙启动中控锁，例如，在电池无电情况下，那么左侧前车门可以按照以下方法解锁：将钥匙片插入车门把手的锁芯，解锁左侧前车门。注意：当车门已使用钥匙片开锁并打开后，警报器就会触发。请将遥控钥匙插入点火开关内以解除警报。

4. 跨接启动

通过其他蓄电池跨接启动。

如果没电，汽车可使用来自另一个蓄电池的电流启动。当跨接启动汽车时，建议采用下列步骤以避免短路或其他损坏。

（1）将汽车的电气系统设置在钥匙位置 0。重要信息：在钥匙旋至位置 0 后：等待约 2min 再连接应急蓄电池，使控制系统首先设置必要的参数。

（2）检查应急蓄电池是否有 12V 的电压。

（3）如果应急蓄电池安装在另一辆车上：关闭该辆车的发动机并且确保两辆车没有相互接触。

（4）将来自红色跨接线的一个夹子连接至应急蓄电池的正极端子，如图 8–10 中 1 所示。重要信息：小心连接启动电缆，避免与发动机室中的其他部件发生短路。

（5）扳起车辆蓄电池上盖的固定扣（如图 8–11 所示），并取下上盖。

（6）将红色跨接线的另一个夹子连接至汽车的正极端子，如图 8–10 中 2 所示。

（7）将来自黑色跨接线的一个夹子连接至应急蓄电池的负极端子，如图 8–10 中 3 所示。

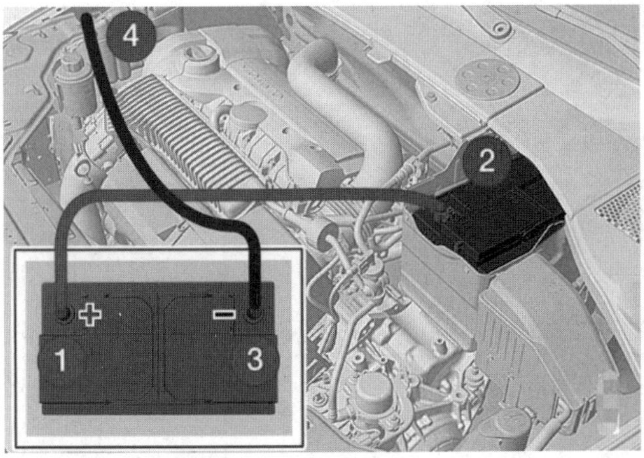

1.应急蓄电池的正极端子　2.汽车的正极端子　3.应急蓄电池的负极端子　4.外部螺钉头

图 8–10

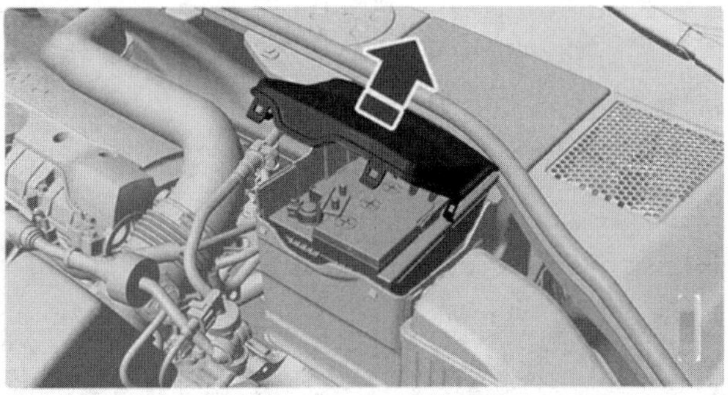

图 8–11

（8）连接另一个夹子至一个接地点，例如，顶部右侧发动机座的外部螺钉头，如图 8–10 中 4 所示。

（9）请确认跨接线的夹子牢牢固定，只有这样在启动期间才不会有火花产生。

（10）启动“救援车”的发动机，让发动机以稍高于怠速（1500r/min）的转速运转几分钟。插入遥控钥匙并按下 START/STOP ENGINE 按钮，启动蓄电池电量不足车辆的发动机。注意：正常情况下启动发动机时，优先启动车辆的电动机，汽油发动机保持关闭。也就是说，按下 START/STOP ENGINE 按钮后，电动机“启动”，车辆可以行驶。启动机通过组合仪表板指示灯熄灭及其预设主题点亮指示。重要信息：尝试启动时切勿接触电缆与车辆之间的连接点。否则，可能有形成火花的危险。

（11）以相反的顺序取下跨接线。先取下黑色跨接线，然后取下红色跨接线。请确认黑色跨接线的夹子都没有接触到蓄电池的正极端子，也没有连接至红色跨接线。重新装配车辆蓄电池上盖。

①蓄电池会产生易燃易爆的氢氧气体。如果跨接引线未能正确连接，则会产生电火花，这会引起蓄电池爆炸。

②不要将跨接导线连接至任何燃油系统部件或任何运动部件。请注意高温发动机零件。

③蓄电池内含有硫酸，这会导致严重烧伤。

④如果眼睛、皮肤或衣服上溅到硫酸，请用大量清水冲洗。如果有酸溅入眼睛，请立即就医。

⑤蓄电池附近严禁吸烟。注意：如果混合动力蓄电池已放电，则车辆将无法启动。

三、2020 年沃尔沃 S90 Twin Engine 车型

1. 牵引

牵引时，一辆车使用牵引绳牵引另一辆车。不允许牵引 Twin Engine，否则会损坏电动机。相反，运输车辆时必须将其抬起，使全部车轮置于救援车平台上，任何一对车轮均不得与路面接触。牵引其他车辆时拖行一辆车的耗能十分严重，使用 Constant AWD 驾驶模式。这样可对混合动力蓄电池充电，同时提高车辆的驾驶特性和抓地能力。在开始牵引前，了解清楚法律规定的牵引速度最高上限是多少。跨接启动不允许牵引启动电动机，否则会损坏电动机。若启动机蓄电池耗空且发动机无法发动，请使用应急蓄电池。重要信息：尝试拖曳启动车辆可能会导致电驱动电机和催化转化器损坏。

2. 安装和拆卸拖车环

如果车辆需要牵引其他车辆，使用拖车环。将拖车环旋入后保险杠右侧盖子后面的螺纹插孔内。

（1）安装拖车环。

①在行李箱地板下方的泡沫块中取出拖车环，如图 8-12 所示。

②拆下盖子，向外折叠相对一侧 / 角落时用手指按压标记。盖子围绕其中心线旋转，随后即可拆下，如图 8-13 所示。

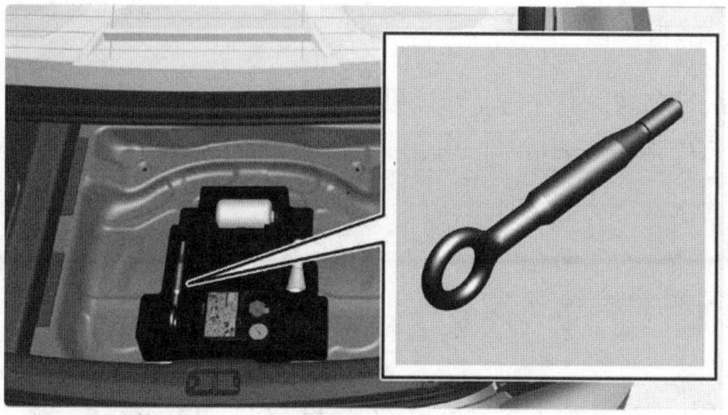

图 8-12

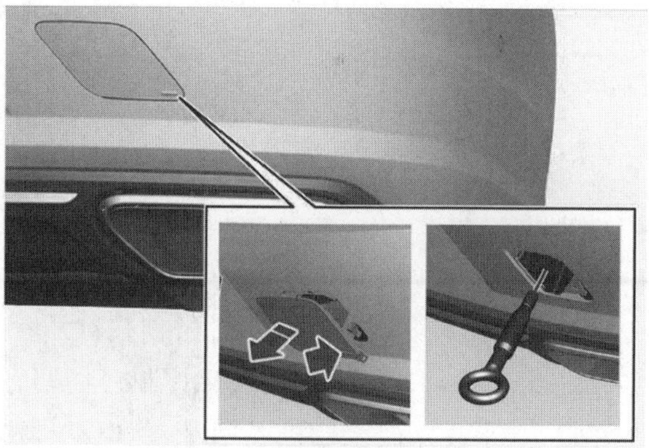

图 8-13

③拧入拖车环，直到其到达端部止动位置，如图 8-14 所示。将拖车环牢牢旋紧。例如，车轮螺栓扳手用作杠杆旋入。重要信息：务必将拖车环牢牢地旋入位，直到旋至止动位。

（2）拆卸拖车环。

使用完毕后将拖车环旋松并取下，然后将其放回泡沫块中的相应位置。把盖子重新安装到保险杠上，结束安装。

（3）Recovery（救援）。

可通过救援车牵引故障车辆实施救援。如果需要拖救支持，请呼叫救援服务。拖车环可用于将车辆拖到带有平台的救援车上。注意：配备 Twin Engine 的车辆运输时必须始终保持抬起，所有车轮均需停在救援车辆的平台上。适用于配有高度控制功能的车辆：如果车辆装备有空气悬架，则必须停用空气悬架

后才可举升车辆。通过中央显示屏停用该功能。

① 在顶部视图中按下设置。

②按下 My Car 电子手刹与悬架按键。

③选择停用车身高度控制。

车辆的位置和离地间隙决定是否可将其拖到平台上。如果救援车斜坡板的坡度过陡或者车辆下方的离地间隙不足，则将车辆拖上救援车就会损坏车辆。应使用救援车辆的提升装置举升车辆。警告：将车拖到救援车平板上时，救援车后面不得有任何人 / 物体。

3. 应急解锁

除此之外，可拆卸钥匙片还可以用于从车外解锁汽车。例如，遥控钥匙电池的电量耗尽时。

（1）解锁。

①将左侧的前车门把手拉出至其末端位置，使锁芯变得可见，如图 8–15 所示。

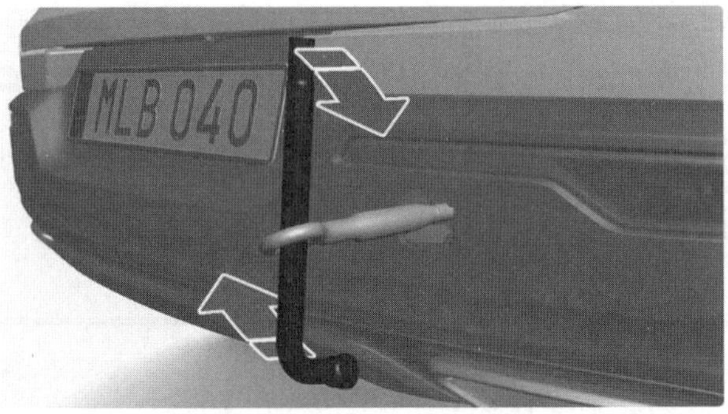

图 8–14

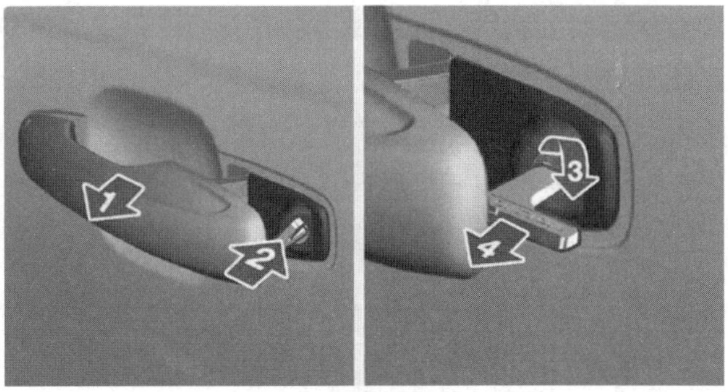

1～4.操作步骤

图 8–15

②将钥匙插入锁芯。

③顺时针旋转 45°，以使钥匙片指向正后方。

④将钥匙向回旋转 45° 至起始位置。将钥匙从锁芯取出并松开把手，使把手后部再次紧贴汽车。

⑤拉出把手。车门打开。将按照相同的方式执行锁止，但需逆时针旋转 45°，而不是步骤③中的顺时针旋转。

（2）关闭警报器并启动车辆。

注意：当车门已使用钥匙片解锁并打开后，警报器就会触发。按照以下说明解除警报。

①将遥控钥匙置于中央扶手控制台杯架底部的备用读取器内的钥匙符号上，如图 8–16 所示。

②然后，旋转点火旋钮并松开。警报信号停止鸣响，警报器关闭。

（3）锁止。

还可以通过遥控钥匙的可拆卸钥匙片锁止汽车，例如，电源耗尽或钥匙电池电量耗尽时。左侧前车门可以用锁芯和可拆卸式钥匙片锁止。其他车门未配备锁芯，而是在每个车门末端配备一个锁止开关，必须使用钥匙片将其按下，然后机械锁止 / 封锁以防其被从外面开启。

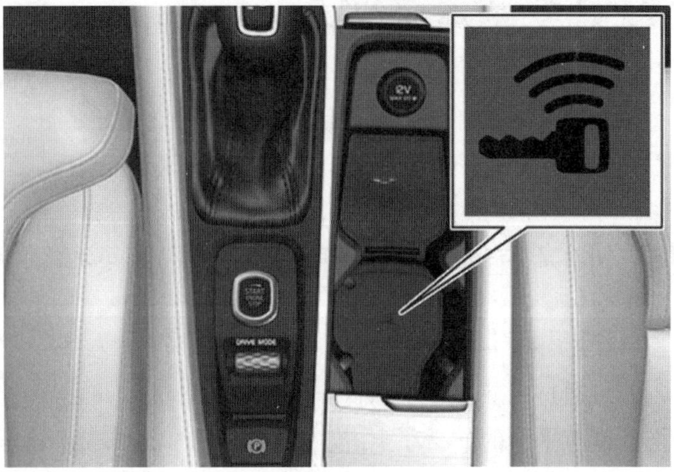

图 8–16

但是，仍然可以从车内打开车门。手动锁止车门。不得与儿童安全锁混淆。从遥控钥匙上拆下可拆卸钥匙片。将钥匙片插入锁复位孔并向内按压钥匙到底，约 12mm。车门既可以从车外打开，也可以从车内打开，如图 8–17 中 A 所示。车门被挡住，不能从车外打开，如图 8–17 中 17 中 B 所示。要返回至位置 A，车门内拉手必须开启。车门可用遥控钥匙上的解锁按钮，或驾驶员侧车门上的中央锁止按钮解锁。注意：一扇车门的锁复位功能仅可锁住该车门，而不可同时锁住所有车门。在手动或电动儿童安全锁启用的情况下，后车门手动锁闭后，从外部或内部都无法打开。以这种方式锁闭的后车门只能使用遥控钥匙、中控锁按钮或通过 Volvo On Call（随车管家）解锁。

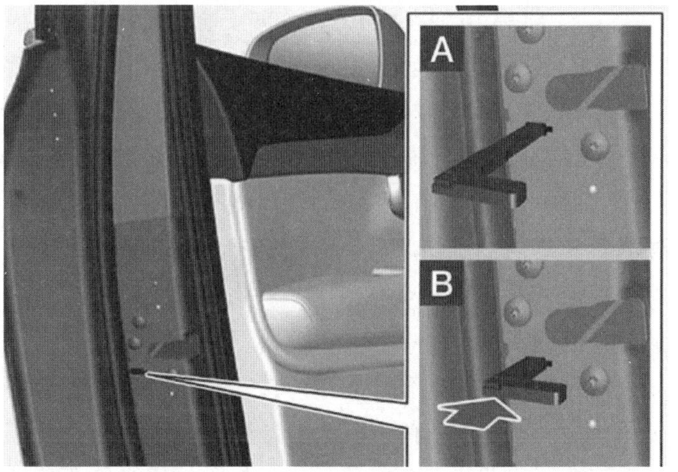

A.B.位置

图 8–17

4. 应急启动

通过另一个蓄电池跨接启动：如果蓄电池没电，汽车可使用来自另一个蓄电池的电流发动。

跨接启动自己车辆的充电点：车辆的充电端仅用于跨接启动车辆本身。充电端不用于跨接启动另一部车辆。使用充电端跨接启动另一部车辆，可能会导致保险丝熔断，这意味着充电端将停止工作。保险丝熔断时，12V 蓄电池保险丝故障需要维修显示在驾驶员显示屏上。当跨接启动车辆时，建议采用下列步骤以避免短路或其他损坏。

（1）将汽车的电气系统设置在点火位置 0。

（2）检查应急蓄电池是否有 12V 的电压。

（3）如果应急蓄电池安装在另一辆车上，关闭该辆车的发动机，并且确保两辆车没有相互接触。

（4）将来自红色跨接线的一个夹子连接至应急蓄电池的正极端子，如图 8–18 中 1 所示。重要信息：小心连接启动电缆，避免与发动机室中的其他部件发生短路。

（5）打开正极跨接启动点的盖子，如图 8–18 中 2 所示。

（6）将红色跨接线的另一个夹子连接至汽车的正极跨接启动点，如图 8–18 中 2 所示。

（7）将来自黑色跨接线的一个夹子连接至应急蓄电池的负极端子，如图 8–18 中 3 所示。

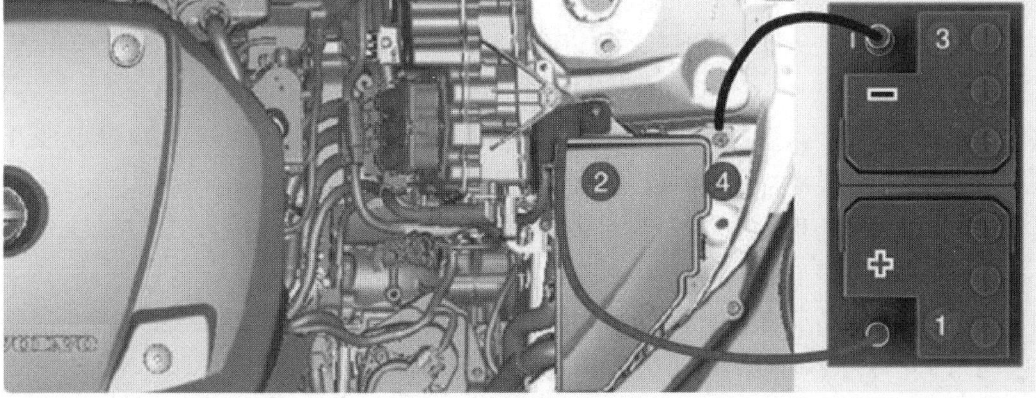

1.应急蓄电池的正极端子　2.汽车的正极跨接启动点　3.应急蓄电池的负极端子　4.汽车的负极跨接启动点

图 8–18

（8）将黑色跨接线的另一个夹子连接至汽车的负极跨接启动点，如图 8–18 中 4 所示。

（9）请确认跨接线的夹子牢牢固定，只有这样在启动期间才不会有火花产生。

（10）启动“救援车”的发动机，让发动机以稍高于怠速（1500r/min）的转速运转几分钟。

（11）启动自己车辆的发动机。如果启动尝试失败，则将充电时间延长至 10min，然后重新进行启动尝试。注意：正常情况下启动发动机时，优先启动车辆的电动机，汽油发动机保持关闭。这意味着，在顺时针转动启动旋钮之后，电动机已“启动”并且车辆准备好行驶。启动机通过驾驶员信息显示屏指示灯熄灭及其预设主题点亮指示。重要信息：尝试启动时切勿接触电缆与车辆之间的连接点，这可能有形成火花的危险。

（12）以相反的顺序取下跨接线，先取下黑色跨接线，然后取下红色跨接线。请确认黑色跨接线的夹子都没有接触到车辆正极跨接启动点 / 外接蓄电池的正极端子或连接至红色跨接线的夹子。警告：蓄电池会产生易燃易爆的氢氧气体。如果跨接线未能正确连接，会产生电火花，这会引起蓄电池的爆炸。不要将跨接导线连接至任何燃油系统部件或任何运动部件。请注意高温发动机零件。蓄电池内含有硫酸，这会导致严重烧伤。如果眼睛、皮肤或衣服上溅到硫酸，请用大量清水冲洗。如果有酸溅入眼睛，请立即就医。蓄电池附近严禁吸烟。注意：如果混合动力蓄电池已放电，则车辆将无法启动。

四、2020 年沃尔沃 XC40 车型

1. 牵引

牵引时，一辆车使用牵引绳牵引另一辆车。在开始牵引前，了解清楚法律规定的牵引速度最高上限是多少。

重要信息：除非发动机正在运转，否则有些型号的换挡杆无法移出 P 挡。拖车时联系沃尔沃授权维修中心寻求帮助，或请求专业救援帮助。注意：本车务必在车轮向前转动的状态下拖行。牵引配备自动变速器的车辆，车速不可超过 80km/h 或者距离不可超过 80km。

① 检查转向锁在车辆拖曳前是否已解锁。

②点火位置Ⅱ必须激活，在点火位置Ⅰ时所有安全气囊禁用。

③拖车时，务必保持将遥控钥匙置于车内。

警告：发动机关闭时，制动伺服系统和助力转向系统不工作，制动踏板踩踏需要的重量比平时要多出 5 倍，方向盘转动也要比一般情况下重得多。

① 启用车辆的危险警示闪光灯。

②将拖链固定在拖车环内。

③解锁车辆，停用方向盘锁。

④将车辆设置在点火位置Ⅱ，按下启动按钮而不踩下制动踏板，持续按住该按钮约 4s。然后，松开该按钮。

⑤将选挡杆移至空挡，然后释放驻车制动器。如果蓄电池电压过低，驻车制动器无法脱开。如果蓄电池电压过低，请连接外接蓄电池。现在，牵引车可开始牵引车辆。

⑥当牵引车减速时，温和稳定地轻踩住制动踏板保持拖车索紧绷，以避免不必要的拉扯。

⑦要准备好制动以便停车。

请勿以拖车方式来启动车辆发动机。若启动机蓄电池电耗空且发动机无法发动，请使用应急蓄电池。重要信息：三元催化转化器可能会在牵引启动的过程中遭到损坏。

2. 安装和拆卸拖车环

使用拖车环牵引。拖车环转入到前或后保险杠上右侧一个盖子后面有螺纹的插孔内。

（1）安装拖车环。

①在行李箱地板下方的泡沫块中取出拖车环，如图 8–19 所示。

②前：拆下盖子，用一根手指按压标记，如图 8–20 所示。盖子围绕其中心线旋转，随后即可拆下。

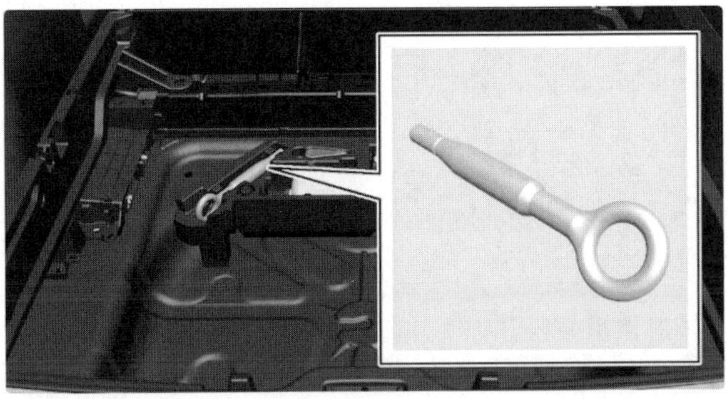

图 8–19

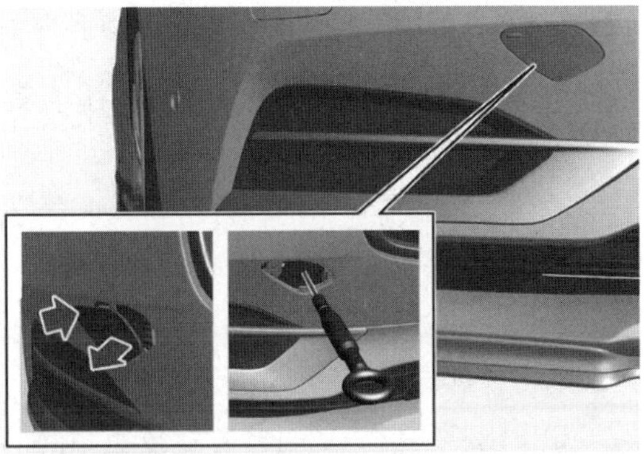

图 8–20

③后：拆下盖子，向外折叠相对一侧 / 角落时用手指按压标记，如图 8–21 所示。盖子围绕其中心线旋转，随后即可拆下。

④拧入拖车环，直到其到达端部止动位置。将拖车环牢牢旋紧，如图 8–22 所示。例如，车轮螺栓扳手用作杠杆旋入。重要信息：务必将拖车环牢牢地旋入位，直到旋至止动位。

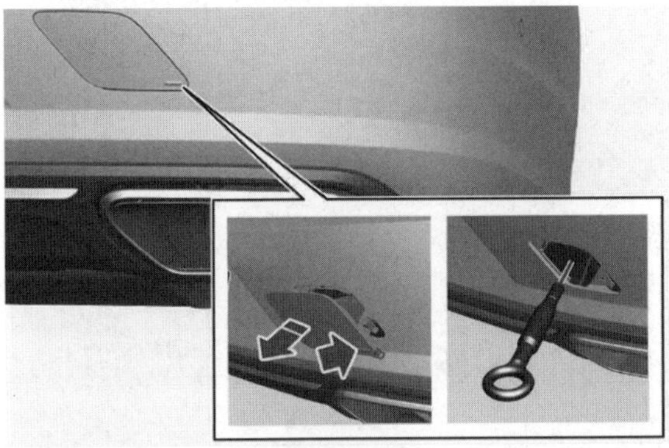

图 8–21

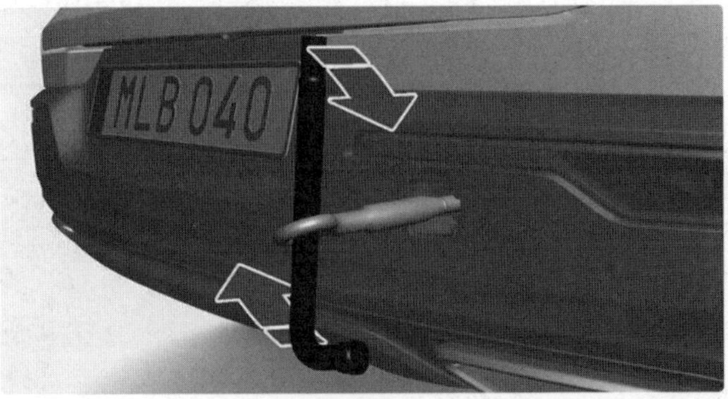

图 8–22

使用拖车环前的注意事项：

① 将车辆拖到带有平台的救援车上可能会用到拖车环。车辆位置和离地间隙决定此方法是否可行。

②如果救援车斜坡板的坡度过陡或者车辆下方的离地间隙不足，使用拖车环将车辆拖上救援车就会损坏车辆。

③如有必要，使用救援车的举升设备升起车辆。不要使用拖车环。警告：将车拖到救援车平板上时，救援车后面不得有任何人 / 物体。重要信息：拖车环的设计只能用于道路上拖曳车辆，切勿用于拖拉陷入坑洼的车辆，或者将汽车拖出路沟。如果需要拖救支持，请呼叫救援服务。

（2）拆卸拖车环。

使用完毕后将拖车环旋松并取下，然后将其放回泡沫块中的相应位置。把盖子重新安装到保险杠上，结束安装。

（3）Recovery（救援）。

可通过救援车牵引故障车辆实施救援。如果需要拖救支持，请呼叫救援服务。拖车环可用于将车辆拖到带有平台的救援车上。车辆的位置和离地间隙决定是否可将其拖到平台上。如果救援车斜坡板的坡度过陡或者车辆下方的离地间隙不足，则将车辆拖上救援车就会损坏车辆。应使用救援车辆的提升装置举升车辆。警告：将车拖到救援车平板上时，救援车后面不得有任何人 / 物体。重要信息：拖车环的设计只能用于道路上拖曳车辆，切勿用来拖拉陷入坑洼的车辆，或者将汽车拖出路沟。如果需要拖救支持，请呼叫救援服务。注意：本车务必在车轮向前转动的状态下拖行。

3. 应急解锁

除此之外，可拆卸钥匙片还可以用于从车外解锁汽车，例如，遥控钥匙电池的电量耗尽时。

（1）解锁。

①将左侧的前车门把手拉出至其末端位置，使锁芯变得可见，如图 8–23 所示。

②将钥匙插入锁芯

③顺时针旋转 45° ，以使钥匙片指向正后方。

④将钥匙向回旋转 45° 至起始位置。将钥匙从锁芯取出并松开把手，使把手后部再次紧贴汽车。

⑤拉出把手。车门打开。将按照相同的方式执行锁止，但需逆时针旋转 45° ，而不是步骤③中的顺时针旋转。

（2）关闭警报器并启动车辆。

注意：当车门已使用钥匙片解锁并打开后，警报器就会触发。按照以下说明解除警报。

① 将遥控钥匙置于中央扶手控制台储物箱中的备用读取器的钥匙符号上，如图 8–24 所示。

1 ~ 4.步骤顺序

图 8–23

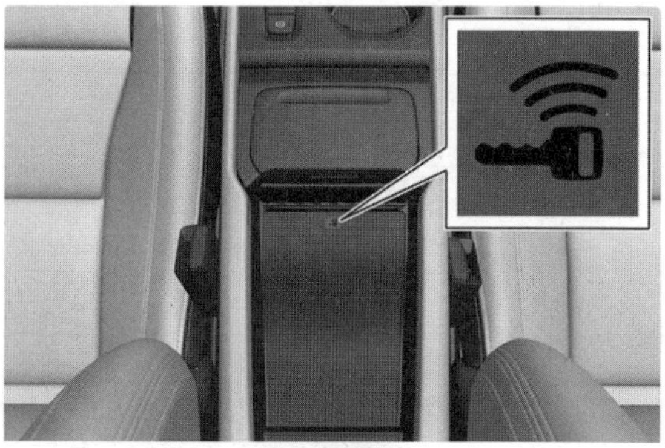

图 8–24

②按下启动按钮。警报信号停止鸣响，警报器关闭。

（3）锁止。

还可以通过遥控钥匙的可拆卸钥匙片锁止汽车，例如，电源耗尽或钥匙电池电量耗尽时。左侧前车门可以用锁芯和可拆卸式钥匙片锁止。其他车门未配备锁芯，而是在每个车门末端配备一个锁止开关，必须使用钥匙片将其按下，然后机械锁止 / 封锁以防其被从外面开启。但是，仍然可以从车内打开车门。手动锁止车门。不得与儿童安全锁混淆。从遥控钥匙上拆下可拆卸钥匙片。将钥匙片插入锁复位孔并向内按压钥匙到底，约 12mm。车门既可以从车外打开，也可以从车内打开，如图 8–25 中 A 所示。车门被挡住，不能从车外打开，如图 8–25 中 B 所示。要返回至位置 A，车门内拉手必须开启。车门可用遥控钥匙上的解锁按钮，或驾驶员车门上的中央锁止按钮解锁。注意：

① 一扇车门的锁复位功能仅可锁住该车门，而不可同时锁住所有车门。

②通过激活的手动或电动儿童安全锁手动锁闭的后车门从外部或内部都无法打开。以这种方式锁闭的后车门只能通过遥控钥匙或中控锁按钮解锁。

4. 跨接启动

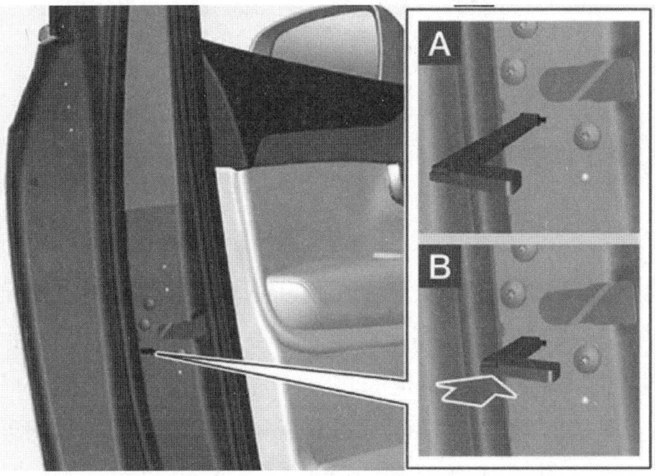

A.B.位置

图 8–25

通过另一个蓄电池跨接启动：如果蓄电池没电，汽车可使用来自另一个蓄电池的电流发动。

当跨接启动汽车时，建议采用下列步骤以避免短路或其他损坏。

（1）将汽车的电气系统设置在点火位置 0。

（2）检查应急蓄电池是否有 12V 的电压。

（3）如果应急蓄电池安装在另一辆车上，关闭该辆车的发动机并且确保两辆车没有相互接触。

（4）将来自红色跨接线的一个夹子连接至应急蓄电池的正极端子，如图 8–26 中 1 所示。重要信息：小心连接启动电缆，避免与发动机室中的其他部件发生短路。

（5）打开正极跨接启动点的盖子，如图 8–26 中 2 所示。

（6）将红色跨接线的另一个夹子连接至汽车的正极跨接启动点，如图 8–26 中 2 所示。

（7）将来自黑色跨接线的一个夹子连接至应急蓄电池的负极端子，如图 8–26 中 3 所示。

（8）将黑色跨接线的另一个夹子连接至汽车的负极跨接启动点，如图 8–26 中 4 所示。

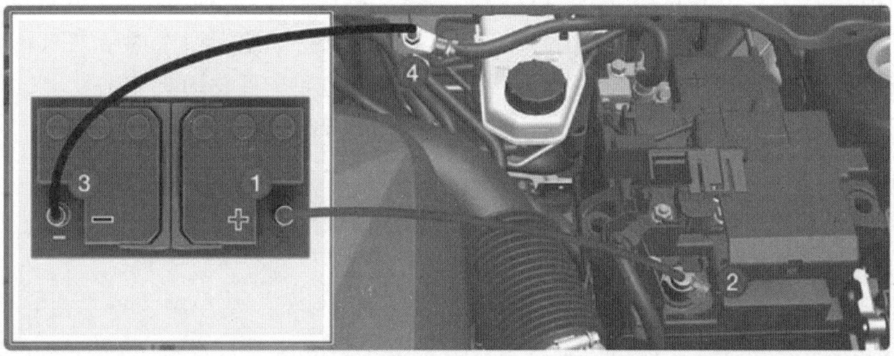

1.应急蓄电池的正极端子　2.汽车的正极跨接启动点　3. 应急蓄电池的负极端子　4.汽车的负极跨接启动点

图 8–26

（9）请确认跨接线的夹子牢牢固定，只有这样，在启动期间才不会有火花产生。

（10）启动救援车的发动机，让发动机以稍高于怠速（1500 r/min）的转速运转几分钟。

（11）启动蓄电池电量不足车辆的发动机。重要信息：尝试启动时切勿接触电缆与车辆之间的连接点。这可能有形成火花的危险。

（12）以相反的顺序取下跨接线，先取下黑色跨接线，然后取下红色跨接线。请确认黑色跨接线的夹子都没有接触到车辆正极跨接启动点 / 外接蓄电池的正极端子或连接至红色跨接线的夹子。警告：在干预不当的情况下，高电压可能会造成危险。

①切勿使用 48V 辅助蓄电池进行跨接启动。

② 外部电气设备在任何情况下都不得连接至 48V 蓄电池。

③ 48V 蓄电池只能由维修中心进行维修和更换。

警告：

①蓄电池会产生易燃易爆的氢氧气体。如果跨接线未能正确连接，则会产生电火花，这会引起蓄电

池爆炸。

② 不要将跨接导线连接至任何燃油系统部件或任何运动部件。请注意高温发动机零件。

③蓄电池内含有硫酸，这会导致严重烧伤。

④ 如果眼睛、皮肤或衣服上溅到硫酸，请用大量清水冲洗。如果有酸溅入眼睛，请立即就医。

⑤ 蓄电池附近严禁吸烟。

注意：

如果启动机蓄电池放电过多，使车辆失去正常的电气功能，并且发动机通过外部蓄电池或蓄电池充电器跨接启动，启动 / 停止功能可能继续处于激活状态。如果启动 / 停止功能随后不久自动停止发动机，则发动机自动启动由于蓄电池电量不足而失败的风险很大，因为蓄电池一直没有时间进行充电。如果汽车已跨接启动，或者如果用蓄电池充电器为蓄电池充电的时间不足，启动 / 停止功能则暂时停用，直到车辆为蓄电池充电完成。外部温度为约 15℃时，蓄电池需要由车辆至少充电 1h。外部温度较低时，充电时间可能增加至 3 ~ 4h。推荐的做法是，用外部蓄电池充电器为蓄电池进行充电。

五、2020 年沃尔沃 XC60 Twin Engine 车型

1. 牵引

牵引时，一辆车使用牵引绳牵引另一辆车。不允许牵引 Twin Engine，否则会损坏电动机。相反，运输车辆时必须将其抬起，使全部车轮置于救援车平台上，任何一对车轮均不得与路面接触。牵引其他车辆时拖行一辆车的耗能十分严重，使用 Constant AWD 驾驶模式，这样可对混合动力蓄电池充电，同时提高车辆的驾驶特性和抓地能力。在开始牵引前，了解清楚法律规定的牵引速度最高上限是多少。跨接启动不允许牵引启动电动机，否则会损坏电动机。若启动机蓄电池耗空且发动机无法发动，请使用应急蓄电池。重要信息：尝试拖曳启动车辆可能会导致电机和催化转化器损坏。

2. 安装和拆卸拖车环

如果车辆需要牵引其他车辆，使用拖车环。将拖车环旋入后保险杠右侧盖子后面的螺纹插孔内。注意：如果车辆配备牵引杆，则无拖车环后部安装支架。

（1）安装拖车环。

①在行李箱地板下方的泡沫块中取出拖车环，如图 8–27 所示。

②拆下盖子，向外折叠相对一侧 / 角落时用手指按压标记，如图 8–28 所示。盖子围绕其中心线旋转，随后即可拆下。

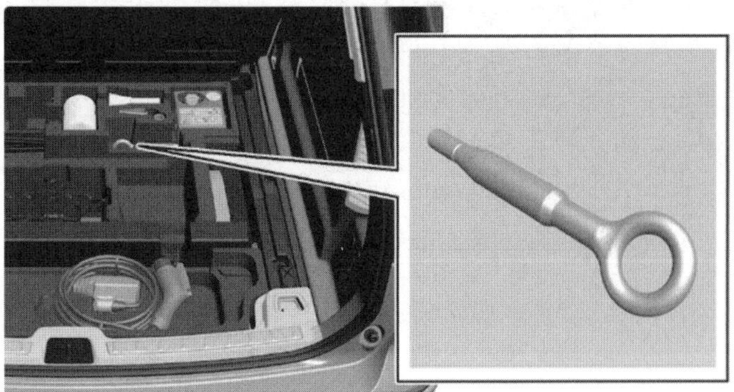

图 8–27

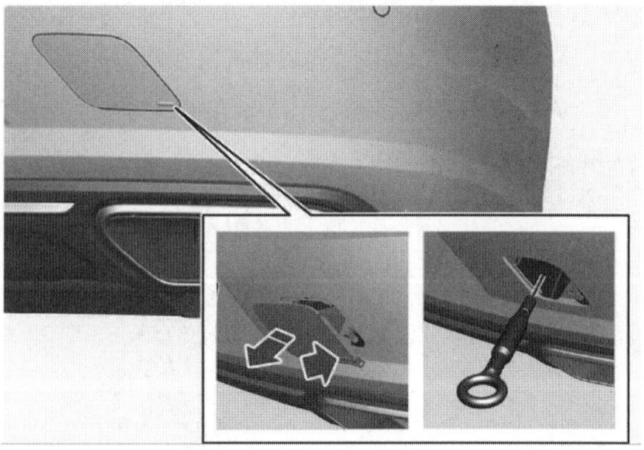

图 8–28

③拧入拖车环，直到其到达端部止动位置。将拖车环牢牢旋紧，如图 8–29 所示。例如，车轮螺栓扳手用作杠杆旋入。重要信息：务必将拖车环牢牢地旋入位，直到旋至止动位。

（2）拆卸拖车环。

使用完毕后将拖车环旋松并取下，然后将其放回泡沫块中的相应位置。把盖子重新安装到保险杠上，结束安装。

（3）Recovery（救援）。

可通过救援车牵引故障车辆实施救援。如果需要拖救支持，请呼叫救援服务。拖车环可用于将车辆拖到带有平台的救援车上。注意：配备 Twin Engine 的车辆运输时必须始终保持抬起，所有车轮均需停在救援车辆的平台上。适用于配有高度控制功能的车辆：如果车辆装备有空气悬架，则必须停用空气悬架后才可举升车辆。通过中央显示屏停用该功能。

① 在顶部视图中按下设置。

②按下 My Car 电子手刹与悬架按键。

③选择停用车身高度控制。

车辆的位置和离地间隙决定是否可将其拖到平台上。如果救援车斜坡板的坡度过陡或者车辆下方的离地间隙不足，则将车辆拖上救援车就会损坏车辆。应使用救援车辆的提升装置举升车辆。警告：将车拖到救援车平板上时，救援车后面不得有任何人 / 物体。

3. 应急解锁

除此之外，可拆卸钥匙片还可以用于从车外解锁汽车，例如，遥控钥匙电池的电量耗尽时。

（1）解锁。

①将左侧的前车门把手拉出至其末端位置，使锁芯变得可见，如图 8–30 所示。

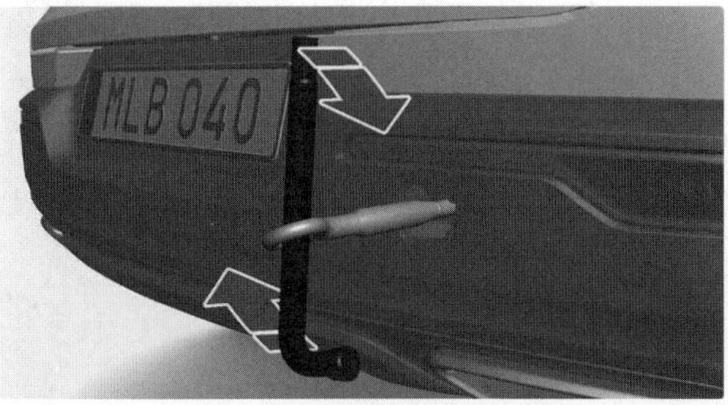

图 8–29

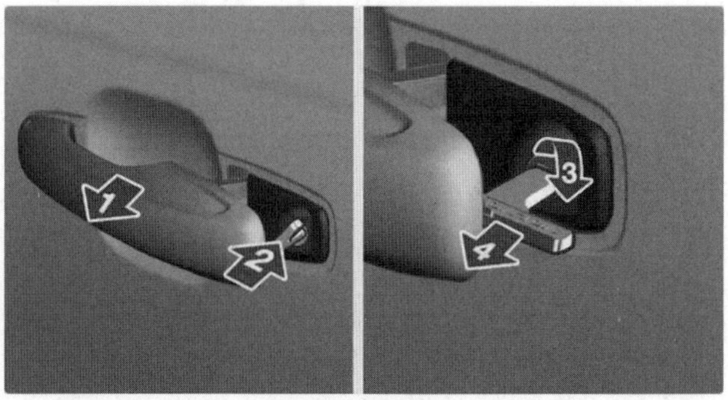

1~4.步骤顺序

图 8–30

②将钥匙插入锁芯。

③顺时针旋转 45°，以使钥匙片指向正后方。

④将钥匙向回旋转 45° 至起始位置。将钥匙从锁芯取出并松开把手，使把手后部再次紧贴汽车。

⑤拉出把手。车门打开。将按照相同的方式执行锁止，但需逆时针旋转 45°，而不是步骤③中的顺时针旋转。

（2）关闭警报器并启动车辆。

注意：当车门已使用钥匙片解锁并打开后，警报器就会触发。按照以下说明解除警报。

① 将遥控钥匙置于中央扶手控制台杯架底部的备用读取器内的钥匙符号上，如图 8–31 所示。

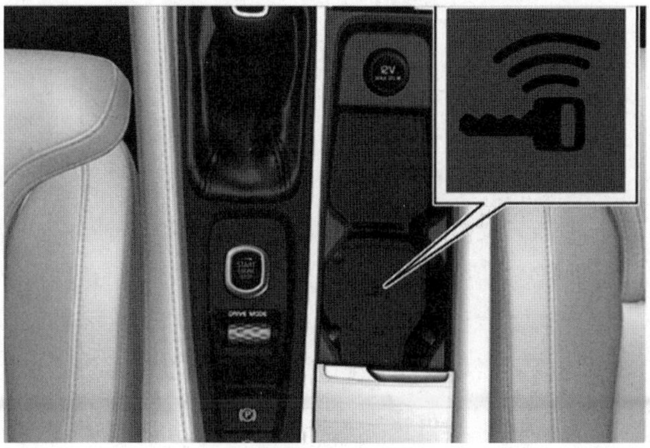

图 8–31

②然后，旋转点火旋钮并松开。警报信号停止鸣响，警报器关闭。

（3）锁止。

还可以通过遥控钥匙的可拆卸钥匙片锁止汽车，例如，电源耗尽或钥匙电池电耗尽时。左侧前车门可以用锁芯和可拆卸式钥匙片锁止。其他车门未配备锁芯，而是在每个车门末端配备一个锁止开关，必须使用钥匙片将其按下，然后机械锁止 / 封锁以防其被从外面开启。但是，仍然可以从车内打开车门。手动锁止车门。不得与儿童安全锁混淆。从遥控钥匙上拆下可拆卸钥匙片。将钥匙片插入锁复位孔并向内按压钥匙到底，约 12mm。车门既可以从车外打开，也可以从车内打开，如图 8–32 中 A 所示。车门被挡住，不能从车外打开，如图 8–32 中 B 所示。要返回至位置 A，车门内拉手必须开启。车门可用遥控钥匙上的解锁按钮，或驾驶员侧车门上的中央锁止按钮解锁。

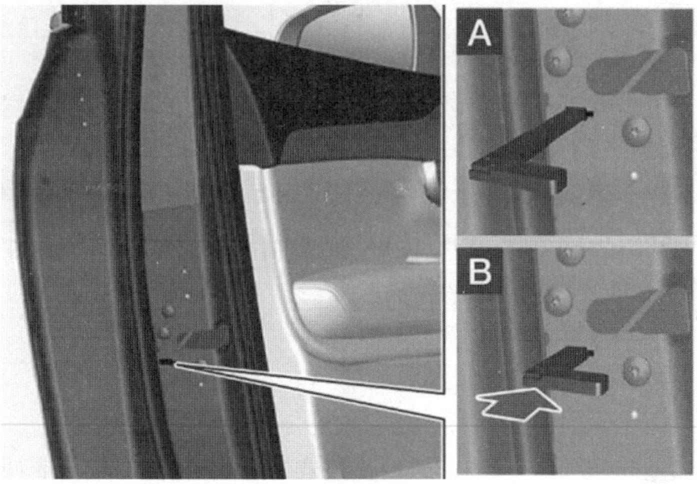

A.B.位置

图 8–32

① 一扇车门的锁复位功能仅可锁住该车门，而不可同时锁住所有车门。

②在手动或电动儿童安全锁启用的情况下，后车门手动锁闭后，从外部或内部都无法打开。以这种方式锁闭的后车门只能使用遥控钥匙、中控锁按钮或通过 Volvo On Call（随车管家）解锁。

4. 跨接启动

通过另一个蓄电池跨接启动：如果蓄电池没电，汽车可使用来自另一个蓄电池的电流发动。

重要信息：车辆的充电端仅用于跨接启动车辆本身。充电端不用于跨接启动另一部车辆。使用充电端跨接启动另一部车辆，可能会导致保险丝熔断，这意味着充电端将停止工作。保险丝熔断时，12V 蓄电池保险丝故障需要维修显示在驾驶员显示屏上。

当跨接启动车辆时，建议采用下列步骤以避免短路或其他损坏。

（1）将汽车的电气系统设置在点火位置 0。

（2）检查应急蓄电池是否有 12V 的电压。

（3）如果应急蓄电池安装在另一辆车上：关闭该辆车的发动机并且确保两辆车没有相互接触。

（4）将来自红色跨接线的一个夹子连接至应急蓄电池的正极端子，如图 8–33 中 1 所示。重要信息：小心连接启动电缆，避免与发动机室中的其他部件发生短路。

（5）打开正极跨接启动点的盖子，如图 8–33 中 2 所示。

（6）将红色跨接线的另一个夹子连接至汽车的正极跨接启动点，如图 8–33 中 2 所示。

（7）将来自黑色跨接线的一个夹子连接至应急蓄电池的负极端子，如图 8–33 中 3 所示。

（8）将黑色跨接线的另一个夹子连接至汽车的负极跨接启动点，如图 8–33 中 4 所示。

（9）请确认跨接线的夹子牢牢固定，只有这样在启动期间才不会有火花产生。

（10）启动“救援车”的发动机，让发动机以稍高于怠速（1500 r/min）的转速运转几分钟。

（11）启动自己车辆的发动机。如果启动尝试失败，则将充电时间延长至 10min，然后重新进行启动尝试。注意：正常情况下启动发动机时，优先启动车辆的电动机，汽油发动机保持关闭。这意味着，在顺时针转动启动旋钮之后，电动机已“启动”并且车辆准备好行驶。启动机通过驾驶员信息显示屏指示

1.应急蓄电池的正极端子 2.汽车的正极跨接启动点 3.应急蓄电池的负极端子 4.汽车的负极跨接启动点

图 8–33

灯熄灭及其预设主题点亮指示。重要信息：尝试启动时切勿接触电缆与车辆之间的连接点。这可能有形成火花的危险。

（12）以相反的顺序取下跨接线，先取下黑色跨接线，然后取下红色跨接线。请确认黑色跨接线的夹子都没有接触到车辆正极跨接启动点 / 外接蓄电池的正极端子或连接至红色跨接线的夹子。

①蓄电池会产生易燃易爆的氢氧气体。如果跨接引线未能正确连接，则会产生电火花，这会引起蓄电池爆炸。

② 不要将跨接导线连接至任何燃油系统部件或任何运动部件。请注意高温发动机零件。

③ 蓄电池内含有硫酸，这会导致严重烧伤。

④ 如果眼睛、皮肤或衣服上溅到硫酸，请用大量清水冲洗。如果有酸溅入眼睛，请立即就医。

⑤蓄电池附近严禁吸烟。注意：如果混合动力蓄电池已放电，则车辆将无法启动。

六、2020 年沃尔沃 XC90 Twin Engine 车型

1. 牵引

牵引时，一辆车使用牵引绳牵引另一辆车。不允许牵引 Twin Engine，否则会损坏电动机。相反，运输车辆时必须将其抬起，使全部车轮置于救援车平台上，任何一对车轮均不得与路面接触。牵引其他车辆时拖行一辆车的耗能十分严重，使用 Constant AWD 驾驶模式，这样可对混合动力蓄电池充电，同时提高车辆的驾驶特性和抓地能力。在开始牵引前，了解清楚法律规定的牵引速度最高上限是多少。跨接启动不允许牵引启动电动机，否则会损坏电动机。若启动机蓄电池电耗空且发动机无法发动，请使用应急蓄电池。重要信息：尝试拖曳启动车辆可能会导致电驱动电机和催化转化器损坏。

2. 安装和拆卸拖车环

如果车辆需要牵引其他车辆，使用拖车环。将拖车环旋入后保险杠右侧盖子后面的螺纹插孔内。注意：如果车辆配备牵引杆，则无拖车环后部安装支架。

（1）安装拖车环。

①在行李箱地板下方的泡沫块中取出拖车环，如图 8–34 所示。

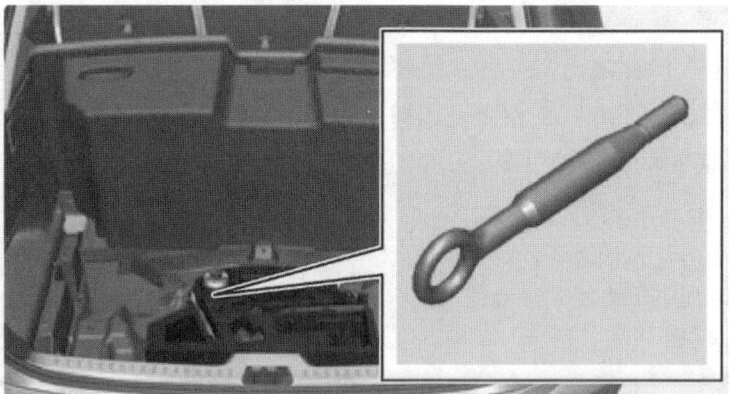

图 8–34

②拆下盖子，向外折叠相对一侧 / 角

落时用手指按压标记。盖子围绕其中心线旋转，随后即可拆下，如图 8–35 所示。

③拧入拖车环，直到其到达端部止动位置，如图 8–36 所示。将拖车环牢牢旋紧。例如，车轮螺栓扳手用作杠杆旋入。重要信息：务必将拖车环牢牢地旋入位，直到旋至止动位。

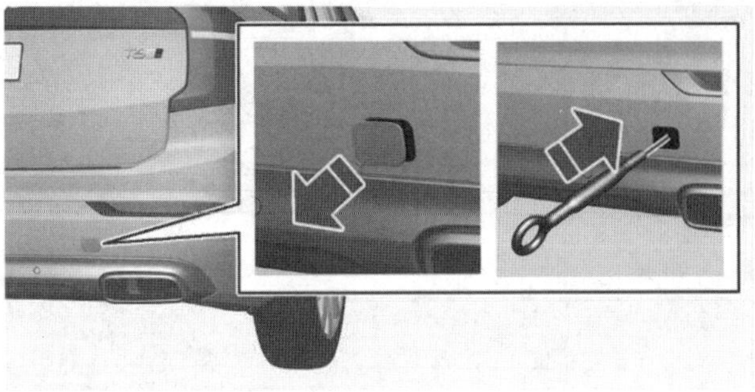

图 8–35

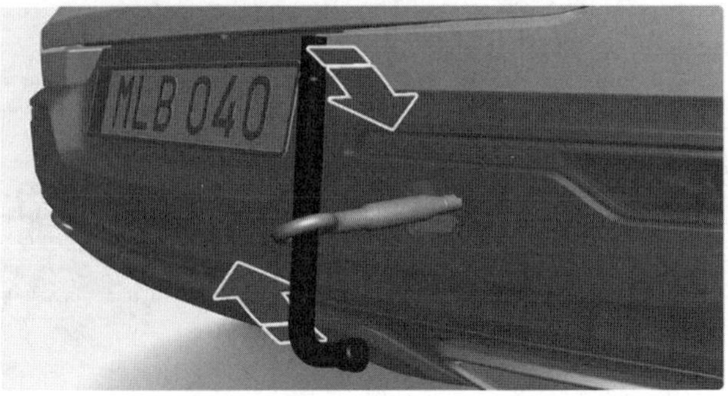

图 8–36

（2）拆卸拖车环。

使用完毕后将拖车环旋松并取下，然后将其放回泡沫块中的相应位置。把盖子重新安装到保险杠上，结束安装。

（3）Recovery（救援）。

可通过救援车牵引故障车辆实施救援。如果需要拖救支持，请呼叫救援服务。拖车环可用于将车辆拖到带有平台的救援车上。注意：配备 Twin Engine 的车辆运输时必须始终保持抬起，所有车轮均需停在救援车辆的平台上。适用于配有高度控制功能的车辆：如果车辆装备有空气悬架，则必须停用空气悬架后才可举升车辆。通过中央显示屏停用该功能。

① 在顶部视图中按下设置。

②按下 My Car 电子手刹与悬架按键。

③选择停用车身高度控制。

车辆的位置和离地间隙决定是否可将其拖到平台上。如果救援车斜坡板的坡度过陡或者车辆下方的离地间隙不足，则将车辆拖上救援车就会损坏车辆。应使用救援车辆的提升装置举升车辆。警告：将车拖到救援车平板上时，救援车后面不得有任何人 / 物体。

3. 自动驻车制动器启用设置

选择是否在车辆关闭时自动启用驻车制动器。要更改设置：

① 在中央显示屏的顶部视图中触按设置。

②按下 My Car 电子手刹与悬架可选择或取消该功能自动启动电子手刹。

4. 应急解锁

除此之外，可拆卸钥匙片还可以用于从车外解锁汽车，例如，遥控钥匙电池的电耗尽时。

（1）解锁。

①将左侧的前车门把手拉出至其末端位置，使锁芯变得可见，如图 8–37 所示。

②将左侧的前车门把手拉出至其末端位置，使锁芯变得可见。

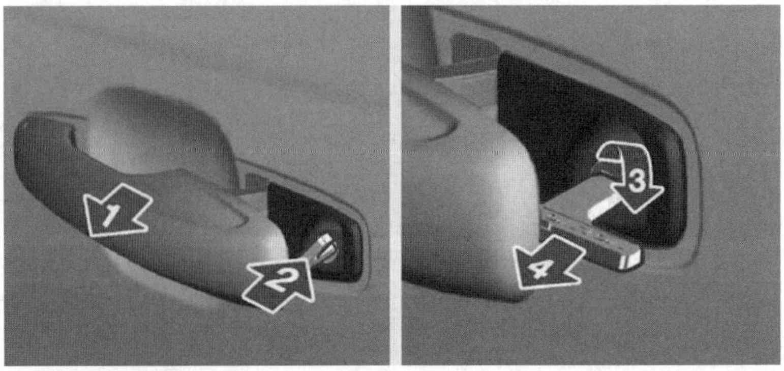

1～4.步骤顺序

图 8–37

③ 将钥匙插入锁芯。

④ 顺时针旋转 45°，以使钥匙片指向正后方。

⑤将钥匙向回旋转 45° 至起始位置。将钥匙从锁芯取出并松开把手，使把手后部再次紧贴汽车。

⑥拉出把手。车门打开。将按照相同的方式执行锁止，但需逆时针旋转 45°，而不是步骤③中的顺时针旋转。

（2）关闭警报器并启动车辆。

注意：当车门已使用钥匙片解锁并打开后，警报器就会触发。

按照以下说明解除警报：

① 将遥控钥匙置于中央扶手控制台杯架底部的备用读取器内的钥匙符号上，如图 8-38 所示。

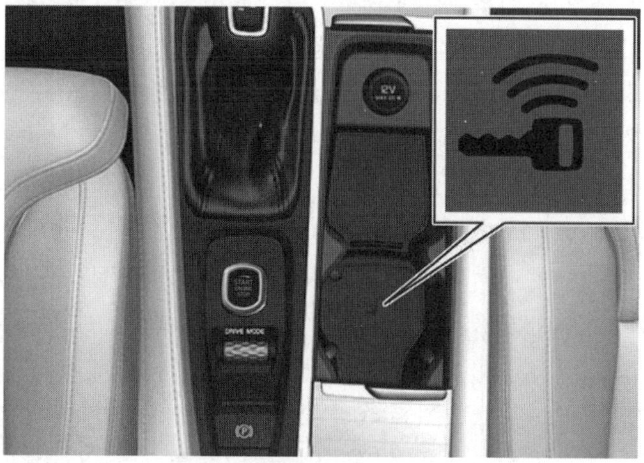

图 8-38

②然后，旋转点火旋钮并松开。警报信号停止鸣响，警报器关闭。

（3）锁止。

还可以通过遥控钥匙的可拆卸钥匙片锁止汽车，例如，电源耗尽或钥匙电池电耗尽时。

左侧前车门可以用锁芯和可拆卸式钥匙片锁止。其他车门未配备锁芯，而是在每个车门末端配备一个锁止开关，必须使用钥匙片将其按下，然后机械锁止 / 封锁以防其被从外面开启。但是，仍然可以从车内打开车门。手动锁止车门。不得与儿童安全锁混淆。从遥控钥匙上拆下可拆卸钥匙片。将钥匙片插入锁复位孔并向内按压钥匙到底，约 12mm。车门既可以从车外打开，也可以从车内打开，如图 8-39 中 A

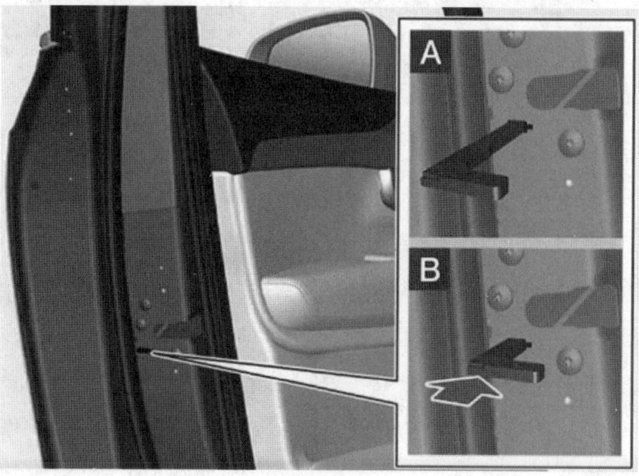

A.B.位置

图 8-39

所示。车门被挡住，不能从车外打开，如图 8-39 中 B 所示。要返回至位置 A，车门内拉手必须开启。车门可用遥控钥匙上的解锁按钮，或驾驶员侧车门上的中央锁止按钮解锁。

① 一扇车门的锁复位功能仅可锁住该车门，而不可同时锁住所有车门。

②在手动或电动儿童安全锁启用的情况下，后车门手动锁闭后，从外部或内部都无法打开。以这种方式锁闭的后车门只能使用遥控钥匙、中控锁按钮或通过 Volvo On Call（随车管家）解锁。

5. 跨接启动

通过另一个蓄电池跨接启动。

如果蓄电池没电，汽车可使用来自另一个蓄电池的电流发动。

跨接启动自己车辆的充电点。

重要信息：车辆的充电端仅用于跨接启动车辆本身。充电端不用于跨接启动另一部车辆。使用充电端跨接启动另一部车辆，可能会导致保险丝熔断，这意味着充电端将停止工作。保险丝熔断时，12V 蓄电池保险丝故障需要维修显示在驾驶员显示屏上。沃尔沃建议您联系沃尔沃授权维修中心。

当跨接启动车辆时，建议采用下列步骤以避免短路或其他损坏。

（1）将汽车的电气系统设置在点火位置 0。

（2）检查应急蓄电池是否有 12V 的电压。

（3）如果应急蓄电池安装在另一辆车上，关闭该辆车的发动机并且确保两辆车没有相互接触。

（4）将来自红色跨接线的一个夹子连接至应急蓄电池的正极端子，如图 8-40 中 1 所示。重要信息：小心连接启动电缆，避免与发动机室中的其他部件发生短路。

（5）打开正极跨接启动点的盖子，如图 8-40 中 2 所示。

（6）将红色跨接线的另一个夹子连接至汽车的正极跨接启动点，如图 8-40 中 2 所示。

（7）将来自黑色跨接线的一个夹子连接至应急蓄电池的负极端子，如图 8-40 中 3 所示。

（8）将黑色跨接线的另一个夹子连接至汽车的负极跨接启动点，如图 8-40 中 4 所示。

1.应急蓄电池的正极端子 2.汽车的正极跨接启动点 3.应急蓄电池的负极端子 4.汽车的负极跨接启动点

图 8-40

（9）请确认跨接线的夹子牢牢固定，只有这样在启动期间才不会有火花产生。

（10）启动“救援车”的发动机，让发动机以稍高于怠速（1500 r/min）的转速运转几分钟。

（11）启动您自己车辆的发动机。如果启动尝试失败，则将充电时间延长至 10min，然后重新进行启动尝试。注意：正常情况下启动发动机时，优先启动车辆的电动机，汽油发动机保持关闭。这意味着，在顺时针转动启动旋钮之后，电动机已“启动”并且车辆准备好行驶。启动机通过驾驶员信息显示屏指示灯熄灭及其预设主题点亮指示。重要信息：尝试启动时切勿接触电缆与车辆之间的连接点。这可能有形成火花的危险。

（12）以相反的顺序取下跨接线，先取下黑色跨接线，然后取下红色跨接线。请确认黑色跨接线的夹子都没有接触到车辆正极跨接启动点 / 外接蓄电池的正极端子或连接至红色跨接线的夹子。警告：蓄电池会产生易燃易爆的氢氧气体。如果跨接引线未能正确连接，则会产生电火花，这会引起蓄电池的爆炸。不要将跨接导线连接至任何燃油系统部件或任何运动部件。请注意高温发动机零件。蓄电池内含有硫酸，这会导致人员严重烧伤。如果眼睛、皮肤或衣服上溅到硫酸，请用大量清水冲洗。如果有酸溅入眼睛，请立即就医。蓄电池附近严禁吸烟。注意：如果混合动力蓄电池已放电，则车辆将无法启动。

七、2019 年沃尔沃 V40 Cross Country 车型

1. 牵引

牵引时，一辆车使用拖吊绳牵引另一辆车。在开始牵引前，了解清楚法律规定的牵引速度最高上限是多少。

（1）启用车辆的危险警示闪光灯。

（2）将拖车绳固定在拖车环内。

（3）将遥控钥匙插入点火开关或长按一下 START/STOP ENGINE 按钮，激活钥匙位置Ⅱ，从而解锁方向盘锁。

（4）拖车时，遥控钥匙必须保持在点火开关内。

（5）当牵引车减速时，温和稳定地轻踩住制动踏板保持拖车索紧绷，以避免不必要的拉扯。

（6）要准备好制动以便停车。警告：检查转向锁是在车辆拖曳前是否已解锁。遥控钥匙必须要在钥匙位置Ⅱ，在Ⅰ位置时，所有安全气囊会关闭。当车被拖曳时，切勿将遥控钥匙从点火开关中取出。警告：发动机关闭时，制动伺服系统和助力转向系统不工作，制动踏板踩踏需要的重量比平时要多出 5 倍，方向盘转动也要比一般情况下重得多。手动变速器：牵引前，将换挡杆移至空挡，然后释放驻车制动器。注意，本车务必在车轮向前转动的状态下拖行。牵引配备自动变速器的车辆，车速不可超过 80km/h 或者距离不可超过 80km。牵引前，将换挡杆移至空挡，然后释放驻车制动器。

2. 脱困营救

脱困营救指的是使用一辆车运走另一辆车。如果需要拖救支持，请呼叫救援服务。将车辆拖到带有平台的救援车上可能会用到拖车环。车辆位置和离地间隙决定是否可进行该操作。如果救援车甲板的坡度过陡或者车辆下方的离地间隙不足，使用拖车环将车辆拖上救援车就会损坏车辆。如有必要，利用救援车的提升设备将车辆升起。重要信息：注意，本车务必在车轮向前转动的状态下拖行。

3. 拖车环

使用拖车环拖曳车辆。拖车环转入到前或后保险杠上右侧一个盖子后面有螺纹的插孔内。

（1）连接拖车环。

①取出存放在行李箱地板下方泡沫块上的拖车环，如图 8-41 所示。

②拖车环固定点护盖有两种款式可选用，也必须用下列方式打开：用硬币或类似的工具插入凹口内，小心朝外转

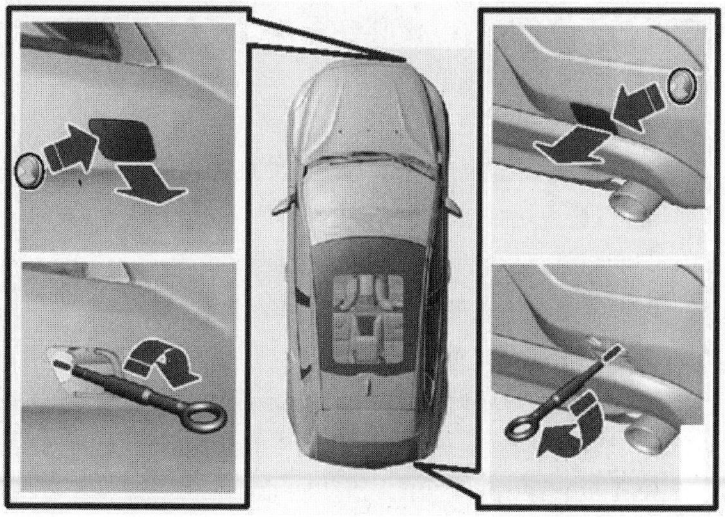

图 8-41

动，打开后保险杠凹口。然后把盖子完全转出并拆下。前保险杠凹口沿着一边或者在一个角上有一个标记：用一个手指按这个标记，同时折出对面 / 对角，此盖围绕其轴心转动，然后就可以拆下。

③将拖车环一直转到其凸缘处。将拖车环稳固地转入，例如使用一个车轮扳手。重要信息：拖车环的设计只能用于道路上拖曳车辆，切勿用来拖拉陷入坑洼的车辆，或者将汽车拖出路沟。如果需要拖救支持，请呼叫救援服务。

（2）拆卸。

①使用完毕后将拖车环旋出并拆卸。将拖车环放回其在泡沫块上的位置。

②重新装回保险杠上的护盖。

4. 应急解锁

如果无法使用遥控钥匙启用中央锁止，例如当遥控钥匙电池电量耗尽时，可使用可拆卸钥匙片。左前侧车门可通过以下操作开启：将钥匙片插入车门把手的锁芯，解锁左侧前车门。注意：当车门已使用钥匙片开锁并打开后，警报器就会触发。请将遥控钥匙插入点火开关内以解除警报。

（1）无钥匙驱动锁止。

装配无钥匙启动和锁止系统的车辆在车门外侧把手上有一块触感区域，且尾门橡胶压力板旁边有一个橡胶按钮，如图 8–42 所示。抓住车门把手或按下尾门上两个橡胶按钮中较小的一个以锁止车门和尾门，挡风玻璃上的锁止指示灯开始闪烁，以确认锁止已完成。车辆锁止前，所有的车门和尾门必须关闭，否则车辆不能锁止。注意：在带自动选挡杆的车辆上，选挡杆必须设定至 P 挡位，否则车辆无法锁止或发出警报。注意：请注意如果遥控钥匙处于工作范围内，该系统可能因洗车导致启用。

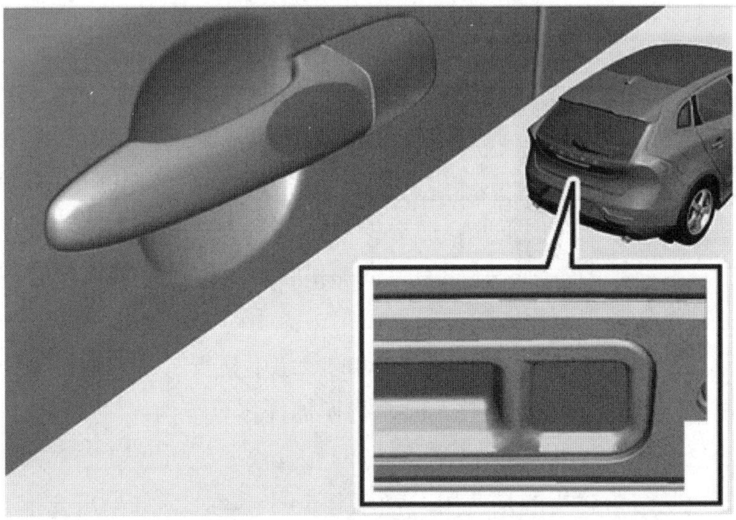

图 8–42

（2）无钥匙驱动解锁。

当手握住一个车门把手或是尾门的橡胶压力板被促动，即解锁和往常一样打开车门或尾门。注意：通常用手握住车门把手，该把手会感应到手并进行验证，但如果戴着厚手套或过快地用手滑过，则可能需要再一次尝试，或把手套摘下。

5. 跨接启动

如果启动机蓄电池没电，汽车可使用来自另一个蓄电池的电流启动。当跨接启动汽车时，建议采用下列步骤以避免短路或其他损坏。

（1）将汽车的电气系统设置在钥匙位置 0。

（2）检查应急蓄电池是否有 12V 的电压。

（3）如果应急蓄电池安装在另一辆车上，关闭该辆车的发动机并且确保两辆车没有相互接触。

（4）将来自红色跨接线的一个夹子连接至应急蓄电池的正极端子，如图 8–43 中 1 所示。重要信息：小心连接启动电缆，避免与发动机室中的其他部件发生短路。

（5）扳起蓄电池上盖的固定扣并取下上盖。

（6）将红色跨接线的另一个夹子连接至汽车的正极端子，如图 8–43 中 2 所示。

（7）将来自黑色跨接线的一个夹子连接至应急蓄电池的负极端子，如图 8–43 中 3 所示。

（8）连接另一夹子至一个接地点，例如，顶部右侧发动机座的外部螺钉头，如图 8–43 中 4 所示。

（9）请确认跨接线的夹子牢牢固定，只有这样在启动期间才不会有火花产生。

（10）启动“救援车”的发动机，让发动机以稍高于怠速（1500r/min）的转速运转几分钟。

（11）启动蓄电池电量不足车辆的发动机。重要信息：尝试启动时不要接触电缆和车辆之间的连接处，否则有产生火花的风险。

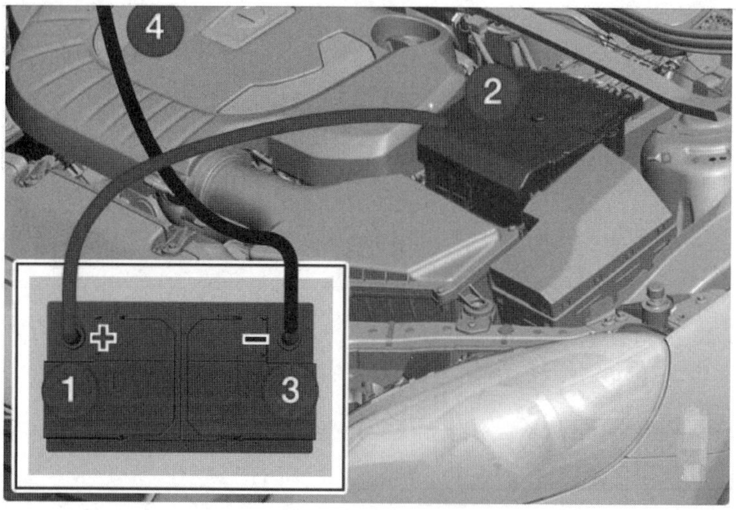

1.应急蓄电池的正极端子　2.汽车的正极端子　3.应急蓄电池的负极端子　4.外部螺钉头

图 8–43

（12）以相反的顺序取下跨接线，先取下黑色跨接线，然后取下红色跨接线。请确认黑色跨接线的夹子都没有接触到蓄电池的正极端子，也没有连接至红色跨接线。

警告：

①蓄电池会产生易燃易爆的氢氧气体。如果跨接引线未能正确连接，则会产生电火花，这会引起蓄电池爆炸。

② 蓄电池内含有硫酸，这会导致严重烧伤。

③如果眼睛、皮肤或衣服上溅到硫酸，请用大量清水冲洗。如果有酸溅入眼睛，请立即就医。

八、2020 年沃尔沃 V60 车型

1. 牵引

牵引时，一辆车使用牵引绳牵引另一辆车。在开始牵引前，了解清楚法律规定的牵引速度最高上限是多少。

（1）准备工作和牵引。

重要信息：除非发动机正在运转，否则配备小换挡杆的车辆无法移出 P 挡。拖车时联系沃尔沃授权维修中心寻求帮助，或请求专业救援帮助。重要信息：本车务必在车轮向前转动的状态下拖行。牵引配备自动变速器的车辆，车速不可超过 80km/h 或者距离不可超过 80km。

警告：

① 检查转向锁在车辆拖曳前是否已解锁。

③ 点火位置Ⅱ必须激活，在点火位置Ⅰ时所有安全气囊禁用。

③拖车时，务必保持将遥控钥匙置于车内。

警告：

发动机关闭时，制动伺服系统和助力转向系统不工作，制动踏板踩踏需要的重量比平时要多出 5 倍，方向盘转动也要比一般情况下重得多。

① 启用车辆的危险警示闪光灯。

② 将拖链固定在拖车环内。

③解锁车辆，停用方向盘锁。

④将车辆设置在点火位置Ⅱ，顺时针转动启动旋钮而不踩下制动踏板，并保持住启动旋钮约 4s。随后松开旋钮，旋钮将自动返回起始位置。

⑤将选挡杆移至空挡，然后释放驻车制动器。如果蓄电池电压过低，驻车制动器无法脱开。如果蓄电池电压过低，请连接外接蓄电池。现在，牵引车可开始牵引车辆。

⑥当牵引车减速时，温和稳定地轻踩住制动踏板保持拖车索紧绷，以避免不必要的拉扯。

⑦要准备好制动以便停车。

2. 安装和拆卸拖车环

使用拖车环牵引。拖车环转入到前或后保险杠上右侧一个盖子后面有螺纹的插孔内。注意：如果车辆配备牵引杆，则无拖车环后部安装支架。

（1）安装拖车环。

①在行李箱地板下方的泡沫块中取出拖车环，如图 8–44 所示。

②前：拆下盖子，用一根手指按压标记，如图 8–45 所示。盖子围绕其中心线旋转，随后即可拆下。

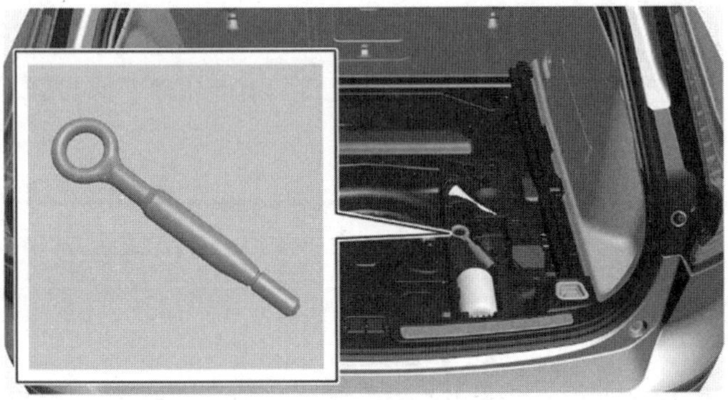

图 8–44

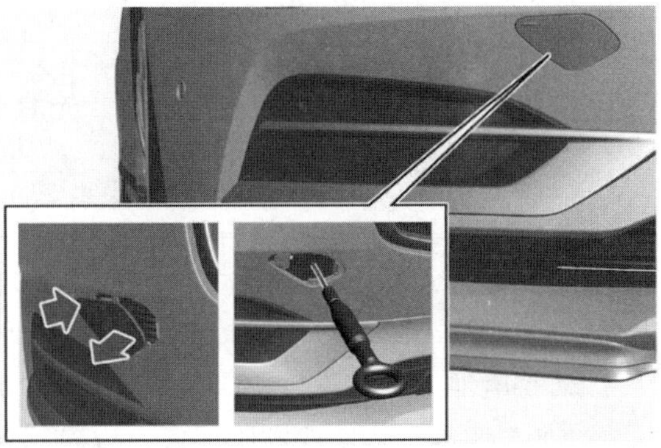

图 8–45

③ 后：拆下盖子，向外折叠相对一侧 / 角落时用手指按压标记，如图 8–46 所示。盖子围绕其中心线旋转，随后即可拆下。拧入拖车环，直到其到达端部止动位置。

④ 将拖车环牢牢旋紧，如图 8–47 所示。例如，车轮螺栓扳手用作杠杆旋入。

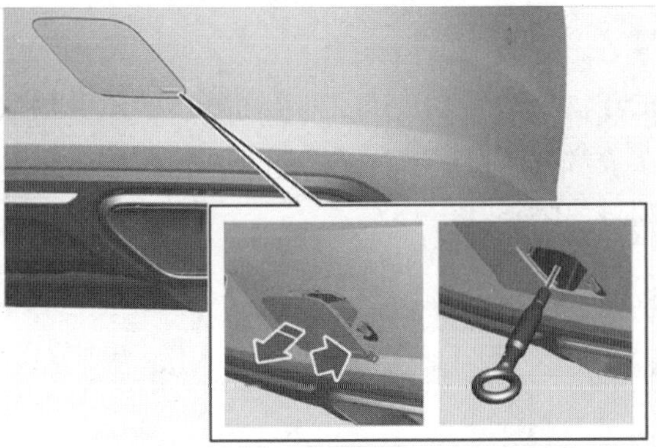

图 8–46

图 8–47

重要信息：务必将拖车环牢牢地旋入位，直到旋至止动位。使用拖车环前的注意事项：

①将车辆拖到带有平台的救援车上可能会用到拖车环。车辆位置和离地间隙决定此方法是否可行。

②如果救援车斜坡板的坡度过陡或者车辆下方的离地间隙不足，使用拖车环将车辆拖上救援车就会损坏车辆。

③如有必要，使用救援车的举升设备升起车辆。不要使用拖车环。警告：将车拖到救援车平板上时，救援车后面不得有任何人 / 物体。重要信息：拖车环的设计只能用于道路上拖曳车辆，切勿用于拖拉陷入坑洼的车辆，或者将汽车拖出路沟。如果需要拖救支持，请呼叫救援服务。

（2）拆卸拖车环。

使用完毕后将拖车环旋松并取下，然后将其放回泡沫块中的相应位置。把盖子重新安装到保险杠上，结束安装。

（3）Recovery（救援）。

可通过救援车牵引故障车辆实施救援。如果需要拖救支持，请呼叫救援服务。拖车环可用于将车辆拖到带有平台的救援车上。车辆的位置和离地间隙决定是否可将其拖到平台上。如果救援车斜坡板的坡度过陡或者车辆下方的离地间隙不足，则将车辆拖上救援车就会损坏车辆。应使用救援车辆的提升装置举升车辆。警告：将车拖到救援车平板上时，救援车后面不得有任何人 / 物体。重要信息：拖车环的设计只能用于道路上拖曳车辆，切勿用来拖拉陷入坑洼的车辆，或者将汽车拖出路沟。如果需要拖救支持，请呼叫救援服务。重要信息：本车务必在车轮向前转动的状态下拖行。

3. 自动驻车制动器启用设置

选择是否在车辆关闭时自动启用驻车制动器。要更改设置。

（1）在中央显示屏的顶部视图中触按设置。

（2）按下 My Car 电子手刹与悬架可选择或取消该功能自动启动电子手刹。

4. 应急解锁

除此之外，可拆卸钥匙片还可以用于从车外解锁汽车，例如，遥控钥匙电池的电量耗尽时。

（1）解锁。

①将左侧的前车门把手拉出至其末端位置，使锁芯变得可见，如图 8-48 所示。

②将钥匙插入锁芯。

③顺时针旋转 45°，以使钥匙片指向正后方。

④ 将钥匙向回旋转 45° 至起始位置。将钥匙从锁芯取出并松开把手，使把手后部再次紧贴汽车。

⑤拉出把手。车门打开。将按照相同的方式执行锁止，但需逆时针旋转 45°，而不是步骤③中的顺时针旋转。

（2）关闭警报器并启动车辆。

注意：当车门已使用钥匙片解锁并打开后，警报器就会触发。

按照以下说明解除警报。

①将遥控钥匙置于中央扶手控制台杯架底部的备用读取器内的钥匙符号上，如图 8-49 所示。

1~4.步骤顺序

图 8-48

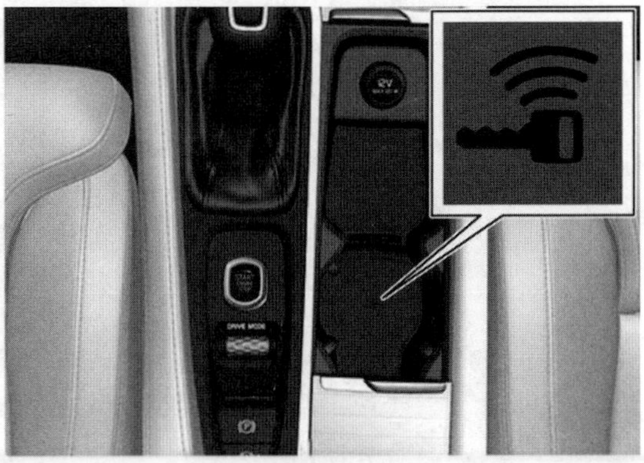
图 8-49

②然后，旋转点火旋钮并松开。警报信号停止鸣响，警报器关闭。

（3）锁止。

还可以通过遥控钥匙的可拆卸钥匙片锁止汽车，例如，电源耗尽或钥匙电池电耗尽时。左侧前车门可以用锁芯和可拆卸式钥匙片锁止。其他车门未配备锁芯，而是在每个车门末端配备一个锁止开关，必须使用钥匙片将其按下，然后机械锁止 / 封锁以防其被从外面开启。但是，仍然可以从车内打开车门。手动锁止车门。不得与儿童安全锁混淆。从遥控钥匙上拆下可拆卸钥匙片。将钥匙片插入锁复位孔并向内按压钥匙到底，约12mm。车门既可以从车外打开，也可以从车内打开，如图 8–50 中 A 所示。车门被挡住，不能从车外打开，要返回至位置 A，车门内拉手必须开启，如图 8–50 中 B 所示。车门可用遥控钥匙上的解锁按钮，或驾驶员侧车门上的中央锁止按钮解锁。

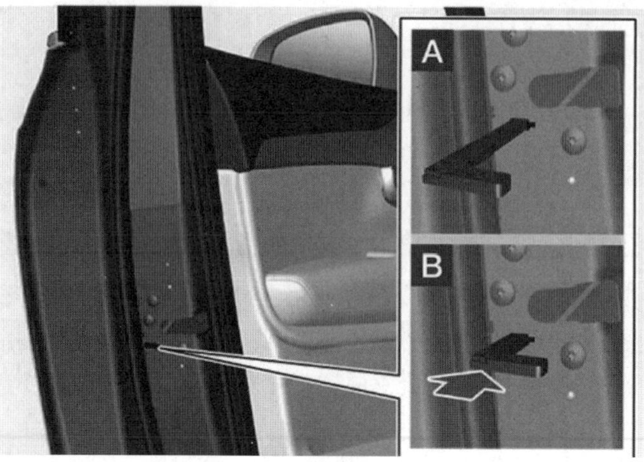

A.B.位置

图 8–50

①一扇车门的锁复位功能仅可锁住该车门，而不可同时锁住所有车门。

②在手动或电动儿童安全锁启用的情况下，后车门手动锁闭后，从外部或内部都无法打开。以这种方式锁闭的后车门只能使用遥控钥匙、中控锁按钮或通过 Volvo On Call（随车管家）解锁。

5. 跨接启动

通过另一个蓄电池跨接启动，如果蓄电池没电，汽车可使用来自另一个蓄电池的电流发动。跨接导线的连接点。发动机舱的外观可能因车型和装备等级而异。当跨接启动汽车时，建议采用下列步骤以避免短路或其他损坏。

（1）将汽车的电气系统设置在点火位置 0。

（2）检查应急蓄电池是否有 12V 的电压。

（3）如果应急蓄电池安装在另一辆车上，关闭该辆车的发动机并且确保两辆车没有相互接触。

（4）将来自红色跨接线的一个夹子连接至应急蓄电池的正极端子，如图 8–51 中 1 所示。重要信息：小心连接启动电缆，避免与发动机室中的其他部件发生短路。

（5）打开正极跨接启动点的盖子，如图 8–51 中 2 所示。

（6）将红色跨接线的另一个夹子连接至汽车的正极跨接启动点，如图 8–51 中 2 所示。

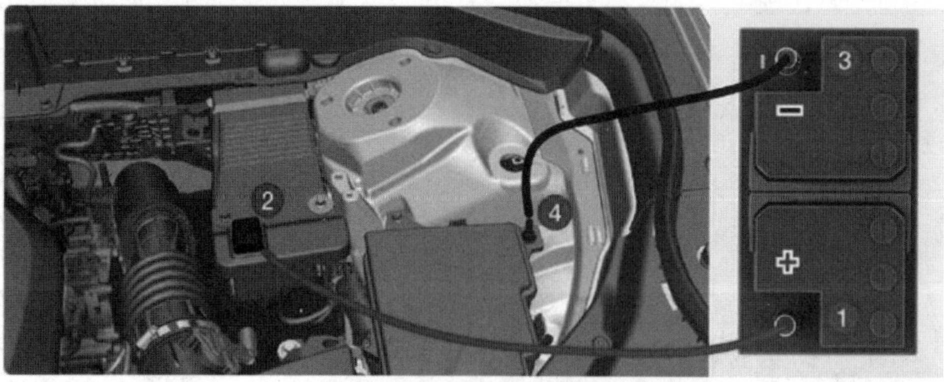

1.应急蓄电池的正极端子　2.汽车的正极跨接启动点　3.应急蓄电池的负极端子　4.汽车的负极跨接启动点

图 8–51

（7）将来自黑色跨接线的一个夹子连接至应急蓄电池的负极端子，如图 8–51 中 3 所示。

（8）将黑色跨接线的另一个夹子连接至汽车的负极跨接启动点，如图 8–51 中 4 所示。

（9）请确认跨接线的夹子牢牢固定，只有这样在启动期间才不会有火花产生。

（10）启动“救援车”的发动机，让发动机以稍高于怠速（1500 r/min）的转速运转几分钟。

（11）启动蓄电池电量不足车辆的发动机。重要信息：尝试启动时切勿接触电缆与车辆之间的连接点，这可能有形成火花的危险。

（12）以相反的顺序取下跨接线，先取下黑色跨接线，然后取下红色跨接线。请确认黑色跨接线的夹子都没有接触到车辆正极跨接启动点 / 外接蓄电池的正极端子或连接至红色跨接线的夹子。警告：在干预不当的情况下，高电压可能会造成危险。

①切勿使用 48V 辅助蓄电池进行跨接启动。

②外部电气设备在任何情况下都不得连接至 48V 蓄电池。

③ 48V 蓄电池只能由维修中心进行维修和更换，建议前往沃尔沃授权维修中心。

警告：

①蓄电池会产生易燃易爆的氢氧气体。如果跨接引线未能正确连接，则会产生电火花，这会引起蓄电池爆炸。

②不要将跨接导线连接至任何燃油系统部件或任何运动部件。请注意高温发动机零件。

③蓄电池内含有硫酸，这会导致严重烧伤。

④ 如果眼睛、皮肤或衣服上溅到硫酸，请用大量清水冲洗。如果有酸溅入眼睛，请立即就医。

⑤ 蓄电池附近严禁吸烟。

注意：如果启动机蓄电池放电过多，使车辆失去正常的电气功能，并且发动机通过外部蓄电池或蓄电池充电器跨接启动，启动 / 停止功能可能继续处于激活状态。如果启动 / 停止功能随后不久自动停止发动机，则发动机自动启动由于蓄电池电量不足而失败的风险很大，因为蓄电池一直没有时间进行充电。如果汽车已跨接启动，或者如果用蓄电池充电器为蓄电池充电的时间不足，启动 / 停止功能则暂时停用，直到车辆为蓄电池充电完成。外部温度为约 15℃时，蓄电池需要由车辆至少充电 1h。外部温度较低时，充电时间可能增加至 3 ～ 4h。推荐的做法是，用外部蓄电池充电器为蓄电池进行充电。

九、2020 年沃尔沃 V90 Cross Country 车型

1. 牵引

牵引时，一辆车使用牵引绳牵引另一辆车。在开始牵引前，了解清楚法律规定的牵引速度最高上限是多少。

准备工作和牵引。

重要信息：除非发动机正在运转，否则配备小换挡杆的车辆无法移出 P 挡。拖车时联系沃尔沃授权维修中心寻求帮助，或请求专业救援帮助。重要信息：本车务必在车轮向前转动的状态下拖行。牵引配备自动变速器的车辆，车速不可超过 80km/h 或者距离不可超过 80km。

警告：

① 检查转向锁在车辆拖曳前是否已解锁。

②点火位置Ⅱ必须激活，在点火位置Ⅰ时所有安全气囊禁用。

③拖车时，务必保持将遥控钥匙置于车内。

警告：

发动机关闭时，制动伺服系统和助力转向系统不工作，制动踏板踩踏需要的重量比平时要多出 5 倍，

方向盘转动也要比一般情况下重得多。

① 启用车辆的危险警示闪光灯。

②将拖链固定在拖车环内。

③解锁车辆，停用方向盘锁。

④将车辆设置在点火位置Ⅱ，顺时针转动启动旋钮而不踩下制动踏板，并保持住启动旋钮约 4s。随后松开旋钮，旋钮将自动返回起始位置。

⑤将选挡杆移至空挡，然后释放驻车制动器。如果蓄电池电压过低，驻车制动器无法脱开。如果蓄电池电压过低，请连接外接蓄电池。现在，牵引车可开始牵引车辆。

⑥ 当牵引车减速时，温和稳定地轻踩住制动踏板保持拖车索紧绷，以避免不必要的拉扯。

⑦要准备好制动以便停车。

2. 安装和拆卸拖车环

使用拖车环牵引。拖车环转入到前或后保险杠上右侧一个盖子后面有螺纹的插孔内。注意：如果车辆配备牵引杆，则无拖车环后部安装支架。

（1）安装拖车环。

①在行李箱地板下方的泡沫块中取出拖车环，如图 8–52 所示。

②前：拆下盖子，用一根手指按压标记，如图 8–53 所示。盖子围绕其中心线旋转，随后即可拆下。

③后：拆下盖子，向外折叠相对一侧 / 角落时用手指按压标记，如图 8–54 所示。盖子围绕其中心线旋转，随后即可拆下。

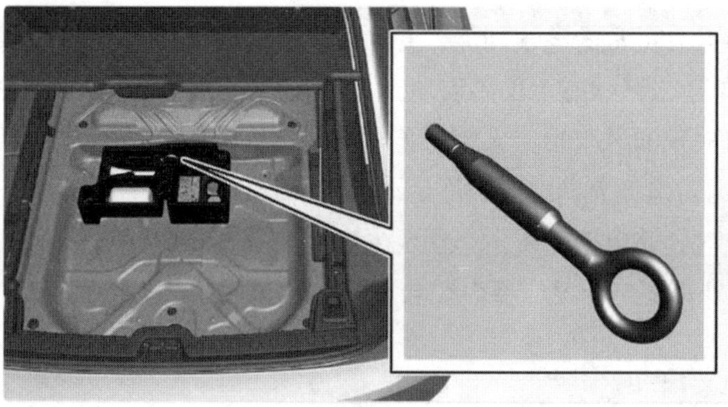

图 8–52

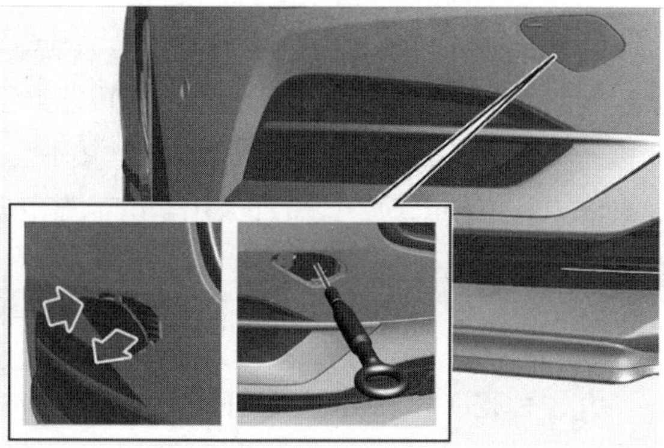

图 8–53

④拧入拖车环，直到其到达端部止动位置。将拖车环牢牢旋紧。例如，车轮螺栓扳手用作杠杆旋入，如图 8–55 所示。重要信息：务必将拖车环牢牢地旋入位，直到旋至止动位。使用拖车环前的注意事项：

a. 将车辆拖到带有平台的救援车上可能会用到拖车环。车辆位置和离地间隙决定此方法是否可行。

b. 如果救援车斜坡板的坡度过陡或者车辆下方的离地间隙不足，使用拖车环将车辆拖上救援车就会损坏车辆。

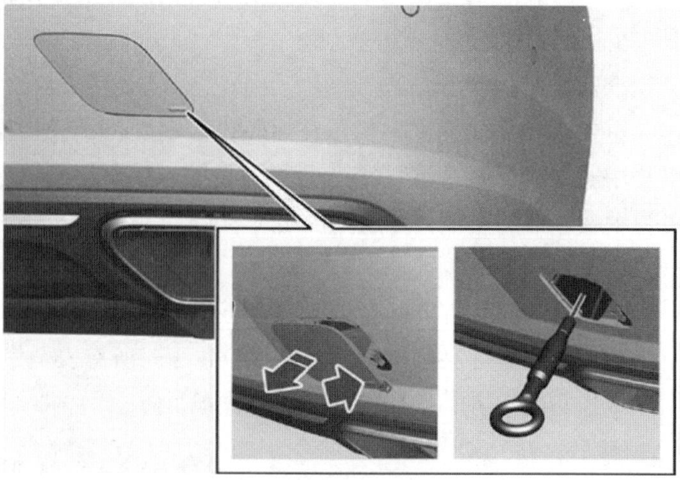

图 8–54

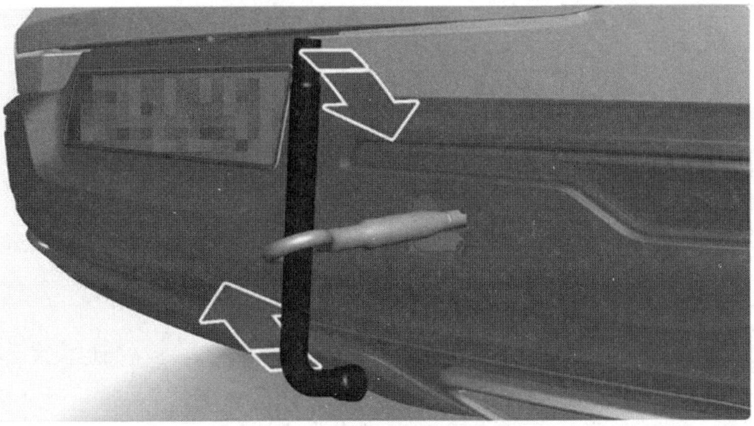

图 8–55

c. 如有必要，使用救援车的举升设备升起车辆。不要使用拖车环。警告：将车拖到救援车平板上时，救援车后面不得有任何人 / 物体。重要信息：拖车环的设计只能用于道路上拖曳车辆，切勿用于拖拉陷入坑洼的车辆，或者将汽车拖出路沟。如果需要拖救支持，请呼叫救援服务。

（2）拆卸拖车环。

使用完毕后将拖车环旋松并取下，然后将其放回泡沫块中的相应位置。把盖子重新安装到保险杠上，结束安装。

（3）Recovery（救援）。

可通过救援车牵引故障车辆实施救援。如果需要拖救支持，请呼叫救援服务。拖车环可用于将车辆拖到带有平台的救援车上。适用于配有高度控制功能的车辆：如果车辆装备有空气悬架，则必须停用空气悬架后才可举升车辆。通过中央显示屏停用该功能。

① 在顶部视图中按下设置。

②按下 My Car 电子手刹与悬架按键。

③选择停用车身高度控制。

车辆的位置和离地间隙决定是否可将其拖到平台上。如果救援车斜坡板的坡度过陡或者车辆下方的离地间隙不足，则将车辆拖上救援车就会损坏车辆。应使用救援车辆的提升装置举升车辆。警告：将车拖到救援车平板上时，救援车后面不得有任何人 / 物体。重要信息：拖车环的设计只能用于道路上拖曳车辆，切勿用来拖拉陷入坑洼的车辆，或者将汽车拖出路沟。如果需要拖救支持，请呼叫救援服务。重要信息：本车务必在车轮向前转动的状态下拖行。

3. 自动驻车制动器启用设置

选择是否在车辆关闭时自动启用驻车制动器。要更改设置：

（1）在中央显示屏的顶部视图中触按设置。

（2）按下 My Car 电子手刹与悬架可选择或取消该功能自动启动电子手刹。

4. 应急解锁

除此之外，可拆卸钥匙片还可以用于从车外解锁汽车，例如，遥控钥匙电池的电量耗尽时。

（1）解锁。

①将左侧的前车门把手拉出至其末端位置，使锁芯变得可见，如图 8–56 所示。

②将钥匙插入锁芯。

③顺时针旋转 45°，以使钥匙片指向正后方。

④将钥匙向回旋转 45° 至起始位

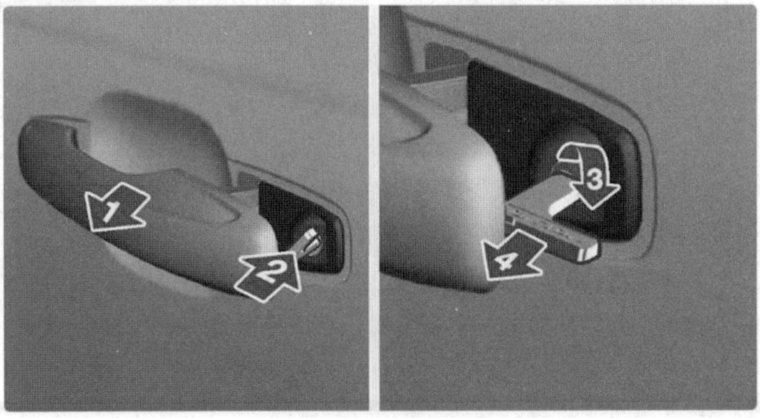

1~4.步骤顺序

图 8–56

置。将钥匙从锁芯取出并松开把手，使把手后部再次紧贴汽车。

⑤拉出把手。车门打开。将按照相同的方式执行锁止，但需逆时针旋转 45°，而不是步骤③中的顺时针旋转。

（2）关闭警报器并启动车辆。

注意：当车门已使用钥匙片解锁并打开后，警报器就会触发。

按照以下说明解除警报：

① 将遥控钥匙置于中央扶手控制台杯架底部的备用读取器内的钥匙符号上，如图 8–57 所示。

②然后，旋转点火旋钮并松开。警报信号停止鸣响，警报器关闭。

（3）锁止。

还可以通过遥控钥匙的可拆卸钥匙片锁止汽车，例如，电源耗尽或钥匙电池电量耗尽时。左侧前车门可以用锁芯和可拆卸式钥匙片锁止。其他车门未配备锁芯，而是在每个车门末端配备一个锁止开关，必须使用钥匙片将其按下，然后机械锁止 / 封锁以防其被从外面开启。但是，仍然可以从车内打开车门。手动锁止车门。不得与儿童安全锁混淆。从遥控钥匙上拆下可拆卸钥匙片。将钥匙片插入锁复位孔并向内按压钥匙到底，约 12mm。车门既可以从车外打开，也可以从车内打开，如图 8–58 中 A 所示。车门被挡住，不能从车外打开，如图 8–58 中 B 所示。要返回至位置 A，车门内拉手必须开启。车门可用遥控钥匙上的解锁按钮，或驾驶员侧车门上的中央锁止按钮解锁。

注意：

①一扇车门的锁复位功能仅可锁住该车门，而不可同时锁住所有车门。

②在手动或电动儿童安全锁启用的情况下，后车门手动锁闭后，从外部或内部都无法打开。以这种方式锁闭的后车门只能使用遥控钥匙、中控锁按钮或通过 Volvo On Call（随车管家）解锁。

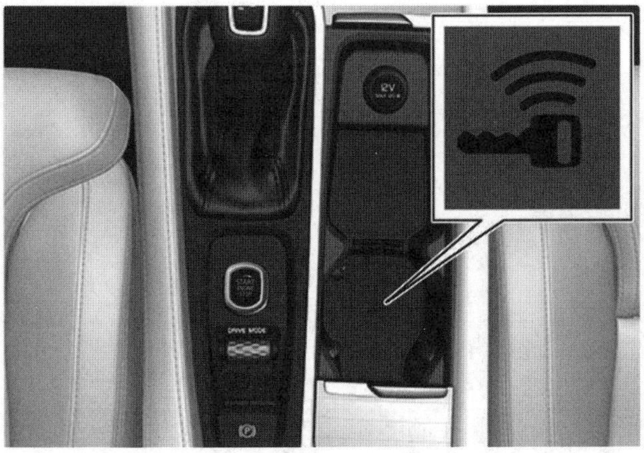

图 8–57

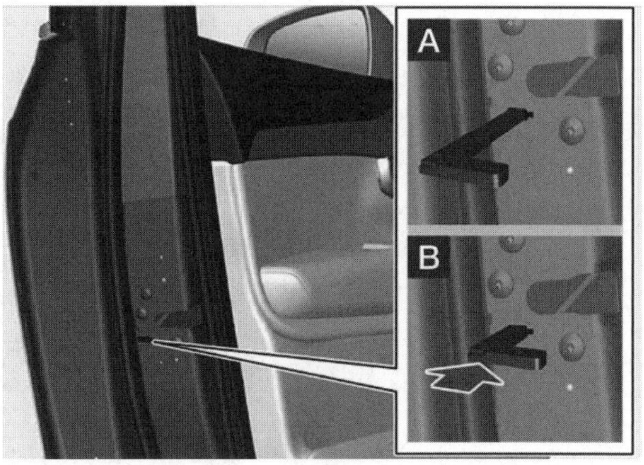

A.B.位置

图 8–58

5. 跨接启动

通过另一个蓄电池跨接启动，如果蓄电池没电，汽车可使用来自另一个蓄电池的电流发动。跨接导线的连接点。发动机舱的外观可能因车型和装备等级而异。

当跨接启动汽车时，建议采用下列步骤以避免短路或其他损坏。

（1）将汽车的电气系统设置在点火位置 0。

（2）检查应急蓄电池是否有 12 V 的电压。

（3）如果应急蓄电池安装在另一辆车上，关闭该辆车的发动机并且确保两辆车没有相互接触。

（4）将来自红色跨接线的一个夹子连接至应急蓄电池的正极端子，如图 8–59 中 1 所示。重要信息：

小心连接启动电缆，避免与发动机室中的其他部件发生短路。

（5）打开正极跨接启动点的盖子，如图 8–59 中 2 所示。

（6）将红色跨接线的另一个夹子连接至汽车的正极跨接启动点，如图 8–59 中 2 所示。

（7）将来自黑色跨接线的一个夹子连接至应急蓄电池的负极端子，如图 8–59 中 3 所示。

（8）将黑色跨接线的另一个夹子连接至汽车的负极跨接启动点，如图 8–59 中 4 所示 。

1.应急蓄电池的正极端子　2.汽车的正极跨接启动点　3.应急蓄电池的负极端子　4.汽车的负极跨接启动点

图 8–59

（9）请确认跨接线的夹子牢牢固定，只有这样在启动期间才不会有火花产生。

（10）启动“救援车”的发动机，让发动机以稍高于怠速（1500r/min）的转速运转几分钟。

（11）启动蓄电池电量不足车辆的发动机。重要信息：尝试启动时切勿接触电缆与车辆之间的连接点，这可能有形成火花的危险。

（12）以相反的顺序取下跨接线，先取下黑色跨接线，然后取下红色跨接线。请确认黑色跨接线的夹子都没有接触到车辆正极跨接启动点 / 外接蓄电池的正极端子或连接至红色跨接线的夹子。警告：在干预不当的情况下，高电压可能会造成危险。

①切勿使用 48V 辅助蓄电池进行跨接启动。

②外部电气设备在任何情况下都不得连接至 48 V 蓄电池。

③ 48V 蓄电池只能由维修中心进行维修和更换，建议前往沃尔沃授权维修中心。

警告：

①蓄电池会产生易燃易爆的氢氧气体。如果跨接引线未能正确连接，则会产生电火花，这会引起蓄电池爆炸。

②不要将跨接导线连接至任何燃油系统部件或任何运动部件。请注意高温发动机零件。

③蓄电池内含有硫酸，这会导致严重烧伤。

④如果眼睛、皮肤或衣服上溅到硫酸，请用大量清水冲洗。如果有酸溅入眼睛，请立即就医。

⑤ 蓄电池附近严禁吸烟。

注意：

如果启动机蓄电池放电过多，使车辆失去正常的电气功能，并且发动机通过外部蓄电池或蓄电池充电器跨接启动，启动 / 停止功能可能继续处于激活状态。如果启动 / 停止功能随后不久自动停止发动机，则发动机自动启动由于蓄电池电量不足而失败的风险很大，因为蓄电池一直没有时间进行充电。如果汽车已跨接启动，或者如果用蓄电池充电器为蓄电池充电的时间不足，启动 / 停止功能则暂时停用，直到车辆为蓄电池充电完成。外部温度为约 15℃时，蓄电池需要由车辆至少充电 1h。外部温度较低时，充电时间可能增加至 3 ~ 4h。推荐的做法是，用外部蓄电池充电器为蓄电池进行充电。

第 9 章　上汽通用别克车系

一、2015—2016 上汽通用凯越

1. 牵引车辆

建议联系专业急救公司牵引，如图 9–1 所示。如果在紧急情况下不能获得牵引服务，车辆可能会暂时用缆绳固定于车辆下面的应急挂钩来加以牵引，如图 9–2 所示。

图 9–1

前部挂钩位于前部保险杠之下。驾驶员必须在车辆内操纵和操作制动器。以这种方式牵引只可以在硬表面公路上以短距离和低速进行。只有在车轮、转向、制动、灯光处于良好状态时，才能使用缆绳牵引方式。

图 9–2

2. 跨接启动

通过电缆将电力从另一个车辆中的蓄电池传送到已用完的蓄电池，从而启动已用完蓄电池的车辆。在跨接启动之前：

（1）使用驻车制动器。

（2）对于自动变速器车辆，换挡至驻车挡；对于手动变速器车辆，换挡至空挡。

（3）关闭所有电气附件。

欲跨接启动车辆，以下列顺序连接跨接电缆：

将跨接电缆的第一根导线的一个夹子连接至已充电电池的正极端子。在电池盒或者端子以 + 号表示将同一跨接电缆导线的另一端连接至已用完电池的正极端子 +。将跨接电缆的第二根导线的一端连接至已充电电池的负极。电池盒或者端子上以 – 号表示，将最后连接适当接地，例如用螺栓固定于发动机块上的金属件，如图 9–3 所示。提供跨接启动的车辆的发动机允许在跨接启动期间运转。用电力

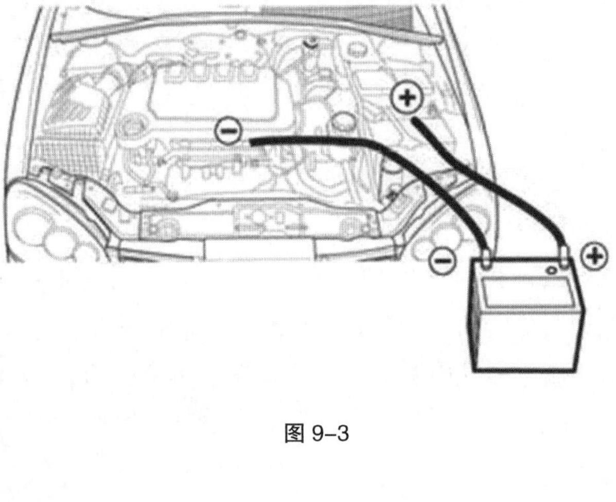

图 9–3

不足的电池启动车辆发动机的尝试应间隔 1min 进行，而且每次不应超过 15 s。

3. 保险丝盒位置

发动机舱保险丝盒：保险丝盒位于发动机舱驾驶员前部，如图 9–4 所示。

仪表板保险丝盒：仪表板保险丝盒位于驾驶员侧仪表板处，如图 9–5 所示。

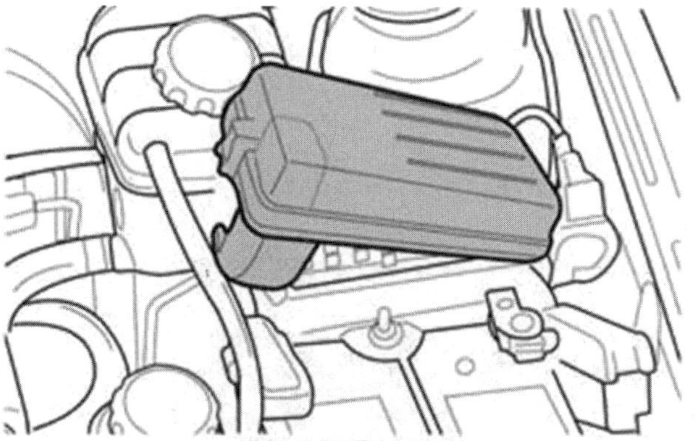

图 9–4

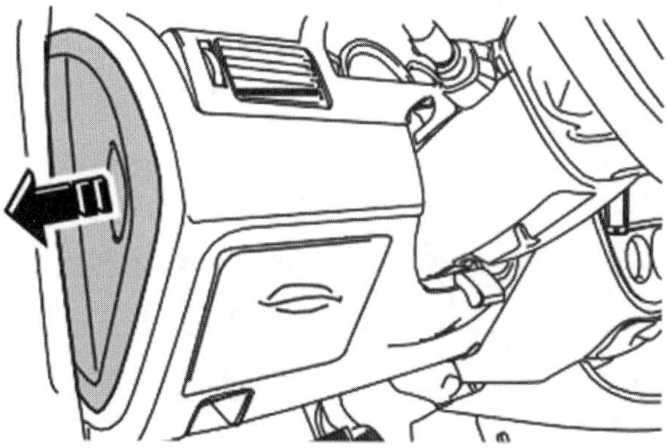

图 9–5

二、2019—2020 上汽通用凯越

1. 牵引车辆

仅使用平板拖车牵引故障车辆，如图 9–6 所示。车轮举升式拖车可能会损坏车辆。如果车辆装备牵引钩，则仅使用牵引钩将车辆从水平路面拉到平板拖车上。不要使用牵引钩从雪地、泥地或沙地中拉动车辆。如需要，可使用汽车坡道减小接近角。撬开牵引孔盖罩并拆下盖罩。将牵引钩插入牵引孔内，并拧紧到底，然后将牵引绳（或牵引杆）连接至牵引钩上。在牵引结束后，请拧下牵引钩。盖紧牵引孔盖罩。

2. 紧急进出车辆

锁芯位于驾驶员车门把手上，将钥匙齿插入锁芯中左右转动可解锁或上锁车门，如图 9–7 所示。如果锁芯被盖子遮住，要使用锁芯解锁，则需要打开锁芯盖。按下背面按钮，并将钥匙齿从壳体抽出。将钥匙插入盖底部的凹槽并向上转动，拆下盖。插入钥匙并在锁芯中转动，手动解锁驾驶员车门。行李箱和燃油加注口门可能无法解锁。

3. 应急点火

如果车辆处于强烈信号干扰区域，或遥控钥匙电池电量不足时，当试着启动车辆时，驾驶员信息中

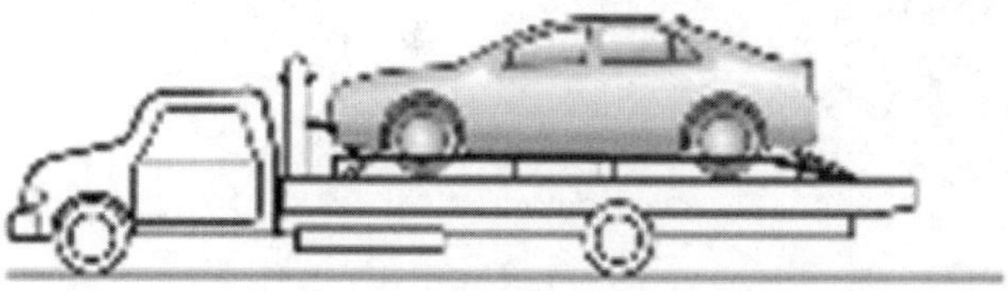

图 9–6

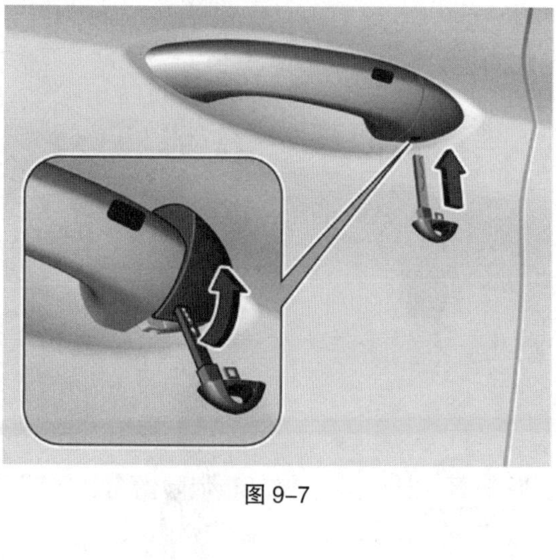

图 9–7

心可能会显示未发现遥控钥匙的信息。

此时要启动车辆：

（1）将遥控钥匙置于中控台杯托后面的储物盒内。

（2）车辆在 P（驻车挡）或 N（空挡）时，踩下制动踏板并按下“START/STOP（启动 / 停止）”按钮。

4. 跨接启动

车辆蓄电池位于发动机舱内。可以使用跨接线和另一车辆的车辆蓄电池启动车辆蓄电池电量耗尽的车辆。请勿用快速充电器启动。

（1）跨接线连接顺序。

①将红色跨接线连接至助力车辆蓄电池的正极端子。

②将红色跨接线的另一端连接至您车上发动机舱内的正极端子（如图 9–8 所示罩盖下）。

③将黑色跨接线连接至助力车辆蓄电池的负极端子。

④将黑色跨接线的另一端连接至您车上发动机舱内的车辆负极接地点。布置跨接线，使它们不能碰到发动机舱中的旋转部件。如图 9–8 所示为跨接的正极和负极。

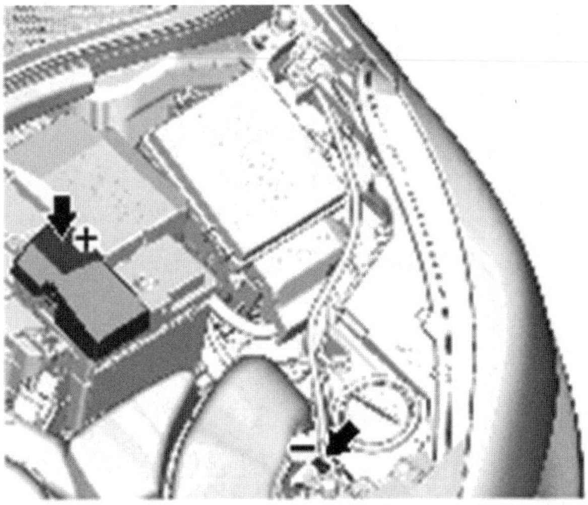

图 9–8

（2）若要启动发动机。

① 启动提供跨接启动的车辆发动机。

② 5min 后，启动另一台发动机。启动发动机的尝试应每隔 1min 进行一次，且持续时间不超过 15s。如果尝试几次后仍无法启动，则车辆很可能需要维修。

③车辆跨接启动成功后，在跨接线连接的情况下，使两台发动机怠速运转约 3min。

④按与上述步骤相反的顺序拆下跨接线。

5. 保险丝盒位置

发动机舱保险丝盒：保险丝盒位于发动机舱驾驶员前部，如图 9–9 所示。

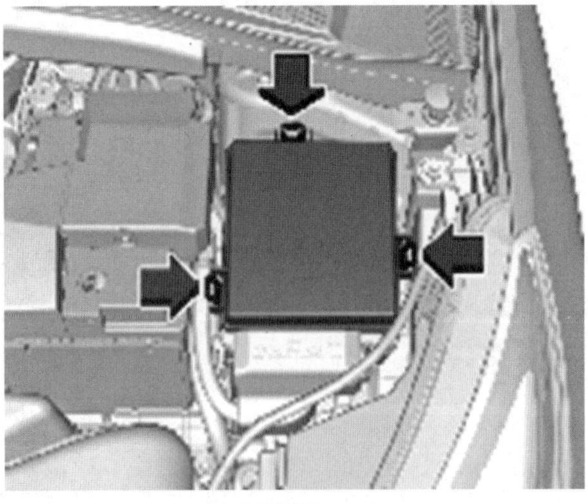

图 9–9

仪表板保险丝盒：仪表板保险丝盒位于驾驶员侧仪表板处，如图 9–10 和图 9–11 所示。

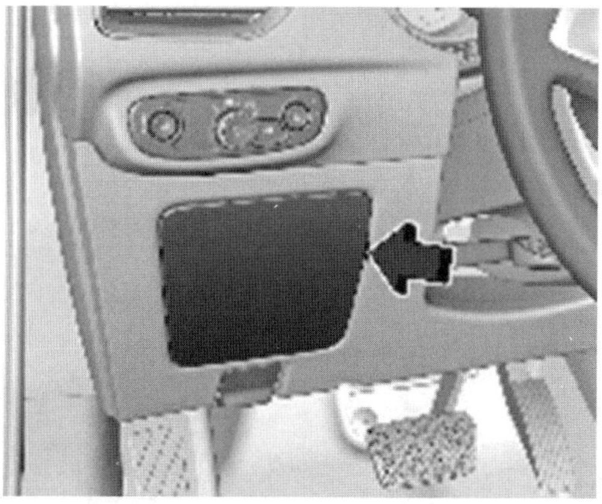

图 9-10

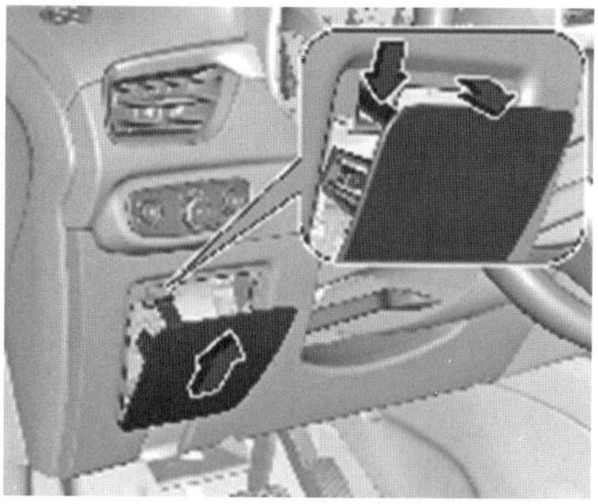

图 9-11

三、2016—2020 上汽通用两厢威朗、GS

1. 拖车与运输车辆

仅使用平板拖车牵引故障车辆。车轮举升式拖车可能会损坏车辆，如图 9-12 所示。

如果要以两轮着地的方式接受牵引，则要抬起前驱动轮并在前轮胎锁定的情况下牵引。

牵引车辆时，请遵守以下程序：

（1）乘客不应留在被牵引的车辆内。

（2）松开被牵引车辆的驻车制动器，将变速器置于空挡 N。

（3）打开危险警告闪光灯。

（4）保持限速。

车辆前端配备有一个用于安装牵引钩的牵引孔，如图 9-13 所示。用工具撬开牵引孔上的盖罩。将牵引钩插入牵引孔内，最大限度地拧入牵引钩，直到其停止在水平位置。然后将牵引绳或牵引杆连接至牵引钩。牵引钩只能用于牵引，不能用于车辆救援。将变速器换挡杆挂入空挡。松开被牵引车辆的驻车制动器。当发动机未处于运行状态时，需要更费力地进行制动和转向。为防止牵引车辆排放的废气进入车内，打开空气内循环模式并关闭车窗。配有 6 速液力变矩器自动变速器的车辆：请勿使用牵引钩牵引车辆。用牵引钩牵引可能导致自动变速器严重损坏。在牵引带自动变速器的车辆时，使用平板拖车或车轮提升设备。配有 7 速双离合器自动变速器或手动变速器的车辆：车辆必须朝前牵引，速度不超过 80km/h，行驶距离不超过 100km。任何其他情况下以及变速器有故障时，前桥必须抬离地面。在接受牵引后，请拧下牵引钩，安装好牵引孔盖罩并把牵引钩放回工具包中。

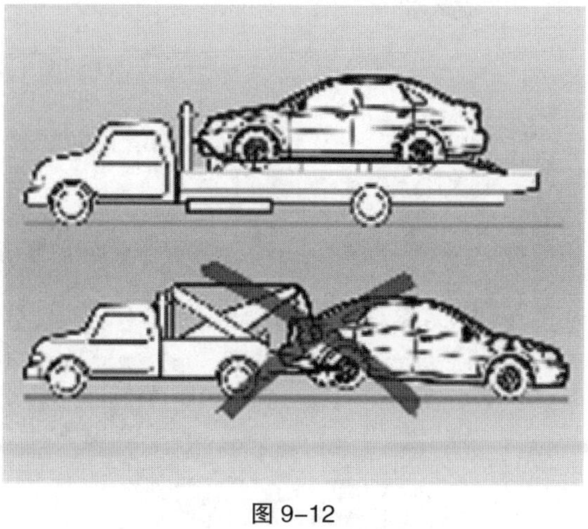

图 9-12

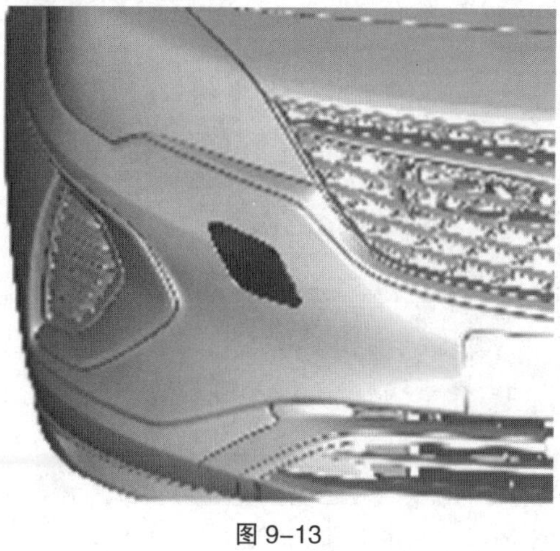

图 9-13

2. 紧急进出车辆

可使用钥匙插入锁芯对车辆进行解锁。对于部分车型，车门把手上的锁芯有盖子盖住。按下背面按钮，并将钥匙齿从壳体抽出。将钥匙插入盖底部的凹槽并向上转动，拆下盖，如图 9–14 所示。

手动解锁。插入钥匙并在锁芯中转动，手动解锁驾驶员车门，如图 9–15 所示。

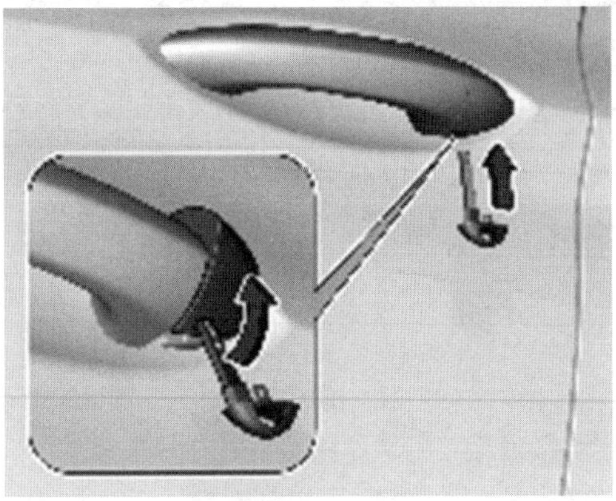
图 9–14

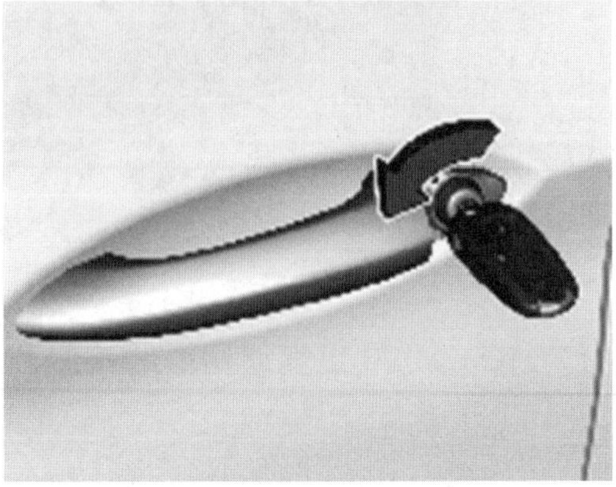
图 9–15

3. 应急启动

如果车辆处于强烈信号干扰区域，遥控钥匙电池电量不足，或者无钥匙启动功能出现故障时，当试着启动车辆，按下点火按钮时，驾驶员信息中心可能会显示未发现遥控钥匙的信息，此时无法通过按键式启动程序来启动车辆。

要启动车辆：

（1）将遥控钥匙放在前杯托里，如图 9–16 所示。

（2）车辆在 P（驻车）挡或 N（空）挡时，踩下制动踏板并按下 ENGINE START/STOP 按钮。

4. 跨接启动

车辆蓄电池位于行李箱中，在备胎前的盖板下方。发动机舱内有跨接启动连接点。可以使用跨接线和另一辆车的车辆蓄电池启动车辆蓄电池电耗尽的车辆。请勿用快速充电器启动。

（1）跨接线连接顺序。

①将红色跨接线连接至助力车辆蓄电池的正极端子。

②将红色跨接线的另一端连接至您车上发动机舱内保险丝盒旁的正极端子。

③将黑色跨接线连接至助力车辆蓄电池的负极端子。

④将黑色跨接线的另一端连接至您车上发动机舱盖内的车辆接地点。

如图 9–17 所示布置跨接线，使它们不能碰到发动机舱中的旋转部件。

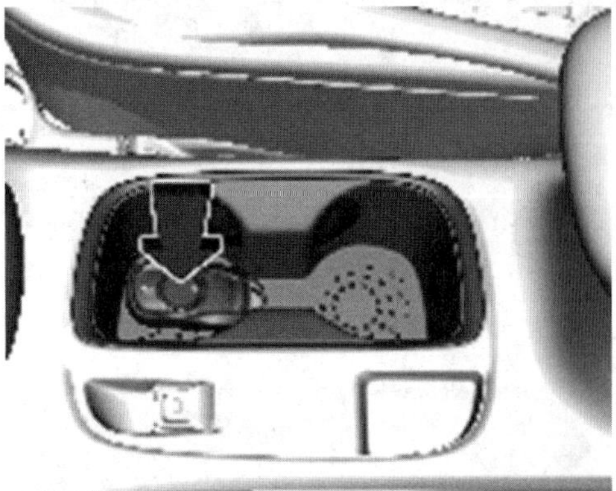
图 9–16

图 9–17

（2）若要启动发动机。

① 启动提供跨接启动的车辆发动机。

② 5min 后，启动另一台发动机。启动发动机的尝试应每隔 1min 进行一次，且持续时间不超过 15 s。

③在跨接线连接的情况下，使两台发动机怠速运转约 3min。

④打开接受跨接启动的车辆的耗电设备（如前照灯、加热型后窗）。

⑤按与上述步骤相反的顺序拆下跨接线。

5. 保险丝盒位置

发动机舱保险丝盒：发动机舱保险丝盒位于发动机舱前部，如图 9–18 所示。

仪表板保险丝盒：该保险丝盒位于空调系统下的盖板后面，如图 9–19 所示。

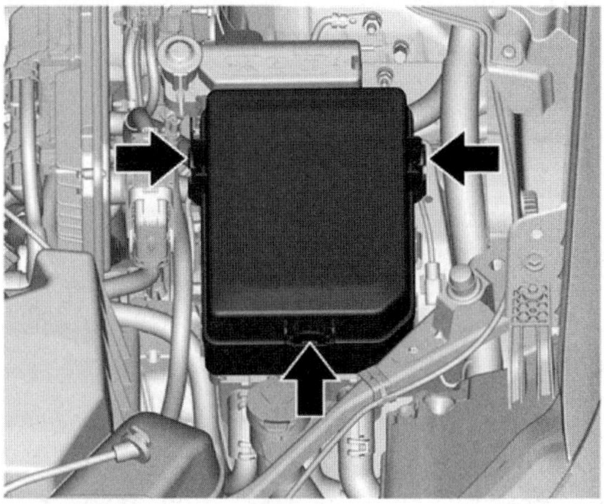

图 9–18

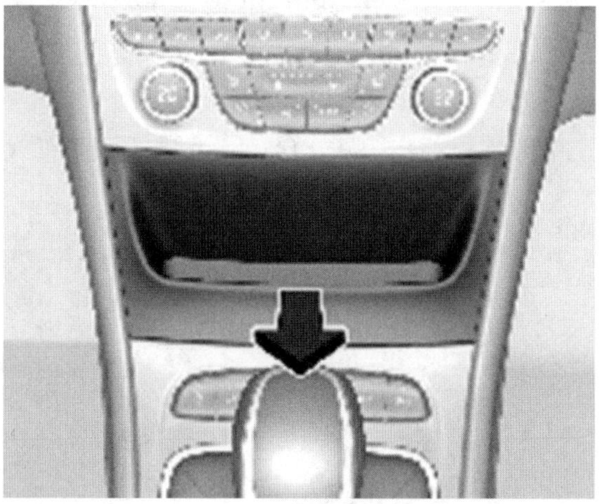

图 9–19

四、2016—2020 上汽通用威朗

1. 拖车与运输车辆

仅使用平板拖车牵引故障车辆。车轮举升式拖车可能会损坏车辆，如图 9–20 所示。如果要以两轮着地的方式接受牵引，则要抬起前驱动轮并在前轮胎锁定的情况下牵引。牵引车辆时，请遵守以下程序。

（1）乘客不应留在被牵引的车辆内。

（2）松开被牵引车辆的驻车制动器，将变速器置于空挡 N。

（3）打开危险警告闪光灯。

（4）保持限速。

车辆前端配备有一个用于安装牵引钩的牵引孔，如图 9–21 所示。用工具撬开牵引孔上的盖罩。将牵引钩插入牵引孔内，最大限度地拧入牵引钩，直到其停止在水平位置。然后将牵引绳或牵引杆连接至牵引钩。牵引钩只能用于牵引，不能用于车辆救援。将变速器换挡杆挂入空挡。松开被牵引车辆的驻车制动器。当发动机未处于运行状态时，需要更费力地进行制动和转向。为防止牵引车辆排放的废气进入车内，打开空气内循环模式并关闭车窗。配有 6 速液力变矩器自动变速器的车辆：请勿使用牵引钩牵引车辆。用牵引钩牵引可能导致自动变

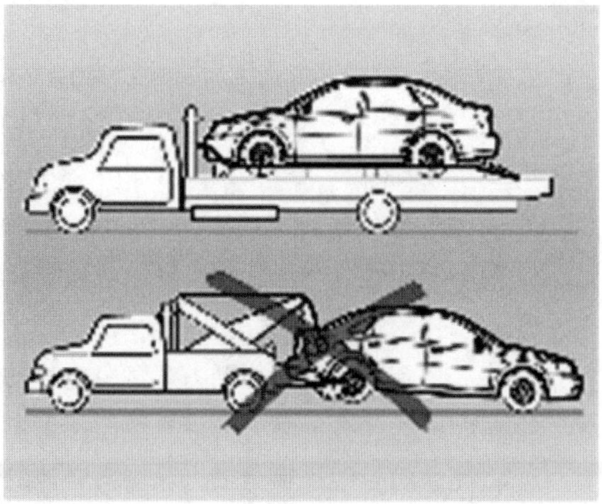

图 9–20

图 9-21

速器严重损坏。在牵引带自动变速器的车辆时，使用平板拖车或车轮提升设备。配有 7 速双离合器自动变速器或手动变速器的车辆：车辆必须朝前牵引，速度不超过 80km/h，行驶距离不超过 100km。任何其他情况下以及变速器有故障时，前桥必须抬离地面。

在接受牵引后，请拧下牵引钩，安装好牵引孔盖罩，并把牵引钩放回工具包中。

2. 紧急进出车辆

可使用钥匙插入锁芯对车辆进行解锁。对于部分车型，车门把手上的锁芯有盖子盖住。按下背面按钮，并将钥匙齿从壳体抽出。将钥匙插入盖底部的凹槽并向上转动，拆下盖，如图 9-22 所示。

手动解锁：插入钥匙并在锁芯中转动，手动解锁驾驶员车门，如图 9-23 所示。

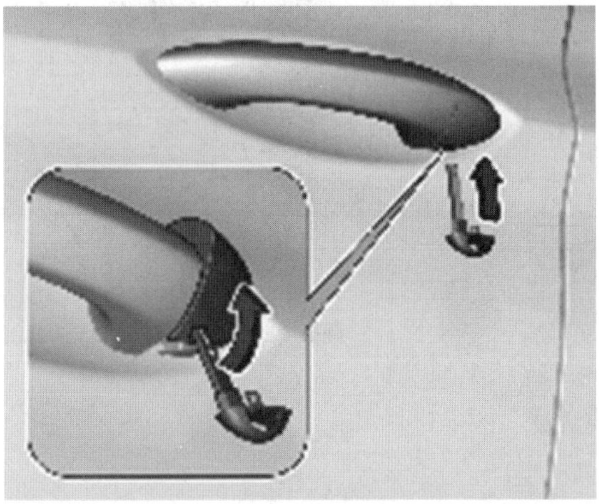

图 9-22

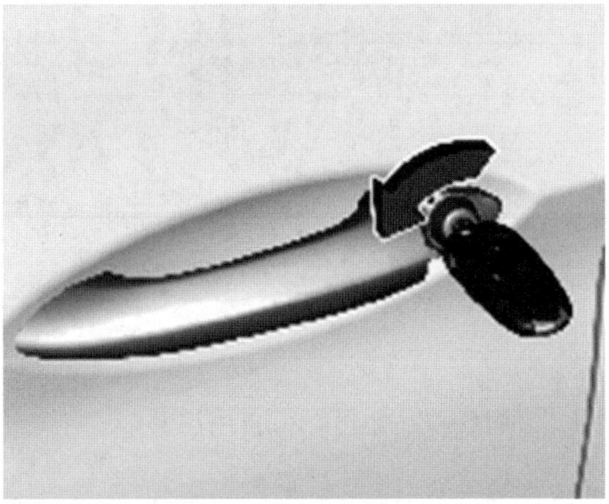

图 9-23

3. 应急点火

如果车辆处于强烈信号干扰区域，遥控钥匙电池电量不足，或者无钥匙启动功能出现故障时，当试着启动车辆，按下点火按钮时，驾驶员信息中心可能会显示未发现遥控钥匙的信息，此时无法通过按键式启动程序来启动车辆。

要启动车辆：

（1）将遥控钥匙放在前杯托里，如图 9-24 所示。

（2）车辆在 P（驻车）挡或 N（空）挡时，踩下制动踏板并按下 ENGINE START/STOP 按钮。

4. 跨接启动

车辆蓄电池位于行李箱中，在备胎前的盖板下方。发动机舱内有跨接启动连接点。可以使用跨接线和另一辆车的车辆蓄电池启动车辆蓄电池电耗尽的车辆。请勿用快速充电器启动。

（1）跨接线连接顺序。

①将红色跨接线连接至助力车辆蓄电池的正极端子。

②将红色跨接线的另一端连接至您车上发动机舱内保险丝盒旁的正极端子。

③将黑色跨接线连接至助力车辆蓄电池的负极端子。

④将黑色跨接线的另一端连接至您车上发动机舱盖内的车辆接地点。

如图 9–25 所示，布置跨接线，使它们不能碰到发动机舱中的旋转部件。

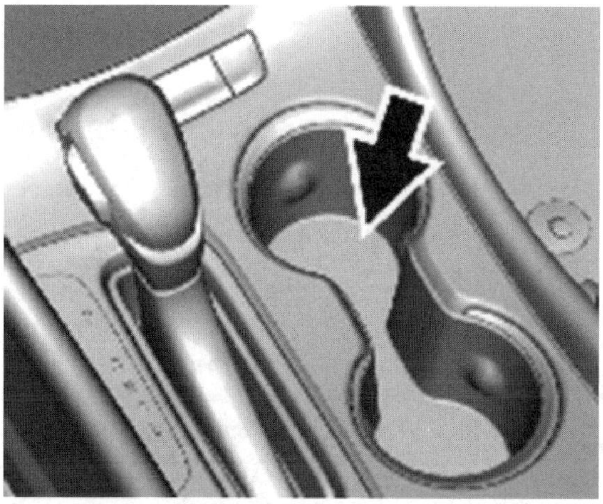

图 9–24

图 9–25

（2）若要启动发动机。

① 启动提供跨接启动的车辆发动机。

② 5min 后，启动另一台发动机。启动发动机的尝试应每隔 1min 进行一次，且持续时间不超过 15s。

③在跨接线连接的情况下，使两台发动机怠速运转约 3min。

④打开接受跨接启动的车辆的耗电设备（如前照灯、加热型后窗）。

⑤按与上述步骤相反的顺序拆下跨接线。

5. 保险丝盒位置

发动机舱保险丝盒：发动机舱保险丝盒位于发动机舱前部，如图 9–26 所示。

仪表板保险丝盒：保险丝盒位于空调系统下的盖板后面，如图 9–27 所示。

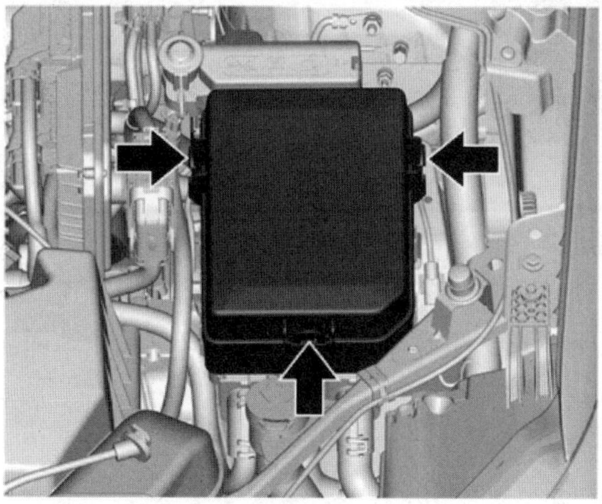

图 9–26

图 9–27

五、2015—2016 上汽通用英朗

1. 牵引车辆

最好的牵引方法是将整辆车吊到拖车上，如图 9–28 所示。如果要以两轮着地的方式接受牵引，则要抬起前驱动轮并在前轮胎锁定的情况下牵引。牵引车辆时，请遵守以下程序：

（1）乘客不应留在被牵引的车辆内。

（2）松开被牵引车辆的驻车制动器，将变速器置于空挡 N。

（3）打开危险警告闪光灯。

（4）保持限速。

图 9-28

如果在紧急情况下无法获得牵引服务，可以暂时用如下方法牵引车辆：

根据车辆配置的不同，车辆的牵引孔会有所不同，如图 9-29 所示。将螺丝刀插在盖子外侧槽中。小心地朝一边移动螺丝刀，撬开盖罩。牵引钩与随车工具存放在一起。最大限度地拧入牵引钩，直到其停止在水平位置。将牵引绳（牵引杆更好）连接至牵引钩。牵引钩只能用于牵引，不能用于车辆救援。打开点火开关，允许使用制动灯、喇叭和挡风玻璃刮水器。将变速器置于空挡。当发动机未处于运行状态时，需要更费力地进行制动和转向。为防止牵引车辆排放的废气进入车内，打开空气内循环模式并关闭车窗。配有自动变速器的车辆：请勿使用牵引钩牵引车辆。用牵引绳牵引可能导致自动变速器严重损坏。在牵引带自动变速器的车辆时，使用平板拖车或车轮提升设备。配有手动变速器的车辆：车辆必须朝前牵引，速度不超过 80km/h，行驶距离不超过 100km。所有任何其他情况下以及变速器有故障时，前桥必须抬离地面。在牵引后，请拧下牵引钩。插入盖罩并盖紧。

图 9-29

2. 紧急进出车辆

如果无线遥控功能失效，驾驶员侧车门可用机械钥匙来锁止和解锁。

3. 应急点火

如果车辆处于强烈信号干扰区域，无线遥控器电池电量不足，或者无钥匙启动功能出现故障，无法通过按下启动 / 停止按钮来启动车辆时，可以用下面的操作来启动发动机：

把钥匙放入中央扶手储物盒中的凹槽内，如图 9-30 所示。脚踩制动踏板，按下启动 / 停止按钮，可以启动发动机。要关闭发动机，再按一下启动 / 停止按钮。该操作仅适用于无钥匙启动不成功的紧急情况。

4. 跨接启动

车辆蓄电池位于发动机舱内。可以使用跨接线和另一辆车的车辆蓄电池启动车辆蓄电池电耗尽的车辆。请勿用快速充电器启动。切勿让车辆蓄电池接触到明火或火花。电耗尽的车辆蓄电池可能在温度达到 0℃时已冻结。连接跨接线前，先给冻结的车辆蓄电池解冻。处理蓄电池时，戴上护目镜，穿上防护服。使用具有相同电压（12V）的助力车辆蓄电池。其容量不得比电耗尽的车辆蓄电池低很多。使用带绝缘端子且横截面积至少为 16mm^2 的跨接线。请勿将电耗尽的车辆蓄电池从车辆断开。关闭所有不必要的耗电装置。跨接启动期间，请勿俯身于车辆蓄电池上方。请勿使一条跨接线的端子接触另一条跨接线的端子。在跨接启动过程中，车辆不能彼此接触。拉紧驻车制动器，将手动变速器置于空挡，自动变速器置于 P 挡。打开车上发动机舱内的正极端子保护盖以及助力车辆蓄电池的正极端子保护盖。

（1）跨接线连接顺序。

①将红色跨接线连接至助力车辆蓄电池的正极端子。

②将红色跨接线的另一端连接至您车上发动机舱内保险丝盒旁的正极端子。

③将黑色跨接线连接至助力车辆蓄电池的负极端子。

④将黑色跨接线的另一端连接至您车上发动机舱盖内的车辆接地点。如图 9–31 所示布置跨接线，使它们不能碰到发动机舱中的旋转部件。

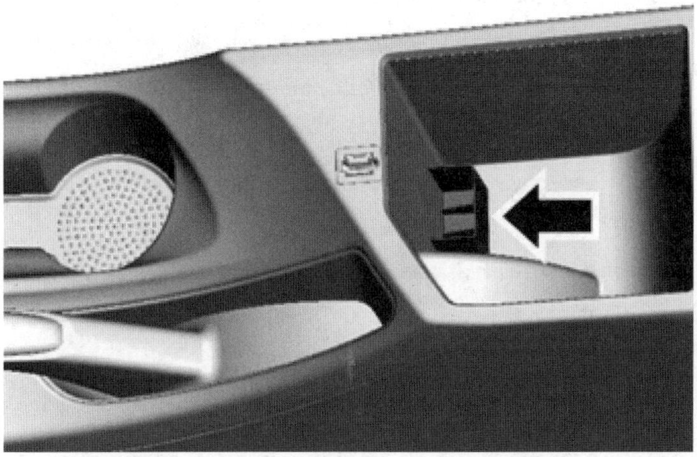

图 9–30

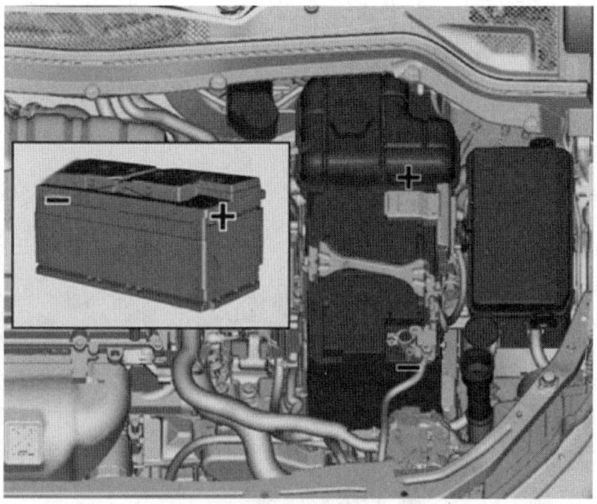

图 9–31

（2）若要启动发动机。

①启动提供跨接启动的车辆发动机。

② 5min 后，启动另一台发动机。启动发动机的尝试应每隔 1min 进行一次，且持续时间不超过 15s。

③在跨接线连接的情况下，使两台发动机怠速运转约 3min。

④打开接受跨接启动的车辆的耗电设备（如前照灯、加热型后窗）。

⑤按与上述步骤相反的顺序拆下跨接线。

5. 保险丝盒位置

发动机舱保险丝盒：发动机舱保险丝盒位于发动机舱前部，如图 9–32 所示。

图 9–32

仪表板保险丝盒：仪表板保险丝盒位于驾驶员侧仪表板的端部，如图 9–33 所示。拆下盖板，

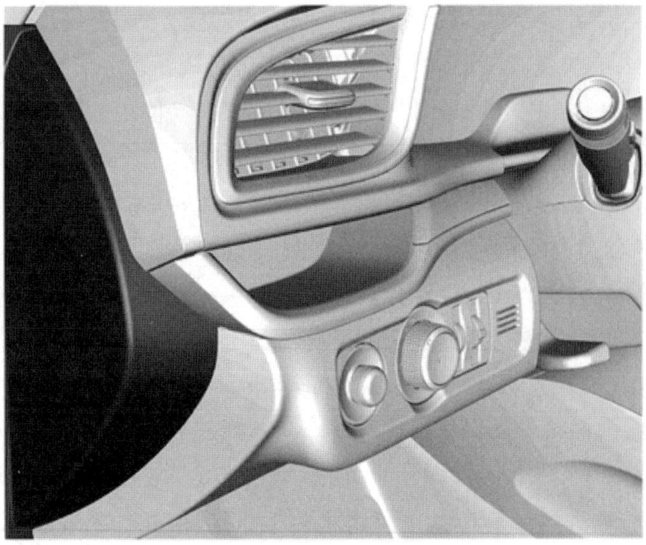

图 9-33

更换保险丝。

六、2017—2020 上汽通用英朗

1. 牵引车辆

推荐使用平板拖车运送车辆，如图 9-34 所示。车轮举升式拖车可能会损坏车辆。

如需要，可使用汽车坡道减小接近角。如车辆配有牵引钩，推荐使用牵引钩将车辆从平坦路面拖至平板拖车上。在雪地、泥地、沙地中或车轮抱死无法自由转动时，请勿使用牵引钩牵引车辆。如果在紧急情况下无法获得牵引服务，可以暂时用如下方法牵引车辆（仅限手动挡车型）：使用螺丝刀松开盖子并拆下盖子，如图 9-35 所示。牵引钩与随车工具存放在一起。最大限度地拧入牵引钩，将牵引杆连接至牵引钩。打开点火开关，释放方向盘锁，并允许使用制动灯、喇叭和挡风玻璃刮水器。将变速器置于空挡，并松开驻车制动器。牵引后，请拧下牵引钩。插入盖罩并盖紧。车辆必须朝前牵引，速度不超过 80km/h，行驶距离不超过 100km。

图 9-34

图 9-35

2. 紧急进出车辆

如果无线遥控功能失效，驾驶员侧车门可用机械钥匙来锁止和解锁。

3. 应急点火

如果车辆处于强烈信号干扰区域，无线遥控器电池电量不足，或者无钥匙启动功能出现故障，无法通过按下“ENGINE START/STOP”按钮来启动车辆时，可以用下面的操作来启动发动机：

把钥匙放入中央扶手储物盒中的凹槽内，如图 9-36 所示。脚踩制动踏板，按下“ENGINE START/STOP”按钮，可以启动发动机。

4. 跨接启动

车辆蓄电池位于发动机舱内。可以使用跨接线和另一辆车的车辆蓄电池启动车辆蓄电池电量耗尽的车辆。请勿用快速充电器启动。切勿让车辆蓄电池接触到明火或火花。电耗尽的车辆蓄电池可能在温度达到 0℃时已冻结。连接跨接线前，先给冻结的车辆蓄电池解冻。处理蓄电池时，戴上护目镜，穿上防护服。使用具有相同电压（12V）的助力车辆蓄电池。其容量不得比电耗尽的车辆蓄电池低很多。使用带绝缘端子且横截面积至少为 16mm^2 的跨接线。请勿将电耗尽的车辆蓄电池从车辆断开。关闭所有不必要的耗电装置。跨接启动期间，请勿俯身于车辆蓄电池上方。请勿使一条跨接线的端子接触另一条跨接线的端子。在跨接启动过程中，车辆不能彼此接触。拉紧驻车制动器，将手动变速器置于空挡，自动变速器置于 P 挡。打开车上发动机舱内的正极端子保护盖以及助力车辆蓄电池的正极端子保护盖。

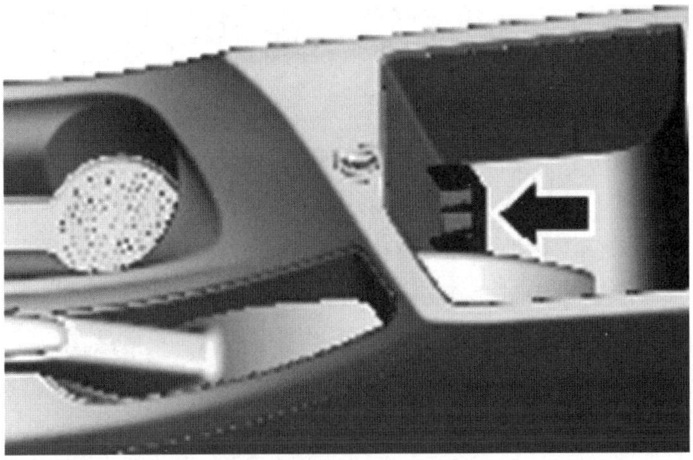

图 9–36

（1）跨接线连接顺序。

①将红色跨接线连接至助力车辆蓄电池的正极端子。

②将红色跨接线的另一端连接至您车上发动机舱内保险丝盒旁的正极端子。

③将黑色跨接线连接至助力车辆蓄电池的负极端子。

④将黑色跨接线的另一端连接至您车上发动机舱盖内的车辆接地点。布置跨接线，使它们不能碰到发动机舱中的旋转部件。

（2）若要启动发动机。

①启动提供跨接启动的车辆发动机。

② 5min 后，启动另一台发动机。启动发动机的尝试应每隔 1min 进行一次，且持续时间不超过 15s。

③在跨接线连接的情况下，使两台发动机怠速运转约 3min。

④打开接受跨接启动的车辆的耗电设备（如前照灯、加热型后窗）。

⑤按与上述步骤相反的顺序拆下跨接线。

5. 保险丝盒

发动机舱保险丝盒：发动机舱保险丝盒位于发动机舱驾驶员前部，如图 9–37 所示。

仪表板保险丝盒：仪表板保险丝盒位于驾驶员侧仪表板的端部，如图 9–38 所示。

图 9–37

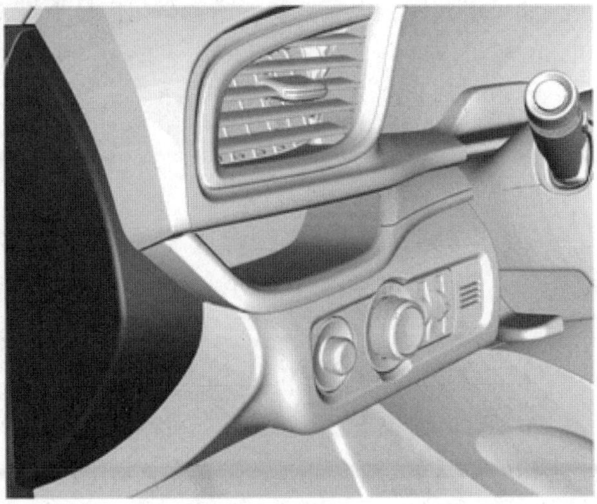

图 9–38

七、2018—2020 上汽通用阅朗

1. 拖车与运输车辆

推荐使用平板拖车运送车辆。车轮举升式拖车可能会损坏车辆，如图 9–39 所示。如需要，可使用汽车坡道减小接近角。如车辆配有牵引钩，推荐使用牵引钩将车辆从平坦路面拖至平板拖车上。在雪地、泥地、沙地中或车轮抱死无法自由转动时，请勿使用牵引钩牵引车辆。

牵引车辆时，乘客不应留在被牵引的车辆内。

如果在紧急情况下无法获得牵引服务，手动挡车型可以暂时用如下方法牵引车辆：使用螺丝刀松开盖子并拆下盖子，如图 9–40 所示。牵引钩与随车工具存放在一起。最大限度地拧入牵引钩，将牵引杆连接至牵引钩。打开点火开关，释放方向盘锁，并允许使用制动灯、喇叭和挡风玻璃刮水器。将变速器置于空挡，并松开驻车制动器。牵引后，请拧下牵引钩。插入盖罩并盖紧。车辆必须朝前牵引，速度不超过 25km/h，行驶距离不超过 30km。

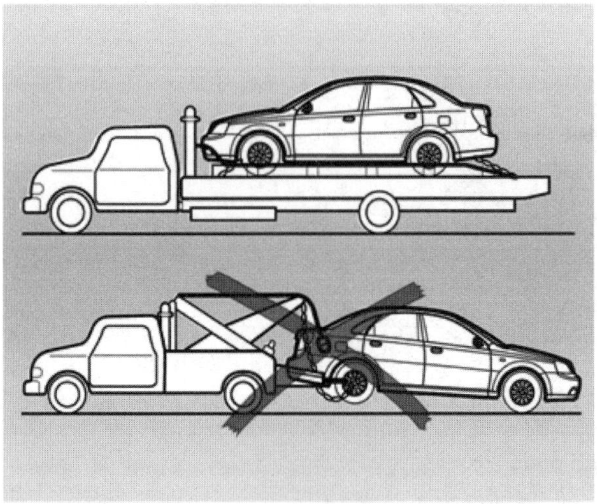

图 9–39

图 9–40

2. 紧急进出车辆

锁芯位于驾驶员车门把手上，将钥匙齿插入锁芯中左右转动可解锁或上锁车门。

3. 应急点火

如果遥控钥匙电量较弱，或者存在信号干扰，则当启动车辆时，驾驶员信息中心会显示未发现遥控钥匙的提示信息。

要启动车辆：

（1）将遥控钥匙置于扶手箱储物盒内的凹槽中，如图 9–41 所示。

（2）车辆在 P（驻车）挡或 N（空）挡时，踩下制动踏板并按下“START/STOP（启动 / 停止）”按钮。

4. 跨接启动

车辆蓄电池位于发动机舱内。可以使用跨接线和另一辆车的车辆蓄电池启动车辆蓄电池电耗尽的车辆。请勿用快速充电器启动。

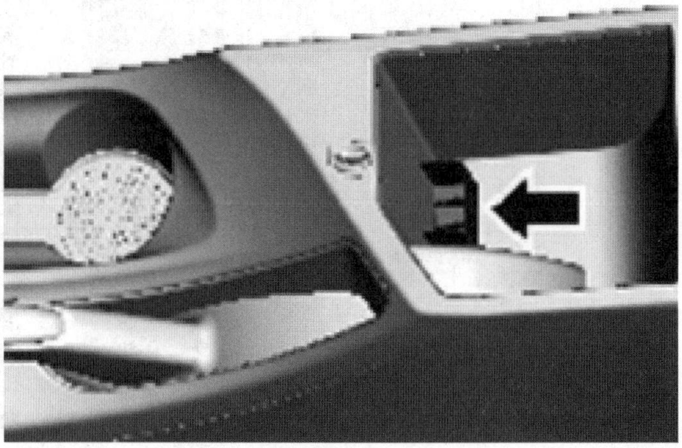

图 9–41

（1）跨接线连接顺序。

①将红色跨接线连接至助力车辆蓄电池的正极端子。

②将红色跨接线的另一端连接至您车上发动机舱内保险丝盒旁的正极端子。

③将黑色跨接线连接至助力车辆蓄电池的负极端子。

④将黑色跨接线的另一端连接至您车上发动机舱盖内的车辆接地点，如发动机缸体或发动机固定螺栓。连接时，请尽可能远离无电蓄电池。布置跨接线，使它们不能碰到发动机舱中的旋转部件。

（2）若要启动发动机。

①启动提供跨接启动的车辆发动机。

② 5min 后，启动另一台发动机。启动发动机的尝试应每隔 1min 进行一次，且持续时间不超过 15s。

③在跨接线连接的情况下，使两台发动机怠速运转约 3min。

5. 保险丝盒位置

发动机舱保险丝盒：发动机舱保险丝盒位于发动机舱驾驶员前部，如图 9–42 所示。

仪表板保险丝盒：仪表板保险丝盒位于驾驶员侧仪表板的端部，如图 9–43 所示。

图 9–42

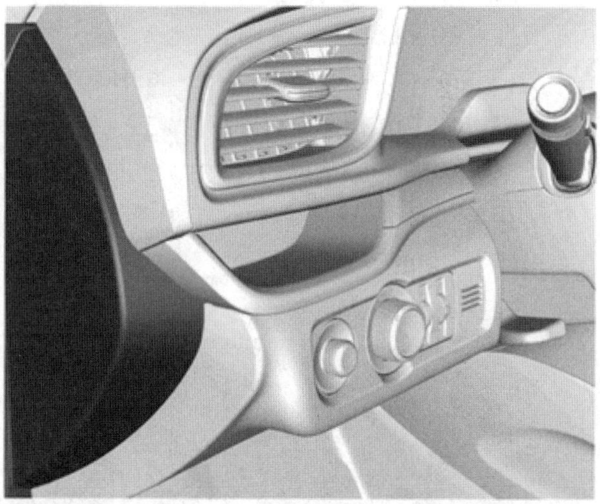

图 9–43

八、2015—2016 年上汽通用君威

1. 拖车与运输车辆

为避免损坏，故障车辆的全部四个车轮在牵引时都应离地。如果故障车辆确实需要以着地方式接受牵引，请确认不会损坏车辆。车辆前后各配有一个用于安装牵引钩的牵引孔，如图 9–44 所示。牵引钩与随车工具一起存放。撬开牵引孔上的盖罩，将牵引钩插入牵引孔内，向左旋拧紧到底（至少旋入 6 圈），然后将牵引绳或牵引杆连接至牵引钩上。当发动机不运行时，需要相当大的力量来进行制动和转向。

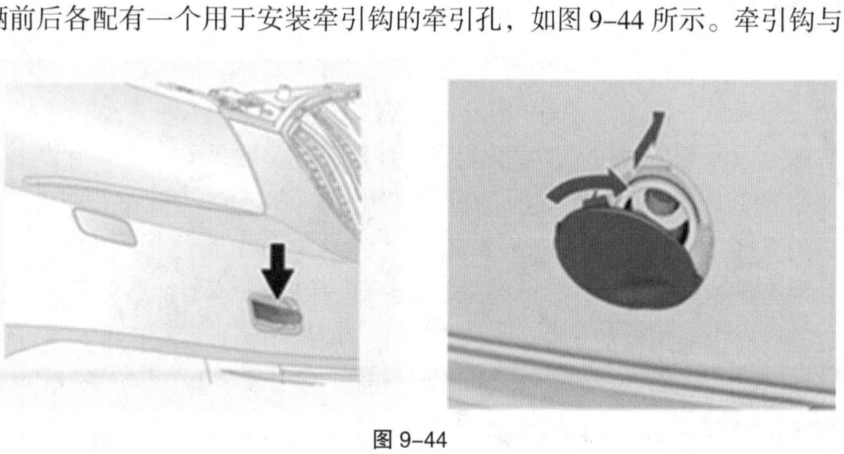

图 9–44

2. 应急点火

如果车辆处于强烈信号

干扰区域，遥控发射器电池电量不足，则在试图启动车辆时，驾驶员信息中心可能显示“未发现遥控钥匙”。此时也可能会显示“请更换遥控钥匙电池”信息。

要启动车辆：把中控台储物盒盖打开。将发射器置于上图中箭头所指的凹槽中，如图 9-45 所示。车辆在 P（驻车）挡或 N（空）挡时，踩下制动踏板并按下“ENGINE START/STOP（发动机启动 / 停止）”按钮。

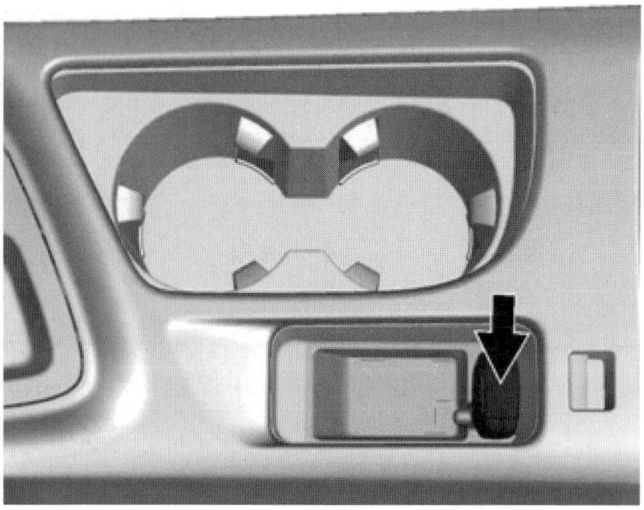

图 9-45

3. 跨接启动

如果蓄电池电已经耗尽，可尝试用另一辆车和跨接电缆启动您的车辆。务必按照如下步骤进行操作以保证安全。车辆有蓄电池盖，必须将其拆下以使用蓄电池进行跨接启动。

要拆下蓄电池盖：

（1）松开两个后卡扣，如图 9-46 中 1 所示。

（2）朝车辆前部向上提升蓄电池盖，将其从枢轴点（如图 9-46 中 2 所示）松开并拆下。

（3）按照与步骤（1）（2）相反的顺序重新安装蓄电池盖。

跨接启动的正极和接线柱位于车辆驾驶员侧的发动机舱内。跨接启动时应使用接线柱而不是直接接在蓄电池上，如图 9-47 所示。

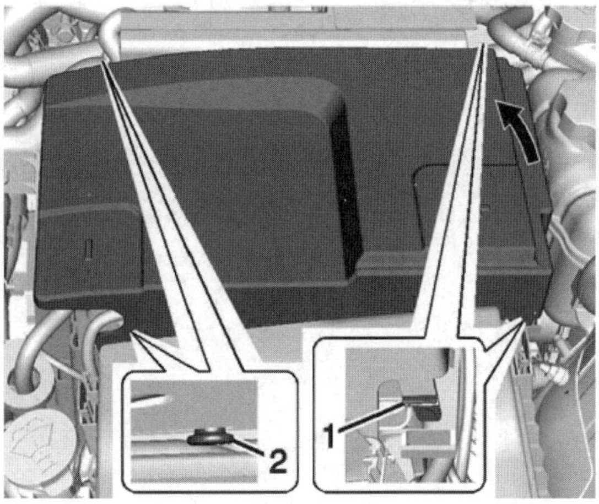

1.后卡扣　2.枢轴点

图 9-46

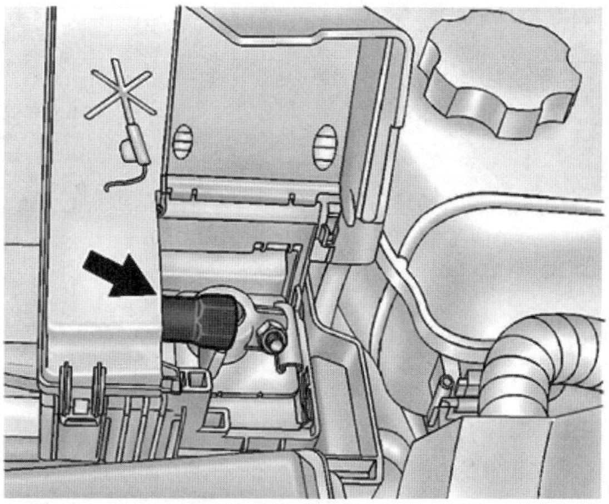

图 9-47

检查另一辆车。它必须有一个带负极接地系统的 12V 蓄电池。将两辆车停放在一起，注意不要发生接触。为避免车辆在跨接启动过程中移动，请设置两车的驻车制动器。在设置驻车制动器前，将自动变速器置于 P（驻车）挡。将点火开关置于“LOCK/OFF（锁止 / 关闭）”位置，并关闭两辆车上除危险警告闪光灯（如必要）外的所有的灯和附件。将红色正极（ + ）电缆的一端接到亏电蓄电池的正极接线柱上。如果车辆有远置正极（ + ）端子，就用远置端子。不要让红色正极（ + ）电缆的另一端接触金属。将其连接至有电蓄电池的正极（ + ）端子上。如果车辆有远置正极（ + ）端子，就用远置端子。请将黑色负极（－）电缆的一端接到有电蓄电池的负极（－）端子上。将负极（－）电缆另一端连接到亏电蓄电池的负极（－）接地点上。启动蓄电池完好的车辆，并怠速运行发动机至少 4min。试着启动蓄电池无电的车辆。

如果尝试几次后仍无法启动，则车辆很可能需要维修。

4. 保险丝盒位置

发动机舱保险丝盒：发动机舱保险丝盒位于发动机舱处，如图 9-48 所示。

仪表板保险丝盒：仪表板保险丝盒在车辆驾驶员侧的仪表板内，如图 9-49 所示。拆下储物盒可看到保险丝。向里按储物盒的两侧将其从仪表板中释放。朝向自身方向拉动盖可将其松开。

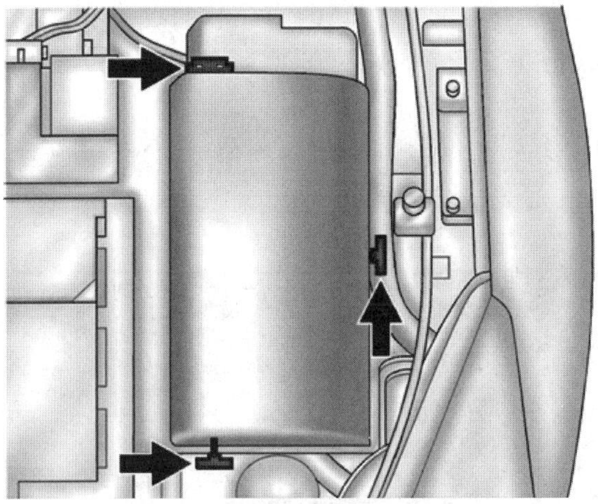

图 9-48

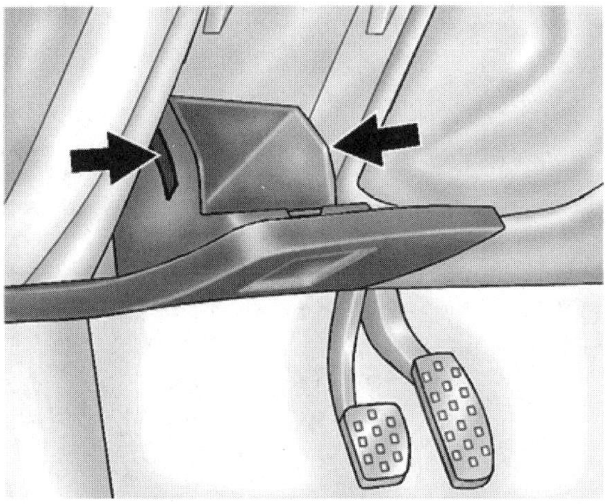

图 9-49

九、2017—2020 年上汽通用君威

1. 拖车与运输车辆

推荐使用平板拖车运送车辆。车轮举升式拖车可能会损坏车辆。如需要，可使用汽车坡道减小接近角。如车辆配有牵引钩，推荐使用牵引钩将车辆从平坦路面拖至平板拖车上。在雪地、泥地、沙地中或车轮抱死无法自由转动时，请勿使用牵引钩牵引车辆。如果在紧急情况下无法获得牵引服务，可以暂时用如下方法牵引车辆：车辆前配有一个用于安装牵引钩的牵引孔，如图 9-50 所示。牵引钩存放在备胎下方的工具盒中。撬开牵引孔上的盖罩，将牵引钩插入牵引孔内，最大限度地旋紧牵引钩，然后将牵引杆连接至牵引钩上。打开点火开关，释放方向盘锁，并允许使用制动灯、喇叭和挡风玻璃刮水器。将变速器置于空挡，并松开驻车制动器。牵引结束后，请拧下牵引钩。盖好牵引孔盖。车辆必须朝前牵引，速度不超过 80km/h，行驶距离不超过 100km。

2. 紧急进出车辆

按下遥控钥匙背面的按钮可取下钥匙齿。驾驶员侧车门锁芯在锁芯盖下。将钥匙齿插入锁芯盖底部的钥匙齿槽内，插入到底。向上垂直抬起钥匙齿，撬下锁芯盖。将钥匙齿插入锁芯，如图 9-51 所示。

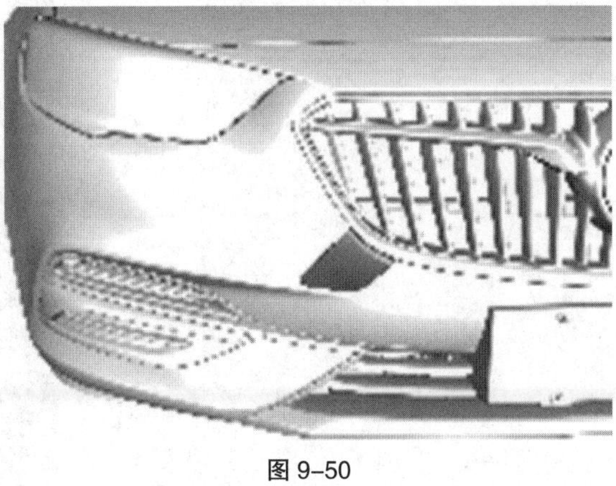

图 9-50

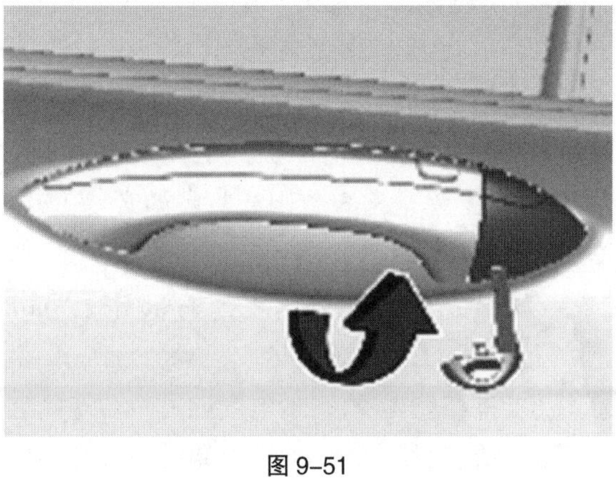

图 9-51

3. 应急点火

如果车辆处于强烈信号干扰区域，遥控钥匙电池电量不足，或者无钥匙启动功能出现故障时，当试着启动车辆，按下点火按钮时，驾驶员信息中心可能会显示未发现遥控钥匙的信息，此时无法通过按键式启动程序来启动车辆。

要启动车辆：

（1）将遥控钥匙置于中控台的遥控钥匙凹槽中，如图 9–52 所示。

（2）车辆在 P（驻车）挡或 N（空）挡时，踩下制动踏板并按下“START/STOP（启动 / 停止）”按钮。

4. 跨接启动

如本车的蓄电池没电，可以利用跨接电缆连接另一辆车的蓄电池或使用外接蓄电池跨接启动本车发动机，如图 9–53 所示。

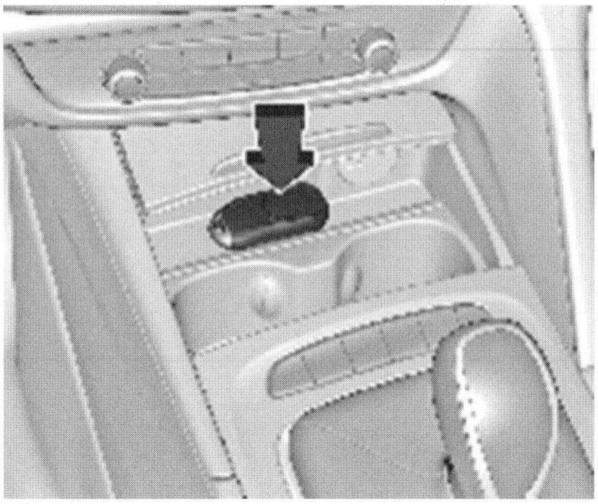

图 9–52

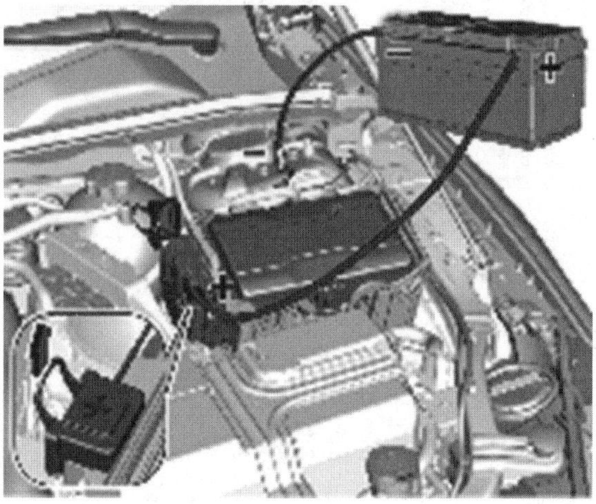

图 9–53

车辆在发动机舱保险丝盒左侧盖罩下面有一个远置正极（+）接线柱，打开盖罩，露出远置正极（+）端子接线柱。请务必使用该远置正极接线柱。车辆在发动机舱有一个远置负极（–）接线柱。请务必使用该远置负极接线柱。端子和接线柱如图 9–54 所示。

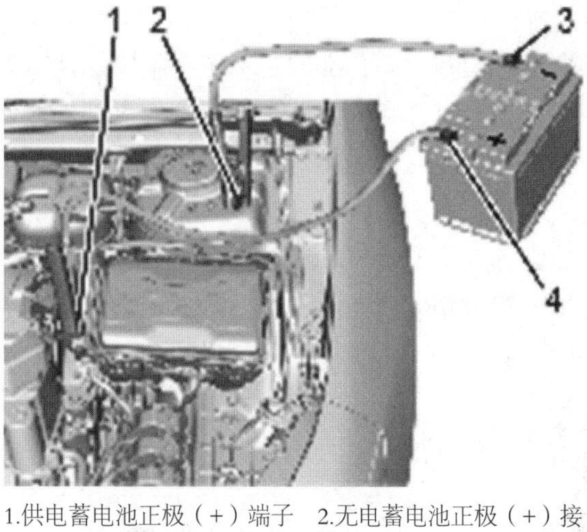

1.供电蓄电池正极（+）端子　2.无电蓄电池正极（+）接线柱　3.供电蓄电池负极（–）端子　4.无电蓄电池负极（–）接线柱。

图 9–54

跨接启动步骤：

（1）检查另一辆车。它必须有一个带负极接地系统的 12V 蓄电池。

（2）将两辆车停放在一起，注意不要发生接触。

（3）牢固设置驻车制动器，并将换挡杆挂入 P（驻车）挡。

（4）将点火开关置于“锁定 / 关闭”位置，并关闭两辆车上除危险警告闪光灯（如必要）外的所有的灯和附件。

（5）将红色正极（+）电缆的一端接到无电蓄电池的正极（+）接线柱上

（6）将红色正极（+）电缆的另一端连接至供电蓄电池的正极（+）端子。

（7）请将黑色负极（–）电缆的一端连接至供电蓄电池的负极（–）端子。

（8）将另一端黑色负极（–）电缆连接至无电蓄电池的负极（–）接线柱。

（9）启动蓄电池有电的车辆，并怠速运行发动机至少 4min。

（10）试着启动蓄电池无电的车辆。如果尝试几次后仍无法启动，则车辆很可能需要维修。

5. 保险丝盒位置

发动机舱保险丝盒：发动机舱保险丝盒位于发动机舱处，如图 9–55 所示。

仪表板保险丝盒：仪表板保险丝盒位于仪表板左侧饰板后侧，如图 9–56 所示。

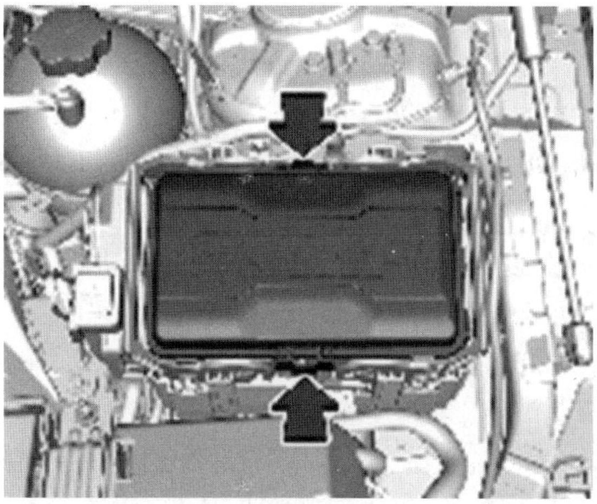

图 9–55

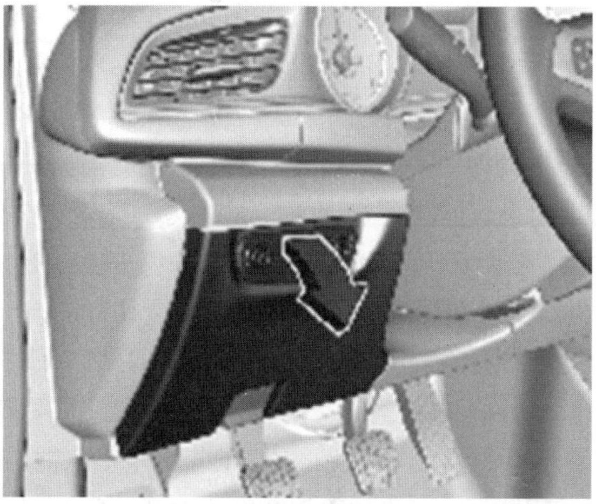

图 9–56

十、2015—2016 年上汽通用君越

1. 拖车与运输车辆

为避免损坏，故障车辆的全部四个车轮在牵引时都应离地。如果故障车辆确实需要以着地方式接受牵引，请确认不会损坏车辆。车辆前后各配有一个用于安装牵引钩的牵引孔，如图 9–57 所示。牵引钩与随车工具一起存放。撬开牵引孔上的盖罩，将牵引钩插入牵引孔内，向左旋拧紧到底，至少旋入 6 圈，然后将牵引绳或牵引杆连接至牵引钩上。牵引钩只能用于牵引，不能用于车辆救援。将变速器换挡杆挂入空挡。

2. 应急点火

如果车辆处于强烈信号干扰区域，遥控发射器电池电量不足，则在试图启动车辆时，驾驶员信息中心可能显示“未发现遥控钥匙”。此时也可能会显示“请更换遥控钥匙电池”信息。要启动车辆：

（1）打开中控台储物盒。

（2）将发射器置于发射器凹槽中，如图 9–58 所示。

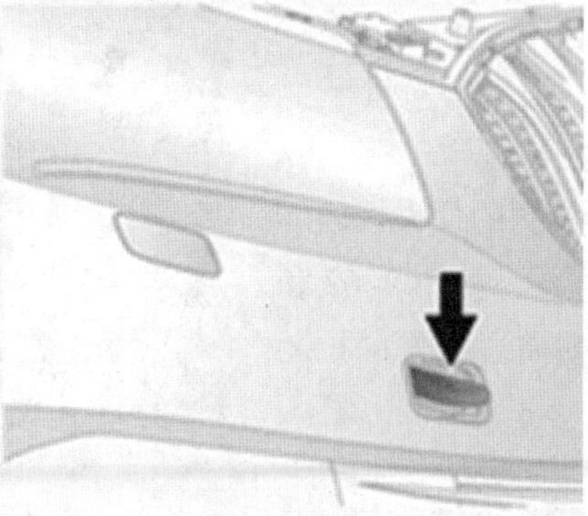

图 9–57

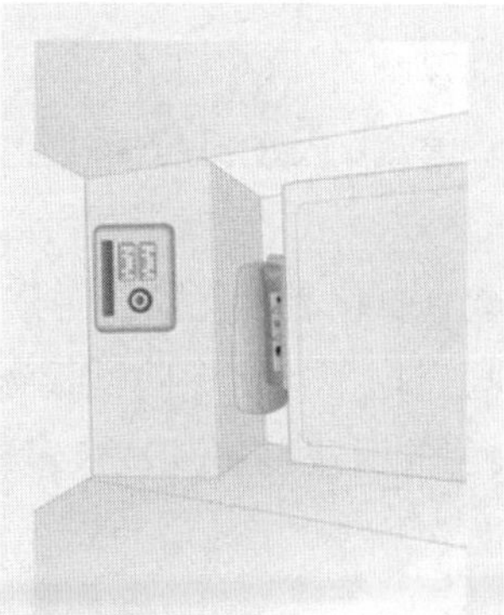

图 9–58

（3）车辆在P（驻车）挡或N（空）挡时，踩下制动踏板并按下“START/STOP（启动/停止）”按钮。

3. 跨接启动

如果蓄电池电已经耗尽，可尝试用另一辆车和跨接电缆启动您的车辆。务必按照如下步骤进行操作以保证安全。

车辆有蓄电池盖，必须将其拆下以使用蓄电池进行跨接启动。

要拆下蓄电池盖：

（1）松开两个后卡扣，如图9-59中1所示。

（2）朝车辆前部向上提升蓄电池盖，将其从枢轴点，如图9-59中2所示松开并拆下。

（3）按照与步骤（1）（2）相反的顺序重新安装蓄电池盖。

跨接启动的正极和接线柱位于车辆驾驶员侧的发动机舱内。跨接启动时应使用接线柱而不是直接接在蓄电池上，如图9-60所示。检查另一车辆。它必须有一个带负极接地系统的12V蓄电池。将两辆车停放在一起，注意不要发生接触。为避免车辆在跨接启动过程中移动，请设置两车的驻车制动器。在设置驻车制动器前，将自动变速器置于P（驻车）挡。将点火开关置于“LOCK/OFF（锁止/关闭）”位置，并关闭两辆车上除危险警告闪光灯（如必要）外的所有的灯和附件。将红色正极（+）电缆的一端接到亏电蓄电池的正极接线柱上。如果车辆有远置正极（+）端子，就用远置端子。不要让红色正极（+）电缆的另一端接触金属。将其连接至有电蓄电池的正极（+）端子上。如果车辆有远置正极（+）端子，就用远置端子。请将黑色负极（-）电缆的一端接到有电蓄电池的负极（-）端子上。将负极（-）电缆另一端连接到亏电蓄电池的负极（-）接地点上。启动蓄电池完好的车辆，并怠速运行发动机至少4min。试着启动蓄电池无电的车辆。如果尝试几次后仍无法启动，则车辆很可能需要维修。

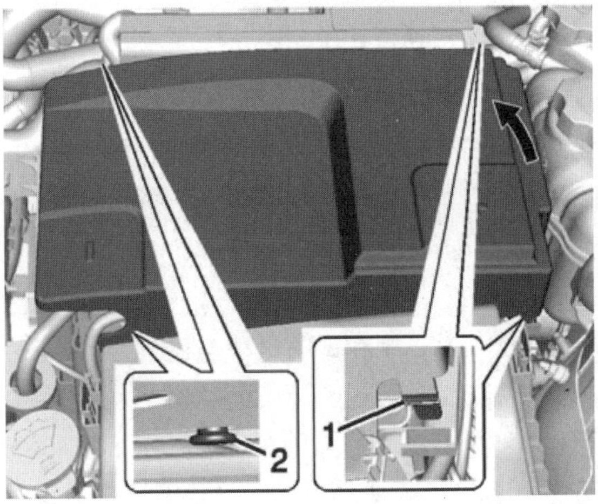

1.后卡扣　2.枢轴点

图9-59

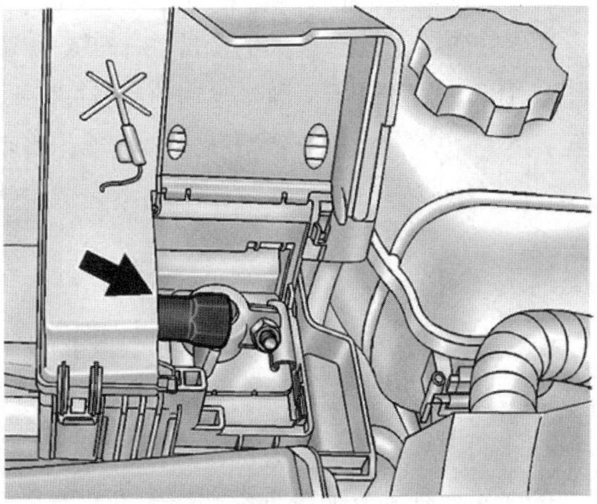

图9-60

4. 保险丝盒位置

发动机舱保险丝盒：发动机舱保险丝盒位于发动机舱处，如图9-61所示。

仪表板保险丝盒：仪表板保险丝盒位于车辆驾驶员侧的仪表板内。要操作保险丝，通过向下拉动保险丝板盖上部将其打开，如图9-62和9-63所示。按入盖的两侧以将其从仪表板中释放。朝向自身方向拉动盖可将其从铰链上松开。

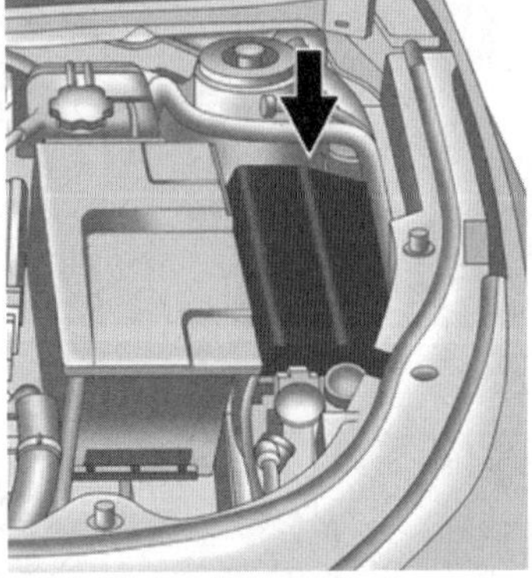

图9-61

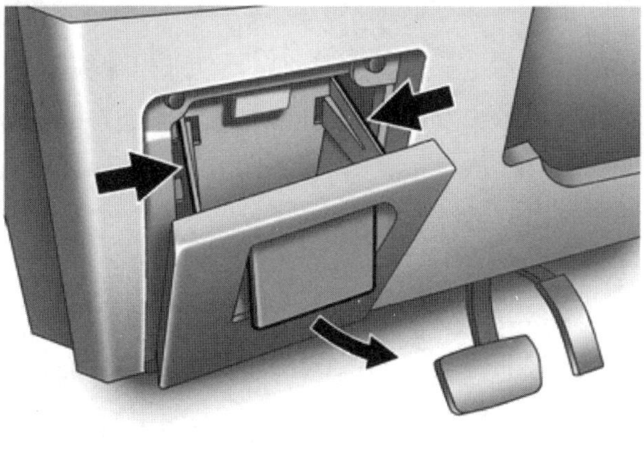

图 9-62

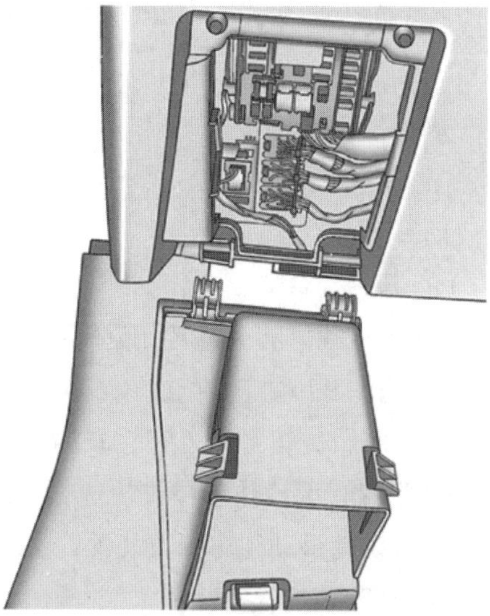

图 9-63

十一、2017—2019 年上汽通用君越

1. 拖车与运输车辆

推荐使用平板拖车运送车辆。车轮举升式拖车可能会损坏车辆。如需要，可使用汽车坡道减小接近角。如车辆配有牵引钩，推荐使用牵引钩将车辆从平坦路面拖至平板拖车上。在雪地、泥地、沙地中或车轮抱死无法自由转动时，请勿使用牵引钩牵引车辆。如果在紧急情况下无法获得牵引服务，可以暂时用如下方法牵引车辆：车辆前配有一个用于安装牵引钩的牵引孔。牵引钩存放在备胎下方的工具盒中。撬开牵引孔上的盖罩，将牵引钩插入牵引孔内，最大限度地旋紧牵引钩，然后将牵引杆连接至牵引钩上，如图 9-64 所示。打开点火开关，释放方向盘锁，并允许使用制动灯、喇叭和挡风玻璃刮水器。将变速器置于空挡，并松开驻车制动器。

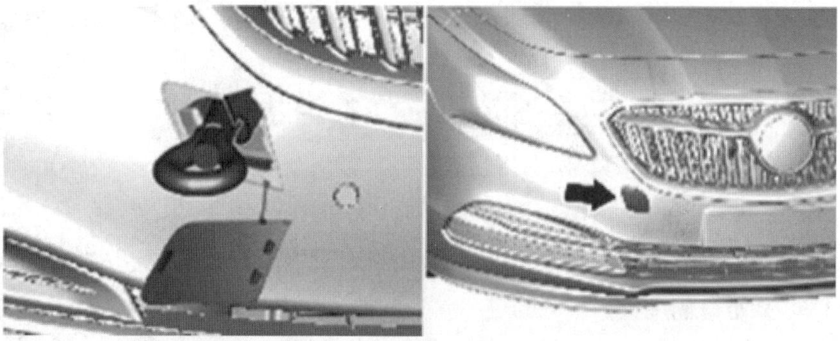

图 9-64

2. 紧急进出车辆

按下遥控钥匙背面的按钮可取下钥匙齿。驾驶员侧车门锁芯在锁芯盖下，如图 9-65 所示。将钥匙齿插入锁芯盖底部的钥匙齿槽内，插入到底。向上垂直抬起钥匙齿，撬下锁芯盖。将钥匙齿插入锁芯。

图 9-65

3. 应急点火

如果车辆处于强烈信号干扰区域，遥控钥匙电池电量不足，或者无钥匙启动功能出现故障时，当试着启动车辆，按下启动按钮时，驾驶员信息中心可能会显示未发现遥控钥匙的信息，此时无法通过按键式启动程序来启动车辆。

要启动车辆：

（1）打开中控台储物盒，如图 9-66 所示。

（2）将遥控钥匙置于遥控钥匙凹槽中。

（3）车辆在 P（驻车）挡或 N（空）挡时，踩下制动踏板并按下“START/STOP（启动 / 停止）”按钮。

4. 变速器应急驻车释放（解除 P 挡）

车辆可能带有手动驻车释放装置，当发动机未运行时，可使用此装置将车辆换至 N （空）挡。如果在车辆启动时拉动手动驻车释放装置，或在拉动手动驻车释放装置时将点火开关置于“ON（点火）”位置，将显示“维修变速器”信息。

（1）要使用手动驻车释放装置将车辆移至 N（空）挡。

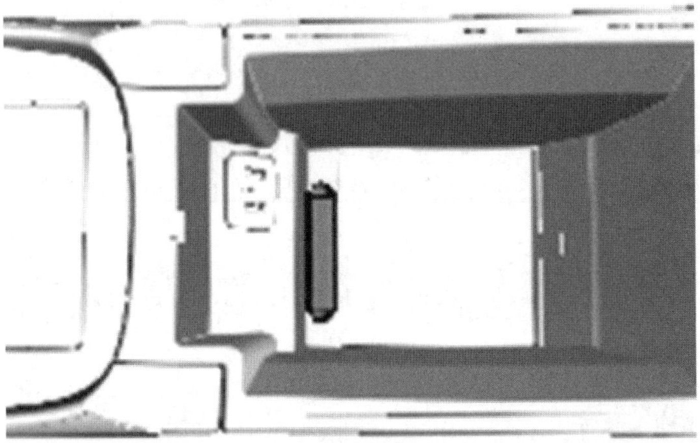

图 9-66

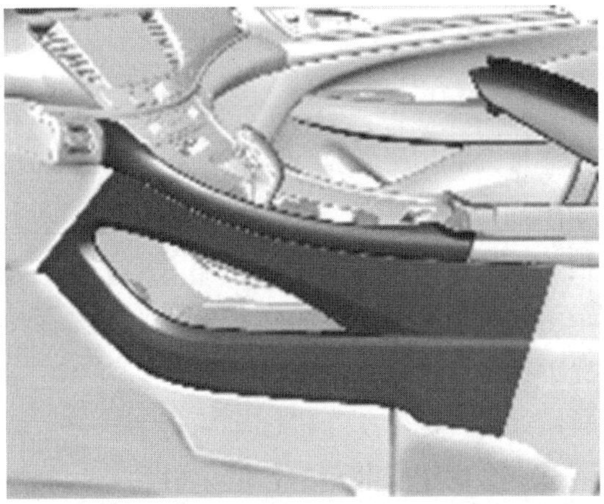

图 9-67

①确保车辆停放在水平地面上，并应用驻车制动器。松开制动踏板。

②使车辆熄火。

③拆下图 9-67 中深色显示的内饰件。

④使用工具将固定地毯到中控台的固定件拆下，然后将地毯拉出以露出手动驻车释放杆。

⑤确保在执行步骤②之后等待 1min 以上。踩下制动踏板。

⑥将手动驻车释放杆拉起 90° ，使其移至锁定位置，如图 9-68 所示。

⑦ 将点火开关置于“ACC/ACCESSORY（附件）”位置，并释放驻车制动器。

（2）要使用手动驻车释放装置将车辆重新换至P（驻车）挡。

①让车辆完全停止。

②将手动驻车释放装置旋转 90° ，使其回到原始位置，如图 9-69 所示。

③施加驻车制动。

④将点火开关置于“ON（点火）”位置，或将车辆置

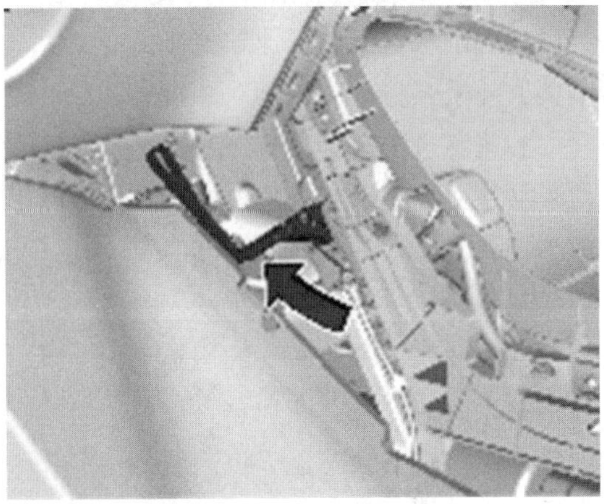

图 9-68

于“ACC/ACCESSORY（附件）”模式以确认车辆已换至P（驻车）挡，P（驻车）挡指示灯变为红色。

5. 跨接启动

如本车的蓄电池没电，可以利用跨接电缆连接另一辆车的蓄电池或使用外接蓄电池跨接启动本车发动机。车辆在发动机舱保险丝盒左侧盖罩下面有一个远置正极（+）接线柱，打开盖罩，露出远置正极（+）接线柱。关于远置正极（+）接线柱位置，如图9-70所示。请务必使用该远置正极接线柱。远置负极（-）接线柱位于挡风玻璃洗涤液储液罐加注口附近。

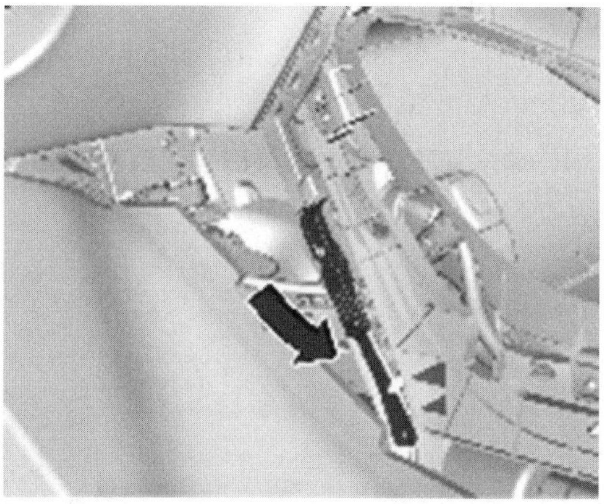

图9-69

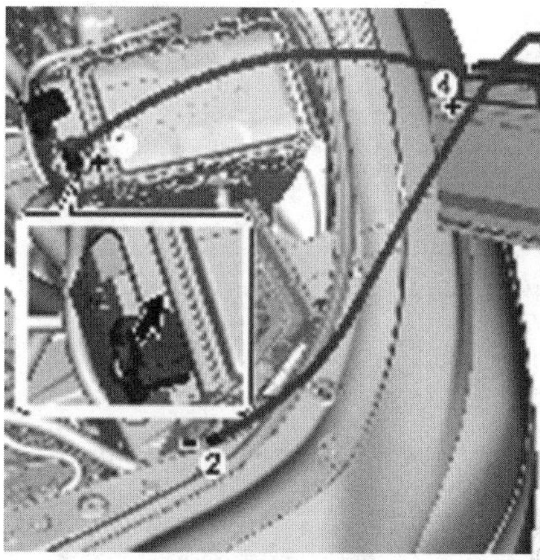

1.无电蓄电池正极（+）接线柱　2.无电蓄电池负极（-）接线柱　3.供电蓄电池负极（-）端子　4.供电蓄电池正极（+）端子

图9-70

跨接启动步骤：

（1）检查另一车辆。它必须有一个带负极接地系统的12V蓄电池。

（2）将两辆车停放在一起，注意不要发生接触。

（3）牢固设置驻车制动器，并将换挡杆挂入P（驻车）挡。

（4）将点火开关置于“锁定/关闭”位置，并关闭两辆车上除危险警告闪光灯（如必要）外的所有的灯和附件。

（5）将红色正极（+）电缆的一端连接至无电蓄电池的正极（+）接线柱。

（6）将红色正极（+）电缆的另一端连接至供电蓄电池的正极（+）端子。

（7）请将黑色负极（-）电缆的一端连接至供电蓄电池的负极（-）端子。

（8）将另一端黑色负极（-）电缆连接至无电蓄电池的负极（-）接线柱。

（9）启动蓄电池有电的车辆，并怠速运行发动机至少4min。

（10）试着启动蓄电池无电的车辆。如果尝试几次后仍无法启动，则车辆很可能需要维修。

6. 保险丝盒位置

发动机舱保险丝盒，如图9-71所示。

仪表板保险丝盒：仪表板保险丝盒位于车辆驾驶员侧的仪表板内，如图9-72所示。要操

图9-71

图 9–72

作保险丝，需拆下保险丝盒盖板。

十二、2020 年上汽通用君越

1. 拖车与运输车辆

推荐使用平板拖车运送车辆，如图 9–73 所示。车轮举升式拖车可能会损坏车辆。

2. 紧急进出车辆

按下遥控钥匙背面的按钮可取下钥匙齿。驾驶员侧车门锁芯在锁芯盖下。将钥匙齿插入锁芯盖底部的钥匙齿槽内，插入到底。向上垂直抬起钥匙齿，撬下锁芯盖，如图 9–74 所示。将钥匙齿插入锁芯。

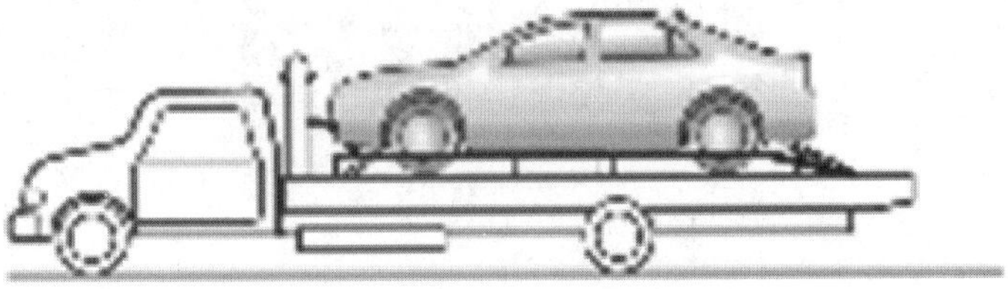

图 9–73

图 9–74

3. 应急点火

如果车辆处于强烈信号干扰区域，遥控钥匙电池电量不足，或者无钥匙启动功能出现故障时，当试着启动车辆，按下启动按钮时，驾驶员信息中心可能会显示未发现遥控钥匙的信息，此时无法通过按键式启动程序来启动车辆。

要启动车辆：

（1）打开中控台储物盒。

（2）将遥控钥匙置于遥控钥匙凹槽中，如图 9–75 所示。

（3）车辆在 P（驻车）挡或 N（空）挡时，踩下制动踏板并按下“START/STOP（启动 / 停止）”按钮。

4. 变速器应急驻车释放（解除 P 挡）

车辆可能带有手动驻车释放装置，当发动机未运行时，可使用此装置将车辆换至 N（空）挡。如果在车辆启动时拉动手动驻车释放装置，或在拉动手动驻车释放装置时将点火开关置于“ON（点火）”位置，将显示“维修变速器”信息。

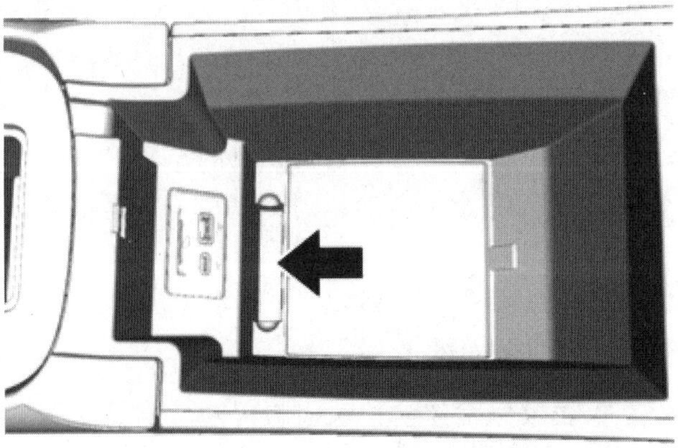

图 9–75

（1）要使用手动驻车释放装置将车辆移至 N（空）挡。

①确保车辆停放在水平地面上，并应用驻车制动器。松开制动踏板。

②使车辆熄火。

③拆下图 9-76 中深色显示的内饰件。

④使用工具将固定地毯到中控台的固定件拆下，然后将地毯拉出以露出手动驻车释放杆。

⑤ 确保在执行步骤②之后等待 1min 以上。踩下制动踏板。

⑥将手动驻车释放杆拉起 90° ，使其移至锁定位置，如图 9-77 所示。

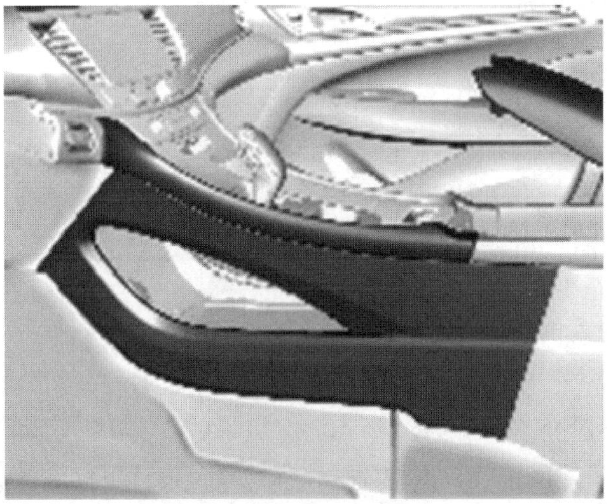

图 9-76

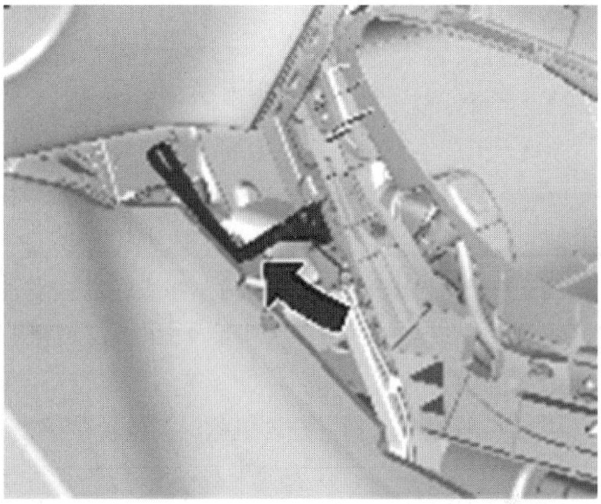

图 9-77

⑦将点火开关置于“ACC/ACCESSORY（附件）”位置并释放驻车制动器。

（2）手动驻车释放装置将车辆重新换至 P（驻车）挡。

①让车辆完全停止。

②将手动驻车释放装置旋转 90° ，使其回到原始位置，如图 9-78 所示。

③施加驻车制动。

④将点火开关置于“ON（点火）”位置或将车辆置于“ACC/ACCESSORY（附件）”模式以确认车辆已换至 P（驻车）挡，P（驻车）挡指示灯变为红色。

5. 跨接启动

如本车的蓄电池没电，可以利用跨接电缆连接另一辆车的蓄电池或使用外接蓄电池跨接启动本车发动机。车辆在发动机舱保险丝盒左侧盖罩下面有一个远置正极（+）接线柱，打开盖罩，露出远置正极（+）接线柱。关于远置正极（+）接线柱位置，如图 9-79 所示。请务必使用该远置正极接线柱。远置负极（-）

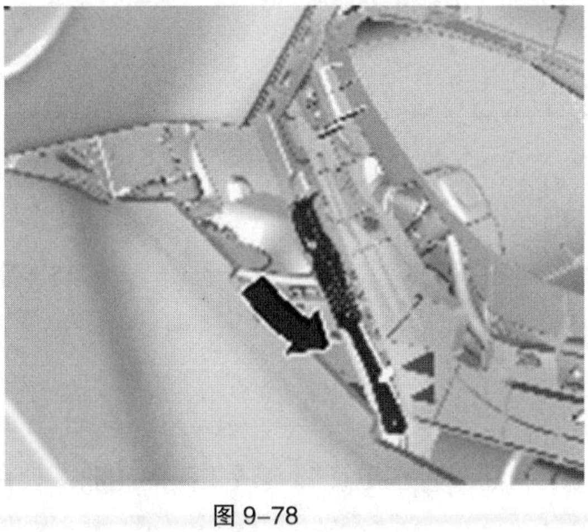

图 9-78

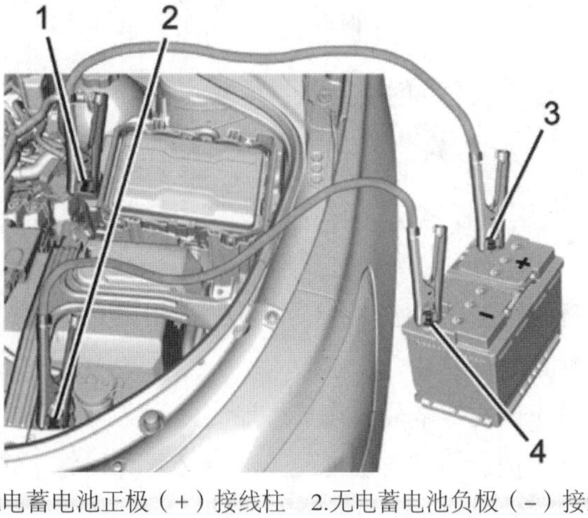

1.无电蓄电池正极（+）接线柱　2.无电蓄电池负极（-）接线柱　3.供电蓄电池正极（+）端子　4.供电蓄电池负极（-）端子

图 9-79

接线柱位于挡风玻璃洗涤液储液罐加注口附近。

跨接启动步骤：

（1）检查另一辆车。它必须有一个带负极接地系统的 12V 蓄电池。

（2）将两辆车停放在一起，注意不要发生接触。

（3）牢固设置驻车制动器，并将换挡杆挂入 P（驻车）挡。

（4）将点火开关置于“锁定 / 关闭”位置，并关闭两辆车上除危险警告闪光灯（如必要）外的所有的灯和附件。

（5）将红色正极（+）电缆的一端连接至无电蓄电池的正极（+）接线柱。

（6）将红色正极（+）电缆的另一端连接至供电蓄电池的正极（+）端子

（7）请将黑色负极（-）电缆的一端连接至供电蓄电池的负极（-）端子。

（8）将另一端黑色负极（-）电缆连接至无电蓄电池的负极（-）接线柱。

（9）启动蓄电池有电的车辆，并怠速运行发动机至少 4min。

（10）试着启动蓄电池无电的车辆。如果尝试几次后仍无法启动，则车辆很可能需要维修。

6. 保险丝盒位置

发动机舱保险丝盒：发动机舱保险丝盒位于发动机舱处，如图 9-80 所示。

仪表板保险丝盒：仪表板保险丝盒位于车辆驾驶员侧的仪表板内。要操作保险丝，需拆下保险丝盒盖板，如图 9-81 所示。

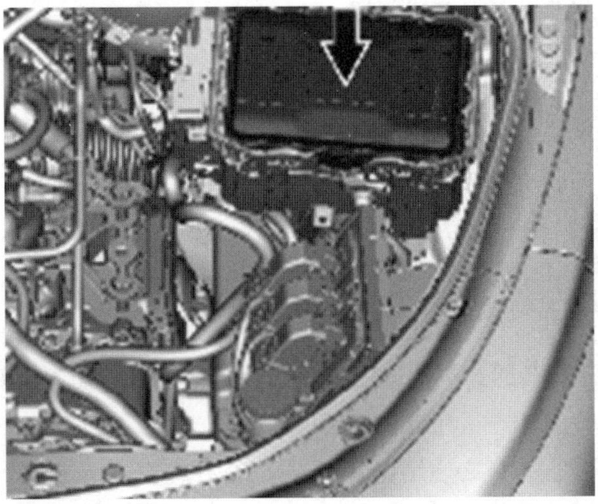

图 9-80

图 9-81

十三、上汽通用 VELITE 5

1. 拖车与运输车辆

仅使用平板拖车牵引故障车辆。严禁使用吊链型升降机，否则会造成损坏。如有必要，使用斜坡来帮助减小接近角。被牵引车辆的驱动轮应该离开地面。如果车辆装备牵引钩，则仅使用牵引钩将车辆从水平路面拉到平板拖车上。不要使用牵引钩从雪地、泥地或沙地中拉动车辆。

要将车辆装入平板拖车：

（1）应将车辆停放在水平地面上。

（2）前胎必须正确充气。如有必要，请将一个后胎换装到前车轮以更换漏气或受损的轮胎。使用备胎（如装备）更换漏气或受损的轮胎。

（3）从后部储物盒区域拆下牵引钩固定螺栓。

（4）拆下前保险杠牵引盖，如图 9–82 所示。

（5）将牵引钩固定螺栓拧入保险杠。

牵引缆索可以挂到牵引钩固定螺栓中并将车辆拉到平板拖车上，如图 9–83 所示。

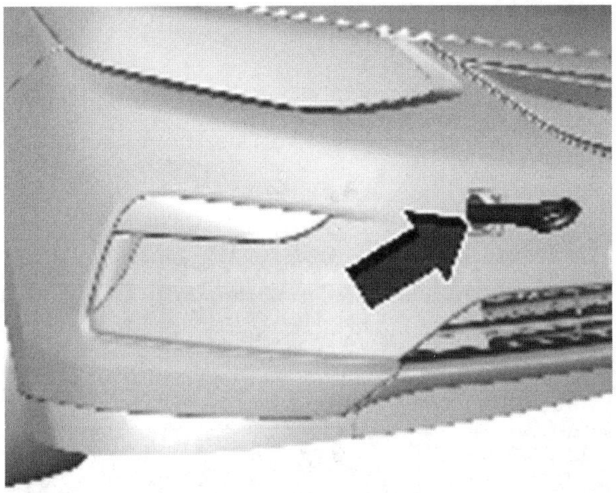

图 9–82

图 9–83

（6）需要使用斜坡板，以免前蒙皮接触到拖车平板。

（7）在轮胎周围使用合适的尼龙绑扎带，并将它们固定在平板拖车上。

（8）如果车辆以一定的角度停驻，因此无法用缆索挂住前牵引钩，请在两根后部纵臂四周缠绕牵引带，然后将车辆拉到拖车平板上。请勿在后部扭矩管四周缠绕牵引带，如图 9–84 所示。

2. 紧急进出车辆

插入锁芯：

（1）将车门把手拉至打开位置。

（2）将钥匙插入锁芯盖底部的槽内，并向外撬动，如图 9–85 所示。

图 9–84

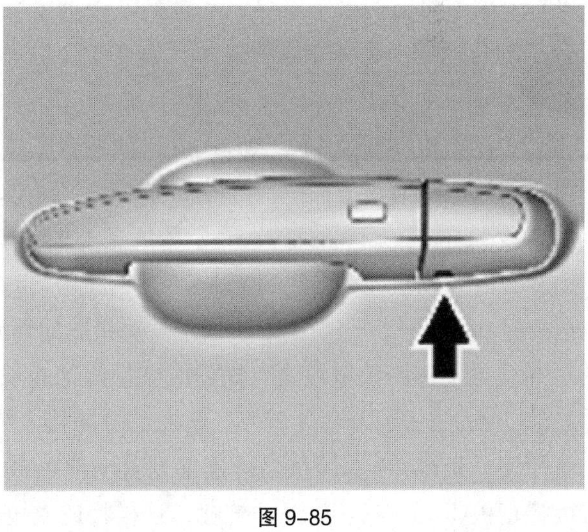

图 9–85

（3）向后移动锁芯盖并将其拆下。

3. 应急点火

如果遥控钥匙电量较弱，或者存在信号干扰，则当启动车辆时，驾驶员信息中心会显示未发现遥控钥匙的提示信息。

要启动车辆：

（1）打开中央控制台储物盒并取下橡胶垫。

（2）将遥控钥匙插入凹槽中，如图 9–86 所示。

（3）在车辆处于 P（驻车）挡或 N（空）挡的情况下，踩下制动踏板并按下中控面板上的 POWER（电源）。

4. 跨接启动

如果 Velite 5 不启动，则其 12V 蓄电池可能无电。要跨接启动 Velite 5，请使用发动机舱盖下的远置正极（+）和负极（–）端子，如图 9–87 所示。

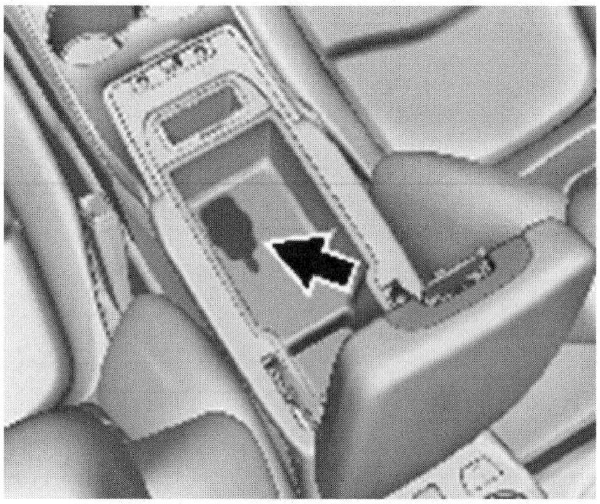

图 9–86

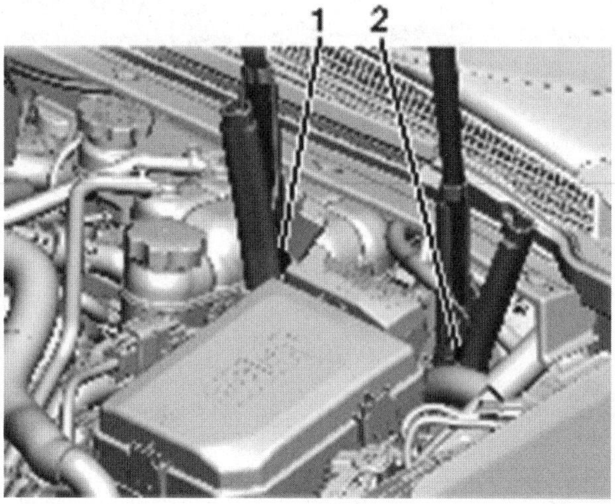

1.远置正极（+）端子　2.远置负极（–）端子

图 9–87

（1）注意。

①用于跨接启动 Velite 5 的有电车辆必须具有包含负极搭铁系统的 12 伏蓄电池。

②将两台车停放在相互靠得足够近的位置，以便跨接电缆可以连接到两台车的正极（+）和负极（–）端子。但两台车不得相互接触。否则可能会形成多余的搭铁连接，损坏两台车的电气系统。将两台车的自动变速器或电子驱动单元置于 P（驻车）挡。对于手动变速器，请将车辆置于空挡并使用驻车制动器。

③关闭有电车辆上的点火开关。关闭两台车中不需要开启的收音机、所有车灯和附件。将附件从点烟器或附件电源插座上拔掉，这样将避免产生火花，并且有利于保护两车蓄电池和附件。

④找到有电车辆上的正极（+）和负极（–）端子。

⑤打开发动机舱盖，找到 Velite 5 上的正极（+）和负极（–）端子。打开远置正极（+）端子的检修盖。Velite 5 的远置负极（–）端子是位于发动机舱的驾驶员侧的远置负极（–）端子。

⑥检查确保跨接电缆没有松动或破损的绝缘层，否则可能产生电击，导致车辆受损。在连接跨接电缆之前，必须了解以下基本事项。正极（+）跨接电缆连接到蓄电池正极（+）端子或远置正极（+）端子（如果可用）。负极（–）跨接电缆连接到蓄电池负极（–）端子或远置负极（–）端子（如果可用）。请勿直接将正极（+）与负极（–）连接，这样将造成短路，会损坏蓄电池，还可能损坏车辆的其他部件。

（2）连接跨接电缆。

①将红色正极（+）跨接电缆连接至 Velite 5 的远置正极（+）端子。请勿让电缆另一端接触金属。

② 将红色正极（+）跨接电缆的另一端连接至有电车辆的正极（+）端子。

③将黑色负极（–）跨接电缆连接至有电车辆蓄电池的负极（–）蓄电池端子。在进行下一步前，请勿让电缆另一端接触任何东西。

④ 将黑色负极（-）跨接电缆的另一端连接至 Velite 5 的远置负极（-）端子。

⑤按下 POWER（电源）启动车辆。这将唤醒 Velite 5 上的电子装置。在组合仪表完成初始化之后，Velite 5 将通过高压电池提供的供电来为 12 V 蓄电池充电，然后可以断开跨接电缆。如果 Velite 5 不启动，则致电特约售后服务中心。

（3）断开跨接电缆。

①断开 Velite 5 上的黑色负极（-）跨接电缆。在完成下一步前，请勿让电缆另一端接触任何东西。

② 断开有电车辆上的黑色负极（-）跨接电缆。

③断开有电车辆上的红色正极（+）跨接电缆。在完成下一步前，请勿让电缆另一端接触任何东西。

④断开 Velite 5 上的红色正极（+）跨接电缆。

⑤将正极（+）和负极（-）端子盖放回到原始位置。启动故障车辆并拆下跨接电缆后，让车辆怠速运转几分钟。

5. 保险丝盒位置

发动机舱保险丝盒：要打开保险丝盒盖，请按下侧面和背面的卡扣并将其向上提起，如图 9-88 所示。

仪表板保险丝盒：仪表板保险丝盒位于仪表板的左侧。要检修保险丝，拉出保险丝盖板，将其打开，如图 9-89 所示。

图 9-88

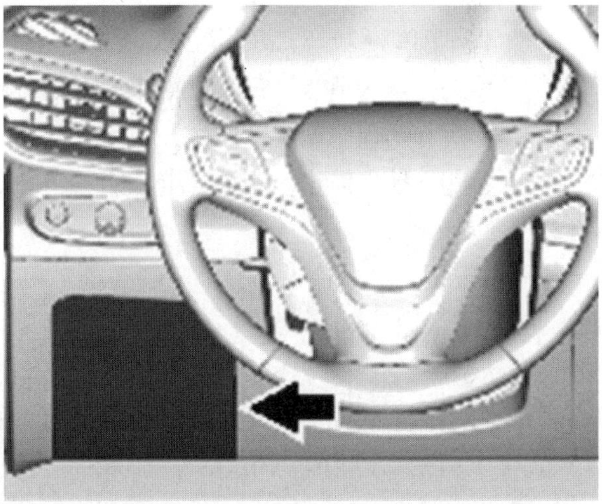

图 9-89

行李箱保险丝盒：行李箱保险丝盒位于行李箱中央的载物地板下，如图 9-90 所示。打开后载物地板门并取下盖子以检修保险丝盒。

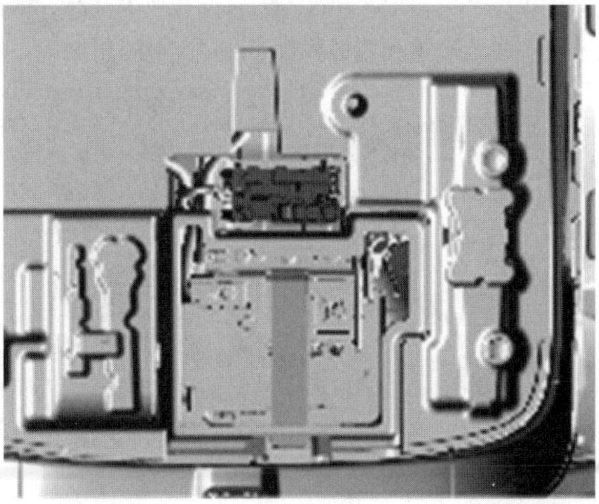

图 9-90

十四、上汽通用 VELITE 6

1. 拖车与运输车辆

推荐使用平板拖车运送车辆，如图 9-91 所示。车轮举升式拖车可能会损坏车辆。如需要，可使用汽车坡道减小接近角。如车辆配有牵引钩，推荐使用牵引钩将车辆从平坦路面拖至平板拖车上。在雪地、泥地、沙地中或车轮抱死无法自由转动时，请勿使用牵引钩牵引车辆。牵引车辆时，乘客不应留在被牵引的车辆内。

2. 紧急进出车辆

锁芯位于驾驶员车门把手上，将钥匙齿插入锁芯中左右转动可解锁或上锁车门。如果锁芯被盖子遮住，要使用锁芯解锁，则需要打开锁芯盖，如图 9-92 所示。

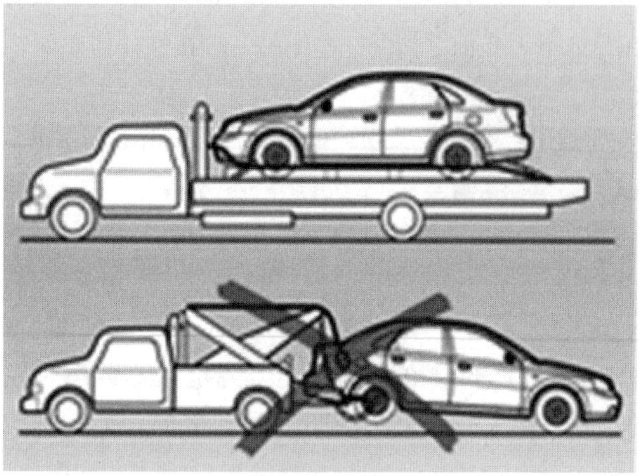

图 9-91

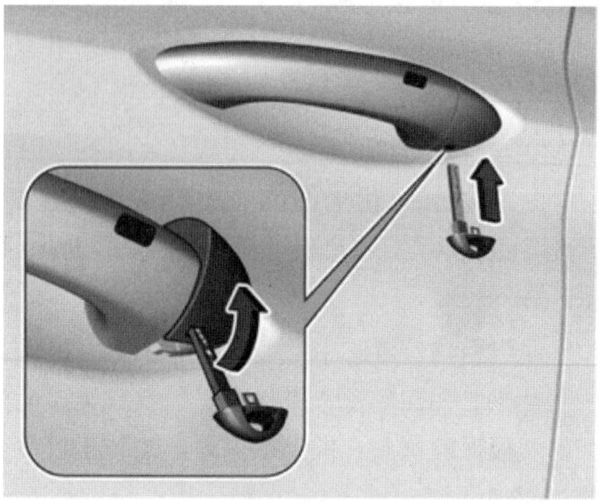

图 9-92

（1）将车门把手拉至打开位置。

（2）将钥匙插入锁芯盖底部的槽内，并向外撬动。

（3）向后移动锁芯盖并将其拆下。

（4）将钥匙插入锁芯，以便打开车门。

3. 应急点火

如果遥控钥匙电量较弱，或者存在信号干扰，则当启动车辆时，驾驶员信息中心会显示未发现遥控钥匙的提示信息。

要启动车辆：

（1）将遥控钥匙置于中央控制台储物箱内的凹槽中，如图 9-93 所示。

（2）车辆在 P（驻车）挡或 N（空）挡时，踩下制动踏板并按下“POWER”按钮。

4. 跨接启动

如果蓄电池电量耗尽，则尝试使用另一辆车和几根跨接电缆来启动车辆。务必按照如下步骤进行操作以保证安全。如果车辆无法启动，则其 12V 蓄电池可能无电。要跨接启动车辆，请使用前舱盖下的远置正极（+）端子和负极搭铁，如图 9-94 所示。

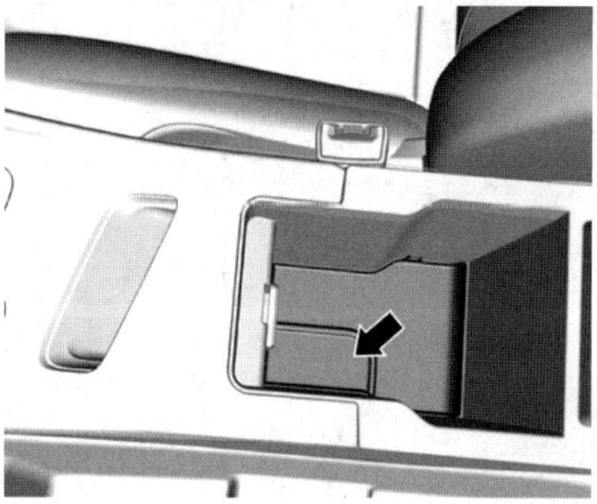

图 9-93

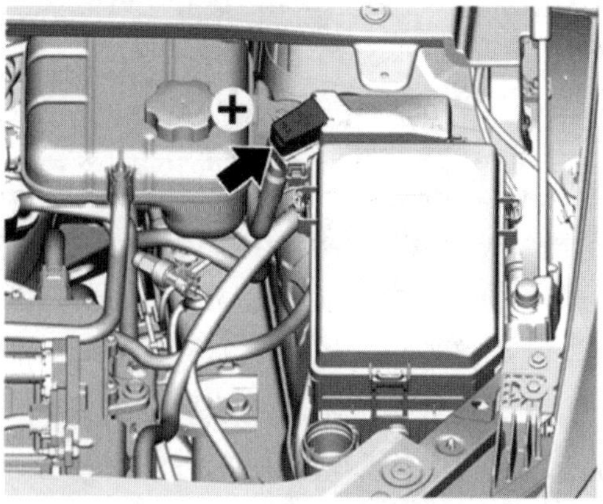

图 9-94

（1）用于跨接启动车辆的有电车辆必须具有包含负极搭铁系统的12V蓄电池。

（2）将两台车停放在相互靠得足够近的位置，以便跨接电缆可以连接到两台车的正极（+）和负极（−）端子。但两台车不得相互接触。否则，可能会形成多余的搭铁连接，损坏两台车的电气系统。

（3）对车辆施加驻车制动，并将排挡置于P（驻车）挡。

（4）关闭有电车辆上的启动开关。关闭两台车中不需要开启的收音机、所有车灯和附件。将附件从点烟器或附件电源插座上拔掉。这样将避免产生火花，并且有利于保护两车蓄电池和附件。

（5）将红色正极（+）跨接电缆连接至无电车辆的远置正极（+）端子。请勿让电缆另一端接触金属。

（6）将红色正极（+）跨接电缆的另一端连接至有电车辆的正极（+）端子。

（7）将黑色负极（−）跨接电缆连接至有电车辆蓄电池的负极（−）蓄电池端子。在进行下一步前，请勿让电缆另一端接触任何东西。

（8）将黑色负极（−）跨接电缆的另一端连接至无电车辆的负极搭铁。

（9）启动蓄电池完好的车辆。

（10）试着启动无电车辆。如果尝试几次后仍无法启动，则车辆很可能需要维修。

跨接电缆的拆卸：当拆下跨接电缆时，以相反的顺序进行。

5. 保险丝盒位置

发动机舱保险丝盒：保险丝盒位于前舱内，如图9–95所示。

仪表板保险丝盒：仪表板保险丝盒位于驾驶员侧仪表板端部，如图9–96所示。

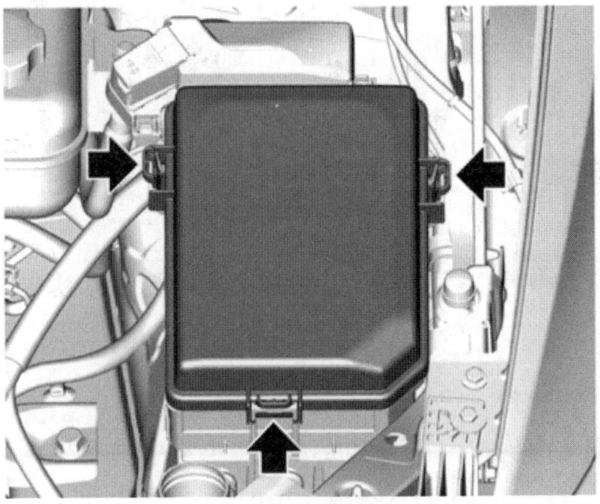

图9–95

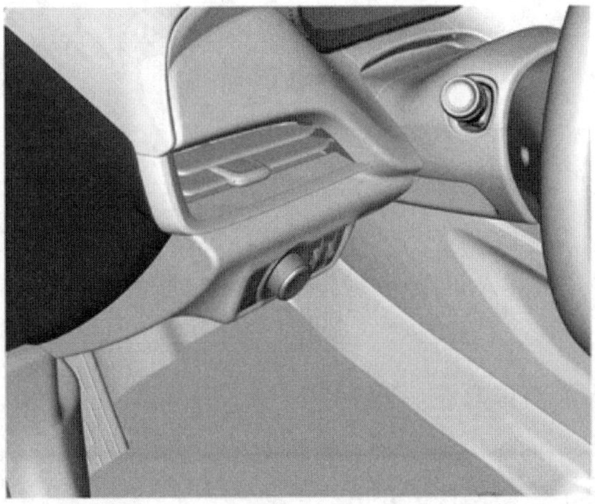

图9–96

十五、2018—2020年上汽通用GL6

1. 拖车与运输车辆

推荐使用平板拖车运送车辆，如图9–97所示。车轮举升式拖车可能会损坏车辆。如需要，可使用汽车坡道减小接近角。如车辆配有牵引钩，推荐使用牵引钩将车辆从平坦路面拖至平板拖车上。在雪地、泥地、沙地中或车轮抱死无法自由转动时，请勿使用牵引钩牵引车辆。牵引车辆时，乘客不应留在被牵引的车辆内。

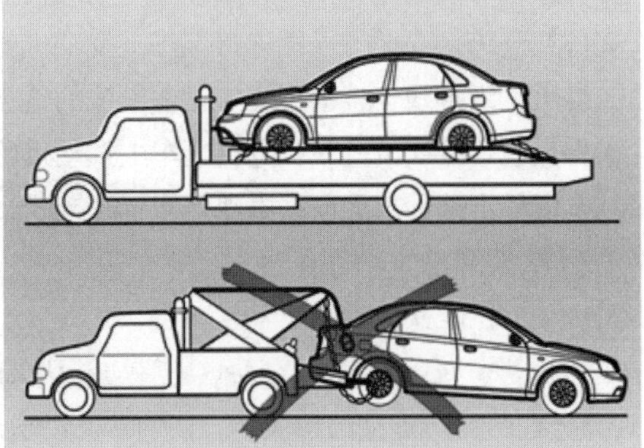

图9–97

如果在紧急情况下无法获得牵引服务，可以暂时用如下方法牵引车辆：使用螺丝刀松开盖子并拆下盖子，如图 9–98 所示。牵引钩与随车工具存放在一起。最大限度地拧入牵引钩，将牵引杆连接至牵引钩。

打开点火开关，释放方向盘锁，并允许使用制动灯、喇叭和挡风玻璃刮水器。将变速器置于空挡，并松开驻车制动器。牵引后，请拧下牵引钩。插入盖罩并盖紧。车辆必须朝前牵引，速度不超过 25km/h，行驶距离不超过 30km。

2. 紧急进出车辆

锁芯位于驾驶员侧车门把手上，将钥匙齿插入锁芯中左右转动可解锁或上锁车门。

3. 应急点火

如果遥控钥匙电量较弱，或者存在信号干扰，则当启动车辆时，驾驶员信息中心会显示未发现遥控钥匙的提示信息。

要启动车辆：

（1）将遥控钥匙置于中央控制台储物箱内的凹槽中，如图 9–99 所示。

（2）车辆在 P（驻车）挡或 N（空）挡时，踩下制动踏板并按下“START/STOP（启动 / 停止）”按钮。

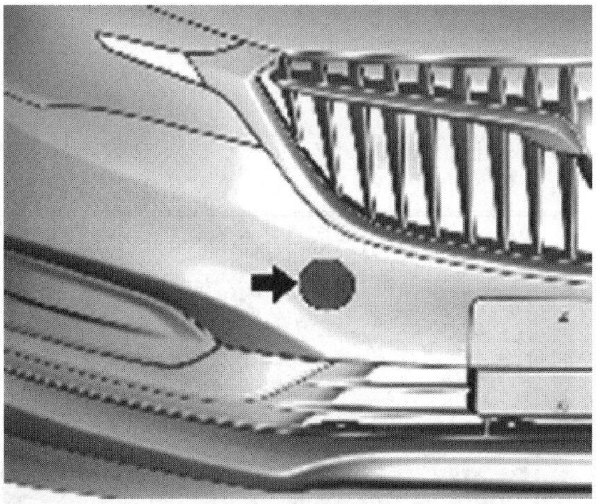

图 9–98

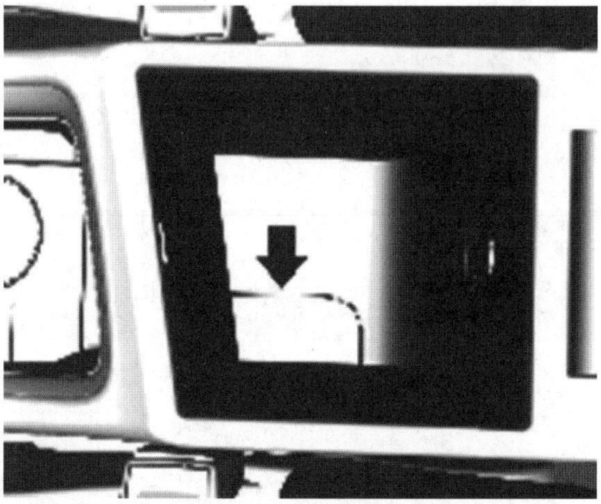

图 9–99

4. 跨接启动

车辆蓄电池位于发动机舱内。可以使用跨接线和另一辆车的车辆蓄电池启动车辆蓄电池电量耗尽的车辆。请勿用快速充电器启动。

（1）跨接线连接顺序。

①将红色跨接线连接至助力车辆蓄电池的正极端子。

②将红色跨接线的另一端连接至车上发动机舱内保险丝盒旁的正极端子。

③将黑色跨接线连接至助力车辆蓄电池的负极端子。

④将黑色跨接线的另一端连接至车上发动机舱盖内的车辆接地点，如发动机缸体或发动机固定螺栓。连接时，请尽可能远离无电蓄电池。布置跨接线，使它们不能碰到发动机舱中的旋转部件。

（2）若要启动发动机。

①启动提供跨接启动的车辆发动机。

② 5min 后，启动另一台发动机。启动发动机的尝试应每隔 1min 进行一次，且持续时间不超过 15s。

（3）在跨接线连接的情况下，使两台发动机怠速运转约 3min。

5. 保险丝盒位置

发动机舱保险丝盒：发动机舱保险丝盒位于发动机舱驾驶员前部，如图 9–100 所示。松开盖子，将其拆下。

仪表板保险丝盒：仪表板保险丝盒位于驾驶员侧仪表板的端部，如图 9–101 所示。

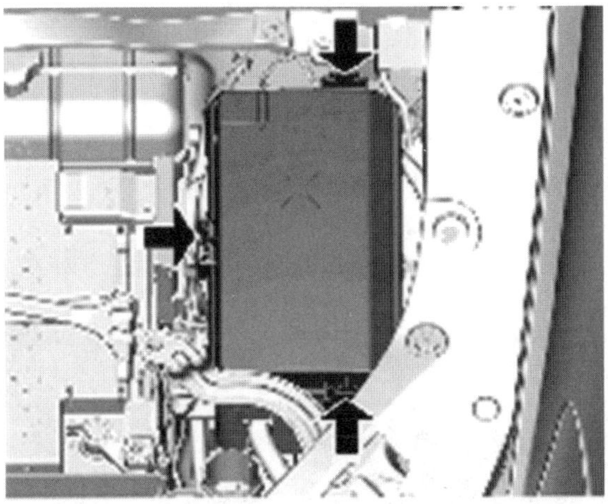

图 9–100

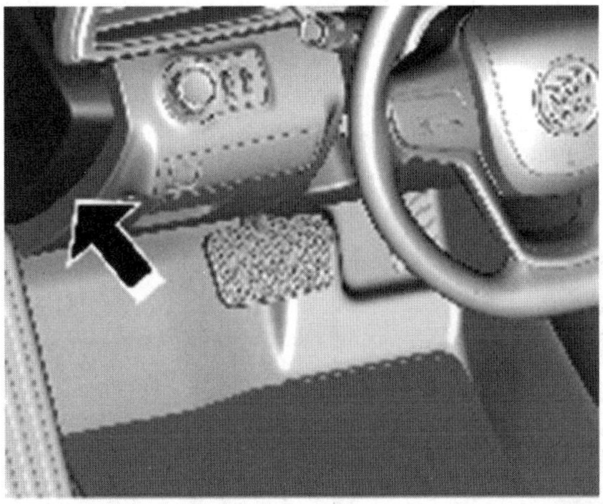

图 9–101

十六、2017—2019 年上汽通用 GL8 豪华商旅车

1. 拖车与运输车辆

推荐使用平板拖车运送车辆。车轮举升式拖车可能会损坏车辆。如需要，可使用汽车坡道减小接近角。如车辆配有牵引钩，推荐使用牵引钩将车辆从平坦路面拖至平板拖车上。在雪地、泥地、沙地中或车轮抱死无法自由转动时，请勿使用牵引钩牵引车辆。如果在紧急情况下无法获得牵引服务，可以暂时用如下方法牵引车辆：车辆前配有一个用于安装牵引钩的牵引孔，如图 9–102 所示。撬开牵引孔上的盖罩，将牵引钩插入牵引孔内，最大限度地旋紧牵引钩，然后将牵引杆连接至牵引钩上。打开点火开关，释放方向盘锁，并允许使用制动灯、喇叭和挡风玻璃刮水器。将变速器置于空挡，并松开驻车制动器。牵引结束后，请拧下牵引钩。盖好牵引孔盖。车辆必须朝前牵引，速度不超过 80km/h，行驶距离不超过 100km。

2. 紧急进出车辆

锁芯位于驾驶员侧车门外把手上。将遥控钥匙的钥匙齿拔出，插入锁芯中左右转动可解锁或上锁车辆，如图 9–103 所示。

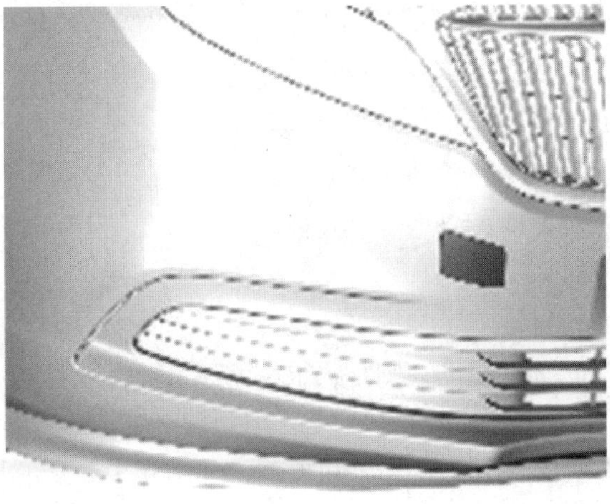

图 9–102

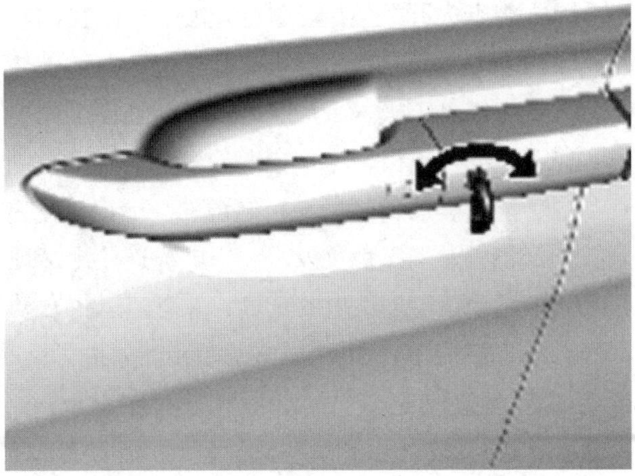

图 9–103

3. 应急点火

如果车辆处于强烈信号干扰区域，遥控钥匙电池电量不足，或者无钥匙启动功能出现故障时，当试着启动车辆，按下点火按钮时，驾驶员信息中心可能会显示未发现遥控钥匙的信息，此时无法通过按键式启动程序来启动车辆。

要启动车辆：

（1）将遥控钥匙置于中控台下方的遥控钥匙凹槽中，如图 9–104 所示。

（2）车辆在 P（驻车）挡或 N（空）挡时，踩下制动踏板并按下“START/STOP（启动 / 停止）”按钮。

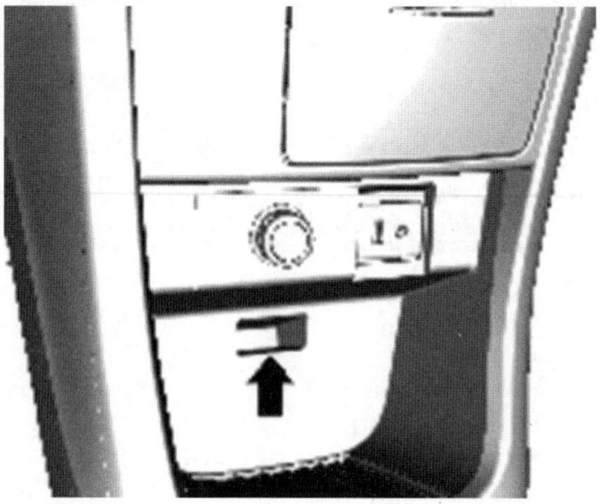

图 9–104

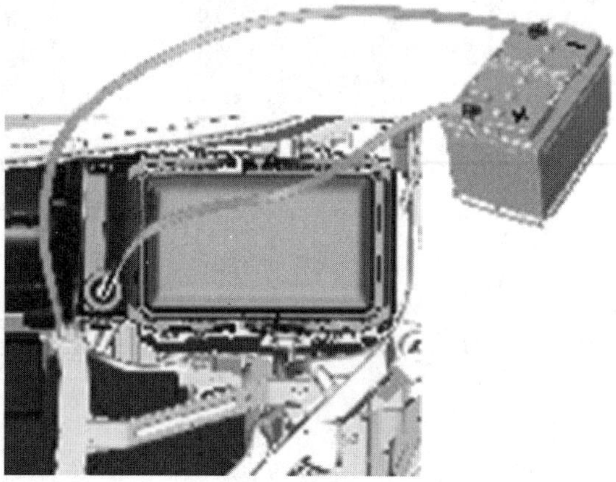

图 9–105

4. 跨接启动

如本车的蓄电池无电，可以利用跨接电缆连接另一辆车的蓄电池或使用外接蓄电池跨接启动，如图 9–105 所示。

车辆在发动机舱保险丝盒左侧盖罩下面有一个远置正极（+）接线柱，打开盖罩，露出远置正极（+）接线柱。请务必使用该远置正极。

负极接地点是发动机缸体或者发动机安装螺栓。接地点要尽可能远离亏电蓄电池。

跨接启动步骤：

（1）检查另一车辆。它必须有一个带负极接地系统的 12V 蓄电池。

（2）将两辆车停放在一起，注意不要发生接触。

（3）牢固设置驻车制动器，并将换挡杆挂入 P（驻车）挡。

（4）将点火开关置于“锁定 / 关闭”位置，并关闭两辆车上除危险警告闪光灯（如必要）外的所有的灯和附件。

（5）将红色正极（+）电缆的一端连接至无电蓄电池的正极（+）接线柱。

（6）将红色正极（+）电缆的另一端连接至供电蓄电池的正极（+）接线柱。

（7）请将黑色负极（–）电缆的一端连接至供电蓄电池的负极（–）接线柱。

（8）将另一端黑色负极（–）电缆连接至接地点。

（9）启动蓄电池有电的车辆，并怠速运行发动机至少 4min。

（10）试着启动蓄电池无电的车辆。如果尝试几次后仍无法启动，则车辆很可能需要维修。

5. 保险丝盒位置

发动机舱保险丝盒：发动机舱盖下的保险丝盒位于车辆驾驶员侧的发动机舱内，如图 9–106 所示。

仪表板保险丝盒：仪表板保险丝盒位于车辆驾驶员侧的仪表板内，如图 9–107 所示。要操作保险丝，需拆下保险丝盒盖板。

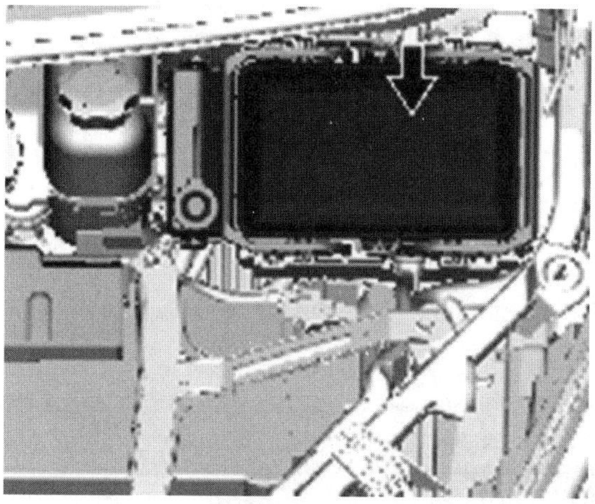

图 9-106

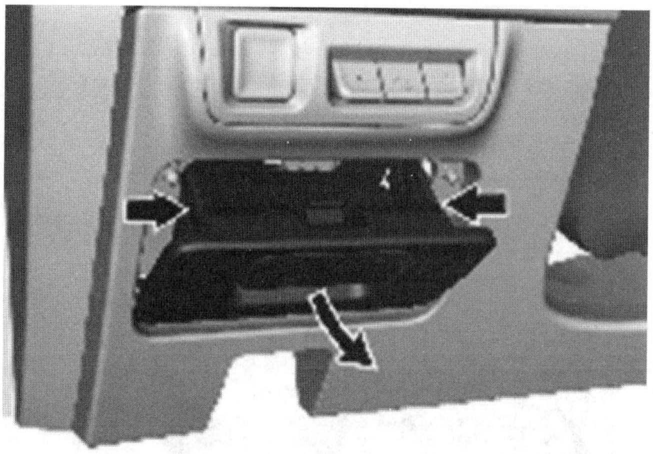

图 9-107

十七、2020 年上汽通用 GL8 Avenir

1. 拖车与运输车辆

仅使用平板拖车牵引故障车辆，如图 9-108 所示。车轮举升式拖车可能会损坏车辆。如果车辆装备牵引钩，则仅使用牵引钩将车辆从水平路面拉到平板拖车上。不要使用牵引钩从雪地、泥地或沙地中拉动车辆。如需要，可使用汽车坡道减小接近角。

2. 紧急进出车辆

锁芯位于驾驶员侧车门外把手上。将遥控钥匙的钥匙齿拔出，插入锁芯中左右转动可解锁或上锁车辆，如图 9-109 所示。

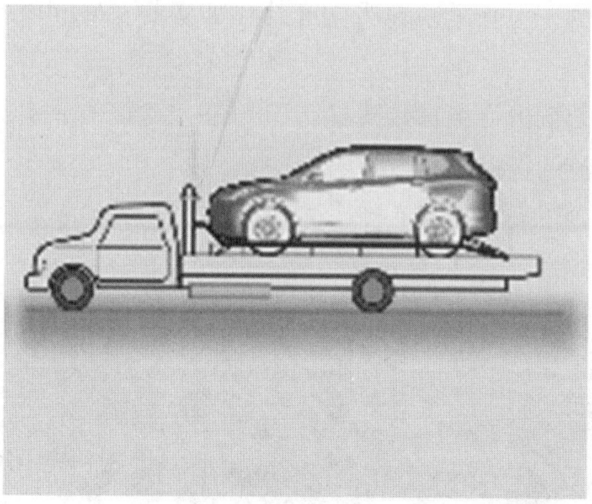

图 9-108

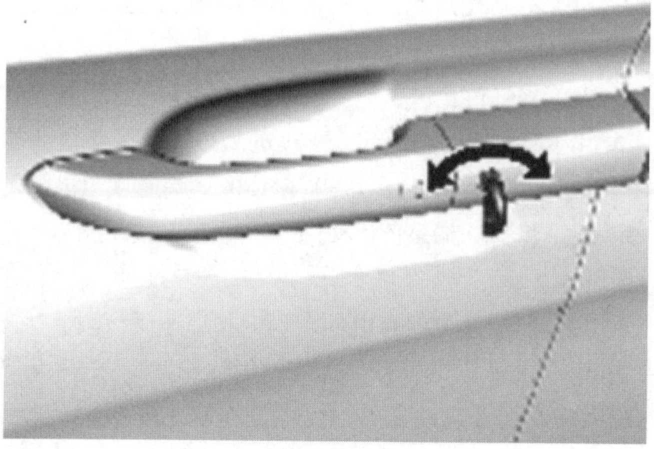

图 9-109

3. 应急点火

如果车辆处于强烈信号干扰区域，遥控钥匙电池电量不足，或者无钥匙启动功能出现故障时，当试着启动车辆，按下点火按钮时，驾驶员信息中心可能会显示未发现遥控钥匙的信息，此时无法通过按键式启动程序来启动车辆。

要启动车辆：

（1）将遥控钥匙置于中控台下方的遥控钥匙凹槽中，如图 9-110 所示。

（2）车辆在 P（驻车）挡或 N（空）挡时，踩下制动踏板并按下“START/STOP（启动 / 停止）”按钮。

4. 跨接启动

如本车的蓄电池无电，可以利用跨接电缆连接另一辆车的蓄电池或使用外接蓄电池跨接启动，如图 9-111 所示。车辆在发动机舱保险丝盒左侧盖罩下面有一个远置正极（+）接线柱，打开盖罩，露出远置正极（+）接线柱。请务必使用该远置正极。负极接地点是发动机缸体或者发动机安装螺栓。接地点要尽可能远离亏电蓄电池。

图 9-110

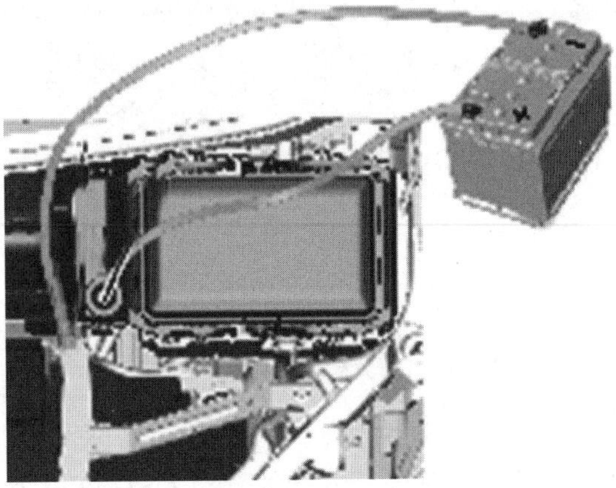

图 9-111

跨接启动步骤：

（1）检查另一辆车。它必须有一个带负极接地系统的 12V 蓄电池。

（2）将两辆车停放在一起，注意不要发生接触。

（3）牢固设置驻车制动器，并将换挡杆挂入 P（驻车）挡。

（4）将点火开关置于“锁定 / 关闭”位置，并关闭两辆车上除危险警告闪光灯（如必要）外的所有的灯和附件。

（5）将红色正极（+）电缆的一端连接至无电蓄电池的正极（+）接线柱。

（6）将红色正极（+）电缆的另一端连接至供电蓄电池的正极（+）接线柱。

（7）请将黑色负极（-）电缆的一端连接至供电蓄电池的负极（-）接线柱。

（8）将另一端黑色负极（-）电缆连接至接地点。

（9）启动蓄电池有电的车辆，并怠速运行发动机至少 4min。

（10）试着启动蓄电池无电的车辆。如果尝试几次后仍无法启动，则车辆很可能需要维修。

5. 保险丝盒位置

发动机舱保险丝盒：发动机舱盖下的保险丝盒位于车辆驾驶员侧的发动机舱内，如图 9-112 所示。

仪表板保险丝盒：仪表板保险丝盒位于车辆驾驶员侧的仪表板内，如图 9-113 所示。要操作保险丝，需拆下保险丝盒盖板。

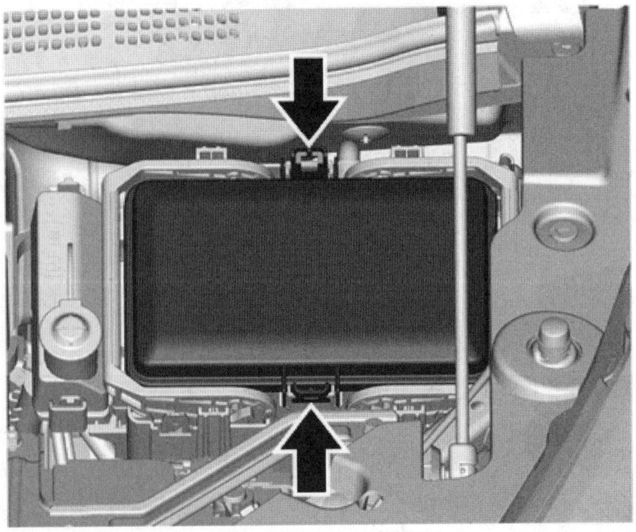

图 9-112

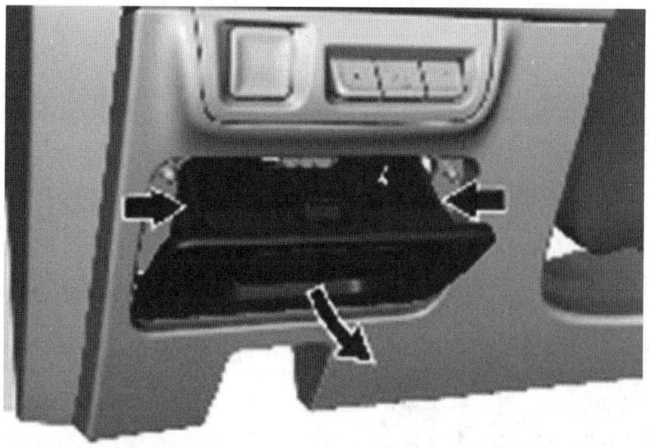

图 9-113

十八、2017—2020 年上汽通用 GL8 商旅车

1. 拖车与运输车辆

推荐使用平板拖车运送车辆。车轮举升式拖车可能会损坏车辆。如需要，可使用汽车坡道减小接近角。如车辆配有牵引钩，推荐使用牵引钩将车辆从平坦路面拖至平板拖车上。在雪地、泥地、沙地中或车轮抱死无法自由转动时，请勿使用牵引钩牵引车辆。如果在紧急情况下无法获得牵引服务，可以暂时用如下方法牵引车辆：车辆前配有一个用于安装牵引钩的牵引孔。撬开牵引孔上的盖罩，将牵引钩插入牵引孔内，最大限度地旋紧牵引钩，然后将牵引杆连接至牵引钩上，如图 9-114 所示。打开点火开关，释放方向盘锁，并允许使用制动灯、喇叭和挡风玻璃刮水器。将变速器置于空挡，并松开驻车制动器。牵引结束后，请拧下牵引钩。盖好牵引孔盖。车辆必须朝前牵引，速度不超过 80km/h，行驶距离不超过 100km。

2. 紧急进出车辆

锁芯位于驾驶员侧车门外把手上。将遥控钥匙的钥匙齿拔出，插入锁芯中左右转动可解锁或上锁车辆，如图 9-115 所示。

图 9-114

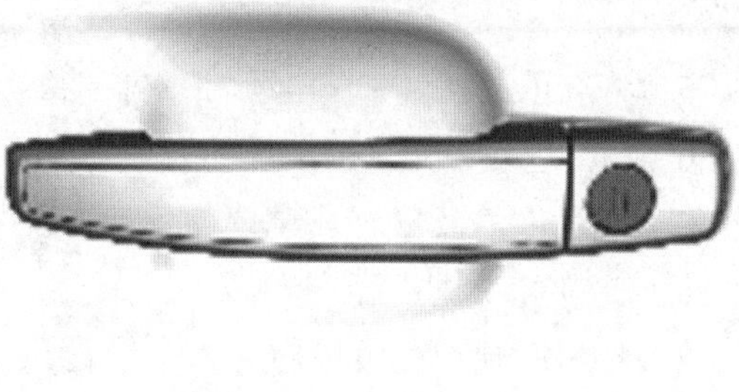

图 9-115

3. 应急点火

如果车辆处于强烈信号干扰区域，或者遥控钥匙电池电量不足时，当试着启动车辆，按下点火按钮时，驾驶员信息中心可能会显示未发现遥控钥匙的信息，此时无法通过按键式启动程序来启动车辆。

要启动车辆：

（1）将遥控钥匙置于中控台下方的遥控钥匙凹槽中，如图 9–116 所示。

（2）车辆在 P（驻车）挡或 N（空）挡时，踩下制动踏板并按下“START/STOP（启动 / 停止）”按钮。

4. 跨接启动

如本车的蓄电池无电，可以利用跨接电缆连接另一辆车的蓄电池或使用外接蓄电池跨接启动本车。车辆在发动机舱保险丝盒左侧盖罩下面有一个远置正极（+）端子，打开盖罩，露出远置正极（+）端子，如图 9–117 所示。请务必使用该远置正极端子。负极接地点是发动机缸体或者发动机安装螺栓。接地点要尽可能远离亏电蓄电池。

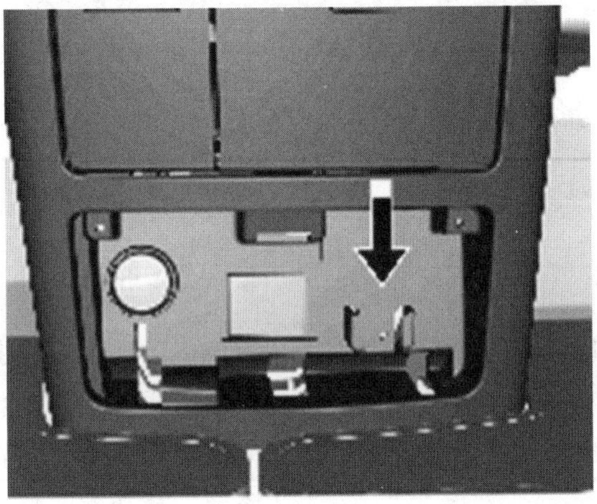

图 9–116

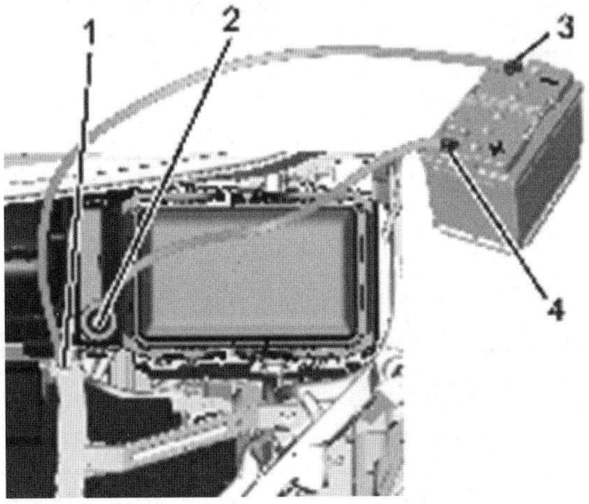

1.车辆接地点　2.无电蓄电池正极（+）接线柱　3.供电蓄电池负极（–）接线柱　4.供电蓄电池正极（+）接线柱

图 9–117

跨接启动步骤：

（1）检查另一辆车。它必须有一个带负极接地系统的 12V 蓄电池。

（2）将两辆车停放在一起，注意不要发生接触。

（3）牢固设置驻车制动器，并将换挡杆挂入 P（驻车）挡。

（4）将点火开关置于“锁定 / 关闭”位置，并关闭两辆车上除危险警告闪光灯（如必要）外的所有灯和附件。

（5）将红色正极（+）电缆的一端连接至无电蓄电池的正极（+）接线柱。

（6）将红色正极（+）电缆的另一端连接至供电蓄电池的正极（+）接线柱。

（7）将黑色负极（–）电缆的一端连接至供电蓄电池的负极（–）接线柱。

（8）将另一端黑色负极（–）电缆连接至车辆上的一个接地点，如发动机缸体或发动机固定螺栓。连接时尽可能远离无电蓄电池。

（9）启动蓄电池有电的车辆，并怠速运行发动机至少 4min。

（10）试着启动蓄电池无电的车辆。如果尝试几次后仍无法启动，则车辆很可能需要维修。

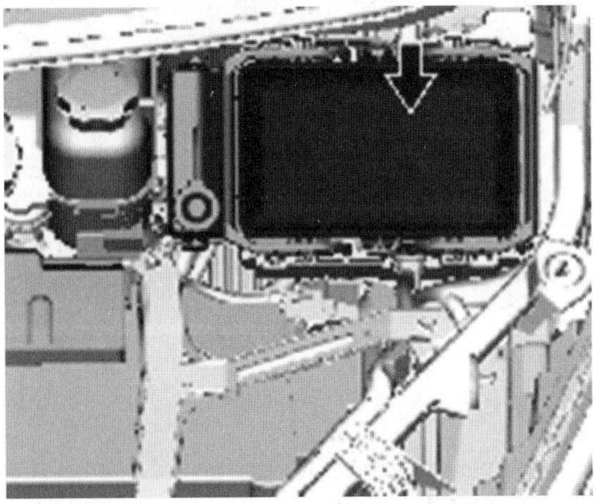

图 9–118

5. 保险丝盒位置

发动机舱保险丝盒：发动机舱盖下的保险丝盒位于车

辆驾驶员侧的发动机舱内，如图 9–118 所示。

仪表板保险丝盒：仪表板保险丝盒位于车辆仪表板的储物盒后方，需要拆下储物盒才能看到。

十九、2015—2016 年上汽通用 GL8 商务车

1. 拖车与运输车辆

推荐使用平板拖车运送车辆。车轮举升式拖车可能会损坏车辆。如需要，可使用汽车坡道减小接近角。如车辆配有牵引钩，推荐使用牵引钩将车辆从平坦路面拖至平板拖车上。在雪地、泥地、沙地中或车轮抱死无法自由转动时，请勿使用牵引钩牵引车辆。如果在紧急情况下无法获得牵引服务，可以暂时用如下方法牵引车辆：车辆前配有一个用于安装牵引钩的牵引孔。撬开牵引孔上的盖罩，将牵引钩插入牵引孔内，最大限度地旋紧牵引钩，然后将牵引杆连接至牵引钩上，如图 9–119 所示。打开点火开关，释放方向盘锁，并允许使用制动灯、喇叭和挡风玻璃刮水器。将变速器置于空挡，并松开驻车制动器。牵引结束后，请拧下牵引钩。盖好牵引孔盖。车辆必须朝前牵引，速度不超过 80km/h，行驶距离不超过 100km。

2. 紧急进出车辆

锁芯位于驾驶员侧车门外把手上。将遥控钥匙的钥匙齿拔出，插入锁芯中左右转动可解锁或上锁车辆，如图 9–120 所示。

图 9–119

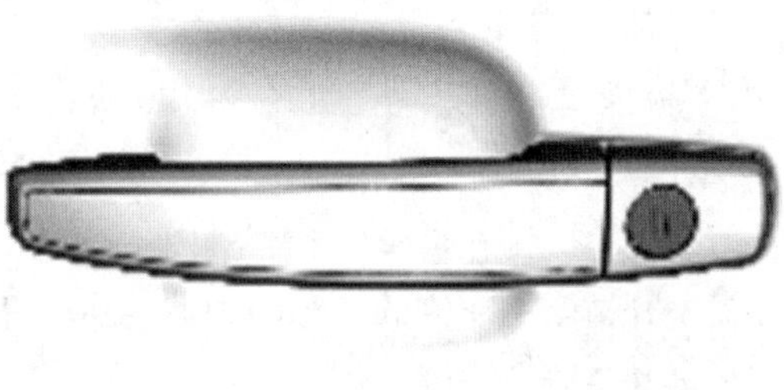

图 9–120

3. 跨接启动

如本车的蓄电池没电，可以利用跨接电缆连接另一辆车的蓄电池或使用外接蓄电池跨接启动本车。

跨接启动步骤：

（1）检查另一辆车。它必须有一个带负极接地系统的 12V 蓄电池。

（2）将两辆车停放在一起，注意不要发生接触。

（3）牢固设置驻车制动器，并将换挡杆挂入 P（驻车）挡。

（4）将点火开关置于“锁定 / 关闭”位置，并关闭两辆车上除危险警告闪光灯（如必要）外的所有灯和附件。

（5）将红色正极（+）电缆的一端连接至无电蓄电池的正极（+）接线柱。

（6）将红色正极（+）电缆的另一端连接至供电蓄电池的正极（+）接线柱。

（7）请将黑色负极（–）电缆的一端连接至供电蓄电池的负极（–）接线柱。

（8）将另一端黑色负极（–）电缆连接至车辆上的一个接地点，如发动机缸体或发动机固定螺栓。

连接时尽可能远离无电蓄电池。

（9）启动蓄电池有电的车辆，并怠速运行发动机至少 4min。

（10）试着启动蓄电池无电的车辆。如果尝试几次后仍无法启动，则车辆很可能需要维修。

4. 保险丝盒位置

发动机舱保险丝盒：发动机舱盖下的保险丝盒位于车辆发动机舱内，如图 9–121 中 A 所示。

仪表板保险丝盒：仪表板保险丝盒位于手套箱右侧，如图 9–122 所示。

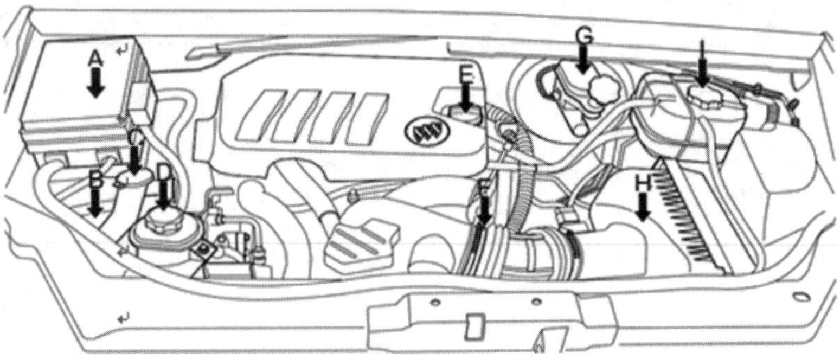

A.发动机舱保险丝盒

图 9–121

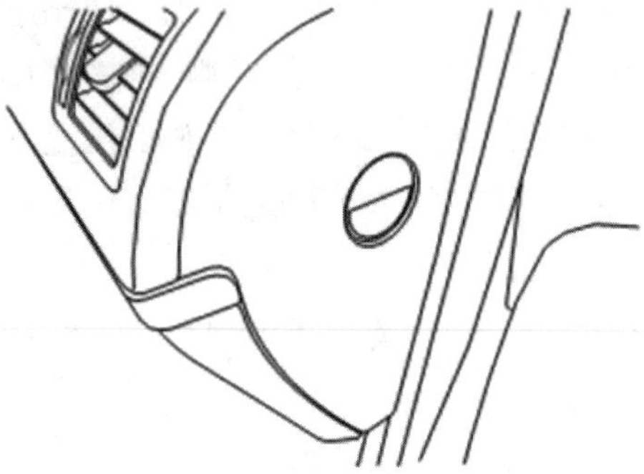
图 9–122

二十、2015—2017 年上汽通用昂科拉

1. 拖车与运输车辆

使用平板拖车牵引车辆，如图 9–123 所示。车轮举升拖车可能会损坏车辆。在牵引车辆时，请遵守下面的程序：

（1）乘客不应留在被牵引的车辆内。

（2）松开被牵引车辆的驻车制动器，将变速器置于空挡 N。

（3）打开危险警告闪光灯。

（4）遵守速度限制。

紧急牵引：如果在紧急情况下无法获得牵引服务，可以暂时用固定在紧急牵引钩上的绳索牵引车辆。使用螺丝刀松开盖子并拆下盖子，如图 9–124 所示；牵引钩与随车工具存放在一起。

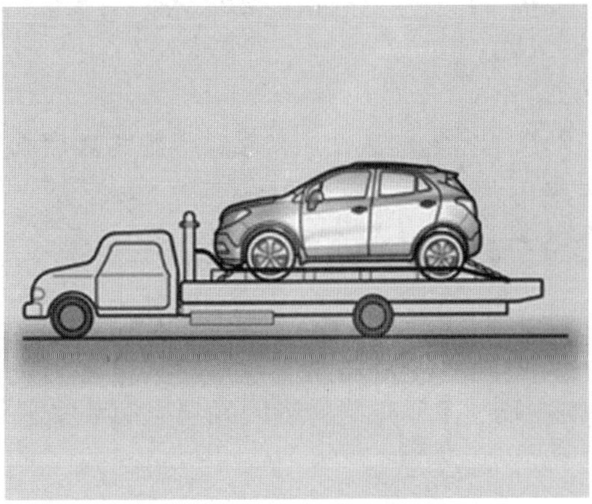
图 9–123

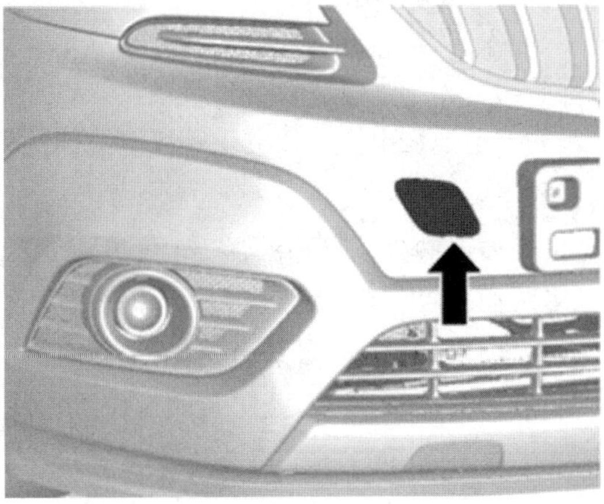
图 9–124

尽量将牵引钩拧到底，直到其停在水平位置上，如图 9–125 所示；将牵引绳或最好是牵引杆接到牵引钩上；牵引钩只能用于牵引，不能用于车辆救援；接通点火开关以松开转向柱锁，并允许使用制动灯、

喇叭和挡风玻璃刮水器；将变速器置于空挡；当发动机未处于运行状态时，需要更费力地进行制动和转向。带自动变速器的车辆：请勿使用牵引钩牵引车辆。用牵引绳牵引可能导致自动变速器严重损坏。在牵引带自动变速器的车辆时，使用平板拖车或车轮提升设备。带手动变速器的车辆：车辆被牵引时必须朝前，速度不可超过 80 km/h。在所有其他情况下以及变速器有故障时，必须将前桥抬离地面。

2. 紧急进出车辆

通过顺时针转动钥匙槽内的钥匙手动进行锁止，使中控门锁锁止。通过逆时针转动钥匙槽内的钥匙手动进行解锁，仅使驾驶员侧车门解锁，如图 9-126 所示。

图 9-125

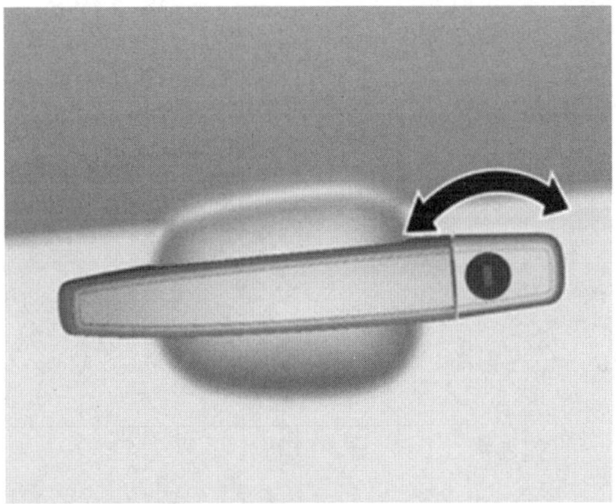

图 9-126

3. 跨接启动

请勿用快速充电器启动。可以使用跨接线和另一辆车的蓄电池启动蓄电池电量耗尽的车辆。

跨接线连接顺序，如图 9-127 所示。将红色跨接线的一端连接至电量耗尽的蓄电池的正极端子。将红色跨接线的另一端连接至助力蓄电池的正极端子。将黑色跨接线连接至助力蓄电池的负极端子。将黑色跨接线的另一端连接至车辆搭铁点，如发动机气缸体或发动机安装螺栓。连接在尽可能远离电量耗尽的蓄电池的位置，至少有 60cm 远。布置跨接线，使它们不能碰到发动机舱中的旋转部件。

启动发动机：

（1）启动提供跨接的车辆发动机。

（2）5min 后，启动另一台发动机。启动发动机的尝试应每隔 1min 进行一次，且持续时间不能超过 15s。

（3）在跨接线连接的情况下，使两台发动机怠速约 3min。

（4）打开接受跨接启动的车辆的用电装置（如前照灯、加热型后窗）。

（5）按与上述步骤相反的顺序拆下跨接线。

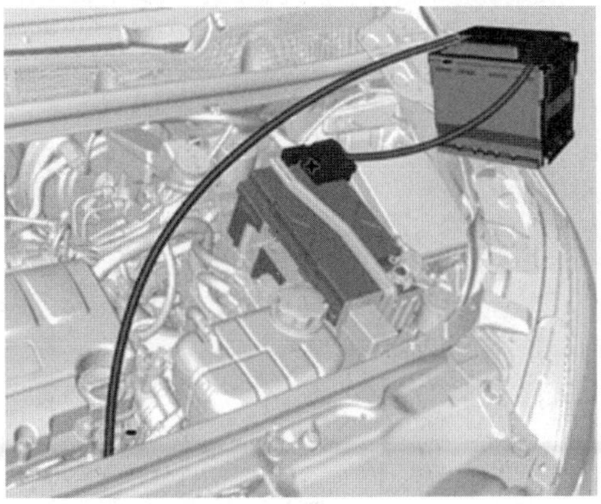

图 9-127

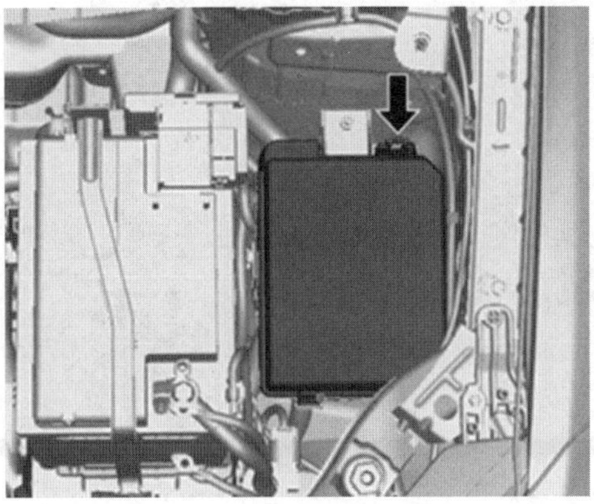

图 9-128

4. 保险丝盒位置

发动机舱保险丝盒：保险丝盒位于发动机舱驾驶员前部。松开盖子，将其拆下，如图 9–128 所示。

仪表板保险丝盒：仪表板保险丝盒位于驾驶员侧仪表板处，如图 9–129 所示。打开储物盒，向上拉动将储物盒移出锁止位置，然后再向外拉动拆下盖板，更换保险丝。

行李箱保险丝盒：行李箱保险丝盒位于行李箱的左侧，如图 9–130 所示。

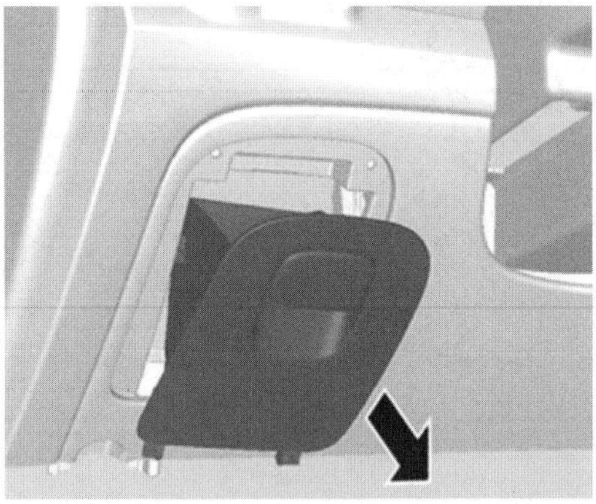

图 9–129

图 9–130

二十一、2017—2019 年上汽通用昂科拉

1. 拖车与运输车辆

使用平板拖车牵引车辆，如图 9–131 所示。车轮举升拖车可能会损坏车辆。在牵引车辆时，请遵守下面的程序：乘客不应留在被牵引的车辆内；松开被牵引车辆的驻车制动器，将变速器置于空挡 N；打开危险警告闪光灯；遵守速度限制。

紧急牵引：如果在紧急情况下无法获得牵引服务，可以暂时用固定在紧急牵引钩上的绳索牵引车辆。使用螺丝刀松开盖子并拆下盖子；牵引钩与随车工具存放在一起。

尽量将牵引钩拧到底，直到其停在水平位置上，如图 9–132 所示；将牵引绳或最好是牵引杆接到牵引钩上；牵引钩只能用于牵引，不能用于车辆救援；接通点火开关以松开转向柱锁，并允许使用制动灯、喇叭和挡风玻璃刮水器；将变速器置于空挡；当发动机未处于运行状态时，需要更费力地进行制动和转向；带自动变速器的车辆：请勿使用牵引钩牵引车辆。用牵引绳牵引可能导致自动变速器严重损坏。在牵引

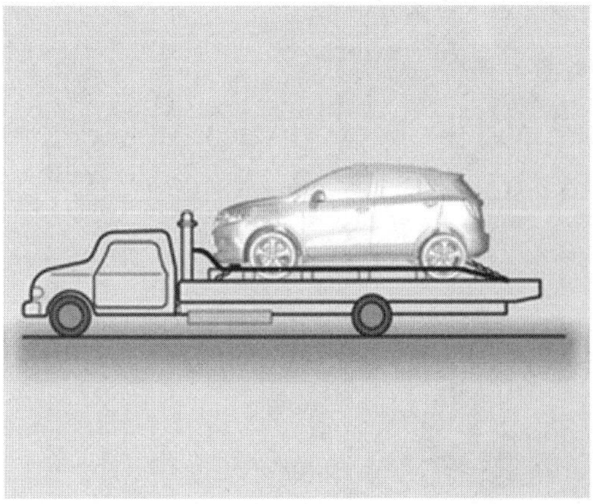

图 9–131

图 9–132

带自动变速器的车辆时，使用平板拖车或车轮提升设备。带手动变速器的车辆：车辆被牵引时必须朝前，速度不可超过 80 km/h。在所有其他情况下以及变速器有故障时，必须将前桥抬离地面。

2. 紧急进出车辆

通过顺时针转动钥匙槽内的钥匙手动进行锁止，使中控门锁锁止。通过逆时针转动钥匙槽内的钥匙手动进行解锁，仅使驾驶员侧车门解锁，如图 9–133 所示。

3. 应急点火

尝试启动车辆时，如果钥匙电池电量不足，则驾驶员信息中心会显示未发现遥控钥匙或更换遥控钥匙电池信息。

要启动车辆：

（1）将钥匙放在中控台储物盒中，按钮朝前，如图 9–134 所示。

（2）车辆在 P（驻车）挡或 N（空）挡时，踩下制动踏板并按下“START/STOP（启动 / 停止）”按钮。

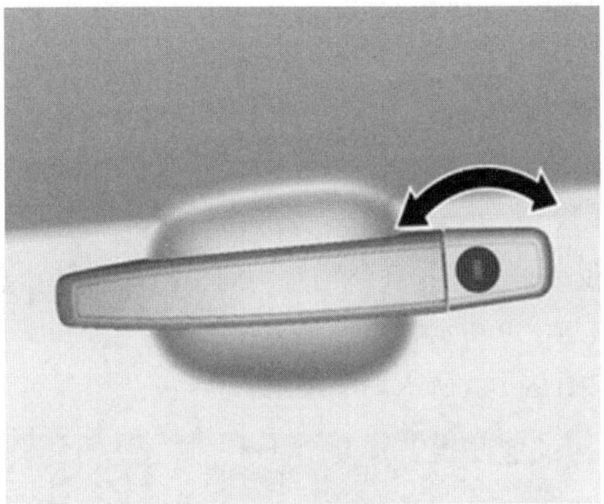

图 9–133

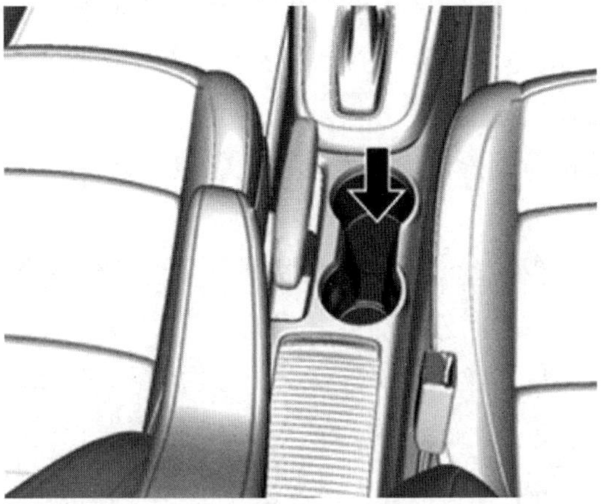

图 9–134

4. 变速器应急驻车释放（解除 P 挡）

从驻车挡（P）换挡前，必须接通点火开关并且必须完全踩下制动踏板。如果在点火开关接通并踩下制动踏板的情况下无法移出驻车挡：关闭点火开关并拔出钥匙。踩住制动踏板并拉起驻车制动器拉杆。用平头螺丝刀之类的扁平工具撬开中控台上的盖子，如图 9–135 所示。将点火钥匙插入槽中并向下按，如图 9–136 所示。将换挡杆换至空挡（N），从槽中拔出钥匙。装回盖子。

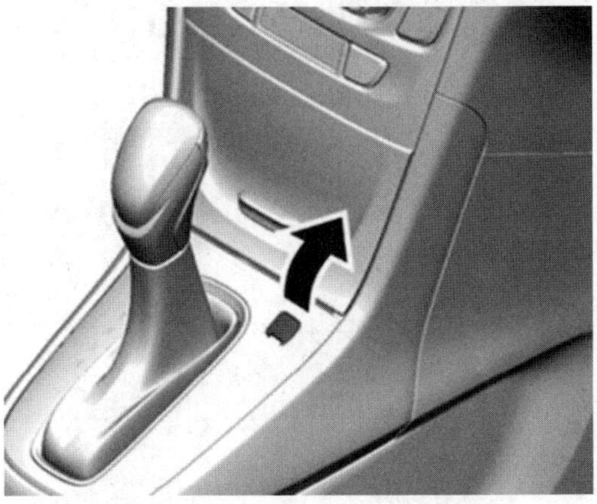

图 9–135

图 9–136

5. 跨接启动

请勿用快速充电器启动。可以使用跨接线和另一辆车的蓄电池启动蓄电池电耗尽的车辆。跨接线连接顺序：

（1）将红色跨接线的一端连接至电耗尽的蓄电池的正极端子。

（2）将红色跨接线的另一端连接至助力蓄电池的正极端子。

（3）将黑色跨接线连接至助力蓄电池的负极端子。

（4）将黑色跨接线的另一端连接至车辆搭铁点，如发动机气缸体或发动机安装螺栓。连接在尽可能远离电耗尽的蓄电池的位置，至少有 60cm 远。

（5）布置跨接线，使它们不能碰到发动机舱中的旋转部件，如图 9–137 所示。

启动发动机：

（1）启动提供跨接的车辆发动机。

（2）5min 后，启动另一台发动机。启动发动机的尝试应每隔 1min 进行一次，且持续时间不能超过 15s。

（3）在跨接线连接的情况下，使两台发动机怠速约 3min。

（4）打开接受跨接启动的车辆的用电装置（如前照灯、加热型后窗）。

（5）按与上述步骤相反的顺序拆下跨接线。

6. 保险丝盒位置

发动机舱保险丝盒：发动机舱保险丝盒位于发动机舱驾驶员前部，如图 9–138 所示。松开盖子，将其拆下。

仪表板保险丝盒：仪表板保险丝盒位于驾驶员侧仪表板处。打开储物盒，向上拉动将储物盒移出锁止位置，然后再向外拉动拆下盖板，更换保险丝，如图 9–139 所示。

行李箱保险丝盒：保险丝盒位于行李箱的左侧，如图 9–140 所示。

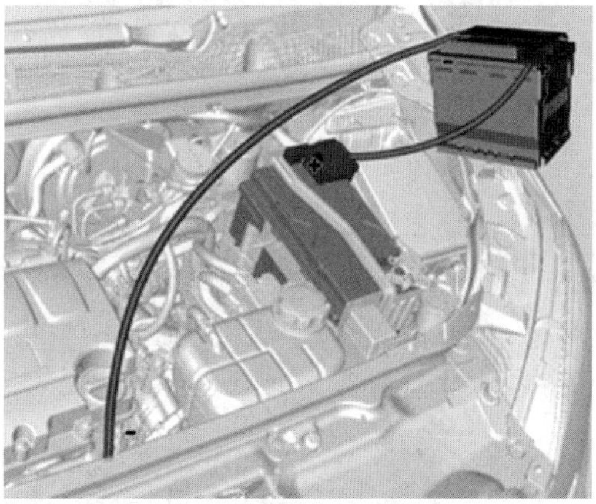

图 9–137

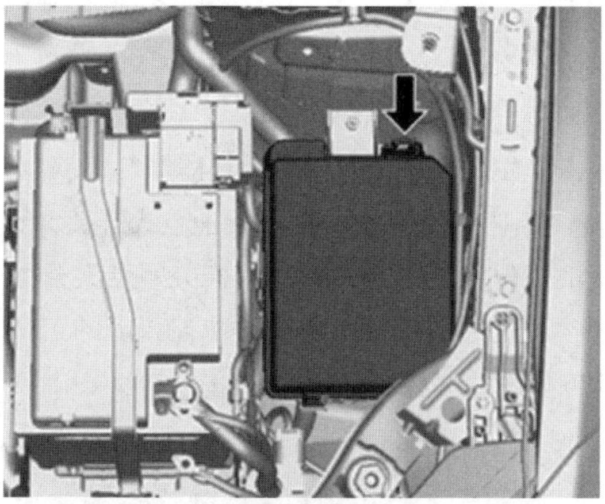

图 9–138

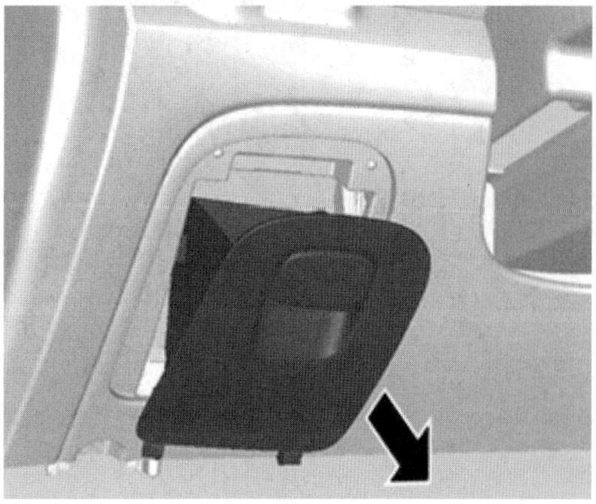

图 9–139

图 9–140

二十二、2020 年上汽通用昂科拉

1. 拖车与运输车辆

仅使用平板拖车牵引故障车辆，如图 9–141 所示。车轮举升式拖车可能会损坏车辆。如果车辆装备牵引钩，则仅使用牵引钩将车辆从水平路面拉到平板拖车上。不要使用牵引钩从雪地、泥地或沙地中拉动车辆。如需要，可使用汽车坡道减小接近角。

2. 紧急进出车辆

（1）将车门把手拉至打开位置。

（2）将机械钥匙插入锁芯盖底部的槽内，并向外撬动，如图 9–142 所示。

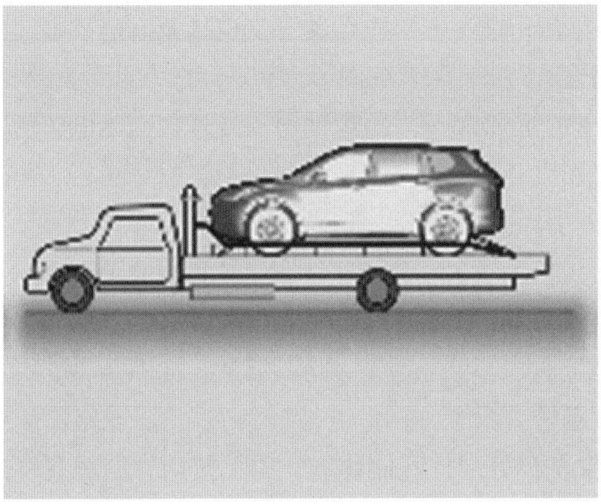

图 9–141

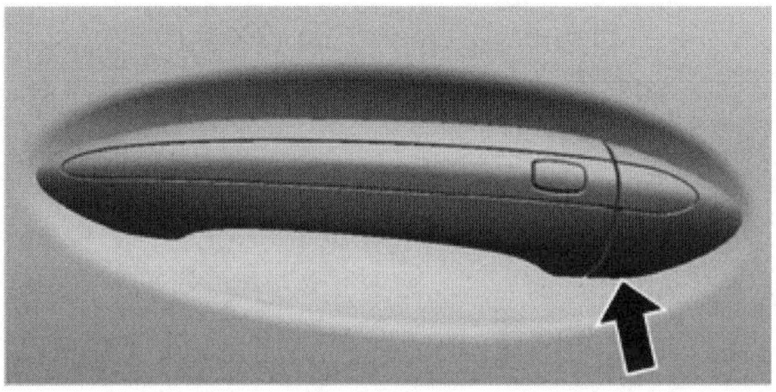

图 9–142

（3）向后移动锁芯盖并将其拆下。

3. 应急点火

如果车辆处于强烈信号干扰区域，或遥控钥匙电池电量不足时，当您试着启动车辆时，驾驶员信息中心可能会显示未发现遥控钥匙的信息。

此时要启动车辆：

（1）将遥控钥匙置于中央控制台杯托下的储物盒内，如图 9–143 所示。

（2）车辆在 P（驻车）挡或 N（空）挡时，踩下制动踏板并按下“START/STOP(启动/停止)”按钮。

4. 跨接启动

如果蓄电池电量耗尽，则尝试使用另一辆车和几根跨接电缆来启动车辆。务必按照如下步骤进行操作以保证安全。

本车蓄电池的跨接启动正极连接端子位于一个盖罩下。打开盖罩，露出正极连接端子，如图 9–144 所示。

图 9–143

（1）检查另一车辆。它必须有一个带负极

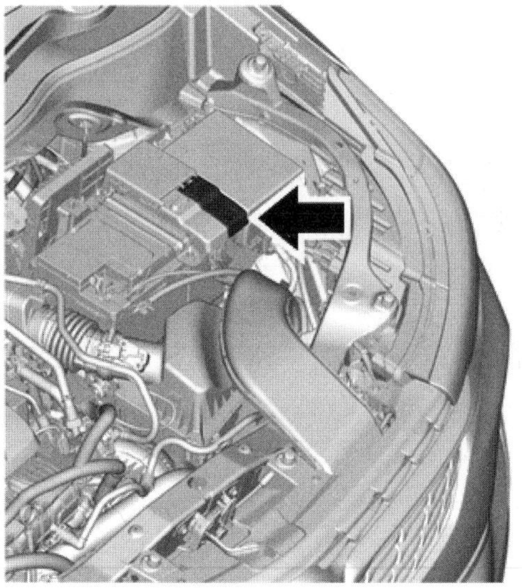

图 9-144

搭铁系统的 12 V 蓄电池。

（2）将两辆车停放在一起，注意不要发生接触。

（3）牢固启用驻车制动，并将手动变速器置于空挡、自动变速器置于驻车挡P。

（4）关闭点火开关。除在必要时打开危险警告闪光灯外，关闭两辆车的所有车灯及附件。

（5）将红色正极（+）电缆的一端连接至无电蓄电池的远置正极（+）端子上。

（6）将红色正极（+）电缆的另一端连接至有电蓄电池的正极（+）端子上。

（7）将黑色负极（-）电缆的一端连接至有电蓄电池的负极（-）端子上。

（8）将黑色负极（-）电缆的另一端连接至无电车辆发动机舱内的车辆负极接地点。

（9）启动蓄电池完好的车辆，并怠速运行发动机至少 4min。

（10）试着启动蓄电池无电的车辆。如果尝试几次后仍无法启动，则车辆很可能需要维修。

5. 保险丝盒位置

发动机舱保险丝盒：该保险丝盒位于发动机舱驾驶员前部。松开盖子，将其拆下，如图 9-145 所示。更换有故障的保险丝后，盖上保险丝盒盖子，按压使其啮合。

仪表板保险丝盒：仪表板保险丝盒位于驾驶员侧仪表板处。打开储物盒，向上拉动将储物盒移出锁止位置，然后再向外拉动拆下盖板，更换保险丝，如图 9-146 所示。

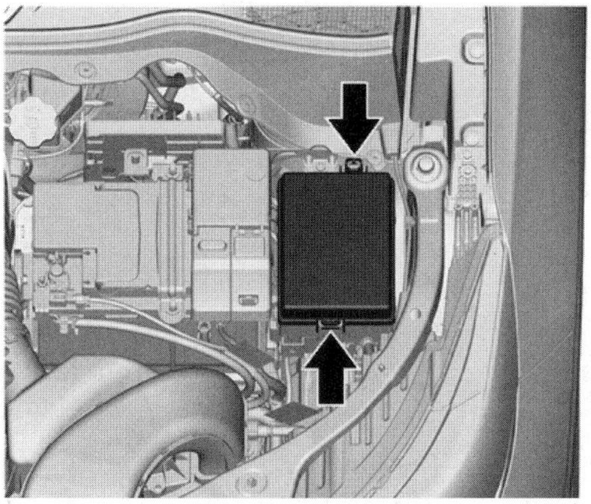

图 9-145

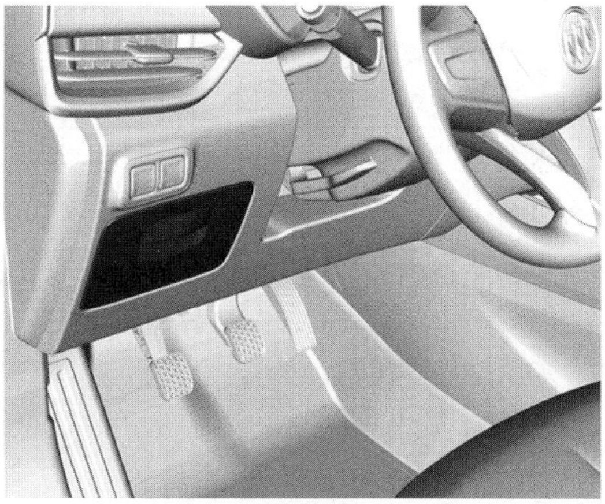

图 9-146

二十三、2020 年上汽通用昂科拉 GX

1. 拖车与运输车辆

仅使用平板拖车牵引故障车辆，如图 9-147 所示。车轮举升式拖车可能会损坏车辆。如果车辆装备牵引钩，则仅使用牵引钩将车辆从水平路面拉到平板拖车上。不要使用牵引钩从雪地、泥地或沙地中拉动车辆。如需要，可使用汽车坡道减小接近角。

2. 紧急进出车辆

（1）将车门把手拉至打开位置。

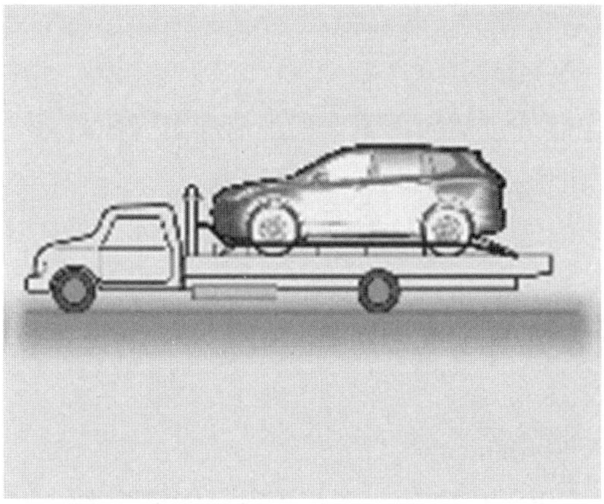

图 9-147

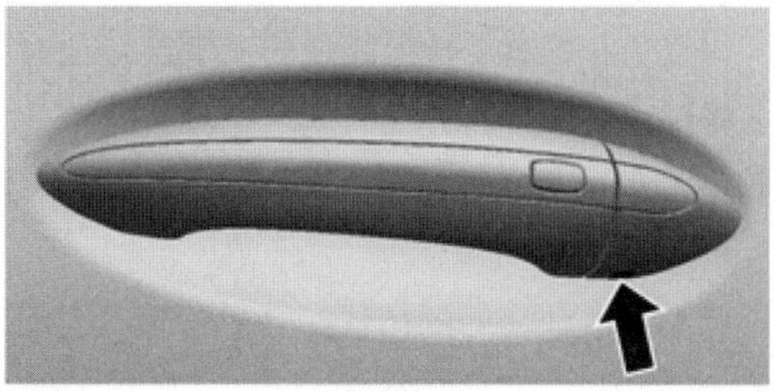

图 9-148

（2）将机械钥匙插入锁芯盖底部的槽内，并向外撬动，如图 9-148 所示。

（3）向后移动锁芯盖并将其拆下。

3. 应急点火

如果车辆处于强烈信号干扰区域，或遥控钥匙电池电量不足时，当试着启动车辆时，驾驶员信息中心可能会显示未发现遥控钥匙的信息。

此时要启动车辆：

（1）将遥控钥匙放入中控台信号增强槽中，如图 9-149 所示。

（2）在车辆处于 P（驻车）挡或 N（空）挡的情况下，踩下制动踏板并按下“START/STOP（启动/停止）”按钮。

4. 跨接启动

如果蓄电池电耗尽，则尝试使用另一辆车和几根跨接电缆来启动车辆。务必按照如下步骤进行操作以保证安全。无电蓄电池的跨接启动远置正极端子（如图 9-150 中 1 所示）及远置负极搭铁端子（如图 9-150 中 2 所示） 位于车辆的驾驶员侧。跨接启动负极端子（如图 9-150 中 3 所示） 和正极端子（如图 9-150 中 4 所示）位于提供跨接启动的车辆的蓄电池上。无电蓄电池的跨接启动正极连接端子位于一个盖罩下。拆下盖罩，露出正极连接端子。

（1）检查另一辆车。它必须有一个带负极搭铁系统的 12V 蓄电池。

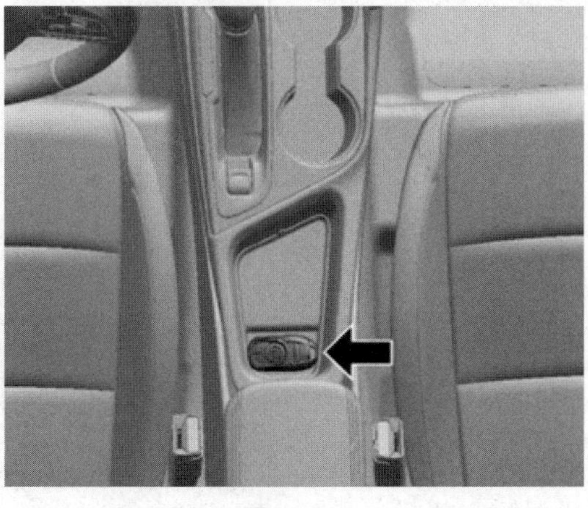

图 9-149

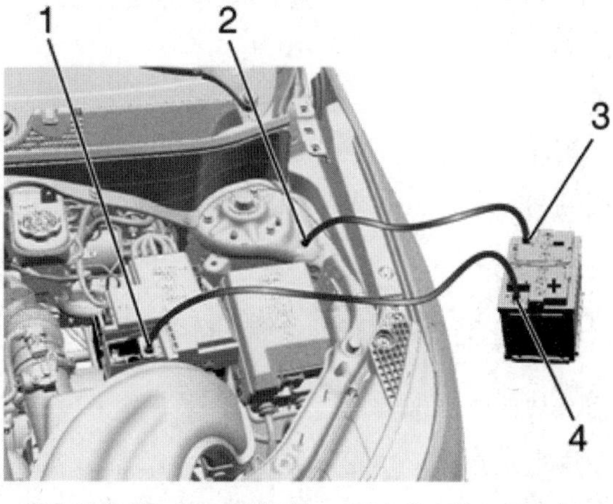

1.无电蓄电池远置正极端子　2.无电蓄电池远置负极搭铁端子　3.有电蓄电池负极端子　4.有电蓄电池正极端子

图 9-150

（2）将两辆车停放在一起，注意不要发生接触。

（3）牢固启用驻车制动，并将变速器置于驻车挡（P）。

（4）关闭点火开关。除在必要时打开危险警告闪光灯外，关闭两辆车的所有车灯及附件。

（5）将红色正极（+）电缆的一端连接至无电蓄电池的远置正极（+）端子。

（6）将红色正极（+）电缆的另一端连接至有电蓄电池的正极（+）端子。

（7）将黑色负极（-）电缆的一端连接至有电蓄电池的负极（-）端子。

（8）将黑色负极（-）电缆的另一端连接至无电蓄电池的驾驶员侧减震支撑上的远置负极（-）搭铁端。

（9）启动蓄电池完好的车辆，并怠速运行发动机至少 4min。

（10）试着启动蓄电池无电的车辆。如果尝试几次后仍无法启动，则车辆很可能需要维修。

跨接电缆的拆卸：

（1）当拆下跨接电缆时，以相反的顺序进行。

（2）启动抛锚车辆并拆下跨接电缆后，让车辆怠速运转数分钟。

5. 保险丝盒位置

发动机舱保险丝盒：发动机舱盖下的保险丝盒位于车辆驾驶员侧的发动机舱内，如图 9-151 所示。要拆下保险丝盒盖，按下盒盖上的卡扣并径直向上将其提起。

仪表板保险丝盒：仪表板保险丝盒位于仪表板的驾驶员侧上，如图 9-152 所示。如果要触及保险丝，从顶部开始拆下面板。

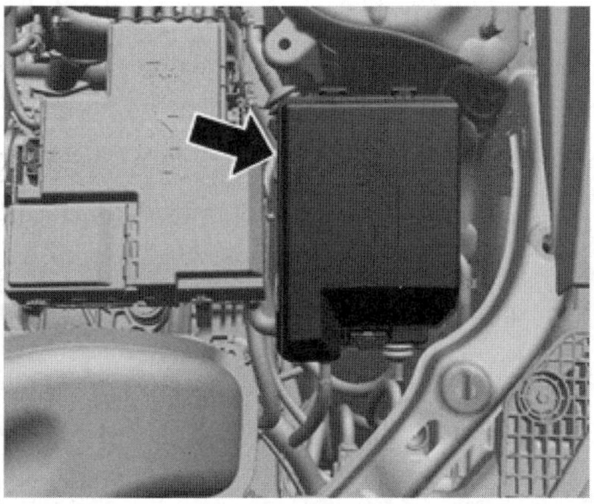

图 9-151

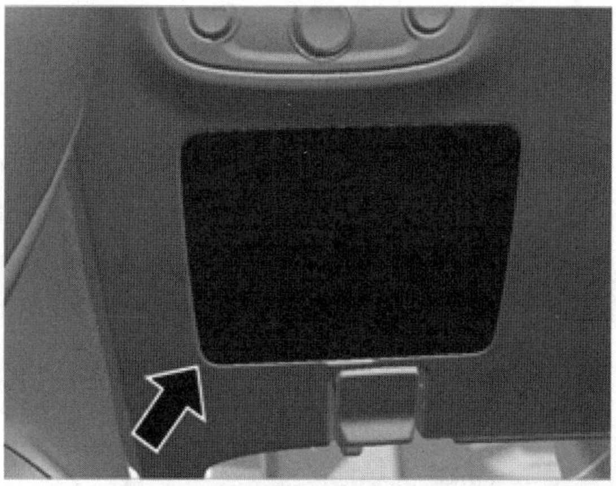

图 9-152

行李箱保险丝盒：如装备，行李箱保险丝盒位于行李箱驾驶员侧的一个护盖后面，如图 9-153 所示。要检修保险丝，需拆下盖子。

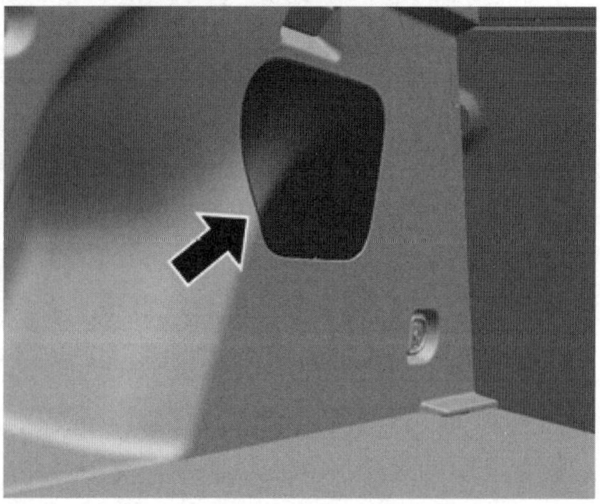

图 9-153

二十四、2015—2017 上汽通用昂科雷

1. 拖车与运输车辆

仅使用平板拖车或车轮举升拖车牵引车辆。如果使用车轮举升拖车，则牵引时驱动轮不能接触到路面。必须使用车轮拖板将所有驱动车轮抬离地面。

2. 跨接启动

如果车辆蓄电池电量耗尽，则可能需要使用另一辆车和几根跨接线来启动车辆。务必按照如下步骤进行操作以保证安全。检查另一辆车。它必须有一个带负极搭铁系统的 12V 蓄电池。将两车靠近以便用跨接线可以连接两车，但确保两车不可接触。如果两车接触，则会导致不良的搭铁连接。您的车辆将无法启动，而且不良的搭铁可能会损坏车辆的电气系统。避免车辆在跨接启动过程中移动，请牢固设置两车的驻车制动器。在设置驻车制动器前，将自动变速器置于 P（驻车）挡或将手动变速器置于 N（空）挡。如果其中一辆车是四轮驱动车辆，则确保分动箱未处于空挡。关闭两车的点火开关。将不必要的附件插头从点烟器或附件电源插座上拔掉。关闭收音机及非必需的车灯，这样将避免产生火花，并且有利于保护两车蓄电池。而且，这样做还可以保护收音机。打开发动机舱盖，找到另一辆车上的正极（+）和负极（-）端子的位置。车辆有一个远置正极（+）和一个远置负极（-）跨接启动端子。将红色正极（+）电缆接到无电蓄电池的正极（+）端子上。请使用远置正极（+）端子（如果车辆装备）。请勿让电缆另一端接触金属。将其与有电蓄电池的正极（+）端子连接。请使用远置正极（+）端子（如果车辆装备）。现在，请将黑色负极（-）电缆接到有电蓄电池的负极（-）端子上。使用远置负极（-）端子（如果车辆装备）。在进行下一步前，请勿让电缆另一端接触任何东西。请勿将负极（-）电缆的另一端接到无电蓄电池上。将其接到蓄电池无电车辆上的厚实、未上漆的发动机金属部分或远置负极（-）端子上。请将负极（-）电缆的另一端接到无电蓄电池的远置负极（-）端子上。为此，车辆配有一个远置负极（-）端子。现在，启动装备有电蓄电池的车辆，并让发动机运行一段时间。试着启动蓄电池无电的车辆。如果尝试几次后仍无法启动，则车辆很可能需要维修。

3. 保险丝盒位置

发动机舱保险丝盒：发动机舱盖下的保险丝盒位于车辆乘客侧的发动机舱内。

仪表板保险丝盒：仪表板保险丝盒在车辆乘客侧的仪表板下方。拉下盖子即露出保险丝盒。

二十五、2015—2020 年上汽通用昂科威

1. 拖车与运输车辆

使用平板拖车牵引车辆，如图 9-154 所示。车轮举升拖车可能会损坏车辆。

车辆前端配备有一个用于安装牵引钩的牵引孔，如图 9-155 所示。用工具撬开牵引孔上的盖罩。牵引钩存放在备胎前侧的工具包内。将牵引钩插入牵引孔内，最大限度地拧入牵引钩，直到其停止在水平位置。然后将牵引绳或牵引杆连接至牵引钩。牵引钩只能用于牵引，不能用于车辆救援。将变速器换挡杆挂入空挡。松开被牵引车辆的驻车制动器。当发动机未处于运行状态时，需要更费力地进行制动和转向。在接受牵引后，请拧下牵引钩，安装好牵引孔盖罩，并把牵引钩放回工具包中。

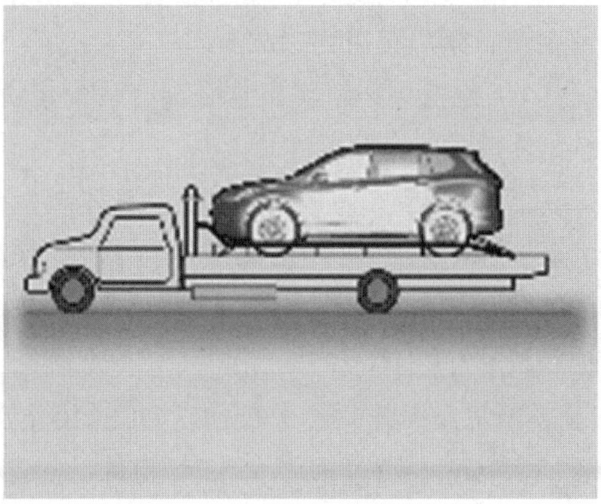

图 9-154

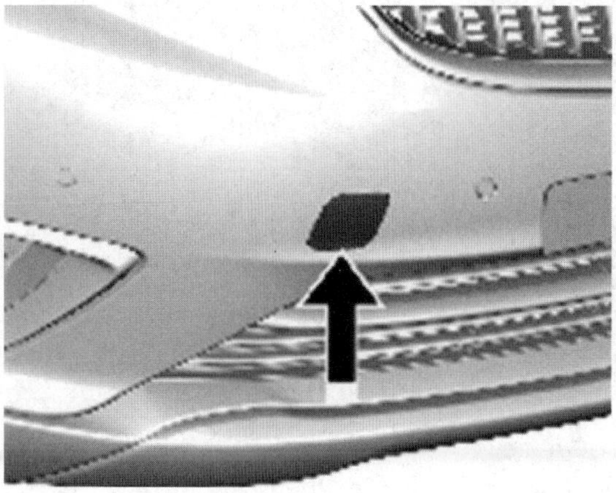

图 9-155

2. 紧急进出车辆

按下遥控钥匙上的按钮可取下钥匙。驾驶员侧车门锁芯被盖子遮住。将钥匙插入锁芯盖底部的钥匙槽内，插入到底。向上垂直抬起钥匙，撬下锁芯盖。将钥匙插入锁芯，如图 9–156 所示。安装锁芯盖时，先合上锁芯盖的下端，然后再安装上半部分。

3. 应急点火

如果遥控钥匙电量较弱，或者存在信号干扰，则当启动车辆时，驾驶员信息中心会显示未发现遥控钥匙的提示信息。

要启动车辆：

（1）将遥控钥匙放在前杯托里，如图 9–157 所示。

（2）车辆在 P（驻车）挡或 N（空）挡时，踩下制动踏板并按下 ENGINE START/STOP（发动机启动 / 停止）按钮。

图 9–156

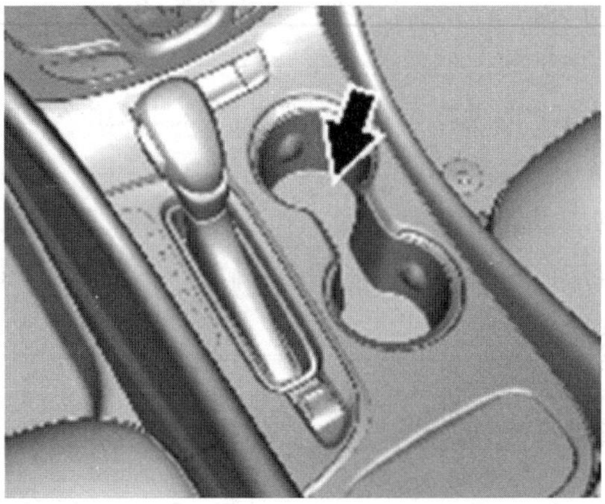

图 9–157

4. 跨接启动

如果蓄电池电耗尽，则尝试使用另一辆车和几根跨接电缆来启动车辆。务必按照如下步骤进行操作以保证安全。无电蓄电池的跨接启动负极搭铁点（如图 9–158 中 2 所示）在驾驶员侧的减震器拱形座上。无电蓄电池的跨接启动正极端子（如图 9–158 中 1 所示）在车辆驾驶员侧的蓄电池上。跨接启动正极端子（如图 9–158 中 4 所示）及负极端子（如图 9–158 中 3 所示）位于提供跨接启动的车辆蓄电池上。无电蓄电池的跨接启动正极连接端子位于一个饰盖下。打开盖罩，露出正极连接端子。

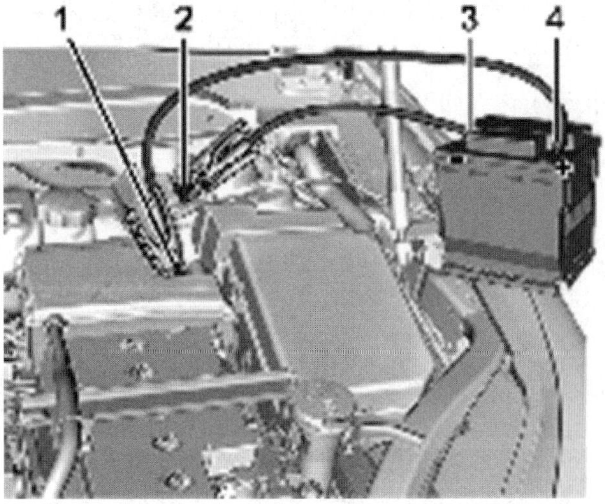

1.无电蓄电池正极（+）端子　2.无电蓄电池负极（–）搭铁点　3.有电蓄电池负极（–）端子　4.有电蓄电池正极（+）端子

图 9–158

（1）检查另一车辆。它必须有一个带负极搭铁系统的 12V 蓄电池。

（2）将两辆车停放在一起，注意不要发生接触。

（3）牢固设置驻车制动器，并将自动变速器车辆的换挡杆置于 P（驻车挡），或将手动变速器车辆的换挡杆置于空挡。

（4）将点火开关置于“LOCK/OFF（锁止 / 关闭）”位置。关闭两辆车上所有车灯和附件，除非在有必要时打开危险警告闪光灯。

（5）将红色正极（+）电缆的一端连接至无电蓄电池的正极（+）端子。

（6）将红色正极（+）电缆的另一端连接至有电蓄电池的正极（+）端子。

（7）请将黑色负极（-）电缆的一端连接至有电蓄电池的负极（-）端子。

（8）将黑色负极（-）电缆的另一端连接至无电蓄电池的负极（-）搭铁点。

（9）启动蓄电池有电的车辆，并怠速运行发动机至少 4min。

（10）试着启动蓄电池无电的车辆。如果尝试几次后仍无法启动，则车辆很可能需要维修。

5. 保险丝盒位置

发动机舱保险丝盒：如图 9-159 所示。

图 9-159

仪表板保险丝盒：仪表板保险丝盒位于乘客侧仪表板的手套箱内。要检修保险丝，从乘客侧拉出保险丝面板盖，将其打开。

行李箱保险丝盒：行李箱保险丝盒位于行李箱左侧的一个护盖后面。要检修保险丝，需拆下盖子。

二十六、2020 年上汽通用昂科旗

1. 拖车与运输车辆

仅使用平板拖车牵引故障车辆，如图 9-160 所示。车轮举升式拖车可能会损坏车辆。如果车辆装备牵引钩，则仅使用牵引钩将车辆从水平路面拉到平板拖车上。不要使用牵引钩从雪地、泥地或沙地中拉动车辆。如需要，可使用汽车坡道减小接近角。

2. 紧急进出车辆

（1）使用驾驶员侧车门锁芯解锁车门要打开锁芯。

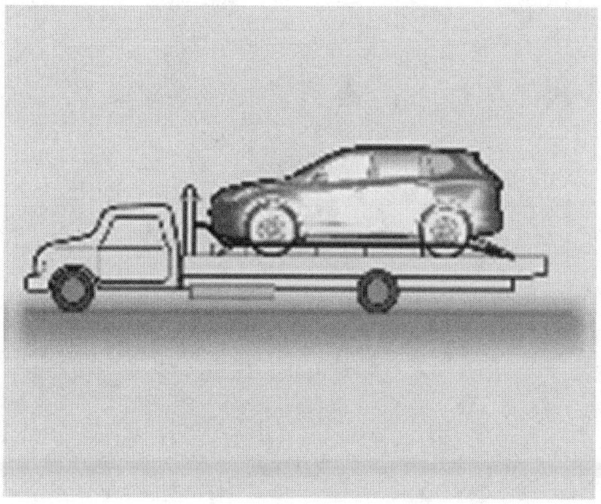

图 9-160

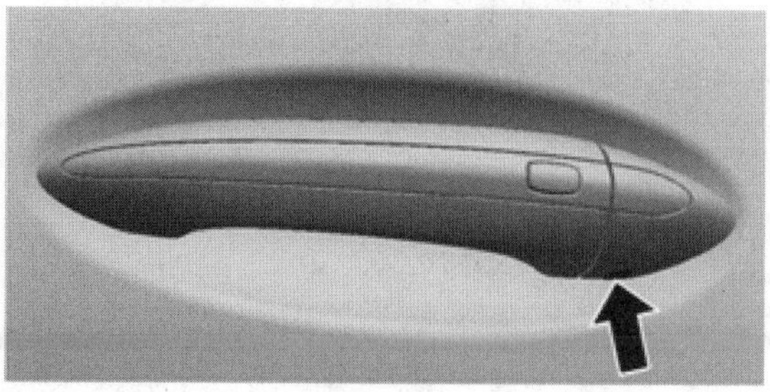

图 9-161

①将车门把手拉至打开位置。

②将机械钥匙插入锁芯盖底部的槽内，并向外撬动，如图 9–161 所示。

③向后移动锁芯盖并将其拆下。

（2）要复位锁芯盖。

拉开车门把手，将锁芯盖后部的凸舌（如图 9–162 中 3 所示）插入密封件（如图 9–162 中 2 所示）和金属底座（如图 9–162 中 1 所示）之间的空间中。卡入到位，如图 9–162 所示。

3. 应急点火

如果车辆启动时遥控钥匙电池电量不足，则驾驶员信息中心会显示未发现遥控钥匙的提示，此时可能也会显示更换遥控钥匙电池的信息。

要启动车辆：

（1）打开中央控制台储物盒。

（2）将遥控钥匙放到储物盒的凹槽中，如图 9–163 所示。

（3）车辆在 P（驻车）挡 或 N（空）挡时，踩下制动踏板并按下“ENGINE START/STOP（发动机启动 / 停止）”按钮。

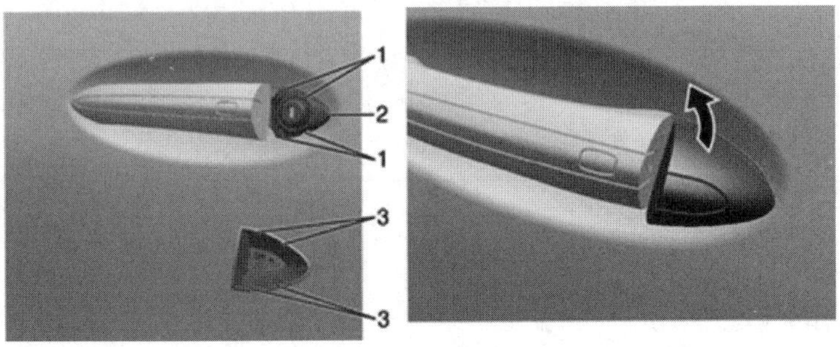

1.金属底座　2.密封件　3.锁芯盖后部的凸舌

图 9–162

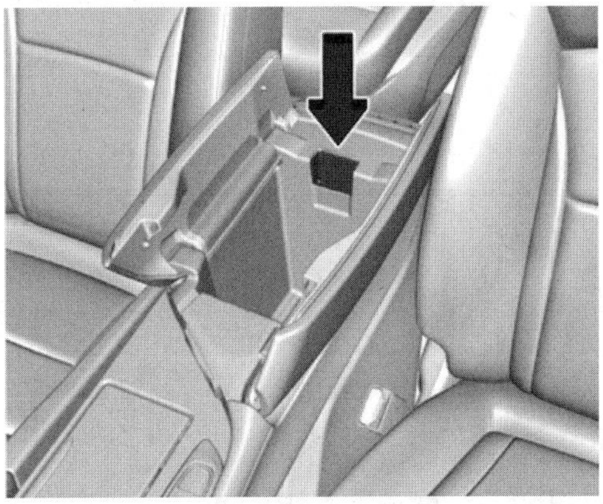

图 9–163

4. 变速器应急驻车释放（解除 P 挡）

（1）要使用驻车挡手动释放装置将车辆移至 N（空）挡。

①确保车辆停放在水平地面上，并启用驻车制动。松开制动踏板。

② 使车辆熄火。

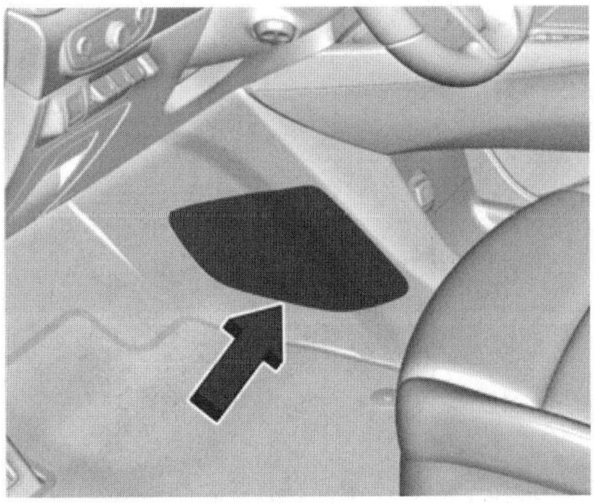

图 9–164

图 9–165

③使用工具拆下加速踏板右侧中控台上的内饰板，如图 9–164 所示。

④确保在执行步骤②之后等待 1min 以上。踩下制动踏板。

⑤将驻车挡手动释放装置拉起 90°，使其移至锁定位置，如图 9–165 所示。

⑥将点火开关置于“附件”位置并释放驻车制动。

⑦ 确认该区域内没有可能会碰到驻车挡手动释放装置的松散物体。

（2）要使用驻车挡手动释放装置将车辆重新换至 P（驻车）挡。

①让车辆完全停止。

②将驻车挡手动释放装置旋转 90°，使其回到原始位置，如图 9–166 所示。

③ 施加驻车制动。

④将点火开关置于“点火”位置或“附件”模式以确认车辆已换至 P（驻车）挡，P 指示灯变为红色。

⑤安装内饰板。

5. 跨接启动

如果蓄电池电耗尽，则尝试使用另一辆车和几根跨接电缆来启动车辆。务必按照如下步骤进行操作以保证安全。无电蓄电池远置正极端子（如图 9–167 中 1 所示）及远置负极搭铁端子（如图 9–167 中 2 所示）位于车辆的驾驶员侧。有电负极端子（如图 9–167 中 3 所示）和正极端子（如图 9–167 中 4 所示）位于提供跨接启动的车辆的蓄电池上。无电蓄电池的正极端子位于一个盖罩下。拆下盖罩，露出正极连接端子。

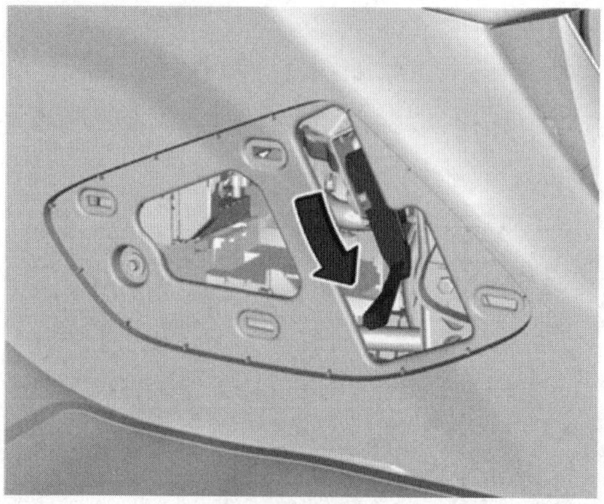

图 9–166

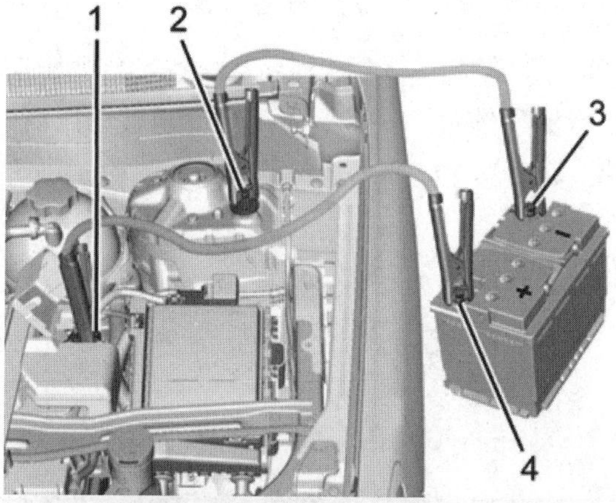

1.无电蓄电池远置正极端子 2.无电蓄电池远置负极搭铁端子 3.有电蓄电池负极端子 4.有电蓄电池正极端子

图 9–167

（1）检查另一辆车。它必须有一个带负极搭铁系统的 12V 蓄电池。

（2）将两辆车停放在一起，注意不要发生接触。

（3）牢固启用驻车制动，并将换挡杆挂入 P（驻车）挡。

（4）将点火开关切换至“关闭”模式。除在必要时打开危险警告闪光灯外，关闭两辆车的所有车灯及附件。

（5）将红色正极（+）电缆的一端连接至无电蓄电池的远置正极（+）端子。

（6）将红色正极（+）电缆的另一端连接至有电蓄电池的正极（+）端子。

（7）将黑色负极（–）电缆的一端连接至有电蓄电池的负极（–）端子。

（8）将黑色负极（–）电缆的另一端连接至无电蓄电池的远置负极（–）搭铁端子。

（9）启动蓄电池完好的车辆，并怠速运行发动机至少 4min。

（10）试着启动蓄电池无电的车辆。如果尝试几次后仍无法启动，则车辆很可能需要维修。

（11）当拆下跨接电缆时，以相反的顺序进行。拆下跨接电缆后，启动车辆，并让车辆怠速运转几分钟。

6. 保险丝盒位置

发动机舱保险丝盒：发动机舱盖下的保险丝盒位于车辆驾驶员侧的发动机舱内，如图 9-168 所示。

仪表板保险丝盒：仪表板保险丝盒在车辆乘客侧的中控台内，如图 9-169 所示。通过将硬币或工具插入检修门的凹槽中，拆下保险丝检修门。要拆下保险丝，则使用位于发动机舱保险丝盒中的保险丝拔出器。

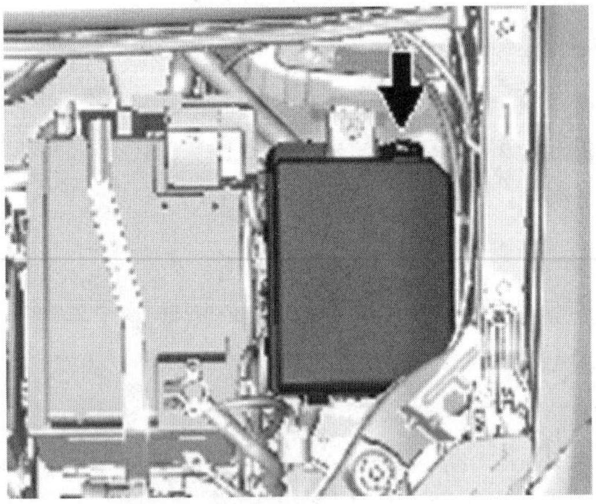

图 9-168

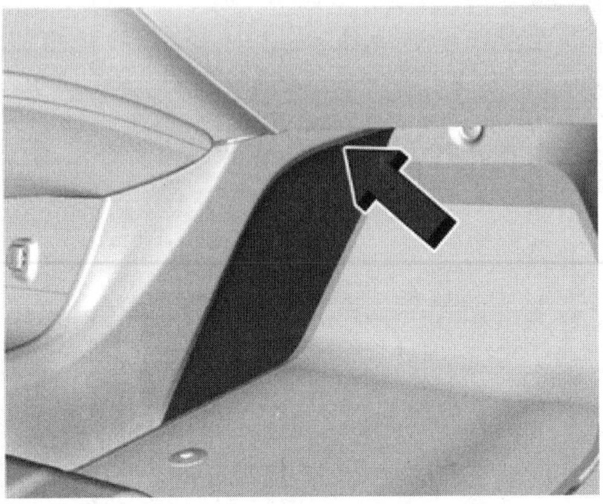

图 9-169

行李箱保险丝盒：行李箱保险丝盒位于行李箱左手侧装饰板下方，如图 9-170 所示。

要检修保险丝盒，先拆下固定在行李管理托盘中的两个螺栓，将托盘取出。然后将行李箱左手侧装饰板取下，如图 9-171 所示。保险丝盒标签位于中央储物盒上或地板下储物托架内。

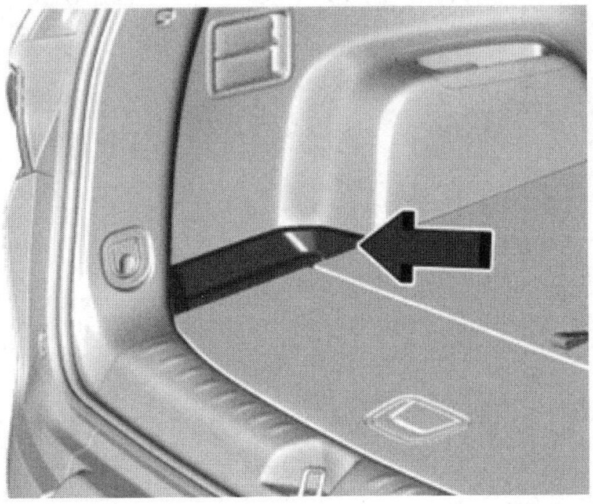

图 9-170

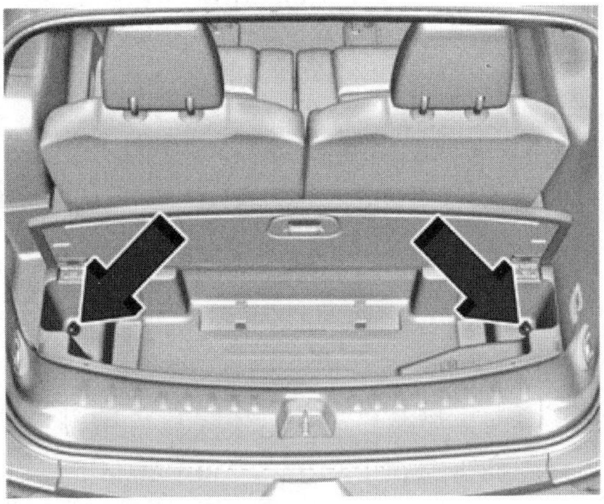

图 9-171

第 10 章　上汽通用雪佛兰车系

一、2015—2016 上汽通用雪佛兰乐风 RV

1. 拖车与运输车辆

仅使用平板拖车牵引故障车辆，如图 10–1 所示。车轮举升式拖车可能会损坏车辆。如果车辆装备牵引钩，则仅使用牵引钩将车辆从水平路面拉到平板拖车上。不要使用牵引钩从雪地、泥地或沙地中拉动车辆。如需要，可使用汽车坡道减小接近角。

如果在紧急情况下无法获得牵引服务，可以暂时用如下方法牵引车辆：使用螺丝刀松开盖子并拆下盖子。牵引钩与随车工具存放在一起。最大限度地拧入牵引钩，将牵引杆连接至牵引钩，如图 10–2 所示。打开点火开关，释放方向盘锁，并允许使用制动灯、喇叭和挡风玻璃刮水器。将变速器置于空挡，并松开驻车制动器。牵引后，请拧下牵引钩。插入盖罩并盖紧。车辆必须朝前牵引，速度不超过 25km/h，行驶距离不超过 30km。

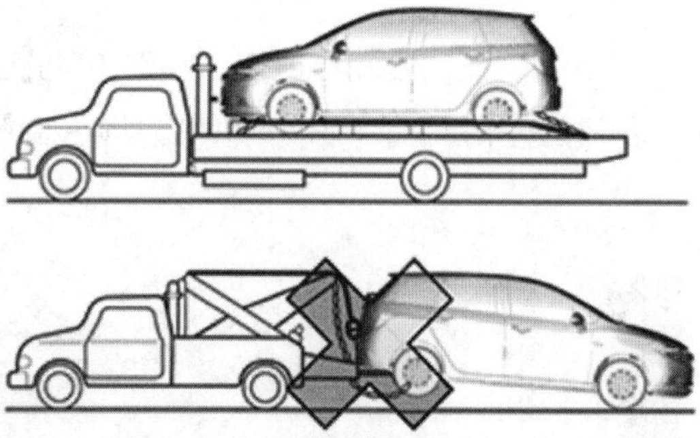

图 10–1

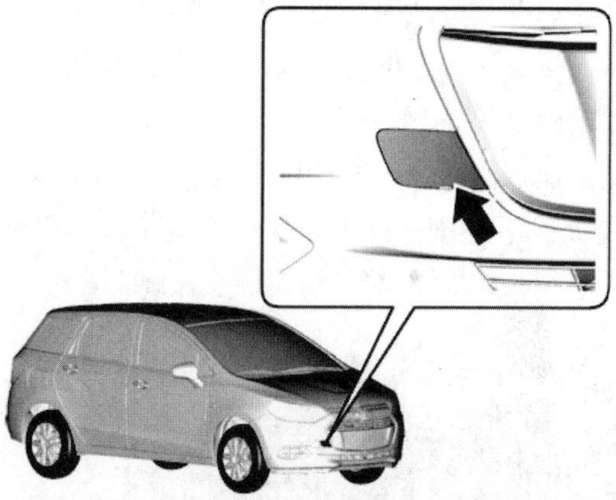

图 10–2

2. 紧急进出车辆

用遥控钥匙上展开的钥匙齿插入车门把手上的锁芯，转动钥匙可手动解锁和上锁车门，如图 10–3 所示。

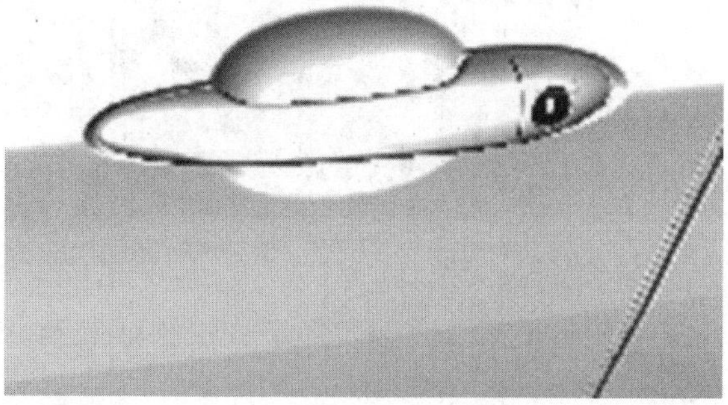

图 10–3

3. 跨接启动

车辆蓄电池位于发动机舱内。可以使用跨接线和另一辆车的车辆蓄电池启动车辆蓄电池电耗尽的车辆。

（1）检查另一辆车。它必须有一个带负极搭铁系统的 12V 蓄电池。

（2）将两辆车停放在一起，注意不要发生接触。

（3）牢固启用驻车制动，并将换挡杆挂入 P（驻车）挡。

（4）将点火开关切换至“关闭”模式。除在必要时打开危险警告闪光灯外，关闭两辆车的所有车灯

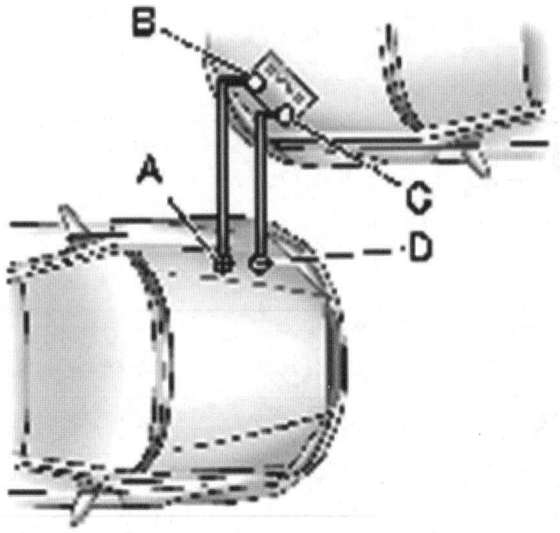

A.跨接启动正极（+）接线柱　B.有电蓄电池的正极（+）端子　C.有电蓄电池的负极（-）端子　D.黑色负极（-）电缆

图 10-4

及附件。

（5）将红色正极（+）电缆的一端接至跨接启动正极（+）接线柱（如图 10-4 中 A 所示）。请使用远置正极（+）端子（如果车辆装备），如图 10-4 所示。

（6）不要使红色正极（+）电缆的另一端与金属接触。将其接至有电蓄电池的正极（+）端子（如图 10-4 中 B 所示）。请使用远置正极（+）端子（如果车辆装备）。

（7）将黑色负极（-）电缆的一端接至有电蓄电池的负极（-）端子（如图 10-4 中 C 所示）。使用远置负极（-）端子（如果车辆装备）。

（8）在进行下一步前，不要让电缆另一端接触任何东西。不要将负极（-）电缆的另一端接到无电蓄电池上。将其接至未上漆的大型发动机金属件上或带无电蓄电池车辆的远置负极（-）端子上。

（9）将黑色负极（-）电缆（如图 10-4 中 D 所示）的另一端接至远离无电蓄电池的未上漆的大型发动机金属件上，但不能靠近发动机运动件。

（10）启动蓄电池完好的车辆，并怠速运行发动机至少 4min。

（11）试着启动蓄电池无电的车辆。如果尝试几次后仍无法启动，则车辆很可能需要维修。

4. 保险丝盒位置

发动机舱保险丝盒：发动机舱盖下的保险丝盒位于车辆驾驶员侧的发动机舱内，如图 10-5 所示。

仪表板保险丝盒：仪表板保险丝盒位于驾驶员侧仪表板的端部，如图 10-6 所示。拆下盖板，更换保险丝。

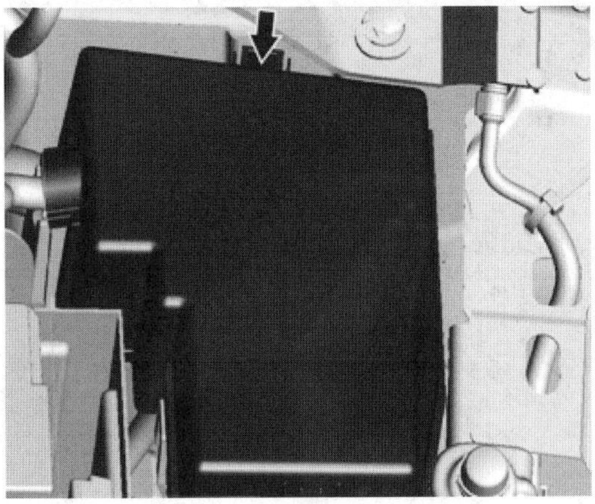

图 10 5

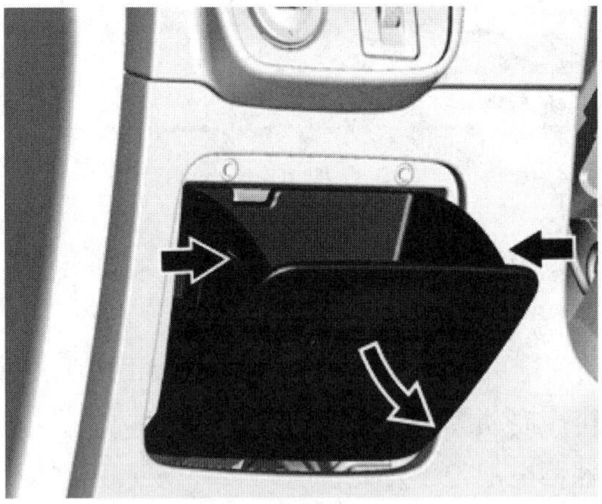

图 10-6

二、2019—2020 上汽通用雪佛兰沃兰多

1. 拖车与运输车辆

仅使用平板拖车牵引故障车辆，如图 10-7 所示。车轮举升式拖车可能会损坏车辆。如果车辆装备牵引钩，则仅使用牵引钩将车辆从水平路面拉到平板拖车上。不要使用牵引钩从雪地、泥地或沙地中拉动车辆。如需要，可使用汽车坡道减小接近角。

2. 紧急进出车辆

驾驶员侧门锁处将钥匙插入锁孔旋转解锁和上锁。

3. 应急点火

如果遥控钥匙电量较弱，或者存在信号干扰，则当启动车辆时，驾驶员信息中心会显示未发现遥控钥匙的提示信息。

要启动车辆：

（1）将遥控钥匙置于中央控制台储物箱内的凹槽中，如图 10-8 所示。

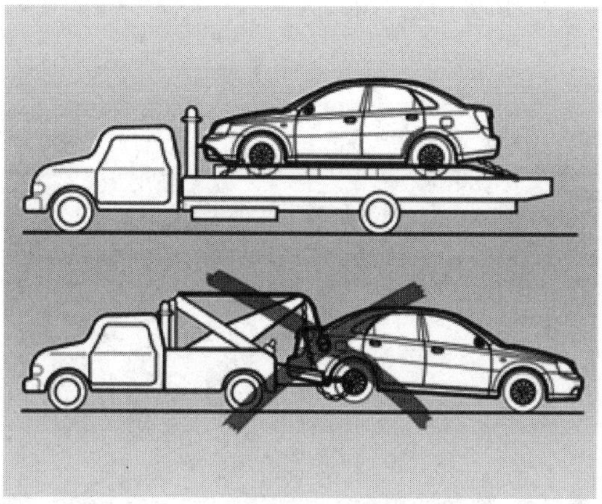

图 10-7

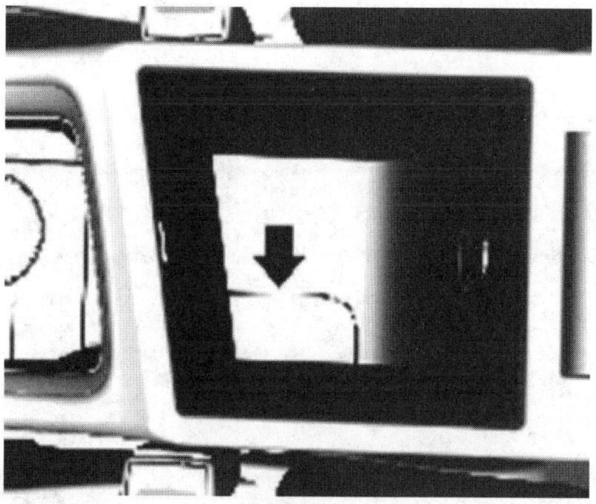

图 10-8

（2）车辆在 P（驻车）挡或 N（空）挡时，踩下制动踏板并按下“START/STOP（启动 / 停止）”按钮。

4. 跨接启动

车辆蓄电池位于发动机舱内。可以使用跨接线和另一辆车的车辆蓄电池启动车辆蓄电池电耗尽的车辆。

（1）检查另一辆车。它必须有一个带负极搭铁系统的 12V 蓄电池。

（2）将两辆车停放在一起，注意不要发生接触。

（3）牢固启用驻车制动，并将换挡杆挂入 P（驻车）挡。

（4）将点火开关切换至“关闭”模式。除在必要时打开危险警告闪光灯外，关闭两辆车的所有车灯及附件。

（5）将红色正极（+）电缆的一端接至跨接启动正极（+）接线柱（如图 10-9 中 A 所示）。请使用远置正极（+）端子（如果车辆装备），如图 10-9 所示。

（6）不要使红色正极（+）电缆的另一端与金属接触。将其接至有电蓄电池的正极（+）端子（如图 10-9 中 B 所示）。请使用远置正极（+）端子（如果车辆装备）。

（7）将黑色负极（-）电缆的一端接至有电蓄电池的负极（-）端子（如图 10-9 中 C 所示）。使用远置负极（-）端子（如果车辆装备）。

（8）在进行下一步前，不要让电缆另一端接触任何东西。不要将负极（-）电缆的另一端接到无电蓄电池上。将其接至未上漆的大型发动机金属件上或带无电蓄电池车辆的远置负极（-）端子上。

A.跨接启动正极（+）接线柱 B.蓄电池的正极（+）端子 C.蓄电池的负极（-）端子 D.黑色负极（-）电缆

图 10-9

（9）将黑色负极（–）电缆（如图 10–9 中 D 所示）的另一端接至远离无电蓄电池的未上漆的大型发动机金属件上，但不能靠近发动机运动件。

（10）启动蓄电池完好的车辆，并怠速运行发动机至少 4min。

（11）试着启动蓄电池无电的车辆。如果尝试几次后仍无法启动，则车辆很可能需要维修。

5. 保险丝盒位置

发动机舱保险丝盒：发动机舱盖下的保险丝盒位于发动机舱驾驶员前部。松开盖子，将其拆下，如图 10–10 所示。

仪表板保险丝盒：仪表板保险丝盒位于驾驶员侧仪表板的端部，如图 10–11 所示。拆下盖板，更换保险丝。

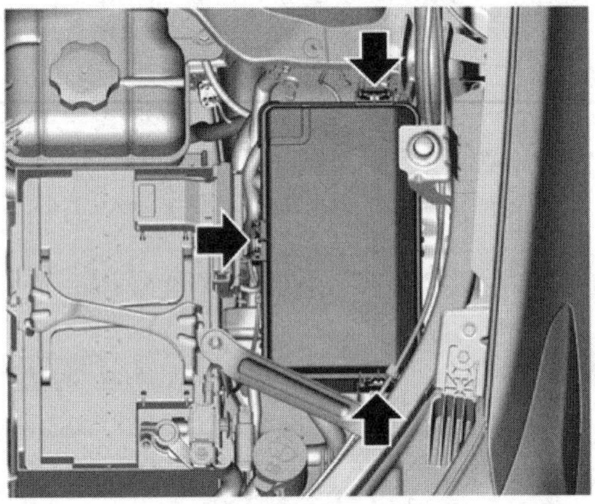

图 10–10

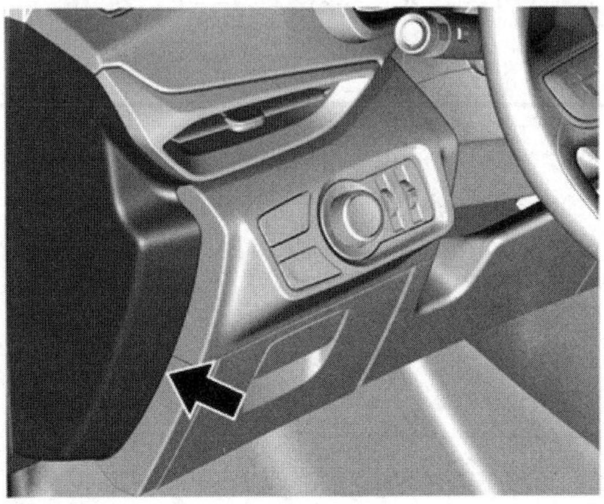

图 10–11

三、2017—2020 年上汽通用雪佛兰科沃兹

1. 拖车与运输车辆

仅使用平板拖车牵引故障车辆。车轮举升式拖车可能会损坏车辆。如果车辆装备牵引钩，则仅使用牵引钩将车辆从水平路面拉到平板拖车上。不要使用牵引钩从雪地、泥地或沙地中拉动车辆。如需要，可使用汽车坡道减小接近角。如果在紧急情况下无法获得牵引服务，手动挡车型可以暂时用如下方法牵引车辆。

（1）使用螺丝刀松开盖子并拆下盖子，如图 10–12 所示。牵引钩与随车工具存放在一起。最大限度地拧入牵引钩，将牵引杆连接至牵引钩。

（2）打开点火开关，释放方向盘锁，并允许使用制动灯、喇叭和挡风玻璃刮水器。将变速器置于空挡，并松开驻车制动器。

（3）牵引后，请拧下牵引钩。插入盖罩并盖紧。

（4）车辆必须朝前牵引，速度不超过 25km/h，行驶距离不超过 30km。

2. 紧急进出车辆

用遥控钥匙上展开的钥匙齿插入车门把手上的锁芯，转动钥匙可手动解锁和上锁车门，如图 10–13 所示。

3. 跨接启动

车辆蓄电池位于发动机舱内。可以使用跨接线和另一辆车的车辆蓄电池启动车辆蓄电池电耗尽的车辆。

（1）检查另一辆车。它必须有一个带负极搭铁系统的 12V 蓄电池。

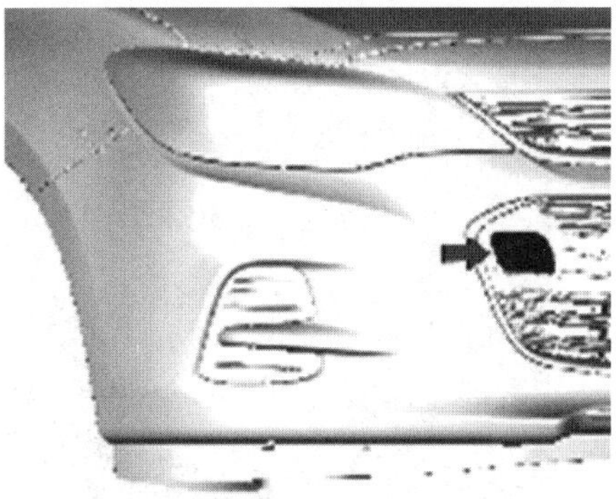

图 10–12

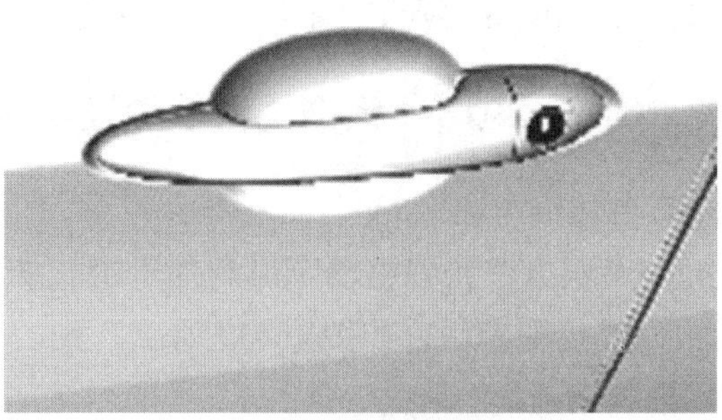

图 10–13

（2）将两辆车停放在一起，注意不要发生接触。

（3）牢固启用驻车制动，并将换挡杆挂入 P（驻车）挡。

（4）将点火开关切换至“关闭”模式。除在必要时打开危险警告闪光灯外，关闭两辆车的所有车灯及附件。

（5）将红色正极（+）电缆的一端接至跨接启动正极（+）接线柱（如图 10–14 中 A 所示）。请使用远置正极（+）端子（如果车辆装备）。

（6）不要使红色正极（+）电缆的另一端与金属接触。将其接至有电蓄电池的正极（+）端子（如图 10–14 中 B 所示）。请使用远置正极（+）端子（如果车辆装备）。

（7）将黑色负极（–）电缆的一端接至有电蓄电池的负极（–）端子（如图 10–14 中 C 所示）。使用远置负极（–）端子（如果车辆装备）。

（8）在进行下一步前，不要让电缆另一端接触任何东西。不要将负极（–）电缆的另一端接到无电蓄电池上。将其接至未上漆的大型发动机金属件上或带无电蓄电池车辆的远置负极（–）端子上。

（9）将黑色负极（–）电缆（如图 10–14 中 D 所示）的另一端接至远离无电蓄电池的未上漆的大型发动机金属件上，但不能靠近发动机运动件。

（10）启动蓄电池完好的车辆，并怠速运行发动机至少 4min。

（11）试着启动蓄电池无电的车辆。如果尝试几次后仍无法启动，则车辆很可能需要维修。

4. 保险丝盒位置

发动机舱保险丝盒：发动机舱盖下的保险丝盒位于车辆驾驶员侧的发动机舱内，如图 10–15 所示。

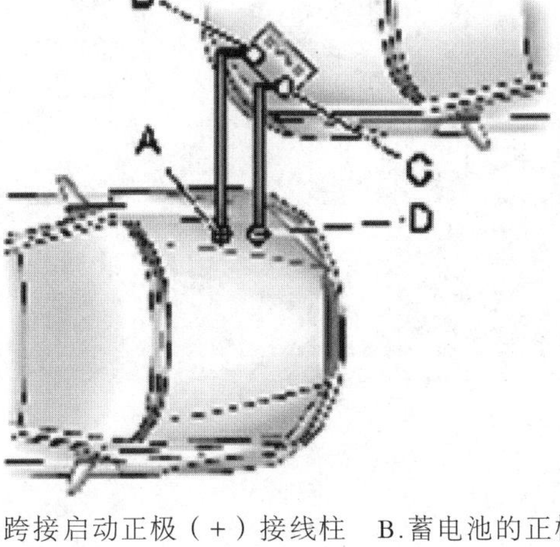

A.跨接启动正极（+）接线柱　B.蓄电池的正极（+）端子　C.蓄电池的负极（–）端子　D.黑色负极（–）电缆

图 10–14

图 10–15

仪表板保险丝盒：仪表板保险丝盒位于驾驶员侧仪表板的端部，如图 10–16 所示。拆下盖板，更换保险丝。

图 10–16

四、2015—2016 上汽通用雪佛兰经典科鲁兹

1. 拖车与运输车辆

最好的牵引方法是将整辆车吊到拖车上。如果要以两轮着地的方式接受牵引，如图 10–17 所示，则要抬起前驱动轮并在前轮胎锁定的情况下牵引。

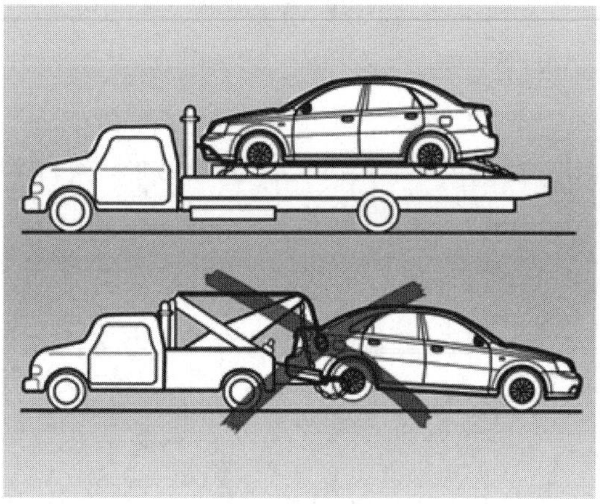

图 10–17

牵引车辆时，请遵守以下程序。

（1）乘客不应留在被牵引的车辆内。

（2）松开被牵引车辆的驻车制动器，将变速器置于空挡。

（3）打开危险警告闪光灯。

（4）保持限速。

（5）如果在紧急情况下无法获得牵引服务，可以暂时用如下方法牵引车辆。

（6）将螺丝刀插在盖子外侧槽中，如图 10–18 所示。小心地朝一边移动螺丝刀，撬开盖罩。牵引钩与随车工具存放在一起。

（7）最大限度地拧入牵引钩，直到其停止在水平位置，如图 10–19 所示。将牵引绳（牵引杆更好）连接至牵引钩。牵引钩只能用于牵引，不能用于车辆救援。打开点火开关，释放方向盘锁，并允许使用制动灯、喇叭和挡风玻璃刮水器。

（8）将变速器置于空挡。

（9）车辆必须朝前牵引，速度不超过 80km/h，牵引里程不超过 100km。

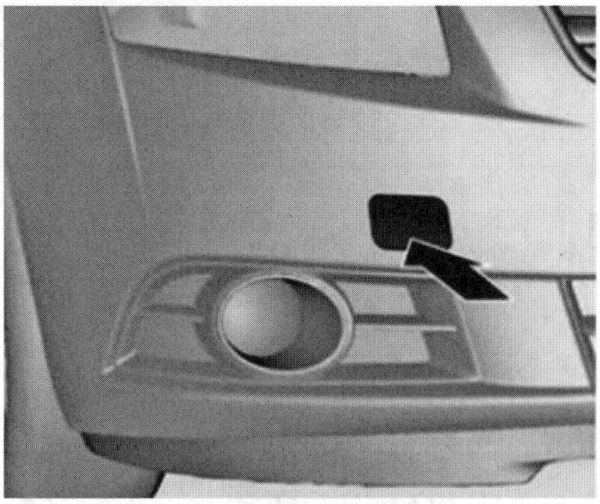

图 10–18

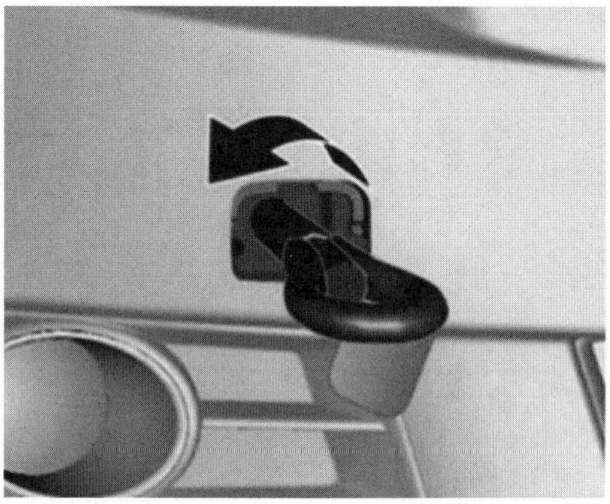

图 10–19

2. 紧急进出车辆

转动插在门锁中的钥匙手动解锁驾驶员侧车门，如图 10–20 所示。

3. 应急点火

如果遥控钥匙电量较弱，或者存在信号干扰，则当启动车辆时，驾驶员信息中心会显示未发现遥控钥匙的提示信息。

要启动车辆：

（1）将电子钥匙纵向放置在图中所示的发射器部位，如图 10–21 所示。

（2）踩制动踏板（自动变速器），并按下“ENGINE START/STOP”按钮。

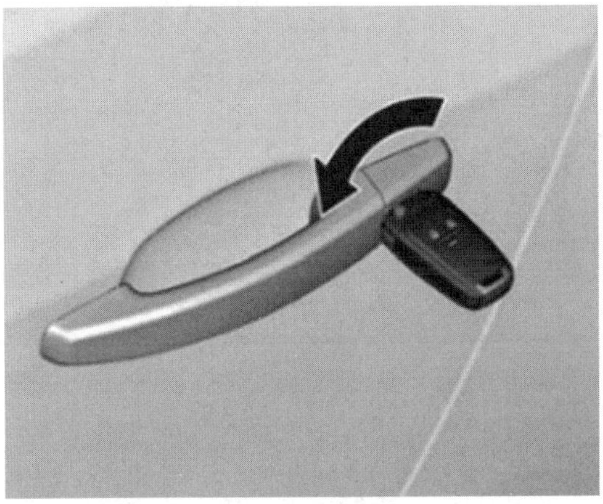

图 10–20

图 10–21

4. 跨接启动

车辆蓄电池位于行李箱中，在备胎前的盖板下方。发动机舱内有跨接启动连接点。可以使用跨接线和另一辆车的车辆蓄电池启动车辆蓄电池电耗尽的车辆。请勿用快速充电器启动。

（1）跨接线连接顺序。

①将红色跨接导线连接至助力蓄电池的正极接线柱。

②把红色跨接线的另一端连接至无电蓄电池的正极接线柱。

③将黑色跨接导线连接至助力蓄电池的负极接线柱。

④将黑色跨接线的另一端连接至车辆上的一个接地点，比如发动机缸体或发动机固定螺栓。连接时尽可能远离没电的蓄电池，至少有 60cm 远。安排导线走向，以使它们不会碰到发动机舱中正在旋转的部件，如图 10–22 所示。

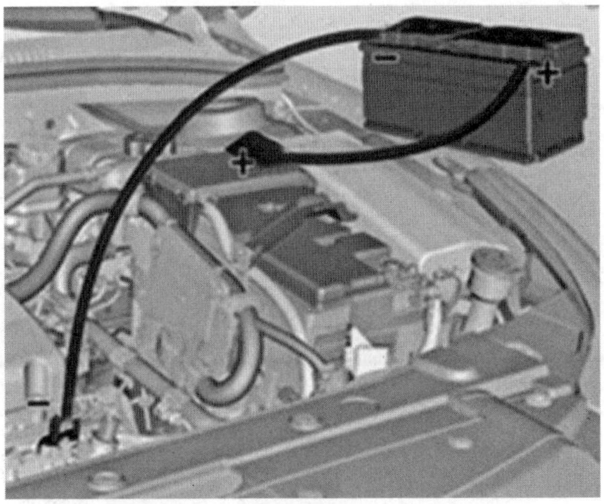

图 10–22

（2）要启动发动机。

①启动提供跨接的车辆发动机。

② 5min 后，启动另一台发动机。启动发动机的尝试应每隔 1min 进行一次，且持续时间不超过 15s。

③在电缆仍然连接的情况下，让两台发动机都怠速运转约 3min。

④接通接受跨接启动车辆的用电器，如前照灯、后车窗加热。

⑤拆下导线时，严格按以上相反顺序操作。

5. 保险丝盒位置

发动机舱保险丝盒：发动机舱保险丝盒位于发动机舱左前部。松开盖子，将其拆下，如图 10–23 所示。

仪表板保险丝盒：仪表板保险丝盒位于仪表板的储物盒后面，需要拆下储物盒才能看到。打开储物盒，压下锁舌，翻下储物盒并取下，如图 10–24 所示。

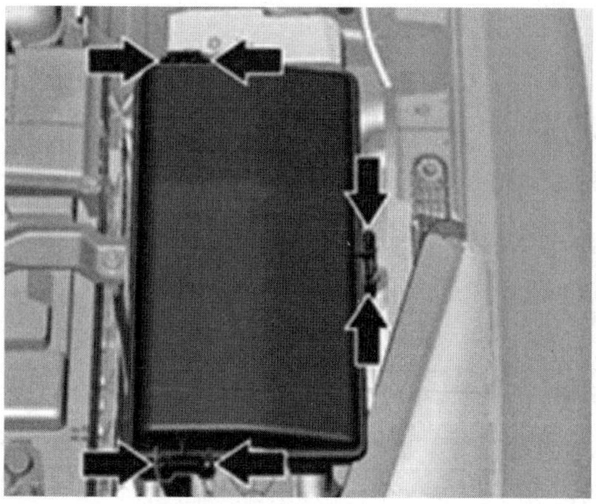

图 10-23

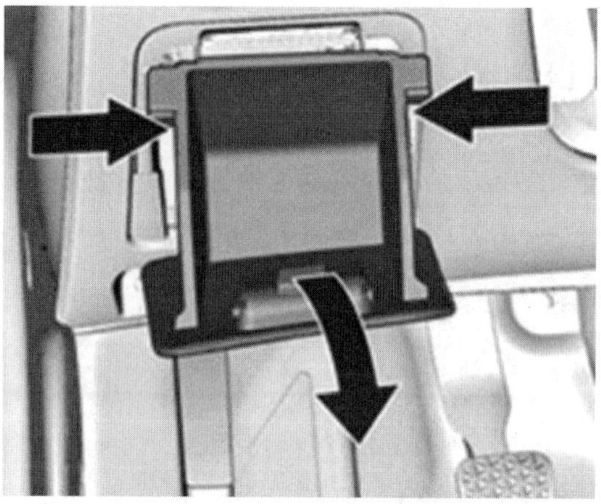

图 10-24

五、2015—2016 年上汽通用雪佛兰科鲁兹

1. 拖车与运输车辆

最好的牵引方法是将整辆车吊到拖车上。如果要以两轮着地的方式接受牵引，如图 10-25 所示，则要抬起前驱动轮并在前轮胎锁定的情况下牵引。

（1）牵引车辆时，请遵守以下程序。

①乘客不应留在被牵引的车辆内。

②松开被牵引车辆的驻车制动器，将变速器置于空挡。

③打开危险警告闪光灯。

④保持限速。

（2）如果在紧急情况下无法获得牵引服务，可以暂时用如下方法牵引车辆。

①将螺丝刀插在盖子外侧槽中，如图 10-26 所示。小心地朝一边移动螺丝刀，撬开盖罩。牵引钩与随车工具存放在一起。

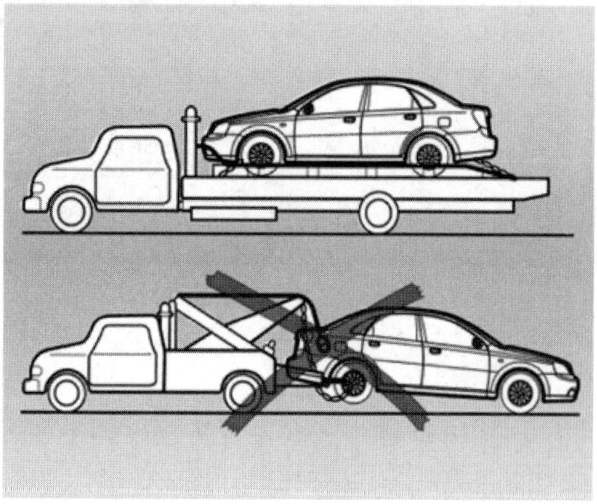

图 10-25

图 10-26

②最大限度地拧入牵引钩，直到其停止在水平位置，如图 10-27 所示。将牵引绳（牵引杆更好）连接至牵引钩。牵引钩只能用于牵引，不能用于车辆救援。打开点火开关，释放方向盘锁，并允许使用制动灯、喇叭和挡风玻璃刮水器。将变速器置于空挡。车辆必须朝前牵引，速度不超过 80km/h，牵引里程不超过 100km。

2. 紧急进出车辆

在驾驶员侧车门锁芯上有一个盖子，就在把手内。把钥匙插入车门锁芯前，去下门锁上的盖子，如图 10–28 所示。

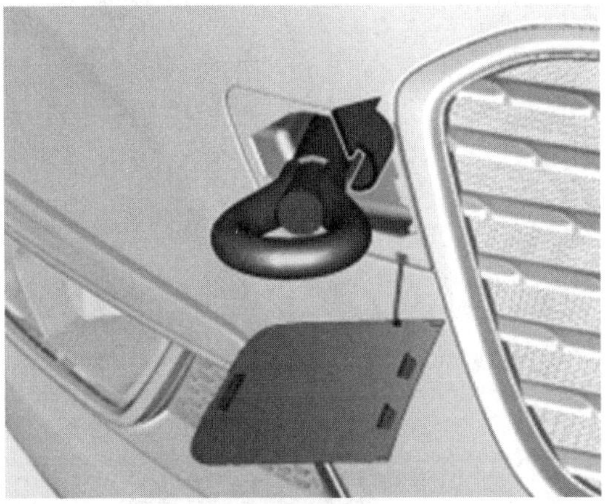
图 10–27

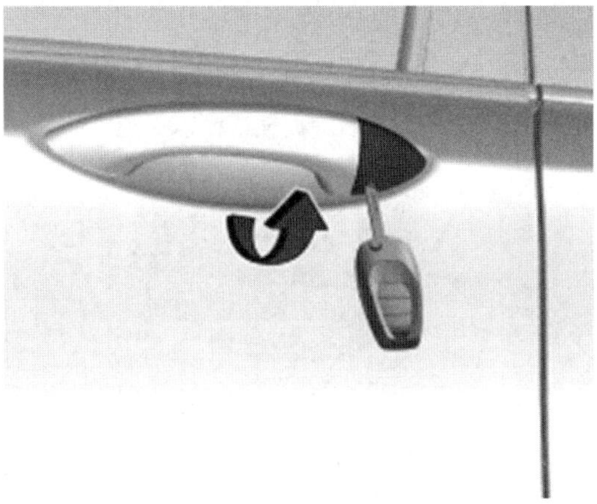
图 10–28

将钥匙插入锁芯盖下方的钥匙孔，插入到底。向上垂直抬起钥匙，撬下锁芯盖。

将钥匙插入锁芯，转动钥匙，手动解锁驾驶员侧车门，如图 10–29 所示。

3. 应急点火

如果遥控钥匙电量较弱，或者存在信号干扰，则当启动车辆时，驾驶员信息中心会显示未发现遥控钥匙的提示信息。

要启动车辆：

（1）将电子钥匙纵向放置在如图 10–30 所示的发射器部位。

图 10–29

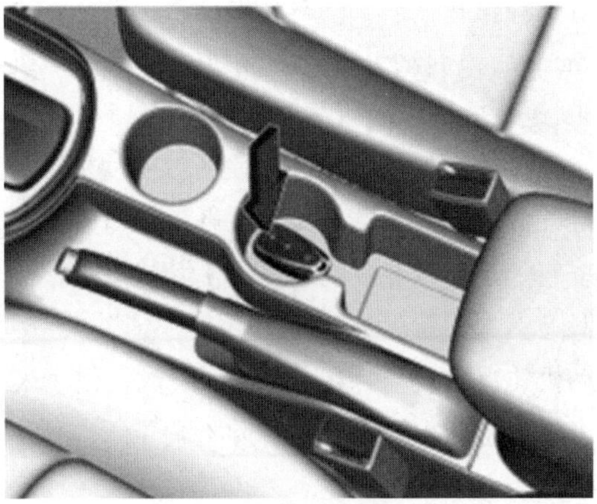
图 10–30

（2）踩制动踏板（自动变速器），并按下“ENGINE START/STOP”按钮。

4. 变速器应急驻车释放（解除 P 挡）

（1）拉紧驻车制动器。

（2）中控台后部松开换挡杆饰件，向上折，再向左转，如图 10–31 所示。

（3）一把螺丝刀插在开口中，并插至足够深，将换挡杆从 P 或 N 移出，如图 10–32 所示。

5. 跨接启动

车辆蓄电池位于行李箱中，在备胎前的盖板下方。发动机舱内有跨接启动连接点。可以使用跨接线和另一辆车的车辆蓄电池启动车辆蓄电池电耗尽的车辆。

请勿用快速充电器启动。

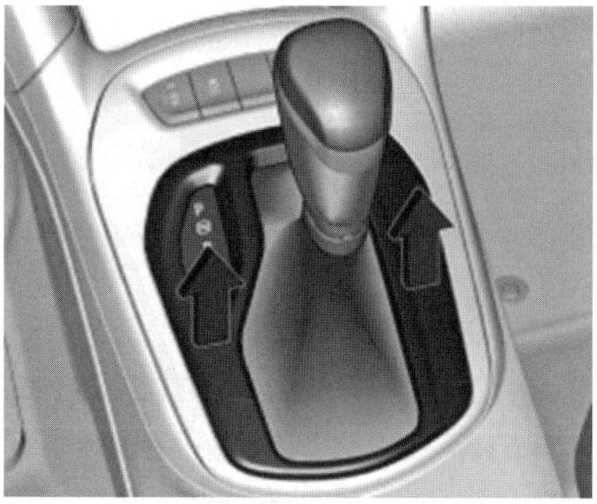

图 10-31

图 10-32

（1）跨接线连接顺序。

①将红色跨接线连接至助力车辆蓄电池的正极端子。

②将红色跨接线的另一端连接至车上发动机舱内保险丝盒旁的正极端子。

③将黑色跨接线连接至助力车辆蓄电池的负极端子。

④将黑色跨接线的另一端连接至车上发动机舱盖内的车辆接地点。如图 10-33 所示，布置跨接线，使它们不能碰到发动机 舱中的旋转部件。

图 10-33

（2）若要启动发动机。

①启动提供跨接启动的车辆发动机。

② 5min 后，启动另一台发动机。启动发动机的尝试应每隔 1min 进行一次，且持续时间不超过 15s。

③在跨接线连接的情况下，使两台发动机怠速运转约 3min。

④打开接受跨接启动的车辆的耗电设备，如前照灯、加热型后窗。

⑤按与上述步骤相反的顺序拆下跨接线。

6. 保险丝盒位置

发动机舱保险丝盒：发动机舱保险丝盒位于发动机舱左前部。松开盖子，将其拆下，如图 10-34 所示。

仪表板保险丝盒：仪表板保险丝盒位于空调系统下的盖板后面。向下折盖板，将其拆下，如图 10-35 所示。

图 10-34

图 10-35

六、2017—2019 上汽通用雪佛兰科鲁兹

1. 拖车与运输车辆

最好的牵引方法是将整辆车吊到拖车上。如果要以两轮着地的方式接受牵引，如图 10–36 所示，则要抬起前驱动轮并在前轮胎锁定的情况下牵引。

（1）牵引车辆时，请遵守以下程序。

①乘客不应留在被牵引的车辆内。

②松开被牵引车辆的驻车制动器，将变速器置于空挡。

③打开危险警告闪光灯。

④保持限速。

（2）如果在紧急情况下无法获得牵引服务，可以暂时用如下方法牵引车辆。

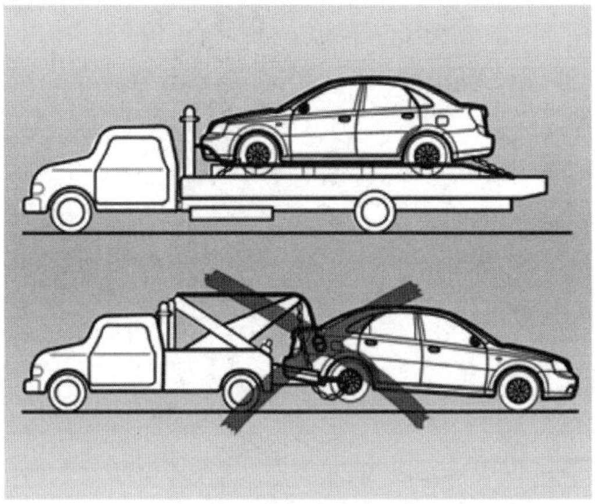

图 10–36

①将螺丝刀插在盖子外侧槽中，如图 10–37 所示。小心地朝一边移动螺丝刀，撬开盖罩。牵引钩与随车工具存放在一起。

②最大限度地拧入牵引钩，直到其停止在水平位置，如图 10–38 所示。将牵引绳（牵引杆更好）连接至牵引钩。牵引钩只能用于牵引，不能用于车辆救援。打开点火开关，释放方向盘锁，并允许使用制动灯、喇叭和挡风玻璃刮水器。

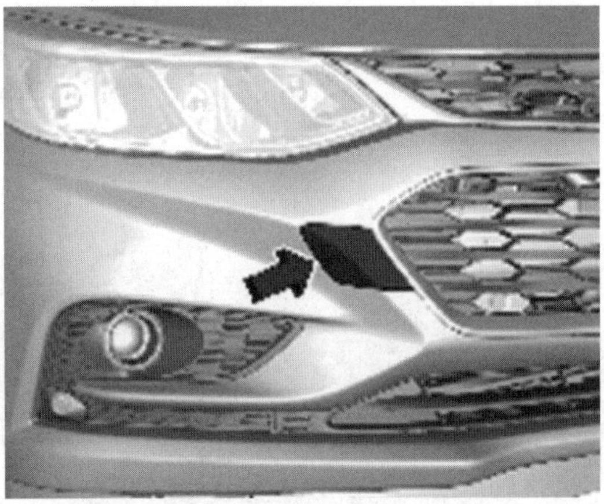

图 10–37

图 10–38

③将变速器置于空挡。配有 6 速液力变矩器自动变速器的车辆：请勿使用牵引钩牵引车辆。用牵引绳牵引可能导致自动变速器严重损坏。在牵引带自动变速器的车辆时，使用平板拖车或车轮提升设备。配有 7 速双离合器自动变速器或手动变速器的车辆：车辆必须朝前牵引，速度不超过 80km/h，行驶距离不超过 100km。任何其他情况下以及变速器有故障时，前桥必须抬离地面。

2. 紧急进出车辆

分离式遥控钥匙，可以使用钥匙上的按钮将钥匙齿从遥控钥匙里拔出来，如图 10–39 所示。

发生故障时（例如车辆蓄电池或遥控钥匙的电池电耗尽），可将机械钥匙插入驾驶员侧车门锁中，然后用此钥匙解锁 / 上锁驾驶员侧车门。驾驶员侧车门锁芯上方有一个护盖。如要拆下护盖，将机械钥匙从护盖下侧插入凹槽中，然后向上转动钥匙，如图 10–40 所示。将钥匙插入锁芯中，然后转动钥匙，可手动解锁 / 上锁驾驶员侧车门。

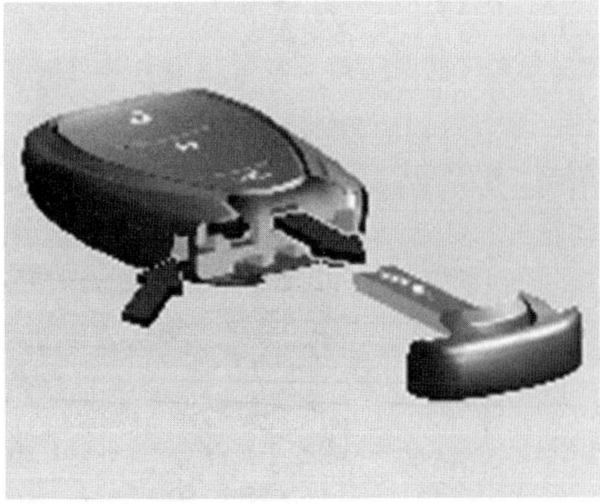
图 10-39

图 10-40

3. 应急点火

如果遥控钥匙电量较弱，或者存在信号干扰，则当启动车辆时，驾驶员信息中心会显示未发现遥控钥匙的提示信息。

要启动车辆：

（1）将电子钥匙纵向放置在图中所示的发射器部位，如图 10-41 所示。

（2）踩制动踏板（自动变速器），并按下“ENGINE START/STOP”按钮。

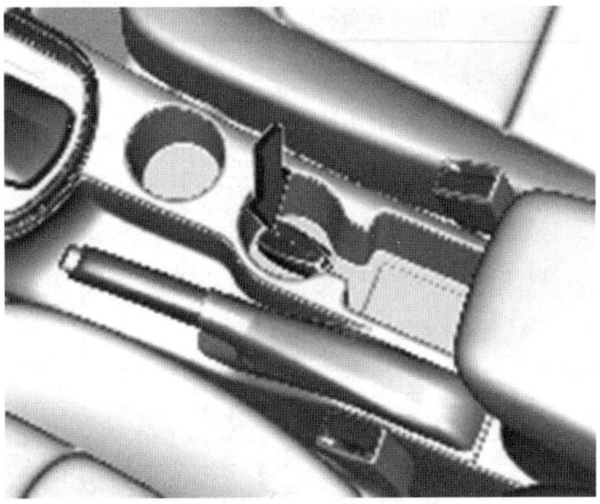
图 10-41

4. 跨接启动

车辆蓄电池位于行李箱中，在备胎前的盖板下方。发动机舱内有跨接启动连接点。可以使用跨接线和另一辆车的车辆蓄电池启动车辆蓄电池电耗尽的车辆。请勿用快速充电器启动。

（1）跨接线连接顺序。

①将红色跨接线连接至助力车辆蓄电池的正极端子。

②将红色跨接线的另一端连接至车上发动机舱内保险丝盒旁的正极端子。

③将黑色跨接线连接至助力车辆蓄电池的负极端子。

④将黑色跨接线的另一端连接至车上发动机舱盖内的车辆接地点。如图 10-42 所示布置跨接线，使它们不能碰到发动机舱中的旋转部件。

图 10-42

（2）若要启动发动机。

①启动提供跨接启动的车辆发动机。

② 5min 后，启动另一台发动机。启动发动机的尝试应每隔 1min 进行一次，且持续时间不超过 15s。

③在跨接线连接的情况下，使两台发动机怠速运转约 3min。

④打开接受跨接启动的车辆的耗电设备，如前照灯、加热型后窗。

⑤按与上述步骤相反的顺序拆下跨接线。

5. 保险丝盒位置

发动机舱保险丝盒：发动机舱保险丝盒位于发动机舱左前部。松开盖子，将其拆下，如图 10–43 所示。

仪表板保险丝盒：仪表板保险丝盒位于空调系统下的盖板后面。向下折盖板，将其拆下，如图 10–44 所示。

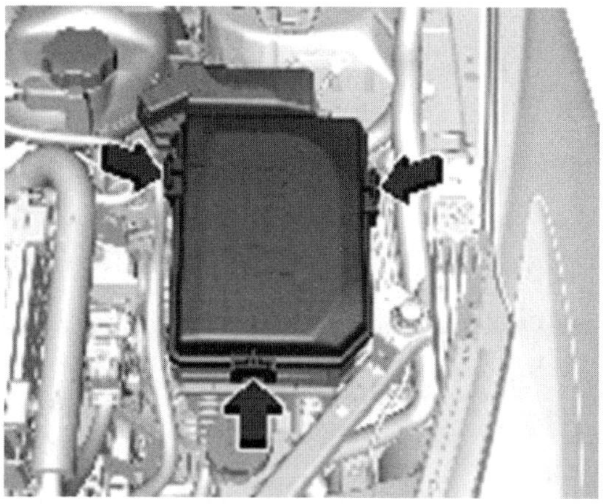

图 10–43

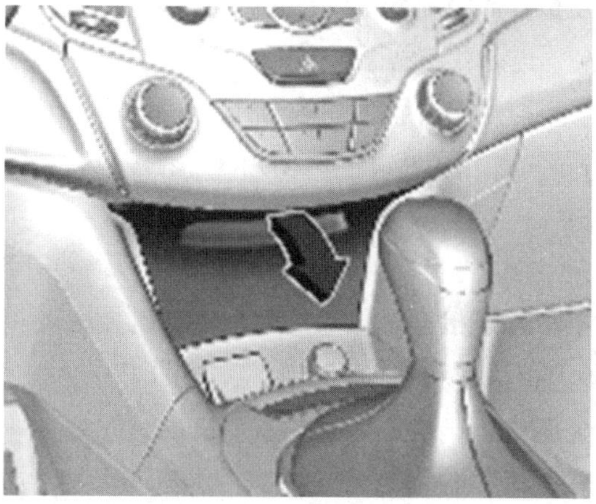

图 10–44

七、2019—2021 上汽通用雪佛兰科鲁泽

1. 拖车与运输车辆

仅使用平板拖车牵引故障车辆，如图 10–45 所示。车轮举升式拖车可能会损坏车辆。如果车辆装备牵引钩，则仅使用牵引钩将车辆从水平路面拉到平板拖车上。不要使用牵引钩从雪地、泥地或沙地中拉动车辆。如需要，可使用汽车坡道减小接近角。

2. 紧急进出车辆

用遥控钥匙上展开的钥匙齿插入车门把手上的锁芯，转动钥匙可手动解锁和上锁车门，如图 10–46 所示。

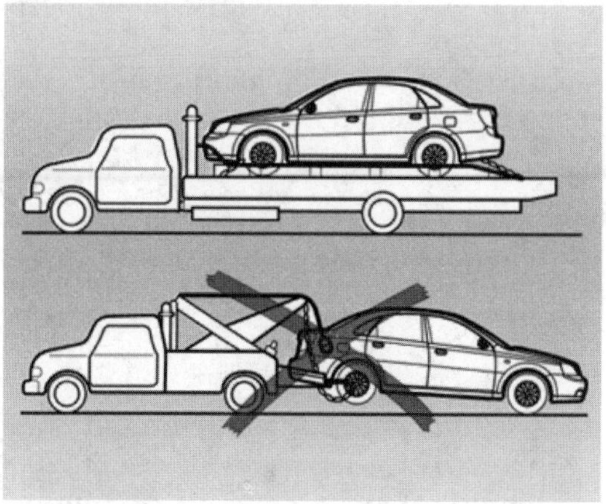

图 10–45

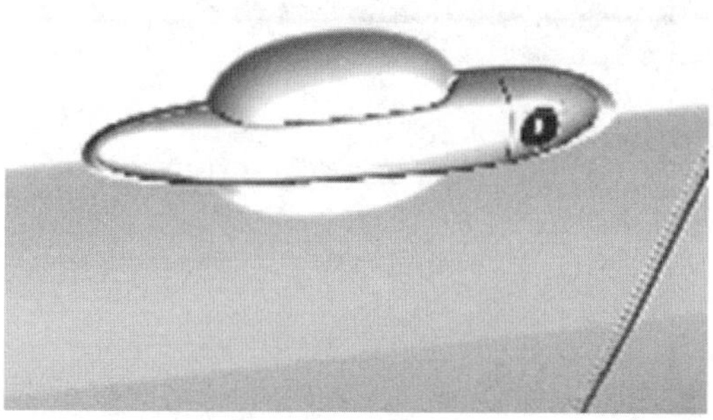

图 10–46

3. 跨接启动

车辆蓄电池位于发动机舱内。可以使用跨接线和另一辆车的车辆蓄电池启动车辆蓄电池电耗尽的车辆。

（1）检查另一辆车。它必须有一个带负极搭铁系统的 12V 蓄电池。

（2）将两辆车停放在一起，注意不要发生接触。

（3）牢固启用驻车制动，并将换挡杆挂入 P（驻车）挡。

（4）将点火开关切换至“关闭”模式。除在必要时打开危险警告闪光灯外，关闭两辆车的所有车灯及附件。

（5）将红色正极（+）电缆的一端接至跨接启动正极（+）接线柱（如图 10–47 中 A 所示）。请使用远置正极（+）端子，如果车辆装备。

（6）不要使红色正极（+）电缆的另一端与金属接触。将其接至有电蓄电池的正极（+）端子（如图 10–47 中 B 所示）。请使用远置正极（+）端子，如果车辆装备。

（7）将黑色负极（–）电缆的一端接至有电蓄电池的负极（–）端子（如图 10–47 中 C 所示）。使用远置负极（–）端子，如果车辆装备。

（8）在进行下一步前，不要让电缆另一端接触任何东西。不要将负极（–）电缆的另一端接到无电蓄电池上。将其接至未上漆的大型发动机金属件上或带无电蓄电池车辆的远置负极（–）端子上。

（9）将黑色负极（–）电缆（如图 10–47 中 D 所示）的另一端接至远离无电蓄电池的未上漆的大型发动机金属件上，但不能靠近发动机运动件。

（10）启动蓄电池完好的车辆，并怠速运行发动机至少 4min。

（11）试着启动蓄电池无电的车辆。如果尝试几次后仍无法启动，则车辆很可能需要维修。

4. 保险丝盒位置

发动机舱保险丝盒：发动机舱盖下的保险丝盒位于车辆驾驶员侧的发动机舱内，如图 10–48 所示。

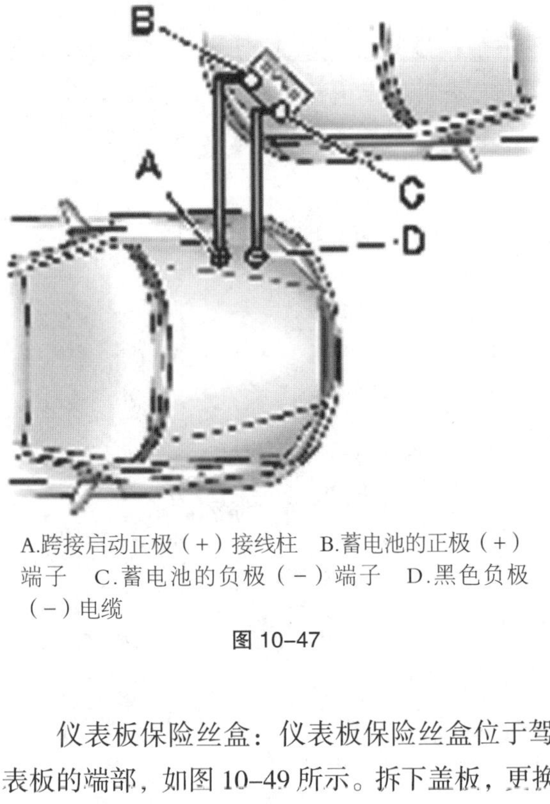

A.跨接启动正极（+）接线柱　B.蓄电池的正极（+）端子　C.蓄电池的负极（–）端子　D.黑色负极（–）电缆

图 10–47

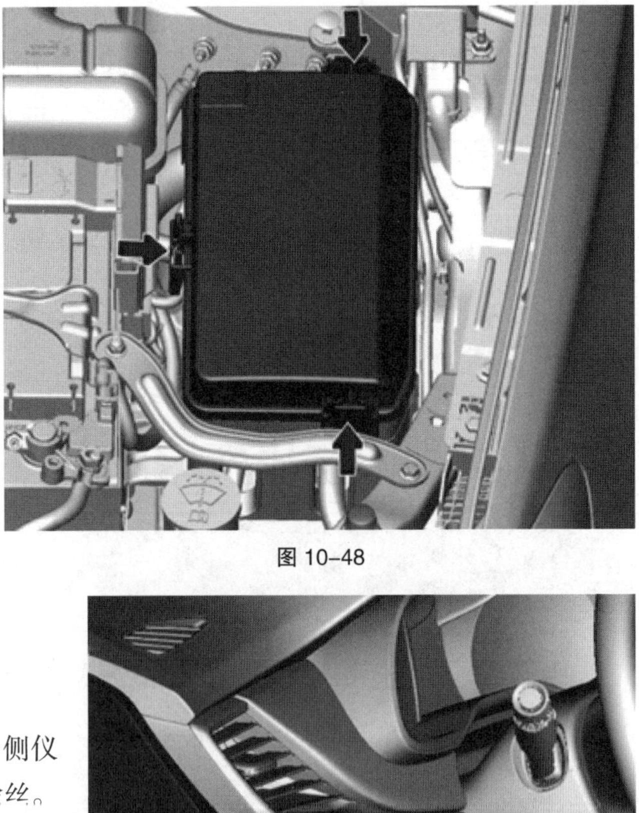

图 10–48

仪表板保险丝盒：仪表板保险丝盒位于驾驶员侧仪表板的端部，如图 10–49 所示。拆下盖板，更换保险丝。

八、2015—2019 年上汽通用雪佛兰全新迈锐宝

1. 拖车与运输车辆

仅使用平板拖车牵引故障车辆。车轮举升式拖车可能会损坏车辆。如果车辆装备牵引钩，则仅使用牵引钩

图 10–49

将车辆从水平路面拉到平板拖车上，如图 10–50 所示。不要使用牵引钩从雪地、泥地或沙地中拉动车辆。如需要，可使用汽车坡道减小接近角。

2. 紧急进出车辆

驾驶员侧门锁处将钥匙插入锁孔旋转解锁和上锁。

3. 应急点火

如果遥控钥匙电量较弱，或者存在信号干扰，则当启动车辆时，驾驶员信息中心会显示未发现遥控钥匙的提示信息。

要启动车辆：

（1）将遥控钥匙放置在右侧杯托中。请注意将钥匙的金属齿胚朝向杯托壁，如图 10–51 所示。

（2）车辆在 P（驻车）挡或 N（空）挡时，踩下制动踏板并按下“START/STOP（启动 / 停止）”按钮。

4. 跨接启动

车辆蓄电池位于发动机舱内。可以使用跨接线和另一辆车的车辆蓄电池启动车辆蓄电池电耗尽的车辆。

（1）检查另一辆车。它必须有一个带负极搭铁系统的 12V 蓄电池。

（2）将两辆车停放在一起，注意不要发生接触。

（3）牢固启用驻车制动，并将换挡杆挂入 P（驻车）挡。

（4）将点火开关切换至“关闭”模式。除在必要时打开危险警告闪光灯外，关闭两辆车的所有车灯及附件。

（5）将红色正极（+）电缆的一端接至跨接启动正极（+）接线柱（如图 10–52 中 A 所示）。请使用远置正极（+）端子，如果车辆装备。

（6）不要使红色正极（+）电缆的另一端与金属接触。将其接至有电蓄电池的正极（+）端子（如图 10–52 中 B 所示）。请使用远置正极（+）端子，如果车辆装备。

（7）将黑色负极（–）电缆的一端接至有电蓄电池的负极端子（如图 10–52 中 C 所示）。使用远置负极（–）端子，如果车辆装备。

（8）在进行下一步前，不要让电缆另一端接

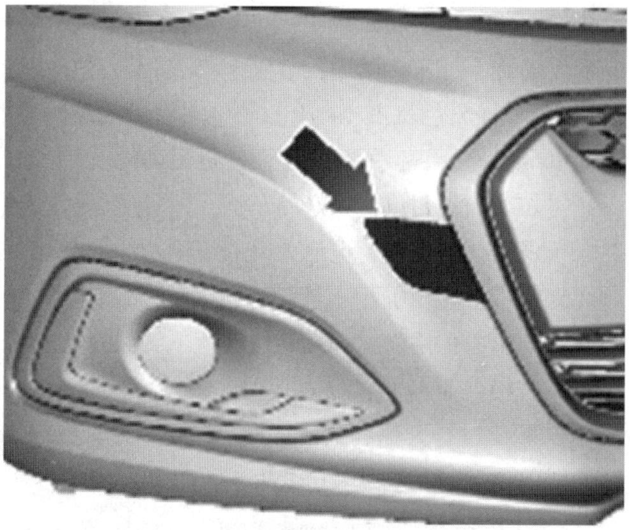

图 10–50

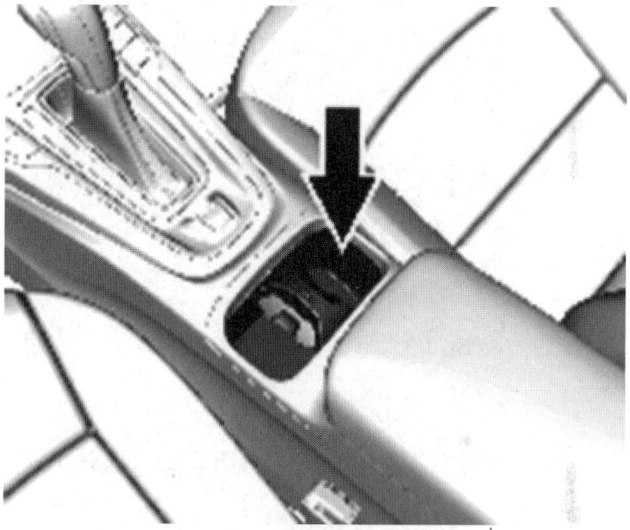

图 10–51

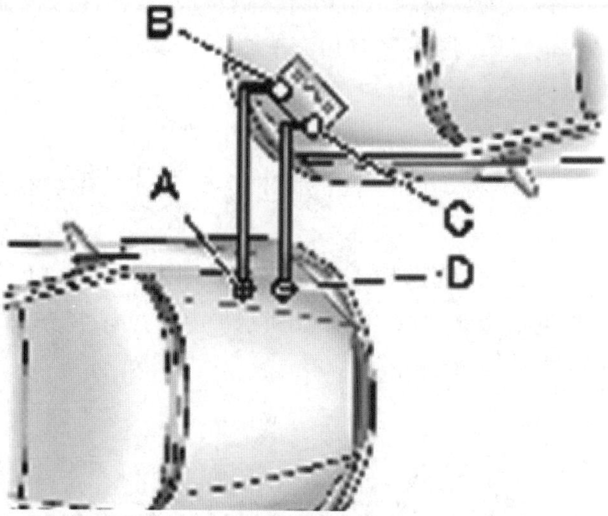

A.跨接启动正极（+）接线柱　B.蓄电池的正极（+）端子　C.蓄电池的负极（–）端子　D.黑色负极（–）电缆

图 10–52

触任何东西。不要将负极（-）电缆的另一端接到无电蓄电池上。将其接至未上漆的大型发动机金属件上或带无电蓄电池车辆的远置负极（-）端子上。

（9）将黑色负极（-）电缆（如图 10-52 中 D 所示）的另一端接至远离无电蓄电池的未上漆的大型发动机金属件上，但不能靠近发动机运动件。

（10）启动蓄电池完好的车辆，并怠速运行发动机至少 4min。

（11）试着启动蓄电池无电的车辆。如果尝试几次后仍无法启动，则车辆很可能需要维修。

5. 保险丝盒位置

发动机舱保险丝盒：发动机舱盖下的保险丝盒位于车辆驾驶员侧的发动机舱内，如图 10-53 所示。

仪表板保险丝盒：仪表板保险丝盒位于仪表板内，车辆驾驶员储物盒的后方。为了检修保险丝，将顶端往下拉以打开储物盒，如图 10-54 所示。按压储物盒的两侧以使其从仪表板松开。将储物盒朝驾驶员的方向拉动以使其从铰链松开。

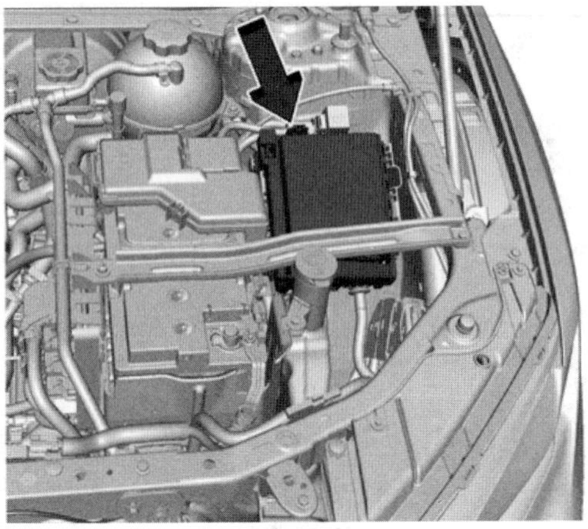

图 10-53

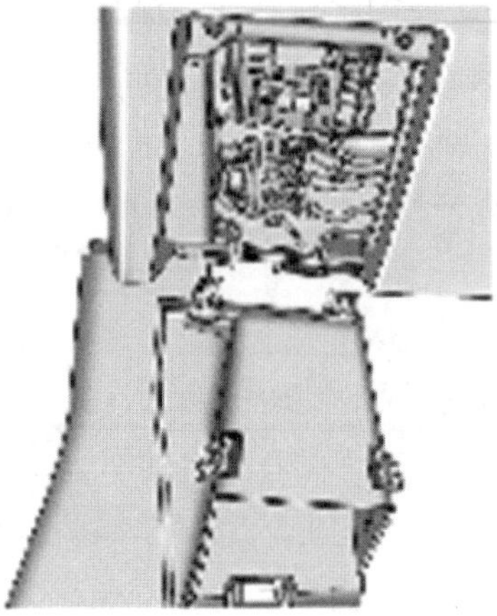

图 10-54

九、2017—2020 上汽通用雪佛兰迈锐宝 XL

1. 拖车与运输车辆

仅使用平板拖车牵引故障车辆，如图 10-55 所示。车轮举升式拖车可能会损坏车辆。如果车辆装备牵引钩，则仅使用牵引钩将车辆从水平路面拉到平板拖车上。不要使用牵引钩从雪地、泥地或沙地中拉动车辆。如需要，可使用汽车坡道减小接近角。

2. 紧急进出车辆

要使用锁芯解锁，则需要打开锁芯盖：

（1）将车门把手（如图 10-56 中 1 所示）拉至打开位置。

（2）将钥匙插入锁芯盖（如图 10-56 中 2 所示）底部的槽（如图 10-56 中 3 所示）内，并向外撬动。

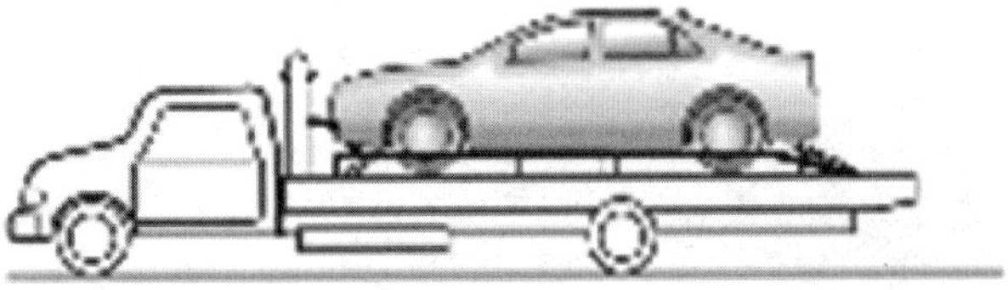

图 10-55

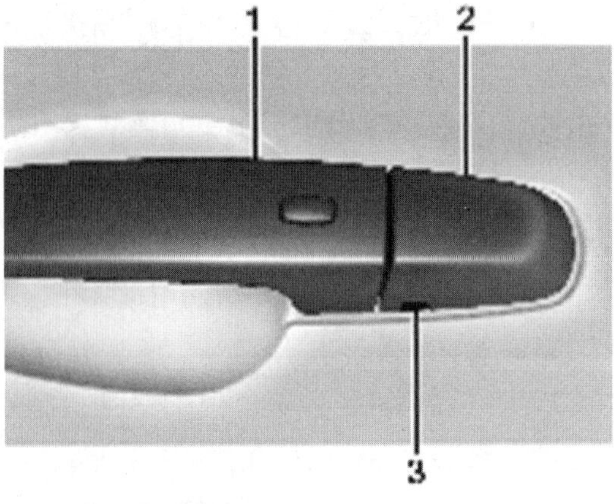

1.车门把手　2.锁芯盖　3.底部的槽

图 10-56

（3）向后移动锁芯盖（如图 10–56 中 2 所示），并将其拆下。

（4）将钥匙插入锁芯，以便打开车门。

3. 应急点火

如果遥控钥匙电量较弱，或者存在信号干扰，则当启动车辆时，驾驶员信息中心会显示未发现遥控钥匙的提示信息。

要启动车辆：

（1）打开中控台储物盒，将遥控钥匙插在遥控钥匙凹槽中，按钮朝前，如图 10–57 所示。

（2）车辆在 P（驻车）挡或 N（空）挡时，踩下制动踏板并按下“START/STOP（启动 / 停止）”按钮。

4. 跨接启动

车辆蓄电池位于发动机舱内。可以使用跨接线和另一辆车的车辆蓄电池启动车辆蓄电池电耗尽的车辆。无电蓄电池的远置正极端子（如图 10–58 中 1 所示）及远置负极搭铁端子（如图 10–58 中 2 所示）位于车辆的驾驶员侧，有电蓄电池负极端子（如图 10–58 中 3 所示）和正极端子（如图 10–58 中 4 所示）位于提供跨接启动的车辆的蓄电池上。无电蓄电池的正极端子位于一个盖罩下。拆下盖罩，露出正极连接端子。

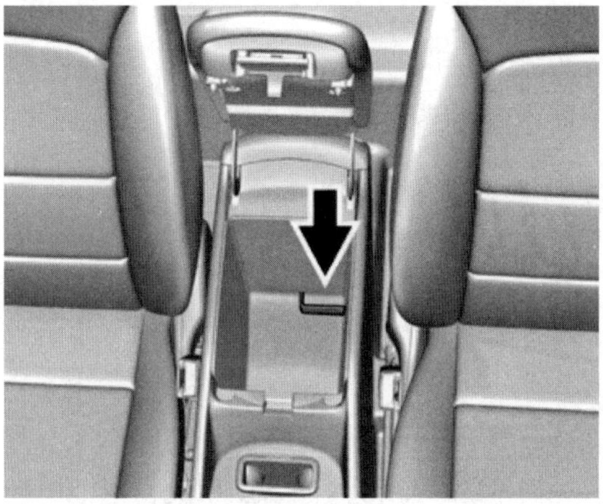

图 10–57

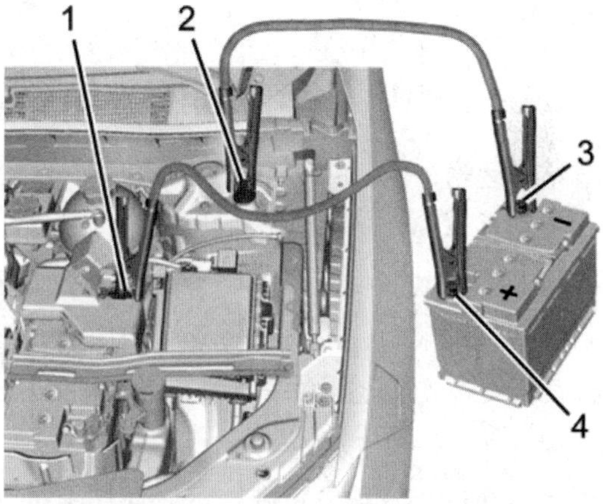

1.无电蓄电池远置正极端子　2.无电蓄电池远置负极搭铁端子　3.有电蓄电池负极端子　4.有电蓄电池正极端子

图 10–58

（1）检查另一辆车。它必须有一个带负极搭铁系统的 12V 蓄电池。

（2）将两辆车停放在一起，注意不要发生接触。

（3）牢固启用驻车制动，并将换挡杆挂入 P（驻车）挡。

（4）将点火开关切换至“关闭”模式。除在必要时打开危险警告闪光灯外，关闭两辆车的所有车灯及附件。

（5）将红色正极（+）电缆的一端连接至无电蓄电池的远置正极（+）端子。

（6）将红色正极（+）电缆的另一端连接至有电蓄电池的正极（+）端子。

（7）将黑色负极（–）电缆的一端连接至有电蓄电池的负极（–）端子。

（8）将黑色负极（–）电缆的另一端连接至无电蓄电池的远置负极（–）搭铁端子。

（9）启动蓄电池完好的车辆，并怠速运行发动机至少 4min。

（10）试着启动蓄电池无电的车辆。如果尝试几次后仍无法启动，则车辆很可能需要维修。

5. 保险丝盒位置

发动机舱保险丝盒：发动机舱盖下的保险丝盒位于车辆驾驶员侧的发动机舱内，如图 10–59 所示。

仪表板保险丝盒：仪表板保险丝盒位于驾驶员侧仪表板上，如图 10–60 所示。

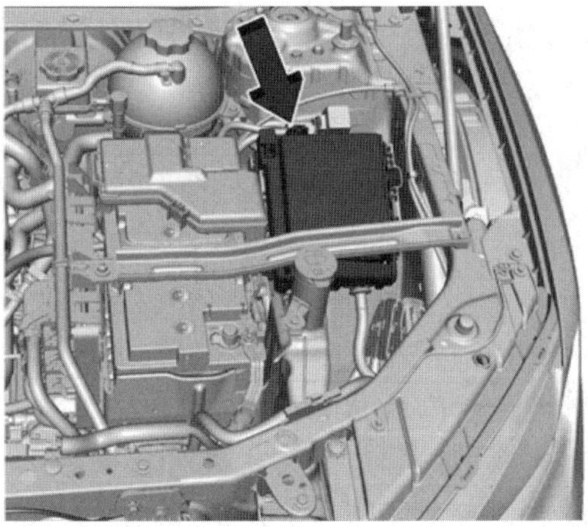

图 10-59

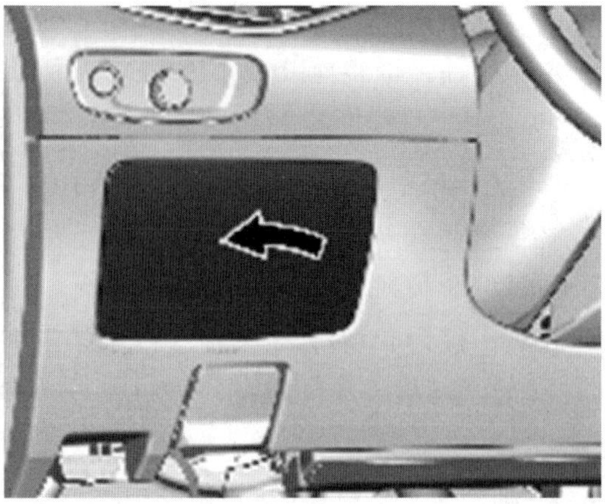

图 10-60

要操作保险丝：

（1）从右侧中间位置撬开保险丝盒，并向左翻转。

（2）拆下保险丝盒。

十、2015—2016 年上汽通用雪佛兰科迈罗

1. 拖车与运输车辆

推荐使用平板拖车运送车辆，如图 10-61 所示。车轮举升式拖车可能会损坏车辆。用牵引眼牵引故障车辆或将其装载到平板拖车上。不可用牵引眼在越野情形下牵引车辆。利用小槽口小心地打开蒙皮上遮盖牵引眼底座的盖板。顺时针转动牵引眼直至其停止，将牵引眼安装至底座中。当拆下牵引眼时，通过槽口将盖板重新安装至原位。

2. 跨接启动

车辆蓄电池位于发动机舱内。可以使用跨接线和另一辆车的车辆蓄电池启动车辆蓄电池电耗尽的车辆。请勿用快速充电器启动。跨接启动远置正极（如图 10-62 中 1 所示）和负极（如图 10-62 中 2 所示）端子位于车辆驾驶员侧的发动机舱中。使用远置端子即无须直接连接蓄电池。

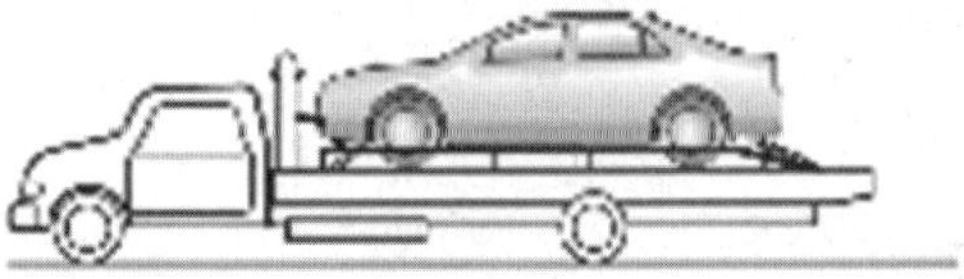

图 10-61

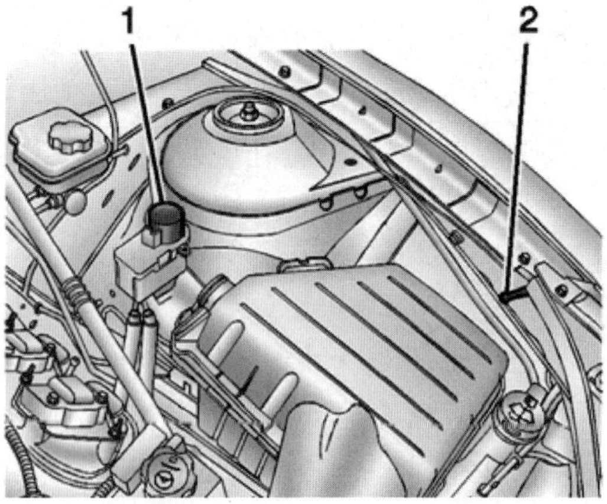

1.远置正极（+）端子 2.远置负极（-）端子

图 10-62

正极跨接启动接头上有一个红色的盖子。将其取下，就可以看到端子。

（1）检查另一车辆。它必须有一个带负极搭铁系统的 12V 蓄电池。

（2）将两辆车停放在一起，注意不要发生接触。

（3）牢固施加驻车制动。自动变速器车辆应挂入 P（驻车）挡。手动变速器车辆应挂入空挡。

（4）将点火开关置于“LOCK/OFF”位置，并关闭两辆车上除危险警告闪光灯（如必要）外的所有车灯和附件。

（5）把红色正极（+）电缆的一端连接至跨接启动正极（+）接线柱。

（6）将红色正极（+）电缆的另一端连接至有电蓄电池的正极（+）端子。

（7）请将黑色负极（-）电缆的一端连接至完好蓄电池的负极（-）端子。

（8）把黑色负极（-）电缆的另一端连接至负极（-）接线柱。

（9）启动蓄电池完好的车辆，并怠速运行发动机至少 4min。

（10）试着启动蓄电池无电的车辆。如果尝试几次后仍无法启动，则车辆很可能需要维修。

3. 保险丝盒位置

发动机舱保险丝盒：发动机舱保险丝盒位于发动机舱驾驶员前部，如图 10-63 所示。要打开铰接式保险丝盒盖，请按下盖前面的卡扣，并将其掀起。

仪表板保险丝盒：仪表板保险丝盒位于车辆驾驶员侧的保险丝盖板。将其打开，如图 10-64 所示。

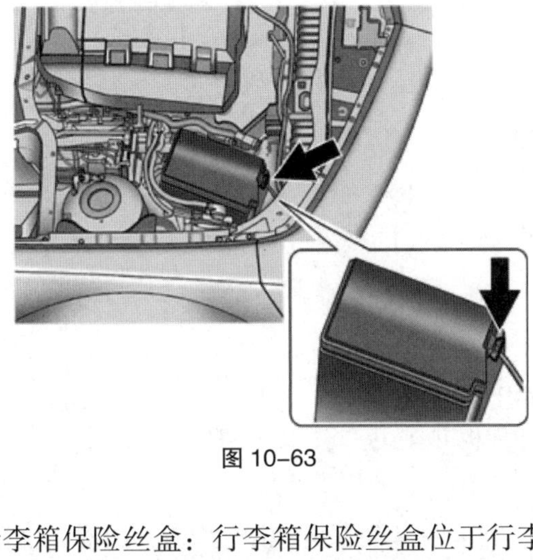

图 10-63

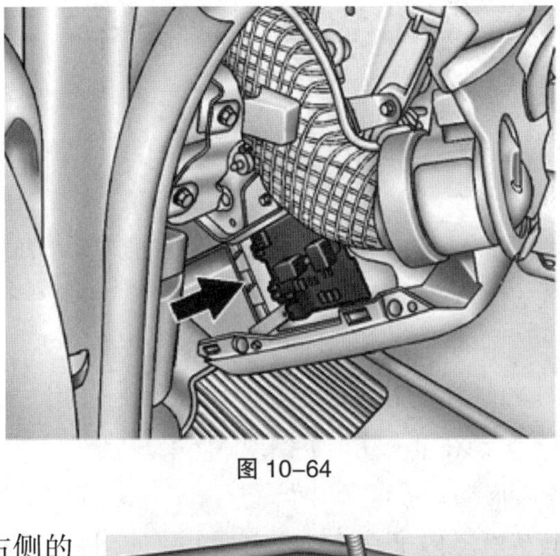

图 10-64

行李箱保险丝盒：行李箱保险丝盒位于行李箱右侧的盖板后面。拆下方便袋固定件、后门槛板和乘客侧饰件固定件，然后将饰件旋出，如图 10-65 所示。

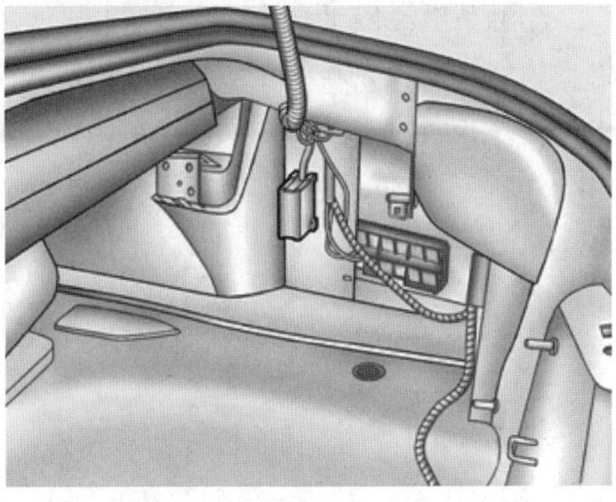

图 10-65

十一、2017—2019 年上汽通用雪佛兰科迈罗

1. 拖车与运输车辆

推荐使用平板拖车运送车辆。车轮举升式拖车可能会损坏车辆。如需要，可使用汽车坡道减少接近角。如车辆配有牵引钩，推荐使用牵引钩将车辆从平坦路面拖至平板拖车上。在雪地、泥地、沙地中或车轮抱死无法自由转动时，请勿使用牵引钩牵引车辆。拆卸和安装牵引钩盖。如果车辆装备牵引眼，则仅使用牵引眼将车辆从水平路面拉到平板拖车上。不要使用牵引眼从雪地、泥地或沙地中拉动车辆。牵引眼位于行李箱储物区中。要拆下牵引钩盖：

（1）将随车工具放在插槽中，撬松盖子。请小心操作，避免刮擦盖子或格栅。

（2）拆下牵引钩盖，露出底座。

（3）顺时针转动牵引眼直至其停止，将牵引眼安装至底座中，如图 10-66 所示。

2. 紧急进出车辆

要使用锁芯解锁，则需要打开锁芯盖。

（1）将车门把手（如图 10–67 中 1 所示）拉至打开位置。

（2）将钥匙插入锁芯盖（如图 10–67 中 2 所示）底部的槽（如图 10–67 中 3 所示）内，并向外撬动。

（3）向后移动锁芯盖（如图 10–67 中 2 所示）并将其拆下。

（4）将钥匙插入锁芯，以便打开车门。

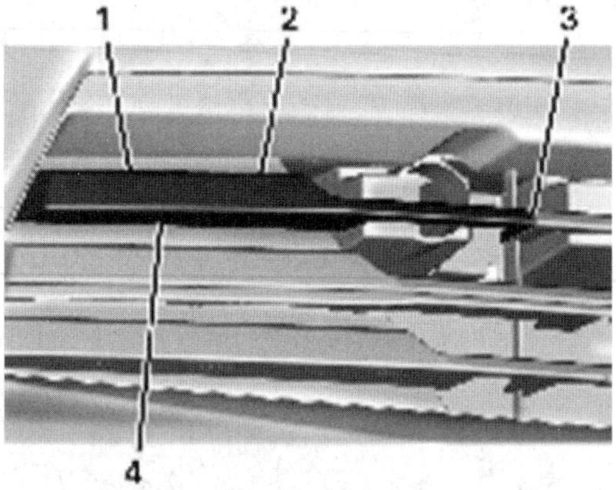

1.上凸舌　2.上凸舌　3.中间凸舌　4.槽

图 10–66

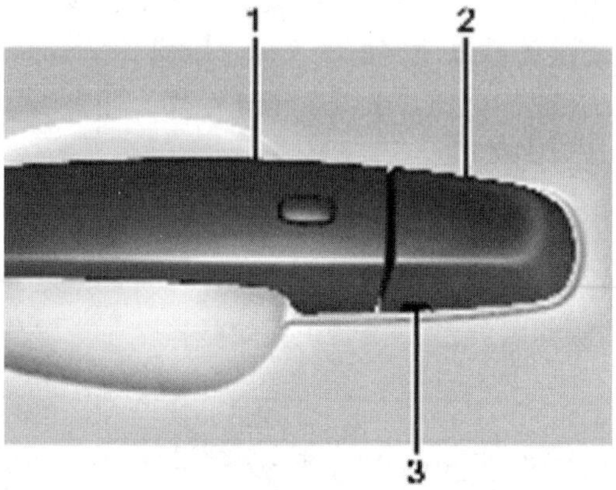

1.车门把手　2.锁芯盖　3.底部的槽

图 10–67

3. 应急点火

如果遥控钥匙电量较弱，或者存在信号干扰，则当启动车辆时，驾驶员信息中心会显示未发现遥控钥匙的提示信息。

要启动车辆：

（1）将遥控钥匙放置在中控台的后杯托内，如图 10–68 所示。

（2）车辆在 P（驻车）挡或 N（空）挡时，踩下制动踏板并按下“START/STOP”按钮。

4. 跨接启动

车辆蓄电池位于发动机舱内。可以使用跨接线和另一辆车的车辆蓄电池启动车辆蓄电池电耗尽的车辆。请勿用快速充电器启动。跨接启动正极接线柱（如图 10–69 中 1 所示）和负极接线柱（如图 10–69 中 2 所示）位于提供跨接启动的车辆的蓄电池上。无电蓄电池的跨接启动正极接线柱（如图 10–69 中 4 所示）

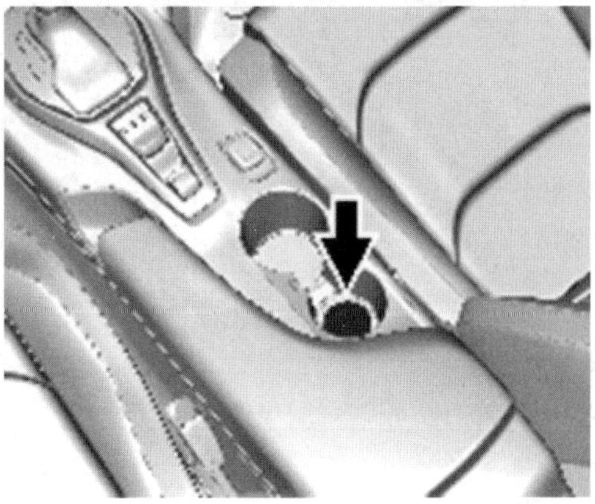

图 10–68

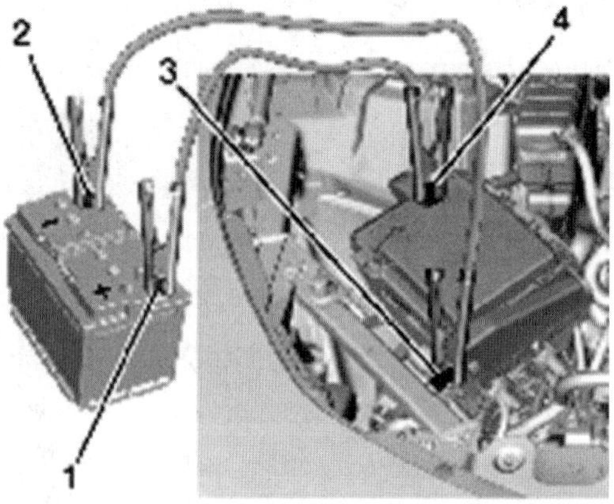

1.有电蓄电池正极接线柱　2.有电蓄电池负极接线柱　3.无电蓄电池负极搭铁点　4.无电蓄电池正极接线柱

图 10–69

和负极搭铁点（如图 10-69 中 3 所示）位于车辆的乘客侧。无电蓄电池的跨接启动正极连接端子位于一个红色的盖罩下。拆下盖罩，即可露出正极连接端子。

（1）检查另一辆车。它必须有一个带负极搭铁系统的 12V 蓄电池。

（2）将两辆车停放在一起，注意不要发生接触。

（3）牢固启用驻车制动，并将自动变速器车辆的换挡杆置于 P（驻车）挡，或将手动变速器车辆的换挡杆置于空挡。

（4）将点火开关转至“OFF”位置。除在必要时打开危险警告闪光灯外，关闭两辆车的所有车灯及附件。

（5）将红色正极（+）电缆的一端连接至无电蓄电池的正极（+）端子。

（6）将红色正极（+）电缆的另一端连接至有电蓄电池的正极（+）端子。

（7）请将黑色负极（-）电缆的一端连接至有电蓄电池的负极（-）端子。

（8）将黑色负极（-）电缆的另一端连接至无电蓄电池的负极（-）搭铁点。

（9）启动蓄电池完好的车辆，并怠速运行发动机至少 4min。

（10）试着启动蓄电池无电的车辆。如果尝试几次后仍无法启动，则车辆很可能需要维修。

5. 保险丝盒位置

发动机舱保险丝盒：发动机舱保险丝盒位于发动机舱驾驶员前部，如图 10-70 所示。要打开铰接式保险丝盒盖，请按下盖前面的卡扣，并将其掀起。

行李箱保险丝盒：行李箱保险丝盒位于行李箱右侧的行李箱载物地板下面，如图 10-71 所示。

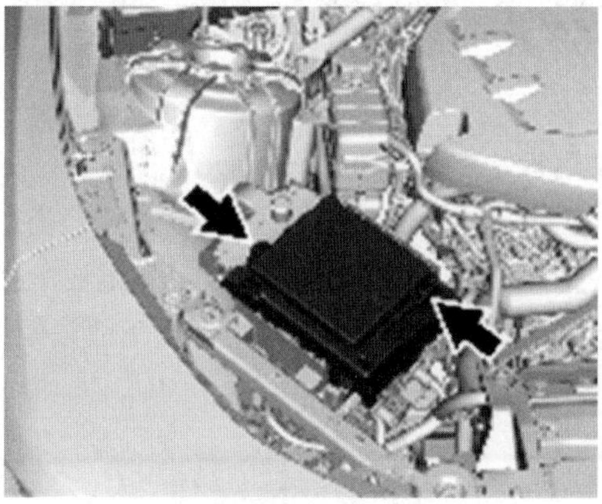

图 10-70

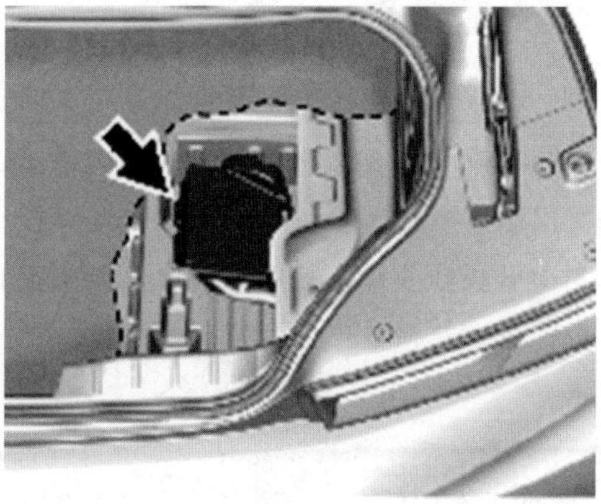

图 10-71

取下装饰板即露出保险丝盒，如图 10-72 所示。

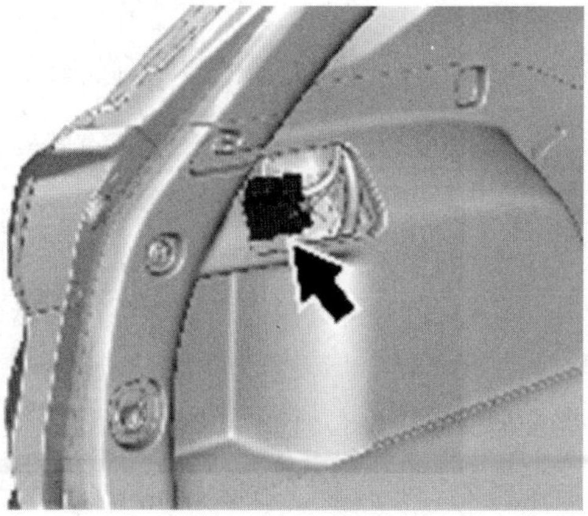

图 10-72

十二、2015—2019 年上汽通用雪佛兰创酷

1. 拖车与运输车辆

仅使用平板拖车牵引故障车辆。车轮举升式拖车可能会损坏车辆。如果车辆装备牵引钩，则仅使用牵引钩将车辆从水平路面拉到平板拖车上。不要使用牵引钩从雪地、泥地或沙地中拉动车辆。如需要，可使用汽车坡道减小接近角。如果在紧急情况下无法获得牵引服务，可以暂时用如下方法牵引车辆：车辆前配有一个用于安装牵引钩的牵引孔，如图 10-73 所示。牵引钩存放在备胎下方的工具盒中。撬开牵引孔上的盖罩，将牵

引钩插入牵引孔内，最大限度地旋紧牵引钩，然后将牵引杆连接至牵引钩上。打开点火开关，释放方向盘锁，并允许使用制动灯、喇叭和挡风玻璃刮水器。将变速器置于空挡，并松开驻车制动器。车辆必须朝前牵引，速度不超过 80km/h，行驶距离不超过 100km。

2. 紧急进出车辆

驾驶员侧门锁处将钥匙插入锁孔旋转解锁和上锁。

3. 应急点火

如果遥控钥匙电量较弱，或者存在信号干扰，则当启动车辆时，驾驶员信息中心会显示未发现遥控钥匙的提示信息。

要启动车辆：

（1）将遥控钥匙放入中控台杯托中，按钮朝上，如图 10–74 所示。

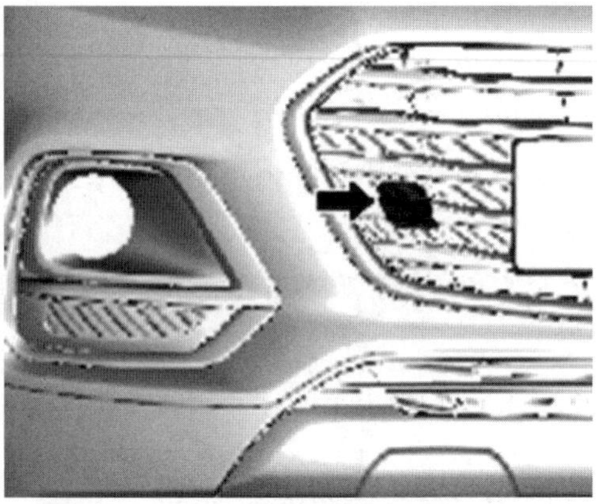

图 10–73

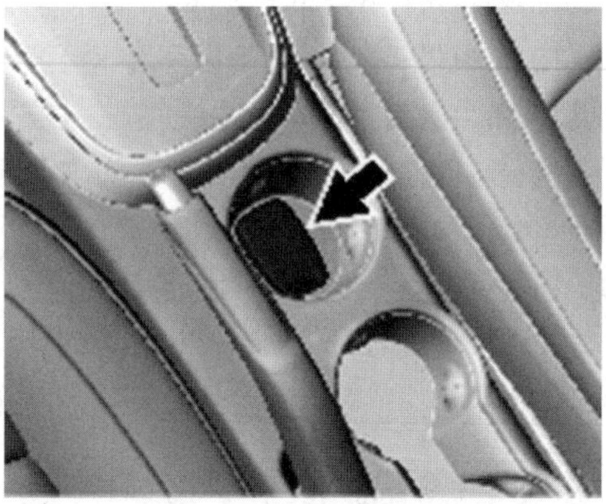

图 10–74

（2）车辆在 P（驻车）挡或 N（空）挡时，踩下制动踏板并按下“START/STOP”按钮。

4. 跨接启动

车辆蓄电池位于发动机舱内。可以使用跨接线和另一辆车的车辆蓄电池启动车辆蓄电池电量耗尽的车辆。蓄电池远置正极（+）端子位于发动机舱驾驶员侧发动机舱保险丝盒的蓄电池盖下面，如图 10–75 所示。

（1）检查另一辆车。它必须有一个带负极搭铁系统的 12V 蓄电池。

（2）将两辆车停放在一起，注意不要发生接触。

（3）牢固启用驻车制动，并将换挡杆挂入 P（驻车）挡。

（4）将点火开关切换至“关闭”模式。除在必要时打开危险警告闪光灯外，关闭两辆车的所有车灯及附件。

（5）将红色正极（+）电缆的一端连接至无电蓄电池的远置正极（+）端子。

（6）将红色正极（+）电缆的另一端连接至有电蓄电池的正极（+）端子。

（7）将黑色负极（–）电缆的一端连接至有电蓄电池的负极（–）端子。

（8）将黑色负极（–）电缆的另一端连接至无电车辆发动机舱内的车辆负极接地点。

（9）启动蓄电池完好的车辆，并怠速运行发动机至少 4min。

（10）试着启动蓄电池无电的车辆。如果尝试几次后仍无法启动，则车辆很可能需要维修。

5. 保险丝盒位置

发动机舱保险丝盒：发动机舱盖下的保险丝盒位于发动机舱驾驶员前部。松开盖子，将其拆下，如图 10–76 所示。

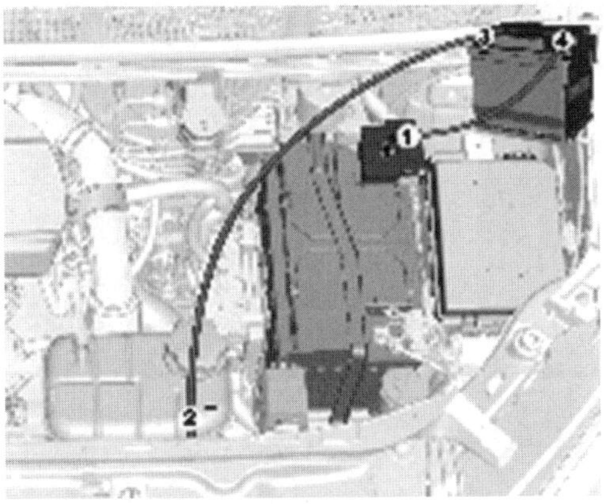

图 10–75

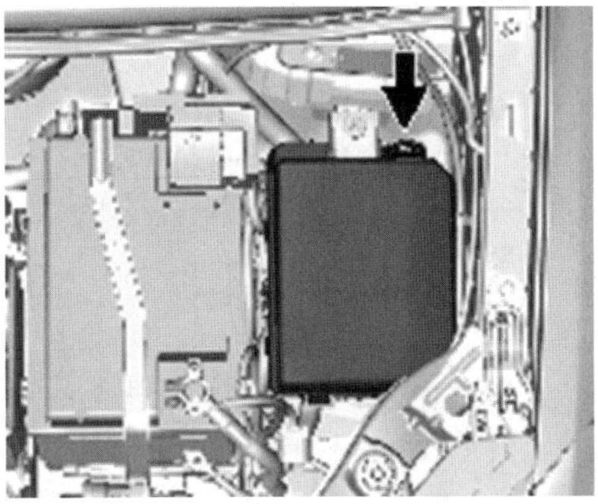

图 10–76

仪表板保险丝盒：仪表板保险丝盒位于驾驶员侧仪表板的下方，如图 10–77 所示。取下储物盒以便检修保险丝。要取下储物盒，请将储物盒两侧推入，然后将其拉出。

行李箱保险丝盒：行李箱保险丝盒位于行李箱左侧的一个护盖后面，如图 10–78 所示。要检修保险丝，需拆下盖子。

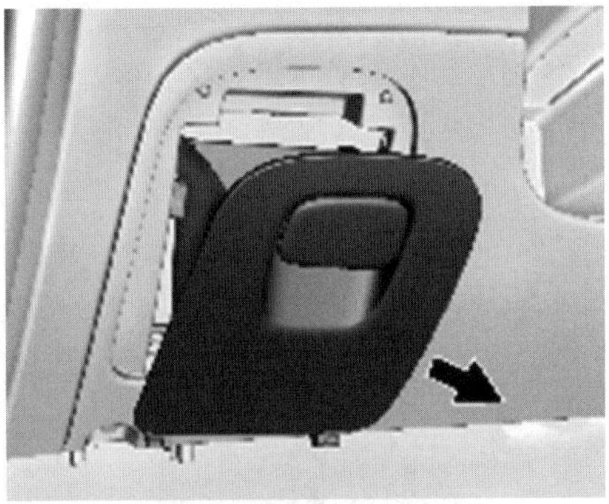

图 10–77

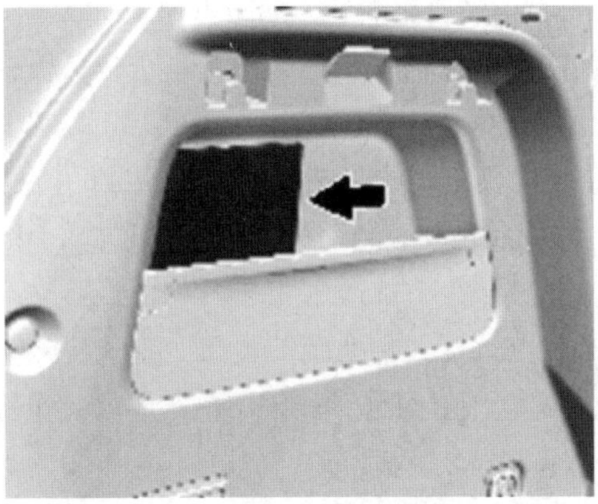

图 10–78

十三、2020 年上汽通用雪佛兰创酷

1. 拖车与运输车辆

仅使用平板拖车牵引故障车辆，如图 10–79 所示。车轮举升式拖车可能会损坏车辆。如果车辆装备牵引钩，则仅使用牵引钩将车辆从水平路面拉到平板拖车上。不要使用牵引钩从雪地、泥地或沙地中拉动车辆。如需要，可使用汽车坡道减小接近角。

2. 紧急进出车辆

驾驶员侧门锁处将钥匙插入锁孔旋转解锁和上锁。

3. 应急点火

如果遥控钥匙电量较弱，或者存在信号干扰，则当启动车辆时，驾驶员信息中心会显示未发现遥控钥匙的提示信息。

要启动车辆：

（1）将遥控钥匙置于中央控制台储物箱内的凹槽处，如图 10–80 所示。

（2）车辆在 P（驻车）挡或 N（空）挡时，踩下制动踏板并按下“START/STOP”按钮。

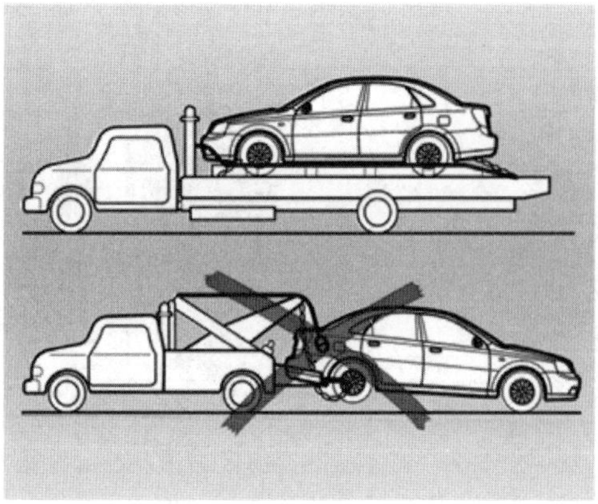

图 10–79

图 10–80

4. 跨接启动

车辆蓄电池位于发动机舱内。可以使用跨接线和另一辆车的车辆蓄电池启动车辆蓄电池电耗尽的车辆。本车蓄电池的跨接启动正极连接端子位于一个盖罩下。打开盖罩，露出正极连接端子，如图 10–81 所示。

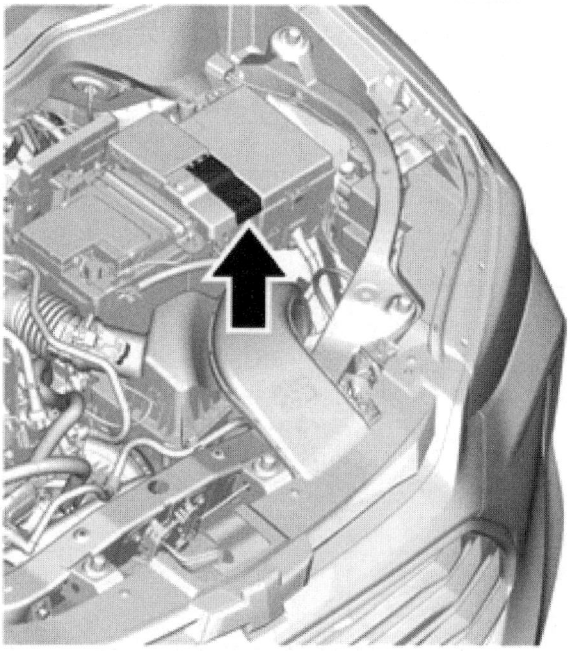

图 10–81

（1）检查另一辆车。它必须有一个带负极搭铁系统的 12V 蓄电池。

（2）将两辆车停放在一起，注意不要发生接触。

（3）牢固启用驻车制动，并将换挡杆挂入 P（驻车）挡。

（4）将点火开关切换至“关闭”模式。除在必要时打开危险警告闪光灯外，关闭两辆车的所有车灯及附件。

（5）将红色正极（+）电缆的一端连接至无电蓄电池的远置正极（+）端子。

（6）将红色正极（+）电缆的另一端连接至有电蓄电池的正极（+）端子。

（7）将黑色负极（–）电缆的一端连接至有电蓄电池的负极（–）端子。

（8）将黑色负极（–）电缆的另一端连接至无电车辆发动机舱内的车辆负极接地点。

（9）启动蓄电池完好的车辆，并怠速运行发动机至少 4min。

（10）试着启动蓄电池无电的车辆。如果尝试几次后仍无法启动，则车辆很可能需要维修。

5. 保险丝盒位置

发动机舱保险丝盒：发动机舱盖下的保险丝盒位于发动机舱驾驶员前部。松开盖子，将其拆下，如图 10–82 所示。

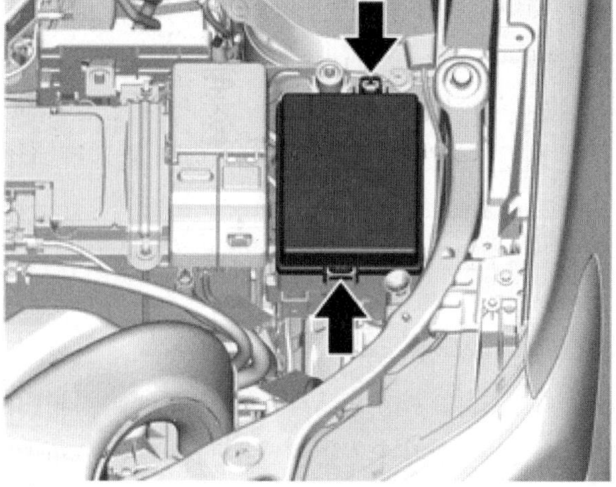

图 10–82

仪表板保险丝盒：仪表板保险丝盒位于驾驶员侧仪表板的端部，如图 10–83 所示。拆下盖板，更换保险丝。

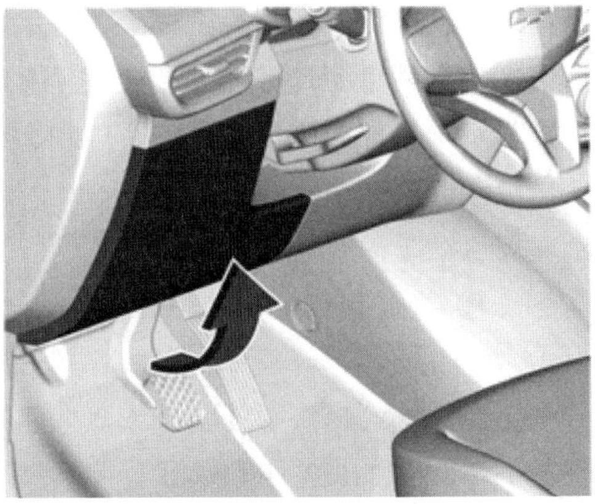

图 10–83

十四、2020 年上汽通用雪佛兰创界

1. 拖车与运输车辆

仅使用平板拖车牵引故障车辆，如图 10–84 所示。车轮举升式拖车可能会损坏车辆。如果车辆装备牵引钩，则仅使用牵引钩将车辆从水平路面拉到平板拖车上。不要使用牵引钩从雪地、泥地或沙地中拉动车辆。如需要，可使用汽车坡道减小接近角。

2. 紧急进出车辆

使用驾驶员侧车门锁芯解锁车门

（1）要打开锁芯。

①将车门把手拉至打开位置。

②将机械钥匙插入锁芯盖底部的槽内，并向外撬动，如图 10–85 所示。

③向后移动锁芯盖并将其拆下。

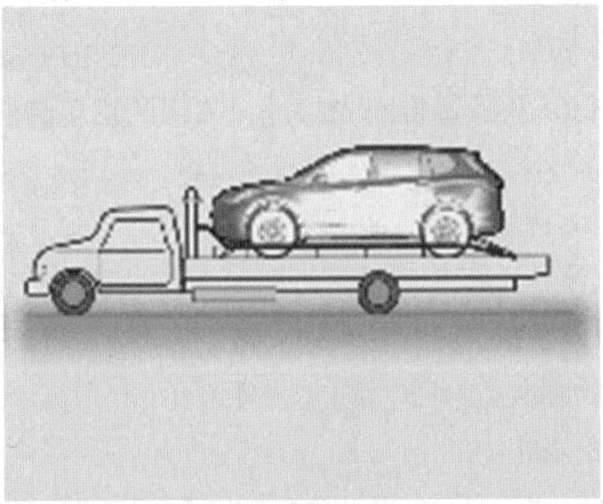

图 10–84

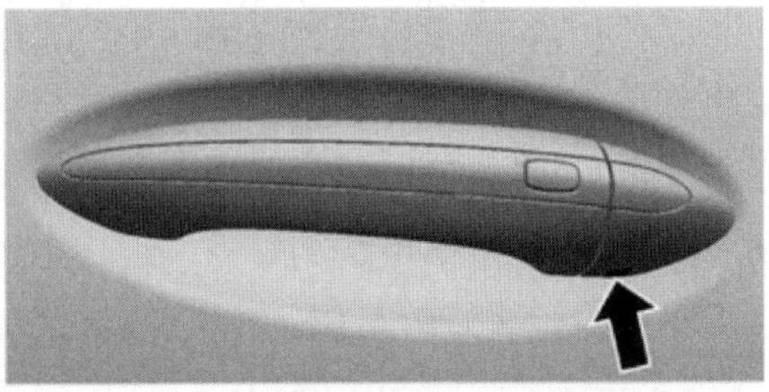

图 10–85

（2）要复位锁芯盖。

拉开车门把手，将锁芯盖后部的凸舌（如图 10–86 中 3 所示）插入密封件（如图 10–86 中 2 所示）和金属底座（如图 10–86 中 1 所示）之间的空间中。卡入到位，如图 10–86 所示。

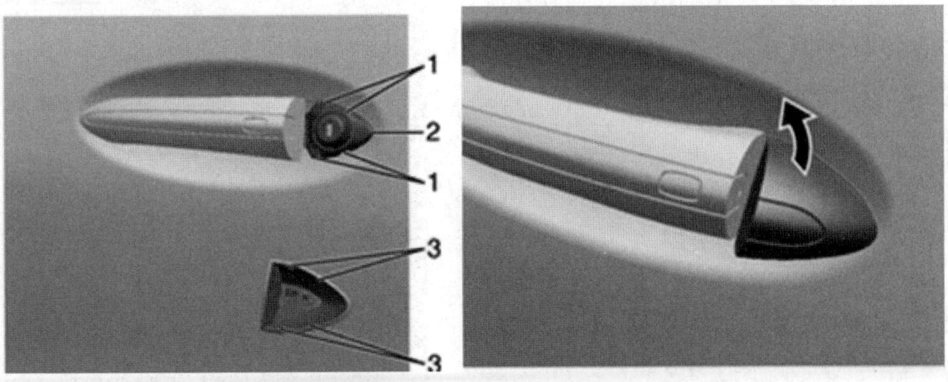

1.金属底座　2.密封件　3.锁芯盖后部的凸舌

图 10–86

3. 应急点火

如果车辆启动时遥控钥匙电池电量不足，则驾驶员信息中心会显示未发现遥控钥匙的提示，此时可能也会显示更换遥控钥匙电池的信息。

要启动车辆：

（1）将遥控钥匙放入中控台信号增强槽中，如图 10–87 所示。

（2）车辆在 P（驻车）挡或 N（空）挡时，踩下制动踏板并按下“ENGINE START/STOP”按钮。

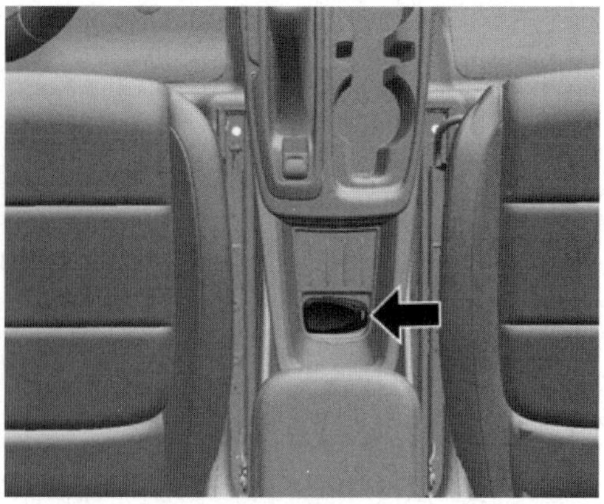

图 10–87

4. 跨接启动

如果蓄电池电耗尽，则尝试使用另一辆车和几根跨接电缆来启动车辆。务必按照如下步骤进行操作以保证安全。无电蓄电池的远置正极端子（如图 10–88 中 1 所示）及远置负极搭铁端子（如图 10–88 中 2 所示）位于车辆的驾驶员侧。有电蓄电池负极端子（如图 10–88 中 3 所示）和正极端子（如图 10–88 中 4 所示）位于提供跨接启动的车辆的蓄电池上。无电蓄电池的正极端子位于一个盖罩下。拆下盖罩，露出正极连接端子。

（1）检查另一辆车。它必须有一个带负极搭铁系统的 12V 蓄电池。

（2）将两辆车停放在一起，注意不要发生接触。

（3）牢固启用驻车制动，并将换挡杆挂入 P（驻车）挡。

（4）将点火开关切换至“关闭”模式。除在必要时打开危险警告闪光灯外，关闭两辆车的所有车灯及附件。

（5）将红色正极（+）电缆的一端连接至无电蓄电池的远置正极（+）端子。

（6）将红色正极（+）电缆的另一端连接至有电蓄电池的正极（+）端子。

（7）将黑色负极（–）电缆的一端连接至有电蓄电池的负极（–）端子。

（8）将黑色负极（–）电缆的另一端连接至无电蓄电池的远置负极（–）搭铁端子。

（9）启动蓄电池完好的车辆，并怠速运行发动机至少 4min。

（10）试着启动蓄电池无电的车辆。如果尝试几次后仍无法启动，则车辆很可能需要维修。

当拆下跨接电缆时，以相反的顺序进行。拆下跨接电缆后，启动车辆，并让车辆怠速运转几分钟。

5. 保险丝盒位置

发动机舱保险丝盒：发动机舱盖下的保险丝盒位于车辆驾驶员侧的发动机舱内，如图 10–89 所示。

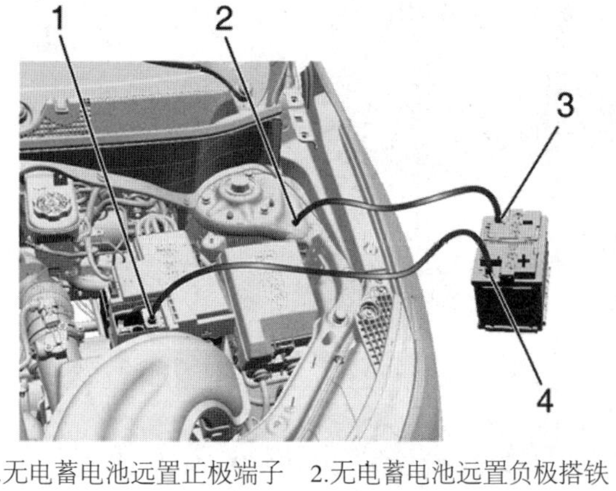

1.无电蓄电池远置正极端子　2.无电蓄电池远置负极搭铁端子　3.有电蓄电池负极端子　4.有电蓄电池正极端子

图 10–88

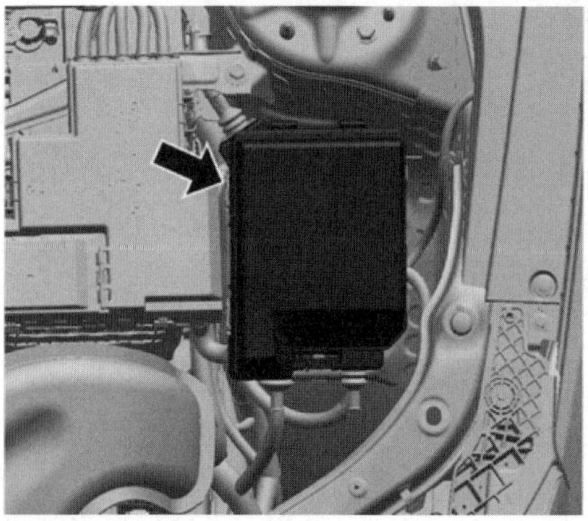

图 10–89

仪表保险丝盒：仪表板保险丝盒位于仪表板的驾驶员侧上。如果要触及保险丝，从顶部开始拆下面板，如图 10–90 所示。

行李箱保险丝盒：如装备，行李箱保险丝盒位于行李箱驾驶员侧的一个护盖后面。要检修保险丝，需拆下盖子，如图 10–91 所示。

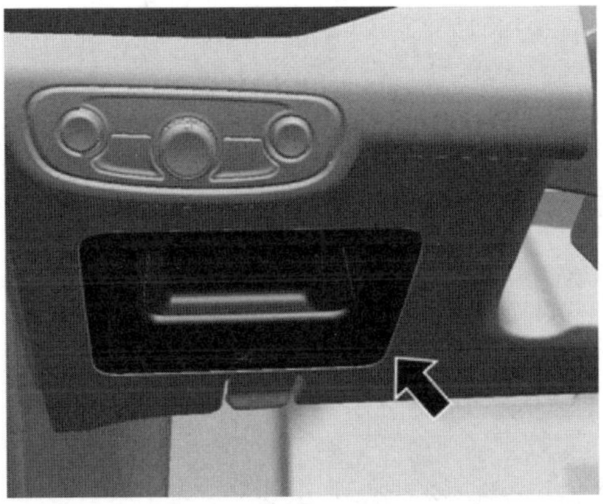

图 10–90

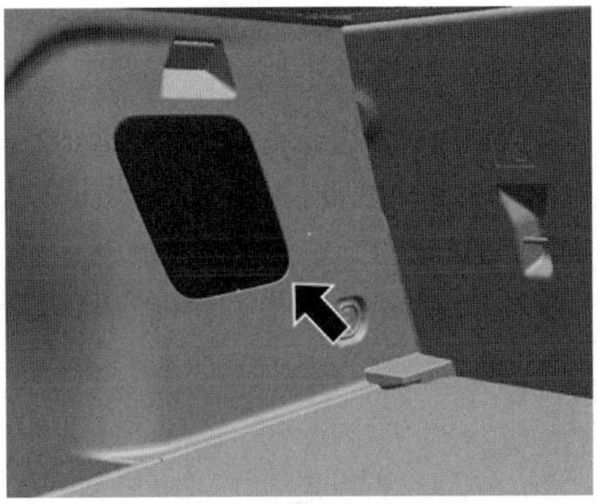

图 10–91

十五、2020 年上汽通用雪佛兰开拓者

1. 拖车与运输车辆

仅使用平板拖车牵引故障车辆，如图 10–92 所示。车轮举升式拖车可能会损坏车辆。如果车辆装备牵引钩，则仅使用牵引钩将车辆从水平路面拉到平板拖车上。不要使用牵引钩从雪地、泥地或沙地中拉动车辆。如需要，可使用汽车坡道减小接近角。

2. 紧急进出车辆

要使用锁芯解锁，则需要打开锁芯盖：

（1）将车门把手（如图 10–93 中 1 所示）拉至打开位置。

（2）将钥匙插入锁芯盖（如图 10–93 中 2 所示）底部的槽（如图 10–93 中 3 所示）内，并向外撬动。

（3）向后移动锁芯盖（如图 10–93 中 2 所示）并将其拆下。

（4）将钥匙插入锁芯，以便打开车门。

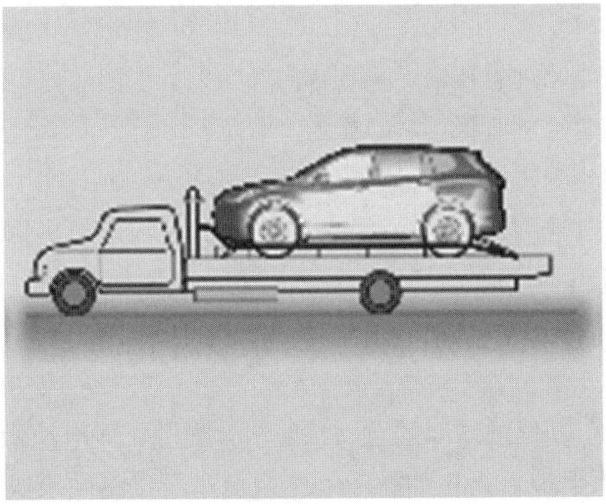

图 10–92

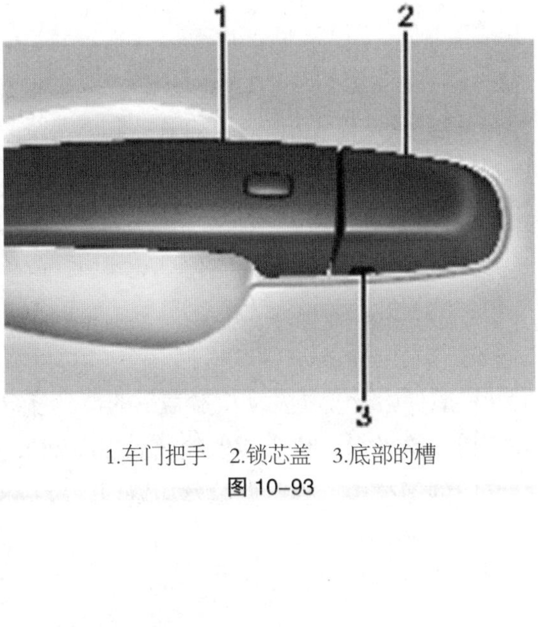

1.车门把手　2.锁芯盖　3.底部的槽

图 10–93

3. 应急点火

如果遥控钥匙电量较弱，或者存在信号干扰，则当启动车辆时，驾驶员信息中心会显示未发现遥控钥匙的提示信息。

要启动车辆：

（1）将发射器放入前杯托中，如图 10–94 所示。

（2）车辆在 P（驻车）挡或 N（空）挡时，踩下制动踏板并按下“START/STOP”按钮。

4. 跨接启动

车辆蓄电池位于发动机舱内。可以使用跨接线和另一辆车的车辆蓄电池启动车辆蓄电池电耗尽的车辆。无电蓄电池的远置正极端子（如图 10–95 中 1 所示）及远置负极搭铁端子（如图 10–95 中 2 所示）位于车辆的驾驶员侧，有电蓄电池负极端子（如图 10–95 中 3 所示）和正极端子（如图 10–95 中 4 所示）位于提供跨接启动的车辆的蓄电池上。无电蓄电池的正极端子位于一个盖罩下。拆下盖罩，露出正极连接端子。

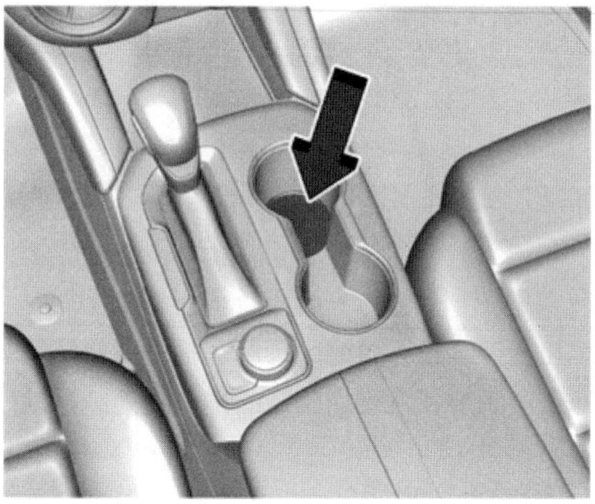

图 10–94

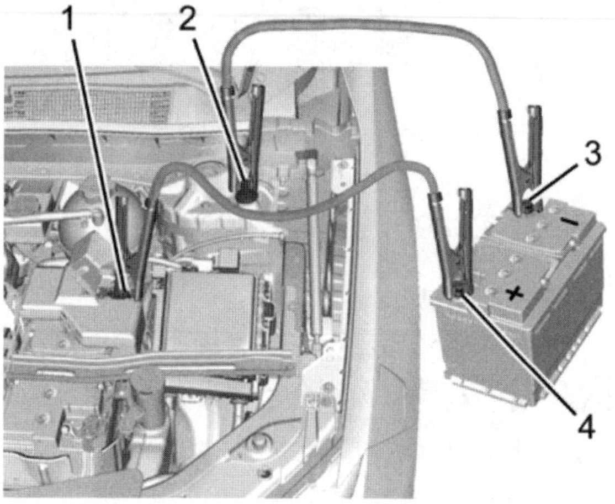

1.无电蓄电池远置正极端子 2.无电蓄电池远置负极搭铁端子 3.有电蓄电池负极端子 4.有电蓄电池正极端子

图 10–95

（1）检查另一辆车。它必须有一个带负极搭铁系统的 12V 蓄电池。

（2）将两辆车停放在一起，注意不要发生接触。

（3）牢固启用驻车制动，并将换挡杆挂入 P（驻车）挡。

（4）将点火开关切换至“关闭”模式。除在必要时打开危险警告闪光灯外，关闭两辆车的所有车灯及附件。

（5）将红色正极（+）电缆的一端连接至无电蓄电池的远置正极（+）端子。

（6）将红色正极（+）电缆的另一端连接至有电蓄电池的正极（+）端子。

（7）将黑色负极（–）电缆的一端连接至有电蓄电池的负极（–）端子。

（8）将黑色负极（–）电缆的另一端连接至无电蓄电池的远置负极（–）搭铁端子。

（9）启动蓄电池完好的车辆，并怠速运行发动机至少 4min。

（10）试着启动蓄电池无电的车辆。如果尝试几次后仍无法启动，则车辆很可能需要维修。

5. 保险丝盒位置

发动机舱保险丝盒：发动机舱盖下的保险丝盒位于车辆驾驶员侧的发动机舱内，如图 10–96 所示。

仪表板保险丝盒：仪表板保险丝盒在车辆乘客侧的中控台内，如图 10–97 所示。通过将硬币或工具插入检修门的凹槽中，拆下保险丝检修门。要拆下保险丝，则使用位于发动机舱保险丝盒中的保险丝拔出器。

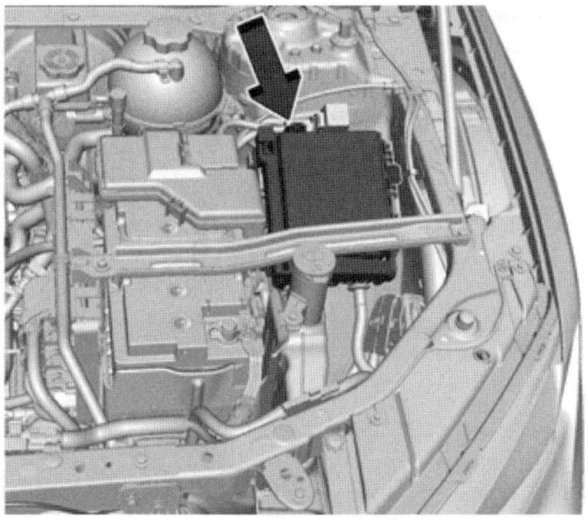

图 10–96

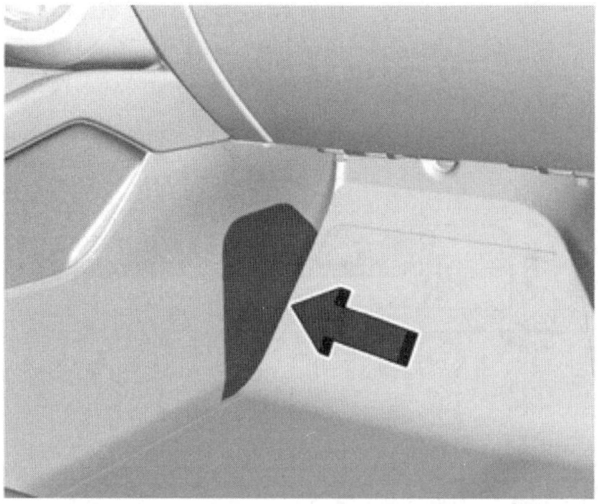

图 10–97

行李箱保险丝盒：行李箱保险丝盒位于行李箱左手侧装饰板下方，如图 10–98 所示。

要检修保险丝盒，先拆下固定在行李管理托盘中的两个螺栓，将托盘取出。然后将行李箱左手侧装饰板取下，如图 10–99 所示。

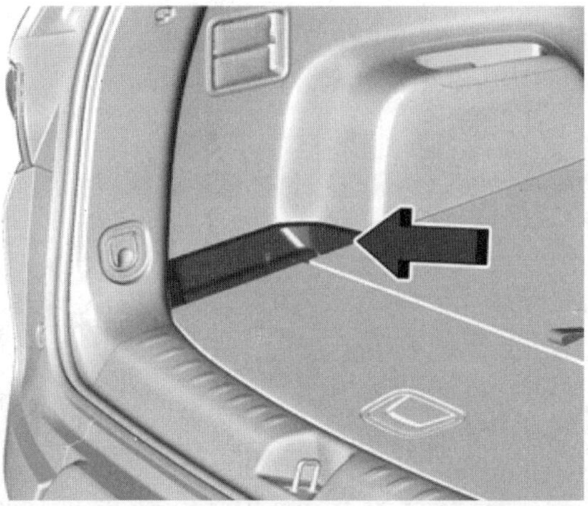

图 10–98

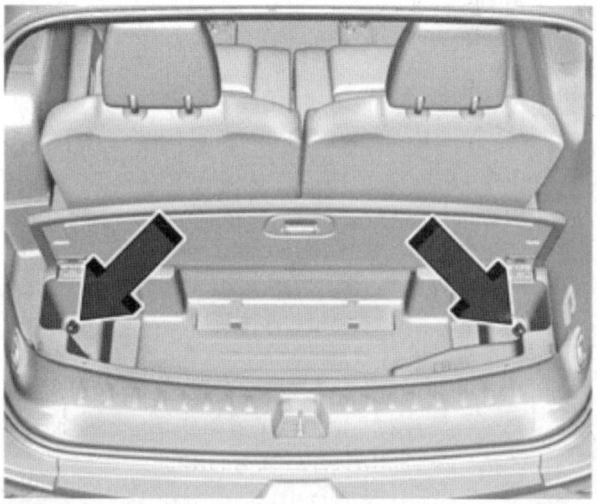

图 10–99

十六、2020 年上汽通用雪佛兰畅巡

1. 拖车与运输车辆

仅使用平板拖车牵引故障车辆，如图 10–100 所示。严禁使用吊链型升降机，否则会造成损坏。如有必要，使用斜坡来帮助减小接近角。被牵引车辆的驱动轮应该离开地面。若必须牵引故障车辆，请向专业牵引服务公司咨询。车辆配备牵引钩。仅使用牵引钩将车辆从水平路面拉到平板拖车上。不要使用牵引钩从雪地、泥地或沙地中拉动车辆。

2. 紧急进出车辆

要使用锁芯解锁，则需要打开锁芯盖：

（1）将车门把手拉至打开位置。

（2）将钥匙插入锁芯盖底部的槽内，如图 10–101 所示，并向外撬动。

（3）向后移动锁芯盖并将其拆下。

（4）将钥匙插入锁芯，以便打开车门。

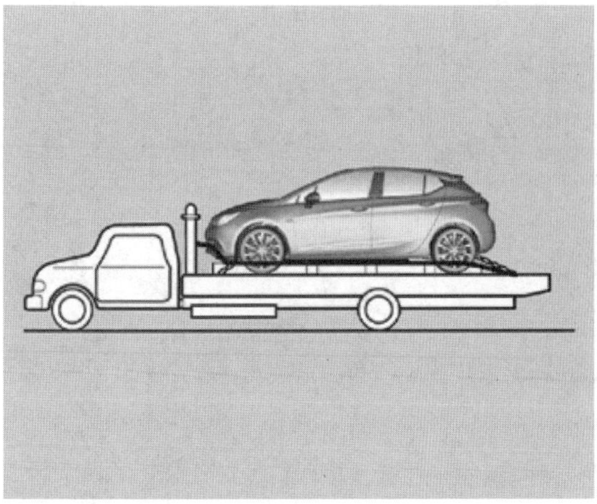

图 10-100

图 10-101

3. 应急点火

如果遥控钥匙电量较弱，或者存在信号干扰，则当启动车辆时，驾驶员信息中心会显示未发现遥控钥匙的提示信息。

要启动车辆：

（1）将遥控钥匙置于中央控制台储物箱内的凹槽中。

（2）车辆在 P（驻车）挡或 N（空）挡时，踩下制动踏板并按下“START/STOP”按钮。

4. 跨接启动

如果蓄电池电耗尽，则尝试使用另一辆车和几根跨接电缆来启动车辆。如果车辆无法启动，则其 12V 蓄电池可能无电。要跨接启动车辆，请使用前舱盖下的远置正极（+）端子和负极搭铁，如图 10-102 所示。

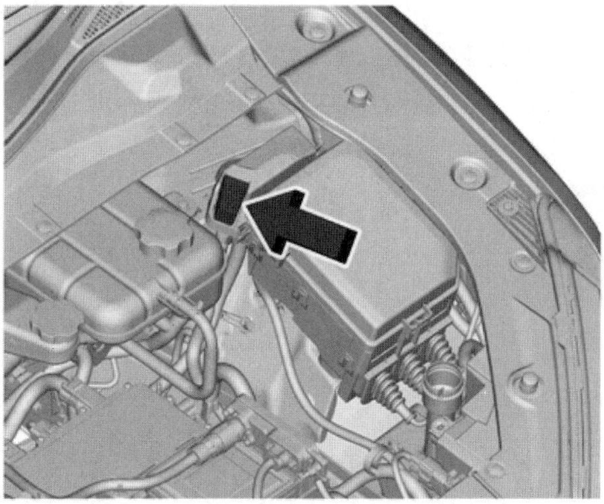

图 10-102

（1）用于跨接启动车辆的有电车辆必须具有包含负极搭铁系统的 12V 蓄电池。

（2）将两辆车停放在相互靠得足够近的位置，以便跨接电缆可以连接到两辆车的正极（+）和负极（-）端子。但两辆车不得相互接触，否则可能会形成多余的搭铁连接，损坏两辆车的电气系统。

（3）将车辆施加驻车制动，并将排挡置于 P（驻车）挡。

（4）关闭有电车辆上的启动开关。关闭两辆车中不需要开启的收音机、所有车灯和附件。将附件从点烟器或附件电源插座上拔掉，这样将避免产生火花，并且有利于保护两辆车蓄电池和附件。

（5）将红色正极（+）跨接电缆连接至无电车辆的远置正极（+）端子。请勿让电缆另一端接触金属。

（6）将红色正极（+）跨接电缆的另一端连接至有电车辆的正极（+）端子。

（7）将黑色负极（-）跨接电缆连接至有电车辆蓄电池的负极（-）蓄电池端子。在进行下一步前，请勿让电缆另一端接触任何东西。

（8）将黑色负极（-）跨接电缆的另一端连接至无电车辆的负极搭铁上。

（9）启动蓄电池完好的车辆。

（10）试着启动无电车辆。如果尝试几次后仍无法启动，则车辆很可能需要维修。

5. 保险丝盒位置

发动机舱保险丝盒：发动机舱保险丝盒位于发动机舱驾驶员前部，如图 10–103 所示。要拆下保险丝盒盖，挤压盒盖上的卡扣并直接向上将其提起。

仪表板保险丝盒：仪表板保险丝盒位于驾驶员侧仪表板端部，如图 10–104 所示。

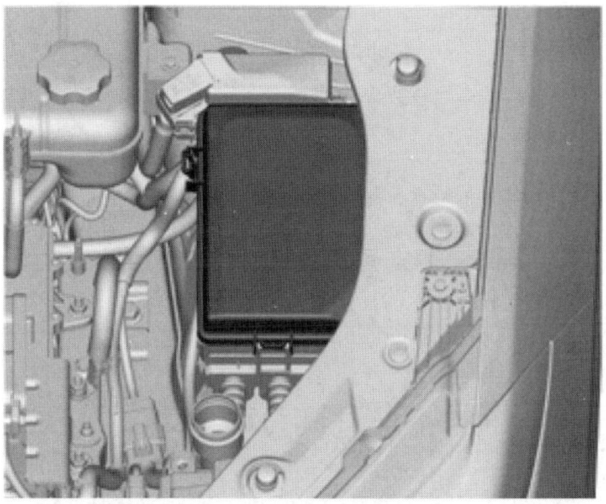

图 10–103

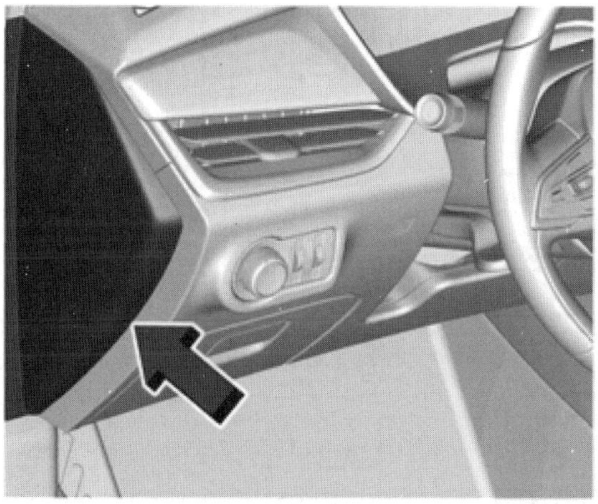

图 10–104

十七、2015—2017 年上汽通用雪佛兰科帕奇

1. 拖车与运输车辆

仅使用平板拖车牵引故障车辆，如图 10–105 所示。车轮举升式拖车可能会损坏车辆。如果车辆装备牵引钩，则仅使用牵引钩将车辆从水平路面拉到平板拖车上。不要使用牵引钩从雪地、泥地或沙地中拉动车辆。如需要，可使用汽车坡道减小接近角。

车辆前后各有一个用于安装牵引钩的孔，前面的牵引孔位于车辆右前下底盘结构件上，如图 10–106 所示，后方的牵引孔位于车后方盖罩下。牵引钩与随车工具存放在一起。尽量将牵引钩拧到底，直到其停在水平位置上。将牵引绳或最好是牵引杆接到牵引钩上。牵引钩只能用于牵引，不能用于车辆救援。接通点火开关以松开转向柱锁，并允许使用制动灯、喇叭和挡风玻璃刮水器。将变速器置于空挡。车辆必须朝前牵引，速度不超过 80km/h，牵引里程不超过 100km。在所有其他情况下，若是当变速器有缺陷时，则必须将前桥抬离地面。

2. 紧急进出车辆

遥控门锁发射器有一个按钮（如图 10–106 中 A 所示）可把钥匙从发射器上分离。按住按

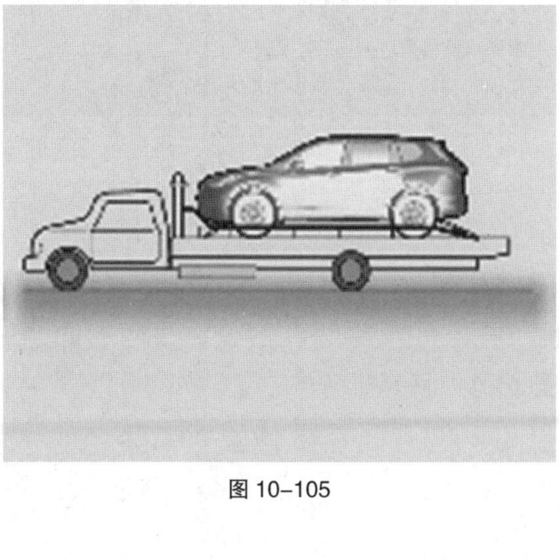

图 10–105

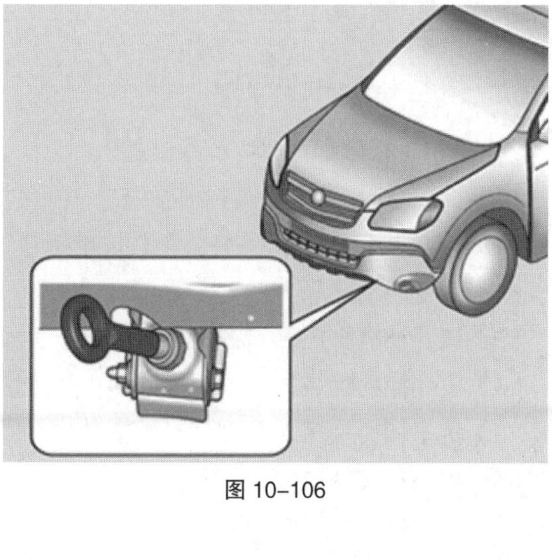

图 10–106

钮，把钥匙拔出，如图 10–107 所示。

将钥匙插入钥匙槽，向左或右转动可手动解锁或落锁驾驶员侧车门，如图 10–108 所示。

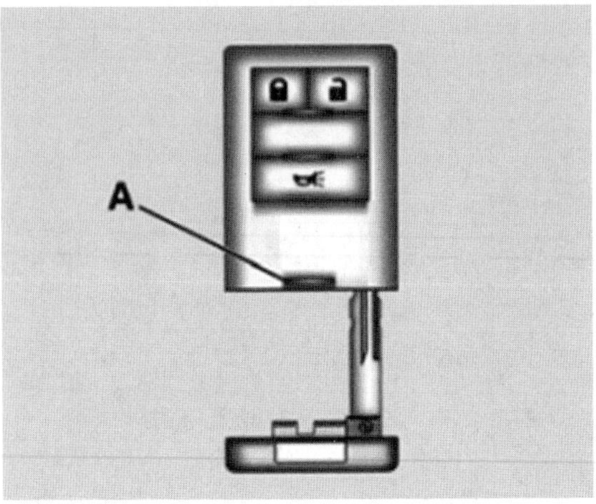

A.按钮

图 10–107

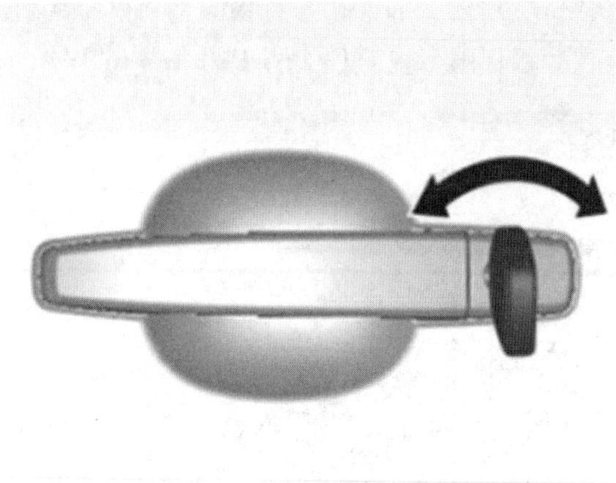

图 10–108

3. 应急点火

如果遥控钥匙电量较弱，或者存在信号干扰，则当启动车辆时，驾驶员信息中心会显示未发现遥控钥匙的提示信息。

要启动车辆：

（1）将发射器放置在中控台储物区发射器凹槽中，按钮一面朝上，如图 10–109 所示。

（2）车辆在 P（驻车）挡或 N（空）挡时，踩下制动踏板，转动点火开关旋钮，如图 10–110 所示。

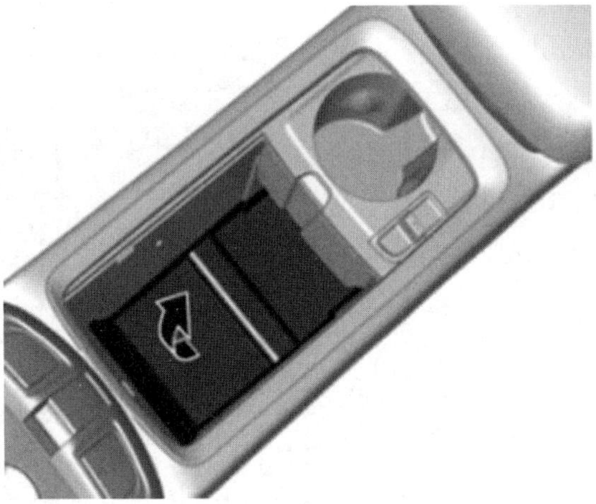

图 10–109

图 10–110

4. 变速器应急驻车释放（解除 P 挡）

本车可能有换挡锁止手动释放系统。

（1）将点火开关置于 OFF 位置并拔出钥匙。

（2）踩住制动踏板。

（3）移开换挡杆前面储物箱底部的垫子，如图 10–111 所示。

（4）按住储物区域地板内的换挡锁止释放按钮，如图 10–112 所示。

（5）将车辆切换至 N 挡。

（6）将垫子装回原位。

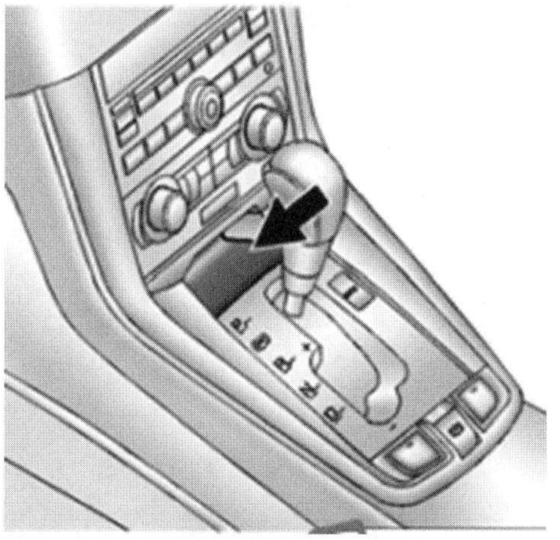

图 10–111

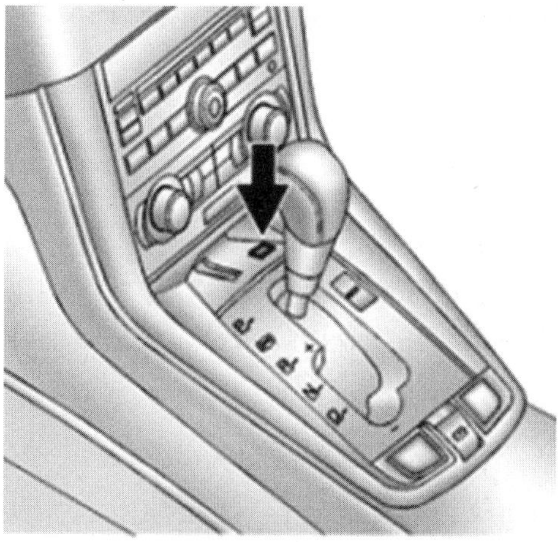

图 10–112

（7）启动发动机并切换至想要的挡位。

5. 跨接启动

车辆蓄电池位于发动机舱内。可以使用跨接线和另一辆车的车辆蓄电池启动车辆蓄电池电耗尽的车辆，如图 10–113 所示。

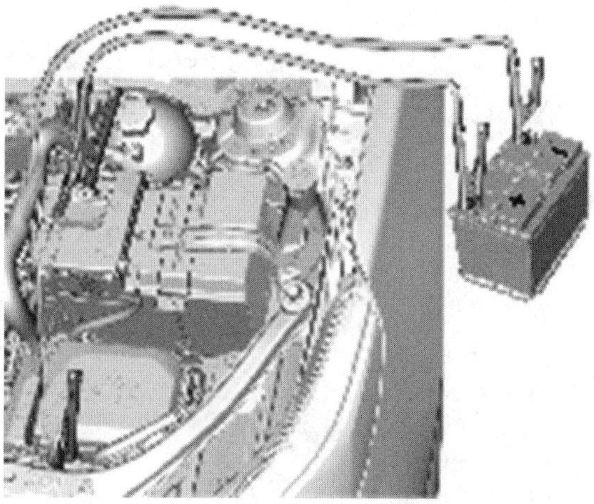

图 10–113

（1）检查另一辆车。它必须有一个带负极搭铁系统的 12V 蓄电池。

（2）将两辆车停放在一起，注意不要发生接触。

（3）牢固启用驻车制动，并将换挡杆挂入 P（驻车）挡。

（4）将点火开关切换至“关闭”模式。除在必要时打开危险警告闪光灯外，关闭两辆车的所有车灯及附件。

（5）将红色正极（+）电缆的一端连接至无电蓄电池的远置正极（+）端子。

（6）将红色正极（+）电缆的另一端连接至有电蓄电池的正极（+）端子。

（7）将黑色负极（–）电缆的一端连接至有电蓄电池的负极（–）端子。

（8）将黑色负极（–）电缆的另一端连接至无电蓄电池的远置负极（–）搭铁端子。

（9）启动蓄电池完好的车辆，并怠速运行发动机至少 4min。

（10）试着启动蓄电池无电的车辆。如果尝试几次后仍无法启动，则车辆很可能需要维修。

6. 保险丝盒位置

发动机舱保险丝盒：发动机舱盖下的保险丝盒位于车辆驾驶员侧的发动机舱内，如图 10–114 中 G 所示。

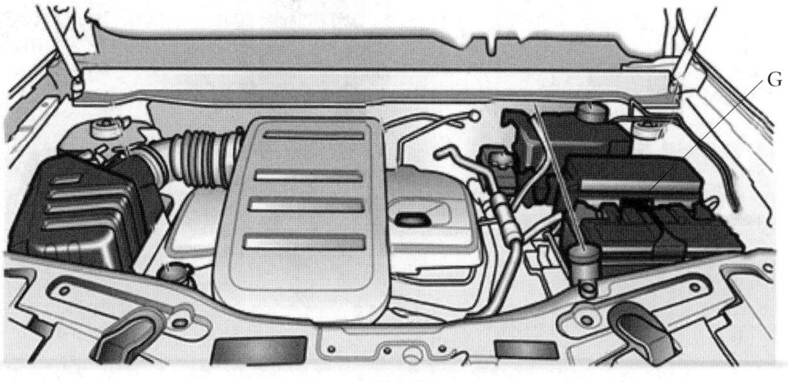

G.保险丝盒

图 10–114

仪表板保险丝盒：仪表板保

险丝盒位于下控制台的乘客侧，如图 10–115 所示。将保险丝盒盖锁闩直接回拉，以接触到保险丝。

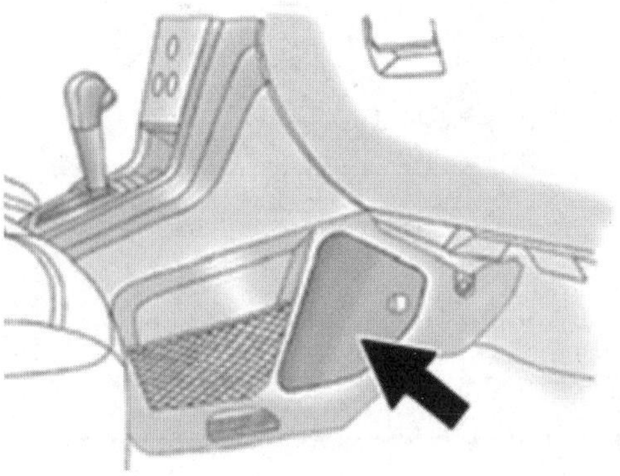

图 10–115

十八、2018—2020 年上汽通用雪佛兰探界者

1. 拖车与运输车辆

仅使用平板拖车牵引故障车辆。严禁使用吊链型升降机，否则会造成损坏。如有必要，使用斜坡来帮助减小接近角。被牵引车辆的驱动轮应该离开地面。若必须牵引故障车辆，请向专业牵引服务公司咨询。车辆配备牵引钩。仅使用牵引钩将车辆从水平路面拉到平板拖车上。不要使用牵引钩从雪地、泥地或沙地中拉动车辆。使用工具小心地打开遮盖前牵引钩底座的盖板，如图 10–116 所示。

顺时针转动牵引钩直至其停止在水平位置，将牵引钩安装至底座中，如图 10–117 所示。拆下牵引钩后，将盖板重新安装至原位。

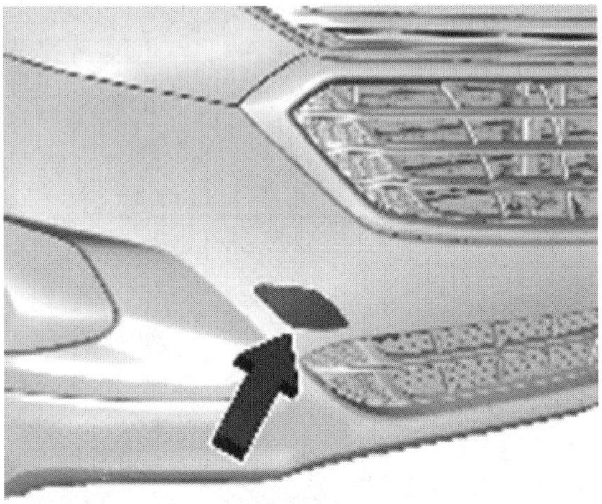

图 10–116

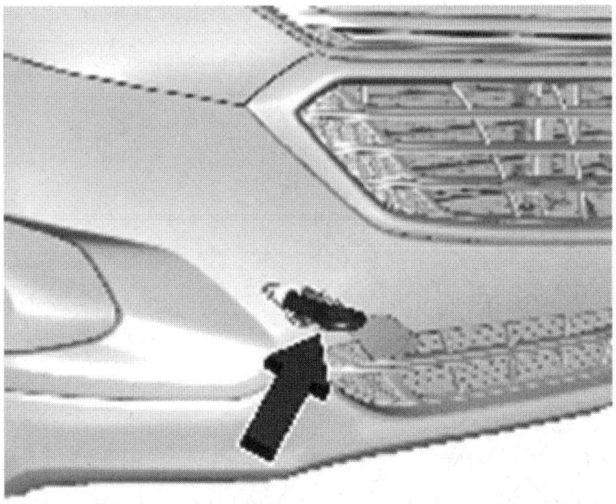

图 10–117

后牵引钩：虽然车辆配备挂接装置，但没有提供使用车辆后部牵引钩的方法。可以使用挂接装置来将车辆装载到平板牵引卡车上。如装备，使用工具小心地打开遮盖后牵引钩底座的盖板，如图 10–118 所示。顺时针转动牵引钩直至其停止在水平位置，将牵引钩安装至底座中，如图 10–119 所示。拆下牵引钩后，将盖板重新安装至原位。

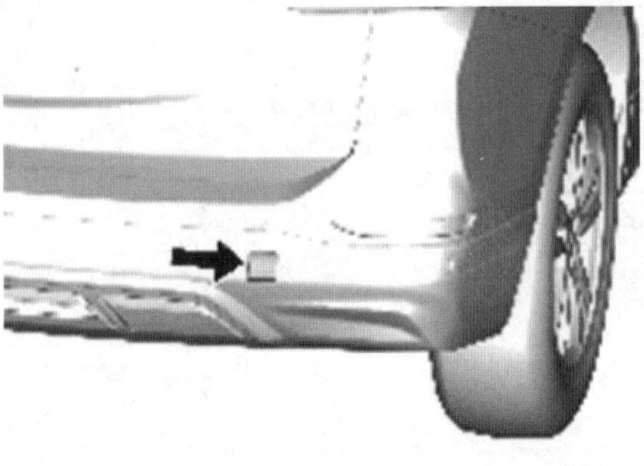

图 10–118

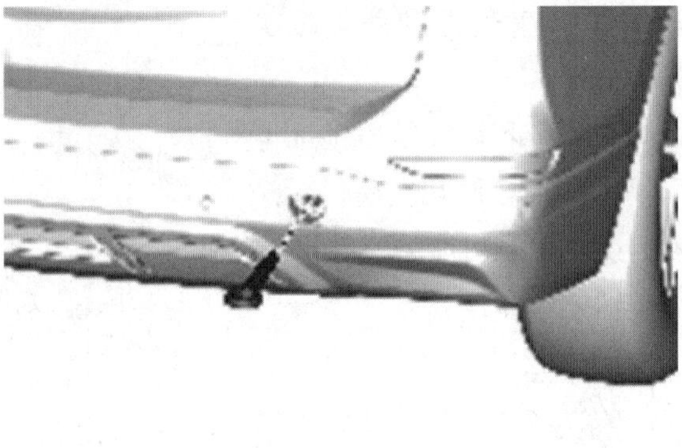

图 10–119

2. 紧急进出车辆

要使用锁芯解锁，则需要打开锁芯盖：

（1）将车门把手（如图 10–120 中 1 所示）拉至打开位置。

（2）将钥匙插入锁芯盖（如图 10–120 中 2 所示）底部的槽（如图 10–120 中 3 所示）内，并向外撬动。

（3）向后移动锁芯盖（如图 10–120 中 2 所示）并将其拆下。

（4）将钥匙插入锁芯，以便打开车门。

3. 应急点火

如果遥控钥匙电量较弱，或者存在信号干扰，则当启动车辆时，驾驶员信息中心会显示未发现遥控钥匙的提示信息。

要启动车辆：

（1）将发射器放入杯托中，如图 10–121 所示。

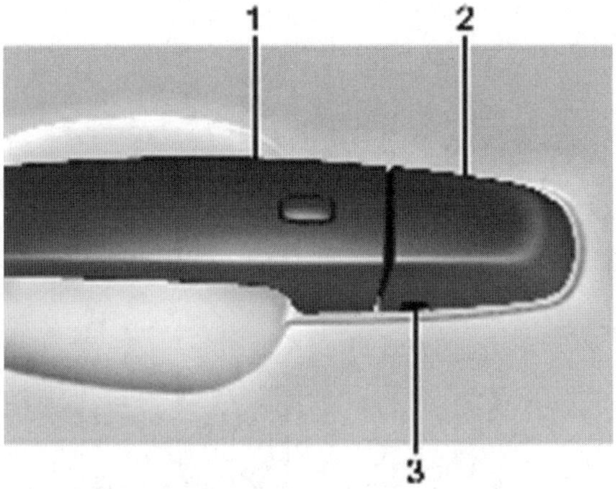

1.车门把手　2.锁芯盖　3.底部的槽

图 10–120

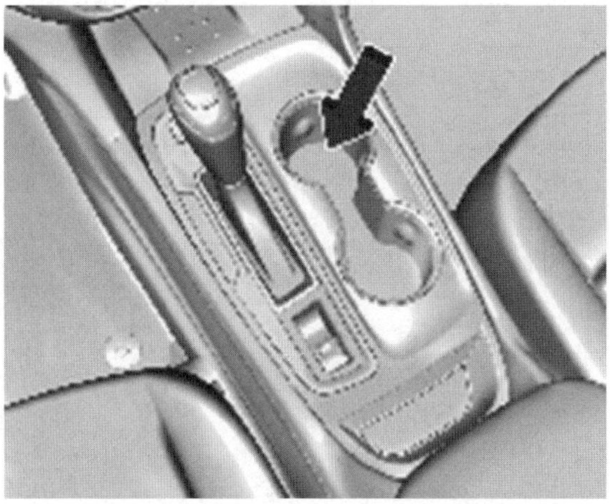

图 10–121

（2）车辆在 P（驻车）挡或 N（空）挡时，踩下制动踏板并按下“START/STOP”按钮。

4. 跨接启动

车辆蓄电池位于发动机舱内。可以使用跨接线和另一辆车的车辆蓄电池启动车辆蓄电池电耗尽的车辆。请勿用快速充电器启动。亏电蓄电池的跨接启动负极搭铁接线柱（如图 10–122 中 1 所示）连接到挡风玻璃洗涤液储液罐左侧。亏电蓄电池的跨接启动正极端子（如图 10–122 中 2 所示）位于车辆驾驶员侧的发动机舱中。跨接启动正极端子（如图 10–122 中 4 所示）及负极端子（如图 10–122 中 3 所示）位于提供跨接启动的车辆蓄电池上。亏电蓄电池的跨接启动正极连接端子位于一个饰板盖罩下。打开盖罩，即可露出正极连接端子。

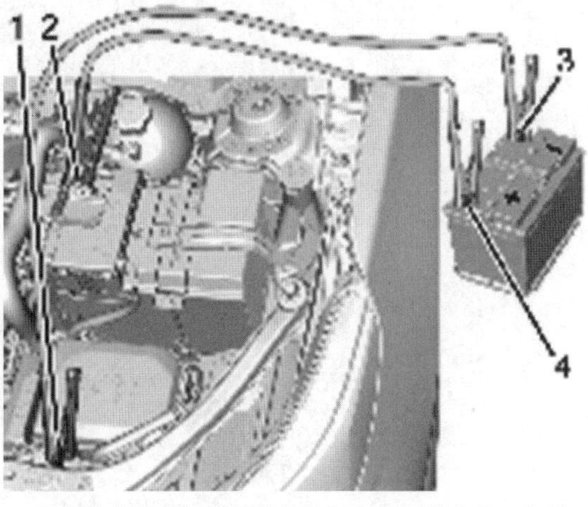

1.亏电蓄电池负极搭铁接线柱　2.亏电蓄电池正极端子　3.有电蓄电池负极端子　4.有电蓄电池正极端子

图 10–122

（1）检查另一辆车。它必须有一个带负极搭铁系统的 12V 蓄电池。

（2）将两辆车停放在一起，注意不要发生接触。

（3）施加驻车制动。

（4）将点火开关切换至“OFF”位置。除在必要时打开危险警告闪光灯外，关闭两辆车的所有车灯及附件。

（5）将红色正极（+）电缆的一端连接至亏电蓄电

池的正极（+）端子。

（6）将红色正极（+）电缆的另一端连接至有电蓄电池的正极（+）端子。

（7）请将黑色负极（-）电缆的一端连接至有电蓄电池的负极（-）端子。

（8）将黑色负极（-）电缆的另一端连接至亏电蓄电池的负极（-）搭铁接线柱。

（9）启动蓄电池完好的车辆，并怠速运行发动机至少 4min。

（10）试着启动蓄电池亏电的车辆。如果尝试几次后仍无法启动，则车辆很可能需要维修。

5. 保险丝盒位置

发动机舱保险丝盒：保险丝盒位于发动机舱驾驶员前部，如图 10-123 所示。要拆下保险丝盒盖，挤压盒盖上的卡扣并直接向上将其提起。

仪表板保险丝盒：发动机舱仪表板保险丝盒在驾驶员侧的仪表板下方，如图 10-124 所示。要检修保险丝，请按下并松开上方中央的方形块附近的锁闩。用力按压护盖两侧的两个固定凸舌，直至它们与仪表板两侧分离。向下移动面板，直至完全脱离。

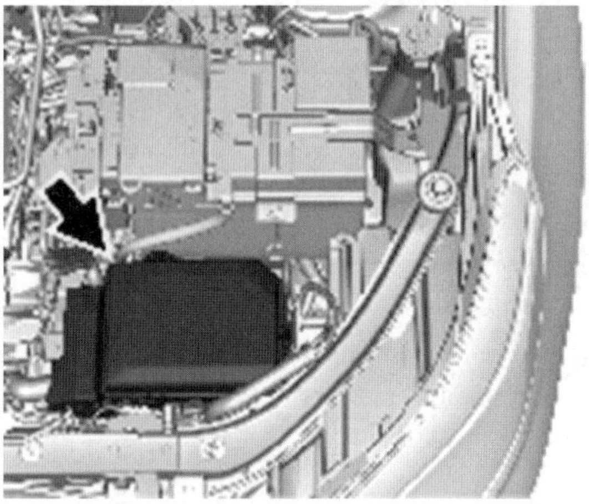
图 10-123

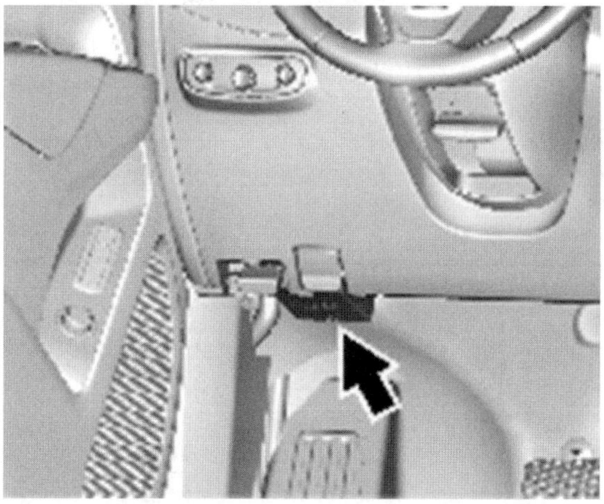
图 10-124

行李箱保险丝盒：行李箱保险丝盒位于行李箱驾驶员侧的一个装饰板后面，如图 10-125 所示。

取下装饰板即露出保险丝盒，如图 10-126 所示。

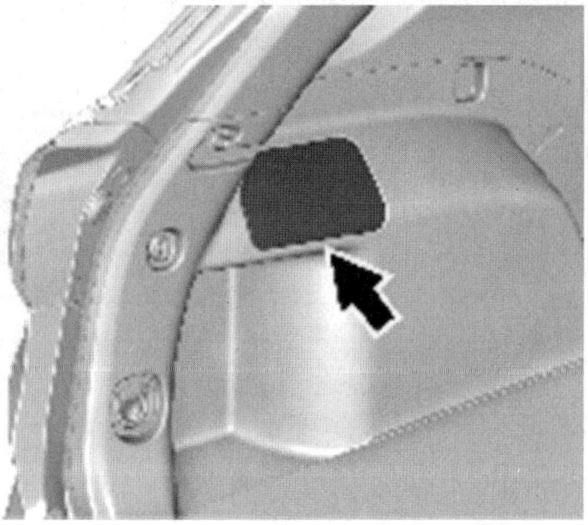
图 10-125

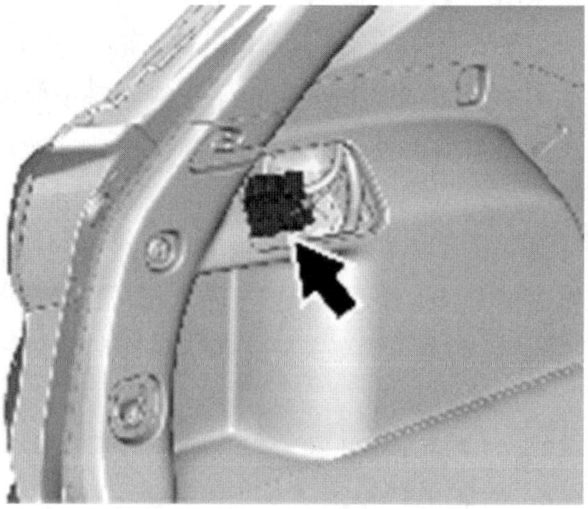
图 10-126

第 11 章　上汽通用凯迪拉克车系

一、上汽通用凯迪拉克 ATS-L

1.ATS-L 拖车操作指南

按照图 11-1 所示方法，使用平口螺丝刀或者钥匙，打开位于车辆右前方的拖车孔盖。顺时针旋转拖车钩至车辆。拖车钩必须顺时针旋转到底，必要时使用杠杆进行加力，确保安装牢靠，避免安装不到位造成车辆损坏及人身伤害。

图 11-1

若车辆需要进行后部牵引，可按图 11-2 所示打开位于车辆左后方的拖车孔盖。顺时针旋转拖车钩至车辆。

不要踩下制动踏板，按压启动按钮并保持 5s，接通车辆电源，如图 11-3 所示。

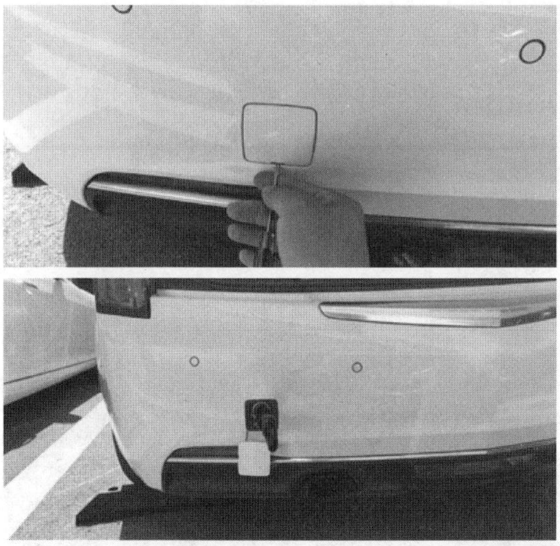

图 11-2

图 11-3

踩住制动，脱出 P 挡，释放驻车制动，如图 11-4 所示。若车辆位于坡道，需设置四轮的挡块，防止车辆意外移动。

2.ATS-L 遥控器被干扰或者遥控电池无电应急启动车辆

左手拉住驾驶员侧门扳手，右手拇指往车头方向滑动打开锁孔饰盖，如图 11-5 所示。

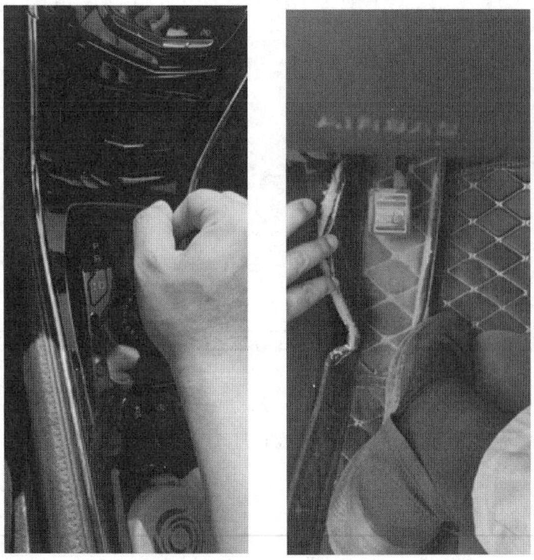

图 11-4

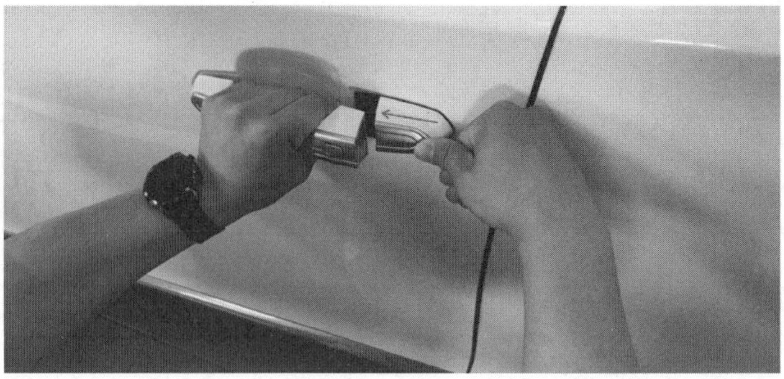

图 11-5

取下锁孔饰盖，按压遥控器侧面椭圆形按钮，取下机械钥匙，如图 11-6 所示。

逆时针旋转机械钥匙，开锁左前车门，如图 11-7 所示。

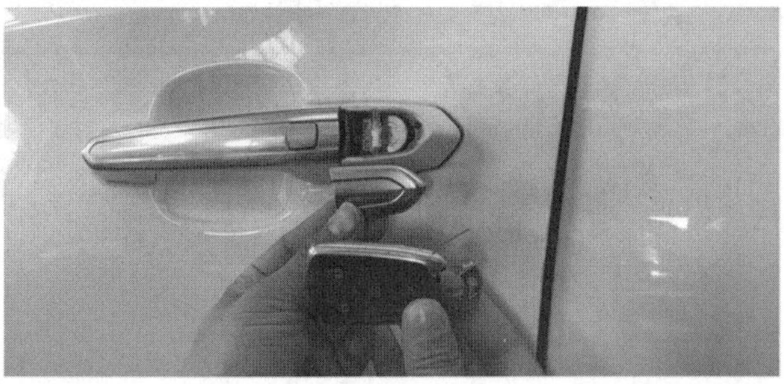

图 11-6

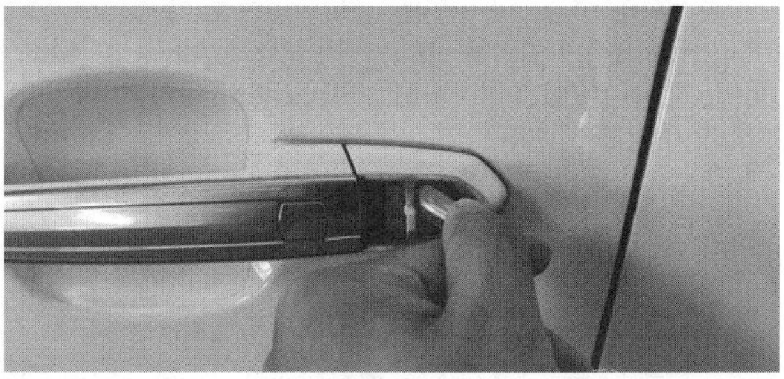

图 11-7

打开两前排座椅中间的扶手盒，如图 11-8 所示，清理里面杂物，把遥控器放到应急天线卡槽内（不分正反），踩住制动（车辆真空不足时，需用力踩住制动踏板），按压启动按钮，启动车辆。

3.ATS-L 蓄电池亏电，应急搭电启动方法

左手拉住驾驶员侧门扳手，右手拇指往车头方向滑动打开锁孔饰盖，如图 11-9 所示。

图 11-8

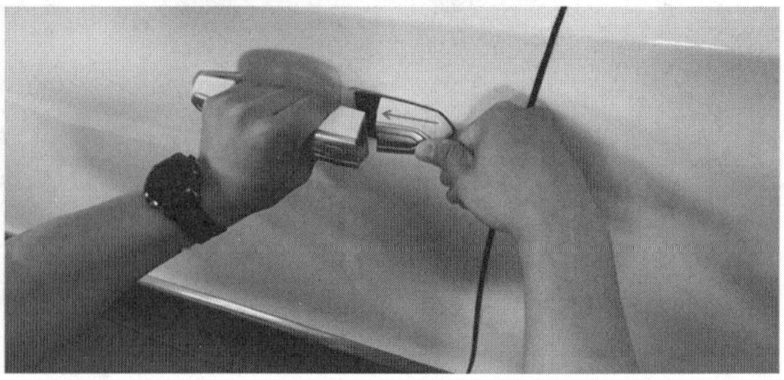

图 11-9

取下锁孔饰盖，按压遥控器侧面椭圆形按钮，取下机械钥匙，如图 11-10 所示。

逆时针旋转机械钥匙，开锁左前车门，如图 11-11 所示。

拉动位于驾驶员制动踏板左侧的前机盖拉手，解锁前机盖，如图 11-12 所示。通过前机盖和中网的

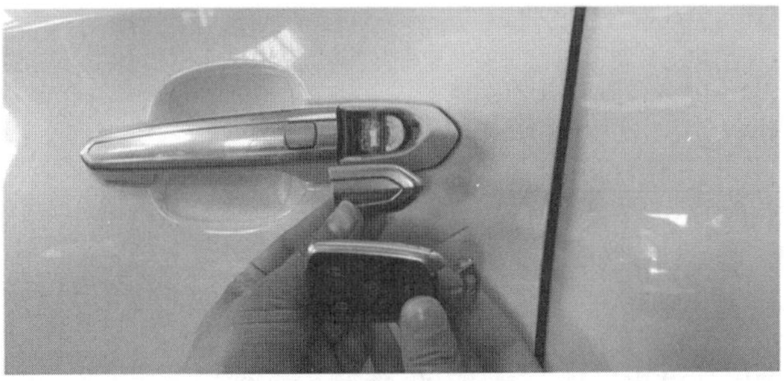

图 11-10

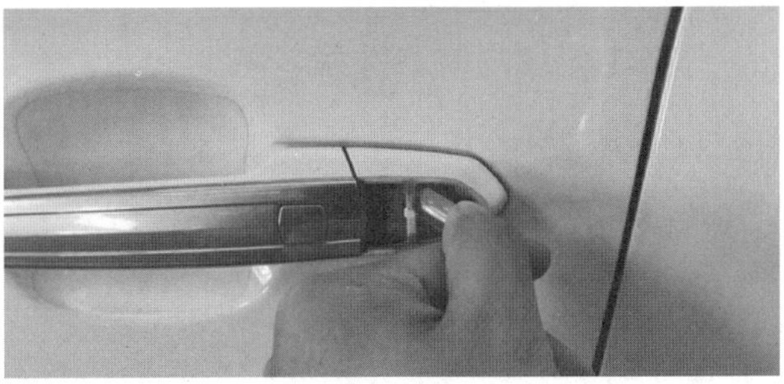

图 11-11

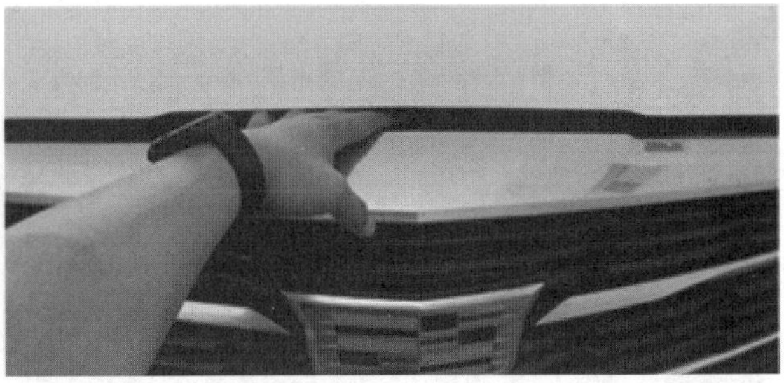

图 11-12

缝隙处伸手往右侧拨动拨杆，解锁机盖挂钩，开启前机盖。

ATS-L 蓄电池位于左后后备箱，车辆在没电的情况下后备箱盖无法电动打开，可通过发动机舱设置的应急搭电桩头进行跨接启动，如图 11-13 所示。

按照发动机舱内极柱标示的正极（+）负极（-），正极连接正极，负极连接负极，进行搭电操作，如图 11-14 所示。蓄电池亏电严重时，需要找一台 12V 车辆，着车后为此车充电 10 ~ 30min。注意：切勿连接错蓄电池正负极且搭电线的正极夹子不要和负极夹子触碰，否则会造成车辆损坏和人身伤害。

蓄电池亏电应急开启后备箱方法：拉动后排座椅靠背上的拉手，使后排座椅靠背放倒，如图 11-15 所示，清理后备箱杂物，钻入后备箱内，用螺丝刀或同等工具逆时针旋转机械解锁孔，如图 11-16 所示。

图 11-13

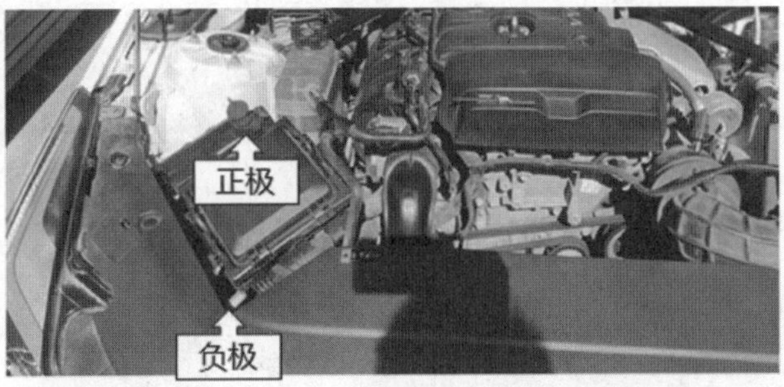

图 11-14

图 11-15

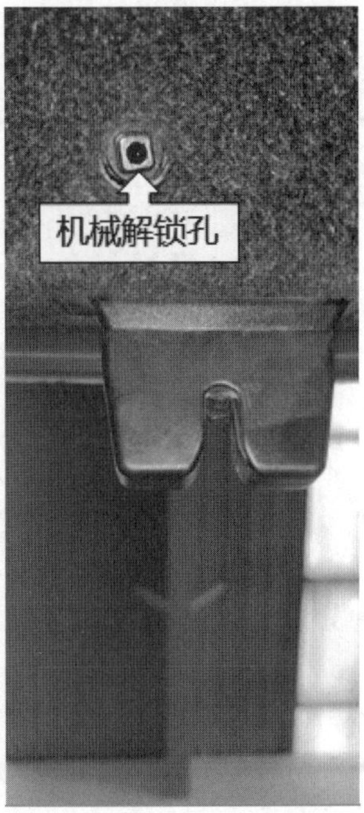

图 11-16

二、上汽通用凯迪拉克 CT4

1.CT4 拖车操作指南

按照图 11–17 所示方法，使用平口螺丝刀或者钥匙，打开位于车辆右前方的拖车孔盖。逆时针旋转拖车钩至车辆。拖车钩必须逆时针旋转到底，必要时使用杠杆进行加力，确保安装牢靠，避免安装不到位造成车辆损坏及人身伤害。

若车辆需要进行后部牵引，可按图 11–18 所示打开位于车辆左后方的拖车孔盖。逆时针旋转拖车钩至车辆。

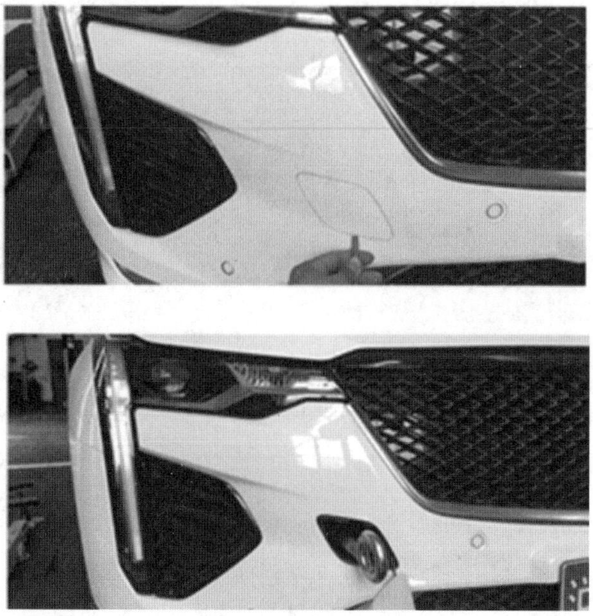

图 11–17

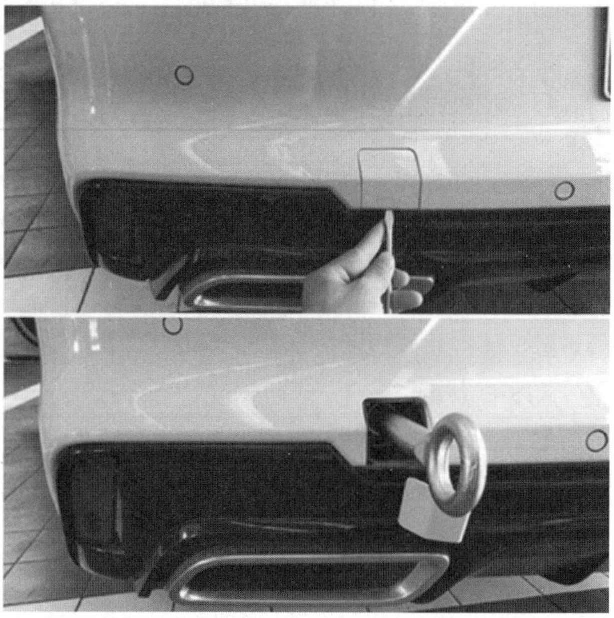

图 11–18

车辆电源可以正常接通时：不要踩下制动踏板，按压启动按钮并保持 5s，接通车辆电源，如图 11–19 所示。

踩住制动，脱出 P 挡，释放驻车制动，如图 11–20 所示。若车辆位于坡道，需设置四轮的挡块，防

图 11–19

图 11–20

止车辆意外移动。

车辆断电时释放驻车制动和解除 P 挡：找到两后轮的制动分泵，拆卸分泵上的驻车制动执行器，每个执行器共有两颗螺栓，拆下螺栓后驻车制动执行器可直接取下，如图 11–21 所示。

车辆断电时释放驻车制动和解除 P 挡：驻车制动执行器取下后，可通过制动分泵上面的孔看到内部的内六方，使用合适的工具旋转内六方可释放驻车制动，根据螺纹的形式不同旋转方向可能不同，若朝一个方向旋转不动可向反方向旋转，如图 11–22 所示。

图 11–21

图 11–22

用双手捏住换挡杆下部的皮套，用力往上拉，可打开换挡杆皮套，露出换挡机构。踩住制动，左手往上拉换挡机构解锁锁销，如图 11–23 中箭头所示。右手按住换挡杆解锁按钮脱出 P 挡。若车辆位于坡道，需设置四轮的挡块，防止车辆意外移动。

2.CT4 遥控器被干扰或者遥控电池没电应急启动车辆

左手拉住驾驶员侧门扳手，右手拇指往车头方向滑动打开锁孔饰盖，如图 11–24 所示。

图 11–23

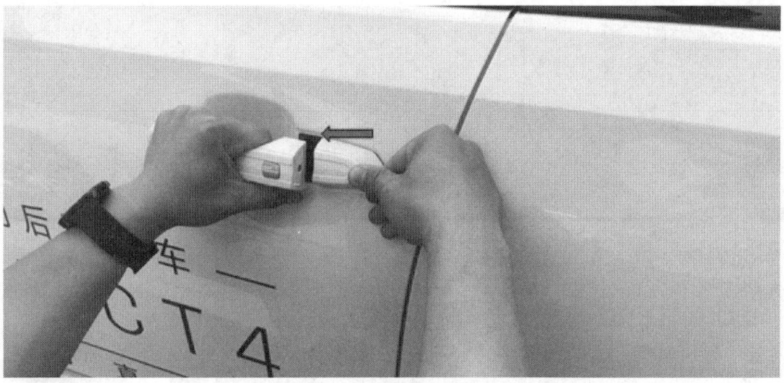

图 11–24

取下锁孔饰盖，按压遥控器侧面椭圆形按钮，取下机械钥匙，如图 11–25 所示。

逆时针旋转机械钥匙，开锁左前车门，如图 11–26 所示。

清理换挡杆旁边杯托里面杂物，把遥控器按图 11–27 所示放到应急天线卡槽内（不分正反），踩住制动（车辆真空不足时，需用力踩住制动踏板），按压启动按钮，启动车辆。

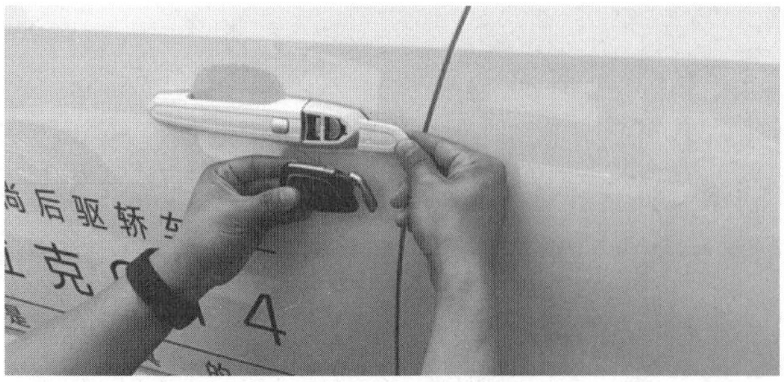

图 11-25

图 11-26

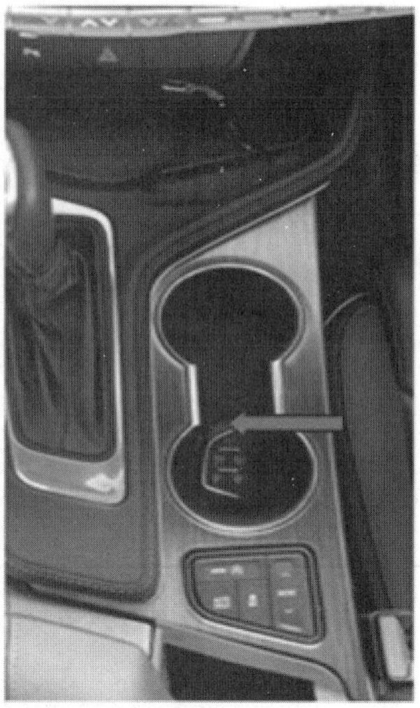

图 11-27

3.CT4 蓄电池亏电，应急搭电启动方法

左手拉住驾驶员侧门扳手，右手拇指往车头方向滑动打开锁孔饰盖，如图 11-28 所示。

取下锁孔饰盖，按压遥控器侧面椭圆形按钮，取下机械钥匙，如图 11-29 所示。

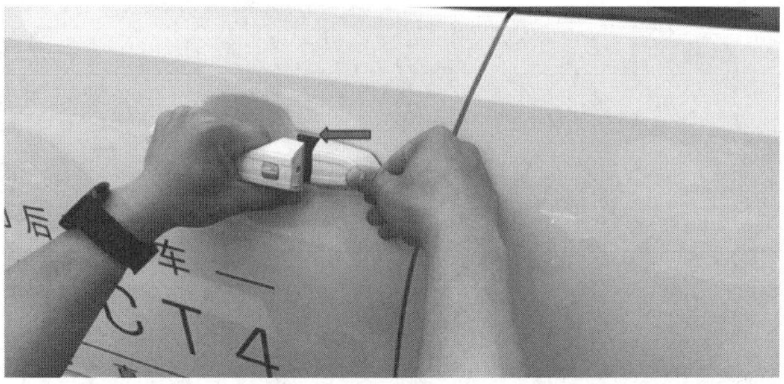

图 11-28

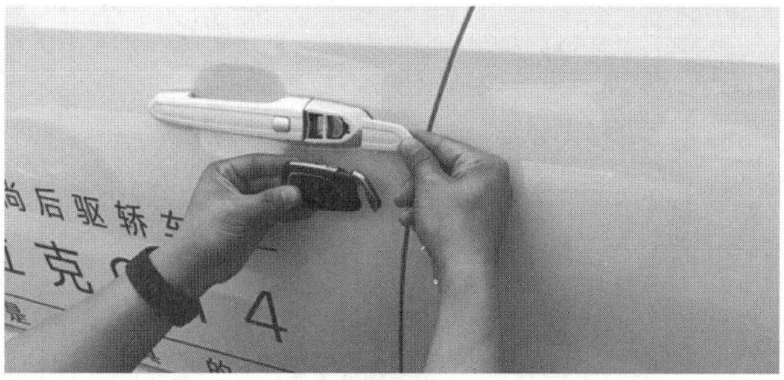

图 11-29

逆时针旋转机械钥匙，开锁左前车门，如图 11-30 所示。

拉动位于驾驶员制动踏板左侧的前机盖拉手，解锁前机盖，如图 11-31 所示。通过前机盖和中网的缝隙处伸手往右侧拨动拨杆，解锁机盖挂钩，开启前机盖。

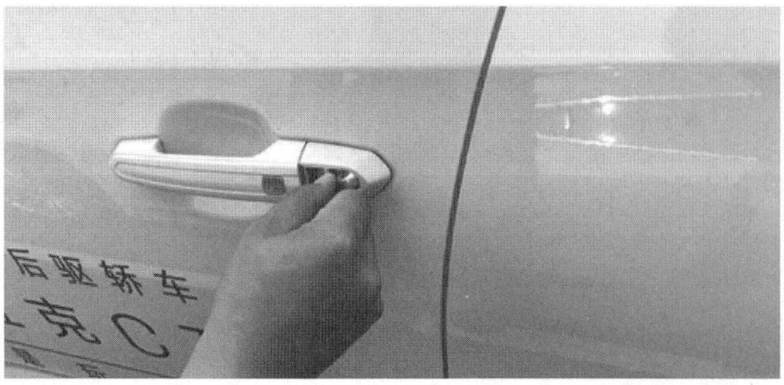

图 11-30

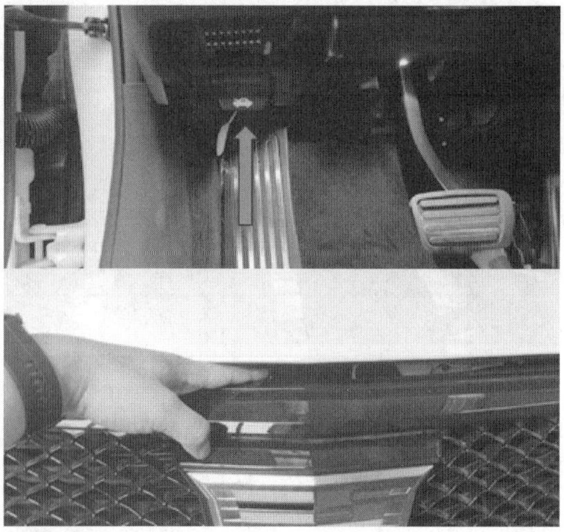

图 11-31

CT4 蓄电池位于左后后备箱，如图 11–32 所示，车辆在没电的情况下后备箱盖无法电动打开，可通过发动机舱设置的应急搭电桩头进行跨接启动。按照发动机舱内极柱标示的正极（+）负极（–），正极连接正极，负极连接负极，进行搭电操作，如图 11–33 所示。蓄电池亏电严重时，需要找一台 12V 车辆，着车后为此车充电 10 ~ 30min。注意：切勿连接错蓄电池正负极且搭电线的正极夹子不要和负极夹子触碰，否则会造成车辆损坏和人身伤害。

蓄电池亏电应急开启后备箱方法：拉动后排座椅靠背上的拉手，如图 11–34 所示，使后排座椅靠背放倒，清理后备箱杂物，钻入后备箱内，用螺丝刀或同等工具，逆时针旋转机械解锁孔，如图 11–35 所示。

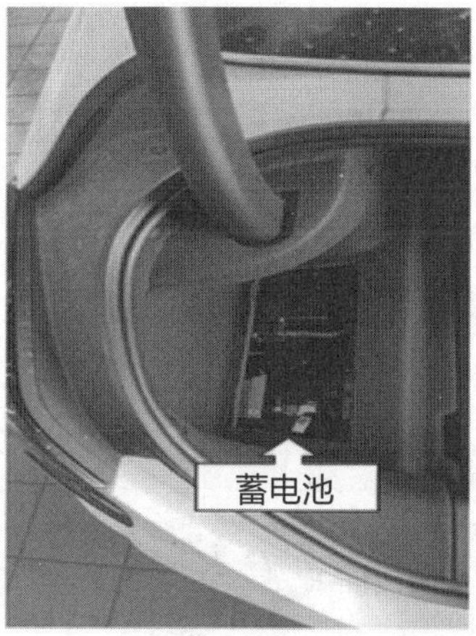

图 11–32

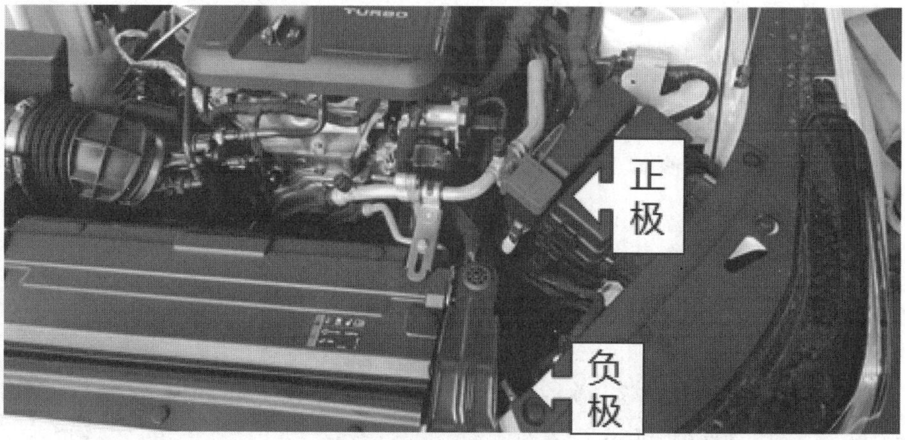

图 11–33

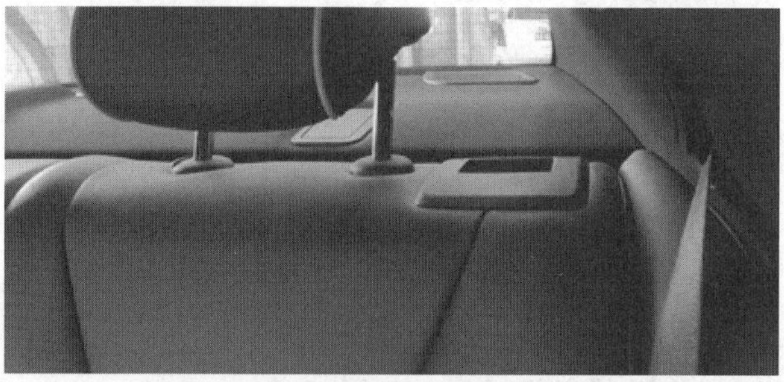

图 11–34

图 11–35

4.CT4 应急加油

CT4 油箱加注口采用无油箱盖设计，内部有两道单向阀，因此在车辆没油需要应急加油时有别于传统车辆。应急加油时可通过下列方法。

（1）打开后备箱底部盖板，找到应急加油漏斗，如图 11–36 所示。

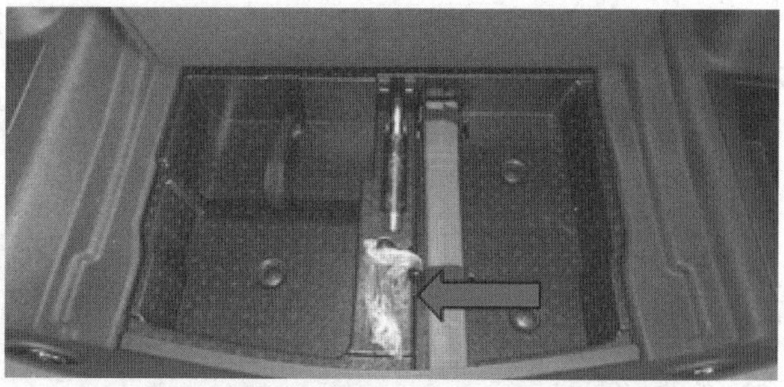

图 11–36

（2）打开油箱盖，把漏斗插入燃油加注口盖内，如图 11–37 所示。

（3）确保漏斗完全插入燃油加注口内。

（4）此时单向阀已全部开启，可以应急添加燃油，如图 11–38 所示。

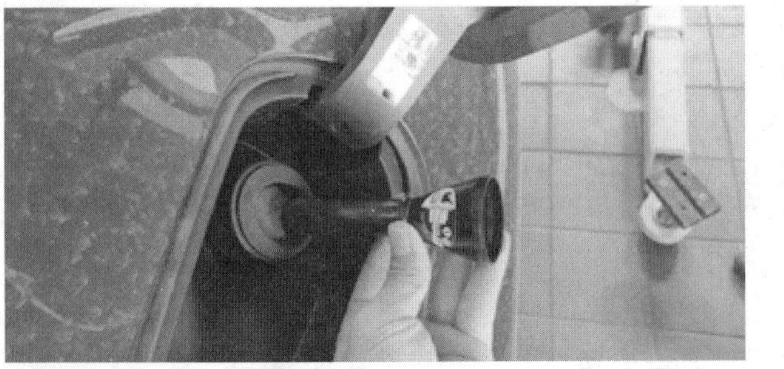

图 11-37

图 11-38

三、上汽通用凯迪拉克 CT5

1.CT5 拖车操作指南

按照图 11-39 所示方法，使用平口螺丝刀或者钥匙，打开位于车辆右前方的拖车孔盖。逆时针旋转拖车钩至车辆。拖车钩必须逆时针旋转到底，必要时使用杠杆进行加力，确保安装牢靠，避免安装不到位造成车辆损坏及人身伤害。

若车辆需要进行后部牵引，可按图 11-40 打开位于车辆左后方的拖车孔盖。逆时针旋转拖车钩至车辆。

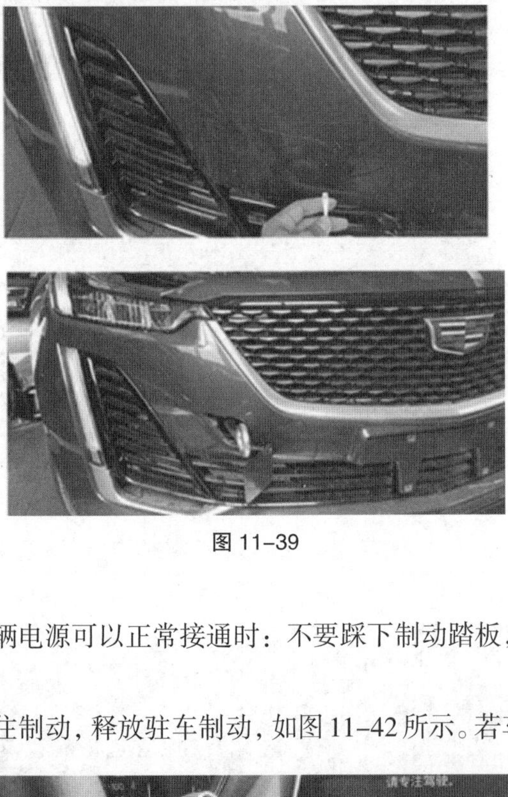

图 11-39

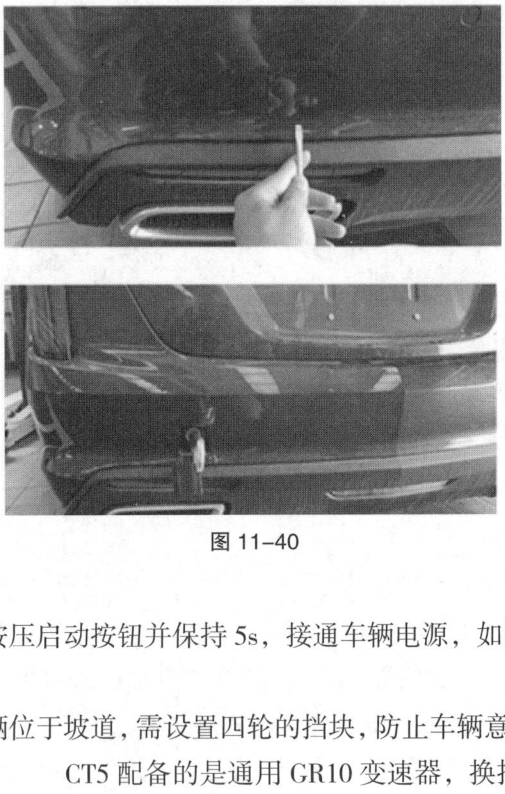

图 11-40

车辆电源可以正常接通时：不要踩下制动踏板，按压启动按钮并保持 5s，接通车辆电源，如图 11-41 所示。

踩住制动，释放驻车制动，如图 11-42 所示。若车辆位于坡道，需设置四轮的挡块，防止车辆意外移动。

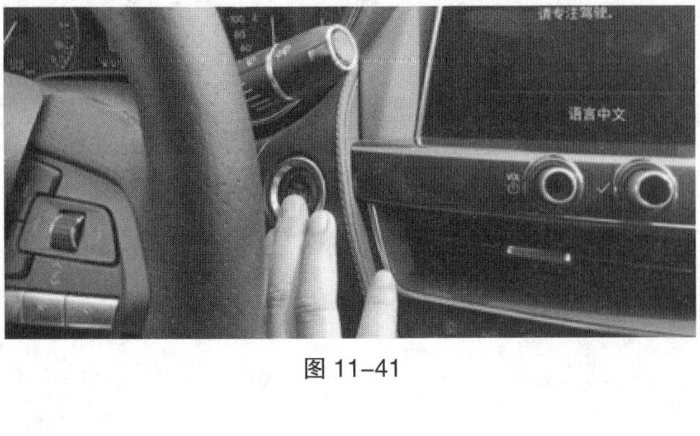

图 11-41

CT5 配备的是通用 GR10 变速器，换挡杆为电子挡杆，释放 P 挡时需要通过 P 挡紧急拉手释放 P 挡，紧急释放拉手，拉起后车辆会自动施行驻车制动且此时驻车制动无法被解除，释放 P 挡前需要车辆断电。此车还配备有电子转向柱锁，车辆电源关闭后方向盘会锁止。建议在车辆电源接通时断开蓄电池负极，如图 11-43 所示，保证方向盘可以转动。

图 11-42

图 11-43

拆卸中控台、驾驶员侧的饰板，如图 11-44 所示。

拉动红色拉绳，红色拉绳拉到底后，会自动卡住，此时 P 挡解除，如图 11-45 所示。若车辆位于坡道，需设置四轮的挡块，防止车辆意外移动。

图 11-44

图 11-45

车辆断电时释放驻车制动和解除 P 挡：找到两后轮的制动分泵，拆卸分泵上的驻车制动执行器，每个执行器共有两颗螺栓，拆下螺栓后驻车制动执行器可直接取下，如图 11-46 所示。

车辆断电时释放驻车制动和解除 P 挡：驻车制动执行器取下后，可通过制动分泵上面的孔看到内部的内六方，如图 11-47 所示，使用合适的工具旋转内六方可释放驻车制动。根据螺纹的形式不同旋转方向可能不同，若朝一个方向旋转不动可向反方向旋转，如图 11-48 所示。

图 11-46

图 11-47

2.CT5 遥控器被干扰或者遥控电池没电应急启动车辆

（1）按压遥控器侧面椭圆形按钮，取下机械钥匙。

（2）机械钥匙插入左前门把手下部的孔内，如图 11–49 所示。

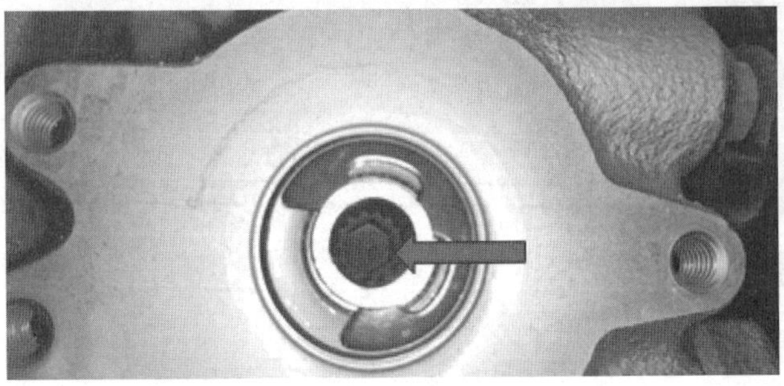

图 11–48

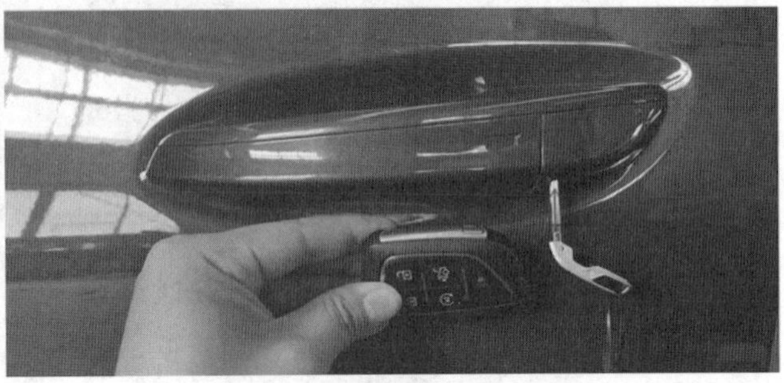

图 11–49

（3）往上捅机械钥匙，打开锁孔饰盖。

（4）插入机械钥匙，按照锁芯如图 11–50 中箭头所示的 1 和 2 操作步骤，操作两次，打开驾驶员车门。

（5）清理换挡杆旁边杯托里面杂物，把遥控器按图 11–51 所示放到应急天线卡槽内（不分正反），踩住制动（车辆真空不足时，需用力踩住制动踏板），按压启动按钮，启动车辆。

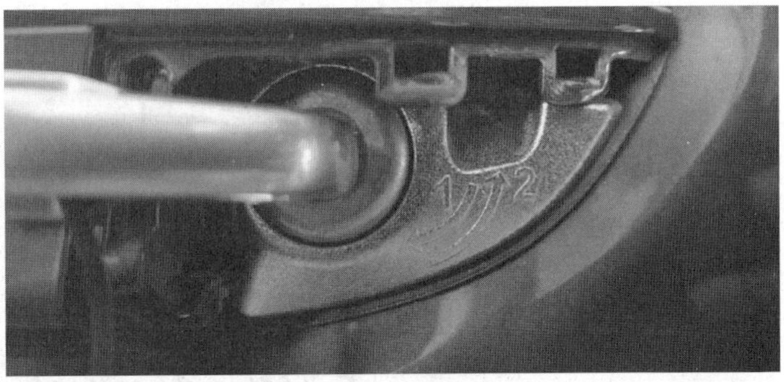

1.2.操作步骤

图 11–50

3.CT5 蓄电池亏电，应急搭电启动方法

（1）按压遥控器侧面椭圆形按钮，取下机械钥匙。

（2）机械钥匙插入左前门把手下部的孔内，如图 11–52 所示。

（3）往上捅机械钥匙，打开锁孔饰盖。

（4）插入机械钥匙，按照锁芯如图 11–53 中箭头所示的 1 和 2 操作步骤，操作两次，打开驾驶员侧车门。

（5）拉动位于驾驶员制动踏板左侧的前机盖拉手，解锁前机盖，如图 11–54 所示。通过前机盖和中网的缝隙处伸手往右侧拨动拨杆，

图 11–51

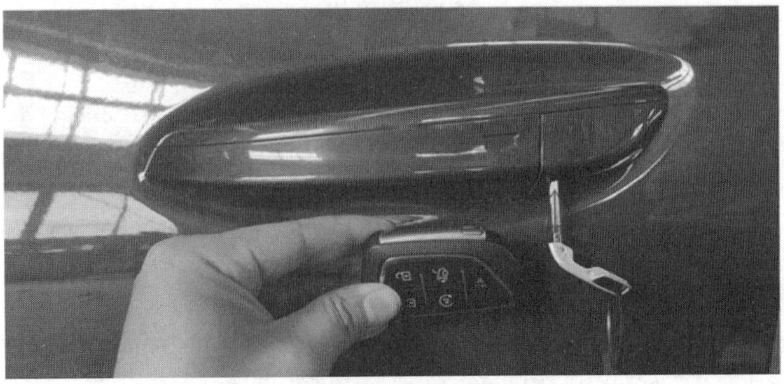

图 11–52

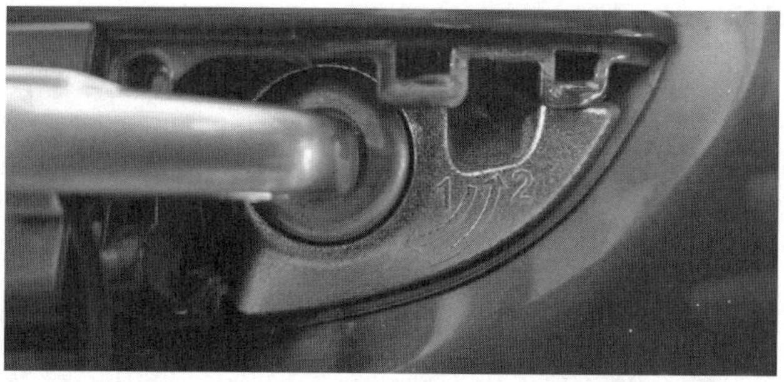

1.2.操作步骤

图 11–53

图 11–54

解锁机盖挂钩，开启前机盖，如图 11–55 所示。

（6）CT5 蓄电池位于左后后备箱，如图 11–56 所示，车辆在没电的情况下后备箱盖无法电动打开，可通过发动机舱设置的应急搭电桩头进行跨接启动。按照发动机舱内极柱标示的正极（+）负极（–），正极连接正极，负极连接负极，进行搭电操作，如图 11–57 所示。蓄电池亏电严重时，需要找一台 12V 车辆，着车后为此车充电 10 ~ 30min。注意：切勿连接错蓄电池正负极且搭电线的正极夹子不要和负极夹子触碰，否则会造成车辆损坏和人身伤害。

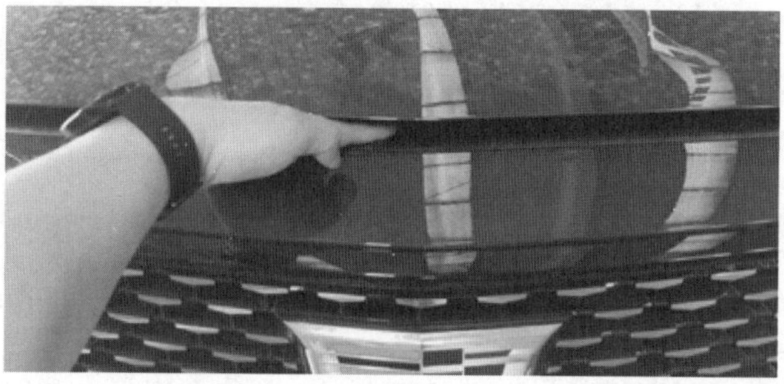

图 11–55

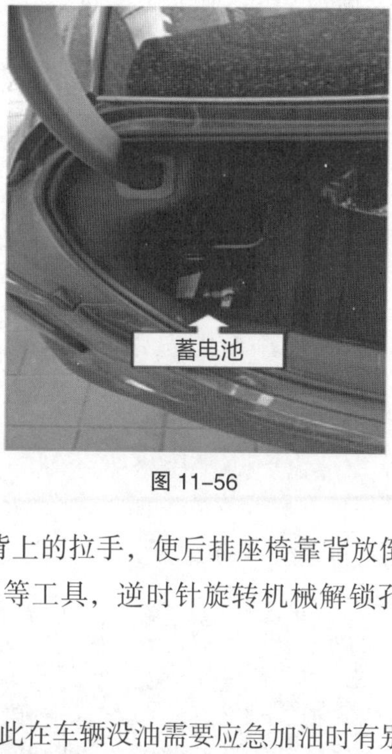

图 11–56

（7）蓄电池亏电应急开启后备箱方法。拉动后排座椅靠背上的拉手，使后排座椅靠背放倒，如图 11–58 所示，清理后备箱杂物，钻入后备箱内，用螺丝刀或同等工具，逆时针旋转机械解锁孔，如图 11–59 所示。

4.CT5 应急加油

CT5 油箱加注口采用无油箱盖设计，内部有两道单向阀，因此在车辆没油需要应急加油时有别于传统

图 11–57

图 11–58

车辆。应急加油时可通过下列方法。

（1）打开后备箱底部盖板，找到应急加油漏斗，如图 11-60 所示。

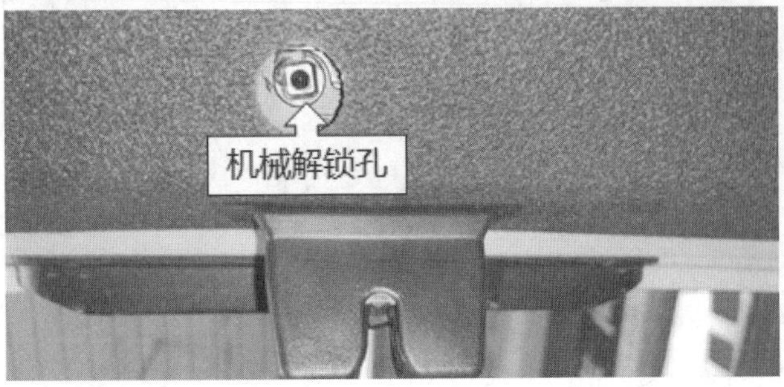

图 11-59

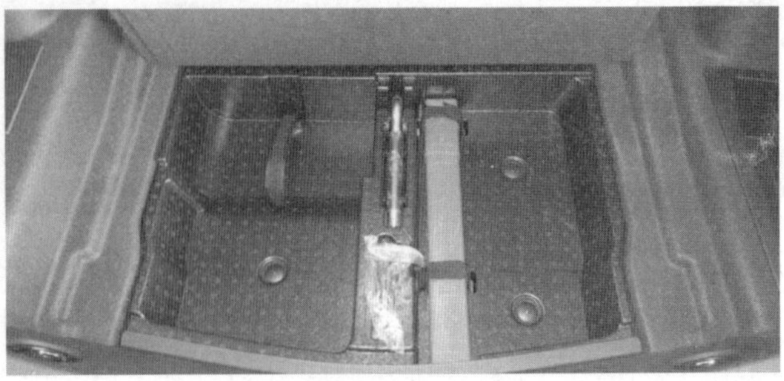

图 11-60

（2）打开油箱盖，把漏斗插入燃油加注口盖内，如图 11-61 所示。

（3）确保漏斗完全插入燃油加注口内。

（4）此时单向阀已全部开启，可以应急添加燃油，如图 11-62 所示。

图 11-61

图 11-62

四、上汽通用凯迪拉克 XTS

1.XTS 拖车操作指南

按照图 11-63 和图 11-64 所示方法，使用平口螺丝刀或者钥匙，打开位于车辆右前方的拖车孔盖。逆时针旋转拖车钩至车辆。拖车钩必须逆时针旋转到底，必要时使用杠杆进行加力，确保安装牢靠，避免安装不到位造成车辆损坏及人身伤害。

图 11-63

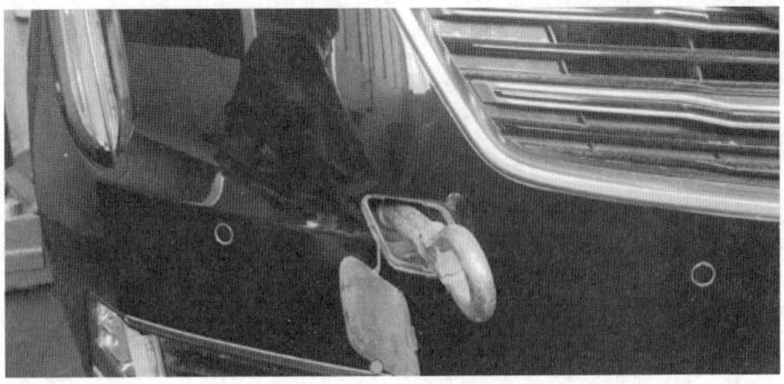

图 11-64

若车辆需要进行后部牵引，可按图 11-65 所示打开位于车辆右后方的拖车孔盖。逆时针旋转拖车钩至车辆。

不要踩下制动踏板，按压启动按钮并保持 5s，接通车辆

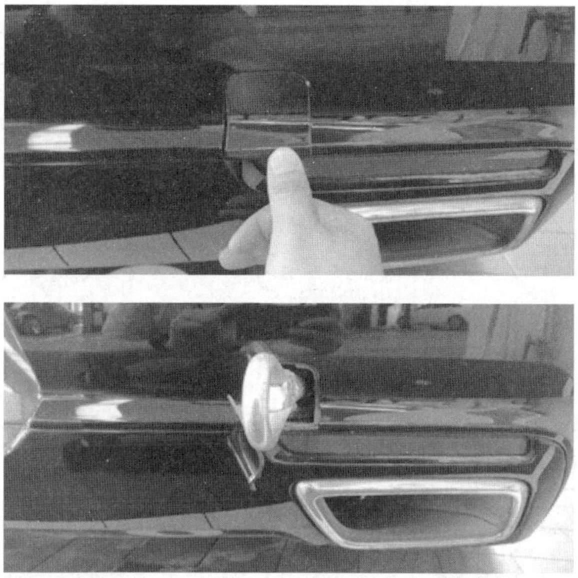

图 11-65

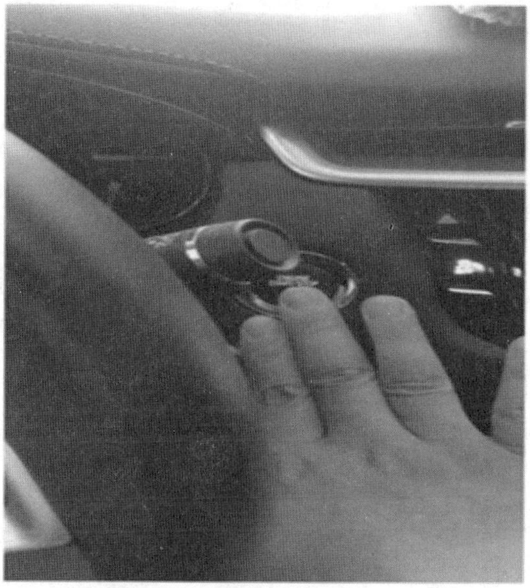

图 11-66

电源，如图 11-66 所示。

踩住制动，脱出 P 挡，释放驻车制动，如图 11-67 所示。若车辆位于坡道，需设置四轮的挡块，防止车辆意外移动。

2.XTS 车辆无电应急开启后备箱

蓄电池亏电应急开启后备箱方法：

（1）拉动后排座椅靠背上的拉手，使后排座椅靠背放倒，清理后备箱杂物，钻入后备箱内，如图 11-68 所示。

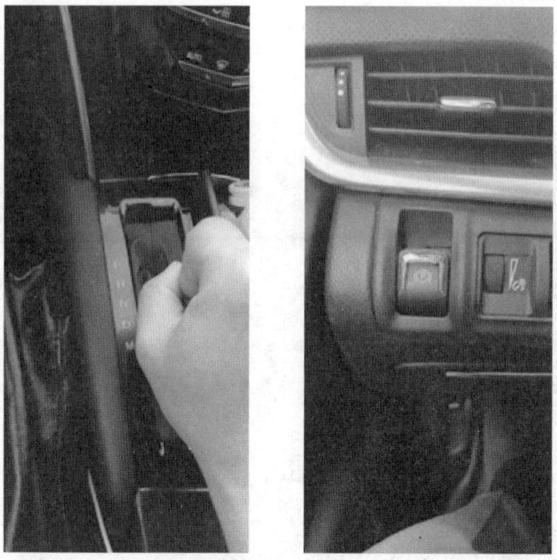

图 11-67

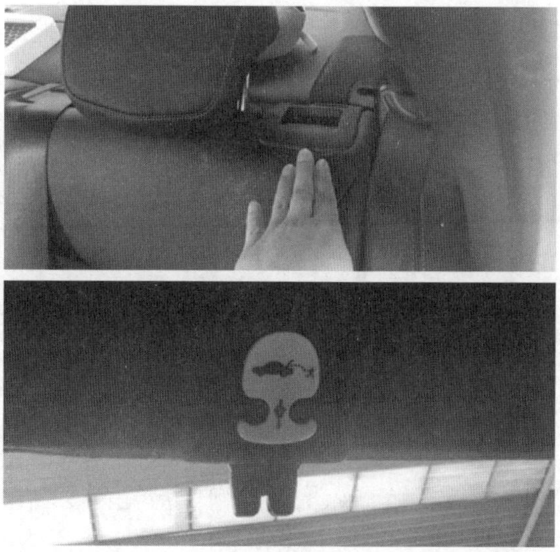

图 11-68

（2）拉动后备箱盖内侧的紧急逃生拉手，解锁后备箱盖。

3.XTS 遥控器被干扰或者遥控电池无电应急启动车辆

左手拉住驾驶员侧门扳手，右手拇指往车头方向滑动打开锁孔饰盖，如图 11-69 所示。

取下锁孔饰盖，按压遥控器侧面椭圆形按钮，取下机械钥匙，如图 11-70 所示。

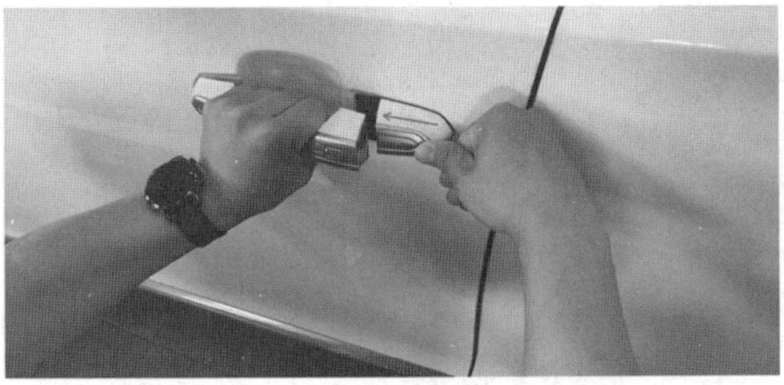

图 11-69

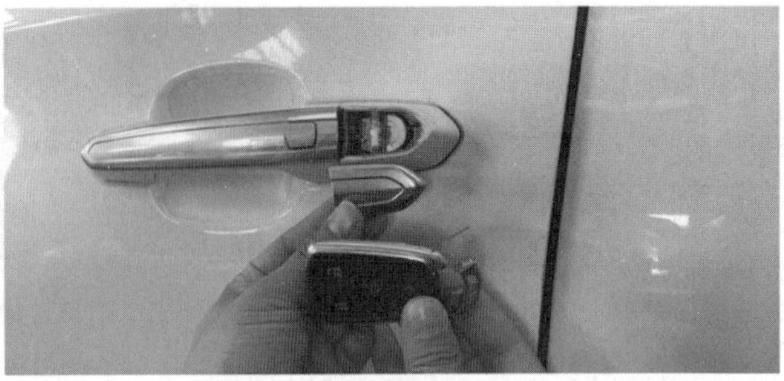

图 11-70

逆时针旋转机械钥匙，开锁左前车门，如图 11-71 所示。

打开两前排座椅中间的扶手盒，如图 11-72 所示，清理里面杂物，把遥控器放到应急天线卡槽内（不分朝向），踩住制动（有的车辆真空不足时，需用力踩住制动踏板），按压启动按钮，启动车辆。

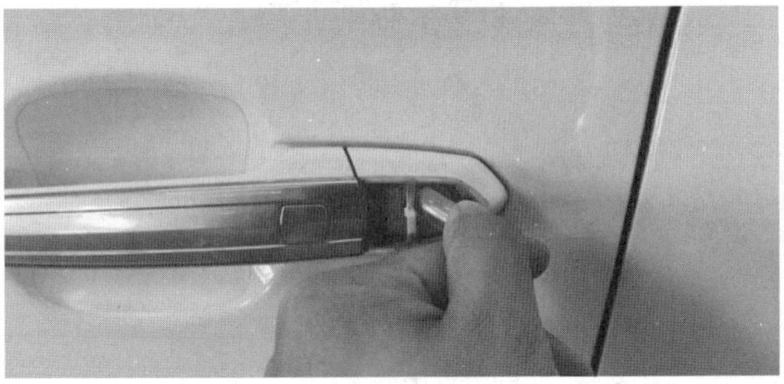

图 11-71

图 11-72

4.XTS 蓄电池亏电，应急搭电启动方法

左手拉住驾驶员侧门扳手，右手拇指往车头方向滑动打开锁孔饰盖，如图 11-73 所示。

取下锁孔饰盖，按压遥控器侧面椭圆形按钮，取下机械钥匙，如图 11-74 所示。

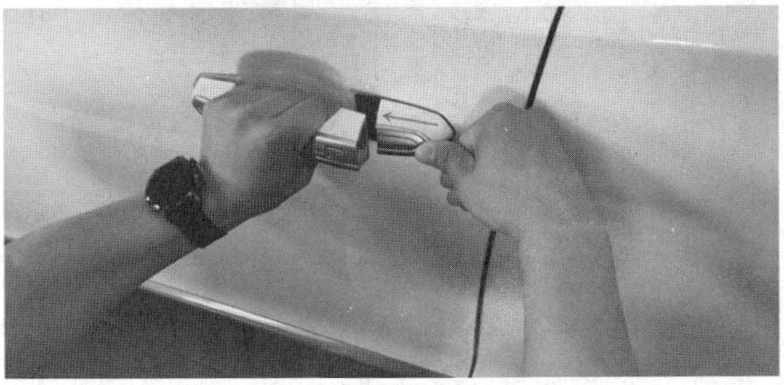

图 11-73

图 11-74

逆时针旋转机械钥匙，开锁左前车门，如图 11-75 所示。

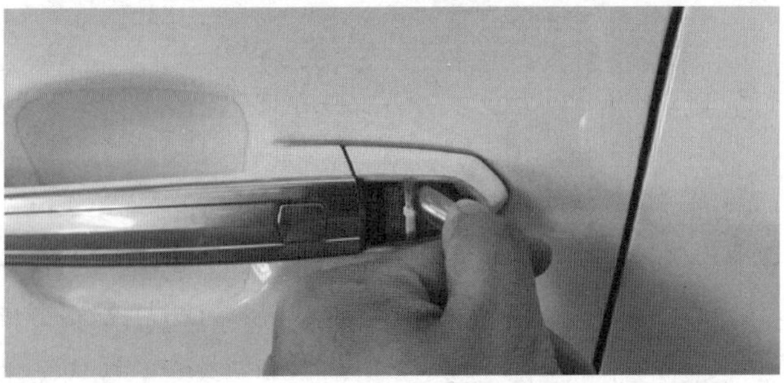

图 11-75

图 11-76

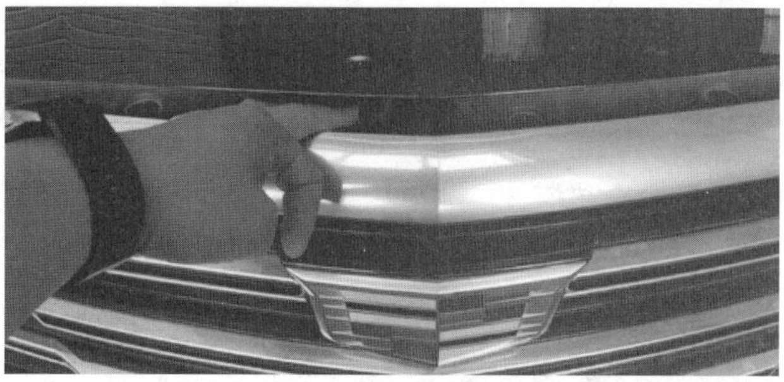

图 11-77

图 11-78

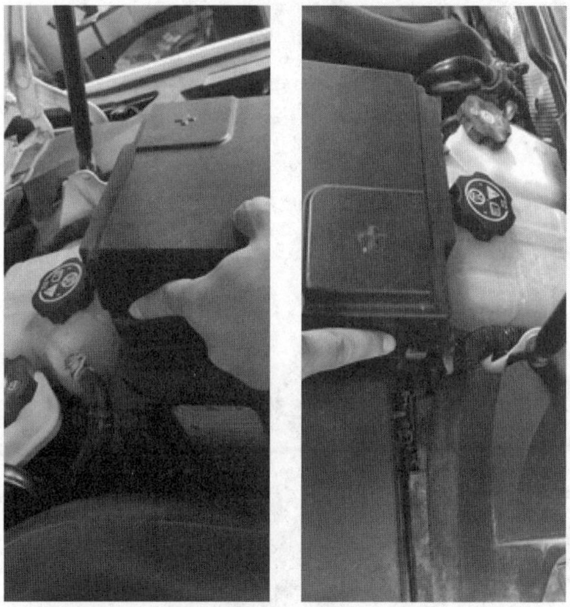

图 11-79

拉动位于驾驶员脚踏板左侧的前机盖拉手，解锁前机盖，如图 11-76 所示。通过前机盖和中网的缝隙处伸手往右侧拨动拨杆，解锁机盖挂钩，开启前机盖，如图 11-77 和图 11-78 所示。

按压图 11-79 中所指两处凸舌，开启蓄电池饰盖。

按照蓄电池极柱标示的正极（+）负极（-），正极连接正极，负极连接负极，进行搭电操作，如图 11-80 所示。蓄电池亏电严重时，需要找一台 12V 车辆，着车后为此车充电 10 ~ 30min。注意：切勿连接错蓄电池正负极且搭电线的正极夹子不要和负极夹子触碰，否则会造成车辆损坏和人身伤害。

四、上汽通用凯迪拉克 CT6

1.CT6 拖车操作指南

按照图 11-81 和图 11-82 所示位置，使用平口螺

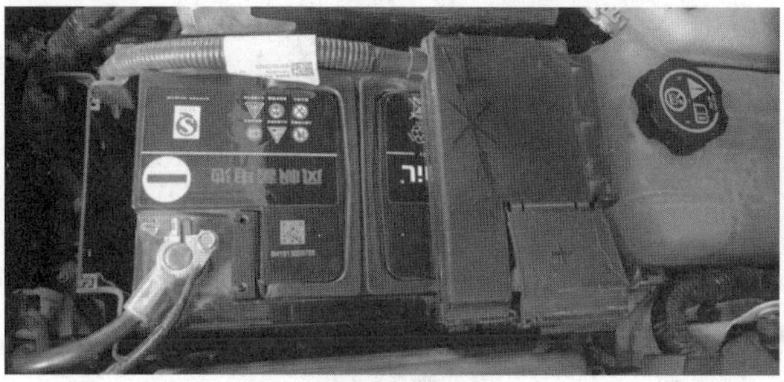

图 11-80

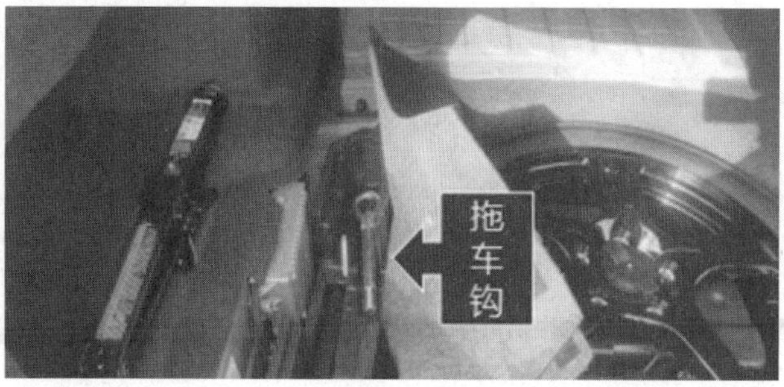

图 11-81

丝刀或者钥匙，打开位于车辆右前方的拖车孔盖。逆时针旋转拖车钩至车辆。拖车钩必须逆时针旋转到底，必要时使用杠杆进行加力，确保安装牢靠，避免安装不到位造成车辆损坏及人身伤害，如图 11-83 所示。

若车辆需要进行后部牵引，可按图 11-84 和图 11-85 所示位置打开位于车辆右后方的拖车孔盖。逆时针旋转拖车钩至车辆。

图 11-82

图 11-83

图 11-84

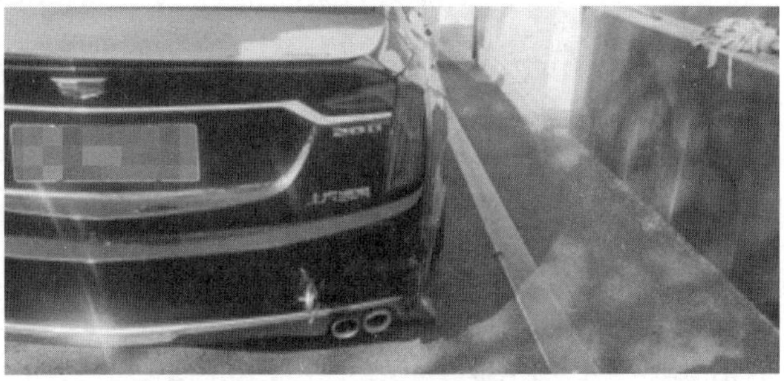

图 11-85

2.CT6 遥控器被干扰或者遥控电池无电应急启动车辆

左手拉住驾驶员侧门扳手，右手拇指往车头方向滑动打开锁孔饰盖，如图 11-86 所示。

取下锁孔饰盖，按压遥控器侧面椭圆形按钮，取下机械钥匙，如图 11-87 所示。

逆时针旋转机械钥匙，开锁左前车门，如图 11-88 所示。

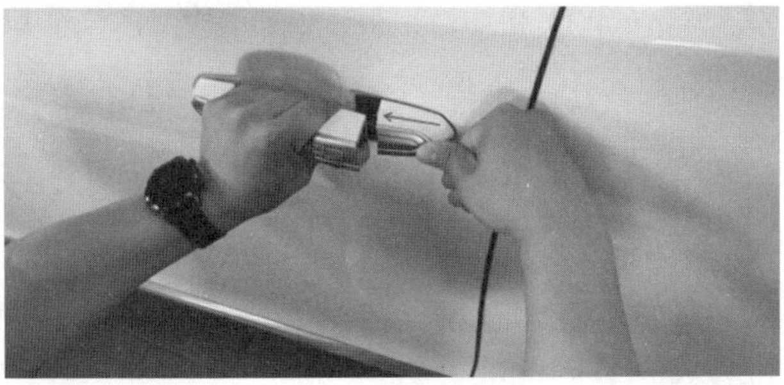

图 11-86

图 11-87

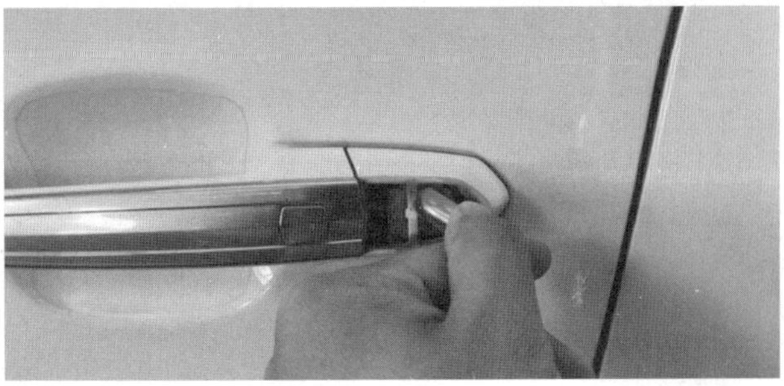

图 11-88

图 11-89

打开两前排座椅中间的扶手盒，清理里面杂物，把遥控器放到应急天线卡槽内（不分正反），如图 11–89 所示。踩住制动（车辆真空不足时，需用力踩住制动踏板），按压启动按钮，启动车辆。

3.CT6 蓄电池亏电，应急搭电启动方法

左手拉住驾驶员侧门扳手，右手拇指往车头方向滑动打开锁孔饰盖，如图 11–90 所示。

取下锁孔饰盖，按压遥控器侧面椭圆形按钮，取下机械钥匙，如图 11–91 所示。

逆时针旋转机械钥匙，开锁左前车门，如图 11–92 所示。

拉动位于驾驶员制动踏板左侧的前机盖拉手，需要拉动两下，解锁前机盖，如图 11–93 所示。前机盖此时可直接打开，如图 11–94 所示。

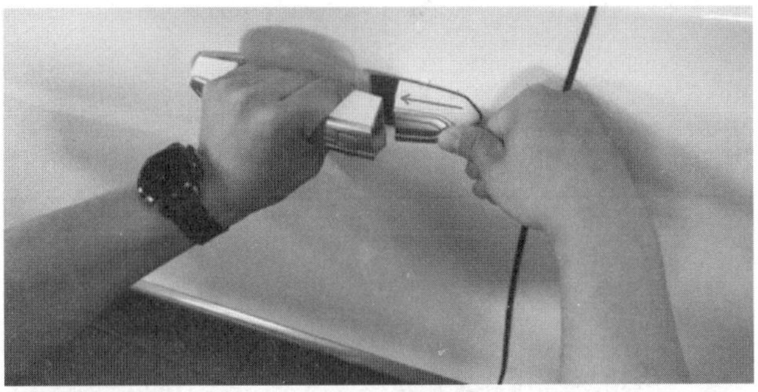

图 11–90

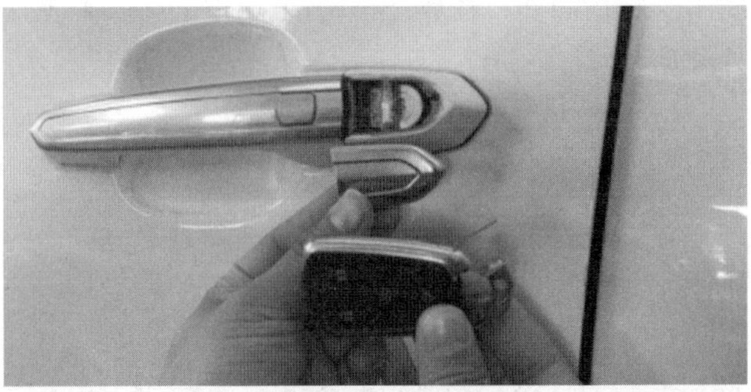

图 11–91

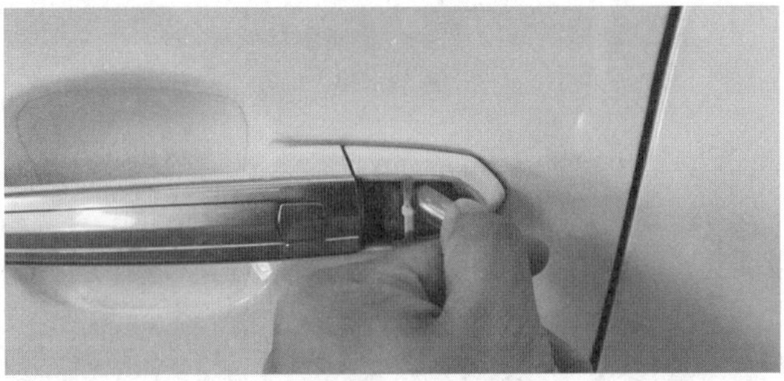

图 11–92

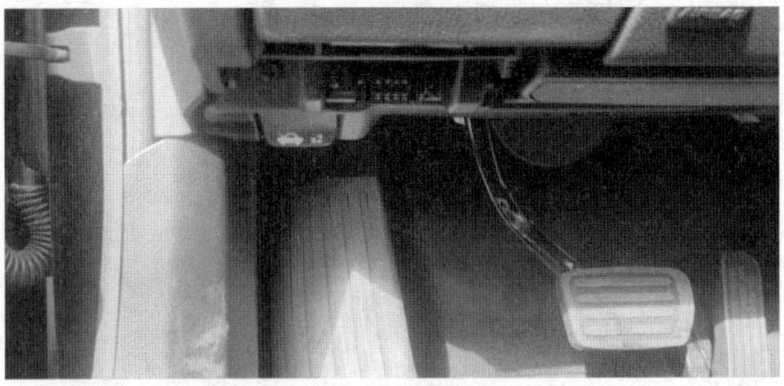

图 11–93

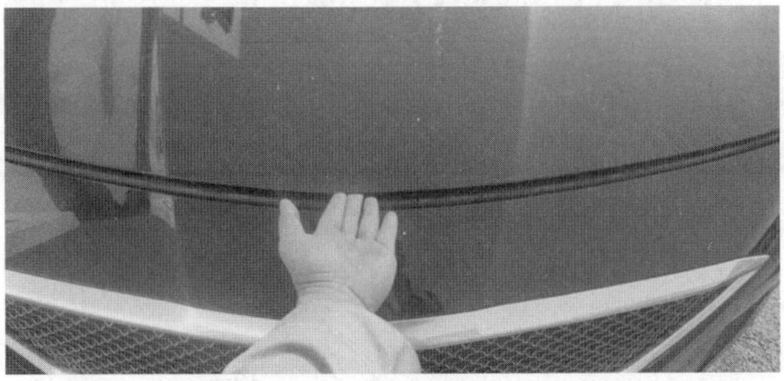

图 11–94

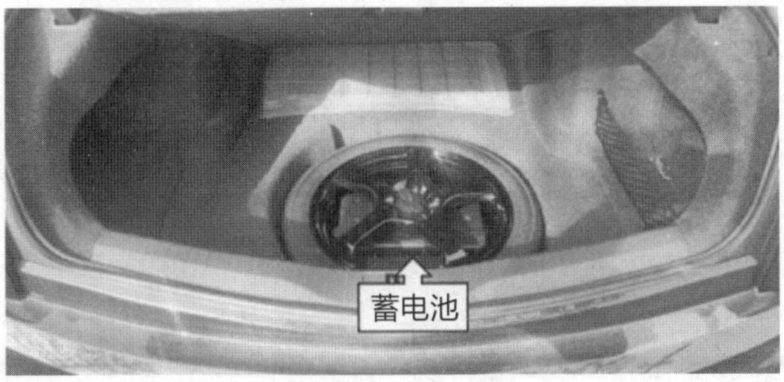

图 11–95

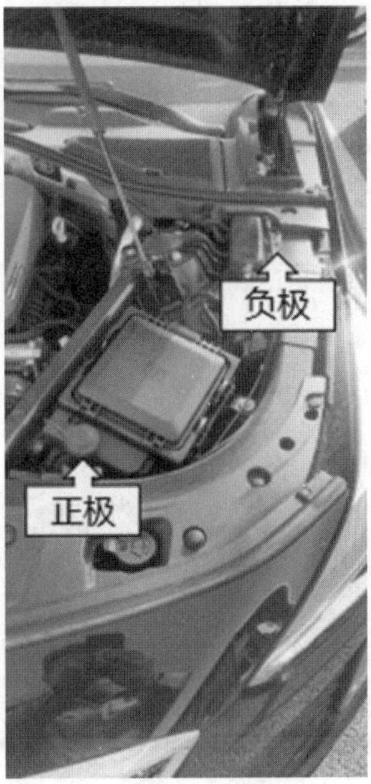

图 11–96

CT6 蓄电池位于后备箱备胎下部，如图 11–95 所示，车辆在无电的情况下后备箱盖无法电动打开，可通过发动机舱设置的应急搭电桩头进行跨接启动。按照发动机舱内极柱标示的正极（+）负极（–），正极连接正极，负极连接负极，进行搭电操作，如图 11–96 所示。蓄电池亏电严重

时，需要找一台 12V 车辆，着车后为此车充电 10 ~ 30min。注意：切勿连接错蓄电池正负极且搭电线的正极夹子不要和负极夹子触碰，否则会造成车辆损坏和人身伤害。

4. 后备箱应急解锁

蓄电池亏电应急开启后备箱方法：打开两后排座椅靠背中间的盖板，如图 11–97 所示，清理后备箱杂物，用金属钩拉动后备箱盖内部的紧急逃生拉手，打开后备箱盖，如图 11–98 所示。

5. 车辆释放驻车制动和解除 P 挡

车辆电源可以正常接通时，不要踩下制动踏板，按压启动按钮并保持 5s，接通车辆电源，如图 11–99 所示。踩住制动，释放驻车制动，如图 11–100 所示。若车辆位于坡道，需设置四轮的挡块，防止车辆意外移动。

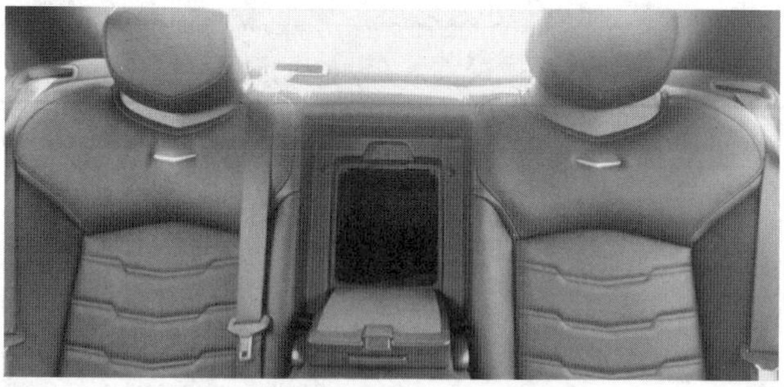
图 11–97

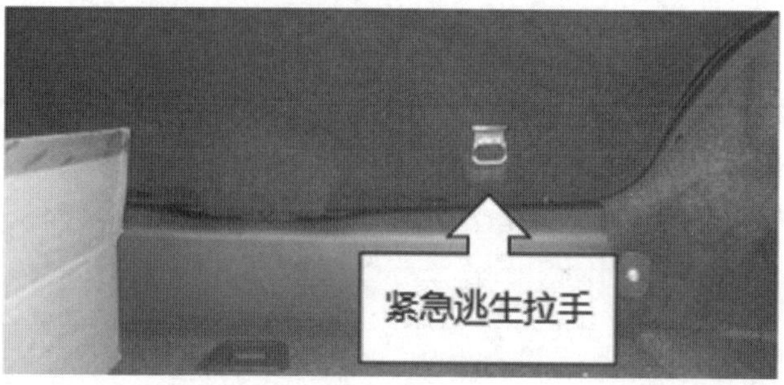

图 11–98

图 11–99

图 11–100

CT6 配备的是通用 GR10 变速器，换挡杆为电子挡杆，释放 P 挡时需要通过 P 挡紧急拉手，紧急释放拉手，拉起后车辆会自动施行驻车制动且此时驻车制动无法被解除，释放 P 挡前需要车辆断电。此车还配备有电子转向柱锁，车辆电源关闭后方向盘会锁止。建议在车辆电源接通时，断开蓄电池负极，保证方向盘可以转动。拆卸中控台、驾驶员侧的饰板，如图 11–101 所示。

拉动红色拉绳，红色拉绳拉到底后，会自动卡住，此时 P 挡解除，如图 11–102 所示。若车辆位于坡道，需设置四轮的挡块，防止车辆意外移动。

图 11–101

图 11–102

找到两后轮的制动分泵，拆卸分泵上的驻车制动执行器，每个执行器共有两颗螺栓，拆下螺栓后驻车制动执行器可直接取下，如图 11-103 所示。

驻车制动执行器取下后，可通过制动分泵上面的孔看到内部的内六方，使用合适的工具旋转内六方可释放驻车制动。根据螺纹的形式不同旋转方向可能不同，若朝一个方向旋转不动可向反方向旋转，如图 11-104 和图 11-105 所示。

图 11-103

图 11-104

6. CT6 应急加油

CT6 油箱加注口采用无油箱盖设计，内部有两道单向阀，因此在车辆无油需要应急加油时有别于传统车辆。应急加油时可通过下列方法：

（1）打开后备箱底部盖板，按图 11-106 箭头所示找到应急加油漏斗。

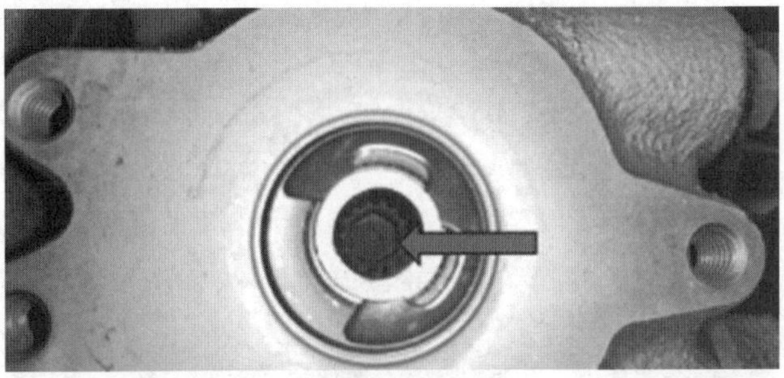
图 11-105

图 11-106

（2）打开油箱盖，把漏斗插入燃油加注口盖内，如图 11-107 所示。

（3）确保漏斗完全插入燃油加注口内，如图 11-108 所示。

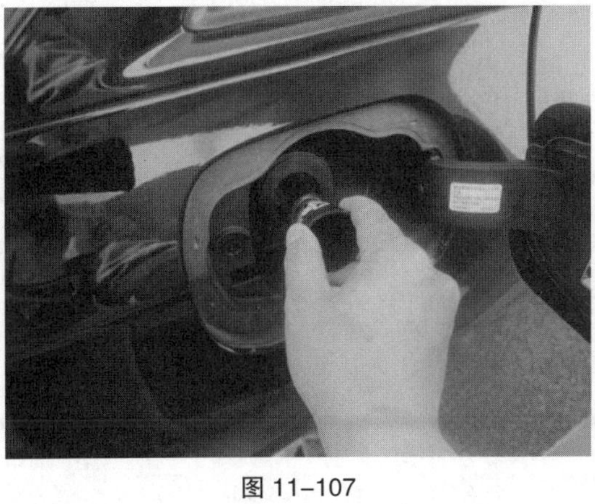
图 11-107

图 11-108

（4）此时单向阀已全部开启，可以应急添加燃油。

五、上汽通用凯迪拉克 XT4

1.XT4 拖车操作指南

按照图 11–109 和图 11–110 所示位置，使用平口螺丝刀或者钥匙，打开位于车辆右前方的拖车孔盖。逆时针旋转拖车钩至车辆。拖车钩必须逆时针旋转到底，必要时使用杠杆进行加力，确保安装牢靠，避免安装不到位造成车辆损坏及人身伤害。

若车辆需要进行后部牵引，可按图 11–111 和图 11–112 所示打开位于车辆右后方的拖车孔盖。逆时针旋转拖车钩至车辆。

图 11–109

图 11–110

图 11–111

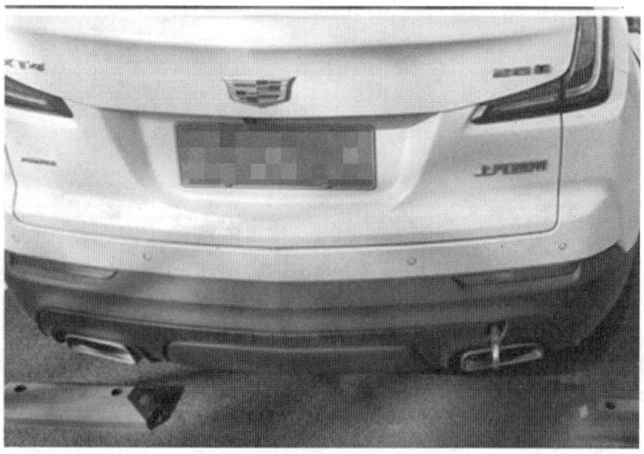

图 11–112

2.XT4 遥控器被干扰或者遥控电池无电应急启动车辆

左手拉住驾驶员侧门扳手，右手拇指往车头方向滑动打开锁孔饰盖，如图 11–113 所示。

取下锁孔饰盖，按压遥控器侧面椭圆形按钮，取下机械钥匙，如图 11–114 所示。

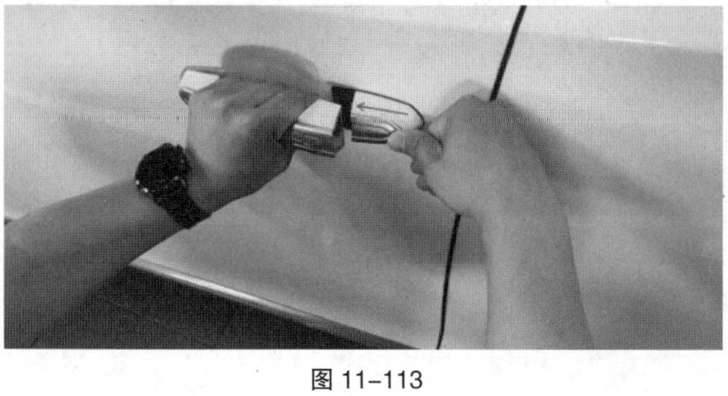

图 11–113

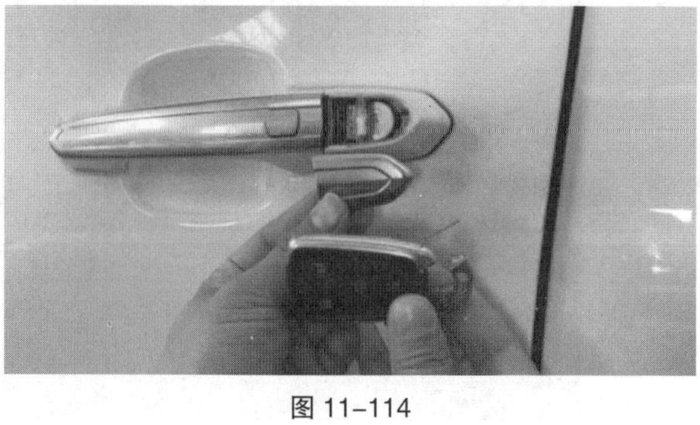

图 11–114

逆时针旋转机械钥匙，开锁左前车门，如图 11–115 所示。

XT4 应急天线位于换挡杆旁，前部杯托下部，清理前部杯托里面杂物，如图 11–116 所示，把遥控器放到前部杯托内（不分正反），踩住制动，按压启动按钮，启动车辆。

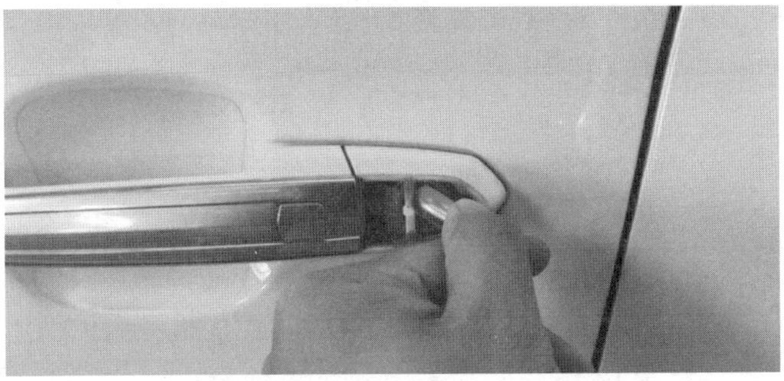

图 11–115

图 11–116

3.XT4 蓄电池亏电，应急搭电启动方法

左手拉住驾驶员侧门扳手，右手拇指往车头方向滑动打开锁孔饰盖，如图 11–117 所示。

取下锁孔饰盖，按压遥控器侧面椭圆形按钮，取下机械钥匙，如图 11–118 所示。

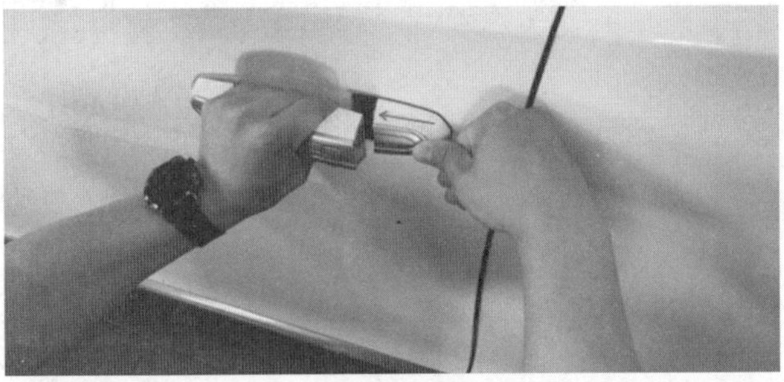

图 11–117

图 11–118

逆时针旋转机械钥匙，开锁左前车门，如图 11–119 所示。

拉动位于驾驶员制动踏板左侧的前机盖拉手，解锁前机盖，如图 11–120 所示。通过前机盖和中网的缝隙处伸手往右侧拨动拨杆，解锁机盖挂钩，开启前机盖，如图 11–121 所示。

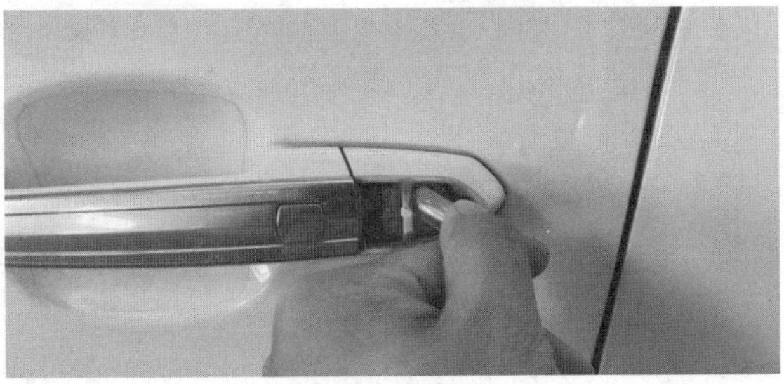

图 11–119

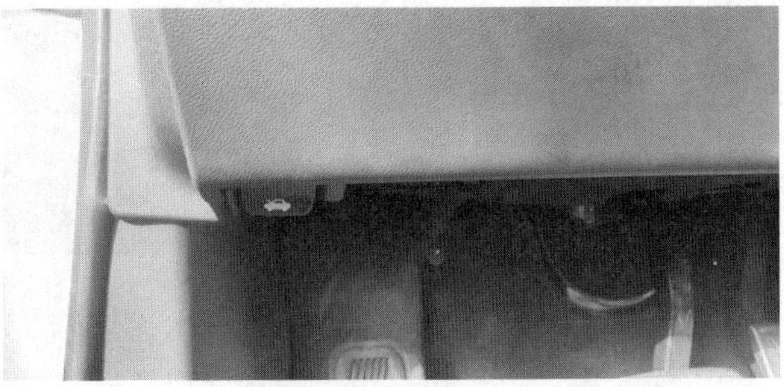

图 11–120

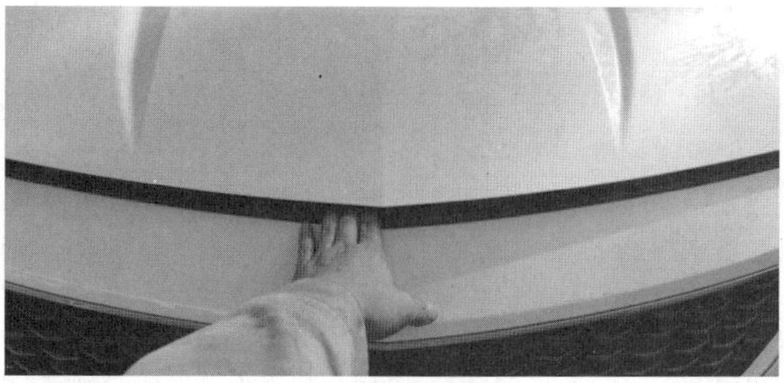

图 11–121

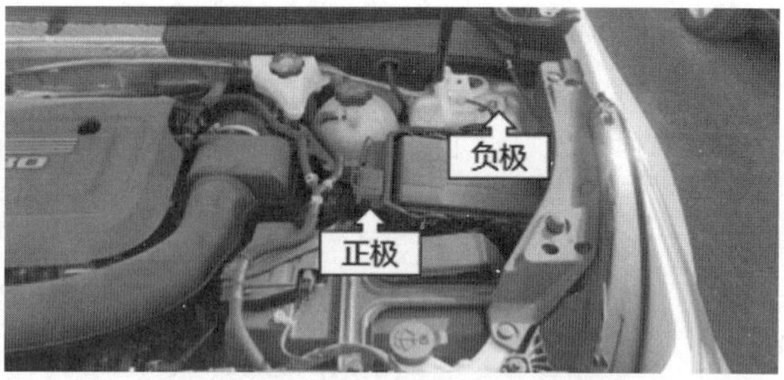

图 11–122

按照发动机舱内极柱标示的正极（+）负极（–），正极连接正极，负极连接负极，进行搭电操作，如图 11–122 所示。蓄电池亏电严重时，需要找一台 12V 车辆，着车后为此车充电 10 ~ 30min。注意：切勿连接错蓄电池正负极且搭电线的正极夹子不要和负极夹子触碰，否则会造成车辆损坏和人身伤害。

图 11–123

4. 后备箱应急解锁

蓄电池亏电应急开启后备箱方法：放倒后排座椅，清理后备箱杂物，钻入后备箱内，用螺丝刀或同等工具，打开位于后备箱盖饰板处的锁孔饰盖，逆时针旋转机械解锁孔，如图 11–123 和图 11–124 所示。

图 11–124

5. 车辆释放驻车制动和解除 P 挡

（1）车辆电源可以正常接通时，释放手刹。

不要踩下制动踏板，按压启动按钮并保持 5s，接通车辆电源，如图 11–125 所示。

踩住制动，释放驻车制动，如图 11–126 所示。若车辆位于坡道，需设置四轮的挡块，防止车辆意外移动。

图 11–125

图 11–126

XT4 配备的是通用 GF9 变速器，换挡杆为电子挡杆，释放 P 挡时需要通过 P 挡紧急拉手，紧急释放拉手，拉起后车辆会自动施行驻车制动且此时驻车制动无法被解除，释放 P 挡前需要车辆断电，如图 11–127 所示。此车还配备有电子转向柱锁，车辆电源关闭后方向盘会锁止。建议在车辆电源接通时，断开蓄电池负极，保证方向盘可以转动。

（2）解除 P 挡。

拆卸中控台、驾驶员侧的饰板，如图 11–128 所示。

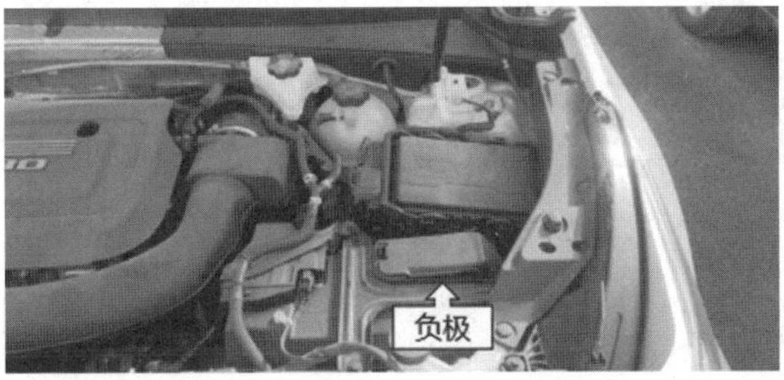

图 11–127

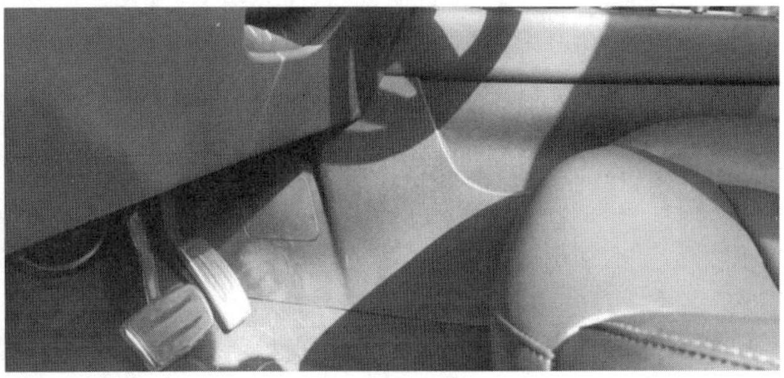

图 11–128

拉动红色拉绳，红色拉绳拉到底后，会自动卡住，此时 P 挡解除，如图 11–129 所示。若车辆位于坡道，需设置四轮的挡块，防止车辆意外移动。

（3）车辆断电时释放驻车制动。

找到两后轮的制动分泵，拆卸分泵上的驻车制动执行器，每个执行器共有两颗螺栓，拆下螺栓后驻车制动执行器可直接取下，如图 11–130 所示。

驻车制动执行器取下后，可通过制动分泵上面的孔看到内部的内六方，使用合适的六方工具旋转内六方可释放驻车制动。根据螺纹的形式不同旋转方向可能不同，若朝一个方向旋转不动可向反方向旋转，如图 11–131 和图 11–132 所示。

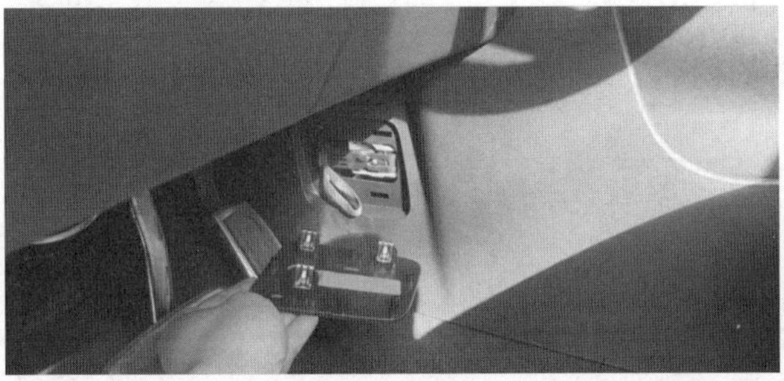

图 11–129

图 11–130

图 11–131

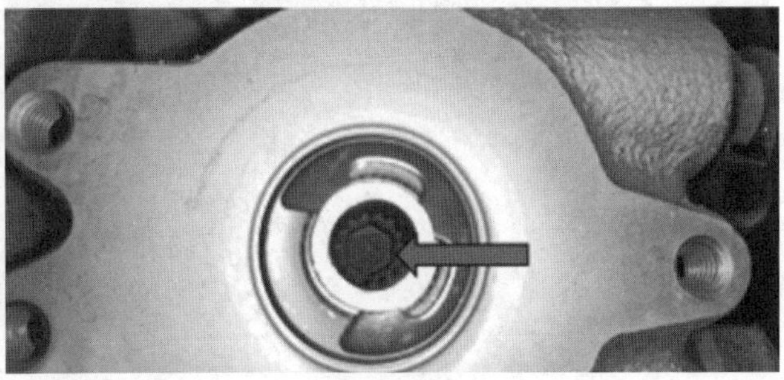

图 11–132

六、上汽通用凯迪拉克 XT5

图 11-133

1.XT5 拖车操作指南

按照图 11-133 所示位置，使用平口螺丝刀或者钥匙，打开位于车辆右前方的拖车孔盖。顺时针旋转拖车钩至车辆。拖车钩必须顺时针旋转到底，必要时使用杠杆进行加力，确保安装牢靠，避免安装不到位造成车辆损坏及人身伤害。

若车辆需要进行后部牵引，可按图 11-134 所示打开位于车辆右后方的拖车孔盖。顺时针旋转拖车钩至车辆。

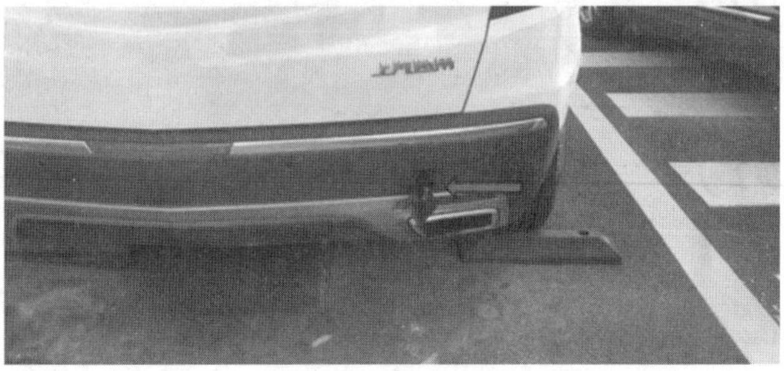

图 11-134

2.XT5 应急启动

左手拉住驾驶员侧门扳手，右手拇指往车头方向滑动打开锁孔饰盖，如图 11-135 所示。

取下锁孔饰盖，按压遥控器侧面椭圆形按钮，取下机械钥匙，如图 11-136 所示。

逆时针旋转机械钥匙，开锁左前车门，如图 11-137 所示。

XT5 应急天线，位于两前排座椅中间储物盒内，如图 11-138 所示，把遥控器放到储物盒底部的凹槽内（不分正反），踩住制动，按压启动按钮，启动车辆。

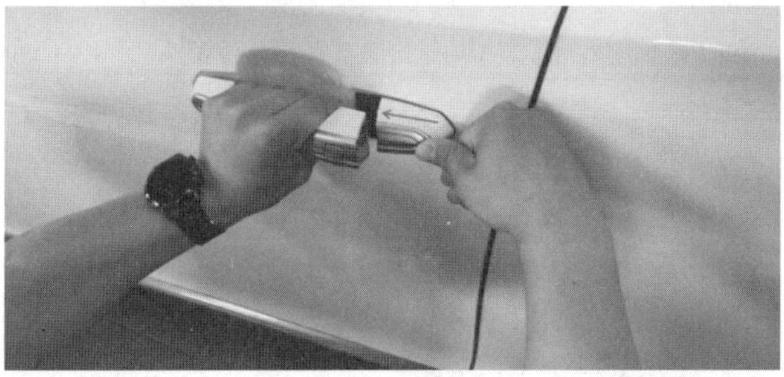

图 11-135

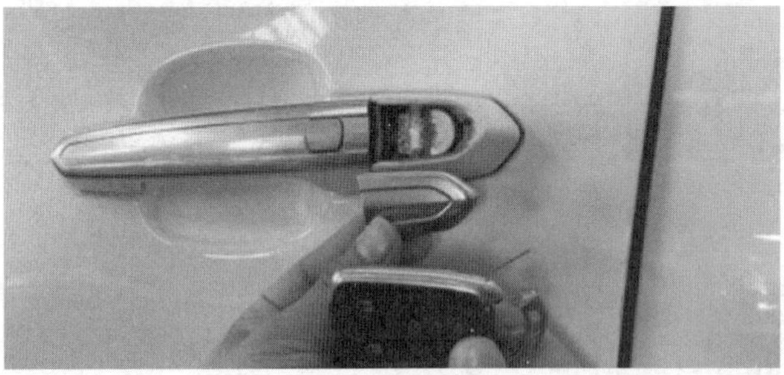

图 11-136

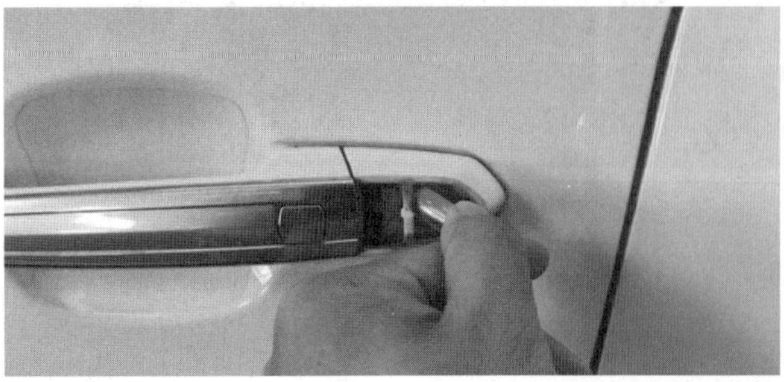

图 11-137

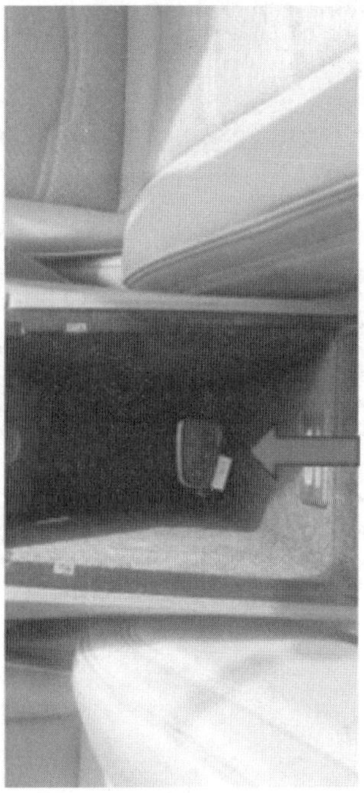

图 11-138

3.XT5 蓄电池亏电，应急搭电启动方法

左手拉住驾驶员侧门扳手，右手拇指往车头方向滑动打开锁孔饰盖，如图 11–39 所示。

取下锁孔饰盖，按压遥控器侧面椭圆形按钮，取下机械钥匙，如图 11–140 所示。

逆时针旋转机械钥匙，开锁左前车门，如图 11–141 所示。

拉动位于驾驶员制动踏板左侧的前机盖拉手，解锁前机盖，如图 11–142 所示。

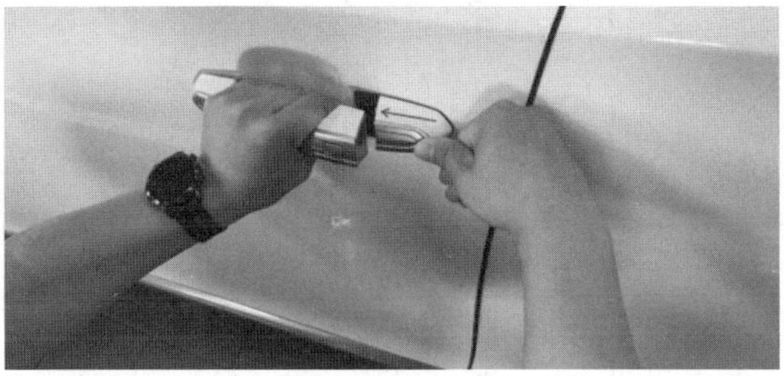

图 11–139

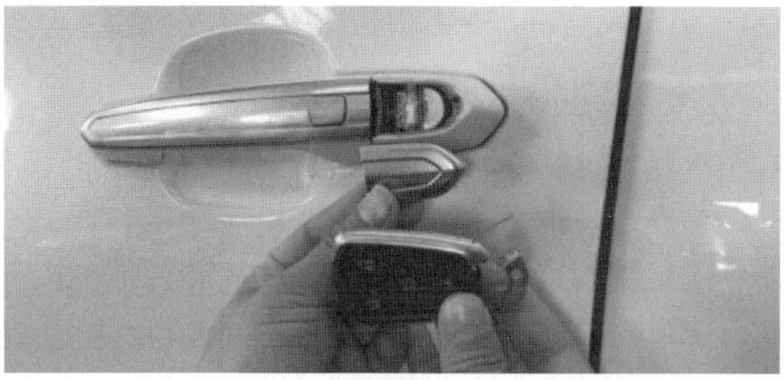

图 11–140

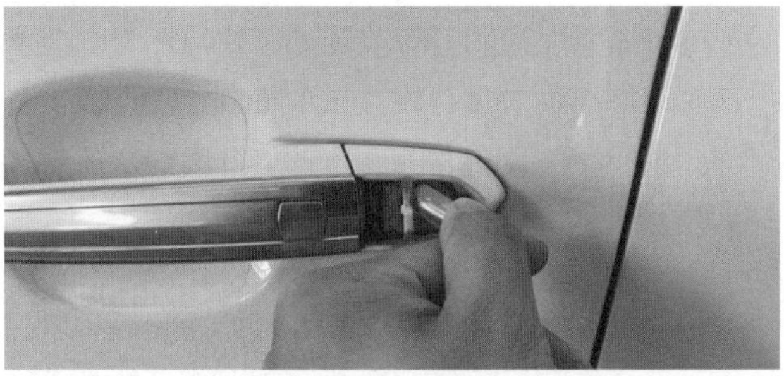

图 11–141

图 11–142

图 11–143

通过前机盖和中网的缝隙处伸手往右侧拨动拨杆，解锁机盖挂钩，开启前机盖，如图 11–143 所示。

按照发动机舱内极柱标示的正极（+）负极（–），正极连接正极，负极连接负极，进行搭电操作，如图 11–144 所示。蓄电池亏电严重时，需要找一台 12V 车辆，着车后为此车充电 10 ~ 30min。注意：切勿连接错蓄电池正负极且搭电线的正极夹子不要和负极夹子触碰，否则会造成车辆损坏和人身伤害。

4.XT5 后备箱应急解锁

蓄电池亏电应急开启后备箱方法：放倒后排座椅，清理后备箱杂物，钻入后备箱内，用螺丝刀或同等工具打开位于后备

图 11–144

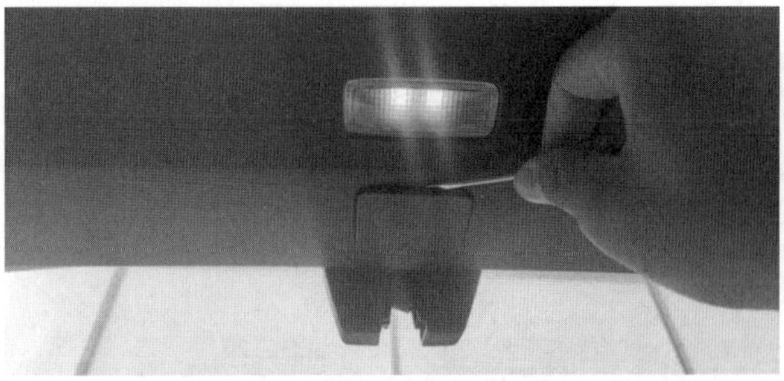

图 11–145

图 11–146

箱盖饰板处的锁孔饰盖，逆时针旋转机械解锁孔，如图 11–145 和图 11–146 所示。

5. 车辆释放驻车制动和解除 P 挡

（1）车辆电源可以正常接通时，释放手刹。

不要踩下制动踏板，按压启动按钮并保持 5s，接通车辆电源，如图 11–147 所示。

踩住制动，释放驻车制动，如图 11–148 所示。若车辆位于坡道，需设置四轮的挡块，防止车辆意外移动。

解除 P 挡前，断开蓄电池负极，如图 11–149 所示。XT5 配备的是通用 GF9 变速器，换挡杆为电子挡杆，释放 P 挡时需要通过 P 挡紧急拉手，紧急释放拉手，拉起后车辆会自动施行驻车制动且此时驻车制动无法被解除，释放 P 挡前需要车辆断电。此车还配备有电子转向柱锁，车辆电源关闭后方向盘会锁止。建议在车辆电源接通时，断开蓄电池负极，保证方向盘可以转动。

图 11–147

图 11–148

图 11–149

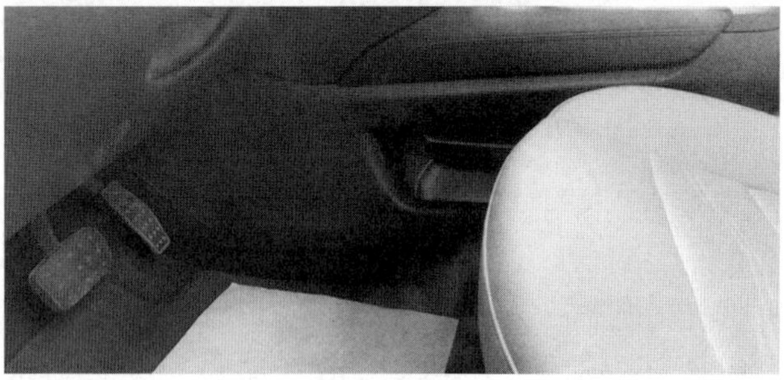

图 11–150

（2）解除 P 挡。

拆卸中控台、驾驶员侧的饰板，如图 11–150 所示。

拉动红色拉绳，红色拉绳拉到底后，会自动卡住，此时 P 挡解除，如图 11–151 所示。若车辆位于坡道，需设置四轮的挡块，防止车辆意外移动。

（3）车辆断电时释放驻车制动。

找到两后轮的制动分泵，拆卸分泵上的驻车制动执行器，每个执行器共有两颗螺栓，拆下螺栓后驻车制动执行器可直接取下，如图 11–152 所示。

驻车制动执行器取下后，可通过制动分泵上面的孔看到内部的内六方，使用合适的工具旋转内六方可释放驻车制动。根据螺纹的形式不同旋转方向可能不同，若朝一个方向旋转不动可向反方向旋转，如图 11–153 和图 11–154 所示。

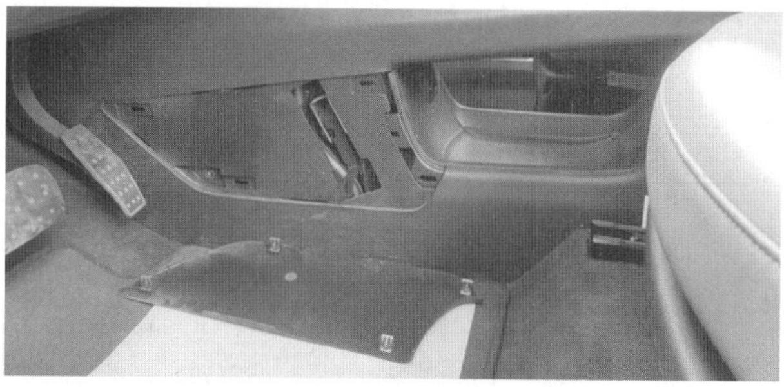
图 11–151

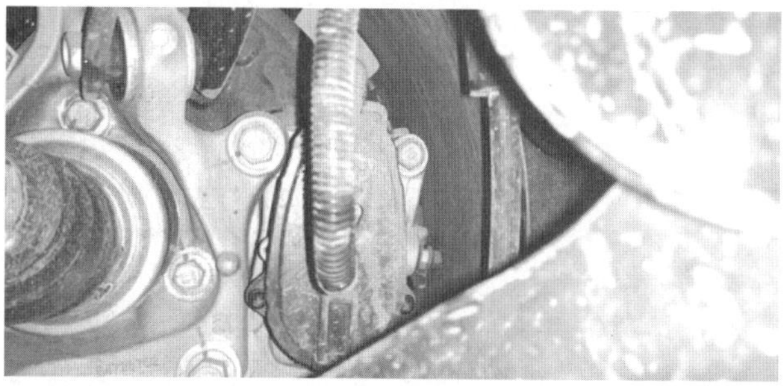
图 11–152

图 11–153

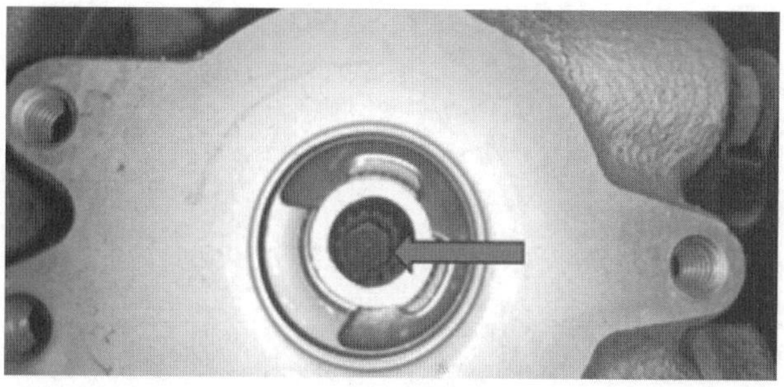
图 11–154

七、上汽通用凯迪拉克车 XT6

1.XT6 拖车操作指南

按照图 11–155 所示位置，使用平口螺丝刀或者钥匙打开位于车辆右前方的拖车孔盖。顺时针旋转拖车钩至车辆。拖车钩必须顺时针旋转到底，必要时使用杠杆进行加力，确保安装牢靠，避免安装不到位造成车辆损坏及人身伤害。

若车辆需要进行后部牵引，可按图 11–156 所示打开位于车辆右后方的拖车孔盖。顺时针旋转拖车钩至车辆。

2.XT6 遥控器被干扰或者遥控电池无电应急启动车辆

左手拉住驾驶员侧门扳手，右手拇指往车

图 11–155

图 11–156

头方向滑动打开锁孔饰盖，如图 11–157 所示。

取下锁孔饰盖，按压遥控器侧面椭圆形按钮，取下机械钥匙，如图 11–158 所示。

逆时针旋转机械钥匙，开锁左前车门，如图 11–159 所示。

XT6 应急天线位于两前排座椅中间储物盒内，如图 11–160 所示，把遥控器放到储物盒底部的凹槽内（不分正反），踩住制动，按压启动按钮，启动车辆。

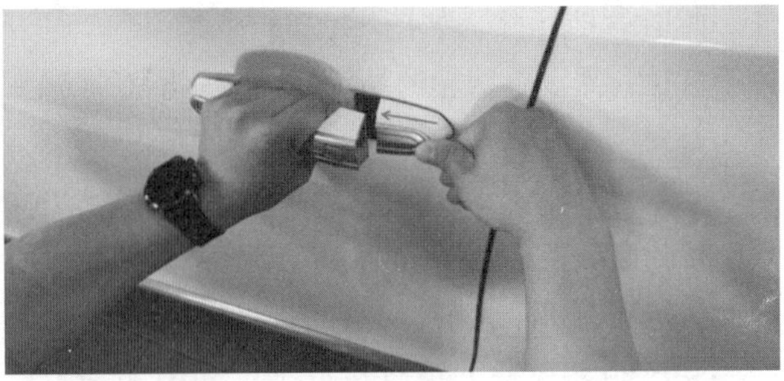
图 11–157

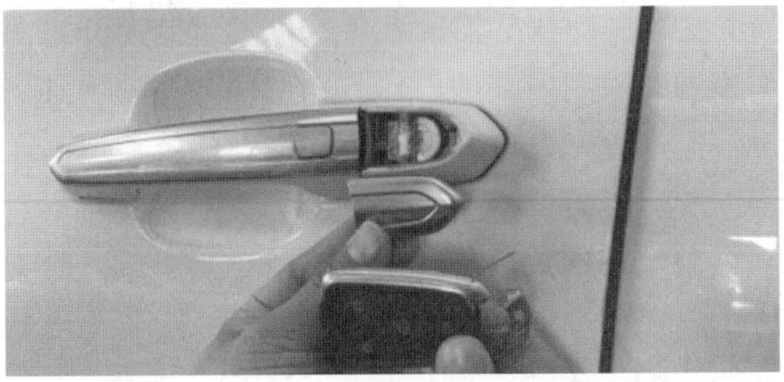
图 11–158

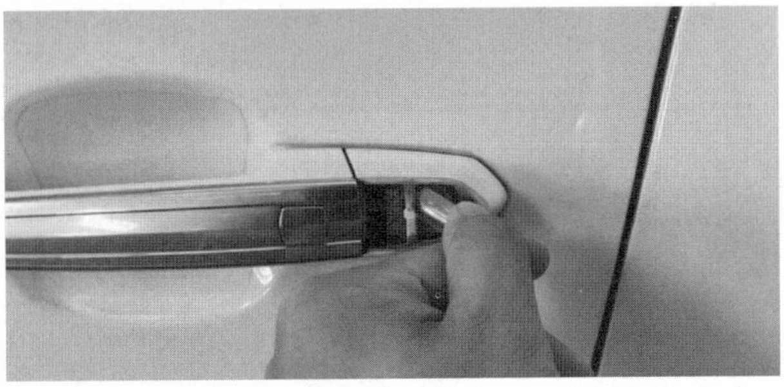
图 11–159

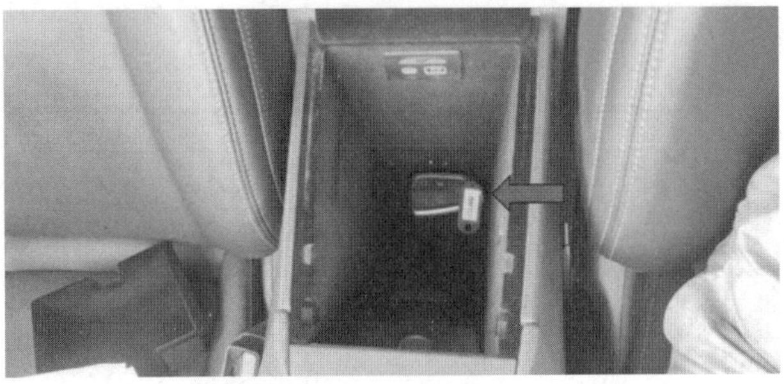
图 11–160

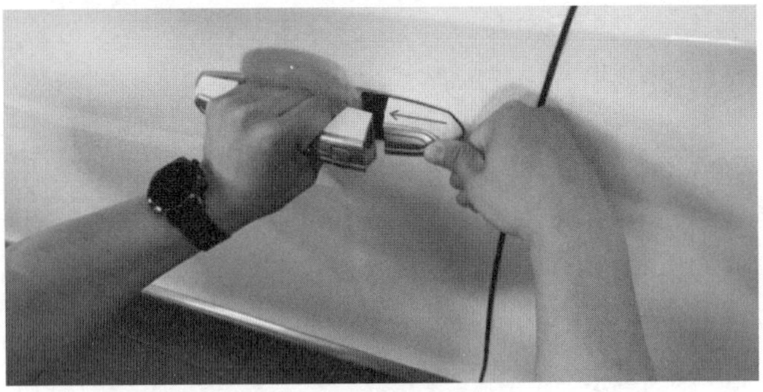
图 11–161

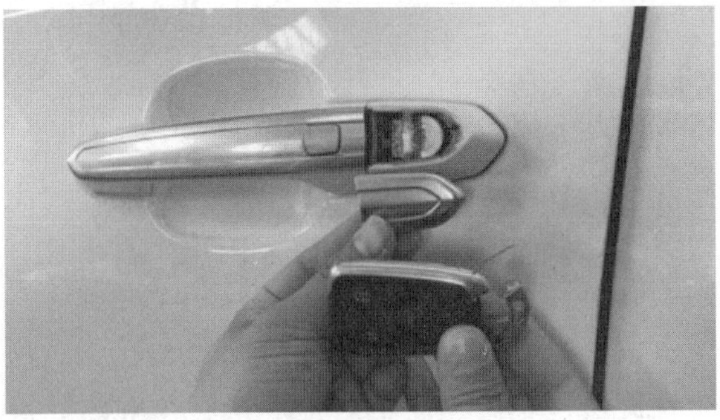
图 11–162

3.XT6 蓄电池亏电，应急搭电启动方法

左手拉住驾驶员侧门扳手，右手拇指往车头方向滑动打开锁孔饰盖，如图 11–161 所示。

取下锁孔饰盖，按压遥控器侧面椭圆形按钮，取下机械钥匙，如图 11–162 所示。

逆时针旋转机械钥匙，开锁左前车，如图 11–163 所示。

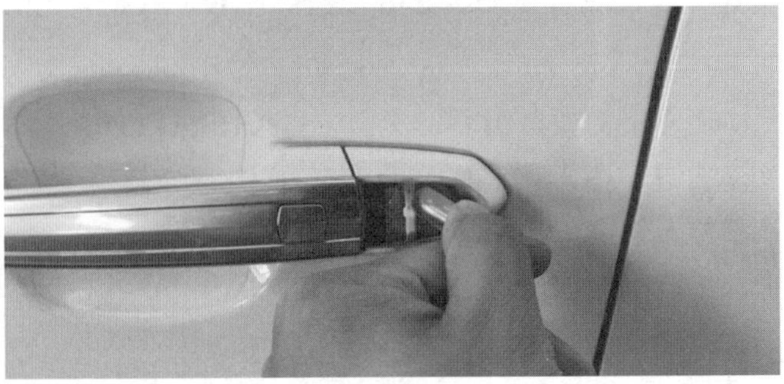
图 11–163

拉动位于驾驶员制动踏板左侧的前机盖拉手，解锁前机盖，如图 11–164 所示。通过前机盖和中网的缝隙处伸手往右侧拨动拨杆，解锁机盖挂钩，开启前机盖，如图 11–165 所示。

按照发动机舱内极柱标示的正极（+）负极（–），正极连接正极，负极连接负极，进行搭电操作，如图 11–166 所示。蓄电池亏电严重时，需要找一台 12V 车辆，着车后为此车充电 10 ~ 30min。注意：切勿连接错蓄电池正负极且搭电线的正极夹子不要和负极夹子触碰，否则会造成车辆损坏和人身伤害。

图 11–164

图 11–165

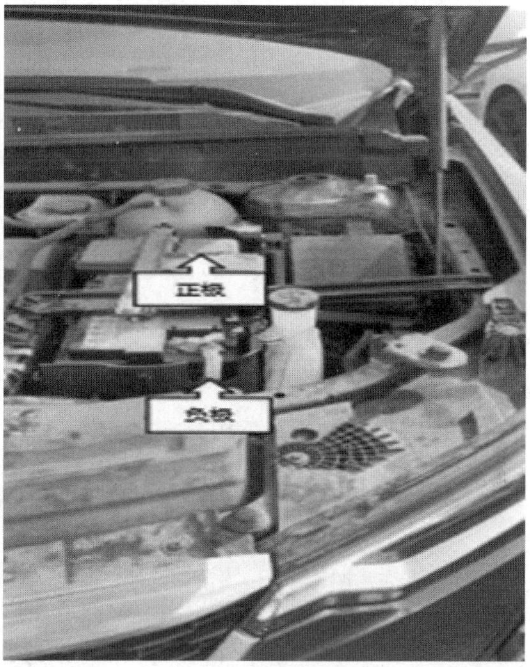

图 11–166

4. 蓄电池亏电应急开启后备箱

蓄电池亏电应急开启后备箱方法：放倒后排座椅，清理后备箱杂物，钻入后备箱内，用螺丝刀或同等工具打开位于后备箱盖饰板处的锁孔饰盖，逆时针旋转机械解锁孔，如图 11–167 和图 11–168 所示。

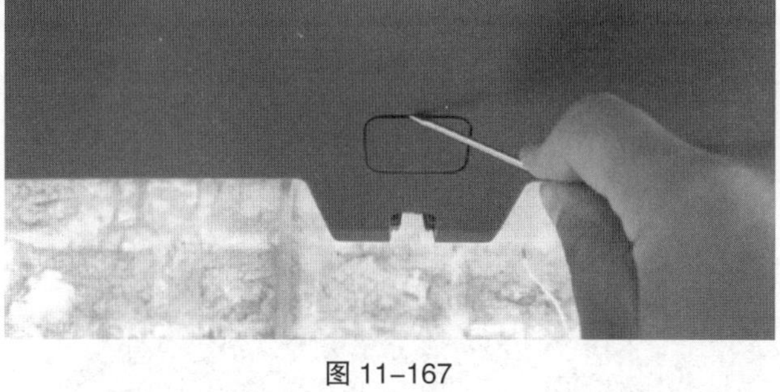

图 11–167

图 11–168

5. 车辆释放驻车制动和解除 P 挡

（1）车辆电源可以正常接通时，释放手刹。

不要踩下制动踏板，按压启动按钮并保持 5s，接通车辆电源，如图 11–169 所示。

踩住制动，释放驻车制动，如图 11–170 所示。若车辆位于坡道，需设置四轮的挡块，防止车辆意外移动。

图 11–169

图 11–170

解除 P 挡前，断开蓄电池负极，如图 11–171 所示。XT6 配备的是通用 GF9 变速器，换挡杆为电子挡杆，释放 P 挡时需要通过 P 挡紧急拉手，紧急释放拉手，拉起后车辆会自动施行驻车制动且此时驻车制动无法被解除，释放 P 挡前需要车辆断电。此车还配备有电子转向柱锁，车辆电源关闭后方向盘会锁止。建议在车辆电源接通时，断开蓄电池负极，保证方向盘可以转动。

（2）解除 P 挡。

拆卸中控台、驾驶员侧的饰板，如图 11–172 所示。

拉动红色拉绳，红色拉绳拉到底后，会自动卡住，此时 P 挡解除，如图 11–173 所示。若车辆位于坡道，需设置四轮的挡块，防止车辆意外移动。

图 11–171

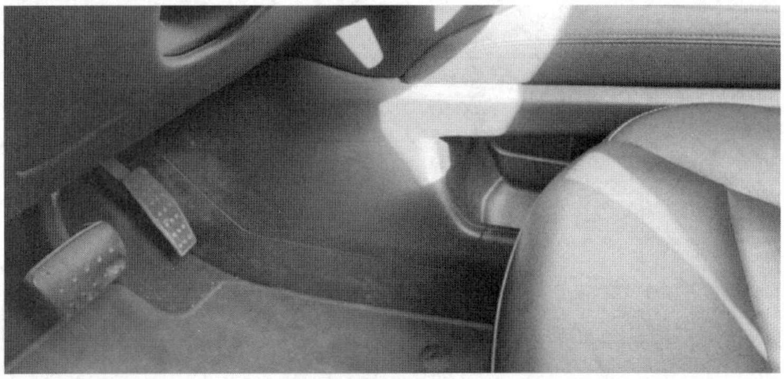

图 11–172

图 11–173

（3）车辆断电时释放驻车制动。

找到两后轮的制动分泵，拆卸分泵上的驻车制动执行器，每个执行器共有两颗螺栓，拆下螺栓后驻车制动执行器可直接取下，如图 11–174 所示。

驻车制动执行器取下后，可通过制动分泵上面的孔看到内部的内六方，使用合适的工具旋转内六方可释放驻车制动。根据螺纹的形式不同旋转方向可能不同，若朝一个方向旋转不动可向反方向旋转，如图 11–175 和图 11–176 所示。

图 11–174

图 11–175

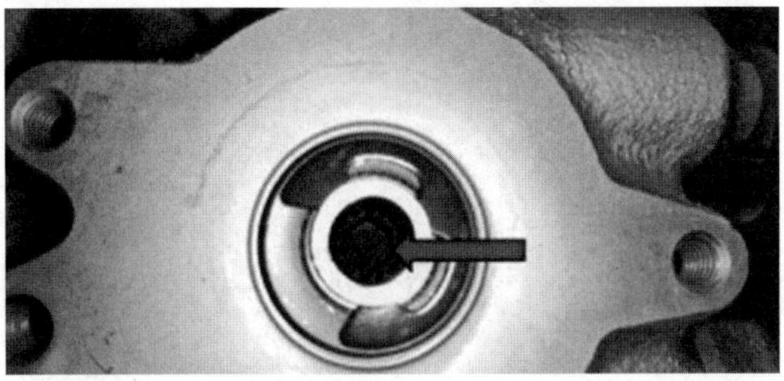

图 11–176

第 12 章　雷诺车系

一、进口科雷傲

（一）应急车门解锁

1. 锁闭 / 解锁车门

（1）从车外锁闭 / 解锁车门。

这可以通过雷诺智能卡实现，在特定情况下，雷诺智能卡可能无法工作：

① 雷诺智能卡电耗尽、电池电量不足等。

②其他设备正在以与智能卡相同的频率工作（移动电话等）。

③车辆位于电磁辐射高的区域。

还可以利用智能卡中内置的钥匙解锁左前车门。手动锁闭每个车门。

① 使用雷诺智能卡中内置的钥匙，取出一体式钥匙。

②将盖子从左侧车门（利用钥匙的末端）的凹槽中拆下，如图 12-1 所示。

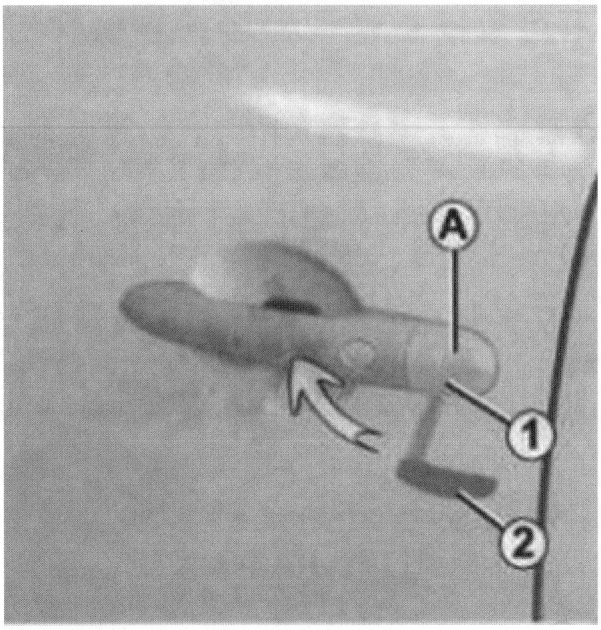

A.盖子　1.凹槽　2.钥匙

图 12-1

③将其向上移动，以拆下盖子。

④将钥匙插入左前车门的钥匙孔中然后锁闭或解锁。

⑤手动锁闭车门。

在车门开启（利用钥匙的末端）的情况下，转动螺钉（如图 12-2 中 3 所示），然后关上车门。这意味着车门随后从外侧锁闭。此后，车门只能从车内或用钥匙插入左前门打开。

3.螺钉

图 12-2

（2）利用车内的锁闭 / 解锁控制开关。

2. 锁闭 / 解锁车门

车内锁闭解锁车门控制装置：开关（如图 12-3 中 4 所示）同时控制车门和后备箱门。如果一个车门或后备箱门打开或没有完全关上，车门或后备箱门快速地锁闭解锁。如果需要在车门或后备箱门打开的情况下运送一件物品：在发动机停止运转情况下，按下开关（如图 12-3 中 4）持续超过 5s 以锁闭其他开启部件。

（1）不用雷诺智能卡锁闭开启部件（例如，雷诺智能卡失效时）。

在发动机关闭且前车门打开的情况下，按下开关（如图 12–3 中 4）持续超过 5s。当车门关闭时，所有车门和尾门将锁闭。从车外只有用雷诺智能卡才可解锁车辆。离车时切勿将雷诺智能卡留在车内。

（2）车门和尾门状态指示灯。

当点火开关打开后，集成在开关（如图 12–3 中 4 所示）中的指示灯会通知车门和尾门的状态。

① 指示灯点亮，车门和尾门锁闭。

②指示灯熄灭，车门和尾门解锁。

③当从外面锁好车后，此指示灯点亮并持续大约 1min，然后熄灭。

如果决定在驾驶时使车门保持锁闭状态，需要提醒的是，当遇到紧急情况时这会使那些帮助您的人更难进入您的车内。

（二）RAID（雷诺防入侵装置）

1. 工作原理

当车辆启动后，只要车速达到并超过 10km/h，车门会自动锁闭。

2. 解锁车门

（1）按下开门按钮（如图 12–4 中 1 所示）。

4.开关

图 12–3

1.开门按钮

图 12–4

（2）打开一个前门（车辆静止时）。注意：如果车门打开或关闭，当车速达到 10km/h 时，车门会重新自动锁闭。

要启用此功能：当打开点火开关后且在车辆静止时，有大约 20s 时间用于按住门锁开关（持续大约 5s）。仪表板上显示“automatic door locking activated（自动门锁已启用）”的信息，同时伴随有“哔哔”声。

要停用此功能：打开点火开关后，按住门锁开关持续 5s。仪表板上显示“automatic door locking deactivated（自动门锁已停用）”的信息，同时伴随有“哔哔”声。

如果决定在驾驶时使车门保持锁止状态，需要提醒的是，当遇到紧急情况时，这会使那些帮助您的人更难进入您的车内。

运行故障：如果遇到了一个运行故障（无法自动锁闭，当尝试锁闭车门和后备箱门等时按钮中集成的指示灯无法点亮），应首先检查并确认车门和后备箱门完全关闭。如果所有车门都完全关闭，请联系雷诺授权经销商。

（三）电子手刹应急解锁

用力拉解锁绳，拉开一下就可以，不用始终都处于拉扯状态，如图 12–5 所示。

应急手柄：应急手柄集成在控制装置内，如图 12–6 所示。

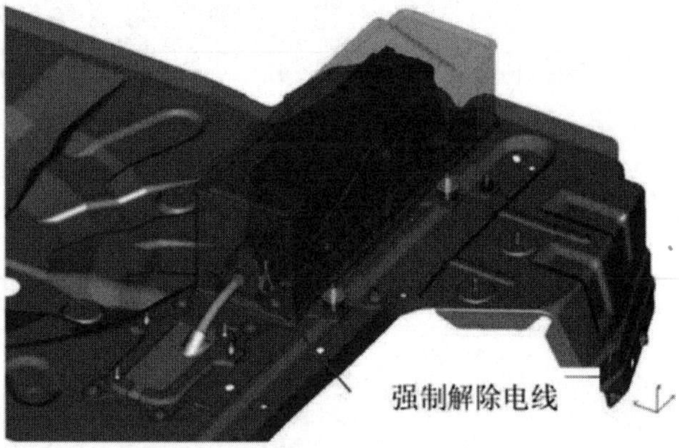

图 12–5

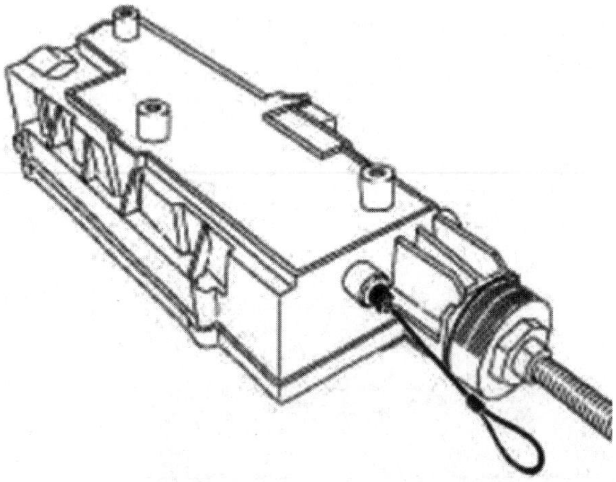

图 12–6

紧急解锁：如果发生故障或是系统不可用，机械解锁设备将通过打开力线来释放应用到后驻车制动器的力。该设备位于电子驻车制动器控制单元盒附近。应极其慎用这种控制。完成此操作后，如果系统恢复正常且按下了开关（解锁转向柱并踩下制动器踏板），机械锁将重新锁定。

（四）更换遥控器电池

1. 拆卸

（1）拆卸紧急钥匙（如图 12–7 中 1 所示）。

（2）使用平头螺丝刀打开门锁遥控器电池盖（如图 12–7 中 2 所示）。

（3）拆下门锁遥控器电池。

2. 重新安装

警告：为了确保遥控器的正常工作，注意不要损坏电池触点。处理新电池时使用干的、无油的手或是戴上干净的手套，借此来避免弄脏或是氧化电池。

重新安装：

（1）使用平头螺丝刀安装门锁遥控器电池。

（2）安装门锁遥控器电池盖。

（3）安装紧急钥匙。

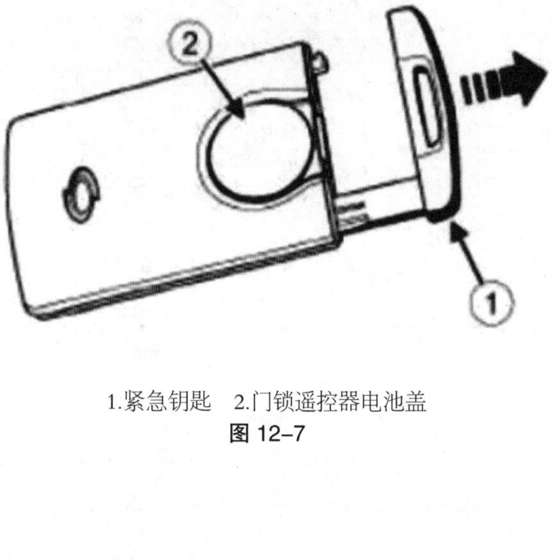

1.紧急钥匙　2.门锁遥控器电池盖

图 12–7

（五）应急解锁换挡杆锁

如果供电失灵（例如汽车蓄电池电量耗尽）时需要牵引汽车，则必须对换挡杆锁进行应急解锁。应急开锁机构位于挡位板的盖板下面。

1. 准备工作

开启电子驻车制动器。如果不能接通电子驻车制动器，就必须用其他方式对汽车进行固定，以防止自行移动，关闭点火开关。

2. 紧急解锁挡杆过程

（1）用扁平的螺丝刀撬开挡杆前部小装饰盖，如图 12–8 和图 12–9 所示。

（2）移开装饰盖后（如图 12–10 所示），用扁平的螺丝刀沿凹槽向下方向按压解锁装置，如图 12–11 所示，并保持住按压位置。

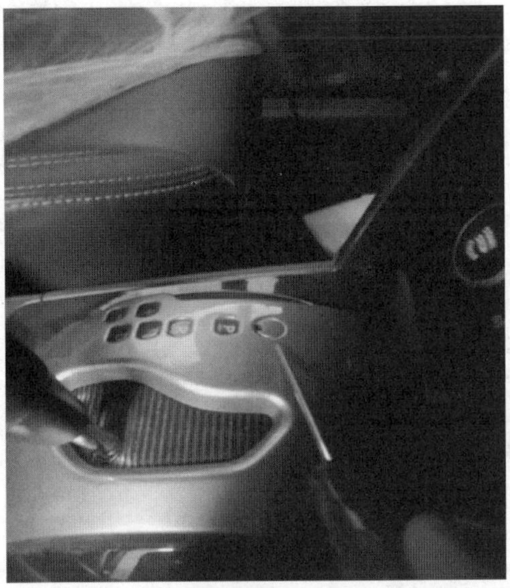

图 12–8

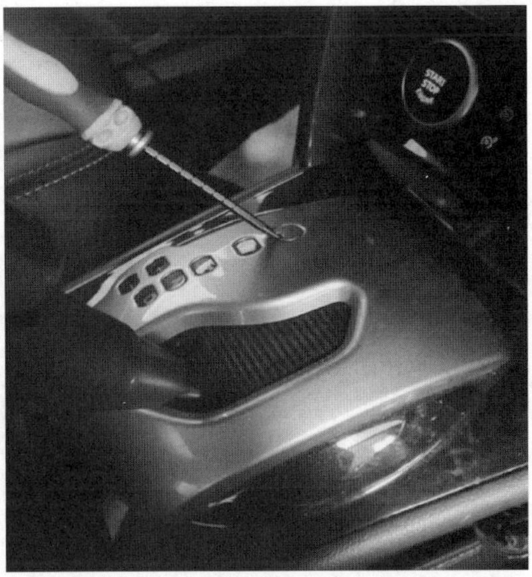

图 12–9

图 12–10

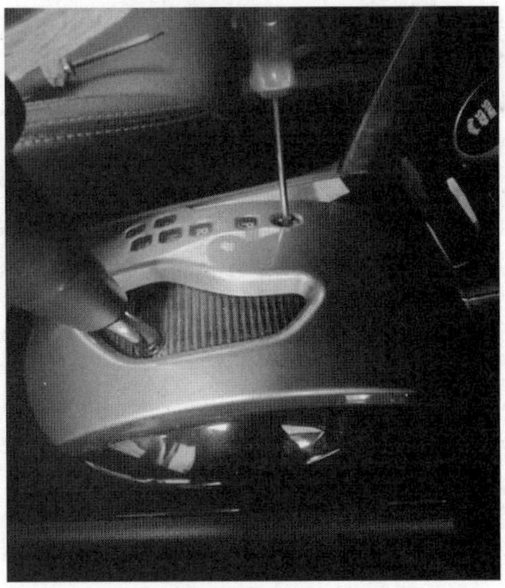

图 12–11

（3）然后将换挡杆移置 N 挡位置。

（4）应急解锁后，移出螺丝刀，将盖板复位。

第 13 章　玛莎拉蒂车系

一、吉博力

（一）车辆的牵引和举升

1. 牵引、举升和顶升车辆牵引

车辆配备了拧入式牵引环。在需要牵引车辆时，可将牵引环完全拧入牵引环固定点内。在牵引车辆时，确保满足以下条件：

（1）发动机关闭。

（2）点火开关位于“RUN”。

（3）EPB 分离。

（4）变速器位于“N”（空挡）且驻车制动器分离。注：如果在前轮被举升离地的情况下牵引车辆，始终检查是否存在 ESC 模块故障码，必要时将其删除。

牵引环固定点由箭头提示，如图 13–1 所示。

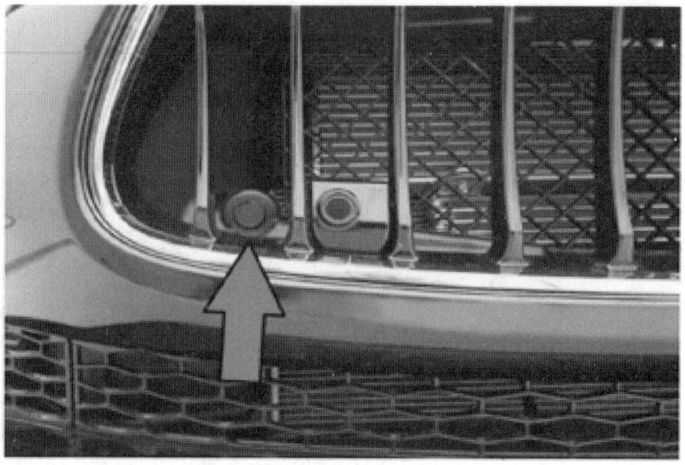

图 13–1

2. 车辆牵引

随车工具包如图 13–2 所示。

安装牵引钩如图 13–3 所示。

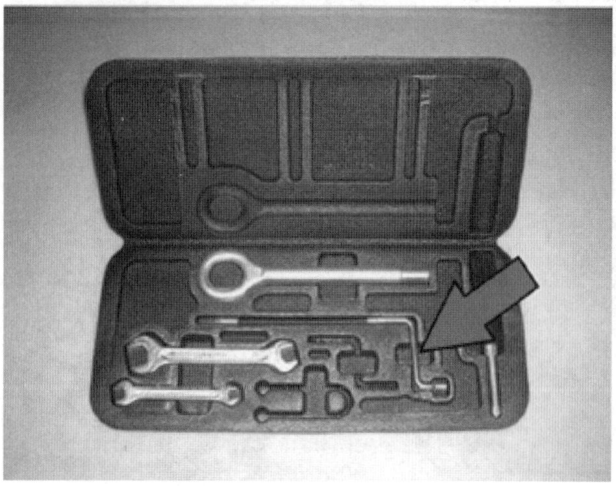

图 13–2

图 13–3

3. 车辆的举升位置

专用硬塑料举升点固定在车架纵梁的前部（如图 13–4 中左图）和后部（如图 13–4 中右图）。仅可在这些点位举升或顶升车辆。

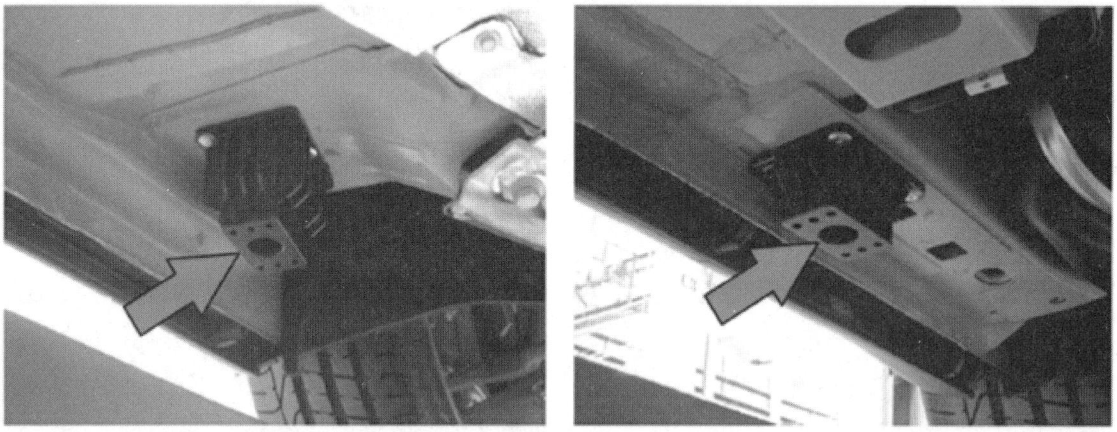

图 13-4

（二）手动燃油加注

如果需要通过油桶手动加注燃油，由于采用“无盖”式加油口，所以才需要使用专用漏斗。漏斗随同车辆提供，位于行李舱地板下方区域内，如图 13-5 所示。

加油口盖可通过拉动位于行李舱左侧盖板后方的拉索手动开启，如图 13-6 所示。

图 13-5

（三）应急解锁

以下操作可在蓄电池电量耗尽或出现系统故障时手动执行。使用应急钥匙开启驾驶员侧车门。使用遥控钥匙内的机械应急钥匙可开启驾驶员侧车门。注：如果车辆警报系统进入警戒状态，则当通过机械方式开启驾驶员侧车门时报警蜂鸣器将触发。警报器仅可通过以下方式关闭：

（1）车辆识别到有效遥控钥匙。

（2）使用备用程序开启点火开关或启动发动机。

（3）使用 MD 进入遥控钥匙编程程序。

可将应急钥匙从遥控钥匙内拔出，然后用应急钥匙打开车门，如图 13-7 所示。

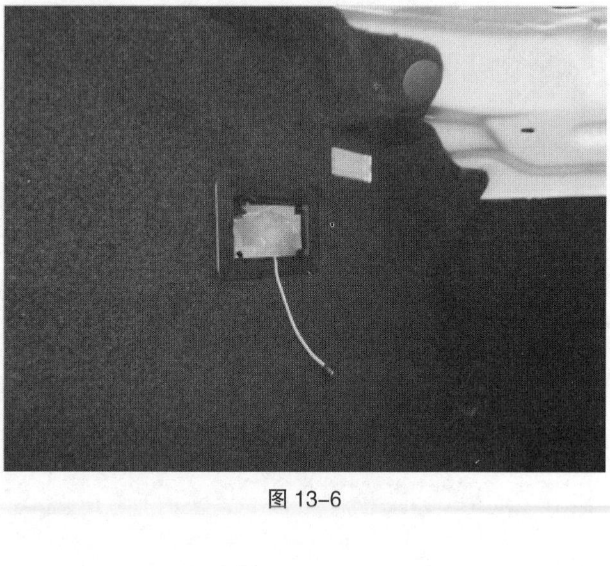

图 13-6

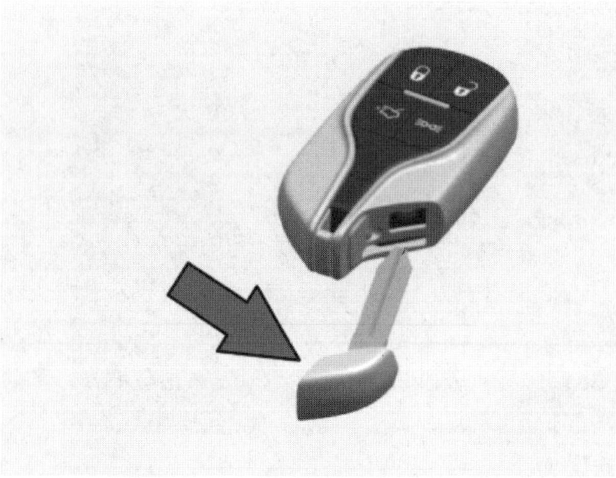

图 13-7

（四）电子手刹应急释放

与传统的手动驻车制动器相比，电子驻车制动器可为用户提供多个优点，它提供增强的功能（自动施加、汽车起步、动态制动），它可根据实际路况（道路坡度）始终施加适当数量的制动力，它监测驻车制动器的效率，即便是在点火钥匙置于关闭位置后。它将手动驻车制动操纵杆从中央通道区域内拆下，因此可提供更大空间并允许更加自由的内饰设计。它提供更加高效和安全的紧急制动功能，如图 13-8 所示。

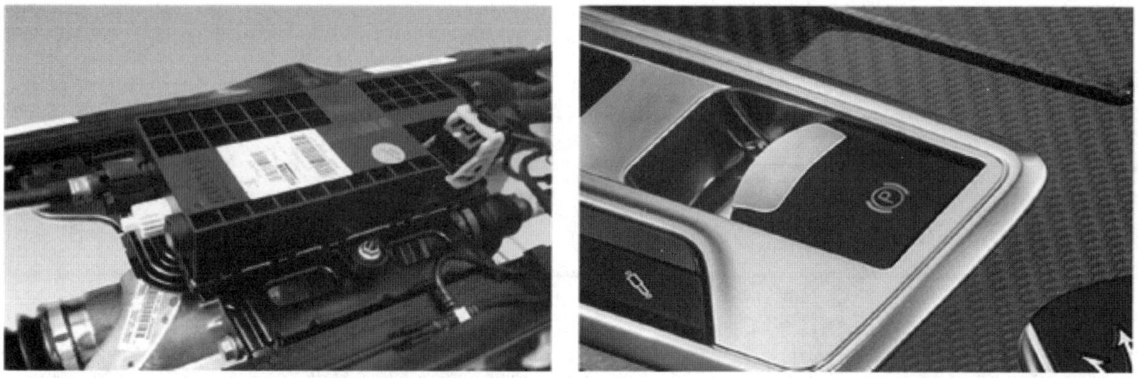

图 13-8

1.EPB 控制逻辑

EPB 单元与 CAN-C 线连接，用于与其他车辆模块通信并用于诊断。其工作特别与 ESC 单元密切相关。ESC 单元的作用是评估是否满足驻车制动器接合或断开的正确条件，并通过 EPB 单元来实现此功能。如果 EPB 系统存在任何可疑故障，其还可以用于检查 ESC 系统是否正确运行并检查是否存在故障码。

2. 电子手刹应急释放

（1）手动释放 EPB。

可借助紧急工具包内的专用工具手动释放电子驻车制动器（EPB）。必须拆下行李箱地板内的盖板，才能够到 EPB，如图 13-9 所示。

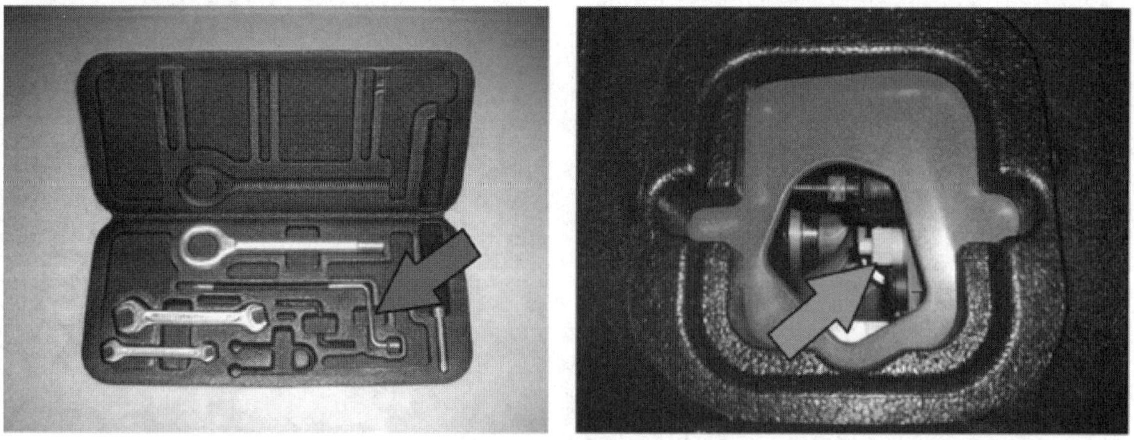

图 13-9

（2）驻车制动器的紧急释放。

如果电动驻车制动器由于整个系统故障而锁止，需要通过执行下列两步骤中的一个，用来释放驻车制动器。

手动释放。

a. 手动释放驻车制动器需要使用车辆行李箱内工具包中的专用工具，如图 13–10 所示。

b. 手动释放制动时，打开行李箱盖并进行下列步骤。

ⓐ根据指示掀起行李箱地垫边缘，如图 13–11 所示。

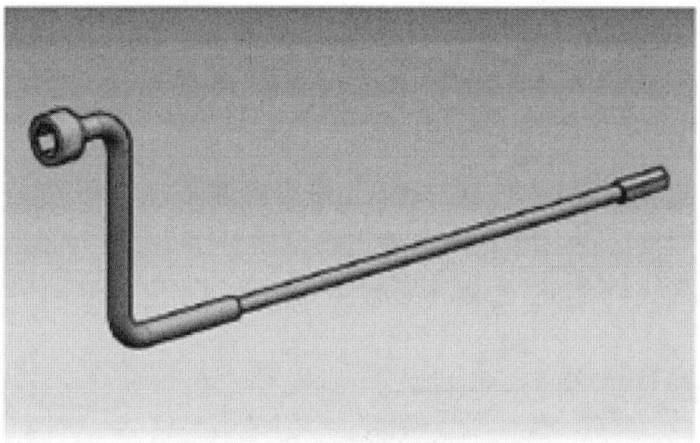

图 13–10

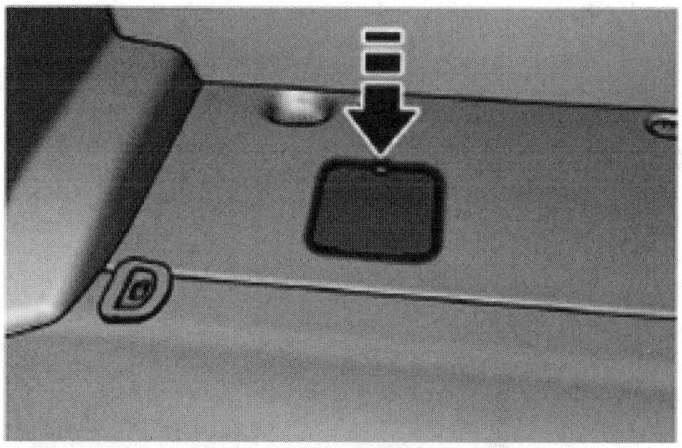

图 13–11

ⓑ 取下底部的隔音层，撬起两侧握把，如图 13–12 所示。

ⓒ 通过拉起标签取下橡胶检修盖，以定位控制驻车的闭锁和解锁系统的执行器，如图 13–13 所示。

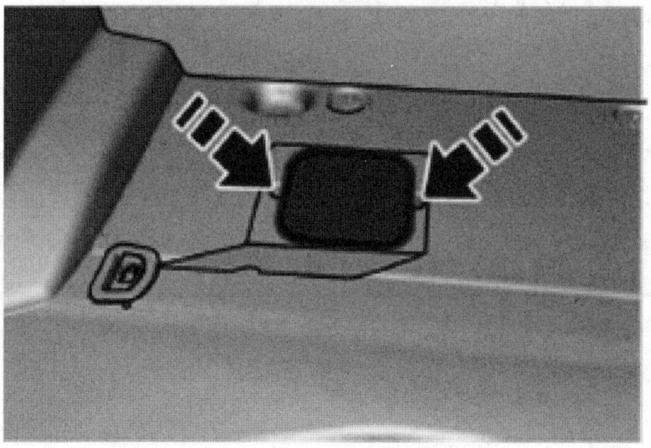

图 13–12

图 13–13

ⓓ 顺时针旋开保护盖，将其取下，如图 13–14 所示。

ⓔ 将专用工具从工具座上取下并用盖子密封。

ⓕ 重新将拆下的零件组装上。

ⓖ 将专用工具软部的六角头插入敞开部分（如图 13–15 所示），顺时针旋转专用工具手柄直至松开。

（五）自动变速器换挡杆应急释放

1. 电子换挡模块

相对于前一代 6HP26 变速器的另外一个重大区

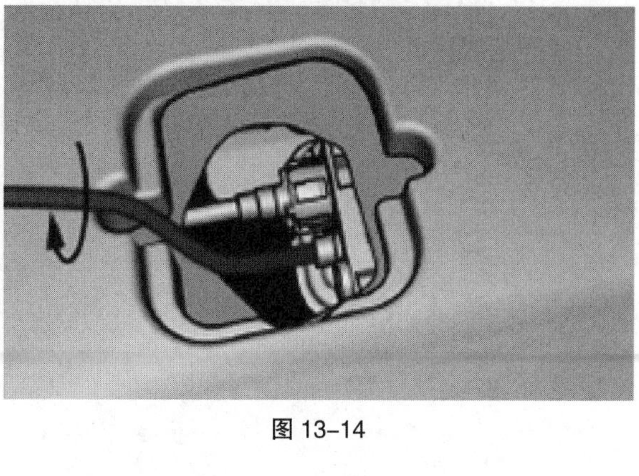

图 13–14

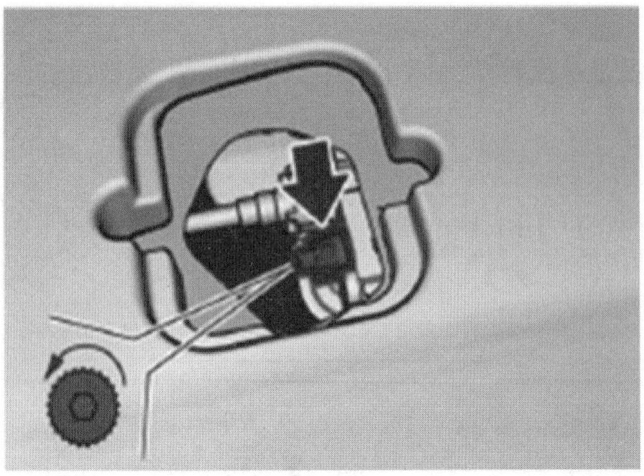

图 13–15

别在于目前采用了全电子式换挡杆，即换挡杆和变速器之间不再有任何机械链接。ESM 取代传统的机械式换挡杆，呈现出纯粹的用户界面，如图 13–16 所示。挡位通过换挡杆本体内的电磁进行模拟，这些电磁由电脑控制，可启用或禁用部分换挡杆状态。换挡杆内的电磁线圈可防止换挡杆向无效位置移动。驾驶员可在按下换挡杆背面解锁按钮的同时前后推拉换挡杆，以在换挡杆顶部指示的“P”“R”“N”“D”位置间进行选择。选择的挡位将亮起琥珀色灯光。对于大多数选挡，需要同时踩下制动踏板。操纵期间，D–R 和 R–D 选挡的速度限制为 5km/h。在“前进（Drive）（自动）”或手动模式下，可将换挡杆在前（–）后（+）短距离推动进行连续换挡 ESM 连接至高速 CAN–C 总线，用于与 TCM 通信，将选择的挡位状态通知组合仪表。此外，还用于诊断另外一条专用 CAN 总线，CAN–PT（动力传动系）将 ESM 连接至 TCM。CAN–PT 是一条冗余总线，在其上重复相同信息并用作备份。

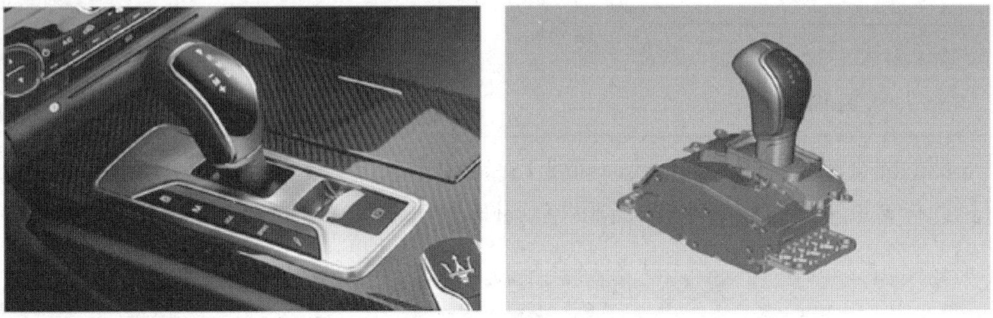

图 13–16

2. 变速器应急空挡设置

驻车锁止装置设计用于在车辆上坡或下坡驻车时使车辆始终保持安全制动状态。在 8HP70 变速器上，驻车锁止装置仅通过电子液压方式驱动。机电阀体内的专用电磁阀可激活驻车锁止装置。必须踩下制动踏板，然后 ESM 才可切换至 P 挡。驻车锁止装置接合的最大行驶速度为 3km/h。如果蓄电池电量耗尽或系统出现故障，可通过拉动拉索手动释放变速器的“驻车”挡，如图 13–17 所示。通过拆下驾驶员座椅前面地毯上的盖，可够到释放拉索。

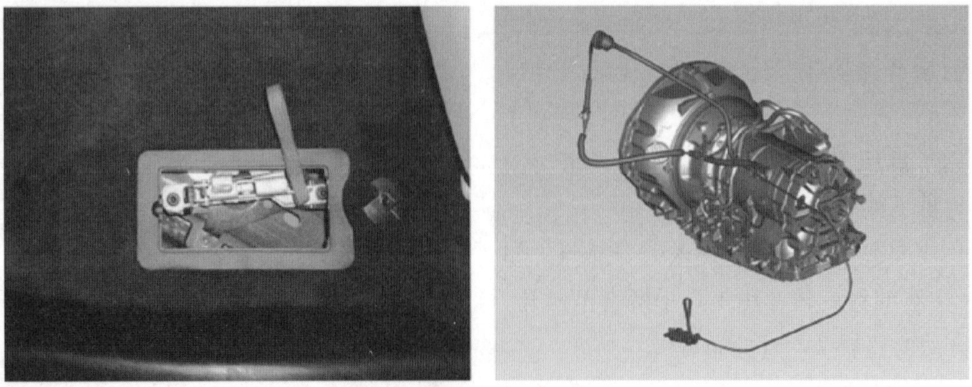

图 13–17

3. 变速器驻车挡 P 的手动释放

（1）进行紧急手动释放的拉线位于驾驶员脚部空间左侧。掀起驾驶员侧的地垫拉起拉线，如图 13-18 所示。

（2）将拉线从驾驶员座椅穿过并拉起将变速器从驻车挡 P 释放。新挡位可以进行车辆拖车，如图 13-19 所示。

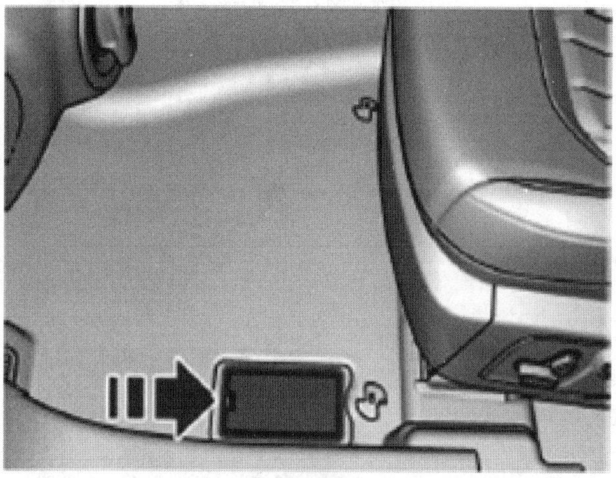

图 13-18

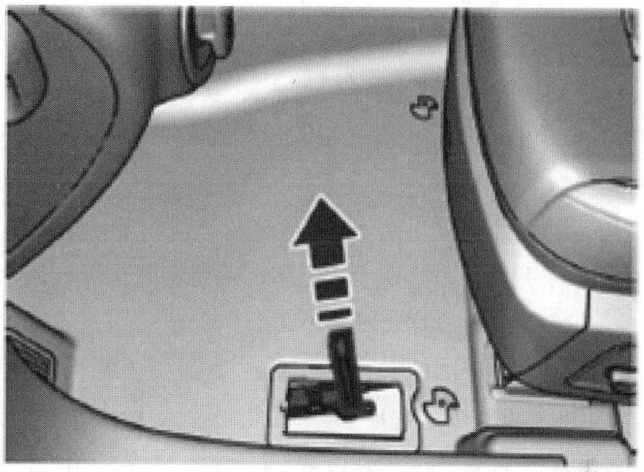

图 13-19

（六）应急启动

蓄电池如图 13-20 所示。玛莎拉蒂提示请勿在发动机没有启动状况下使用车内设备。保持充电量，如果蓄电池充电不足，极易在严寒中裂损，造成发动机无法启动。玛莎拉蒂车辆蓄电池位于后备箱内右

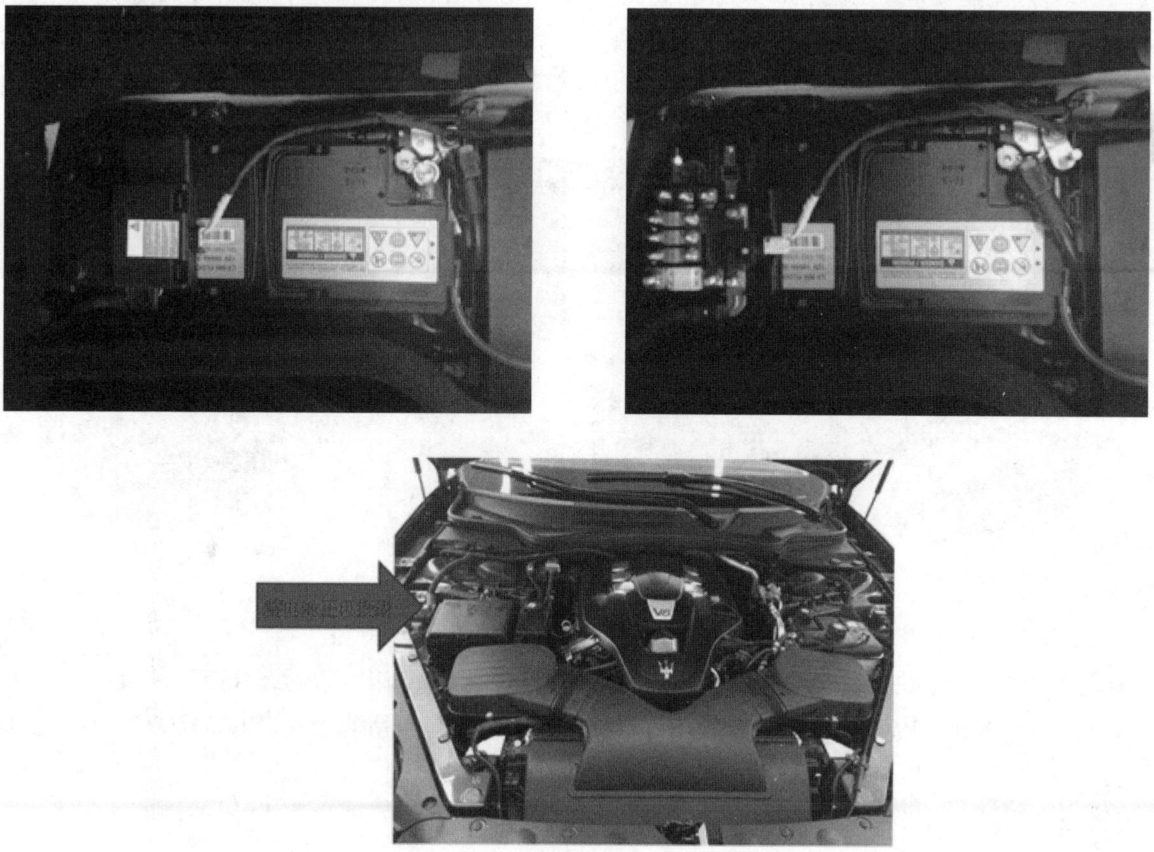

图 13-20

后尾灯旁。但车辆如果发生亏电无法正常启动，只在发动机舱内跨接就可以启动，如图 13-20 和图 13-21 所示。注意：跨接电压 12V。

图 13-21

二、总裁（Quattroporte）

（一）牵引、举升与顶升

1. 车辆牵引

一个拧入式牵引挂钩随附在车辆上。需要牵引车辆时，将牵引挂钩完全拧入牵引挂钩固定中。牵引车辆时，确保满足以下条件：

（1）发动机关闭。

（2）点火开关位于“RUN（运行）”位置。

（3）EPB 分离。

（4）变速器位于“N（空挡）”且驻车制动器分离。

注：如果在前轮被举升离地的情况下牵引车辆，始终检查是否存在 ESC 模块故障码，必要时将其删除。牵引挂钩固定点通过箭头指示，如图 13-22 所示。

图 13-22

2. 车辆顶升

为避免润滑不足导致变速器损坏，必须将拖车距离限制在 50km 以内，且最大拖车速度不得超过 50km/h。指定硬质塑料举升点固定在车架纵梁前部（如图 13-23 中左图所示）和后部（如图 13-23 中右图所示）。仅可在这些点位举升或顶升车辆。

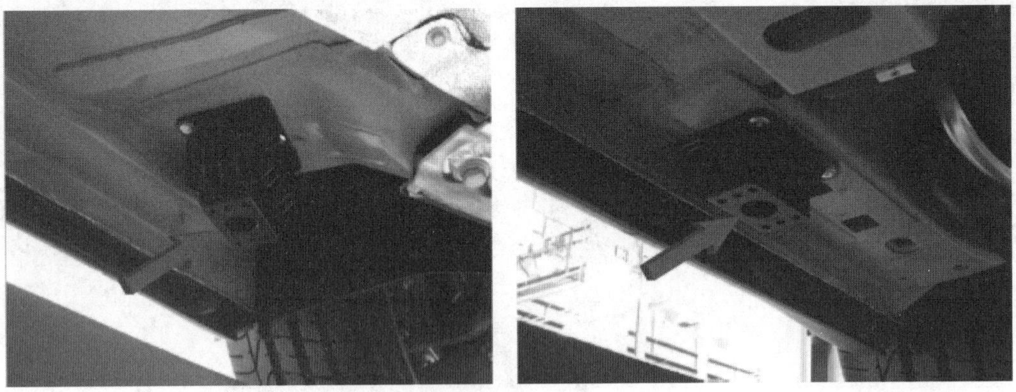
图 13-23

（二）紧急开启与释放功能

以下操作可在蓄电池电量耗尽或出现系统故障时手动执行。使用紧急钥匙开启驾驶员车门。驾驶员侧车门可使用遥控钥匙内的机械紧急钥匙开启。注：如果车辆警报系统进入警戒状态，则当通过机械方式开启驾驶员侧车门时报警蜂鸣器将触发。

报警蜂鸣器仅可通过以下方式停用：

（1）车辆识别到有效遥控钥匙。

（2）使用备用程序开启点火开关或启动发动机。

（3）使用 MD 进入遥控钥匙编程程序。

可将紧急钥匙从遥控钥匙内拔出，如图 13–24 所示。

（三）加油口盖开启

加油口盖可通过拉动位于行李舱左侧的盖后面的红色拉索手动开启，如图 13–25 所示。

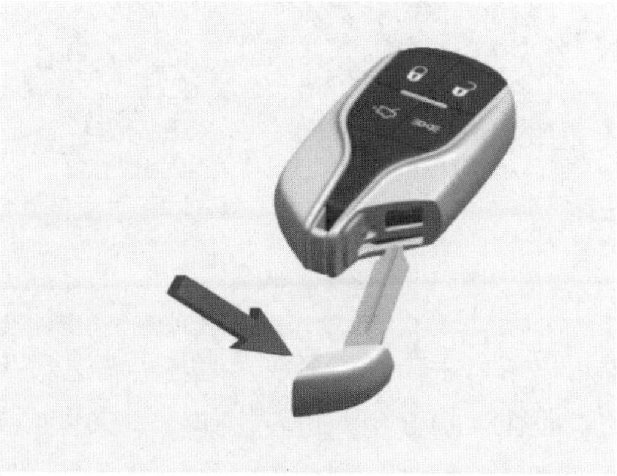

图 13–24

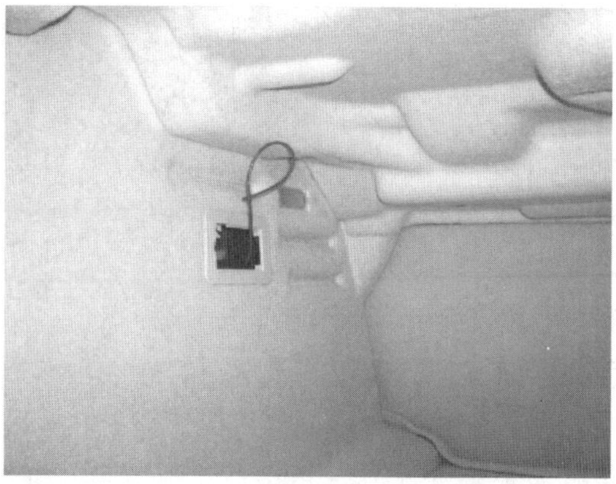

图 13–25

（四）手动燃油加注

如果需要手动从油桶内加注燃油，必须使用专用漏斗。由于采用“无盖”式燃油加油口，所以才需要使用专用漏斗。漏斗随附在车辆上，位于行李舱地板下面区域内，如图 13–26 所示。

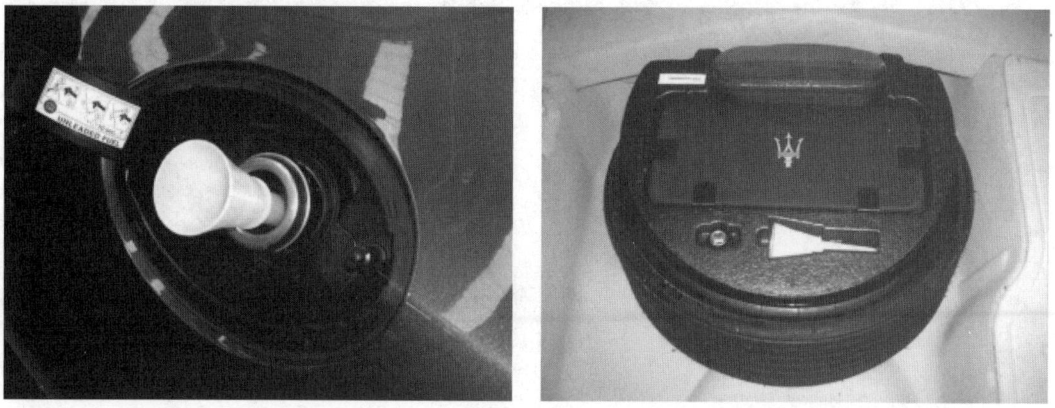

图 13–26

（五）自动变速器换挡杆应急释放

1. 驻车锁止

驻车锁止装置设计用于在车辆上坡或下坡驻车时使车辆始终保持安全制动状态。在 8HP70 变速器上，驻车锁止装置仅可通过电子液压方式促动。机电阀体内的专用电磁阀可激活驻车锁止装置。必须踩下制动踏板，然后 ESM 才可切换至 P 挡，驻车锁止装置接合的最大行驶速度为 3 km/h。如果蓄电池电量耗尽或系统出现故障，可通过拉动拉索手动释放变速器的驻车挡。通过拆下驾驶员座椅前面地毯上的盖，可够到释放拉索，如图 13–27 所示。

本车具有要求在发动机熄火前将换挡杆置于驻车挡（P）的功能。这个功能防止驾驶员在疏忽的情况下未选择驻车挡而离开车辆。这个系统还能在点火开关位于 OFF 位置时始终锁止换挡杆。

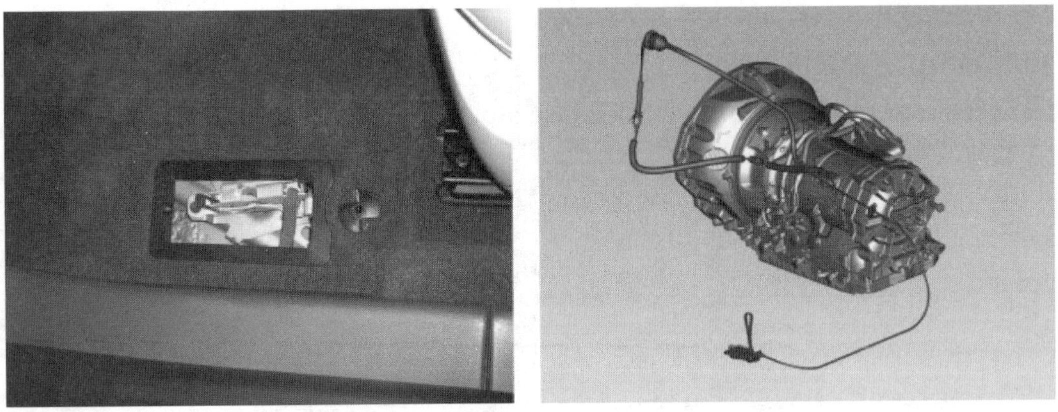

图 13-27

（六）电子手制动应急释放

1.EPB 手动释放

在系统出现故障或蓄电池没电时，电动驻车制动器可以通过手动操作释放。为了实现这一点，可使用车辆应急工具箱中的专用工具。拆下行李舱地板保护罩即可对 EPB 单元进行操作。将专用工具的六方头插入 EPB 单元左侧的释放机构中并顺时针方向转动，直至完全释放，如图 13-28 所示。这样即完成驻车制动器的释放。注：进行这个操作前确认点火开关已关闭。手动释放 EPB 后，必须使用玛莎拉蒂诊断仪对系统进行校准，并检查是否出现故障码。

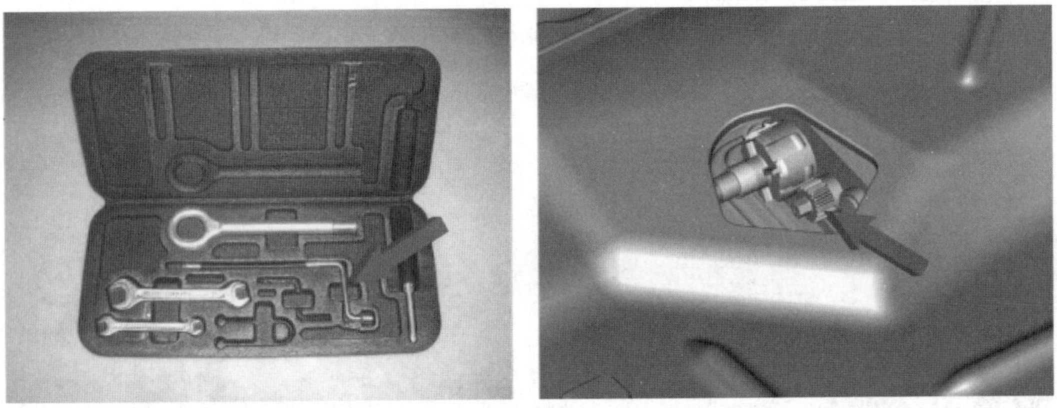

图 13-28

2.EPB 执行器校准

当拆卸或更换驻车制动系统的制动盘、拉线或 EPB 单元等部件后，或者执行 EPB 手动释放程序后，需要使用玛莎拉蒂诊断仪执行 EPB 执行器校准。校准程序需要设置执行器行程零位并将拉线行程校准到拉线张紧。EPB 正确校准需要达到正确的拉线张紧量。如果系统未校准，EPB 单元会存储故障码。务必在系统校准后或任何 EPB 维修操作后检查 EPB 单元是否存在故障码。

三、莱万特（Levante）

（一）牵引车辆

车辆附带旋入式牵引环。如果需要牵引车辆，请将牵引环完全旋入牵引环连接点。Levante 配有两个牵引环连接点，一个位于车前，一个位于车后。

牵引车辆时，请确保满足以下条件：

（1）发动机关闭。

（2）点火装置位于 RUN 位置。

（3）EPB 已释放。

（4）变速器处于空挡位置。

移动故障车辆时，应该将其置于拖车平台上，使其四轮离地。如果这不可行并且没有替代方法，可以在故障车辆四轮接触地面的情况下进行牵引，但是必须严格遵守最大速度为 50km/h 且最长距离为 50km。如果不遵守这些限制，将导致变速器损坏。切勿在前轮举升的情况下牵引故障车辆。否则，由于润滑不充分将导致分动箱损坏。切勿使用单轴牵引的牵引台来牵引故障车辆。举升的轴仍会受到一些残余扭矩的作用，这会导致车辆滑离牵引台。牵引环的前（左）连接点和后（右）连接点，如图 13–29 所示。

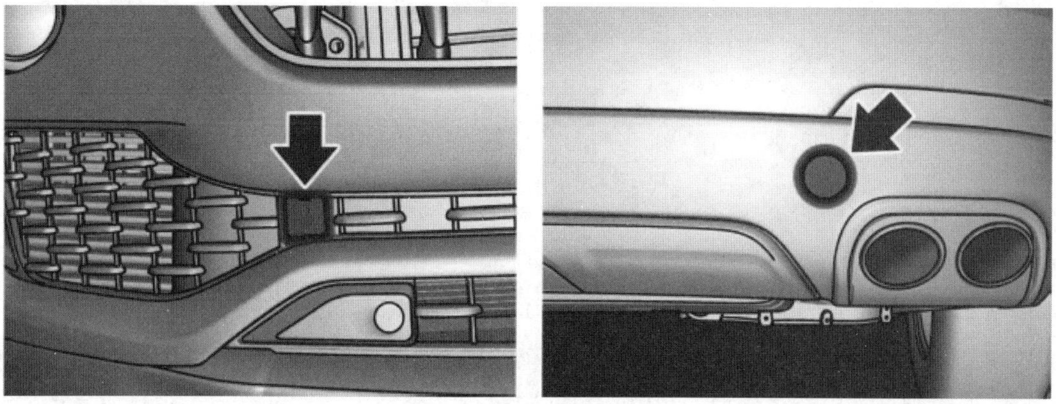

图 13–29

（二）应急功能和操作

大多数操作的执行方式与 M156–7 车辆完全相同，驻车制动是一个重要例外。

机械车门锁定和解锁：可以使用从电子钥匙中抽出的机械应急钥匙来锁定和解锁驾驶员侧车门，如图 13–30 所示。注意：如果车辆配有警报系统，则机械解锁后打开车门时将触发警报器。只能通过以下方式禁用警报器：

（1）当车辆识别出有效的电子钥匙后。

（2）通过备用程序打开点火装置或启动发动机后。

（3）通过 MD Evo 进入电子钥匙编程程序后。

电子钥匙中包含一把传统机械钥匙，可在车辆熄火或电子钥匙电池电量用完时用来锁定和解锁驾驶员侧车门。

图 13–30

（三）手动解锁燃油箱加油口盖

如果电子锁出现故障，可以通过拉动位于行李舱左侧塑料盖后方的绳子来手动解锁燃油箱加油口盖，如图 13–31 所示。

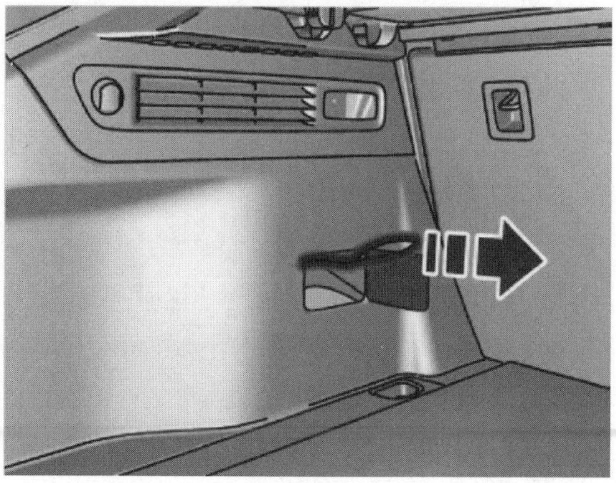

图 13–31

（四）从外部燃油箱加注燃油

如果需要从燃油罐手动倒入燃油，应该使用特定的漏斗。（汽油车和柴油车特定）漏斗随车辆提供，位于行李舱地板下方的区域中。请注意，汽油车使用带盖的传统加油口，而柴油车采用无盖设计。从燃油罐给车辆加注燃油仅适用于极端情况需要。燃油是易燃物质，必须采取最大限度的预防措施以避免火灾危险。柴油车无盖的加油口（左）和汽油车的传统加油口盖（右）如图 13–32 所示。

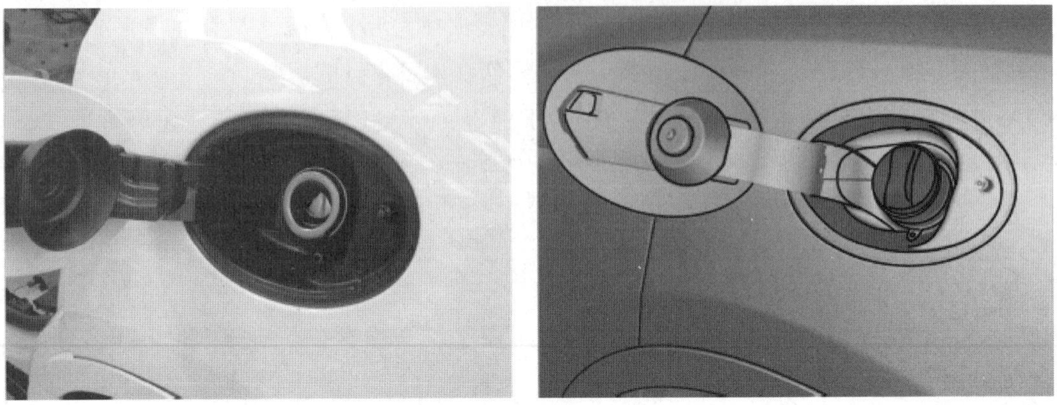

图 13–32

（五）电子手刹应急释放

Levante 车辆配备新一代电子驻车制动器（EPB）。此系统不使用中央拉线收紧器，而是使用集成在后制动卡钳中的驻车制动器执行器。因此，驻车制动器没有手动释放功能。如果驻车制动器故障需要对后卡钳进行维修，则必须由经过培训的技师在车间中执行该维修操作。可以通过带操纵杆的紧急释放拉索将变速器手动置于空挡位置。拆下左侧前方地板区域中的盖板即可触及该装置。拉动红绳可操作操纵杆，如图 13–33 所示。

图 13–33

（六）自动变速器换挡杆应急释放

电子驻车制动器与后制动钳整合在一起的直流电机驱动夹钳和中控台上的激活开关如图 13–34 所示。Levante 车型的电子驻车制动器（EPB）是一种全新的紧凑型系统，该系统基于两个集成于后制动钳的电子执行器（电机驱动夹钳设置，或 MOC）。系统使用常规、液压制动操作所用的同一活塞与制动片进行制动。EPB 系统不具有专用 ECU：其控制单元集成于 ESC 模块中，同时夹钳仅集成了直流电机（无传感器或电子元件）。执行器的操作由 ESC 模块通过分析电流电压特性进行监控。如果测量结果指示未达到所需的夹紧力，则将保存特定的 DTC。与之前的鼓式制动系统相比，此系统完全不同，之前采用专用的制动蹄片作用于制动盘的内表面，并由单独的中央拉线收紧器（集成有 ECU）进行操控。

1.EPB 施加与释放

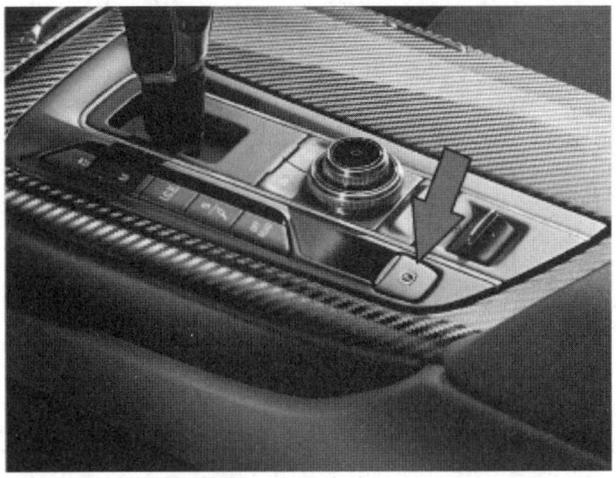

图 13-34

EPB 由驾驶员通过中控台上的开关进行操控。要释放 EPB，必须踩下制动踏板。除手动操作外，还可采取以下自动策略：

（1）钥匙关闭时自动施加驻车制动。可从 IPC 禁用此操作。

（2）在发动机运行、驾驶员侧车门关闭、踩下制动踏板以及将换挡杆移至 D 或 R 时进行预释放。

（3）驶离（变速器处于 D 或 R，加速踏板踩下超过 3%）时自动释放。

（4）动态制动：在车辆移动过程中持续拉动 EPB 开关，将使 ESC 单元向车辆施加相当大的稳定减速度。此功能可在制动踏板因任何问题而无法工作时作为紧急制动使用。在持续拉动此开关期间，车辆将维持该减速度，同时激活所有控制系统以保证车辆的稳定性。请注意，车辆使用 4 个行车制动器而非驻车制动器来实现动态制动功能。高制动温度制约了能够用于制动片与制动盘的摩擦力，进而制约了 EPB 的效果。在驶过漫长的下坡路段和 / 或反复施加大力制动后，请平稳驾驶一段时间，使制动系统冷却下来，然后再停止或启用 EPB。

2. 维修操作

由于两个执行器之间没有机械连接，因此无法像之前那样使用拉线收紧器来手动释放驻车制动器。如果因电池电压过低而无法释放 EPB，则需要连接外部电源以恢复足够电压。

如果无法找到外部电源，或者发生了机械故障，则只能从夹钳处拆下执行器。要拆下执行器：

（1）放置止动块，以防车辆移动。

（2）断开执行器的电气连接。

（3）拧下用于将执行器固定在夹钳上的两个内六角螺钉。

（4）轻轻拧动，拆下执行器，使执行器输出齿轮与集成有螺钉驱动（用于推动夹钳活塞）的轴分离（轴仍与夹钳相连）。

（5）如果仍然无法完全释放制动器，则再将轴顺时针旋转 90°，以确保制动片与制动盘分开。重新组装后，需要在 ESC 模块中执行 DTC 清除操作并执行功能测试。在断开并重新连接车辆电池后需要执行 EPB 循环（施加与释放）。

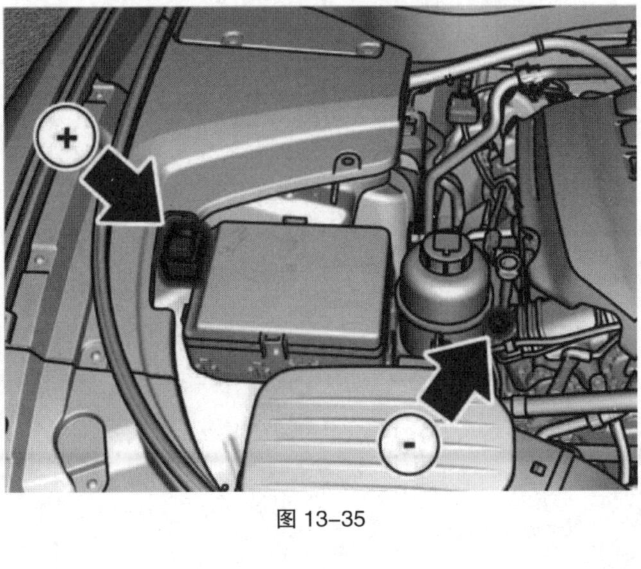

图 13-35

（七）应急启动

蓄电池电量耗尽后为车辆供电可以通过直接接线至后部电池的远程正极端子从发动机舱加电和跨接启动车辆。可以将负极夹钳连接到发动机缸盖（汽油发动机如图 13-35 所示）或散热器支架（柴油发动机）上的螺钉。

Levante 车型没有机械应急打开尾门的功能。如果车辆的蓄电池电量耗尽或断开连接，可将助力器或蓄电池充电器连接到发动机舱中的指定点来为车辆的电气系统供电。然后，可以打开尾门以检修车辆的蓄电池。

第 14 章　保时捷车系

一、2018—2020 年保时捷卡宴 Cayenne（9YA）车型

（一）随车工具包

工具包位于行李箱底板下面（未配备收缩式备用轮胎），如图 14–1 所示。

（二）遥控失效后的车门手动解锁操作

首先执行在后窗右上角握住车钥匙，同时按下遥控开锁按钮。

如果操作仍无法解锁车门，执行如下程序。

（1）从驾驶员车钥匙上取下紧急车钥匙，如图 14–2 所示。

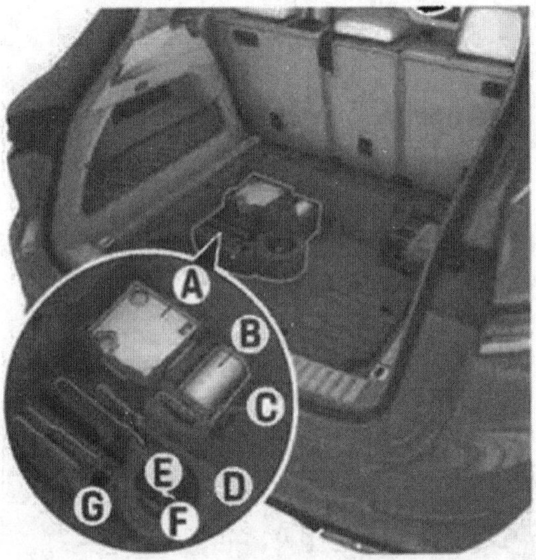

A.充气泵　B.补胎胶　C.紧急解锁扳手　D.扳手　E.牵引凸耳　F.螺丝刀　G.螺丝刀刀头

图 14–1

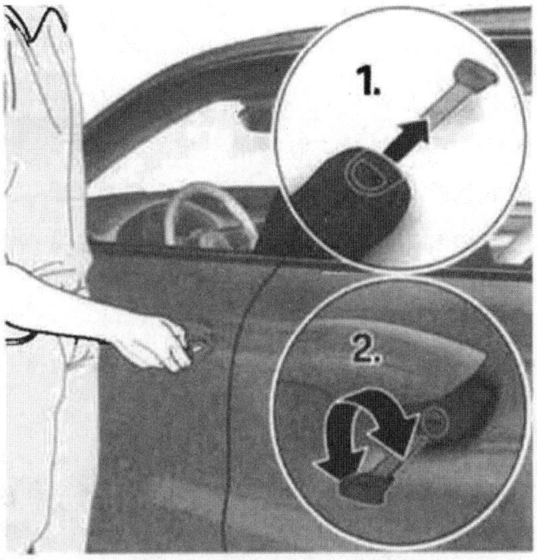

1.2.步骤

图 14–2

（2）拉并握住门把手，如图 14–3 所示。

（3）将紧急车钥匙插入车门锁，宽把手一端朝上。

（4）逆时针转动紧急车钥匙，直至感觉到有阻力，然后用力将紧急车钥匙转到底。

（5）再次将紧急车钥匙旋回到其初始位置并拔下。

（6）在 15s 内打开点火装置，以免触发防盗警报系统。

图 14–3

（三）车辆尾门紧急手动解锁操作

如果尾门无法打开（例如，车辆蓄电池耗尽电量），则必须执行紧急解锁操作：

（1）折叠后排座椅靠背。

（2）经折倒的后排座椅进入行李箱内。

（3）除 Cayenne Coupe 以外的所有 Cayenne 车型：在尾门内侧，用合适的工具（例如螺丝刀）拆下紧急解锁装置的护盖。

Cayenne Coupe：在尾门内侧，用适当的工具（例如螺丝刀）插入紧急解锁装置的护盖上的孔内。

（4）用适当的工具（例如螺丝刀）沿箭头方向转动用于解锁尾门的锁，如图 14–4 所示。

（5）在听到解锁声后，尾门随之解锁。

（6）此时可以手动打开尾门。在执行上述操作前，请尝试如下操作。

①用紧急车钥匙解锁并打开驾驶员侧车门。

a. 在 15s 内（取决于具体的国家 / 地区）开启点火装置，以免触发防盗警报系统。

b. 按下驾驶员侧车门上🔓按钮。

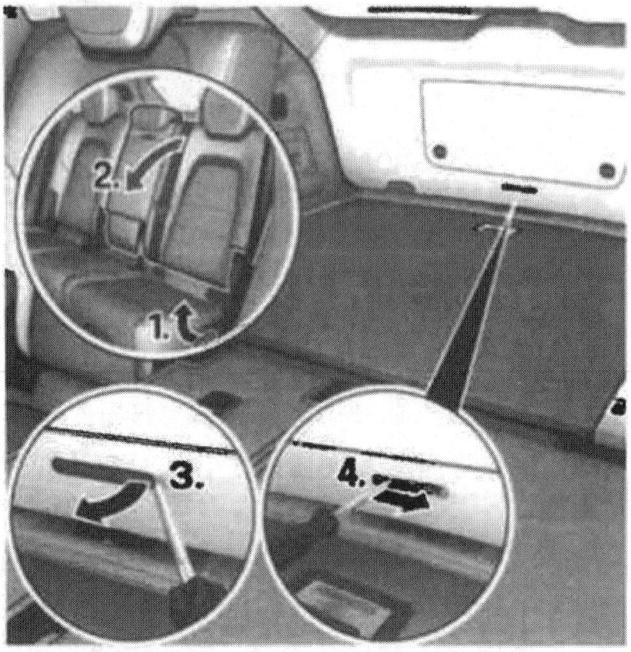

1～4.步骤

图 14–4

②尾门被解锁。按下驾驶员侧车门上按钮。或者，按下车钥匙上的按钮。或者，按下尾门上的解锁按钮。或者，握住尾门的下边缘并用手打开它。

（四）天窗故障时的紧急关闭操作

1. 取下六角扳手

如图 14–5 所示，取下六角扳手。

（1）用合适的物体（例如螺丝刀）小心地撬出护盖并拆下。

（2）拆下六角扳手（如图 14–5 中 A 所示）。

（3）用适当的物体（例如螺丝刀）小心地向下分离顶置控制台并向下折叠。确保不会损坏任何车辆部件。

（4）将六角扳手完全插入发动机内。

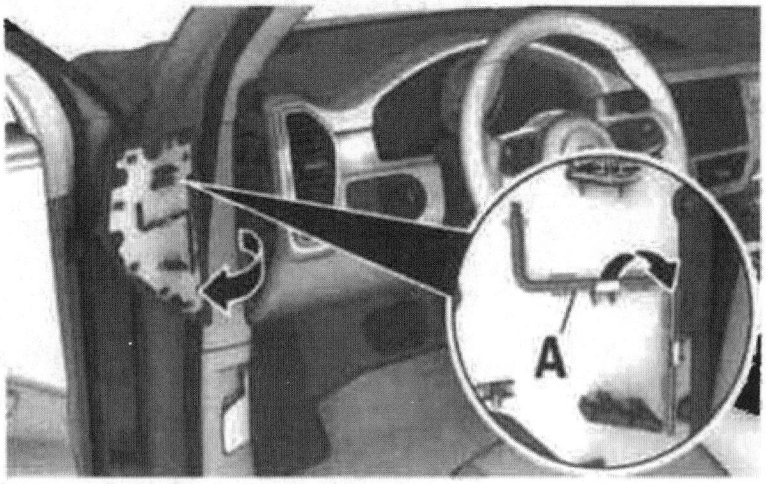

A.六角扳手

图 14–5

2. 用六角扳手操作天窗系统

（1）顺时针转动六角扳手可关闭。逆时针转动六角扳手可打开，如图 14–6 所示。

（2）取下六角扳手并放回到存储位置。

（3）安装顶置控制台。

（4）请到合格的专业维修中心排除故障。

（五）油箱盖应急解锁

如果电动解锁机构出现故障，则可以手动打开加油口盖。

（1）小心地拆下行李箱右侧饰板，如图 14–7 所示。

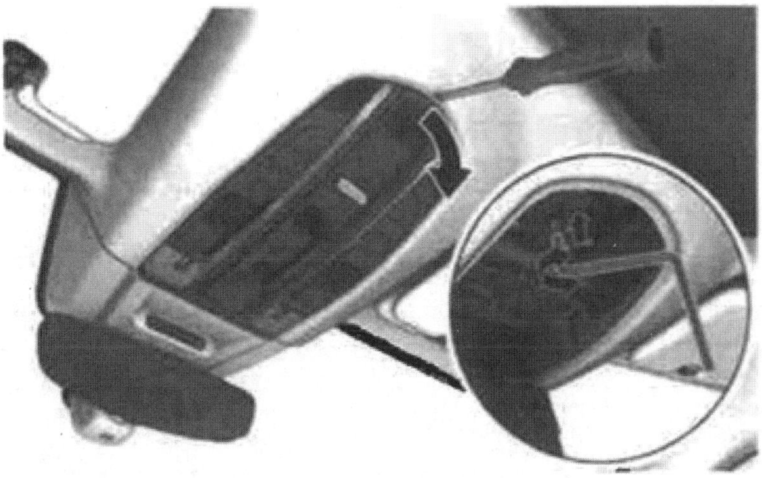

图 14–6

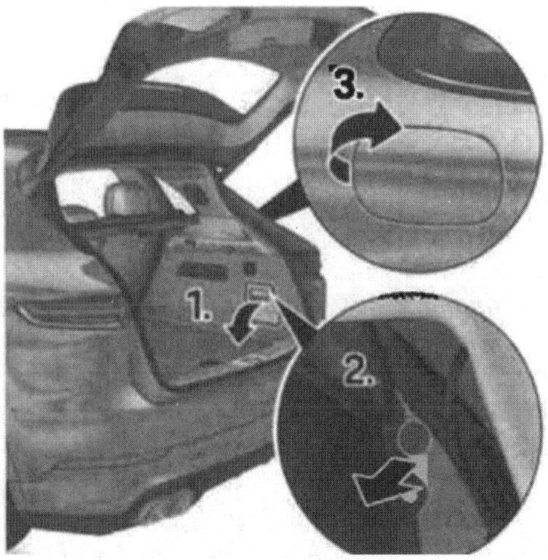

1～3.步骤

图 14–7

（2）拉动红色紧急解锁按钮。

（3）加油口盖解锁。

（4）E–Hybrid 车辆：在紧急释放后拧下加油口盖时，燃油蒸气可能会泄漏。

（六）应急启动

1. 在车上对蓄电池充电操作说明

（1）打开发动机舱盖。

（2）打开跨接启动正极端子的盖，如图 14–8 所示。

（3）将充电器的红色正极电缆连接到跨接启动正极端子。

（4）将充电器的黑色负极电缆连接到接地点。

（5）打开充电器。

（6）对蓄电池充电后，先关闭充电器，然后再断开与蓄电池的连接。

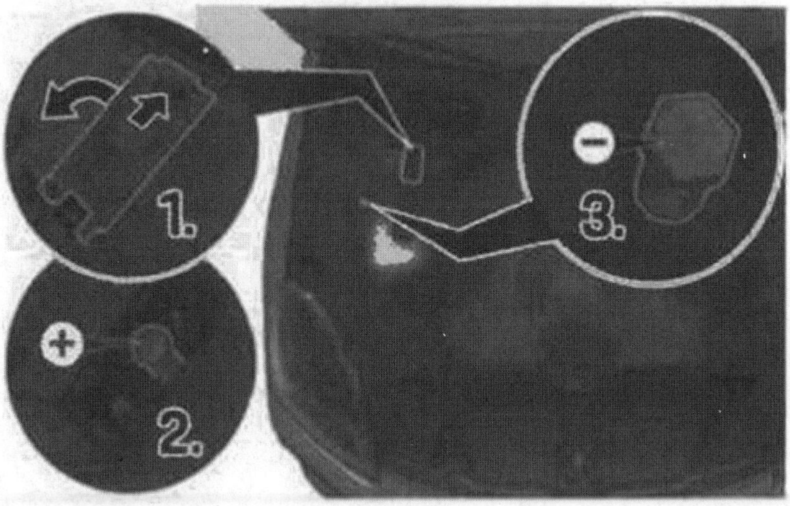

1～3.步骤

图 14–8

（7）关闭跨接启动正极端子上的护盖。

2. 辅助启动操作说明

（1）打开前部车盖。

（2）打开跨接启动正极端子盖。

（3）将红色正极缆线连接到跨接启动正极端子。

（4）将红色正极电缆连接到救援蓄电池的正极端子。

（5）将黑色负极电缆连接到救援蓄电池的负极端子。

（6）将黑色负极电缆连接到

接地点。

（7）使救援车辆的发动机以较高的转速运转。

（8）启动发动机。使用跨接导线尝试启动车辆时，请不要超过 15s。然后等待至少 1min。

（9）在发动机运转的情况下：首先，断开黑色负极电缆与接地点 B 的连接，然后断开与救援蓄电池的负极端子的连接。

（10）在发动机运转的情况下：首先将红色正极电缆从救援蓄电池的正极端子上断开，然后从跨接启动正极端子上断开。关闭跨接启动正极端子盖。

（七）保险丝位置和功能说明

1. 驾驶员侧仪表板保险丝

仪表板的保险丝盒（驾驶员侧）如图 14-9 所示。

所需工具：平头螺丝刀（包含在工具包中）和塑料夹钳（在保险丝盒盖中）。使用平头螺丝刀小心地撬出盖并取下。

2. 左前脚坑中的保险丝盒

左前脚坑中的保险丝盒（左侧驾驶）如图 14-10 所示。

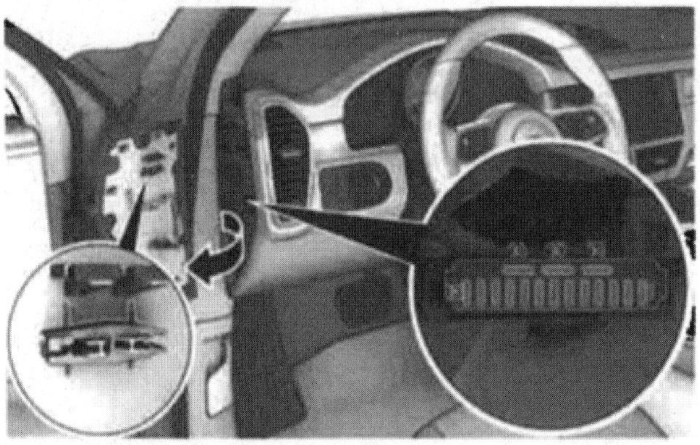

图 14-9

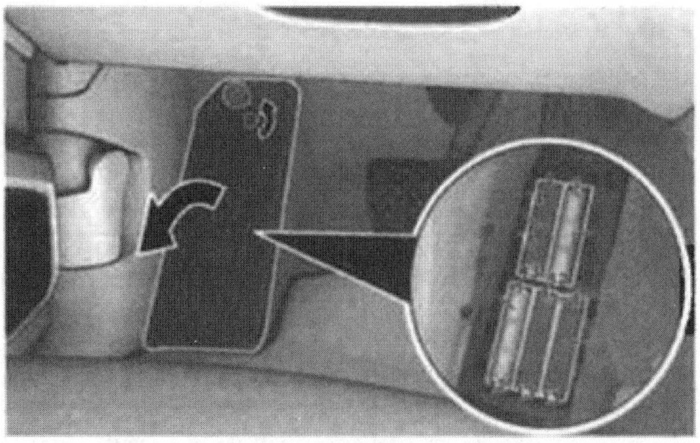

图 14-10

所需工具：平头螺丝刀（包含在工具包中）、Torx 螺丝刀（包含在工具包中）和塑料夹钳（在保险丝盒中）。

使用平头螺丝刀拆下紧固螺钉上的护盖。使用 Torx 螺丝刀拧开搁脚板的上部，朝座椅方向折叠并拆下。

3. 行李箱内的保险丝盒

行李箱内的保险丝盒如图 14-11 所示。

所需工具：平头螺丝刀（包含在工具包中）和塑料夹钳（在仪表板或脚坑内的保险丝盒中）。使用平头螺丝刀小心地撬出盖并取下。

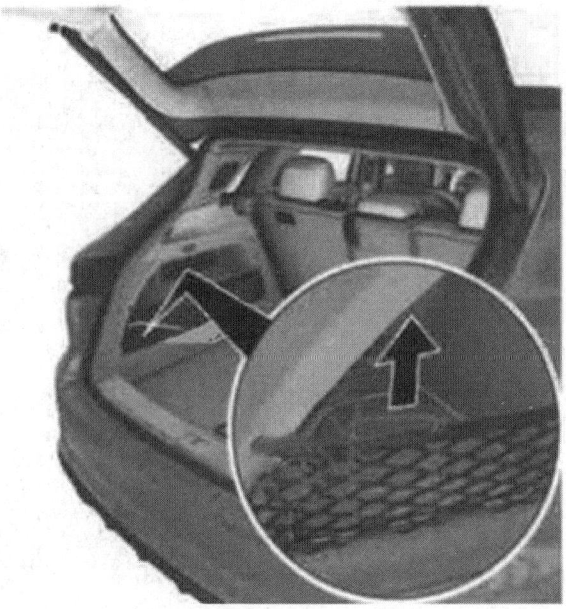

图 14-11

二、2015—2018 年保时捷卡宴 Cayenne（92A）车型

（一）举升车辆

1. 用千斤顶举升车辆特殊事项说明

举升配备水平高度控制系统的车辆，如有必要使用千斤顶举升车辆，则手动设置标准高度，然后关闭车身水平高度控制系统。将车辆开到提升平台上之前或使用提升平台、滚轮式千斤顶或标准千斤顶举升车辆之前：手动设置标准高度，然后关闭车身水平高度控制系统，如图 14–12 所示。

2. 关闭 / 打开水平高度控制

（1）开启点火装置。

（2）向前按压跷板开关 10 ~ 15s。

（3）松开跷板开关时，仪表板的多功能显示器上显示信息“Level control off（关闭水平高度控制）”。

（4）此时可以举升车辆。

再次打开车身水平高度控制系统：

（1）开启点火装置。

（2）向前按压跷板开关 10 ~ 15s，或者在车辆中起步。车身水平高度控制系统自动打开。

图 14–12

（二）点火装置应急解锁

无法打开点火装置（针对配备保时捷免钥匙进入系统的车辆的其他步骤）。

如果点火装置无法打开或发动机不能启动，多功能显示器上将显示消息“Key not recognized Change position（无法识别钥匙，请更换位置）”。

（1）请确保不要将驾驶员车钥匙与开启的电子设备（例如移动电话、笔记本电脑、充电电缆）等放在一起保存。如有必要，将驾驶员车钥匙保存在其他地方。

（2）如果点火装置仍无法打开，转回点火锁位置 0。

（3）再次启动发动机。如果发动机无法启动，则会再次显示消息“Key not recognized Change position（无法识别钥匙，请更换位置）”。大约 1s 后显示消息“panel: turn left remove inserting key（挡板：向左旋转，取下，插入点火钥匙）”。

（4）将控制单元调回点火锁位置 0 并将其移出点火锁。使用驾驶员车钥匙（而不是紧急车钥匙）打开点火装置。

图 14–13

（三）加油口盖紧急解锁

如果电动解锁机构发生故障，可如下所述打开加油口盖。

（1）打开尾门。

（2）拉动行李箱右侧饰板后方的紧急解锁带，如图 14–13 所示。

（3）加油口盖弹开。

（四）换挡杆紧急解锁操作

换挡杆紧急操作：可以通过手动方式对 P 位置下的换挡杆锁进行解锁（例如，在发生电气故障的情况下）。

（1）取出前部烟灰盒。

（2）从工具包内取出一把螺丝刀，将其插入紧急释放装置开口（黄色塑料件），克服弹簧力，如图 14–14 所示。

（3）同时，完全按下换挡杆内的解锁按钮，并将选挡杆向后拉。

（五）天窗 / 全景式天窗系统的紧急关闭操作

在限力装置反复干预后紧急关闭清除障碍物。沿关闭方向反复按动或按住滑动式天窗按钮，直到可倾 / 滑动式天窗或全景式天窗关闭并停止在关闭位置。天窗驱动机构失效时的紧急操作：如果可倾 / 滑动式天窗或全景式天窗系统出现故障，可以使用工具包中的六角扳手以手动方式将其关闭或打开。

1. 取下六角扳手

（1）采取紧急操作之前，检查保险丝是否已熔断。

（2）将六角扳手（如图 14–15 中 A 所示）从驾驶员侧仪表板的封板中取出。

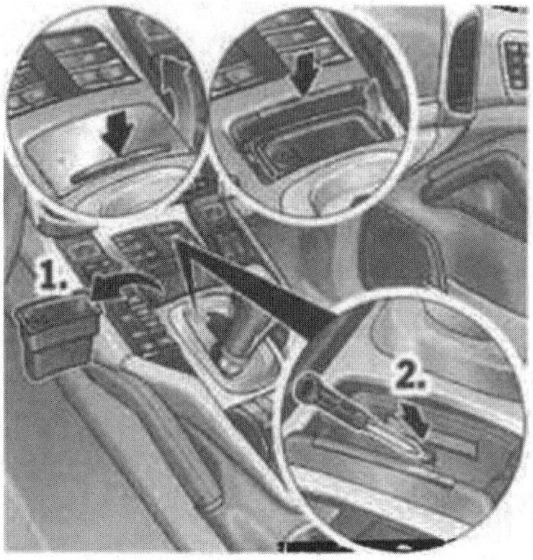

图 14–14

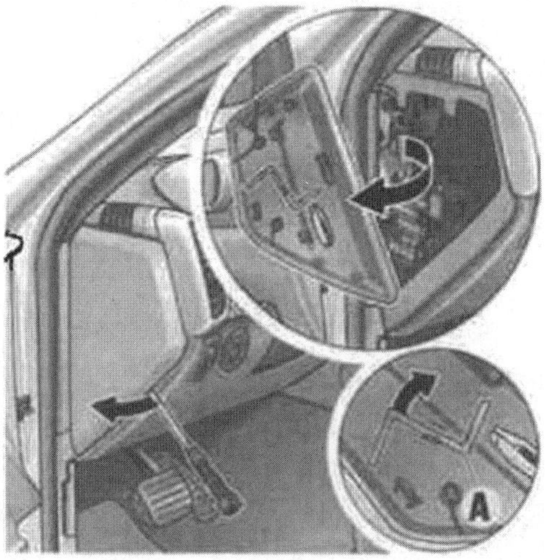

A.六角扳手
图 14–15

（3）用手指或螺丝刀松开顶置控制台上的卡入式框架，然后小心地向下拉。确保不会损坏卡入式框架。

（4）完全拆下卡入式框架。

（5）用手指或螺丝刀向下松开顶置控制台并向下拆。

2. 天窗 / 全景式天窗系统的紧急关闭操作

（1）将扳手完全插入电机并向左或向右转动，具体取决于您是想打开还是关闭天窗，如图 14–16 所示。在旋转时向上按压扳手，以免其滑出或损坏。

（2）取下扳手并放回到存储位置。

（3）卡入顶置控制台和卡入式框架。

（六）钥匙的紧急解锁取出操作

如果车辆蓄电池没电，只有通过执行紧急操作才能取出

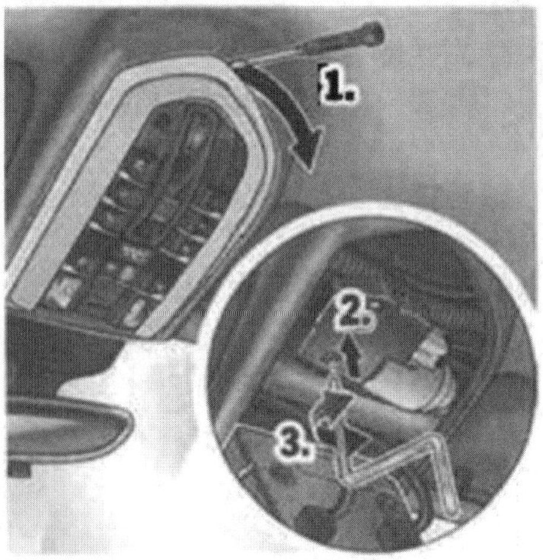

1 ~ 3.步骤
图 14–16

驾驶员车钥匙。在配备保时捷免钥匙进入系统的车辆上，也必须执行紧急操作才能将控制单元从点火锁中取出。

（1）用螺丝刀小心撬出驾驶员侧的保险丝盒盖并取下，如图 14–17 所示。

（2）松开保险丝盒盖内侧的金属钩（如图 14–17 中 A 所示）。

（3）用金属钩（如图 14–18 中 A 所示）从点火锁上拆下塑料护盖（如图 14–18 中 B 所示）。确保不要将塑料护盖遗失。

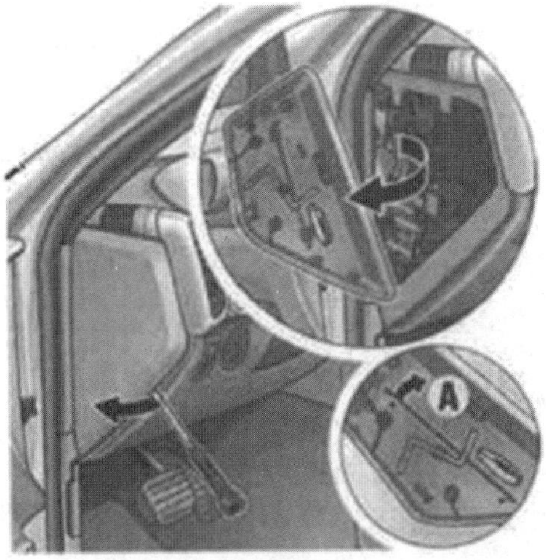

A.金属钩

图 14–17

A.金属钩　B.塑料护盖

图 14–18

（4）将驾驶员车钥匙 / 控制单元转到点火锁位置（如图 14–19 中 0 所示）。

（5）将金属钩压入开口（如图 14–19 中 C 所示）中，如图 14–19 所示。此时将听到解锁声。

（6）在初始位置 0 取出驾驶员车钥匙 / 控制单元。

（7）重新安装塑料护盖（如图 14–18 中 B 所示）。

（七）紧急解锁充电口护盖

如果电动解锁机构出现故障，则可以按照下列方法打开充电口护盖：

（1）打开后盖。

（2）沿箭头方向拉动左侧行李箱装饰件后方的紧急解锁带，如图 14–20 所示。充电口护盖将弹开。

0.初始位置　C.开口

图 14–19

图 14–20

（八）混合动力系统的紧急关闭

为了防止危险的高电压损坏混合动力系统，该系统会在以下情况自动关闭：

（1）安全带预紧器或安全气囊将在发生事故时启用。

（2）在混合动力系统中检测到电气短路。

（3）混合动力系统的插头断开。

（4）如果混合动力系统的紧急关闭功能已启用，则无法启动车辆。切勿尝试自行重新启动混合动力系统。请向合格的专业维修中心咨询。

（九）尾门应急开启方法

如果尾门无法打开（例如，如果车辆电池电量不足），则必须执行紧急解锁：

（1）向前折叠后排座椅靠背。

（2）通过拆下的后排座椅进入行李箱。

（3）使用螺丝刀拆下尾门内部紧急解锁机构上的盖罩。

（4）使用螺丝刀沿箭头方向操作用于解锁尾门的锁，如图 14–21 所示。此时将听到解锁声。

（5）然后可以手动打开尾门。

（十）外部电源 / 跨接启动

请务必遵照以下顺序进行操作：

（1）打开跨接启动正极端子（+）的盖，如图 14–22 所示。

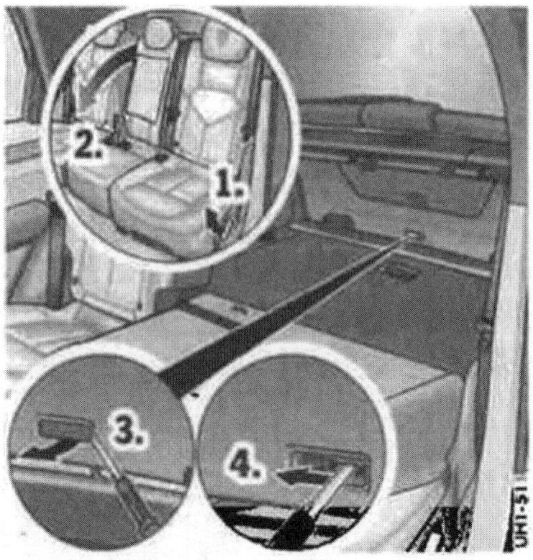

1～4.步骤

图 14–21

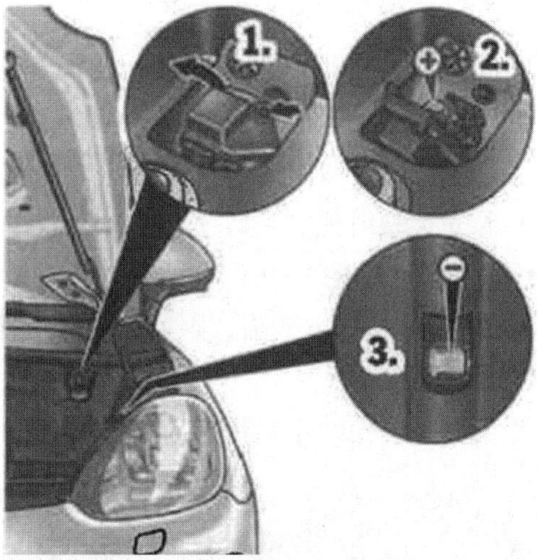

1～3.步骤

图 14–22

（2）首先将正极（红色）导线连接至跨接启动正极端子（+），然后连接至救援蓄电池的正极端子。

（3）首先将负极（黑色）导线连接至救援蓄电池的负极端子，然后连接至跨接启动的接地点（–）。

（4）使救援车辆的发动机以较高的转速运转。

（5）启动发动机。使用跨接导线尝试启动车辆时，请不要超过 15s。然后等待至少 1min。

（6）首先将负极导线从跨接启动接地点（–）上断开，然后从救援蓄电池的负极端子上断开。

（7）首先将正极导线从救援蓄电池的正极端子上断开，然后从跨接启动正极端子（+）上断开。

（8）关闭跨接启动正极端子（+）的盖。

（十一）保险丝位置和功能说明

1. 发动机舱保险丝盒

（1）打开发动机舱内的保险丝盒盖，拆下盖罩，如图 14–23 所示。

（2）用螺丝刀将保险丝盒盖的扭转锁逆时针转动 90° ，然后拆下盖，如图 14–24 所示。

1.2.步骤

图 14–23

图 14–24

2. 仪表板左侧的保险丝盒

（1）打开仪表板左侧和右侧的保险丝盒盖。

（2）用螺丝刀小心地撬下塑料护盖，然后将其拆下。

（3）用塑料夹钳小心地拆下保险丝，如图 14–25 所示。

3. 仪表板右侧的保险丝盒

（1）打开仪表板左侧和右侧的保险丝盒盖。

（2）用螺丝刀小心地撬下塑料护盖，然后将其拆下。

（3）用塑料夹钳小心地拆下保险丝，如图 14–26 所示。

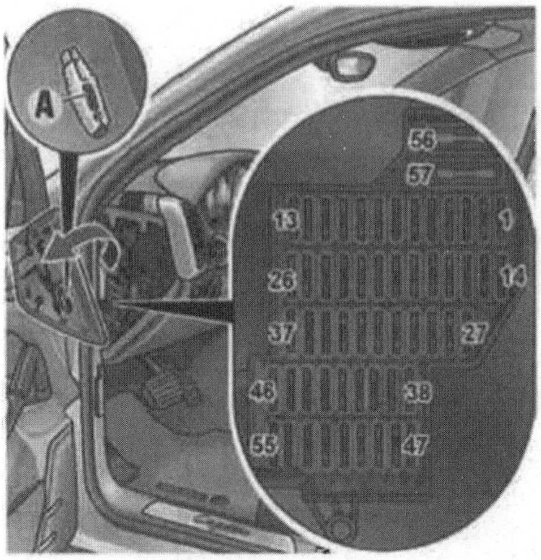

A.塑料夹钳

图 14–25

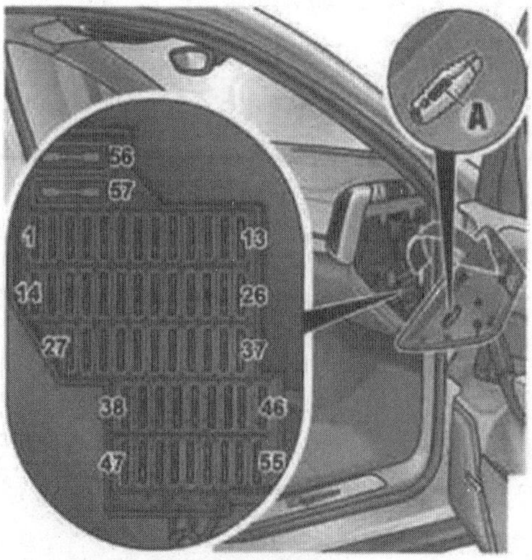

A.塑料夹钳

图 14–26

三、2014—2020 年保时捷 Macan 车型

（一）随车工具

1. 工具包

工具包存放在行李箱地板下方，如图 14–27 所示。

在沿行驶方向左侧的侧饰板后，将找到带有压力表的充气泵，如图 14–28 所示。

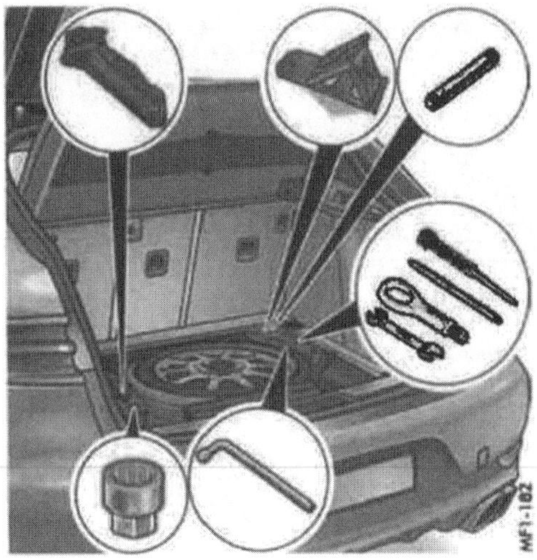

图 14–27

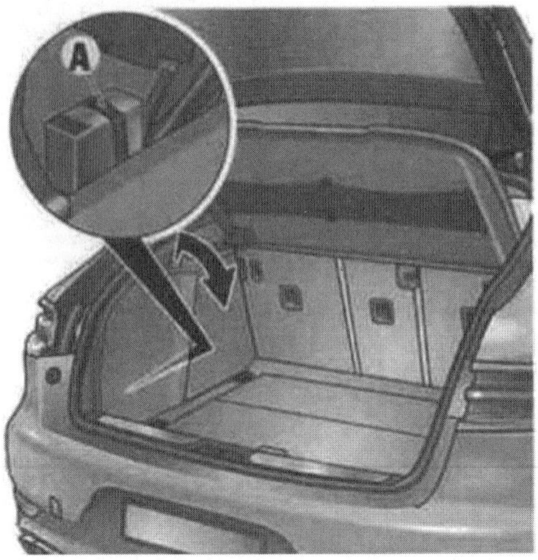

A.带有压力表的充气泵

图 14–28

（二）车辆举升位置 / 支撑点

千斤顶支座必须完全与地面接触，且必须位于千斤顶头部的正下方，如图 14–29 所示。如有必要，使用合适的支撑面。

空气悬架系统的维修 / 举升模式。

1. 关闭水平高度控制

前提条件：只能在车辆静止时关闭水平高度控制系统。

（1）打开点火装置。

（2）按住按钮约 10s，如图 14–30 所示。仪表板的多功能显示器上显示信息“Level adjust switched off（水平高度调整已关闭）”。此时可以举升车辆。

图 14–29

图 14–30

2. 开启水平高度控制系统

前提条件只能在车辆静止时开启水平高度控制系统。

（1）打开点火装置。

（2）按住按钮 约 10s。仪表板的多功能显示器上显示信息“Level control switched on（水平高度控制已开启）”。

（三）应急解锁驾驶员车钥匙 / 控制单元

紧急操作解锁驾驶员车钥匙 / 控制单元。

如果车辆蓄电池的电量不足，则只能通过执行紧急操作拔下驾驶员车钥匙。在配备保时捷免钥匙进入系统的车辆上，也必须执行紧急操作才能将控制单元从点火锁中取出。

（1）用螺丝刀小心撬出驾驶员侧的保险丝盒盖并取下，如图 14–31 所示。

（2）松开保险丝盒盖内侧的金属钩（如图 14–31 中 A 所示）。

（3）用金属钩（如图 14–32 中 A 所示）从点火锁上拆下塑料护盖（如图 14–32 中 B 所示）。确保不要将塑料护盖（如图 14–32 中 B 所示）遗失。

A.金属钩

图 14–31

A.金属钩　B.塑料护盖

图 14–32

（4）将驾驶员车钥匙 / 控制单元转到点火锁位置（初始位置）。

（5）将金属钩压入开口（如图 14–33 中 C 所示）中。此时将听到解锁声。

（6）在初始位置取出驾驶员车钥匙 / 控制单元。

（7）重备安装塑料护盖（如图 14–32 中 B 所示）。

0.初始化　C.开口

图 14–33

（四）应急解锁

1. 如果仍无法解锁车辆（例如车辆电池电量不足）

（1）从驾驶员车钥匙上取下紧急车钥匙。

（2）抬起并握住门把手。

（3）从锁芯上拆下保护插头。

（4）将紧急车钥匙插入锁芯，施加一定力量逆着阻力将它逆时针旋转 90°，将紧急车钥匙旋转回其初始位置并将其再次拆下，如图 14–34 所示。

（5）将保护插头重新插入锁芯。

（6）松开门把手，并通过再次拉动门把手打开车门。

（7）在 15s 内打开点火装置，以免触发防盗警报系统。

2. 如果车辆无法锁止

（1）从驾驶员车钥匙上取下紧急车钥匙。

（2）打开驾驶员侧车门，抬起并握住门把手。

（3）从锁芯上拆下保护插头。

（4）将紧急车钥匙插入锁芯，施加一定力量逆着阻力将它逆时针旋转 90°，将紧急车钥匙旋转回其初始位置并将其再次拆下，如图 14–35 所示。

（5）将保护插头重新插入锁芯。

（6）松开门把手并关上驾驶员侧车门。

（7）检查车辆是否已锁止。

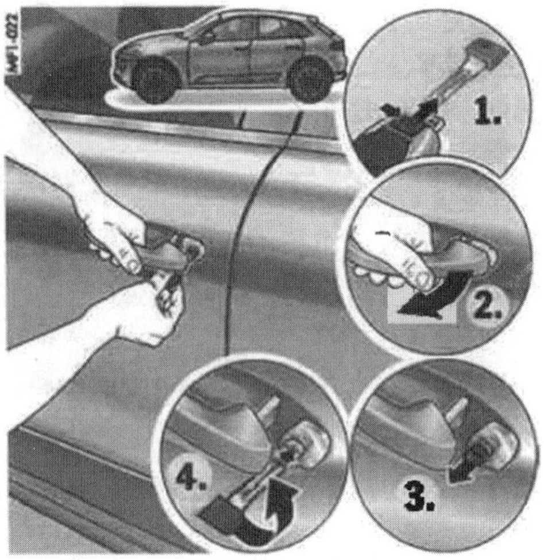

1～4.步骤

图 14–34

3. 中控锁系统失效

必须通过紧急锁止步骤锁止车门。

（1）打开乘客侧车门。

（2）从驾驶员车钥匙上取下紧急车钥匙。

（3）拆下保护插头。使用紧急车钥匙向外转动门锁，如图 14–36 所示。

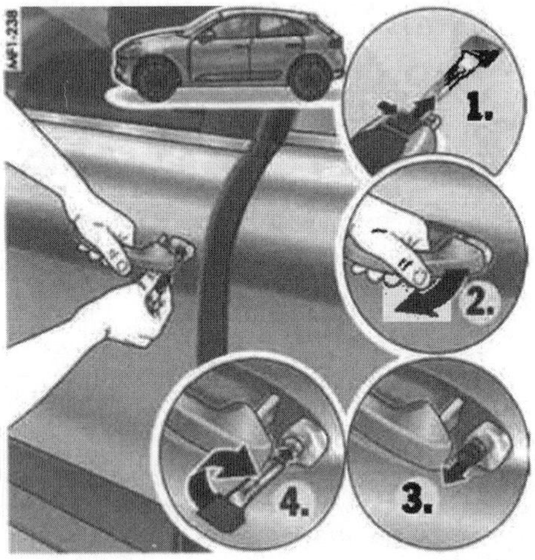

1～4.步骤

图 14–35

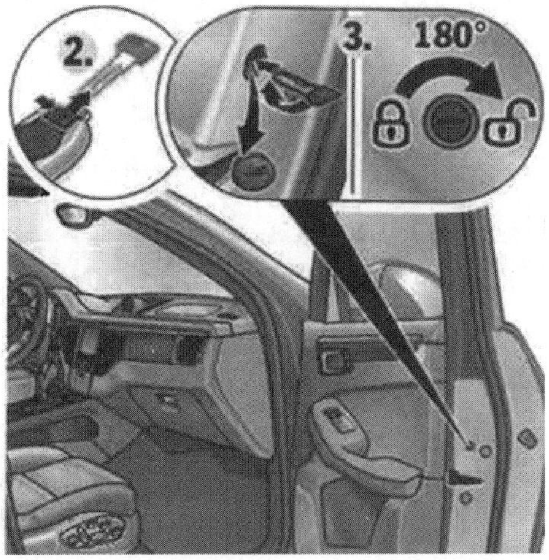

2.3.步骤

图 14–36

（4）对后车门重复上述操作步骤。

（5）关闭所有车门。

（6）打开驾驶员侧车门，抬起并握住门把手，如图 14–37 所示。

（7）从锁芯上拆下保护插头。

（8）将紧急车钥匙插入锁芯，施加一定力量逆着阻力将它逆时针旋转 90°，将紧急车钥匙旋转回其初始位置并将其再次拆下。

（9）将保护插头重新插入锁芯。

（10）松开门把手并关上驾驶员侧车门。

（11）检查是否所有车门都已锁止。拉动开门装置可以从车内打开车门。

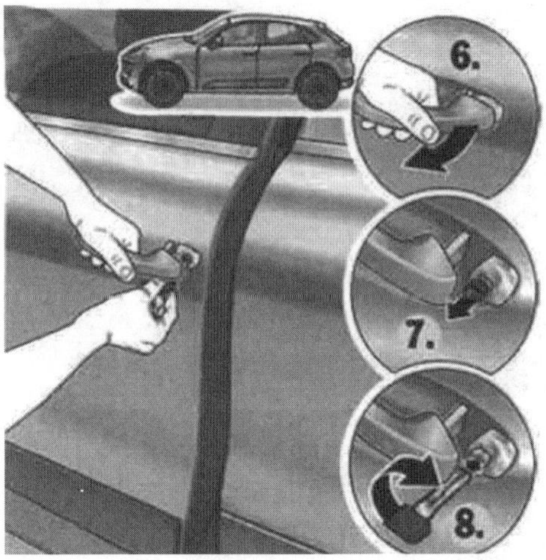

6～8.步骤

图 14–37

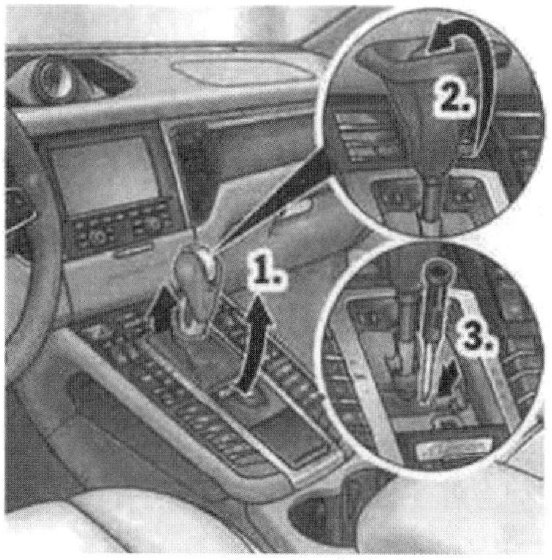

1～3.步骤

图 14-38

（四）PDK 选挡杆紧急解锁

在电子装置发生故障时，必须执行换挡杆紧急解锁，以便将换挡杆移到位置 N（例如用于拖走车辆）。为换挡杆解锁。

（1）夹住换挡罩的框架，先从前面松开，然后从后面松开，如图 14-38 所示。

（2）将换挡罩从换挡杆上拔下。

（3）从工具包内取出一把螺丝刀，将其插入紧急释放装置开口（黄色塑料件），克服弹簧力。同时，完全按下换挡杆内的解锁按钮，并挂入换挡杆位置 N。

（五）尾门应急解锁

如果尾门仍无法打开（例如车辆电池电量不足），则必须采用紧急解锁程序打开。

（1）向前折叠后排座椅靠背。

（2）进入行李箱，到折叠的后排座椅处。

（3）使用螺丝刀拆下尾门内部紧急解锁机构上的盖罩。

（4）使用螺丝刀沿箭头方向操作用于解锁尾门的锁，如图 14-39 所示。此时将听到解锁声。

（5）此时可以手动打开尾门。

（六）加油口盖紧急解锁

如果电动解锁机构发生故障，可如下所述打开加油口盖。

（1）小心地拆下行李箱右侧饰板。

（2）拉动红色紧急释放按钮，如图 14-40 所示。加油口盖弹开。

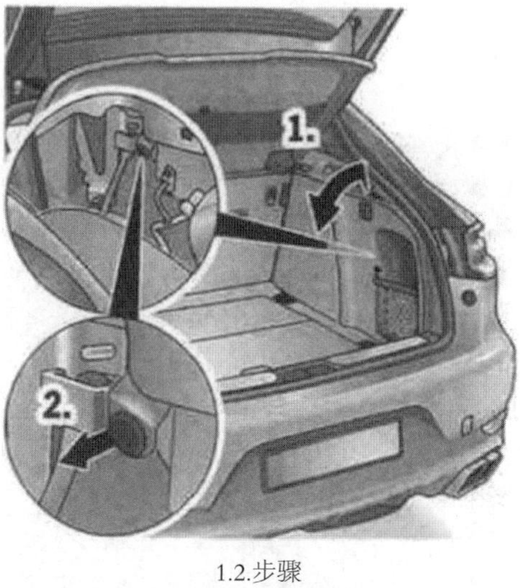

1.2.步骤

图 14-39

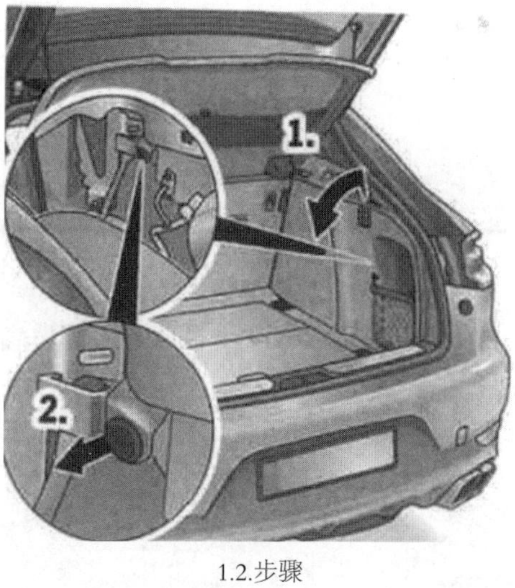

1.2.步骤

图 14-40

（七）全景式天窗系统的紧急操作

如果全景式天窗系统发生故障，则可使用六角扳手将其手动关闭或打开。采取紧急操作之前，检查保险丝是否已熔断。

（1）将六角扳手（如图 14-41 中 A 所示）从驾驶员侧仪表板的封板中取出。

（2）用手指或螺丝刀松开顶置控制台上的卡入式框架，然后小心地向下拉。确保不会损坏卡入式框架，如图 14–42 所示。

A.六角扳手

图 14–41

图 14–42

（3）完全拆下卡入式框架。

（4）用手指或螺丝刀向下松开顶置控制台并向下折。

（5）将扳手完全插入电机并向左或向右转动，具体取决于是想打开还是关闭全景式天窗系统，如图 14–43 所示。在旋转时向上按压扳手，以免其滑出或损坏。

（6）取下扳手并放回到存储位置。

（7）卡入顶置控制台和卡入式框架。

（八）辅助启动

请务必遵照以下顺序进行操作。

（1）打开跨接启动正极端子（+）的盖，如图 14–44 所示。

图 14–43

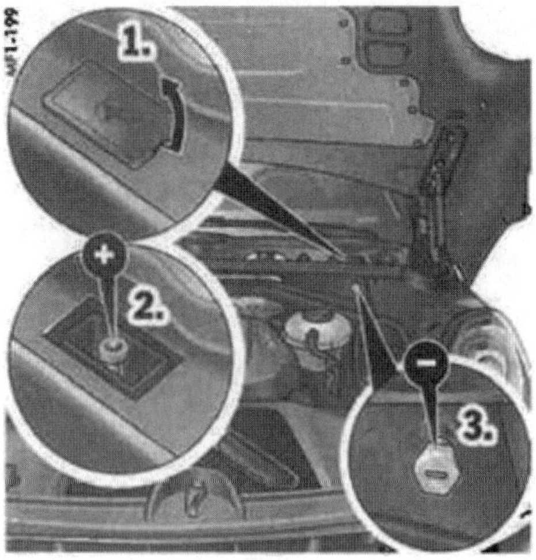

1～3.步骤

图 14–44

（2）首先将正极（红色）导线连接至跨接启动正极端子（+），然后连接至救援蓄电池的正极端子。

（3）首先将负极（黑色）导线连接至救援蓄电池的负极端子，然后连接至跨接启动的接地点（–）。

（4）使救援车辆的发动机以较高的转速运转。

（5）启动发动机。使用跨接导线尝试启动车辆时，请不要超过 15s。然后等待至少 1min。

（6）首先将负极导线从跨接启动接地点（－）上断开，然后从救援蓄电池的负极端子上断开。

（7）首先将正极导线从救援蓄电池的正极端子上断开，然后从跨接启动正极端子（＋）上断开。

（8）关闭跨接启动正极端子（＋）的盖。

（九）保险丝位置和功能说明

1.2014—2017 年保时捷 Macan 车型

（1）在驾驶员侧的仪表板上打开保险丝座

①用螺丝刀小心地撬下塑料护盖，然后将其拆下，如图 14-45 所示。

②用塑料夹钳小心地拆下保险丝，必要时进行更换。

（2）在乘客侧的仪表板上打开保险丝座。

①用螺丝刀小心地撬下塑料护盖，然后将其拆下，如图 14-46 所示。

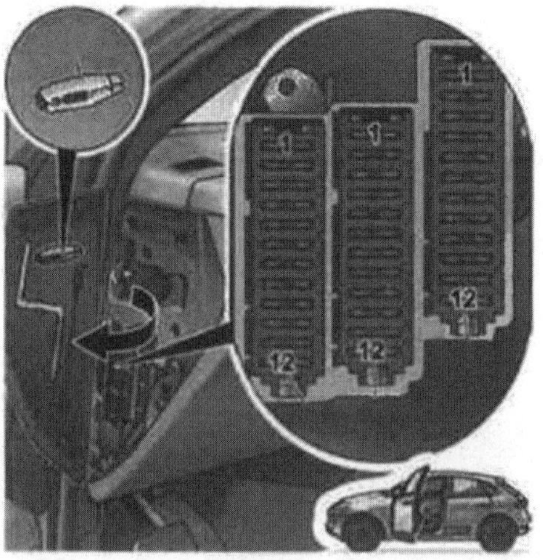

图 14-45

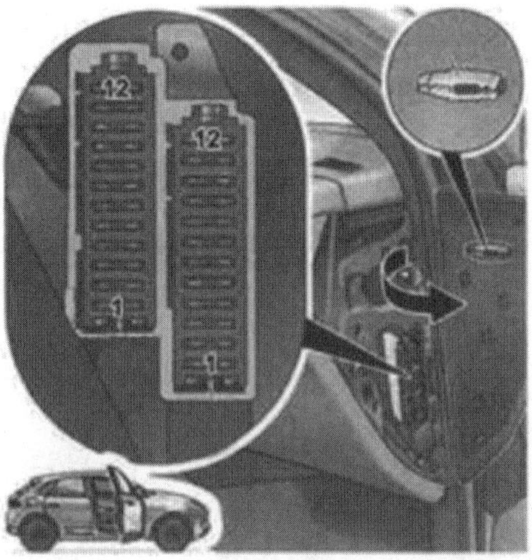

图 14-46

②用塑料夹钳小心地拆下保险丝，必要时进行更换。

（3）打开行李箱内的保险丝座。

①拉动拉手打开侧饰板（箭头），如图 14-47 所示。

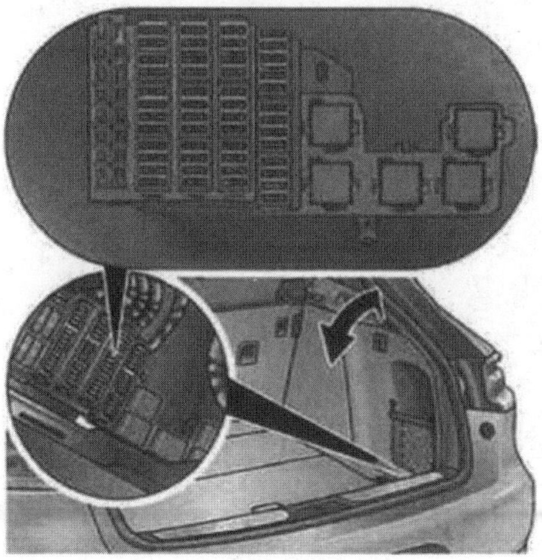

图 14-47

②用塑料夹钳小心地拆下保险丝，必要时进行更换。

2.2017—2019 年保时捷 Macan 车型

（1）打开驾驶员侧仪表板上的保险丝盒。

①用合适的物体（例如螺丝刀）小心地撬出塑料护盖，然后取下，如图 14-48 所示。

②用塑料夹钳 D 小心地拆下保险丝，必要时进行更换。

（2）在乘客侧的仪表板上打开保险丝座。

①用合适的物体（例如螺丝刀）小心地撬出塑料护盖，然后取下，如图 14-49 所示。

②用塑料夹钳（如图 14-49 中 D）小心地拆下保险丝，必要时进行更换。

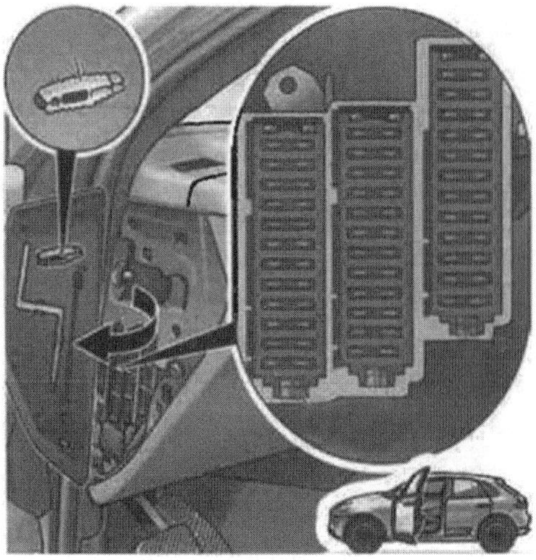

图 14-48

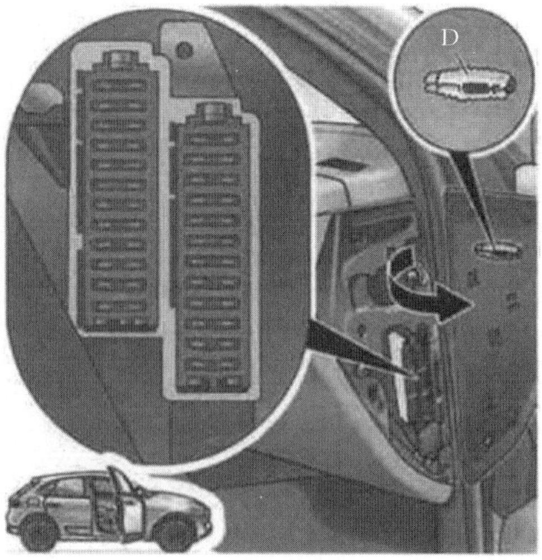

D.塑料夹钳

图 14-49

③打开行李箱内的保险丝座。

a. 拉动拉手打开侧饰板（箭头），如图 14-50 所示。

b. 用塑料夹钳小心地拆下保险丝，必要时进行更换。

3.2020 年保时捷 Macan 车型

（1）驾驶员侧仪表板上的保险丝盒。

驾驶员侧仪表板上的保险丝盒如图 14-51 所示。

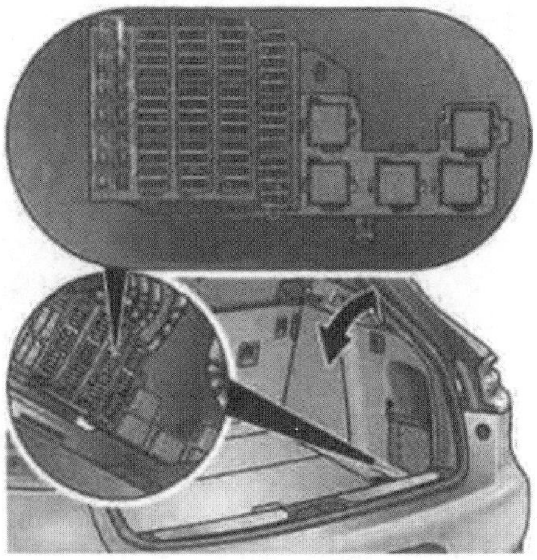

图 14-50

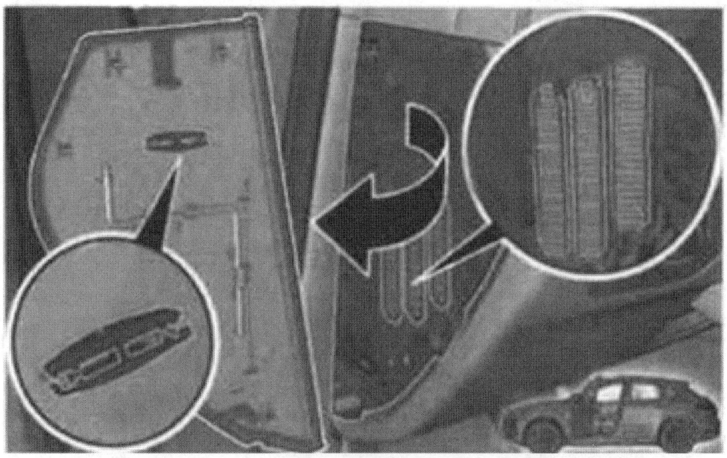

图 14-51

（2）乘客侧仪表板上的保险丝盒。

乘客侧仪表板上的保险丝盒如图 14-52 所示。

（3）行李箱内的保险丝盒。

行李箱内的保险丝盒如图 14-53 所示。

图 14-52

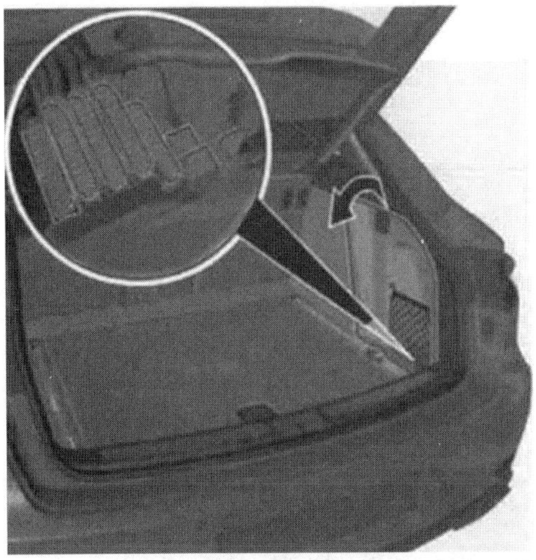

图 14-53

四、2016—2019 年保时捷 Panamera（971）车型

（一）随车工具包

随车工具包（非 Panamera S E-Hybrid）如图 14-54 所示，混动车型如图 14-55 所示。工具包存放在行李箱地板下方左侧。

（二）应急解锁车辆

中控锁系统失效。车门必须用紧急操作功能锁止。

（1）打开乘客侧车门。

（2）用螺丝刀松开盖子并取下，如图 14-56 所示。提示：拆下护盖需要较大的力。小心地松开盖子以免损坏。

（3）使用紧急车钥匙向外转动门锁，如图 14-57 所示。

（4）将护盖装回。

（5）对后车门重复上述操作步骤。

A.用于安全车轮螺栓的套筒扳手　B.补胎胶　C.工具箱　D.牵引凸耳　E.充气泵　F.用于可倾/滑动式天窗紧急操作的六角扳手（在充气泵下方）

图 14-54

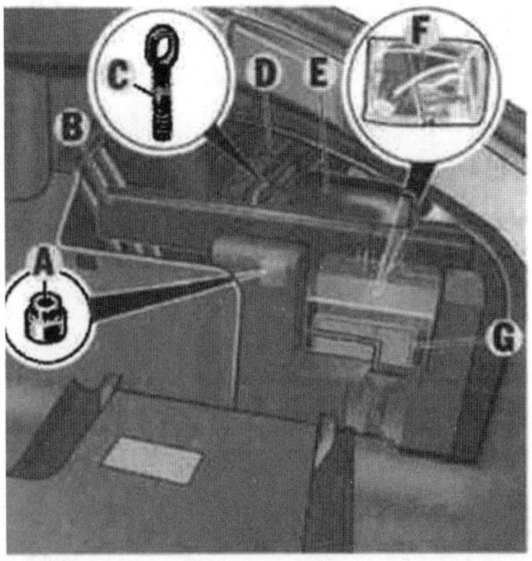

A.用于防盗车轮螺栓的套筒扳手　B.警示三角标牌　C.牵引凸耳　D.工具箱　E.急救包　F.补胎胶　G.充气泵

图 14-55

图 14-56

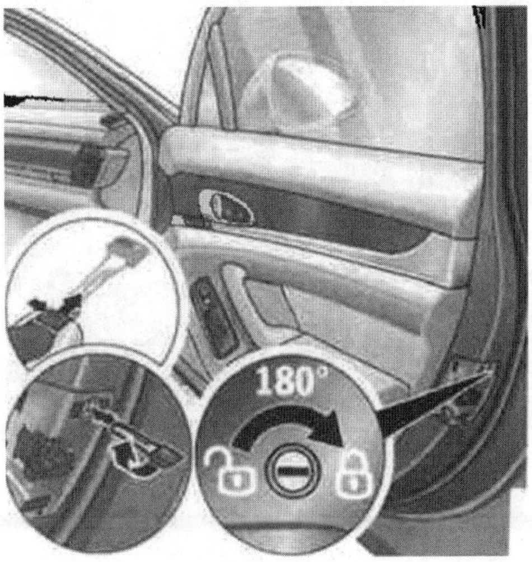

图 14-57

（6）关闭所有车门。

（7）将紧急车钥匙插入车门锁，锁止驾驶员侧车门，如图 14–58 所示。拉动开门装置可以从车内打开车门。

（三）紧急取下车钥匙

如果车辆蓄电池无电，只有执行紧急操作才能将驾驶员车钥匙拔下。对于配备保时捷免钥匙进入系统的车辆，要从点火锁中取下控制单元，也必须执行紧急操作。

（1）用螺丝刀小心撬出驾驶员侧的保险丝盒盖并取下。

（2）松开保险丝盒盖内侧的金属钩，如图 14–59 中 A 所示。

1.2.步骤

图 14–58

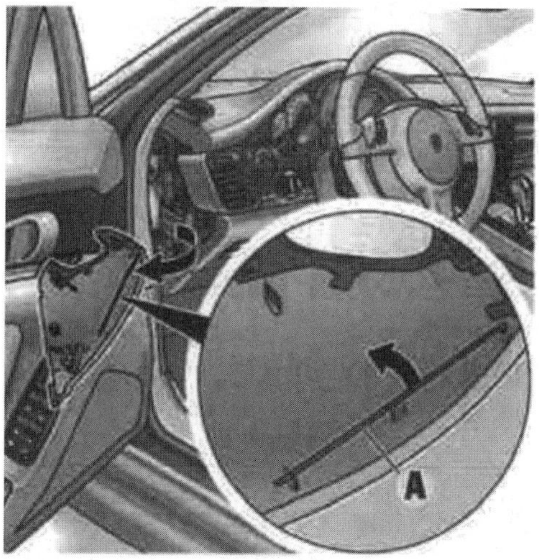

A.金属钩

图 14–59

（3）用金属钩从点火锁上拆下塑料护盖，如图 14–60 所示。确保不将塑料护盖丢失。

（4）将驾驶员车钥匙 / 控制单元转到点火锁位置（初始位置），如图 14–61 所示。

（5）将金属钩压入开口中。此时将听到解锁声。

（6）在初始位置取出驾驶员车钥匙 / 控制单元。

（7）重新安装塑料护盖（如图 14–60 中 B 所示）。

A.金属钩　B.塑料护盖

图 14–60

0.初始位置　A.金属钩　C.开口

图 14–61

（四）加油口盖的紧急操作

如果电动解锁机构出现故障，则可以按照下列方法打开加油口盖。

（1）打开尾门。

（2）沿箭头方向拉动右侧行李箱饰板后方的紧急解锁机构，如图 14–62 所示。加油口护盖将弹开。

（五）紧急解锁充电口护盖

如果电动解锁机构出现故障，则可以按照下列方法打开充电口盖。

（1）打开尾门。

（2）沿箭头方向拉动左侧行李箱饰板后方的紧急解锁机构，如图 14–63 所示。充电口护盖将弹开。

图 14–62

图 14–63

（六）可倾 / 滑动式天窗的紧急操作

（1）轻按左侧乘客舱监控传感器上方护盖的前端，护盖的另一端将翘起。

（2）松开护盖，如图 14–64 所示。从行李箱中的工具包内取出六角扳手。

（3）将六角扳手完全插入开口中。

（4）将扳手保持在该位置并转动，如图 14–65 所示。

（5）取下扳手。将扳手放入工具包中。

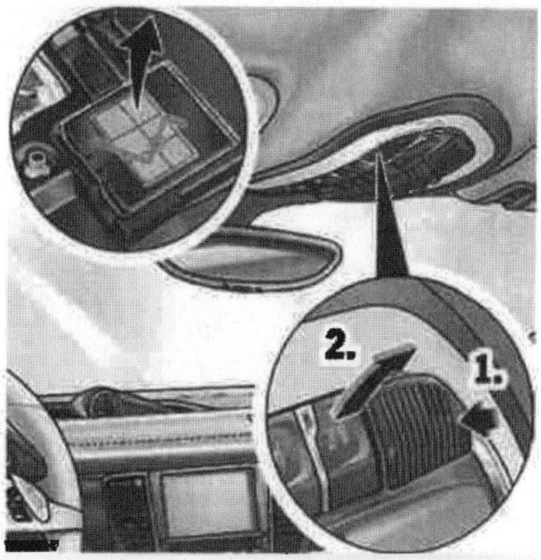

1.2.步骤

图 14–64

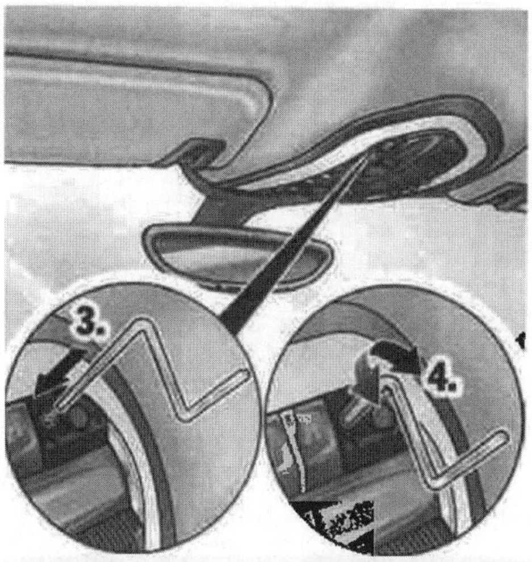

3.4.步骤

图 14–65

（6）卡入护盖。

（七）PDK/Tiptronic S 换挡杆紧急解锁

在发生电子故障时，只有在执行紧急解锁操作后，才能将 PDK/Tiptronic S 换挡杆从位置 P 移出。

（1）固定车辆，以免溜车。

（2）打开烟灰缸，如图 14-66 所示。

（3）取出烟灰盒。

（4）向左转动烟灰缸锁止弹簧约 20°。

（5）将烟灰缸护盖关闭约 45° 并保持在该位置。

（6）现在在右侧靠近弹簧的位置可以看到一个开口，通过此开口插入螺丝刀等，并按下选挡杆支架解锁按钮，如图 14-67 所示。

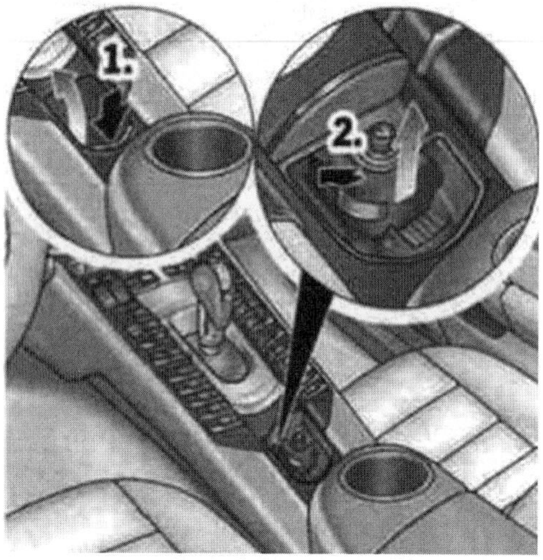

1.2.步骤

图 14-66

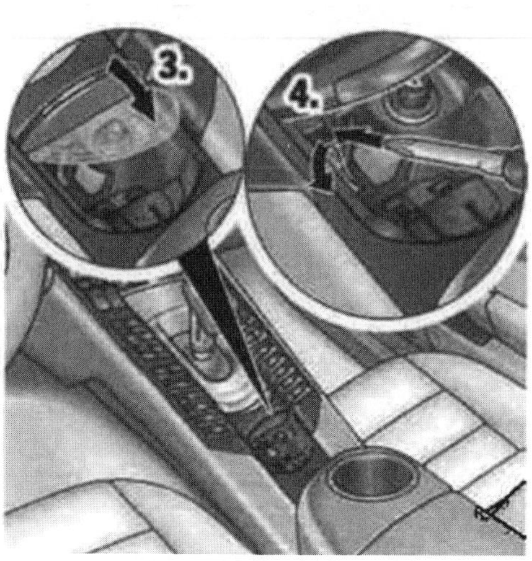

3.4.步骤

图 14-67

（7）按下换挡杆解锁按钮并将换挡杆从位置 P 移出。此时车辆可以移动。

（8）为了使车辆可靠固定，将换挡杆移入位置 P。

（八）尾门的紧急解锁

如果尾门无法打开（例如车辆蓄电池电耗尽），则必须采用紧急解锁程序打开尾门。

（1）向前折叠后排座椅靠背。

（2）通过向下折叠的后车座进入行李箱。

（3）松开尾门内侧的灯（如图 14-68 中 A 所示）（前进方向左侧）用于打开尾门的释放拉索（位于灯上方的饰板内）。

（4）从支架（如图 14-68 中 B 所示）松开紧急释放拉索，并沿箭头方向拉动。此时将听到解锁声。然后可以手动打开尾门。

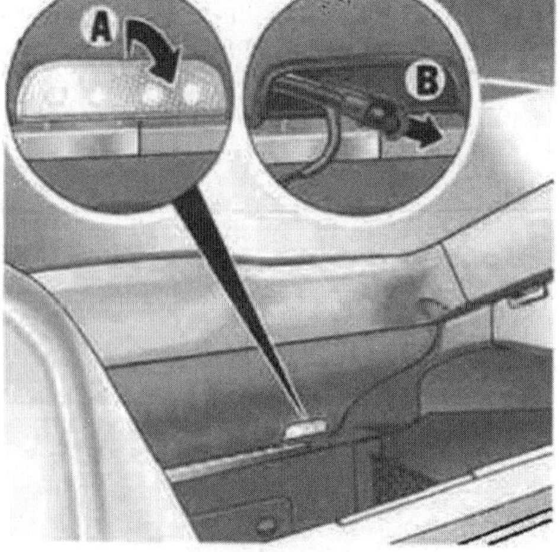

A.尾门内侧的灯　B.支架

图 14-68

（九）蓄电池（12V）（混动车型）

拉动舱口盖上的把手（如图 14-69 中箭头所示）。将打开的舱口盖置于行李箱地板上。

蓄电池 / 保险丝继电器盒如图 14–70 所示。

图 14–69

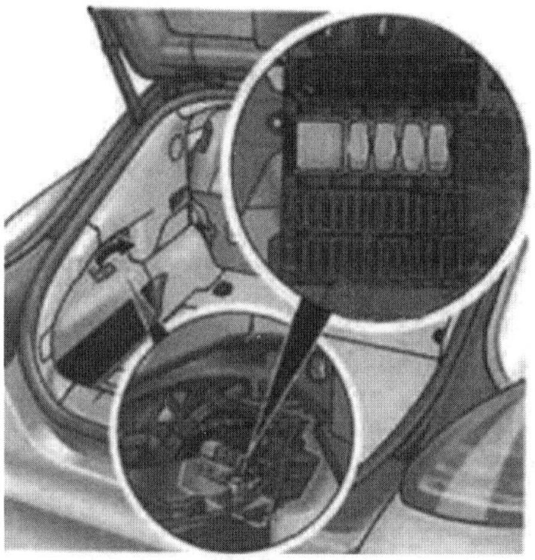

图 14–70

（十）辅助启动

务必遵循下列顺序。

（1）打开跨接启动正极端子（+）的盖。

（2）首先将正极导线连接到跨接启动正极端子（+），然后连接到救援蓄电池的正极端子，如图 14–71 所示。

（3）首先将负极导线连接至救援蓄电池的负极端子，然后连接至跨接启动接地点（-）。

（4）使救援车辆的发动机以较高的转速运转。

（5）启动发动机。使用跨接导线尝试启动车辆时，请不要超过 15s，然后等待至少 1min。

（6）首先将负极导线从跨接启动的接地点（-）上断开，然后从救援蓄电池的负极端子上断开。

（7）首先将正极导线从救援蓄电池的正极端子上断开，然后从跨接启动正极端子（+）上断开。

（8）关闭跨接启动正极端子（+）的盖。

（十一）保险丝位置和功能说明

1. 行李箱内的保险丝 / 继电器盒（非 Panamera S E–Hybrid）

打开行李箱地板并取出工具箱，如图 14–72 所示。

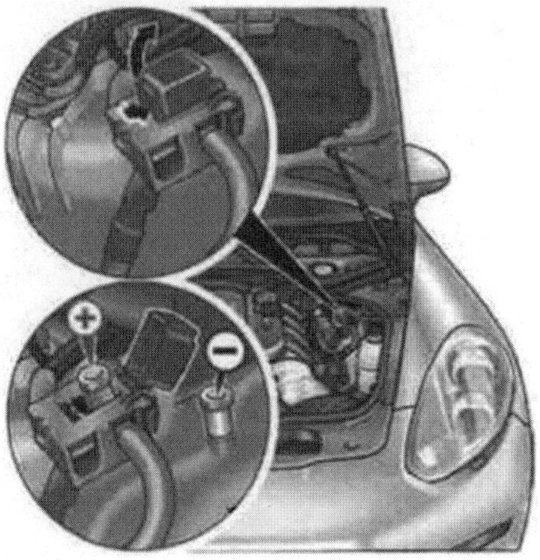

图 14–71

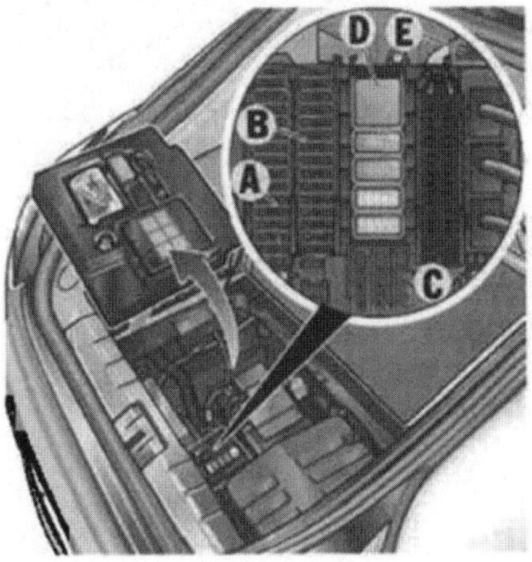

A.保险丝座　B.保险丝座　C.保险丝座，慢熔保险丝　D.继电器座　E.增幅保险丝

图 14–72

2.panamera S E–Hybrid 行李箱内的保险丝 / 继电器盒

拉动舱口盖上的把手（如图 14–73 中箭头所示）。将已打开的舱口盖放在行李箱地板上。

3. 打开仪表板左侧和右侧的保险丝盒盖

（1）使用螺丝刀小心地撬起塑料护盖（箭头）并将其拆下，如图 14–74 所示。盖的内侧标有各个保险丝的位置。

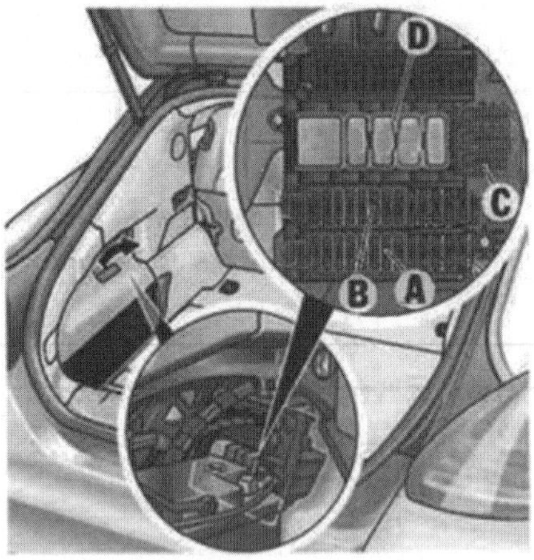

A.保险丝座　B.保险丝座　C.保险丝座，慢熔保险丝　D.继电器座

图 14–73

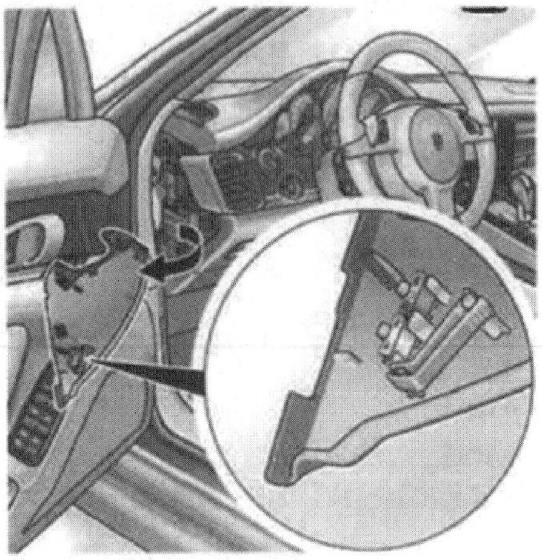

图 14–74

（2）用塑料夹钳小心地拆下保险丝。在两个保险丝盒盖上都有备用保险丝（左侧 7.5A 和 10A；右侧 20A 和 25A）。

五、2020 年保时捷 panamera（971）车型

（一）随车工具包

随车工具包如图 14–75 所示。E–hybrid 车辆随车工具包如图 14–76 所示。

（二）在车上对蓄电池充电 / 辅助启动

在车上对蓄电池充电 / 辅助启动，如图 14–77 所示。辅助启动方法与保时捷卡宴车型相同，请参考其方法。

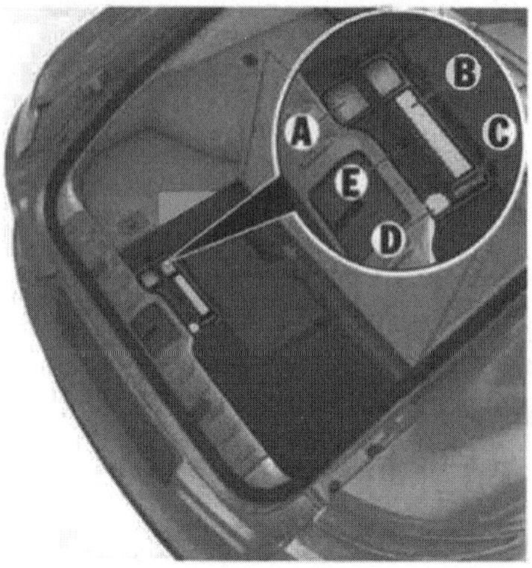

A.补胎胶　B.工具箱　C.牵引凸耳　D.用于安全车轮螺栓的套筒　E.充气泵

图 14–75

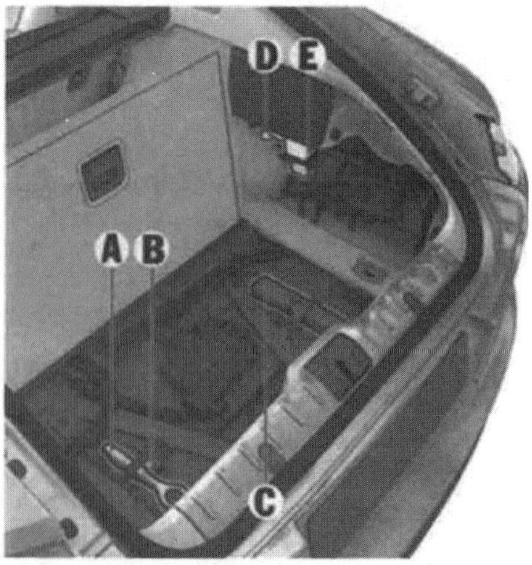

A.牵引凸耳　B.用于防盗车轮螺栓的手筒扳手　C.工具箱　D.补胎胶　E.充气泵

图 14–76

（三）加油口盖应急解锁

如果电动解锁机构出现故障，则可以手动打开加油口盖。

E-Hybrid 车辆：拆下车辆右侧的行李箱饰板。紧急解锁绳位于 12V 蓄电池的左侧。拉动红色紧急解锁绳，如图 14-78 所示。加油口盖解锁。在紧急释放后拧下加油口盖时，燃油蒸气可能会泄漏。

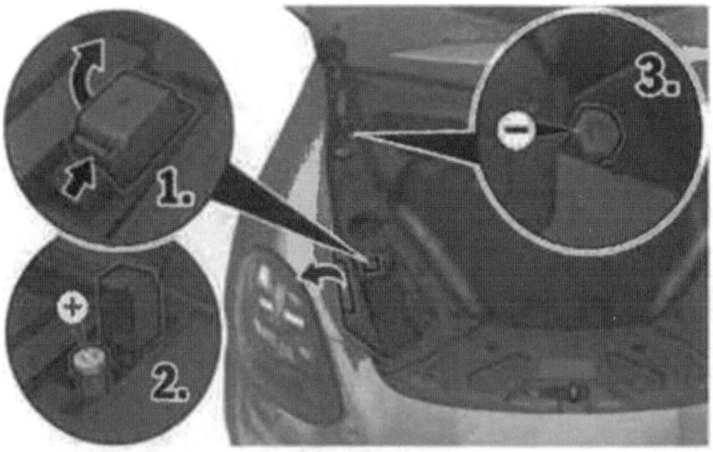

1～3.步骤

图 14-77

图 14-78

（四）保险丝位置和功能说明

1. 驾驶员侧 / 乘客侧仪表板保险丝

驾驶员侧 / 乘客侧仪表板保险丝如图 14-79 所示。

2. 乘客侧脚坑中的保险丝

乘客侧脚坑中的保险丝如图 14-80 所示。

3. 发动机舱内的保险丝盒

拆下发动机舱右侧（沿行驶方向）的塑料护盖，如图 14-81 所示。小心解锁并拆下保险丝盒护盖，必要时借助适当的物体（例如螺丝刀）。

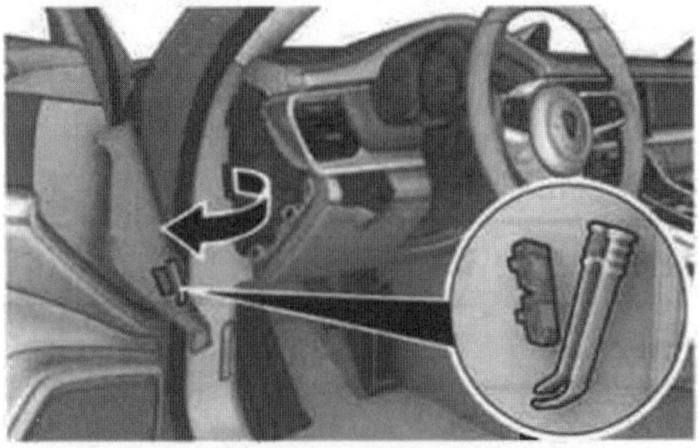
图 14-79

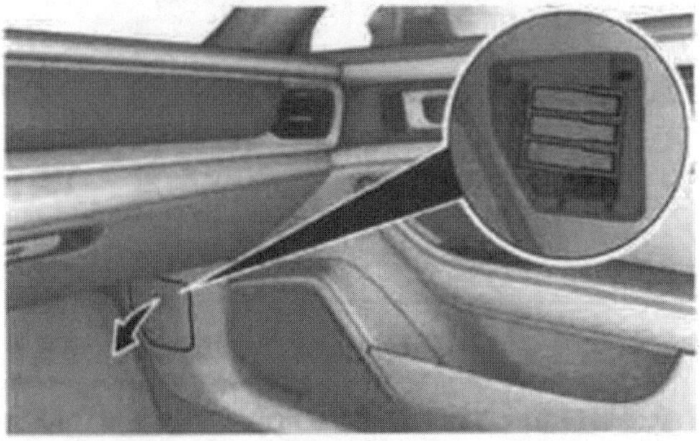
图 14-80

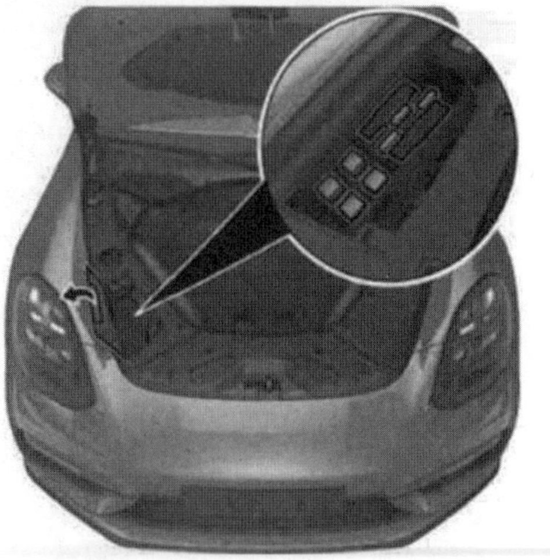
图 14-81

六、2016—2020 年保时捷 718 Cayman 车型

（一）前行李箱工具包

1. 行李箱工具盒

如图 14–82 所示。

2. 行李箱工具

如图 14–83 所示。

A.行李箱工具盖

图 14–82

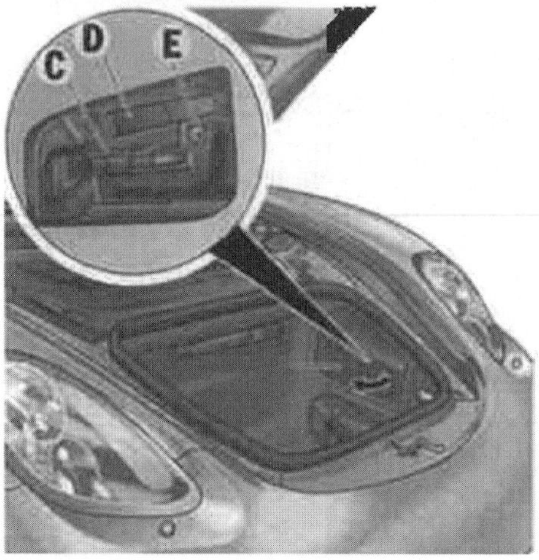

C.牵引凸耳　D.工具包　E.防盗车轮螺栓套筒

图 14–83

3. 取出轮胎充气泵

（1）提起手柄凹槽处的塑料护盖箭头，直到听到“咔嗒”声后便可将其分开并轻轻向前拉。

（2）提起塑料护盖前部。

（3）将塑料护盖底部的固定带（如图 14–85 中 B 所示）固定到行李箱盖。

（4）将轮胎充气泵从储物箱中取出。

4. 收起轮胎充气泵

A.塑料护盖

图 14–84

B.塑料护盖底部的固定带

图 14–85

（1）轮胎充气泵为楔形。将轮胎充气泵插入储物箱，使较窄的一侧朝向前方，如图 14–86 所示。

（2）关闭轮胎充气泵的储物箱盖。

（3）取下固定带，然后将其夹到塑料护盖上。

（4）插入后沿带有导向装置的塑料护盖，并将其放在黄色支架内。降低塑料护盖前部。

（5）确保塑料护盖底部的定位销卡入导向装置内。向下按塑料护盖的手柄凹槽，直到听到“咔嗒”一声入位为止。

（二）紧急操作解锁点火车钥匙

如果车辆蓄电池无电，只有通过执行紧急操作才能取出点火车钥匙。对于配备保时捷免钥匙进入系统的车辆，要从点火锁中取下控制单元，也必须执行紧急操作。

（1）在手指孔处握住驾驶员侧保险丝盒盖并将其拉出。

（2）松开保险丝盒盖内侧的金属钩，如图 14–87 中 A 所示。

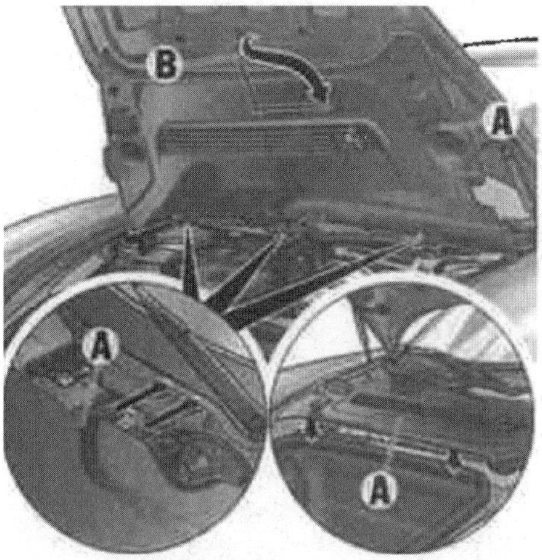

A.塑料护盖　B.固定带

图 14–86

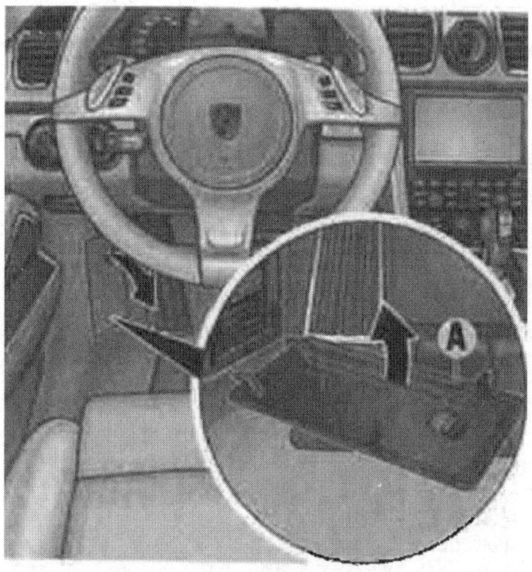

A.金属钩

图 14–87

（3）用金属钩从点火锁上拆下塑料护盖。确保不要将塑料护盖丢失，如图 14–88 所示。

（4）将控制单元 / 点火车钥匙转到点火锁位置（初始位置）。

（5）将金属钩压入开口中，如图 14–89 所示。此时将听到解锁声。

（6）将点火车钥匙旋回初始位置并拔下。

（7）重新安装塑料护盖，如图 14–88 中 B 所示。

A.金属钩　B.塑料护盖

图 14–88

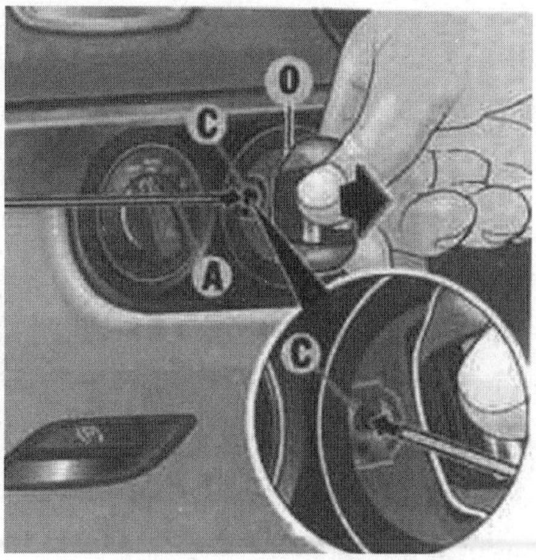

A.金属钩　C.开口　O.初始位置

图 14–89

（三）驾驶员侧车门的紧急手动锁止

如果车辆无法锁止。

（1）从驾驶员车钥匙上取下紧急车钥匙。

（2）打开驾驶员侧车门。

（3）抬起驾驶员侧车门把手，如图 14–90 所示。将紧急车钥匙插入车门锁，顺时针旋转 90° 。再拔下紧急车钥匙。危险警示灯将会闪烁两次，表示成功锁止。

（4）松开门把手并关上车门。现在，驾驶员侧车门处于锁止状态。

（5）要使用紧急步骤锁止乘客侧车门，应将紧急车钥匙再次插入驾驶员侧车门锁，顺时针旋转 90° ，再拔下紧急车钥匙。此时，乘客侧车门处于锁止状态。

（四）PDK 换挡杆紧急解锁

在电子装置发生故障时，必须执行换挡杆紧急解锁，以便将换挡杆移到位置“N” 。存在因溜车造成损坏的风险。在紧急解锁 PDK 选挡杆时，车辆无法得到充分固定以防溜车。

解锁选挡杆操作。

（1）从工具箱中取出螺丝刀，如图 14–91 所示。

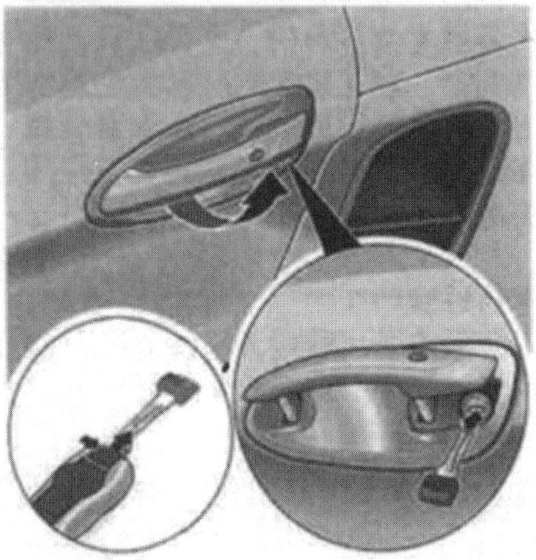

图 14–90

A.文字标牌

图 14–91

（2）使用螺丝刀小心地撬出文字标牌前部（箭头）并将其拆下。

（3）将螺丝刀垂直插入孔中，向下按住换挡杆锁，同时按下换挡杆上的解锁按钮并将换挡杆移至位置“N”，如图 14–92 所示。

（4）重新卡入文字标牌。

（五）加油口盖的紧急解锁

如果电动解锁机构出现故障，则可以按照下列方法打开加油口盖。

（1）打开乘客侧车门。

（2）拉动右侧门孔处的按钮（如图 14–93 中箭头所示）。加油口盖将会弹开。

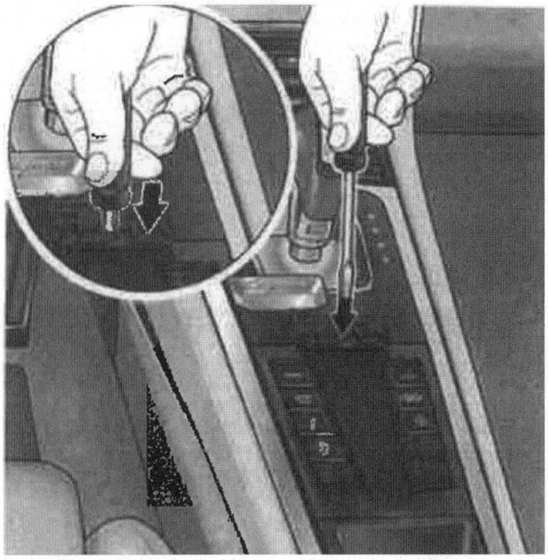

图 14–92

（六）前行李箱盖的紧急解锁

如果蓄电池已放完电，只能借助救援蓄电池来打开前行李箱盖。解锁行李箱盖操作。

（1）用车钥匙从车门锁解锁车辆。

（2）从左侧保险丝盒上取下塑料护盖。

（3）用塑料夹钳拔出保险丝盒中的正极端子，如图 14–94 所示。

（4）用红色跨接导线将救援蓄电池的正极端子接至保险丝盒中的正极端子，如图 14–94 所示。

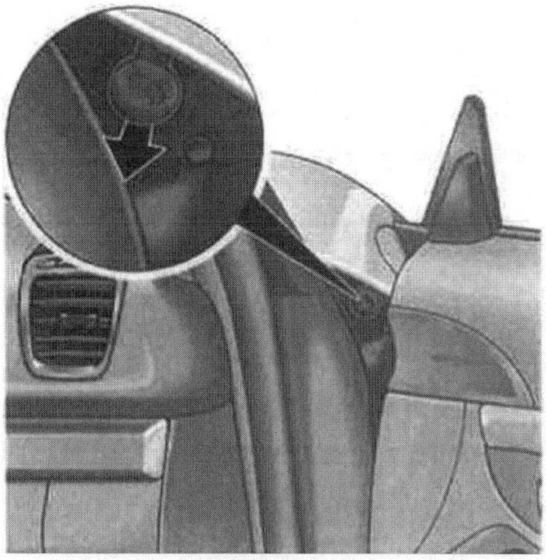

图 14–93

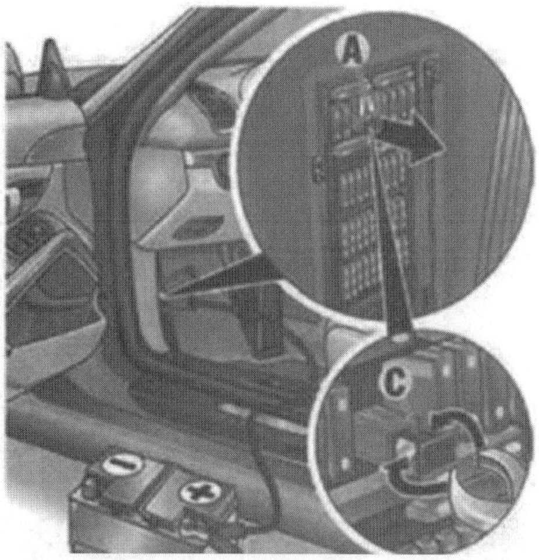

A.塑料夹钳　C.正极端子（红色）

图 14–94

（5）用黑色跨接导线将救援蓄电池的负极端子接至车门止动器，如图 14–95 所示。

（6）按下遥控器上的前行李箱开锁按钮约 2s，以解锁行李箱盖。防盗警报系统被关闭。

（7）首先断开负极导线，然后再断开正极导线。

（8）将正极端子 C 推入保险丝盒中，并装上保险丝盒盖。

（七）应急启动

1. 蓄电池信息

蓄电池位于前行李箱内的塑料护盖下方。安全提示：只能由专业的维修中心技术人员拆卸及安装蓄电池。对车辆电气系统进行任何工作之前，先断开蓄电池负极端子。确保工具或导电的首饰（耳环、项链、表链等）不会与车上的带电部件接触。切勿将负极充电电缆 / 跨接导线（黑色）直接连接到蓄电池。务必将负极充电电缆 / 跨接导线（黑色）连接至行李箱中的接地点，如图 14–96 所示。

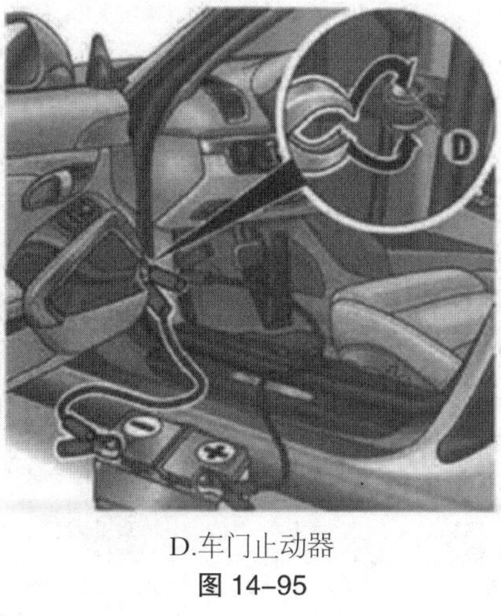

D.车门止动器

图 14–95

图 14–96

2. 外部电源 / 应急解锁

辅助启动，请务必遵照以下顺序进行操作。

（1）拆下行李箱内的护盖。

（2）首先将正极导线（红色）连接至放完电的蓄电池的正极端子，然后将其连接至救援蓄电池的正极端子，如图 14–97 所示。

（3）首先将负极导线（黑色）连接至救援蓄电池的负极端子，然后连接至接地点，如图 14–97 所示。

（4）使救援车辆的发动机以较高的转速运转。

（5）启动发动机。使用跨接导线尝试启动车辆时，请不要超过 15s。然后等待至少 1min。

（6）在发动机运转的情况下：首先断开负极导线与接地点 B 的连接，然后断开与救援蓄电池的负极端子的连接。在发动机运转的情况下：首先将正极导线从救援蓄电池的正极端子上断开，然后从放完电的蓄电池的正极端子上断开。

（八）保险丝位置和功能说明

1.2016—2019 年保时捷 718 Cayman

（1）左侧脚坑中的保险丝。

左侧脚坑中的保险丝如图 14–98 所示。

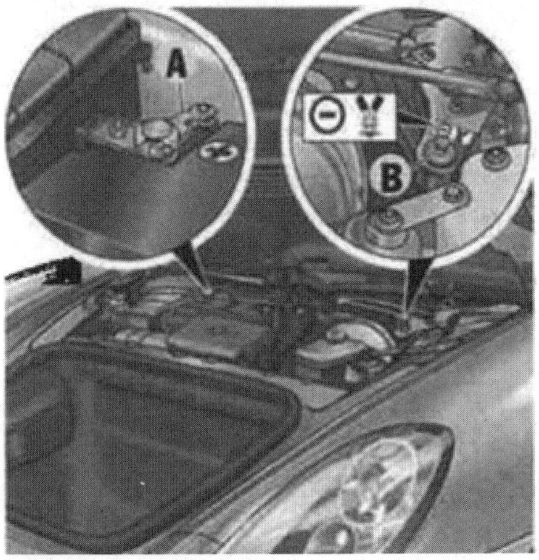

A.蓄电池正极端子　B.外部电源/跨接启动的接地点B

图 14–97

A.塑料夹钳　B.备用保险丝　C.诊断插座

图 14–98

（2）右侧脚坑中的保险丝。

右侧脚坑中的保险丝如图 14–99 所示。

2.2020 年保时捷 718 Cayman 车型

（1）左侧脚坑内保险丝盒。

如图 14 100 所示。

（2）右侧脚坑内保险丝盒。

如图 14–101 所示。

图 14–99

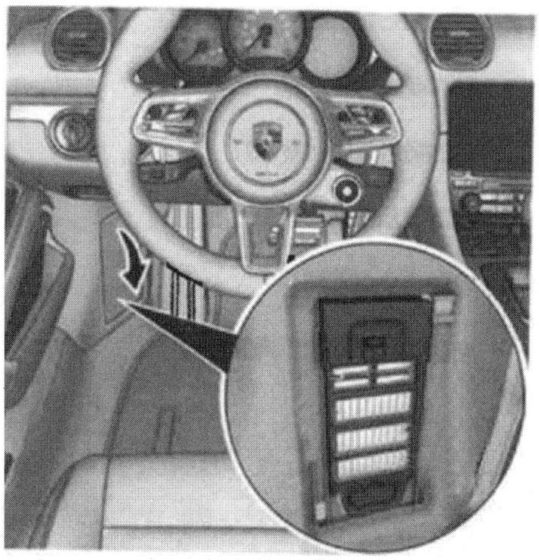

图 14–100

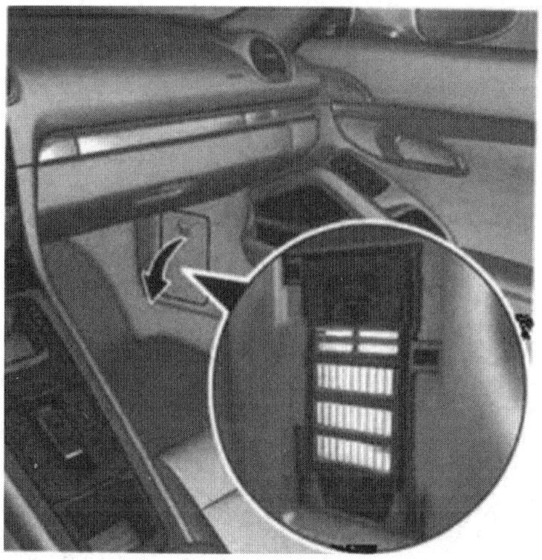

图 14–101

六、2016—2020 年保时捷 718 Boxster 车型

（一）电动活动顶棚手动关闭

在手动关闭顶棚前，取下点火车钥匙，这样就不会意外地启动活动顶棚。

1. 活动顶棚驱动装置

（1）向前移动驾驶员和乘客的座椅并向前折叠靠背。

（2）将手插入地毯的空隙中（如图 14–102 所示），并小心地沿着安全带卷轴饰件从下方拉出地毯并折叠。

2. 解锁活动顶棚机构（电动活动顶棚）

（1）从工具包中取出开口扳手。

（2）使用开口扳手（13A/F）将紧急解锁螺钉顺时针转动 3 圈左右，直到定位销 B 处于位置 C，如图 14–103 所示。

（3）在另一侧重复此步骤。

3. 从活动顶棚箱中拉出活动顶棚（电动活动顶棚），关闭活动顶棚

（1）进入车内。用一只手抬起活动顶棚左侧或右侧。

（2）用另一只手抓住活动顶棚中部。

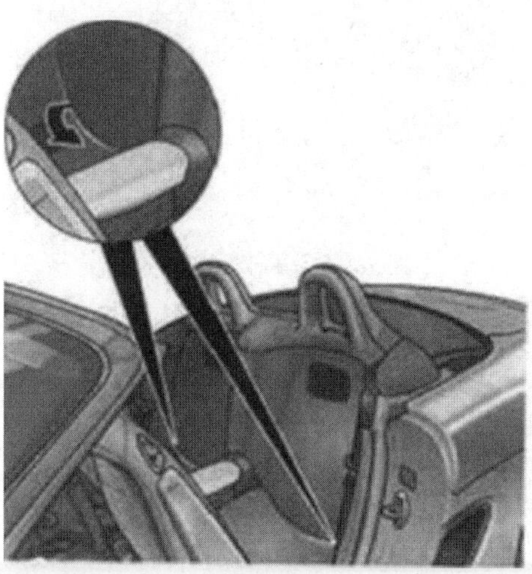

图 14–102

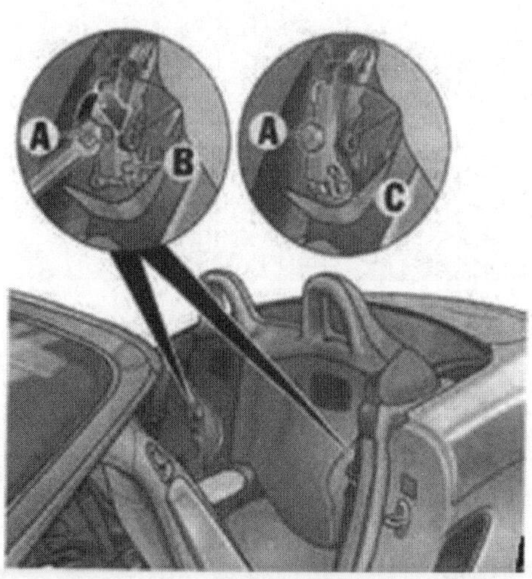

A.紧急解锁螺钉　B.定位销　C.位置

图 14–103

（3）将活动顶棚从存放箱中拉出，直到达到约半关位置，如图 14–104 所示。

（4）使用开口扳手小心地将活动顶棚锁的塑料护盖从夹点中撤出（如图 14–105 所示）并将其拆下。

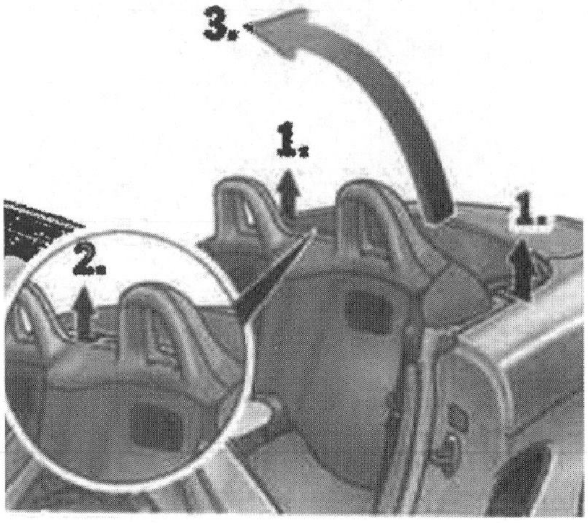

1～3.步骤

图 14–104

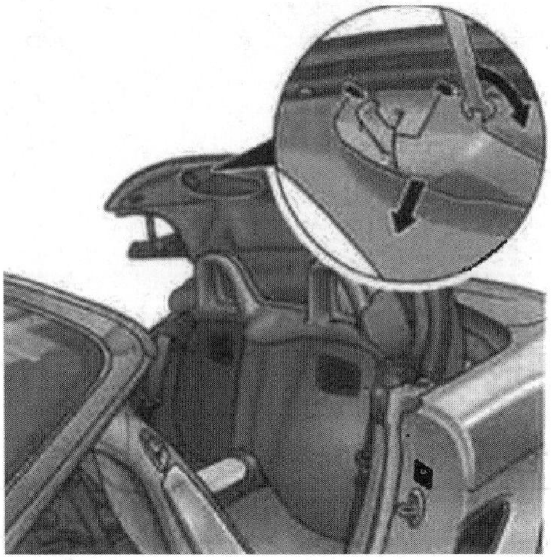

图 14–105

（5）从工具箱中取出用于活动顶棚紧急操作的钥匙 F，如图 14–106 所示。

（6）将钥匙插入活动顶棚锁中并逆时针转动，直到锁钩完全伸出（转动时明显感到阻力）。

（二）加油口盖紧急解锁

如果电动解锁机构出现故障，则可以按照下列方法打开加油口盖。

（1）打开乘客侧车门。

（2）拉动右侧门孔处的按钮（如图 14–107 中箭头）。

（3）加油口盖将会弹开。

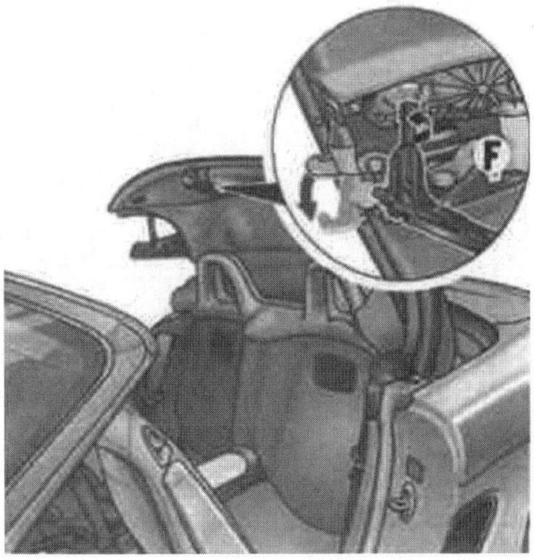

F.钥匙

图 14–106

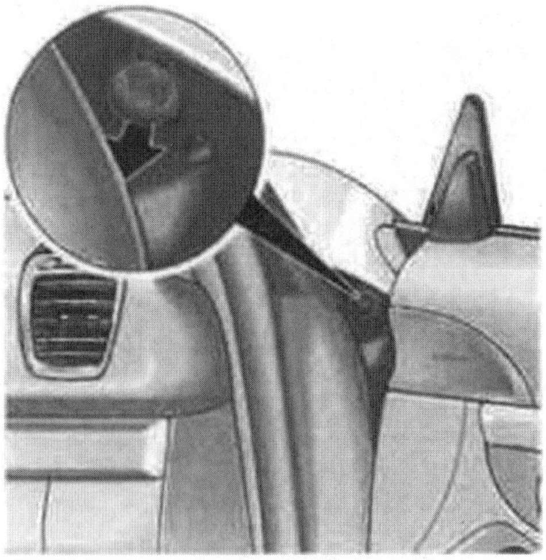

图 14–107

（三）前行李箱盖的紧急解锁

（1）用车钥匙从车门锁解锁车辆。

（2）从左侧保险丝盒上取下塑料护盖。

（3）用塑料夹钳拔出保险丝盒中的正极端子，如图 14–108 所示。

（4）用红色跨接导线将救援蓄电池的正极端子连接至保险丝盒中的正极端子，如图 14–108 所示。

（5）用黑色跨接导线将救援蓄电池的负极端子连接至车门止动器，如图 14–109 所示。

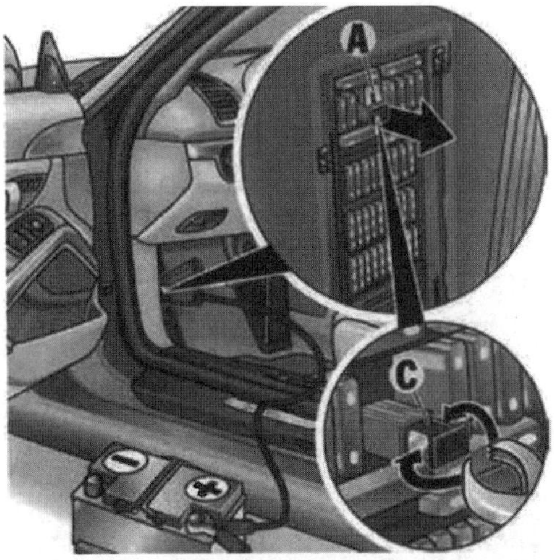

A.塑料夹钳（黄色）　C.正极端子（红色）
图 14–108

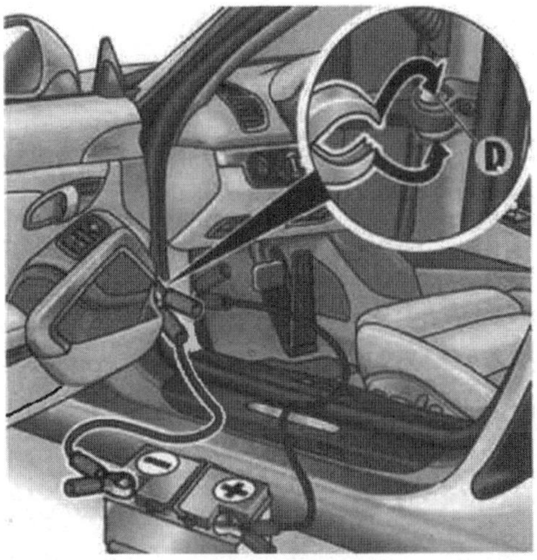

图 14–109

（6）按住遥控器上的按钮 约 2s 以解锁行李箱盖。防盗警报系统被关闭。

（7）首先断开负极导线，然后再断开正极导线。

（8）将正极端子推入保险丝盒中，并装上保险丝盒盖。信息：如果车辆本来处于锁止状态，连接负极导线时报警喇叭将会响起。

（四）保险丝位置和功能说明

1. 左侧脚坑中的保险丝

如图 14–110 所示。

2. 右侧脚坑中的保险丝

如图 14–111 所示。

图 14–110

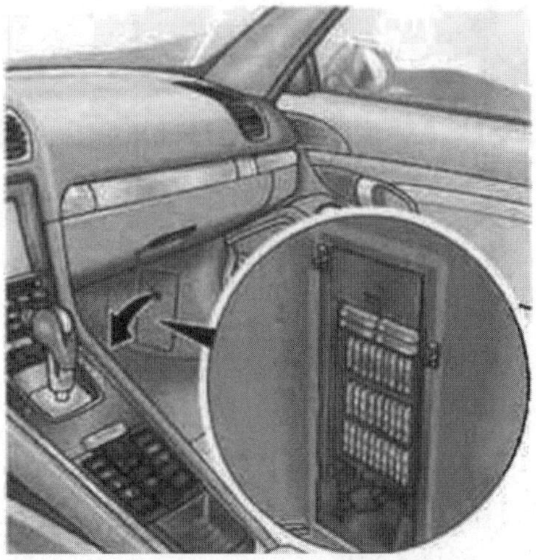
图 14–111

七、2019 年前保时捷 911 车型

（一）随车工具包

（1）塑料盒如图 14–112 中 A 所示，包含补胎胶。

（2）塑料盒如图 14–113 中 B 所示，包含工具图中工具。

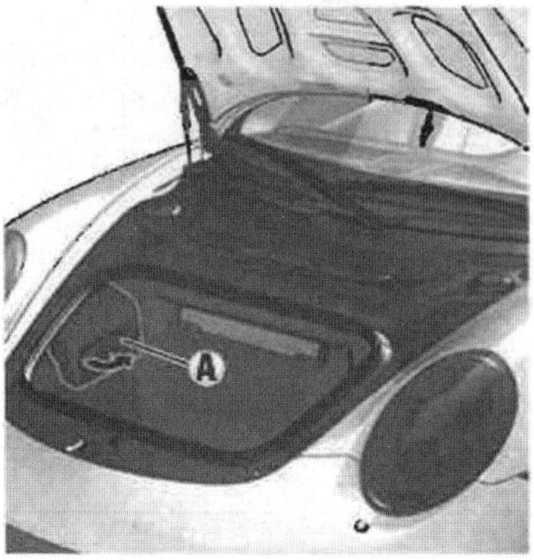

A.塑料盒

图 14–112

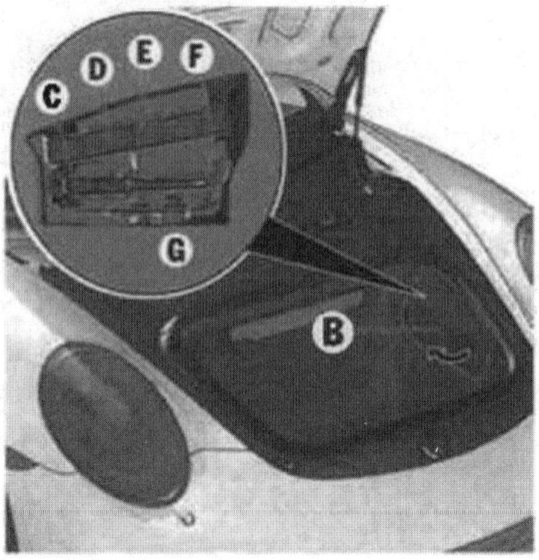

B.塑料盒　C.牵引凸耳　D.工具套装　E滑动式天窗紧急操作曲柄　F.防盗车轮螺栓转接器　G.用于PDK选挡杆紧急操作的塑料楔

图 14–113

（二）执行紧急车门解锁

将驾驶员车钥匙放在乘客侧挡风玻璃的外缘，与此同时，按下开锁按钮，如图 14–114 所示。

如果车辆仍然无法解锁：

（1）从驾驶员车钥匙上取下紧急车钥匙。

（2）用紧急车钥匙解锁并打开驾驶员侧车门，抬起并握住门把手。将紧急车钥匙插入车门锁，顺时针旋转 90° ，再拔下紧急车钥匙。

（3）松开门把手，并通过再次拉动门把手打开车门，如图 14–115 所示。

（4）在 10s 内打开点火装置，以免防盗警报系统被触发。

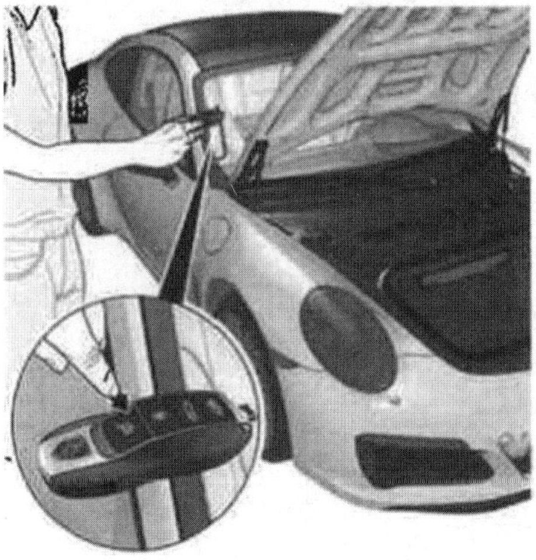

图 14–114

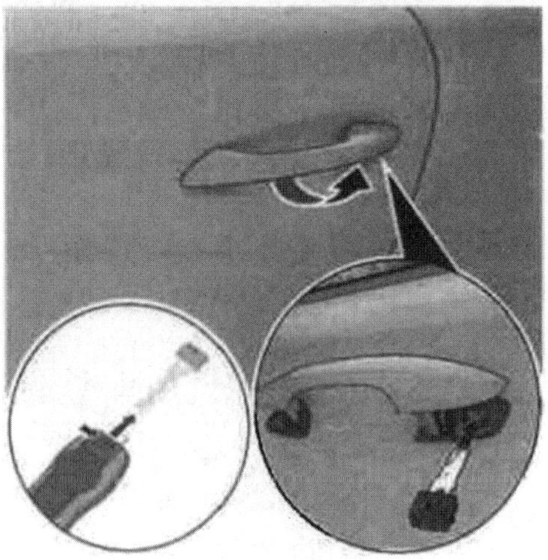

图 14–115

（三）执行驾驶员车钥匙 / 控制单元的紧急释放

（1）在把手处握住驾驶员侧保险丝盒盖并将其拉出。

（2）松开保险丝盒盖内侧的金属钩（如图 14–116 中 A）。

（3）用金属钩从点火锁上拆下塑料护盖，如图 14–117 所示。

A.金属钩

图 14–116

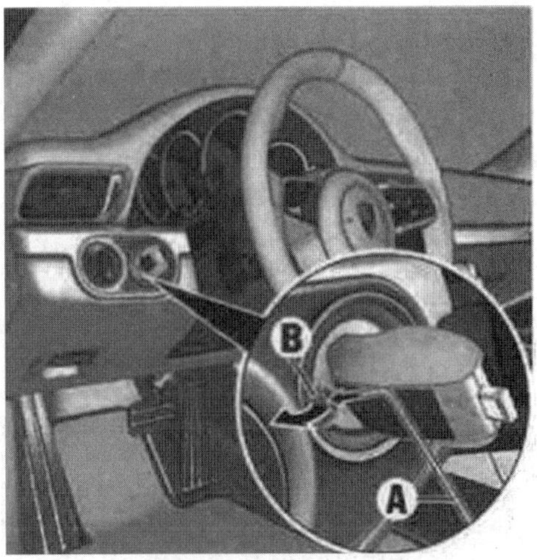

A.金属钩　B.塑料护盖

图 14–117

（4）确保塑料护盖未丢失。

（5）将控制单元 / 驾驶员车钥匙转到点火锁位置（初始位置），如图 14–118 所示。

（6）将金属钩压入开口中，将会听到驾驶员车钥匙 / 控制单元解锁声音。

（7）在初始位置拔出控制单元 / 驾驶员车钥匙。

（8）新安装塑料护盖。

（四）PDK 换挡杆解锁

1.PDK 换挡杆解锁

（1）从行李箱的工具箱中取出塑料楔。

（2）使用塑料楔从两侧（如图 14–119 中箭头）小心地撬出换挡杆导槽的尾部。

（3）使用塑料楔从两侧（如图 14–119 中箭头）小心地撬出控制面板的前部。

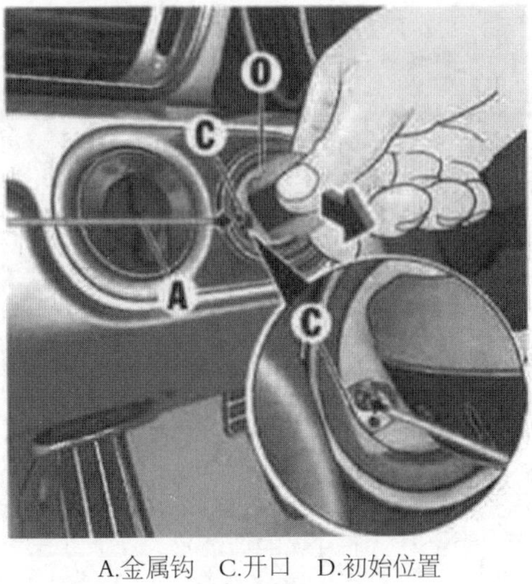

A.金属钩　C.开口　D.初始位置

图 14–118

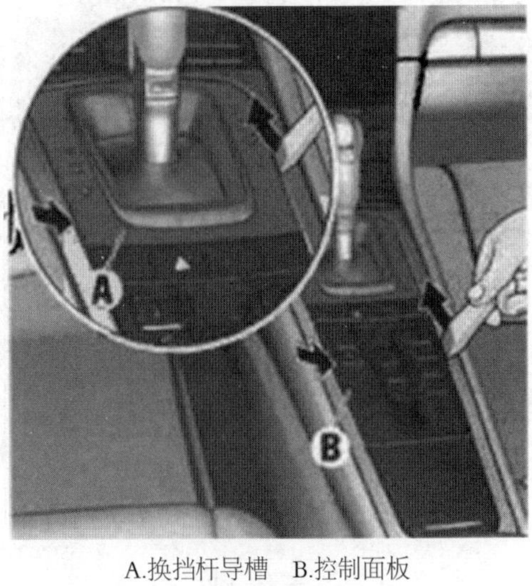

A.换挡杆导槽　B.控制面板

图 14–119

（4）拆下开关模块，将其放置在一边。不得拉紧开关模块的电缆。

（5）向下推换挡杆锁并保持不动，然后将选挡杆移到位置 N，如图 14–120 所示。

2. 安装开关模块和选挡杆导槽

（1）确保电缆夹（如图 14–121 中 C 所示）正确卡入换挡杆支架。然后将开关模块（如图 14–121 中 B 所示）卡入前导槽，完全插入开关模块并向下压，直到它牢固接合为止。

（2）向下压换挡杆导槽（如图 14–121 中 A 所示），直到它牢固接合为止。

图 14–120

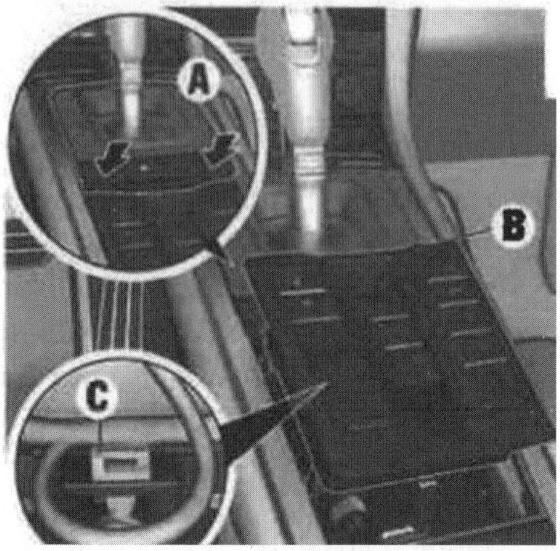

A.换挡杆导槽　B.开关模块　C.电缆夹

图 14–121

（五）行李箱盖的紧急解锁

如果蓄电池已放完电，只能借用救援蓄电池的帮助开启行李箱盖。

（1）用紧急车钥匙从车门锁解锁车辆。

（2）从左侧保险丝盒上取下塑料护盖。

（3）用塑料夹拔出保险丝盒中的正极端子，如图 14–122 所示。

（4）用红色跨接导线将救援蓄电池的正极端子接至保险丝盒中的正极端子。

（5）用黑色跨接导线将救援蓄电池的负极端子接至车门止动器，如图 14–123 所示。

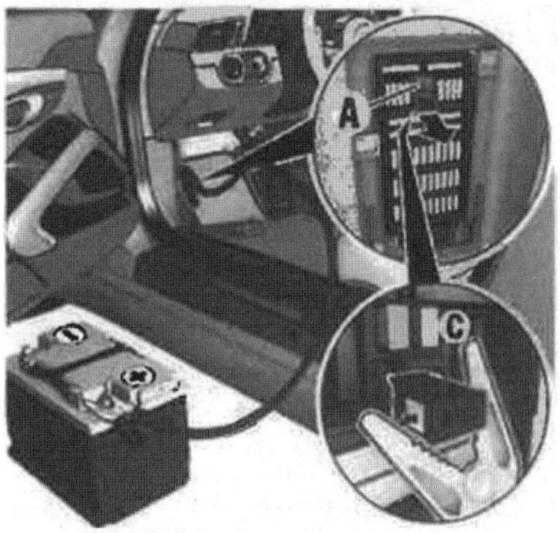

A.塑料夹（黄色）　C.正极端子（红色）

图 14–122

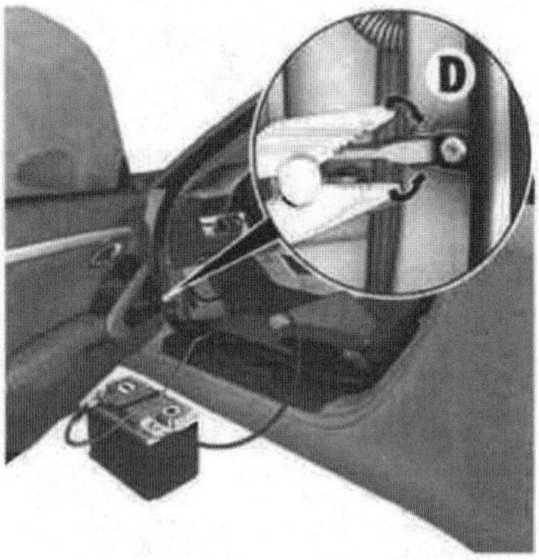

D.车门止动器

图 14–123

（6）按住车钥匙上的开锁按钮约 2s。行李箱盖解锁，防盗警报系统停用。

（7）首先断开负极导线，然后再断开正极导线。

（8）将正极端子推入保险丝盒中，并装上保险丝盒盖。

（六）跨接启动

1. 蓄电池信息

蓄电池位于行李箱（如图 14–124 所示）内的护盖下面。

蓄电池端子如图 14–125 所示。

（1）打开行李箱。

（2）将充电器的红色正极电缆连接到蓄电池的正极端子（如图 14–125 中 A 所示）。

（3）将充电器的黑色负极缆线连接到接地点（如图 14–125 中 B 所示）。

（4）对蓄电池充电后，先关闭充电器，然后再断开与蓄电池的连接。

图 14–124

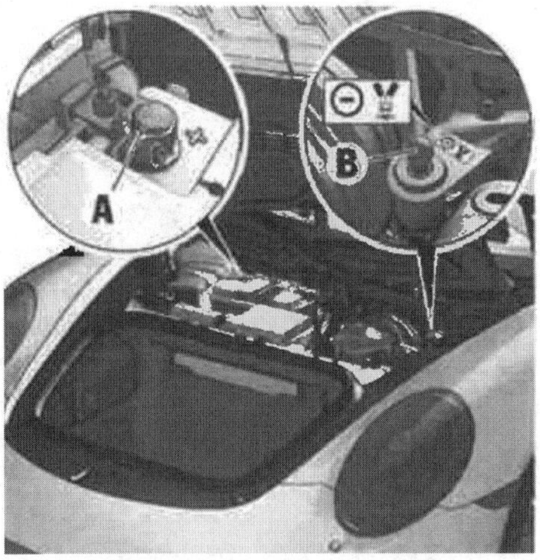

A.正极端子+　B.接地点–外部电源/紧急启动

图 14–125

2. 辅助启动

（1）打开行李箱。

（2）拆下行李箱内的护盖。

（3）首先将正极导线（红色）连接至放完电的蓄电池的正极端子，然后将其连接至救援蓄电池的正极端子（如图 14–126 中 A 所示）。

（4）首先将负极导线（黑色）连接至救援蓄电池的负极端子，然后连接至接地点（如图 14–126 中 B 所示）。

（5）使救援车辆的发动机以较高的转速运转。

（6）启动发动机。使用跨接导线尝试启动车辆时，请不要超过 15s。然后等待至少 1min。

（7）在发动机运转的情况下：首先断开负极电缆与接地点的连接，然后断开与救援蓄电池的负极端子的连接。

（8）在发动机运转的情况下：首先将正极导线从救援蓄电池的正极端子上断开，然后从放完电的蓄电池的正极端子上断开。

（七）加油口盖紧急解锁

如果电动解锁机构出现故障，则可以手动打开加油口盖。

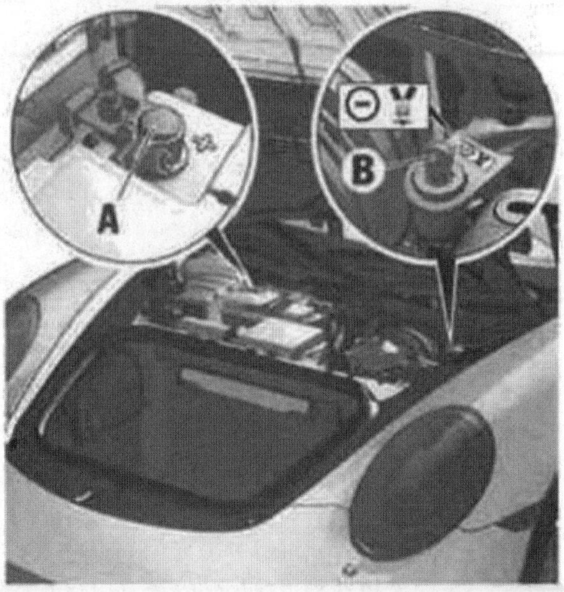

A.正极端子　B.接地点

图 14–126

（1）打开乘客侧车门。

（2）拉动右侧门孔处的按钮，如图 14–127 所示。加油口盖解锁。

（八）活动顶棚和风向导流板的手动关闭

1. 拆下后壁衬里

（1）从行李箱内的工具包中取出螺丝刀。

（2）向前折叠座椅靠背，如图 14–128 所示。

图 14–127

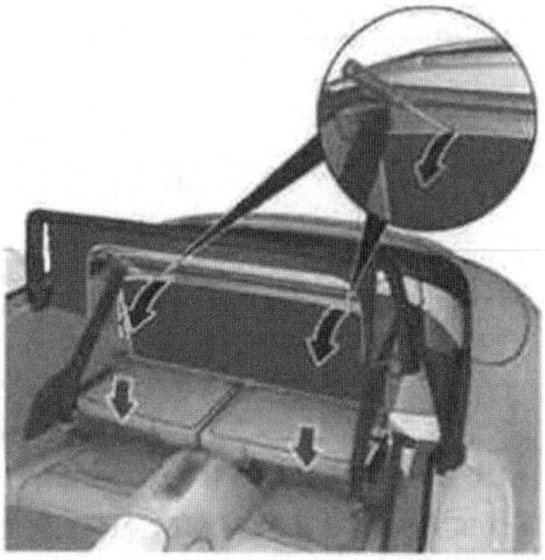

图 14–128

（3）使用螺丝刀小心地从锁止点中撬出后壁衬里，并向前折叠。如配备，从两个卡扣中拉出后壁衬里并向前折叠。

（4）从后壁衬里中取下紧急操作扳手，如图 14–129 中 A 所示。

2. 执行风向导流板的紧急操作

（1）从紧急操作扳手中拆下塑料连接件，如图 14–130 所示。

A.紧急操作扳手

图 14–129

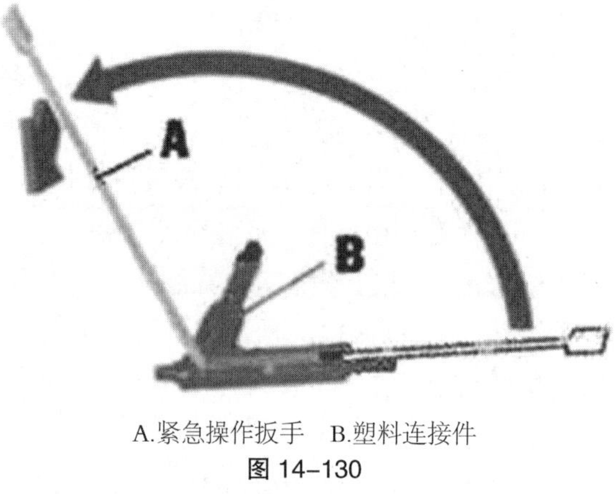

A.紧急操作扳手　B.塑料连接件

图 14–130

（2）向上转动金属插件约 90°，将其转出塑料连接件。然后向前拉动金属插件以将其拆下。

（3）向前折叠两个翻滚保护系统盖罩并通过向上提升使其分离，如图 14–131 所示。

（4）使用螺丝刀拧松翻滚保护装置盖罩上的两个螺钉，如图 14–132 所示。

（5）向上拉动翻滚保护装置盖罩以将其从锁止点上松开，如图 14–132 所示。

（6）使用紧急操作扳手的金属插件（TORX®）拧松风向导流板电机上的螺丝（如图 14–133 中 F

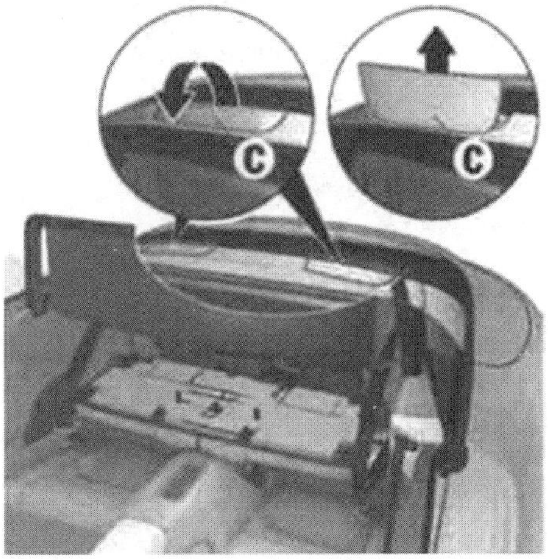

C.翻滚保护系统盖罩

图 14-131

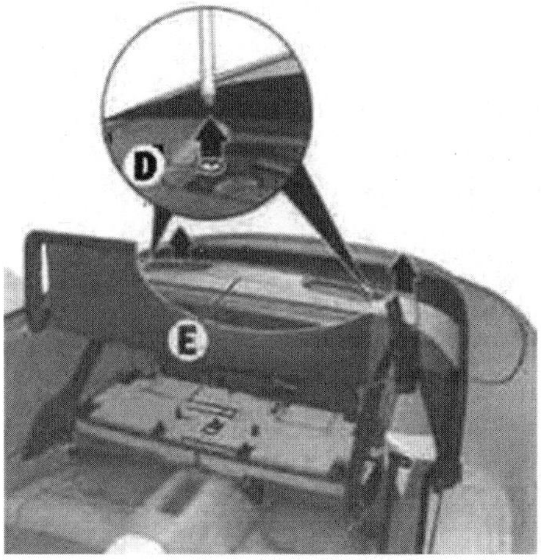

D.螺钉　E.翻滚保护装置盖罩

图 14-132

所示）。

（7）将固定支架（如图 14-133 中 G 所示）向前拉动（必要时使用螺丝刀将其撬出），直到驱动装置不再接合。

（8）卸下固定支架。

（9）手动收缩风向导流板。

3. 松开活动顶棚驱动装置

使用塑料连接件上的内六角扳手逆时针转动紧急手旋螺钉 180°，如图 14-134 所示。注释：只需拧松紧急手旋螺钉，无须完全拧下。

F.螺丝　G.固定支架

图 14-133

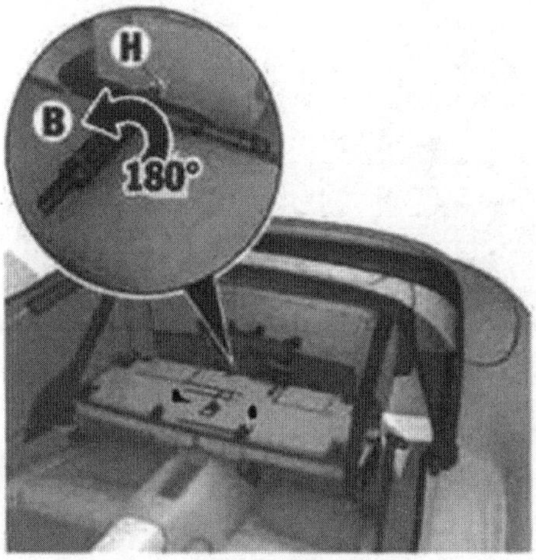

B.塑料连接件　H.紧急手旋螺钉

图 14-134

4. 打开活动顶棚覆盖

（1）重新组装塑料连接件和金属插件。

（2）将紧急操作扳手的金属端插在活动顶棚箱盖和活动顶棚之间。确保塑料连接件的弯曲部位朝向车辆后方。

（3）沿塑料饰件向前引导紧急操作扳手，直到其滑入开口中，不要超过塑料连接件上的标记，如图 14-135 所示。

（4）沿驾驶方向转动紧急操作扳手约 90°，使塑料连接件朝上，如图 14-136 所示。

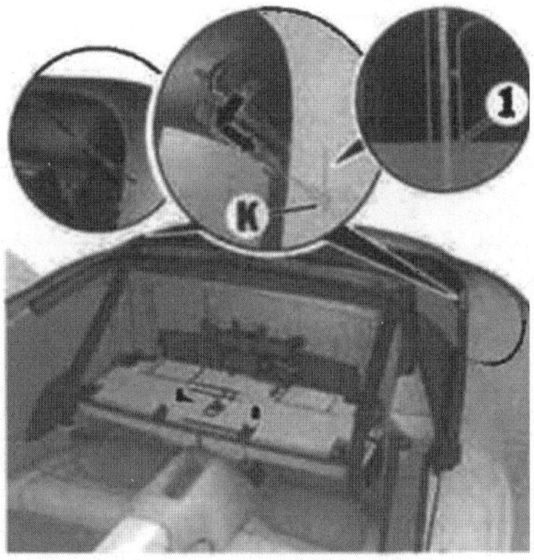

1.标记　K.开口

图 14–135

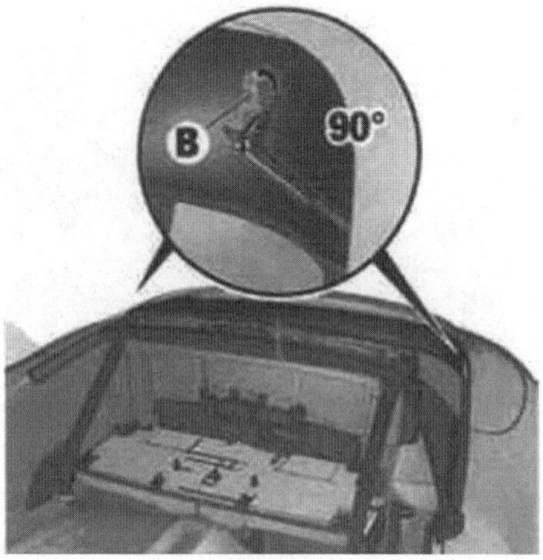

B.塑料连接件

图 14–136

（5）插入紧急操作扳手。不要超过塑料连接件上的标记，再次沿行驶方向转动 90° ，直到感觉到明显的阻力，如图 14–137 所示。

（6）将紧急操作扳手沿行驶反方向转动约 90° 并拆下。

（7）在另一侧重复此步骤（2）~（6）。

（8）在驾驶员侧和乘客侧用两手向上拉紧活动顶棚箱盖，如图 14–138 所示。

（9）从后方抓住活动顶棚箱盖的中间部位，将其完全竖起。

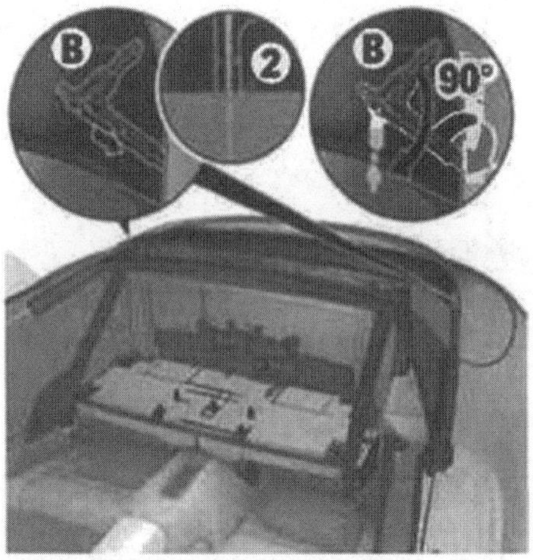

2.标记

图 14–137

图 14–138

5. 后侧饰板罩盖的紧急操作

（1）分离两个连接器，如图 14–139 所示。

（2）使用紧急操作扳手的金属插件（TORX®）拧松电机单元 / 齿轮单元上的两个螺钉，如图 14–140 所示。

（3）向前拉动电机单元 / 齿轮单元（必要时使用螺丝刀将其撬出），直到齿轮不再接合，如图 14–140 所示。

（4）向下按动后侧罩盖，直到达到极限位置，如图 14–141 所示。

6. 关闭活动顶棚

（1）从乘客舱拉动活动顶棚的中间部位。将其从储物箱中拉出，直到达到约半关位置，如图 14–142

L.连接器
图 14-139

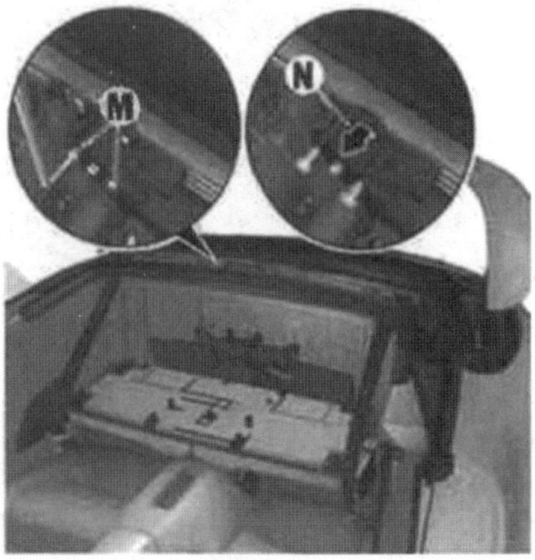

M.螺钉　N.电机单元/齿轮单元
图 14-140

所示。小心：关闭时存在因挤压而受伤的风险。关闭时，如果身体部位位于活动顶棚的移动范围或活动顶棚锁区域内，存在夹伤或挤伤的风险。

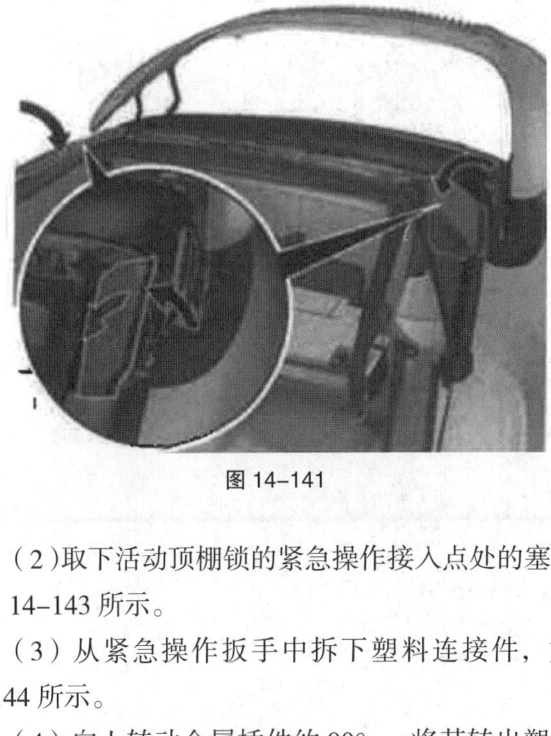

图 14-141

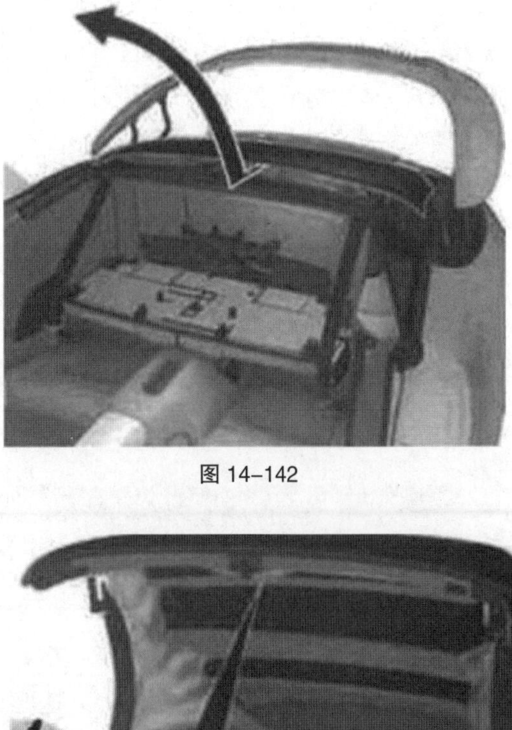

图 14-142

（2）取下活动顶棚锁的紧急操作接入点处的塞子，如图 14-143 所示。

（3）从紧急操作扳手中拆下塑料连接件，如图 14-144 所示。

（4）向上转动金属插件约 90°，将其转出塑料连接件，然后向前拉动金属插件以将其拆下。

（5）将塑料连接件插入接入点，以进行活动顶棚锁的紧急操作，并将其左转或右转直到接合。

（6）逆时针转动塑料连接件，直到锁钩完全伸出（感到明显阻力）。

（7）将活动顶棚拉至挡风玻璃框处，如图 14-145 所示。

（8）若要完全关闭活动顶棚，顺时针转动塑料连

O.塞子
图 14-143

B.塑料连接件

图 14–144

图 14–145

接件，直到锁钩完全卡入锁销（感到明显阻力）。

7. 关闭活动顶棚箱盖

（1）站在车辆后方。

（2）从制动灯上方位置抓住活动顶棚箱盖，向前推动，直到完全关闭。推动时可以感觉到明显的阻力。

（3）将活动顶棚箱盖推入到极限位置，如图 14–146 所示。活动顶棚箱盖处于未锁止状态。

（4）用手顺时针拧紧乘客舱中的紧急手旋螺钉。

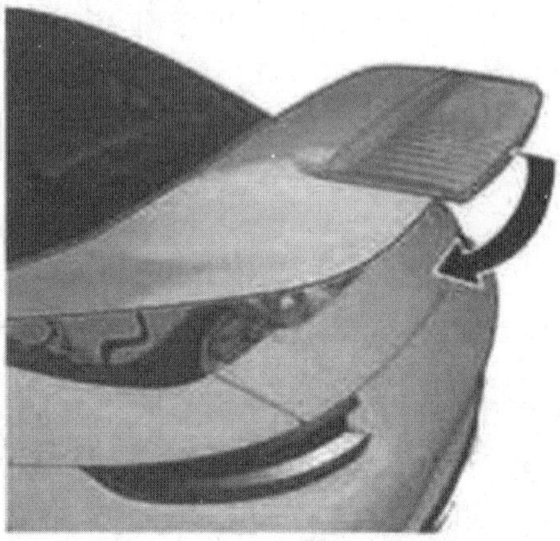

图 14–146

（九）保险丝位置和功能说明

1. 驾驶员侧保险丝

如图 14–147 所示。

2. 乘客侧保险丝

如图 14–148 所示。

图 14–147

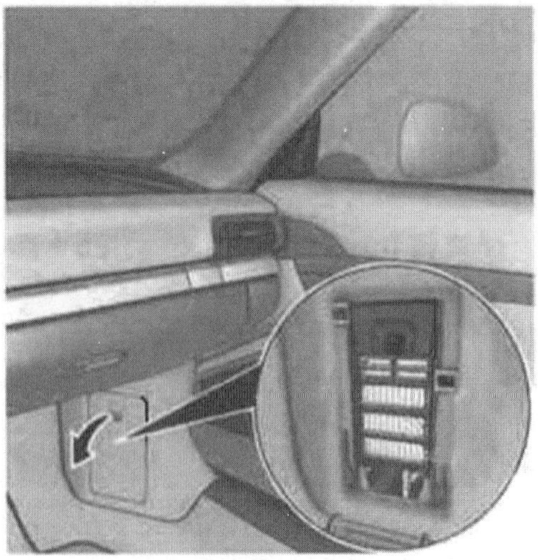

图 14–148

八、2020 年保时捷 911 车型

（一）随车工具包

警示三角标牌（位于行李箱后部，取决于具体的国家 / 地区）、急救包（可以固定在行李箱内的地毯上，尼龙搭扣带）及工具包，如图 14–149 所示。

（二）牵引钩位置

牵引凸耳存放在工具包中。将塑料护盖的下边缘压入保险杠，直至其分离，或者使用合适的工具（例如螺丝刀）小心地分离塑料护盖。从保险杠中拉出塑料护盖，使其通过螺纹悬置。将牵引凸耳沿逆时针方向拧到头（左旋螺纹）并用手拧紧，如图 14–150 所示。

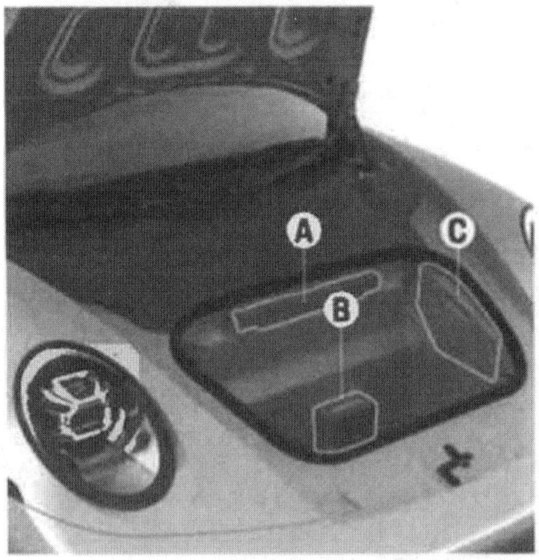

A.警示三角标牌　B.急救包　C.工具包

图 14–149

A.牵引凸耳

图 14–150

（三）车门应急解锁 / 上锁

1. 执行紧急车门解锁

将车钥匙置于挡风玻璃的中央，同时按下遥控器解锁按钮。

2. 如果车辆仍然无法解锁

（1）从驾驶员车钥匙上取下紧急车钥匙。

（2）拉并握住门把手。

（3）将紧急车钥匙插入车门锁，圆边朝上（右侧驾驶：圆边朝下），如图 14–151 所示。

（4）逆时针转动紧急车钥匙，直至感觉到有阻力，然后用力将紧急车钥匙转到底。

（5）再次将紧急车钥匙旋回到其初始位置并拔下。

（6）在 15s 内，开启点火装置，以免触发防盗警报系统。

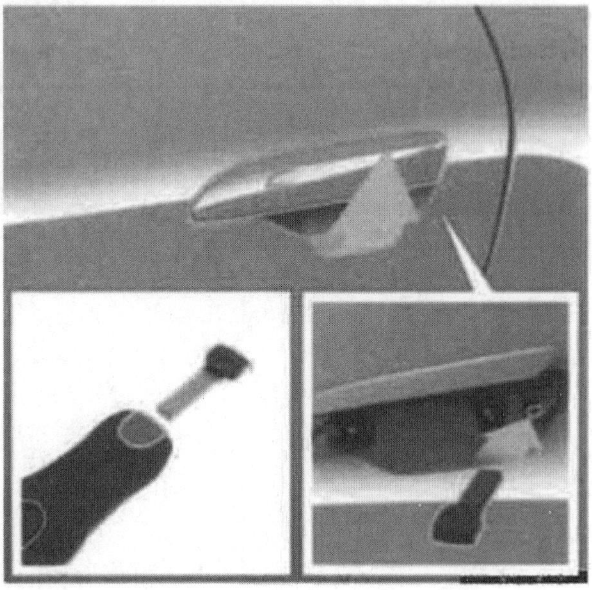

图 14–151

3. 只有在发动机已关闭时才能紧急锁止车门

在开始驾车前解锁车门。

（1）从驾驶员车钥匙上取下紧急车钥匙。

（2）拉并握住门把手。

（3）将紧急车钥匙插入车门锁，圆边朝上（右侧驾驶圆边朝下）。

（4）车门打开后，顺时针转动紧急车钥匙，直至开始感觉到有阻力，然后用力将紧急车钥匙转到底。

（5）再次将紧急车钥匙旋回到其初始位置并拔下。

（6）关闭车门。

（7）检查车辆是否已锁止。

（8）对乘客侧车门的紧急锁止，请将紧急车钥匙再次插入驾驶员侧车门锁，沿行驶反方向旋转 90°，然后再次拔下紧急车钥匙。乘客侧车门处于锁止状态。

（四）滑动天窗的应急关闭操作

1. 撬开车顶衬里上的护盖

（1）从行李箱内的工具包中取出内六角扳手和螺丝刀，如图 14–152 所示。

（2）用螺丝刀之类的工具小心地撬下车顶衬里上的护盖。

2. 用六角扳手关闭可倾 / 滑动式天窗

（1）将六角扳手完全插入开口中。

（2）在持续向上施力的同时，顺时针转动六角扳手，直至可倾 / 滑动式天窗完全关闭，如图 14–153 中箭头所示。

图 14–152

图 14–153

（3）拆下六角扳手。

（4）重新安装护盖。

（5）将扳手放入工具包中。无法再操作可倾 / 滑动式天窗。无法保存极限位置。

（五）加油口盖应急解锁

如果电动解锁机构出现故障，则可以手动打开加油口盖。

（1）打开乘客侧车门。

（2）进入乘客侧车门和翼子板之间的门孔，如图 14–154 所示。向上拉动旋钮直到遇阻。通过机械方式对加油口盖解锁。

（3）按下加油口盖的后部，打开加油口盖。

（4）如果未打开口盖，请重复执行步骤（2）和（3）。

（5）一旦发生了紧急解锁，请接合所提供锁扣中的旋钮。

（六）行李箱盖应急解锁

1. 行李箱盖的紧急解锁 – 连接正极端子

（1）用紧急车钥匙从车门锁解锁车辆。

（2）从左侧保险丝盒上取下塑料护盖。

（3）拔出保险丝盒中的正极端子，如图 14–155 所示。

（4）用红色跨接导线将救援蓄电池的正极端子连接至保险丝盒中的正极端子。

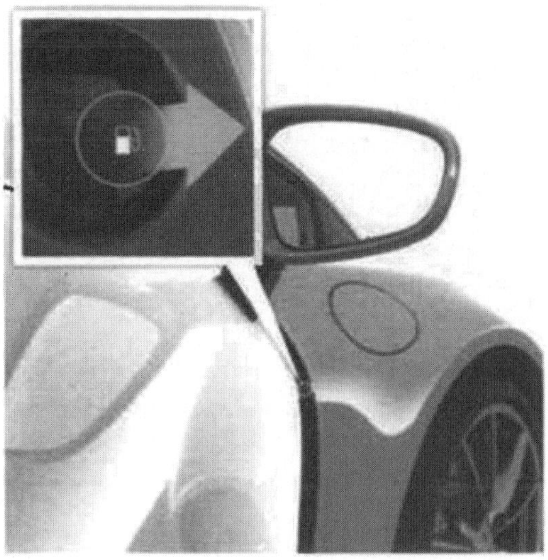

图 14–154

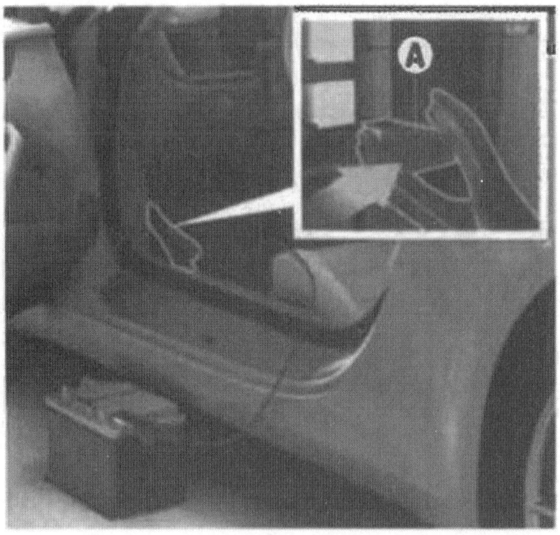

A.正极端子（红色）

图 14–155

2. 行李箱盖的紧急解锁 – 连接负极端子

（1）用黑色跨接导线将救援蓄电池的负极端子连接至车门驻车制动器的接头，如图 14–156 所示。

（2）按住车钥匙上的行李箱开锁按钮约 2s。行李箱盖解锁，防盗警报系统停用。

（3）首先断开负极导线，然后再断开正极导线。

B.车门驻车制动器的接头

图 14–156

图 14–157

（4）将正极端子推入保险丝盒中，并装上保险丝盒的塑料护盖，如图 14–155 所示。

（七）跨接启动

1. 蓄电池信息

蓄电池位于行李箱内的塑料护盖下方，如图 14–157 所示。在跨接启动时，切勿将黑色的负极电缆直接连接到蓄电池。始终将黑色负极缆线连接到接地点。

2. 对蓄电池充电

遵循如下顺序。

（1）打开行李箱。

（2）拆下行李箱内的护盖。

（3）将充电器的红色正极电缆连接到跨接启动正极端子（+），如图 14–158 所示。

（4）将充电器的黑色负极电缆连接到接地点（–）。

（5）打开充电器。对蓄电池充电后，先关闭充电器，然后再断开与蓄电池的连接。

图 14–158

3. 锂离子电池辅助启动说明

（1）打开行李箱。

（2）拆下行李箱内的护盖。

（3）将红色正极电缆连接至跨接启动正极端子（+）。

（4）将红色正极电缆连接至救援蓄电池的正极端子。

（5）将黑色负极电缆连接至救援蓄电池的负极端子。切勿将黑色负极电缆直接连接至蓄电池。

（6）将黑色负极电缆连接至接地点（–）。

（7）使救援车辆的发动机以较高的转速运转。

（8）启动发动机。使用跨接导线尝试启动车辆的操作时间不要超过 15s，然后等待至少 1min。

（9）在发动机运转的情况下：首先将黑色负极电缆从接地点（–）上断开，然后从救援蓄电池的负极端子上断开。

（10）在发动机运转的情况下：首先将红色正极电缆从救援蓄电池的正极端子上断开，然后从跨接启动正极端子（+）上断开。配备锂离子蓄电池的车辆：如果电量过低，12V 锂离子蓄电池会自动与车辆电气系统断开连接。电气系统将暂时停用。对蓄电池进行充电（至少充电 10min）、进行跨接启动或与外部电源进行连接时，电气系统将自动重新启用。12V 锂离子蓄电池会自动与车辆电气系统重新连接。可以借用其他车辆的蓄电池进行启动，通过跨接导线将其他车辆的蓄电池用作外部电源。这个蓄电池的标称电压都必须是 12V。救援蓄电池的容量（Ah）不得比放完电的蓄电池的容量小太多。放完电的蓄电池必须正确连接至车辆电气系统。

图 14–159

（八）保险丝位置和功能说明

1. 驾驶员侧脚坑内保险丝盒

如图 14–159 所示。

2. 乘客侧脚坑内保险丝盒

如图 14–160 所示。

九、2020 年保时捷 Taycan 车型

（一）随车工具包

前行李箱内的工具包中的警示三角标牌（取决于具体的国家 / 地区）、存放补胎胶、牵引凸耳和急救包的塑料盒（取决于具体的国家 / 地区）和存放工具包和轮胎充气机的塑料盒，如图 14–161 所示。

（二）车辆举升 / 支撑点

车辆举升 / 支撑点如图 14–162 和 14–163 所示。

（三）停用车身高度系统 / 举升模式

如果显示 PASM 或车辆高温警告信息，则在吊起车辆时存在人身伤害和车辆损坏的风险。车辆必须在冷却时才能举升。如果显示 PASM 警告消息，不应自行对底盘执行任何操作。请咨询合格的专业维修中心。保时捷推荐保时捷中心来完成这项工作，因为他们拥有经过培训的专业维修人员，并且备有必要的零件和工具。设置 > 车辆 > 其他底盘设置 > 使用千斤顶之前，停用底盘调节功能。

（四）车门紧急解锁 / 紧急上锁

如果车钥匙遥控器不起作用，即使没有遥控器也可解锁和锁止车门。在执行紧急解锁时，必须在 15s 内按下电源按钮，以防止触发防盗警报系统。

1. 执行紧急车门解锁操作流程

在后窗的右上角握持车钥匙，同时按下遥控器开锁按钮。

图 14–160

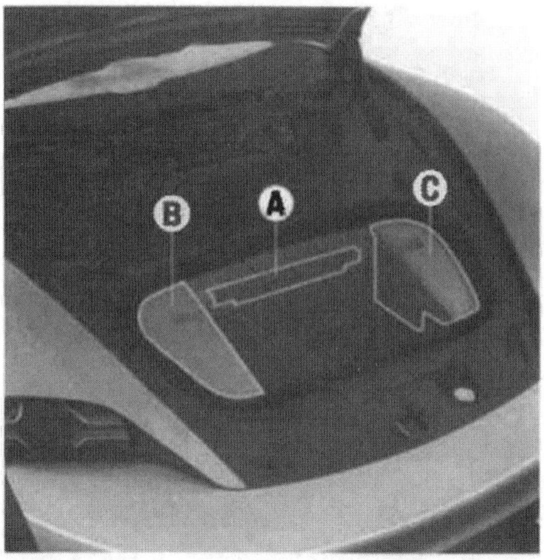

A.警示三角标牌（取决于具体的国家/地区） B.存放补胎胶、牵引凸耳和急救包的塑料盒（取决于具体的国家/地区） C.存放工具包和轮胎充气机的塑料盒

图 14–161

图 14–162

图 14–163

2. 如果车辆仍然无法解锁

（1）从车钥匙上取下紧急车钥匙。

（2）拉动并握住驾驶员侧车门上的把手。

（3）将紧急车钥匙插入车门锁，圆边朝上（右侧驾驶：圆边朝下），如图 14–164 所示。

（4）逆时针转动紧急车钥匙，直至感觉到有阻力，然后用力将紧急车钥匙转到底。

（5）再次将紧急车钥匙旋回到其初始位置并拔下。

（6）将门把手从关闭位置拉过阻力点，车门随之可以打开。

（7）必须在 15s 内按下电源按钮以开启车辆，从而防止触发防盗警报系统。

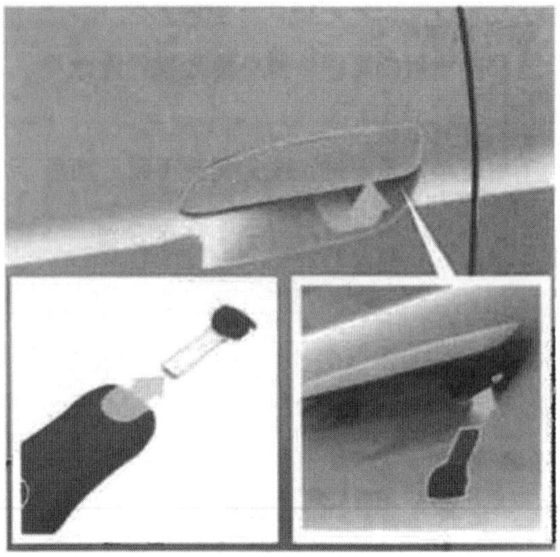

图 14–164

3. 执行紧急车门锁止

提示说明：只有在发动机已关闭时才能紧急锁止车门。

（1）从车钥匙上取下紧急车钥匙。

（2）拉动并握住驾驶员侧车门上的把手。

（3）将紧急车钥匙插入车门锁，圆边朝上（右侧驾驶：圆边朝下）。

（4）在驾驶员侧车门打开的情况下，顺时针转动紧急车钥匙，直至感觉到初始阻力，然后用力将紧急车钥匙转到底。

（5）再次将紧急车钥匙旋回到其初始位置并拔下，车门随之可以打开。

（6）关闭驾驶员侧车门。

（7）检查车辆是否已锁止。

（五）对乘客侧车门进行紧急上锁

对乘客侧车门进行紧急锁止说明。

（1）打开车门。

（2）松开并拆下盖罩。

（3）从车钥匙上取下紧急车钥匙。

（4）使用紧急车钥匙向外转动门锁，如图 14–165 所示。

（5）重新安装盖罩。

（6）握住并拉动门把手。

（7）车门打开后，顺时针转动紧急车钥匙，直至开始感觉到有阻力，然后用力将紧急车钥匙转到底。

（8）再次将紧急车钥匙旋回到其初始位置并拔下。

（9）关闭车门。

（10）检查所有车门是否都已锁止。拉动开门装置可以从车内打开车门。

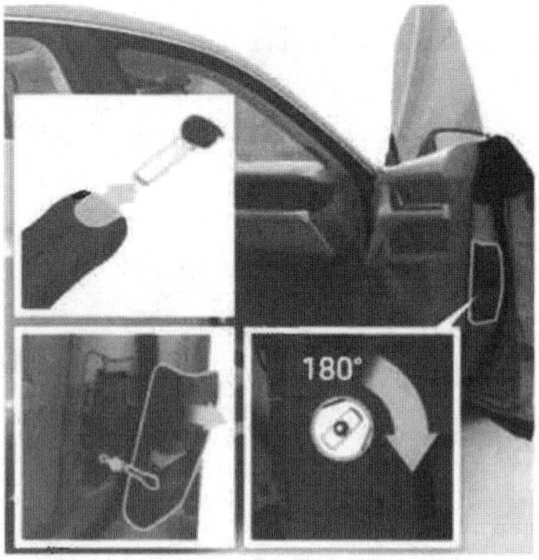

图 14–165

（六）前行李舱盖应急解锁

如果 12V 蓄电池电耗尽，则只能借助外部蓄电池来解锁前舱盖。前舱盖紧急解锁 – 连接正极，如图 14–166 所示。

（1）用紧急车钥匙从车门锁解锁车辆。

（2）从左侧保险丝盒上取下塑料护盖。

（3）拔出保险丝盒中的正极端子，如图 14–166 所示。

（4）用红色跨接导线将救援蓄电池的正极端子连接至保险丝盒中的正极端子。信息提示：如果车辆本来处于锁止状态，则在连接负极端子时，防盗警报系统的报警喇叭将会响起。

（七）充电口盖板紧急解锁

如果充电座出现故障，可手动打开充电口护盖。切勿对两侧的充电口护盖同时执行紧急解锁，或在其中一个充电口护盖已正确打开时执行紧急解锁。

1. 执行手动充电口护盖的紧急解锁

在执行手动充电口护盖的紧急解锁后，可以使用交流电（AC）或直流电（DC）通过此充电口护盖对车辆充电。位于对面的充电口护盖自动锁定。

手动充电口护盖的紧急解锁。

（1）从工具包中取出紧急解锁工具。

（2）在充电口护盖的后部下方引导紧急解锁工具的金属钩。

（3）放置紧急解锁工具并拉动它以打开。

（4）将紧急解锁工具的金属钩插入挺杆开口，然后朝车辆前方转动紧急解锁工具约 45°，施加轻微压力，如图 14–167 所示。

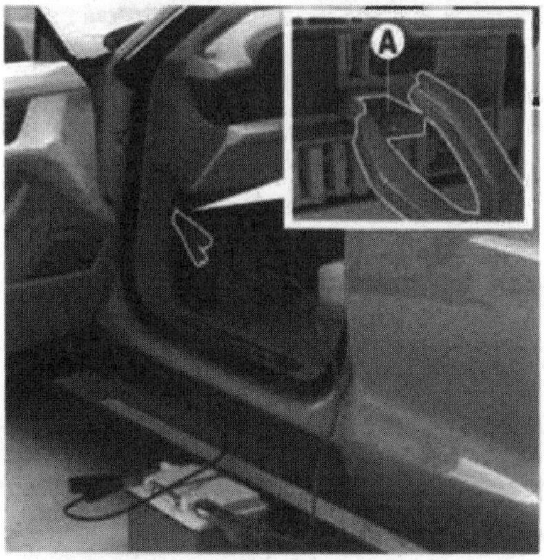

A.正极端子（红色）

图 14–166

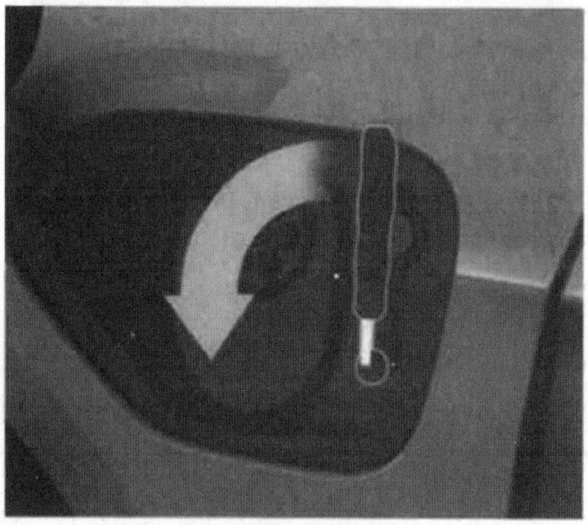

图 14–167

（5）拆下挺杆。

（6）执行充电。

（7）充电后关闭充电口护盖。

2. 紧急解锁后，车辆只能使用交流电（AC）充电

（1）从工具包中取出紧急解锁工具。

（2）将紧急解锁工具的金属钩引导到充电口护盖后面。

（3）放置紧急解锁工具并拉动它以从固定装置松开充电口护盖，如图 14–168 所示。

（4）执行充电。

（5）将充电口机盖放在固定装置上并推动它直至其牢固接合以将其关闭。

（八）执行车辆插头的紧急解锁

如果车辆插头无法解锁（例如由于故障），必须执行紧急解锁。是否提供车辆插头的紧急解锁操作取决于具体的国家 / 地区。

（1）打开驾驶员侧或乘客侧车门。

（2）将手伸入驾驶员侧或乘客侧车门与翼子板之间的位置，如图 14–169 所示。将球形把手向上拉至阻力点。车辆插头解锁。如果充电过程已启动，此时将停止。

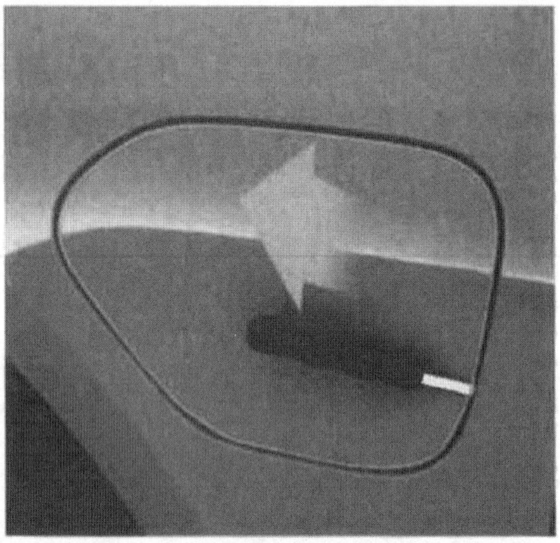

图 14–168

图 14–169

（3）在约 20s 内，将车辆插头从车辆充电口中拔出。

（4）关闭充电口护盖。请前往维修中心，进行检查维修排除故障。

（九）跨接启动

1. 蓄电池安装位置 / 充电

对 12V 锂离子蓄电池充电时，确保充分通风。

（1）打开前舱盖。

（2）拆下塑料护盖。

（3）打开跨接启动正极端子（+）的护盖。

（4）将充电器的红色正极电缆连接至跨接启动正极端子（+），如图 14–170 所示。

（5）将充电器的黑色负极电缆连接至接地点。

（6）打开充电器。

（7）对蓄电池充电后，先关闭充电器，然后再断开与蓄电池的连接。

（8）关闭跨接启动正极端子（+）上的护盖。

（9）安装塑料护盖。

2. 外部供电 / 辅助启动

紧急启动和外部电源供电会严重损坏车辆电子装置。正确操作流程如下。

（1）打开前舱盖。

（2）拆下塑料护盖。

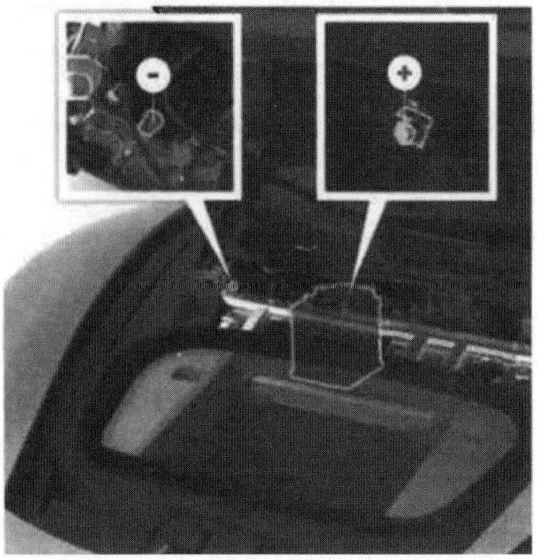

图 14–170

（3）打开跨接启动正极端子（+）的护盖。

（4）将红色正极电缆连接至跨接启动正极端子（+）。

（5）将红色正极电缆连接至救援蓄电池的正极端子。

（6）将黑色负极电缆连接至救援蓄电池的负极端子。

（7）将黑色负极电缆连接至接地点（-）。

（8）使救援车辆的发动机以较高的转速运转。

（9）从外部电源为12V锂离子蓄电池充电（最少5min）。电气系统自动重新启动。

（10）操作就绪：首先将黑色负极电缆从接地点（-）上断开，然后从救援蓄电池的负极端子上断开。

（11）操作就绪：首先将红色正极电缆从救援蓄电池的正极端子上断开，然后从跨接启动正极端子（+）上断开。

（12）关闭跨接启动正极端子（+）上的护盖。

（13）安装塑料护盖口。

（14）继续为12V离子蓄电池充电：使用充电器为12V锂离子蓄电池充电。使用充电器对12V蓄电池充电或进入准备就绪状态。只有在仪表信息提示“进入准备就绪状态”，车辆才可以进行启动、驾驶等操作。

（十）保险丝位置和功能说明

1. 左侧仪表板上的保险丝盒

如图14-171所示。

2. 右侧仪表板上的保险丝盒

如图14-172所示。

3. 左侧脚坑的保险丝盒

如图14-173所示。

4. 右侧脚坑的保险丝盒

如图14-174所示。

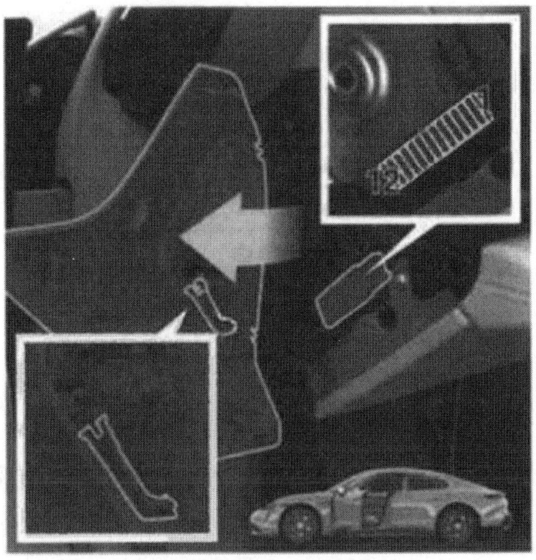

图14-171

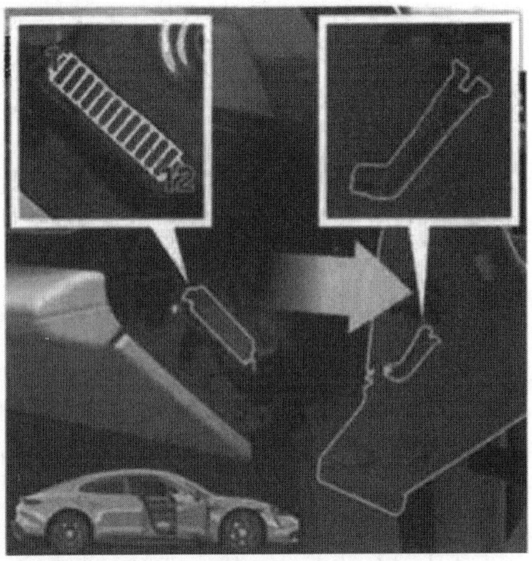

图14-172

图14-173

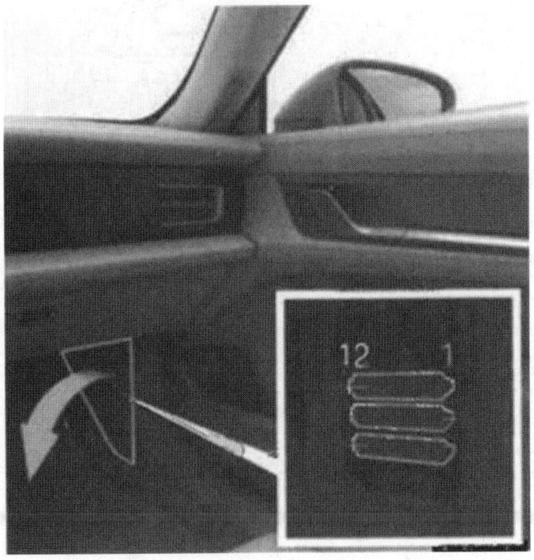

图14-174

第 15 章 宾利车系

一、2013—2018 年宾利欧陆 GTC 车系

道路救援情形的重要提示：本提示中涉及的安全措施，不仅仅适用于宾利汽车，而且适用于所有品牌车型的道路救援提示安全规则。如果发生紧急情况并且需要救援，请拨打道路救援信息电话号码。如果发生紧急情况或者汽车遇到故障，请执行以下操作。

（1）使停车位置与其他正在行驶的车辆保持一定的安全距离，并打开危险警示灯。

（2）将变速杆置于 P 挡。

（3）关闭发动机并启用电子驻车制动。

（4）使用三角警示架（如已安装），以引起其他交通参与者的注意。

（5）考虑从靠近人行道的一侧将乘客疏散到远离汽车的安全位置，以防该汽车被另一汽车撞击时对乘客造成伤害。

（6）离开汽车时请务必拔出遥控钥匙。如果汽车发生严重事故，导致气囊启用，则将无法驾驶汽车。请拨打道路救援信息提供的电话号码。

（一）随车工具

1. 配有备用轮胎的汽车

工具位于行李箱底板下，可按照以下方式拿取工具：将行李箱的地毯折起来，使用把手升起底板。可将把手钩在行李舱盖上的孔周围的封口处，以方便操作，如图 15-1 所示。

2. 配有轮胎移动系统的汽车

（1）工具位置。对于配有轮胎移动系统的汽车，工具位于行李舱底板下面的备用轮胎隔板上，如图 15-2 所示。

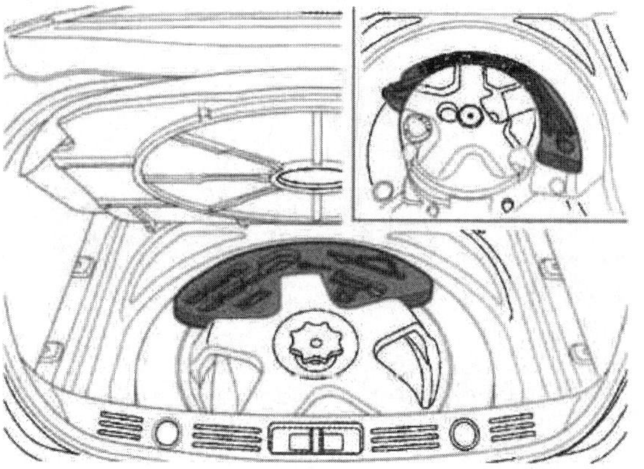

图 15-1

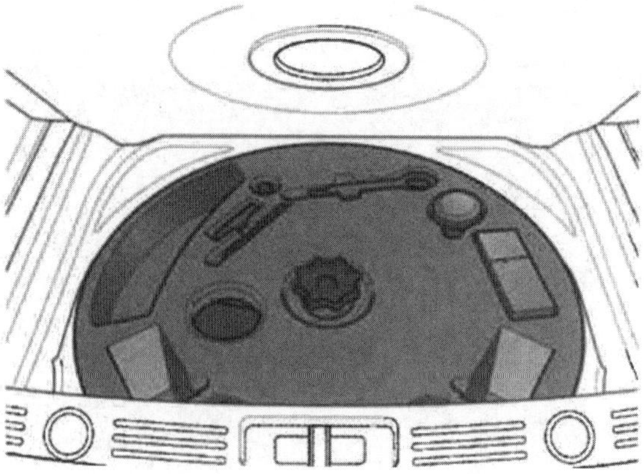

图 15-2

（2）工具箱中包含以下物品：轮胎移动系统压缩机、轮胎移动系统补胎胶、两用螺丝刀杆、螺丝刀手柄、锁止式轮胎螺栓适配器、救援拖车环、车轮饰件拆除工具（中央轮圈）、轮胎螺栓装饰罩拆除工具、扳手和内梅花扳手（紧急电子驻车制动释放装置）。

（二）救援拖车环

1. 救援拖车环的前部安装点（W12）

工具箱内存放的可拆卸式救援拖车环专供具备相关资质的救援专业人士使用，帮助在汽车发生故障或事故后救援车辆。如果出现车辆紧急情况，建议咨询授权的宾利经销商，以确保采取适当措施。将救援拖车环安装到汽车前部，如图 15–3 所示。

2. 救援拖车环的前部安装点（V8）

救援拖车环的前部安装点位于前护栅板右下方的后面。要将救援拖车环安装到前部安装点，请执行以下操作。

（1）小心地从旁边取下右侧护栅，然后将护栅放在离保险杠较远的地方。在采用 V8 发动机的车辆中，从护栅中松开 PDC 传感器（不要改动电气连接），并将护栅拉出保险杠外。确保松动的 PDC 传感器在车辆救援过程中不会受到可能的损坏，并尽早重新装配护栅和 PDC 传感器。

（2）将护栅板小心地装入行李舱中。

（3）卸下空板（如已安装），然后将救援拖车环（如图 15–4 所示）顺时针拧入安装点，确保其完全紧固。重要提示：在采用 V8 发动机的车辆中，建议在卸下护栅和 PDC 传感器前关闭 PDC 系统。

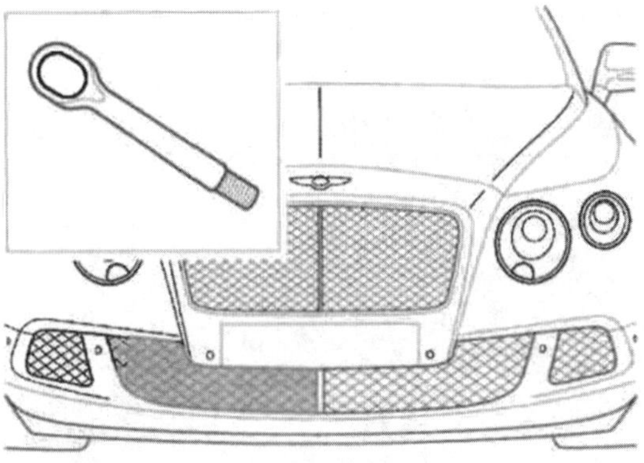

图 15–3

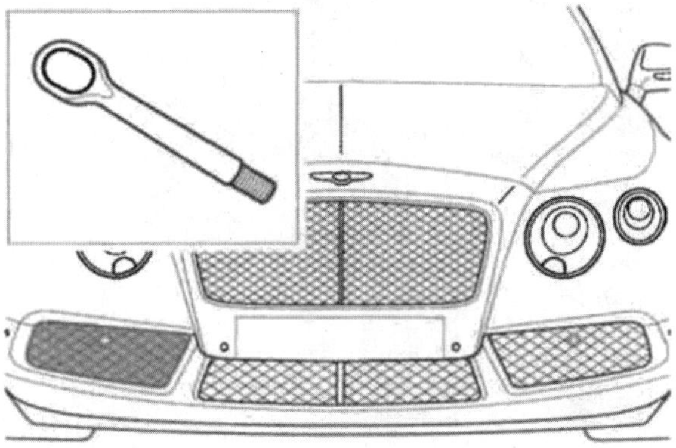

图 15–4

3. 救援拖车环的后部安装点

救援拖车环的后部安装点位于后保险杠右下方，可拆卸板的后面。要将救援拖车环安装到后部安装点，请执行以下操作。

（1）将板的右侧（如图 15–5 所示）用力向内压，以从保险杠壳体中拉出板。

（2）将救援拖车环（如图 15–5 所示）顺时针拧入安装点，确保其完全紧固。

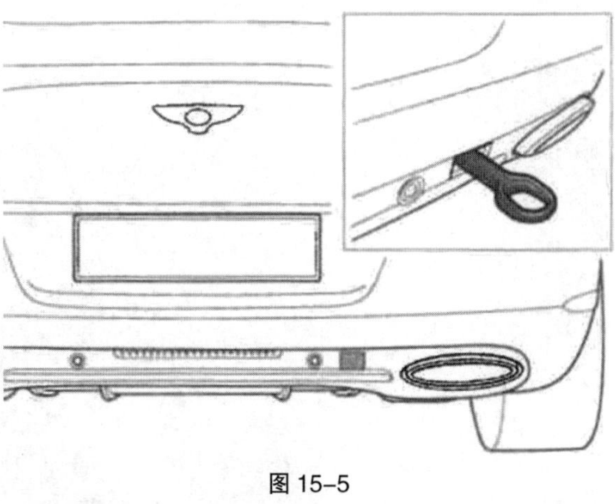

图 15–5

警告：不使用救援拖车环时，应将其放回到工具箱中的存放位置。应避免牵引时过度用力。在非行驶路面上拖车时，始终存在牵引装置因负荷过重而发生损坏的危险。救援拖车环不是牵引环，只能用于通过结实的拖车杆将处于紧急状况的车辆拖运到适当的运输车上。应尽可能在后部安装件上使用前部救援拖车环。后部救援拖车环只能用于以下情况：车辆位于平地上、车速极低并且持续时间尽可能最短。未能遵循这一点可能导致损坏救援拖车环安装件以及相关的车身部件。如果发动机没有运转，则无法保持制动和转向系统的液压辅助功能。因此，必须允许更长的制动距离和更大的操控性。

（三）设置车辆举升模式 / 千斤顶模式

升起汽车之前，请务必按如下所述禁用汽车的车身高度控制功能，并将汽车切换至使用千斤顶升起模式。

（1）打开点火开关。

（2）同时按住位于中央控制台下部的减震器设置按钮和车身高度控制按钮 5s，如图 15–6 所示。

（3）驾驶员信息面板将显示 Jackmode（千斤顶模式）。

（四）电子驻车制动紧急释放装置

如果电气系统完全失效，则无法使用中央控制台上的开关对电子驻车制动进行操作，并且电子驻车制动将一直保持已按下的状态。如果发生这种情况，建议使用施助车辆的蓄电池提供动力，以释放电子驻车制动。要移动汽车进行救援，可能需要使用工具箱中的工具来手动释放电子驻车制动。如图 15–7 中工具箱中工具“内梅花扳手——紧急电子驻车制动释放装置”。只能由具备相关资质的汽车救援专业人员执行此操作。

图 15–6

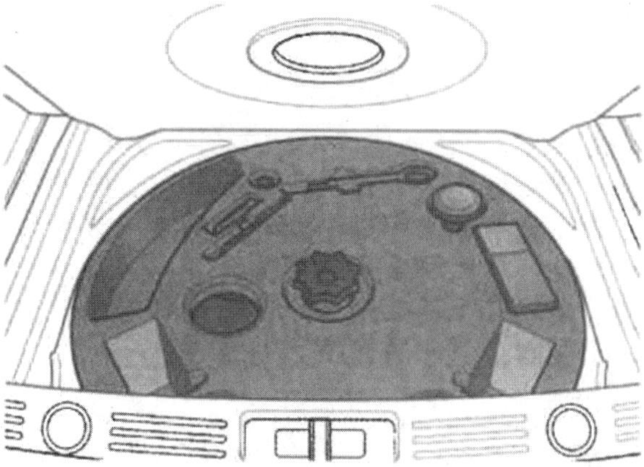

图 15–7

（五）2006—2018 年欧陆 GT 空挡停车紧急释放

如果电气系统失灵，在机械锁定传动装置时，可以从 P（驻车）挡位推动变速杆。在这种情况下，找到中央控制台右手边的电缆（它藏在下仪表盘的下方）。小心地拉回地毯，打开卡座，松开电缆，如图 15–8 所示。拉动内电缆，以松开变速器锁销，然后将挡位变速杆推到 N（空）挡位置。

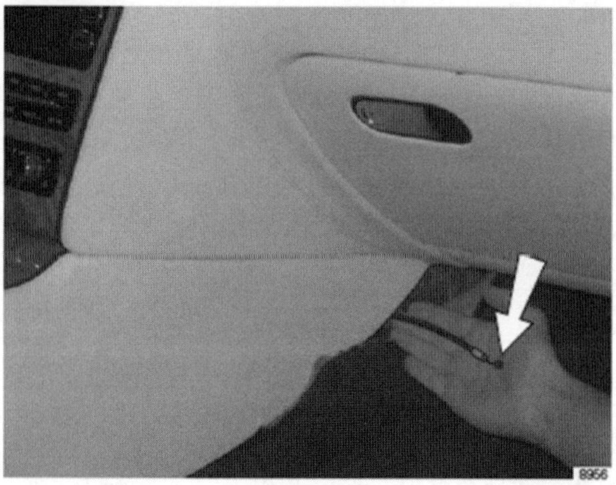

图 15–8

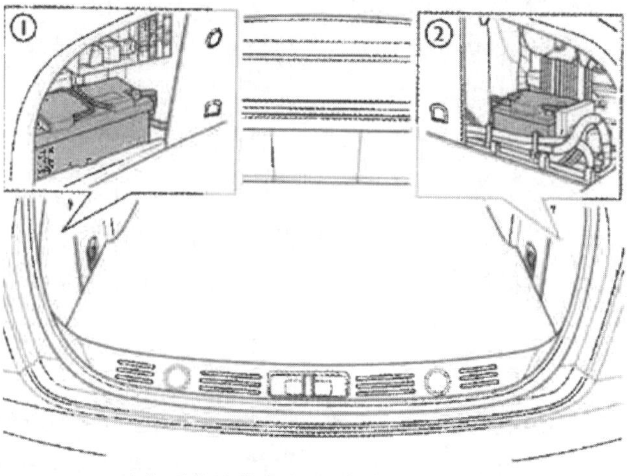

1.电气系统的蓄电池　2.启动器系统的蓄电池

图 15–9

（六）跨接启动

1. 蓄电池信息

两组蓄电池位于行李舱两侧的侧饰板后方。位于左边的是车辆电气系统的蓄电池，位于右边的是车辆启动系统的蓄电池，如图 15–9 所示。

2. 蓄电池电量不足

蓄电池电耗尽（即发动机无法启动）时，请执行以下操作。

（1）将遥控钥匙插入点火开关，然后逆时针旋转遥控钥匙，直到听见清晰的“咔嗒”声为止。这表示现在可以启动发动机。

（2）顺时针旋转遥控钥匙，正常启动发动机。如果两组蓄电池的电均已耗尽，则遵循本“紧急启动”中介绍的程序进行操作。要取出蓄电池，请将行李舱相应一侧的两个固定器朝汽车后部旋转四分之一圈，然后从行李舱侧面拉出罩板。使用施助车辆蓄电池或将跨接导线连接至车辆时，必须遵循指定的程序。

3. 紧急启动

紧急启动蓄电池连接示意图如图 15–10 所示。使用跨接导线，跨接导线必须符合 DIN72553 规格。停好施助车辆，使其蓄电池靠近汽车后部。按下驻车制动，并确保两辆车的变速杆均处于驻车挡或空挡。确保施助汽车蓄电池的电压与汽车蓄电池电压相同（12V）。

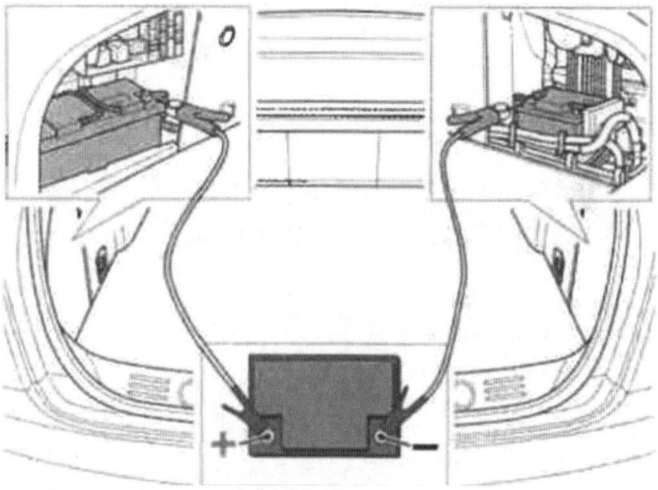

图 15–10

备注：确保两辆车没有接触，否则一旦连接正极接线柱，就会形成闭合电路。

启动汽车。关闭点火装置。关闭两辆车上的所有电气设备，按照以下程序进行操作。

（1）将红色跨接导线从施助车辆的蓄电池正极（+）接线柱连接至行李舱左侧的主蓄电池正极（+）接线柱。

（2）将黑色跨接导线从施助车辆蓄电池负极（–）接线柱连接至行李舱右侧的启动器系统蓄电池负极（–）接线柱。

（3）确保跨接导线未接触任何移动部件，然后启动施助车辆的发动机。

（4）启动汽车上的发动机。发动机正常运转之后，让发动机空转数分钟。

（5）关闭施助车辆的发动机，然后断开跨接导线。按照与连接时相反的顺序断开，即首先从汽车上断开黑色导线。

（七）电动车顶应急手动关闭

1. 手动关闭操作

发生故障时，可以手动关闭电动车顶。请注意，在降下所有车窗之前，不建议尝试执行此操作。

（1）启用驻车制动。

（2）抽出遥控钥匙。

2. 手动关闭步骤

我们提供了以下详细信息，便于紧急情况下快速参考。

（1）确保车尾箱盖已完全关闭。

（2）确保车窗已完全降低。

（3）然后需要配置手动解锁钥匙并用该钥匙打开后座盖。手动解锁钥匙位置和解锁点如图 15–11 所示。

（4）打开车顶锁闩并释放后围侧板两侧的铰链式盖。

（5）升起车顶系统。

（6）关闭并锁定后座盖。

（7）关闭电动车顶。

（8）锁定电动车顶。

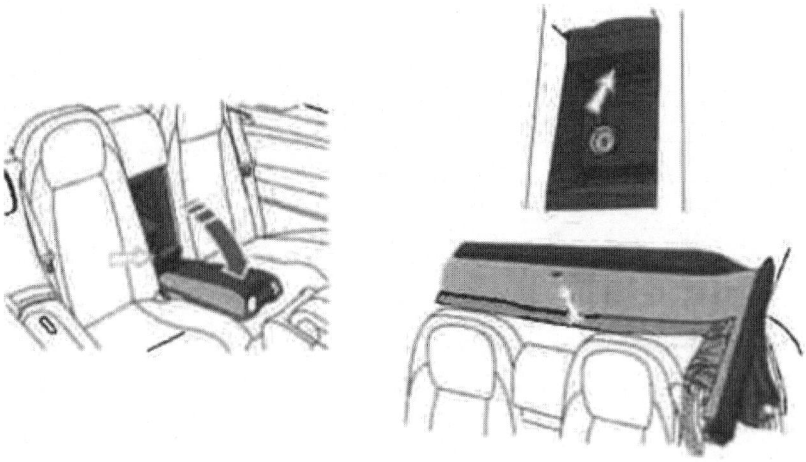

图 15–11

3. 手动解锁钥匙

手动操作电动车顶所需的解锁钥匙位于两个后座之间的雪橇行李舱底部的装饰板后面，如图 15–12（a）所示。按下两个后座之间的储物箱顶部的凹入按钮，然后压下储物箱将其取出。撬出位于雪橇行李舱底部的下装饰盖，露出位于装饰盖后部的钥匙。

4. 电动车顶后固定点

后挡风玻璃组件和后座盖通过电动车顶机构固定。后座盖通过后座头枕下方和后面的锁闩固定到车身组件的后部。必须将手动解锁工具穿过雪橇行李舱顶部的插孔插入机构当中，如图 15–12（b）所示，以便将锁闩解锁。

5. 电动车顶前固定点

前挡风玻璃顶板和电动车顶前顶板通过遮阳板上方的装饰板后面的锁闩固定在一起。在一个位置即可接触到这些锁闩。取下前顶板装饰板中间的小盖子，如图 15–12（c）所示。必须将手动解锁工具穿过装饰板插入机构当中以便将锁闩解锁，请遵照以下步骤中的信息操作。

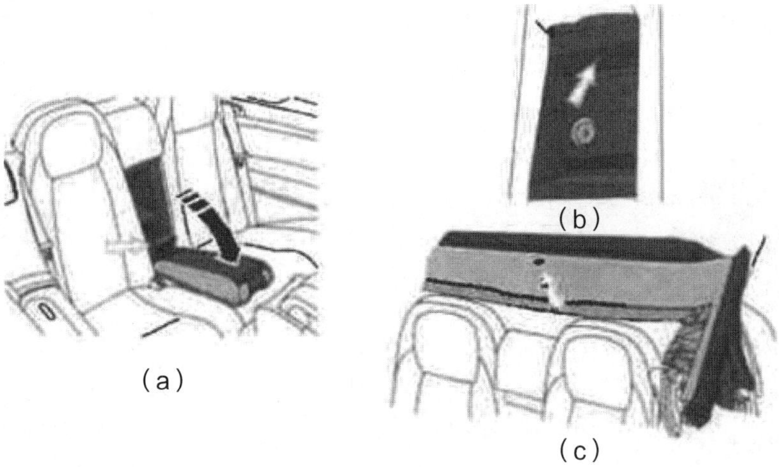

（a）　（b）　（c）

图 15–12

6. 手动解锁钥匙配置

开始执行任何手动操作前，必须按照以下步骤配置手动解锁钥匙。

（1）逆时针转动红色把手部分直到转不动为止，从而配置解锁钥匙以便插入，如图 15–13（a）所示。

（2）将解锁钥匙插入雪橇行李舱顶部或前挡风玻璃顶板中的插孔中，如图 15–13（b）所示。朝任意方向转动解锁钥匙，直到钥匙顶部的凸耳接合到锁定机构中。

（3）逆时针将解锁钥匙转动四分之一圈直到转不动为止，如图 15–13（c）所示。此时，解锁钥匙已接合到锁定机构中。

（4）逆时针转动解锁钥匙的红色把手部分直到听到接合的声音，如图 15–13（d）所示。

（5）顺时针转动整个解锁钥匙直到转不动为止，如图 15–13（e）所示。被释放的面板将完成解锁并从锁闩中稍稍弹起。

（6）要取出钥匙，顺时针转动红色把手部分直到转不动为止，然后顺时针转动整个钥匙直到转不动为止，然后再取出钥匙，如图15-13（f）所示。警告：打开和解锁后座盖前必须关闭车尾箱盖，否则面板会相互碰撞，从而对二者表面产生相当严重的损坏。

7. 解锁后座盖

警告：开始执行操作前，必须降下所有车窗。打开和解锁后座盖前必须关闭车尾箱盖，否则面板会相互碰撞，从而对二者表面产生相当严重的损坏。打开后座盖，必须将解锁钥匙穿过雪橇行李舱顶部的插孔插入锁定机构当中。按下储物箱顶部的凹入按钮，然后压下储物箱将其取出。撬出下装饰盖，露出位于装饰盖后部的钥匙。取出钥匙。操作前必须配置手动解锁钥匙。逆时针转动红色把手部分直到转不动为止，从而配置解锁钥匙以便插入。

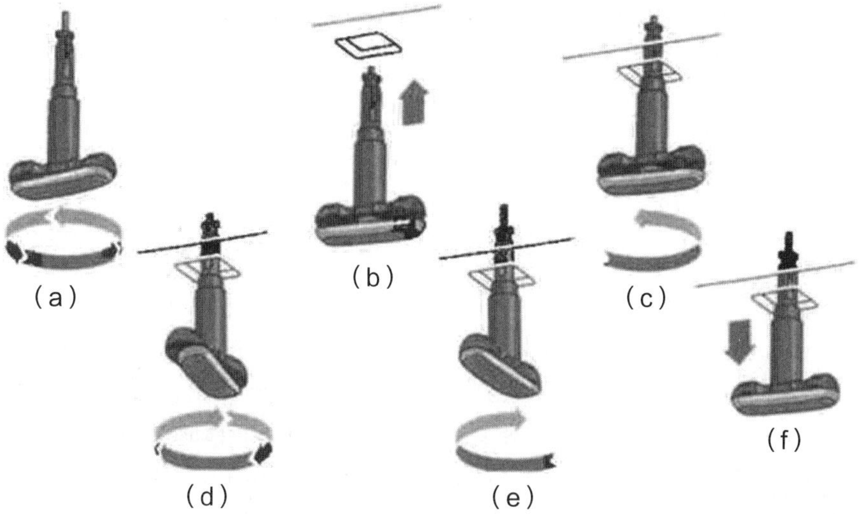

图 15-13

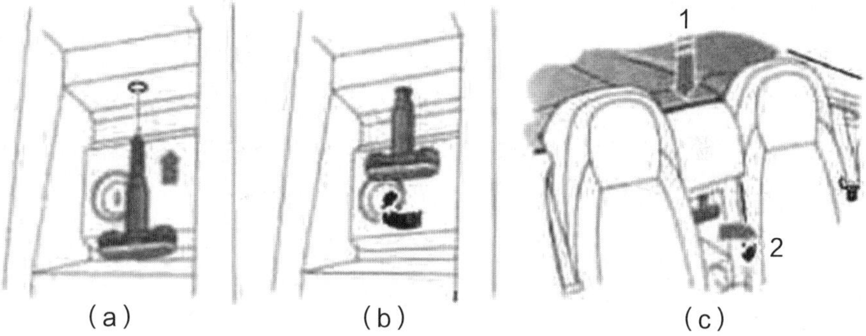

图 15-14

（1）将解锁钥匙插入雪橇行李舱顶部的插孔中，如图15-14（a）所示。朝任意方向转动解锁钥匙，直到钥匙顶部的凸耳接合到锁定机构中。逆时针将解锁钥匙转动四分之一圈直到转不动为止。此时，解锁钥匙已接合到锁定机构中。

（2）顺时针转动解锁钥匙的红色把手部分直到听到接合的声音，如图15-14（b）所示。

（3）逆时针转动整个解锁钥匙直到转不动为止，如图15-14（c）中1所示。后座盖将完成解锁并从锁闩中稍稍弹起。要取出钥匙，顺时针转动红色把手部分直到转不动为止，然后顺时针转动整个钥匙直到转不动为止，然后再取出钥匙。抬起后座盖，如图15-14（c）中2所示。

8. 打开后座盖

打开后座盖和车顶锁闩、释放铰链式盖以及升起车顶：完全打开后座盖，然后将铰链式支撑臂向后按直到按不动为止，这样便可以锁定支撑臂，从而避免事故，如图15-15（a）箭头处所示。

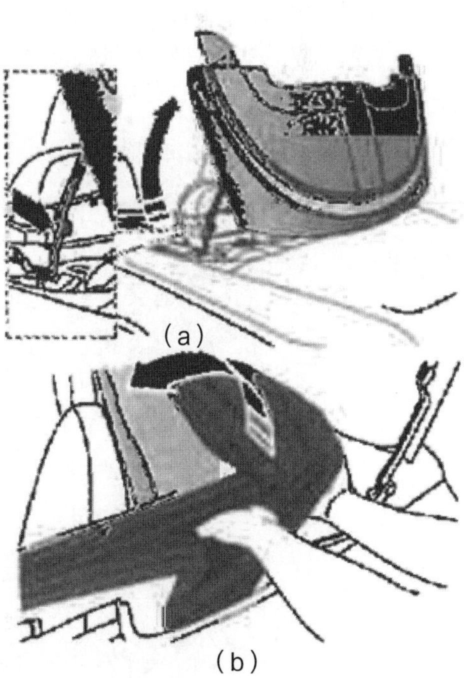

图 15-15

9. 打开车顶锁闩

在升起车顶组件之前，必须打开前顶部横杆两侧的锁闩。

（1）要接触到操纵锁闩的机构，必须取下前顶部横杆中间的小盖子，如图 15–16（a）所示。小心地撬出盖子。

（2）配置手动解锁钥匙后，必须将钥匙穿过插孔连接到锁定机构，如图 15–16（b）所示。逆时针转动红色把手部分直到转不动为止，从而配置解锁钥匙以便插入。将解锁钥匙插入前顶部横杆中的插孔中。朝任意方向转动解锁钥匙，直到钥匙顶部的凸耳接合到锁定机构中。逆时针将解锁钥匙转动四分之一圈直到转不动为止。此时，解锁钥匙已接合到前顶板的锁定机构中。

（3）顺时针转动解锁钥匙的红色把手部分直到听到接合的声音，如图 15–16（c）所示。逆时针转动整个解锁钥匙直到转不动为止。前顶部横杆锁闩将解锁并打开到位。要取出钥匙，顺时针转动红色把手部分直到转不动为止，然后顺时针转动整个钥匙直到转不动为止，然后再取出钥匙。

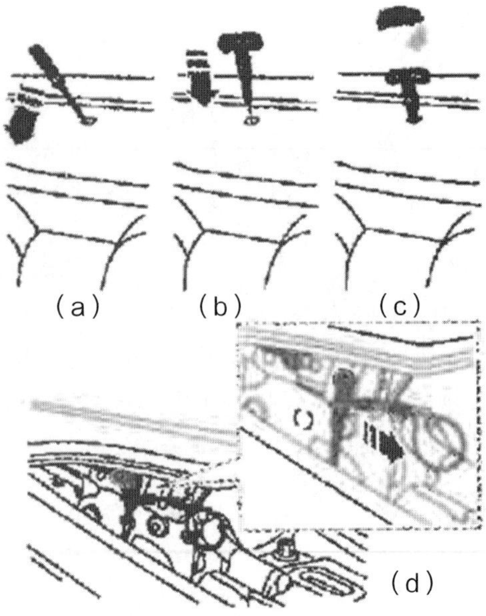

图 15–16

（4）松开拉索，如图 15–16（d）所示，然后向后拉以便撬起和移开后围侧板两侧的盖子下面的铰链式连接机构。盖子为弹簧盖，释放后将打开至直立位置。无须关闭盖子。

（5）此时需要在另一人的帮助下将电动车顶从存放区域中抬起，如图 15–15（b）所示。为避免扭结或对车顶结构造成其他损坏，抬起车顶时两边必须使用相同大小的力并保持同一高度。警告：请确保后座盖一直打开到直立位置，并确保铰链式支撑臂锁定到完全打开位置，如图 15–15（a）箭头处，这样可以避免后座盖突然倒下而导致人身伤害。

10. 升起车顶组件

锁定后座盖前，必须在另一人的帮助下升起整个车顶组件，如图 15–15（b）所示。备注：为避免扭结或对车顶结构造成其他损坏，抬起车顶时两边必须使用相同大小的力并保持同一高度。

（1）将整个车顶组件从存放位置向前升起，如图 15–17（a）所示，直到前顶部横杆几乎与前挡风玻璃顶板接触。

（2）请注意，包含后挡风玻璃的车顶组件后部也必须同时升起并停留在垂直位置，如图 15–17（b）

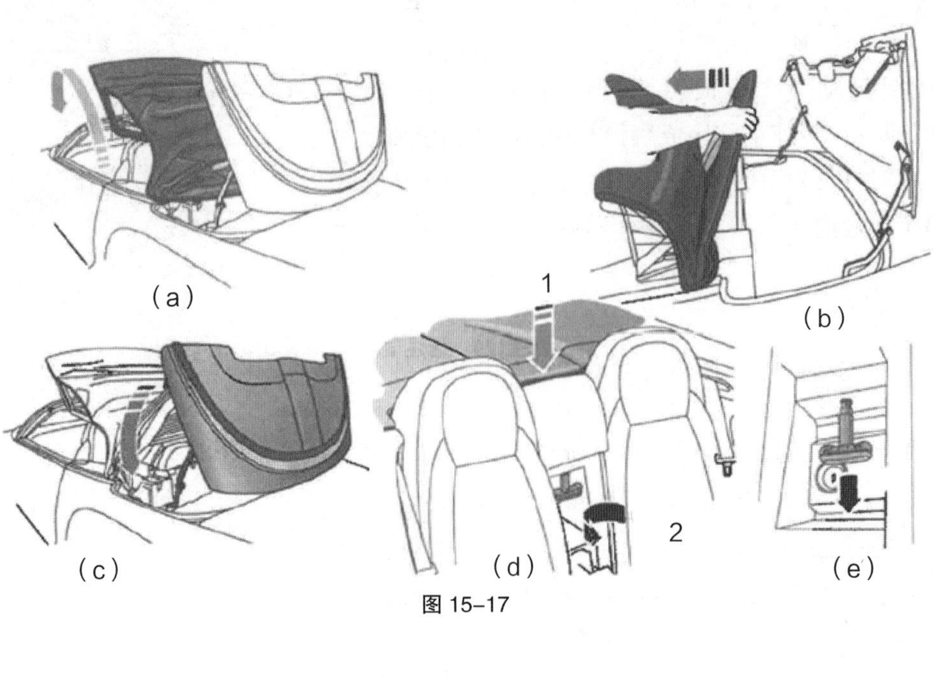

图 15–17

所示。

11. 关闭后座盖

要关闭后座盖，请向前按钗链式支撑臂并小心地将后座盖完全放下，如图 15–17（c）所示，应确保后挡风玻璃组件与后座盖之间没有接触。警告：关闭后座盖时，谨防将手和手指夹在后座盖下面。将后座盖按下时不要用力。此时后座盖并不会完全关闭。车身与后座盖之间会留有缝隙。

12. 锁定后座盖

此时需要锁定后座盖。操作前必须配置手动解锁钥匙。逆时针转动红色把手部分直到转不动为止，从而配置解锁钥匙以便插入，如图 15–13 所示。将解锁钥匙插入雪橇行李舱顶部的插孔中。朝任意方向转动解锁钥匙，直到钥匙顶部的凸耳接合到锁定机构中。逆时针将解锁钥匙转动四分之一圈直到转不动为止。升起车顶组件并锁定后座盖：此时，解锁钥匙已接合到锁定机构中。

（1）施加压力，如图 15–17（d）中 1 所示。逆时针转动解锁钥匙的红色把手部分直到听到接合的声音。

（2）逆时针转动整个解锁钥匙直到转不动为止，如图 15–17（d）中 2 所示。后座盖将锁定。

（3）要取出钥匙，顺时针转动红色把手部分直到转不动为止，然后顺时针转动整个钥匙直到转不动为止，然后再取出钥匙，如图 15–17（e）所示。

13. 关闭电动车顶

（1）在另一人的帮助下，小心地将前顶板组件向汽车前部升起，如图 15–18（a）中 1 所示。

（2）降下车顶组件的后部，将其放在后座盖上，如图 15–18（a）中 2 所示。此时需要将解锁钥匙插入前顶部横杆以便将车顶组件锁定在前挡风玻璃顶板上。逆时针转动红色把手部分直到转不动为止，从而配置解锁钥匙以便插入。将解锁钥匙插入前顶部横杆中的插孔中。朝任意方向转动解锁钥匙，直到钥匙顶部的凸耳接合到锁定机构中。

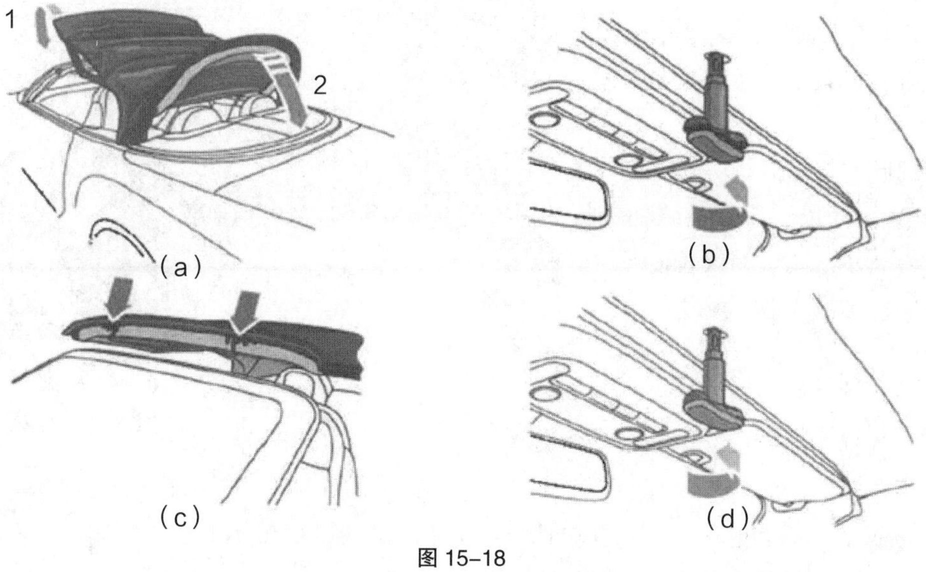

图 15–18

（3）逆时针将解锁钥匙转动四分之一圈直到转不动为止，如图 15–18（b）所示。此时，解锁钥匙已接合到前顶板的锁定机构中。顺时针转动红色把手部分直到转不动为止。

14. 锁定电动车顶

（1）逆时针将解锁钥匙转动四分之一圈直到转不动为止 [如图 15–18（c）所示] 时所用的力应足以使前顶板与前挡风玻璃顶板接触，从而便于结合两侧的锁闩。在解锁钥匙已接合到前顶板的锁定机构中的情况下，执行以下操作。

（2）逆时针转动整个解锁钥匙直到转不动为止，如图 15-18（d）所示。前顶部横杆锁闩将把前顶板锁定在前挡风玻璃顶板上。此时需要取出手动解锁钥匙。顺时针转动钥匙上的红色把手部分直到转不动为止。顺时针转动整个钥匙，然后取出钥匙。将盖子安装回开口处并将手动解锁钥匙放回原位。在另一人的帮助下，向下按压电动车顶组件的后部，直到与后座盖发生接触。

（八）保险丝位置和功能说明

1. 保险丝板位置说明

如图 15-19 所示，车中装有五块保险丝板，分别位于以下位置。

（1）行李舱保险丝板位于行李舱装饰板左后方，如图 15-19 中 A 所示。

（2）仪表板保险丝板位于驾驶员膝部翻板的后方，如图 15-19 中 B 所示。

（3）发动机舱保险丝板位于较低挡风玻璃通风口的下方，如图 15-19 中 C 所示。

（4）安装在启动机电池上的保险丝板位于启动机电池的正极接线柱上，行李舱装饰板右后方，如图 15-19 中 D 所示。

（5）安装在主电池上的保险丝板位于主电池的正极接线柱上，行李舱装饰板左后方，如图 15-19 中 E 所示。

2. 仪表板保险丝板保险丝功能说明

仪表板保险丝板位于驾驶员膝部翻板的后方，如图 15-20 所示。要接触仪表板保险丝板，请小心撬开转向柱下面的平衡板。

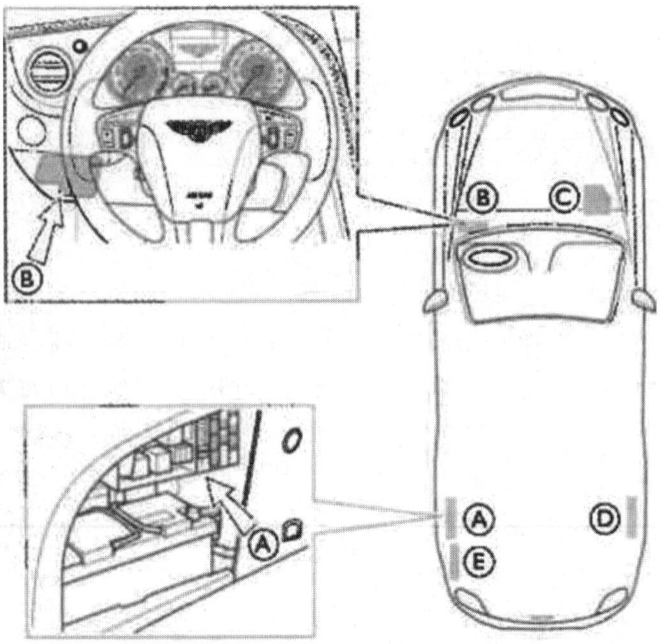

A.行李舱保险丝板　B.仪表板保险丝板　C.发动机舱保险丝板　D.启动机电池上的保险丝板　E.主电池上的保险丝板

图 15-19

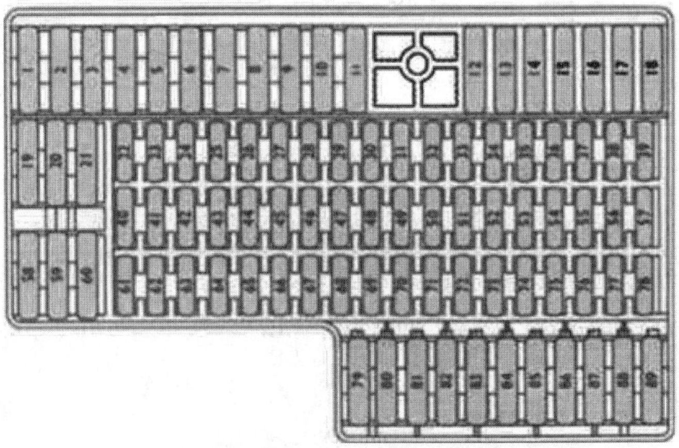

图 15-20

二、2014—2019 年宾利飞驰

（一）随车工具

1. 配有备用轮胎的汽车

如图 15-21 所示为下部工具箱。配有临时用备用轮胎的汽车提供了上部工具箱和下部工具箱。要取出下部工具箱，首先要旋出紧固螺丝并卸下临时用备用轮胎。

2. 配有轮胎移动系统的汽车

如图 15-22 所示为工具位置。对于配有轮胎移动系统的汽车，工具位于行李舱底板下面的备用轮胎隔板上。

（二）救援拖车环

1. 前部救援拖车环

救援拖车环的前部安装点位于前护栅板右下方的后面。要将救援拖车环安装到前部安装点，请执行

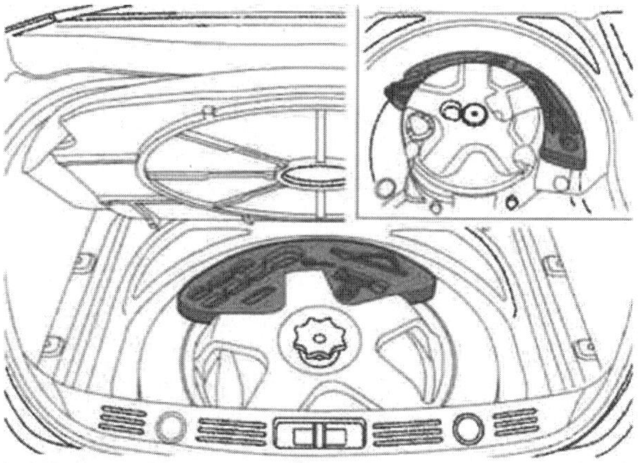

图 15-21

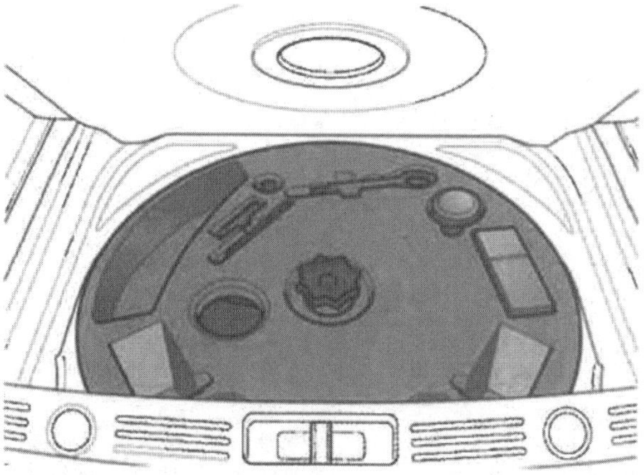

图 15-22

以下操作。

（1）从右侧护栅中取下螺丝。小心地从旁边取下护栅，然后将护栅放在离保险杠较远的地方。从护栅中松开停车辅助系统（PDC）传感器（不要改动电气连接），并将护栅拉出保险杠外。确保松动的PDC（停车辅助系统）传感器在车辆救援过程中不会受到可能的损坏，并尽早重新装配护栅和PDC（停车辅助系统）传感器。

（2）将护栅板小心地装入行李舱中。

（3）卸下空板（如已安装），然后将救援拖车环顺时针拧入安装点，确保其完全紧固，如图15-23所示。

2. 后部救援拖车环

救援拖车环的后部安装点位于后保险杠右侧，可拆卸板的后面。要将救援拖车环安装到后部安装点，请执行以下操作。

（1）将板的底部用力向内压，以从保险杠壳体中拉出板。

（2）将救援拖车环（如图15-24所示）顺时针拧入安装点，确保其完全紧固。

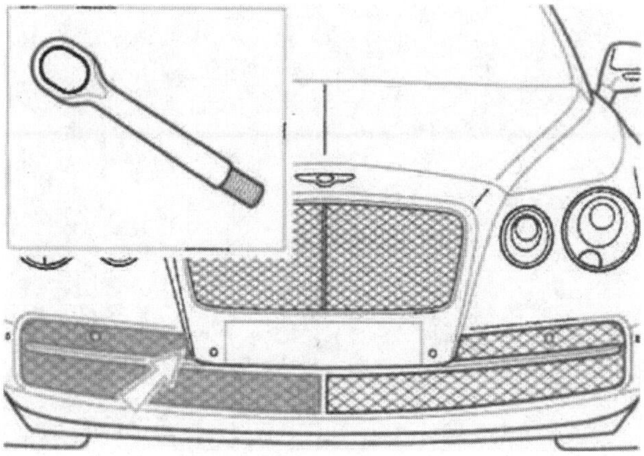

图 15-23

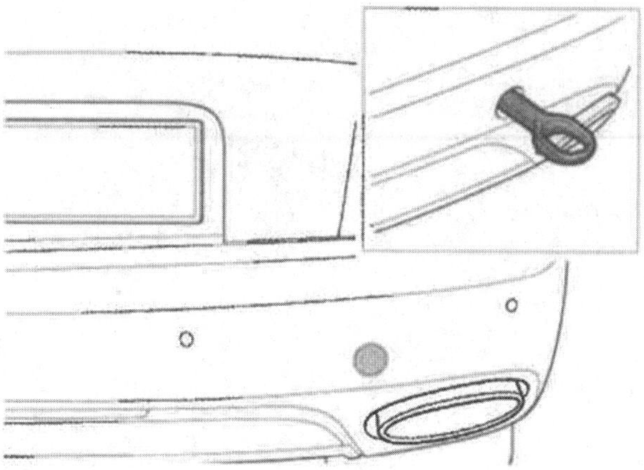

图 15-24

（三）空挡停车紧急释放

如果电气系统失灵，在机械锁定传动装置时，可以从P位（驻车挡）推动变速杆。在这种情况下，找到中央控制台右手边的电缆（它藏在下仪表盘的下方）。小心地拉回地毯，打开卡座，松开电缆，如图15-25所示。拉动内电缆，以松开变速器锁销，然后将挡位变速杆推到N（空挡）位置。

（四）跨接启动

1. 蓄电池信息

蓄电池位置如图 15–26 所示。

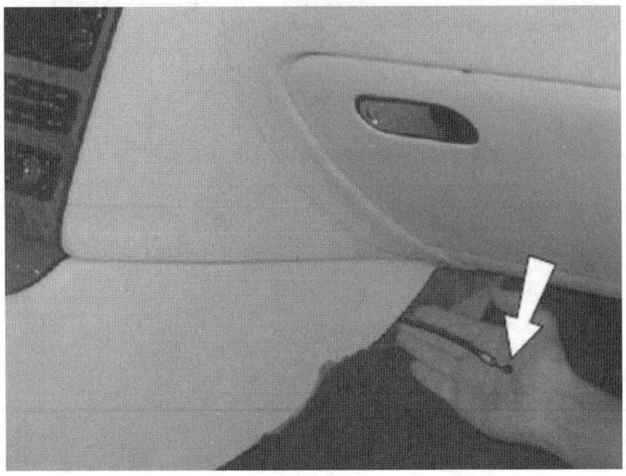

图 15–25

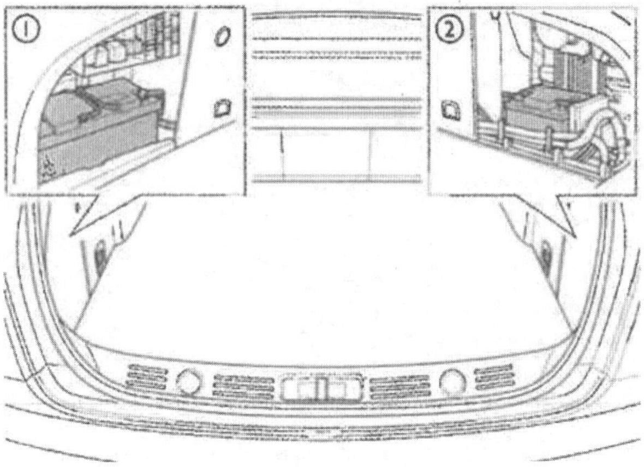

1.电气系统的蓄电池　2.启动器系统的蓄电池

图 15–26

2. 紧急启动

紧急启动蓄电池连接如图 15–27 所示。

（五）保险丝板位置和功能说明

1. 保险丝板安装位置说明

保险丝板位置和接触方法如图 15–28 所示。

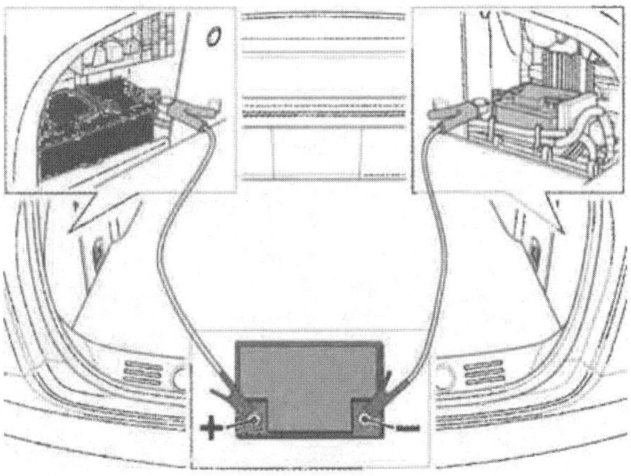

图 15–27

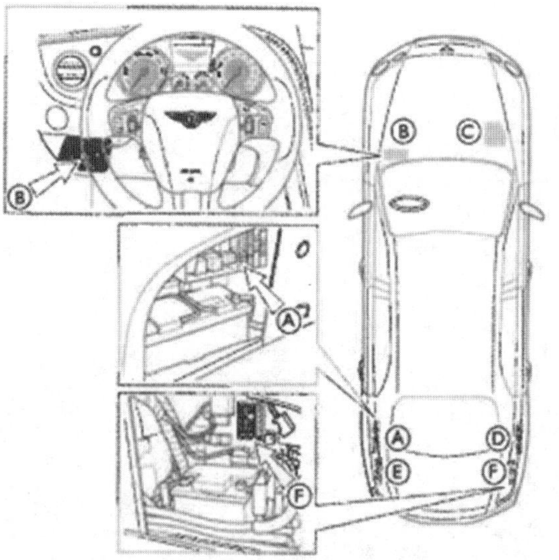

A.左侧行李舱保险丝板　B.仪表板保险丝板　C.发动机舱保险丝板　D.启动机电池上的保险丝板　E.主电池上的保险丝板　F.右侧行李舱保险丝板

图 15–28

车中装有六块保险丝板，分别位于以下位置。

（1）左侧行李舱保险丝板位于行李舱装饰板左后方，如图 15–28 中 A 所示。

（2）仪表板保险丝板位于驾驶员膝部翻板的后方，如图 15–28 中 B 所示。

（3）发动机舱保险丝板位于较低挡风玻璃通风口的下方，如图 15–28 中 C 所示。

（4）安装在启动机电池上的保险丝板位于启动机电池的正极接线柱上，行李舱装饰板右后方，如图15–28 中 D 所示。

（5）安装在主电池上的保险丝板位于主电池的正极接线柱上，行李舱装饰板后方，如图 15–28 中 E 所示。

（6）右侧行李舱保险丝板位于行李舱装饰板右后方，如图 15–28 中 F 所示。

三、2014—2019 年宾利慕尚

（一）工具位置

工具位置如图 15–29 所示。工具位于行李舱底板下面的备用轮胎下，可按照以下方式拿取工具。工具箱中包含以下物品：救援拖车环、E12 内梅花套筒（用于拆除排气尾管饰件）、内六角扳手 [用于拆除轮毂盖（中央装饰件）]、车轮螺栓扳手 / 千斤顶把手、用于车轮螺栓 / 千斤顶把手的 19mm 深六角套筒、千斤顶、两用螺丝刀、车轮徽标拆除工具（中央轮圈）和车轮校准工具。

（二）救援拖车环

1. 救援拖车环的前部安装点

救援拖车环的前部安装点位于前护栅板右下方的后面，如图 15–30 中 1 所示。要取下护栅板，请使用工具箱中的螺丝刀将两颗紧固螺丝如图 15–30 中所标箭头处拆下。小心地从旁边取下护栅，然后将护栅放在离保险杠较远的地方。将护栅板小心地装入行李舱中。卸下空板（如已安装），然后将救援拖车环拧入如图 15–30 所示安装点，确保其完全紧固。

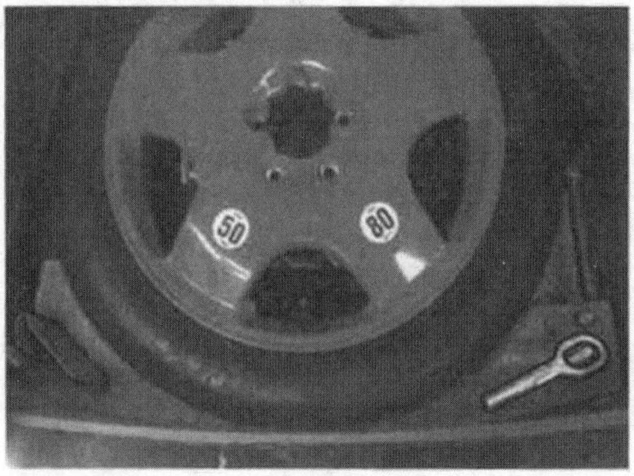

图 15–29

1.前部安装点

图 15–30

2. 救援拖车环的后部安装点

救援拖车环的后部安装点位于后保险杠左下方。要将救援拖车环安装到后部安装点，必须先拆除排气尾管饰件。使用工具箱中的 E12 内梅花套筒和车轮螺栓扳手将外部的内梅花螺栓拧开，如图 15–31（a）所示。小心地拆除排气尾管饰件。将排气尾管饰件小心地装入行李舱中。卸下空板（如已安装），然后将救援拖车环拧入安装点，如图 15–31（d）所示，确保其完全紧固。不使用救援拖车环时，应将其放回到工具箱中的存放位置。

（三）空挡停车紧急释放装置

电气系统完全失灵时，虽然变速杆能够移动，但却无法选择其他挡位。要从挡位 P 推动变速杆，请移出左前方的脚垫，操作方法为如下。

（1）在每个固定器顶部向上拉，然后提起脚垫并从搁脚处移出。使用工具箱中的螺丝刀将盖子从紧

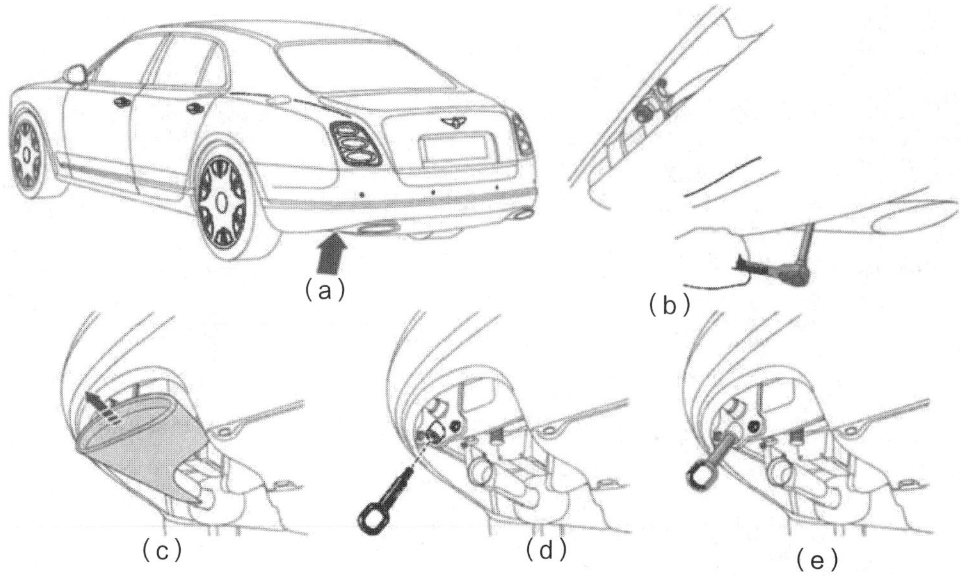

图 15-31

急解锁杆上方的地毯中撬起，如图 15-32（a）所示，然后移出盖子，如图 15-32（b）所示。

（2）拉动线缆末端，以便提起紧急解锁杆，如图 15-32（b）所示。继续拉动线缆，直至解锁杆到达直立锁定位置，如图 15-32 中（c）所示。此时可将解锁杆的上部折叠起来。此时，变速器处于挡位 N，直至紧急解锁杆回到其初始位置，才能切换至挡位 P。说明：必须让紧急解锁杆回到其初始位置，这样才能恢复正常的变速器操作。如果在启用紧急解锁杆的情况下打开点火装置，驾驶员信息面板上将显示警告。要让解锁杆回到初始位置，请将解锁杆的上部展开，再一起按拉环和解锁杆，如图 15-32（d）所示，然后推回底板内部。

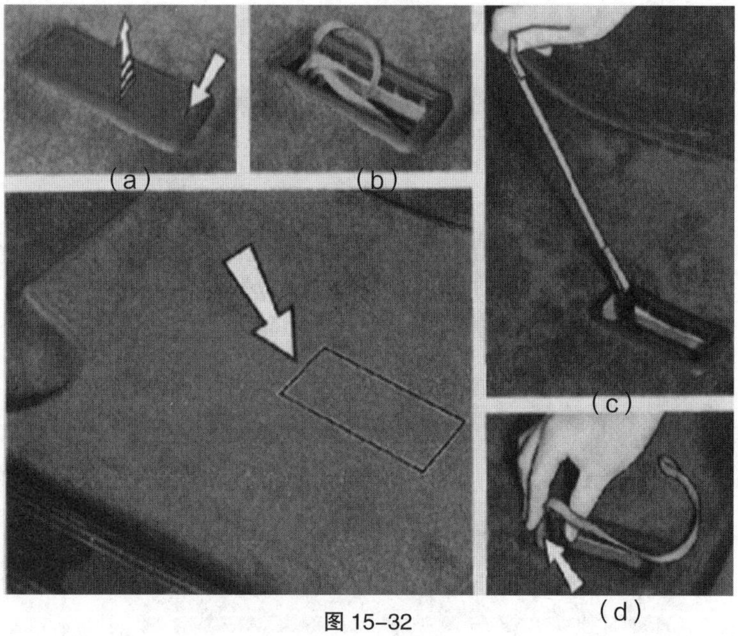

图 15-32

（3）将盖子放回原处。

（四）2010—2018 年慕尚驻车制动应急解除

驻车制动释放程序：电动驻车制动器电机位于后制动卡钳。虽然不拆除后轮可以操作电动驻车制动器电机，但还是建议拆除后轮。提示：在开始本程序之前，确保电动驻车制动器未应用。

（1）把车停在斜坡上。

（2）拆下后轮。

（3）拆下电动驻车制动电机。

（4）用 Torx 工具顺时针释放两个制动卡钳活塞，直到有到底的感觉，如图 15-33 所示。

（五）跨接启动

1. 蓄电池信息

蓄电池位置如图 15-34 所示。这两组蓄电池位于行李舱底板下方。重要信息：请勿使用蓄电池接线柱对汽车进行跨接启动，否则会对电气系统造成损坏。

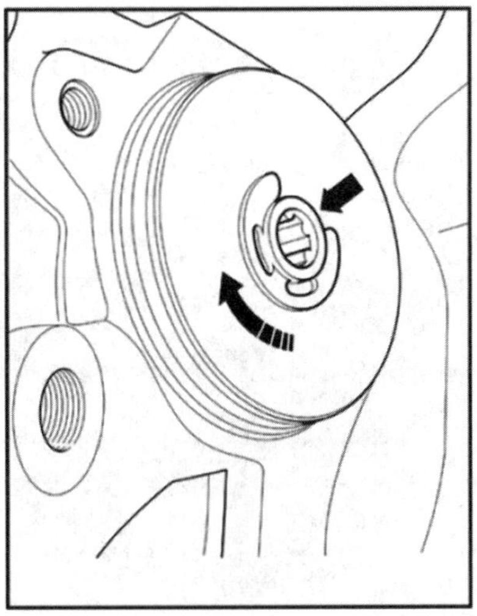

图 15-33

图 15-34

2. 蓄电池电量不足

（1）当主蓄电池电耗尽时，可能会出现以下情形。

①使用遥控钥匙无法远程锁定 / 解锁汽车。

②发动机无法运转。

③打开车门时车内灯未能亮起。

④接近汽车时欢迎灯未能亮起。

（2）出现以上任一情形时，有一项简单操作可以帮助发动车辆。如果汽车已锁定，请执行以下操作。

①使用遥控钥匙以机械方式解锁汽车。

②在解锁汽车 15s 内，按一次 Engine Start/Stop（发动机启动 / 停止）按钮以激活点火开关。此时，车辆电气系统将依靠备用动力运转。如果点火开关未在 15s 内打开，警报将激活。点火开关打开时，电子停机系统将识别有效的遥控钥匙并禁用防盗警报系统。

③踩下制动踏板，并再次按下 Engine Start/Stop（发动机启动 / 停止）按钮。发动机将正常启动。

（3）如果汽车已解锁而且当汽车静止不动时警报 / 停机系统不启用，请执行以下操作。

①按一次 Engine Start/Stop（发动机启动 / 停止）按钮以激活点火开关。此时，车辆电气系统将依靠备用动力运转。

②点火开关打开时，电子停机系统将识别有效的遥控钥匙并禁用防盗警报系统。

③踩下制动踏板，并再次按下 Engine Start/Stop（发动机启动 / 停止）按钮，发动机将正常启动。如果第一次按下 Engine Start/Stop（发动机启动 / 停止）按钮后大约 5min 内发动机未能启动，车辆电气系统将会关闭，以保存动力，此时需要重复启动程序。

3. 紧急启动

紧急启动连接如图 15-35 所示。唯一认可的汽车发动方式是，使用另一辆汽车上配备的蓄电池。

（1）准备工作。

使用跨接导线，如图 15-35 所示。跨接导线必须符合 DIN52773 规格，导线内径至少应该为 5.5mm。停好施助车辆，使其蓄电池靠近汽车前部。按下电子驻车制动，并确保两辆车的变速杆均处于驻车挡或空挡。确保施助汽车蓄电池的电压与汽车蓄电池电压相同（12V）。

（2）发动汽车。

关闭点火装置。关闭两辆车上的所有电气设备，按照以下程序进行操作。

（1）打开发动机罩并取下发动机盖。其操作方法为，从两边抬起盖子的前部，并向前滑出发动机舱。

（2）将红色的盖子置于发动机左边的跨接启动点上，如图 15–35 所示。按住盖子左边（从车辆前方看去）的锁销，并轻轻抬起以接触跨接启动点。

（3）将红色跨接导线从施助车辆的蓄电池正极（+）接线柱连接到跨接启动点。

（4）将黑色跨接导线从施助车辆的负极（–）接线柱连接到发动机前部中间位置的发动机吊环，如图 15–35 中标箭头处。

（5）确保跨接导线未接触任何移动部件，如图 15–35 所示，然后启动施助车辆的发动机。

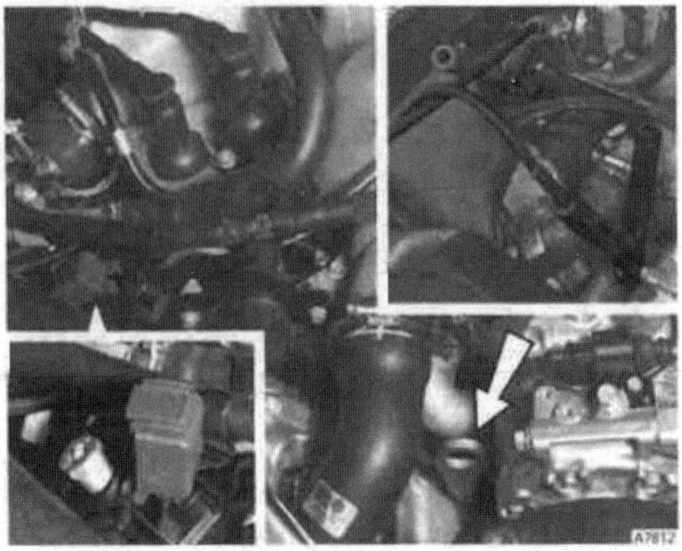

图 15–35

（6）启动汽车上的发动机。发动机正常运转之后，让两台发动机空转数分钟。

（7）关闭施助车辆的发动机，然后断开跨接导线。按照与连接时相反的顺序断开，即首先从汽车上断开黑色导线。

（六）保险丝位置和功能

保险丝板位置如图 15–36 所示。车中装有 6 块保险丝板，分别位于以下位置：

（1）两块行李舱保险丝板位于临时用备胎侧压条后方。

（2）另一块行李舱保险丝板位于较小的蓄电池上。

（3）仪表板保险丝板各自位于仪表板的任意侧。

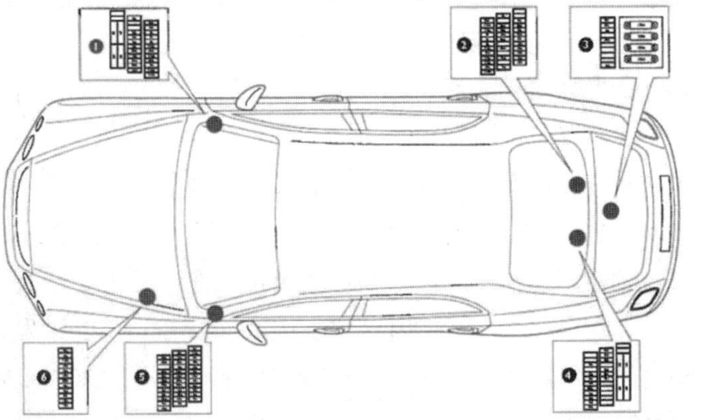

1.仪表板保险丝板（右侧） 2.行李舱保险丝板（右侧） 3.安装在蓄电池上的保险丝板 4.行李舱保险丝板（左侧） 5.仪表板保险丝板（左侧） 6.发动机舱保险丝板

图 15–36

（4）发动机舱保险丝板位于发动机舱后角左侧。

四、2020 年宾利添越

（一）工具位置

1. 工具箱位置（4 座和 5 座车型）

工具箱位置（4 座和 5 座车型）如图 15–37 所示。工具包、救援拖车环、千斤顶和折叠式轮挡存放在行李舱底板下，另外还包括临时备胎和轮胎应急套件（轮胎应急套件）。

2. 工具箱位置（7 座车型）

工具箱位置（7 座车型）如图 15–38 所示。

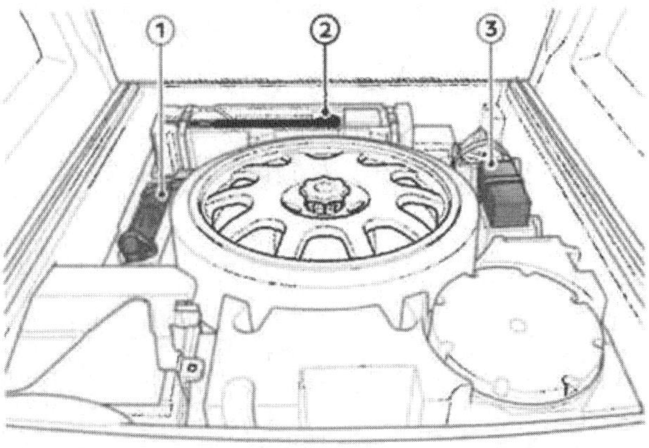

1.工具包　2.千斤顶（如配备）　3.轮胎应急套件

图 15–37

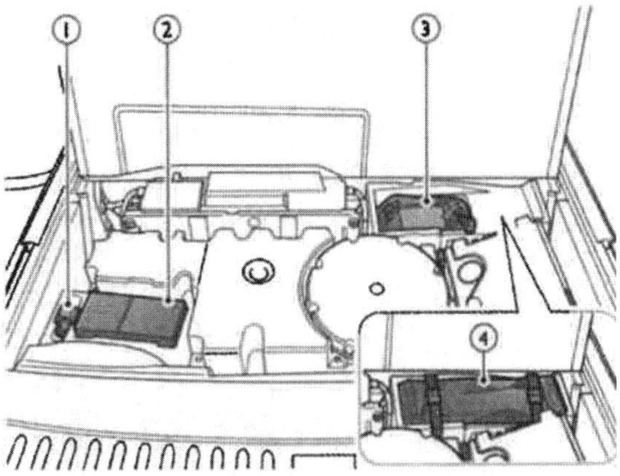

1.车轮螺栓适配器　2.压缩机 3.轮胎密封剂　4.工具包

图 15–38

3. 配有临时备胎的车辆

工具位置如图 15–39 所示。配有临时备胎时，更换车轮用的工具位于插入备胎中间位置的泡沫托盘内（备胎袋内）。根据规格配置的不同，也许可在行李舱底板下面找到其他工具。

（二）拖车环位置和安装

1. 前救援拖车环

救援拖车环的两个安装位在前保险杠可拆卸盖板的后面，如图 15–40 所示。将救援拖车环安装到前安装位，用力向内按压可拆卸盖板的边缘将其拆下，右盖按右边缘，左盖按左边缘。此时会露出救援拖车环的安装位置。将救援拖车环顺时针拧入安装位，用手拧紧。使用轮毂螺栓扳手，确保完全拧紧救援拖车环。

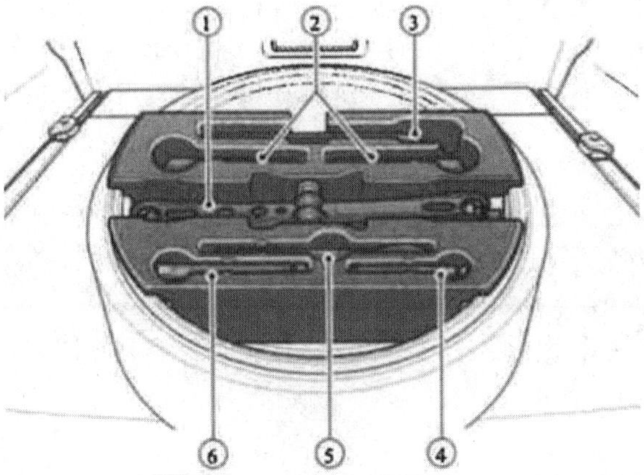

1.千斤顶　2.轮挡　3.车轮螺栓扳手　4.车轮定位销　5.起重棘轮　6.千斤顶延长器

图 15–39

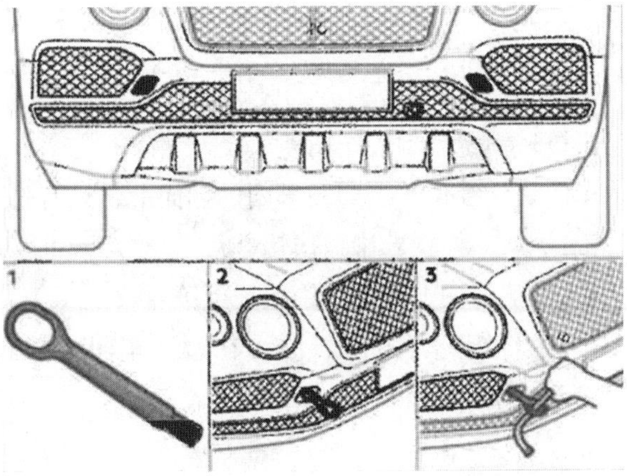

1.救援拖车环　2.安装位　3.完全拧紧救援拖车环

图 15–40

2. 后救援拖车环

出厂时装配牵引架的汽车，未在车尾提供安装救援拖车环的位置，因此必须使用牵引架来拖曳汽车。在出厂时未装配牵引架的汽车上，救援拖车环的两个安装位在后保险杠可拆卸盖板的后面，如图 15–41 所示。将救援拖车环安装到后安装位，用力向内按压可拆卸盖板的边缘将其拆下，右盖按右边缘，左盖按左边缘。此时会露出救援拖车环的安装位置。将救援拖车环顺时针拧入安装位，用手拧紧。使用轮毂螺栓扳手，确保完全拧紧救援拖车环。

（三）应急解锁

1. 应急钥匙片

（1）取出应急钥匙片。

（2）钥匙片装在遥控钥匙主体内。

（3）钥匙片可用于锁上 / 打开手套箱锁，手动锁上 / 打开车门锁，开启 / 停用副驾驶气囊。

（4）取出钥匙片。

（5）按钥匙环孔眼旁边的按钮，如图 15–42（a）所示。

（6）按住按钮，将遥控钥匙主体从孔眼处拉出。

（7）向下按金属柄，如图 15–42（b）所示。钥匙片将向外弹出，如图 15–42（c）所示。

（8）拉动钥匙片将其取出，如图 15–42（d）所示。

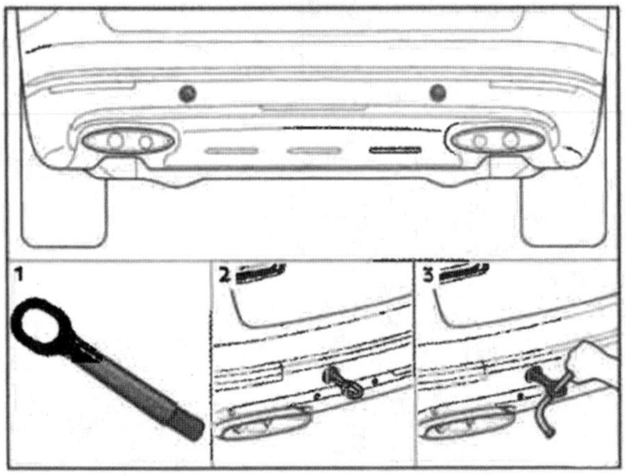

1.救援拖车环　2.安装位　3.完全拧紧救援拖车环

图 15–41

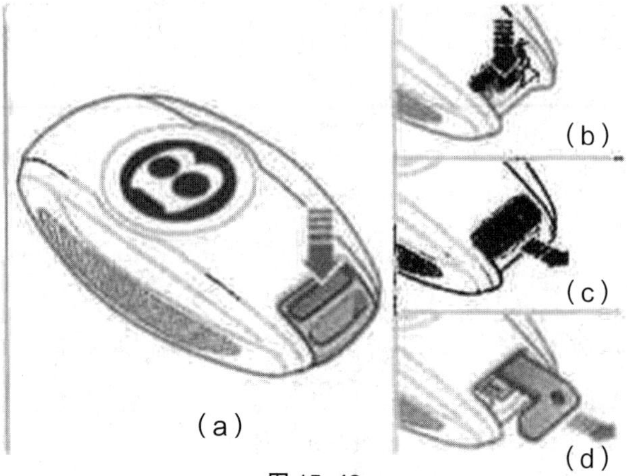

图 15–42

2. 门锁手动应急上锁

使用钥匙片锁上 / 打开驾驶员车门锁，如图 15–43 所示。重要信息：必须施加停车锁，否则无法锁车。

3. 机械锁定副驾驶车门

车门机械锁位于副驾驶车门的端面上，只有打开车门时才能看到。若要锁定每扇车门：

（1）从遥控钥匙中拔出钥匙片。

（2）从门扣上方的门锁上拔下锁盖。

（3）将钥匙片插入锁眼，在右侧车门上顺时针转动钥匙，在左侧车门上逆时针转动钥匙，如图 15–44 所示。

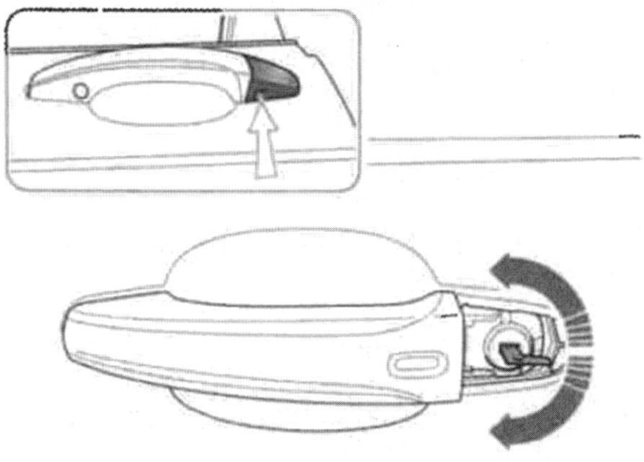

图 15–43

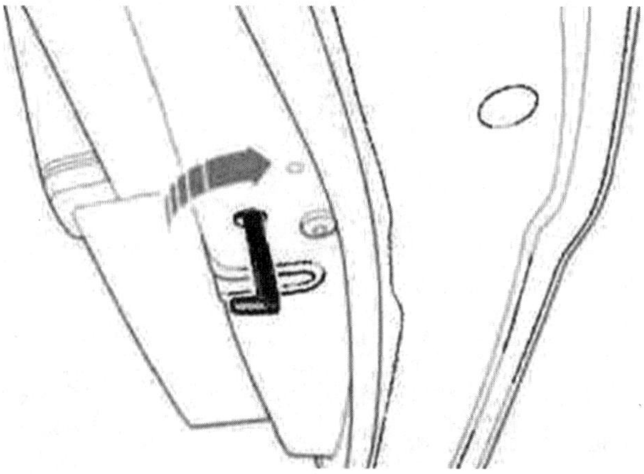

图 15–44

（四）尾门机械开启

通过尾门机械解锁功能，可从内部松开尾门闩锁。这可在无法电动开启尾门的情况下使用（例如汽车蓄电池断电）。

使用尾门机械解锁。

（1）朝右上方推动黄色的机械释放片，尾门闩会松开，如图 15-45 所示。

（2）持续用力上推尾门。尾门会打开。

（五）自动变速器 P 挡位解除

停车锁紧急解锁工具如图 15-36 所示。

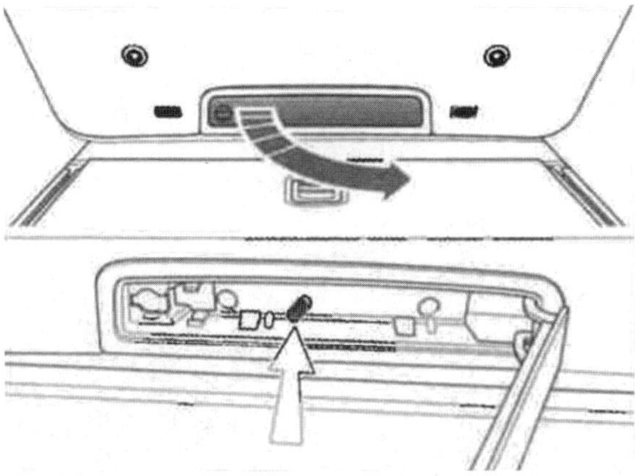

图 15-45

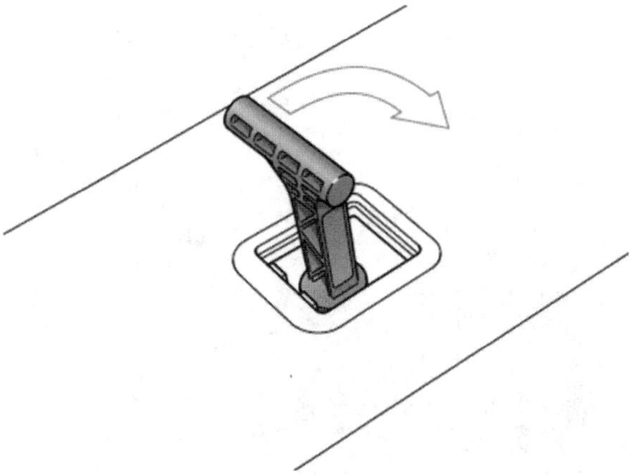

图 15-46

某些情况下（例如汽车蓄电池电量耗尽），无法使用自动变速杆解锁自动变速器停车锁。要拖曳汽车，必须先挂入空挡（N）。

1. 解锁自动变速器停车锁（P 挡位）

（1）使用电子驻车制动稳固车辆。

（2）取下驾驶员侧的地垫以露出停车锁紧急解锁盖。

（3）将工具箱中的螺丝刀插入盖上的插槽中，将盖子撬开。

（4）将工具箱中的停车锁解锁工具插入凹槽中，然后顺时针旋转 90°。

（5）使停车锁解锁工具保持插入状态。手动解锁停车锁后，驾驶员仪表板的警示灯会亮起。此外，还会显示“有溜车风险，无法挂入 P 挡，请使用驻车制动”消息。警告：如果手动解锁停车锁，务必要使用驻车制动或踩住制动踏板稳固车辆，否则可能会溜车而酿成事故。

2. 重新启动停车锁

（1）将停车锁解锁工具逆时针旋转 90° 使其回到原位，然后取下工具。

（2）将解锁盖按到位，然后装上驾驶员侧地垫。

（六）电子驻车制动紧急释放装置

如果电气系统完全失效，则无法使用中央控制台上的开关对电子驻车制动进行操作，并且电子驻车制动将一直保持已按下的状态。如果发生这种情况，建议使用施助车辆的蓄电池提供动力，以释放电子驻车制动。

（七）跨接启动

1.12V 蓄电池信息

蓄电池位置如图 15-47 所示。

如果蓄电池电量耗尽，则可能发生以下情况。

（1）驾驶员仪表板将显示指示灯和消息。

（2）使用遥控钥匙无法远程锁定 / 解锁车辆。发动机无法运转。

（3）打开车门时车内灯未能亮起。

（4）接近车辆时欢迎灯未能亮起。

如果出现此类任意情形，且车辆锁定时，则用类似扁平电蓄电池（12V 蓄电池）重启车辆。如果蓄电池电量耗尽（例如发动机无法启动），必须通过“跨接启动”程序来启动发动机。

2. 辅助启动

跨接启动连接如图 15-48 所示。

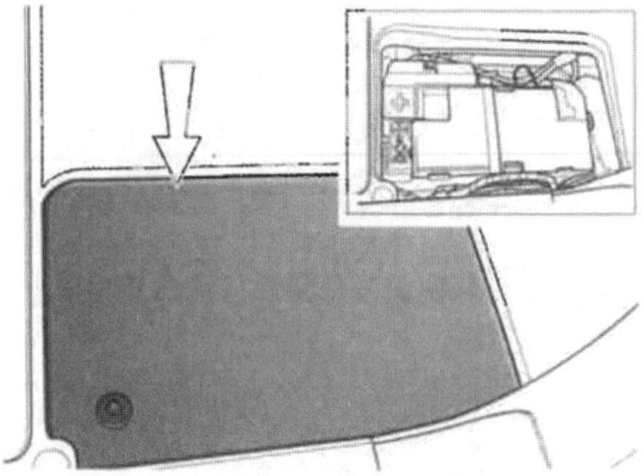

图 15-47

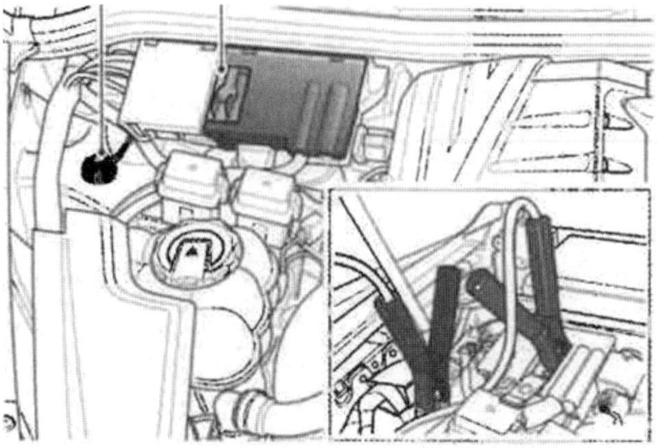

1.负极（－）跨接启动点　2.正极（＋）跨接启动点

图 15-48

若要使用搭火线跨接启动：

（1）确保帮助供电的汽车所装配的蓄电池与本车蓄电池电压相同（12V）。

（2）将供电汽车停在其蓄电池靠近本车发动机舱左前侧（从车前看）的位置，挂上驻车制动器，确保两车均施加停车锁（如果供电汽车为手动挡车型，则挂到空挡）。

（3）关闭两车的点火开关和所有电气设备。

（4）打开发动机舱盖，在发动机左侧找到正极（＋）跨接启动端上的盖子。按动卡扣打开盖子。

（5）将红色搭火线从供电汽车蓄电池正极（＋）端子连接到本车正极（＋）跨接启动端。

（6）将黑色跨搭火线从供电汽车蓄电池负极（－）端子连接到本车负极（－）跨接启动端。

（7）确保搭火线远离所有运转部件，启动供电汽车的发动机。

（8）让供电汽车的发动机怠速运转几分钟，其间多次检查搭火线和接头是否过热。

（9）启动本车发动机。如本车发动机正常运转，关闭供电汽车的发动机。

（10）按与连接过程相反的顺序断开搭火线（即先断开本车的黑色搭火线）。

（八）保险丝盒位置和功能说明

1. 保险丝盒位置说明

保险丝盒位置如图 15-49 所示。保险丝盒位于左侧搁脚处（如图 15-49 中 A 所示）、仪表板（如图 15-49 中 B 所示）和左侧行李箱（如图 15-49 中 C 所示）。

2. 仪表板保险丝盒（左侧）

如图 15-50 所示。

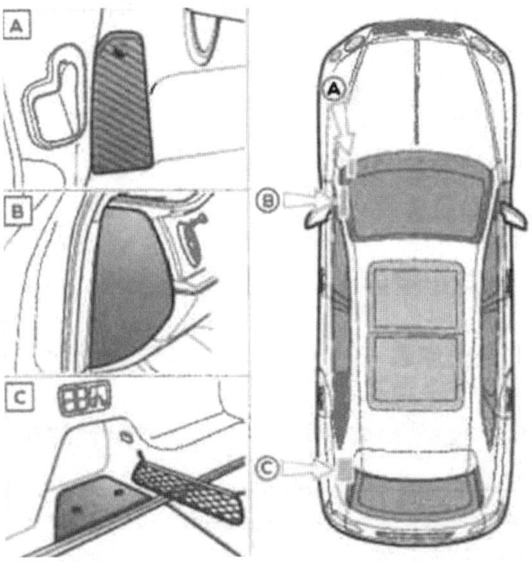

A.左侧搁脚处　B.仪表板　C.左侧行李箱

图 15-49

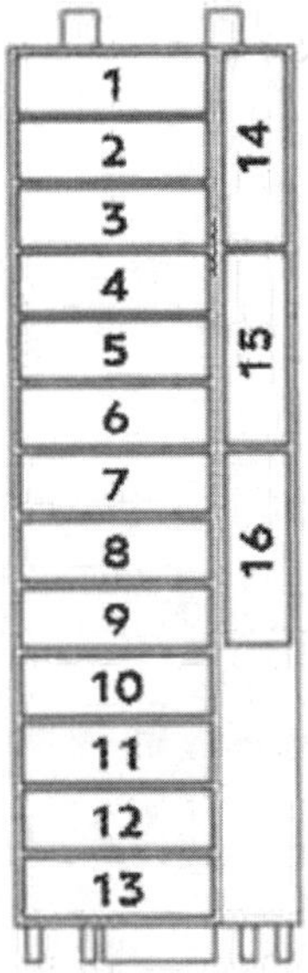

1.未使用　2.读卡器，5A　3.时钟，5A　4.平视显示器，5A　5.媒体插槽，5A　6.空调ECU，10A　7.转向锁，5A　8.显示单元MMI，5A　9.Kombi，10A　10.未使用　11.车灯开关，5A　12.转向柱开关，5A　13.未使用　14.收音机，20A（标准），5A（Naim）　15.可调节的转向柱，25A　16.转向柱加热器，10A

图 15-50

五、2020 年宾利全新欧陆

（一）随车工具位置

1. 配有临时备胎的车辆

配有临时备胎时，更换车轮用的工具位于插入备胎中间位置的泡沫托盘内（备胎袋内）。根据规格配置的不同，也许可在尾箱底板下面找到其他工具，如图 15-51 所示。

2. 如配备轮胎应急套件

则该工具位于尾箱门下方的泡沫托盘中。要接触它，请抬起尾箱底板地毯，然后使用手柄升起尾箱底板装饰板，如图 15-52 所示。

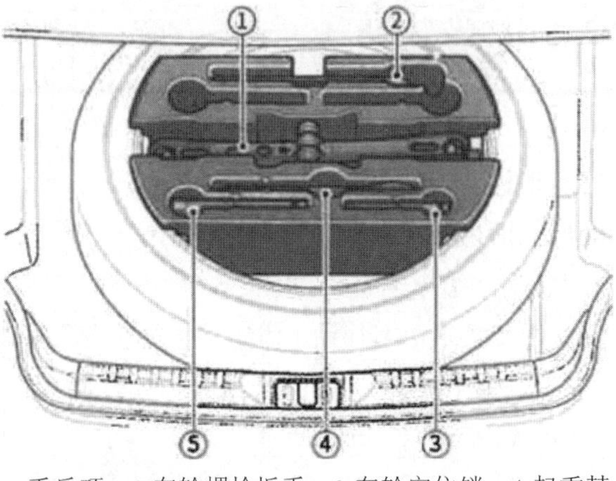

1.千斤顶　2.车轮螺栓扳手　3.车轮定位销　4.起重棘轮　5.千斤顶延长器

图 15-51

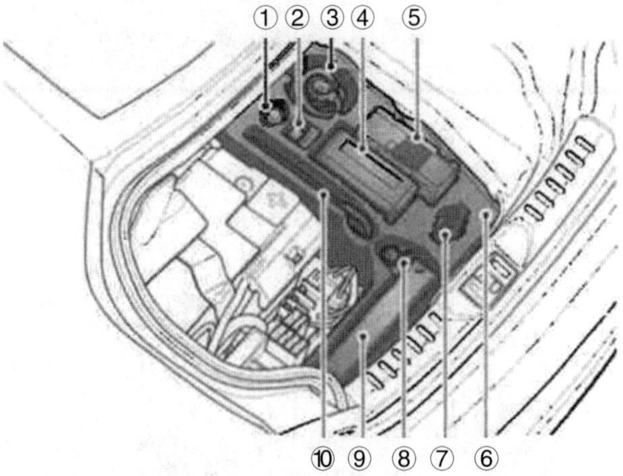

1.车轮螺栓适配器　2.起拔器　3.轮胎应急套件　4.急救箱　5.压缩机　6.沫托盘　7.电视卡读卡器（如配备）　8.轮毂罩拆除工具　9.三角警示牌　10.挂钩

图 15-52

（二）施救拖车环

1. 前救援拖车环

救援拖车环的前部安装点位于前保险杠上的堵盖的后面，如图 15–53 所示。可拆卸式救援拖车环装在工具箱内，专供具备资格的专业救援人员使用，以在本车遭遇故障或事故时帮助救援。若要安装救援拖车环：

（1）将堵盖的左侧边缘向内推，以将其卸下。

（2）将救援拖车环拧入安装点位并确保完全拧紧救援拖车环。

2. 后救援拖车环

救援拖车环的后部安装点位于后保险杠右侧的堵盖后面，如图 15–54 所示。若要安装救援拖车环：

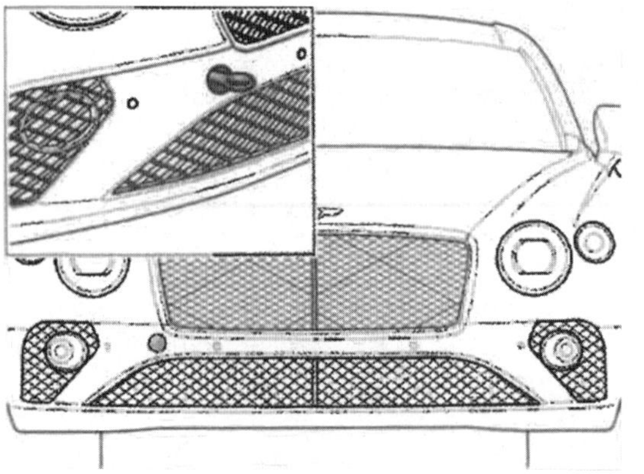

图 15–53

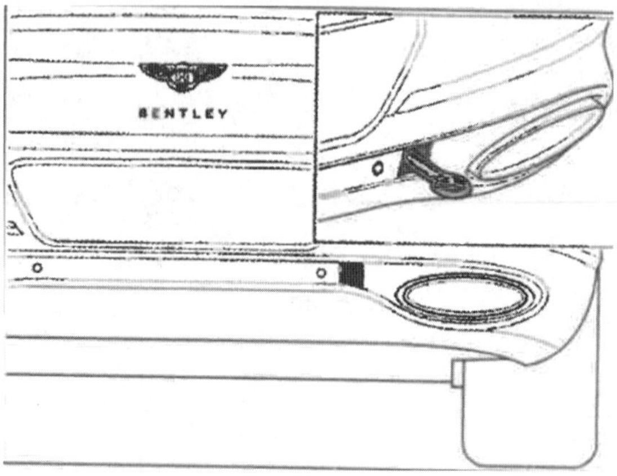

图 15–54

（1）将堵盖的下缘向内推，以将其卸下。

（2）将救援拖车环拧入安装点位并确保完全拧紧救援拖车环。

（三）应急解锁

1. 应急钥匙给车辆上锁

（1）取出钥匙片。

（2）按钥匙环孔眼旁边的按钮，如图 15–55（a）所示。

（3）按住按钮，将遥控钥匙主体从孔眼处拉出。

（4）向下按金属柄，如图 15–55（b）所示。钥匙片将向外弹出，如图 15–55（c）所示。拉动钥匙片将其取出，如图 15–55（d）所示。

2. 钥匙片

如无法使用无钥匙进入功能和遥控钥匙功能（例如汽车蓄电池或遥控钥匙电池完全耗尽），可使用钥匙片锁车和开锁。

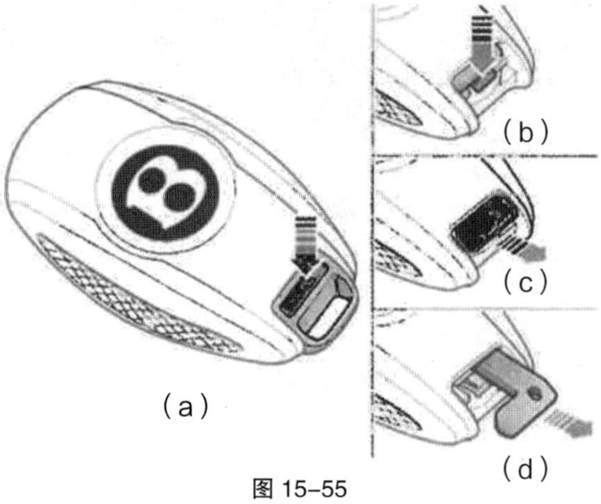

图 15–55

3. 应急钥匙给车辆上锁

（1）若要使用钥匙片锁上 / 打开驾驶员侧车门锁：从遥控钥匙中拔出钥匙片。向上提起驾驶员侧车门的把手，如图 15–56（a）的 1 所示。

（2）在将车门把手固定到适当位置的同时，轻轻地向上推锁盖，如图 15–56（b）中的 2 所示，盖住车门锁口。锁盖通过连接线缆固定到车门把手上。

（3）要打开驾驶员侧车门锁，将钥匙片插入门锁中，逆时针转动钥匙，如图 15–56（c）中 3 所示。打开车锁后，在开锁后 15s 内开启点火开关，以免触发警报。在某些版本的汽车上，只要打开车门就会立即触发警报。

（4）要锁定驾驶员侧车门，顺时针转动一次钥匙片，如图 15-56（c）中 4 所示。

（5）装回锁盖。

4. 机械锁定副驾驶车门

车门机械锁位于副驾驶车门的端面上，只有打开车门时才能看到。

若要锁定每扇车门：

（1）从遥控钥匙中拔出钥匙片。

（2）从门扣上方的门锁上拔下锁盖。

（3）将钥匙片插入锁眼，在右侧车门上顺时针转动钥匙，在左侧车门上逆时针转动钥匙，如图 15-57 所示。

（四）自动变速器 P 挡位解除

自动变速器紧急停车释放过程。

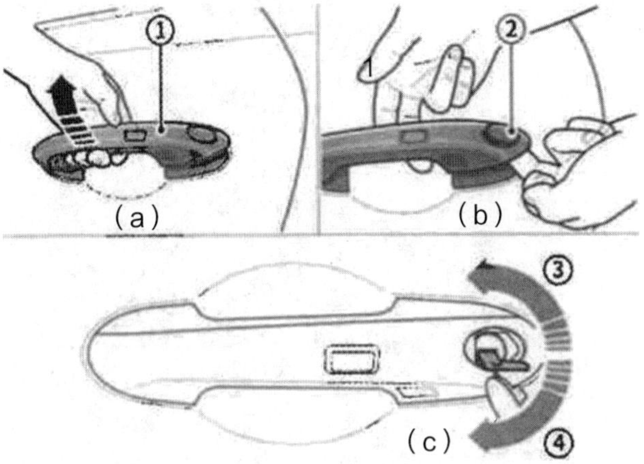

1.车门的把手　2.锁盖　3.逆时针转动钥匙　4.顺时针转动钥匙

图15-56

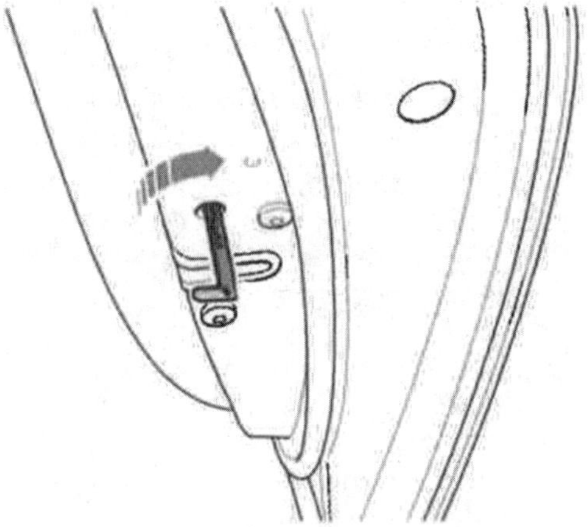
图 15-57

1. 一般信息

仅可从车辆底部激活驻车释放。驻车释放杆位于变速器壳体的左侧，朝向后部，如图 15-58 箭头所示。

2. 所需要的专用工具和维修设备

驻车释放螺钉 WHT008028，如图 15-59 所示。

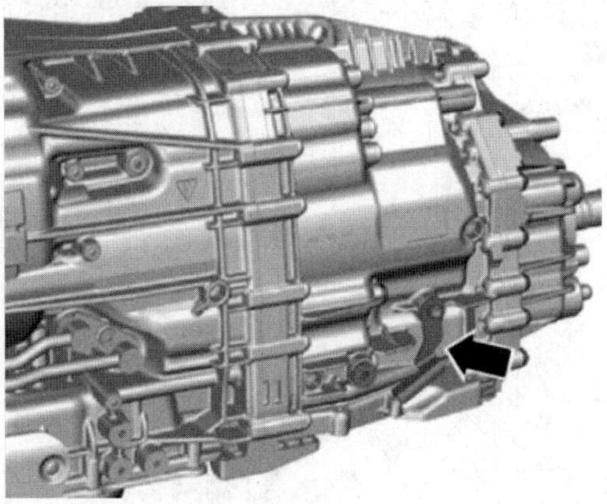
图 15-58

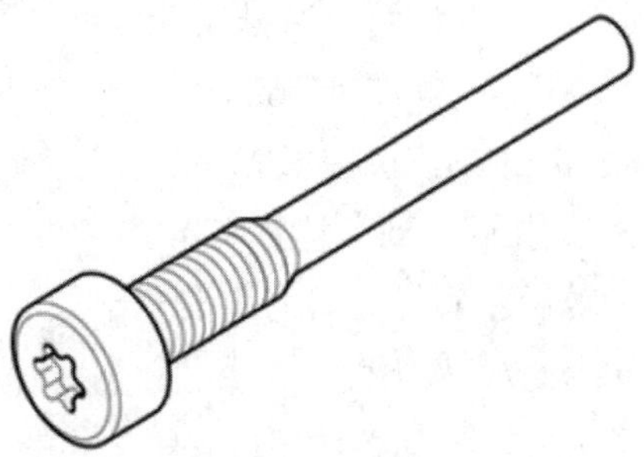
图 15-59

3. 停用

（1）用举升机支持和举起车辆。

（2）用手将驻车释放螺钉 WHT008028（如图 15-60 中 1 所示）拧入变速器壳体的螺纹孔中以停用驻车释放机构（如图 15-60 中 2 所示）。

4. 启用

启用过程与停用过程相反，但请注意，确保在完成此步骤后，仪表板嵌入件显示“P”。

（五）电子手刹紧急释放

提示：如果制动器不能电动释放，则仅使用紧急释放装置。

（1）旋转大约 300 圈（直到扭矩明显增大）。

（2）松开 EPB 执行器（如图 15-61 中 1 所示）上的紧急释放螺杆（如图 15-61 中 2 所示）。

（六）全新欧陆敞篷 GT 电动车顶应急关闭

警示：除非所有车窗均已摇下，否则请勿尝试此程序。本程序仅仅是在自动关闭发生故障，无法操作时候的应急关闭程序。

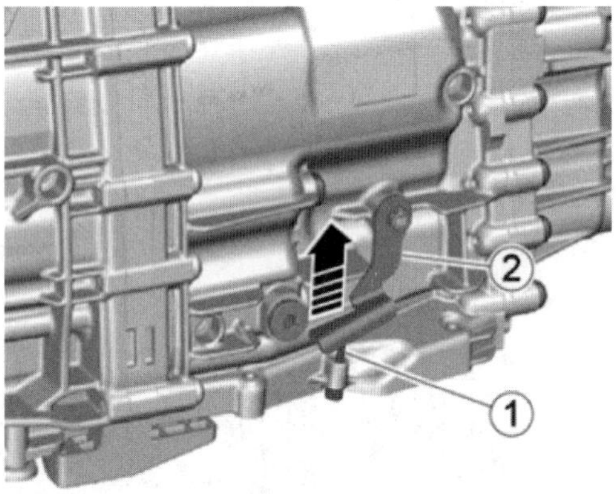

1.螺钉WHT008028　2.驻车释放机构

图 15-60

1.EPB执行器　2.紧急释放螺杆

图 15-61

1. 手动关闭操作

如果发生故障，可以手动关闭电动车顶。

在手动关闭电动车顶之前：

（1）施加驻车制动。

（2）抽出遥控钥匙。

（3）手动解锁钥匙：手动操作电动车顶所需的解锁钥匙位于两个后排座椅之间的装饰板后面。要接近手动解锁钥匙，取出两个后排座椅之间的装饰板，显露盖子后面的钥匙，如图 15-62 所示。后挡风玻璃总成和后座盖通过电动车顶机构来固定。后座盖通过后座头枕后面的两个锁扣固定到车身总成。

（1）旋转后座头枕之间的小盖子（如图 15-62 中 1 所示，位于中央装饰板下面）。

（2）手动解锁工具必须穿过后座之间的小孔（正好位于中央扬声器上方），然后穿入机械装置以锁定后座盖锁扣。

（3）逆时针旋转手动解锁工具，直至感受到阻力。后座盖将解锁并稍微从其锁扣中跳出。

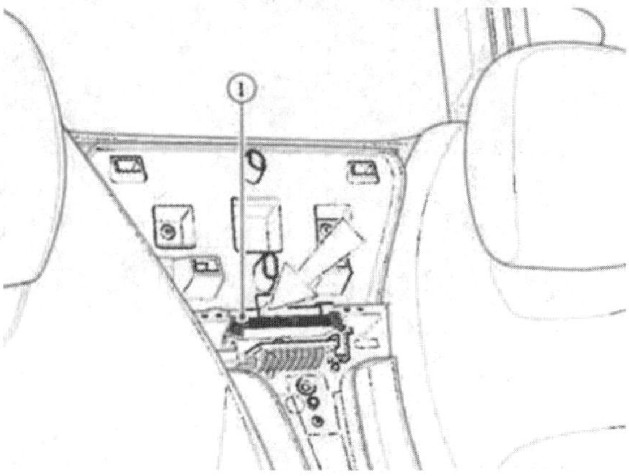

1.小盖子

图 15-62

（4）在助手的帮助下，小心地提起后座盖，直至铰链式支撑臂锁定到完全打开位置。

2. 升起电动车顶

警告：为了防止框架扭曲或发生其他损坏，应使用相等的力提起车顶，两侧保持在相同高度。在助手的帮助下抬高车顶总成。

（1）将整个总成向前抬出存放位置。

（2）顶部横杆几乎与前挡风玻璃顶板接触。抬起总成的后部（包括后挡风玻璃），直至感受到阻力。

3. 固定电动车顶

警告：在闭合时小心不要让手和手指卡在后座盖下面。在按下后座盖时请勿使用蛮力。警示：如果电动车顶系统失效，则在执行手动闭合程序之后，车顶总成的后部可能不会牢固地密封。

在助手帮助下固定后座盖。

（1）向前按铰链式支撑臂，小心地完全降下后座盖，确保后挡风玻璃总成和后座盖之间不进行任何接触。

（2）将手动解锁钥匙插入后排座椅之间的后座手动解锁机构中，正好在中央扬声器上方。

（3）在后座盖处于其降下位置时，顺时针转动手动解锁钥匙，直至感受到阻力，这样就可将后座盖固定到位。

4. 顶部机构手动解锁点

要固定电动车顶：

（1）拆下前顶部横杆中央的小盖子，显露锁紧机构手动解锁点，如图 15–63 所示。

（2）将手动解锁工具插入前顶部横杆中的孔，逆时针转动工具，直至感受到阻力，这样就可接合锁紧机构。

（3）将车顶总成的后部降低到后座盖上，车顶总成的后部将不会完全密封。立即小心行驶至宾利授权经销商处。

（七）跨接启动

1. 蓄电池安装位置

蓄电池安装位置如图 15–64 所示。

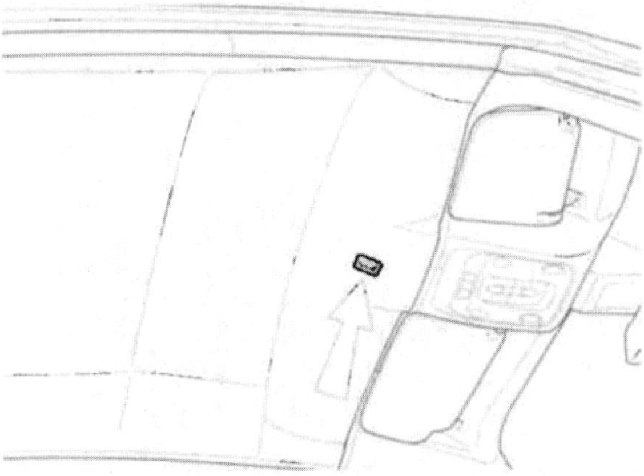

图 15–63

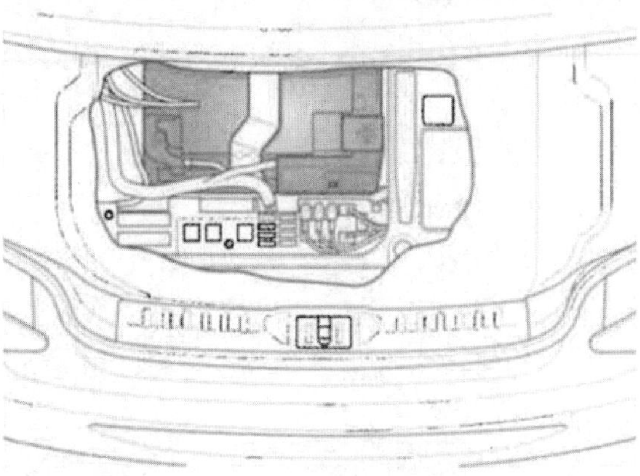

图 15–64

如果蓄电池电量耗尽，则可能发生以下情况。

（1）驾驶员仪表板将显示指示灯和消息。

（2）使用遥控钥匙无法远程锁定 / 解锁车辆。发动机无法运转。

（3）打开车门时车内灯未能亮起。

（4）接近车辆时欢迎灯未能亮起。

如果出现此类任何情形，且车辆锁定时，则用同等规格蓄电池（12V 蓄电池）重启车辆。

2. 辅助启动

（1）跨接启动连接如图 15-65 所示。

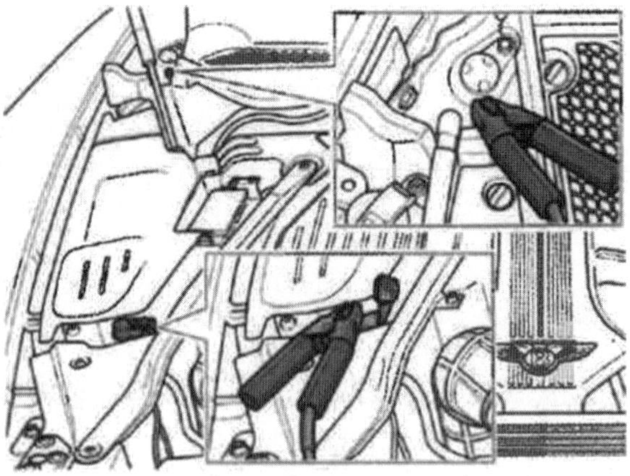

图 15-65

（2）若要使用搭火线跨接启动：确保帮助供电的汽车所装配的蓄电池与本车蓄电池电压相同（12V）。

（3）将供电汽车停在其蓄电池靠近本车发动机舱左前侧（从车前看）的位置，拉上驻车制动器，确保两车均施加停车锁（如果供电汽车为手动挡车型，则挂到空挡）。

（4）关闭两车的点火开关和所有电气设备。

（5）打开发动机舱盖，在发动机左侧找到正极（+）跨接启动端上的盖子。按动卡扣打开盖子。

（6）将红色搭火线从供电汽车蓄电池正极（+）端子连接到本车正极（+）跨接启动端。

（7）将黑色跨接搭火线从供电汽车蓄电池负极（-）端子连接到本车负极（-）跨接启动端。

（8）确保搭火线远离所有运转部件，启动供电汽车的发动机。让供电汽车的发动机怠速运转几分钟，其间多次检查搭火线和接头是否过热。

（9）启动本车发动机。如本车发动机正常运转，关闭供电汽车的发动机。

（10）按与连接过程相反的顺序断开搭火线（即先断开本车的黑色搭火线）。

（八）保险丝位置说明

保险丝盒位置如图 15-66 所示。

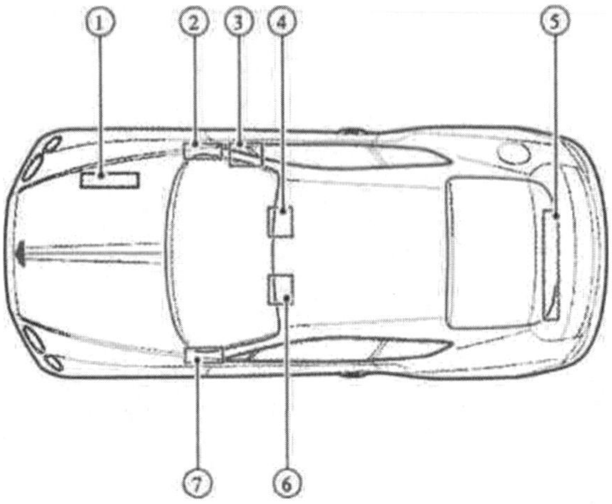

1.发动机罩保险丝板下面，位于发动机舱右前侧上的罩板下面　2.仪表板保险丝板（右侧），位于仪表板侧面　3.A柱保险丝板，位于右侧A柱中　4.前排座椅保险丝板，位于右侧前排座椅下面　5.尾箱保险丝板，位于电池前面的尾箱底板下面　6.前排座椅保险丝板，位于左侧前排座椅下面　7.仪表板保险丝板（左侧），位于仪表板侧面

图 15-66

六、2020 年宾利全新飞驰

（一）随车工具

1. 配有临时备胎的车辆

工具位置图如图 15-67 所示。配有临时备胎时，更换车轮用的工具位于插入备胎中间位置的泡沫托盘内（备胎袋内）。根据规格配置的不同，也许可在尾箱底板下面找到其他工具。

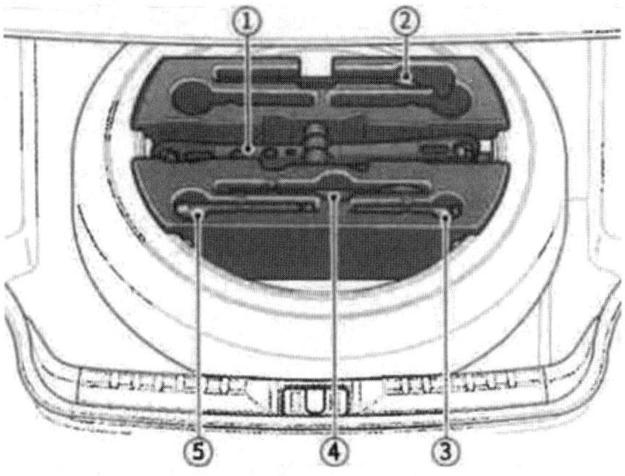

1.千斤顶　2.车轮螺栓扳手　3.车轮定位销　4.起重棘轮　5.千斤顶延长器

图 15-67

2. 车辆配备轮胎应急套件

工具位置如图 15-68 所示。如配备轮胎应急套件，则该工具位于尾箱门下方的泡沫托盘中。要接触它，请抬起尾箱底板地毯，然后使用手柄升起尾箱底板装饰板。

（二）自动变速器 P 挡位解除

自动变速器紧急停车释放过程。

1. 一般信息

仅可从车辆底部激活驻车释放。驻车释放杆位于自动变速器壳体的左侧，朝向后部，如图 15-69 中箭头所示。

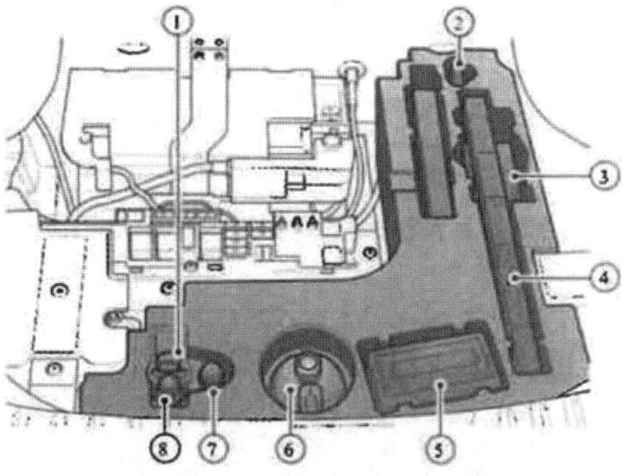

1.轮毂螺栓帽拆卸工具　2.挂钩　3.压缩机　4.三角警示牌　5.急救箱　6.轮胎刺破密封胶瓶　7.罩拆除工具　8.车轮螺栓适配器

图 15-68

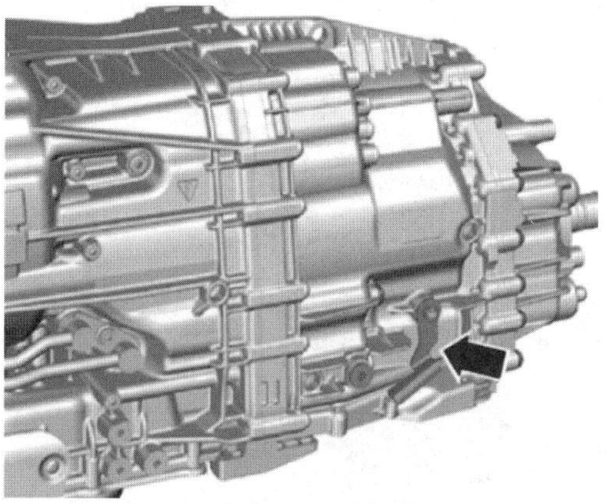

图 15-69

2. 所需要的专用工具和维修设备

驻车释放螺钉 WHT008028，如图 15-70 所示。

3. 停用

（1）用举升机支持和举起车辆。

（2）用手将驻车释放螺钉 WHT008028（如图 15-71 中 1 所示）拧入变速器壳体的螺纹孔中以停用驻车释放机构，如图 15-71 中 2 所示。

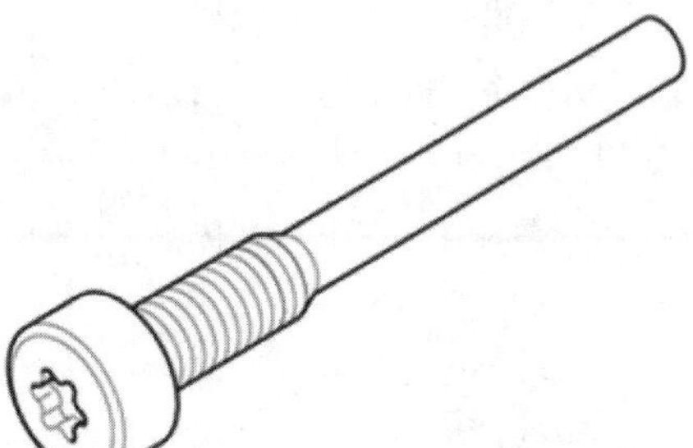

图 15-70

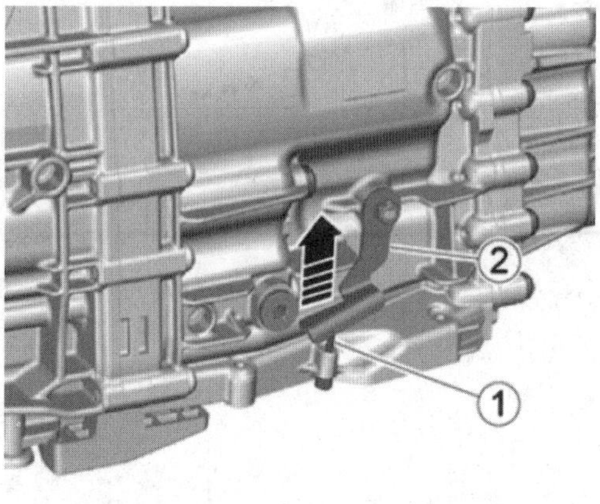

1.驻车释放螺钉WHT008028　2.驻车释放机构

图 15-71

4. 启用

启用过程与停用过程相反，但请注意，确保在完成此步骤后，仪表板嵌入件显示“P”。

（三）电子手刹紧急释放

手动旋开过程。提示：如果制动器不能电动释放，则仅使用紧急释放装置。

（1）旋转大约 300 圈（直到扭矩明显增大）。

（2）松开 EPB 执行器（如图 15-72 中 1 所示）上的紧急释放螺杆（如图 15-72 中 2 所示）。

（四）跨接启动

1. 蓄电池位置信息

蓄电池位置如图 15–73 所示。

1.EPB执行器　2.紧急释放螺杆

图 15–72

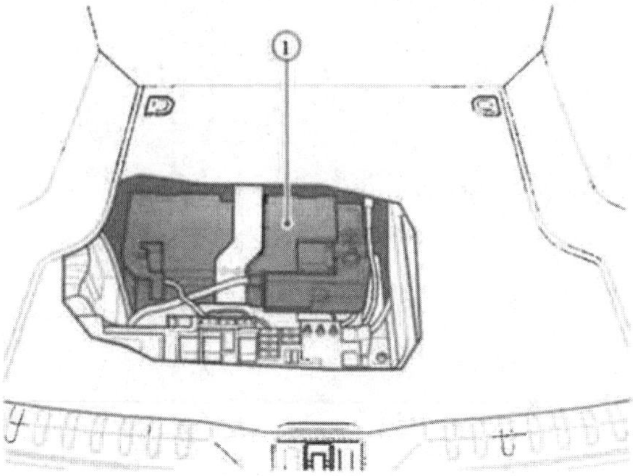

1.蓄电池

图 15–73

2. 辅助启动

跨接启动连接如图 15–74 所示。

若要使用搭火线跨接启动：

（1）确保帮助供电的汽车所装配的蓄电池与本车蓄电池电压相同（12V）。

（2）将供电汽车停在其蓄电池靠近本车发动机舱左前侧（从车前看）的位置，挂上驻车制动器，确保两车均施加停车锁（如果供电汽车为手动挡车型，则挂到“空挡”）。

（3）关闭两车的点火开关和所有电气设备。

（4）打开发动机舱盖，在发动机左侧找到正极（+）跨接启动端上的盖子。按动卡扣打开盖子。

（5）将红色搭火线从供电汽车蓄电池正极（+）端子连接到本车正极（+）跨接启动端。

（6）将黑色跨接搭火线从供电汽车蓄电池负极（–）端子连接到本车负极（–）跨接启动端。

（7）确保搭火线远离所有运转部件，启动供电汽车的发动机。

（8）让供电汽车的发动机怠速运转几分钟，其间多次检查搭火线和接头是否过热。

（9）启动本车发动机。如本车发动机正常运转，关闭供电汽车的发动机。

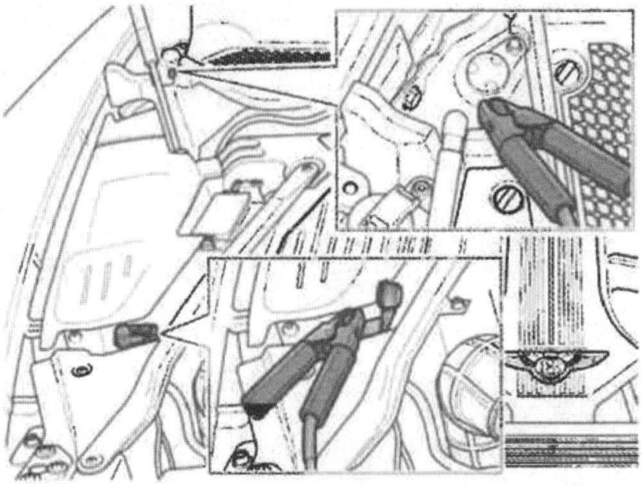

图 15–74

（10）按与连接过程相反的顺序断开搭火线（即先断开本车的黑色搭火线）。

（五）保险丝位置说明

保险丝盒位置图如图 15–75 所示。

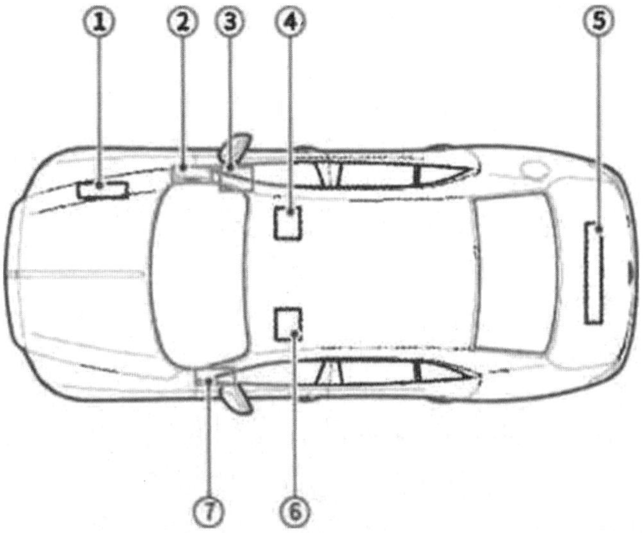

1.发动机罩保险丝板，位于发动机舱右前侧上的罩板下面　2.仪表板保险丝板（右侧），位于仪表板侧面　3.A柱保险丝板，位于右侧A柱中　4.前排座椅保险丝板，位于右侧前排座椅下面　5.尾箱保险丝板，位于电池前面的尾箱底板下面　6.前排座椅保险丝板，位于左侧前排座椅下面　7.仪表板保险丝板（左侧），位于仪表板侧面

图 15–75

第 16 章　特斯拉车系

一、Model S

（一）拖车

1. 仅使用平板拖车

仅使用平板拖车，除非 Tesla 另有规定。运输 Model S 的过程中，轮胎不得直接接触地面，如图 16–1 所示。

图 16–1

警告： 由运输造成的损坏不在保修范围之内。警告：要运输 Model S，严格按照以下说明进行操作。

（1）禁用自动调节升降功能（仅空气悬架汽车）。

如果 Model S 配有智能空气悬架，即使在断电时仍可以自动调节升降。为避免损坏，必须激活千斤顶模式以禁用自调平。

① 在触摸屏上点击：控制 > 驾驶。

②踩下制动踏板，然后点击：很高，直至达到最大高度。

③点击千斤顶。当千斤顶模式被激活时，Model S 仪表板上该指示灯  亮，还有一条消息显示主动空气悬架被禁用。注：Model S 的行车速度超过 7km/h 时，千斤顶模式取消。警告： 如果配备了智能空气悬架的 Model S 不能激活千斤顶模式，车辆在运输过程中就有可能松脱，并因此可能导致重大损坏。

（2）激活牵引模式。

在检测到驾驶员离开时，Model S 会自动切换到驻车挡，即使事先已经切换到空挡。要把 Model S 保持在空挡（脱离驻车制动），必须通过触摸屏激活牵引模式：

① 切换到驻车。

②踩下制动踏板，然后在触摸屏上点击：控制 > 驻车和电源 > 牵引模式。

③当牵引模式启动时，Model S 在仪表板上显示此指示灯 

，同时给出消息，告知您 Model S 将保持自由移动状态。注：在牵引模式下，Model S 不能切换到前进挡。要取消牵引模式，切换到驻车挡位或再次触摸牵引模式。通过触摸屏使用驻车制动时（控制 > 驻车和电源 > 驻车制动），牵引模式也将取消。警告：如果电力系统不能正常工作，并且不能释放电控驻车制动时，可以尝试快速启动 12V 电池组，呼叫 Tesla 以获得相应指导。如果发生不能脱开驻车制动的情况，可以使用轮胎滑道或轮式拖车尽可能短距离运输 Model S。在这样做之前，要经常检查拖车制造商的说明书及其建议的负载能力。

（二）连接拖链

1. 移除凸形锥体

把塑胶撬杠插入右上角，然后向里轻轻地撬起鼻锥，如图 16–2 所示。释放紧固夹时，向内拉鼻锥，而不扭曲或弯曲，以释放剩余三个紧固夹。

2. 插入挂钩

把（前备箱内的）挂钩完全插入右侧的孔内，然后逆时针旋转，直到牢牢固定，如图 16–3 所示。

图 16–2

图 16–3

3. 把拖链接到挂钩上

警告：在拖拉之前，确保稳固地锁紧挂钩。

（1）拖到拖车上，用制动片和捆扎带固定车轮。

（2）确保捆扎带的金属件不接触油漆表面或车轮表面。

（3）捆扎带不得接触车身面板或穿过车轮，如图 16–4 所示。警告：如果把捆扎带扎在底盘、悬架或车身的其他部件上，可能会造成损坏。警告：为了防止损坏，运输 Model S 的过程中，轮胎不得直接接触地面。

（三）应急启动

如果靠近 Model S，或者按下钥匙上的解锁按钮时，仍无法解锁，可能是因为钥匙的电池电量耗尽了。如果是这种情况，仍然可以解锁和驾驶 Model S。如需解锁 Model S（并禁用安全警报），首先将钥匙放在副驾驶侧挡风玻璃雨刮器底座附近，如图 16–5 所示。然后按下副驾驶门把手。

要驾驶 Model S，需把钥匙靠中控台放置，放在 12V 电源插座正下方，然后长按制动踏板，启动

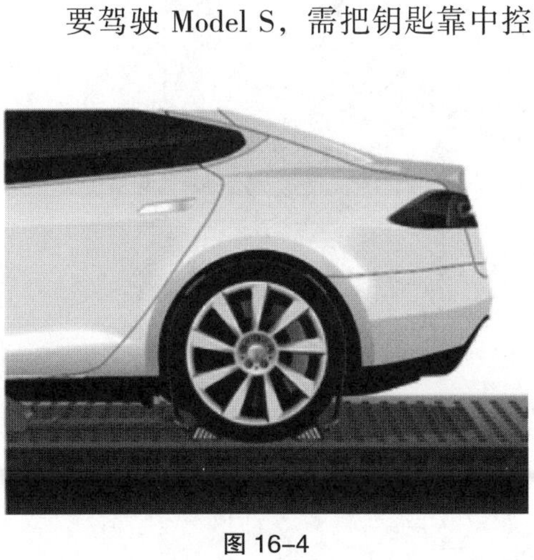

图 16–4

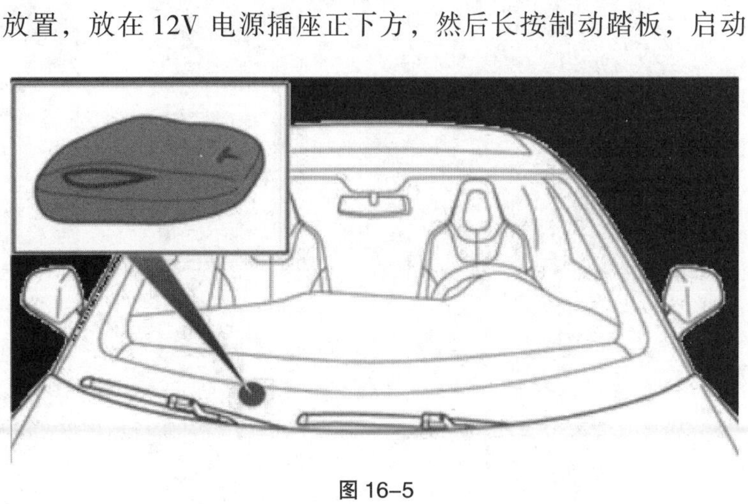

图 16–5

Model S。注：请将钥匙放在正确位置，这一点十分重要。如果 Model S 未解锁，请尝试调整钥匙的位置。注：如果用这种方法解锁 Model S，离开锁定就会被禁用。更换钥匙电池后，必须手动重新启用离开锁定。

（四）应急解锁车门

无电时从车内打开车门：如果 Model S 无电，可以通过内车门把手照常打开前门。要打开后车门，就必须卷起后排座椅的地毯边，露出机械解缆。向中心拉机械解缆，如图 16-6 所示。

（五）应急解锁后备箱

后备箱无电时打开：如果 Model S 无电，可以从里面打开行李箱。使用行李箱盖下方的机械释放绳，在内部照明灯旁边，如图 16-7 所示。

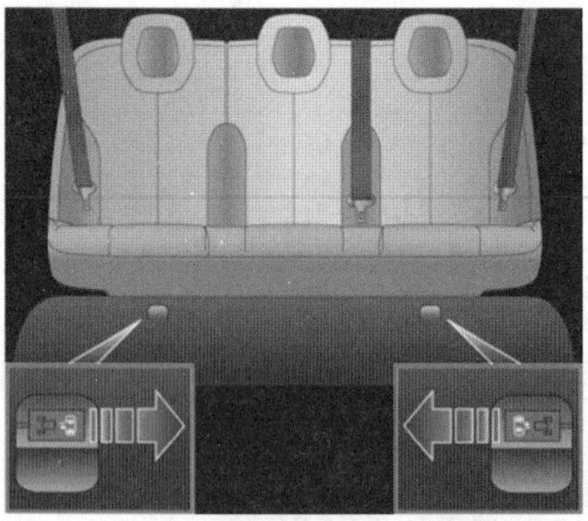

图 16-6

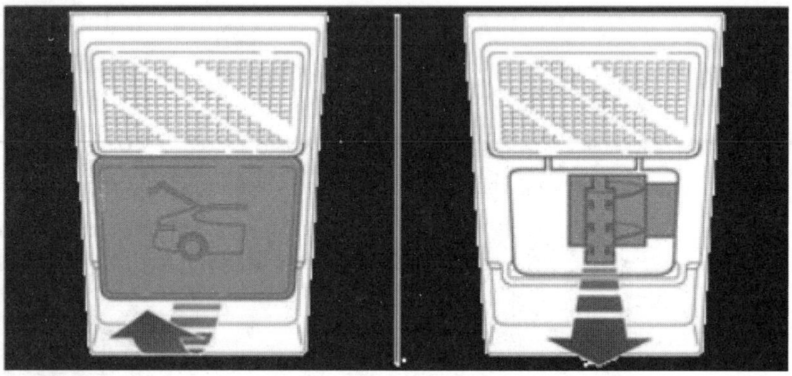

图 16-7

（1）用力向内拉下缘，拆下盖板。

（2）拉机械释放绳，打开门锁。

（3）掀开行李箱盖。

（六）应急解锁前备箱

前备箱无电时打开：如果 Model S 无电，或无法通过触摸屏或钥匙打开前备箱，就必须拉起杂物箱下方的机械解锁杆。这样可以打开前备箱盖主锁闩，如图 16-8 所示。

然后向下按备用门锁闩，向上抬起前备箱盖，如图 16-9 所示。此时可能需要轻微下压前备箱盖，以释放备用锁闩承受的压力。

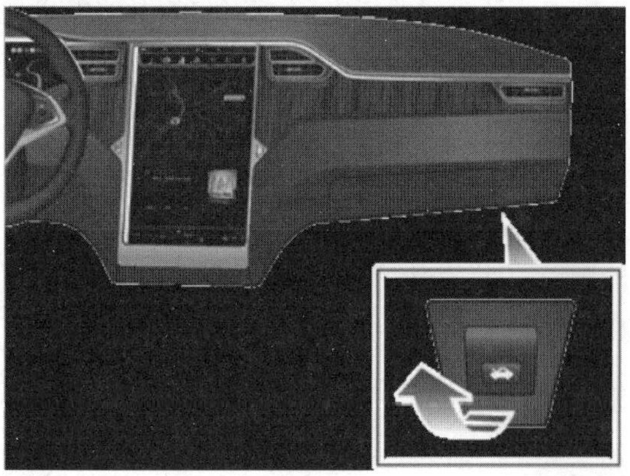

图 16-8

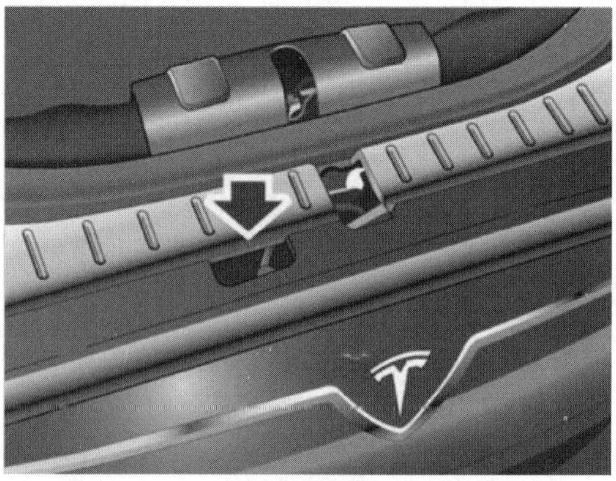

图 16-9

（七）保险丝盒的位置

三个保险丝盒位于前备箱内的维护板下方，如图 16-10 所示。

如果 Model S 配有寒冷天气选项，会有一个附加的保险丝盒 4 位于驾驶员侧饰板下方。

1. 保险丝盒 1

注：要打开保险丝盒 1，如图 16-11 所示，就必须由 Tesla 维修技师拆除一些组件。下面的保险丝列表仅协助确定是否需要更换保险丝盒内的保险丝。如果这些保险丝中任一根需要更换，请联系 Tesla 服务人员。

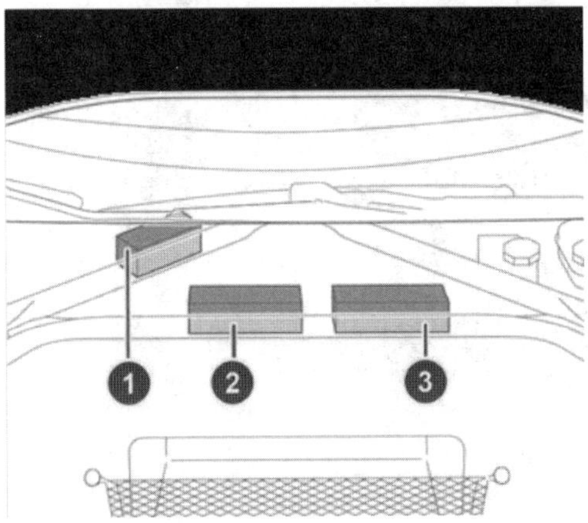

1.保险丝盒1　2.保险丝盒2　3.保险丝盒 3

图 16-10

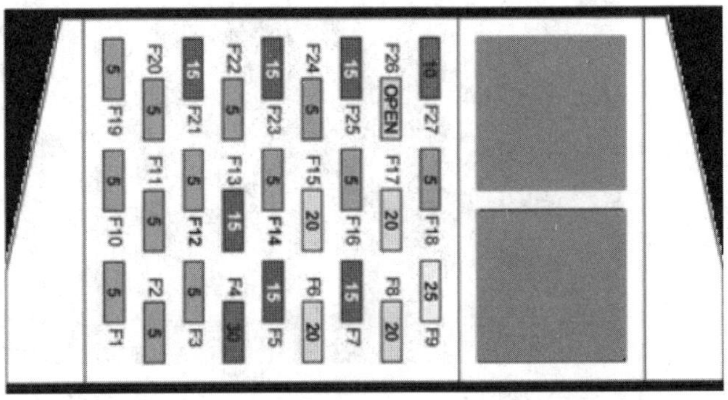

图 16-11

2. 保险丝盒 2

保险丝盒 2 如图 16-12 所示。

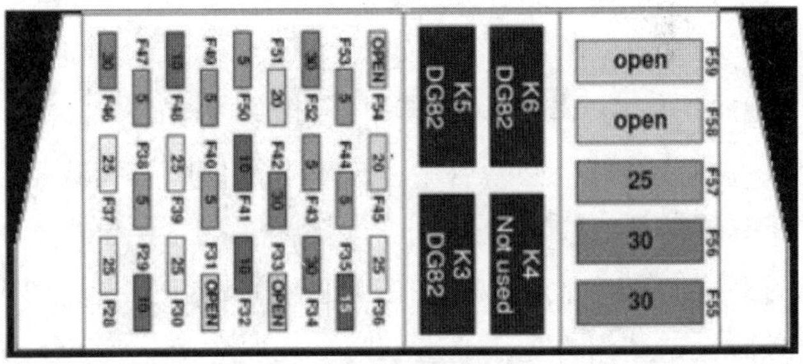

图 16-12

3. 保险丝盒 3

保险丝盒 3 如图 16-13 所示。

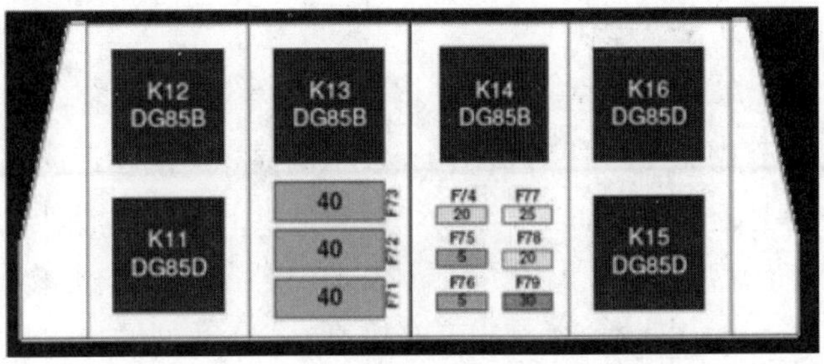

图 16-13

4. 保险丝盒 4

如果 Model S 配有寒冷天气选项，会有一个附加的保险丝盒 4 位于驾驶员侧饰板下方。要打开保险丝盒 4，就必须由 Tesla 维修技师拆除一些组件。如图 16-14 所示的保险丝列表仅协助确定，是否需要更换保险丝盒内的保险丝。如果这些保险丝中任一根需要更换，联系 Tesla 服务人员。

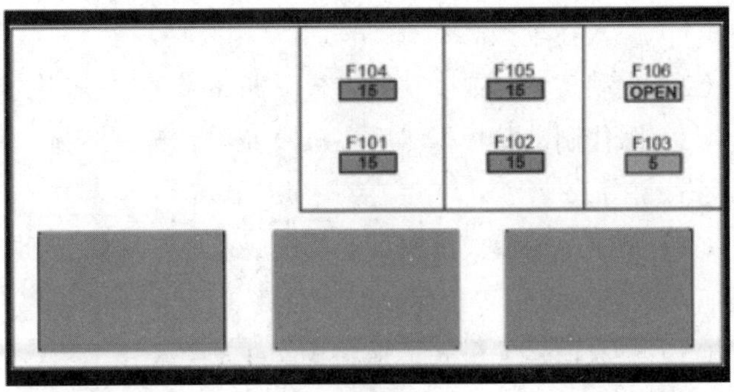

图 16-14

二、MODEL 3 车型

（一）Model 3 运输模式

务必在四个轮胎均离地的情况下运输 Model 3。建议使用平板拖车或相当的运输车辆。使用轮式举升机时，Model 3 的运输距离最长为 55km，并且不得超过生产商规定的小车额定速度。运输时，无论使用平板拖车，还是使用轮式举升机，Model 3 都可以朝向任何方向。除非根据 Tesla 的特定说明，不得使用任何其他方法运输 Model 3，如图 16-15 所示。按提供的步骤操作并遵守所有警告和注意事项。因运输车辆造成的损坏不在保修范围之内。

图 16-15

切勿在轮胎处于能够转动的位置牵引 Model 3，例如接合地面时，甚至不可以短距离牵引。否则，可能会造成严重损坏。此外，在将 Model 3 拉到平板拖车上之前，必须通过触摸屏启用运输模式。运输模式保持驻车制动器松开，监测车辆是否存在可能导致损坏的情况，并在探测到这样的情况时自动实施驻车制动。不要尝试在轮胎着地的情况下使用运输模式来牵引 Model 3。如果无法激活运输模式，就必须使用自装式手推车或轮胎滑架，以便在将 Model 3 拉上平板推车时，防止车轮转动。警告：在轮胎接触地面的情况下牵引 Model 3 可能导致后电机过热和损坏。警告：将 Model 3 滚动到或吊到平板推车上时，为避免后电机过热或损坏，必须启用运输模式或使用自装式手推车或轮胎滑架。在未启用运输模式的情况下，不要让车轮转动。注：Tesla 不对运输 Model 3 导致的任何损坏负责，包括使用自装式手推车或轮胎滑架造成的人身伤害或财产损失。在因发生事故（例如碰撞）可能造成高压组件损坏而需要运输 Model 3 之前，请务必假设这些组件处于通电状态。在紧急响应专业人员评估完车辆并可以准确地确认所有高压系统均已不再处于通电状态之前，请始终遵守高压安全预防措施（佩戴个人防护设备等）。否则，可导致严重伤害或死亡。

1. 激活运输模式

运输模式用于在通过绞盘将 Model 3 拖到平板拖车上时保持驻车制动器处于松开状态。激活后，运输模式检测 Model 3 是否存在会导致车辆损坏（滚动速度超过 8 km/h 或 12V 电量低）的情况。如果探测到此类情况，便会施加驻车制动。需满足以下条件才能启用运输模式。

（1）需要 12V 电源。如果 Model 3 没有 12V 电源，将无法使用触摸屏激活运输模式。

（2）Model 3 必须探测到有效的钥匙（认证的智能手机、钥匙卡或遥控钥匙）。如果未探测到钥匙，触摸屏上的运输模式按钮呈灰色。

2. 激活运输模式

（1）换入驻车挡。

（2）止动车轮，或以其他方式确保 Model 3 处于稳定状态。

（3）踩住制动踏板，然后在触摸屏上点击：控制 > 服务 > 牵引。此时将显示一则信息，提示您如何妥当运输 Model 3。

（4）长按运输模式按钮直至其变成蓝色。Model 3 现在可以自由滑行，并能以非常慢的速度滚动或用绞盘拖动。

（5）要取消运输模式，请将 Model 3 换入驻车挡。警告：运输模式自动取消，如果 Model 3 滑行速度超过 8 km/h 或 12V 电量低，驻车制动器将启用。Model 3 通过鸣响提示运输模式即将取消。

3. 拉到平板拖车上

注：如果 Model 3 没有 12V 电源，则需要一个外接 12V 电源来开启前备箱盖或使用触摸屏。警告：为避免损坏，只能使用正确安装的牵引孔将车拉到平板拖车上。使用底盘、车架或悬架组件来拉车辆会造成损坏。

（1）激活运输模式。

（2）找到牵引孔。牵引孔位于前备箱的地毯下方，如图 16–16 所示。

（3）按住盖板右上边缘，直至其向内转动，然后慢慢朝向拉动升高的部分，从而松开牵引孔盖板，如图 16–17 所示。注：牵引孔盖板与车辆的红色正极（+）接线柱相连。

图 16–16

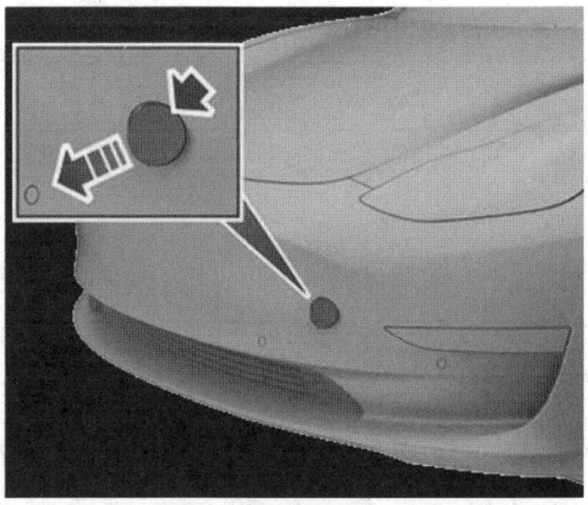

图 16–17

（4）把牵引孔完全插入开口，然后逆时针旋转，直到牢牢固定，如图 16–18 所示。

（5）把绞索系到牵引孔上。警告：移动前，请确保牵引孔已牢牢固定。

（6）将 Model 3 缓慢拉到平板拖车上。

（7）按下换挡杆末端的按钮，即可将 Model 3 换入驻车挡。

（8）拆下牵引孔，放回前备箱中的原位。注：必须使用牵引孔才能将 Model 3 拉上平板拖车。不使用牵引孔时，务必存放在前备箱的存储位置。如丢失牵引孔，请联系 Tesla。

（9）更换牵引孔盖板时，将电线插入牵引孔开口中并将牵引孔盖板对齐入位，然后将其转动到位，如图 16–19 所示。

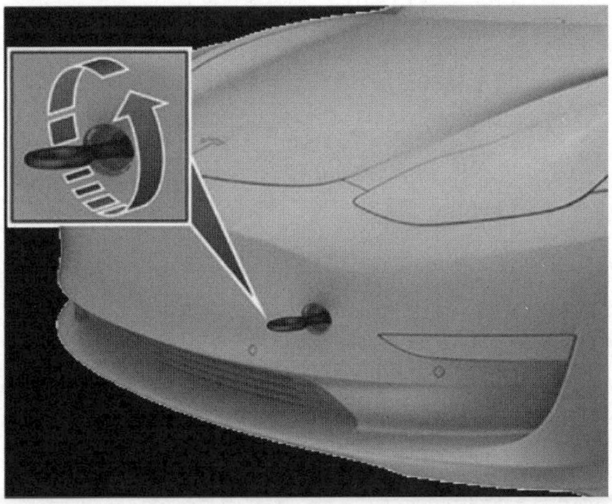

图 16–18

图 16–19

4. 固定轮胎

车辆的轮胎必须采用八点捆扎法固定在卡车上。确保捆扎带的金属件不接触油漆表面或车轮表面，如图 16–20 所示。请勿将捆扎带置于车身面板上方或穿过车轮。警告：将捆扎带扎在底盘、悬架或车身的其他部件上可能会造成损坏。

（二）跨接电源

如果 Model 3 没有 12V 电源，请执行以下步骤，以便打开前备箱盖或跳接辅助 12V 电池。

1. 跳线跨接启动 12V 电池

警告：Model 3 无法用于跳线跨接启动其他车辆，否则会造成损坏。注：如果借助其他车辆跳线跨接启动 Model 3，以下操作说明假定使用了外接 12V 电源（如便携式应急电源）。警告：跳线跨接启动 Model 3 时，应避免短路。端线错连、引线交叉等情况会对 Model 3 造成损害。

（1）打开前备箱盖。

（2）向上拉动维护板，与固定饰板夹分离，即可拆下，如图 16–21 所示。

图 16–20

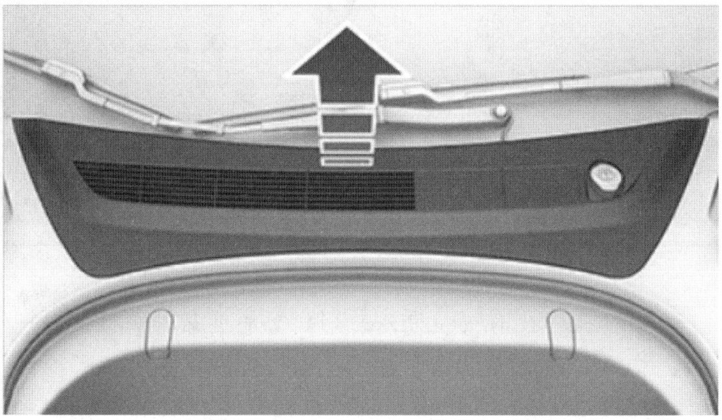

图 16–21

（3）向上拉动驾驶室进气饰板，与固定饰板夹分离，即可拆下，如图 16–22 所示。

（4）将 12V 电源的红色正极（+）电缆连接到 12V 电池的红色正极（+）端。警告：为避免损坏 Model 3，请勿允许正极电缆接触其他金属组件，例如电池捆扎支架。

（5）将 12V 电源的黑色负极（–）电缆连接到 12V 电池的黑色负极（–）端，如图 16–23 所示。

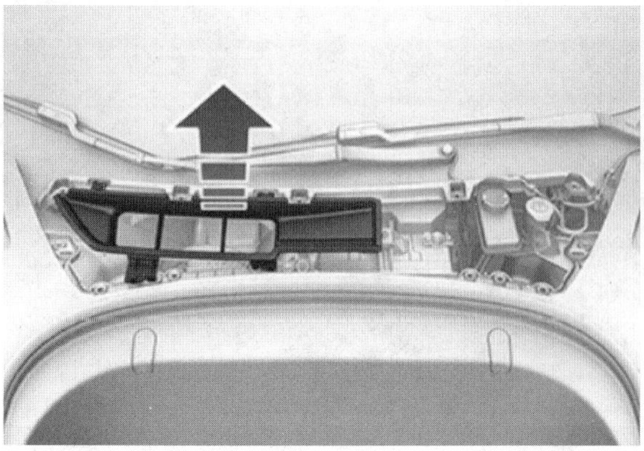

图 16–22

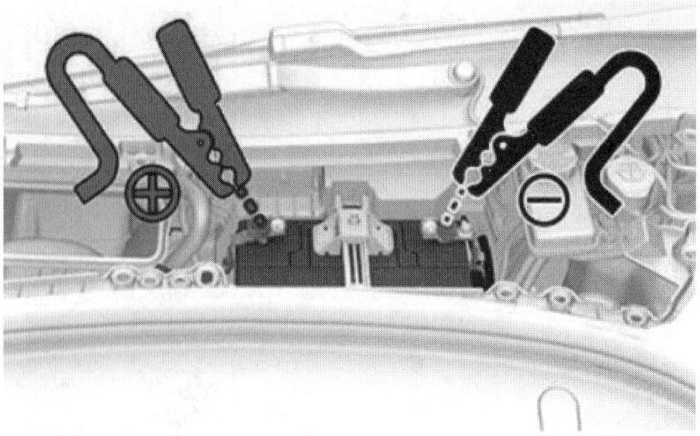

图 16–23

（6）启动外接电源。轻点唤醒触摸屏。注：可能需要几分钟的时间接收足够的电能以唤醒触摸屏。

（7）不需要 12V 外接电源时，请从 12V 电池的两端断开电缆，先从黑色负极（–）电缆开始。

（8）更换驾驶室进气饰板时，将其放回原位并下压，直至固定。

（9）更换维护板时，将其放回原位并下压，直至固定。

（10）关闭前备箱盖。

（三）应急解锁车门

一旦 Model 3 电量耗尽，车门顶部的这些电动按钮便会失效。请拉动前门车窗开关前方的手动车门释放机构。注：只有前车门装配手动车门释放机构。警告：手动车门释放机构设计仅用于 Model 3 电量耗尽的情况。只要 Model 3 有电，便可使用位于车门内把手顶部的按钮，如图 16–24 所示。

（四）行李箱内部紧急开启

Model 3 没电时，还可利用后备箱内侧亮起的机械解锁装置从内部打开后备箱。此机械解锁装置还可使锁在里面的人出来。

（1）按照如图 16–25 中箭头的方向按住亮起的按钮以释放门闩。

图 16–24

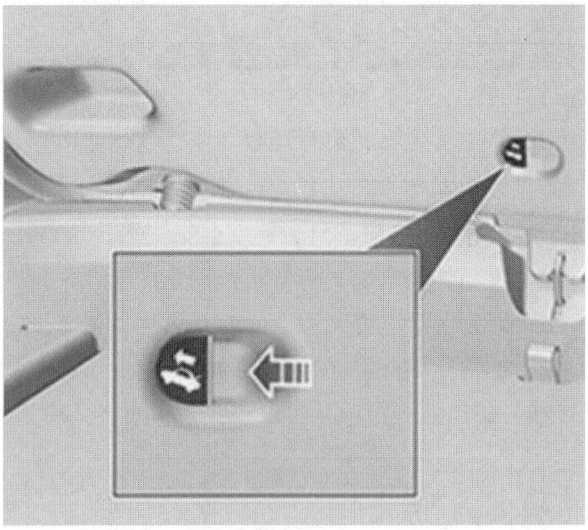

图 16–25

（2）掀开后备箱。注：在短暂暴露在环境光线下时，按钮会散发微光数小时。警告：不要让儿童在行李箱中玩耍，也不要将儿童反锁在行李箱中。儿童不系安全带，如遇事故，可能遭受严重伤害或死亡。如果儿童受困车内，尤其在温度控制关闭的情况，容易发生中暑虚脱。

（五）前备箱内部紧急开启

前备箱内侧亮起的内开按钮可使锁在里面的人出来。按内开按钮打开前备箱，然后，向上托起前备箱盖，如图 16–26 所示。注：短暂接触外界光线后，内部释放按钮会变亮。警告：人员不得爬入前备箱。如果有人在前备箱中，切勿将其关闭。警告：请小心谨慎，务必确保前备箱内的物体不会撞到该释放按钮，从而导致前备箱意外打开。

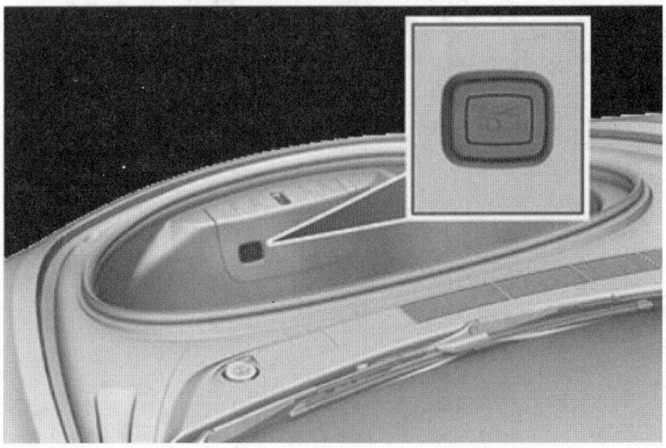

图 16–26

电量耗尽时开启：Model 3 没有 12V 电源时（这种情况很少发生），将无法通过触摸屏或手机应用程序打开前备箱。在这种情况下打开前备箱：

（1）找到一个外接 12V 电源（如便携式应急电源）。

（2）按住盖板右上边缘，直至其向内转动，然后慢慢朝向您拉动升高的部分，从而松开牵引孔盖板，如图 16–27 所示。注：牵引孔盖板与车辆的红色正极（+）接线柱相连。

（3）从牵引孔开口中拉出两根电线，露出两个接线柱，如图 16–28 所示。

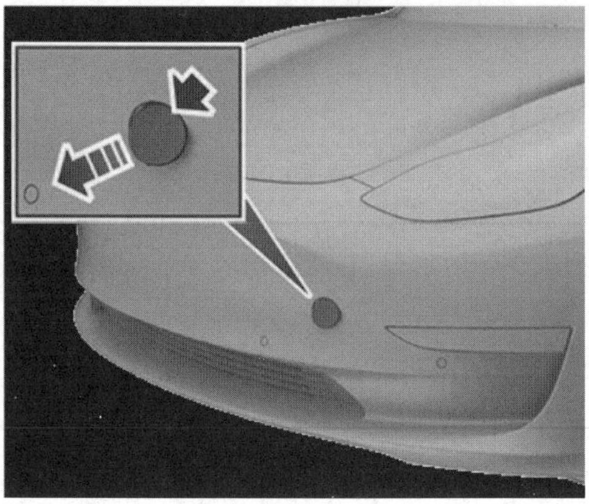

图 16–27

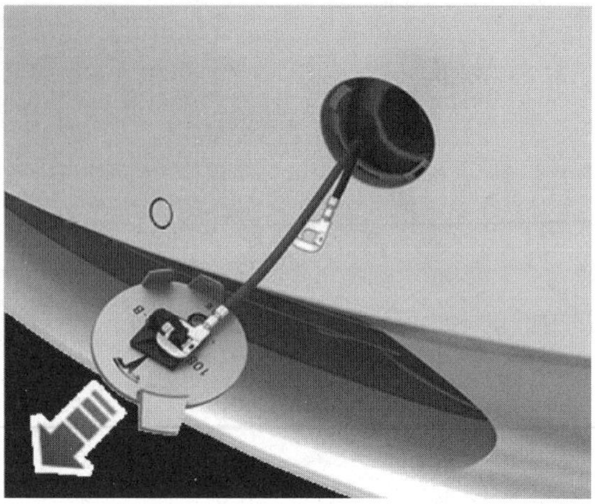

图 16–28

（4）将 12V 电源的红色正极（+）电缆连接到红色正极（+）端。

（5）将 12V 电源的黑色负极（–）电缆连接到黑色负极（–）端，如图 16–29 所示。注：在这些接线柱上接通外接 12V 电源，只能释放前备箱盖。不得用于为 12V 电池进行充电。

（6）启动外接电源。前备箱盖锁立即松开，现在可以打开前备箱盖进入前备箱区域。

（7）断开两端电缆时，请先断开黑色负极（–）电缆。

（8）如果正将 Model 3 移至平板货车上，此时切勿更换牵引孔盖板。否则，在更换牵引孔盖板时，将电线插入牵引孔开口中并将牵引孔盖板对齐入位，然后将其转动到位，如图 16–30 所示。

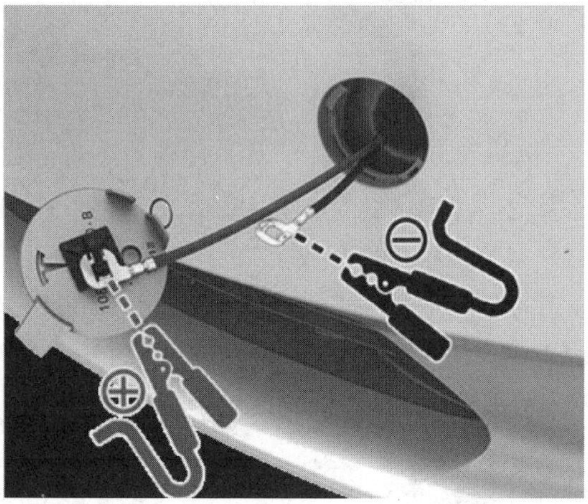

图 16–29

图 16–30

三、MODEL X 车型

（一）牵引和拖车

1. 牵引拖车前

牵引拖车之前，必须：

（1）给轮胎充气，直至达到上方指定的冷胎充气压力。

（2）将智能空气悬架设置为标准高度（轻触：控制 > 悬架 > 标准）。

（3）熟悉并遵守所有适用于拖车牵引的当地法律法规，否则将存在安全隐患。

（4）调整两侧后视镜，确保拥有清晰的后视效果，并且不存在大片盲区。

（5）确保已开启拖车模式（如下所述）。

接下来，需要检查：

（1）安装拖车后，Model X 停稳时处于水平状态。倘若车头上翘、车尾下沉，则需要检查是否超出能提供的最大牵引力和垂直荷载。

（2）拖车挂钩的全部零件、附件以及电气连接器 [包括倒车灯和雾灯（如果配备）] 均状况良好且正确连接。如出现任何问题，切勿牵引拖车。

（3）拖车灯（制动灯、转向灯和边灯）工作正常。

（4）拖车杆与挂钩球牢固连接。

（5）固定全部货物。

（6）拖车负载分布均匀，拖车牵引架重量约为拖车总重量的 4%，并且不超过上文所列的最大牵引架重量。警告： 拖车牵引架重量必须约为拖车总重量的 4%，不可超出上文所列的最大牵引架重量。如果各车轮负载分配不均或后侧较重，将使拖车晃动，导致车辆失控。警告：应始终牢牢固定拖车内的货物，不可存在晃动现象。负载晃动会削弱对车辆的控制，进而导致严重的人员伤亡。

2. 拖车模式

牵引拖车时，拖车模式必须始终处于启动状态。当接通拖车的电气连线时，Model X 会自动开启拖车模式。当断开拖车的电气连线时，拖车模式会取消。要手动开启或退出拖车模式，请在触摸屏上点击：控制 > 驾驶 > 拖车模式。仪表板上显示以下指示灯之一。

（1）拖车模式已启动。

（2）Model X 将检测拖车车灯的连接情况，但拖车模式将禁用。

（3）Model X 将检测拖车灯是否存在电气连接故障。部分或全部拖车车灯可能无法工作。在确保安全的情况下，尽快停车，检查拖车车灯是否存在布线或连接故障。Model X 进入拖车模式后，以下功能将会被禁用：

①辅助转向。

②自动泊车。

③主动巡航控制将增加您与前车的距离。

④驻车辅助（后部）。

⑤智能空气悬架不会依据车速从“标准”调整至“低”。

⑥智能空气悬架不会根据已保存的地点性设置自动调整高度。

⑦可以使用侧撞预警，但禁用了自动转向干预。此外，自动紧急制动提供的制动力将严重受限。注：如果 Model X 探测到较重负载，会认定为已连接拖车，并将自动启动拖车模式。仪表板将显示一则消息，告知您已启动拖车模式。因探测到较重负荷而自动进入拖车模式后，可更改拖车模式的设置，方法是：停稳 Model X，启动驻车挡或换入空挡，然后通过触摸屏手动制动（控制 > 驾驶 > 驻车和电源 > 驻车制动）。

警告：切勿依赖于 Model X 自动探测拖车并启动拖车模式。牵引拖车前，务必确保启动拖车模式。警告：任何情况下，都不可在牵引拖车时退出拖车模式，否则将造成严重的人员伤亡。警告： 切勿通过设置空气悬架，使挂钩高度迎合拖车高度。

3. 牵引拖车时

Model X 的设计主要满足运载乘客。牵引拖车意味着为电机、驱动机构、制动系统、轮胎和悬架增添额外负载，并大幅降低里程数。如果选择牵引拖车，请遵守以下一般性原则，小心操作。

（1）降低车速，避免紧急制动。请注意：与平时相比，车辆在牵引拖车后，其操控性、稳定性、转弯半径、制动距离和制动效果均会有所差异。

（2）因此，应扩大跟车距离，与前车保持两倍的车距。这将避免遇到需要紧急制动的情况。紧急制动可能导致车辆滑行或折叠现象，进而丧失控制。避免急转弯。急转弯会让拖车碰撞到 Model X，导致车损。注意：在转弯时，拖车车轮将比牵引车车轮更靠近弯道内侧。因此，应扩大转弯半径，避免拖车碰撞路缘、路标、树木或其他物体。

（3）定期检查拖车的车灯和转向灯，确保正常工作。因为牵引拖车时，即便拖车灯不亮，Model X 仪表组上的转向信号箭头也将照常闪烁。

（4）定期检查货物是否仍保持牢固。

（5）定期检查拖车制动系统是否仍正常工作。

（6）避免坡道停车。

（7）定期检查所有牵引组件均保持紧固。

4. 泊车（带拖车时）

应尽可能避免坡道泊车。然而，无法避免坡道泊车时，应在拖车车轮下方放置轮挡。

（1）踩住制动踏板。

（2）让助手将轮挡放置在轮胎面向下坡的一侧。

（3）轮挡放置完毕后，释放制动踏板，同时确保轮挡承受牵引车和拖车重量。

（4）确保 Model X 处于驻车状态（即启动驻车制动器）。注：轮挡放置完毕并释放制动踏板后，应确定车辆保持未参与制动 Model X，否则将无法检查轮挡是否能够承受 Model X 和拖车重量。如果车辆保持参与制动 Model X，仪表板会亮起车辆保持指示灯。如需取消车辆保持，请踩下并释放制动踏板。警告：无法避免坡道泊车时，务必确保拖车的全部车辆均被轮挡牢牢固定，否则可能造成严重的车辆损坏或人员伤亡。

5. 连接拖车挂钩接收器

如果 Model X 选配了拖车套件，会提供承重挂钩以及 50mm 的球。不使用时，应将挂钩拆下并放置在干燥处进行保存，以防锈蚀。将防尘盖放置在挂钩外壳的上方，避免尘土和杂物进入，如图 16-31 所示。警告：牵引拖车时，必须使用 Model X 拖车挂钩。切勿尝试使用其他类型的拖车挂钩。

拖车挂钩的安装方法如下。

（1）拆下挂钩外壳的防尘盖。

（2）将钥匙插入挂钩的锁芯，并转动锁芯，使钥匙的顶端与“解锁”位对齐，如图 16-32 所示。

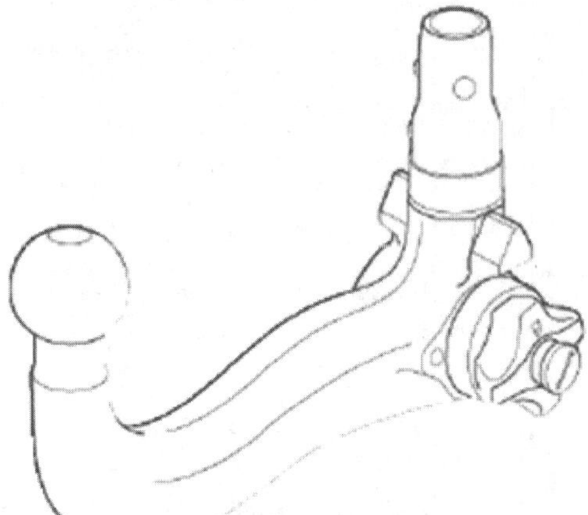

图 16-31

图 16-32

（3）将锁芯从适配器中拉出约 0.5cm，然后顺时针转动，直至锁芯上的红色标记与白点对齐，如图 16–33 所示。

警告：应小心转动锁芯。倘若未锁入“开启位”，将自动缩回到原始的“闭合位”，此时可能有夹手的危险。

（4）从底部抓牢挂钩，然后让挂钩两侧的三角形标记与挂钩外壳中相应的保险开关对齐。注：切勿抓握锁芯，因其需要自由转动。

（5）将挂钩推入挂钩外壳，直至锁芯逆时针旋转约 120°，并自动锁入“闭合位”。锁芯上的绿色区域（白色箭头上方）应与外壳上的白点对齐。

（6）目测挂钩是否完全插入外壳。可尝试下拉挂钩，下拉时，挂钩不应掉落。注：如果挂钩未能锁入外壳，下拉时便会掉出。

（7）转动钥匙，使箭头与锁芯上的“锁定”标记对齐。

（8）拔出钥匙，妥善保管（最好放在 Model X 车内），如图 16–34 所示。注：仅当挂钩完全锁定后，方能拔出钥匙。这种情况表明已成功连接。在拔出钥匙之前，切勿使用挂钩。注：Tesla 建议记下钥匙编码。当丢失钥匙并需要补购时，需要此编码。

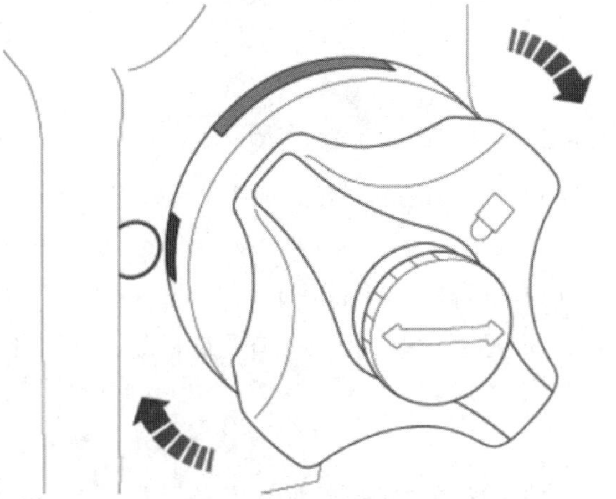

图 16–33

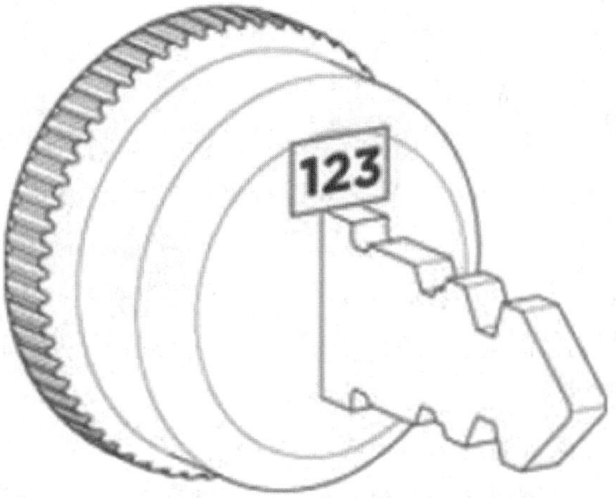

图 16–34

（9）闭合防尘盖，防止灰尘和杂物进入锁内。

6. 完成牵引后，请拆下挂钩

（1）插入钥匙，并将钥匙的顶端与“解锁”位对齐。

（2）紧握挂钩底部，防止掉落；同时，将锁芯拉出约 0.5cm，然后顺时针转动，直至锁芯上的红色标记与白点对齐。此时，锁芯锁入“开启位”，挂钩脱离外壳。警告：应小心转动锁芯。倘若未锁入“开启位”，将自动缩回到原始的“闭合位”，此时可能有夹手的危险。

（3）将防尘盖重新安装到挂钩外壳上，防止外壳积聚灰尘。

（4）闭合挂钩锁芯上的防尘盖，将挂钩放于安全位置进行保存。

（5）重新安装挂钩外壳的防尘盖。注：保养挂钩时，应定期采用不含树脂的润滑脂涂抹其表面。

7. 千斤顶模式

在顶升或举升之前，将悬架设置为千斤顶模式以防止悬架自动调节升降，这种情况即使在 Model X 电源关闭后也会发生。踩下制动踏板，然后点击：控制 > 悬架 > 千斤顶。当 Model X 处于千斤顶模式时，仪表板上会亮起一个红色的空气悬架指示灯 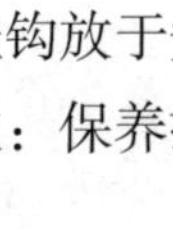 。要停用此功能，请再次点击千斤顶。注：当驾驶速度超过 7km/h 时，千斤顶模式自动取消。

（二）仅使用平板拖车

除 Tesla 另有规定外，只能使用平板拖车。运输 Model X 的过程中，轮胎不得直接接触地面，如图 16–35 所示。

图 16–35

警告：因运输造成的损坏不在保修范围之内。警告： 要运输 Model X，请严格按照以下说明进行操作。

（三）禁用自动调节升降功能（仅限空气悬架车辆）

如果 Model X 装配智能空气悬架，即使断电，车辆仍可以自动调节升降。为避免损坏，必须激活千斤顶模式以禁用自动调节升降功能。

（1）在触摸屏上，点击：控制 > 悬架。

（2）踩下制动踏板，然后轻按很高，最大限度地提高高度。

（3）点击千斤顶。千斤顶模式处于激活状态时，除有一条消息显示主动空气悬架被禁用以外，Model X 仪表板上还会出现该指示灯  。注：Model X 行驶速度高于 7 km/h 时，千斤顶模式取消。警告：如果配备了智能空气悬架的 Model X 不能激活千斤顶模式，车辆在运输过程中就有可能松脱，并因此导致重大损坏。

（四）激活牵引模式

在检测到驾驶员离开车辆时，Model X 会自动换入驻车挡，即使之前已经换入空挡。要把 Model X 保持在空挡（这会松开驻车制动器），必须通过触摸屏激活牵引模式。

（1）切换到驻车。

（2）踩下制动踏板，然后在触摸屏上点击：控制 > 设置 > 检修和重置 > 牵引模式。牵引模式处于激活状态时，Model X 在仪表板上显示该指示灯 

，同时还有一条消息提示 Model X 在自由滑行。注：当 Model X 换入驻车挡时，牵引模式取消。警告： 如果电力系统不能正常工作，并且不能释放电控驻车制动时，可以尝试快速启动 12V 电池组。呼叫 Tesla 获得相应指导。如果发生无法脱开驻车制动器的情况，可以使用轮胎滑道或用轮式拖车尽可能短距离地运输 Model X。在这样做之前，请务必检查拖车制造商的说明书及其建议的负载能力。

（五）连接挂钩

（1）将牵引环放在前备箱中。

（2）沿着护盖顶部，将小号平头螺丝刀插入卡槽，然后轻轻撬动，将护盖从顶部撤钮松开，即可拆下牵引钩盖，如图 16–36 所示。

（3）插入挂钩。把挂钩完全插入右侧的孔内，然后逆时针旋转，直到牢牢固定，如图 16–37 所示。

（4）把绞索系到挂钩上。警告：在牵引之前，确保稳固地锁紧挂钩。

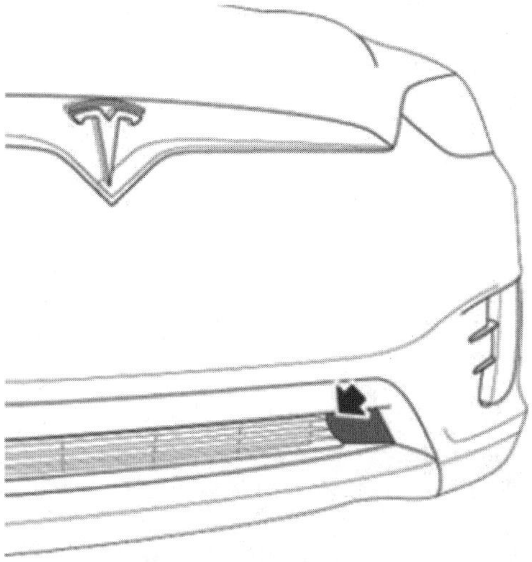

图 16-36

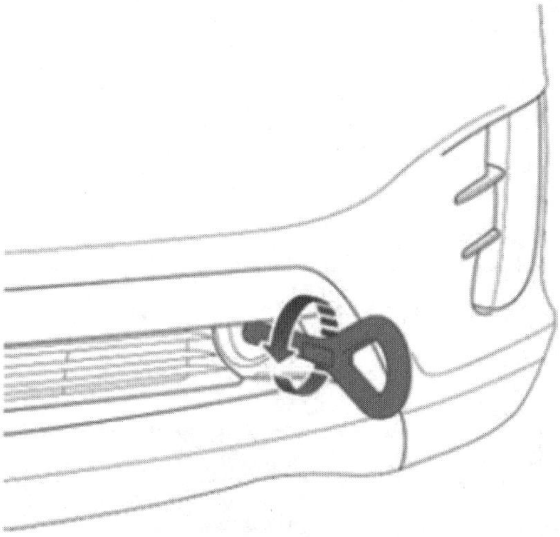

图 16-37

（六）拖到拖车上，固定车轮

用八点式捆扎法，利用箧带或捆扎带固定车轮。

（1）确保捆扎带的金属件不接触油漆表面或车轮表面。

（2）请勿将捆扎带置于车身面板上方或穿过车轮，如图 16-38 所示。

警告：将捆扎带扎在底盘、悬架或车身的其他部件上，可能会造成损坏。警告：为防止损坏，在运输 Model X 的过程中，轮胎不得直接触地。

（七）钥匙失效时解锁

在走近 Model X 或按下钥匙上的解锁按钮时，如果车辆仍无法解锁，说明钥匙的电池电量可能耗尽。此类情况下，仍然可以解锁并驾驶 Model X。解锁 Model X（并禁用安全警报）时，首先应将车钥匙放置在前车门和鹰翼门之间、驾驶员侧的车门柱底座处，如图 16-39 所示。然后按下驾驶员侧前车门把手。如果 Model X 未解锁，请尝试调整钥匙的位置。必须将车钥匙放置在正确的位置。如果 Model X 仍未解锁，请在拆下钥匙电池后重试。

图 16-38

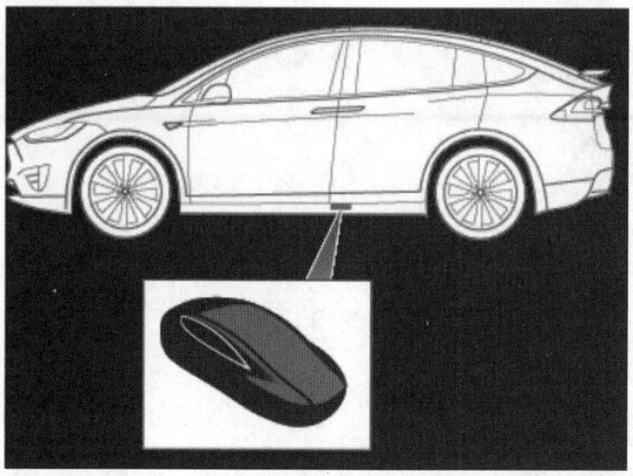

图 16-39

要驾驶 Model X，需将钥匙放在靠中控台位置，在 12V 电源插座正下方，然后，踩住制动踏板以启动 Model X。注：用这种方法解锁 Model X 可禁用离开锁定功能。更换钥匙电池后，必须手动重新启用离开锁定。

（八）电量耗尽时开启行李箱

如果 Model X 电量耗尽，可从车内打开行李箱。使用行李箱盖下侧的机械释放绳（位于内部照明灯旁边）。

（1）用力向内拉下缘，拆下盖板，如图 16-40 所示。

（2）拉机械释放绳，打开门锁。

（3）掀开行李箱盖。

（九）前备箱内部紧急开启

前备箱内侧的内开按钮可使锁在里面的人出来。只要 Model X 静止，该按钮即处于激活状态。按内开按钮打开前备箱，然后，向上托起前备箱盖，如图 16-41 所示。注：在短暂暴露在环境光线下时，按钮会散发微光数小时。

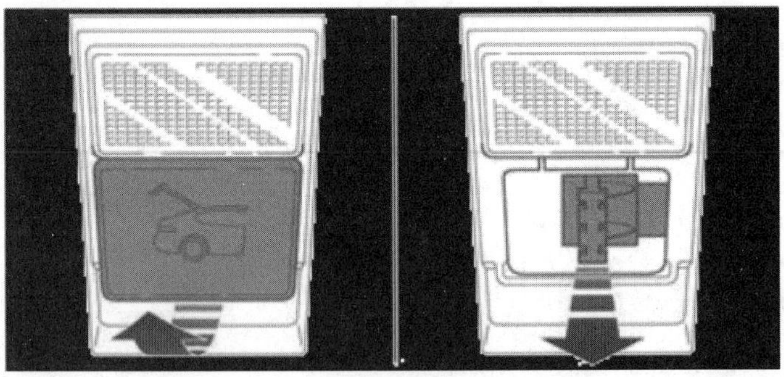

图 16-40

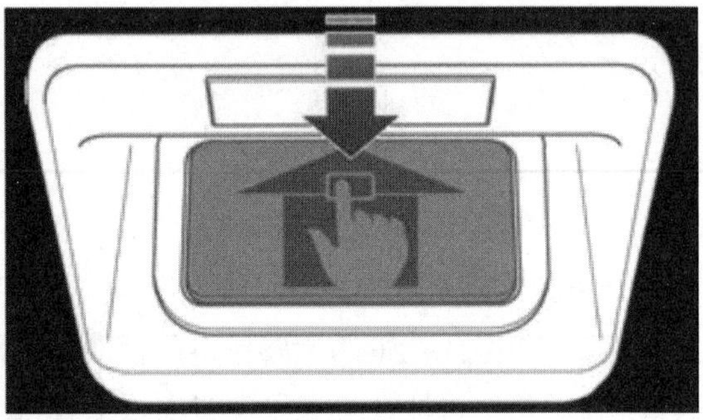

图 16-41

（十）应急启动

如果在踩下制动器时，Model X 未检测到钥匙，仪表板上将显示一条消息，提示未检测到钥匙。将钥匙放在 Model X 最易于检测到的地方，即中控台杯托中，如图 16-42 所示。

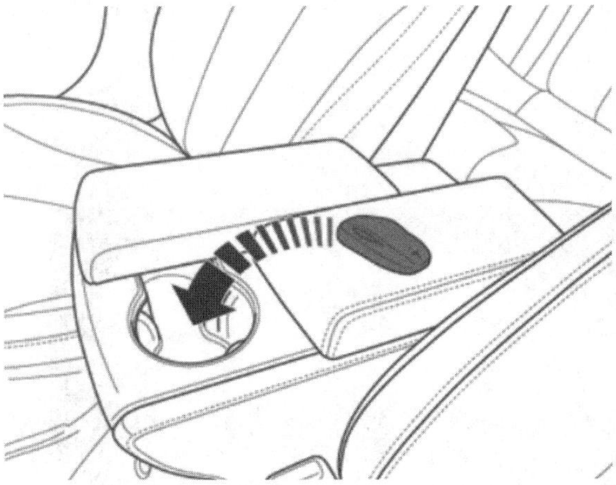

图 16-42

如果 Model X 仍未检测到钥匙，则尝试将钥匙靠近中控台，紧邻 12V 电源插孔下方。如果仍检测不到钥匙，请在拆下钥匙电池后重试，或使用另一把钥匙。如果另一把钥匙仍然无效，请联系 Tesla。多种因素都可能影响 Model X 是否能够检测到钥匙。这些因素包括钥匙电量不足、其他使用无线电信号设备的干扰以及在钥匙和接收器之间有其他物体。请始终随身携带钥匙。行驶后，如果电源已经关闭，需要重新启动 Model X。当离开 Model X 时，必须随身携带钥匙以便手动或自动锁止 Model X。

第 17 章　东风雪铁龙车系

一、东风雪铁龙天逸（C5 AIRCROSS）车系

（一）拖车牵引

1. 牵引配备自动变速器的车辆相关注意事项

（1）打开点火开关到 2 挡（附件电源挡：转向柱解锁，车内电器处于开的状态）。

（2）将车辆的换挡杆置于空挡（N）位置。

（3）被牵引车辆以低于 30km/h 的速度行驶。

（4）被牵引车辆行驶的最大距离为 50km。

（5）牵引和被牵引车辆应该严格遵守道路交通法律法规的相关规定。

2. 如何进行车辆牵引操作

（1）使用可拆卸的牵引环用于被其他车辆会进行牵引。

（2）取出工具，如图 17–1 所示。

（3）牵引环放置在行李箱地毯下的模具中或工具盒内。

（4）打开行李箱盖。

（5）抬起行李箱地毯，移出备胎。

（6）从随车工具盒中取出牵引环。

（7）被其他车辆牵引，如图 17–2 所示。

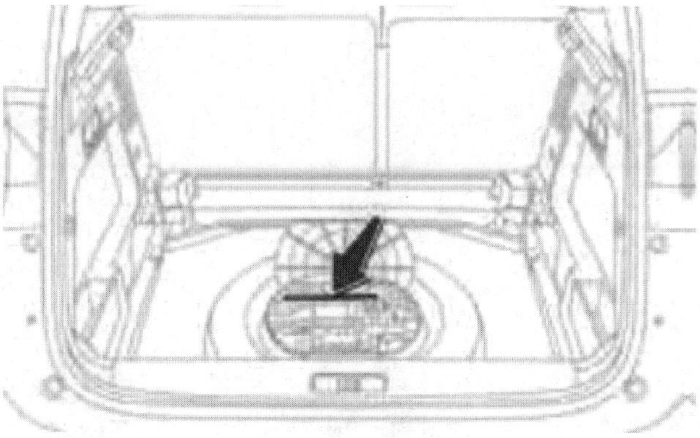

图 17–1

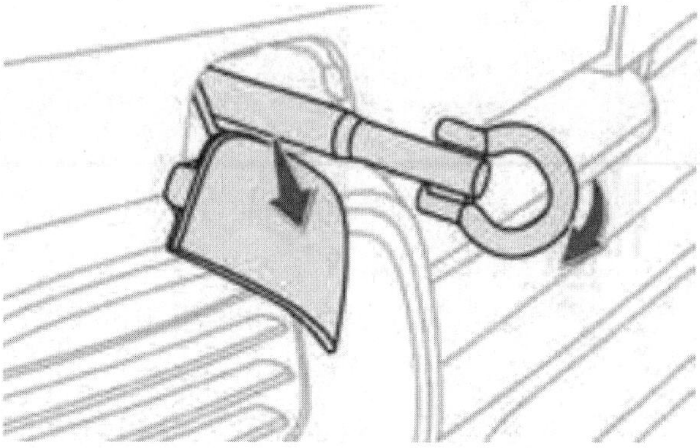

图 17–2

（8）按压后保险杠上盖子右侧，打开盖子。

（9）将牵引环顺时针拧入螺纹孔，尽可能拧紧牵引环，保证牢固可靠。安装牵引杆；点亮两辆车上的危险警告灯。

（10）完成牵引后将牵引环逆时针旋出。清洁牵引环，放回行李箱的随车工具盒内。

（11）本车型没有长期拖挂（房车、半挂车等）的功能，牵引杆仅为紧急情况牵引其他车辆使用，请勿用于其他用途。

3. 特殊情况

遇到以下情况时不可以牵引车辆，而应使用专用运输车或挂车运输车辆。

（1）车辆发生故障，自动变速器内没有润滑油。

（2）车辆蓄电池的电压低于 12V 等亏电状态时，转向系统处于锁止状态，并且无法分离电子驻车制动器和电子转向柱锁时。

（3）车辆被牵引距离已经达到最大距离 50km（仅适用于装备自动变速器车辆）。

（4）车辆发生事故后，无法确定车辆转向系统功能是否正常等因素。

（二）应急解锁 / 锁止

在以下条件下，免钥匙解锁 / 锁止和遥控功能可能失效。

（1）电池损坏，电池亏电或被取下。

（2）误将车辆置于电磁辐射区内。

以上功能失效时，可使用备用钥匙解锁或锁止车门：拨动按键（如图 17–3 中 1 所示），取出内置的钥匙（如图 17–3 中 2 所示）；使用钥匙解锁或锁定车门。

1. 更换电子钥匙电池

电池型号：CR2032/3 V。

（1）使用小螺丝刀撬开电子钥匙背盖，如图 17–4 所示。

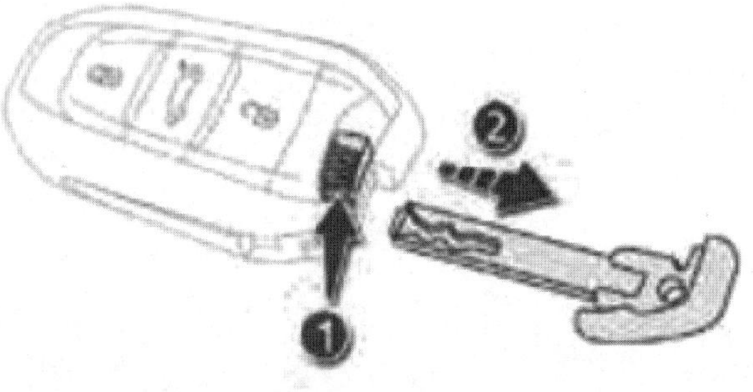

1.按键　2.内置的钥匙

图 17–3

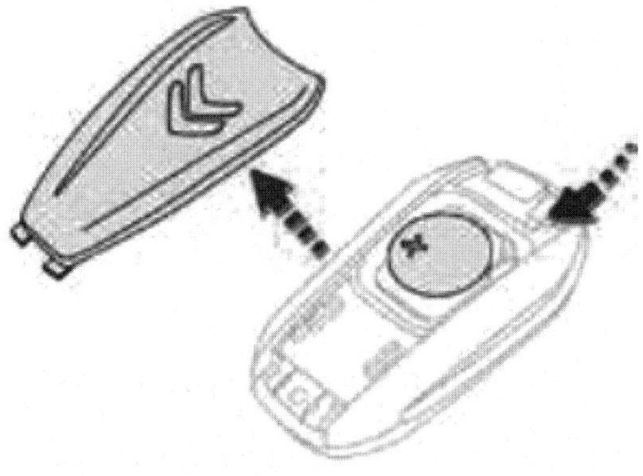

图 17–4

（2）取出电量已耗尽的电池。

（3）装入新电池，注意正负极位置。

（4）装好电子钥匙背盖。

（5）重新按规定步骤进行初始化电子钥匙。

2. 电子钥匙故障（初始化）

断开蓄电池、更换电子钥匙电池或电子钥匙出现故障后，将不能解锁、锁止车门和定位车辆。

（1）将内藏钥匙插入门锁，打开车门，如图 17–5 所示。

（2）将电子钥匙靠在位于转向柱上的电子钥匙阅读器上，保持直到点火开关开启。

（3）将挡位置于 P 挡并踩住制动踏板。

（4）按“START/STOP”按钮打开点火开关。这种状态下，车辆电子钥匙初始化完成，电子钥匙应该

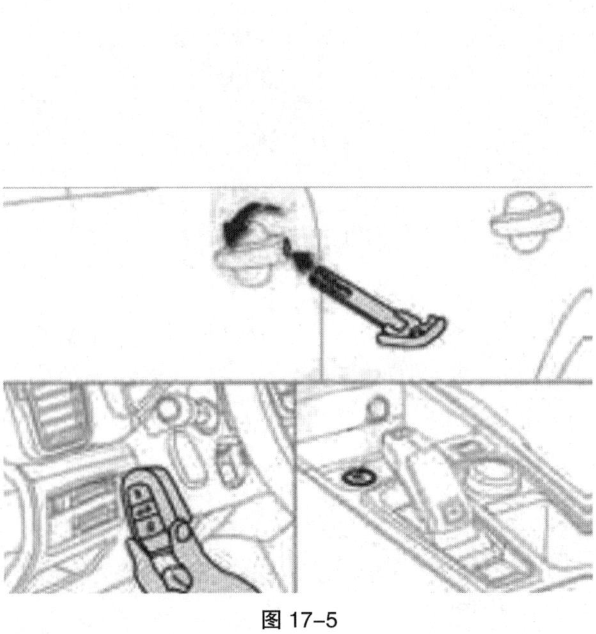

图 17–5

重新可以使用。

3. 车门开启 / 关闭应急控制

遥控器或中央控制门锁出现故障时，可通过机械锁止机构锁止车门。请按下面介绍的方法进行操作。

（1）锁止 / 解锁驾驶员侧车门。

锁止：将钥匙插入锁芯，顺时针转动，锁止车门。

解锁：将钥匙插入锁芯，逆时针转动，解锁车门。

（2）锁止 / 解锁前后乘客门。

锁止：确认后门的儿童安全锁处于关闭状态。

①用指甲或小刀取下外面的塑料堵盖及里面的黑色橡胶堵塞，如图 17–6 所示。

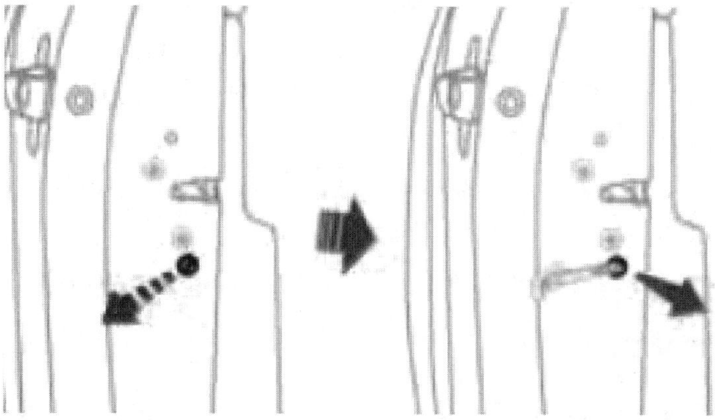

图 17–6

②用钥匙将应急锁止机构的滑块向车内方向拨动。

③重新装上黑色的橡胶堵塞。安装时，橡胶堵塞与堵塞座孔的方向应该一致，否则不易放入。如果黑色的橡胶堵塞下面注入较多的润滑脂，可以用干净的小木棍或牙签拨开。

④将钥匙插入橡胶堵塞的凹槽中转四分之一圈，保证黑色的橡胶堵塞进入锁止槽。

⑤装复塑料堵盖后将车门关上，并拉车门外手柄确认关好。

解锁：

① 通过车门内开启手柄，打开车门。

②解锁后，关闭车门后可以从外面随意拉开车门。

③特别提醒：上述机械锁止 / 解锁车门备用功能是临时的应急办法。电子钥匙电池或中央控制门锁出现故障后，应及时去服务站进行维修。

（三）用应急蓄电池启动

当蓄电池亏电时，可以使用应急蓄电池或另一车辆上的蓄电池，以帮助亏电车辆启动发动机，如图 17–7 所示。

对于装配了涡轮增压发动机的车辆，遇到紧急情况需要充电时，也可将负极连接至如图 17–8 所示螺栓。

请使用12V 蓄电池。在使用其他汽车上的蓄电池时，先应关闭其发动机。两辆汽车不能互相接触。先连接正极，再把应急蓄电池负极接地。注意夹子要夹紧，避免出现火花。启动救援车发动机，使其在稍高的转速下运行约 1min。启动故障车后，使其保持怠速运转，按照连接相反的顺序断开外接电源。若在断开外接电源后，重启故障车时仍出现无法启动，请尽快到服务站对车辆进行检查。故障车辆启动后，若充电故障报警灯常亮，可能车辆充电系统有故障，此时应该到服务站进行全面检查。

A.故障汽车上蓄电池（发动机罩下面） B.应急蓄电池
C.故障车上接地点

图 17–7

特别注意事项：

（1）操作过程中，不要触摸夹子的金属部位。

（2）不要俯身到蓄电池上，避免人体受伤。

（3）按照连接相反的顺序拆除电缆，注意不要短路。

（4）切勿让火焰或火星接近蓄电池（避免爆炸）。

（5）蓄电池内含有稀硫酸，腐蚀性强。搬运过程中注意保护眼睛和脸部。

（6）一旦接触到皮肤，立即用大量清水冲洗，如有必要应就医。

（7）在气温低于冰点时，蓄电池内的电解液可能冻结，在这种情况下切勿跨接启动车辆，也不可给蓄电池充电。

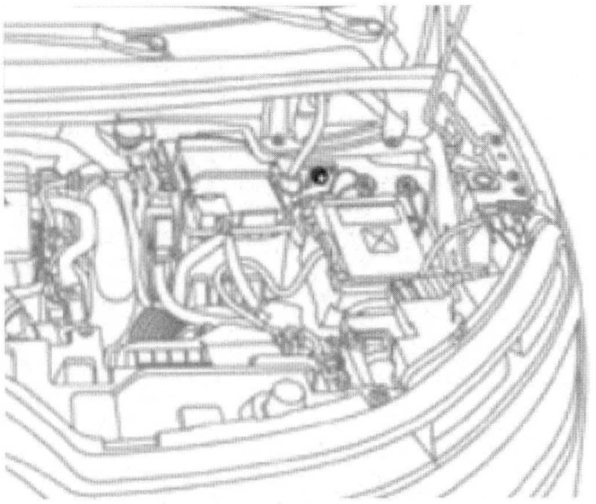

图 17–8

（8）同时要小心避免车辆出现其他危险状况。

（四）自动变速器应急解锁

（1）使用“正常运行”的操作方法无法松开“变速杆锁止功能”。异常操作的可能原因由以下因素导致故障：

①蓄电池电压。

②变速杆锁止。

③换挡杆位置开关。

④自动变速器 ECU。

⑤线束。

（2）需执行的操作（在断开附件蓄电池之前完成这些待执行操作）。

①断开附件蓄电池（按照专用程序进行操作）。

②拆去自动变速器的 ECU。

③顺时针旋转并推动挡位位置选择轴（如图 17–9 中 1 所示）。使用 6mm 开口扳手，变速器操纵杆可以手动操作。

（五）电子驻车制动

电子驻车系统有两种操作模式：手动启用 / 解除。

通过拉动或按下控制开关（如图 17–10 中 A 所示）可以手动启用 / 解除驻车制动；自动启用 / 解除，发动机关闭时自动启用，车辆移动时自动解除。

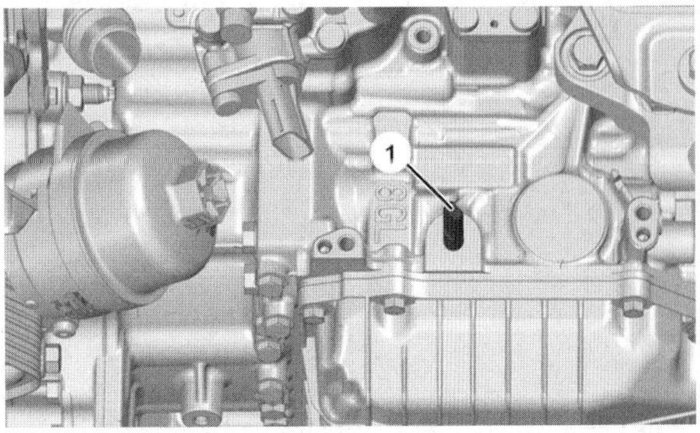

1.挡位位置选择轴

图 17–9

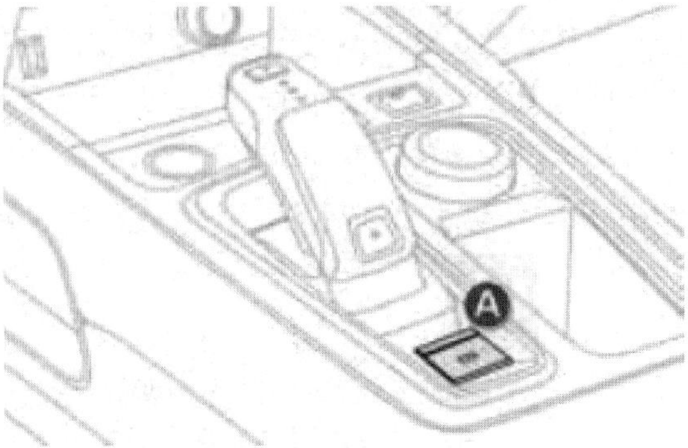

A.控制开关

图 17–10

1. 手动启动

车辆停稳后，发动机运转或关闭时均可拉动控制开关（如图 17–10 中 A 所示）启用驻车制动。

2. 手动解除

接通点火开关或发动机运转时，踩下制动踏板，按下控制开关（如图 17–10 中 A 所示）可解除驻车制动。

3. 驻车制动解除时

制动指示灯和控制开关（如图 17–10 中 A 所示）上的 P 指示灯熄灭。显示屏上提示信息：驻车制动解除。如果未踩下制动踏板而按压了控制开关，驻车制动不会解除，该指示灯点亮同时显示屏上会有提示信息。如果出现蓄电池故障，电子驻车制动不起作用。特别提醒：如果驻车制动尚未启用，停稳车辆，选择 P 挡，在对角线车轮前各放置一个限位块以防车辆滑动。请尽快联系服务站。

4. 动态应急制动

如果车辆主制动系统操作发生了某些异常情况（例如驾驶员生病、制动踏板被外物卡滞等），持续拉动控制开关 A 可以产生辅助制动减速作用。电子稳定程序（ESP）提供动态紧急制动期间的稳定性。如果动态紧急制动发生故障，显示屏会显示“驻车制动故障”信息。ESP 系统出现故障时，该指示灯点亮，制动稳定性无法保证。在这种情况下，稳定性必须由驾驶员在控制开关上重复交替的“拉— 松开”动作来保证。

5. 关闭自动模式

在某些情况下，如严寒天气或牵引车辆时，需要关闭电子驻车制动自动启用 / 解除模式。

（1）启动发动机。

（2）如果驻车制动已解除，拉动控制开关启用驻车制动。

（3）完全松开制动踏板。

（4）持续按压控制开关（如图 17–11 中 A 所示）最短 10s，最长 15s。

（5）松开控制开关，如图 17–11 中 A 所示。

（6）踩下制动踏板并保持。

（7）拉动控制开关持续 2s。

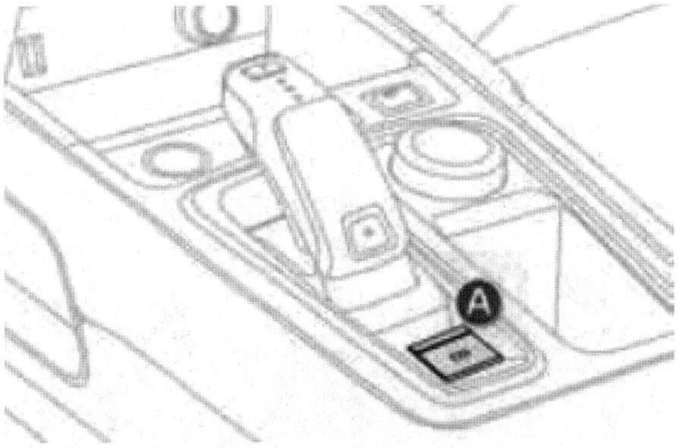

A.控制开关

图 17–11

6. 不启用驻车制动（结冰）

在极其寒冷的情况下，推荐不要启用驻车制动（有结冰的风险）。将车辆停稳，选择 P 挡，在对角线车轮前各用一个限位块抵住车。

（1）关闭发动机。

（2）驻车制动启用，制动指示灯和控制开关指示灯点亮。

（3）重新接通点火开关但不启动发动机。

（4）踩下制动踏板，按压控制开关手动解除驻车制动。

（5）仪表板指示灯和控制开关指示灯熄灭，同时显示屏上显示信息“驻车制动解除”。

（6）关闭点火开关。

第 18 章　东风标致车系

一、东风标致 4008 车系

（一）牵引车辆

1. 牵引配备自动变速器的车辆相关注意事项

（1）打开点火开关到 2 挡（附件电源挡：转向柱解锁，车内电器处于开的状态）。

（2）将车辆的换挡杆置于空挡（N）位置。

（3）被牵引车辆以低于 30km/h 的速度行驶。

（4）被牵引车辆行驶的最大距离为 50km。

（5）牵引和被牵引车辆应该严格遵守道路交通法律法规的相关规定。

2. 牵引准备

使用可拆卸的牵引环牵引别的车辆或者被别的汽车牵引，牵引环安放在行李箱的泡沫固定槽内，如图 18–1 所示。

（1）打开后尾门行李箱盖。

（2）抬起行李箱地毯。

（3）从工具盒中取出牵引环，如图 18–2 所示。

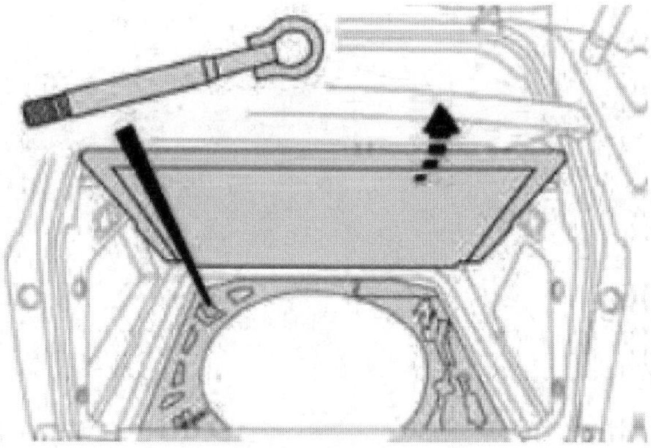

图 18–1

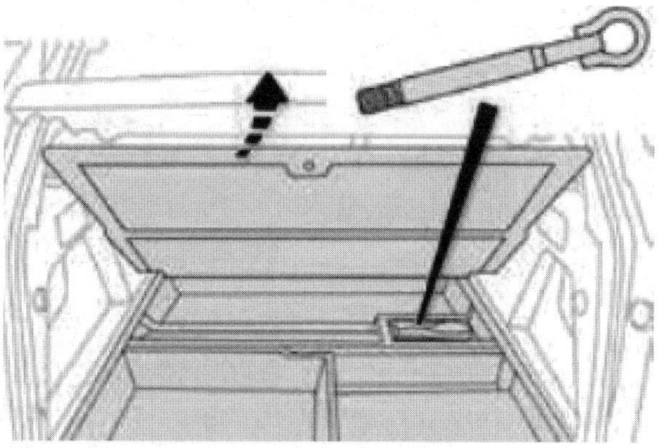

图 18–2

注意事项：确保牵引车辆的重量要大于被牵引的车辆。被牵引的车辆上也需要具备一名持有驾照的驾驶员。当牵引四轮着地的车辆时，要使用牵引杆，禁止使用绳索或拉带。牵引车辆起步时一定要缓慢。当被牵引车辆发动机关闭时，其是没有转向和制动助力的，一定要注意行驶的安全性。

在以下的情况下，必须请求专业救援。

（1）车辆在高速路上抛锚。

（2）四驱车辆。

（3）无法将车辆置于空挡、无法解锁方向盘或无法解除驻车制动。

（4）被牵引车辆只能两轮着地时。

（5）没有牵引杆等情况。

3. 被其他车辆牵引

（1）在前保险杠上按压保护盖的上部，如图 18–3 所示。

（2）完全拧进牵引杆。

（3）连接牵引杆。将换挡杆置于空挡（自动变速器置于 N 挡）。如果不遵守此说明可能会损坏某些系统（制动系统、变速器等），当发动机下次启动时可能会失去制动助力。

（4）解锁方向盘并解除驻车制动。

（5）打开危险警告灯。

（6）缓慢起步，小心行驶。

4. 牵引其他车辆

（1）按压后保险杠上盖子右侧，打开盖子，如图 18–4 所示。

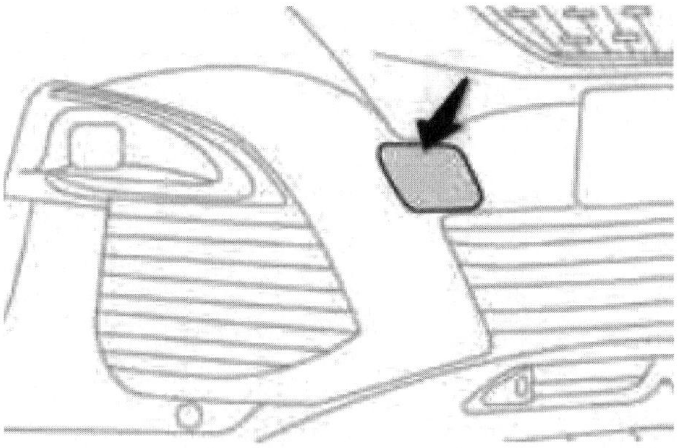

图 18–3

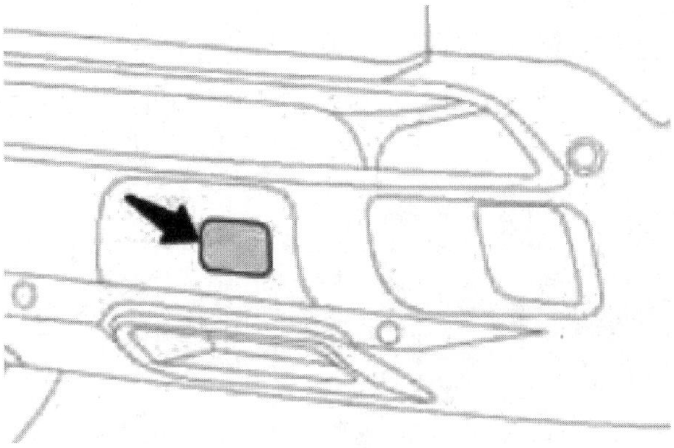

图 18–4

（2）尽可能拧紧牵引环。

（3）安装牵引杆。

（4）点亮两辆车上的危险警告灯。

（5）缓慢起步，小心驾驶。

（二）解除自动变速器变速杆锁止异常操作

1. 使用“正常运行”的操作方法无法松开“变速杆锁止功能”

异常操作的可能原因由以下因素导致故障。

（1）蓄电池电压。

（2）变速杆锁止。

（3）换挡杆位置开关。

（4）自动变速器 ECU。

（5）线束。

2. 需执行的操作（在断开附件蓄电池之前完成这些待执行操作）

（1）断开附件蓄电池（按照专用程序进行操作）。

（2）拆去自动变速器的 ECU。

（3）顺时针旋转并推动挡位位置选择轴（如图 18–5 中 1 所示），使用 6mm 开口扳手对变速器操纵杆进行手动操作。

1.挡位位置选择轴

图 18–5

（三）车辆后尾门应急控制

车辆后尾门应急解锁，如图 18-6 所示。

（1）将车内后排座椅折叠放倒，从车内接近行李箱盖锁。

（2）将小螺丝刀插入后尾门上的行李箱盖锁（如图 18-6 中 A 所示）孔中进行解锁操作。

（3）将弹簧锁向左移动。

（4）关闭后再次锁止。

（5）如果再次关闭后尾门后故障持续存在，后尾门会仍然保持锁止。

（四）无钥匙启动功能中的钥匙没有被检测到时的应急程序

1. 应急启动

当钥匙处于正确区域但系统无法检测，或电子钥匙电池电量不足时，可以将钥匙置于转向柱上的电子钥匙阅读器来启动发动机，如图 18-7 所示。

（1）将钥匙保持放置在钥匙阅读器中。

（2）手动变速器请将换挡杆置于空挡，并完全踩下离合器踏板。

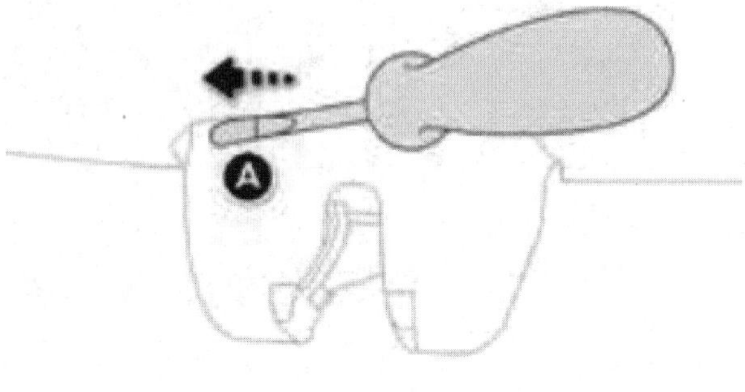

A.行李箱盖锁

图 18-6

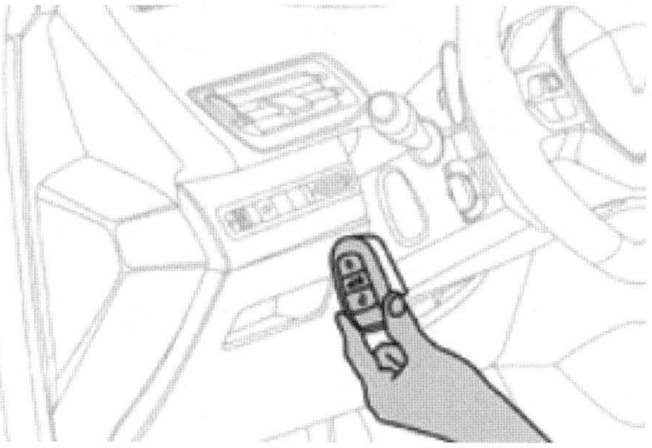

图 18-7

（3）自动变速器请将换挡杆置于 P 挡，踩住制动踏板。

（4）按下“START/STOP”按键启动发动机。

（5）READY 指示灯点亮（混合动力车辆）。蓄电池或中央控制门锁出现故障时，可通过机械机构解锁后尾门。

2. 应急关闭

如果电子钥匙未被检测到，或长时间未处于识别区域，当关闭一个车门或关闭发动机时，组合仪表上会给出信息提示。

（1）确认要关闭发动机，按压“START/STOP”按键约 5s。

（2）如果电子钥匙出现故障，请到 4S 店进行专业的维修处理。

（五）电子驻车制动应急程序

1. 手动启用 / 解除

通过拉动或按下控制开关 A 可以手动启用 / 解除驻车制动。

2. 手动开启

当点火开关开启或动力系统激活。

3. 手动解除手动启用

（1）手动模式。

①制动指示灯和控制开关上的 P 指示灯熄灭。

②显示屏上提示信息：驻车制动解除。接通点火开关或动力系统激活时，踩下制动踏板，按下控制开关可解除驻车制动。

（2）驻车制动解除时。

车辆停稳后，动力系统激活或关闭时均可拉动控制开关启用驻车制动。动力系统激活时，如果未启用驻车制动，当驾驶员侧车门打开时，会有声音信号和提示信息，除非是配备自动变速器的车辆变速杆处于 P 挡（驻车挡）。制动指示灯和控制开关上的 P 指示灯点亮；显示屏上提示信息：驻车制动启用。

（3）驻车制动启用时。

如果未踩下制动踏板而按压了控制开关，驻车制动不会解除，该指示灯点亮同时显示屏上会有提示信息。

（4）关闭自动模式。

在某些情况下，如严寒天气或牵引车辆时，需要关闭电子驻车制动自动启用 / 解除模式。

① 启动发动机。

②如果驻车制动已解除，拉动控制开关启用驻车制动。

③完全松开制动踏板。

④持续按压控制开关最短 10s，最长 15s。

⑤松开控制开关。

⑥踩下制动踏板并保持。

⑦拉动控制开关持续 2s。

⑧自动启用 / 解除模式关闭以后，只能通过控制开关手动启用 / 解除驻车制动。如果需要重新激活驻车制动自动启用 / 解除模式，将上述步骤重复操作一次，该指示灯熄灭，自动模式重新激活。

（5）动态紧急制动。

如果车辆主制动系统操作发生了某些异常情况（例如驾驶员生病、制动踏板被外物卡滞等），持续拉动控制开关（如图 18-8 中 A 所示）可以产生辅助制动减速作用。电子稳定程序（ESP）提供动态紧急制动期间的稳定性。如果动态紧急制动发生故障，显示屏会显示“驻车制动故障”信息。ESP 系统出现故障时，该指示灯点亮，制动稳定性无法保证。在这种情况下，稳定性必须由驾驶员在控制开关上重复交替的“拉—松开”动作来保证。

（六）用应急蓄电池启动

当车辆的蓄电池亏电时，可以使用应急蓄电池或者另一车上的蓄电池，以帮助启动发动机，如图 18-9 所示。

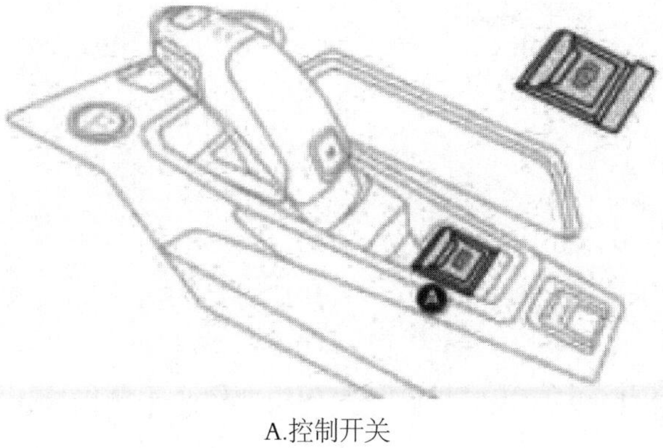

A.控制开关

图 18-8

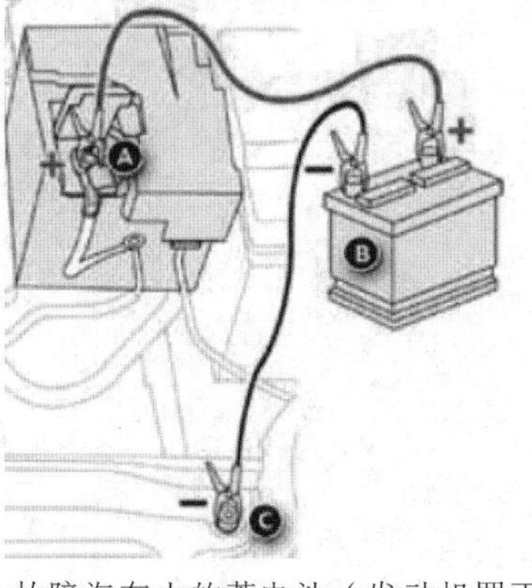

A.故障汽车上的蓄电池（发动机罩下面） B.应急蓄电池　C.故障车上接地点

图 18-9

请使用 12V 蓄电池。在使用其他汽车上的蓄电池时，先应关闭其发动机。两辆汽车不能互相接触。按图 18–9 所示先连接正极，再把应急蓄电池负极接地。注意夹子要夹紧，避免出现火花。启动救援车发动机，使其在稍高的转速下运行约 1min。启动故障车后，使其保持怠速运转，按照连接相反的顺序断开外接电源。若在断开外接电源后，重启故障车时仍出现无法启动，请尽快到 4S 店对车辆进行专业的检查。操作过程中，不要触摸夹了的金属部位。

（1）不要俯身到蓄电池上，避免人的身体受到伤害。

（2）按照连接相反的顺序拆除连接电缆，注意不要短路。

（3）切勿让火焰或火星接近蓄电池（避免爆炸）。

（4）蓄电池内含有稀硫酸，腐蚀性强，搬运过程中注意保护眼睛和脸部。

（5）一旦接触到皮肤，立即用大量清水冲洗，如有必要应就医。

（6）在气温低于冰点时，蓄电池内的电解液可能冻结，在这种情况下切勿跨接启动车辆，也不可给蓄电池充电。避免出现危险状况。

（七）车门应急程序

使用钥匙解锁 / 锁止全车门。

车门应急程序可以被用作以下情况中。

（1）遥控器电池电量不足。

（2）遥控器本身故障。

（3）车辆处于强烈磁场干扰环境下。

第一种情况下，也可以更换遥控器电池进行处理。

第二种情况下，也可以对遥控器进行初始化处理。

1. 解锁

（1）将钥匙插入到车门把手锁孔，如图 18–10 所示。

（2）向车前方转动钥匙。车辆解锁时，转向指示灯会闪烁几秒。根据配置，后视镜展开。如果防盗报警器激活，当开启车门时，警报声会响起。打开点火开关来停止警报。

2. 锁止

（1）将钥匙插入车门把手锁孔，如图 18–11 所示。

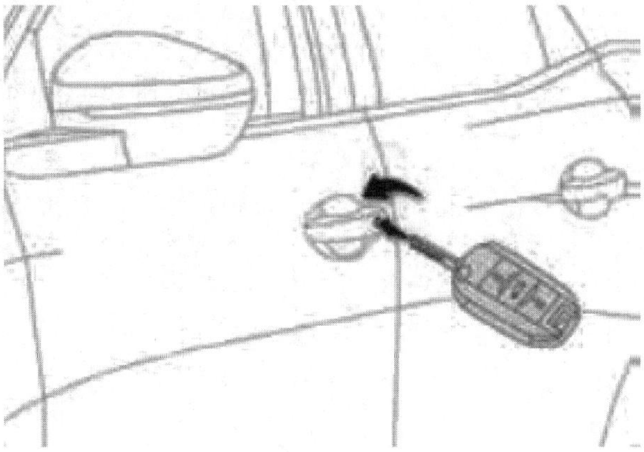

图 18–10

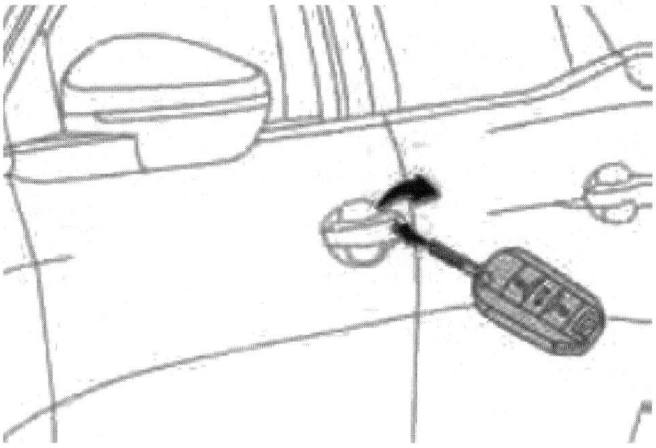

图 18–11

（2）向车后方转动钥匙。

车辆锁止时，转向指示灯会点亮几秒。根据配置，后视镜折叠。当用钥匙锁止车辆以后，防盗报警器不会被激活。

3. 非中控锁锁止

此应急程序可以被用在以下情况。

（1）车辆的中控锁故障。

（2）车辆蓄电池未连接或电量不足。

4. 驾驶员侧车门

向车辆后方转动钥匙来锁止，或向前方转动来解锁。

5. 乘客侧车门

（1）解锁。

拉动内部控制柄。

（2）锁止。

①打开车门。

②对于后排车门，检查儿童安全锁未启用。

③使用钥匙拆下车门边缘的黑色保护帽，如图 18–12 所示。

④小心将钥匙插入锁孔，不用转动，将门闩朝车内的方向拨动。

⑤拿开钥匙，装回保护帽。

⑥关闭车门，从车外检查车辆是否已经锁止。

（八）遥控器更换电池和初始化

1. 更换遥控器电池

（1）使用小螺丝刀插入凹槽处，撬开遥控器后盖，如图 18–13 所示。

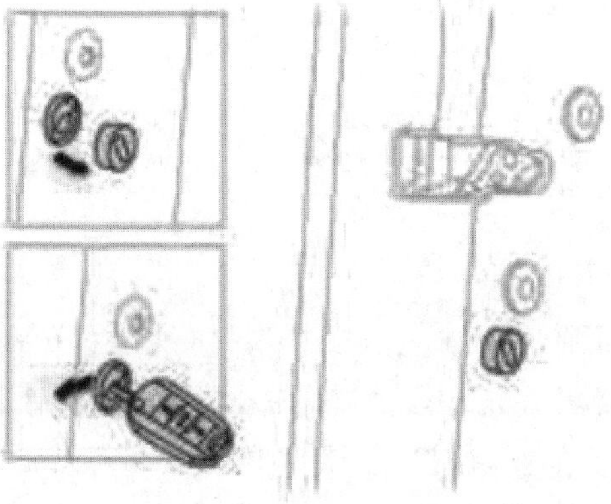

图 18–12

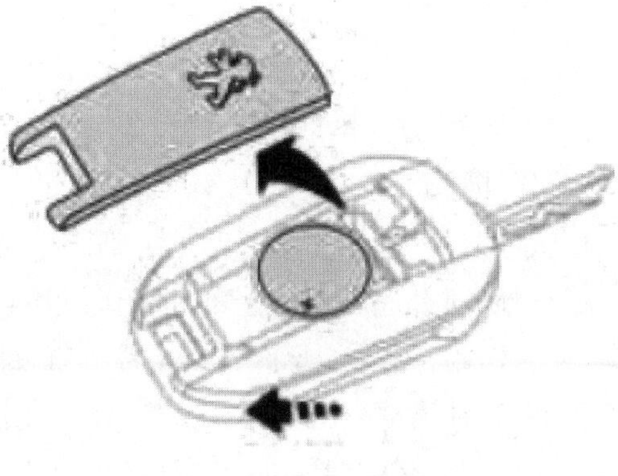

图 18–13

（2）取下遥控器后盖，如图 18–14 所示。

（3）取出电已耗尽的遥控器电池。

（4）装入新的遥控器电池，注意电池正负极位置。

（5）装好遥控器盖。

（6）重新按规定进行初始化遥控器。

2. 遥控器重新初始化

断开蓄电池、更换钥匙电池或钥匙出现故障后，有可能出现不能解锁、锁止车门和定位车辆的情况，此时需要重新初始化。

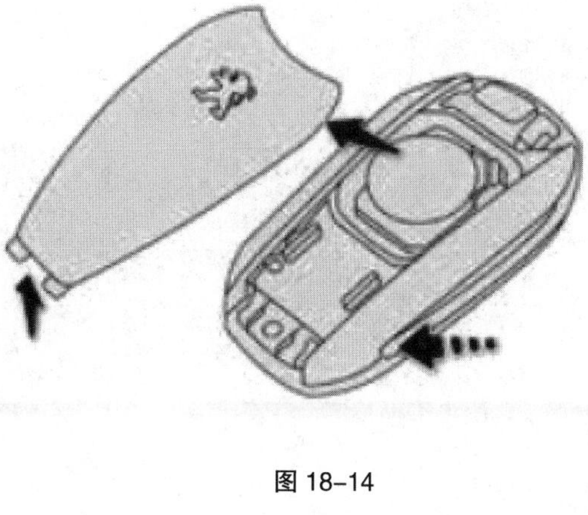

图 18–14

遥控钥匙初始化步骤：

（1）关闭点火开关。

（2）将钥匙转动至位置，如图 18–15 所示（点火开关开启）。

（3）按下锁止键持续几秒。

（4）关闭点火开关并拔出钥匙。遥控器所有功能重新被激活。

（九）应急启动

（1）将电子钥匙靠在位于转向柱上的电子钥匙阅读器上，保持直到点火开关开启。

（2）如果车辆配备手动变速器，将换挡杆置于空挡并完全踩下离合器踏板。

（3）如果车辆配备自动变速器，将挡位置于 P 挡并踩住制动踏板。

（4）按下“START/STOP”按键来开启点火开关，如图 18–16 所示。电子钥匙所有功能再次被完全激活。

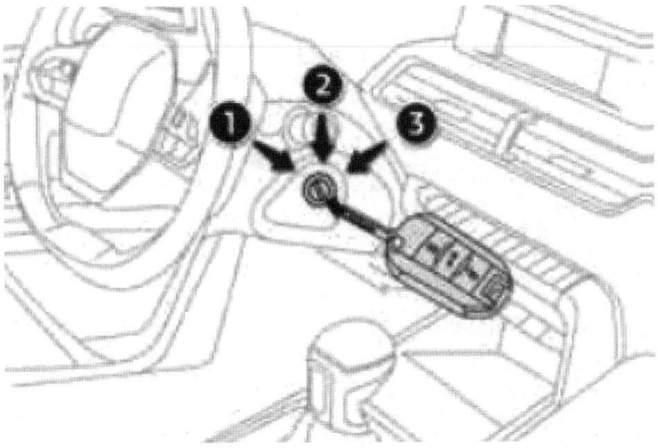

1～3.位置

图 18–15

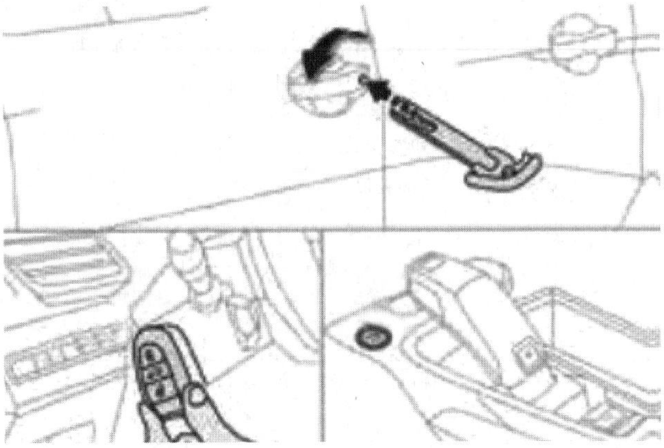

图 18–16

（十）应急补胎

1. 应急补胎套件

应急补胎套件如图 18–17 所示。临时补胎套件包含 12V 充气泵、补胎剂，可以用于临时修补轮胎及胎压调整。临时补胎套件由一个 12V 带气压计的充气泵与一罐补胎剂组成，如图 18–18 所示。它可以起到临时补胎作用，以便于您能驾驶车辆到就近的维修站进行修理。在正式修补时，注意清除残余的补胎剂。本工具可以修补大部分轮胎胎冠及胎肩被穿刺的情况，对于轮胎爆破、撕裂口及胎侧的刺穿伤害无法修补。当使用临时补胎套件补胎之后，车辆行驶速度不要超过 80km/h，行驶里程不要超过 200km。

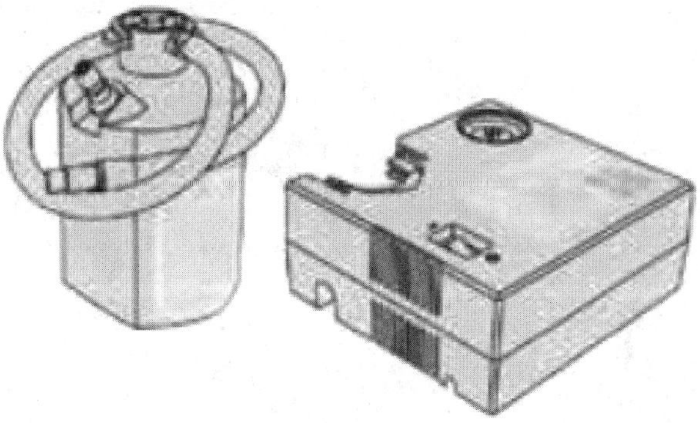

图 18–17

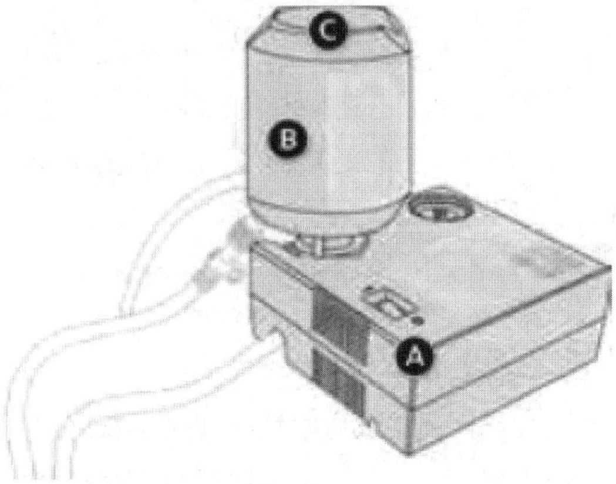

A.12V带气压计的充气泵　B.补胎剂　C.限速指示贴

图 18–18

2. 修补步骤

（1）关闭点火开关。

（2）将限速指示贴粘贴于车内醒目位置。

（3）将充气软管从充气泵上取出。

（4）将软管连接至补胎剂罐，并拧紧，如图 18–19 所示。不要取出扎入轮胎中的异物。

（5）翻转补胎剂罐，并将其垂直固定在充气泵上的固定卡口中，如图 18–20 所示。

（6）将需要修补轮胎的气门芯盖拆下，并放置在干净位置。

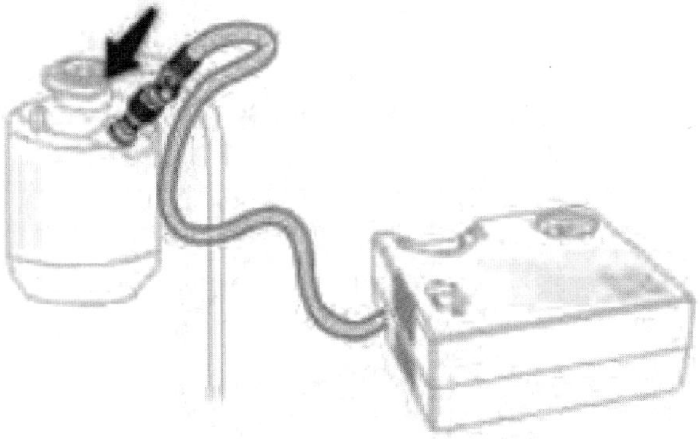
图 18–19

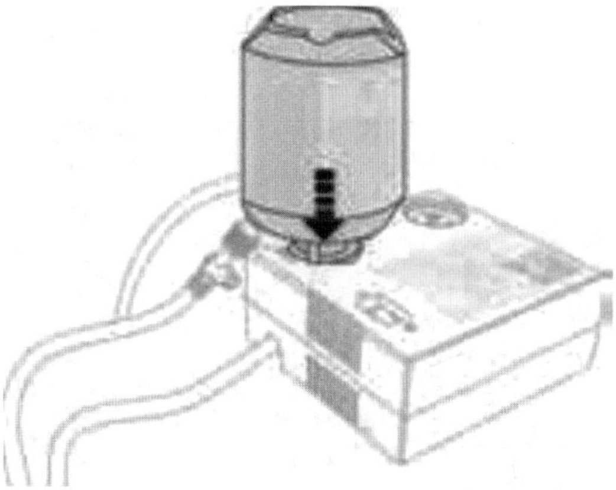
图 18–20

（7）将补胎剂罐的软管连接至轮胎气门，并拧紧，如图 18–21 所示。

（8）将充气泵开关置于关闭位置。

（9）收回工具。

（10）并在 1min 内以 20 ~ 60km/h 的速度驾驶车辆约 5km，以修补破损的位置，如图 18–22 所示。

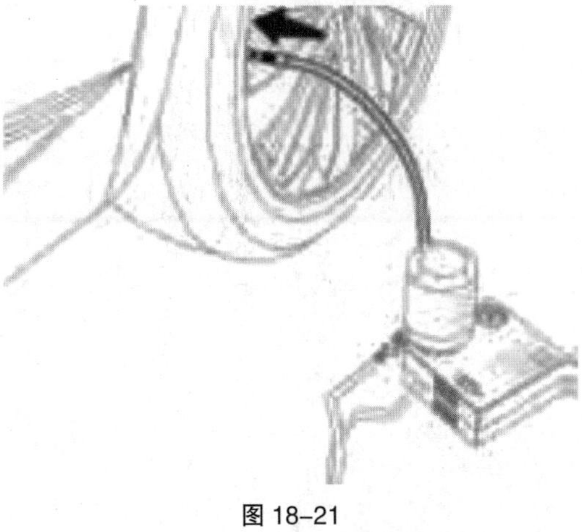
图 18–21

图 18–22

（11）停车，用充气泵自带的轮胎压力表检测轮胎压力，如图 18–23 所示。也可以不使用补胎剂，仅使用充气泵来给轮胎充气或检查胎压。

（12）拆下气门芯盖并放置在干净区域。

（13）解开充气泵上的充气软管。

（14）将软管连接至气门嘴并拧紧。

（15）检查充气泵开关处于关闭位置。

（16）完全取出充气泵电源线，如图 18–24 所示。

（17）将电源线连接至车辆行李箱处 12V 附件接口。

（18）打开点火开关。

（19）开启充气泵开关，根据车辆上的气压标签调节轮胎压力。放气：按下充气泵软管与气门连接管接头处的黑色按钮。

（20）一旦达到轮胎标准气压值，将点火开关置于“O”位置来关闭充气泵，如图 18-25 所示。

（21）将工具放置回原位。当一个或多个轮胎压力调整以后，需要对胎压监测系统进行重新初始化。

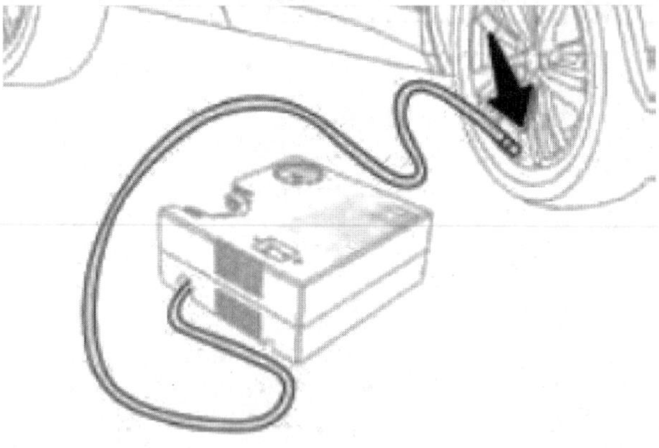

图 18-23

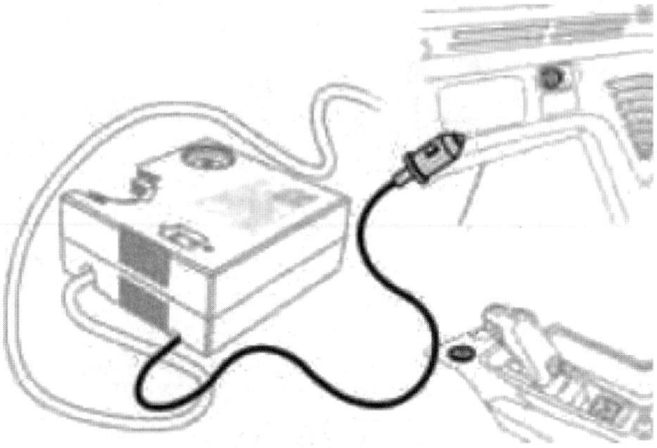

图 18-24

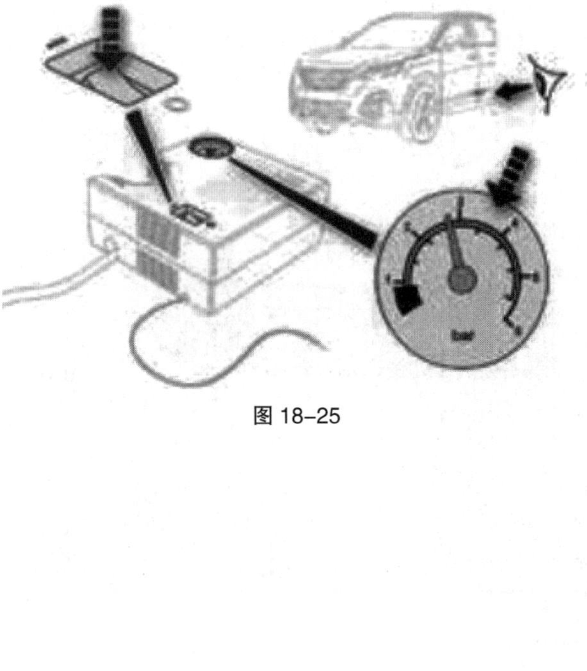

图 18-25

第 19 章　迈凯伦车系

一、2014—2018 年迈凯伦 650S 保险丝位置和应急开锁

（一）应急解锁车门

1. 手动解锁和打开车门

电池没电解锁：如果因车辆电池或遥控钥匙电池未充电而无法锁定或解锁车辆，可使用机械钥匙。注意：如果电池电量极低，车窗将略微下降，以便左侧车门可用手动钥匙打开。为防止警报器鸣响，警报系统将被关闭。

解锁和打开步骤：

（1）按下卡扣，将机械钥匙从遥控钥匙中拔出，如图 19-1 所示。

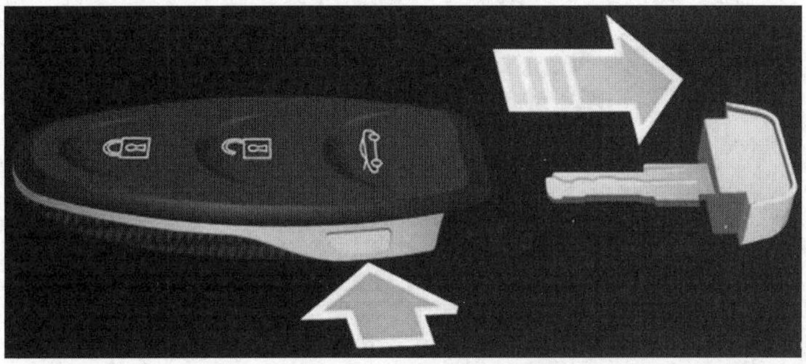

图 19-1

（2）机械锁位于门槛板上的车门下方，可拆卸面板下面，如图 19-2 所示。

（3）将手指放入凹口内并向外拉动以拆除面板。操作提示：面板并未拴在车辆上，因此可完全卸下。确保安全存放面板，并在使用机械钥匙时不将其损坏。

（4）将机械钥匙插入锁孔中，转动钥匙直至机械阻力控制住车门松放。

（5）对车门闩锁区域施以压力（抵消门封的压力），转动钥匙进一步松开车门。注意：如果车辆电池的电耗尽而且没有降下车窗，打开或关闭车门时需当心。不要用力开关车门，以免损坏门封或车窗。

图 19-2

（6）将机械钥匙放回至遥控钥匙。注意：使用机械钥匙为车辆解锁将激活防盗系统并可能引起警报器鸣响。一旦车门打开，将遥控钥匙立即放至开关面板后面的杯托罩中。10s 内车辆将识别遥控钥匙，警报器将停止鸣响。

（二）电池没电从车内打开车门

从车内向外打开车门时，先松放手动车门松放带保持器，然后再拉动松放带。然后门锁松开，车门在自动向外和向上移动时略升起。要重新调整松放带，可将其放回至架中并调整保持器复位。注意：仅在电池没电时使用此松放带。请确保手动车门松放带上的两个保持器位置正确，并在使用后放回至 B 柱上的适当位置，如图 19-3 所示。请确保在保持器回复到 B 柱位置之前，手动车门松放带完全收回。

（三）电池未充电时打开行李箱

如果电池未充电或断开连接，中控台上的遥控钥匙或行李箱按钮将不会打开行李箱。如发生上述情况，请使用手动打开装置。打开步骤：

（1）拉动左车门孔内的把手，如图 19-4 所示。

（2）行李箱将被解锁并略微开启。

（3）松开安全闩，打开行李箱。

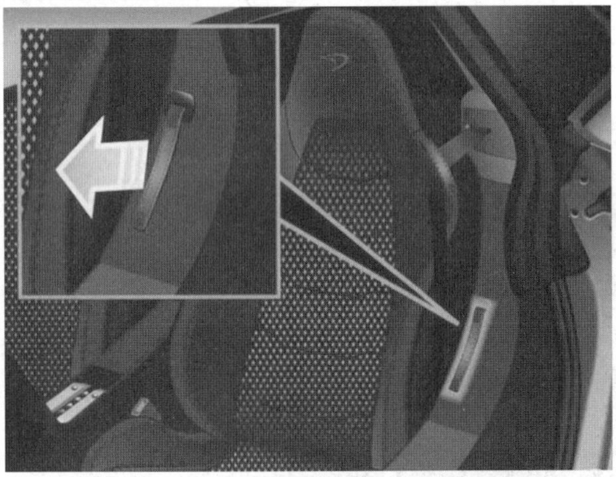

图 19-3

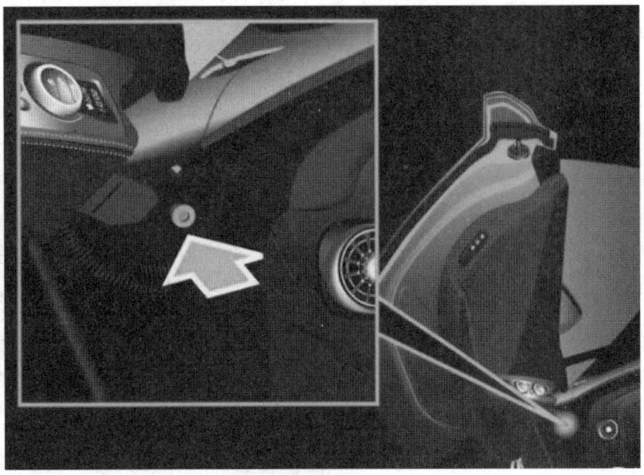

图 19-4

（四）应急启动

如果遥控钥匙电池没电，发动机将停止启动。立即将遥控钥匙放回至开关面板后面的杯托罩区域，如图 19-5 所示。此时，车辆能够感应到有效遥控钥匙的存在，并可发动和驾驶。

更换遥控钥匙电池：

当遥控钥匙电池没电时，只能用机械钥匙解锁车辆。需要一块 CR20323V 电池。

（1）按下掣子，将机械钥匙从遥控钥匙中卸下，如图 19-6 所示。

图 19-5

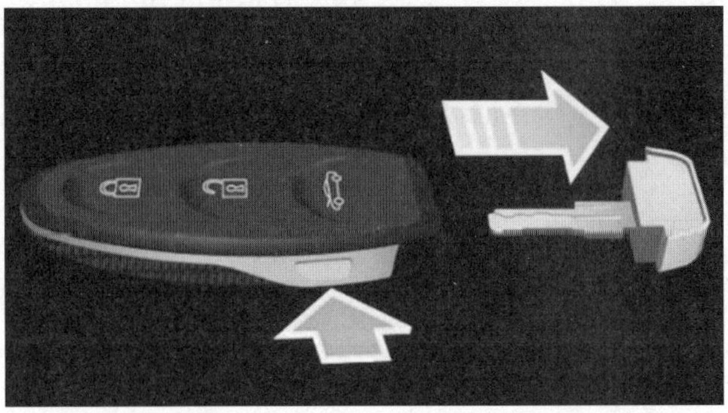

图 19-6

（2）将按钮板从遥控钥匙中滑出，如图 19–7 所示。

（3）拆除遥控钥匙上的后盖，取出电池夹，如图 19–8 所示。

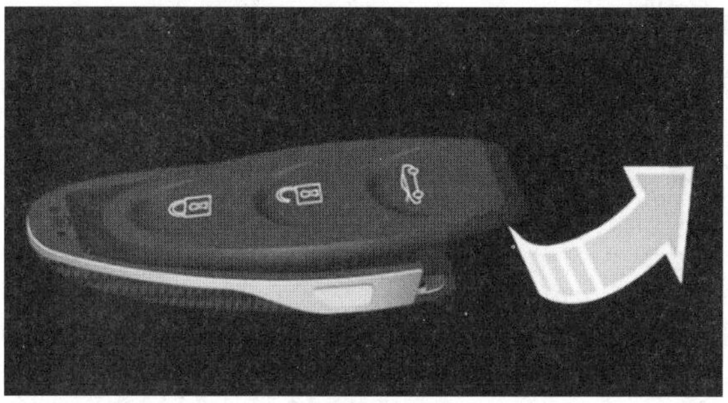

图 19–7

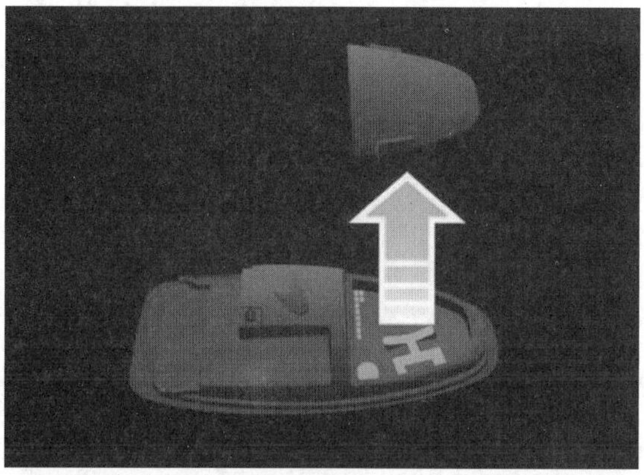

图 19–8

（4）从电池夹中取出电池并安装新电池，同时确保极性正确，如图 19–9 所示。

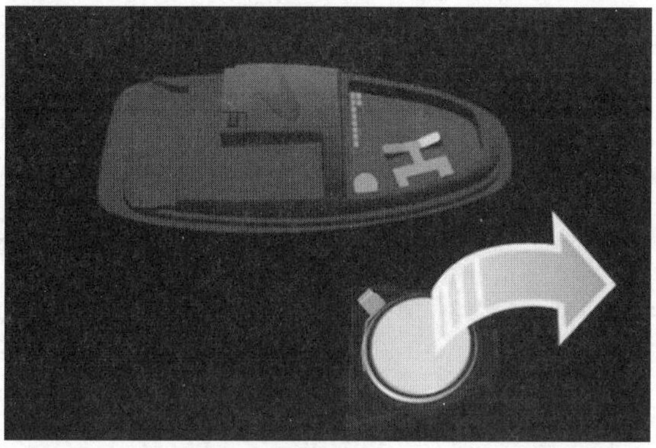

图 19–9

（5）将电池夹重新放入遥控钥匙，再放上后板。

（6）重新盖上按钮板和机械钥匙。

（五）保险丝盒位置

警告：保险丝保护车辆的电子系统。保险丝故障将致使它所保护的系统无法正常工作。使用相同额定值和类型的保险丝。不正确的保险丝额定值可能使系统过载并引起火灾或故障。对于烧断的保险丝应更换，不应尝试修理烧断的保险丝。注意：在移走保险丝时，需关闭所有电子设备并关闭点火装置。McLaren 车上提供了 3 个保险丝盒。主保险丝盒：左侧座椅后方，后隔板中的面板后面。副保险丝盒：乘客一侧仪表板下面。电池保险丝盒：电池顶部，行李箱内的行李箱盖下方。

1. 主保险丝盒

（1）要接触主保险丝盒：拉动放松带，并将左侧座椅靠背向前倾斜，如图 19–10 所示。如果已安装赛车座椅，请向前滑动赛车座椅。

（2）释放固定隔板面板下方的两个夹子，并移走面板，如图 19–11 所示。

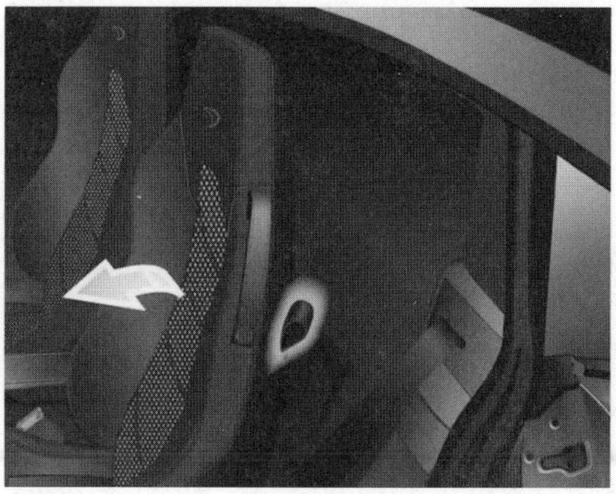

图 19–10

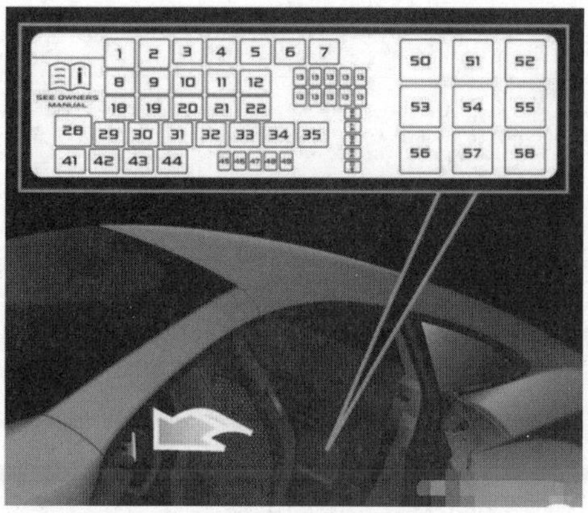

图 19–11

（3）参考主保险丝规格表（如表 19-1 所示）确定哪个保险丝保护无效。

表 19-1

编号	安培数（A）	电路保护
F1	60	辅助气泵
F2	—	—
F3	—	—
F4	—	—
F5	30	传动系底盘控制单元
F6	30	传动系底盘控制单元
F7	30	启动器
F8	20	后窗除雾器
F9	30	音频放大器
F10	40	Spider 车顶泵
F11	40	Spider 车顶 ECU
F12	—	—
F13	5	传动系底盘控制单元
F14	5	发动机控制模块
F15	10	继电器
F16	—	—
F17	3	门锁开关
F18	50	ECU 主继电器控制
F19	30	燃油泵 2
F20	30	驾驶员座椅
F21	30	乘客座椅
F22	30	燃油泵 1
F23	5	倾斜和微波传感器
F24	—	—
F25	10	驾驶员 / 乘客侧车门锁
F26	10	ICPC
F27	5	电子驻车制动系统
F28	—	—
F29	20	真空泵
F30	—	—
F31	50	左冷却风扇
F32	50	右冷却风扇
F33	30	左电子驻车制动电机
F34	30	右电子驻车制动电机
F35	—	—
F36	20	电池主继电器
F37	15	排放控制系统

编号	安培数（A）	电路保护
F38	15	燃油喷射和点火，左槽
F39	15	燃油喷射和点火，右槽
F40	10	发动机辅助设施
F41	—	—
F42	—	真空泵继电器
F43	—	真空泵继电器
F44	—	后窗除雾器
F45	10	电子恒温开关，凸轮轴作动器
F46	—	—
F47	—	—
F48	—	—
F49	—	—
R50	—	燃油泵 1
R51	—	—
R52	—	燃油泵 2
R53	—	传动系底盘控制单元
R54	—	传动系底盘控制单元
R55	—	启动器
R56	—	辅助气泵
R57	—	冷却风扇
R58	—	ECU 主继电器控制

（4）拆下相应保险丝并使用相同规格的保险丝替换。如有疑问，检查保险丝规格表。

（5）通过插入隔板上方的两个剩余夹子安装面板并使用下方的两个夹子固定。

2. 副保险丝盒

（1）使用副保险丝盒时，需降低乘客一侧仪表板下方的闭合面板，如图 19–12 所示。

（2）拆下正面的两个螺钉，如图 19–12 中 1 所示。

（3）拆下侧面固定夹，如图 19–12 中 2 所示。注意：如果希望完全降低两个闭合面板，还可以拆下后面的两个固定夹，如图 19–12 中 3 所示。

（4）降低闭合面板至足够低的位置以使用保险丝盒。

（5）拆下相应保险丝并使用相同规格的保险丝替换，如图 19–13 所示。如有疑问，检查保险丝规格表，如表 19–2 所示。

（6）升高闭合面板，调整夹子，调整并拧紧正面的两个螺钉。

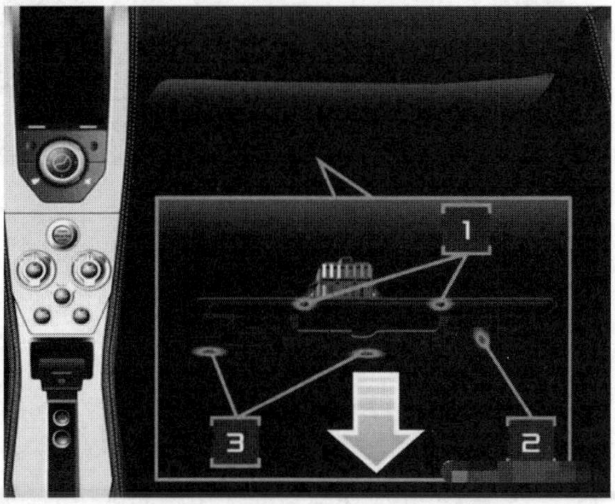

1.螺钉　2.侧面固定夹　3.后面固定夹

图 19–12

表 19-2

编号	安培数（A）	电路保护
F1	20	驾驶员门
F2	20	乘客门
F3	25	灯
F4	20	灯
F5	35	车身
F6	35	车身
F7	35	报警器
F8	5	电子稳定控制
F9	10	OBD2 诊断
F10	10	空调
F11	3	警报控制单元
F12	3	追踪器
F13	7.5	报警器
F14	10	仪表盘

3. 电池保险丝盒

（1）打开行李箱盖并移走放在其内部的物品。

（2）拆下行李箱衬垫顶部的装饰件，如图 19-14 中 1 所示。

（3）拆下两个储物网，如图 19-14 中 2 所示。

（4）移走地毯，如图 19-14 中 3 所示。

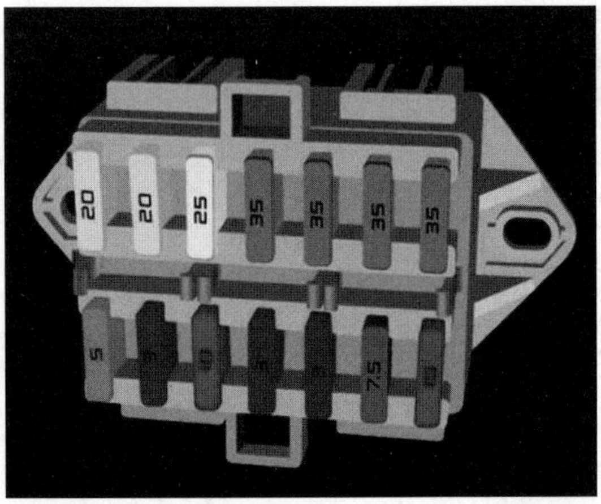

图 19-13

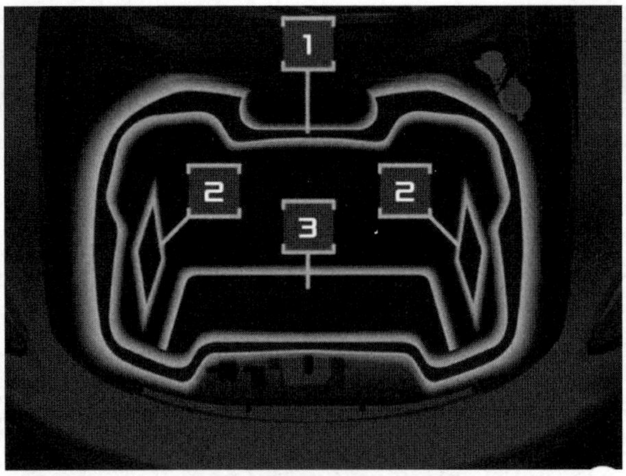

1.装饰件　2.储物网　3.地毯

图 19-14

（5）拆下 7 个固定侧边和行李箱衬垫的螺钉，如图 19-15 中 4 所示。

（6）拆下 10 个固定行李箱衬垫上沿的螺钉，如图 19-15 中 5 所示。

（7）拆下行李箱衬垫。

（8）按下盖右侧的两个卡扣，并从保险丝盒中卸下盖，如图 19-16 所示。

（9）拆下相应保险丝并使用相同规格的保险丝替换，如图 19-17 所示。如有疑问，检查保险丝规格表，如表 19-3 所示。

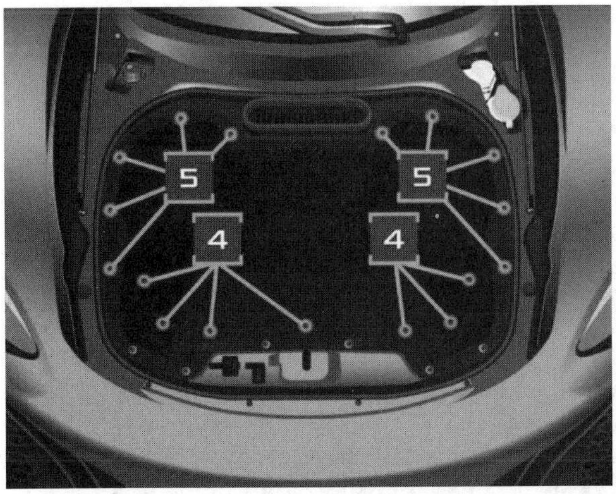

4.5.螺钉

图 19-15

图 19-16

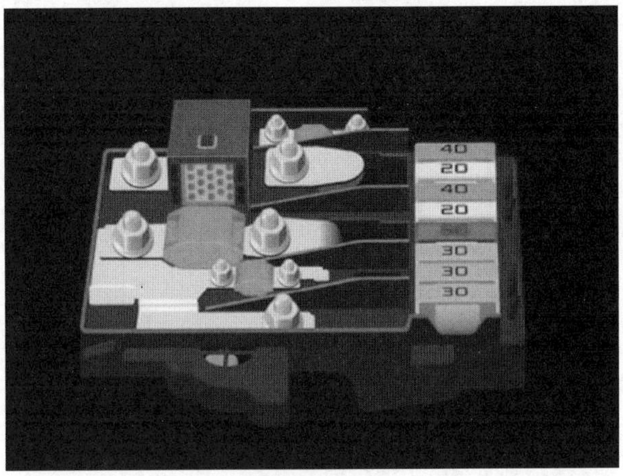

图 19-17

表 19-3

编号	安培数（A）	电路保护
1	—	—
2	—	—
3	30	空调 - 电机 - 控制模块
4	50	副保险丝盒 - 供电
5	20	电子稳定控制阀
6	40	电子稳定控制电机
7	20	辅助电源座 - 行李箱
8	40	副保险丝盒供电
9	100	电动液压助力转向
10	200	主保险丝盒供应
11	—	—

（10）使盖的左侧与保险丝盒接合，将右侧向下推以完全夹牢。

（11）重新安装行李箱衬垫并用 17 个螺钉固定。

（13）安装储物网、地毯和顶部装饰件。

（14）装入从行李箱移走的物品。

（五）蓄电池安装位置

蓄电池安装位置如图 19-18 所示。

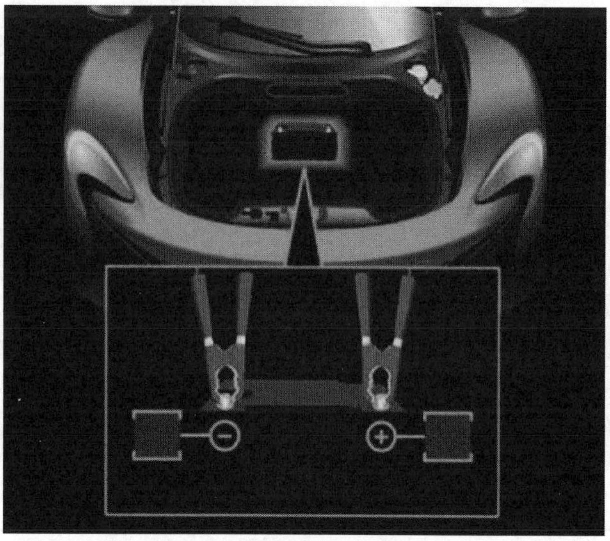

图 19-18

第 20 章　法拉利车系

本文以 488 及 California T 为例介绍车辆日常使用应急措施。

一、车辆完全无电时的应急方案

1. 开启无框车门

在无电的情况下，用机械钥匙开启车门需要注意：此车门为无框车门，如直接拉开车门则有损坏玻璃及车漆的风险，尤其是天气炎热的室外。在用机械钥匙开启锁芯后，一手轻推玻璃上边缘位置，另一手轻轻拉开车门并观察。

2. 发动机中后置车型蓄电池

蓄电池位于副驾驶员侧脚坑，需拆卸脚坑盖板便可看见。发动机中前置的车型蓄电池一般位于发动机舱内，如图 20–1 所示。

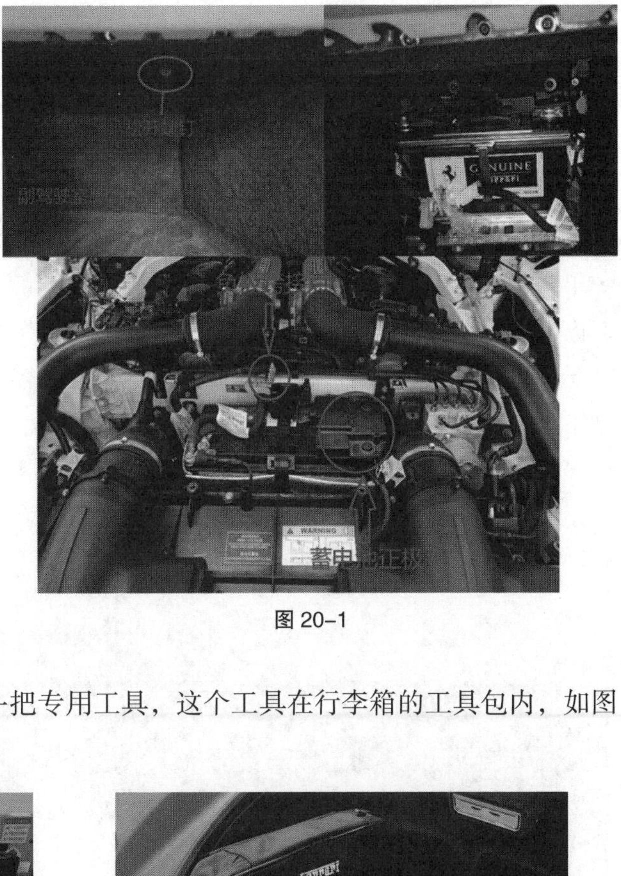

图 20–1

二、解除 P 挡

解除 P 挡分两种情况（发动机中前置和中后置）。所有法拉利车型都是大同小异，以下以 488 和 Portofino 为例。

（1）488 车型发动机中后置，变速器在发动机后方，P 挡解锁位置位于空气滤清下方。需要一把专用工具，这个工具在行李箱的工具包内，如图 20–2 和图 20–3 所示。

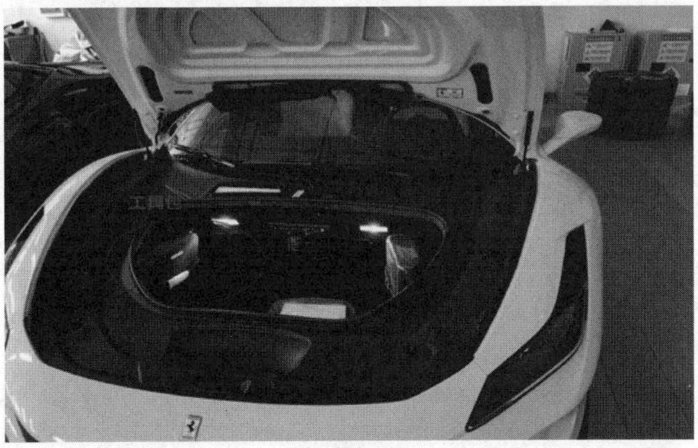

图 20–2

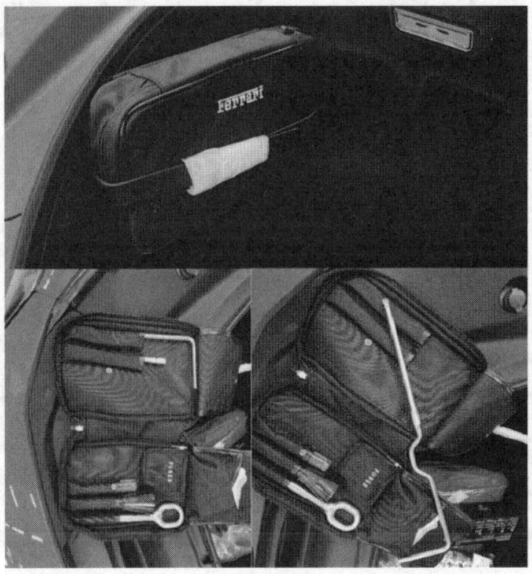

图 20–3

操作方法如图 20-4 所示。

（2）Portofino 的发动机属于中前置，变速器后置，工具包位于行李箱下方，如图 20-5 所示。P 挡解锁位置于行李箱内中间地板上，如图 20-6 所示。

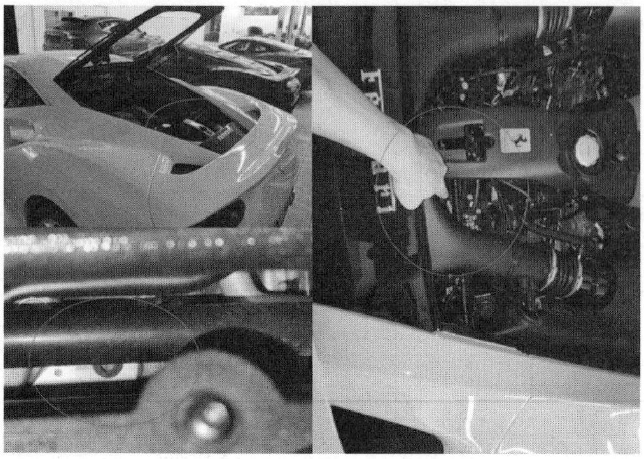

图 20-4

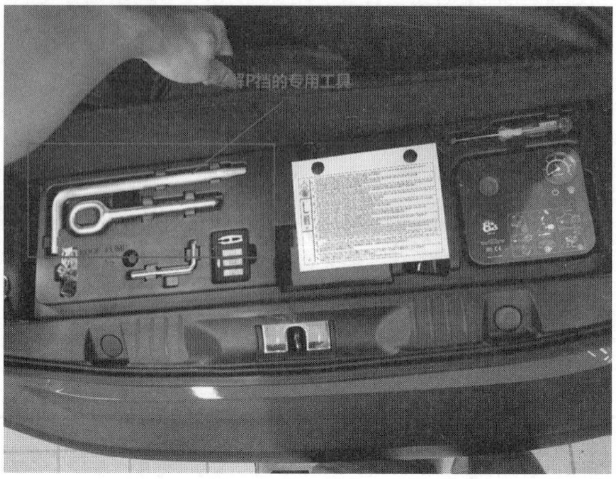

图 20-5

三、解手刹

对于法拉利车型而言，非不可逆转因素尽量不要去解手刹。分两种情况，鼓刹如果应急解手刹，有可能还可以通过原厂电脑学习复位，但较大概率会导致模块损坏无法复位，并且只有发动机前置的尚可在后备箱中找到工具进行解锁，如图 20-7 和图 20-8 所示。还有一种情况是碟刹通过后轮手刹分泵制动，这种手刹控制强烈不建议手动解手刹，会导致手刹分泵损坏无法调校复位。碟刹制动只能通过拆卸后轮，单独与制动分泵供电来解手刹。

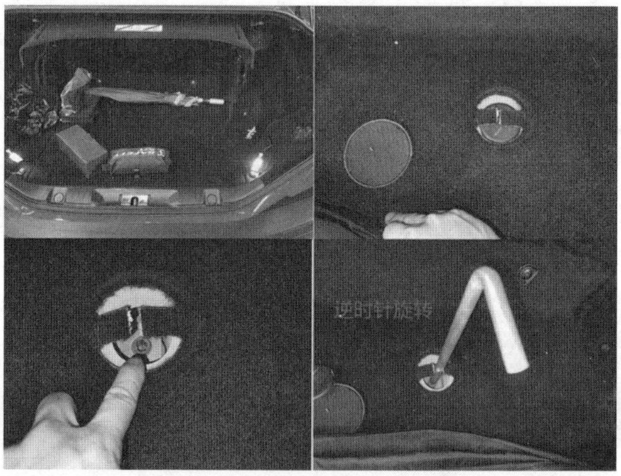

图 20-6

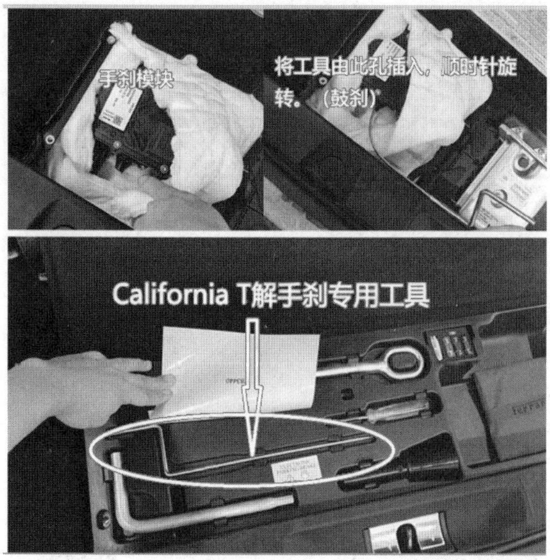

图 20-7

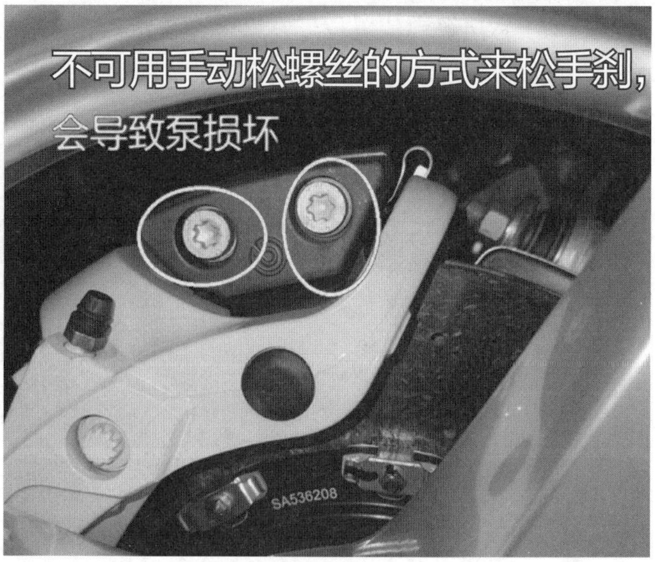

图 20-8

四、应急开启行李箱盖

发动机后置的车辆行李箱盖应急拉手如图 20–9 所示，位于驾驶员侧脚坑上方。发动机前置的一般后备箱都可以通过机械钥匙解锁。

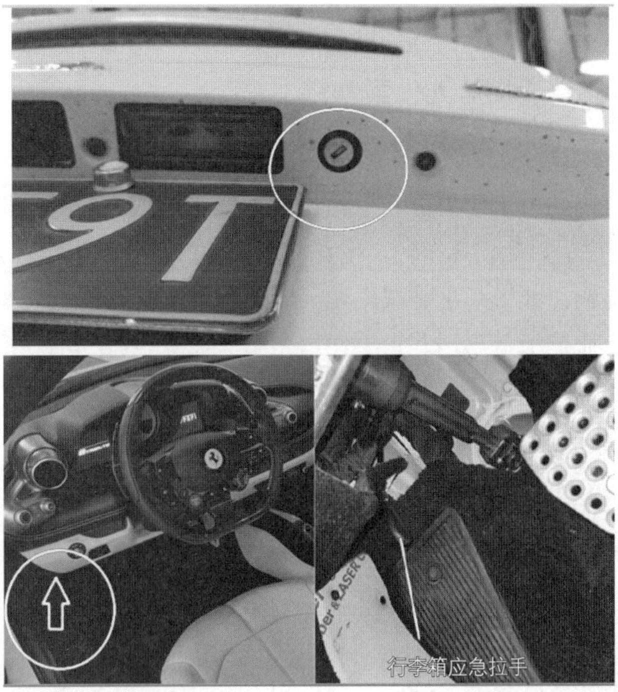

图 20–9

五、应急开启油箱盖锁

应急开启油箱盖锁如图 20–10 和图 20–11 所示。

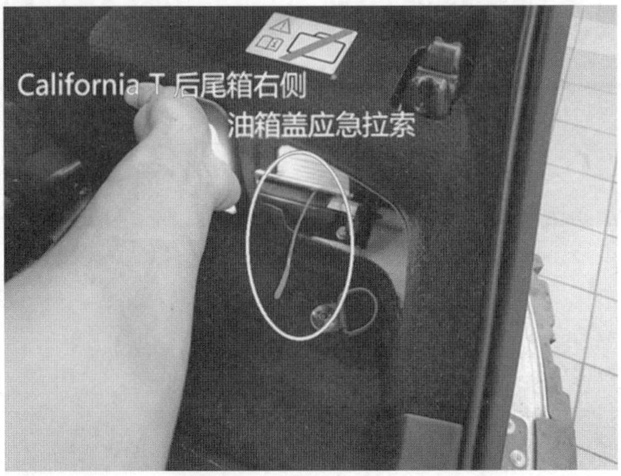

图 20–10

图 20–11

第 21 章　北京现代车系

一、2015—2020 年北京现代第九代索纳塔

（一）拖吊

需要紧急拖吊时，建议将此项工作交由北京现代授权经销商或商业拖吊卡车服务公司来进行。一定要使用正确的举升和拖吊程序，以免损坏车辆。推荐使用车轮台车或平板车。可在后轮着地（没有台车）和前轮离地的状态下拖动车辆。如果某个承载车轮、悬架部件损坏或在前轮着地的情况下拖动车辆，应在前轮下使用台车。使用商业拖吊卡车，并且不使用车轮台车进行拖车时，应举升车辆的前轮，而不是后轮，如图 21–1 所示。

注意：不要在前轮着地的情况下拖动车辆，否则会损坏车辆。不要用吊链式设备拖吊车辆，如图 21–2 所示。使用车轮升降机或平板进行拖吊。

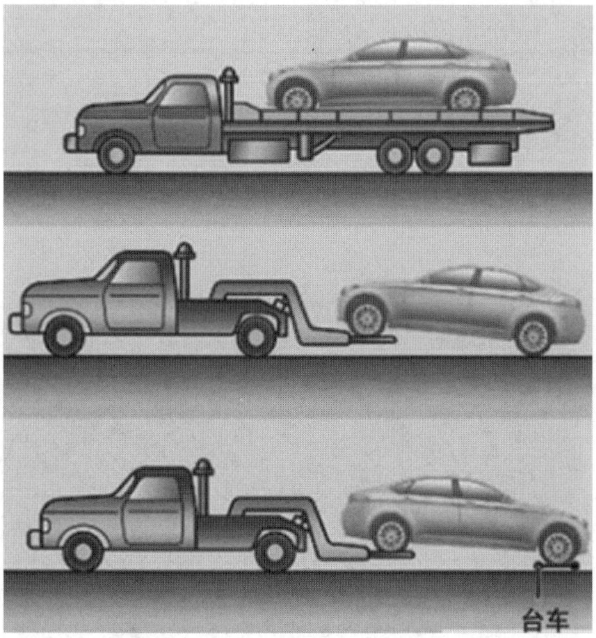

图 21–1

图 21–2

1. 在没有车轮台车的情况下紧急拖车时

（1）将点火开关置于 ACC 位置。

（2）将变速杆置于 N（空）挡。

（3）释放驻车制动器。注意：如果没有把变速器杆置于 N（空）挡位置，可能导致变速器内部损坏。

2. 可拆卸式拖吊挂钩

（1）打开行李箱盖，从工具箱中拿出拖吊挂钩，如图 21–3 所示。

（2）按下前保险杠上的挂钩孔盖下部，拆卸孔盖。

（3）要安装拖吊挂钩，可把拖吊挂钩顺时针旋入孔中，直到拖吊挂钩完全固定不动为止。

（4）使用后，拆卸拖吊挂钩，安装挂钩孔盖，如图 21-4 所示。

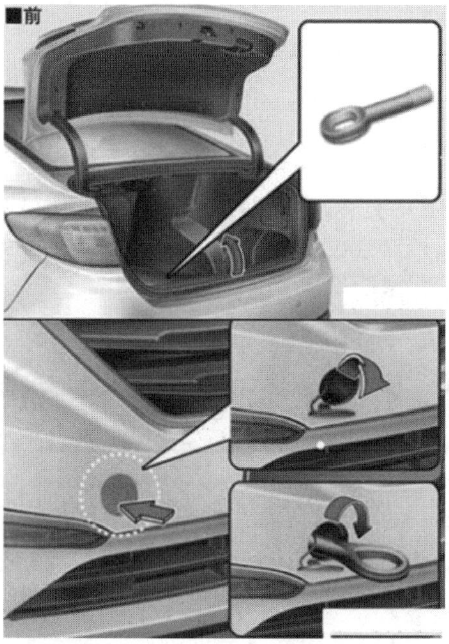

图 21-3

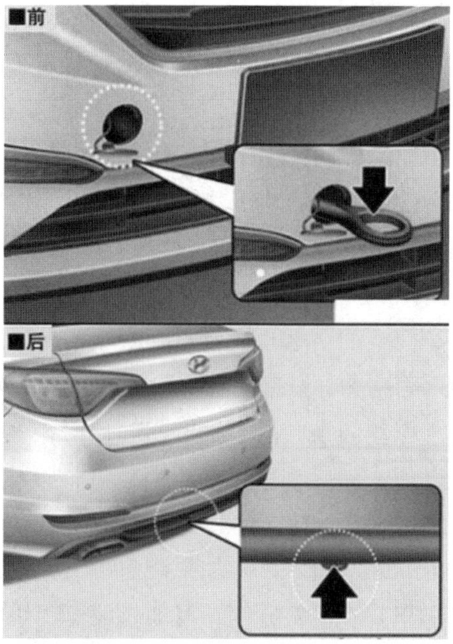

图 21-4

3. 紧急拖吊

如果必须拖吊，建议您将此项工作交由北京现代授权经销商或商业拖吊卡车服务公司来进行。如果在紧急情况下没有适用的拖吊装置，可以暂时将钢索或链子固定到车辆前部（或后部）的紧急拖吊挂钩上进行拖车。使用钢索或链子拖车时，保持高度警惕。驾驶人员需在被拖车辆驾驶座上操纵方向盘和制动器。只能在硬面公路上进行短距离低速拖车。且车轮、车桥、传动系统、方向盘和制动器都必须处于良好状态。始终遵守紧急拖吊注意事项。

（1）将点火开关置于 ACC 位置，使方向盘处于未锁定状态。

（2）将变速杆置于 N（空）挡。

（3）释放驻车制动器。

（4）踩下制动踏板时，应施加比平常更大的力，因为制动助力器不工作，制动操作性能降低。

（5）由于动力转向系统不工作，所以需要更大的转向操纵力。

（6）使用比您的车辆重的车辆进行拖车。

（7）两辆车中的驾驶员应频繁互通信息。

（8）进行紧急拖车前，检查并确定挂钩没有断裂或损坏。

（9）把拖吊用钢索或链子紧固在挂钩上。

（10）不要猛拉挂钩。应施加稳定且均匀的力。

（11）拖吊钢索或链子长度应小于 5m。在拖吊钢索或链子中间系上白布或红布（宽度约 30cm），以便识别，如图

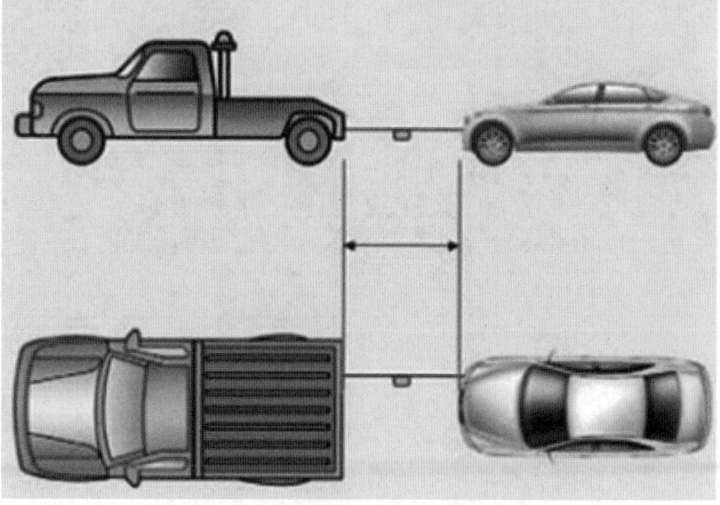

图 21-5

21–5 所示。

（12）在拖吊期间小心驾驶，使钢索或链子保持紧固。

（13）拖吊前，彻底检查车底是否有自动变速器油泄漏。如果自动变速器油泄漏，必须使用平板车或拖吊台车。

（二）应急解锁

如果智能钥匙不正常工作，可使用机械钥匙闭锁或开锁车门。按住释放按钮（如图 21–6 中 1 所示）并拔出机械钥匙（如图 21–6 中 2 所示）。把机械钥匙插入车门上的钥匙孔。要重新安装机械钥匙，把钥匙插入钥匙孔，并推动直到听到“咔嗒”声。

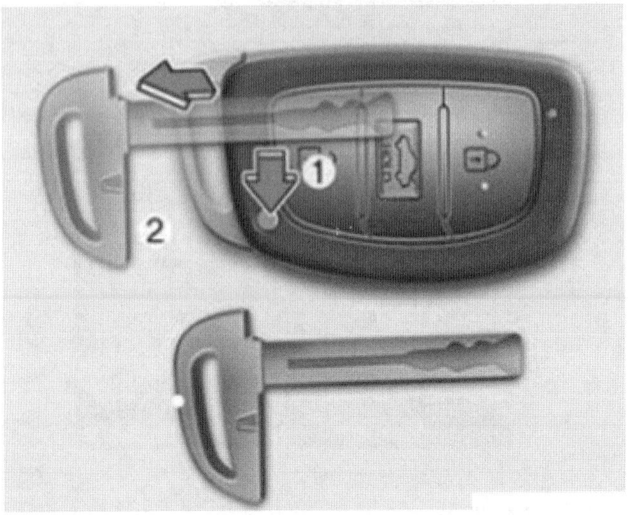

1.释放按钮　2.机械钥匙

图 21–6

从车外操作门锁，向车后方向旋转钥匙可开锁车门，向车前方向旋转钥匙可闭锁车门。如果用钥匙闭锁 / 开锁驾驶员侧车门，所有车门将自动闭锁 / 开锁，如图 21–7 所示。（如果配备中央控制门锁操纵系统）车门一旦被开锁，可通过拉车门手柄打开车门。关闭车门时，用手推车门，确定车门牢固关闭。

（三）自动变速器（如有配备）换挡锁止释放

如果在踩下制动踏板的情况下不能把变速杆从 P（驻车）挡移到 R（倒车）挡，持续踩下制动踏板，然后执行下列操作。

（1）将点火开关置于 LOCK/OFF 位置。

（2）使用驻车制动器。

（3）按下换挡锁止释放按钮，如图 21–8 所示。

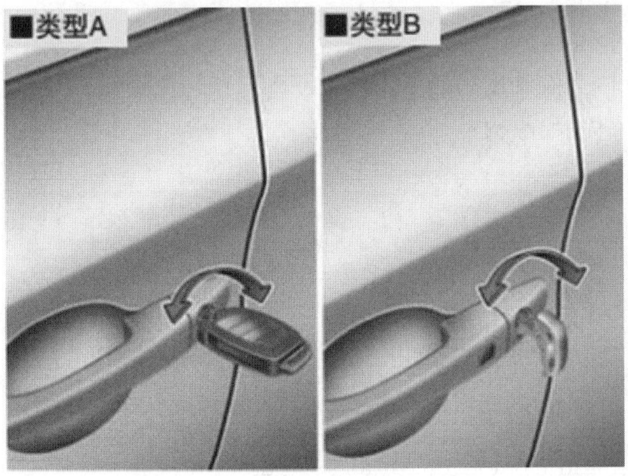

图 21–7

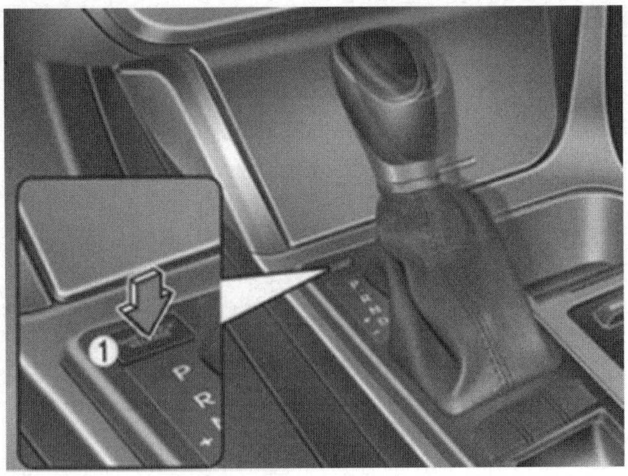

图 21–8

（4）按下换挡锁止释放按钮后移动变速杆。如果需要使用换挡锁止释放，立即请北京现代授权经销商检查系统。

（四）双离合器变速器（如有配备）换挡锁止释放

如果在踩下制动踏板的情况下不能把变速杆从 P（驻车）挡移到 R（倒车）挡，持续踩下制动踏板，然后执行下列操作。

（1）将点火开关置于 LOCK/OFF 位置。

（2）使用驻车制动器。

（3）按下换挡锁止释放按钮，如图 21–9 所示。

（4）按下换挡锁止释放按钮后移动变速杆。

（五）电动驻车制动器（EPB）紧急释放

电动驻车制动器（EPB）不能释放时如果 EPB 不正常释放，将车辆装载到平台拖吊卡车上，送至北京现代授权经销商处进行系统检查。

（六）紧急燃油加油口门释放

如果使用遥控燃油加油口门释放装置没有打开燃油加油口门，可通过轻微朝外拉把手来手动打开燃油加油口门，如图 21–10 所示。参考：禁止过度拉手柄，以免损坏行李区装饰板或释放手柄。

（七）应急启动

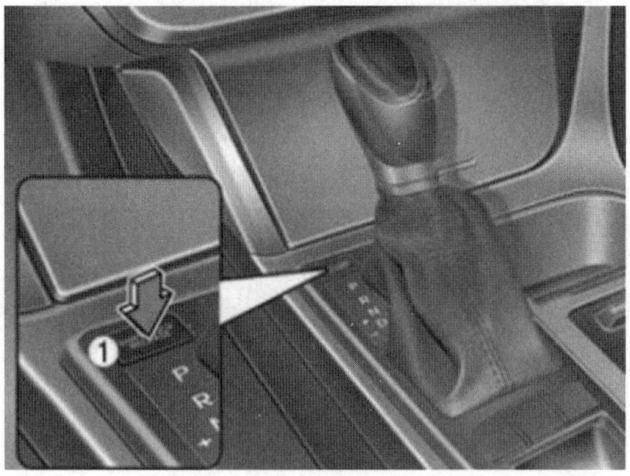

图 21–9

图 21–10

如果智能钥匙电池电量不足或智能钥匙不能正常工作，如图 21–11 所示，用智能钥匙按下发动机启动 / 停止按钮，以此可以启动发动机。

（八）跨接启动

跨接启动不当非常危险。为避免人员受伤或车辆和蓄电池损坏，请务必遵守跨接启动程序。若有疑虑怎样正确跨接启动车辆，务必由专业技术员或拖吊维修站来跨接启动车辆。

1. 跨接启动程序

（1）将车辆置于跨接线可达到的足够近的位置，但不允许车辆接触。

（2）即使车辆处于停止状态，始终要避开发动机室内的冷却风扇或任何移动部件。

（3）关闭所有电气装置，如音响、灯光、空调等。将变速杆挂到 P（驻车）挡并啮合驻车制动器。将两辆车牢固驻车。

（4）按照图 21–12 所示的正确顺序连接跨接线。首先，将红色跨接线的一端连接到车辆蓄电池的正极端子（+）（如图 21–12 中 1 所示）。

（5）红色跨接线的另一端连接到辅助车辆蓄电池的正极端子（+）（如图 21–12 中 2 所示）。

（6）将另一条黑色跨接线的一端连接到辅助车辆蓄电池的负极端子（–）（如图 21–12 中

图 21–11

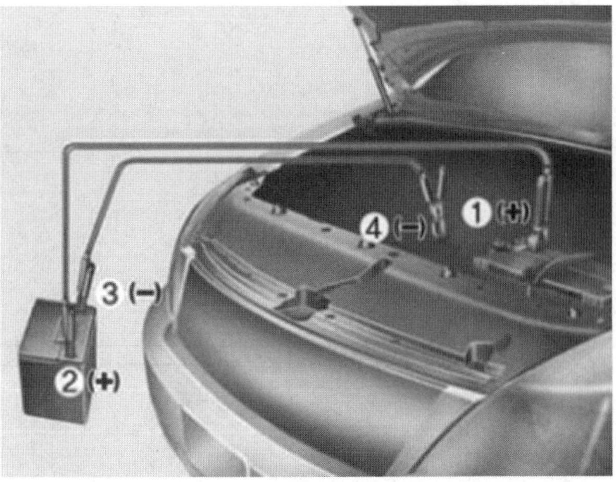

1.车辆蓄电池的正极端子 2.辅助车辆蓄电池的正极端子 3.辅助车辆蓄电池的负极端子 4.车辆车身搭铁

图 21-12

3 所示）。

（7）将黑色跨接线的另一端连接到车辆车身搭铁（–）（如图 21-12 中 4 所示）位置。除了正确连接蓄电池或跨接线端子或正确搭铁外，切勿让跨接线端子接触到其他物体。在跨接连线状态，切勿伏在蓄电池上。

（8）启动辅助车辆上的发动机，并使发动机以 2000r/min 的速度运转，然后启动您的车辆。尝试几次后，如果车辆仍然不能启动，可能需要进行维修。此时请寻求适当的援助。如果造成蓄电池亏电的原因并不明确，应请北京现代授权经销商检查车辆。

2. 以连接相反的顺序正确分离跨接线

（1）从您车辆车身搭铁（–）（如图 21-12 中 4 所示）处分离黑色跨接线。

（2）从辅助车辆蓄电池负极端子（–）（如图 21-12 中 3 所示）上分离黑色跨接线的另一端。

（3）从辅助车辆蓄电池正极端子（+）（如图 21-12 中 2 所示）上分离另一条红色跨接线。

（4）从您车辆的蓄电池正极端子（+）（如图 21-12 中 1 所示）上分离红色跨接线的另一端。

（七）保险丝 / 继电器盒说明

仪表板保险丝盒如图 21-13 所示。

发动机室保险丝盒如图 21-14 所示。

图 21-13

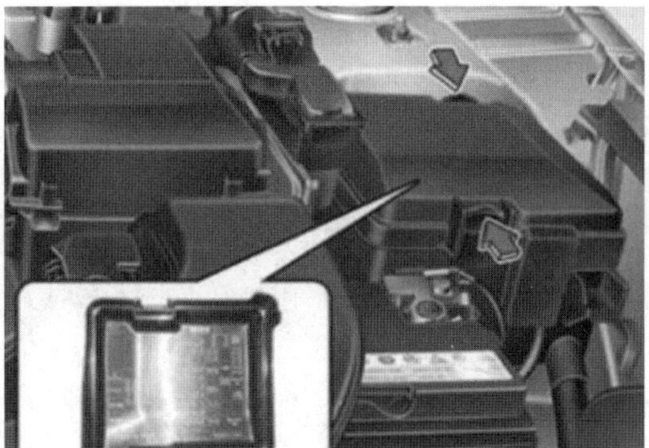

图 21-14

二、2016—2018 年北京现代领动

（一）拖吊

需要紧急拖吊时，建议您将此项工作交由北京现代授权经销商或商业拖吊卡车服务公司来进行。一定要使用正确的举升和拖吊程序，以免损坏车辆。推荐使用车轮台车或平板车。可在后轮着地（没有台车）和前轮离地的状态下拖动车辆，如图 21-15 所示。如果某个承载车轮、悬架部件损坏或在前轮着地的情况下拖吊车辆，应在前轮下使用拖吊台车。使用商业拖车拖吊而不使用车轮台车时，应举升车辆前部而不是后部。

注意：不要在前轮着地的情况下拖动车辆，否则会损坏车辆。不要用吊链式设备拖吊车辆，如图 21-16 所示。使用车轮升降机或平板进行拖吊。

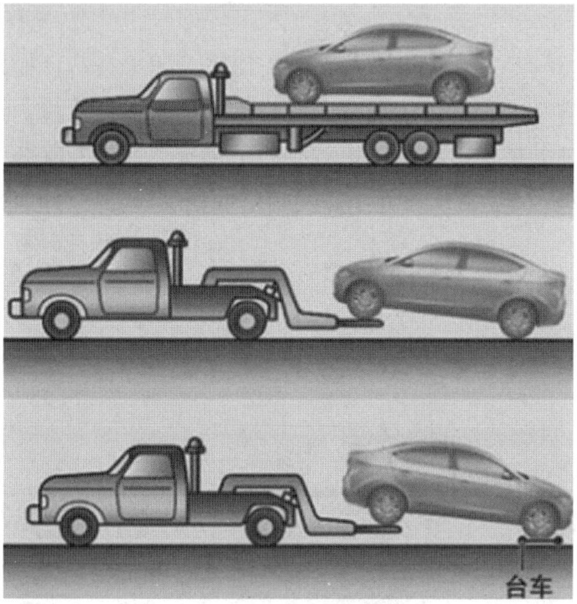

图 21-15

图 21-16

在没有车轮台车的情况下紧急拖车时：

（1）将点火开关置于 ACC 位置。

（2）把变速杆置于 N（空）挡。

（3）释放驻车制动器。注意：如果没有变速杆置于 N（空）挡，会导致变速器内部损坏。

1. 可拆卸式拖吊挂钩

（1）打开行李箱盖，从工具箱中拿出拖吊挂钩，如图 21-17 所示。

（2）按下前保险杠上的挂钩孔盖下部，拆卸孔盖，如图 21-18 所示。

（3）要安装拖吊挂钩，可把拖吊挂钩顺时针旋入孔中直到拖吊挂钩完全固定不动为止。

（4）使用后拆卸拖吊挂钩，安装孔盖。前后拖吊挂钩如图 21-19 所示。

图 21-17

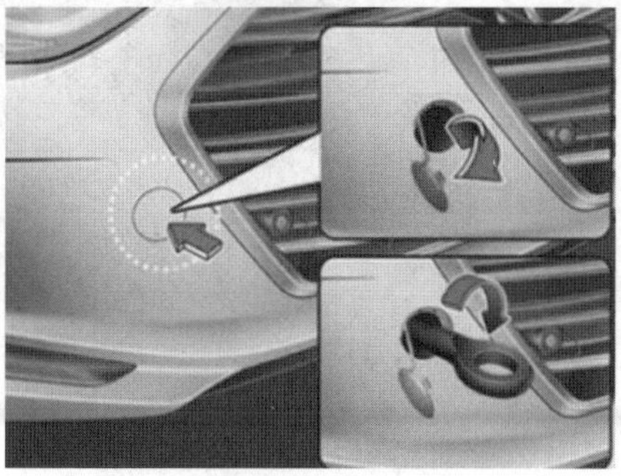

图 21-18

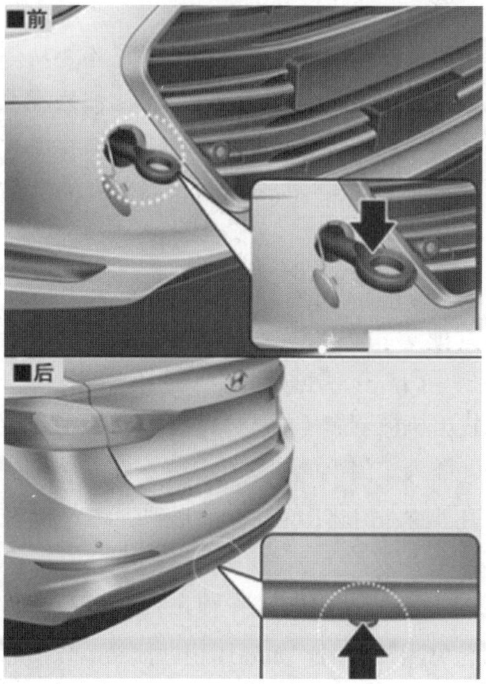

图 21-19

2. 紧急拖吊

如果必须拖吊，建议您将此项工作交由北京现代授权经销商或商业拖吊卡车服务公司来进行。如果在紧急情况下没有适用的拖吊装置，可以暂时将钢索或链子固定到车辆前部（或后部）的紧急拖吊挂钩上来进行拖车。使用钢索或链子拖车时保持高度警惕。驾驶人员需在被拖车辆驾驶座上操纵方向盘和制动器。只能在硬面公路上进行短距离低速拖车，且车轮、车桥、传动系统、方向盘和制动器都必须处于良好状态。

始终要遵循这些紧急拖吊注意事项。

（1）将发动机点火开关置于 ACC 位置，从而不会锁住转向盘。

（2）把变速杆置于 N（空）挡。

（3）释放驻车制动器。

（4）踩制动踏板时应施加比平常更大的力，因为制动器性能已降低。

（5）由于动力转向系统不工作，所以需要更大的转向操纵力。

（6）使用比您的车辆重量大的车辆来拖您的车辆。

（7）两辆车中的驾驶员应频繁互通信息。

（8）进行紧急拖车前，检查并确定挂钩没有断裂或损坏。

（9）把拖吊用钢索或链子紧固在挂钩上。

（10）不要猛拉挂钩，应施加稳定且均匀的力。

（11）拖吊钢索或链子长度应小于 5m。在拖吊钢索或链子中间系上白布或红布（宽度约 30cm），以便识别，如图 21-20 所示。

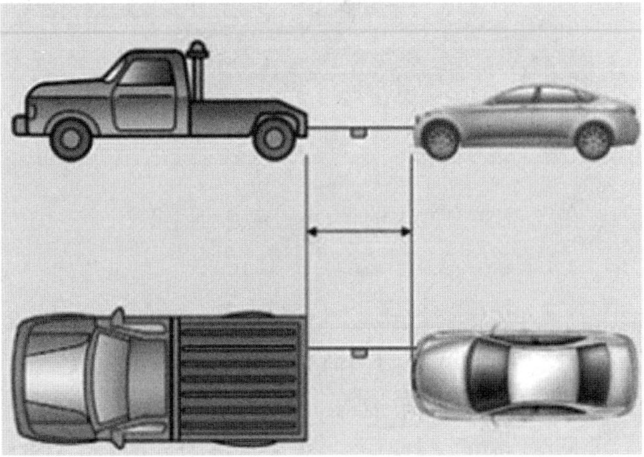

图 21-20

（12）小心驾驶，以便拖车时钢索或链子保持紧绷状态。

（13）拖吊前检查自动变速器 / 双离合变速器的漏油情况。如果自动变速器 / 双离合变速器漏油，必须使用平板车设备或拖吊台车。注意：拖车时为防止损坏车辆和车辆部件：

①使用拖吊挂钩时一定要向前直拉。不要从侧面或垂直角度拉车辆。

②当车轮陷在泥浆、沙石中或其他不能依靠自身动力驶出的状态时，不要企图使用拖吊挂钩拖车。

③为了防止严重损坏自动变速器 / 双离合器变速器，拖吊时车速不能超过 15km/h，并且拖吊距离应在 1.5km 内。

（二）应急解锁车门

如果智能钥匙不正常工作，可使用机械钥匙闭锁或开锁车门。按住释放按钮（如图 21-21 中 1 所示）并拔出机械钥匙（如图 21-21 中 2 所示），将机械钥匙插入车门上的钥匙孔。要重新安装机械钥匙，把钥匙插入钥匙孔，并推动直到听到“咔嗒”声。

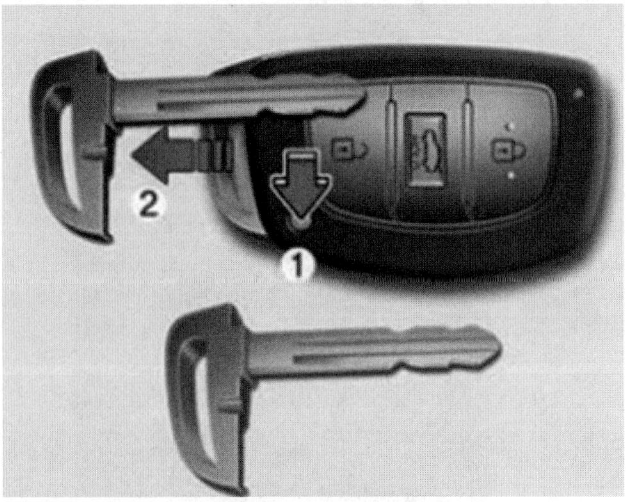

1.释放按钮　2.机械钥匙

图 21-21

向车后方向转动钥匙可开锁车门，向车前方向转动钥匙可闭锁车门。如果用钥匙闭锁 / 开锁驾驶员侧车门，所有车门将自动闭锁 / 开锁，如图

21–22 所示。（如有配备中央控制门锁操纵系统）车门一旦被开锁，可通过拉车门手柄打开车门。关闭车门时，用手推车门，确定车门牢固关闭。

（三）自动变速器（如有配备）换挡锁止释放

如果在踩下制动踏板的情况下不能把变速杆从 P（驻车）挡移到 R（倒）挡，持续踩下制动踏板，然后执行下列操作。

（1）将点火开关置于 LOCK/OFF 位置。

（2）啮合驻车制动器。

（3）按下换挡锁止释放按钮，如图 21–23 所示。

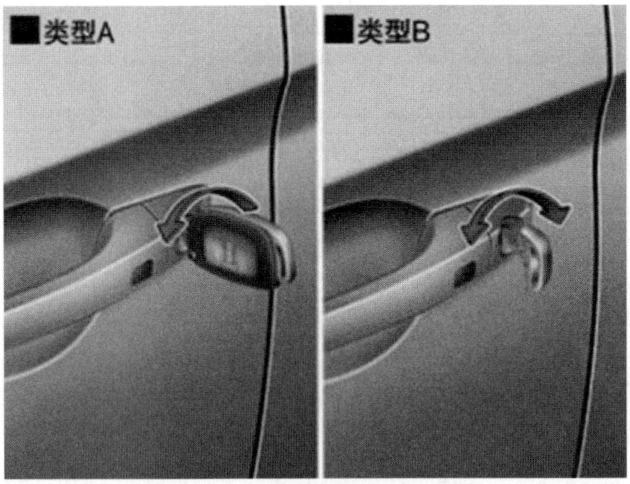

图 21–22

图 21–23

（4）按下换挡锁止释放按钮后移动变速杆。

（5）停止按下换挡锁止释放按钮操作。

（6）踩下制动踏板后再启动发动机。如果需要使用换挡锁止释放功能，立即请北京现代授权经销商检查系统。

（四）双离合变速器（如有配备）换挡锁止释放

如果在踩下制动踏板的情况下不能把变速杆从 P（驻车）挡移到 R（倒）挡，持续踩下制动踏板，然后执行下列操作。

（1）将点火开关置于 LOCK/OFF 位置。

（2）啮合驻车制动器。

（3）按下换挡锁止释放按钮，如图 21–24 所示。

（4）在按住换挡锁止释放按钮的状态移动变速杆。

（5）释放换挡锁止释放按钮。

（6）踩下制动踏板，启动发动机。如果利用了换挡锁止释放功能，立即请北京现代授权经销商检查系统。

图 21–24

（五）应急启动

如果智能钥匙电池电量不足或智能钥匙不能正常工作，如图 21–25 所示，用智能钥匙按下发

动机启动 / 停止按钮，以此可以启动发动机。

（六）跨接启动

跨接启动程序如下。

（1）将车辆置于跨接线可达到的足够近的位置，但不允许车辆接触。

（2）即使车辆处于停止状态，始终要避开发动机室内的冷却风扇或任何移动部件。

（3）关闭所有电气装置，如音响、灯光、空调等。将变速杆挂到 P（驻车）挡（自动变速器车辆）或 N（空）挡（手动变速器车辆），并啮合驻车制动器，两辆车都停止。

（4）按照图 21–26 所示的正确顺序来连接跨接线。首先，将跨接线的一端连接到您的车辆跨接端子的红色正极（+）（如图 21–26 中 1 所示）。

图 21–25

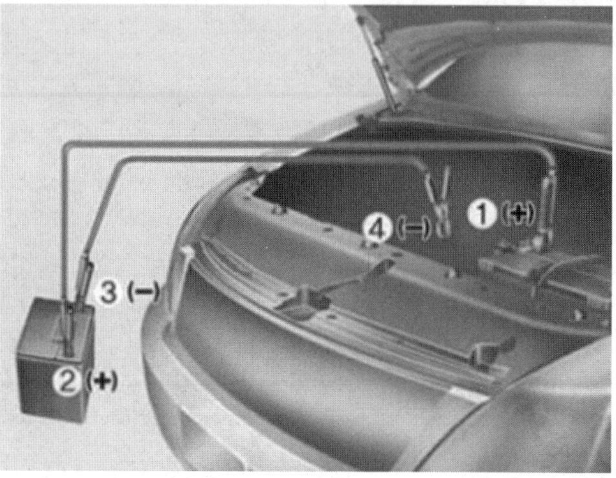

1.车辆跨接端子的红色正极　2.辅助车辆跨接端子的红色正极　3.辅助车辆的蓄电池/底盘搭铁的黑色负极　4.车辆底盘搭铁的黑色负极

图 21–26

（5）跨接线的另一端连接到辅助车辆跨接端子的红色正极（如图 21–26 中 2 所示）。

（6）第二个跨接线的一端连接到辅助车辆的蓄电池 / 底盘搭铁的黑色负极（如图 21–26 中 3 所示）。

（7）第二个跨接线的另一端连接到您的车辆底盘搭铁的黑色负极（如图 21–26 中 4 所示）。除了正确连接蓄电池或跨接端子或搭铁外，切勿让跨接线端子接触到其他物体上。在跨接连线状态，切勿伏在蓄电池上。

（8）启动辅助车辆发动机，并使发动机以大约 2000r/min 的速度运转几分钟。然后启动您的车辆。如果尝试几次之后车辆仍无法启动时，可能需要进行维修。此时请寻求适当的援助。如果造成蓄电池亏电的原因并不明确，应请北京现代授权经销商检查车辆。

以连接相反的顺序正确分离跨接线：

（1）从您的车辆底盘搭铁的黑色负极（–）（如图 21–26 中 4 所示）分离跨接线。

（2）从辅助车辆底盘搭铁的黑色负极（–）（如图 21–26 中 3 所示）分离跨接线的另一端。

（3）从辅助车辆的红色正极（+）（如图 21–26 中 2 所示）上分离另一个跨接线。

（4）从您的车辆的红色正极（+）（如图 21–26 中 1 所示）上分离跨接线的另一端。

（七）保险丝 / 继电器盒说明

1. 发动机室保险丝盒

发动机室保险丝盒如图 21–27 所示。

2. 驾驶员侧保险丝盒

驾驶员侧保险丝盒如图 21-28 所示。

图 21-27

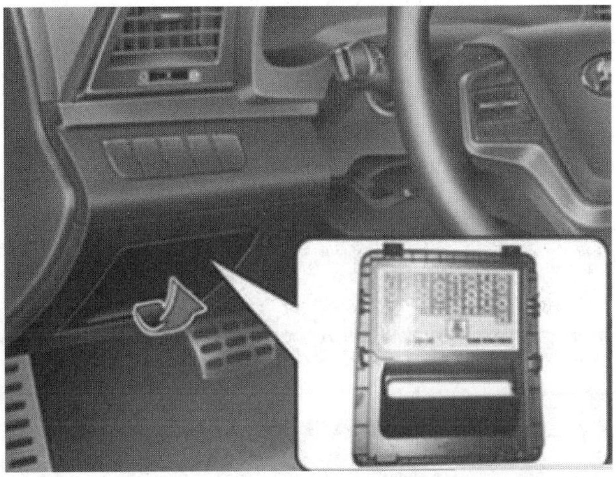

图 21-28

三、2016—2020 北京现代索纳塔混动轿车

（一）拖吊

需要紧急拖吊时，建议您将此项工作交由北京现代授权经销商或商业拖吊卡车服务公司来进行。一定要使用正确的举升和拖吊程序，以免损坏车辆，推荐使用车轮台车或平板车。可在后轮着地（没有台车）和前轮离地的状态下拖动车辆，如图 21-29 所示。如果某个承载车轮或悬架部件损坏或在前轮着地的情况下拖吊车辆，应在前轮下使用拖吊台车。使用商业拖车拖吊而不使用车轮台车时，应举升车辆前部而不是后部。

注意：不要在前轮着地的情况下拖动车辆，否则会损坏车辆。不要用吊链式设备拖吊车辆，如图 21-30 所示。使用车轮升降机或平板进行拖吊。

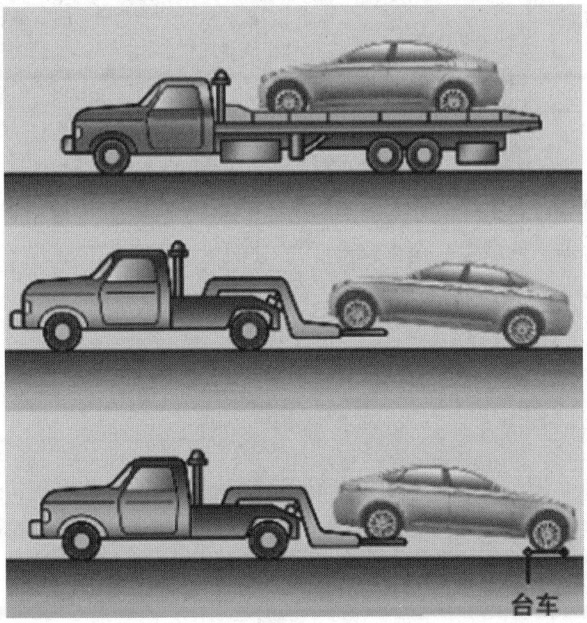

图 21-29

图 21-30

在没有车轮台车的情况下紧急拖车时：

（1）将发动机启动 / 停止按钮置于 ACC 位置。

（2）把变速杆置于 N（空）挡。

（3）释放驻车制动器。注意：如果没有把变速杆置于 N（空挡），会导致变速器内部损坏。

1. 可拆卸式拖车挂钩（如有配备）

（1）打开行李箱盖，从工具箱中拿出拖吊挂钩，如图 21-31 所示。

（2）按压前保险杠的下部来打开盖，如图 21-32 所示。

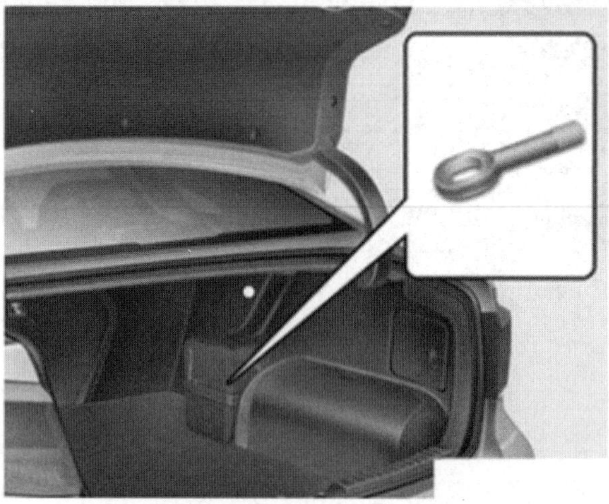

图 21-31

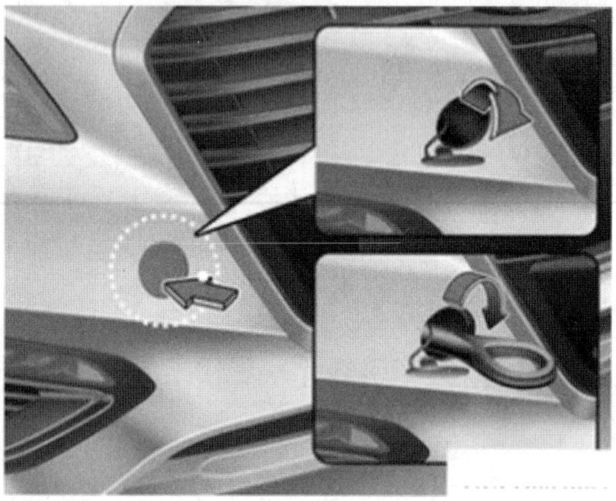

图 21-32

（3）顺时针旋转拖吊挂钩，直到安全地安装为止。

（4）使用之后拆卸拖吊挂钩，关闭盖，如图 21-33 所示。

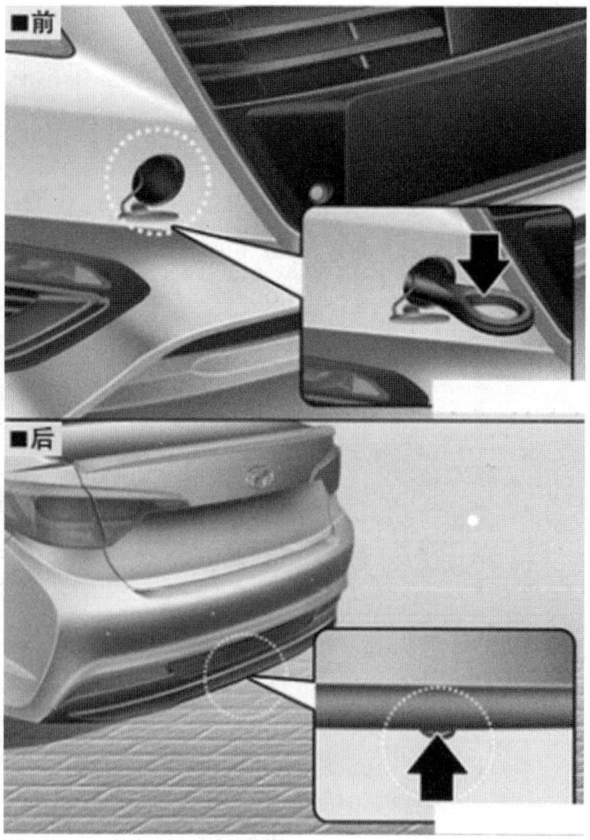

图 21-33

2. 紧急拖吊

如果必须拖吊，建议您将此项工作交由北京现代授权经销商或商业拖吊卡车服务公司来进行。如果在紧急情况下没有适用的拖吊装置，可以暂时将钢索或链子固定到车辆前部（或后部）的紧急拖吊挂钩上来进行拖车。使用钢索或链子拖车时保持高度警惕，驾驶人员需在被拖车辆驾驶座上操纵方向盘和制动器。这种拖车方式只能在硬面公路上进行，要求距离短、速度低，且车轮、车桥、传动系统、方向盘和制动器都必须处于良好状态。

要始终遵循这些紧急拖吊注意事项。

（1）将发动机启动 / 停止按钮置于 ACC 位置，从而不会锁住方向盘。

（2）把变速杆置于 N（空）挡。

（3）释放驻车制动器。

（4）踩制动踏板时应施加比平常更大的力，因为制动器性能已降低。

（5）由于动力转向系统不工作，所以需要更大的转向操纵力。

（6）使用比您的车辆重量大的车辆来拖您的车辆。

（7）两辆车中的驾驶员应频繁互通信息。

（8）进行紧急拖车前，检查并确定挂钩没有断裂或损坏。

（9）把拖吊用钢索或链子紧固在挂钩上。

（10）不要猛拉挂钩，应施加稳定且均匀的力。

（11）拖吊钢索或链子长度应小于 5m。在拖吊钢索或链子中间系上白布或红布（宽度约 30cm），以便识别，如图 21–34 所示。

（12）小心驾驶，以便拖车时钢索或链子保持紧绷状态。

（13）拖吊前检查车底的自动变速器油泄漏情况。如果自动变速器油泄漏，必须使用平板车设备或拖吊台车。

（二）应急解锁车门

如果智能钥匙不正常工作，可使用机械钥匙闭锁或开锁车门。按住释放按钮（如图 21–35 中 1 所示）并拔出机械钥匙（如图 21–35 中 2 所示），将机械钥匙插入车门上的钥匙孔。要重新安装机械钥匙，把钥匙插入钥匙孔，并推动直到听到“咔嗒”声。

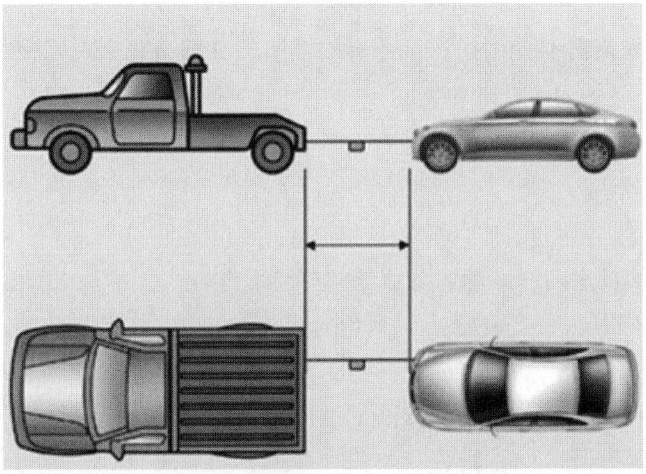

图 21–34

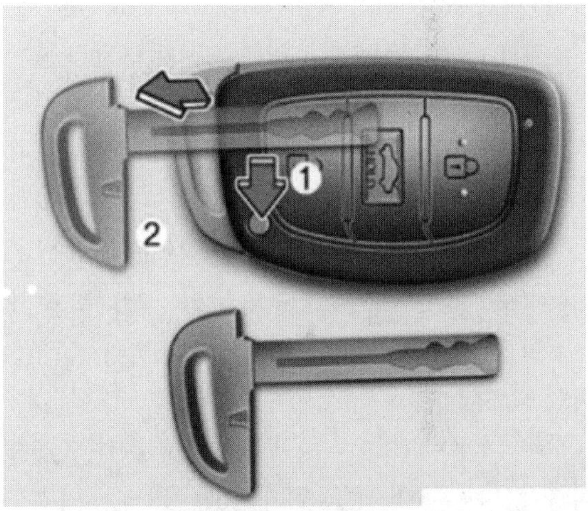

1.释放按钮　2.机械钥匙

图 21–35

向车后方向转动钥匙可开锁车门，向车前方向转动钥匙可闭锁车门，如图 21–36 所示。如果用钥匙闭锁 / 开锁驾驶员侧车门，所有车门将自动闭锁 / 开锁。（如若配备中央控制门锁操纵系统）车门一旦被开锁，可通过拉车门手柄打开车门。关闭车门时，用手推车门，确定车门安全关闭。

（三）应急启动

如果智能钥匙电池电量不足或智能钥匙不能正常工作，如图 21–37 所示，用智能钥匙按下发动机启动/停止按钮,以此可以启动混合动力系统。

（四）自动变速器换挡锁止释放系统

如果在踩下制动踏板的情况下不能把变速杆

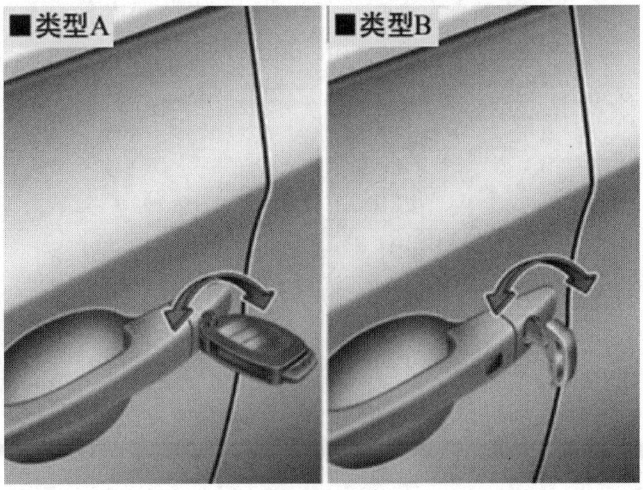

图 21–36

从 P（驻车）挡移到 R（倒）挡，持续踩下制动踏板，然后执行下列操作。

（1）将点火开关置于 LOCK/OFF 位置。

（2）啮合驻车制动器。

（3）按下换挡锁止释放按钮，如图 21-38 所示。

图 21-37

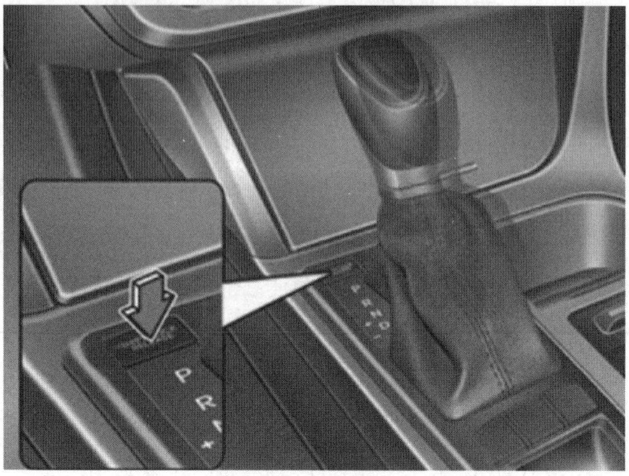

图 21-38

（4）按下换挡锁止释放按钮后移动变速杆，如果需要使用换挡锁止释放功能，立即请北京现代授权经销商检查系统。

（五）跨接启动

跨接启动程序如下。

（1）将车辆置于跨接线可达到的足够近的位置，但不允许车辆接触。

（2）即使车辆处于停止状态，始终要避开发动机室内的冷却风扇或任何移动部件。

（3）关闭所有电气装置，如音响、灯光、空调等。将变速杆挂到 P（驻车）挡并啮合驻车制动器，两辆车都停止。

（4）按照图 21-39 所示的正确顺序来连接跨接线。首先，将跨接线的一端连接到您的车辆跨接端子的红色正极（如图 21-39 中 1 所示）。

（5）跨接线的另一端连接到辅助车辆跨接端子的红色正极（如图 21-39 中 2 所示）。

（6）第二个跨接线的一端连接到辅助车辆的蓄电池 / 底盘搭铁的黑色负极（如图 21-39 中 3 所示）。

（7）第二个跨接线的另一端连接到您的车辆底盘搭铁的黑色负极（如图 21-39 中 4 所示）。除了正确连接蓄电池或跨接端子或搭铁外，切勿让跨接线端子接触到其他物体上。在跨接连线状态，切勿伏在蓄电池上。

（8）启动辅助车辆发动机，并使发动机以大约 2000r/min 的速度运转几分钟，然后启动车辆。如果尝试几次之后车辆仍无法启动，可能需要进行维修，此时请寻求适当的援助。如果造成蓄电池亏

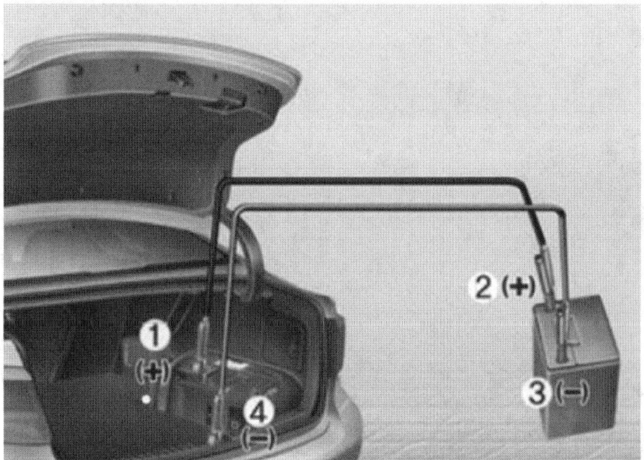

1.车辆跨接端子的红色正极　2.辅助车辆跨接端子的红色正极　3.辅助车辆蓄电池/底盘搭铁的黑色负极　4.车辆底盘搭铁的黑色负极

图 21-39

电的原因并不明确，应请北京现代授权经销商检查车辆。

以连接的相反顺序正确分离跨接线。

（1）从您的车辆底盘搭铁的黑色负极（–）（如图 21–39 中 4 所示）分离跨接线。

（2）从辅助车辆底盘搭铁的黑色负极（–）（如图 21–39 中 3 所示）分离跨接线的另一端。

（3）从辅助车辆的红色正极（+）（如图 21–39 中 2 所示）上分离另一个跨接线。

（4）从您的车辆的红色正极（+）（如图 21–39 中 1 所示）上分离跨接线的另一端。

（六）紧急行李箱盖安全释放

车辆在行李箱内配备了紧急行李箱盖安全释放杆。如果有人被意外锁进行李箱内，可朝箭头方向移动控制杆并推行李箱盖，从而打开行李箱盖，如图 21–40 所示。

（七）紧急燃油加油口门释放

如果使用遥控燃油加油口门释放装置没有打开燃油加油口门，可通过轻微朝外拉把手来手动打开燃油加油口门，如图 21–41 所示。禁止过度拉手柄，以免损坏行李区装饰板或释放手柄。

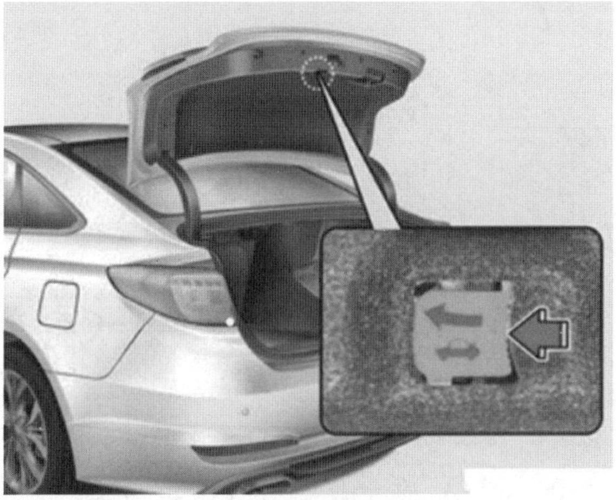

图 21–40

图 21–41

（八）保险丝 / 继电器盒说明

发动机室保险丝盒如图 21–42 所示。

主保险丝如图 21–43 所示。

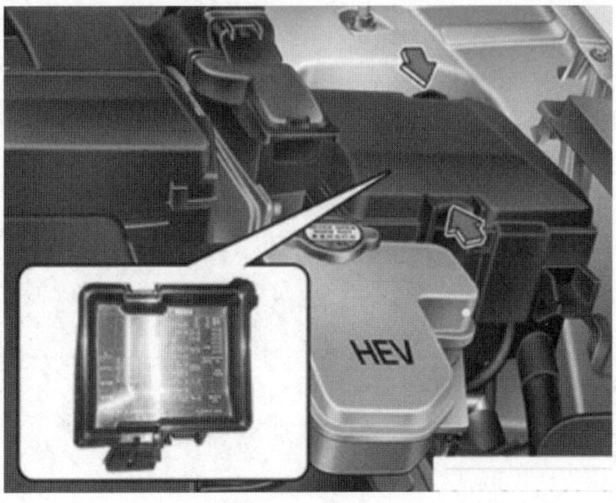

图 21–42

图 21–43

室内保险丝如图 21–44 所示。

图 21-44

四、2016—2020 年北京现代悦纳

（一）拖吊

需要紧急拖吊时，建议您将此项工作交由北京现代授权经销商或商业拖吊卡车服务公司来进行。一定要使用正确的举升和拖吊程序，以免损坏车辆，推荐使用车轮台车或平板车，如图 21-45 所示。可在后轮着地（没有台车）和前轮离地的状态下拖动车辆。如果某个承载车轮或悬架部件损坏或在前轮着地的情况下拖吊车辆，应在前轮下使用台车。使用商业拖车拖动而不使用车轮台车时，应举升车辆前部而不是后部。

注意：不要在前轮着地的情况下拖动车辆，否则会损坏车辆。不要用吊链式设备拖吊车辆，如图 21-46 所示。使用车轮升降机或平板进行拖吊。

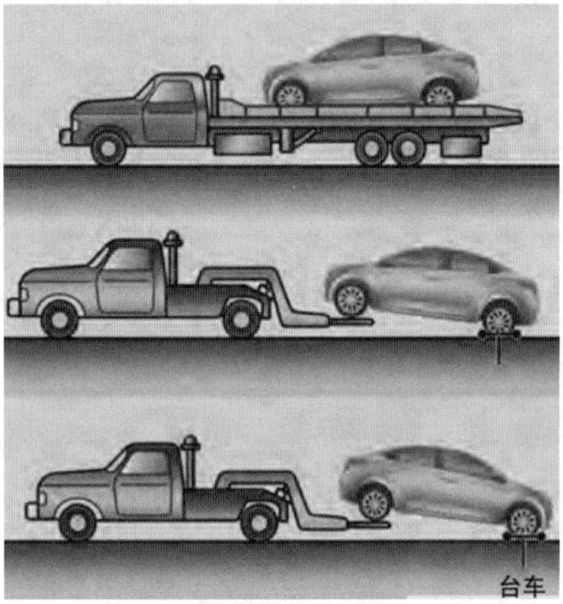

图 21-45

图 21-46

在没有车轮台车的情况下紧急拖车时：

（1）将点火开关置于 ACC 位置。

（2）把变速杆挂到 N（空）挡。

（3）释放驻车制动器。注意：如果没有把变速杆置于 N（空）挡，会导致变速器严重损坏。

1. 可拆卸式牵引挂钩

（1）打开行李箱盖，从工具箱中拿出牵引挂钩，如图 21-47 所示。

（2）按下前保险杠上的挂钩孔盖下部，拆卸孔盖，如图 21-48 所示。

（3）要安装牵引挂钩，可把牵引挂钩插入孔中，并

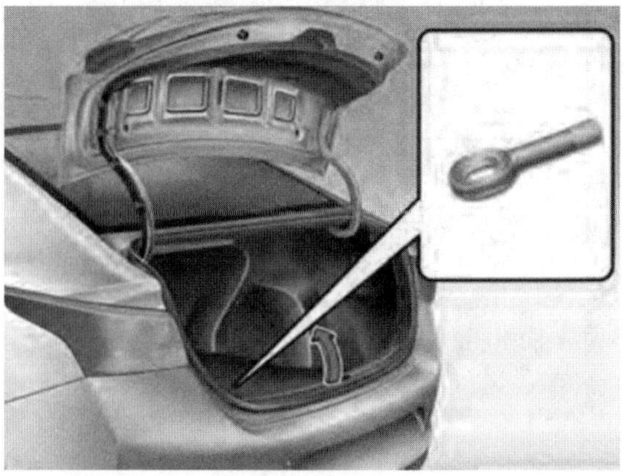

图 21-47

顺时针旋转，直到牵引挂钩完全固定不动为止。

（4）使用后拆卸牵引挂钩，并安装孔盖，前后孔盖如图 21-49 所示。

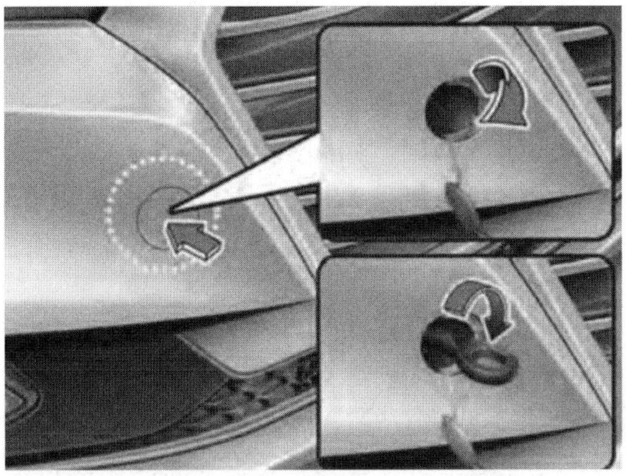

图 21-48

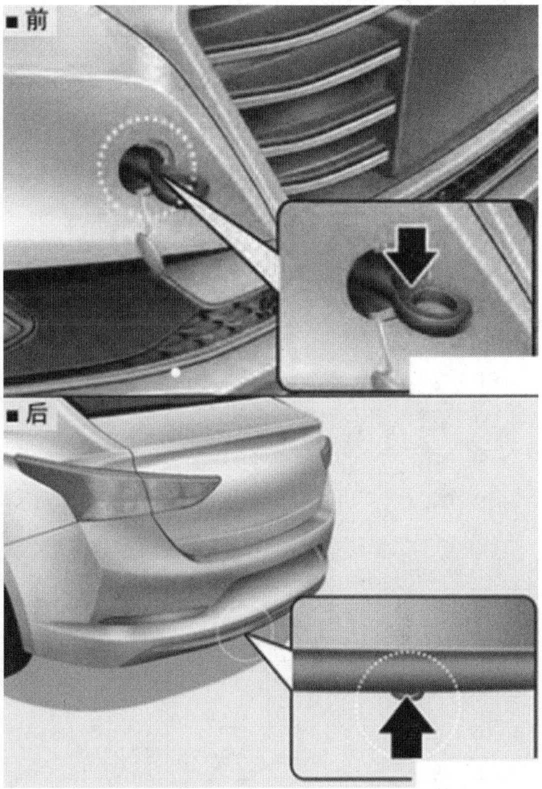

图 21-49

2. 紧急拖车

如果必须拖车，建议您将此项工作交由北京现代授权经销商或商业拖吊卡车服务公司来进行。如果在紧急情况下没有适用的拖吊装置，可以暂时将钢索或链子固定到车辆前部（或后部）的紧急牵引挂钩上来进行拖车。使用钢索或链子拖车时保持高度警惕，驾驶人员需在被拖车辆驾驶座上操纵方向盘和制动器。只能在硬面公路上进行短距离低速拖车，且车轮、车桥、传动系统、方向盘和制动器都必须处于良好状态。要始终遵循这些紧急拖车注意事项。

（1）将发动机点火开关置于 ACC 位置，从而不会锁住方向盘。

（2）把变速杆置于 N（空）挡。

（3）释放驻车制动器。

（4）踩制动踏板时应施加比平常更大的力，因为制动器性能已降低。

（5）由于动力转向系统不工作，所以需要更大的转向操纵力。

（6）使用比您的车辆重量大的车辆来拖您的车辆。

（7）两辆车中的驾驶员应频繁互通信息。

（8）进行紧急拖车前，检查并确定挂钩没有断裂或损坏。

（9）把拖车用钢索或链子紧固在挂钩上。

（10）不要猛拉挂钩，应施加稳定且均匀的力。

（11）拖车钢索或链子长度应小于 5m，如图 21-50 所示。在牵引钢索或链子中间系上白布或红布（宽度约 30cm），以便识别。

（12）小心驾驶，以便拖车时钢索或链子保持紧绷状态。

（13）拖车前检查自动变速器 / 双离合变速器是否漏油。如果自动变速器 / 双离合变速器漏油，

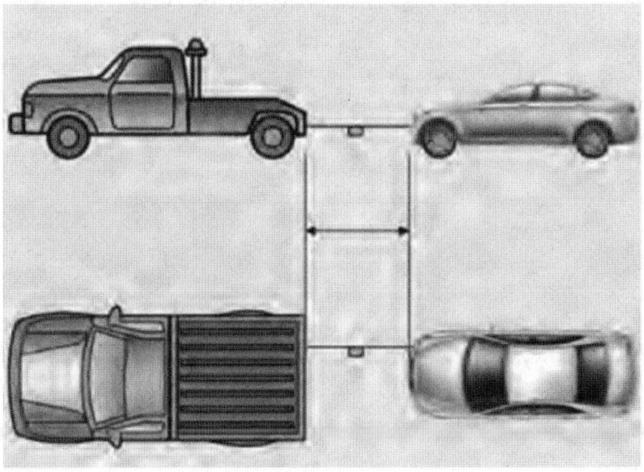

图 21-50

必须使用平板车或拖吊台车。

（二）应急解锁车门

如果智能钥匙不正常工作，可使用机械钥匙闭锁或开锁车门。按住释放按钮（如图 21-51 中 1 所示）并拔出机械钥匙（如图 21-51 中 2 所示），将机械钥匙插入车门上的钥匙孔。要重新安装机械钥匙，把钥匙插入钥匙孔，并推动直到听到“咔嗒”声。

向车后方向转动钥匙可开锁车门，向车前方向转动钥匙可闭锁车门，如图 21-52 所示。如果用钥匙闭锁 / 开锁驾驶员侧车门，所有车门将自动闭锁 / 开锁。车门一旦被开锁，可通过拉车门手柄打开车门。关闭车门时，用手推车门，确定车门牢固关闭。

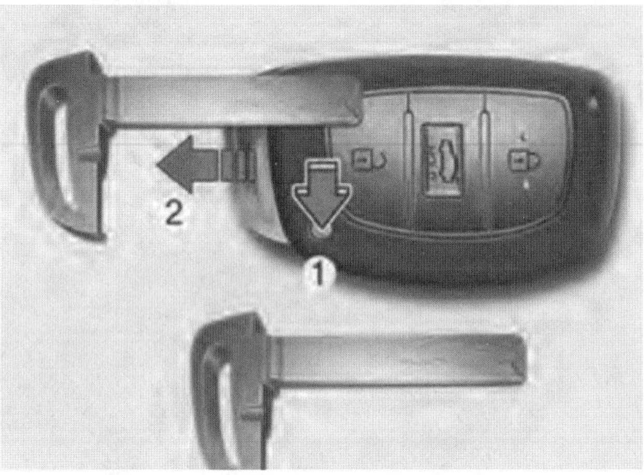

1.释放按钮　2.机械钥匙

图 21-51

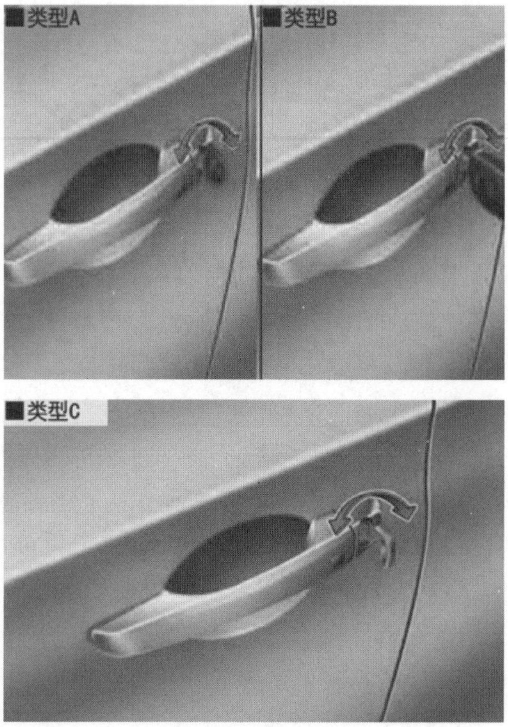

图 21-52

（三）自动变速器换挡锁止释放

如果在踩下制动踏板的情况下不能把变速杆从 P（驻车）挡移到 R（倒）挡，持续踩下制动踏板，然后执行下列操作。

（1）将点火开关置于 LOCK/OFF 位置。

（2）啮合驻车制动器。

（3）按住换挡锁止释放按钮，如图 21-53 所示。

图 21-53

（4）按住换挡锁止释放按钮状态移动变速杆。

（5）释放换挡锁止释放按钮。

（6）踩下制动踏板，再尝试启动发动机。如果需要使用换挡锁止释放功能，立即请北京现代授权经销商检查系统。

（四）跨接启动

跨接启动程序。

（1）车辆置于跨接线可达到的足够近的位置，但不允许车辆接触。

（2）即使车辆处于停止状态，始终要避开发动机室内的冷却风扇或任何移动部件。

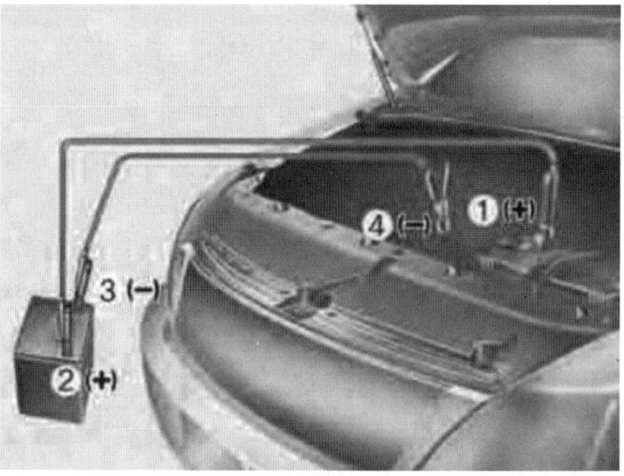

1.车辆跨接端子的红色正极 2.辅助车辆蓄电池/跨接端子的红色正极 3.辅助车辆蓄电池/底盘搭铁的黑色负极 4.车辆底盘搭铁的黑色负极

图 21–54

（3）关闭所有电气装置，如音响、灯光、空调等。将变速杆挂到 P （驻车）挡（自动变速器车辆）或 N（空）挡（手动变速器车辆），并啮合驻车制动器，两辆车都停止。

（4）按照图 21–54 所示的正确顺序来连接跨接线。首先，将跨接线的一端连接到您的车辆的跨接端子的红色正极（+）（如图 21–54 中所示）。

（5）跨接线的另一端连接到辅助车辆的蓄电池 / 跨接端子的红色正极 （+）（如图 21–54 中 2 所示）。

（6）第二个跨接线的一端连接到辅助车辆的蓄电池 / 底盘搭铁的黑色负极（–）（如图 21–54 中 3 所示）。

（7）第二个跨接线的另一端连接到您的车辆底盘搭铁的黑色负极（–）（如图 21–54 中 4 所示）。除了正确连接蓄电池、跨接端子或搭铁外，切勿让跨接线端子接触到其他物体上。在跨接连线状态，切勿伏在蓄电池上。

（8）启动辅助车辆发动机，并使发动机以大约 2000r/min 的速度运转几分钟，然后启动车辆。如果尝试几次之后车辆仍无法启动，可能需要进行维修，此时请寻求适当的援助。如果造成蓄电池亏电的原因并不明确，应请北京现代授权经销商检查车辆。

以连接相反的顺序正确分离跨接线。

（1）从您的车辆底盘搭铁的黑色负极（–）（如图 21–54 中 4 所示）分离跨接线。

（2）从辅助车辆的蓄电池 / 底盘搭铁的黑色负极（–）（如图 21–54 中 3 所示）分离跨接线的另一端。

（3）从辅助车辆的蓄电池 / 跨接端子的红色正极（+）（如图 21–54 中 2 所示）上分离另一个跨接线。

（4）从您的车辆的跨接端子的红色正极（+）（如图 21–54 中 1 所示）上分离跨接线的另一端。

（五）保险丝 / 继电器盒说明

1. 发动机室保险丝盒

如图 21–55 所示。

2. 驾驶席侧保险丝盒

如图 21–56 所示。

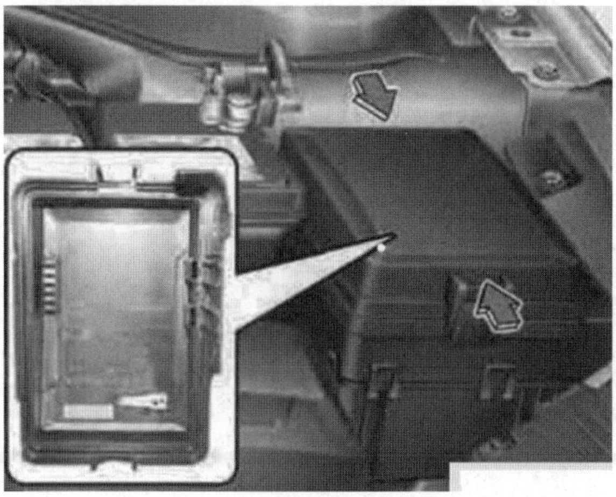

图 21–55

图 21–56

五、2017—2020 年北京现代全新瑞纳

（一）拖吊

需要紧急拖吊时，建议您将此项工作交由北京现代授权经销商或商业拖吊卡车服务公司来进行。一定要使用正确的举升和拖吊程序，以免损坏车辆。推荐使用车轮台车或平板车，如图 21-57 所示。可在后轮着地（没有台车）和前轮离地的状态下拖动车辆。如果某个承载车轮或悬架部件损坏或在前轮着地的情况下拖吊车辆，应在前轮下使用拖吊台车。使用商业拖车拖吊而不使用车轮台车时，应举升车辆前部而不是后部。

注意：不要在前轮着地的情况下拖动车辆，否则会损坏车辆。不要用吊链式设备拖吊车辆，如图 21-58 所示。使用车轮升降机或平板进行拖吊。

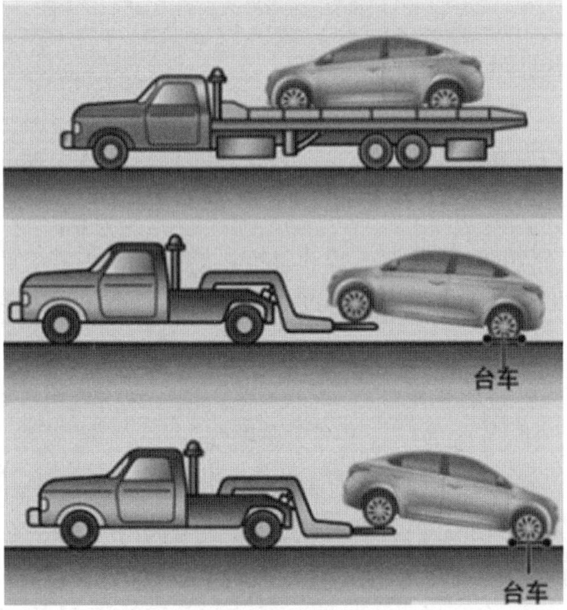

图 21-57

图 21-58

图 21-59

在没有车轮台车的情况下紧急拖车时：

（1）将点火开关置于 ACC 位置。

（2）把变速杆置于 N（空）挡。

（3）释放驻车制动器。注意：如果没有把变速杆置于 N（空）挡，会导致变速器内部损坏。

1. 可拆卸式牵引挂钩

（1）打开行李箱盖，从工具箱中拿出牵引挂钩。

（2）按下前保险杠上的挂钩孔盖下部，拆卸孔盖，如图 21-59 所示。

（3）要安装牵引挂钩，可把牵引挂钩顺时针旋入孔中直到牵引挂钩完全固定不动为止。

（4）使用后拆卸牵引挂钩，并安装孔盖，前后如图 21-60 所示。

2. 紧急拖车

如果必须拖车，建议您将此项工作交由北京现代授权经销商或商业拖车服务公司来进行。如果在紧

急情况下没有适用的拖吊装置，可以暂时将钢索或链子固定到车辆前部（或后部）的紧急牵引挂钩上进行拖车。使用钢索或链子拖车时保持高度警惕，驾驶人员需在被拖车辆驾驶座上操纵方向盘和制动器。只能在硬面公路上进行短距离低速拖车，且车轮、车桥、传动系统、方向盘和制动器都必须处于良好状态。始终要遵循这些紧急拖车注意事项。

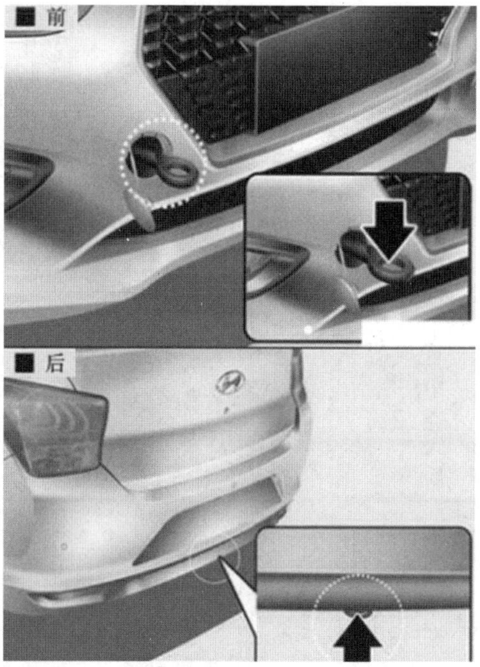

图 21-60

（1）将点火开关置于 ACC 位置，从而开锁方向盘。

（2）把变速杆置于 N（空）挡。

（3）释放驻车制动器。

（4）如果要踩下制动踏板，应施加比平常更大的力，因为制动器性能已降低。

（5）由于动力转向系统不工作，所以需要更大的转向操纵力。

（6）使用比您的车辆重量大的车辆来拖您的车辆。

（7）两辆车中的驾驶员应频繁互通信息。

（8）执行紧急拖车作业前，检查并确定挂钩没有断裂或损坏。

（9）把拖车用钢索或铁链紧固在挂钩上。

（10）不要猛拉挂钩。应施加稳定且均匀的力。

（11）拖车钢索或链子长度应小于 5m。在拖车钢索或链子中间系上白布或红布（宽度约 30cm），以便识别，如图 21-61 所示。

（12）小心驾驶，以便拖车时钢索或链子保持紧绷状态。

（13）拖吊前检查车底的自动变速器 / 双离合变速器油的泄漏情况。如果自动变速器 / 双离合变速器油泄漏，必须使用平板车设备或拖吊台车。

（二）跨接启动

跨接启动程序。

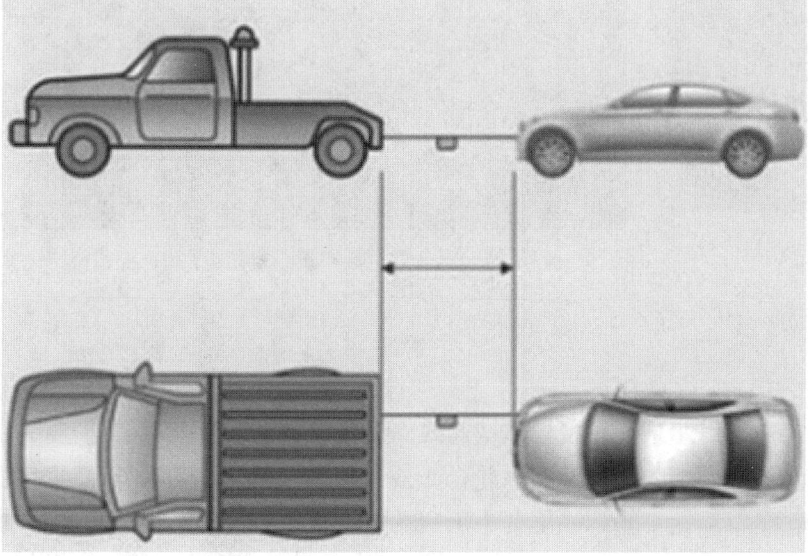
图 21-61

（1）将车辆置于跨接线可达到的足够近的位置，但不允许车辆接触。

（2）即使车辆处于停止状态，始终要避开发动机室内的冷却风扇或任何移动部件。

（3）关闭所有电气装置，如音响、灯光、空调等。将变速杆挂到 P（驻车）挡（自动变速器车辆）或 N（空）挡（手动变速器车辆），并啮合驻车制动器。两辆车都停止。

（4）按照图 21-62 所示的正确顺序来连接跨接线。首先，将红色跨接线的一端连接到车辆蓄电池

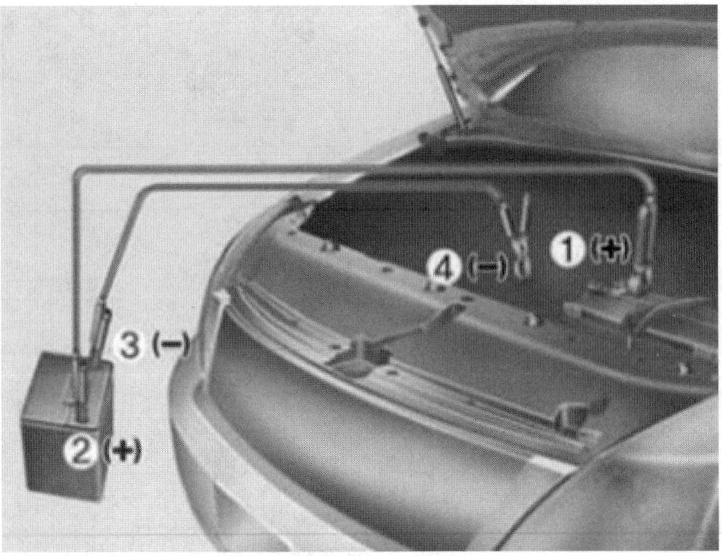

1.车辆蓄电池的正极端子　2.辅助车辆蓄电池正极端子　3.辅助车辆蓄电池负极端子　4.车辆底盘搭铁

图 21–62

的正极端子（如图 21–62 中 1 所示）。

（5）此红色跨接线的另一端连接到辅助车辆蓄电池的正极端子（如图 21–62 中 2 所示）。

（6）第二个黑色跨接线的一端连接到辅助车辆蓄电池的负极端子（如图 21–62 中 3 所示）或底盘搭铁。

以连接相反的顺序正确分离跨接线。

（1）从您的车辆底盘搭铁（如图 21–62 中 4 所示）上分离黑色跨接线。

（2）从辅助车辆蓄电池的负极端子（如图 21–62 中 3 所示）或底盘搭铁上分离黑色跨接线的另一端。

（3）从辅助车辆蓄电池的正极端子（如图 21–62 中 2 所示）分离红色跨接线。

（4）从车辆蓄电池的正极端子（如图 21–62 中 1 所示）上分离红色跨接线的另一端。

（三）保险丝 / 继电器盒说明

1. 发动机室保险丝盒

如图 21–63 所示。

2. 驾驶员侧保险丝盒

如图 21–64 所示。

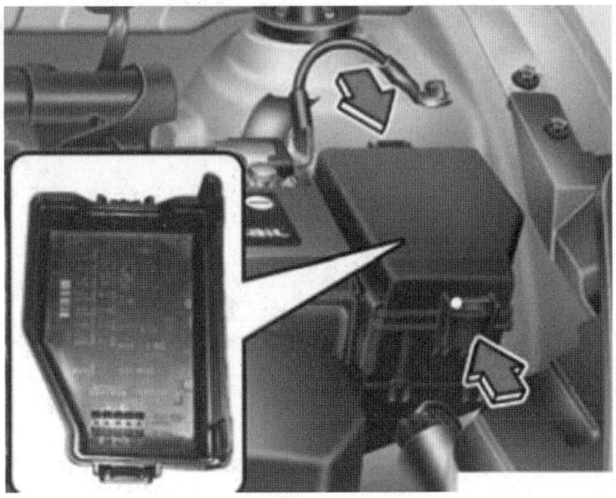

图 21–63

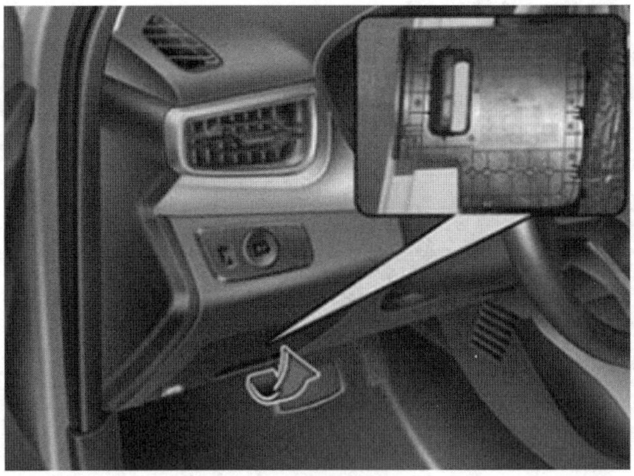

图 21–64

六、2017 年北京现代全新悦动

（一）拖吊

需要紧急拖吊时，建议您将此项工作交由北京现代授权经销商或商业拖吊卡车服务公司来进行。一定要使用正确的举升和拖吊程序，以免损坏车辆，推荐使用车轮台车或平板车，如图 21–65 所示。可在后轮着地（没有台车）和前轮离地的状态下拖动车辆。如果某个承载车轮、悬架部件损坏或在前轮着地的情况下拖吊车辆，应在前轮下使用拖吊台车。使用商业拖车拖吊而不使用车轮台车时，应举升车辆前部而不是后部。

注意：不要在前轮着地的情况下拖动车辆，否则会损坏车辆。不要用吊链式设备拖吊车辆，如图 21-66 所示。使用车轮升降机或平板进行拖吊。

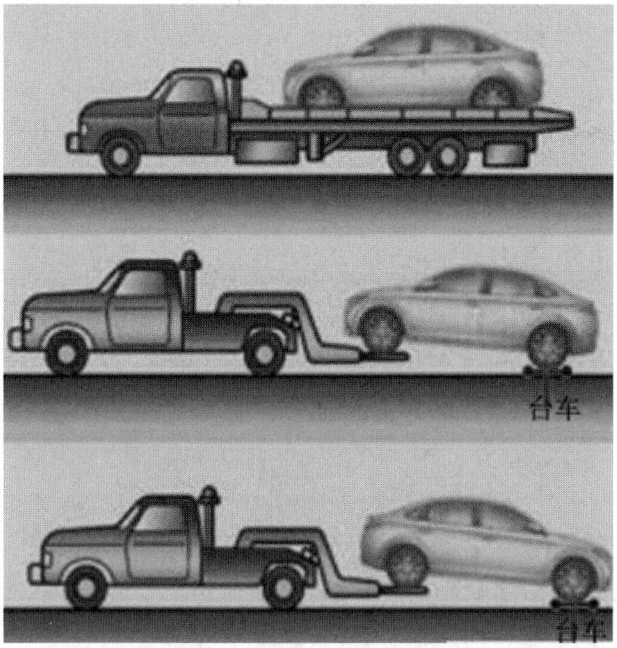

图 21-65

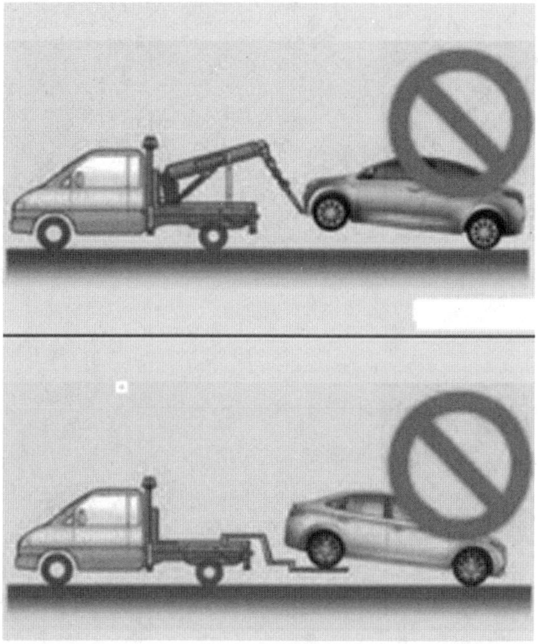

图 21-66

在没有车轮台车的情况下紧急拖车时：

（1）将点火开关置于 ACC 位置。

（2）把变速杆置于 N（空）挡。

（3）释放驻车制动器。注意：如果没有把变速杆置于 N（空）挡，会导致变速器内部损坏。

1. 可拆卸式牵引挂钩

（1）打开行李箱盖，从工具箱中拿出牵引挂钩，如图 21-67 所示。

（2）按下前保险杠上的挂钩孔盖下部，拆卸孔盖，如图 21-68 所示。

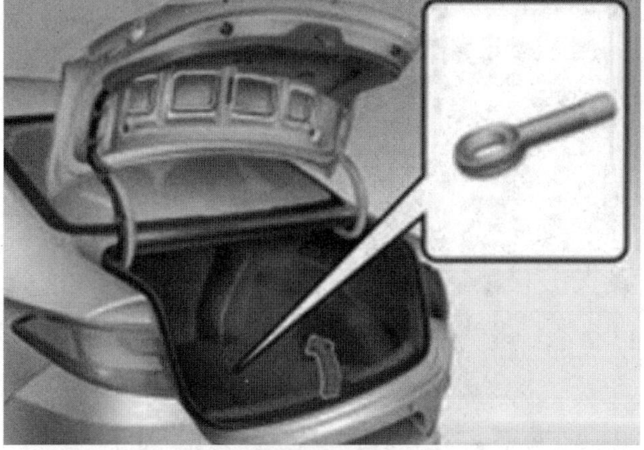

图 21-67

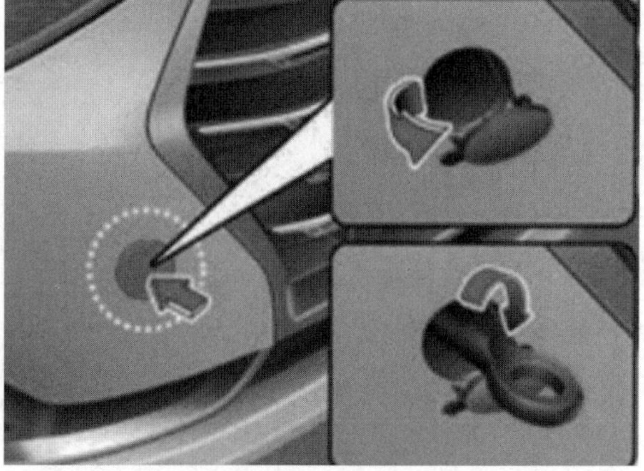

图 21-68

（3）要安装牵引挂钩，可把牵引挂钩顺时针旋入孔中，直到牵引挂钩完全固定不动为止。

（4）使用后拆卸牵引挂钩，并安装孔盖，如图 21-69 所示。

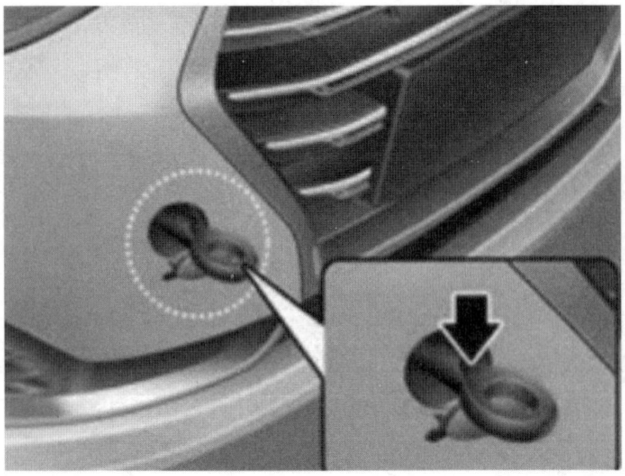

图 21-69

2. 紧急拖车

如果必须拖车，建议您将此项工作交由北京现代授权经销商或商业拖吊卡车服务公司来进行。如果在紧急情况下没有适用的拖吊装置，可以暂时将钢索或链子固定到车辆前部的紧急牵引挂钩上来进行拖车。使用钢索或链子拖车时保持高度警惕，驾驶人员需在被拖车辆驾驶座上操纵方向盘和制动器。只能在硬面公路上进行短距离低速拖车，且车轮、车桥、传动系统、方向盘和制动器都必须处于良好状态。始终要遵循这些紧急拖吊注意事项。

（1）将点火开关置于 ACC 位置，从而开锁方向盘。

（2）把变速杆置于 N（空）挡。

（3）释放驻车制动器。

（4）踩下制动踏板时应施加比平常更大的力，因为制动器性能已降低。

（5）由于动力转向系统不工作，所以需要更大的转向操纵力。

（6）使用比您的车辆重量大的车辆来拖您的车辆。

（7）两辆车中的驾驶员应频繁互通信息。

（8）进行紧急拖车前，检查并确定挂钩没有裂纹或破损。

（9）把拖车用钢索或链子紧固在挂钩上。

（10）不要猛拉挂钩，应施加稳定且均匀的力。

（11）拖车钢索或链子长度应小于 5m。在拖车钢索或链子中间系上白布或红布（宽度约 30cm），以便识别，如图 21-70 所示。

（12）小心驾驶，以便拖车时钢索或链子保持紧绷状态。

（13）拖车前，检查车底的自动变速器漏油情况。如果自动变速器漏油，必须使用平板车设备或拖吊台车。

（二）应急解锁车门

如果智能钥匙不正常工作，您可使用机械钥匙闭锁或开锁车门。按住释放按钮（如图 21-71 中 1 所示）并拔出机械钥匙（如图 21-71 中 2 所示），将机械钥匙插入车门上的钥匙孔。要重新安装机械钥匙，把钥匙插入钥匙孔，并

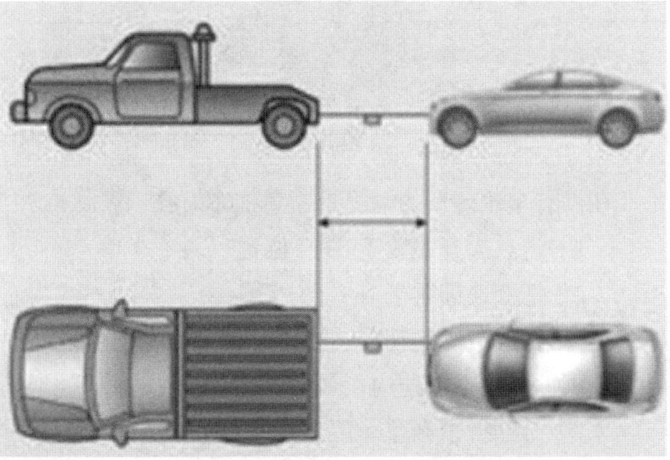

图 21-70

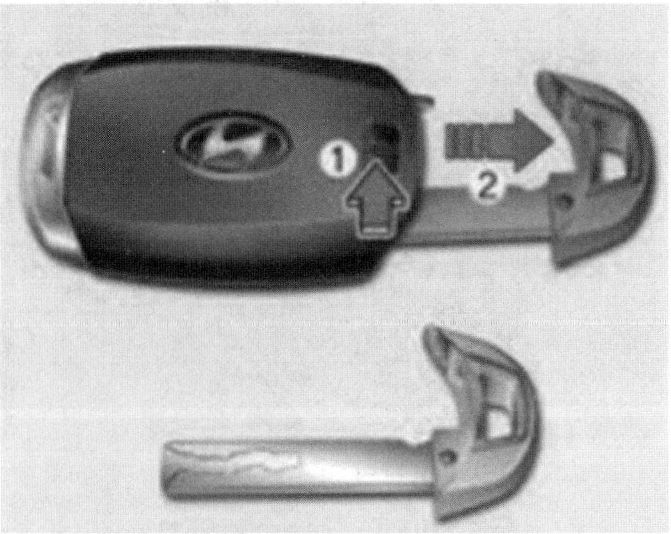

1.释放按钮　2.机械钥匙

图 21-71

推动直到听到“咔嗒”声。

向车后方向转动钥匙可开锁车门，向车前方向转动钥匙可闭锁车门，如图 21–72 所示。如果用钥匙闭锁 / 开锁驾驶员侧车门，所有车门将自动闭锁 / 开锁。车门一旦被开锁，可通过拉车门手柄打开车门。关闭车门时，用手推车门，确定车门牢固关闭。

（三）自动变速器换挡锁止释放

如果在踩下制动踏板的情况下不能把变速杆从 P（驻车）挡移到 R（倒）挡，持续踩下制动踏板，然后执行下列操作。

（1）将点火开关置于 LOCK/OFF 位置。

（2）啮合驻车制动器。

（3）按下换挡锁止释放按钮，如图 21–73 所示。

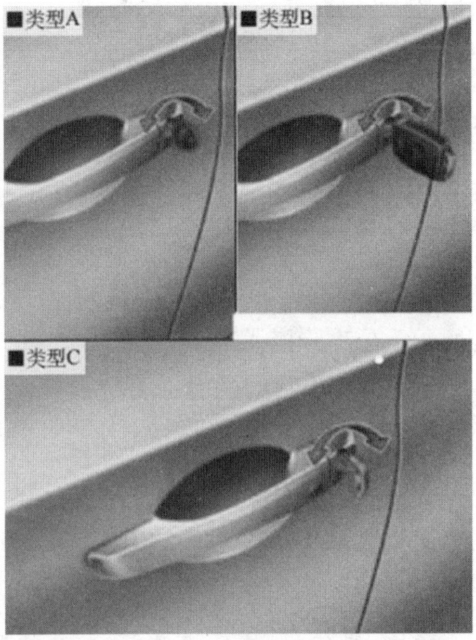

图 21–72

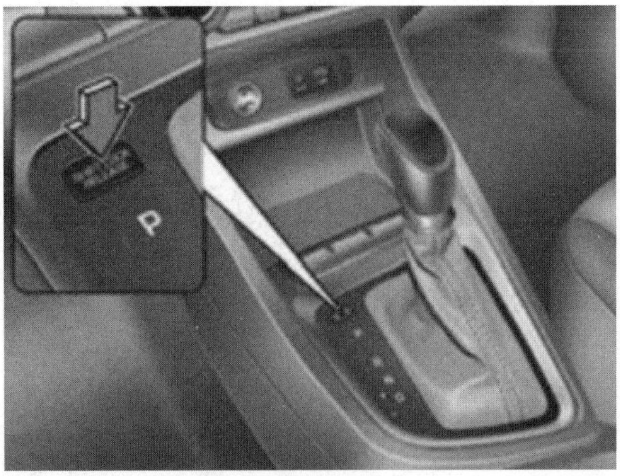

图 21–73

（4）按下换挡锁止释放按钮后移动变速杆。

（5）停止按下换挡锁止释放按钮操作。

（6）踩下制动踏板后再启动发动机。如果需要使用换挡锁止释放功能，立即请北京现代授权经销商检查系统。

（四）应急启动

如果智能钥匙电池电量不足或智能钥匙不能正常工作，如图 21–74 所示，用智能钥匙按下发动机启动 / 停止按钮，以此可以启动发动机。

图 21–74

（五）跨接启动

跨接启动程序。

（1）将车辆置于跨接线可达到的足够近的位置，但不允许车辆接触。

（2）即使车辆处于停止状态，始终要避开发动机室内的冷却风扇或任何移动部件。

（3）关闭所有电气装置，如音响、灯光、空调等。将变速杆挂到 P（驻车）挡（自动变速器车辆）或 N（空）挡（手动变速器车辆），并啮合驻车制动器。两辆车都停止。

（4）按照图21-75所示的正确顺序来连接跨接线。首先，将跨接线的一端连接到您的车辆的跨接端子的红色正极（如图21-75中1所示）。

（5）跨接线的另一端连接到辅助车辆跨接端子的红色正极（如图21-75中2所示）。

（6）第二个跨接线的一端连接到辅助车辆的蓄电池/底盘搭铁的黑色负极（如图21-75中3所示）。

（7）第二个跨接线的另一端连接到您的车辆底盘搭铁的黑色负极（如图21-75中4所示）。除了正确连接蓄电池或跨接端子或搭铁外，切勿让跨接线端子接触到其他物体。在跨接连线状态，切勿伏在蓄电池上。

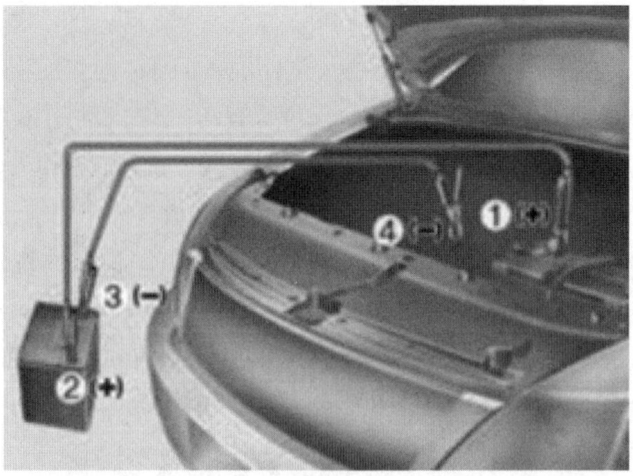

1.车辆跨接端子的红色正极　2.辅助车辆跨接端子的红色正极　3.辅助车辆蓄电池/底盘搭铁的黑色负极　4.车辆底盘搭铁的黑色负极

图21-75

（8）启动辅助车辆发动机，并使发动机以大约2000r/min的速度运转几分钟，然后启动您的车辆。如果尝试几次之后车辆仍无法启动时，可能需要进行维修，此时请寻求适当的援助。如果造成蓄电池亏电的原因并不明确，应请北京现代授权经销商检查车辆。

以连接相反的顺序正确分离跨接线。

（1）从您的车辆底盘搭铁的黑色负极（如图21-75中4所示）分离跨接线。

（2）从辅助车辆底盘搭铁的黑色负极（如图21-75中3所示）分离跨接线的另一端。

（3）从辅助车辆的红色正极（如图21-75中2所示）上分离另一个跨接线。

（4）从您的车辆的红色正极（如图21-75中1所示）上分离跨接线的另一端。

（六）保险丝/继电器盒说明

1. 发动机室保险丝盒

如图21-76所示。

2. 驾驶员侧保险丝盒

如图21-77所示。

图21-76

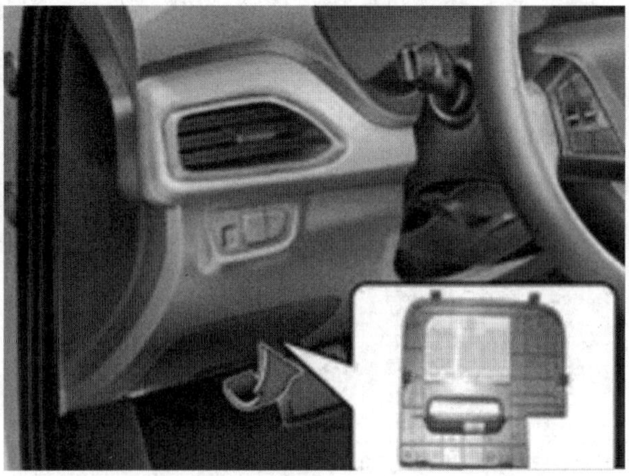

图21-77

七、2017 年北京现代悦动电动车

（一）安全插头

禁止任意接触安全插头，如图 21–78 所示。安全插头安装在高压电蓄电池系统上，如果不注意接触会导致严重人身伤害。维修人员应严格遵守维修手册内的规定程序进行操作。

（二）拖吊

需要紧急拖吊时，建议您将此项工作交由北京现代授权经销商或商业拖吊卡车服务公司来进行。一定要使用正确的举升和拖吊程序，以免损坏车辆。推荐使用车轮台车或平板车，如图 21–79 所示。可在后轮着地（没有台车）和前轮离地的状态下拖动车辆。如果某个承载车轮或悬架部件损坏或在前轮着地的情况下拖吊车辆，应在前轮下使用拖吊台车。使用商业拖车而不使用车轮台车时，应举升车辆前部而不是后部。

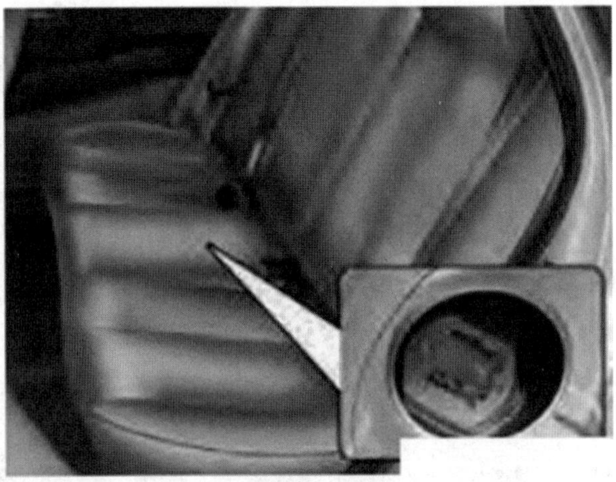

图 21–78

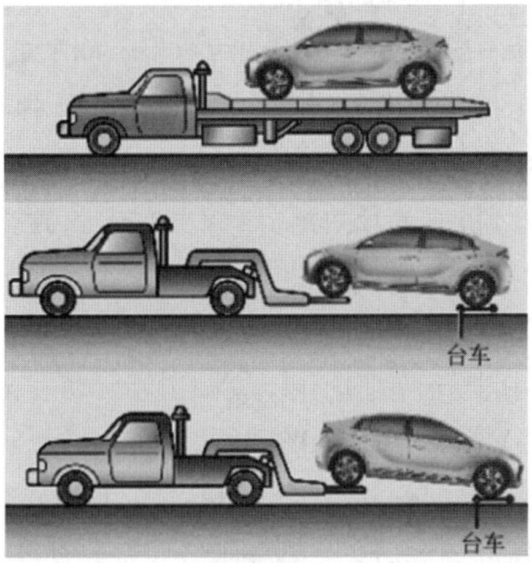

图 21–79

注意：不要在前轮着地的情况下拖动车辆，否则会损坏车辆。不要用吊链式设备拖吊车辆，如图 21–80 所示。使用车轮升降机或平板进行拖吊。

在没有车轮台车的情况下紧急拖车时：

（1）将点火开关置于 ACC 位置。

（2）把变速杆置于 N（空）挡。

（3）释放驻车制动器。如果没有把变速杆置于 N（空）挡，会导致车辆内部损坏。

（二）应急解锁车门

按住释放按钮（如图 21–81 中 1 所示）并拔出机械钥匙（如图 21–81 中 2 所示），将机械钥匙插入车门上的钥匙孔内并开锁车门。要重新安装机械钥匙，把钥匙插入智能钥匙上的钥匙孔内，并推动直到听到“咔嗒”声。

向车后方向转动钥匙可开锁车门，向车前方向转动钥匙可闭锁车门，如图 21–82 所示。如果用钥匙闭锁 / 开锁驾驶员侧车门，所有车门将自动闭锁 / 开锁。（如果配备中央控制门锁系统）车门一旦被开锁，可通过拉车门手柄打开车门。关闭车门时，用手推车门。确定车门牢固关闭。

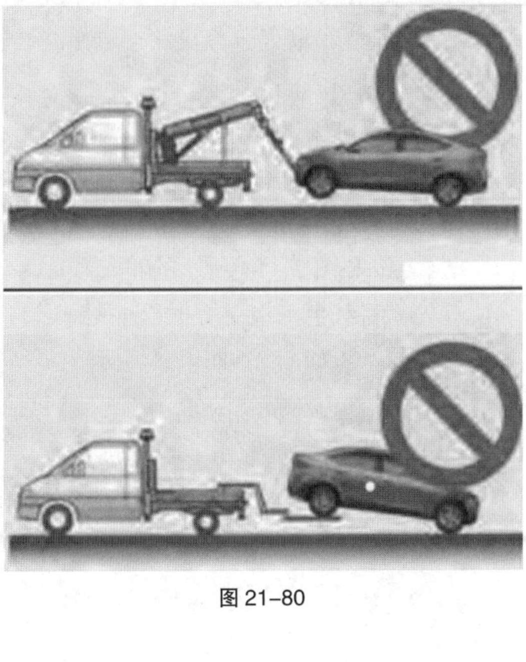

图 21–80

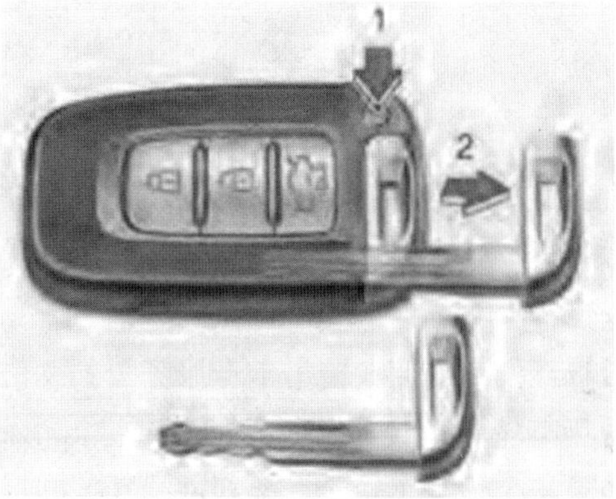

1.释放按钮　2.机械钥匙

图 21-81

图 21-82

（三）自动变速器换挡锁止释放

如果在踩下制动踏板的情况下不能把变速杆从 P（驻车）挡移到 R（倒车）挡，持续踩下制动踏板，然后执行下列操作。

（1）将点火开关置于 LOCK/OFF 位置。

（2）啮合驻车制动器。

（3）按下换挡锁止释放按钮，如图 21-83 所示。

（4）按下换挡锁止释放按钮后移动变速杆。

（5）释放换挡锁止释放按钮。

（6）变速杆在 N（空）挡时，车辆可以推动和移动。移动车辆后，一定要啮合驻车制动器，并把变速杆挂入 P（驻车）挡，进行驻车。

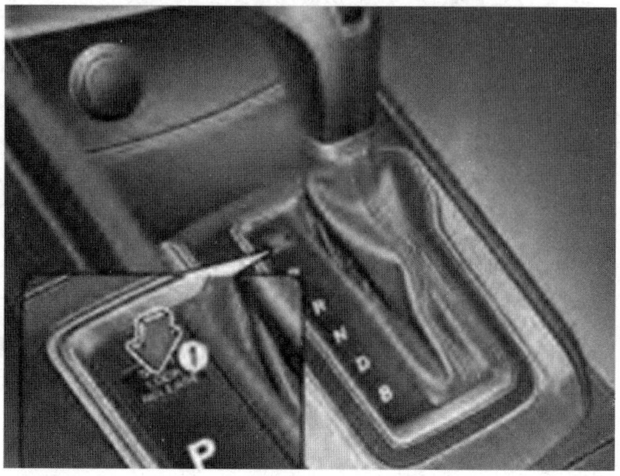
图 21-83

（四）跨接启动

跨接启动程序：

（1）将车辆置于跨接线可达到的足够近的位置，但不允许车辆接触。

（2）即使车辆处于停止状态，始终要避开电机室内的冷却风扇或任何移动部件。

（3）关闭所有电气装置，如音响、灯光、空调等。确定变速杆挂入 P（驻车）挡并啮合驻车制动器。两辆车都处于 OFF 状态。

（4）按照图 21-84 所示的正确顺序来连接跨接线。首先，将红色跨接线的一端连接到您的车辆蓄电池的正极端子（如图 21-84 中 1 所示）。

（5）此红色跨接线的另一端连接到辅助车辆蓄电池的正极端子（如图 21-84 中 2 所示）。

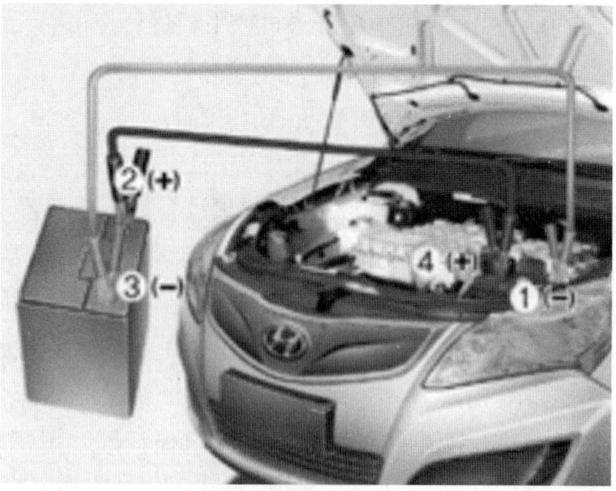

1.车辆蓄电池的正极端子　2.辅助车辆蓄电池的正极端子　3.辅助车辆蓄电池的负极端子或底盘搭铁　4.车辆底盘搭铁

图 21-84

（6）第二个黑色跨接线的一端连接到辅助车辆蓄电池的负极端子或底盘搭铁（如图 21-84 中 3 所示）。

（7）第二个黑色跨接线的另一端连接到您的车辆底盘搭铁（如图 21-84 中 4 所示）。除了正确连接蓄电池或跨接端子或搭铁外，切勿让跨接线端子接触到其他物体。在跨接连线状态，切勿伏在蓄电池上。

（8）启动辅助车辆发动机，并使发动机以大约 2000r/min 的速度运转几分钟。然后启动您的车辆。如果尝试几次之后车辆仍无法启动时，可能需要进行维修。此时请寻求适当的援助。如果造成蓄电池亏电的原因并不明确，应请北京现代授权经销商检查车辆。

以连接相反的顺序正确分离跨接线。

（1）从您的车辆底盘搭铁（如图 21–84 中 4 所示）上分离黑色跨接线。

（2）从辅助车辆蓄电池负极端子或底盘搭铁（如图 21–84 中 3 所示）上分离黑色跨接线的另一端。

（3）从辅助车辆蓄电池正极端子（如图 21–84 中 2 所示）上分离红色跨接线。

（4）从您的车辆蓄电池正极端子（如图 21–84 中 1 所示）上分离红色跨接线的另一端。

（五）保险丝 / 继电器盒说明

1. 室内保险丝盒

如图 21–85 所示。

2. 电机室保险丝盒

如图 21–86 所示。

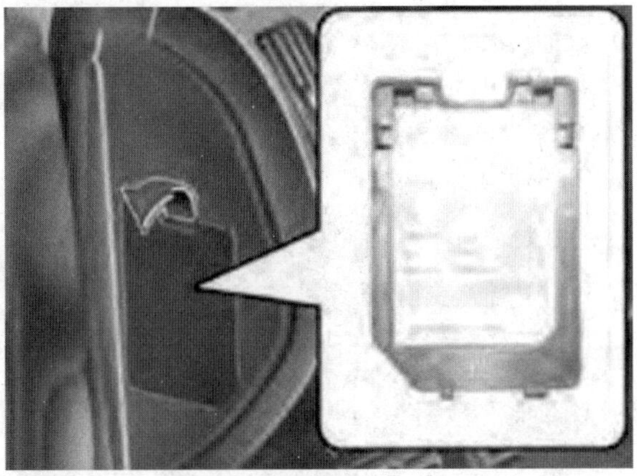

图 21–85

图 21–86

八、2018—2020 年北京现代昂希诺

（一）拖吊

需要紧急拖车时，建议您将此项工作交由北京现代授权经销商或商业拖吊卡车服务公司来进行。一定要使用正确的举升和拖吊程序，以免损坏车辆。推荐使用车轮台车或平板车，如图 21–87 所示。可在后轮着地（没有车轮台车时）和前轮离地的状态下拖动车辆。如果某个承载车轮、悬架部件损坏或在前轮着地的情况下拖车，应在前轮下垫上车轮台车。使用商业拖吊车辆拖车，而不使用车轮台车时，应举升车辆前部而不是后部。

注意：不要在前轮着地的情况下拖动车辆，否则会损坏车辆。不要用吊链式设备拖吊车辆，如图 21–88 所示。使用车轮升降机或平板进行拖吊。

在没有车轮台车的情况下紧急拖车时：

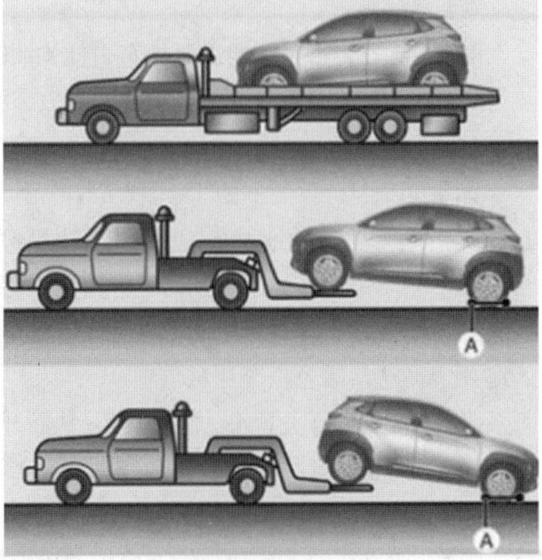

A.车轮台车

图 21–87

（1）将点火开关置于 ACC 位置。

（2）把变速杆挂到 N（空）挡。

（3）释放驻车制动器。在前轮着地的状态下拖车时，如果没有把变速杆挂到 N（空）挡，会导致变速器内部损坏。

1. 可拆卸式牵引挂钩

（1）打开后备箱门，从工具箱中拿出牵引挂钩。

（2）按下前或后保险杠上的挂钩孔盖下部，拆卸孔盖，如图 21-89 所示。

图 21-88

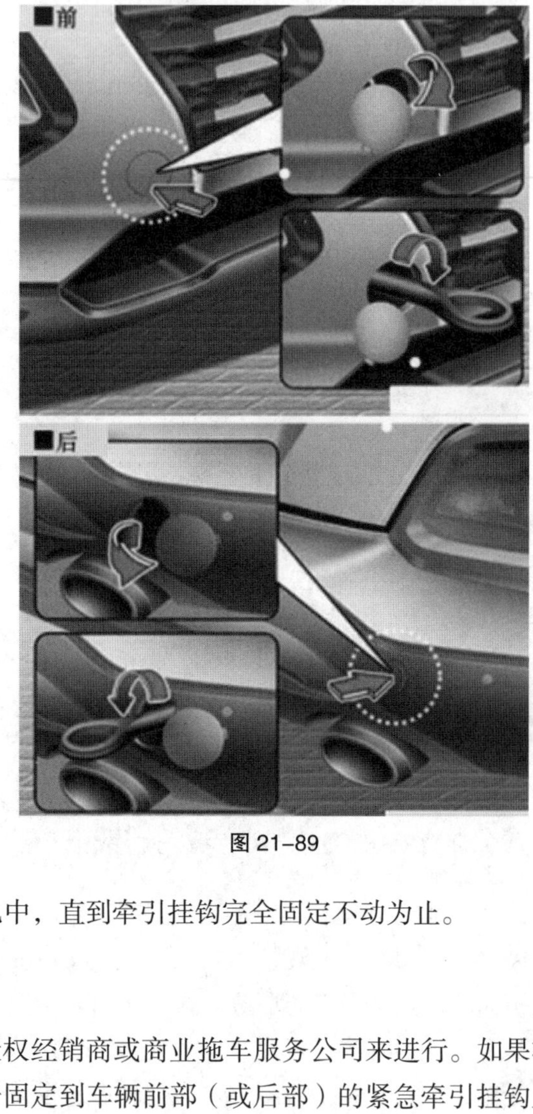

图 21-89

（3）要安装牵引挂钩，可把牵引挂钩顺时针旋入孔中，直到牵引挂钩完全固定不动为止。

（4）拖车结束后，拆卸牵引挂钩并安装孔盖。

2. 紧急拖车

如果必须拖车，建议您将此项工作交由北京现代授权经销商或商业拖车服务公司来进行。如果在紧急情况下没有适用的拖吊装置，可以暂时将钢索或链子固定到车辆前部（或后部）的紧急牵引挂钩上进行拖车。使用钢索或链子拖车时，保持高度警惕，驾驶人员需在被拖车辆驾驶座上操纵方向盘和制动器。只能在硬面公路上进行短距离低速拖车，且车轮、车桥、传动系统、方向盘和制动器都必须处于良好状态。始终要遵循这些紧急拖车注意事项：

（1）将点火开关置于 ACC 位置，从而开锁方向盘。

（2）把变速杆挂到 N（空）挡。

（3）释放驻车制动器。

（4）如果要踩下制动踏板，应施加比平常更大的力，因为制动器性能已降低。

（5）由于动力转向系统不工作，所以需要更大的转向操纵力。

（6）使用比您的车辆重量大的车辆来拖您的车辆。

（7）两辆车中的驾驶员应频繁互通信息。

（8）进行紧急拖车前，检查并确定挂钩没有断裂或损坏。

（9）把拖吊用钢索或链子紧固在挂钩上。

（10）不要猛拉挂钩。应施加稳定且均匀的力。

（11）拖车钢索或链子长度应小于 5m。在拖车钢索或链子中间系上白布或红布（宽度约 30cm），以便识别，如图 21–90 所示。

（12）小心驾驶，以便拖车时钢索或链子保持紧绷状态。

（13）拖车前，检查车底部位是否存在自动变速器油泄漏痕迹。如果自动变速器油泄漏，必须使用平板车设备或拖吊台车。

（二）应急解锁车门

如果智能钥匙不正常工作，您可使用机械钥匙闭锁或开锁车门。朝箭头方向（如图 21–91 中 1 所示）拨动锁杆，并拆卸机械钥匙（如图 21–91 中 2 所示）。将机械钥匙插入车门锁筒孔内进行操作。要重新安装机械钥匙，把钥匙插入智能钥匙孔内，并推动直到听到“咔嗒”声为止。

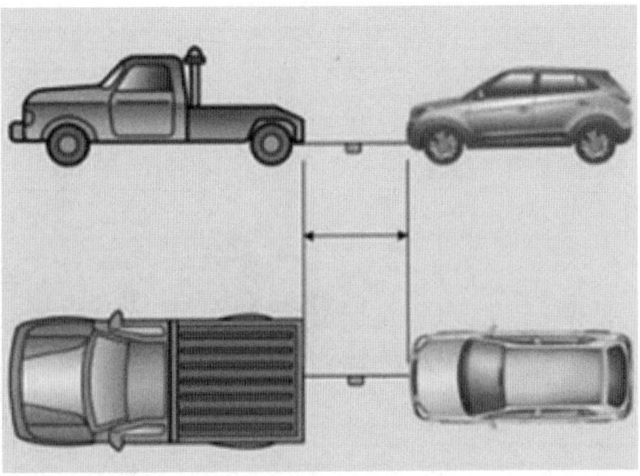

图 21–90

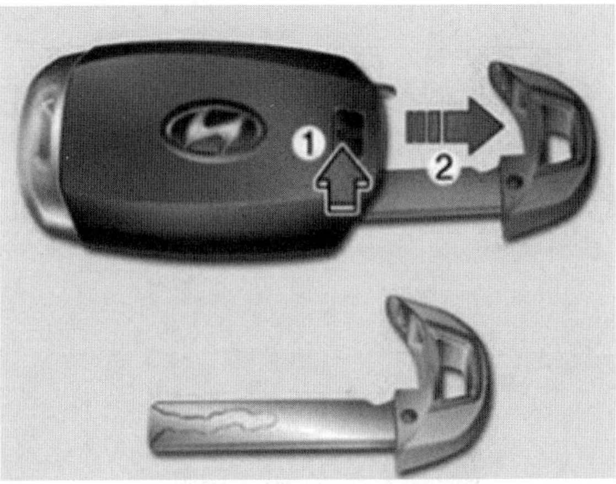

1.箭头方向　2.机械钥匙

图 21–91

向车后方向转动钥匙可开锁车门，向车前方向转动钥匙可闭锁车门，如图 21–92 所示。如果用钥匙闭锁 / 开锁驾驶员侧车门，所有车门将自动闭锁 / 开锁。车门一旦被开锁，可通过拉车门手柄打开车门。关闭车门时，用手推车门。确定车门牢固关闭。

（三）自动变速器换挡锁止释放

如果在踩下制动踏板的情况下不能把变速杆从 P（驻车）挡移到 R（倒车）挡，持续踩下制动踏板，然后执行下列操作。

（1）按下换挡锁止释放按钮。

（2）按住变速杆上的锁止释放按钮（如图 21–93 中 1 所示）。

（3）移动变速杆。此时，立即请北京现代授权经销商检查系统。

（四）应急启动

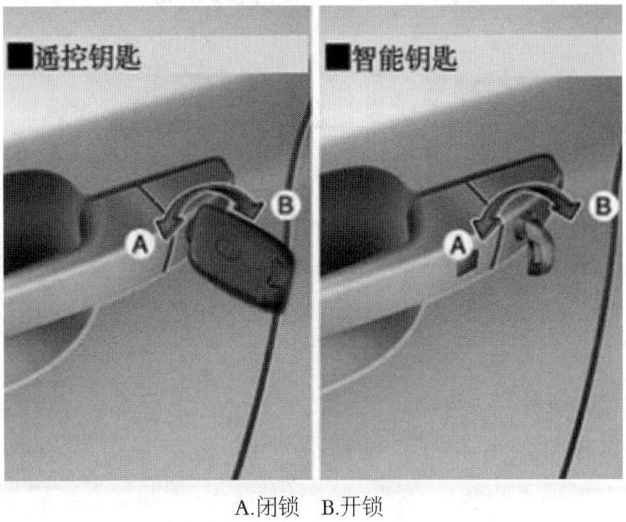

A.闭锁　B.开锁

图 21–92

如果智能钥匙电池电量不足或智能钥匙不能正常工作，如图 21–94 所示，用智能钥匙按下发动机启动 / 停止按钮，以此可以启动发动机。

1.释放按钮

图 21–93

图 21–94

（五）跨接启动

跨接启动程序。

（1）将车辆置于跨接线可达到的足够近的位置，但不允许车辆接触。

（2）即使车辆处于停止状态，始终要避开发动机室内的冷却风扇或任何移动部件。

（3）关闭所有电气装置，如音响、灯光、空调等。确定变速杆在 P（驻车）挡并啮合驻车制动器，两辆车都停止。

（4）按照图 21–95 所示的正确顺序连接跨接线。首先，将第一个跨接线的一端连接到您的车辆蓄电池的正极端子或跨接端子的红色正极端子（如图 21–95 中 1 所示）。

（5）此跨接线的另一端连接到辅助车辆蓄电池的正极端子或跨接端子的红色正极端子（如图 21–95 中 2 所示）。

（6）将第二个跨接线的一端连接到辅助车辆蓄电池的负极端子或底盘搭铁的黑色负极端子（如图 21–95 中 3 所示）。

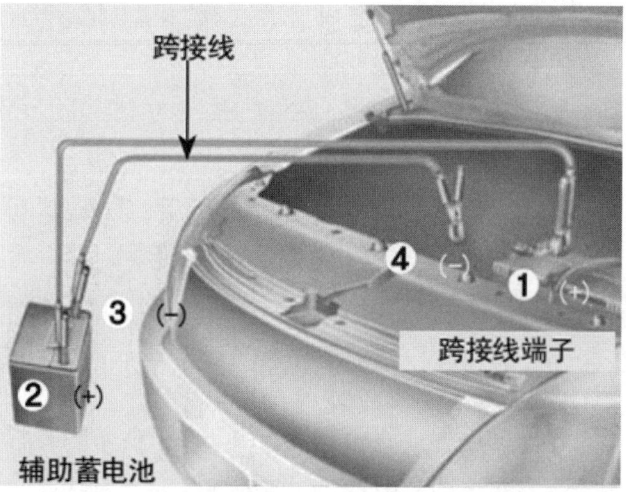

1.车辆蓄电池的正极端子或跨接端子的红色正极端子　2.辅助车辆蓄电池的正极端子或跨接端子的红色正极端子　3.辅助车辆蓄电池的负极端子或底盘搭铁的黑色负极端子　4.车辆底盘搭铁的黑色负极端子

图 21–95

（7）此跨接线的另一端连接到您的车辆底盘搭铁的黑色负极端子（如图 21–95 中 4 所示）。除了正确连接蓄电池或跨接端子或搭铁端子外，切勿让跨接线端子接触到其他物体。在连接跨接线的状态，切勿伏在蓄电池上。

（8）启动辅助车辆发动机，并使发动机以大约 2000r/min 的速度运转几分钟。然后启动您的车辆。如果尝试几次之后车辆仍无法启动，可能需要进行维修，此时请寻求适当的援助。如果造成蓄电池亏电的原因不明确，应请北京现代授权经销商检查车辆。

以连接相反的顺序正确分离跨接线。

（1）从您的车辆底盘搭铁的黑色负极端子（如图 21–95 中 4）上分离跨接线的一端。

（2）从辅助车辆蓄电池的负极端子或底盘搭铁的黑色负极端子（如图 21–95 中 3 所示）上分离此跨接线的另一端。

（3）从辅助车辆蓄电池的正极端子或跨接端子的红色正极端子（如图 21–95 中 2 所示）上分离另一个跨接线的一端。

（4）从您的车辆蓄电池的正极端子或跨接端子的红色正极端子（如图 21–95 中 1 所示）上分离此跨接线的另一端。

（六）保险丝 / 继电器盒说明

1. 驾驶席侧室内保险丝盒

如图 21–96 所示。

2. 发动机室保险丝盒

如图 21–97 所示。

图 21–96

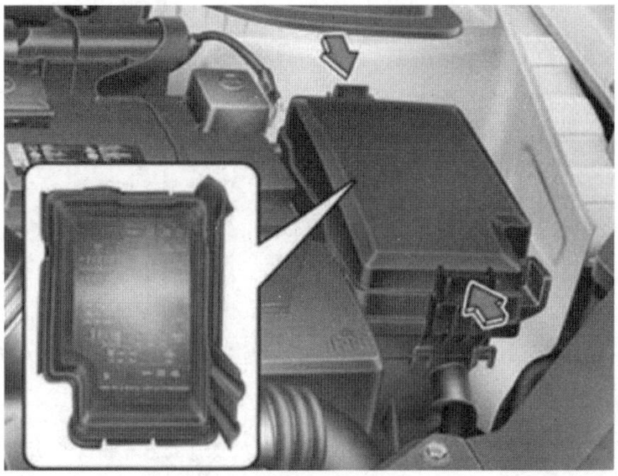

图 21–97

九、2018—2020 年北京现代菲斯塔

（一）拖吊

需要紧急拖吊时，建议您将此项工作交由北京现代授权经销商或商业拖吊卡车服务公司来进行。一定要使用正确的举升和拖吊程序，以免损坏车辆。推荐使用移动台车或平板车进行拖吊，如图 21–98 所示。可在后轮着地（没有移动台车）和前轮离地的状态下拖动车辆。如果某个承载车轮或悬架部件损坏，或者在不能抬起前轮的情况下拖动车辆，必须在前轮下使用移动台车。使用商业拖车拖吊而不使用移动台车时，应举升车辆前部而不是后部。

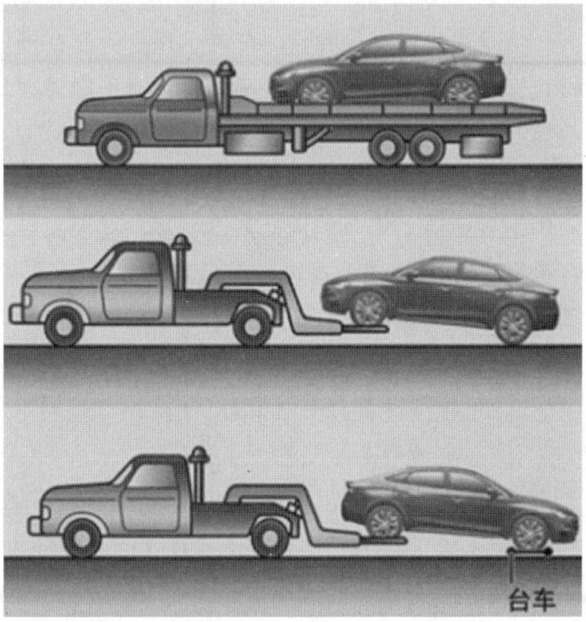

图 21–98

注意：不要在前轮着地的情况下拖动车辆，否则会损坏车辆。不要用吊链式设备拖吊车辆，如图 21–99 所示。使用车轮升降机或平板进行拖吊。

在没有移动台车的状态下紧急拖车时：

（1）将点火开关置于 ACC 位置。

（2）把变速杆挂到 N（空）挡。

（3）释放驻车制动器。如果没有把变速杆置于 N（空）挡，会导致变速器内部损坏。

1. 可拆卸式牵引挂钩

（1）打开行李箱盖，从工具箱中拿出牵引挂钩，如图 21–100 所示。

图 21–99

图 21–100

（2）按下前保险杠上的挂钩孔盖下部，拆卸孔盖，如图 21–101 所示。

（3）把牵引挂钩插入孔中，并顺时针转动，直到牵引挂钩完全固定不动为止。

（4）使用后，拆卸牵引挂钩，并安装牵引挂钩孔盖。

2. 紧急拖车

如果必须拖车，建议将此项工作交由北京现代授权经销商或商业拖车服务公司来进行。如果在紧急情况下没有适用的拖吊装置，可以暂时将钢索或链子固定到车辆前部的紧急牵引挂钩上进行拖车。使用钢索或链子拖车时保持高度警惕，驾驶人员需在被拖车辆驾驶座上操纵方向盘和制动器。只能在硬面公路上进行短距离低速拖车，且车轮、车桥、传动系统、方向盘和制动器都必须处于良好状态。必须严格遵循下列紧急拖车时的注意事项。

图 21–101

（1）将点火开关置于 ACC 位置，从而开锁方向盘。

（2）把变速杆挂到 N（空）挡。

（3）释放驻车制动器。

（4）因为制动助力器不工作，制动性能下降，因此踩下制动踏板时，必须施加比平常更大的力量。

（5）因为动力转向系统不工作，因此转动方向盘时，必须施加比平时更大的转向操纵力。

（6）使用比您的车辆重量大的车辆来拖您的车辆。

（7）两辆车中的驾驶员应频繁互通信息。

（8）在牵引车辆之前，检查并确定牵引挂钩没有断裂或损坏。

（9）把拖车用钢索或链子紧固在牵引挂钩上。

（10）牵引车辆时，禁止猛拉牵引挂钩。应施加稳定且均匀的力。

（11）拖车钢索或链子长度应小于 5m。在拖车钢索或链子中间系上白布或红布（宽度约 30cm）以便识别，如图 21–102 所示。

（12）小心驾驶，以便拖车钢索或链子保持紧绷状态。

（13）拖车前，在车辆底部检查是否泄漏自动变速器 / 双离合变速器油。如果自动变速器 / 双离合变速器油泄漏，必须使用平板车设备或移动台车执行车辆拖吊运输作业。拖车时，为了防止损坏车辆，遵循下列事项。

①使用牵引挂钩时一定要向前直拉，禁止过大斜角拖动车辆，更不能垂直角度拖动车辆。

②当车轮陷在泥浆、沙石中或其他不能依靠自身动力驶出的状态时，不要企图利用牵引挂钩进行拖车。

③为了防止严重损坏自动变速器 / 双离合变速器，拖车时车速不能超过 15km/h，并且拖车距离应在 1.5km 内。

（二）应急解锁车门

如果智能钥匙不正常工作，可使用机械钥匙闭锁或开锁车门。按住释放按钮（如图 21–103 中 1 所示）

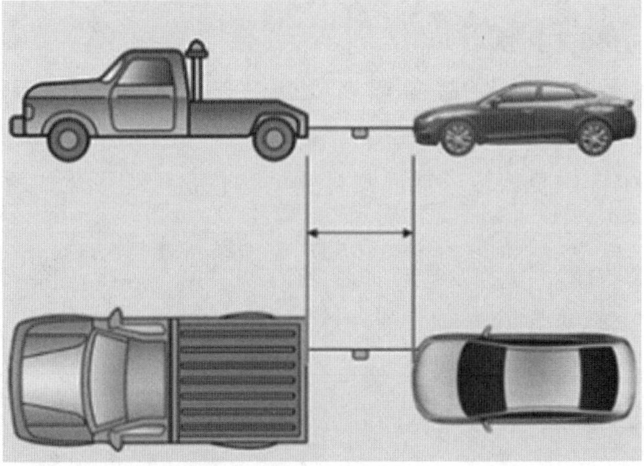

图 21–102

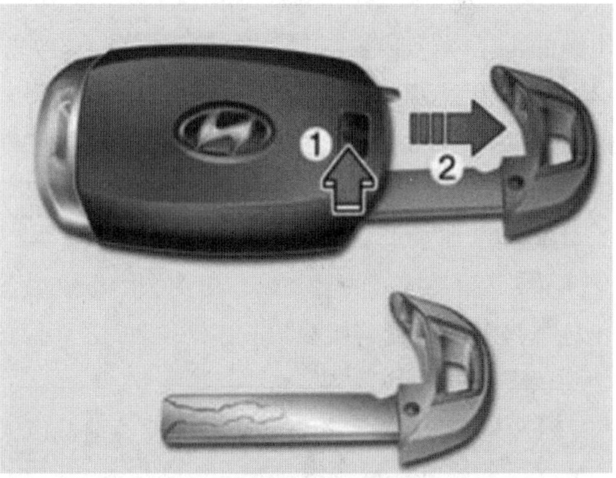

1.释放按钮　2.机械钥匙

图 21–103

并拔出机械钥匙（如图 21–103 中 2 所示）。将机械钥匙插入钥匙孔内。要重新安装机械钥匙，把钥匙插进钥匙孔内，并推动直到听到“咔嗒”声为止。

向车后方向转动钥匙可开锁车门，向车前方向转动钥匙可闭锁车门。首先，拉车门外侧手柄，并使用机械钥匙推动车门外侧手柄内部的挂钩（如图 21–104 中 1 所示），然后拆卸盖。如果用钥匙闭锁 / 开锁驾驶员侧车门，仅驾驶员侧车门闭锁 / 开锁，如果想要开锁所有车门，按下中央控制门锁开关。车门一旦被开锁，可通过拉车门手柄打开车门。关闭车门时，用手推车门，确定车门牢固关闭。

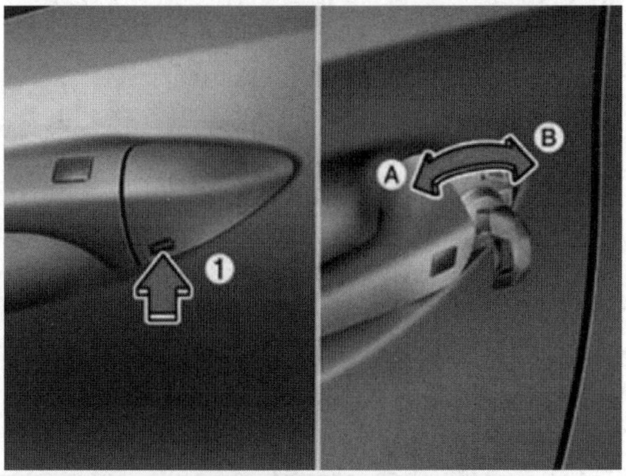

A.开锁　B.闭锁　1.挂钩

图 21–104

（三）自动变速器换挡锁止释放

如果在踩下制动踏板的情况下不能把变速杆从 P（驻车）挡移到 R（倒车）挡，持续踩下制动踏板，然后执行下列操作。

（1）将点火开关置于 LOCK/OFF 位置。

（2）啮合驻车制动器。

（3）按下换挡锁止释放按钮，如图 21–105 所示。

（4）按住换挡锁止释放按钮后移动变速杆。

（5）释放换挡锁止释放按钮。

（6）踩下制动踏板，并重新启动发动机。如果使用手动换挡锁止释放功能移动变速杆，立即请北京现代授权经销商检查系统。

（四）跨接启动

跨接启动程序：

（1）将车辆置于跨接线可达到的足够近的位置，但不允许车辆接触。

（2）即使车辆处于停止状态，始终要避开发动机室内的冷却风扇或任何移动部件。

（3）关闭所有电气装置，如音响、灯光、空调等。将变速杆挂到 P（驻车）挡并啮合驻车制动器。两辆车都停止。

（4）按照图 21–106 所示的正确顺序连接跨接线。首先，将第一个跨接线的一端连接到您的车辆蓄电池的正极端子或跨接端子的红色正极端子（如图 21–106 中 1 所示）。

（5）此跨接线的另一端连接到辅助车辆蓄电池的正极端子或跨接端子的红色正极端子（如图 21–106 中 2 所示）。

（6）将第二个跨接线的一端连接到辅助车辆蓄电池的负极端子或底盘搭铁的黑色负极端子（如图 21–106 中 3 所示）。

（7）此跨接线的另一端连接到您的车辆底盘搭铁的黑色负极端子（如图 21–106 中 4 所示）。除了正确连接蓄电池或跨接端子或搭铁端子外，切勿让跨接线端子接触到其他物体。在连接跨接线的状态，切勿伏在蓄电池上。

（8）启动辅助车辆发动机，并使发动机以大约 2000r/min 的速度运转几分钟，然后启动您的车辆。

图 21–105

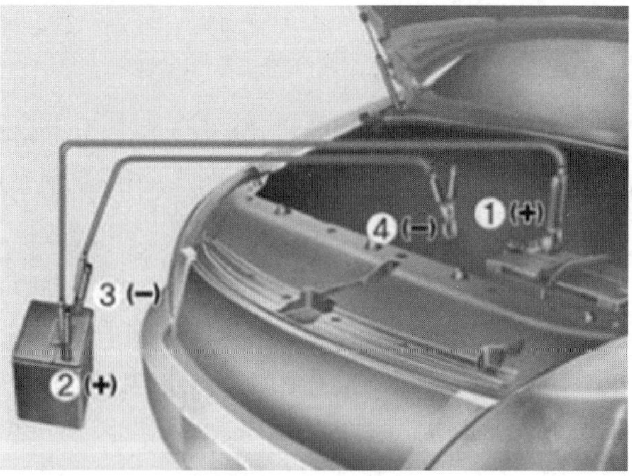

1.车辆蓄电池的正极端子或跨接端子的红色正极端子　2.辅助车辆蓄电池的正极端子或跨接端子的红色正极端子　3.辅助车辆蓄电池的负极端子或底盘搭铁的黑色负极端子　4.车辆底盘搭铁的黑色负极端子

图 21–106

如果尝试几次之后车辆仍无法启动，可能需要进行维修。此时请寻求适当的援助。如果造成蓄电池亏电的原因并不明确，应请北京现代授权经销商检查车辆。

以连接相反的顺序正确分离跨接线。

（1）从您的车辆底盘搭铁的黑色负极端子（如图 21–106 中 4 所示）上分离跨接线的一端。

（2）从辅助车辆蓄电池的负极端子或底盘搭铁的黑色负极端子（如图 21–106 中 3 所示）上分离此跨接线的另一端。

（3）从辅助车辆蓄电池的正极端子或跨接端子的红色正极端子（如图 21–106 中 2 所示）上分离另一个跨接线的一端。

（4）从您的车辆蓄电池的正极端子或跨接端子的红色正极端子（如图 21–106 中 1 所示）上分离此跨接线的另一端。

（五）保险丝 / 继电器盒说明

1. 发动机室保险丝盒

如图 21–107 所示。

2. 驾驶员侧保险丝盒

如图 21–108 所示。

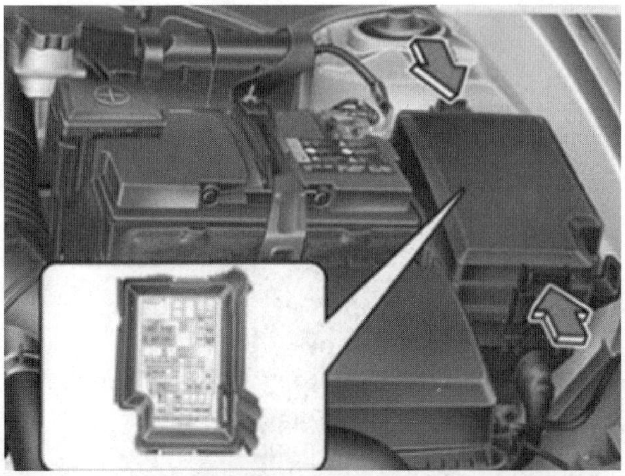

图 21–107

图 21–108

十、2019—2020 年北京现代昂希诺纯电动

（一）拖吊

需要紧急拖吊时，建议您将此项工作交由北京现代授权经销商或商业拖吊卡车服务公司来进行。一定要使用正确的举升和拖吊程序，以免损坏车辆。推荐使用移动台车或平板车进行拖吊，如图 21–109 所示。可在后轮着地（没有移动台车）和前轮离地的状态下拖动车辆。如果某个承载车轮或悬架部件损坏，或者在不能抬起前轮的情况下拖动车辆，必须在前轮下使用移动台车。使用商业拖车拖吊而不使用移动台车时，应举升车辆前部而不是后部。

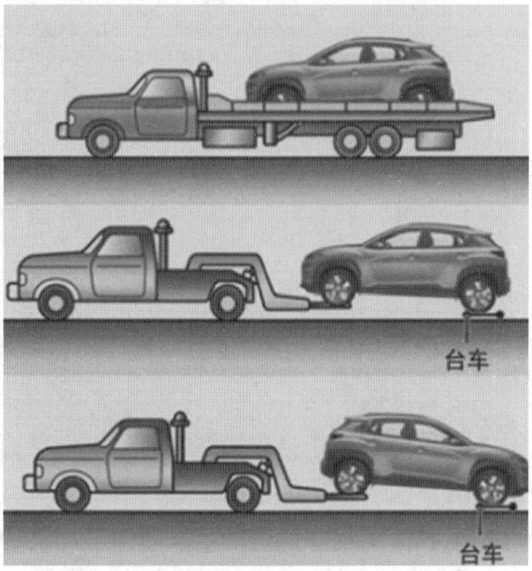

图 21–109

禁止在前轮着地的状态下拖动车辆，否则会损坏车辆，如图 21–110 所示。

禁止用吊链式设备拖吊车辆。使用车轮升降机或平板车进行拖吊，如图 21–111 所示。

图 21–110

图 21–111

在不使用车轮台车的状态下紧急拖车时：

（1）踩下制动踏板状态下，将变速杆置于 N（空）挡，并使车辆点火按钮置于 OFF。按下电源按钮置于 ACC 位置。

（2）释放驻车制动器。如果没有将变速杆置于 N（空）挡，会导致车辆内部损坏。

1. 可拆卸式牵引挂钩

（1）打开后备箱门，从工具箱中拿出牵引挂钩，如图 21–112 所示。工具箱放置在行李箱托盘的下方。

（2）按下保险杠上的牵引挂钩孔盖下部，并拆卸孔盖，如图 21–113 所示。

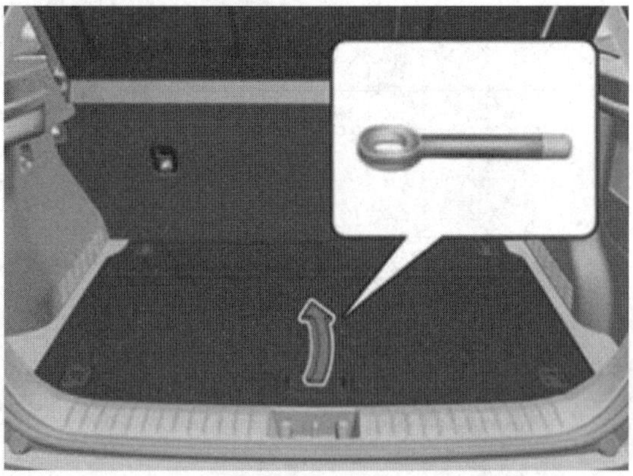

图 21–112

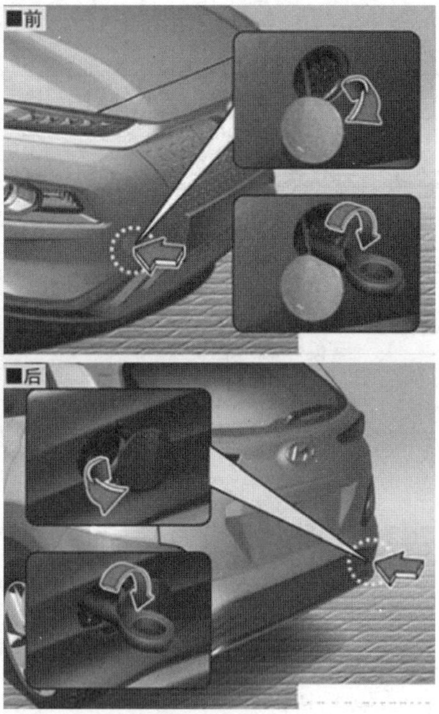

图 21–113

（3）把牵引挂钩插入孔中，并顺时针转动，直到牵引挂钩完全固定不动为止。

（4）使用后，拆卸牵引挂钩，并安装牵引挂钩孔盖。

2. 紧急拖车

如果必须拖车，建议您将此项工作交由北京现代授权经销商或商业拖车服务公司来进行。如果在紧急情况下没有适用的拖吊装置，可以暂时将钢索或链子固定到车辆前部（或后部）的紧急拖车挂钩上进行拖车。使用钢索或链子拖车时保持高度警惕，驾驶人员需在被拖车辆驾驶座上操纵方向盘和制动器。只能在硬面公路上进行短距离低速拖车，且车轮、车桥、传动系统、方向盘和制动器都必须处于良好状态。

必须严格遵循下列紧急拖车时的注意事项。

（1）踩下制动踏板状态下，将变速杆置于 N（空）挡并使车辆点火按钮置于 OFF。按下电源按钮置于 ACC 位置。

（2）释放驻车制动器。

（3）因为制动助力器不工作，制动性能下降，因此踩下制动踏板时，必须施加比平常更大的力量。

（4）因为动力转向系统不工作，因此转动方向盘时，必须施加比平时更大的转向操纵力。

（5）执行拖车任务的车辆的重量必须比被拖车辆重。

（6）两辆车中的驾驶员应频繁互通信息。

（7）在牵引车辆之前，检查并确定牵引挂钩没有断裂或损坏。

（8）把拖车用钢索或链子紧固在牵引挂钩上。

（9）牵引车辆时，禁止猛拉牵引挂钩。应施加稳定且均匀的力。

（10）拖车钢索或链子长度应小于 5m。在拖车钢索或链子中间系上白布或红布（宽度约 30cm），以便识别，如图 21–114 所示。

（11）小心驾驶，以便拖车钢索或链子保持紧绷状态。

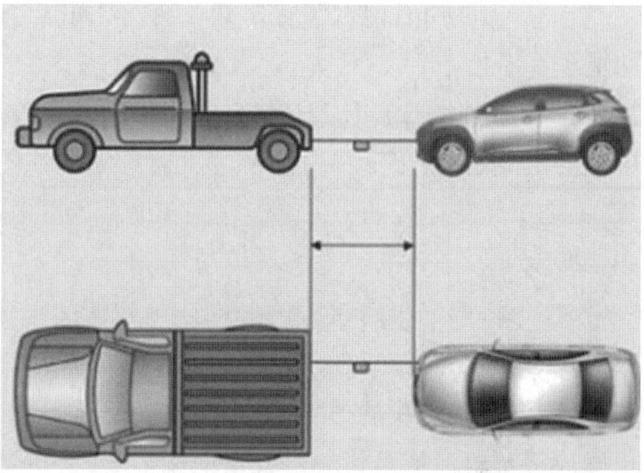

图 21–114

（12）拖车前，检查车底的减速器漏油情况。如果减速器漏油，必须使用平板车设备或拖吊台车。在维持拖吊绳子或链子张力状态启动或驾驶车辆期间，以缓慢渐进的方式进行车辆加速或减速，否则会损坏牵弓挂钩和车辆。拖车时，为了防止损坏车辆，请遵循下列事项。

①使用牵引挂钩时一定要向前直拉，禁止过大斜角拖动车辆，更不能垂直角度拖动车辆。

②当车轮陷在泥浆、沙石中或其他车辆不能依靠自身动力驶出的状态时，不要企图利用牵引挂钩进行拖车。

③为了防止严重损坏减速器，拖车时车速不能超过 15km/h，并且拖车距离应在 1.5km 内。

（二）应急解锁车门

如果智能钥匙不正常工作，可使用机械钥匙闭锁或开锁车门。向箭头方向移动释放杆（如图 21–115 中所示），并拆卸机械钥匙（如图 21–115 中 2 所示）。将机械钥匙插入车门钥匙锁孔内。要重新安装机械钥匙，把钥匙插进钥匙孔内，并推动直到听到“咔嗒”声为止。

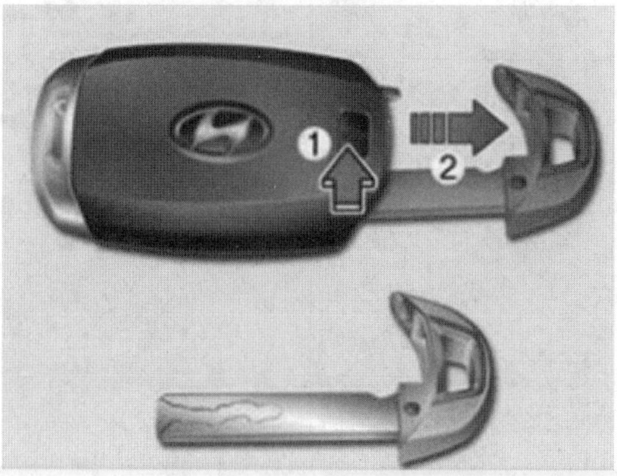

1.释放杆　2.机械钥匙

图 21–115

A.闭锁　B.开锁

图 21–116

向车后方向转动钥匙可开锁车门，向车前方向转动钥匙可闭锁车门，如图 21–116 所示。如果用钥匙闭锁 / 开锁驾驶员侧车门，驾驶员侧车门将自动闭锁 / 开锁。车门一旦被开锁，可通过拉车门手柄打开车门。关闭车门时，用手推车门，确定车门牢固关闭。

（三）跨接启动

跨接启动程序：

（1）将车辆置于跨接线可达到的足够近的位置，但不允许车辆接触。

（2）即使车辆处于停止状态，始终要避开电机室内的冷却风扇或任何移动部件。

（3）关闭所有电气装置，如音响、灯光、空调等。确定车辆挂入 P（驻车）挡并啮合驻车制动器，两辆车都停止。

（4）按照图 21–117 所示的正确顺序连接跨接线。首先，将第一个跨接线的一端连接到您的车辆蓄电池的正极端子或跨接端子的红色正极端子（如图 21–117 中 1）。

（5）此跨接线的另一端连接到辅助车辆蓄电池的正极端子或跨接端子的红色正极端子（如图 21–117 中 2 所示）。

（6）将第二个跨接线的一端连接到辅助车辆蓄电池的负极端子或底盘搭铁的黑色负极端子（如图 21–117 中 3 所示）。

（7）此跨接线的另一端连接到您的车辆底盘搭铁的黑色负极端子（如图 21–117 中 4 所示）。除了正确连接蓄电池或跨接端子或搭铁端子外，切勿让跨接线端子接触到其他物体。在连接跨接线的状态，切勿伏在蓄电池上。

（8）启动辅助车辆发动机，并使发动机以大约 2000r/min 的速度运转几分钟。然后启动您的车辆。如果尝试几次之后车辆仍无法启动时，可能需要进行维修。此时请寻求适当的援助。如果造成蓄电池亏电的原因并不明确，应请北京现代授权经销商检查车辆。

以连接相反的顺序正确分离跨接线。

（1）从您的车辆底盘搭铁的黑色负极端子（如图 21–117 中 4 所示）上分离跨接线的一端。

（2）从辅助车辆蓄电池的负极端子或底盘搭铁的黑色负极端子（如图 21–117 中 3 所示）上分离此跨接线的另一端。

（3）从辅助车辆蓄电池的正极端子或跨接端子的红色正极端子（如图 21–117 中 2 所示）上分离另一个跨接线的一端。

（4）从您的车辆蓄电池的正极端子或跨接端子的红色正极端子（如图 21–117 中所示）上分离此跨接线的另一端。

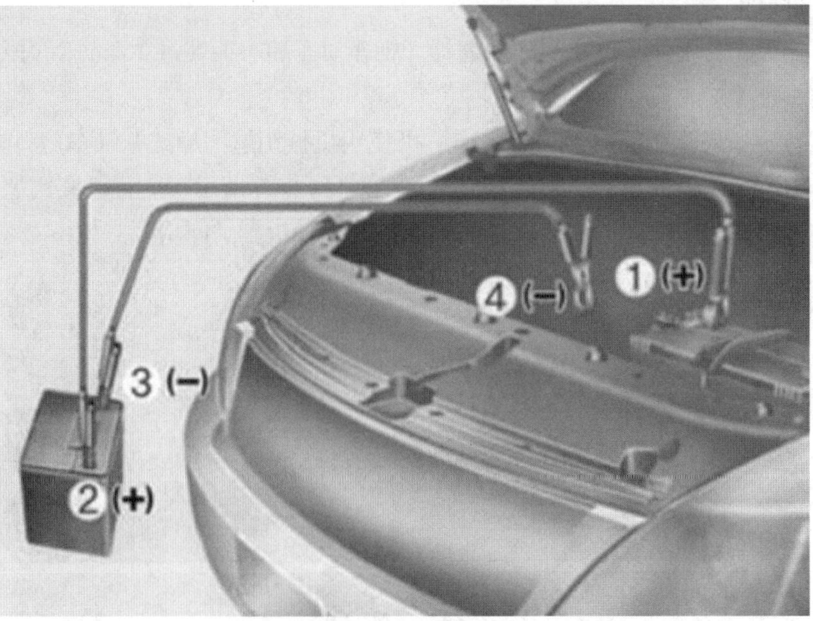

1.车辆蓄电池的正极端子或跨接端子的红色正极端子　2.辅助车辆蓄电池的正极端子或跨接端子的红色正极端子　3.辅助车辆蓄电池的负极端子或底盘搭铁的黑色负极端子　4.车辆底盘搭铁的黑色负极端子

图 21–117

（四）保险丝 / 继电器盒

1. 保险丝

如图 21–118 所示。

2. 电机室保险丝盒

如图 21–119 所示。

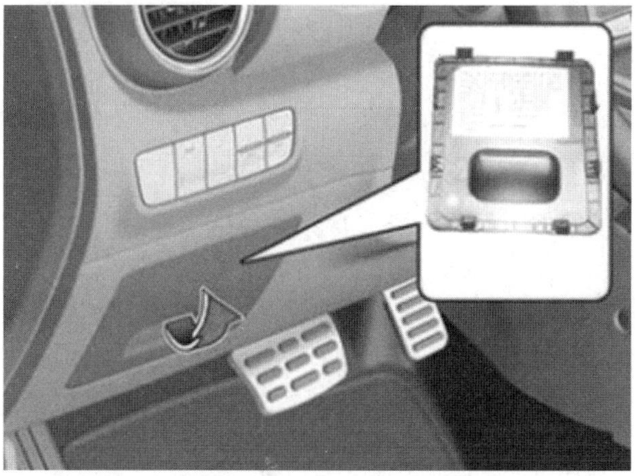

图 21-118

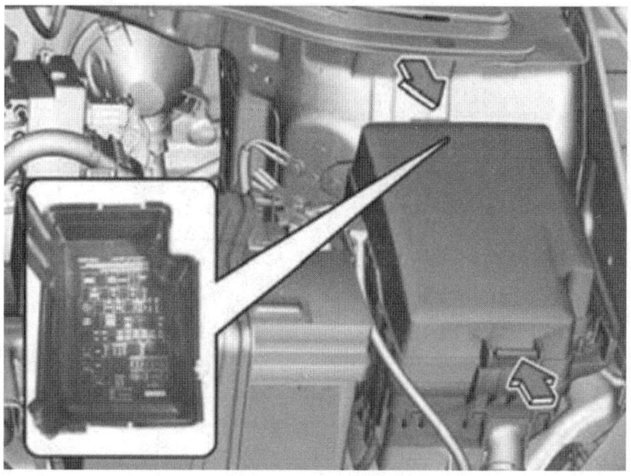

图 21-119

十一、2019—2020 年北京现代新一代 ix25

（一）拖吊

需要紧急拖吊时，建议您将此项工作交由北京现代授权经销商或商业拖吊卡车服务公司来进行。一定要使用正确的举升和拖吊程序，以免损坏车辆。推荐您使用移动台车或平板车进行拖吊，如图 21-120 所示。2WD 车辆，如果变速器挂 N（空）挡，只能在后轮着地（没有移动台车）和前轮离地的状态下拖动车辆。在变速器未挂入 N（空）挡的情况下，禁止在车轮着地的状态下进行拖车。如果某个承载车轮或悬架部件损坏，或者在不能抬起前轮的情况下拖车，必须在前轮下使用移动台车。使用商业拖车拖吊而不使用移动台车时，应举升车辆前部而不是后部。

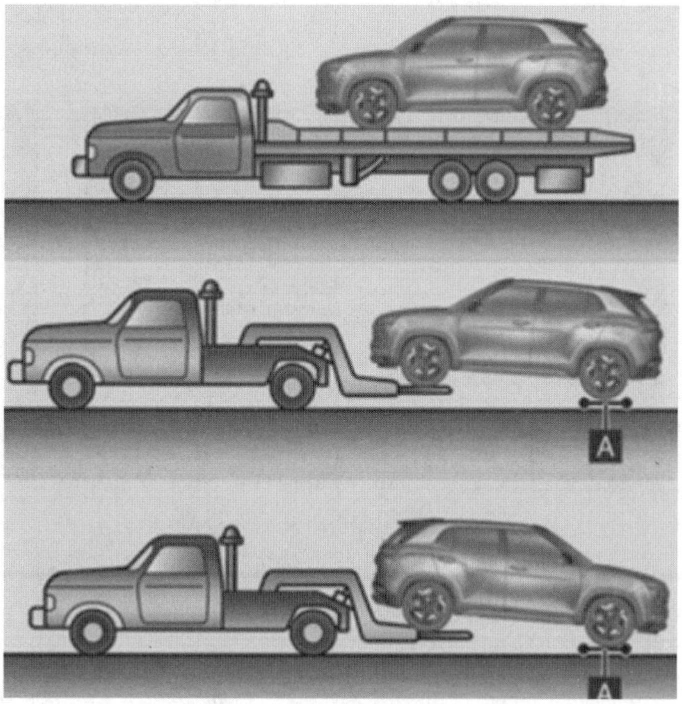

A.台车

图 21-120

注意：禁止在前轮着地的状态下拖动车辆，否则会损坏车辆。禁止用吊链式设备拖吊车辆，如图 21-121 所示。使用车轮升降机或平板车进行拖吊。如果车辆配备智能变速器，禁止在四个车轮接触地面的情况下拖吊车辆。否则，将严重损坏变速器。确保禁止拖吊连接其他车辆。

在不使用车轮台车的状态下紧急拖车时：

（1）将点火开关置于 ACC 位置。

（2）按下换挡按钮挂入 N（空）挡。

（3）释放驻车制动器。在前轮着地状态下拖车时，如果没有按下换挡按钮挂入 N（空）挡，会导致变速器内部损坏。

1. 可拆卸式牵引挂钩

（1）打开行李箱盖，从工具箱中拿出牵引挂钩。

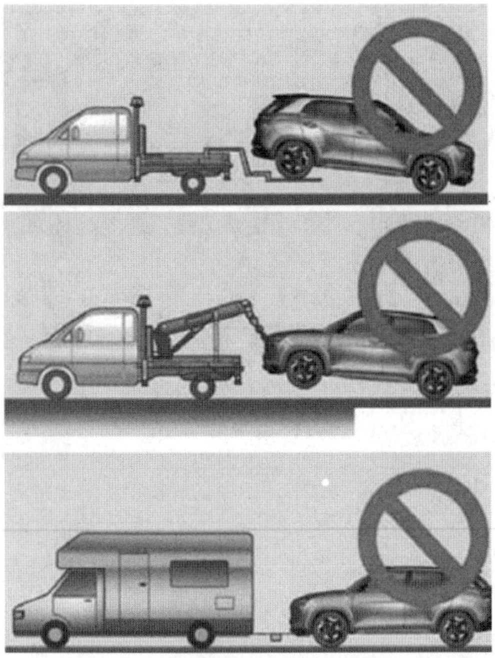

图 21-121

（2）按下前或后保险杠上的挂钩孔盖下部，拆卸孔盖，如图 21-122 和图 21-123 所示。

（3）把牵引挂钩插入孔中，并顺时针转动，直到牵引挂钩完全固定不动为止。

（4）使用后，拆卸牵引挂钩，并安装孔盖。

2. 紧急拖车

如果必须拖车，建议您将此项工作交由北京现代授权经销商或商业拖车服务公司来进行。如果在紧急情况下没有适用的拖吊装置，可以暂时将钢索或链子固定到车辆前部（或后部）的紧急拖车挂钩上进行拖车。使用钢索或链子拖车时保持高度警惕，驾驶人员需在被拖车辆驾驶座上操纵方向盘和制动器。只能在硬面公路上进行短距离低速拖车，且车轮、车桥、传动系统、方向盘和制动器都必须处于良好状态。注意：拖吊车辆时，驾驶员必须在被拖吊车辆内执行转向和制动操作。禁止驾驶员除外的其他乘员乘坐在车辆内。必须严格遵循下列紧急拖车时的注意事项。

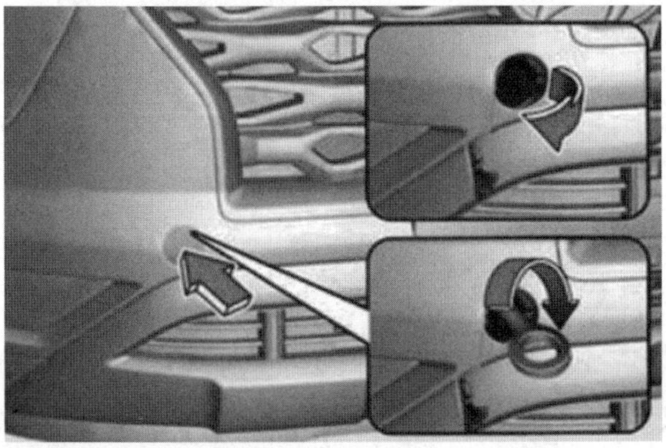

图 21-122

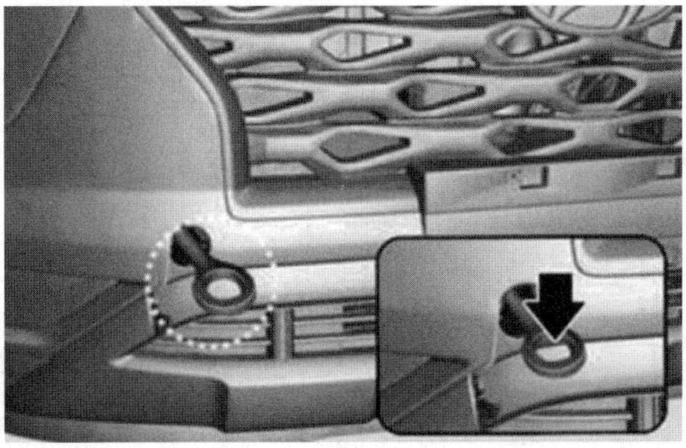

图 21-123

（1）将点火开关置于 ACC 位置，从而开锁方向盘。

（2）按下换挡按钮挂入 N（空）挡。

（3）释放驻车制动器。

（4）因为制动助力器不工作，制动性能下降，因此踩下制动踏板时，必须施加比平常更大的力量。

（5）因为动力转向系统不工作，因此转动方向盘时，必须施加比平时更大的转向操纵力。

（6）使用比您的车辆重量大的车辆来拖动您的车辆。

（7）两辆车中的驾驶员应频繁互通信息。

（8）在牵引车辆之前，检查并确定牵引挂钩没有断裂或损坏。

（9）把拖车用钢索或链子紧固在牵引挂钩上。

（10）牵引车辆时，禁止猛拉牵引挂钩。应施加稳定且均匀的力。

（11）拖车钢索或链子长度应小于 5m。在拖车钢索或链子中间系上白布或红布（宽度约 30cm），以便识别，如图 21-124 所示。

（12）小心驾驶，以便拖车钢索或链子保持紧绷状态。

（13）拖车前，在车辆底部检查是否泄漏自动变速器油。如果自动变速器油泄漏，必须使用平板车设备或移动台车执行车辆拖吊运输作业。

（14）为了防止严重损坏变速器，拖车时车速不能超过 15km/h，并且拖车距离应在 1.5km 内。在维持拖吊绳子或链子张力状态启动或驾驶车辆期间，以缓慢渐进的方式进行车辆加速或减速，否则会损坏牵引挂钩和车辆。拖车时，为了防止损坏车辆，遵循下列事项。

①使用牵引挂钩时一定要向前直拉，禁止过大斜角拖动车辆，更不能垂直角度拖动车辆。

②当车轮陷在泥浆、沙石中或其他车辆不能依靠自身动力驶出的状态时，不要企图利用牵引挂钩进行拖车。

③为了防止严重损坏自动变速器，拖车时车速不能超过 15km/h，并且拖车距离应在 1.5km 内。

（二）应急解锁车门

如果智能钥匙不正常工作，您可使用机械钥匙闭锁或开锁车门。按住释放按钮（如图 21–125 中 1 所示）并拔出机械钥匙（如图 21–125 中 2 所示）。将机械钥匙插入车门钥匙锁孔内。要重新安装机械钥匙，把钥匙插进钥匙孔内，并推动直到听到“咔嗒”声为止。

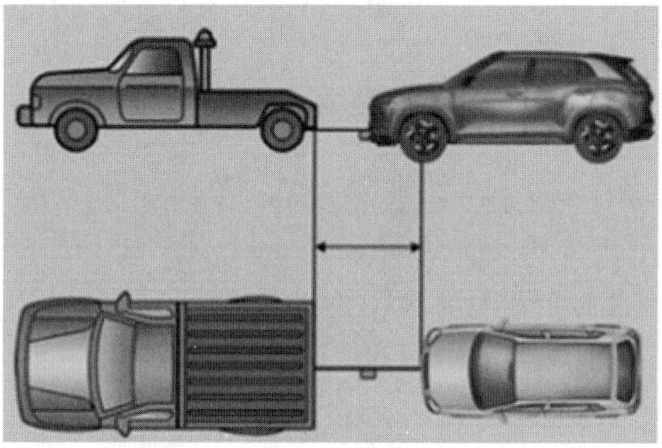

图 21–124

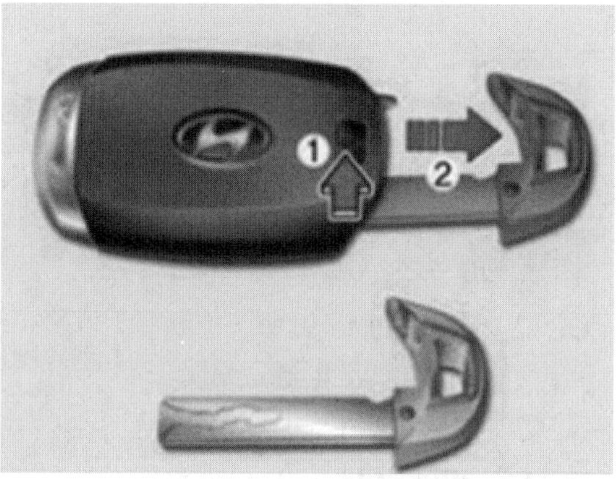

1.释放按钮　2.机械钥匙

图 21–125

（三）应急启动

如果智能钥匙电池电量不足或智能钥匙不能正常工作，如图 21–126 所示，用智能钥匙按下发动机启动 / 停止按钮，以此可以启动发动机。

（四）跨接启动

跨接启动程序。

（1）将车辆置于跨接线可到达的足够近的位置，但不允许车辆接触。

（2）即使车辆处于停止状态，始终要避开发动机室内的冷却风扇或任何移动部件。

（3）关闭所有电气装置，如音响、灯光、空调 等。确定车辆挂入 P（驻车）挡并啮合驻车制动器。两辆车都停止。

图 21–126

（4）按照图 21–127 所示的正确顺序来连接跨接线。首先，将第一个跨接线的一端连接到您的车辆蓄电池的正极端子或跨接端子的红色正极端子（如图 21–127 中 1 所示）上。

（5）此跨接线的另一端连接到辅助车辆蓄电池的正极端子或跨接端子的红色正极端子（如图 21–127 中 2 所示）。

（6）将第二个跨接线的一端连接到辅助车辆蓄电池的负极端子或底盘搭铁的黑色负极端子（如图

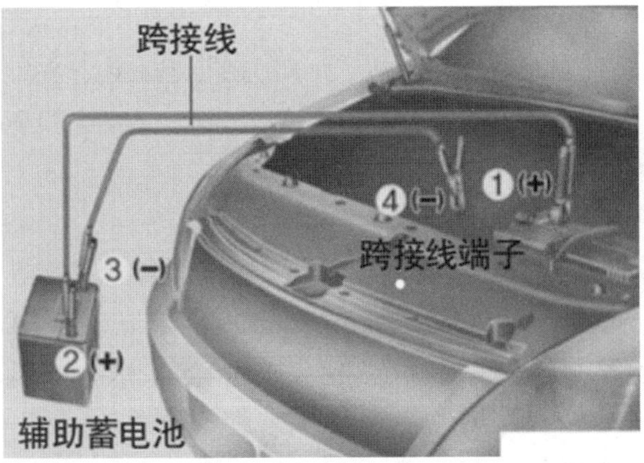

1.车辆蓄电池的正极端子或跨接端子的红色正极端子 2.辅助车辆蓄电池的正极端子或跨接端子的红色正极端子 3.辅助车辆蓄电池的负极端子或底盘搭铁的黑色负极端子 4.车辆底盘搭铁的黑色负极端子

图 21–127

21–127 中 3 所示）。

（7）此跨接线的另一端连接到您的车辆底盘搭铁的黑色负极端子（如图 21–127 中 4 所示）。除了正确连接蓄电池或跨接端子或搭铁端子外，切勿让跨接线端子接触到其他物体。在连接跨接线的状态，切勿伏在蓄电池上。

（8）启动辅助车辆发动机，并使发动机以大约 2000r/min 的速度运转几分钟，然后启动您的车辆。如果尝试几次之后车辆仍无法启动，可能需要进行维修。此时请寻求适当的援助。如果造成蓄电池亏电的原因不明确，应请北京现代授权经销商检查车辆。

以连接相反的顺序正确分离跨接线。

（1）从您的车辆底盘搭铁的黑色负极端子（如图 21–127 中 4 所示）上分离跨接线的一端。

（2）从辅助车辆蓄电池的负极端子或底盘搭铁的黑色负极端子（如图 21–127 中 3 所示）上分离此跨接线的另一端。

（3）从辅助车辆蓄电池的正极端子或跨接端子的红色正极端子（如图 21–127 中 2 所示）上分离另一个跨接线的一端。

（4）从您的车辆蓄电池的正极端子或跨接端子的红色正极端子上分离此跨接线的另一端。

（五）保险丝和继电器盒说明

1. 驾驶员侧保险丝盒

如图 21–128 所示。

2. 发动机室保险丝盒

如图 21–129 所示。

图 21–128

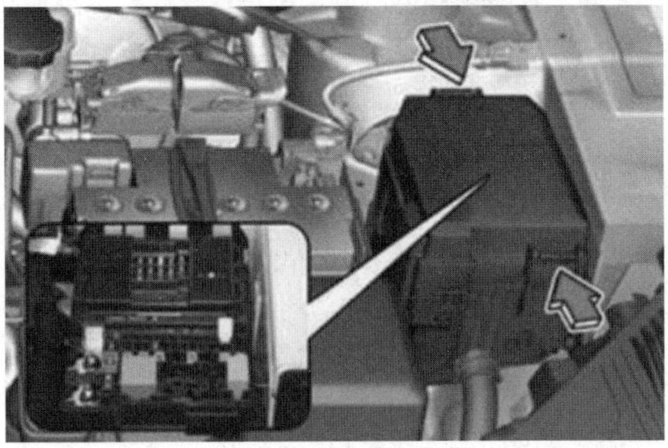

图 21–129

十二、2020 年北京现代第十代索纳塔

（一）拖吊

需要紧急拖吊时，建议您将此项工作交由北京现代授权经销商或商业拖吊卡车服务公司来进行。一定要使用正确的举升和拖吊程序，以免损坏车辆。推荐您使用移动台车或平板车进行拖吊，如图 21–130

所示。可在后轮着地（没有移动台车）和前轮离地的状态下拖动车辆。如果某个承载车轮或悬架部件损坏，或者在不能抬起前轮的情况下拖动车辆，必须在前轮下使用移动台车。在车辆由商用拖车拖动，而非使用车轮移动台架时，应将车辆前端升高，而非后端。禁止在前轮着地的状态下拖动车辆，否则会损坏车辆，如图 21–131 所示。

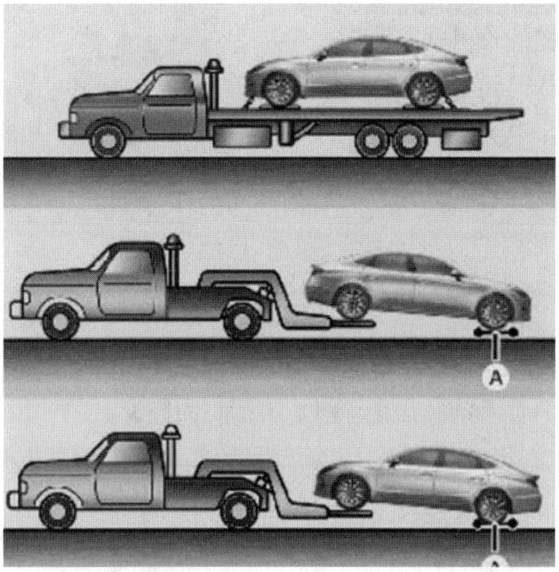

A.台车

图 21–130

图 21–131

禁止在前轮着地的状态下向后拖动车辆，否则会损坏变速器，如图 21–132 所示。

在不使用车轮台车的状态下紧急拖车时：

（1）将点火开关置于 ACC 位置。

（2）将换挡按钮置于 N（空）挡位置。

（3）释放驻车制动器。注意：如果没有将换挡按钮置于 N（空）挡位置，会导致变速器内部损坏。

1. 可拆卸式牵引挂钩

（1）打开行李箱，从工具箱中拿出牵引挂钩，如图 21–133 所示。

图 21–132

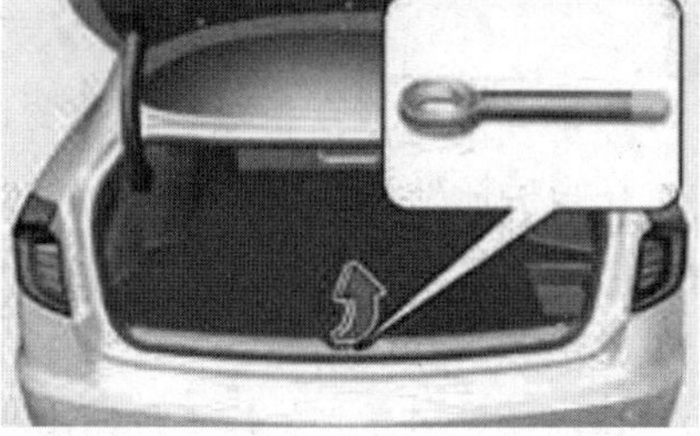

图 21–133

（2）按下保险杠上的牵引挂钩孔盖下部，并拆卸孔盖，如图 21–134 所示。

（3）把牵引挂钩插入孔中，并顺时针转动，直到牵引挂钩完全固定不动为止。

（4）使用后，拆卸牵引挂钩，并安装牵引挂钩孔盖。

2. 紧急拖车

如果必须拖车，建议您将此项工作交由北京现代授权经销商或商业拖车服务公司来进行。如果在紧急情况下没有适用的拖吊装置，可以暂时将钢索或链子固定到车辆前部的紧急拖车挂钩上进行拖车。使用钢索或链子拖车时保持高度警惕。驾驶人员需在被拖车辆驾驶座上操纵方向盘和制动器。只能在硬面公路上进行短距离低速拖车，且车轮、车桥、传动系统、方向盘和制动器都必须处于良好状态。注意：拖车时，驾驶员必须在被拖车辆内执行转向和制动操作。禁止驾驶员除外的其他乘员乘坐在车辆内。必须严格遵循下列紧急拖车时的注意事项。

图 21-134

（1）将点火开关置于 ACC 位置，从而使方向盘不被锁定。

（2）将换挡按钮置于 N（空）挡位置。

（3）释放驻车制动器。

（4）因为制动助力器不工作，制动性能下降，因此踩下制动踏板时，必须施加比平常更大的力量。

（5）因为动力转向系统不工作，因此转动方向盘时，必须施加比平时更大的转向操纵力。

（6）执行拖车任务的车辆重量必须比被拖车辆重。

（7）两辆车中的驾驶员应频繁互通信息。

（8）在牵引车辆之前，检查并确定牵引挂钩没有断裂或损坏。

（9）把拖车用钢索或链子紧固在牵引挂钩上。

（10）牵引车辆时，禁止猛拉牵引挂钩。应施加稳定且均匀的力。

（11）拖车钢索或链子长度应小于 5m。在拖车钢索或链子中间系上白布或红布（宽度约 30cm），以便识别，如图 21-135 所示。

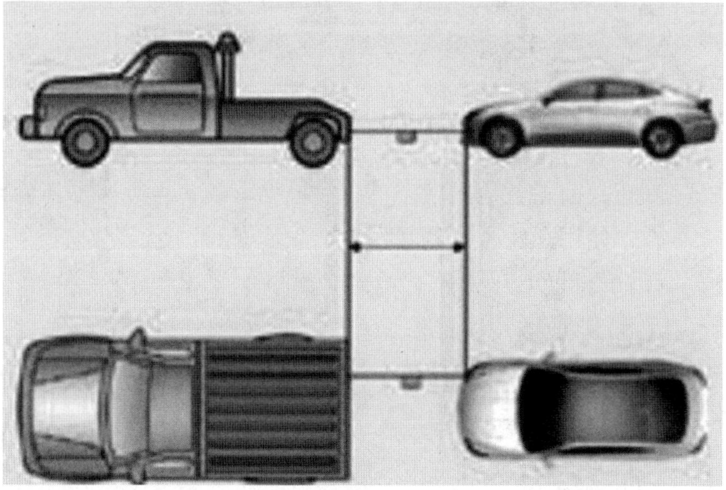
图 21-135

（12）小心驾驶，以便拖车钢索或链子保持紧绷状态。

（13）拖车前，检查车底的自动变速器漏油情况。如果自动变速器漏油，必须使用平板车设备或拖吊台车。在维持拖吊绳子或链子张力状态启动或驾驶车辆期间，以缓慢渐进的方式进行车辆加速或减速，否则会损坏牵引挂钩和车辆。

（二）应急解锁车门

如果智能钥匙不正常工作，可使用机械钥匙闭锁或开锁车门。按住释放按钮（如图 21-136 中 1 所示）并拔出机械钥匙（如图 21-136 中 2 所示）。将机械钥匙插入车门钥匙锁筒内。要重新安装机械钥匙，把钥匙插进钥匙孔内，并推动直到听到“咔嗒”声为止。

使用机械钥匙压下盖板下面的杆，如图 21-137 中 1 所示。压下杆时，机械钥匙不得作用于孔的外面，并应缓慢向车辆后端方向推，以便拆下盖，如图 21-137 中 2 所示。拆下盖后，只有驾驶员侧车门可以使用机械钥匙锁定和解锁。向车后方向转动钥匙可开锁车门，向车前方向转动钥匙可闭锁车门，如图 21-137 中 3 所示。如果用钥匙闭锁 / 开锁驾驶员侧车门，驾驶员侧车门将自动闭锁 / 开锁。车门一旦被开锁，可通过拉车门手柄打开车门。关闭车门时，用手推车门。确定车门牢固关闭。

（三）跨接启动

跨接启动程序。

（1）将车辆置于跨接线可到达的足够近的位置，但不允许车辆接触。

（2）即使车辆处于停止状态，始终要避开发动机内的冷却风扇或任何移动部件。

（3）关闭所有电气设备，如收音机、车灯、空调等。将车辆挂入 P（驻车）挡，然后拉上驻车制动器。两辆车都停止。

1.释放按钮　2.机械钥匙

图 21–136

（4）按照图 21–138 所示的正确顺序连接跨接线。首先，将第一个跨接线的一端连接到您的车辆蓄电池的正极端子或跨接端子的红色正极端子（如图 21–138 中 1 所示）。

（5）此跨接线的另一端连接到辅助车辆蓄电池的正极端子或跨接端子的红色正极端子（如图 21–138 中 2 所示）。

（6）将第二个跨接线的一端连接到辅助车辆蓄电池的负极端子或底盘搭铁的黑色负极端子（如图 21–138 中 3 所示）。

1.杆　2.盖　3.转动

图 21–137

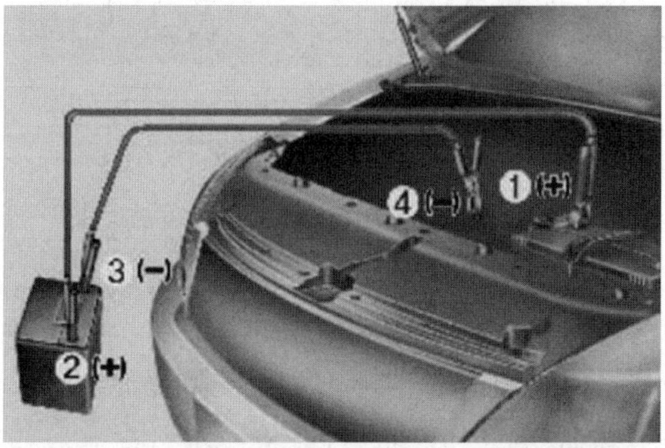

1.车辆蓄电池的正极端子或跨接端子的红色正极端子　2.辅助车辆蓄电池的正极端子或跨接端子的红色正极端子　3.辅助车辆蓄电池的负极端子或底盘搭铁的黑色负极端子　4.车辆底盘搭铁的黑色负极端子

图 21–138

（7）此跨接线的另一端连接到您的车辆底盘搭铁的黑色负极端子（如图 21–138 中 4 所示）上。除了正确连接蓄电池或跨接端子或搭铁端子外，切勿让跨接线端子接触到其他物体。在连接跨接线时，切勿伏在蓄电池上。

（8）驾驶车辆最少 30min，或让发动机怠速运转最少 60min，然后关闭发动机。如果没有使用充足的时间对电池充电，车辆再次启动时仍无法启动。也可以拜访离您最近的经销商，要求他们对蓄电池充电或进行测试。如果尝试几次之后车辆仍无法启动时，可能需要进行维修。此时请寻求适当的援助。如果造成蓄电池亏电的原因并不明确，应请北京现代授权经销商检查车辆。

以连接相反的顺序正确分离跨接线。

（1）从您的车辆底盘搭铁的黑色负极端子（如图 21–138 中 4 所示）上分离跨接线的一端。

（2）从辅助车辆蓄电池的负极端子或底盘搭铁的黑色负极端子（如图 21–138 中 3 所示）上分离此

跨接线的另一端。

（3）从辅助车辆蓄电池的正极端子或跨接端子的红色正极端 子（如图 21-138 中 2 所示）上分离另一个跨接线的一端。

（4）从您的车辆蓄电池的正极端子或跨接端子的红色正极端子（如图 21-138 中 1 所示）上分离此跨接线的另一端。

（四）保险丝 / 继电器盒

1. 驾驶员侧保险丝盒

如图 21-139 所示。

2. 发动机室保险丝盒

如图 21-140 所示。

图 21-139

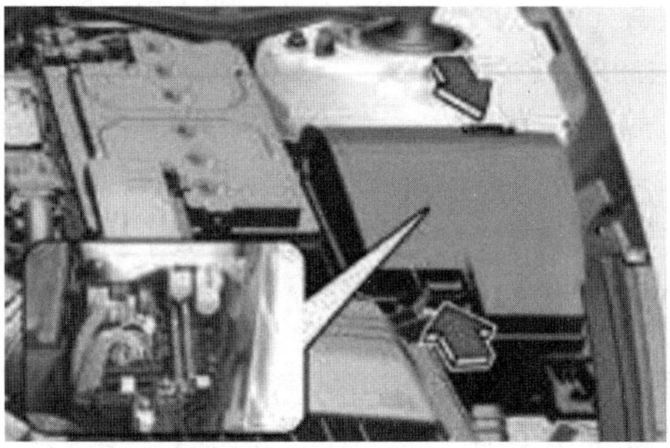

图 21-140

十三、2020 年北京现代菲斯塔 EV

（一）拖吊

需要紧急拖吊时，建议将此项工作交由北京现代授权经销商或商业拖吊卡车服务公司来进行。一定要使用正确的举升和拖吊程序，以免损坏车辆。推荐使用移动台车或平板车进行拖吊，如图 21-141 所示。可在后轮着地（没有移动台车）和前轮离地的状态下拖动车辆。如果某个承载车轮或悬架部件损坏，或者在不能抬起前轮的情况下拖动车辆，必须在前轮下使用移动台车。在车辆由商用拖车拖动，而非使用车轮移动台架时，应将车辆前端升高，而非后端。

注意：禁止在前轮着地的状态下拖动车辆，否则会损坏车辆，如图 21-142 所示。禁止用吊链式设备

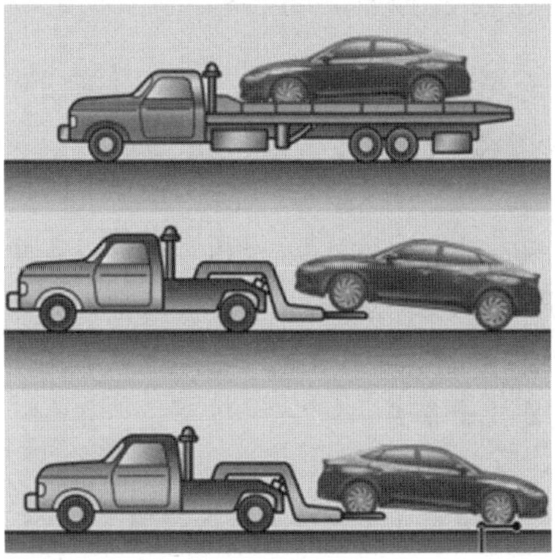

图 21-141

图 21-142

拖吊车辆。使用车轮升降机或平板车进行拖吊。

在不使用车轮台车的状态下紧急拖车时：

（1）将启动 / 停止按钮置于 ACC（附件）位置。

（2）将换挡按钮置于 N（空）挡位置。

（3）释放驻车制动器。参考：如果没有将变速杆置于 N（空）挡，会导致车辆内部损坏。

2. 可拆卸式牵引挂钩

（1）打开行李箱门，从工具箱中拿出牵引挂钩。

（2）按下前保险杠上的牵引挂钩孔盖下部，并拆卸孔盖，如图 21–143 所示。

（3）把牵引挂钩插入孔中，并顺时针转动，直到牵引挂钩完全固定不动为止，如图 21–144 所示。

（4）使用后，拆卸牵引挂钩，并安装牵引挂钩孔盖。

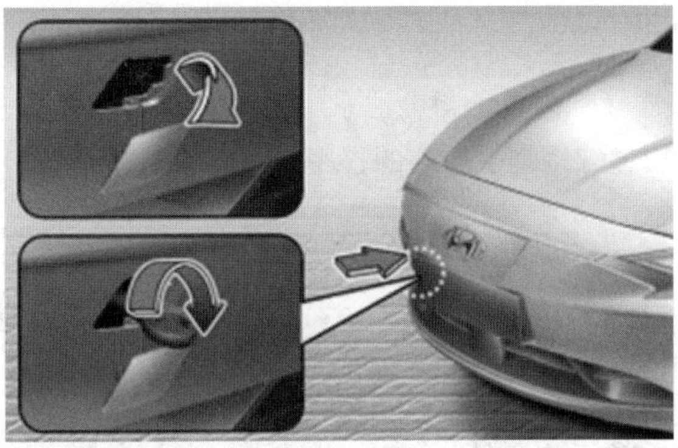

图 21–143

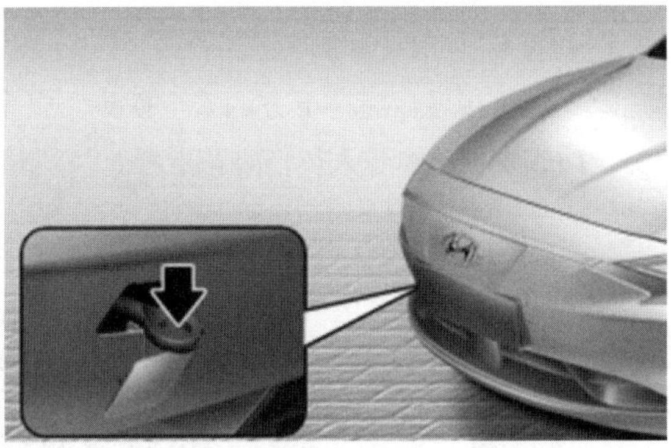

图 21–144

3. 紧急拖车

如果必须拖车，建议您将此项工作交由北京现代授权经销商或商业拖车服务公司来进行。如果在紧急情况下没有适用的拖吊装置，可以暂时将钢索或链子固定到车辆前部的紧急拖车挂钩上进行拖车。使用钢索或链子拖车时保持高度警惕，驾驶人员需在被拖车辆驾驶座上操纵方向盘和制动器。只能在硬面公路上进行短距离低速拖车，且车轮、车桥、传动系统、方向盘和制动器都必须处于良好状态。注意：拖车时，驾驶员必须在被拖车辆内执行转向和制动操作。禁止驾驶员除外的其他乘员乘坐在车辆内。必须严格遵循下列紧急拖车时的注意事项。

（1）将启动 / 停止按钮置于 ACC（附件）位置，从而使方向盘不被锁定。

（2）将换挡按钮置于 N（空）挡位置。

（3）释放驻车制动器。

（4）因为制动助力器不工作，制动性能下降，因此踩下制动踏板时，必须施加比平常更大的力量。

（5）因为动力转向系统不工作，因此转动方向盘时，必须施加比平时更大的转向操纵力。

（6）执行拖车任务的车辆重量必须比被拖车辆重。

（7）两辆车中的驾驶员应频繁互通信息。

（8）在牵引车辆之前，检查并确定牵引挂钩没有断裂或损坏。

（9）把拖车用钢索或链子紧固在牵引挂钩上。

（10）牵引车辆时，禁止猛拉牵引挂钩。应施加稳定且均匀的力。

（11）拖车钢索或链子长度应小于 5m。在拖车钢索或链子中间系上白布或红布（宽度约 30cm），以便识别，如图 21–145 所示。

（12）小心驾驶，以便拖车钢索或链子保持紧绷状态。

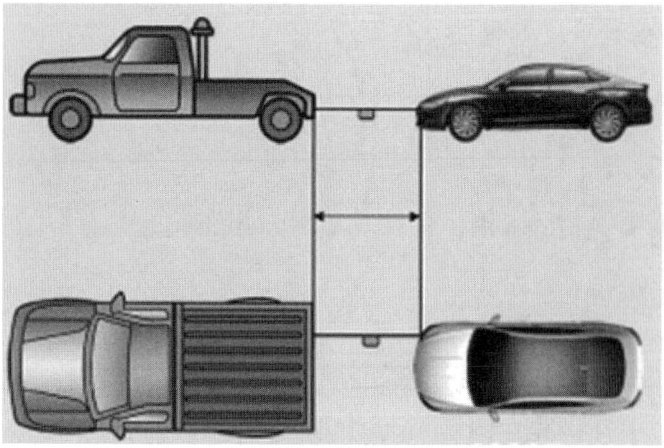

图 21–145

（13）拖车前，检查车底的减速器漏油情况。如果减速器漏油，必须使用平板车设备或拖吊台车。在维持拖吊绳子或链子张力状态启动或驾驶车辆期间，以缓慢渐进的方式进行车辆加速或减速，否则会损坏牵引挂钩和车辆。

（二）电动汽车其他注意事项

1. 维修连锁连接器

在紧急情况下，分离维修连锁连接器导线，以切断蓄电池高电压，如图 21–146 所示。警告：切勿断开保养互锁连接器或切断导线，除非实在紧急情况下。否则，会出现严重问题，例如车辆无法启动。

2. 安全插头

危险：禁止接触后座椅下方的安全插头。安全插头连接到高电压蓄电池系统上，如图 21–147 所示。接触安全插头会导致严重人员伤害甚至死亡。维修人员应遵守维修手册内的程序。

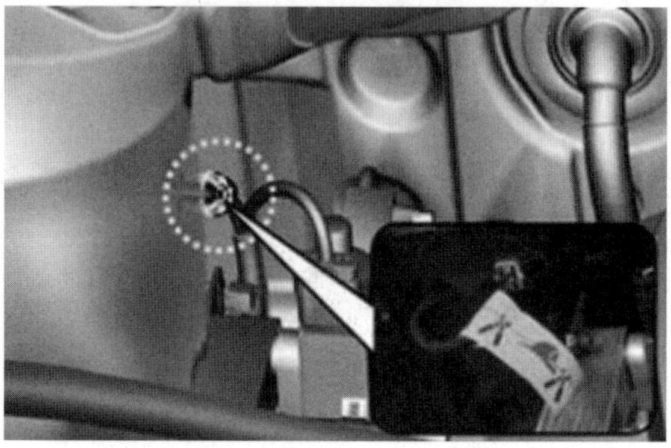

图 21–146

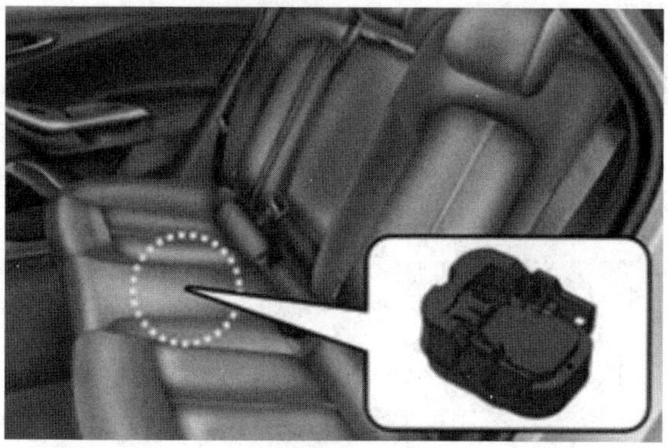

图 21–147

（三）应急解锁车门

如果智能钥匙不正常工作，可使用机械钥匙闭锁或开锁车门。按住释放按钮（如图 21–148 中 1 所示）并拔出机械钥匙（如图 21–148 中 2 所示）。将机械钥匙插入车门钥匙锁孔内。要重新安装机械钥匙，把钥匙插进钥匙孔内，并推动直到听到“咔嗒”声为止。

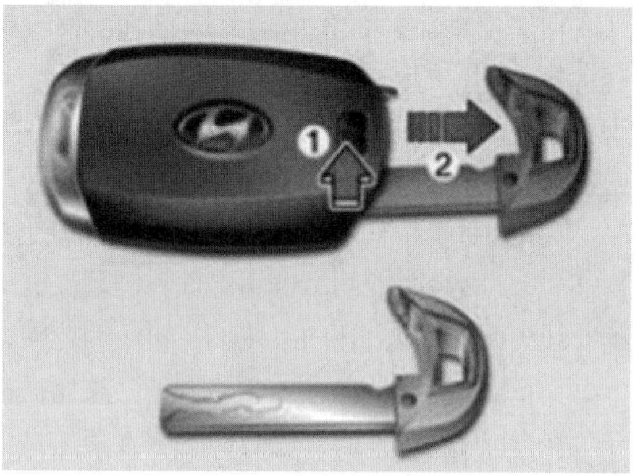

1.释放按钮　2.机械钥匙

图 21–148

向车后方向转动钥匙可开锁车门，向车前方向转动钥匙可闭锁车门，如图 21–149 所示。首先，将车门外侧手柄拉起，并使用机械钥匙按下位于车门外侧手柄内的挂钩（如图 21–149 中 1 所示）。然后拆下盖。如果使用钥匙闭锁 / 开锁驾驶员侧车门，则将只闭锁 / 开锁驾驶员侧车门。如果想要开锁所有车门，请按下中央控制门锁操纵开关。车门一旦被开锁，可通过拉车门手柄打开车门。关闭车门时，用手推车门。确定车门牢固关闭。

（四）跨接启动

跨接启动程序：

（1）将车辆置于跨接线可到达的足够近的位置，但不允许车辆接触。

（2）即使车辆处于停止状态，始终要避开电机室内的冷却风扇或任何移动部件。

（3）关闭所有电气装置，如音响、灯光、空调等。确定车辆挂入 P（驻车）挡并啮合驻车制动器。两辆车都停止。

（4）按照图 21–150 所示的正确顺序连接跨接线。首先，将第一个跨接线的一端连接到您的车辆蓄电池的正极端子或跨接端子的红色正极端子（如图 21–150 中 1 所示）。

（5）此跨接线的另一端连接到辅助车辆蓄电池的正极端子或跨接端子的红色正极端子（如图 21–150 中 2 所示）。

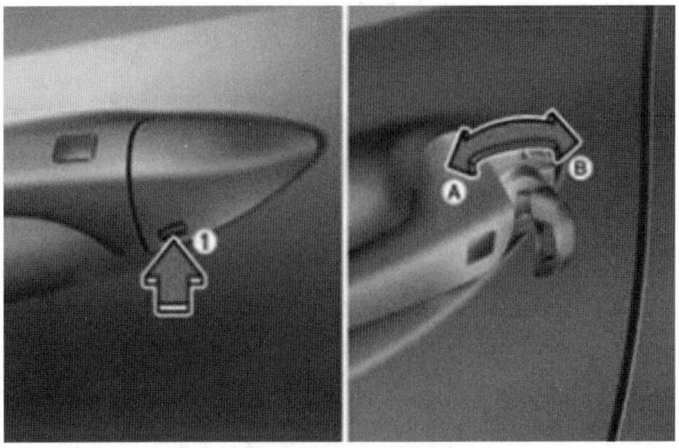

1.挂钩　A.闭锁　B.开锁

图 21–149

（6）将第二个跨接线的一端连接到辅助车辆蓄电池的负极端子或底盘搭铁的黑色负极端子（如图 21–150 中 3 所示）。

（7）此跨接线的另一端连接到您的车辆底盘搭铁的黑色负极端子（如图 21–150 中 4 所示）。除了正确连接蓄电池或跨接端子或搭铁端子外，切勿让跨接线端子接触到其他物体。在连接跨接线的状态，切勿伏在蓄电池上。

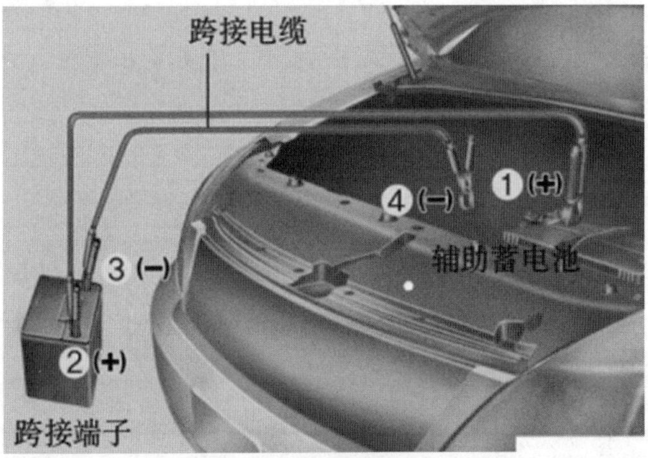

1.车辆蓄电池的正极端子或跨接端子的红色正极端子　2.辅助车辆蓄电池的正极端子或跨接端子的红色正极端子　3.辅助车辆蓄电池的负极端子或底盘搭铁的黑色负极端子　4.车辆底盘搭铁的黑色负极端子

图 21–150

（8）启动辅助车辆电机，并使发动机以大约 2000r/min 的速度运转几分钟。然后启动您的车辆。如果尝试几次之后车辆仍尤法启动，可能需要进行维修。此时请寻求适当的援助。如果造成蓄电池亏电的原因并不明确，应请北京现代授权经销商检查车辆。

以连接相反的顺序正确分离跨接线。

（1）从您的车辆底盘搭铁的黑色负极端子（如图 21–150 中 4 所示）上分离跨接线的一端。

（2）从辅助车辆蓄电池的负极端子或底盘搭铁的黑色负极端子（如图 21–150 中 3 所示）上分离此跨接线的另一端。

（3）从辅助车辆蓄电池的正极端子或跨接端子的红色正极端子（如图 21–150 中 2 所示）上分离另一个跨接线的一端。

（4）从您的车辆蓄电池的正极端子或跨接端子的红色正极端子上分离此跨接线的另一端。

（五）保险丝 / 继电器盒

1. 电机机室保险丝盒

如图 21–151 所示。

2. 驾驶员侧保险丝盒

如图 21–152 所示。

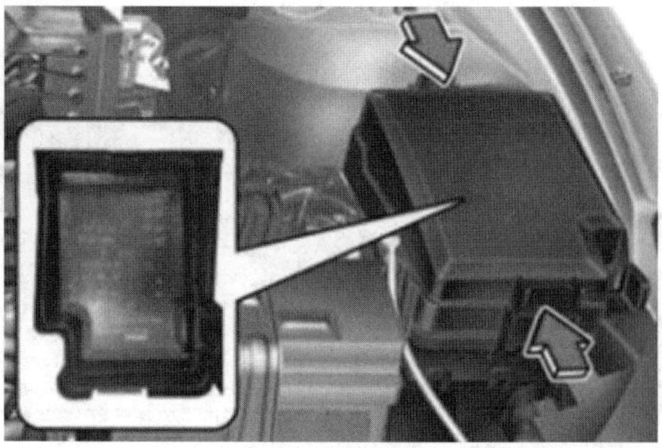

图 21-151

图 21-152

十四、2018 年北京现代索纳塔插电混动

（一）拖吊

需要紧急拖车时，建议您将此项工作交由北京现代授权经销商或商业脱吊卡车服务公司来进行。一定要使用正确的举升和拖吊程序，以免损坏车辆，推荐您使用移动台车或平板车，如图 21–153 所示。可在后轮着地（没有台车）和前轮离地的状态下拖动车辆。如果某个承载车轮或悬架部件损坏或者在前轮着地的情况下拖吊车辆，应在前轮下使用移动台车。使用商业拖车拖吊而不使用移动台车时，应举升车辆前部而不是后部。

注意：禁止在前轮着地的情况下拖动车辆。否则，会损坏车辆。不要用吊链式设备来拖吊车辆。使用车辆升降机或平板车进行拖吊，如图 21–154 所示。

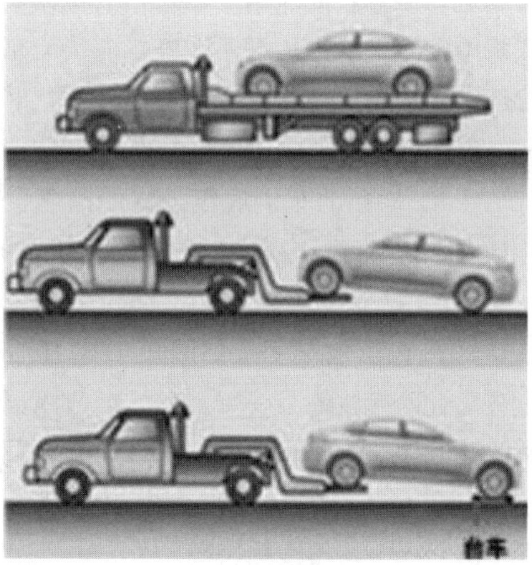

图 21–153

图 21–154

在没有移动台车的情况下紧急拖车时：

（1）将点火开关置于 ACC 位置。

（2）把变速杆置于 N（空）挡。

（3）释放驻车制动器。注意：如果没有把变速器杆置于 N（空）挡，会导致变速器内部损坏。

1. 可拆卸式牵引挂钩

（1）打开行李箱盖，从工具箱中拿出牵引挂钩，如图 21–155 所示。

（2）按下前保险杠上的挂钩孔盖下部，拆卸孔盖，如图 21–156 所示。

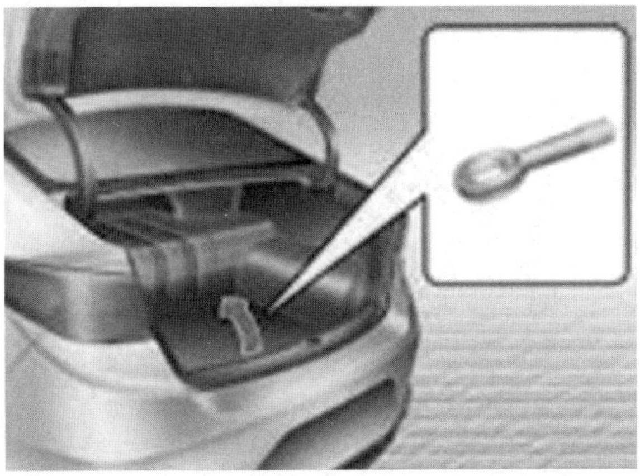

图 21-155

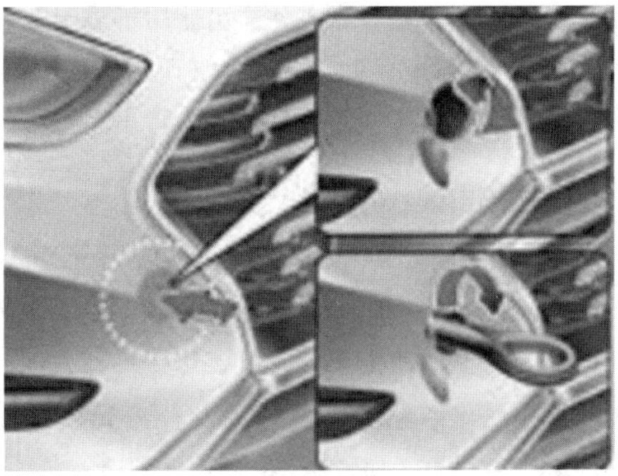

图 21-156

（3）要安装牵引挂钩，可把牵引挂钩顺时针旋入孔中，直到牵引挂钩完全固定不动为止。

（4）使用后，拆卸牵引挂钩，并安装孔盖，前后盖如图 21-157 所示。

图 21-157

2. 紧急拖车

如果必须拖车，建议您将此项工作交由北京现代授权经销商或商业拖车服务公司来进行。如果在紧急情况中没有适用的拖吊装置，可以暂时将钢索或链子固定到车辆前部（后部）的紧急牵引挂钩上进行拖车。使用钢索或链子拖车时保持高度警惕，驾驶人员需在被拖车辆驾驶座上操纵方向盘和制动器。只能在硬面公路上进行短距离低速拖车，且车轮、车桥、传动系统、方向盘和制动器都必须处于良好状态。始终要遵循这些紧急拖车注意事项。

（1）将点火开关置于 ACC 位置，从而开锁方向盘。

（2）把变速杆置于 N（空）挡。

（3）释放驻车制动器。

（4）如果要踩下制动踏板，应施加比平常更大的力，因为制动器性能已降低。

（5）由于动力转向系统不工作，所以需要更大的转向操纵力。

（6）使用比您的车辆重量大的车辆来拖您的车辆。

（7）两辆车中的驾驶员应频繁互通信息。

（8）进行紧急拖车前，检查并确定挂钩没有断裂或损坏。

（9）把拖吊用钢索或链子紧固在挂钩上。

（10）不要猛拉挂钩，应施加稳定且均匀的力。

（11）拖车钢索或链子长度应小于 5m。在拖车钢索或链子中间系上白布或红布（宽度约 30cm），以便识别，如图 21-158 所示。

（12）小心驾驶，以便拖车时钢索或链子保持紧绷状态。拖吊前检查车底的自动变速器油的泄漏情况，如自动变速器油泄漏，必须使用平板车设备或移动台车。

（二）应急解锁车门

如果智能钥匙不正常工作，可使用机械钥匙闭锁或开锁车门。按住释放按钮（如图 21-159 中 1 所示）并拔出机械钥匙（如图 21-159 中 2 所示）。将机械钥匙插入钥匙孔内。要重新安装机械钥匙，把钥匙插进钥匙孔内，并推动直到听到“咔嗒”声为止。

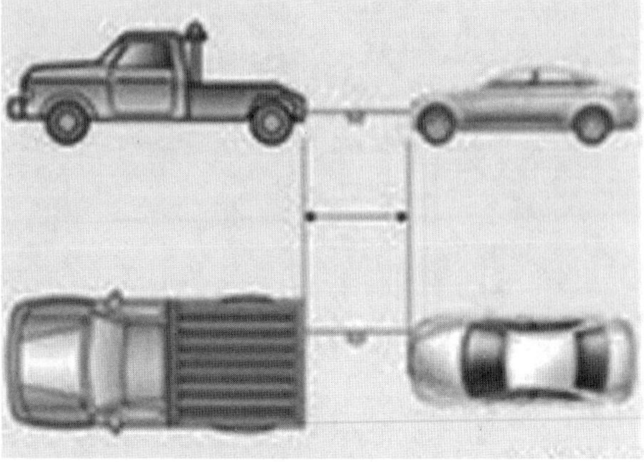

图 21-158

1.释放按钮　2.机械钥匙

图 21-159

（三）自动变速器换挡锁止释放

如果在踩下制动踏板的情况下不能把变速杆从 P（驻车）挡移到 R（倒车）挡，持续踩下制动踏板，然后执行下列操作。

（1）将点火开关置于 LOCK/OFF 位置。

（2）啮合驻车制动器。

（3）按下手动换挡锁止释放按钮，如图 21-160 所示。

（4）按住手动换挡锁止释放按钮后移动变速杆。如果需要使用手动换挡锁止释放功能，立即请北京现代授权经销商检查系统。

（四）应急启动

如果智能钥匙电池电量不足或智能钥匙不能正常工作，如图 21-161 所示，用智能钥匙按下发动机启动 / 停止按钮，以此可以启动混合动力系统。

图 21-160

图 21-161

（五）紧急燃油加油口门释放

如果使用远程控制燃油加油口门释放装置没有打开燃油加油口门，可通过轻微朝外拉把手来手动打开燃油加油口门，如图 21-162 所示。参考：禁止过度拉手柄，以免损坏行李区装饰板或释放手柄。

（六）跨接启动

跨接启动程序：

（1）将车辆置于跨接线可到达的足够近的位置，但不允许车辆接触。

（2）即使车辆处于停止状态，始终要避开发动机室内的冷却风扇或任何移动部件。

（3）关闭所有电气装置，如音响、灯光、空调等。确定变速杆挂入 P（驻车）挡并啮合驻车制动器。两辆车都停止。信息：本车辆在行李箱内安装了蓄电池。

（4）按照图 21–163 所示的正确顺序连接跨接线。首先，将第一个跨接线的一端连接到您的车辆蓄电池的正极端子或跨接端子的红色正极端子（如图 21–163 中 1 所示）。

图 21–162

1.车辆蓄电池的正极端子或跨接端子的红色正极端子　2.辅助车辆蓄电池的正极端子或跨接端子的红色正极端子　3.辅助车辆蓄电池的负极端子或底盘搭铁的黑色负极端子　4.车辆底盘搭铁的黑色负极端子

图 21–163

（5）此跨接线的另一端连接到辅助车辆蓄电池的正极端子或跨接端子的红色正极端子（如图 21–163 中 2 所示）。

（6）将第二个跨接线的一端连接到辅助车辆蓄电池的负极端子或底盘搭铁的黑色负极端子（如图 21–163 中 3 所示）。

（7）此跨接线的另一端连接到您的车辆底盘搭铁的黑色负极端子（如图 21–163 中 4 所示）。除了正确连接蓄电池或跨接端子或搭铁端子外，切勿让跨接线端子接触到其他物体，在连接跨接线的状态下，切勿伏在蓄电池上。

（8）启动辅助车辆发动机，并使发动机以大约 2000r/min 的速度运转几分钟。然后启动您的车辆。如果车辆尝试几次之后仍无法启动，可能需要进行维修。此时寻求适当的帮助。如果造成蓄电池亏电的原因并不明确，应请北京现代授权经销商检查车辆。

以连接相反的顺序正确分离跨接线。

（1）从您的车辆底盘搭铁的黑色负极端子（如图 21–163 中 4 所示）上分离跨接线的一端。

（2）从辅助车辆蓄电池的负极端子或底盘搭铁的黑色负极端子（如图 21–163 中 3 所示）上分离此跨接线的另一端。

（3）从辅助车辆蓄电池的正极端子或跨接端子的红色正极端子（如图 21–163 中 2 所示）上分离另一个跨接线的一端。

（4）从您的车辆电池的正极端子或跨接端子的红色正极端子（如图 21–163 中 1 所示）上分离此跨接线的另一端。

（七）保险丝继电器盒

1. 保险丝更换

如图 21-164 所示。

2. 发动机室保险丝盒

如图 21-165 所示。

图 21-164

图 21-165